ANNEGRET LAMADÉ

# Konformitätsbewertung künstlich intelligenter Medizinprodukte

Schriften zum Gesundheitsrecht

Band 90

Herausgegeben von Professor Dr. Helge Sodan,
ehem. Direktor des Deutschen Instituts für Gesundheitsrecht (DIGR)
Präsident des Verfassungsgerichtshofes des Landes Berlin a.D.

# Konformitätsbewertung künstlich intelligenter Medizinprodukte

Von

Annegret Lamadé

Duncker & Humblot · Berlin

Fachbereich Rechtswissenschaften
der Philipps-Universität Marburg
hat diese Arbeit im Jahr 2024
als Dissertation angenommen.

Bibliografische Information der Deutschen Nationalbibliothek

Die Deutsche Nationalbibliothek verzeichnet diese Publikation in der Deutschen Nationalbibliografie; detaillierte bibliografische Daten sind im Internet über http://dnb.d-nb.de abrufbar.


Satz: 3w+p GmbH, Rimpar
Druck: Prime Rate Zrt., Budapest, Ungarn

ISSN 1614-1385
ISBN 978-3-428-19675-3 (Print)
ISBN 978-3-428-59675-1 (E-Book)

Gedruckt auf alterungsbeständigem (säurefreiem) Papier
entsprechend ISO 9706 ♾

Verlagsanschrift: Duncker & Humblot GmbH, Carl-Heinrich-Becker-Weg 9,
12165 Berlin, Germany | E-Mail: info@duncker-humblot.de
Internet: https://www.duncker-humblot.de

# Vorwort

Die vorliegende Arbeit wurde im Januar 2024 an der Rechtswissenschaftlichen Fakultät der Philipps-Universität Marburg eingereicht. Das Promotionsverfahren wurde mit der Disputation am 5. Mai 2025 erfolgreich abgeschlossen. Die Arbeit wurde auf den Rechtsstand von Oktober 2025 aktualisiert. Literatur und Rechtsprechung wurden im Wesentlichen bis Oktober 2025 berücksichtigt.

Mein Dank gilt zunächst Herrn Prof. Dr. Florian Möslein für die Betreuung meiner Dissertation und insbesondere für die umfassende Förderung während meiner Tätigkeit als Wissenschaftliche Mitarbeiterin am Institut für das Recht der Digitalisierung und darüber hinaus. In diesem Rahmen bot sich mir die Gelegenheit, an Forschungsprojekten zum Einsatz Künstlicher Intelligenz mitzuwirken, aus denen zahlreiche Veröffentlichungen und Vorträge hervorgingen. Ebenfalls danke ich Herrn Prof. Dr. Wolfgang Voit für die Erstellung des Zweitgutachtens. Gedankt sei auch Herrn Prof. Dr. Helge Sodan als Herausgeber dieser Schriftenreihe. Mein Dank gilt auch dem Max-Planck-Institut für ausländisches und internationales Privatrecht für die Möglichkeit eines Forschungsaufenthaltes im Rahmen meines Promotionsvorhabens.

Darüber hinaus gibt es zahlreiche Personen, die mich in besonderem Maße unterstützt haben.

Zu nennen sind zunächst Dr. Matthias Kremer und Dr. Bastian Hirsch, die mir stets mit wertvollem Rat zur Seite standen.

Mein Dank gilt außerdem all jenen, die mich seit langer Zeit auf meinem Weg begleiten und stets unterstützten, namentlich Dr. Karina Steger, Dr. Jonas Sauerwald, Dr. Aurelia Birne, Celine Drews, Alicia Bayer, Freya Oehl, Laurine Tertilt sowie der Familie Beekmann.

Gewidmet sei diese Arbeit schließlich meiner Familie: Dr. Felix Lamadé-Dootz, Dr. Eva Lamadé-Dootz, Prof. Dr. Wolfram Lamadé, Prof. Dr. Uta Meyding-Lamadé und meinem Verlobten Dr. Dustin Beekmann. Neben Eurem wertvollen fachlichen Rat danke ich Euch vor allem für Eure beständige Begleitung während des gesamten Promotionsverfahrens. Eure unermüdliche Zuversicht und grenzenlose Unterstützung werde ich nie vergessen.

In Liebe und tiefer Dankbarkeit sei Euch diese Arbeit daher gewidmet.

Hamburg, im März 2026 *Annegret Lamadé*

# Inhaltsverzeichnis

*Kapitel 2*

# Abkürzungsverzeichnis

| | |
|---|---|
| abgedr. | abgedruckt |
| ACP | Algorithm Change Protocol |
| AI | Artificial Intelligence |
| Alt. | Alternative |
| AuDM | Automated Decision Making |
| BfArM | Bundesinstitut für Arzneimittel und Medizinprodukte |
| BGB | Bürgerliches Gesetzbuch |
| BGH | Bundesgerichtshof |
| BVMed | Bundesverband Medizintechnologie e.V. |
| CEN | Comité Européen de Normalisation |
| CENELEC | Comité Européen de Normalisation Électrotechnique |
| COCIR | European Coordination Committee of the Radiological, Electromedical and Healthcare IT Industry |
| CPS | Cyber Physischen Systeme |
| CPU | Central Processing Unit |
| DEK | Datenethikkommission |
| DGN | Deutschen Gesellschaft für Neurologie |
| DIN | Deutsches Institut für Normung e.V. |
| Diss. | Dissertation |
| DKE | Deutsche Kommission Elektrotechnik Elektronik Informationstechnik in DIN und VDE |
| DSGVO | Datenschutzgrundverordnung |
| DS-System | Decision Support-System |
| Ed. | Edition |
| EDSA | Der Europäische Datenschutzausschuss |
| EDSB | Europäischer Datenschutzbeauftragter |
| EL | Ergänzungslieferung |
| EMDN | European Medical Device Nomenclature |
| ENISA | European Union Agency for Cybersecurity |
| ENO | Europäischen Normungsorganisationen |
| ETSI | European Telecommunications Standards Institute |
| EuGH | Gerichtshof der Europäischen Union |
| EWG | Europäischer Wirtschaftsraum |
| FDA | U.S. Food and Drug Administration |
| GAN | Generative Adversial Networks |
| Gem. | Gemäß |
| GHTF | Global Harmonization Task Force |
| GPU | Graphics Processing Unit |
| GSG | Gerätesicherheitsgesetz |
| HLEG | High Level Expert Group |
| i. d. S. | in diesem/dem Sinn(e) |

| | |
|---|---|
| i. S. d. | im Sinne des/der |
| i. S. e. | im Sinne einer/eines |
| IEEE | Institute of Electrical and Electronics Engineers |
| IG-NB | Interessengemeinschaft der Benannten Stellen für Medizinprodukte in Deutschland |
| IMDRF | International Medical Device Regulators Forum |
| IoT | Internet of Things |
| ISO | International Organization for Standardisation |
| KBV | Konformitätsbewertungsverfahren |
| KfZ | Kraftfahrzeug |
| KI-VO | KI-Verordnung |
| KI-VOE | KI-Verordnungsentwürfe der Kommission, des Rates und des Parlaments |
| KI-VOE-EP | Entwurf des Europäischen Parlaments für eine KI-Verordnung |
| KI-VOE-KOM | Entwurf der Europäischen Kommission für eine KI-Verordnung |
| KI-VOE-Rat | Entwurf des Rates der Europäischen Union für eine KI-Verordnung |
| MDCG | Medical Device Coordination Group (Koordinierungsgruppe Medizinprodukte) |
| MDSW | Medical Device Software |
| MEDDEV | Medical Device Guidance Documents |
| ML | Maschinelles Lernen |
| MPDG | Medizinprodukte-Durchführungsgesetz |
| MPG | Medizinproduktegesetz |
| MP-VO | Medizinprodukteverordnung |
| NANDO | New Approach Notified and Designated Organisations |
| NLF | New Legislative Framework |
| OECD | Organisation for Economic Cooperation and Development |
| PC | Personal Computer |
| PEI | Paul-Ehrlich-Institut |
| QM | Qualitätsmanagementsystem |
| RAM | Random Access Memory |
| RL | Richtlinie |
| Rn. | Randnummer |
| SaMD | Software as a Medical Device |
| SPS | SaMD Pre-Specifications |
| TD | Technische Dokumentation |
| TÜV | Technischer Überwachungsverein |
| UDI | Unique Device Identification |
| Var. | Variante |
| vgl. | vergleiche |
| zugl. | zugleich |

# Tabellenverzeichnis

# Einleitung

*„Panta rhei – alles fließt“*

*„In dieselben Flüsse steigen wir und steigen wir nicht,*
*wir sind (es) und sind (es) nicht.“*

Diese Philosophie, die Heraklit zugeschrieben[1] wird, soll die stetige Veränderung verdeutlichen, der alle Gegebenheiten unserer Welt unterworfen sind.[2] Die metaphorischen „Ufer“ dieses Flusses wurden früher durch Herrschaftssysteme, festgelegtes Wissen und konstante Glaubensüberzeugungen gesetzt.[3] Dennoch werden die vermeintlich festen Grenzen zwischen dem fließenden Wasser und dem stabilen Ufer zunehmend infrage gestellt oder erscheinen durchlässig, sodass das strömende Wasser droht, die Ufer zu überfluten.[4]

Diese Metapher illustriert die Herausforderungen bei der Konformitätsbewertung von „Systemen der künstlichen Intelligenz“.[5]

Seit *jeher* steht die Regulierung von technischen Geräten vor der Herausforderung zukunftssichere gesetzliche Produktanforderungen zu normieren, da die Regeln trotz der teilweise gar disruptiven technologischen Weiterentwicklung auch für zukünftig entwickelte Technologien geeignete rechtliche Grenzen setzen können müssen. Nur wenn die Regelungen hinreichend zukunftssicher sind, kann verhindert werden, dass jede technologische Neuerung eine Anpassung in langwierigen parlamentarischen Gesetzgebungsprozessen erfordert. Seit Langem verabschiedete sich der europäische Gesetzgeber von technischen Details in den Produktsicherheitsvorschriften und normierte – technologieneutral – nur die wesentlichen Produktanforderungen.[6]

---

[1] Vgl. dazu, dass das Zitat „Phanta rhei – alles fließt“ von Heraklit stamme *Schmid*, Heraklit und das Fließen der Welt, abrufbar unter: siehe Quellenangaben; vgl. dazu, dass es bereits „zum Gemeinplatz“ geworden sei, dass Heraklit dieses Zitat nicht geprägt habe, sondern vielmehr Platon ihm diese Formel unterstellt habe, *Held*, Heraklit, Parmenides und der Anfang von Philosophie und Wissenschaft, S. 325; vgl. für das zweite Zitat, als Übersetzung aus dem Griechischen ins Deutsche, mit dem Hinweis, dass der Originaltext verloren sei, jedoch in der Form „Heraklits, des Sohnes Blysons aus Ephesos Niederschrift“ rekonstruierbar sei, *Reinhardt*, Der Gott Heraklit, B49a Flussfragmente, S. 130.

[2] Vgl. *Schmid*, Heraklit und das Fließen der Welt, abrufbar unter: siehe Quellenangaben.

[3] Vgl. *Schmid*, Heraklit und das Fließen der Welt, abrufbar unter: siehe Quellenangaben.

[4] Vgl. *Schmid*, Heraklit und das Fließen der Welt, abrufbar unter: siehe Quellenangaben.

[5] Zu dem Begriff „System der künstlichen Intelligenz“ nach Art. 3 Nr. 1 KI-VO, ausführlich Kap. 2, A.; Kap. 3, B. I.

[6] Vgl. hierzu ausführlich Kap. 1, A., I.

Während sich die gesetzlichen Regeln schon immer der Dynamik der technologischen Weiterentwicklung ausgesetzt sahen, war bisher jedenfalls der Regulierungsgegenstand *als solcher* in seiner Beschaffenheit statisch. Eine neue Herausforderung ergibt sich nun daraus, dass die vermeintlich feststehenden Grenzen, bei „Systemen der künstlichen Intelligenz“ zunehmend zerfließen können. Die Systeme sind nicht immer von einer vergleichbaren Statik gekennzeichnet, sondern können sie sich teilweise auch *nach* der Inverkehrgabe selbstständig in einer Weise weiterentwickeln, die zum Zeitpunkt der Inverkehrgabe die menschliche Voraussehbarkeit übersteigen kann. Dies wirft die Frage auf, ob die Konformität eines dynamischen Bewertungsgegenstandes überhaupt *vor* der Inverkehrgabe bewertet werden kann.[7]

Der Begriff „Konformität“ stammt von dem spätlateinischen „*conformis*“, worunter „gleichförmig, ähnlich“ zu verstehen ist.[8] In den Produktsicherheitsvorschriften des neuen Rechtsrahmens muss vor der Inverkehrgabe die Übereinstimmung mit den wesentlichen Sicherheitsanforderungen in einem solchen Konformitätsbewertungsverfahren überprüft und bestätigt werden, wodurch ein gleichförmiger Sicherheitsstandard gewährleistet werden soll, den alle Produkte im Unionsmarkt einhalten und der durch die Anbringung eines CE-Kennzeichens nach außen zum Ausdruck gebracht wird.[9]

Obgleich die Konformitätsbewertung gerade bei Systemen der künstlichen Intelligenz eine zentrale Voraussetzung dafür ist, dass die Unionsbürger auf die Sicherheit der Systeme vertrauen können, stellt die Beschränkung des Zeitpunktes der Konformitätsbewertung auf den Zeitpunkt *vor* der Inverkehrgabe bei Systemen, die sich *nach* der Inverkehrgabe weiterentwickeln können, eine besondere Herausforderung dar. Die zentrale Herausforderung für das Rechtssystem besteht nunmehr nicht nur in der Gewährleistung der Zukunftssicherheit der *Sicherheitsanforderungen*, sondern auch darin, die Zukunftssicherheit der *konkreten Konformitätsbewertung* zu gewährleisten.

Inwieweit der geltende Rechtsrahmen dieser Dynamik des Bewertungsgegenstandes bereits derzeit hinreichend Rechnung trägt und inwieweit die Regelungen noch ergänzt werden müssen, soll im Rahmen dieser Arbeit in Bezug auf die Konformitätsbewertung von KI-basierten Medizinprodukten untersucht werden.[10]

---

[7] Vgl. hierzu ausführlich Kap. 2, E., II.

[8] Für die Etymologie des Begriffes der „Konformität“, vgl. Digitales Wörterbuch der deutschen Sprache, abrufbar unter: https://www.dwds.de/wb/Konformität, zuletzt abgerufen: 4.1.2026.

[9] Vgl. hierzu ausführlich Kap. 1, A., II.

[10] Vgl. hierzu ausführlich Kap. 2, E., II.

*Kapitel 1*

# Konformitätsbewertung von intelligenten Medizinprodukten

Die Konformitätsbewertung bildet eine der zentralen Säulen der nach dem neuen Rechtsrahmen harmonisierten Produktsicherheitsrechtsvorschriften (*siehe hierzu A.*).

KI-basierte Medizinprodukte unterliegen *de lege lata* der Konformitätsbewertungspflicht der nach diesen Prinzipien harmonisierten, Medizinprodukteverordnung (*siehe hierzu B.*).

Wegen der für „Systeme der künstlichen Intelligenz" befürchteten Regelungslücken, wird dieser Regelungsrahmen für Hochrisiko-KI-basierte Medizinprodukte *de lege ferenda* noch durch die Konformitätsbewertungspflicht der geplanten KI-Verordnung ergänzt werden (*siehe hierzu C.*).

## A. Konformitätsbewertung als Säule des neuen Rechtsrahmens

Die erste Säule der auf dem neuen Rechtsrahmen harmonisierten, sektorenspezifischen Produktsicherheitsvorschriften bildet die Harmonisierung der wesentlichen Produktsicherheitsvorschriften, da unterschiedliche Produktanforderungen den Abbau der Binnengrenzen gefährden könnten (*siehe hierzu I.*).

Die zweite Säule bildet sodann die Überprüfung der Konformität mit den wesentlichen Sicherheitsanforderungen in einem Konformitätsbewertungsverfahren, dessen Anforderungen auf europäischer Ebene harmonisiert sind und dessen erfolgreiche Durchführung die Hersteller zur Anbringung einer CE-Kennzeichnung berechtigt, was wiederum die freie Verkehrsfähigkeit des Produkts im Unionsrechtsmarkt zur Folge hat (*siehe hierzu II.*).

### I. Harmonisierung der wesentlichen Produktanforderungen

#### 1. Ursprünge des nationalen Produktsicherheitsrechts

Anfänglich wurde das Produktsicherheitsrecht auf nationaler Ebene zum Schutz der Arbeitnehmer entwickelt, um diese vor Gefahren zu schützen, die von den im

Betrieb zum Einsatz kommenden Maschinen ausgehen.[1] Regelungsadressat der Pflichten war zunächst der Arbeitgeber.[2] Da der Arbeitgeber jedoch keinen Einblick in den Konzeptions- und Herstellungsprozess hatte, bestand allerdings ein nicht unerhebliches Spannungsfeld zwischen der Verantwortung einerseits und dem bestehenden Informationsdefizit andererseits, dem der Arbeitgeber hinsichtlich der Konzeption, Funktionsweise und des Herstellungsprozesses der Maschinen ausgesetzt war.[3]

Da der Schutz auf den Arbeitnehmer beschränkt war, ergab sich zudem eine Schutzlücke für Verbraucher, die bei dem Erwerb von technischen Geräten für den privaten Haushalt deren technische Beschaffenheit nicht beurteilen konnten und folglich auf die Fachkenntnisse des Händlers vertrauen mussten.[4]

Wegen dieser Regelungslücken sollte die Verantwortlichkeit für die Sicherheit der Produkte sodann auf die Produzenten der Produkte verlagert werden, um so die Gefahrenquelle bereits in ihrer Entstehung zu adressieren.[5] Zu diesem Zweck wurde das Gesetz über technische Arbeitsmittel[6] erlassen, was zunächst als „Maschinenschutzgesetz" und später als „Gerätesicherheitsgesetz (GSG)" bezeichnet wurde.[7] Das Gesetz verlagerte die Verantwortung für die Sicherheit der Produkte auf den Hersteller und weitete den Regelungsgegenstand auch auf solche Produkte aus, die zur Verwendung im privaten Haushalt intendiert waren.[8] Obwohl bereits vor dem Erlass des GSG wiederholt versucht wurde diese Regelungslücken zu schließen,

---

[1] *Peine*, Gesetz über technische Arbeitsmittel, Einführung, Rn. 1 ff.; *Wank/Börgmann*, Deutsches und europäisches Arbeitsschutzrecht, S. 6; eingehend zu der Entstehung des Produktsicherheitsrechts, etwa *Gauger*, Produktsicherheit und staatliche Verantwortung, S. 38 ff.; *Klindt*, ProdSG, Einführung, Rn. 1; ebenso *Falk*, in: Ehring/Taeger, § 1 ProdSG, Rn. 3.

[2] Vgl. hierfür Entwurf eines Gesetzes über technische Arbeitsmittel nebst Begründung, abgrdr. BT-Drucks. V/834, S. 5; *Jeiter*, Gerätesicherheitsgesetz, Einführung, Rn. 2; *Klindt*, ProdSG, Einführung Rn. 1 f.; vgl. hierzu eingehend *Gauger*, Produktsicherheit und staatliche Verantwortung, S. 38 ff.

[3] Vgl. hierfür die Begründung zum Entwurf eines Gesetzes über technische Arbeitsmittel, abgedr. in BT-Drucks. V/834, S. 5; *Jeiter*, Gerätesicherheitsgesetz, Einführung, Rn. 2; *Klindt*, ProdSG, Einführung Rn. 1 f.; *Gauger*, Produktsicherheit und staatliche Verantwortung, S. 41 ff.

[4] Vgl. hierfür die Begründung zum Entwurf eines Gesetzes über technische Arbeitsmittel, abgedr. in BT-Drucks. V/834, S. 5; *Klindt*, ProdSG, Einführung, Rn. 3.

[5] Vgl. *Gauger*, Produktsicherheit und staatliche Verantwortung, S. 46 f.; ebenso Unfallverhütungsbericht der Bundesregierung vom 24. Juni 1968, BT-Drucks. 7/189, S. 159; *Peine*, Gesetz über technische Arbeitsmittel, Einführung, S. 9 f.; *Klindt*, ProdSG, Einführung, Rn. 9.

[6] Vgl. hierfür Gesetz über technische Arbeitsmittel vom 24. Juni 1968, abgedr. BGBl. Teil I, S. 717 ff.

[7] Vgl. eingehend hierzu *Gauger*, Produktsicherheit und staatliche Verantwortung, S. 46 f.; ebenso *Klindt*, ProdSG, Einführung, Rn. 10.

[8] Vgl. hierfür die Begründung zum Entwurf eines Gesetzes über technische Arbeitsmittel, abgedr. in BT-Drucks. V/834, S. 5; *Peine*, Gesetz über technische Arbeitsmittel, S. 10 f.; *Gauger*, Produktsicherheit und staatliche Verantwortung, S. 46 f.; *Klindt*, ProdSG, Einführung, Rn. 10.

scheiterten die Gesetzesinitiativen stets an dem Gegendruck der Hersteller.[9] Dieser war vor allem in der Befürchtung begründet, dass die förmlichen Rechtsakte nicht mit dem Stand der Technik Schritt halten könnte, weil für deren Änderung stets langwierige Gesetzgebungsprozesse erforderlich wären.[10]

Diesen Bedenken wurde durch das GSG mit einem Konzept entgegengetreten, das heute die Grundlage der harmonisierten Produktsicherheitsvorschriften bildet[11]: Im Unterschied zu vorherigen Ansätzen, enthielt das GSG keine detaillierten technischen Anforderungen, sondern einen allgemeinen Verweis auf die „anerkannten Regeln der Technik".[12] Diese anerkannten Regeln der Technik sollten sich sodann aus untergesetzlichen Regeln ergeben. „Anerkannt" sollten Normen dann sein, wenn diese nicht nur durch die Meinung des Fachschrifttums gestützt würden, sondern sich auch in der Praxis der Expertenmeinungen, als „herrschend" unter Beweis gestellt hätten.[13] Diese Anforderungen würden insbesondere technische Normen erfüllen.[14] Bereits die ersten noch nationalen Produktsicherheitsvorschriften waren daher von einer Ausgliederung der technischen Details in technische Normen geprägt.[15]

### 2. Europäische Harmonisierung des Produktsicherheitsrechts

Das sodann sich auf europäischer Ebene weiterentwickelnde Produktsicherheitsrecht folgte diesem Konzept, sodass seit Erlass des neuen Konzepts nur noch die wesentlichen Produktanforderungen normiert werden (*siehe hierzu a)*), während die technischen Details durch europäische Normen konkretisiert werden, die von privaten Normungsorganisationen erlassen werden. Obgleich die Anwendung freiwillig ist, löst die Einhaltung eine Konformitätsvermutung aus (*siehe hierzu b)*).

---

[9] Vgl. hierzu ausführlich *Gauger*, Produktsicherheit und staatliche Verantwortung, S. 42 ff.

[10] *Gauger*, Produktsicherheit und staatliche Verantwortung, S. 42 ff.

[11] *Gauger*, Produktsicherheit und staatliche Verantwortung, S. 48.

[12] Vgl. hierfür die Begründung zum Entwurf eines Gesetzes über technische Arbeitsmittel, abgedr. in BT-Drucks. V/834, S. 7; ebenso der Bericht über die Erfahrungen mit dem Gesetz über technische Arbeitsmittel – Maschinenschutzgesetz – vom 24. Juni 1968, in: Unfallverhütungsbericht, Teil V, abgedr. BT-Drucks, 7/189, S. 160.

[13] Vgl. hierfür die Begründung zum Entwurf eines Gesetzes über technische Arbeitsmittel, abgedr. in BT-Drucks. V/834, S. 7; ebenso der Bericht über die Erfahrungen mit dem Gesetz über technische Arbeitsmittel – Maschinenschutzgesetz – vom 24. Juni 1968, in: Unfallverhütungsbericht, Teil V, abgedr. BT-Drucks, 7/189, S. 160.

[14] Vgl. hierfür die Begründung zum Entwurf eines Gesetzes über technische Arbeitsmittel, abgedr. in BT-Drucks. V/834, S. 7; ebenso Bericht über die Erfahrungen mit dem Gesetz über technische Arbeitsmittel – Maschinenschutzgesetz – vom 24. Juni 1968, in: Unfallverhütungsbericht, Teil V, abgedr. BT-Drucks, 7/189, S. 160.

[15] Vgl. hierzu *Gauger*, Produktsicherheitsrecht und staatliche Verantwortung, S. 49 f.

### *a) Gesetzliche Normierung der wesentlichen Produktanforderungen*

Während der Ursprung des Produktsicherheitsrechts im nationalen Recht begründet war, entwickelte sich das Produktsicherheitsrecht zunehmend auf der Unionsebene weiter.[16]

Dies lag in dem Umstand begründet, dass es für die Errichtung eines gemeinsamen Binnenmarktes ausweislich des Art. 26 Abs. 2 AEUV erforderlich ist, die Binnengrenzen durch die freie Verkehrsfähigkeit von Waren, Personen, Dienstleistungen und Kapital abzubauen.[17]

Dem würden jedoch unterschiedliche regulatorische Bestimmungen entgegenstehen, weil diese dazu führen könnten, dass Produkte, im Falle eines grenzüberschreitenden Verkehrs, trotz der bereits im Herkunftsland erfolgreich durchgeführten Kontrollen wiederholt einer neuen Kontrolle unterworfen werden müssten.[18] Dies wäre nicht mit Art. 34 AEUV vereinbar, ausweislich dessen es verboten ist, die Einfuhr von Waren innerhalb des Binnenmarktes mengenmäßig zu beschränken oder sie Maßnahmen gleicher Wirkung zu unterwerfen.[19]

Dies führte zu einer Harmonisierung des Produktsicherheitsrechts auf Ebene des Sekundärrechts, die auf das im Rahmen der Entschließungen des Europäischen Rates[20] vorgestellte Programm Ende der 1960er-Jahre zurückzuführen waren.[21]

Die Vorschriften waren zunächst durch eine Detailharmonisierung geprägt,[22] was auf die sich schon im deutschen Recht emergierende Problematik der Statik der

---

[16] *Gauger*, Produktsicherheitsrecht und staatliche Verantwortung, S. 54; vgl. zu der Entwicklung des europäisch harmonisierten Produktsicherheitsrechts, *Merten*, Private Entscheidungsträger, S. 23 ff.

[17] *Gauger*, Produktsicherheit und staatliche Verantwortung, S. 54; ebenso *Merten*, Private Entscheidungsträger, S. 23 ff.; vgl. zum Abbau der Binnengrenzen als Ziel der Europäischen Union etwa *Pechstein*, in: Streinz, Art. 3 EUV, Rn. 7; *Dieners/Vivekens*, in: Anhalt/Dieners, § 1, Rn. 39.

[18] Vgl. hierzu eingehend *Merten*, Private Entscheidungsträger, S. 23 f.

[19] Ebenso *Dieners/Vivekens*, in: Anhalt/Dieners, § 1, Rn. 40; *Merten*, Private Entscheidungsträger, S. 25; vgl. ausführlich zur Warenverkehrsfreiheit, *Becker*/Hatje/Schoo/Schwarze, Art. 34 AEUV, Rn. 1 ff.

[20] Vgl. hierfür die Entschließung des Rates vom 28. Mai 1969 über ein Programm zur Beseitigung der technischen Hemmnisse im Warenverkehr mit gewerblichen Erzeugnissen, die sich aus Unterschieden in den Rechts- und Verwaltungsvorschriften der Mitgliedstaaten ergeben, abgedr. ABl. 1969/C76, S. 1 ff.; ergänzt durch die Entschließung des Rates vom 21. Mai 1973 zur Ergänzung der Entschließung vom 28. Mai 1969 über ein Programm zur Beseitigung der technischen Hemmnisse im Warenverkehr mit gewerblichen Erzeugnissen, die sich aus Unterschieden in den Rechts- und Verwaltungsvorschriften der Mitgliedstaaten ergeben, abgedr. ABl. 1973/C38, S. 1 ff.

[21] *Gauger*, Produktsicherheit und staatliche Verantwortung, S. 58; *Europäische Kommission*, Blue Guide, ABl. 2022/C247, S. 7; ebenso *Merten*, Private Entscheidungsträger, S. 30 f.

[22] Die danach harmonisierten Produktsicherheitsvorschriften werden auch als „Old Approach“ bzw. Altes Konzept bezeichnet. Kennzeichnend dafür war es, dass die Vorschriften

Vorschriften traf, die in formellen Änderungsprozessen für gesetzliche Anforderungen begründet liegt und dadurch nicht mit dem technischen Fortschritt Schritt halten konnte.[23]

Nur die sog. *Niederspannungsrichtlinie* verzichtete bereits auf die Festlegung von technischen Anforderungen und verwies hinsichtlich der Beschaffenheit allgemein auf den „Stand der Sicherheitstechnik", dessen Konkretisierung privaten Institutionen durch Normen oblag.[24]

Um die Normungsaktivitäten zu fördern und gleichzeitig präventiv unterschiedlichen Normungsaktivitäten entgegenzuwirken, wurde 1983 die sog. *Informationsrichtlinie* erlassen.[25] Dort waren erstmals einheitliche Definitionen für die Begriffe „Norm" und „technische Spezifikation" enthalten, und ferner war erstmals eine Mitteilungspflicht der Mitgliedstaaten gegenüber der Kommission über geplante Normungsvorhaben vorgesehen, die sodann die Kommission dazu befähigte die Normen auf Handelshemmnisse hin zu untersuchen.[26]

Die übrigen Produktsicherheitsvorschriften waren weiter von einer Detailharmonisierung geprägt. Einen Wendepunkt sollte die *Cassis-De-Dijon*-Entscheidung[27] darstellen.[28] In dem Urteil erkannte der EuGH an, dass die mitgliedstaatlichen Regelungen grundsätzlich anzuerkennen seien, sofern eine Abweichung nicht erforderlich wäre, um „zwingenden Erfordernissen" gerecht zu werden.[29] Daraus wurde abgeleitet, dass auch nur die wesentlichen Produktanforderungen normiert

---

von einer Detailharmonisierung geprägt waren, *Gauger*, Produktsicherheit und staatliche Verantwortung, S. 58; *Europäische Kommission*, Blue Guide, ABl. 2022/C247, S. 7.

[23] *Gauger*, Produktsicherheit und staatliche Verantwortung, S. 58; *Europäische Kommission*, Blue Guide, ABl. 2022/C247, S. 6; *Reihlen*, EuZW 1990, 444, 446; *Bruha*, ZaöRV 1986, 2 f.; *Marburger/Enders*, in: Jahrbuch des Umwelt- und Technikrechts 1994, S. 341 f.; *Merten*, Private Entscheidungsträger, S. 32; *Klindt*, EuZW 2002, 133.

[24] *Merten*, Private Entscheidungsträger, S. 33; vgl. hierfür die Richtlinie des Rates vom 19. Februar 1973 zur Angleichung der Rechtsvorschriften der Mitgliedstaaten betreffend elektrische Betriebsmittel zur Verwendung innerhalb bestimmter Spannungsgrenzen, abgedr. ABl. 1973/L22, S. 29 ff.

[25] Vgl. Richtlinie 83/189/EWG des Rates vom 28. März 1983 über ein Informationsverfahren auf dem Gebiet der Normen und technischen Vorschriften, abgedr. ABl. 1983/L108, S. 8 ff.

[26] Vgl. hierfür Art. 1 RL 83/189/EWG des Rates vom 28. März 1983 über ein Informationsverfahren auf dem Gebiet der Normen und technischen Vorschriften, abgedr. ABl. 1983/L108, S. 9; ebenso *Merten*, Private Entscheidungsträger, S. 34; *Europäische Kommission*, Blue Guide, ABl. 2022/C247, 6.

[27] Vgl. EuGH, LMRR 1979, 7 – Cassis de Dijon.

[28] *Gauger*, Produktsicherheit und staatliche Verantwortung, S. 55; *Hornkohl*, in: Hatje/Müller-Graff, § 43, Rn. 27; *Dieners/Vivekens*, in: Anhalt/Dieners, § 1, Rn. 54; *Merten*, Private Entscheidungsträger, S. 29 f.; *Europäische Kommission*, Blue Guide, ABl. 2022/C247, S. 7 f.

[29] *Merten*, Private Entscheidungsträger, S. 39; vgl. EuGH, LMRR 1979, 7 – Cassis de Dijon.

werden müssten, um die Binnengrenzen abzubauen.[30] Diese Erkenntnis führte durch die „Entschließung über neue Konzeption auf dem Gebiet der technischen Harmonisierung und Normung"[31] zu dem Erlass des sog. *Neuen Konzepts.*[32]

Seit diesem Zeitpunkt ist das europäisch harmonisierte Produktsicherheitsrecht von dem Prinzip geprägt, dass nur die *wesentlichen* Anforderungen in den Anhängen der jeweiligen Sekundärrechtsakte verortet sind.[33]

### *b) Konkretisierung durch europäisch harmonisierte Normen*

Die Konkretisierung obliegt privaten Normungsorganisationen, die im Auftrag der Europäischen Kommission zur Konkretisierung der technischen Details „europäisch harmonisierte Normen" erlassen.[34] Obgleich die Normen keine Rechtsverbindlichkeit entfalten, bewirkt deren Einhaltung im Konformitätsbewertungsverfahren eine Vermutungswirkung bezüglich der Konformität mit den gesetzlich harmonisierten wesentlichen Produktanforderungen.[35] Dadurch soll gewährleistet sein, dass die Anforderungen dem technischen Fortschritt standhalten können und

---

[30] *Merten*, Private Entscheidungsträger, S. 39; *Europäische Kommission*, Blue Guide, ABl. 2022/C247, S. 7 f.

[31] *Europäische Kommission*, Blue Guide, ABl. 2022/C247, S. 7 f.; vgl. hierfür Entschließung des Rates vom 7. Mai 1985 über eine neue Konzeption auf dem Gebiet der technischen Harmonisierung und der Normung, abgedr. ABl. 1985/C136, S. 1 ff.

[32] *Kapoor/Klindt*, EuZW 2008, 649, 650; *Europäische Kommission*, Blue Guide, ABl. 2022/C247, S. 8.

[33] Vgl. dafür, dass im Rahmen des neuen Konzepts nur die wesentlichen Produktanforderungen normiert werden, Beschluss Nr. 768/2008/EG des Europäischen Parlaments und des Rates vom 9. Juli 2008 über einen gemeinsamen Rechtsrahmen für die Vermarktung von Produkten und zur Aufhebung des Beschlusses 93/465/EWG des Rates, abgedr. ABl. 2008/L218, S. 82 ff.; *Europäische Kommission*, Blue Guide, ABl. 2022/C247, S. 5; *Dieners/Vivekens*, in: Anhalt/Dieners, § 1, Rn. 58; *Kapoor/Klindt*, EuZW 2008, 649, 650; *Mertens*, Private Entscheidungsträger, S. 37; *Gauger*, Produktsicherheit und staatliche Verantwortung, S. 60; *Klindt*, ProdSG, § 4, Rn. 2 f.; *Schucht*, EuZW 2014, 848; *Ebers*, RDi 2021, 588, 589; vgl. zum NLF so auch der Erwägungsgrund 8, Beschluss (EU) 768/2006, ABl. 2008/L218, S. 83.

[34] Vgl. Entschließung des Rates vom 7. Mai 1985 über eine neue Konzeption auf dem Gebiet der technischen Harmonisierung und der Normung, abgedr. ABl. 1985/C136, S. 2; ebenso *Röhl*, Akkreditierung und Zertifizierung, S. 4 f.; *Röhl/Schreiber*, Konformitätsbewertung in Deutschland, S. 49, abrufbar unter: siehe Quellenangaben; *Gauger*, Produktsicherheit und staatliche Verantwortung, S. 61; *Europäische Kommission*, Blue Guide, ABl. 2022/C247, S. 48.

[35] Vgl. hierfür auch Erwägungsgrund 40, Beschluss (EU) 768/2008, ABl. 2008/L218, S. 83; vgl. hierzu eingehend *Klindt*, ProdSG, § 4, Rn. 8 ff.; *Europäische Kommission*, Blue Guide, ABl. 2022/C247, S. 51 f.; *Kapoor/Klindt*, EuZW 2008, 649, 650; *Dieners/Vivekens*, in: Anhalt/Dieners, § 1, Rn. 63; *Merten*, Private Entscheidungsträger, S. 44 f.; *Schucht*, EuZW 2014, 848; *Ebers*, RDi 2021, 588, 589.

nicht durch langwierige statische Gesetzgebungsprozesse behindert werden, um so die Zukunftssicherheit der gesetzlichen Regelungen zu gewährleisten.[36]

Die Vermutungswirkung wird jedoch nur ausgelöst, wenn es sich um eine „europäisch harmonisierte Norm“ handelt.[37] Den rechtlichen Rahmen hierfür bildet die Verordnung (EU) 1025/2012[38], deren Auslegung durch die von der Kommission veröffentlichten Leitlinien[39] unterstützt wird.[40] Die Verordnung (EU) 1025/2012 definiert „Normen“ als „von einer anerkannten Normungsorganisation angenommene technische Spezifikation zur wiederholten oder ständigen Anwendung, deren Einhaltung nicht zwingend ist und bei denen es sich entweder um internationale, europäische, harmonisierte oder nationale Normen handelt“.[41]

Eine Norm ist dann gem. Art. 2 Nr. 1 lit. c) VO (EU) 1025/2012 „europäisch“, wenn diese von einer europäischen Normungsorganisation (ENO) erlassen wurde. Ausweislich des Art. 2 Nr. 8 VO (EU) 1025/2012 sind „europäische Normungsorganisationen“ die in Anhang I VO (EU) 1025/2012 aufgeführten Organisationen und damit das Europäische Komitee für Normung (CEN[42]), das Europäische Komitee für Elektrotechnische Normung (CENELEC[43]) oder das Europäische Institut für Standardisierung der Telekommunikation (ETSI[44]).[45] Durch die gemeinsame

---

[36] Vgl. *Europäische Kommission*, Blue Guide, ABl. 2022/C247, S. 48; Entschließung des Europäischen Rates für ein neues Konzept, ABl. 1985/C136, S. 2.

[37] *Europäische Kommission*, Blue Guide, ABl. 2022/C247, S. 49 f.; vgl. auch die Entschließung des Rates für ein neues Konzept, ABl. 1985/C136, S. 2 ff.

[38] Vgl. Verordnung (EU) Nr. 1025/2012 des Europäischen Parlaments und des Rates vom 25. Oktober 2012 zur europäischen Normung, zur Änderung der Richtlinien 89/686/EWG und 93/15/EWG des Rates sowie der Richtlinien 94/9/EG, 94/25/EG, 95/16/EG, 97/23/EG, 98/34/EG, 2004/22/EG, 2007/23/EG, 2009/23/EG und 2009/105/EG des Europäischen Parlaments und des Rates und zur Aufhebung des Beschlusses 87/95/EWG des Rates und des Beschlusses Nr. 1673/2006/EG des Europäischen Parlaments und des Rates des Europäischen Parlaments und des Rates vom 25. Oktober 2012 zur europäischen Normung, abgedr. ABl. 2012/L316, S. 12 ff.

[39] Vgl. *Europäische Kommission*, Leitfaden zur europäischen Normung, SWD (2015) 205 final, Part 1–3.

[40] Vgl. dafür, dass die VO (EU) 1025/2012 den rechtlichen Rahmen für die Normung bildet, die sodann durch Leitlinien konkretisiert wird, *Hornkohl*, in: Hatje/Müller-Graff, § 43, Rn. 31; *Europäische Kommission*, Blue Guide, ABl. 2022/C247, S. 49 f.

[41] *Europäische Kommission*, Blue Guide, ABl. 2022/C247, S. 49; mit Verweis auf Art. 1 Nr. 4 für die Definition der technischen Spezifikation, Verordnung (EU) 1025/2012, ABl. 2012/L316, S. 19.

[42] Abkürzung aus dem Französischen: „Comité Européen de Normalisation“ (CEN).

[43] Abkürzung aus dem Französischen: „Comité Européen de Normalisation Electrotechnique“ (CENELEC).

[44] Abkürzung aus dem Französischen: „European Telecommunications Standards Institute“ (ETSI).

[45] *Langer/Klindt/Schucht*, in: Dauses/Ludwigs, C. VI., Rn. 26; die Zuständigkeit der Organisationen unterscheidet sich nach dem jeweiligen Arbeitsgebiet. Während die Normungsorganisation CEN für technische Bereiche zuständig ist, obliegt der Normungsorganisation

Geschäftsordnung[46] existieren für alle diese ENO einheitliche Regelungen zur Organisation und zu Normungsarbeiten.[47]

Um die Vermutungswirkung auszulösen, ist ferner erforderlich, dass es sich um eine „harmonisierte Norm" i. S. d. Art. 2 Nr. 1 lit. c) VO (EU) 1025/2012 handelt. Dies ist dann der Fall, wenn die ENO im Auftrag der Kommission tätig wird.[48] Gemäß Art. 10 Abs. 1 und 2 VO (EU) 1025/2012 wird der Auftrag durch die Kommission durch einen Durchführungsrechtsakt erteilt.[49] Sobald die Normungsorganisation diesem Auftrag nachgekommen ist, ist die Kommission ermächtigt zu prüfen, ob die erarbeiteten Normen ausreichend sind. Ist dies der Fall, veröffentlicht sie die Fundstelle der Norm im Amtsblatt der Europäischen Union.[50] Erst mit dieser Veröffentlichung werden die Normen „harmonisiert" und lösen bei Einhaltung der Vorgaben der Normen eine Vermutungswirkung in Bezug auf die Konformität mit den jeweiligen gesetzlichen Anforderungen des Harmonisierungsrechtsakts aus, die sodann die freie Verkehrsfähigkeit zur Folge hat.[51]

## II. Konformitätsbewertung als Voraussetzung für die freie Verkehrsfähigkeit

Kennzeichnend für die Harmonisierungsvorschriften des neuen Rechtsrahmens ist ferner, dass die Einhaltung der wesentlichen Sicherheitsanforderungen vor der Inverkehrgabe oder Inbetriebnahme in einem Konformitätsbewertungsverfahren durch eine notifizierte Konformitätsbewertungsstelle bestätigt wird.[52]

---

CENELEC die Verantwortung für die Bereiche der Elektrotechnik. Die Normungsorganisation ETSI ist für Telekommunikation zuständig, vgl. zu den Zuständigkeitsbereichen eingehend, *Breulmann*, Normung und Rechtsangleichung, S. 41 ff.

[46] Vgl. *CEN/CENELEC*, Geschäftsordnung Teil 1, abrufbar: siehe online Quellen; *CEN/CENELEC*, Geschäftsordnung Teil 2, abrufbar: siehe online Quellen.

[47] *Langer/Klindt/Schucht*, in: Dauses/Ludwigs, C. VI., Rn. 27.

[48] *Langer/Klindt/Schucht*, in: Dauses/Ludwigs, C. VI., Rn. 23; ebenso dafür, dass die Besonderheit harmonisierten Normen im Unterschied „herkömmlichen" Normen darin besteht, dass diese durch europäische Normungsorganisationen im Auftrag der Kommission erarbeitet werden, *Dieners/Vivekens*, in: Anhalt/Dieners, § 1, Rn. 61 f.; zudem *Merten*, Private Entscheidungsträger, S. 45; ebenso *Breulmann*, Normung und Rechtsangleichung, S. 43.

[49] *Hornkohl*, in: Hatje/Müller-Graff, § 43, Rn. 20.

[50] *Dieners/Vivekens*, in: Anhalt/Dieners, § 1, Rn. 62 f.

[51] *Europäische Kommission*, Blue Guide, ABl. 2022/C247, S. 8, 51 f.; ebenso *Langer/Klindt/Schucht*, in: Dauses/Ludwigs, C. VI., Rn. 24; ebenso Erwägungsgrund 9, Beschluss 768/2008, ABl. 2008/L218, S. 83; ferner *Hornkohl*, in: Hatje/Müller-Graff, § 43, Rn. 34.

[52] *Röhl*, Akkreditierung und Zertifizierung, S. 5; *Röhl/Schreiber*, Konformitätsbewertung in Deutschland, S. 50, abrufbar unter: siehe Quellenangaben.

### 1. Historische Entwicklung der harmonisierten Verfahrensanforderungen

Die Pflicht zur Durchführung eines Konformitätsbewertungsverfahrens war bereits im Rahmen des neuen Konzepts verankert.[53] Bereits damals musste die Überprüfung in Abhängigkeit des Gefahrenpotenzials durch eine interne Bewertung oder unabhängige dritte Stelle erfolgen.[54]

Der Regelungsrahmen ermangelte zunächst konkreter Anforderungen an das Bewertungsverfahren. Vielmehr erschöpften sich diese in der allgemeinen Pflicht der jeweiligen Bewertungsstellen, ihre Aufgaben „nach international anerkannten Praktiken und Grundsätzen“ ausüben zu müssen.[55] Die Ausgestaltung der Anforderungen an das Bewertungsverfahren oblag zu diesem Zeitpunkt überwiegend noch der Kompetenz der Mitgliedstaaten.

Es wurde jedoch befürchtet, dass unterschiedliche verfahrensrechtliche Anforderungen das Vertrauen in die Kompetenz anderer Konformitätsbescheinigungen schwächen würden und dadurch die Anerkennung der Prüfzeichen anderer Mitgliedstaaten erschüttert werden könnte.[56] Um die daraus drohenden Handelshemmnisse zu vermeiden, schlug die Kommission „ein globales Konzept für Zertifizierung und Prüfwesen“ vor, das die formellen Anforderungen an die Bewertungsstellen harmonisieren sollte.[57] Der Rat reagierte darauf, indem dieser das sog. *Gesamtkonzept* vorstellte, das sich über einen Zeitraum von vier Jahren durch sich ersetzende Beschlüsse weiterentwickelte.[58] Auf den Entschluss zur Harmonisierung

---

[53] Vgl. auch Abschnitt VIII, Entschließung des Rates für ein neues Konzept, ABl. 1985, C136, S. 7; vgl. zu der historischen Entwicklung der harmonisierten Anforderungen an das Konformitätsbewertungsverfahren *Röhl/Schreiber*, Konformitätsbewertung in Deutschland, S. 51 ff., abrufbar unter: siehe Quellenangaben; *Kapoor/Klindt*, EuZW 2008, 649, 650 f.

[54] *Kapoor/Klindt*, EuZW 2008, 649, 650 f.; vgl. auch Abschnitt VIII, Entschließung des Rates für ein neues Konzept, ABl. 1985, C136, S. 7; ebenso *Röhl/Schreiber*, Konformitätsbewertung in Deutschland, S. 52 ff., abrufbar unter: siehe Quellenangaben.

[55] Vgl. hierfür die Anforderungen an die „Bescheinigungen über die Überprüfung“ Abschnitt VIII, Nr. 3 UAbs. 2, Entschließung des Rates für ein neues Konzept, ABl. 1985, C136, S. 7; *Gauger*, Produktsicherheit und staatliche Verantwortung, S. 62.

[56] *Europäische Kommission*, Ein globales Konzept für Zertifizierung und Prüfwesen – Instrument zur Gewährleistung der Qualität bei Industrieerzeugnissen – Mitteilung der Kommission an den Rat, vom 15. Juli 1989, ABl. 1989, C267, S. 3; vgl. hierzu auch *Merten*, Private Entscheidungsträger, S. 52.

[57] Vgl. hierfür *Europäische Kommission*, Ein globales Konzept für Zertifizierung und Prüfwesen – Instrument zur Gewährleistung der Qualität bei Industrieerzeugnissen – Mitteilung der Kommission an den Rat, ABl. 1989, C267, S. 3 ff.; vgl. ferner bereits die Forderung des Rates in der Entschließung des Rates für ein neues Konzept, ABl. 1985, C136, S. 1; ebenso *Gauger*, Produktsicherheit und staatliche Verantwortung, S. 62.

[58] Vgl. *Rat*, Entschließung des Rates vom 21. Dezember 1989 zu einem Gesamtkonzept für die Konformitätsbewertung, ABl. 1990/C10, S. 1 ff.; *Rat*, Beschluss des Rates vom 13. Dezember 1990 über die technischen Harmonisierungsrichtlinien zu verwendende Module für die verschiedenen Phasen des Konformitätsbewertungsverfahren, ABl. 1990, L380, S. 13 ff.; Beschluss des Rates vom 22. Juli 1993 über die in den technischen Harmonisierungsrichtlinien zu verwendende Module für die verschiedenen Phasen der Konformitätsbewertung und die

im Jahre 1989[59] folgte der sog. *Modulbeschluss*[60], der erstmals das modulare Konzept für Konformitätsbewertungsverfahren vorstellte.[61] Anschließend wurde durch den Beschluss im Jahre 1993[62] auch die Voraussetzung für die CE-Kennzeichnung harmonisiert, wodurch ein finales Gesamtkonzept entstand.[63]

Dadurch entstand die „zweite Säule" des neuen Rechtsrahmens, die durch die Harmonisierung der Anforderungen an das Bewertungsverfahren bewirkt, dass das Vertrauen in die Konformitätsnachweise gewährleistet wird.[64]

Obgleich die Kommission das Gesamtkonzept als „effizienteres Mittel" begrüßte, forderte sie dennoch den Erlass von horizontalen Rahmenbedingungen, die einheitliche Grundsätze für die Benennung von Konformitätsbewertungsstellen enthalten und zudem die Marktüberwachung und Durchsetzung weiter stärken sollten.[65] Dieser Forderung schloss sich auch der Rat an, der den Ansatz des neuen und des Gesamtkonzepts begrüßte, aber gleichwohl auf die Regelungsnotwendigkeit hinsichtlich eines einheitlichen Rechtsrahmens für die „Konformitätsbewertung, Akkreditierung und Marktaufsicht in der Europäischen Union" hinwies.[66] Der wiederholt geäußerten Kritik trat das Parlament mit der am 9. Juli 2008 beschlossenen Verordnung (EU) 765/2008[67] und dem Beschluss (EU) 768/2008[68] entge-

Regeln für die Anwendung der CE-Kennzeichnung, ABl. 1993/L220, S. 23 ff.; vgl. hierzu auch *Europäische Kommission*, Blue Guide, ABl. 2022/C247, S. 9; ebenso *Gauger*, Produktsicherheit und staatliche Verantwortung, S. 62; ferner *Röhl/Schreiber*, Konformitätsbewertung in Deutschland, S. 51 ff., abrufbar unter: siehe Quellenangaben.

[59] Vgl. hierfür die Entschließung des Rates ABl. 1989, C10, S. 1 ff.

[60] Vgl. hierfür die Entschließung des Rates ABl. 1990, C380, S. 13 ff.

[61] Vgl. hierzu auch *Gauger*, Produktsicherheit und staatliche Verantwortung, S. 63; *Merten*, Private Entscheidungsträger, S. 53 f.; vgl. zu den unterschiedlichen Modulen des Modulbeschlusses eingehend *Röhl/Schreiber*, Konformitätsbewertung in Deutschland, S. 51 ff., abrufbar unter: siehe Quellenangaben.

[62] Vgl. hierfür die Entschließung des Rates ABl. 1993/L220, S. 23 ff.

[63] *Merten*, Private Entscheidungsträger, S. 54 f.

[64] Vgl. für den Begriff der „zweite(n) Säule" *Gauger*, Produktsicherheit und staatliche Verantwortung, S. 63.

[65] *Europäische Kommission*, Blue Guide, ABl. 2022/C247, S. 9; ebenso *Gauger*, Produktsicherheit und staatliche Verantwortung, S. 76 f.; vgl. *Europäische Kommission*, Mitteilung der Kommission an den Rat und das Europäische Parlament – Verbesserte Umsetzung der Richtlinien des neuen Konzepts, COM 2003, 240 final, S. 7 ff.

[66] *Europäische Kommission*, Blue Guide, ABl. 2022/C247, S. 9; vgl. hierfür *Rat der Europäischen Union*, Entschließung des Rates vom 10. November 2003 zur Mitteilung der Europäischen Kommission „Verbesserte Umsetzung der Richtlinien des neuen Konzepts", ABl. 2003/C282. S. 3.

[67] Vgl. Verordnung (EG) 765/2008 des Europäischen Parlaments und des Rates vom 9. Juli 2008 über die Vorschriften für die Akkreditierung und Marktüberwachung im Zusammenhang mit der Vermarktung von Produkten und zur Aufhebung der Verordnung (EWG) Nr. 339/93 des Rates, ABl. 2008/L218, S. 30 ff.

gen.[69] Hierdurch wurde das sog. *New Legislative Framework (NLF)* (deutsch: „Neuer Rechtsrahmen“) geschaffen.[70]

Das NLF stellt ein sich ergänzendes Gesamtsystem dar, das horizontal Anforderungen, wie die Beschränkung der gesetzlichen Normierung auf die wesentlichen Produktanforderungen, die Konkretisierung in technischen Normen, Regeln an die Konformitätsbewertungsstellen und die Akkreditierung, das CE-Kennzeichen, als auch die Marktüberwachung festlegt, die durch alle nach diesem Rechtsrahmen harmonisierten, sektorenspezifischen Sicherheitsvorschriften erfüllt sein müssen.[71]

Während durch die Verordnung (EU) 765/2008 die Bedeutung der CE-Kennzeichnung bestätigt wurde und zudem eine Rechtsgrundlage für die Akkreditierung und Marktüberwachung geschaffen wurde, enthielt der Beschluss (EU) 768/2008 einen Modellvorschlag für Harmonisierungsvorschriften.[72]

Art. 2 Nr. 12 VO (EU) 765/2008 definiert das Konformitätsbewertungsverfahren als ein „Verfahren zur Bewertung, ob spezifische Anforderungen an ein Produkt, ein Verfahren, eine Dienstleistung, ein System oder eine Stelle erfüllt sind“.

Eine zentrale Komponente des Beschlusses (EU) 765/2008 bilden die „horizontalen“ Mustermodule für mögliche Konformitätsverfahren, aus denen der Regelungsgeber zukünftiger sektorenspezifischer Harmonisierungsvorschriften entsprechende Module auswählen und so sektorenspezifische Konformitätsbewertungssysteme entwerfen kann.[73]

### 2. Harmonisierung der Anforderungen an das Bewertungsverfahren

Die in dem Beschluss (EU) 768/2008 vorgesehenen Musterkonformitätsbewertungsmodule unterscheiden sich in Bezug auf den Bewertungsgegenstand als auch auf den Umfang, indem eine benannte Stelle beteiligt werden muss (*siehe hierzu a)*).

---

[68] Vgl. Beschluss (EG) 768/2008 des Europäischen Parlaments und des Rates vom 9. Juli 2008 über einen gemeinsamen Rechtsrahmen für die Vermarktung von Produkten und zur Aufhebung des Beschlusses 93/465/EWG des Rates, ABl. 2008, L218, S. 82 ff.

[69] Vgl. hierfür die Erwägungsgründe 10 und 26 der Verordnung (EU) 765/2008 des Europäischen Parlaments und des Rates vom 9. Juli 2008 über die Vorschriften von Produkten und zur Aufhebung der Verordnung (EWG) Nr. 339/93 des Rates, ABl. 2008/L218, S. 30 ff.; ebenso *Europäische Kommission*, Blue Guide ABl. 2022/C247, S. 10.

[70] *Gauger*, Produktsicherheit und staatliche Verantwortung, S. 77; *Europäische Kommission*, Blue Guide, ABl. 2022, C247, S. 10.

[71] *Europäische Kommission*, Blue Guide, ABl. 2022, C247, S. 12.

[72] *Europäische Kommission*, Blue Guide, ABl. 2022, C247, S. 10; *Dieners/Vivekens*, in: Anhalt/Dieners, § 1, Rn. 67.

[73] Vgl. *Dieners/Vivekens*, in: Anhalt/Dieners, § 1, Rn. 69 f.; *Europäische Kommission*, Blue Guide, S. 70.

Die Übernahme ist gleichwohl nicht verpflichtend. Vielmehr stellt der Modulbeschluss sich als modulares Baukastensystem dar, aus dem der Gesetzgeber die relevanten Module auswählen bzw. diese sektorenspezifisch entsprechend anpassen kann (*siehe hierzu b)*).

### *a) Horizontale Mustermodule des neuen Rechtsrahmens*

Insgesamt lassen sich in dem Modulbeschluss (EU) 768/2008 acht horizontale Mustermodule (A–H) unterscheiden, welche teilweise noch in Varianten untergliedert sind.[74]

Die Module bestimmen in Abhängigkeit der Risikoklasse die Intensität des Konformitätsbewertungsverfahrens, indem sie den Grad der Beteiligungspflicht bestimmen, nach dem notifizierte dritte Stellen zu beteiligen sind.[75] Ein vollständiges Konformitätsbewertungsverfahren umfasst dabei sowohl die Phase des Entwurfes als auch die Fertigung des Konformitätsbewertungsgegenstandes, weshalb die anzuwendenden Module teilweise kombiniert werden müssen, während andere Module die Bewertung der gesamten Entwicklung umfassen.[76]

In Abhängigkeit des Bewertungsgegenstandes lassen sich Module unterscheiden, bei denen eine Bewertung des Produkts, eine Baumusterprüfung als auch eine Bewertung des Qualitätssicherungssystems vorgesehen sind.[77]

#### aa) Produktprüfung

Der Modulbeschluss sieht in den Modulen A, A1, A2, F1 und G vor, dass die Konformitätsbewertung des Produkts durch eine Produktprüfung erfolgen kann.[78] Alle diese Module umfassen sowohl die Entwurfs- als auch die Fertigungsphase, unterscheiden sich allerdings danach, ob und in welchem Umfang eine benannte Stelle zu beteiligen ist.[79]

Während bei Modul A die Konformitätsbewertung ausschließlich durch den Hersteller erfolgt, muss in Modul A1 zusätzlich zu der internen Fertigungskontrolle des Herstellers die Überprüfung bestimmter Eigenschaften des Produkts durch eine

[74] Vgl. Beschluss (EG) 768/2008, ABl. 2008, L218, S. 98 ff.; ferner die Ausführungen und Übersicht, *Europäische Kommission*, Blue Guide, S. 74 ff.; vgl. ferner eingehend hierzu *Dieners/Vivekens*, in: Anhalt/Dieners, § 1, Rn. 70 ff.

[75] *Europäische Kommission*, Blue Guide, S. 74.

[76] *Gauger*, Produktsicherheit und staatliche Verantwortung, S. 192, der die Module, die den gesamten Entwicklungsprozess erfassen als „Hauptmodule" bezeichnet, während er solche Module, die nicht den gesamten Entwicklungsprozess umfassen als „Teilmodule" bezeichnet; *Europäische Kommission*, Blue Guide, S. 70.

[77] Vgl. hierfür auch *Europäische Kommission*, Blue Guide, S. 69 ff.

[78] Vgl. *Europäische Kommission*, Blue Guide, ABl. 2022/C247, S. 69 ff.

[79] Vgl. *Europäische Kommission*, Blue Guide, ABl. 2022/C247, S. 69.

dritte oder eine akkreditierte interne Stelle erfolgen.[80] In Modul A2 ist die Beteiligung der notifizierten dritten oder akkreditierten internen Stelle in unregelmäßigen Abständen vorgesehen.[81]

In den Modulen F1 und G erfolgt die Bewertung der Produkte durch eine notifizierte Stelle.[82] Während bei Modul F1 die Wahl zwischen der Bewertung jedes einzelnen Produkts oder einer statistischen Überprüfung besteht, muss im Rahmen des Moduls G jedes einzelne Produkt durch eine notifizierte Stelle überprüft werden.[83]

#### bb) Baumusterprüfung

Der Modulbeschluss sieht ferner die Möglichkeit einer Baumusterprüfung vor.[84] Für solche Bewertungsverfahren ist es kennzeichnend, dass in einem ersten Schritt die Konformität des technischen Entwurfes eines Produkts („Baumuster") durch eine notifizierte Stelle überprüft wird. In einem zweiten Schritt muss sodann bewertet werden, ob das hergestellte Produkt mit dem Muster übereinstimmt.[85]

Daher muss die Baumusterprüfung nach Modul B des Beschlusses (EU) 768/2008 immer noch mit anderen Modulen, wie den Modulen C, C1, C2, D, E oder F, kombiniert werden, die sich auf die Fertigungsphase konzentrieren.[86] Die Fertigungskontrolle kann dabei entweder auf Grundlage einer internen Fertigungskontrolle durch den Hersteller (Modul C) oder die erneute Beteiligung einer benannten Stelle (C1, C2, D, E und F) erfolgen.[87]

---

[80] Vgl. Abschnitt 4, Modul A1 Beschluss 768/2008, ABl. 2008/L218, S. 99; vgl. ferner *Europäische Kommission*, Blue Guide, ABl. 2022/C247, S. 69 ff.

[81] Vgl. Abschnitt 4, Modul A2 Beschluss 768/2008, ABl. 2008/L218, S. 100; vgl. ferner *Europäische Kommission*, Blue Guide, ABl. 2022/C247, S. 69 ff.

[82] Vgl. hierfür die Module F1 und G, Beschluss 768/2008, ABl. 2008/L218, S. 116 ff.; vgl. ferner *Europäische Kommission*, Blue Guide, ABl. 2022/C247, S. 70 f.

[83] Vgl. hierfür die Module F1 und G, Beschluss 768/2008, ABl. 2008/L218, S. 116 ff.; vgl. ferner *Europäische Kommission*, Blue Guide, ABl. 2022/C247, S. 70 f.

[84] Vgl. Modul B, Beschluss 768/2008, ABl. 2008/L218, S. 101; ebenso *Europäische Kommission*, Blue Guide, ABl. 2022/C247, S. 69.

[85] Vgl. Abschnitt 1 Modul B, Beschluss 768/2008, ABl. 2008/L218, S. 101; *Europäische Kommission*, Blue Guide, ABl. 2022/C247, S. 69.

[86] *Europäische Kommission*, Blue Guide, ABl. 2022/C247, S. 69.

[87] Die Beteiligung der benannten Stelle kann sich entweder auf die Überprüfung der Übereinstimmung bestimmter Aspekte mit dem Baumuster (C1), die unregelmäßige Überprüfung der Übereinstimmung bestimmter Aspekte mit dem Baumuster (C2), die Bewertung des Qualitätssicherungssystem des Produktionsprozesses (E) oder die Bewertung des Qualitätssicherungssystems des Endproduktes (E) oder auch auf der Grundlage einer Prüfung jedes einzelnen Produkts (F) beziehen, vgl. hierfür Modul C1 Abschnitt 3; C2 Abschnitt 3; Modul D Abschnitt 3.3; Modul E Abschnitt 3.3; Modul F Abschnitt 4, Beschluss 768/2008, ABl. 2008/L218, S. 101; vgl. ferner auch die Übersicht *Europäische Kommission*, Blue Guide, ABl. 2022/C247, S. 76.

Nur wenn die Konformitätsbewertungsstelle sowohl für das Baumuster in der Entwurfs- als auch für das Produkt in der Fertigungsphase eine Bescheinigung ausgestellt hat, ist das Konformitätsbewertungsverfahren erfolgreich durchgeführt worden.[88]

Die Zuständigkeit für die Konformitätsbewertung muss dabei in den jeweiligen Verfahrensabschnitten nicht notwendigerweise identisch sein, sodass auch unterschiedliche Bewertungsstellen die jeweilige Bescheinigung ausstellen können.[89]

Der Vorteil von Baumusterprüfungen liegt darin, dass bei Massenproduktionen und sehr aufwendigen Entwurfsverfahren bereits vor der Produktion die Konformität überprüft werden kann, um so den zeitlichen Aufwand und die Kosten möglichst gering zu halten.[90]

#### cc) Bewertung des Qualitätsmanagements

In den Modulen D1, E1, H und H1 erfolgt die Bewertung des Entwurfs- als auch Fertigungsprozesses auf der Grundlage einer Bewertung des Qualitätssicherungssystems.[91] In dem Qualitätssicherungssystem beschreibt der Hersteller Elemente, die er in seiner Organisation umsetzen muss, um die Einhaltung der rechtlichen Anforderungen nachzuweisen.[92] Das Qualitätssicherungssystem kann sich dabei auf den Produktionsprozess (Modul D1), das Endprodukt (Modul E1) oder auf Entwicklung, Herstellung, Endabnahme und Prüfung der Produkte (Modul H und H1) beziehen.[93] Die Überprüfung des Qualitätssicherungssystems erfolgt bei allen Modulen unter der Beteiligung einer notifizierten Stelle.[94]

### *b) Sektorenspezifische Auswahl passender Konformitätsbewertungsmodule*

Eine Verpflichtung, die Module des Beschlusses (EU) 768/2008 in die nach dem neuen Rechtsrahmen harmonisierten Produktsicherheitsvorschriften zu übernehmen, wäre weder gesetzlich zulässig noch sinnvoll, weil dann nicht den teilweise

---

[88] *Gauger*, Produktsicherheit und staatliche Verantwortung, S. 191; vgl. ebenso *Europäische Kommission*, Blue Guide, ABl. 2022/C247, S. 69.

[89] *Europäische Kommission*, Blue Guide, ABl. 2022/C247, S. 69.

[90] *Europäische Kommission*, Blue Guide, ABl. 2022/C247, S. 69.

[91] Vgl. hierfür die Module D1, E1, H und H1, Beschluss 768/2008, ABl. 2008/L218, S. 107 ff.; ebenso *Europäische Kommission*, Blue Guide, ABl. 2022/C247, S. 70 ff.

[92] *Europäische Kommission*, Blue Guide, ABl. 2022/C247, S. 70.

[93] Vgl. hierfür die Module D1, E1, H und H1, Beschluss 768/2008, ABl. 2008/L218, S. 107 ff.; ebenso *Europäische Kommission*, Blue Guide, ABl. 2022/C247, S. 70 ff.

[94] Vgl. hierfür die Module D1, E1, H und H1, Beschluss 768/2008, ABl. 2008/L218, S. 107 ff.; ebenso *Europäische Kommission*, Blue Guide, ABl. 2022/C247, S. 71 f.

sehr unterschiedlichen sektorenspezifischen Gefahren entgegengetreten werden könnte.[95]

Bei dem Beschluss (EU) 768/2008 handelt es sich daher um ein „modulares Baukastensystem", aus welchem der Unionsgesetzgeber ein für die sektorenspezifischen Regelungen geeignetes Konformitätsbewertungssystem erstellen kann.[96] Bei der Konzeption der sektorenspezifischen Konformitätsbewertungsverfahren können die in dem Beschluss (EU) 768/2008 vorgesehenen Module angepasst, weggelassen oder ergänzt werden. Nur so kann gewährleistet werden, dass ein an die jeweiligen Sektoren angepasstes, geeignetes Schutzsystem entworfen wird.[97]

Die Auswahl des Moduls entscheidet maßgeblich darüber, wer für die Durchführung der Bewertung zuständig ist.[98] Die Strenge des Konformitätsbewertungsverfahren muss in einem angemessenen Verhältnis zu der Gefährlichkeit des Produktes, der Komplexität und dem Charakter der jeweiligen Produktion des Produktes stehen.[99]

In Abhängigkeit der Risikoträchtigkeit muss der Unionsgesetzgeber bei der Konzeption der Konformitätsbewertungsverfahren daher auch entscheiden, ob eine interne Überprüfung in Form einer „Herstellererklärung" ausreichend ist oder die Notwendigkeit der Beteiligung einer „notifizierten" Stelle besteht.[100]

### 3. Harmonisierung der Notifizierungs- und Akkreditierungsverfahren

Der Begriff einer „notifizierten" Stelle ist ein „Status", der europäischen Konformitätsbewertungsstellen zur Verfügung steht.[101]

Eine Konformitätsbewertungsstelle ist ausweislich der Legaldefinition Art. 2 Nr. 13 VO (EU) 765/2008 „eine Stelle, die Konformitätsbewertungstätigkeiten

---

[95] Bestätigend Erwägungsgrund 6 und 7, Beschluss (EU) 768/2008, ABl. 2008/L218, S. 82.

[96] Vgl. dafür, dass der Gesetzgeber nicht zur Übernahme der Module des Beschlusses 768/2008 verpflichtet ist, sondern diese vielmehr für den jeweiligen Sektor anpassen kann, *Europäische Kommission*, Blue Guide, ABl. 2022/C247, S. 66; vgl. für die Bezeichnung als „modulares Baukastensystem" im Zusammenhang mit dem Modulbeschluss, *Langer/Klindt/Schucht*, in: Dauses/Ludwigs, C. VI., Rn. 14; *Tünnesen-Harmes*, DVBl. 1994, 1134, 1340; *Merten*, Private Entscheidungsträger, S. 53.

[97] Vgl. hierfür die Erwägungsgründe 5, 6 und 13, Verordnung (EU) 768/2008, ABl. 2008/L218, S. 82.

[98] Vgl. *Europäische Kommission*, Blue Guide, ABl. 2022/C247, S. 80; *Dieners/Vivekens*, in: Anhalt/Dieners, § 1, Rn. 84 ff.

[99] *Europäische Kommission*, Blue Guide, ABl. 2022/C247, S. 80.

[100] Vgl. hierfür *Europäische Kommission*, Blue Guide, ABl. 2022/C247, S. 80; *Dieners/Vivekens*, in: Anhalt/Dieners, § 1, Rn. 84 ff.; vgl. dafür, dass unter „bestimmten Umstände(n)" die Durchführung der Konformitätsbewertung durch eine „notifizierte" Stelle erforderlich werden kann, Erwägungsgrund 36, Verordnung (EU) 768/2008, ABl. 2008/L218, S. 85.

[101] *Europäische Kommission*, Blue Guide, ABl. 2022/C247, S. 88.

einschließlich Kalibrierung, Prüfungen, Zertifizierungen und Inspektionen durchführt".

Um die Konformitätsbewertung der Produkte nach den Harmonisierungsvorschriften durchzuführen, müsste diese Bewertungsstelle benannt und notifiziert worden sein.[102]

### *a) Anforderungen an das Notifizierungsverfahren der Bewertungsstellen*

Die Benennung erfolgt durch die notifizierenden Behörden in einem Notifizierungsverfahren.[103] Dabei handelt es sich um staatliche Behörden, die in dem jeweiligen Mitgliedstaat zur Benennung und Notifizierung der Konformitätsbewertungsstellen zuständig sind.[104] In dem Notifizierungsverfahren wird die fachliche Kompetenz der Bewertungsstellen überprüft, die Konformitätsbewertungsverfahren durchzuführen.[105]

Die produktspezifischen Harmonisierungsvorschriften können unterschiedliche Anforderungen vorsehen, die die benannten Stellen für eine Notifizierung einhalten müssen.[106] In aller Regel betreffen die Anforderungen eine ausreichende personelle Ausstattung, Unabhängigkeit und Unparteilichkeit, fachliche Kompetenz, Einhaltung der Schweigepflichten und den Abschluss einer Haftpflichtversicherung.[107]

Die Benennung ist ein begünstigender Verwaltungsakt[108], der die Konformitätsbewertungsstelle dazu ermächtigt die Konformitätsbewertung vorzunehmen.[109]

Anschließend wird die Benennung der Stelle der Kommission und den Mitgliedstaaten mitgeteilt, wobei es sich um einen Realakt handelt.[110] Erst mit der Mitteilung erreicht die Konformitätsbewertungsstelle den Zustand der „notifizierten" Stelle und ist dazu berechtigt die Konformität der Produkte, für die sie benannt wurde, zu überprüfen.[111]

---

[102] *Europäische Kommission*, Blue Guide, ABl. 2022/C247, S. 88.

[103] *Europäische Kommission*, Blue Guide, ABl. 2022/C247, S. 88; vgl. auch *Kapoor*, in: Klindt, ProdSG, § 9, Rn. 3, der betont, dass die Benennung ein begünstigender Verwaltungsakt i. S. d. §§ 35, 48 Abs. 1 S. 2 VwVfG sei, während die Erlaubnis ein „schlichter Realakt" wäre.

[104] *Europäische Kommission*, Blue Guide, ABl. 2022/C247, S. 87; ebenso in Bezug auf den Medizinproduktesektor *Dieners/Vivekens*, in: Anhalt/Dieners, § 1, Rn. 82.

[105] *Europäische Kommission*, Blue Guide, ABl. 2022/C247, S. 89.

[106] *Europäische Kommission*, Blue Guide, ABl. 2022/C247, S. 89.

[107] *Europäische Kommission*, Blue Guide, ABl. 2022/C247, S. 89.

[108] Vgl. eingehend zu Verwaltungsakten im deutschen Verwaltungsrecht, etwa *Knauff*, in: Schoch/Schneider, § 35 VwVfG, Rn. 39 ff.

[109] *Merten*, Private Entscheidungsträger, S. 186; ebenso *Kapoor*, in: Klindt, ProdSG, § 9, Rn. 3.

[110] *Kapoor*, in: Klindt, ProdSG, § 9, Rn. 3; *Mertens*, Private Entscheidungsträger, S. 186.

[111] *Europäische Kommission*, Blue Guide, ABl. 2022/C247, S. 88.

Die in den jeweiligen Mitgliedstaaten für den jeweiligen Harmonisierungsrechtsakt zuständigen notifizierten Stellen werden in dem elektronischen Notifizierungsverzeichnis „NANDO“ aufgeführt.[112]

### *b) Akkreditierung zum Nachweis der fachlichen Kompetenz*

Obwohl die Akkreditierung keine Voraussetzung für die Benennung der notifizierenden Behörde ist, kann zum Nachweis der fachlichen Kompetenz der Bewertungsstelle auf die Akkreditierungsurkunde zurückgegriffen werden.[113]

Seit dem Erlass des neuen Rechtsrahmens sind die Anforderungen an die Akkreditierung harmonisiert, um so das Vertrauen in die Akkreditierungsurkunden zu gewährleisten.[114]

Bei der Akkreditierung handelt es sich gem. Art. 2 Nr. 10 VO (EU) 765/2008, um die „Bestätigung durch eine nationale Akkreditierungsstelle, dass eine Konformitätsbewertungsstelle die in harmonisierten Normen festgelegten Anforderungen und, gegebenenfalls, zusätzliche Anforderungen, einschließlich solcher in relevanten sektoralen Akkreditierungssystemen, erfüllt, um eine spezielle Konformitätstätigkeit durchzuführen“.

Gerade darin wird der Unterschied zwischen Benennung und Akkreditierung deutlich: während die Akkreditierung lediglich die fachliche Kompetenz bestätigt, stellt die Benennung die formale Zulassung der Konformitätsbewertungsstellen zum Markt dar.[115]

## 4. Freie Verkehrsfähigkeit als Rechtsfolge der erfolgreich durchgeführten Bewertung

Sobald die jeweils zuständige notifizierte Stelle die Konformitätsbewertung erfolgreich durchgeführt hat, sind die Hersteller zur Ausstellung einer Konformitätserklärung und Anbringung einer CE-Kennzeichnung berechtigt.[116] Durch die Kennzeichnung wird gem. Art. 30 Abs. 3 VO (EU) 765/2008 nach außen zum

---

[112] Vgl. die NANDO-Database, abrufbar unter: https://webgate.ec.europa.eu/single-market-compliance-space/#/home, zuletzt abgerufen: 4. 1. 2026; *Europäische Kommission*, Blue Guide, ABl. 2022/C247, S. 92 f.

[113] *Europäische Kommission*, Blue Guide, ABl. 2022/C247, S. 90; vgl. *Dieners/Vivekens*, in: Anhalt/Dieners, § 1, Rn. 83, die betonen, dass die Akkreditierung „möglich“ aber nicht zwingend wäre.

[114] Vgl. hierfür Erwägungsgrund 12, VO (EU) 765/2008, ABl. 2008/L218, S. 31; *Europäische Kommission*, Blue Guide, ABl. 2022/C247, S. 94; vgl. *Ensthaler/Strübbe/Bock*, Zertifizierung und Akkreditierung, S. 85.

[115] Vgl. im Zusammenhang mit dem MPG, *Merten*, Private Entscheidungsträger, S. 185.

[116] *Europäische Kommission*, Blue Guide, ABl. 2022/C247, S. 62 ff.; *Dieners/Vivekens*, in: Anhalt/Dieners, § 1, Rn. 76.

Ausdruck gebracht, dass das Produkt „alle anzuwendenden Rechtsvorschriften" einhält.[117] Dies löst die freie Verkehrsfähigkeit des Produktes aus, die zur Folge hat, dass keine systematische Marktzugangsüberprüfung durch die nationalen Marktüberwachungsbehörden erfolgen darf (sog. *Freiverkehrsklausel*).[118] Die Kontrolle der nationalen Überwachungsbehörden ist gem. Art. 11 Abs. 3 VO (EU) 2019/1020 auf „angemessene Stichproben" beschränkt. Ferner sind obligatorisch restriktive Korrekturmaßnahmen, die die freie Verkehrsfähigkeit beeinträchtigen könnten, gem. Art. 16 Abs. 1 und Abs. 2 VO (EU) 2019/1020 nur anlassbezogen, im Falle des Vorliegens einer Gefahr für die Gesundheit und Sicherheit oder bei einer Nichtkonformität zulässig.[119]

Zu diesem Zweck sind die Überwachungsbehörden zunächst gehalten, den Hersteller zu Korrekturmaßnahmen aufzufordern. Erst wenn die so Verpflichteten dem nicht nachkommen, können die Marktüberwachungsbehörden *ultima ratio* sicherstellen, dass die Produkte vom Markt genommen oder zurückgerufen werden.[120] Dies löst gem. Art. 16 Abs. 6 VO (EU) 2019/1020 eine Informationspflicht gegenüber der Öffentlichkeit als auch den übrigen Mitgliedstaaten aus, wodurch es den Mitgliedstaaten und der Kommission ermöglicht wird Einwände zu erheben.[121]

Die CE-Kennzeichnung wird daher treffend auch als „Schlüssel"[122] oder „Warenpass"[123], „Reisepass für Konsum- und Industriegüter"[124] bezeichnet.[125]

### 5. Abgrenzung von anderen Bewertungsverfahren

Mit freiwilligen Selbstverpflichtungen, Zulassungsverfahren oder Gütezeichen gibt es neben der europäisch harmonisierten Konformitätsbewertung und CE-Kennzeichnung weitere unterschiedliche Verfahren, die ebenfalls einer Überprü-

---

[117] Vgl. *Europäische Kommission*, Blue Guide, ABl. 2022/C247, S. 64; ebenso *Möslein/Zicari*, in: Research Handbook on Big Data Law, S. 356; ferner *Ernsthaler/Strübbe/Bock*, Zertifizierung und Akkreditierung technischer Produkte, S. 187.

[118] *Gauger*, Produktsicherheit und staatliche Verantwortung, S. 117; vgl. auch die Bezeichnung als „Klausel über freien Verkehr", *Europäische Kommission*, Blue Guide, S. 126; vgl. dazu, dass die CE-Kennzeichnung die freie Verkehrsfähigkeit zur Folge hat auch Erwägungsgrund 40, Verordnung (EU) 745/2017, ABl. 2017/L117, S. 6; *Reuter*, CR 1990, 540, 544; *Tünnesen-Harmes*, DVBl 1994, 1334, 1339; *Scheel*, DVBl 1999, 442, 444.

[119] *Giesberts/Gayger*, in: Ehring/Taeger, Art. 16 MÜ-VO, Rn. 9 ff.

[120] *Giesberts/Gayger*, in: Ehring/Taeger, Art. 16 MÜ-VO, Rn. 42 ff.

[121] *Europäische Kommission*, Blue Guide, ABl. 2022/C247, S. 117.

[122] *Wagner*, BB 1997, 2489, 2497.

[123] *Scheel*, DVBl 1999, 442, 444

[124] *Ernsthaler/Strübbe/Bock*, Zertifizierung und Akkreditierung, S. 187.

[125] Vgl. für die unterschiedlichen Bezeichnungen, die für die CE-Kennzeichnung verwendet werden, *Wende*, in: Klindt, ProdSG, § 7, Rn. 5.

fung bzw. dem Nachweis zu dienen bestimmt sind, dass ein entsprechendes Produkt mit bestimmten Qualitätsanforderungen übereinstimmt.[126]

Von einem Zulassungsverfahren, wie es beispielsweise bei Arzneimitteln durchzuführen ist[127], grenzt sich die Konformitätsbewertung des neuen Rechtsrahmens insbesondere durch die Zuständigkeit im Bewertungsverfahren ab.[128] Während für die Konformitätsbewertung entweder der Hersteller oder die privatrechtlichen Institutionen, die für die entsprechende Bewertungstätigkeit benannt wurden, zuständig sind, erfolgt die Zulassung durch eine staatliche Behörde.[129] Die Zuständigkeit wirkt sich auch maßgeblich auf die Rechtsfolgen der Handlungen aus.[130] Während es sich bei einer Zulassung um einen Verwaltungsakt[131] handelt, ist die Konformitätsbewertung keine unmittelbare Marktzugangsvoraussetzung, sondern berechtigt diese den Hersteller nur zur Anbringung des CE-Kennzeichens.[132]

Kennzeichnend für das Konzept der Konformitätsbewertung und CE-Kennzeichnung des neuen Rechtsrahmens ist es weiter, dass die Verantwortlichkeit für die Konformität bei den Produktherstellern verbleibt.[133] Da die CE-Kennzeichnung nicht durch die benannten Stellen aufgebracht wird, ist auch die Bezeichnung einer „CE-Zertifizierung" „formal falsch".[134] Das steht jedoch nicht dem Umstand entgegen, dass der Bewertungsprozess als solcher als „Zertifizierung" bezeichnet werden kann, wie auch die VO (EU) 765/2008 ausdrücklich bestätigt.[135] Entscheidend ist nur, dass das *Ergebnis* des Bewertungsprozesses nicht ist, dass die benannte Stelle ein CE-Kennzeichen an dem Produkt anbringt (daher nicht „CE-Zertifizie-

---

[126] Vgl. hierfür auch die Unterscheidung von *Heesen et al.*, Zertifizierung II, S. 7, abrufbar unter: siehe Quellenangaben; *Röhl/Schreiber*, Konformitätsbewertung in Deutschland, S. 1 ff., abrufbar unter: siehe Quellenangaben.

[127] Vgl. eingehend zur Zulassungspflicht nach § 21 Abs. 1 S. 1 AMG, *Brixius*, in: Bergemann/Pauge/Steinmeyer, § 21 AMG, Rn. 2 ff.

[128] *Sträter*, NZS, 2020, 530, 531; vgl. hierfür auch *Heesen et al.*, Zertifizierung II, S. 8, abrufbar unter: siehe Quellenangaben.

[129] Vgl. dafür, dass für die Zulassung eine staatliche Behörde zuständig ist, *Sträter*, NZS, 2020, 530, 531; ebenso *Heesen et al.*, Zertifizierung II, S. 8, abrufbar unter: siehe Quellenangaben; vgl. für eine eingehende Begründung, dass es sich bei benannten Stellen, um privatrechtliche Institutionen handeln, *Gauger*, Produktsicherheit und staatliche Verantwortung, S. 196 ff.; ebenso *Vivekens/Dieners*, in: Anhalt/Dieners, § 1, Rn. 81, der betont, dass dies der überwiegenden Auffassung entspräche.

[130] *Gauger*, Produktsicherheit und staatliche Verantwortung, S. 204 f.

[131] Ebenso *Heßhaus*, in: Spickhoff, § 21 AMG, Rn. 26, im Zusammenhang mit der Zulassung von Arzneimitteln.

[132] *Gauger*, Produktsicherheit und staatliche Verantwortung, S. 204; ebenso *Europäische Kommission*, Blue Guide, ABl. 2022/C247, S. 64, die CE-Kennzeichnung sei zwar ein „wesentlicher Hinweis", jedoch kein „Nachweis" für die Konformität.

[133] *Gauger*, Produktsicherheit und staatliche Verantwortung, S. 204.

[134] *Wende*, in: Klindt, ProdSG, § 7, Rn. 3.

[135] Vgl. Erwägungsgrund 43, Art. 2 Nr. 13 VO (EU) 765/2008, ABl. 2008/L218, S. 34 ff.

rung"), sondern die Kennzeichnung vielmehr durch den *Hersteller* selbst erfolgt (daher „CE-Kennzeichnung").[136]

Abgegrenzt werden kann eine CE-Kennzeichnung ferner auch von der Anbringung von Gütesiegeln. Während in einem Konformitätsbewertungsverfahren oder Zulassungsverfahren die Einhaltung rechtlich verbindlicher Anforderungen überprüft werden, kommt den Anforderungen, die mit sog. *Gütesiegeln* bescheinigt werden, gerade keine rechtliche Verbindlichkeit zu.[137] Der Grund für eine Anbringung von Gütezeichen liegt darin, einen *über* den Erwartungen des Verbrauchers liegenden Qualitätsstandard zum Ausdruck zu bringen.[138]

Im Unterschied dazu soll die Zulassung und die Konformitätsbewertung des neuen Rechtsrahmens nur zum Ausdruck bringen, dass die gesetzlichen *Mindest*anforderungen eingehalten wurden. Daher kann durch die Überprüfung zwar zum Ausdruck gebracht werden, dass die Produkte einen *Mindest*qualitätsstandard aufweisen, ob die Produkte eine „hohe" Qualität aufweisen, wird jedoch durch eine CE-Kennzeichnung nicht zum Ausdruck gebracht.[139]

In Deutschland werden Gütezeichen entweder durch öffentliche Stellen auf gesetzlicher Grundlage oder von „Gütegemeinschaften", also einem Zusammenschluss privater Organisationen, vergeben.[140] Zu diesem Zweck legen diese die Qualitätskriterien selbst fest und überprüfen und überwachen deren Einhaltung.[141]

Eine rechtliche Schranke bei der Verwendung von Gütezeichen bildet im deutschen Recht vor allem das „Gesetz gegen den unlauteren Wettbewerb" (UWG), wonach gem. § 5 UWG irreführende geschäftliche Handlungen zu unterlassen sind.[142]

---

[136] Vgl. Erwägungsgrund 43, Art. 2 Nr. 13 VO (EU) 765/2008, ABl. 2008/L218, S. 34 ff.

[137] Vgl. auch *Heesen et al.*, Zertifizierung I, S. 7, abrufbar unter: siehe Quellenangaben; *Rostalski/Weiss*, ZfDR 2021, 330, 335; vgl. ausführlich zu der Gütekennzeichnung in Deutschland, *Röhl/Schreiber*, Konformitätsbewertung in Deutschland, S. 24 ff., abrufbar unter: siehe Quellenangaben.

[138] *Röhl/Schreiber*, Konformitätsbewertung in Deutschland, S. 26, abrufbar unter: siehe Quellenangaben.

[139] Vgl. zur Konformitätsbewertung nach dem neuen Rechtsrahmen, *Möslein/Zicari*, in: Research Handbook on Big Data Law, S. 364 ff.; *Langer/Klindt/Schucht*, in: Dauses/Ludwigs, C. IV., Rn. 51.

[140] *Weidert*, in: Harte-Bavendamm/Henning-Bodewig/Goldmann/Tolkmitt, § 5 UWG, Rn. 699.

[141] *Weidert*, in: Harte-Bavendamm/Henning-Bodewig/Goldmann/Tolkmitt, § 5 UWG, Rn. 699.

[142] Vgl. hierzu eingehend *Weidert*, in: Harte-Bavendamm/Henning-Bodewig/Goldmann/Tolkmitt, § 5 UWG Rn. 692 ff.; bei Gütezeichen, die nicht von dem RAL e. V. vorgegeben werden, darf der Rechtsverkehr in der Regel erwarten, dass hinsichtlich der Ausarbeitung, Überprüfung und Überwachung der Einhaltung Verfahren angewandt werden, die den Grundsätzen, die in den „RAL-Grundsätzen für Gütezeichen" beschrieben wurden, vergleichbar sind. Eingehend hierzu, *Weidert*, in: Harte-Bavendamm/Henning-Bodewig/Goldmann/Tolkmitt, § 5 UWG, Rn. 700.

Kennzeichnen für die Vergabe der Gütezeichen ist die Verleihung durch die jeweilige „Gütegemeinschaft“ in Form eines „interessensneutrale(n), objektive(n) Ausweis(es) der Gütesicherung“.[143] Die Überwachung erfolgt ferner durch eine Kombination von Eigen- und Fremdüberwachung, durch dritte „neutrale Prüfstellen, Institute oder öffentlich bestellte und vereidigte Sachverständige“.[144]

### III. Zwischenergebnis

Die Anfänge des Produktsicherheitsrechts waren auf nationaler Ebene im Arbeitnehmerschutz begründet. Im Laufe der Zeit wurde die Verantwortlichkeit auf den Hersteller verlagert. Bereits im nationalen Recht war erstmals der Ansatz zu erkennen, dass nur die wesentlichen Produktanforderungen normiert werden, während die technischen Details durch technische Normen konkretisiert werden sollten, um so dem technischen Fortschritt standhalten zu können. Diesem Prinzip folgten auch die sodann auf europäischer Ebene harmonisierten Produktsicherheitsvorschriften, deren Harmonisierung zum Abbau der Binnengrenzen erforderlich war. Die Konformität mit den Produktanforderungen muss seit dem neuen Konzept durch eine Konformitätsbewertung bestätigt werden. Rechtsfolge des erfolgreich durchgeführten Konformitätsbewertungsverfahrens ist die Berechtigung, eine CE-Kennzeichnung an dem Produkt anzubringen, die die freie Verkehrsfähigkeit der Produkte zur Folge hat und nur zu einer anlassbezogenen Überprüfung durch die Marktüberwachungsbehörden berechtigt. Für das Konformitätsbewertungsverfahren sind – in Abhängigkeit der Risikoträchtigkeit – entweder die Hersteller selbst oder anerkannte privatrechtliche Institutionen zuständig, was auch den wesentlichen Unterschied zu anderen Bewertungsverfahren wie der behördlichen Zulassung ausmacht.

## B. Konformitätsbewertung nach der Medizinprodukteverordnung

Nach diesen Grundprinzipien[145] ist auch die Verordnung (EU) 2017/745 (MP-VO) harmonisiert.[146] Es verwundert daher nicht, dass Produkte i. S. d. Art. 1 Abs. 4

---

[143] Vgl. *RAL*, Grundsätze für Gütezeichen, S. 4, 7, abrufbar unter: siehe Quellenangaben.

[144] Vgl. *RAL*, Grundsätze für Gütezeichen, S. 5; abrufbar unter: siehe Quellenangaben.

[145] Zu den Grundprinzipien des europäischen Produktsicherheitsrechts, bereits ausführlich S. 27 ff.

[146] *Mayr/Thiermann/Schrack/Kiesselbach*, Medizinprodukterecht, § 1, Rn. 5; *Rehmann/Wagner*, MP-VO, Einführung, Rn. 2.

MP-VO, zu denen auch Medizinprodukte[147] gehören, gem. Art. 52 Abs. 1 oder Abs. 2 MP-VO grundsätzlich vor der Inverkehrgabe oder Inbetriebnahme einer Konformitätsbewertung unterzogen werden müssen, indem der Nachweis erbracht wird, dass die grundlegenden Sicherheits- und Leistungsanforderungen des Anhangs I eingehalten wurden.[148]

## I. Wahl des Konformitätsbewertungsverfahrens in Abhängigkeit der Risikoklasse

Im Einklang mit dem NLF bestimmt sich die Wahl des einschlägigen Konformitätsbewertungsverfahrens ausweislich des Art. 52 Abs. 3–7 MP-VO in Abhängigkeit der Risikoklasse[149] des Medizinproduktes.[150]

### 1. Konformitätsbewertungsverfahren für Produkte der Risikoklasse I

Für Produkte der Risikoklasse I besteht ausweislich des Art. 52 Abs. 7 S. 1 MP-VO grundsätzlich keine Pflicht, bei der Konformitätsbewertung eine benannte Stelle zu beteiligen.[151]

Ausreichend ist es daher, wenn der Hersteller die Konformität der Produkte durch die Erstellung einer technischen Dokumentation nach den Anhängen II und III nachweist und durch die Ausstellung einer EU-Konformitätserklärung i. S. d. Art. 19 MP-VO erklärt.

Nur für Produkte der Risikoklasse Is, Im und Ir sieht Art. 52 Abs. 7 S. 2 MP-VO erhöhte Anforderungen vor.[152] Für diese Produkte muss der Hersteller gem. Art. 52

---

[147] Zu den Voraussetzungen für die Qualifizierung als Medizinprodukt i. S. d. Art. 2 Nr. 1 MP-VO, ausführlich Kap. 2, B., I.

[148] Vgl. dafür, dass der Unionsgesetzgeber damit dem NLF folgt, *Mayr/Thiermann/Schrack/Kiesselbach*, Medizinprodukterecht, § 2, Rn. 76 f.; vgl. allgemein dazu, dass eine Konformitätsbewertungspflicht besteht, *Friedrich*, in: Clausen/Schroeder-Printzen, § 17, Rn. 411; Rehmann/*Wagner*, MP-VO, Art. 52, Rn. 1 ff.; *Heil*, MPR 2022, 1, 8; *Helle*, MedR 2020, 993, 995; *v. Zezschwitz*, MedR 2020, 196, 197; *Hasenteufel/Renaud*, Software als Medizinprodukt, S. 18.

[149] Zu der Risikoklassifizierung von KI-basierten Medizinprodukten, ausführlich Kap. 2, B., I.

[150] *Mayr/Thiermann/Schrack/Kiesselbach*, Medizinprodukterecht, § 2, Rn. 78; Rehmann/*Wagner*, MP-VO, Art. 52, Rn. 1; *Dieners/Vivekens*, in: Anhalt/Dieners, § 1, Rn. 70, noch zu der RL 93/42/EWG; dem folgend für die MP-VO, *Prütting/Wolk*, MedR 2020, 359, 361.

[151] *Mayr/Thiermann/Schrack/Kiesselbach*, Medizinprodukterecht, § 2, Rn. 79; *Friedrich*, in: Clausen/Schroeder-Printzen, § 17, Rn. 412. *Hasenteufel/Renaud*, Software als Medizinprodukt, S. 19.

[152] *Mayr/Thiermann/Schrack/Kiesselbach*, Medizinprodukterecht, § 2, Rn. 80 f.; vgl. für die Klassenbezeichnung Im, Is, Ir, etwa *Hasenteufel/Renaud*, Software als Medizinprodukt,

Abs. 7 S. 3 MP-VO das Verfahren nach Anhang IX Kapitel I und III oder Anhang XI Teil A MP-VO durchführen.[153] Dabei beschränkt sich die Beteiligung der benannten Stelle ausweislich des Art. 52 Abs. 7 S. 4 lit. a–c MP-VO gleichwohl nur auf die Überprüfung des Teils, der die besondere Stellung der Produkte gegenüber allen anderen Produkten der Risikoklasse I begründet, sodass etwa bei sterilen Produkten sich die Überprüfung nur auf die „Herstellung, der Sicherung und der Aufrechterhaltung steriler Bedingungen" bezieht.[154]

### 2. Konformitätsbewertungsverfahren für Produkte der Risikoklassen II und III

Für Produkte der Risikoklassen[155] IIa, IIb und III MP-VO besteht gem. Art. 52 Abs. 3, 4 und 6 MP-VO eine Wahlmöglichkeit zwischen verschiedenen Formen von Konformitätsbewertungsverfahren.[156]

#### *a) Konformitätsbewertung nach Anhang IX MP-VO*

Für alle Produkt ab der Risikoklasse IIa besteht gem. Art. 52 Abs. 3[157], Abs. 4[158] und Abs. 6 UAbs. 1[159] MP-VO die Möglichkeit, das Konformitätsbewertungsverfahren auf Grundlage eines Verfahrens i. S. d. Anhangs IX MP-VO sowie einer Überprüfung der technischen Dokumentation durchzuführen.[160] Die einschlägige Risikoklasse bestimmt dabei den Umfang, in dem die technische Dokumentation einer Überprüfung unterzogen wird.[161]

---

S. 15; *VDE Health*, Qualitätsmanagement für Medizinprodukte nach MDR, abrufbar unter: siehe Quellenangaben.

[153] *Mayr/Thiermann/Schrack/Kiesselbach*, Medizinprodukterecht, § 2, Rn. 80 f.; *Hasenteufel/Renaud*, Software als Medizinprodukt, S. 15; *v. Zezschwitz*, MedR 2020, 196, 199; zu dem Konformitätsbewertungsverfahren für Produkte der Risikoklasse Is, Ir und Im, ausführlich Kap. 2, E., III.

[154] *Mayr/Thiermann/Schrack/Kiesselbach*, Medizinprodukterecht, § 2, Rn. 81; ferner *Hasenteufel/Renaud*, Software als Medizinprodukt, S. 15.

[155] Zu der Risikoklassifizierung von KI-basierten Medizinprodukten, ausführlich Kap. 2, C., II.

[156] Vgl. hierfür auch die Ausführungen von *Mayr/Thiermann/Schrack/Kiesselbach*, Medizinprodukterecht, § 2, Rn. 81 ff.; *Friedrich*, in: Clausen/Schroeder-Printzen, § 17, Rn. 412; *Hasenteufel/Renaud*, Software als Medizinprodukt, S. 18.

[157] Vgl. für Produkte der Risikoklasse III.

[158] Vgl. für Produkte der Risikoklasse IIb.

[159] Vgl. für Produkte der Risikoklasse IIa.

[160] *Mayr/Thiermann/Schrack/Kiesselbach*, Medizinprodukterecht, § 2, Rn. 81 f.; *Friedrich*, in: Clausen/Schroeder-Printzen, § 17, Rn. 412.

[161] *Mayr/Thiermann/Schrack/Kiesselbach*, Medizinprodukterecht, § 2, Rn. 81 f.; *Friedrich*, in: Clausen/Schroder-Printzen, § 17, Rn. 412; zu dem Umfang, indem eine benannte Stelle in Abhängigkeit der Risikoklasse zu beteiligen ist, ausführlich Kap. 1, B., II.

#### aa) Bewertung des Qualitätsmanagementsystems

Gemäß Art. 10 Abs. 9 MP-VO ist die Erstellung eines Qualitätsmanagementsystems zwar eine allgemeine Pflicht des Herstellers, die unabhängig von der Risikoklasse für jedes Medizinprodukt besteht, gleichwohl ist das Qualitätsmanagementsystem gem. Art. 52 Abs. 3 UAbs. 1, Art. 52 Abs. 4 UAbs. 1 bzw. Art. 52 Abs. 6 UAbs. 1 MP-VO erst für Produkte ab der Risikoklasse IIa auch als Bewertungsgegenstand im Rahmen des Konformitätsbewertungsverfahrens nach Anhang IX MP-VO miteinzubeziehen.[162]

Zu diesem Zweck muss der Hersteller bei der zuständigen benannten Stelle gem. Anhang IX Abschnitt 2.1 MP-VO einen Antrag auf Bewertung des Qualitätsmanagementsystems stellen. Der Inhalt des Antrages bestimmt sich nach Anhang IX Abschnitt 2.1 und 2.2 MP-VO und umfasst neben allgemeinen Informationen, über den Namen des Herstellers und die von dem Qualitätsmanagement erfassten Produkte, vor allem auch eine Reihe Informations- und Dokumentationspflichten, in denen das konkret etablierte Qualitätsmanagementsystem weiter beschrieben wird und der benannten Stelle dadurch im Rahmen des Audits nach Anhang IX Abschnitt 2.2 S. 1 MP-VO eine Bewertung des Qualitätsmanagements ermöglicht wird.[163]

Um zu überprüfen, ob das Qualitätsmanagementsystem tatsächlich den Anforderungen des Anhangs IX Abschnitt 2.2 MP-VO entspricht, führt die benannte Stelle einen Audit nach Maßgabe des Anhangs IX Abschnitt 2.3 MP-VO durch.[164]

Die Bewertung ist nicht auf den Zeitpunkt der Inverkehrgabe beschränkt, sondern das Qualitätsmanagementsystems unterliegt vielmehr auch nach der Inverkehrgabe der Überwachung durch die benannte Stelle nach Maßgabe des Anhangs IX Abschnitt 3 MP-VO.[165] Zu diesem Zweck werden gem. Anhang IX Abschnitt 3.3 MP-VO mindestens alle zwölf Monate angekündigte Audits zur Bewertung des Qualitätsmanagementsystems durchgeführt, um zu überprüfen, ob der Hersteller dem Plan zur Überwachung nach der Inverkehrgabe auch tatsächlich nachkommt.[166] Ergänzt werden diese Audits gem. Anhang IX Abschnitt 3.4 MP-VO noch durch unangekündigte Audits, die mindestens alle fünf Jahre nach dem Zufallsprinzip durchzuführen sind.[167]

---

[162] *Mayr/Thiermann/Schrack/Kiesselbach*, Medizinprodukterecht, § 3, Rn. 40; *Hasenteufel/Renaud*, Software als Medizinprodukt, S. 67, 76.

[163] *Mayr/Thiermann/Schrack/Kiesselbach*, Medizinprodukterecht, § 3, Rn. 43.

[164] *Mayr/Thiermann/Schrack/Kiesselbach*, Medizinprodukterecht, § 2, Rn. 85.

[165] *Mayr/Thiermann/Schrack/Kiesselbach*, Medizinprodukterecht, § 2, Rn. 86.

[166] *Mayr/Thiermann/Schrack/Kiesselbach*, Medizinprodukterecht, § 2, Rn. 86.

[167] *Mayr/Thiermann/Schrack/Kiesselbach*, Medizinprodukterecht, § 2, Rn. 86.

### bb) Bewertung der technischen Dokumentation

Neben der Bewertung des Qualitätsmanagementsystems besteht ab der Risikoklasse IIa neben der allgemeinen Pflicht zur Erstellung einer technischen Dokumentation gem. Art. 10 Abs. 4 UAbs. 1 MP-VO auch die Pflicht, dass diese gem. Art. 52 Abs. 3, Abs. 4 UAbs. 1, Abs. 6 i. V. m. Anhang IX Kapitel II MP-VO durch eine benannte Stelle nach Maßgabe des Anhangs IX Abschnitt 4 MP-VO überprüft wird.[168]

Ganz im Unterschied zu der Bewertung des Qualitätsmanagementsystems[169] hängt der Umfang, in dem die benannte Stelle die Überprüfung der technischen Dokumentation vornehmen muss, gem. Art. 52 MP-VO maßgeblich von der Risikoträchtigkeit ab.[170] Bei Produkten der Risikoklasse III ist gem. Art. 52 Abs. 3 MP-VO das Kapitel II Anhang IX MP-VO vollständig anwendbar, sodass jedes Medizinprodukt einer entsprechenden Bewertung unterzogen werden muss.[171]

Im Unterschied dazu ist für Produkte der Risikoklasse IIb in Art. 52 Abs. 4 UAbs. 1 MP-VO vorgesehen, dass nur ein *„repräsentatives Produkt* pro generischer *Produktgruppe*" überprüft werden muss, während es bei Produkten der Risikoklasse IIa gem. Art. 52 Abs. 6 UAbs. 1 MP-VO ausreicht, dass die Überprüfung der technischen Dokumentation nach Anhang IX Abschnitt 4 MP-VO eines *„repräsentativen Produkts* jeder *Produktkategorie*" erfolgt.[172]

Für die Konformitätsbewertung von Produkten dieser Risikoklassen muss daher zunächst die Auswahlmenge bestimmt werden (*siehe hierzu (1)*), während die benannte Stelle anschließend aus dieser Menge ein repräsentatives Produkt zur Überprüfung auswählen muss (*siehe hierzu (2)*).

#### *(1) Bestimmung der Auswahlmenge für Produkte der Risikoklasse II*

Obgleich Art. 52 Abs. 6 UAbs. 1 MP-VO für Produkte der Risikoklasse IIa bestimmt, dass ein repräsentatives Produkt der Produktkategorie durch die benannte

---

[168] Vgl. Anhang IX Abschnitt 4.4–4.7, Verordnung (EU) 745/2017, ABl. 2017/L117, S. 150.

[169] Hinsichtlich des Umfanges, indem das Qualitätsmanagementsystem einer Bewertung unterzogen wird, ergeben sich – ganz im Unterschied zu der Bewertung der technischen Dokumentation – keine Unterschiede in Bezug auf die Risikoklasse des Medizinprodukts, *Mayr/Thiermann/Schrack/Kiesselbach*, Medizinprodukterecht, § 2, Rn. 81 f.

[170] *Mayr/Thiermann/Schrack/Kiesselbach*, Medizinprodukterecht, § 3, Rn. 60.

[171] *Mayr/Thiermann/Schrack/Kiesselbach*, Medizinprodukterecht, § 3, Rn. 60.

[172] Vgl. hierfür Art. 54 Abs. 4 UAbs. 1 und Abs. 6 UAbs. 1 MP-VO (Hervorhebung hinzugefügt); *Mayr/Thiermann/Schrack/Kiesselbach*, Medizinprodukterecht, § 3, Rn. 81.

Stelle überprüft werden muss, ist der MP-VO keinerlei nähere Konkretisierung zu entnehmen, was unter einer „Produktkategorie“ zu verstehen ist.[173]

Allerdings findet sich in den MDCG-Leitlinien 2019-13[174] eine weitere Konkretisierung dahingehend, dass die Bestimmung einer „Produktkategorie“ auf Grundlage der – generisch für die Zuständigkeitsbeurteilung der benannten Stellen entworfenen – MDA-Nummer der Durchführungsverordnung (EU) 2017/2185[175] erfolgen müsse.[176] Zu diesem Zweck müsste zunächst überprüft werden, wie viele Produktkategorien von dem Antrag des Herstellers betroffen sind. Ausweislich des Anhangs I Abschnitt A) Nr. 3 der VO (EU) 2017/2185 trägt beispielweise „Software“ die MDA-Nummer 0315 und bildet damit eine mögliche *Produktkategorie*.

Für Produkte der Risikoklasse IIb erfolgt hingegen die Überprüfung der technischen Dokumentation nach Anhang IX Abschnitt 4 gem. Art. 52 Abs. 4 UAbs. 1 MP-VO für ein „repräsentatives Produkt *pro generischer Produktgruppe*“.[177] Ausweislich der Legaldefinition des Art. 2 Nr. 7 MP-VO versteht man unter einer generischen Produktgruppe „eine Gruppe von Produkten mit gleichen oder ähnlichen Zweckbestimmungen oder mit technologischen Gemeinsamkeiten, die allgemein, also ohne Berücksichtigung spezifischer Merkmale klassifiziert werden können“.[178] Die MDCG-Leitlinien 2019-13 konkretisieren diese Legaldefinition noch dahingehend, dass Produkte einer Produktgruppe, die sich in ihren Zweckbestimmungen oder technischen Struktur ähneln oder gleichen, dann vorliegen, wenn diese sich im

[173] *Mayr/Thiermann/Schrack/Kiesselbach*, Medizinprodukterecht, § 3, Rn. 60; *Salvatore*, Produktkategorie, generische Produktgruppe, Medizinproduktgruppe, abrufbar unter: siehe Quellenangaben.

[174] Vgl. MDCG-Leitlinien 2019-13; ebenso *Mayr/Thiermann/Schrack/Kiesselbach*, Medizinprodukterecht, § 3, Rn. 60; *Salvatore*, Produktkategorie, generische Produktgruppe, Medizinproduktgruppe, abrufbar unter: siehe Quellenangaben.

[175] Vgl. Durchführungsverordnung (EU) 2017/2185 der Europäischen Kommission vom 23. November 2017 über das Verzeichnis des Codes und der ihnen entsprechenden Produktarten zur Bestimmung des Geltungsbereichs der Benennung einer Benannten Stelle auf dem Gebiet der Medizinprodukt im Rahmen der Verordnung (EU) 2017/745 des Europäischen Parlaments und des Rates sowie auf dem Gebiet der In-vitro-Diagnostika im Rahmen der Verordnung (EU) 2017/746 des Europäischen Parlaments und des Rates, ABl. 2017/L309, S. 7.

[176] Im Zusammenhang mit der Auswahl der Stichproben nimmt Anhang IX Abschnitt 2.3 MP-VO ausdrücklich auf die von der „Koordinierungsgruppe Medizinprodukt gemäß Art. 105 ausgearbeiteten veröffentlichten Leitlinien“ Bezug; vgl. dafür, dass der Begriff der „Produktkategorie“ durch die MDA-Nummern der VO 2017/2185 konkretisiert werden könne, MDCG-Leitlinien 2019-13, S. 3; *Mayr/Thiermann/Schrack/Kiesselbach*, Medizinprodukterecht, § 2, Rn. 81; *Salvatore*, Produktkategorie, generische Produktgruppe, Medizinproduktgruppe, abrufbar unter: siehe Quellenangaben.

[177] Vgl. Art. 54 Abs. 4 UAbs. 1 MP-VO, (Hervorhebung hinzugefügt); *Mayr/Thiermann/Schrack/Kiesselbach*, Medizinprodukterecht, § 3, Rn. 60.

[178] Ebenso *Salvatore*, Produktkategorie, generische Produktgruppe, Medizinproduktgruppe, abrufbar unter: siehe Quellenangaben.

vierten Level der „Europäischen Nomenklatur für Medizinprodukte“ (EMDN)[179] zusammenfassen lassen.[180]

*(2) Auswahlkriterien für die Bestimmung der Repräsentativität*

Sobald die Auswahlmenge für den Antrag des Herstellers bestimmt ist, müsste dieser sodann gem. Art. 52 Abs. 4 und 6 MP-VO ein *repräsentatives Produkt* für die jeweilige Menge von Produkten auswählen.

Als „Produkt“ i. d. S. definieren die MDCG-Leitlinien 2019-13 – für die Zwecke der Leitlinie – „jedes Produkt, welches mit einer eigenen Basis-UDI-DI gekennzeichnet ist“.[181]

Bei der Bestimmung der Repräsentativität des Produkts müssen gem. Anhang IX Abschnitt 2.3 MP-VO Kriterien wie die technologische Neuartigkeit, die Ähnlichkeit von Produkten in der Auslegung, Technologie, Herstellungs- und Sterilisationsverfahren, die Zweckbestimmung und alle früheren Bewertungen bezüglich bestimmter Eigenschaften berücksichtigt werden.

Vor diesem Hintergrund wäre ein KI-basiertes Medizinprodukt, welches auf Methoden beruht, die neuartige Risiken wie die Intransparenz und Autonomie bergen, vor Produkten, die auf wissensbasierten Verfahren beruhen, vorrangig zu überprüfen.[182] Die Auswahlentscheidung der Stichprobe muss durch die benannte Stelle begründet und dokumentiert werden, was insbesondere die Auswahlkriterien für die Stichprobe umfassen muss.[183]

#### cc) Überwachung während des gesamten Lebenszyklus des Produkts

Ferner muss die Konformität kontinuierlich über den gesamten Lebenszyklus hinaus gem. Anhang IX Nr. 3 MP-VO durch die benannte Stelle überwacht werden.[184]

---

[179] Vgl. hierfür das EMDN, abrufbar unter: https://webgate.ec.europa.eu/dyna2/emdn/, zuletzt abgerufen: 4. 1. 2026; vgl. zudem *Europäische Kommission*, EMDN – Fragen und Antworten, abrufbar unter: siehe Quellenangaben.

[180] Vgl. hierfür die Definition 3.2 MDCG 2019-13, S. 3; darauf verweisend, *Salvatore*, Produktkategorie, generische Produktgruppe, Medizinproduktgruppe, abrufbar unter: siehe Quellenangaben; ebenso *Mayr/Thiermann/Schrack/Kiesselbach*, Medizinprodukterecht, § 3, Rn. 60.

[181] Vgl. hierfür die Legaldefinition 3.4 übersetzt aus dem Englischen: „Device: device should be understood as the device(s) associated with one Basic UDI-DI“, MDCG-Leitlinien 2019-11, S. 3.

[182] Vgl. zu den unterschiedlichen Techniken und Verfahren auf denen KI-basierte Systeme beruhen können, ausführlich Kap. 2, A., II., 1.; für eine Analyse, inwieweit diese Verfahren KI-spezifische Eigenschaften aufweisen, ausführlich Kap. 2, D.

[183] MDCG-Leitlinien 2019-13, S. 6.

[184] *Mayr/Thiermann/Schrack/Kiesselbach*, Medizinprodukterecht, § 2, Rn. 86.

Dies umfasst gem. Anhang IX Abschnitt 3.3 MP-VO die Durchführung von Vor-Ort-Audits in einer Frequenz von jeweils zwölf Monaten, in deren Rahmen sich die benannten Stellen über die Eignung der von den Herstellern etablierten Qualitätsmanagementsysteme versichern können.[185] Ergänzt werden diese Überprüfungsverfahren gem. Anhang IX Abschnitt 3.4 MP-VO durch unangekündigte Audits, die alle fünf Jahre durchzuführen sind.[186]

Während Produkte der Risikoklasse III alle nach Anhang IX Abschnitt 3.5 UAbs. 2 MP-VO überprüft werden, beschränkt sich das Überwachungsverfahren für Produkte der Risikoklasse IIa und IIb gem. Anhang IX Abschnitt 3.5 MP-VO auf repräsentative Stichproben, anhand derer eine erneute Bewertung der technischen Dokumentation erfolgt und deren Auswahl wiederum erneut zu begründen ist.

#### *b) Alternative Bewertungsverfahren*

Hersteller von Produkten der Risikoklasse IIa, IIb und III sind nicht auf eine Durchführung des Bewertungsverfahren nach Anhang IX MP-VO beschränkt. Vielmehr besteht gem. Art. 52 Abs. 4 UAbs. 3 MP-VO für Produkte der Risikoklasse IIb und gem. Art. 52 Abs. 3 MP-VO für Produkte der Risikoklasse III alternativ die Möglichkeit, dass die Hersteller ein Konformitätsbewertungsverfahren auf Grundlage einer Baumusterprüfung nach Anhang X und XI MP-VO wählen können.[187]

In der Baumusterprüfung nach Anhang X Abschnitt 1 MP-VO muss zunächst beurteilt werden, ob ein repräsentatives Exemplar, das sog. *Baumuster*, die Anforderungen der Verordnung erfüllt. Nachdem die benannte Stelle für das Baumuster gem. Anhang X Abschnitt 4 MP-VO eine entsprechende EU-Baumusterprüfbescheinigung erstellt hat, kann in einem zweiten Schritt gem. Anhang XI Abschnitt 1 MP-VO überprüft werden, ob die Produkte mit dem Baumuster übereinstimmen. Zu diesem Zweck kann der Hersteller gem. Anhang XI Abschnitt 2 MP-VO zwischen einer Produktionsqualitätssicherung nach Anhang XI Teil A MP-VO und einer Produktprüfung gem. Teil B MP-VO wählen.

Im Rahmen einer Produktionsqualitätssicherung nach Anhang XI Teil A MP-VO erfolgt die Bewertung des Qualitätsmanagementsystems durch einen Audit. Sofern das von dem Hersteller etablierte Qualitätsmanagementsystem hinreichend gewährleistet, dass die Herstellung der Produkte mit der EU-Baumusterprüfbescheinigung übereinstimmt, stellt die benannte Stelle sodann eine EU-Qualitätssicherungsbescheinigung gem. Anhang XI Teil A Abschnitt 6.3 MP-VO aus. Bei

[185] *Mayr/Thiermann/Schrack/Kiesselbach*, Medizinprodukterecht, § 2, Rn. 86.

[186] *Mayr/Thiermann/Schrack/Kiesselbach*, Medizinprodukterecht, § 2, Rn. 86.

[187] Vgl. *Mayr/Thiermann/Schrack/Kiesselbach*, Medizinprodukterecht, § 2, Rn. 93 ff.; *Friedrich*, in: Clausen/Schroeder-Printzen, § 17, Rn. 412; *VDE Health*, Konformitätsbewertung bei Medizinprodukten, abrufbar unter: siehe Quellenangaben.

einer Produktprüfung gem. Anhang XI Teil B Abschnitt 14 und 15 MP-VO wird hingegen jedes einzelne Produkt überprüft und erprobt.[188] Sofern die benannte Stelle von der Konformität überzeugt ist, bringt diese an jedem Produkt gem. Anhang XI Teil B Abschnitt 15.2 ihre Kennnummer an und stellt eine EU-Prüfbescheinigung aus.

Für Hersteller von Produkten der Risikoklasse IIa kommt alternativ zu Anhang IX MP-VO, gem. Art. 52 Abs. 6 UAbs. 2 MP-VO eine Bewertung des Qualitätsmanagementsystems durch einen Audit nach Anhang XI Abschnitt 10 MP-VO oder eine Prüfung jedes einzelnen Produkts nach Anhang XI Abschnitt 18 MP-VO in Betracht. Die Bewertung der technischen Dokumentation beschränkt sich wiederum auf ein Produkt pro Produktkategorie.[189]

## II. Zuständigkeit für das Konformitätsbewertungsverfahren

Während die Zuständigkeit für die Durchführung des Bewertungsverfahrens für Produkte der Risikoklasse I grundsätzlich bei den Herstellern liegt, muss für Produkte der Risikoklasse Is, Im und Ir, II und III eine „benannte Stelle" in unterschiedlichem Umfang beteiligt werden.[190] Eine Besonderheit gilt gem. Art. 54 Abs. 1 MP-VO nur für implantierbare Produkte der Risikoklasse III oder Produkte, der Risikolasse IIa, die dazu bestimmt sind, Arzneimittel an den Körper abzugeben und/oder aus dem Körper zu entfernen.[191] Für solche Produkte besteht gem. Art. 54 i. V. m. Anhang IX Abschnitt 5.1 bzw. Anhang X Abschnitt 6 MP-VO zusätzlich zu der Bewertung durch die benannte Stelle, die Notwendigkeit ein Expertengremium bei der Überprüfung zu beteiligen.[192] Für alle übrigen Produkte der Risikoklasse IIa, IIb und III erfolgt die Bewertung allein durch die benannte Stelle.

Im Einklang mit den Grundprinzipen des Harmonisierungsrechts handelt es sich bei einer „benannten Stelle" gem. Art. 2 Nr. 42 MP-VO um „eine Konformitätsbewertungsstelle, die gemäß dieser Verordnung benannt wurde".[193] Die Regelungen

---

[188] Vgl. hierfür die Übersicht *VDE Health*, Konformitätsbewertung bei Medizinprodukten, abrufbar unter: siehe Quellenangaben.

[189] Vgl. hierfür die Übersicht *VDE Health*, Konformitätsbewertung bei Medizinprodukten, abrufbar unter: siehe Quellenangaben.

[190] *Mayr/Thiermann/Schrack/Kiesselbach*, Medizinprodukterecht, § 4, Rn. 2; vgl. ferner *Hasenteufel/Renaud*, Software als Medizinprodukt, S. 21; *Friedrich*, in: Clausen/Schroeder-Printzen, § 17, Rn. 412; *Sträter*, NZS 2020, 530, 531; *Fuderer*, MPR 2022, 121, 122.

[191] Vgl. *Mayr/Thiermann/Schrack/Kiesselbach*, Medizinprodukterecht, § 2, Rn. 89.

[192] *Mayr/Thiermann/Schrack/Kiesselbach*, Medizinprodukterecht, § 2, Rn. 89; vgl. für eine nähere Darstellung des Verfahrens nach Art. 54 MP-VO, Kap. 4, D., III., 3., c), bb).

[193] Vgl. zu den Grundprinzipen der nach dem neuen Rechtsrahmen harmonisierten Produktsicherheitsvorschriften, Kap. 1, A., II., 3.; unter einer benannten Stelle versteht Art. 2 Nr. 42 MP-VO „eine Konformitätsbewertungsstelle, die gemäß dieser Verordnung genannt wurde". Eine Konformitätsbewertungsstelle bezeichnet gem. Art. 2 Nr. 41 MP-VO „eine

für die Benennung und Überwachung finden sich in Art. 35–50 und Anhang VII MP-VO.[194]

Um diesen Status zu erreichen, müssen Konformitätsbewertungsstellen gem. Art. 38 Abs. 1 MP-VO bei der zuständigen nationalen Behörde einen Antrag auf Benennung stellen.[195] In Deutschland ist die dafür zuständige Behörde, die „Zentralstelle der Länder für Gesundheitsschutz bei Arzneimitteln und Medizinprodukten" (ZLG).[196]

Der Antrag muss gem. Art. 38 Abs. 2 MP-VO die Produktarten, für die die Bewertungstätigkeit beantragt wird, sowie eine Bestätigung darüber, dass die Bestimmungen des Anhangs VII MP-VO von der beantragenden Konformitätsbewertungsstelle eingehalten wurden, enthalten.[197] Für die Bezeichnung der geplanten Bewertungstätigkeit wird dabei auf die Codes der Verordnung (EU) 2017/2185 für die einheitliche Bezeichnung der Produkte zurückgegriffen.[198]

Als Reaktion auf den PIP-Skandal obliegt die Überprüfung des Antrages im Rahmen der MP-VO jedoch nicht allein in der Kompetenz dieser Behörde.[199] Vielmehr muss die ZLG gem. Art. 39 Abs. 1 UAbs. 1 S. 1 MP-VO innerhalb von 30 Tagen eine zunächst nur vorläufige formelle Bewertung des Antrages vornehmen, dessen Ergebnis sodann gem. Art. 39 Abs. 1 UAbs. 1 S. 2 MP-VO an die Kommission zur Weiterleitung an die Koordinierungsgruppe Medizinprodukte übermittelt werden muss.[200] Nachdem die Kommission den Bewertungsbericht erhalten hat, leitet diese den Bericht an die nach Art. 103 MP-VO einzusetzende Koordinierungsgruppe Medizinprodukte[201] (engl. „Medical Device Coodination

---

Stelle", „die Konformitätsbewertungstätigkeiten einschließlich Kalibrierung, Prüfung, Zertifizierung und Kontrollen durchführt und dabei als Drittpartei tätig wird".

194 *Mayr/Thiermann/Schrack/Kiesselbach*, Medizinprodukterecht, § 4, Rn. 8.

195 *Rehmann*/Wagner, MP-VO, Art. 35, Rn. 1; ebenso *Mayr/Thiermann/Schrack/Kiesselbach*, Medizinprodukterecht, § 4, Rn. 17.

196 *Mayr/Thiermann/Schrack/Kiesselbach*, Medizinprodukterecht, § 4, Rn. 13; *Friedrich*, in: Clausen/Schroeder-Printzen, § 17, Rn. 397, Rn. 847; *Hasenteufel/Renaud*, Software als Medizinprodukt, S. 10; vgl. auch *Dieners/Vivekens*, in: Anhalt/Dieners, § 2, Rn. 47.

197 *Mayr/Thiermann/Schrack/Kiesselbach*, Medizinprodukterecht, § 4, Rn. 17.

198 *Mayr/Thiermann/Schrack/Kiesselbach*, Medizinprodukterecht, § 4, Rn. 17; vgl. auch *Friedrich*, in: Clausen/Schroeder-Printzen, § 17, Rn. 401, dass „peinlich darauf" darauf geachtet werden sollte, die richtigen Codes anzugeben, da nur bezüglich der angegebenen Codes eine zur Konformitätsbewertung berechtigende Notifizierung erfolgen würde.

199 *Friedrich*, in: Clausen/Schroeder-Printzen, § 17, Rn. 397.

200 *Rehmann*/Wagner, MP-VO, Art. 39, Rn. 1.

201 Die Koordinierungsgruppe Medizinprodukte (engl. „Medical Device Coodination Group (MDCG)") wird nach Art. 103 Abs. 1 MP-VO eingesetzt und setzt sich gem. Art. 103 Abs. 2 MP-VO aus von den Mitgliedstaaten gewählten Vertretern zusammen, die gem. Art. 103 Abs. 3 MP-VO wegen ihrer besonderen fachlichen Kompetenz und Erfahrung in dem Bereich ausgewählt werden sollen. Die Aufgabe der MDCG besteht neben der Erarbeitung von Leitlinien unter anderem auch in der Auswahl der Sachverständigen Komitees zur Bewertung der Konformitätsbewertungsstelle, vgl. hierzu auch *Mayr/Thiermann/Schrack/Kies-*

Group" (MDCG)) weiter.[202] Es folgt eine inhaltliche Bewertung des Antrages durch ein Bewertungsteam aus drei Sachverständigen, die durch die Koordinierungsgruppe und die Kommission binnen 14 Tagen nach Vorlage des vorläufigen Bewertungsberichts gem. Art. 39 Abs. 3 S. 1 MP-VO gewählt werden.[203] Überprüft wird, ob die benannte Stelle die Bewertungsanforderungen nach Art. 36 i. V. m. Anhang VII MP-VO tatsächlich erfüllt.[204]

Sofern die Überprüfung erfolgreich durchgeführt wurde, erstellt die zuständige Behörde gem. Art. 39 Abs. 7 UAbs. 3 MP-VO einen endgültigen Bewertungsbericht, der neben dem Ergebnis der Bewertung und der Bestätigung etwaiger Korrekturmaßnahmen auch auf bestehende Meinungsunterschiede zu dem Sachverständigen-Team hinweist. Sodann ist das gemeinsame Bewertungsteam wiederum gem. Art. 39 Abs. 9 S. 1 MP-VO berechtigt, eine Stellungnahme bei der Kommission abzugeben, welche an die Koordinierungsgruppe zur Empfehlung weitergeleitet wird. Auf dieser Grundlage spricht die Koordinierungsgruppe sodann eine Empfehlung aus, die gem. Art. 39 Abs. 9 MP-VO maßgeblich bei der gültigen Entscheidung der zuständigen Behörde über die Benennung berücksichtigt werden muss.[205]

Nachdem die Konformitätsbewertungsstelle benannt wurde, ist dies den Mitgliedstaaten und der Kommission durch das elektronische Notifizierungsinstrument der NANDO-Datenbank[206] mittzuteilen.[207] Die Notifizierung reicht inhaltlich nur so weit, wie die Benennung der Konformitätsbewertungsstelle reicht, sodass die jeweilige Konformitätsbewertungsstelle speziell für die jeweilige Bewertung der Produktgruppen notifiziert sein muss.[208]

---

*selbach*, Medizinprodukterecht, § 6, Rn. 48; *Hasenteufel/Renaud*, Software als Medizinprodukt, S. 46.

[202] *Rehmann/Wagner*, MP-VO, Art. 39, Rn. 2; *Mayr/Thiermann/Schrack/Kiesselbach*, Medizinprodukterecht, § 4, Rn. 19.

[203] *Mayr/Thiermann/Schrack/Kiesselbach*, Medizinprodukteverordnung, § 4, Rn. 19.

[204] Zu den Anforderungen, die die benannte Stelle nach Art. 36 i. V. m. Anhang VII MP-VO erfüllen muss, um für die Konformitätsbewertung benannt zu werden, eingehend *Mayr/Thiermann/Schrack/Kiesselbach*, Medizinprodukterecht, § 4, Rn. 19 ff.

[205] *Mayr/Thiermann/Schrack/Kiesselbach*, Medizinprodukterecht, § 4, Rn. 20.

[206] Für eine Übersicht der für die MP-VO notifizierten Konformitätsbewertungsstellen, vgl. NANDO-Datenbank der Europäischen Kommission, abrufbar unter: https://ec.europa.eu/growth/tools-databases/nando/index.cfm?fuseaction=directive.notifiedbody&dir_id=34, zuletzt abgerufen: 4. 1. 2026.

[207] Vgl. *Mayr/Thiermann/Schrack/Kiesselbach*, Medizinprodukterecht, § 4, Rn. 21.

[208] *Rehmann*/Wagner, MP-VO, Art. 39, Rn. 2

### III. Freie Verkehrsfähigkeit CE-gekennzeichneter Medizinprodukte

Sobald die Konformitätsbewertung erfolgreich durchgeführt wurde, sind die Hersteller der Medizinprodukte dazu berechtigt eine EU-Konformitätserklärung auszustellen und eine CE-Kennzeichnung auf dem Produkt anzubringen.[209] Durch die CE-Kennzeichnung sind die Medizinprodukte am Unionsmarkt frei verkehrsfähig.[210] Eine Überprüfung durch die nationalen Marktüberwachungsbehörden beschränkt sich auf begründete Anlässe, sodass jedenfalls keine systematische Überprüfung der Produkte erfolgen darf. Dies ergibt sich daraus, dass die Marktüberwachungsbehörden gem. Art. 93 MP-VO nur zu Überprüfung „angemessener Stichproben" berechtigt sind und obligatorisch restriktive Maßnahmen gem. Art. 94 UAbs. 1 MP-VO nur dann zulässig sind, wenn ein „Grund zur Annahme" besteht, dass die Anforderungen nicht eingehalten wurden bzw. „ein unvertretbares Risiko für die Gesundheit und Sicherheit der Patienten besteht".[211]

Sofern sich der Anlass der fehlenden Konformität oder des Vorliegens eines solchen unvertretbaren Risikos bei Überprüfung bestätigt, fordert die Marktüberwachungsbehörde den Hersteller dazu auf, den Umstand, der das Risiko gem. Art. 95 Abs. 1 MP-VO oder die fehlende Konformität (sog. *Nonkonformität*) gem. Art. 97 Abs. 1 MP-VO begründet, innerhalb einer von den Behörden festgelegten Frist zu beheben.[212] Sofern der Hersteller der ihm nach Art. 95 Abs. 3 MP-VO obliegende Pflicht zur Ergreifung von Korrekturmaßnahmen nicht nachkommt, ist die Marktüberwachungsbehörde gem. Art. 95 Abs. 4 UAbs. 1 bzw. Art. 97 Abs. 2 MP-VO zu entsprechenden Korrekturmaßnahmen berechtigt. Allerdings sind die Maßnahmen – ganz im Einklang mit dem neuen Rechtsrahmen – nur vorläufiger Natur, weil die Aufsichtsbehörden gem. Art. 95 Abs. 2 MP-VO zur Unterrichtung der Kommission verpflichtet sind, die sodann gem. Art. 96 Abs. 2 MP-VO die Maßnahmen auf ihre Rechtfertigung hin überprüfen und ggf. den Mitgliedstaat zur Zurücknahme der Maßnahme verpflichten kann.[213]

Eine Besonderheit ergibt sich auf dem Medizinproduktesektor aus dem Umstand, dass die Behörden alle erforderlichen und gerechtfertigten vorläufigen Gesundheitsschutzmaßnahmen gem. Art. 98 Abs. 1 MP-VO treffen dürfen, wenn diese zu dem Ergebnis kommen, dass Produkte Risiken für den „Schutz der Gesundheit und Sicherheit der Patienten" oder der „öffentlichen Gesundheit" bergen.

---

[209] *Mayr/Thiermann/Schrack/Kiesselbach*, Medizinprodukterecht, § 2, Rn. 77; ebenso Rehmann/*Wagner*, MP-VO, Art. 10, Rn. 3; vgl. für eine eingehende Darstellung der EU-Konformitätserklärungs- und der CE-Kennzeichnungspflicht nach der MP-VO und deren Kohärenz zu den Anforderungen, die die KI-Verordnung an die Konformitätserklärung und CE-Kennzeichnung stellt, ausführlich Kap. 4, D., IV.

[210] Vgl. Erwägungsgrund 40 MP-VO; Rehmann/*Wagner*, MP-VO, Art. 20, Rn. 2.

[211] *Mayr/Thiermann/Schrack/Kiesselbach*, Medizinprodukterecht, § 5, Rn. 9 ff.

[212] *Mayr/Thiermann/Schrack/Kiesselbach*, Medizinprodukterecht, § 5, Rn. 11; Rehmann/*Wagner*, MP-VO, Art. 96, Rn. 2 ff.

[213] Rehmann/*Wagner*, MP-VO, Art. 96, Rn. 2 ff.

## IV. Sonderzulassung von Medizinprodukten

Eine Ausnahme von der Konformitätsbewertungspflicht nach Art. 52 Abs. 1 MP-VO gilt nur für solche Produkte, bei denen die Durchführung eines Konformitätsbewertungsverfahrens nicht abgewartet werden kann und nachgewiesen wurde, dass ein Interesse der öffentlichen Gesundheit und Patientensicherheit und -gesundheit besteht, dass nicht bereits durch im Verkehr befindliche zertifizierte Alternativprodukte befriedigt werden kann.[214] Voraussetzung ist stets, dass die grundlegenden Sicherheits- und Leistungsanforderungen erfüllt wurden.[215] Sofern dies der Fall ist, kann durch die zuständigen Marktüberwachungsbehörden gem. Art. 59 Abs. 1 MP-VO eine „Sonderzulassung" des Produkts für den jeweiligen Mitgliedstaat erfolgen.[216] In Deutschland obliegt die Zuständigkeit gem. § 85 Abs. 2 MPDG[217] dem Bundesinstitut für Arzneimittel und Medizinprodukte (BfArM) bzw. dem Paul-Ehrlich-Institut (PEI).[218] Diese Sonderzulassung geht gem. Art. 59 Abs. 2 MP-VO mit einer Mitteilungspflicht gegenüber den übrigen Mitgliedstaaten und der Kommission einher.[219]

Während sie grundsätzlich auf den Geltungsraum des Mitgliedstaates erstreckt, kann die Kommission gem. Art. 114 Abs. 3 MP-VO durch den Erlass eines Durchführungsrechtsaktes die Genehmigung für einen begrenzten Zeitraum auf das gesamte Unionsrecht ausweiten.[220] Da Produkte mit einer solchen Sonderzulassung kein Konformitätsbewertungsverfahren durchlaufen haben, dürfen diese jedoch nicht mit einer CE-Kennzeichnung versehen werden.[221]

---

[214] *Mayr/Thiermann/Schrack/Kiesselbach*, Medizinprodukterecht, § 2, Rn. 14; Rehmann/*Wagner*, MP-VO, Art. 59, Rn. 6, der betont, dass die Vorschrift eng auszulegen sei und eine Sonderzulassung i. d. S. es daher voraussetzen würde, dass auf dem Markt kein bereits zertifiziertes Medizinprodukte existiert, dass das jeweilige Bedürfnis befriedigen könnte.

[215] Rehmann/*Wagner*, MP-VO, Art. 59, Rn. 7.

[216] *Mayr/Thiermann/Schrack/Kiesselbach*, Medizinprodukterecht, § 2, Rn. 14, die betonen, dass im Rahmen des MPG von der inhaltsgleichen Pflicht früher nur selten Gebrauch gemacht wurde. Vor allem in der Corona-Pandemie sei der Ausnahme jedoch eine erhöhte Bedeutung zugekommen; ebenso Rehmann/*Wagner*, MP-VO, Art. 59, Rn. 1, mit dem Hinweis, dass wegen der Corona-Pandemie der Geltungsbeginn der Vorschrift durch die Verordnung (EU) 2020/561 verschoben wurde.

[217] Obgleich die Medizinprodukteverordnung 2017/745 keine Umsetzung ins nationale Recht bedarf, ist das Medizinprodukte-Durchführungsgesetz dennoch erforderlich. Das Durchführungsgesetz dient dazu, die in der MP-VO enthaltenen nationalen Öffnungsklauseln zu füllen und andererseits den in der Verordnung vorgesehenen Regelungsaufträgen an die Mitgliedstaaten nachzukommen, *Rehmann*/Wagner, MP-VO, Einführung, Rn. 65 ff.

[218] Rehmann/*Wagner*, MP-VO, Art. 59, Rn. 8; *Mayr/Thiermann/Schrack/Kiesselbach*, Medizinprodukterecht, § 2, Rn. 14.

[219] Rehmann/*Wagner*, MP-VO, Art. 59, Rn. 1.

[220] Rehmann/*Wagner*, MP-VO, Art. 59, Rn. 14.

[221] Rehmann/*Wagner*, MP-VO, Art. 59, Rn. 12.

### V. Zwischenergebnis

Zusammenfassend lässt sich daher statuieren, dass Medizinprodukte i. S. d. Art. 2 Nr. 1 MP-VO, Zubehör i. S. d. Art. 2 Nr. 2 MP-VO und Produkte i. S. d. Anhangs XVI MP-VO als Produkte i. S. d. Art. 1 Abs. 4 MP-VO *de lege lata* grundsätzlich der Konformitätsbewertungspflicht des Art. 52 Abs. 1 MP-VO unterliegen, in dessen Rahmen die Konformität mit den grundlegenden Sicherheits- und Leistungsanforderungen nachgewiesen werden muss. Die Wahl des Bewertungsverfahrens bestimmt sich – im Einklang mit dem NLF – in Abhängigkeit der Risikoklasse.

Während bei Produkten der Risikoklasse I die Konformitätsbewertung grundsätzlich durch den Hersteller selbst durchgeführt werden kann, obliegt die Durchführung ab der Risikoklasse IIa einer für die jeweilige Produktkategorie, unter die das jeweilige Produkt fällt, grundsätzlich der notifizierten Stelle. Nur für implantierbare Produkte der Risikoklasse III oder Produkte, der Risikolasse IIa, die dazu bestimmt sind, Arzneimittel an den Körper abzugeben und/oder aus dem Körper zu entfernen, muss gem. Art. 54 Abs. 1 MP-VO zusätzlich ein Konsultationsverfahren nach Anhang IX Abschnitt 5.1 bzw. Anhang X Abschnitt 6 MP-VO durchgeführt werden.

Im Einklang mit dem NLF hat die erfolgreiche Durchführung des Konformitätsbewertungsverfahrens zur Folge, dass die Hersteller eine CE-Kennzeichnung nach Maßgabe des Art. 20 MP-VO anbringen dürfen, was sodann zu der Verkehrsfähigkeit der Produkte führt und den nationalen Behörden eine systematische Kontrolle der Produkte verbietet.

Eine Besonderheit gilt insofern nur für sog. *Sonderzulassungen* i. S. d. Art. 59 Abs. 1 MP-VO. In Abweichung von der grundsätzlich bestehenden Pflicht zur Durchführung eines Konformitätsbewertungsverfahrens, können die Mitgliedstaaten eine Sonderzulassung erteilen, wenn die Zulassung im Interesse der öffentlichen Gesundheit und Patientensicherheit und -gesundheit steht und ein Konformitätsbewertungsverfahren nicht abgewartet werden kann und auf dem Unionsmarkt kein bereits zertifiziertes Produkt vorhanden ist, dass dieses Interesse ausreichend befriedigt.

## C. Konformitätsbewertung nach der KI-Verordnung

Am 21. April 2021 stellte die Europäische Kommission mit der „Verordnung des Europäischen Parlaments und des Rates zur Festlegung harmonisierter Vorschriften für künstliche Intelligenz (Gesetz über künstliche Intelligenz) und zur Änderung bestimmter Rechtsakte der Union“[222] (im Folgenden: KI-VOE-KOM) den weltweit[223] ersten Vorschlag für einen horizontalen[224] produktsicherheitsrechtlichen Rahmen für „Systeme der künstlichen Intelligenz“[225] vor, der den geltenden Regelungsrahmen für KI-basierte Medizinprodukte ergänzen[226] sollte. Im Dezember 2021 einigte sich der Rat auf einen allgemeinen Standpunkt („General Approach“) (im Folgenden: KI-VOE-Rat) der Mitgliedstaaten der Europäischen Union.[227] Am 14. Juni 2023 folgte der Entschluss des Europäischen Parlaments (im Folgenden: KI-VOE-EP).[228] Am 1. August 2024 ist nunmehr die Verordnung (EU) 2024/1689 des Europäischen Parlaments und des Rates vom 13. Juni 2024 zur Festlegung harmonisierter Vorschriften für künstliche Intelligenz und zur Änderung der Verordnungen (EG) Nr. 300/2008, (EU) Nr. 167/2013, (EU) Nr. 168/2013, (EU) 2018/858, (EU) 2018/1139 und (EU) 2019/2144 sowie der Richtlinien 2014/90/EU, (EU) 2016/797 und (EU) 2020/1828 (Verordnung über künstliche Intelligenz) in Kraft getreten (im Folgenden: KI-Verordnung/KI-VO).[229]

## I. Befürchtete Regelungslücken als Grund für den Entwurf einer KI-Verordnung

Obgleich die besonderen Merkmale von KI-Systemen keinen Eingang in den Verordnungstext fanden, war der Kommissionsentwurf eine Reaktion auf eine

[222] Vgl. *Europäische Kommission*, Vorschlag für eine Verordnung des Europäischen Parlaments und des Rates zur Festlegung harmonisierter Vorschriften für Künstliche Intelligenz (Gesetz über künstliche Intelligenz) und zur Änderung bestimmter Rechtsakte der Union, COM 2021, 206 final; *Hilgendorf/Roth-Isigkeit*, 1. Auflage, § 1, Rn. 35; *Ebert/Spiecker gen. Döhmann*, NVwZ 2021, 1188.

[223] *Bomhard/Merkle*, RDi 2021, 276.

[224] *Bomhard/Merkle*, RDi 2021, 276, 278; *Roos/Weitz*, MMR 2021, 844, 846; *Ebers et al.*, RDi 2021, 528, 536; *Orssich*, EuZW 2022, 254, 256; *Fuderer*, MPR 2022, 121, 122.

[225] Vgl. zum Begriff „Systems der Künstlichen Intelligenz“ i. S. d. Art. 3 Nr. 1 KI-VO, noch ausführlich, Kap. 2, A., S. 79 ff.

[226] Vgl. dafür, dass die KI-VO ergänzend zu der MP-VO Anwendung findet, *Heil*, MPR 2022, 1, 2 f.; *Fuderer*, MPR 2022, 121, 122, der betont, dass die MP-VO als „sehr passgenaue sektorspezifische Regulierung“ noch „durch horizontales Unionsrecht ergänzt werden“ würde; *Thiermann/Böck*, RDi 2022, 333 f.; *Ströbel/Grau*, ZD 2022, 599, 604; *Handorn/Juknat*, MPR 2022, 77, 79 f.

[227] Vgl. *Rat*, Proposal for a Regulation of the European Parliament and of the Council laying down harmonised rules on artificial intelligence (Artificial Intelligence Act) and amending certain Union legislative acts – General approach, 14954/22.

[228] Vgl. *Europäisches Parlament*, Amendments adopted by the European Parliament on 14 June 2023 on the proposal for a regulation of the European Parliament and of the Council on laying down harmonised rules on artificial intelligence (Artificial Intelligence Act) and amending certain Union legislative acts, P9_TA(2023)0236.

[229] Vgl. hierfür ABl. 2024/L1689, S. 1 ff.

Reihe von Forderungen, die Regelungslücken befürchteten in den Risiken, die aus Eigenschaften wie der Lernfähigkeit und Intransparenz resultieren.[230]

Am Anfang der Entwicklung standen die wiederholten Forderungen des Europäischen Parlaments[231] und des Europäischen Rates[232] nach legislativen Maßnahmen für „KI-Systeme".[233] Zu diesem Zeitpunkt blieb gleichwohl weitestgehend offen, was unter dem Begriff der „künstlichen Intelligenz" verstanden werden sollte.[234] Einigkeit schien jedoch bereits zu diesem Zeitpunkt über den Umstand zu bestehen, dass vor allem Eigenschaften wie die Lernfähigkeit und Intransparenz neue Risiken bergen würden.[235]

Ferner betonte auch die Kommission in der von ihr sodann vorgestellten KI-Strategie und dem „Koordinierten Plan für künstliche Intelligenz", dass „künstliche Intelligenz" von einem „intelligenten Verhalten" und „einem gewissen Grad an Autonomie" geprägt seien, für die ein geeigneter ethischer und rechtlicher Rahmen geschaffen werden müsse.[236]

Die KI-Strategie umfasste auch die Beauftragung der „hochrangigen Expertengruppe für künstliche Intelligenz" (HLEG) zur Erarbeitung von „Ethik-Leitlinien

---

[230] Vgl. zu der Entstehungsgeschichte der KI-Verordnung, Erklärendes Memorandum, COM 2021, 206 final, S. 1 ff.; *Ebers*/Heinze/Krügel/Steinrötter, § 3, Rn. 160 ff.; vgl. zu der historischen Entwicklung, noch vor Erlass des Kommissionsentwurfes für eine KI-Verordnung, *Strecker*, RDi 2021, 124, 125 f.

[231] Vgl. hierfür *Europäisches Parlament*, Zivilrechtliche Regelungen im Bereich Robotik (2015/2103(INL)), P8_TA(2017)0051, Rn. 16.

[232] Vgl. hierfür *Rat*, Tagung des Europäischen Rates (19. Oktober 2017) – Schlussfolgerung, EUCO 14/17, S. 7; *Rat*, Tagung des Europäischen Rates (2. Oktober 2020) – Schlussfolgerung, 13/20.

[233] Erklärendes Memorandum, COM 2021, 206 final, S. 2.

[234] Vgl. für die Forderungen des Parlaments, eine allgemeingültige Definition zu schaffen, *Europäisches Parlament*, Zivilrechtliche Regelungen im Bereich Robotik (2015/2103(INL)), P8_TA(2017)0051, Rn. 1.

[235] Hintergrund für die Forderung, war die Befürchtung des Europäischen Parlaments, dass „*autonome* Maschinen mit der Fähigkeit zum unabhängigen Erlernen und zur unabhängigen Entscheidungsfindung" nicht nur Vorteile mit sich brächten, „sondern auch" mit „einer Vielzahl von Bedenken hinsichtlich der unmittelbaren Folgen für die Gesellschaft in ihrer Gesamtheit verbunden" wären, vgl. *Europäisches Parlament*, Zivilrechtliche Regelungen im Bereich Robotik (2015/2103(INL)), P8_TA(2017)0051, Erwägungsgrund G (Hervorhebung hinzugefügt); die fehlende Transparenz der Systeme begründe die Notwendigkeit, entsprechende Anforderungen in ethischen Grundsätzen aufzunehmen, um es Menschen, die sich dem Einsatz von Robotern ausgesetzt sehen, zu ermöglichen, dass diese die Gründe des Systems verstehen, vgl. *Europäisches Parlament*, Zivilrechtliche Regelungen im Bereich Robotik (2015/2103(INL)), P8_TA(2017)0051, Rn. 12.

[236] Vgl. hierfür die übereinstimmende Definition für den Begriff der Künstlichen Intelligenz als „Systeme mit einem ‚*intelligenten*' Verhalten, die ihre Umgebung analysieren und einem gewissen Grad an *Autonomie* handeln, um bestimmte Ziele zu erreichen", *Europäische Kommission*, KI-Strategie, COM 2018, 237 final, S. 1, S. 4; *Europäische Kommission*, Koordinierter Plan für künstliche Intelligenz, COM 2018, 795 final, S. 1 f. (Hervorhebung hinzugefügt).

für eine vertrauenswürdige KI".[237] Obgleich die Kommission die „unverbindlichen Leitlinien[238] der Hochrangigen Expertengruppe" begrüßte, betonte sie in ihrem Weißbuch die Notwendigkeit zur Schaffung von rechtlich verbindlichen Anforderungen an KI-Systeme.[239] Zwar träfe der Einsatz von KI-Systemen nicht auf einen regelungsleeren Raum, gleichwohl seien die Systeme mit besonderen Risiken[240] verbunden, denen der bestehende Regelungsrahmen nicht hinreichend entgegentreten würde, sodass Regelungslücken zu erwarten seien.[241]

Zu dieser Schlussfolgerung kam die Kommission, vor allem auf der Grundlage des „Bericht(s) über die Auswirkungen von Künstlicher Intelligenz, des Internets der Dinge und der Robotik auf Sicherheits- und Haftungsfragen", der zusammen mit dem Weißbuch veröffentlicht wurde und der in den geltenden produktsicherheitsrechtlichen Vorschriften Regelungslücken fand, die in den KI-spezifischen Eigenschaften der Konnektivität, Autonomie, Datenabhängigkeit, Komplexität und Opazität begründet lägen.[242] Diese Forderungen mündeten in die Einbringung eines Entwurfs für eine KI-Verordnung durch die Europäische Kommission am 21. April 2021.

## II. Anlehnung an die Grundprinzipien des neuen Rechtsrahmens

Die KI-Verordnung folgt in ihrer Konzeption dem NLF insoweit, als sie ebenfalls nur die wesentlichen Sicherheitsanforderungen gesetzlich normiert (*siehe hierzu 1.*), deren Konformität für Hochrisiko-KI-Systeme in einem Konformitäts-

---

[237] Vgl. hierfür die Ankündigung der Kommission „alle relevanten Interessensträger zusammenzubringen", die zur Ausarbeitung ethischer Leitlinien beitragen können, *Europäische Kommission*, KI-Strategie, COM 2018, 237 final, S. 18; vgl. dafür, dass die Kommission die HLEG einsetzte, *Europäische Kommission*, Koordinierter Plan für künstliche Intelligenz, COM 2018, 795 final, S. 7.

[238] Vgl. hierfür *HLEG*, Ethik-Leitlinien, S. 2, Fn. 1, abrufbar unter: siehe Quellenangaben; vgl. dafür, dass die Ethik-Leitlinien keine rechtliche Verbindlichkeit entfalten sollen, *Europäische Kommission*, Weißbuch – Zur Künstlichen Intelligenz – ein europäisches Konzept für Exzellenz und Vertrauen, COM 2020 65 final, S. 11.

[239] Vgl. hierfür *Europäische Kommission*, Weißbuch zur Künstlichen Intelligenz, COM 2020, 65 final, S. 11, 15 ff.; vgl. für einer ausführlichen Auseinandersetzung mit dem Inhalt des Weißbuches auch *Jüngling*, MMR 2020, 440, 442 ff.

[240] Vgl. für die Risiken, die aus besonderen Eigenschaften, wie etwa der Intransparenz und Autonomie resultieren würden, *Europäische Kommission*, Bericht der Kommission an das Europäische Parlament, den Rat und den Europäischen Wirtschafts- und Sozialausschuss – Bericht über die Auswirkungen künstlicher Intelligenz, des Internets der Dinge und der Robotik in Hinblick auf Sicherheit und Haftung, COM 2020, 64 final, S. 2 ff.; hierauf verweisend *Europäische Kommission*, Weißbuch zur Künstlichen Intelligenz, S. 18.

[241] Vgl. *Europäische Kommission*, Weißbuch zur Künstlichen Intelligenz, COM 2020, 65 final, S. 18 f.

[242] Vgl. *Europäische Kommission*, Bericht der Kommission zum Weißbuch, COM 2020, 64 final, S. 2 ff.

bewertungsverfahren (*siehe hierzu 2.*) vor deren Inverkehrgabe oder Inbetriebnahme (*siehe hierzu 3.*) überprüft werden muss und deren erfolgreiche Überprüfung den Anbieter zur Anbringung eines CE-Kennzeichens berechtigt, was sodann die freie Verkehrsfähigkeit des Hochrisiko-KI-Systems zur Folge hat und eine systematische Überprüfung der Systeme durch die nationalen Behörden verbietet (*siehe hierzu 4.*).

### 1. Beschränkung der Harmonisierung auf die wesentlichen Sicherheitsanforderungen

Dem NLF folgend sind die in Kapitel III Abschnitt 2 KI-VO für Hochrisiko-KI-Systeme vorgesehenen Sicherheitsanforderungen allgemein formuliert und ermangeln technischer Details.[243]

Exemplarisch kommt dies in Art. 12 KI-VO zum Ausdruck, wonach Hochrisiko-KI-Systeme so zu konzipieren und zu entwickeln sind, dass sie eine „automatische Aufzeichnung von Ergebnissen (im Folgenden ‚Protokollierung‘) während des Lebenszyklus des Systems ermöglichen“.

Den Grundprinzipien des NLF folgend verwies bereits der Kommissionsentwurf hinsichtlich der technischen Details vereinzelt auf europäisch harmonisierte Normen bzw. gemeinsame Spezifikationen, wie der Wortlaut des Art. 12 Abs. 1 S. 2 KI-VOE-KOM „anerkannten Normen oder gemeinsamen Spezifikationen“ exemplarisch bestätigte.[244] Während im Kommissionvorschlag der Verweis auf die harmonisierten Normen in Kapitel 2 Titel III KI-VOE-KOM[245] noch rar gesät war, schlugen sowohl der Rat als auch das Parlament übereinstimmend in Art. 8 KI-VOE einen für alle der in Art. 9–15 KI-VOE normierten Anforderungen geltenden Verweis auf die technischen Normen vor.[246]

Eine Verweisung auf den „allgemein anerkannten Stand der Technik“ wurde nunmehr auch in Art. 8 Abs. 1 S. 1 KI-VO des endgültigen Regelungstextes allge-

---

[243] *Gerdemann*, in: Martini/Wendehorst, Art. 43, Rn. 1; *Gerdemann*, NJW 2024, 2209; vgl. ebenso zum Kommissionsentwurf *Ebers et al.*, RDi 2021, 528, 532; *Orssich*, EuZW 2022, 254, 256; *Veale/Zuiderveen Borgesius*, CRi 2021, 97, 102; vgl. hierfür Art. 12 Abs. 1 KI-VOE-KOM, COM 2021, 206 final, S. 57.

[244] Vgl. Art. 12 Abs. 1 S. 2 KI-VOE-KOM, COM 2021, 206 final, S. 57; Erklärendes Memorandum, COM 2021, 206 final, S. 7, 16; Erwägungsgrund 13, COM 2021, 206 final, S. 24; *Veale/Zuiderveen Borgesius*, CRi 2021, 97, 103 f.; *Orssich*, EuZW 2022, 254, 256; *Ebers et al.*, RDi 2021, 528, 533.

[245] Vgl. hierfür die Verweise in Art. 9 Abs. 3 S. 2 KI-VOE-KOM und Art. 12 Abs. 1 S. 2 KI-VOE-KOM, COM 2021, 206 final, S. 54, 57.

[246] Vgl. Art. 8 Abs. 1 KI-VOE-Rat, *Rat*, General Approach, 14954/22, S. 88; ebenso Art. 8 Abs. 1a KI-VOE-EP Änderung 258, *Europäisches Parlament*, Amendments adopted by the European Parliament on 14 June 2023 on the proposal for an Artificial Intelligence Act, P9_TA(2023)0236.

meingültig „vor die Klammer" der Sicherheitsanforderungen des Kapitel III Abschnitt 2 KI-VO gezogen.

Unter Berücksichtigung der Kernpunkte des europäischen Produktsicherheitsrechts bleibt die Anwendung der technischen Normen in der KI-Verordnung freiwillig[247], löst gleichwohl nach Art. 40 KI-VO eine Konformitätsvermutung hinsichtlich der Einhaltung des Kapitels III Abschnitt 2 KI-VO aus.[248]

Unter einer harmonisierten Norm versteht die KI-Verordnung gemäß Art. 3 Nr. 27 KI-VO eine harmonisierte europäische Norm i. S. d. Art. 2 Abs. 1 lit. c) VO (EU) 1025/2012 und damit eine Norm, die gem. Art. 2 Nr. 1 lit. b) VO (EU) 1025/2012 von europäischen Normungsorganisationen, namentlich gem. Art. 2 Nr. 8 i. V. m. Anhang I VO (EU) 1025/2012 CEN, CENELEC oder ETSI erlassen wurde.[249] Harmonisierte Normen i. S. d. Verordnung 1025/2012 werden damit auch im Rahmen der KI-VO eine „Schlüsselrolle" einnehmen und maßgeblich die Art und Weise prägen, wie „die Einhaltung dieser Verordnung zu gewährleisten" ist.[250]

### 2. Konformitätsbewertungspflicht

In Anlehnung[251] an das NLF sieht Art. 16 lit. f) KI-VO[252] die Pflicht vor, dass „Anbieter" von „Hochrisiko-KI-Systemen" vor der „Inverkehrgabe oder Inbetrieb-

---

[247] Trotz der freiwilligen Regelungsnatur, wird teilweise eine faktische Rechtsverbindlichkeit befürchtet, vgl. etwa *Breulmann*, Normung und Rechtsangleichung in der Europäischen Wirtschaftsgemeinschaft, S. 174, der kritisch anmerkt, dass die Rechtswirkung weit über eine „widerlegbare Vermutung" hinausgehen würde, S. 171 ff.; *Rönck*, Technische Normen als Gestaltungsmittel des Europäischen Gemeinschaftsrechts, S. 201 ff.; vgl. ebenso im Zusammenhang mit der KI-VO, etwa *Ebers*, RDi 2021, 588, 591; vgl. hingegen für die Stimmen, die eine faktische Rechtsverbindlichkeit der technischen Normen der nach dem neuen Rechtsrahmen harmonisierten Produktsicherheitsvorschriften ablehnen, *Sobczak*, Normung und Umweltschutz im Europäischen Gemeinschaftsrecht, S. 55 ff.; *Dingemann/Kottmann*, Rechtsgutachten zum europäischen System der harmonisierten Normen. S. 15 ff.; *Hornkohl*, in: Hatje/Müller-Graff, § 43, Rn. 43 ff.

[248] Vgl. zu den Entwürfen: Art. 40 Abs. 1 KI-VOE-KOM, COM 2021, 206 final, S. 72; Art. 40 Abs. 1 KI-VOE-Rat, *Rat*, General Approach, 14954/22, S. 125; Art. 40 Abs. 1 KI-VOE-EP, *Europäisches Parlament*, Amendments adopted by the European Parliament on 14 June 2023 on the proposal for an Artificial Intelligence Act, P9_TA(2023)0236.

[249] Vgl. zu den Entwürfen: Art. 3 Nr. 27 KI-VOE-KOM, COM 2021, 206 final, S. 48; Art. 3 Nr. 27 KI-VOE-Rat, *Rat*, General Approach, 14954/22, S. 75; Art. 3 Nr. 27 KI-VOE-EP, *Europäisches Parlament*, Amendments adopted by the European Parliament on 14 June 2023 on the proposal for an Artificial Intelligence Act, P9_TA(2023)0236.

[250] Vgl. Erwägungsgrund 121; vgl. zu den Entwürfen Erwägungsgrund 61 KI-VOE-KOM, COM 2021, 206 final, S. 37; daran festhaltend Erwägungsgrund 61 KI-VOE-Rat, *Rat*, General Approach, 14954/22, S. 50; ferner auch *Europäisches Parlament*, Amendments adopted by the European Parliament on 14 June 2023 on the proposal for an Artificial Intelligence Act, P9_TA(2023)0236.

[251] Vgl. Erwägungsgrund 9, VO (EU) 2024/1689; vgl. auch Erwägungsgrund 52 der Entwürfe COM 2021, 206 final, S. 36; *Rat*, General Approach, 14954/22, S. 46; *Europäisches*

nahme" die Konformität mit den in Kapitel III Abschnitt 2 KI-VO normierten Anforderungen in einem Konformitätsbewertungsverfahren nachweisen müssen.[253]

Um eine Konformitätsbewertungspflicht auszulösen ist es daher erforderlich, dass ein „KI-System" i. S. d. Art. 3 Nr. 1 KI-VO als „Hochrisiko-KI-System" i. S. d. Art. 6 KI-VO in den Verkehr gegeben oder in den Betrieb genommen wird.[254]

Eine Ausnahme von der Konformitätsbewertungspflicht ist Art. 46 KI-VO[255] zu entnehmen, der eine Sonderzulassung von Hochrisiko-KI-Systemen bei einem hinreichend begründeten Ersuchen vorsieht, sofern außergewöhnliche Gründe für die öffentliche Sicherheit, den Schutz des Lebens und der Gesundheit, der Umweltschutz oder der Schutz wichtiger Industrie- und Infrastrukturen, dies rechtfertigen.[256] Für Produkte, die als Bestandteil oder eigenständiges Produkt unter die

---

*Parlament*, Amendments adopted by the European Parliament on 14 June 2023 on the proposal for an Artificial Intelligence Act, P9_TA(2023)0236; ebenso zum Kommissionsentwurf nur *Roos/Weitz*, MMR 2021, 844, 845; *Orssich*, EuZW 2022, 254, 256; *Wiebe*, BB 2022, 899; *Spindler*, CR 2021, 361, 363.

[252] Diese Pflicht war bereits in den Entwürfen für eine KI-VO vorgesehen, vgl. hierzu Art. 19 Abs. 1 S. 1 i. V. m. Art. 43 KI-VOE-KOM, COM 2021, 206 final, S. 62 ff.; Art. 19 Abs. 1 S. 1 i. V. m. Art. 43 KI-VOE-Rat, *Rat*, General Approach, 14954/22, S. 103.

[253] *Gerdemann*, in: Martini/Wendehorst, Art. 43, Rn. 6; Vgl. auch *Henke*, in: BeckOK KI-Recht, Art. 16, Rn. 29; *Saurin/Thiermann*, in: Bomhard/Pieper/Wende, Art. 43, Rn. 4; Vgl. für Ausführungen zum Konformitätsbewertungsverfahren *Gerdemann*, NJW 2024, 2209; *Kilian/Denga*, NJW 2024, 2945; im Zusammenhang mit dem Kommissionentwurf, etwa *Linardatos*, in: Hilgendorf/Roth-Isigkeit, 1. Auflage, § 7, Rn. 10 ff.; *Linardatos*, ZdiW 2023, 3 ff.; *Denga*, ZfPC 2023, 154, 155 ff.; *Rostalski/Weiss*, ZfDR 2021, 329, 347 ff.

[254] Ebenso *Gerdemann*, in: Martini/Wendehorst, Art. 43, Rn. 3; *Gerdemann*, NJW 2024, 2209, 2210; *Saurin/Thiermann*, in: Bomhard/Pieper/Wende, Art. 43, Rn. 1; *Kilian*, in: BeckOK KI-Recht, Art. 43, Rn. 1; das Konformitätsbewertungsverfahren dient ausweislich des Erwägungsgrundes 123 VO (EU) 2024/1689, dazu ein „hohes Maß an Vertrauenswürdigkeit" von Hochrisiko-KI-Systemen zu gewährleisten; vgl. zu der Klassifizierung von KI-Systemen als Hochrisiko-KI-System, ausführlich Kap. 3, B., II.

[255] Im Unterschied zu dem Entwurf der Kommission, wurde eine Sonderzulassung nunmehr zusätzlich von einem hinreichend begründeten Ersuchens abhängig gemacht, vgl. Art. 47 KI-VOE-KOM, COM 2021, 206 final, S. 76; so bereits Art. 47 KI-VOE-Rat, *Rat*, General Approach 14954/22, S. 85 f.; ebenso Art. 47 KI-VOE-EP, *Europäisches Parlament*, Amendments adopted by the European Parliament on 14 June 2023 on the proposal for an Artificial Intelligence Act, P9_TA(2023)0236.

[256] Ebenso *Gerdemann*, in: Martini/Wendehorst, Art. 46, Rn. 1; *Saurin/Thiermann*, in: Bomhard/Pieper/Wende, Art. 46, Rn. 1; *Steege*, in: BeckOK KI-Recht, Art. 46, Rn. 1; Vgl. dazu, dass die Genehmigungspflicht zeitlich befristet zu vergeben ist, Art. 46 Abs. 1 S. 2 KI-VO; so bereits in den Entwürfen für Art. 47 Abs. 1 S. 2 KI-VOE, vgl. Art. 47 Abs. 1 KI-VOE-KOM, COM 2021, 206 final, S. 76; ebenso Art. 47 Abs. 1 KI-VOE-Rat, *Rat*, General Approach 14954/22, S. 85 f.; ebenso Art. 47 Abs. 1 KI-VOE-EP, *Europäisches Parlament*, Amendments adopted by the European Parliament on 14 June 2023 on the proposal for an Artificial Intelligence Act, P9_TA(2023)0236; Voraussetzung für die Erteilung einer Genehmigung ist, dass die Anforderungen des Kapitel III Abschnitt 2 KI-VO erfüllt wurden. Sobald die Marktüberwachungsbehörde eine entsprechende Genehmigung erteilt hat, ist sie gem.

Harmonisierungsvorschrift 2017/745 fallen, gelten jedoch gem. Art. 46 Abs. 7 KI-VO nur die in dieser Harmonisierungsvorschrift der Union festgelegten Ausnahmen von der Konformitätsbewertung.[257] Daher wird auch eine Sonderzulassung für KI-basierte Medizinprodukte, die zusätzlich den Anforderungen des Kapitel III Abschnitt 2 KI-VO unterliegen, unter den bereits dargestellten Voraussetzungen des Art. 59 MP-VO möglich sein.[258]

### 3. Anbieter als Pflichtenadressat der Konformitätsbewertungspflicht

Pflichtenadressat der Konformitätsbewertungspflicht ist gem. Art. 16 lit. f) KI-VO[259] der „Anbieter“ i. S. d. Art. 3 Nr. 2 KI-VO.[260] Unter dem „Anbieter“ versteht Art. 3 Nr. 3 KI-VO[261] alle natürlichen oder juristischen Personen, Behörden, Einrichtungen oder sonstige Stellen, die ein KI-System entwickelt haben oder dieses entwickeln lassen haben, um es – unentgeltlich oder entgeltlich – entweder selbst unter eigenem Namen in Verkehr zu bringen oder es selbst in den Betrieb zu nehmen.

Im Wesentlichen entspricht diese Definition dem (medizin-)produktsicherheitsrechtlichen Herstellerbegriff.[262] Im Unterschied zu dem Herstellerbegriff des Art. 2

---

Art. 46 Abs. 3 S. 2 KI-VO verpflichtet, die Kommission und die anderen Mitgliedstaaten zu informieren, Hilgendorf/Roth-Isigkeit, 1. Auflage, § 8, Rn. 12.

[257] Vgl. *Saurin/Thiermann*, in: Bomhard/Pieper/Wende, Art. 46, Rn. 20 f. mit Beispiel der MP-VO; *Steege*, in: BeckOK KI-Recht, Art. 46, Rn. 36 f. für eine Auflistung der Harmonisierungsrechtsvorschriften; vgl. zuvor Art. 47 Abs. 6 KI-VOE-KOM, COM 2021, 206 final, S. 76, der die Ausnahmen aus Art. 54 und 59 MP-VO ausdrücklich für anwendbar erklärte; dem folgend *Europäisches Parlament*, Amendments adopted by the European Parliament on 14 June 2023 on the proposal for an Artificial Intelligence Act, P9_TA(2023)0236; ebenso Art. 47 Abs. 6 KI-VOE-Rat, der eine Ausweitung dieser Ausnahme auf alle Harmonisierungsvorschriften des Anhanges II Teil A KI-VOE-Rat vorsah, *Rat*, General Approach, 14954/22, S. 133.

[258] Ebenso *Saurin/Thiermann*, in: Bomhard/Pieper/Wende, Art. 46, Rn. 20 f.; vgl. zu den Voraussetzungen des Art. 59 MP-VO, Kap. 1, B., IV.

[259] Vgl. in den Enwürfen Art. 19 Abs. 1 S. 1 i. V. m. Art. 43 KI-VOE-KOM, COM 2021, 206 final, S. 62 ff.; Art. 19 Abs. 1 S. 1 i. V. m. Art. 43 KI-VOE-Rat, *Rat*, General Approach, 14954/22, S. 103; ebenso Art. 16 lit. e) KI-VOE-EP, *Europäisches Parlament*, Amendments adopted by the European Parliament on 14 June 2023 on the proposal for an Artificial Intelligence Act, P9_TA(2023)0236.

[260] *Saurin/Thiermann*, in: Bomhard/Pieper/Wende, Art. 16, Rn. 94; *Henke*, in: BeckOK KI-Recht, Art. 16, Rn. 29; *Gerdemann*, NJW 2024, 2209, 2210; *Kilian/Denga*, NJW 2024, 2945, 2948; ebenso zum Kommissionsentwurf, etwa *Wiebe*, BB 2022, 899; *Linardatos*, ZdiW 2023, 3; *Denga*, ZfPC 2023, 154.

[261] Vgl. in den Entwürfen Art. 3 Nr. 2 KI-VOE-KOM, COM 2021, 206 final, S. 46; ebenso Art. 3 Nr. 1 KI-VOE-Rat, *Rat*, General Approach 14954/22, S. 71; ebenso *Europäisches Parlament*, Amendments adopted by the European Parliament on 14 June 2023 on the proposal for an Artificial Intelligence Act, P9_TA(2023)0236.

[262] Martini/*Wendehorst*, Art. 3, Rn. 80; *Kirschke-Biller/Füllsack*, in: BeckOK KI-Recht, Art. 3, Rn. 76; vgl. *Bomhard*, in: Bomhard/Pieper/Wende, Art. 3, Rn. 84, der die Definitionen

Nr. 30 MP-VO erfasst der Anbieterbegriff des Art. 3 Nr. 2 KI-VO auch solche Personen, die das KI-System nicht vermarkten, sondern vielmehr entwickeln, um es selbst in den Betrieb zu nehmen.[263]

Sofern der Hersteller eines körperlichen Medizinprodukts, welches durch ein KI-System gesteuert wird, dieses unter eigenem Namen in Verkehr bringt, bestimmt Art. 25 Abs. 3 KI-VO[264], dass dieser Hersteller unter den dort genannten Voraussetzungen als Anbieter i. d. S. zu behandeln ist, was dazu führt, dass diesem auch die Erfüllung der Konformitätsbewertungspflicht obliegt.[265]

### 4. Inverkehrgabe oder Inbetriebnahme als Voraussetzung für die Bewertungspflicht

Die KI-VO folgt dem NLF weiter auch dahingehend, dass eine Konformitätsbewertungspflicht nur dann besteht, wenn das Hochrisiko-KI-System in den Verkehr gegeben oder in den Betrieb genommen wird.[266] Die Legaldefinition des „Inverkehrbringens" i. S. d. Art. 3 Nr. 9 KI-VO[267] eines KI-Systems oder KI-Modells mit allgemeinem Verwendungszweck stimmt inhaltlich mit der Legaldefinition für die Inverkehrgabe eines Produktes nach Art. 2 Nr. 28 MP-VO überein.[268] Gemäß Art. 3 Nr. 9 KI-VO ist unter dem Inverkehrbringen „die erstmalige Bereitstellung eines KI-Systems oder eines KI-Modells mit allgemeinem Verwendungszweck auf dem Unionsmarkt" zu verstehen.

---

als „vergleichbar" bezeichnet; vgl. zum Kommissionsentwurf, im Zusammenhang mit dem Medizinproduktesektor *Heil*, MPR 2022, 1, 4; vgl. zum Kommissionsentwurf, im Zusammenhang mit dem Produktsicherheitsrecht allgemein, *Wiebe*, BB 2022, 899; dem folgend *Denga*, ZfPC 2023, 154.

263 *Kirschke-Biller/Füllsack*, in: BeckOK KI-Recht, Art. 3, Rn. 76.2, die zudem darauf hinweisen, dass die Definition der KI-Verordnung auf das „Entwickeln" nicht das „Herstellen" abstellt; vgl. so auch zum Kommissionsentwurf, *Heil*, MPR 2022, 1, 4.

264 Vgl. so bereits Art. 24 KI-VOE-KOM, COM 2021, 206 final, S. 63; ebenso *Europäisches Parlament*, Amendments adopted by the European Parliament on 14 June 2023 on the proposal for an Artificial Intelligence Act, P9_TA(2023)0236; zudem Art. 23a KI-VOE-Rat, *Rat*, General Approach, 14954/22, S. 105 f.

265 *Bosmann*, in: BeckOK KI-Recht, Art. 25, Rn. 127; *Seehafer*, in: Bomhard/Pieper/Wende, Art. 25, Rn. 29.

266 *Kilian*, in: BeckOK KI-Recht, Art. 43, Rn. 1; *Saurin/Thiermann*, in: Bomhard/Pieper/Wende, Art. 43, Rn. 1; vgl. zum Kommissionsentwurf ebenso *Wiebe*, BB 2022, 899, 900.

267 Vgl. ebenso die Entwürfe Art. 3 Nr. 9 KI-VOE, COM 2021, 206 final, S. 46; Art. 3 Nr. 9 KI-VOE-Rat, *Rat*, General Approach 14954/22, S. 72; Art. 3 Nr. 9 KI-VOE, *Europäisches Parlament*, Amendments adopted by the European Parliament on 14 June 2023 on the proposal for an Artificial Intelligence Act, P9_TA(2023)0236.

268 Vgl. *Kirschke-Biller/Füllsack*, in: BeckOK KI-Recht, Art. 3, Rn. 169, der den Begriff als „Standardbegriff des Produktsicherheitsrechts" bezeichnet; vgl. allgemein zum ProdSR, Martini/*Wendehorst*, Art. 3, Rn. 126; noch zum Kommissionsentwurf *Wiebe*, BB 2022, 899, 900.

Unter vollständiger Übereinstimmung mit Art. 2 Nr. 27 MP-VO, definiert Art. 3 Nr. 10 KI-VO[269] den Begriff der „Bereitstellung auf dem Markt“ als „die entgeltliche oder unentgeltliche Abgabe eines KI-Systems oder eines KI-Modells mit allgemeinem Verwendungszweck zum Vertrieb oder zur Verwendung auf dem Unionsmarkt im Rahmen einer Geschäftstätigkeit“.[270]

Für eine „Breitstellung“ i. d. S. ist im Produktsicherheitsrecht grundsätzlich anerkannt, dass eine Vereinbarung über die Übereignung sowie die Übertragung des Besitzes oder alle sonstigen Rechte erforderlich ist, wobei es nicht von Bedeutung ist, ob diese Übertragung entgeltlich oder unentgeltlich erfolgt.[271] Bei KI-basierten Systemen besteht eine Besonderheit darin, dass es sich bei den Systemen um unkörperliche Gegenstände handelt, an denen als solches grundsätzlich keine Sachherrschaft übertragen werden kann.[272] Nur sofern diese als fester Bestandteil in ein Produkt integriert sind oder auf einem „gegenständlichen Datenträger“ zum Vertrieb in den Unionsmarkt abgegeben werden, gilt der Zeitpunkt, in dem die Sachherrschaft des körperlichen Produkts an einen Dritten übertragen wird, auch als Zeitpunkt der Abgabe der unkörperlichen Software.[273] Bei KI-basierten Systemen, welche nicht als fester Bestandteil in ein Produkt integriert sind, kann die Abgabe – und daher die Inverkehrgabe – nur dadurch erfolgen, dass das jeweilige System auf einer Website oder im App-Store zum Download angeboten wird.[274]

Eine Inbetriebnahme liegt gem. Art. 3 Nr. 11 KI-VO[275] in der „Bereitstellung eines KI-Systems in der Union zum Erstgebrauch direkt an den Betreiber oder zum Eigengebrauch entsprechend seiner Zweckbestimmung“. Insoweit weicht die Legaldefinition von dem Begriff der „Inbetriebnahme“ des Art. 2 Nr. 29 MP-VO ab,

---

[269] Im Unterschied zu den Entwürfen für eine KI-Verordnung, umfasst die Definition des Art. 3 Nr. 9 KI-VO auch KI-Modelle mit allgemeinen Verwendungszwecken und nicht nur KI-Systeme, vgl. zu den Entwürfen Art. 3 Nr. 10 KI-VOE, COM 2021, 206 final, S. 46; Art. 3 Nr. 10 KI-VOE-Rat, *Rat*, General Approach 14954/22, S. 72; Art. 3 Nr. 10 KI-VOE, *Europäisches Parlament*, Amendments adopted by the European Parliament on 14 June 2023 on the proposal for an Artificial Intelligence Act, P9_TA(2023)0236.

[270] Vgl. ebenso *Kirschke-Biller/Füllsack*, in: BeckOK KI-Recht, Art. 3, Rn. 186, der den Begriff als „Standardbegriff des Produktsicherheitsrechts“ bezeichnet.

[271] *Europäische Kommission*, Blue Guide, ABl. 2022/C247, S. 20.

[272] *Wiebe*, BB 2022, 899, 900.

[273] Vgl. hinsichtlich der Möglichkeit des Vertriebs auf einem körperlichen Datenträger, *Wagner*, in: MüKO BGB, Band 7, § 2 ProdhaftG, Rn. 22.

[274] So *Wiebe*, BB 2022, 899, 900, mit Verweis auf die Ausführungen zum Produkthaftungsrecht, *Wagner*, in: MüKO BGB, Band 7, § 2 ProdhaftG, Rn. 16; ebenso *Salvatore*, Inverkehrbringung: Definition und regulatorische Anforderungen, abrufbar unter: siehe Quellenangaben.

[275] Vgl. ebenso die insoweit übereinstimmenden Entwürfe für Art. 3 Nr. 11 KI-VOE, COM 2021, 206 final, S. 46; Art. 3 Nr. 11 KI-VOE-Rat, *Rat*, General Approach 14954/22, S. 73, wobei zu Klarstellungszwecken der Nutzer-Begriff gegen den Betreiberbegriff ausgetauscht wurde; ebenso Art. 3 Nr. 11 KI-VOE, *Europäisches Parlament*, Amendments adopted by the European Parliament on 14 June 2023 on the proposal for an Artificial Intelligence Act, P9_TA(2023)0236.

als es nicht darauf ankommt, dass das System „verwendet werden kann“, sondern darauf, dass das System direkt an den Betreiber bereitgestellt wird.[276]

### 5. CE-Kennzeichnung und freie Verkehrsfähigkeit

Im Einklang mit dem NLF ist das Ergebnis einer erfolgreich durchgeführten Konformitätsbewertung, dass der Anbieter gem. Art. 16 lit. g) und h) KI-VO[277] eine EU-Konformitätserklärung ausstellen und an den Systemen eine CE-Kennzeichnung anbringen muss.[278] Ebenfalls im Einklang mit den Grundprinzipien des Produktsicherheitsrechts bleibt der Anbieter trotz der erfolgreich durchgeführten Konformitätsbewertung gem. Art. 47 Abs. 4 KI-VO weiterhin für die Konformität der KI-Systeme verantwortlich.[279]

Sobald die CE-Kennzeichnung an dem System angebracht ist, führt dies – im Einklang mit dem NLF – dazu, dass die Systeme frei verkehrsfähig sind und jedenfalls keiner systematischen Kontrolle nationaler Behörden der EU-Mitgliedstaaten unterliegen.[280]

Gemäß Art. 79 Abs. 2 S. 1 KI-VO[281] ist die Marktüberwachungsbehörde nämlich nur zur Überprüfung berechtigt, wenn sie „hinreichend Grund zu der Annahme, dass ein KI-System ein Risiko nach Absatz 1 des vorliegenden Artikels birgt“ hat. Sofern ein Risiko vorliegt und die Überprüfung ergibt, dass eine Nonkonformität des Produkts mit dieser Verordnung besteht, weil i. S. d. Art. 79 Abs. 6 lit. b) KI-VO[282] die Anforderungen des Kapitel III Abschnitt 2 KI-VO entweder nicht erfüllt wurden oder i. S. d. Art. 79 Abs. 6 lit. c) KI-VO[283] der Mitgliedstaat die harmonisierten Normen oder gemeinsamen Spezifikationen für unzureichend erachtet,

---

[276] Vgl. zum Kommissionsentwurf *Wiebe*, BB 2022, 899, 900.

[277] Vgl. Art. 19 Abs. 1 KI-VOE-KOM/Rat bzw. Art. 16 lit. e a (new) und lit. e b (new) KI-VOE-EP.

[278] *Gerdemann*, NJW 2024, 2209, 2210; Vgl. ebenso zur Anbringung des CE-Kennzeichens, *Eisenberger/Th. Binder*, in: Martini/Wendehorst, Art. 16, Rn. 32; Vgl. zu den Grundprinzipien des neuen Rechtsrahmens, die eine Konformitätserklärung und CE-Kennzeichnung als Rechtsfolge für die erfolgreiche Durchführung eines Konformitätsbewertungsverfahrens vorsehen, bereits Kap. 1, A. II., 4.; vgl. zu der EU-Konformitätserklärung und der CE-Kennzeichnung sowie der Kohärenz dieser Anforderungen mit dem Medizinprodukterecht, ausführlich Kap. 4, D., IV.

[279] *Gerdemann*, in: Martini/Wendehorst, Art. 47, Rn. 22; *Saurin/Thiermann*, in: Bomhard/Pieper/Wende, Art. 47, Rn. 41 f.; *Steege*, in: BeckOK KI-Recht, Art. 47, Rn. 17; vgl. *Denga*, ZfPC 2023, 154, 158; zu den Grundprinzipien des Produktsicherheitsrechts, bereits Kap. 1, A., II., 5.

[280] Ebenso *Saurin/Thiermann*, in: Bomhard/Pieper/Wende, Art. 48, Rn. 8.

[281] Zuvor Art. 65 Abs. 2 S. 1 KI-VOE-KOM/Rat/EP; vgl. zum Kommissionsentwurf *Roth/Isigkeit*, ZRP 2022, 187, 189; *Wiebe*, BB 2022, 899, 902; *Ebert/Spiecker gen. Döhmann*, NVwZ 2021, 1188, 1192.

[282] Vgl. in den Entwürfen für eine KI-VO vormals, Art. 65 Abs. 6 lit. a) KI-VOE.

[283] Vgl. in den Entwürfen für eine KI-VO vormals, Art. 65 Abs. 6 lit. b) KI-VOE.

richten sich die Befugnisse der Behörde nach Art. 79 KI-VO. Gemäß Art. 79 Abs. 2 UAbs. 2 KI-VO[284] kann die nationale Marktüberwachungsbehörde den Akteur zur Ergreifung von Korrekturmaßnahmen oder zum Rückruf innerhalb einer angemessenen Frist auffordern, welcher sodann gem. Art. 79 Abs. 4 KI-VO[285] dazu verpflichtet ist, geeignete Korrekturmaßnahmen zu ergreifen.[286] Sofern die Frist erfolglos abgelaufen ist, ist auch die Marktüberwachungsbehörde zur Ergreifung „geeigneter vorläufiger Maßnahmen“ gem. Art. 79 Abs. 4 KI-VO[287] berechtigt, die in einem Verbot oder einer Einschränkung, wie einer Aufforderung zum Rückruf bzw. das Produkt aus dem Verkehr zu nehmen, bestehen können. Gleichwohl geht die Maßnahme gem. Art. 79 Abs. 7 KI-VO[288] ebenfalls mit einer Benachrichtigungspflicht aller übrigen Mitgliedstaaten und der Kommission einher.[289] Sofern innerhalb von drei Monaten nach Eingang der Mitteilung Einwände durch die Mitgliedstaaten erhoben werden oder die Kommission die Maßnahme als unvereinbar mit dem Unionsrecht erachtet, ist diese berechtigt, gem. Art. 81 Abs. 1 KI-VO[290] innerhalb von sechs[291] Monaten über die Rechtfertigung der nationalen Maßnahme zu entscheiden.[292] Sofern die nationale Maßnahme nicht gerechtfertigt ist, muss der Mitgliedstaat die Maßnahme gem. Art. 81 Abs. 2 KI-VO[293] zurücknehmen.

### III. Abweichen von den Grundprinzipien des neuen Rechtsrahmens

Obgleich die Anlehnung an die Grundprinzipien des neuen Rechtsrahmens deutlich erkennbar ist, weicht die Verordnung insbesondere in Bezug auf die Konformitätsbewertungspflicht auch erheblich von den Grundprinzipien ab.

---

[284] Vgl. in den Entwürfen für eine KI-VO vormals, Art. 65 Abs. 2 UAbs. 2 KI-VOE.

[285] Vgl. in den Entwürfen für eine KI-VO vormals, Art. 65 Abs. 4 KI-VOE.

[286] Vgl. zum Kommissionsentwurf *Roth/Isigkeit*, ZRP 2022, 187, 189; *Wiebe*, BB 2022, 899, 902; *Ebert/Spiecker gen. Döhmann*, NVwZ 2021, 1188, 1192.

[287] Vgl. in den Entwürfen für eine KI-VO vormals, Art. 65 Abs. 5 KI-VOE.

[288] Vgl. in den Entwürfen für eine KI-VO vormals, Art. 65 Abs. 7 KI-VOE.

[289] Vgl. zum Kommissionsentwurf *Roth/Isigkeit*, ZRP 2022, 187, 189.

[290] Vgl. in den Entwürfen für eine KI-VO vormals, Art. 66 Abs. 1 KI-VOE.

[291] Vgl. zunächst den Vorschlag der Kommission für eine Frist von neun Monaten, Art. 66 Abs. 1 S. 1 KI-VOE-KOM, COM 2021, 206 final, S. 89; dem folgend *Rat*, General Approach 14954/22, S. 170; im Entwurf des Parlaments wurde die Frist auf drei Monate verkürzt, Änderung 610, Europäisches Parlament, Amendments adopted by the European Parliament on 14 June 2023 on the proposal for an Artificial Intelligence Act, P9_TA(2023)0236.

[292] *Roth/Isigkeit*, ZRP 2022, 187, 189.

[293] Vgl. in den Entwürfen für eine KI-VO vormals, Art. 66 Abs. 2 KI-VOE.

### 1. Beschränkung der Konformitätsbewertungspflicht auf Hochrisiko-KI-Systeme

Für das nach NLF harmonisierte Produktsicherheitsrecht ist gerade charakteristisch, dass *alle* Produkte *unabhängig von der Risikoklasse* eine Konformitätsbewertung durchlaufen müssen.[294] Die Risikoklasse entscheidet nur über den Umfang des Bewertungsverfahrens, und damit über die Frage, inwieweit eine benannte Stelle bei der Konformitätsbewertung miteinbezogen werden muss.[295]

Von diesem Prinzip weicht Art. 16 lit. f) KI-VO[296] ab, indem sie die Pflicht zur Durchführung eines Konformitätsbewertungsverfahrens nach Art. 43 KI-VO von vornherein ausschließlich auf „Hochrisiko-KI-System(e)", also Systeme der zweit höchsten Risikoklasse, beschränken.[297]

Im Unterschied dazu werden KI-Systeme mit einem unannehmbaren Risiko gänzlich verboten, und Systeme, eines mittleren oder geringen Risikos unterliegen nach dem Wortlaut des Art. 16 lit. f KI-VO[298] keiner Konformitätsbewertungspflicht.[299] Um die Konformitätsbewertungspflicht der KI-VO auszulösen, ist es

[294] Die Risikoklasse hat im Rahmen der MP-VO nur eine Auswirkung auf die Wahl des einschlägigen Konformitätsbewertungsverfahren, nicht aber auf die Frage, ob eine entsprechende Pflicht überhaupt besteht. Hierzu bereits Kap. 1, B., I.

[295] Vgl. hierzu bereits Kap. 1, B., II.

[296] Vgl. in den Entwürfen für eine KI-VO vormals, Art. 19 Abs. 1 KI-VOE-KOM/Rat bzw. Art. 16 lit. e) KI-VOE-EP.

[297] Vgl. zu der Beschränkung auf Hochrisiko-KI-Systeme, Erwägungsgrund 123 VO (EU) 2024/1689; *Saurin/Thiermann*, in: Bomhard/Pieper/Wende, Art. 43, Rn. 1; *Gerdemann*, in: Martini/Wendehorst, Art. 43, Rn. 3; *Gerdemann*, NJW 2024, 2209, 2210; zum Kommissionsentwurf, *Linardatos*, in: Hilgendorf/Roth-Isigkeit, 1. Auflage, § 7, Rn. 12; *Linardatos*, ZdiW 2023, 1, 4; *Denga*, ZfPC 2023, 154; *Orssich*, EuZW 2022, 254, 258; *Ebers et al.*, RDi 2021, 528, 533; *Veale/Zuiderveen Borgesius*, CRi 2021, 97, 102; *Bomhard/Merkle*, RDi 2021, 276, Abstract; *Ebers et al.*, RDi 2021, 528, 532; *Engelmann/Brunotte/Lütkens*, RDi 2021, 317, 320; *Spindler*, CR 2021, 361, 336; *Rostalski/Weiss*, ZfDR 2021, 329, 347 ff.

[298] Vgl. in den Entwürfen für eine KI-VO vormals, Art. 19 Abs. 1 S. 1 KI-VOE-KOM, COM 2021, 206 final, S. 62; vgl. Art. 19 Abs. 1 S. 1 KI-VOE-Rat, *Rat*, General Approach, 14952/22, S. 103; Vgl. hierfür Art. 16 Abs. 1 lit. e) i. V. m. Art. 16 Abs. 1 lit. e) i. V. m. Art. 43 KI-VOE-EP, mit dem das Parlament inhaltlich an der Pflicht festhält und diese nur systematisch in Art. 16 Abs. 1 lit. e) Ki-VOE-EP verlagert, Änderungen 338, 339, 340, 355, *Europäisches Parlament*, Amendments adopted by the European Parliament on 14 June 2023 on the proposal for an Artificial Intelligence Act, P9_TA(2023)0236.

[299] Vgl. ebenso zum Kommissionsentwurf, etwa *Linardatos*, in: Hilgendorf/Roth-Isigkeit, 1. Auflage, § 7, Rn. 12; *Linardatos*, ZdiW 2023, 1, 4; *Denga*, ZfPC 2023, 154; *Orssich*, EuZW 2022, 254, 258; *Ebers et al.*, RDi 2021, 528, 533; *Veale/Zuiderveen Borgesius*, CRi 2021, 97, 102; *Bomhard/Merkle*, RDi 2021, 276, Abstract; *Ebers et al.*, RDi 2021, 528, 532; *Engelmann/Brunotte/Lütkens*, RDi 2021, 317, 320; *Spindler*, CR 2021, 361, 336; *Rostalski/Weiss*, ZfDR 2021, 329, 347 ff.; *Hornung*, in: Schoch/Schneider, § 35a VwVfG, Rn. 56; *Frank/Heine*, NZA 2023, 1281, 1282.

daher nicht ausreichend, dass ein System als KI-System[300] zu qualifizieren ist, sondern müsste dieses zudem auch als Hochrisiko-KI-System[301] zu klassifizieren sein.[302]

### 2. Unterschiedliche Verfahren für die verschiedenen Hochrisiko-KI-Systemtypen

Sobald ein Hochrisiko-KI-System vorliegt, sind Anbieter nach Art. 16 lit. f) KI-VO[303] verpflichtet das „betreffende(n) Konformitätsbewertungsverfahren“ nach Art. 43 KI-VO zu befolgen.[304]

In Abweichung[305] von den Grundprinzipien des neuen Rechtsrahmens bestimmt sich das einschlägige Konformitätsbewertungsverfahren zunächst[306] jedoch nicht nach der Risikoklasse, sondern greift Art. 43 Abs. 1, 2 und 3 KI-VO[307] die Unterscheidung der Risikoklassifizierungsregel Art. 6 KI-VO auf.[308]

---

300 Zu den Voraussetzungen, unter denen ein System als „System der künstlichen Intelligenz“ i. S. d. Art. 3 Nr. 1 KI-VO zu qualifizieren ist, ausführlich Kap. 2, A.; Kap. 3, B., I.

301 Zu den Voraussetzungen, unter denen ein KI-System als Hochrisiko-KI-System i. S. d. Art. 6 KI-VO zu klassifizieren ist, ausführlich Kap. 3, B., II.

302 Ebenso *Gerdemann*, in: Martini/Wendehorst, Art. 43, Rn. 3.

303 Vgl. in den Entwürfen für eine KI-VO vormals, Art. 19 Abs. 1 S. 1 KI-VOE-KOM, COM 2021, 206 final, S. 62; ebenso Art. 19 Abs. 1 S. 1 KI-VOE-Rat, *Rat*, General Approach, 14952/22, S. 103; fernerArt. 16 Abs. 1 lit. e) KI-VOE-EP, Änderung 338, *Europäisches Parlament*, Amendments adopted by the European Parliament on 14 June 2023 on the proposal for an Artificial Intelligence Act, P9_TA(2023)0236.

304 *Gerdemann*, in: Martini/Wendehorst, Art. 43, Rn. 6 ff.; *Gerdemann*, NJW 2024, 2209, 2210; vgl. zu den Entwürfen, Art. 19 Abs. 1 S. 1 KI-VOE-KOM, COM 2021, 206 final, S. 62; ebenso Art. 19 Abs. 1 S. 1 KI-VOE-Rat, *Rat*, General Approach, 14952/22, S. 103; ferner Art. 16 Abs. 1 lit. e) KI-VOE-EP, Änderung 338, *Europäisches Parlament*, Amendments adopted by the European Parliament on 14 June 2023 on the proposal for an Artificial Intelligence Act, P9_TA(2023)0236.

305 Für Produktsicherheitsvorschriften, die nach dem neuen Rechtsrahmen harmonisiert sind, ist es grundsätzlich kennzeichnend, dass sich das einschlägige Konformitätsbewertungsverfahrens risikobasiert bestimmt. Vgl. hierzu bereits Kap. 1, A., II., 2., b); vgl. zur nach dem neuen Rechtsrahmen harmonisierten MP-VO, Kap. 1, B., I.

306 Jedenfalls für KI-Systeme, die unter einen Harmonisierungsrechtsakt des Anhanges I Abschnitt A KI-VO fallen, richtet sich das Konformitätsbewertungsverfahren gem. Art. 43 Abs. 3 UAbs. 1 KI-VO nach dem einschlägigen Bewertungsverfahren des Harmonisierungsrechtsaktes. Da sich im Rahmen der MP-VO gem. Art. 52 MP-VO – im Einklang mit den Grundprinzipien des neuen Rechtsrahmens – die Wahl des Konformitätsbewertungsverfahrens risikobasiert bestimmt, bestimmt sich das einschlägige Konformitätsbewertungsverfahren im Ergebnis doch risikobasiert, vgl. hierzu sogleich Kap. 4, A., II., 1., B.

307 Vgl. in den Entwürfen für eine KI-VO vormals Art. 43 KI-VOE-KOM, COM 2021, 206 final, S. 73; ebenso Art. 43 KI-VOE-Rat, *Rat*, General Approach, 14952/22, S. 128 f.; ferner Art. 43 KI-VOE-EP, *Europäisches Parlament*, Amendments adopted by the European Parliament on 14 June 2023 on the proposal for an Artificial Intelligence Act, P9_TA(2023)0236.

Diese Unterscheidet zwischen Hochrisiko-KI-Systemen[309], die unter eine der Harmonisierungsvorschriften des Anhangs I Abschnitt A fallen und Hochrisiko-KI-Systemen[310], die unter keine der Harmonisierungsvorschriften fallen und als Hochrisiko-KI-System zu klassifizieren sind, weil diese in Anhang III MP-VO fallen.[311]

### *a) Nichtharmonisierter Bereich*

Für Hochrisiko-KI-Systeme i. S. d. Anhangs III KI-VO normiert die KI-Verordnung in Anhang VI bzw. Anhang VII KI-VO selbst die Anforderungen an das Konformitätsbewertungsverfahren.[312]

Für die Ermittlung des einschlägigen Bewertungsverfahrens unterscheidet Art. 43 KI-VO[313] weiter zwischen Systemen i. S. d. Anhangs III Nr. 1 KI-VO, und allen Übrigen KI-Systemen, die unter einen der Bereiche des Anhangs III Nr. 2–8 KI-VO fallen.[314]

Sofern es sich um ein Hochrisiko-KI-System i. S. d. Anhang III Nr. 1 KI-VO handelt, obliegt dem Anbieter ausweislich des Art. 43 Abs. 1 KI-VO[315] zumindest

---

[308] Vgl. für eine Übersicht der unterschiedlichen Konformitätsbewertungsverfahren für die jeweiligen Hochrisiko-KI-Systeme, *Gerdemann*, in: Martini/Wendehorst, Art. 43, Rn. 19; vgl. so zum Kommissionsentwurf *Fuderer*, MPR 2022, 121, 124; *Denga*, ZfPC 2023, 154, 155 f.; *Bomhard/Merkle*, RDi 2021, 276, 281; *Rostalski/Weiss*, ZfDR 2021, 330, 347 f.; *Ebers*, RDi 2021, 588, 589; *Spindler*, CR 2021, 361, 370; *Roos/Weitz*, MMR 2021, 844, 848; *Hofmann*, K&R 2021, 369, 371; *Wiebe*, BB 2022, 899, 903.

[309] Vgl. hierfür in den Entwürfen Art. 6 Ab.1 KI-VOE-KOM/EP, vgl. COM 2021, 296 final, S. 52; *Europäisches Parlament*, Amendments adopted by the European Parliament on 14 June 2023 on the proposal for an Artificial Intelligence Act, P9_TA(2023)0236. Vgl. Art. 6 Abs. 1 und Abs. 2 KI-VOE-Rat, *Rat*, General Approach 14954/22, S. 85 f.

[310] Vgl. hierfür Art. 6 Abs. 2 KI-VO; in den Entwürfen ebenso Art. 6 Ab.2 KI-VOE-KOM, COM 2021, 296 final, S. 52; Art. 6 Ab.2 KI-VOE-EP *Europäisches Parlament*, Amendments adopted by the European Parliament on 14 June 2023 on the proposal for an Artificial Intelligence Act; ferner Art. 6 Abs. 3 KI-VOE-Rat, *Rat*, General Approach 14954/22, S. 86.

[311] Zu den Voraussetzungen, unter denen ein KI-System als Hochrisiko-KI-System i. S. d. Art. 6 KI-VO zu klassifizieren ist, ausführlich Kap. 3, B., II.

[312] Vgl. auch *Gerdemann*, NJW 2024, 2209, 2210; weiter die Abbildung *Hilgendorf/Härtlein*, Art. 43, Rn. 2.

[313] *Gerdemann*, NJW 2024, 2209, 2210, 221; Diese Unterscheidung war bereits im Kommissionsentwurf in Art. 43 Abs. 1 und 2 KI-VOE-KOM angelegt und wurde auch von den Entwürfen des Rates und des Parlaments übernommen, vgl. Art. 43 Abs. 1 und 2 KI-VOE-KOM, COM 2021, 206 final, S. 73; *Rat*, General Approach 14954/22, 128; *Europäisches Parlament*, Amendments adopted by the European Parliament on 14 June 2023 on the proposal for an Artificial Intelligence Act, P9_TA(2023)0236.

[314] *Gerdemann*, NJW 2024, 2209, 2211; vgl. auch *Gerdemann*, in: Martini/Wendehorst, Art. 43, Rn. 19; vgl. noch zum Kommissionsentwurf *Rostalski/Weiss*, ZfDR 2021, 329, 348 f.

[315] Vgl. in den Entwürfen vormals Art. 43 Abs. 1 KI-VOE-KOM, COM 2021, 206 final, S. 73; ebenso Art. 43 Abs. 1 KI-VOE-Rat, *Rat*, General Approach 14954/22, S. 128; ebenso

zwar grundsätzlich ein Wahlrecht hinsichtlich des durchzuführenden Konformitätsbewertungsverfahrens nach Anhang VI oder Anhang VII KI-VO.[316] Allerdings führt Art. 43 Abs. 1 UAbs. 2 KI-VO[317] dazu, dass regelmäßig ein Verfahren nach Anhang VII KI-VO durchgeführt werden muss.[318]

Dies ist gem. Art. 43 Abs. 1 UAbs. 2 lit. a–d) KI-VO[319] dann der Fall, wenn der Anbieter die für das System existierenden harmonisierten Normen i. S. d. Art. 40 KI-VO oder gemeinsame Spezifikationen i. S. d. Art. 41 KI-VO nicht angewandt hat oder entsprechende Normen bzw. Spezifikationen nicht existieren oder eine oder mehrere harmonisierte Normen mit einer Einschränkung und nur für den eingeschränkten Teil veröffentlicht wurden.[320]

Im Unterschied dazu sieht Art. 43 Abs. 2 KI-VO[321] für Systeme i. S. d. Anhang III Nr. 2–8 KI-VO stets die Durchführung des Konformitätsbewertungsverfahrens nach Anhang VI KI-VO vor.[322]

Mit dem jeweils einschlägigen Konformitätsbewertungsverfahren nach Anhang VI und VII KI-VO entscheidet sich vor allem auch die Frage, ob für die Konformitätsbewertung eine interne Kontrolle, also eine selbstständige Überprüfung des Anbieters gem. Art. 43 Abs. 1 lit. a oder Abs. 2 i. V. m. Anhang VI KI-VO ausreicht, oder dieser gem. Art. 43 Abs. 1 lit. b) oder Abs. 1 UAbs. 3 S. 1 i. V. m.

---

Art. 43 KI-VOE-EP, *Europäisches Parlament*, Amendments adopted by the European Parliament on 14 June 2023 on the proposal for an Artificial Intelligence Act, P9_TA(2023)0236.

[316] Vgl. *Saurin/Thiermann*, in: Bomhard/Pieper/Wende, Art. 43, Rn. 28; vgl. so zum Kommissionsentwurf, *Fuderer*, MPR 2022, 121, 124; *Spindler*, CR 2021, 361, 370; *Rostalski/Weiss*, ZfDR 2021, 329, 348.

[317] Vgl. in den Entwürfen vormals Art. 43 Abs. 1 UAbs. 2 KI-VOE-KOM, COM 2021, 206 final, S. 73; ebenso Art. 43 Abs. 1 UAbs. 2 KI-VOE-Rat, *Rat*, General Approach 14954/22, S. 128; ebenso Art. 43 Abs. 1 UAbs. 2 KI-VOE-EP, *Europäisches Parlament*, Amendments adopted by the European Parliament on 14 June 2023 on the proposal for an Artificial Intelligence Act, P9_TA(2023)0236.

[318] *Gerdemann*, in: Martini/Wendehorst, Art. 43, Rn. 29 f.

[319] Vgl. in den Entwürfen vormals Art. 43 Abs. 1 UAbs. 2 KI-VOE-KOM, COM 2021, 206 final, S. 73; ebenso Art. 43 Abs. 1 UAbs. 2 KI-VOE-Rat, *Rat*, General Approach 14954/22, S. 128; im Wesentlichen hielt daran auch der Parlamentsentwurf für Art. 43 Abs. 1 UAbs. 2 KI-VOE-EP fest, *Europäisches Parlament*, Amendments adopted by the European Parliament on 14 June 2023 on the proposal for an Artificial Intelligence Act, P9_TA(2023)0236.

[320] *Saurin/Thiermann*, in: Bomhard/Pieper/Wende, Art. 43, Rn. 29; *Gerdemann*, in: Martini/Wendehorst, Art. 43, Rn. 30; *Gerdemann*, in: Martini/Wendehorst, Art. 43, Rn. 30; *Kilian/Denga*, NJW 2024, 2945, 2948.

[321] Vgl. in den Entwürfen vormals Art. 43 Abs. 1 UAbs. 2 KI-VOE-KOM, COM 2021, 206 final, S. 73; ebenso Art. 43 Abs. 2 KI-VOE-Rat, *Rat*, General Approach 14954/22, S. 129; im Wesentlichen hielt daran auch der Parlamentsentwurf für Art. 43 Abs. 2 KI-VOE-EP fest, *Europäisches Parlament*, Amendments adopted by the European Parliament on 14 June 2023 on the proposal for an Artificial Intelligence Act, P9_TA(2023)0236.

[322] *Saurin/Thiermann*, in: Bomhard/Pieper/Wende, Art. 43, Rn. 31; *Kilian*, in: Bomhard/Pieper/Wende, Art. 43, Rn. 31; *Gerdemann*, in: Martini/Wendehorst, Art. 43, Rn. 37; vgl. ebenso noch zum Kommissionsentwurf, *Rostalski/Weiss*, ZfDR 2021, 329, 349.

Anhang VII KI-VO für die Überprüfung eine notifizierte Stelle konsultiert muss.[323] Da das Verfahren nach Anhang VII KI-VO ausschließlich für Systeme, die unter Anhang III Nr. 1 KI-VO fallen und auch nur dann anwendbar ist, wenn die Normen und Standards nicht oder nur teilweise angewandt haben oder es keine solche harmonisierten Normen oder gemeinsamen Spezifikationen gibt, ist für die weit überwiegende Anzahl an KI-Systemen i. S. d. Anhangs III KI-VO die Einbeziehung einer solchen notifizierten Stelle nicht zwingend erforderlich, sondern vielmehr eine interne Kontrolle durch den Anbieter selbst ausreichend.[324]

#### *b) Harmonisierter Bereich*

Für Hochrisiko-KI-Systeme, die unter eine der Harmonisierungsvorschriften des Anhangs I Abschnitt A KI-VO fallen, die KI-VO nicht selbst die Anforderungen an das Bewertungsverfahren, sondern sieht Art. 43 Abs. 3 UAbs. 1 KI-VO[325] vor, dass das Konformitätsbewertungsverfahren nach der KI-VO in das bereits bestehende Konformitätsbewertungsverfahren der jeweiligen Harmonisierungsvorschrift integriert werden muss.[326]

Die nach dem jeweiligen Harmonisierungsrechtsakt für die Bewertung ohnehin zuständige Stelle, ist sodann gem. Art. 43 Abs. 3 UAbs. 2 KI-VO[327] auch für die

---

[323] *Gerdemann*, NJW 2024, 2209, 2211; vgl. zu den unterschiedlichen Verfahrensarten auch *Gerdemann*, in: Martini/Wendehorst, Art. 43, Rn. 18; ebenso noch zum Kommissionsentwurf, *Fuderer*, MPR 2022, 121, 124; *Rostalski/Weiss*, ZfDR 2021, 329, 354 ff.; *Denga*, ZfPC 2023, 154, 156.

[324] Vgl. für die Stimmen, die zum Kommissionsentwurf Bedenken an der Rechtfertigung äußern, dass weit überwiegend nur eine interne Konformitätsbewertung gefordert wird, zum Kommissionsentwurf *Ebers et al.*, RDi 2021, 528, 533; *Rostalski/Weiss*, ZfDR 2021, 330, 355; *Spindler*, CR 2021, 361, 373; kritisch auch *Ebert/Spiecker gen. Döhmann*, NVwZ 2021, 1188, 1191; *Roth-Isigkeit*, ZRP 2022, 187, 188; a. A. hingegen *Denga*, ZfPC 2023, 154, 156; vgl. zu der Frage, ob es gerechtfertigt ist, dass weit überwiegend eine Selbstzertifizierung ausreicht, noch ausführlich Kap. 5.

[325] Vgl. insoweit in den Entwürfen vormals Art. 43 Abs. 3 KI-VOE-KOM, COM 2021, 206 final, S. 73; Art. 43 Abs. 3 KI-VOE-Rat, *Rat*, General Approach, 14952/22, S. 128 f.; Art. 43 Abs. 3 KI-VOE-EP, *Europäisches Parlament*, Amendments adopted by the European Parliament on 14 June 2023 on the proposal for an Artificial Intelligence Act, P9_TA(2023)0236.

[326] *Gerdemann*, in: Martini/Wendehorst, Art. 43, Rn. 49; *Kilian*, in: BeckOK KI-Recht, Art. 43, Rn. 24; *Gerdemann*, NJW 2024, 2209, 2211; Ebenso zum Kommissionsvorschlag nur *Denga*, ZfPC 2023, 154, 155; *Fuderer*, MPR 2022, 121, 124; *Linardatos*, ZdiW 2023, 1, 4; *Bomhard/Merkle*, RDi 2021, 276, 281, der als Begründung für die Integration, auf die Notwendigkeit zur Herstellung der Kohärenz mit bestehenden Produktsicherheitsvorschriften verweist; *Rostalski/Weiss*, ZfDR 2021, 329, 347; *Spindler*, CR 2021, 361, 370; *Ebers*, RDi 2021, 588, 589; *Heil*, MPR 2022, 1, 8 f.

[327] Vgl. insoweit in den Entwürfen vormals Art. 43 Abs. 3 UAbs. 2 KI-VOE-KOM, COM 2021, 206 final, S. 73; ebenso Art. 43 Abs. 3 UAbs. 2 KI-VOE-Rat, *Rat*, General Approach, 14952/22, S. 128 f.; ferner Art. 43 Abs. 3 UAbs. 2 KI-VOE-EP, *Europäisches Parlament*, Amendments adopted by the European Parliament on 14 June 2023 on the proposal for an Artificial Intelligence Act, P9_TA(2023)0236.

Überprüfung der Konformität mit den Anforderungen des Kapitel III Abschnitt 2 KI-VO zuständig.[328]

Dadurch entsteht ein einheitliches Konformitätsbewertungsverfahren für Systeme, die zugleich als Produkt oder dessen Bestandteil unter eine der Harmonisierungsvorschriften fallen. Hintergrund für diese Konzeption ist ausweislich des Erwägungsgrundes 124 KI-VO[329] der Wille „möglichst wenig Aufwand" für die Betreiber entstehen zu lassen und „etwaige Doppelarbeit" zu vermeiden.[330]

Würde man von einer solchen Regelung abweichen, würde das Konformitätsbewertungsverfahren für Hochrisiko-KI-Systeme, die zugleich als Produkt oder Bestandteil eines Produkts der Regulierung der MP-VO unterliegen, neben die ohnehin schon für Produkte der Risikoklasse IIa gem. Art. 52 MP-VO bestehende Konformitätsbewertung durch eine benannte Stelle treten, was jedoch wegen der erheblichen finanziellen, als auch zeitlichen Belastung, die sich aus entsprechenden Konformitätsbewertungsverfahren durch Dritte ergibt, die sodann Innovation gefährden könnte.[331] Grundsätzlich ist eine entsprechende Integration daher begrüßenswert, obgleich die Integration zwingend die Kohärenz der Verordnungen voraussetzt, die teilweise infrage gestellt wird, was in dieser Arbeit später noch näher dargestellt und untersucht werden soll.[332]

### IV. Ergebnis zu diesem Kapitel

Bisher mussten Hersteller von KI-basierten Produkte i. S. d. Art. 1 Abs. 4 MP-VO die Konformität mit den grundlegenden Sicherheits- und Leistungsanforderungen des Anhangs I MP-VO in einem Konformitätsbewertungsverfahren nachweisen.

---

[328] *Kilian*, in: BeckOK KI-Recht, Art. 43, Rn. 24; *Gerdemann*, in: Martini/Wendehorst, Art. 43, Rn. 50; *Gerdemann*, NJW 2024, 2209, 2211; Ebenso zum Kommissionsentwurf, etwa *Bomhard/Merkle*, RDi 2021, 276, 281; *Rostalski/Weiss*, ZfDR 2021, 330, 347; *Spindler*, CR 2021, 361, 370; *Heil*, MPR 2022, 1, 8 f.

[329] Vgl. hierfür in den Entwürfen vormals Erwägungsgrund 63 KI-VOE-KOM, COM 2021, 206 final, S. 38; Erwägungsgrund 63 KI-VOE-Rat, *Rat*, General Approach, 14952/22, S. 52; Erwägungsgrund 63 KI-VOE-EP vor, *Europäisches Parlament*, Amendments adopted by the European Parliament on 14 June 2023 on the proposal for an Artificial Intelligence Act, P9_TA(2023)0236.

[330] *Kilian*, in: BeckOK KI-Recht, Art. 43, Rn. 24; *Gerdemann*, in: Martini/Wendehorst, Art. 43, Rn. 50; ebenso Hilgendorf/Roth-Isigkeit, 1. Auflage, § 8, Rn. 3; zum Kommissionsentwurf *Roth-Isigkeit*, ZRP 2022, 187, 188; *Fuderer*, MPR 2021, 121, 124; *Heil*, MPR 2022, 1, 8.

[331] Vgl. zu der zeitlichen und finanziellen Belastung von Konformitätsbewertungsverfahren im Zusammenhang mit der MP-VO, *Prütting/Wolk*, MedR 2020, 359, 361 ff.

[332] Vgl. hierzu ausführlich Kap. 4, C.

Der Regelungsrahmen wird nunmehr durch die Regelungen der KI-Verordnung ergänzt. Den Grundprinzipien des NLF folgend, muss die Einhaltung der wesentlichen Systemanforderungen des Kapitel III Abschnitt 2 KI-VO in einem Konformitätsbewertungsverfahren bestätigt werden, was den Anbieter sodann zur Anbringung eines CE-Kennzeichens berechtigt und die freie Verkehrsfähigkeit zur Folge hat.

In Abweichung von den Grundprinzipien des NLF besteht die Pflicht nicht für jedes KI-System, sondern ausschließlich für Systeme, die als Hochrisiko-KI-Systeme, in die zweit höchste Risikoklasse fallen. In Abweichung von dem NLF bestimmt sich die Wahl des Bewertungsverfahrens ausweislich des Art. 43 KI-VO ferner zunächst nicht risikobasiert, sondern danach, ob die Systeme in eine Harmonisierungsvorschrift fallen.

*Kapitel 2*

# Regelungslücken der Medizinprodukteverordnung

Um beurteilen zu können, ob die KI-Verordnung geeignet ist, die Zielsetzung, bestehende Regelungslücken zu schließen, zu erfüllen, muss zunächst überprüft werden, inwieweit die MP-VO für KI-basierte Produkte überhaupt Regelungslücken aufweist. Dies setzt immanent eine Bestimmung des Begriffes des „KI-System" als Regelungsgegenstand der KI-VO voraus.[1]

## A. KI-Systeme als Regelungsgegenstand der KI-Verordnung

Weder in der informatischen noch in der juristischen Fachliteratur besteht Einigkeit darüber was unter dem Begriff „künstliche Intelligenz" zu verstehen ist.[2] Einigkeit[3] herrscht insofern nur über die Begriffsherkunft, die Übereinstimmend auf den Forschungsantrag des „Summer Research Projects on Artificial Intelligence" am Darthmouth College in Hanover zurückdatiert wird.[4] Im Übrigen existieren eine Fülle unterschiedlicher Definitionsvorschläge, die sich über alle Fachbereiche erstreckt.[5]

---

[1] Vgl. für eine Darstellung, dass die KI-Verordnung eine Reaktion auf die wiederholt geäußerte Befürchtung von Regelungslücken darstellt, ausführlich Kap. 1, C., I.

[2] Ebenso *Ebers*/Heinze/Krügel/Steinrötter, § 3, Rn. 4 ff.; *Thiermann/Böck*, RDi 2022, 333, 334; *Stief/Pisani*, in: Festschrift Gassner, S. 468 f.; vgl. hierfür die Forderung nach einer allgemein anerkannten Begriffsdefinition durch das Parlament, *Europäisches Parlament*, Zivilrechtliche Regelungen im Bereich Robotik – Entschließung des Europäischen Parlaments vom 16. Februar 2017 mit Empfehlungen an die Kommission zu zivilrechtlichen Regelungen im Bereich Robotik (2015/2103(INL)), P8_TA(2017)0051, Rn. 1.

[3] Vgl. hierfür *Görz/Schneeberger/Schmid*, Künstliche Intelligenz, S. 4 f.; *Kaulartz/Braegelmann*, Rechtshandbuch Artificial Intelligence und Machine Learning, S. 61; *Nilsson*, The Quest of Artificial Intelligence, S. 77 ff.; *Buxmann/Schmidt*, Künstliche Intelligenz, S. 4; *Russell/Novig*, Artificial Intelligence, S. 1.

[4] Das Ziel des Forschungsprojekts bestand darin, die menschliche Intelligenz so genau zu beschreiben, dass es gelingt, eine Maschine zu konstruieren, die der menschlichen Intelligenz in ihren Fähigkeiten vergleichbar ist, vgl. hierfür den Forschungsantrag *McCarthy/Minsk/Rochester*, Darthmouth Summer Research Project on Artificial Intelligence, S. 2.

[5] Für eine Übersicht unterschiedlicher Definitionsvorschläge, vgl. etwa *Kaulartz/Braegelmann*, Rechtshandbuch Artificial Intelligence und Machine Learning, S. 56 ff.

Vor dem Hintergrund der seit *jeher* bestehenden Unsicherheiten über die Frage, wie der Begriff zu definieren ist, ist es gleichwohl wenig überraschend, dass die Entwürfe der Kommission[6], des Rates[7] und des Parlaments[8] sowie des endgültigen Regelungstextes[9] dem Begriff in Art. 3 Nr. 1 KI-VO ein divergierendes Begriffsverständnis zugrunde legen. Die Definition des Art. 3 Nr. 1 KI-VO beansprucht keine allgemeine Geltung, sondern ist auf den Regelungsrahmen der KI-Verordnung beschränkt. Daher beschränkt sich auch die Frage ihrer Eignung, die im Folgenden untersucht wird, darauf, ob die Definition als Regelungsgegenstand geeignet ist.

## I. System als Einheit verschiedener Komponenten

Die Kommission definierte den Begriff des „System(s) der künstlichen Intelligenz" in Art. 3 Nr. 1 KI-VOE-KOM als

> „*eine* Software, die mit einer oder mehreren der in Anhang I aufgeführten Techniken und Konzepte entwickelt worden ist und im Hinblick auf eine Reihe von Zielen, die vom Menschen festgelegt werden, Ergebnisse wie Inhalte, Vorhersagen, Empfehlungen oder Entscheidungen hervorbringen kann, die das Umfeld beeinflussen, mit dem sie interagieren"[10]

### 1. Abweichen der Kommission von dem Begriffsverständnis der Ethik-Leitlinien

Mit der Beschränkung des Art. 3 Nr. 1 KI-VOE-KOM auf „eine Software" wich die Kommission von dem deutlich weiteren Definitionsvorschlag der HLEG[11] ab, den diese in ihren Ethik-Leitlinien vorstellte. Unter dem Begriff „Systeme der künstlichen Intelligenz" verstand die HLEG „vom Menschen entwickelte Softwa-

---

[6] Vgl. Art. 3 Nr. 1 i.V.m. Anhang I KI-VOE-KOM, COM 2021, 206 final, S. 46.

[7] Vgl. Art. 3 Nr. 1 KI-VOE-Rat, *Rat*, General Approach, 14954/22, S. 71.

[8] Vgl. Art. 3 Nr. 1 KI-VOE-EP, Änderung 165, *Europäisches Parlament*, Amendments adopted by the European Parliament on 14 June 2023 on the proposal for an artificial intelligence act, P9_TA(2023)0236.

[9] Vgl. Art. 3 Nr. 1 KI-VO, ABl. 2024/L1689.

[10] Vgl. Art. 3 Nr. 1 KI-VOE-KOM, COM 2021, 206 final, S. 46 (Hervorhebung hinzugefügt).

[11] Die Hochrangige Expertengruppe für Künstliche Intelligenz wurde durch die Europäische Kommission eingesetzt, vgl. hierfür *Europäische Kommission*, KI-Strategie, COM 2018, 237 final, S. 18; *Europäische Kommission*, Koordinierter Plan für künstliche Intelligenz, COM 2018, 795 final, S. 7; vgl. die von der HLEG erarbeiteten Ethik-Leitlinien, *HLEG*, Ethik-Leitlinie, abrufbar unter: siehe Quellenangaben.

resysteme (und gegebenenfalls auch *Hardware*systeme)".[12] Mit diesem Begriffsverständnis greift die HLEG auf die Definition des „rationalen Agenten" von Russell und Novig zurück, welches sie als eines der „wichtigsten Standardwerke" bezeichnete.[13]

Nach dem Ansatz von Russell und Novig kennzeichne sich ein Agent dadurch, dass er die Umgebung durch Sensoren wahrnehme und über Aktoren Handlungen in der Umgebung ausführen könne.[14] Gesteuert werde diese Architektur durch ein „Programm", das wiederum auf die jeweilige Architektur abgestimmt sein müsse.[15] Zwar könne grundsätzlich auch einen „herkömmlicher" PC die Architektur des Agenten bilden, gleichwohl müsste die Architektur stets so beschaffen sein, dass die Befehle des Programmes auch tatsächlich ausführbar wären. Dies wäre etwa dann nicht der Fall, wenn der Befehl eines Programmes für einen PC „Lauf" wäre, weil sodann etwaige Aktoren fehlen würden, die eine entsprechende Ausführung ermöglichen könnten.[16]

Ein „rationaler Agent" zeichne sich darüber hinaus aus, stets das „beste" oder – im Falle von Sachverhaltsunsicherheiten – zumindest das „bestmögliche" Ergebnisse ermitteln würde.[17] Dies wäre dann der Fall, wenn der Agent nicht nur auf das Wissen des Entwicklers zurückgreifen könnte, sondern bei einer Änderung der Anwendungsumgebung kraft seiner Lernfähigkeit Wissensdefizite kompensieren könnte.[18]

Indem die HLEG die Begriffsdefinition aus dem Ansatz von Russell und Novig ableitete, legte sie dem Begriff des KI-Systems ein weiteres Begriffsverständnis, als dass der Kommission in Art. 3 Nr. 1 KI-VOE-KOM, zugrunde und erfasste darunter die Gesamtheit aller Komponenten, die erforderlich sind, um die Umgebung *wahrzunehmen* und entsprechend zu *handeln*.[19] Da eine „Wahrnehmung" nur durch Sensoren, und eine „Handlung" nur durch Aktoren möglich ist, beschränkte sich der Regelungsgegenstand der HLEG nicht nur auf „eine" Software.[20]

---

[12] Vgl. *HLEG*, Eine Definition der KI, S. 6, abrufbar unter: siehe Quellenangaben (Hervorhebung hinzugefügt).

[13] Vgl. hierfür *HLEG*, Eine Definition der KI, S. 1, abrufbar unter: siehe Quellenangaben, mit Verweis auf *Russell/Novig*, Artificial Intelligence.

[14] *Russell/Novig*, Artificial Intelligence, S. 34, 46.

[15] *Russell/Novig*, Artificial Intelligence, S. 46.

[16] *Russell/Novig*, Artificial Intelligence, S. 46.

[17] Vgl. *Russell/Novig*, Artificial Intelligence, S. 4.

[18] *Russell/Novig*, Artificial Intelligence, S. 39.

[19] Vgl. *HLEG*, Eine Definition der KI, S. 1 f., abrufbar unter: siehe Quellenangaben.

[20] Vgl. *HLEG*, Eine Definition der KI, S. 1 f., abrufbar unter: siehe Quellenangaben.

Da die Ethik-Leitlinien für den Unionsgesetzgeber keine rechtliche Verbindlichkeit entfalten, ist eine vorbehaltslose Übernahme jedoch auch nicht mandatorisch, sodass die Abweichung grundsätzlich zulässig ist.[21]

### 2. Ableitung der materiellen Anforderungen aus den Ethik-Leitlinien

Dennoch könnte die Abweichung der Legaldefinition des Art. 3 Nr. 1 KI-VOE-KOM von der Definition der HLEG in Bezug auf die Beschränkung auf „eine Software" sich aus anderen Gründen als nicht mehr gerechtfertigt darstellen.

Da der Kommissionsentwurf die Anforderungen des Kapitels 2 Titel III KI-VOE-KOM aus den Anforderungen der Ethik-Leitlinien der HLEG ableitete[22], ohne diese an das, in Art. 3 Nr. 1 KI-VOE-KOM referenzierte deutlich engere Begriffsverständnis, anzupassen, liegt den Anforderungen des Kapitels 2 Titel III KI-VOE-KOM indirekt das weitere Begriffsverständnis der HLEG zugrunde:

Gem. Art. 11 Abs. 1 i.V.m. Anhang IV Nr. 2 lit. c) KI-VOE-KOM ist der Anbieter von Hochrisiko-KI-Systemen zur Beschreibung der Systemarchitektur verpflichtet. Dies umfasst gem. Anhang IV Nr. 2 lit. c) KI-VOE-KOM eine Beschreibung der „Softwarekomponent*en*" einschließlich der Art und Weise, wie diese „aufeinander aufbauen oder einander zuarbeiten und in die Gesamtverarbeitung integriert sind".[23] Daher geht der Kommissionsentwurf – in Abweichung von Art. 3 Nr. 1 KI-VOE-KOM – davon aus, dass ein KI-System nicht aus „einer" Software besteht, sondern sich aus verschiedenen Softwarekomponent*en* zusammensetzen kann.

Ferner sah Anhang IV Nr. 1 lit. c) KI-VOE-KOM eine Beschreibung der „Interaktion oder Verwendung des KI-Systems mit *Hardware* oder Software, die *nicht Teil des KI-Systems* selbst sind" vor.[24] Im Umkehrschluss geht der Kommissionsentwurf daher implizit davon aus, dass in Abweichung von Art. 3 Nr. 1 KI-VOE-KOM auch Hardware, *Bestandteil* eines KI-Systems sein kann.

Zudem sah Art. 14 Abs. 4 lit. e) KI-VOE-KOM als mögliche Aufsichtsmaßnahme vor, dass der Betrieb des Systems mittels einer „Stopp*taste*" unterbrochen werden können muss.[25]

---

[21] Vgl. dafür, dass die Ethik-Leitlinien der HLEG keine rechtliche Verbindlichkeit entfalten, *HLEG*, Ethik-Leitlinien, S. 8, Rn. 25, abrufbar unter: siehe Quellenangaben.

[22] So auch Erklärendes Memorandum, COM 2021, 206 final, S. 15 f.; ferner auch *Europäische Kommission*, Weißbuch zur Künstlichen Intelligenz, COM 2020, 65 final, S. 22, die ausdrücklich betont, dass die im Weißbuch vorgeschlagen Anforderungen „unter Berücksichtigung der Leitlinien der Hochrangigen Expertengruppe" erarbeitet wurden.

[23] Vgl. hierfür Anhang IV Nr. 2 lit. c) KI-VOE-KOM (Hervorhebung hinzugefügt).

[24] Vgl. hierfür Anhang IV Nr. 1 lit. c) KI-VOE-KOM (Hervorhebung hinzugefügt).

[25] Vgl. hierfür Art. 14 Abs. 4 lit. e) KI-VOE-KOM (Hervorhebung hinzugefügt); zu den Anforderungen an die menschliche Aufsicht nach Art. 14 KI-VO, ausführlich Kap. 4., C., IV., 4.

Weiterhin bestimmte Art. 15 Abs. 3 UAbs. 1 KI-VOE-KOM, dass Systeme „widerstandsfähig gegenüber Fehlern, Störungen oder Unstimmigkeiten“ sein müssen, „die innerhalb des Systems oder der Umgebung in der das System betrieben wird, insbesondere wegen seiner *Interaktion* mit natürlichen Personen oder anderen Systemen auftreten können“.[26]

Da eine Software, als *unkörperlicher* Gegenstand, *als solches* die Umwelt weder wahrnehmen noch selbstständig in der Umgebung handeln kann, ist eine Interaktion nur möglich, wenn die Systeme mit Eingabegeräten, wie z.B. *Sensoren* oder anderen *Systemen* und Aktoren, verbunden werden, mithilfe derer sie die Umgebung wahrnehmen und Entscheidungen umsetzen können.[27]

Da Art. 15 Abs. 3 UAbs. 2 KI-VOE-KOM davon ausging, dass die Systeme mit der Umgebung interagieren können, wich die Vorschrift ebenfalls von der Beschränkung des Art. 3 Nr. 1 KI-VOE-KOM auf „eine“ Software ab.

Da der Kommissionsentwurf hinsichtlich der Anforderungen des Kapitels 2 Titel III KI-VOE-KOM mehrfach davon ausging, dass das KI-System *wahrnehmen* und *handeln* kann, schienen die Anforderungen daher indirekt dennoch von dem weiteren Begriffsverständnis der HLEG auszugehen.

Dadurch ergibt sich ein Inkongruente Verwendung des Begriffes des Systems der künstlichen Intelligenz im Kommissionsentwurf.

### 3. Notwendigkeit der Rückkehr zu einem kongruenten Regelungsgegenstand

Der Grund für die Beschränkung des Art. 3 Nr. 1 KI-VOE-KOM auf „eine“ Software, könnte jedoch darin begründet liegen, dass die Kommission die Kohärenz zu den produktspezifischen Harmonisierungsrechtsvorschriften herstellen wollte, die ebenfalls für KI-Systeme eine Reihe von Sicherheitsanforderungen vorsehen, zu denen es Überschneidungen zu vermeiden und die Kohärenz zu wahren gelte.[28]

Um ein kohärentes Zusammenspiel zu erreichen, betonte die Kommission, die Erforderlichkeit, dass sich eine künftige KI-Verordnung auf die Regulierung des KI-Systems beschränken müsste, während die sektorenspezifischen Regelungen die „Sicherheit des Endprodukts“ gewährleisten müsste.[29] Daher wäre Erwägenswert, dass die Beschränkung der Legaldefinition des Art. 3 Nr. 1 KI-VOE-KOM in der Intention begründet ist, dass die Kommission nur die Software einer Regulierung unterwerfen wollte, während die Harmonisierungsvorschriften, das körperliche Produkt, einschließlich der körperlichen Hardware regulieren sollte.

---

[26] Vgl. hierfür Art. 15 Abs. 3 UAbs. 1 KI-VOE-KOM (Hervorhebung hinzugefügt); zu den Anforderungen an die Genauigkeit, Robustheit und Cybersicherheit nach Art. 15 KI-VOE, ausführlich Kap. 4, C., 5.

[27] Vgl. hierfür auch *Russell/Novig*, Artificial Intelligence, S. 34.

[28] Vgl. Erklärendes Memorandum, COM 2021, 206 final, S. 4 f., S. 12, S. 17.

[29] Vgl. Erklärendes Memorandum, COM 2021, 206 final, S. 4 f.

Dies würde jedoch voraussetzen, dass die KI-spezifischen Risiken, wie die Autonomie und Opazität, denen nach dem Willen der Kommission durch die KI-Verordnung entgegengetreten werden soll, auch nur von der *unkörperlichen* Software ausgehen würden.[30]

Zu beachten ist jedoch, dass Fehler, die aufgrund der Lernfähigkeit der Software entstehen, erst dann das Risiko einer unvorhersehbaren Verhaltensweise für den Menschen bergen, wenn die Ergebnisse mittels einer Steuerung der körperlichen Ausgabegeräte in die Umgebung umgesetzt werden.[31] Um den Risiken angemessen entgegenzutreten, müsste daher das KI-Systems als Einheit betrachtet werden.

Daher kann die Beschränkung des Art. 3 Nr. 1 KI-VOE-KOM auf „eine" Software auch nicht mit der Wahrung der Kohärenz zu den sektorenspezifischen Regelungen gerechtfertigt werden, da nicht nur von der unkörperlichen Komponente des KI-Systems KI-spezifische Gefahren ausgehen können.

Für eine solches System-Verständnis spricht ferner, dass auch Konstellationen denkbar sind, in denen einzelne KI-Systeme, die ihrerseits wiederum aus mehreren Software- bzw. Hardwarekomponenten bestehen können, miteinander auf eine Weise verknüpft werden, dass sie zusammen eine Funktionsweise zu fördern bestimmt sind.[32] Sofern dem Verständnis der Kommission gefolgt werden würde, würde das aus der Verknüpfung entstehende Gesamt-System nicht als Regulierungsgegenstand der KI-Verordnung unterliegen, obgleich ggfs. gerade aus der Verknüpfung ein besonders hoher Automatisierungsgrad und damit eine besonders hohe Risikoträchtigkeit einhergeht.[33] Für eine Rückkehr zu einem Systemverständnis spricht ferner auch, dass dieses Verständnis nicht nur dem Verständnis der HLEG[34], sondern auch dem Verständnis der Datenethikkommission[35], der OECD[36]

---

[30] Vgl. dafür, dass die KI-Verordnung eine Reaktion auf die Befürchtung von Regelungslücken in dem geltenden Rechtsrahmens ist, den die Europäische Kommission in den nach dem neuen Rechtsrahmen harmonisierten Produktsicherheitsvorschriften identifizierte, *Europäische Kommission*, Weißbuch zur Künstlichen Intelligenz, COM 2020, 65 final, S. 18 f.; *Europäische Kommission*, Bericht zum Weißbuch, COM 2020, 64 final, S. 2 ff.

[31] Ebenso *DIN/DKE*, Deutsche Normungsroadmap Version 2, S. 108, abrufbar unter: siehe Quellenangaben.

[32] Als Beispiel hierfür führt *Gless/Janal*, in: Hilgendorf/Roth-Isigkeit, 1. Auflage, § 2, Rn. 25, die verschiedenen Systeme an, die zur Automatisierung der Fahrfunktion zusammenwirken müssen, wie etwa die Schilderkennungssysteme, Spurhalteassistenten, Geschwindigkeitsregler.

[33] Vgl. hierfür die treffende Bezeichnung als „Funktionseinheit", *Gless/Janal*, in: Hilgendorf/Roth-Isigkeit, 1. Auflage, § 2, Rn. 25.

[34] Vgl. *HLEG*, Eine Definition der KI, S. 6, abrufbar unter: siehe Quellenangaben.

[35] Vgl. *DEK*, Gutachten zur Künstlichen Intelligenz, S. 63, abrufbar unter: siehe Ouellenangaben.

[36] Vgl. hierfür zunächst die Legaldefinition der OECD aus dem Jahr 2019, *OECD*, Recommendation of the Council on Artificial Intelligence 2019, abrufbar unter: siehe Quellenangaben; die Definition wurde zwar überarbeitet, wobei jedoch weiterhin an dem Begriff „machine-based *system*" festgehalten wird, vgl. *OECD*, Recommendation of the Council on

und der von den deutschen Normungsorganisationen DIN und DKE entworfenen Normungsroadmap[37] entspricht.

#### 4. Rückkehr zu dem Systembegriff durch Rat und Parlament

Angesichts der dringenden Notwendigkeit, der KI-Verordnung ein einheitliches Verständnis für den Begriff des „System(s) der künstlichen Intelligenz" als Regelungsgegenstandes zugrunde zu legen, ist begrüßenswert, dass sowohl in dem gemeinsamen Standpunkt des Rates der Europäischen Union[38] als auch dem Entwurf des Europäischen Parlaments[39] für Art. 3 KI-VOE die Beschränkung des Regelungsgegenstandes auf „eine" unkörperliche Software aufgehoben wurde.

Das Europäische Parlament definierte den Begriff „System der künstlichen Intelligenz" in Art. 3 Nr. 1 KI-VOE-EP als

> „*machine-based system* that is designed to operate with varying levels of autonomy and that can, for explicit or implicit objectives, generate outputs such as predictions, recommendations, or decisions, that influence physical or virtual environments".[40]

Durch die Anlehnung an die OECD-Definition[41] folgte das Europäische Parlament dem Ansatz, dass ein KI-System nicht nur aus einer Software besteht, sondern sich aus verschiedenen Komponenten zusammensetzen kann, die zusammenwirken, um Ausgaben zu generieren, die die Umgebung beeinflussen können.[42]

---

Artificial Intelligence 2023, abrufbar unter: siehe Quellenangaben (Hervorhebung hinzugefügt).

[37] Vgl. *DIN/DKE*, Deutsche Normungsroadmap Version 2, S. 108, abrufbar unter: siehe Quellenangaben.

[38] Vgl. Art. 3 Nr. 1 KI-VOE-Rat, *Rat*, General Approach, 14954/22, S. 71.

[39] Vgl. Änderung 165, *Europäisches Parlament*, Amendments adopted by the European Parliament on 14 June 2023 on the proposal for an artificial intelligence act, P9_TA(2023) 0236.

[40] Vgl. hierfür die Definition des Art. 3 Nr. 1 KI-VOE-EP (Hervorhebung hinzugefügt), *Europäisches Parlament*, Amendments adopted by the European Parliament on 14 June 2023 on the proposal for an artificial intelligence act, P9_TA(2023)0236.

[41] Vgl. hierfür zunächst die Legaldefinition der OECD aus dem Jahr 2019 „AI-System: An AI system is a machine-based system that can, for a given set of human-defined objectives, make predictions, recommendations, or decisions influencing real or virtual environments. AI systems are designed to operate with varying levels of autonomy", *OECD*, Recommendation of the Council on Artificial Intelligence 2019, abrufbar unter: siehe Quellenangaben; die Definition wurde inzwischen überarbeitet, vgl. hierfür die Definition „AI system: An AI system is a machine-based system that can, for a given set of human-defined objectives, make predictions, recommendations, or decisions influencing real or virtual environments. AI systems are designed to operate with varying levels of autonomy", *OECD*, Recommendation of the Council on Artificial Intelligence 2023, abrufbar unter: siehe Quellenangaben.

[42] Ebenso *Steege/Chhibanguza*, Metaverse, § 8, Rn. 39; *Bertuzzi*, KI-Gesetz: Parlament einigt sich auf OECD-Definition, abrufbar unter: siehe Quellenangaben; dem folgend *Müller-Peltzer/Tanczik*, RDi 2023, 452, 454.

Ferner übernahm auch der Rat der Europäischen Union in Art. 3 Nr. 1 KI-VOE-Rat[43] für den Begriff des „artificial intelligence system' (AI system)“ in großen Teilen die OECD-Definition[44]:

> „means a *system* that is designed to operate with elements of autonomy and that, based on machine and/or human-provided data and inputs, infers how to achieve a given set of objectives using machine learning and/or logic- and knowledge based approaches, and produces system-generated *outputs* such as content (generative AI systems), predictions, recommendations or decisions, *influencing the environments with which the AI system interacts*“.

Die Entwürfe des Rates bzw. des Parlaments hoben daher die oben aufgezeigten inkongruente Verwendung des Begriffes des „Systems der künstlichen Intelligenz“ auf und führten die Legaldefinition des Art. 3 Nr. 1 MP-VO auf ein Systemverständnis zurück.

### 5. Systembegriff des Art. 3 Nr. 1 KI-VO

Der finale Regelungstext des Art. 3 Nr. 1 KI-VO verzichtet[45] erfreulicherweise auf den Begriff der „Software“:

> „ein maschinengestütztes System, das für einen in unterschiedlichem Grade autonomen Betrieb ausgelegt ist und das nach seiner Betriebsaufnahme anpassungsfähig sein kann und das aus den erhaltenen Eingaben für explizite oder implizite Ziele ableitet, wie Ausgaben wie etwa Vorhersagen, Inhalte, Empfehlungen oder Entscheidungen erstellt werden, die physische oder virtuelle Umgebungen beeinflussen können.“

Damit wird die Begriffsdefinition in Art. 3 Nr. 1 KI-VO dem Begriffsverständnis angeglichen, der den übrigen Regelungstext der KI-VO prägt.

Denn auch den Anforderungen des finalen Regelungstext liegt die Annahme zugrunde, dass es sich bei einem KI-System nicht nur um „eine“ Software handelt, sondern sich ein KI-System aus verschiedenen Hard- und/oder Softwarekomponenten zusammensetzen *kann.*[46] Exemplarisch ergibt sich dies weiterhin[47] aus der Formulierung in Anhang IV, wonach die technische Dokumentation „gegebenenfalls Interaktion oder Verwendung des KI-Systems mit Hardware oder Software,

---

[43] Vgl. Art. 3 Nr. 1 KI-VOE-Rat, *Rat*, General Approach, 14954/22, S. 71 (Hervohebung hinzugefügt).

[44] Vgl. hierfür zunächst die Legaldefinition der OECD aus dem Jahr 2019, *OECD*, Recommendation of the Council on Artificial Intelligence 2019, abrufbar unter: siehe Quellenangaben; die Definition wurde inzwischen überarbeitet, vgl. *OECD*, Recommendation of the Council on Artificial Intelligence 2023, abrufbar unter: siehe Quellenangaben.

[45] Ebenso Martini/*Wendehorst*, Art. 3, Rn. 19.

[46] Vgl. zu dem inkohärenten Begriffsverständnisses innerhalb des Kommissionsentwurfes, Kap. 2, A., I., 2.

[47] Vgl. zu dem innerhalb des Kommissionsentwurfes inkohärenten Begriffsverständnisses, Kap. 2, A., I., 2.

einschließlich anderer KI-Systeme, die nicht Teil des KI-Systems selbst sind", umfassen soll.[48]

Daher ist es begrüßenswert, dass Art. 3 Nr. 1 KI-VO der OECD-Definition[49] folgend davon ausgeht, dass KI-Systeme nicht nur aus einer Software bestehen.[50] Welche Soft- und/oder Hardwarekomponenten im konkreten Fall noch Teil des Art. 3 Nr. 1 KI-VO fallenden KI-Systems sind, wird eine Frage des Einzelfalles sein.[51]

Selbst wenn eine bestimmte Hard- oder Softwarekomponente nicht als Teil des KI-Systems zu qualifizieren ist, wird sie dennoch als Umgebung in dem des Systems betrieben wird, im Rahmen der Konformitätsbewertung zu berücksichtigen sein.[52] Dies kommt dadurch zum Ausdruck, dass die KI-VO wiederholt die „Umgebung", in der das System betrieben wird, in den Anforderungskatalog miteinbezieht.[53] Eine trennscharfe Abgrenzung wird sich in der Praxis daher vielfach erübrigen.[54]

Zugleich ermöglich der System-Begriff eine Abgrenzung von dem Begriff des „KI-Modells". Der Begriff des KI-Modells ist in der KI-VO nicht ausdrücklich definiert, sondern wird insoweit lediglich durch die Begriffsdefinition des „KI-Modell mit allgemeinem Verwendungszweck" in Art. 3 Nr. 63 KI-VO vorausgesetzt.[55] Der Begriffsinhalt erschließt sich jedoch im Zusammenhang mit Erwägungsgrund 97, wonach KI-Modelle selbst keine KI-Systeme darstellen, sondern vielmehr zum Bestandteil eines KI-Systems werden können, indem weitere Komponenten hinzugefügt werden und diese aufeinander abgestimmt werden.[56]

### 6. Zwischenergebnis

Mit der Beschränkung des Art. 3 Nr. 1 KI-VOE-KOM auf „eine Software" wich die Kommission von dem deutlich weiteren Definitionsvorschlag der HLEG ab.

---

[48] Hervorhebung hinzugefügt; Vgl. zum Kommissionsentwurf bereits, Kap. 2, A., I., 2.

[49] OECD, Explanatory Memorandum on the Updated OECD Definition of an AI System, abrufbar: siehe Quellenangaben.

[50] Vgl. dafür, dass Art. 3 Nr. 1 KI-VO der OECD-Definition folgt, etwa Martini/*Wendehorst*, Art. 3 Nr. 1 KI-VO, Rn. 22; ebenso *Kirschke-Biller/Füllsack*, in: BeckOK KI-Recht, Art. 3, Rn. 16, 23 f.

[51] So auch Martini/*Wendehorst*, Art. 3 Nr. 1 KI-VO, Rn. 23; vgl. ebenso *Kirschke-Biller/Füllsack*, in: BeckOK KI-Recht, Art. 3, Rn. 25.

[52] Martini/*Wendehorst*, Art. 3 Nr. 1 KI-VO, Rn. 23.

[53] Vgl. Erwägungsgrund 65, 75, Art. 15 Abs. 4 S. 1 KI-VO.

[54] Martini/*Wendehorst*, Art. 3 Nr. 1 KI-VO, Rn. 23.

[55] Martini/*Wendehorst*, Art. 3 Nr. 1 KI-VO, Rn. 25; vgl. bereits zum Trilogergebnis, *Bomhard/Siglmüller*, RDi 2024, 45, 50.

[56] Vgl. Erwägungsgrund 97; ebenso Martini/*Wendehorst*, Art. 3, Rn. 26; vgl. zu dem Begriff des KI-Modells auch *Hecht*, KIR 2025, 30, 32.

Obgleich der Definitionsvorschlag der HLEG rechtlich nicht verbindlich ist, ergibt sich durch die Abweichung jedoch eine inkonsequente Verwendung des Begriffes des KI-Systems, weil die Kommission die Anforderungen des Kapitels 2 Titel III KI-VOE-KOM aus den Ethik-Leitlinien ableitete, ohne zu berücksichtigen, dass diese Anforderungen den deutlich weiteren Regelungsgegenstand der HLEG zugrunde legten.

Da den KI-spezifischen Risiken nur dann wirksam entgegengetreten werden kann, wenn nicht nur „eine" unkörperliche Software, sondern das gesamte System einer Regulierung unterworfen wird, kann der Widerspruch nur durch eine Rückkehr des Art. 3 Nr. 1 KI-VOE-KOM zu dem Systembegriff aufgehoben werden. Daher ist es begrüßenswert, dass sowohl der Rat als auch das Parlament in den jeweiligen Entwürfen für Art. 3 Nr. 1 KI-VOE, die Beschränkung auf „eine" Software aufhaben und zu einem Systembegriff zurückkehrten. Dem folgend geht auch der finale Regelungstext in Art. 3 Nr. 1 KI-VO von einem Systembegriff aus.

## II. Erfasste Techniken und Methoden

Der wohl am kontroverstesten diskutierteste Punkt des gesamten Gesetzgebungsverfahrens für eine KI-VO stellt die Frage dar, welche Techniken von dem Begriff des „Systems der künstlichen Intelligenz" i. S. d. Art. 3 Nr. 1 KI-VO zukünftig erfasst werden sollten.[57]

### 1. Weite des Kommissionsentwurfes

Um als KI-System gem. Art. 3 Nr. 1 KI-VOE-KOM qualifiziert zu werden, musste das System mittels einer der in Anhang I KI-VOE-KOM enumerativ aufgelisteten Techniken und Konzepte entwickelt worden sein. Von Anhang I KI-VOE-KOM waren die dort aufgelisteten Techniken erfasst:

[57] Vgl. inzwischen auch, *Gless/Janal*, in: Hilgendorf/Roth-Isigkeit, 2. Auflage, § 2, Rn. 11; *Kirschke-Biller/Füllsack*, in: BeckOK KI-Recht, Art. 3, Rn. 12, zum Trilog; vgl. noch zum Kommissionentwurf, etwa *Ebers et al.*, RDi 2021, 528, 529 kritisch zur Weite der Definition; ebenso *Steege*, MMR 2022, 926, 927 ff.; ebenso *Engelmann/Brunotte/Lütkens*, RDi 2021, 317, 318 f.; *BVMed*, Positionen zum Entwurf des AI-Act, S. 3, abrufbar unter: siehe Quellenangaben; dem folgend *Marx/Gladov*, MPR 2022, 37, 39 f.; ebenso *Stief/Pisani*, in: Festschrift Gassner, S. 473 f.; dem folgend *Thiermann/Böck*, RDi 2022, 333, 334; ferner *Ströbel/Grau*, ZD 2022, 599, 600 f.; *Heil*, MPR 2022, 1, 3 f.; *Roos/Weitz*, MMR 2021, 844, 845; *Ebert/Spiecker gen. Döhnmann*, NVwZ 2021, 1188, 1188 f.; *Lachenmann*, MMR-Aktuell 2021, 438173; *Johner Institut*, Input on the proposed AI-Act, S. 1, abrufbar unter: siehe Quellenangaben; *Roche*, S. 2; *Siemens Healthineers*, Feedback AI-Act, S. 2, abrufbar unter: siehe Quellenangaben; a. A. *Rostalski/Weiss*, ZfDR 2021, 329, 331 ff.; *Gless/Janal*, in: Hilgendorf/Roth-Isigkeit, 1. Auflage, § 2, Rn. 12 ff.

„a) Konzepte des maschinellen Lernens, mit beaufsichtigtem, unbeaufsichtigtem und bestärkendem Lernen unter Verwendung einer breiten Palette von Methoden, einschließlich des tiefen Lernens (Deep Learning);

b) Logik- und wissensgestützte Konzepte, einschließlich Wissensrepräsentation, induktiver (logischer) Programmierung, Wissensgrundlagen, Inferenz- und Deduktionsmaschinen, (symbolischer) Schlussfolgerungs- und Expertensysteme;

c) Statistische Ansätze, Bayessche Schätz-, Such- und Optimierungsmethoden.“

### *a) Herkömmliche Softwaresysteme*

Dadurch, dass Anhang I Nr. 1 lit. c) KI-VOE-KOM auch „Such- und Optimierungsmethoden“ erfasste, wurde befürchtet, dass bereits herkömmliche Software wie Taschenrechner oder Tabellenkalkulationsprogramme von Anhang I KI-VOE-KOM erfasst wären und daher zukünftig *jede* Software als KI-System i. S. d. Art. 3 Nr. 1 KI-VOE-KOM dem Anwendungsbereich der KI-Verordnung unterfallen würde.[58]

Während in der juristischen Literatur[59] die Bezeichnung als „herkömmliche Software“ im Zusammenhang mit der Legaldefinition des Art. 3 Nr. 1 KI-VOE-KOM teilweise mit wissens- und regelbasierten Systemen gleichgesetzt wurde, wird in der Informatik zwischen herkömmlicher *Software* und wissens- bzw. regelbasierten *Systemen* differenziert.

Herkömmliche Computersysteme basieren – gerade im Unterschied zu wissensbasierten Systemen – auf einem sog. *anweisungsbasierten Programmierstil.*[60] Dieser Programmierstil kennzeichnet sich dadurch, dass die Befehle in einer vorher bestimmten fest vorgegebenen Reihenfolge durch das Computersystem abgearbeitet werden.[61]

---

[58] Vgl. *BVMed*, *Positionen zum Entwurf des AIA* S. 3, abrufbar unter: siehe Quellenangaben; dem folgend *Marx/Gladov*, MPR 2022, 37, 39; *Stief/Pisani*, in: Festschrift Gassner, S. 474.

[59] Vgl. so etwa *Bomhard/Merkle*, RDi 2021, 276, 277; in diese Richtung auch *Engelmann/Brunotte/Lütkens*, RDi 2021, 317, 318; *Heil*, MPR 2022, 1, 4, die statuiert, dass es die Autonomie wäre, die KI-Systeme von herkömmlicher Software abgrenzen würde; *Ströbel/Grau*, ZD 2022, 599, 600, die unter „herkömmlicher Software“ auch solche Systeme erfassen wollen, die auf „Wenn-Dann-Regeln“ beruhen.

[60] *Puppe*, Einführung in Expertensysteme, S. 3; ebenso *Altenkrüger/Büttner*, Wissensbasierte Systeme, S. 1, die betonen, dass gerade im Unterschied zu wissensbasierten Systemen der Ablauf bei klassischen Datenverarbeitungssystemen fest vorgegeben sei und die Strukturen starr angelegt seien.

[61] *Puppe*, Einführung in Expertensysteme, S. 3; *Altenkrüger/Büttner*, Wissensbasierte Systeme, S. 1.

### *b) Wissensbasierte Systeme*

Im Unterschied zu herkömmlichen Softwaresystemen sind wissensbasierte Systeme, die ebenfalls gem. Anhang I lit. b) KI-VOE-KOM vom Anwendungsbereich des Kommissionsentwurfes erfasst waren, von einer Trennung der Wissensbasis von der Verarbeitungskomponente geprägt.[62] In der Wissensbasis werden zwar auch Regeln und Fakten in einer für das jeweilige System zu verarbeitenden Weise explizit und manuell repräsentiert, gleichwohl ist die Reihenfolge, in der diese Regeln angewandt werden, nicht in der Wissensbasis selbst festgelegt, sondern wird die abzuarbeitende Reihenfolge durch eine sog. *Inferenzmaschine* bestimmt.[63]

Daher ist in der Wissensbasis zwar auch das gesamte Wissen vorher determiniert, gleichwohl handelt es sich letztlich um eine Ansammlung von *unstrukturierten* Regeln und Klassifizierungsentscheidungen, deren Anwendungsreihenfolge und Struktur erst durch die Inferenzmaschine bestimmt wird.[64]

Der wesentliche Unterschied zu herkömmlicher Software besteht darin, dass das Wissen nicht nur in Form von Daten abgefragt werden kann, sondern auch zur Lösung von Anwendungsproblemen herangezogen werden kann, indem das System automatisiert *Schlussfolgerungen* trifft.[65] Diese Fähigkeit, Schlussfolgerungen zu treffen, ermöglicht es, die Systeme zur Unterstützung menschlicher Entscheidungsfindungen heranzuziehen.[66]

### *c) Methoden des maschinellen Lernens*

Ferner waren vom Anwendungsbereich des Art. 3 Nr. 1 KI-VOE-KOM ausweislich des Anhangs I lit. a) KI-VOE-KOM auch maschinelle Lernsysteme erfasst, einschließlich Verfahren des tiefen Lernens.

---

[62] *Puppe*, Einführung in Expertensysteme, S. 3; *Altenkrüger/Büttner*, Wissensbasierte Systeme, S. 1; vgl. zur Funktionsweise wissensbasierten Systemen und der Trennung der Wissensbasis von der Inferenzmaschine, *Beierle/Kern-Isberner*, Methoden wissensbasierter Systeme, S. 11.

[63] *Puppe*, Einführung in Expertensysteme, S. 3 f.; *Altenkrüger/Büttner*, Wissensbasierte Systeme, S. 1 f.

[64] *Puppe*, Einführung in Expertensysteme, S. 3 f.; *Altenkrüger/Büttner*, Wissensbasierte Systeme, S. 1 f.

[65] Vgl. dafür, dass der Unterschied zwischen einem wissensbasierten System und einer Datenbank darin besteht, dass das Wissen nicht nur abgefragt werden kann, sondern Schlussfolgerungen auch automatisiert werden können, *Beierle/Kern-Isberner*, Methoden wissensbasierter Systeme, S. 20 ff.; *Puppe*, Einführung in Expertensysteme, S. 5.

[66] *Beierle/Kern-Isberner*, Methoden wissensbasierter Systeme, S. 12.

#### aa) Verfahren des maschinellen Lernens

Systeme des maschinellen Lernens zeichnen sich dadurch aus, dass sie selbstständig kausale Beziehungen in Daten erkennen und diese sodann in Funktionen – den sog. *Modellen* – generalisieren können.[67] Dies umfasst eine Vielzahl unterschiedlicher Techniken und Methoden, die sich grob in Verfahren des überwachten, unüberwachten und verstärkenden Lernens unterscheiden lassen.[68]

Kennzeichnend für Verfahren des überwachten Lernens (engl. „supervised learning") ist, dass die Systeme aus Trainingsdaten lernen, die bereits zuvor klassifizierte Beispiele (sog. *Label*) enthalten.[69] Dem Verfahren des überwachten Lernens können beispielsweise die „Regressionsanalyse" und die „Klassifikationsmethoden" zugeordnet werden.[70]

Bei Ersterem besteht das Ziel des Systems darin, ein Abhängigkeitsverhältnis zwischen verschiedenen Größen in einer Regressionsfunktion abzubilden.[71]

Zu den Verfahren des überwachten Lernens zählen auch Klassifizierungsmethoden, bei denen aus klassifizierten Eingabedaten Eigenschaften extrahiert werden müssten, die eine Zuordnung zu den zuvor festgelegten Klassen ermöglichen.[72] Die Klassifizierung kann binär erfolgen, indem die Eingabedaten als „positiv" oder „negativ" für die definierte Klasse gekennzeichnet werden. Es können jedoch auch

[67] *Schacht/Lanquillon*, Blockchain und Maschinelles Lernen, S. 100; vgl. dafür, dass die Aufgabe von maschinellen Lernsystemen in der selbstständigen Generalisierung von zuvor unbekannten Mustern liegt, *Ertel*, Grundkurs Künstliche Intelligenz, S. 202 f.; vgl. ebenso *Alpaydin*, Maschinelles Lernen, S. 3 f.; *Baum*, in: Leupold/Wiebe/Glossner, Teil. 9.1, Rn. 13.

[68] Vgl. hierfür auch die Übersicht in Abbildung 2, *Vamathevan et al.*, Nature Reviews Drug Discovery 2019, 463, 464 f.; vgl. ferner auch die Übersicht *Mahesh*, International Journal of Science and Research 2020, 381 ff., mit Verweis darauf, dass es keinen „one-size-fits-all" Algorithmus gibt; ebenso *Görz/Schneeberger/Schmid*, Handbuch der Künstlichen Intelligenz, S. 430 ff.; *Wittpahl*, Künstliche Intelligenz, S. 24 ff.; *Schacht/Lanquillon*, Blockchain und Maschinelles Lernen, S. 100 f.

[69] *Schacht/Lanquillon*, Blockchain und Maschinelles Lernen, S. 96 f.; *Baum*, in: Leupold/Wiebe/Glossner, Teil 9.1, Rn. 15.

[70] *Wittpahl*, Künstliche Intelligenz, S. 26; ebenso *Schacht/Lanquillon*, Blockchain und Maschinelles Lernen, S. 103 ff.; vgl. für eine Übersicht weiterer Techniken und Methoden, die unter überwachte Lernverfahren fallen, *Vamathevan, et al.*, Nature Reviews Drug Discovery 2019, 463, 495.

[71] Eine Form der Regressionsanalyse ist die „lineare Regression", bei der das System in der Trainingsphase das Abhängigkeitsverhältnis zwischen zwei Größen, wie etwa die Abhängigkeit der Schuh- von der Körpergröße, in einer linearen Funktion generalisiert, *Wittpahl*, Künstliche Intelligenz, S. 26; ebenso *Baum*, in: Leupold/Wiebe/Glossner, Teil 9.1, Rn. 21; *Schacht/Lanquillon*, Blockchain und Maschinelles Lernen, S. 105 f.

[72] *Wittpahl*, Künstliche Intelligenz, S. 26; *Baum*, in: Leupold/Wiebe/Glossner, Teil 9.1, Rn. 20; *Schacht/Lanquillon*, Blockchain und Maschinelles Lernen, S. 103 ff.

mehrere Klassen definiert werden, denen das System zukünftig Daten zuordnen muss.[73]

Ferner kann die Zielsetzung des überwachten Lernens darin bestehen, den in den Trainingsdaten repräsentierten Weltausschnitt in Entscheidungsbäumen[74] zu generalisieren.[75]

Neben Verfahren des überwachten Lernens kann jedoch auch das Bedürfnis bestehen, dass ein KI-System aus vorher nicht aufbereiteten Daten anhand sich überschneidender Merkmale selbstständig Klassen ableitet. Zu diesem Zweck kommen Verfahren des unüberwachten Lernens zum Einsatz.[76] Darunter fallen etwa Methoden wie das sog. *Clustering*, bei dem das System große Datenmengen analysiert und die Trainingsdaten anhand sich überschneidender Datenpunkte zu Einheiten gruppiert.[77]

Ein weiteres Verfahren des maschinellen Lernens ist das bestärkende Lernverfahren (engl. „reinforcement learning").[78] Solche Verfahren sind dadurch gekennzeichnet, dass die Systeme ihre Funktionsweise durch eine Interaktion mit der Umgebung erlernen und positive oder negative Feedbackfunktionen anpassen. Die Verfahren kommen dabei insbesondere im Bereich der Robotik zum Einsatz.[79]

Welche der genannten Verfahren für den Anwendungsfall am geeignetsten sind, kann nach dem sog. *No-Free-Lunch-Theorems* von Wolpert nicht kontextunabhängig und pauschal bestimmt werden, sondern hängt stark von dem jeweiligen An-

---

[73] *Baum*, in: Leupold/Wiebe/Glossner, Teil 9.1, Rn. 20; *Schacht/Lanquillon*, Blockchain und Maschinelles Lernen, S. 103 ff.

[74] Entscheidungsbäume bestehen aus Kanten und Knoten. Eine Kante stellt eine zu überprüfende Eigenschaft dar, wohingegen ein Knoten, als vorläufige Klassifizierungsentscheidung betrachtet werden kann. Aus den Kanten und Knoten bilden sich Pfade, die in die „Wurzeln" des Baumes münden, aus denen sich die endgültige Klassifizierungsentscheidung ergibt, vgl. *Görz/Schneeberger/Schmid*, Handbuch der Künstlichen Intelligenz, S. 462 f.

[75] *Görz/Schneeberger/Schmid*, Handbuch der Künstlichen Intelligenz, S. 461 ff.; *Schacht/Lanquillon*, Blockchain und Maschinelles Lernen, S. 127; vgl. auch Abbildung 2, *Vamathevan, et al.*, Nature Reviews Drug Discovery 2019, 463, 464 f.; *Mahesh*, International Journal of Science and Research 2020, S. 381 ff.

[76] *Wittpahl*, Künstliche Intelligenz, S. 26 f.; *Baum*, in: Leupold/Wiebe/Glossner, Teil 9.1, Rn. 16; ebenso *Schacht/Lanquillon*, Blockchain und Maschinelles Lernen, S. 97.

[77] *Wittpahl*, Künstliche Intelligenz, S. 26; *Schacht/Lanquillon*, Blockchain und Maschinelles Lernen, S. 97; *Alpaydin*, Maschinelles Lernen, S. 12 f.; vgl. hierfür die Abbildung 2 *Vamathevan et al.*, Nature Reviews Drug Discovery 2019, 463, 464 f.; vgl. zur Funktionsweise des Clustering, *Ertel*, Grundkurs Künstliche Intelligenz, S. 260 f.; *Baum*, in: Leupold/Wiebe/Glossner, Teil 9.1, Rn. 22.

[78] *Wittpahl*, Künstliche Intelligenz, S. 29; *Schacht/Lanquillon*, Blockchain und Maschinelles Lernen, S. 97.

[79] *Wittpahl*, Künstliche Intelligenz, S. 29; *Schacht/Lanquillon*, Blockchain und Maschinelles Lernen, S. 97.

wendungsfall und der vorhandenen Art und Menge der Datengrundlage ab.[80] Daher besteht die Aufgabe im Rahmen der Modellentwicklung darin, dass leistungsfähigste Modell zu ermitteln (sog. *Model Selection*).[81] Die Leistungsfähigkeit eines Modells wird an der Fähigkeit gemessen, Testdaten korrekt klassifizieren zu können, was auch als „Generalisierungsfähigkeit" bezeichnet wird.[82] Um das am besten geeignete Modell für den Anwendungsfall zu konzipieren, werden oftmals zeitgleich verschiedene Systeme trainiert, um anschließend zu entscheiden, welches Modell für den bezweckten Anwendungsfall die beste Generalisierungsfähigkeit erreicht.[83]

### bb) Verfahren des tiefen Lernens

Von Art. 3 Nr. 1 i.V.m. Anhang I KI-VOE-KOM waren auch Verfahren des tiefen Lernens („Deep Learning") umfasst. Dabei handelt es sich um eine Unterform von maschinellen Lernverfahren, die auf komplexen künstlich neuronalen Netzwerken basieren, die konzeptionell dem menschlichen Gehirn nachempfunden wurden.[84]

Künstliche neuronale Netzwerke bestehen aus Neuronen, die mittels einer „Eingabeschicht" Information aufnehmen, diese in einer „verborgenen Schicht" verarbeiten und über eine weitere „Ausgabeschicht" in die Umgebung übermitteln.[85] Die jeweiligen Schichten bestehen aus einer Reihe von unterschiedlichen

---

[80] *Schacht/Lanquillon*, Blockchain und maschinelles Lernen, S. 115; *Murphy*, Machine Learning, S. 24 ff.; Das *„No-Free-Lunch-Theorem"* wurde durch Wolpert entwickelt und beweist, dass die Leistungsfähigkeit eines Algorithmus nicht allgemein bestimmt werden kann, sondern stets in Abhängigkeit des konkreten Anwendungsfalles bestimmt werden muss, *Wolpert*, The Lack of A Priori Distinctions Between Learning Algorithms, Neural Computation 1996, S. 1341 ff.; *Wolpert/Macready*, No Free Lunch Theorems for Optimization, IEEE Transpactions on Evolutionary Computation 1997, S. 67 ff.; ebenso dazu, dass die Eignung des Modells von einer Vielzahl von Faktoren abhängen kann, *Niederée/Nejdl*, in: Ebers/Heinze/Krügel/Steinrötter, § 2, Rn. 34.

[81] *Schacht/Lanquillon*, Blockchain und Maschinelles Lernen, S. 115; *Murphy*, Machine Learning, S. 24.

[82] *Schacht/Lanquillon*, Blockchain und Maschinelles Lernen, S. 119.

[83] *Niederée/Nejdl*, in: Ebers/Heinze/Krügel/Steinrötter, § 2, Rn. 34 f.

[84] Vgl. dafür, dass Verfahren des tiefen Lernens zu den maschinellen Lernverfahren gehören, *Niederée/Nejdl*, in: Ebers/Heinze/Krügel/Steinrötter, § 2, Rn. 56; vgl. dafür, dass die Verfahren konzeptionell dem Gehirn nachempfunden ist, *Traeger et al.*, Der Anaesthesist, 2003, 1055, 1056, der die Systeme als „Modell" des Gehirns bezeichnet; *Wittpahl*, Künstliche Intelligenz, S. 31 ff.; ebenso *Ertel*, Grundkurs Künstliche Intelligenz, S. 275 ff.; vgl. eingehend zu der Funktionsweise von Verfahren des Deep Learning, *Goodfellow/Bengio/Courville*, Deep Learning, S. 6 ff.

[85] *Traeger et al.*, Der Anaesthesist, 2003, 1055, 1056; vgl. dazu, dass neuronale Netzwerke aus künstlichen Neuronen, die miteinander verknüpft sind, bestehen, *Schacht/Lanquillon*, Blockchain und Maschinelles Lernen, S. 128; vgl. zu den verschiedenen Schichten von Sys-

miteinander verknüpften Funktionen, mittels derer jeweils der Eingabewert gewichtet und weitergeleitet wird (sog. *künstliche Neuronen*).[86] Die „Tiefe“ des Netzwerkes entsteht durch die Komplexität der Systeme, die mit der Anzahl der verdeckten Schichten und damit der Anzahl der miteinander verknüpften künstlichen „Neuronen“ korreliert.[87]

Für das Training solcher Systeme können unterschiedliche Verfahren des überwachten und unüberwachten Lernens angewandt werden.

Beispielsweise können die Systeme mittels der sog. *Backpropagation* trainiert werden, indem die Systemparameter dadurch optimiert werden, dass von der Ausgabeschicht zur Eingabeschicht – also rückwärts – eine Fehlerquote für jede einzelne Schicht berechnet und anschließend die Gewichtung entsprechend angepasst wird.[88]

Eine weitere Methode für Systeme des tiefen Lernens bilden gefaltete neuronale Netze, die auch als „Convolutional Neural Networks(CNN)“ bezeichnet werden.[89] Solche Verfahren werden zur Bildverarbeitung eingesetzt, indem in sog. *Convolution-Schichten* Ecken und Kanten innerhalb eines kleinen Pixelausschnittes identifiziert und in einem zweiten Schritt in der „Pooling-Schicht“ zusammengefasst und klassifiziert werden.[90] Ferner kommen „Recurrent neural Networks“ insbesondere zu Zwecken der Sprach- und Textverarbeitung zum Einsatz.[91] Die Besonderheit solcher Verfahren besteht darin, dass sie vorherige Eingaben bei der Verarbeitung berücksichtigen können.[92]

### *d) Kritik an der Weite der Legaldefinition*

Die Ausgestaltung des Anhangs I KI-VOE-KOM wurde im Schrifttum[93] als auch der öffentlichen Konsultation[94] überwiegend für dessen Weite kritisiert.

---

temen, die auf Deep-Learning-Verfahren beruhen, *Goodfellow/Bengio/Courville*, Deep Learning, S. 186.

[86] *Niederée/Nejdl*, in: Ebers/Heinze/Krügel/Steinrötter, § 2, Rn. 56 ff.

[87] *Goodfellow/Bengio/Courville*, Deep Learning, S. 186.

[88] *LeCun/Bengio/Hinton*, Nature 2015, 436, 438; *Wittpahl*, Künstliche Intelligenz, S. 32; *Schacht/Lanquillon*, Blockchain und Maschinelles Lernen, S. 128.

[89] *Wittpahl*, Künstliche Intelligenz, S. 32.

[90] *LeCun/Bengio/Hinton*, Nature 2015, 437, 439; *Niderée/Nejdl*, in: Ebers/Heinze/Krügel/Steinrötter, § 2, Rn. 76.

[91] *LeCun/Bengio/Hinton*, Nature 2015, 437, 439; vgl. im Hinblick auf CNNs, *Wittpahl*, Künstliche Intelligenz, S. 32.

[92] *Niderée/Nejdl*, in: Ebers/Heinze/Krügel/Steinrötter, § 2, Rn. 78; *LeCun/Bengio/Hinton*, Nature 2015, 437, 441.

[93] Vgl. kritisch zur Weite des Anhanges I KI-VOE-KOM, im Zusammenhang mit dem Medizinproduktesektor, etwa *BVMed*, Positionen zum Entwurf des AI-Act, S. 3, abrufbar unter: siehe Quellenangaben; dem folgend *Marx/Gladov*, MPR 2022, 37, 39 f.; ebenso *Stief/*

Einigkeit[95] schien noch über eine Regelungsnotwendigkeit für Methoden des maschinellen Lernens einschließlich des tiefen Lernens zu bestehen. Allerdings wurde die Regelungsnotwendigkeit der vom Kommissionsentwurf erfassten, regel- und wissensbasierte Systeme wie Expertensysteme[96] wegen ihrer geringen Komplexität überwiegend bezweifelt.[97]

---

*Pisani*, in: Festschrift Gassner, S. 473 f.; dem folgend *Thiermann/Böck*, RDi 2022, 333, 334; ferner *Ströbel/Grau*, ZD 2022, 599, 600 f.; *Heil*, MPR 2022, 1, 3 f.; vgl. allgemein kritisch zu der Weite des Anhanges I KI-VOE-KOM, *Ebers et al.*, RDi 2021, 528, 529; *Steege*, MMR 2022, 926, 927 ff.; *Engelmann/Brunotte/Lütkens*, RDi 2021, 317, 318 f.; *Roos/Weitz*, MMR 2021, 844, 845; *Ebert/Spiecker gen. Döhnmann*, NVwZ 2021, 1188, 1188 f.; *Lachenmann*, MMR-Aktuell 2021, 438173; kritisch auch *Heinrichs et al.*, MedR 2023, 259, 260; *Jorzig/Kemter*, ZfPC 2023, 172, 173, die auf die Weite der Definition verweisen, ohne zu der Eignung der Definition Stellung zu nehmen; ferner auch *Frank/Heine*, NZA 2023, 1281, 1282; ebenso *Hornung*, DuD 2022, 561; *Steege/Chibanguza*, SVR 2022, 401, 404, die betonen, dass nahezu „jede Software“ unter die Definition subsumiert werden könnte; a. A. *Rostalski/Weiss*, ZfDR 2021, 329, 331 ff., die die Weite vor allem im Hinblick auf die Regelungsnotwendigkeit von wissensbasierten Systemen befürworten; ebenso *Gless/Janal*, in: Hilgendorf/Roth-Isigkeit, 1. Auflage, § 2, Rn. 12 ff.

[94] Vgl. hierfür die Kritik in den Stellungnahmen zum Kommissionsentwurf im Zusammenhang mit dem Medizinproduktesektor, etwa *Johner Institut*, Input on the proposed AI-Act, S. 1, abrufbar unter: siehe Quellenangaben; *Roche*, S. 2; *Siemens Healthineers*, Feedback AI-Act, S. 2, abrufbar unter: siehe Quellenangaben.

[95] Vgl. hierfür *Ebers et al.*, RDi 2021, 528, 529, die betonen, dass deterministische Systeme gerade die für maschinelle Lernsysteme charakteristischen Merkmale nicht aufweisen würden, so dass die Regelungsnotwendigkeit in Frage zu stellen sei; ebenso *Engelmann/Brunotte/Lütkens*, RDi 2021, 317, 318, die betonen, dass es die Autonomie und Unvorhersehbarkeit seien, die KI-Systeme im engeren Sinne aufweisen würden, von denen jedoch Expertensysteme nicht gekennzeichnet wären; ebenso *Ströbel/Grau*, ZD 2022, 599, 600 f., die die Regulierung nur auf lernfähige Systeme beschränken wollen; ebenso *Heil*, MPR 2022, 1, 4; ebenso auch *Marx/Gladov*, MPR 2022, 37, 39; ebenso *Johner Institut*, Input on the proposed AI-Act, S. 2, abrufbar unter: siehe Quellenangaben, die eine Beschränkung des Anwendungsbereiches auf Verfahren des maschinellen Lernens fordern.

[96] Vgl. dafür, dass von der Definition des Kommissionsentwurfes auch regel- und wissensbasierte Systeme erfasst sind, etwa *Bomhard/Merkle*, RDi 2021, 276, 277; *Ebers et al.*, RDi 2021, 528, 529; *Engelmann/Brunotte/Lütkens*, RDi 2021, 317, 318; ferner wohl *Ströbel/Grau*, ZD 2022, 599, 600, die betonen, dass die Weite dazu führe, dass auch Software erfasst wäre, die auf „Wenn-Dann-Abfolgen“ beruhen würde; *Heil*, MPR 2022, 1, 4; ebenso *Rostalski/Weiss*, ZfDR 2021, 329, 331; *Kalbhenn*, ZUM 2021, 663, 664; *Spindler*, CR 2021, 361, 363; *Handorn/Juknat*, MPR 2022, 77, 79; *Roth-Isigkeit*, GesR 2022, 278, 283.

[97] Vgl. zu der Kritik etwa *Bomhard/Merkle*, RDi 2021, 276, 277; *Ebers et al.*, RDi 2021, 528, 529; *Engelmann/Brunotte/Lütkens*, RDi 2021, 317, 318; *Ströbel/Grau*, ZD 2022, 599, 600; *Heil*, MPR 2022, 1, 4; *Rostalski/Weiss*, ZfDR 2021, 329, 331; *Kalbhenn*, ZUM 2021, 663, 664; *Spindler*, CR 2021, 361, 373; *Handorn/Juknat*, MPR 2022, 77, 79; *Johner Institut*, Input on the proposed AI-Act, S. 2, abrufbar unter: siehe Quellenangaben; dem sich anschließend *Schreitmüller*, Regulierung intelligenter Medizinprodukte, S. 289 ff.

Die Weite des Anhangs I lit. c) KI-VOE-KOM führe dazu, dass auch herkömmliche Software in Form von Taschenrechnern oder Tabellenkalkulationsprogrammen den Sicherheitsanforderungen der KI-Verordnung unterlägen.[98]

Teilweise hat dies zu der Erwägung geführt, den Kommissionsvorschlag aus Klarstellungsgründen in eine „Software-Verordnung"[99] umzubenennen.

Nur vereinzelt wurde die Regelungsnotwendigkeit für wissens- und regelbasierten Systeme angenommen, weil auch diese Systeme „elementare ethische und rechtliche Fragestellungen" aufwürfe.[100] Innerhalb dieser Stimmen wurde teilweise, mit Verweis auf die Forderung der DEK[101] betont, dass die Eigenschaft selbstständig zu lernen, zwar eine besondere Risikoträchtigkeit mit sich bringe, jedoch auch aus anderen Eigenschaft Risiken resultieren könnten, denen es entgegenzutreten gelte.[102] Daher bestünde für „alle Arten algorithmischer Systeme" eine Regelungsnotwendigkeit.[103]

Ferner wird angeführt, dass eine Reihe von Fällen illustriert hätten, dass auch wissensbasierte Systeme einen erheblichen Schaden anrichten könnten.[104] Ein von diesen Stimmen genanntes Beispiel ist die COMPASS-Software, die zur Beurteilung der Strafrückfälligkeit eingesetzt wurde, die gleichwohl von einer diskriminierenden Wirkung gegenüber dunkelhäutigen Personen geprägt war.[105]

Die überwiegenden Stimmen[106] lehnten die Regelungsnotwendigkeit für wissens- und regelbasierte Systeme jedoch ab.

---

[98] Vgl. *BVMed*, *Positionen zum Entwurf des AI-Act*, S. 3, abrufbar unter: siehe Quellenangaben; dem folgend *Stief/Pisani*, in: Festschrift Gassner, 474.

[99] Vgl. *Bomhard/Merkle*, RDi 2021, 276, 277, mit dem Hinweis, dass die praktischen Auswirkungen näher zu beleuchten seien, Hersteller von wissens- und regelbasierten Systemen die Transparenzanforderungen leichter erfüllen könnten.

[100] Vgl. *Rostalski/Weiss*, ZfDR 2021, 329, 332; ebenso *Gless/Janal*, in: Hilgendorf/Roth-Isigkeit, 1. Auflage, § 2, Rn. 17.

[101] Vgl. hierfür *DEK*, Gutachten zur Künstlichen Intelligenz, S. 34, abrufbar unter: siehe Quellenangaben.

[102] Vgl. *Rostalski/Weiss*, ZfDR 2021, 329, 332.

[103] Vgl. *Rostalski/Weiss*, ZfDR 2021, 329, 332.

[104] Vgl. *Gless/Janal*, in: Hilgendorf/Roth-Isigkeit, 1. Auflage, § 2, Rn. 17.

[105] Vgl. *Gless/Janal*, in: Hilgendorf/Roth-Isigkeit, 1. Auflage, § 2, Rn. 17.

[106] Vgl. zu der Kritik, *Bomhard/Merkle*, RDi 2021, 276, 277; *Ebers et al.*, RDi 2021, 528, 529; *Engelmann/Brunotte/Lütkens*, RDi 2021, 317, 318; *Ströbel/Grau*, ZD 2022, 599, 600; *Heil*, MPR 2022, 1, 4; *Rostalski/Weiss*, ZfDR 2021, 329, 331; *Kalbhenn*, ZUM 2021, 663, 664; *Spindler*, CR 2021, 361, 373; *Handorn/Juknat*, MPR 2022, 77, 79; *Johner Institut*, Input on the proposed AI-Act, S. 2, abrufbar unter: siehe Quellenangaben; ebenso *Novartis*, Feedback on AI-Act, S. 1, abrufbar unter: siehe Quellenangaben; diesen Stimmen wohl folgend *Schreitmüller*, Regulierung intelligenter Medizinprodukte, S. 289 ff.; a. A. *Rostalski/Weiss*, ZfDR 2021, 329, 332; ebenso *Gless/Janal*, in: Hilgendorf/Roth-Isigkeit, 1. Auflage, § 2, Rn. 17.

Begründet wurde dies damit, dass die Anforderungen des Kapitels 2 Titel III KI-VOE-KOM dazu bestimmt seien, Risiken entgegenzutreten, die aus Eigenschaften wie der Opazität, Komplexität, Datenabhängigkeit und Autonomie resultierten. Solche Eigenschaften seien indes vor allem für Systeme des maschinellen Lernens kennzeichnend.[107] Für wissensbasierte Systeme würden diese Anforderungen daher zu einer nicht gerechtfertigten Überregulierung führen.[108]

Obgleich teilweise[109] betont wurde, dass Systeme mit deterministischen Strukturen die Anforderungen leichter erfüllen könnten, wurde einer Regulierung andererseits der hohe regulatorische Aufwand, der mit einer Qualifizierungsentscheidung als „KI-System" i. S. d. Art. 3 Nr. 1 KI-VOE-KOM und der Risikoklassifizierung einhergehe, entgegengehalten.[110]

Diese Problematik spitze sich bei Medizinprodukten dadurch zu, dass das Risikoklassifizierungssystem der MP-VO von einer Undifferenziertheit geprägt sei, die dazu führe, dass jedes KI-basierte Medizinprodukt auch gleichzeitig als Hochrisiko-KI-System zu klassifizieren sei und daher nicht nur den strengen Anforderungen des Kapitels 2 Titel III KI-VOE-KOM unterläge, sondern zudem auch vor der Inverkehrgabe in einem Konformitätsbewertungsverfahren unter der Beteiligung einer benannten Stelle bestätigt werden müsse.[111] Daher wurde teilweise erwogen, den Regelungsgegenstand durch eine negative Definition des KI-System-Begriffes dahingehend einzuschränken, dass nur noch solche Software erfasst ist, die nicht auf rein deterministischen Entscheidungsregeln beruht.[112]

---

[107] Vgl. *Ebers et al.*, RDi 2021. 528, 529; vgl. ebenso die Stimmen, die ohne Bezug auf die Anforderungen des Kapitel 2 Titel III KI-VOE die Regelungsnotwendigkeit in Frage stellen, weil wissensbasierte Systeme nicht die KI-spezifischen Risiken aufweisen würden, *Engelmann/Brunotte/Lütkens*, RDi 2021, 317, 318; *Spindler*, CR 2021, 361, 373 in Bezug auf die Intransparenz; ebenso *Linardatos*, GPR 2022, 58, 63, der nur Systeme des maschinellen Lernens als „echte" KI-Systeme ansehen möchte, weil nur diese von KI-spezifischen Eigenschaften, wie der Lernfähigkeit und Autonomie als auch einem „opaken" Verhalten geprägt seien; ebenso *Heil*, MPR 2022, 1, 4, in Bezug auf die Autonomie; ferner auch *Ströber/Grau*, ZD 2022, 599, 600 f., in Bezug auf die Lernfähigkeit; diesen Stimmen folgend *Schreitmüller*, Regulierung intelligenter Medizinprodukte, S. 290 f.

[108] Vgl. so die Befürchtung *Ebers et al.*, RDi 2021, 528, 529; *Engelmann/Brunotte/Lütkens*, RDi 2021, 317, 318; in diese Richtung wohl auch *Ströbel/Grau*, ZD 2022, 599, 600, die die Beschränkung auf lernfähige Systeme fordern; ebenso *Johner Institut*, Input on the proposed AI-Act, S. 2, abrufbar unter: siehe Quellenangaben; *Novartis*, Feedback on AI-Act, S. 1, abrufbar unter: siehe Quellenangaben.

[109] Vgl. so etwa im Zusammenhang mit den Transparenzanforderung, *Bomhard/Merkle*, RDi 2021, 276, 277.

[110] Vgl. *Steege*, MMR 2022, 926, 929.

[111] Vgl. *Marx/Gladov*, MPR 2022, 37, 39.

[112] Vgl. *Bomhard/Merkle*, RDi 2021, 276, 277, mit dem Hinweis, dass die praktischen Auswirkungen näher zu beleuchten seien, wobei jedenfalls die Transparenzanforderungen leichter zu erfüllen wären; ebenso *Ebers et al.*, RDi 2021, 528, 529; *Engelmann/Brunotte/Lütkens*, RDi 2021, 317, 318; *Heil*, MPR 2022, 1, 4; *Ströbel/Grau*, ZD 2022, 599, 600; *Johner*

## 2. Festhalten an der Regulierung von Systemen niedrigerer Komplexitätsgrade

Trotz der scharfen Kritik hielten sowohl der Entwurf des Rates (*siehe hierzu a)*) als auch des Parlaments (*siehe hierzu b)*) sowie der endgültige Regelungstext (*siehe hierzu c)*) übereinstimmend an der Regulierung von deterministischen Systemen fest, während die Weite des Kommissionsentwurfes hinsichtlich der Regulierung von herkömmlicher Software korrigiert wurde.

### *a) Legaldefinition des Rates der Europäischen Union*

Mit der Legaldefinition des Art. 3 Nr. 1 KI-VOE-Rat beschränkte der Vorschlag des Rates die von dem Begriff des KI-Systems erfassten Techniken und Verfahren auf „machine learning and/or logic- and knowledge based approaches".[113]

Eine Konkretisierung der davon erfassten Techniken und Methoden lassen sich dem Entwurf aus den neu eingeführten Erwägungsgründen 6a und 6b KI-VOE-Rat entnehmen, in denen der Rat konkretisiert, was unter maschinellen Lernverfahren bzw. logik- und wissensgestützten Konzepten zu verstehen ist.[114]

Unter maschinellen Lernverfahren will der Entwurf des Rates ausweislich des Erwägungsgrundes 6a S. 1 KI-VOE-Rat solche Ansätze verstehen, die keine vorher im Einzelnen programmierte Schritt-für-Schritt Anleitung folgen.[115] Kennzeichnend für solche Systeme sei vielmehr, dass sie selbstständig aus Daten lernen und automatisiert Schlüsse ziehen können.[116] Dadurch komme den Systemen die Fähigkeit zu, selbstständig durch rechnerische Prozesse die Parameter des Modells zu optimieren, um so das jeweilige Anwendungsproblem zu lösen.[117] Zu den Ansätzen des maschinellen Lernens sollen ausweislich des Erwägungsgrundes 6a KI-VOE-Rat das überwachte, unüberwachte und das verstärkende Lernen gehören.[118] Diese Verfahren würden wiederum eine Reihe unterschiedlicher Methoden, einschließlich der Verfahren des tiefen Lernens sowie statistischen Verfahren zur Schlussfolgerung wie beispielsweise die logistische Regression oder Bayes'sche Schätzungen umfassen.[119]

---

*Institut*, Input on the proposed AI-Act, S. 2, abrufbar unter: siehe Quellenangaben; *Novartis*, Feedback on AI-Act, S. 1, abrufbar unter: siehe Quellenangaben.

[113] Vgl. Art. 3 Nr. 1 KI-VOE-Rat, *Rat*, General Approach, 14954/22, S. 71 (Hervorhebung hinzugefügt).

[114] Vgl. Erwägungsgründe 6a und 6b KI-VOE-Rat *Rat*, General Approach, 14954/22, S. 15 f.

[115] Vgl. Erwägungsgründe 6a KI-VOE-Rat, *Rat*, General Approach, 14954/22, S. 15.

[116] Vgl. Erwägungsgründe 6a S. 2 KI-VOE-Rat, *Rat*, General Approach, 14954/22, S. 15.

[117] Vgl. Erwägungsgründe 6a S. 2 KI-VOE-Rat, *Rat*, General Approach, 14954/22, S. 15.

[118] Vgl. Erwägungsgründe 6a S. 4 KI-VOE-Rat, *Rat*, General Approach, 14954/22, S. 15.

[119] Vgl. Erwägungsgründe 6a S. 4 KI-VOE-Rat, *Rat*, General Approach, 14954/22, S. 15.

Unter Systemen, die auf logik- und wissensgestützten Ansätzen beruhen, seien hingegen Systeme zu verstehen, bei denen das Wissen in der Wissensbasis explizit und manuell repräsentiert werde.[120] Die Anwendung des Wissens auf die fallspezifischen Probleme wird durch eine Inferenzmaschine gesteuert, wodurch die Eingaben zu Schlussfolgerungen verarbeitet werden können.[121] Zu den davon erfassten Ansätzen will der Rat sowohl die Wissensdarstellung als auch induktive (logische) Programmierung, Wissensbasen, Inferenz- und Deduktionsmaschinen, (symbolisches) Schließen, Expertensysteme wie auch Such- und Optimierungsmethoden zählen.[122]

Zunächst erweckt die Weite der Erwägungsgründe daher den Anschein, dass von der Legaldefinition des Art. 3 Nr. 1 KI-VOE-KOM inhaltlich kein Abstand genommen wurde. Gleichwohl sieht Erwägungsgrund 6b S. 4 KI-VOE-EP[123] insoweit einschränkend vor, dass solche Systeme von dem Verordnungsentwurf des Art. 3 Nr. 1 KI-VOE-Rat nicht erfasst sind, die ausschließlich auf von Menschen vorgegebenen Regeln beruhen:

„A system that uses rules defined solely by natural persons to automatically execute operations should not be considered an AI System."

Zunächst verwundert diese Einschränkung, da es für wissensbasierte Systeme ausweislich des Erwägungsgrundes 6b S. 1 KI-VOE-Rat, jedoch gerade charakteristisch ist, dass diese eine Wissensbasis mit Regeln aufweisen, die explizit von Menschen repräsentiert wurden.[124] Dadurch scheint diese Einschränkung des Erwägungsgrundes 6b S. 4 KI-VOE-Rat jedoch im Widerspruch zu der Legaldefinition des Art. 3 Nr. 1 KI-VOE-Rat zu stehen, der explizit davon ausgeht, dass wissensbasierte Systeme von dem Begriff des Systems der künstlichen Intelligenz umfasst sind.

Wegen der Einschränkung des Rates auf Systeme, die nicht ausschließlich auf vorher determinierten Regeln beruhen, könnte Art. 3 Nr. 1 KI-VOE-Rat so auszulegen sein, dass logik- und wissensgestützte Konzepte nur dann von Art. 3 Nr. 1 KI-VOE-Rat erfasst sind, wenn diese in ein System integriert sind, das nicht *lediglich* auf wissensgestützten Konzepten, sondern *gleichzeitig* auch auf maschinellen Lernverfahren beruht.

Andererseits spricht gegen eine solche Einschränkung, dass Art. 3 Nr. 1 KI-VOE-Rat logik- und wissensgestützte Konzepte ausweislich des Wortlautes des Art. 3 Nr. 1 KI-VOE-Rat auch dann erfassen will, wenn diese nicht auf Verfahren des maschinellen Lernens beruhen, was durch die Formulierung „using machine

---

[120] Vgl. Erwägungsgründe 6b S. 1 KI-VOE-Rat, *Rat*, General Approach, 14954/22, S. 16.

[121] Vgl. Erwägungsgründe 6b S. 2 KI-VOE-Rat, *Rat*, General Approach, 14954/22, S. 16.

[122] Vgl. Erwägungsgründe 6b KI-VOE-Rat, *Rat*, General Approach, 14954/22, S. 16.

[123] Vgl. Erwägungsgründe 6 S. 4 KI-VOE-Rat, *Rat*, General Approach, 14954/22, S. 15.

[124] Vgl. zu der technischen Funktionsweise von wissensbasierten Systemen, ausführlich Kap. 2, A., II., 1., b).

learning and/*or* logic- and knowledge based approaches“ zum Ausdruck gebracht wird.[125] Daher bestätigt die Legaldefinition, dass auch Systeme, die auf wissensbasierten Verfahren beruhen, weiterhin von der Legaldefinition erfasst sind.[126]

Es liegt folglich nahe, dass der Rat durch diese Formulierung in Erwägungsgrund 6 S. 4 KI-VOE-Rat[127] lediglich klarstellen wollte, dass herkömmliche Computerprogramme ausgeschlossen sein sollten, bei denen nicht *nur* die Regeln, sondern auch die Reihenfolge, in denen diese anzuwenden sind statisch in einer Art und Weise vorgegeben ist, die einer Automatisierung menschlicher Entscheidungsfindungen entgegensteht (sog. *anwendungsbasierter Programmierstil*).[128]

Dadurch würde der Entwurf des Rates jedenfalls der Kritik entgegengetreten können, dass die Weite der Legaldefinition des Anhangs I lit. c) KI-VOE-KOM dazu führen würde, dass herkömmliche Programme, wie Taschenrechner oder Tabellenkalkulationsprogramme von dem Begriff „System der künstlichen Intelligenz“ erfasst wären.[129]

An der Regulierung wissensbasierter Systeme hält der Entwurf des Rates für Art. 3 Nr. 1 KI-VOE-Rat jedoch fest.

### *b) Legaldefinition des Europäischen Parlaments*

Der Entwurf des Parlaments für Art. 3 Nr. 1 KI-VOE-EP[130] nennt keine konkreten Techniken, die von dem Begriff „System der künstlichen Intelligenz“ erfasst sein sollen.[131] Eine Konkretisierung dessen findet sich jedoch in Erwägungsgrund 6

[125] Vgl. Art. 3 Nr. 1 KI-VOE-Rat, *Rat*, General Approach, 14954/22, S. 71 (Hervorhebung hinzugefügt).

[126] Vgl. Art. 3 Nr. 1 KI-VOE-Rat, *Rat*, General Approach, 14954/22, S. 71.

[127] Vgl. Erwägungsgründe 6 S. 4 KI-VOE-Rat, *Rat*, General Approach, 14954/22, S. 15.

[128] Vgl. auch wenn die Begriffe teilweise gleichgesetzt werden, ist zwingend zwischen „herkömmlicher Software“ und „wissensbasierten Systemen“ zu unterscheiden, siehe hierzu bereits Kap. 2, A., II., 1., a).

[129] Vgl. hierfür *BVMed*, Positionen zum Entwurf des AI-Act, S. 4, abrufbar unter: siehe Quellenangaben; dem folgend *Stief/Pisani*, in: Festschrift Gassner, S. 474.

[130] Vgl. hierfür Änderung 165, *Europäisches Parlament*, Amendments adopted by the European Parliament on 14 June 2023 on the proposal for an artificial intelligence act, P9_TA(2023)0236.

[131] Vgl. Art. 3 Nr. 1 KI-VOE-EP, Änderung 165, *Europäisches Parlament*, Amendments adopted by the European Parliament on 14 June 2023 on the proposal for an artificial intelligence act, P9_TA(2023)0236; im Unterschied hierzu waren in dem Kommissionsvorschlag die Techniken in Anhang I KI-VOE-KOM aufgelistet, COM 2021, 206 final, Anhänge, S. 1; obgleich der Rat eine Streichung des Anhanges I KI-VOE-KOM vorsieht, nannte dieser die einschlägigen Techniken und Verfahren im Verordnungstext, vgl. hierfür Art. 3 Nr. 1 KI-VOE-Rat, *Rat*, General Approach, 14954/22, S. 71.

KI-VOE-EP[132] und dem neu eingeführten Erwägungsgrund 6a (new) KI-VOE-EP[133].[134]

Ausweislich des Erwägungsgrundes 6 S. 2 KI-VOE-EP müssten Systeme, um als System der künstlichen Intelligenz qualifiziert zu werden, von Eigenschaften, wie dem „learning, reasoning or modelling capabilities" geprägt sein.[135] Durch diese Kriterien könnten KI-Systeme von „simpler software systems or programming approaches" differenziert werden.[136]

Dabei betont Erwägungsgrund 6a KI-VOE-EP ausdrücklich, dass auch vergleichsweise einfache Techniken, wie wissensbasierte Systeme oder Entscheidungsbaumverfahren zu Regelungslücken führen könnten, die durch eine KI-VO geschlossen werden müssten.[137]

Daher hält auch der Entwurf des Parlaments weiterhin daran fest, dass KI-Systeme, die auf wissens- oder regelbasierten Verfahren beruhen, als Regelungsgegenstand dem Anwendungsbereich der KI-Verordnung unterfallen sollen.

### *c) Legaldefinition des endgültigen Regelungstextes der KI-Verordnung*

Art. 3 Nr. 1 KI-VO hält an einer technologieneutralen Definition fest und sichert damit die Beständigkeit der Definition trotz der stetigen technologischen Weiterentwicklung.[138]

---

[132] Vgl. Änderung 18, *Europäisches Parlament*, Amendments adopted by the European Parliament on 14 June 2023 on the proposal for an artificial intelligence act, P9_TA(2023) 0236.

[133] Vgl. Änderung 19, *Europäisches Parlament*, Amendments adopted by the European Parliament on 14 June 2023 on the proposal for an artificial intelligence act, P9_TA(2023) 0236.

[134] Ebenso *Steege/Chibanguza*, Metaverse, § 8, Rn. 39.

[135] Vgl. Änderung 18, *Europäisches Parlament*, Amendments adopted by the European Parliament on 14 June 2023 on the proposal for an artificial intelligence act, P9_TA(2023) 0236.

[136] Vgl. Änderung 18, *Europäisches Parlament*, Amendments adopted by the European Parliament on 14 June 2023 on the proposal for an artificial intelligence act, P9_TA(2023) 0236.

[137] Vgl. Änderung 19, *Europäisches Parlament*, Amendments adopted by the European Parliament on 14 June 2023 on the proposal for an artificial intelligence act, P9_TA(2023) 0236.

[138] Vgl. zu dem Spannungsfeld zwischen Technologieoffenheit und Rechtssicherheit, welches die KI-Verordnung nunmehr zu lösen versuche, indem sie KI-Systeme durch abstrakte Kriterien definiere, *Gless/Janal*, Hilgendorf/Roth-Isigkeit, 2. Auflage, § 2, Rn. 11; vgl. dafür, dass es das erklärte Ziel war, „Rechtssicherheit" und „Flexibilität" zu bieten, um den „raschen technologischen Entwicklungen" in diesem Bereich Rechnung zu tragen, Erwägungsgrund 12 S. 1 VO (EU) 2024/1689; vgl. ebenso mit Verweis auf Erwägungsgrund 12, der das erklärte Ziel als „Herausforderung(en)" bezeichnet *Glauner/Pieper*, in: Bomhard/Pieper/Wende, Art. 3, Rn. 25; *Kirschke-Biller/Füllsack*, in: BeckOK KI-Recht, Art. 3, Rn. 10; Martini/*Wendehorst*, Art. 3, Rn. 6.

Zu diesem Zweck wird der Begriff des „KI-System(s)“ nunmehr abstrakt durch die in Art. 3 Nr. 1 KI-VO genannten insgesamt sieben Kriterien konturiert.[139] Ein KI-System liegt danach vor, wenn es sich um „ein (1) maschinengestütztes[140] System handelt, das für einen in unterschiedlichem Grade (2) autonomen[141] Betrieb ausgelegt ist und das nach seiner Betriebsaufnahme (3) anpassungsfähig[142] sein kann und das aus den erhaltenen Eingaben für (4) explizite oder implizite Ziele[143] (5) ableitet, wie (6) Ausgaben[144], wie etwa Vorhersagen, Inhalte, Empfehlungen oder Entscheidungen erstellt werden, die (7) physischen oder virtuellen Umgebungen beeinflussen[145] können“.[146] Bei der Auslegung der einzelnen Merkmale kann auf Erwägungsgrund 12 der KI-VO sowie auf die Leitlinien der Europäischen Kommission zur Definition eines Systems der künstlichen Intelligenz zurückgegriffen werden, die diese auf Grundlage des Art. 96 Abs. 1 lit. f) KI-VO am 6. Februar 2025 veröffentlicht hat.[147]

Die Definition umfasst den gesamten Lebenszyklus eines KI-Systems, sodass die einzelnen Merkmale nicht kumulativ zu jeder Zeit vorliegen müssen.[148] Vielmehr ist

---

[139] Vgl. für eine rechtlich unverbindliche Erläuterung der einzelnen Definitionsmerkmale *Europäische Kommission*, Leitlinien der Kommission zur Definition eines Systems der künstlichen Intelligenz gemäß der Verordnung (EU) 2024/1689 (KI-Verordnung), COM (2025), 5053 final, die diese auf Grundlage des Art. 96 KI-VO am 6. 2. 2025 veröffentlicht hat und die zu Auslegungszwecken herangezogen werden können; vgl. weiterhin *Gless/Janal*, in: Hilgendorf/Roth-Isigkeit, 2. Auflage, § 2, Rn. 15 ff.; *Glauner/Pieper*, in: Bomhard/Pieper/Wende, Art. 3, Rn. 30 ff.; Martini/*Wendehorst*, Art. 3, Rn. 19 ff.

[140] Vgl. hierzu eingehend *Glauner/Pieper*, in: Bomhard/Pieper/Wende, Art. 3, Rn. 30 ff.; *Europäische Kommission*, Leitlinien der Kommission zur Definition eines Systems der künstlichen Intelligenz, COM (2025) 5053 final, S. 2 f.

[141] Vgl. hierzu eingehend *Glauner/Pieper*, in: Bomhard/Pieper/Wende, Art. 3, Rn. 34 ff.; *Europäische Kommission*, Leitlinien der Kommission zur Definition eines Systems der künstlichen Intelligenz, COM (2025) 5053 final, S. 3 f.

[142] Vgl. hierzu eingehend *Glauner/Pieper*, in: Bomhard/Pieper/Wende, Art. 3, Rn. 40 f.; *Europäische Kommission*, Leitlinien der Kommission zur Definition eines Systems der künstlichen Intelligenz, COM (2025) 5053 final, S. 4 f.

[143] Vgl. hierzu eingehend *Europäische Kommission*, Leitlinien der Kommission zur Definition eines Systems der künstlichen Intelligenz, COM (2025) 5053 final, S. 5.

[144] Vgl. hierzu eingehend *Europäische Kommission*, Leitlinien der Kommission zur Definition eines Systems der künstlichen Intelligenz, COM (2025) 5053 final, S. 12 ff.

[145] Vgl. hierzu eingehend *Kirschke-Biller/Füllsack*, in: BeckOK KI-Recht, Art. 3, Rn. 38 ff.; *Europäische Kommission*, Leitlinien der Kommission zur Definition eines Systems der künstlichen Intelligenz, COM (2025) 5053 final, S. 14.

[146] Nummerierung hinzugefügt.

[147] So etwa *Gless/Janal*, in: Hilgendorf/Roth-Isigkeit, 2. Auflage, § 2, Rn. 11; *Kirschke/Füllsack*, in: BeckOK KI-Recht, Art. 3, Rn. 11; vgl. *Europäische Kommission*, Mitteilung der Kommission – Leitlinien der Kommission zur Definition eines Systems der künstlichen Intelligenz, COM (2025), 5053 final.

[148] *Europäische Kommission*, Leitlinien der Kommission zur Definition eines Systems der künstlichen Intelligenz, COM (2025) 5053 final, S. 2; ebenso *Kirschke-Biller/Füllsack*, in: BeckOK KI-Recht, Art. 3, Rn. 27.

es notwendig, aber auch hinreichend, sofern die Merkmale in der Aufbau- *oder* der Nutzungsphase vorliegen.[149]

Zentrales Kriterium für die Frage, welche Techniken noch von dem Anwendungsbereich der KI-Verordnung erfasst sind, ist das Merkmal des *Ableitens.*[150] Ausweislich des Erwägungsgrundes 12 bezieht sich dies auf die „Fähigkeit (…) den Prozess der Erzeugung von Ausgaben, wie Vorhersagen, Inhalte, Empfehlungen oder Entscheidungen, die physische und digitale Umgebungen beeinflussen (zu) können, sowie auf die Fähigkeit von KI-Systemen, Modelle oder Algorithmen oder beides aus Eingaben oder Daten abzuleiten".

Daher muss das jeweilige System die Fähigkeit besitzen aus den Eingabedaten abzuleiten, „*wie* (…) Ausgaben erstellt werden".[151] Daher muss nicht nur das Ergebnis, sondern insbesondere auch der Weg, wie das System zu dem Ergebnis kommt selbstständig abgeleitet werden.[152]

Ausweislich des Erwägungsgrundes 12 S. 4 KI-VO bezieht sich dies vorrangig auf die Aufbauphase eines KI-Systems.[153] Das Erlernen von Mustern im Rahmen der Gestaltung eines Systems ist kennzeichnend für maschinelle Lernsysteme.[154]

Allerdings geht Erwägungsgrund 12 Satz 4 KI-VO ausdrücklich davon aus, dass auch „logik- und wissensgestützte Konzepte" von der Definition erfasst sind. Daraus lässt sich schließen, dass der Gesetzgeber die Formulierung weit versteht und auch Techniken erfassen will, bei denen die einzelnen Regeln zwar vorab definiert sind, das System jedoch im konkreten Einzelfall selbstständig entscheidet, *wie* diese Regeln kombiniert werden, um die gewünschten Ausgaben zu erzeugen.[155]

---

[149] *Europäische Kommission*, Leitlinien der Kommission zur Definition eines Systems der künstlichen Intelligenz, COM (2025) 5053 final, S. 2; vgl. *Kirschke-Biller/Füllsack*, in: BeckOK KI-Recht, Art. 3, Rn. 27; vgl. dafür, dass diese Unterscheidung auf die OECD-Definition zurückzuführen ist, *Glauner/Pieper*, in: Bomhard/Pieper/Wende, Art. 3, Rn. 29.

[150] Vgl. Erwägungsgrund 12, wonach das Ableiten „ein wesentliches Merkmal von KI-Systemen ist"; vgl. auch Martini/*Wendehorst*, Art. 3, Rn. 37, die es als „Hauptmerkmal von KI-Systemen" bezeichnet.

[151] Hervorhebung hinzugefügt; vgl. ebenso Wendehorst/*Martini*, Art. 3, Rn. 38, die betont, dass nicht nur die Ausgabe, sondern auch der Weg durch das System abgeleitet werden müsse; *Glauner/Pieper*, in: Bomhard/Pieper/Wende, Art. 3, Rn. 44.

[152] Martini/*Wendehorst*, Art. 3, Rn. 38.

[153] Vgl. hierfür den Wortlaut in Erwägungsgrund 12 S. 5 KI-VO „(…) während der Gestaltung eines KI-Systems (…)"; ebenso Abschnitt 30, *Europäische Kommission*, Leitlinien der Kommission zur Definition eines Systems der künstlichen Intelligenz, COM (2025) 5053 final, S. 6.

[154] Vgl. Martini/*Wendehorst*, Art. 3, Rn. 46; in diese Richtung auch *Glauner/Pieper*, in: Bomhard/Pieper/Wende, Art. 3, Rn. 47; vgl. hierzu ebenso das OECD, Explanatory Memorandum on the Updated OECD Definition of an AI System, S. 9 abrufbar unter: siehe Quellenangaben, die ein Ableiten in der Aufbauphase gerade für maschinelle Lernsysteme als typisch erachten.

[155] Vgl. hierzu auch *Glauner/Pieper*, in: Bomhard/Pieper/Wende, Art. 3, Rn. 47; demgegenüber kritisch aufgrund des Wortlautes Martini/*Wendehorst*, Art. 3, Rn. 40.

Das Merkmal dient daher vor allem der Abgrenzung gegenüber „einfacheren herkömmlichen Softwaresystemen und Programmierungsansätzen“, die auf „ausschließlich von Personen definierten Regeln für das automatische Ausführen von Operationen beruhen“.[156]

Zentral für die Abgrenzung zu herkömmlicher Software ist insbesondere die Fähigkeit von wissensbasierten Systemen, automatisiert Schlussfolgerungen von zuvor unbekannten Daten auf die Ausgaben zu treffen.[157] Gerade im Unterschied zu herkömmlicher Software sind die repräsentierten Regeln nicht in einer statischen Reihenfolge vorgegeben, sondern werden durch die Inferenzmaschine die Anwendung der Regeln als auch deren Reihenfolge in Abhängigkeit des Anwendungskontextes festgelegt.[158] Dadurch kann das System nicht nur Daten abfragen, sondern auch Schlussfolgerungen aus zuvor unbekannten Daten treffen und kann so zur Lösung von Anwendungsproblemen herangezogen werden.[159]

Der Einbeziehung von wissensbasierten Systemen in den Anwendungsbereich der Verordnung stehen auch nicht die Merkmale der Autonomie oder Anpassungsfähigkeit entgegen. Diese Eigenschaften galten herkömmlich als wesentliche Charakteristika von KI-Systemen und sind zugleich gerade kennzeichnend für maschinelle Lernsysteme.[160] Daher könnte zunächst der Eindruck erweckt werden, dass diese zugleich wissensbasierte Systeme von dem Anwendungsbereich der KI-Verordnung ausschließen. Bei näherer Betrachtung verlieren diese Merkmale jedoch an Bedeutung.[161]

Zwar bezieht sich die Anpassungsfähigkeit ausweislich des Erwägungsgrundes 12 S. 12 KI-VO auf die Lernfähigkeit eines Systems, durch die es sich während seiner Verwendung verändern kann, und damit auf eine Eigenschaft, die wissensbasierten Systemen gerade nicht zugeschrieben werden kann.[162] Allerdings lässt der Wortlaut „kann“ erkennen, dass die Anpassungsfähigkeit lediglich ein fakultatives Merkmal ist.[163] Daher ist es unbedeutend, dass wissensbasierte Systeme sich gerade nicht während der Verwendung verändern können.

---

[156] Abschnitt 42 *Europäische Kommission*, Leitlinien der Kommission zur Definition eines Systems der künstlichen Intelligenz, COM (2025) 5053 final, S. 6; vgl. hierfür auch Erwägungsgrund 12 S. 2 KI-VO.

[157] Ebenso *Glauner/Pieper*, in: Bomhard/Pieper/Wende, Art. 3, Rn. 46.

[158] Vgl. zu den technischen Grundlagen bereits Kap. 2, A., II., 1., b).

[159] Vgl. zu den technischen Grundlagen bereits Kap. 2, A., II., 1., b).

[160] Vgl. etwa *Europäische Kommission*, Bericht zum Weißbuch, COM 2020 64 final, S. 8, die die „Autonomie“ als eines der Hauptmerkmale künstlicher Intelligenz bezeichnet; ebenso *Heil*, MPR 20222, 1, 4.

[161] So in Bezug auf die Autonomie, *Glauner/Pieper*, in: Bomhard/Pieper/Wende, Art. 3, Rn. 37.

[162] Vgl. zu den technischen Grundlagen bereits Kap. 2, A., II., 1., b).

[163] Ebenso Abschnitt 23, *Europäische Kommission*, Leitlinien der Kommission zur Definition eines Systems der künstlichen Intelligenz, COM (2025) 5053 final, S. 4 f.; *Glauner/*

Im Unterschied dazu handelt es sich bei dem Merkmal der Autonomie zwar um ein obligatorisches Definitionscharakteristikum, allerdings werden auch durch dieses Kriterium wissensbasierte Systeme nicht von dem Anwendungsbereich ausgeschlossen.[164] Nach dem Erwägungsgrund 12 S. 11 KI-VO beschreibt die Autonomie die Fähigkeit des Systems „bis zu einem gewissen Grad unabhängig von menschlichem Zutun (zu) agieren (…) und ohne menschliches Eingreifen zu arbeiten". Autonomie bestimmt sich demnach vor allem nach dem Maß, in dem ein System zur Bewältigung einer Aufgabe auf die Interaktion mit einem Menschen angewiesen ist.[165] Allerdings müssen die Systeme nur zu „einem gewissen Grad unabhängig von menschlichem Zutun agieren", weshalb wissensbasierte Expertensysteme durch dieses Merkmal nicht von dem Anwendungsbereich der KI-Verordnung ausgeschlossen werden.[166] Vielmehr sollen durch dieses Kriterium nur solche Systeme ausgeschlossen werden, deren Betrieb vollständig auf der manuellen Steuerung und Kontrolle des Menschen beruht.[167]

Damit können auch nicht lernfähige Systeme, wie wissensbasierte Systeme die in Art. 3 Nr. 1 KI-VO normierten Tatbestandsmerkmale erfüllen und sind damit von dem Anwendungsbereich des Art. 3 Nr. 1 KI-VO erfasst.[168]

### III. Fazit und vorläufige Stellungnahme

Obgleich der Kommissionsentwurf den Begriff des „Systems der künstlichen Intelligenz" gem. Art. 3 Nr. 1 KI-VOE-KOM auf „eine" Software beschränkte, verwendete die Kommission den Begriff nicht kongruent und umfasste teilweise damit auch Hardware oder mehrere Softwarekomponenten. Dieses inkongruente Begriffsverständnis wurde bereits in den Entwürfen des Rates und des Parlaments korrigiert, indem die Beschränkung der Legaldefinition des Art. 3 Nr. 1 KI-VOE auf „eine" Software aufgehoben wurde und das gesamte „System" als KI-System i. S. d. Art. 3 Nr. 1 KI-VO der Regulierung der KI-Verordnung unterworfen wurde.

---

*Pieper*, in: Bomhard/Pieper/Wende, Art. 3, Rn. 41; *Gless/Janal*, in: Hilgendorf/Roth-Isigkeit, 2. Auflage, § 2, Rn. 19.

[164] Abschnitt 20, *Europäische Kommission*, Leitlinien der Kommission zur Definition eines Systems der künstlichen Intelligenz, COM (2025) 5053 final, S. 4 f.; ebenso *Gless/Janal*, in: Hilgendorf/Roth-Isigkeit, 2. Auflage, § 2, Rn. 16.

[165] Abschnitt 16, *Europäische Kommission*, Leitlinien der Kommission zur Definition eines Systems der künstlichen Intelligenz, COM (2025) 5053 final, S. 3; ebenso *Kirschke/Füllsack*, in: BeckOK KI-Recht, Art. 3, Rn. 52; *Glauner/Pieper*, in: Bomhard/Pieper/Wende, Art. 3, Rn. 38.

[166] Abschnitt 16, *Europäische Kommission*, Leitlinien der Kommission zur Definition eines Systems der künstlichen Intelligenz, COM (2025) 5053 final, S. 3.

[167] Abschnitt 17, *Europäische Kommission*, Leitlinien der Kommission zur Definition eines Systems der künstlichen Intelligenz, COM (2025) 5053 final, S. 3.

[168] Ebenso Erwägungsgrund 12; *Europäische Kommission*, Leitlinien der Kommission zur Definition eines Systems der künstlichen Intelligenz, COM (2025) 5053 final, S. 6 f.

Dem folgend definiert auch Art. 3 Nr. 1 KI-VO das KI-System nicht mehr als „eine“ Software, sondern geht von einem „System“-Verständnis aus.

Hinsichtlich der von dem Kommissionsentwurf erfassten Techniken und Verfahren, sah sich der Entwurf der Kommission für Art. 3 Nr. 1 i. V. m. Anhang I KI-VOE-KOM wegen der Weite des Anhangs I KI-VOE-KOM in der Literatur der nicht unerheblichen Kritik einer Überregulierung ausgesetzt. Obgleich der Entwurf des Rates und des Parlaments die Weite teilweise einschränkte, hielten auch sie an der Regulierung von deterministischen Systemen fest.

Da bisher weder in der informatischen noch in der juristischen Fachliteratur Einigkeit darüber besteht, wie der Begriff der „künstlichen Intelligenz“ zu definieren ist, sind diese Unsicherheiten in Bezug auf die Frage, welche Techniken und Verfahren von der Legaldefinition des Art. 3 Nr. 1 KI-VO erfasst sein sollten, wenig überraschend.

Da der Geltungsbereich der Legaldefinition des Art. 3 Nr. 1 KI-VO sich ausschließlich auf den Anwendungsbereich der KI-Verordnung beschränken wird, wird auch die Legaldefinition des Art. 3 Nr. 1 KI-VO keine allgemeine Geltung für sich beanspruchen.

Daher muss die Beurteilung der Eignung der Legaldefinition des Art. 3 Nr. 1 KI-VO für den Begriff des „Systems der künstlichen Intelligenz“ auf die Frage beschränkt werden, ob sich die Definition als Regelungsgegenstand eignet.

Dem Erlass der horizontalen KI-VO lag die Annahme zugrunde, dass der geltende Regelungsrahmen für die aus den besonderen Eigenschaften der KI-Systeme wie der Intransparenz und Autonomie resultierenden Risiken noch Regelungslücken aufweisen würde, die es zu schließen gelte.[169] Daher kann die Frage, inwieweit für die von Art. 3 Nr. 1 KI-VO genannten Techniken und Methoden eine Regelungsnotwendigkeit besteht, nur in Abhängigkeit von den bestehenden Regelungslücken beantwortet werden, die die KI-Verordnung zu schließen intendiert.

Die Frage, ob auch für deterministische unterkomplexe Systeme eine Regelungsnotwendigkeit besteht, hängt daher unmittelbar davon ab, inwieweit für solche Systeme Regelungslücken bestehen, die durch eine KI-Verordnung zukünftig geschlossen werden könnten. Daher muss zunächst eine Untersuchung des bestehenden Regelungsrahmens erfolgen, erst anschließend kann sodann zu der Frage, ob auch für regel- oder wissensbasierte Systeme eine Regelungsnotwendigkeit besteht, Stellung bezogen werden.[170]

---

[169] Vgl. *Europäische Kommission*, Weißbuch zur Künstlichen Intelligenz, COM 2020, 65, final, S. 18 f.; *Europäische Kommission*, Bericht zum Weißbuch, COM 2020 64 final, S. 4 f.; Erklärendes Memorandum, COM 2021, 206 final, S. 12; zu der historischen Entwicklung des Kommissionsentwurfes, bereits Kap. 1, C., I.

[170] Siehe für die finale Stellungnahme, ob auch für regel- und wissensbasierte Systeme eine Regelungsnotwendigkeit besteht, Kap. 3, B., I.

# B. Konformitätsbewertungspflicht für Produkte i. S. d. Art. 1 Abs. 4 MP-VO

Gemäß Art. 52 Abs. 1 und Abs. 2 MP-VO müssen Hersteller bevor sie „ein Produkt“ in den Verkehr bringen oder in Betrieb nehmen, eine Konformitätsbewertung durchführen. Unter einem Produkt ist gem. Art. 1 Abs. 4 MP-VO jedes Medizinprodukt i. S. d. Art. 2 Nr. 1 MP-VO, Zubehör i. S. d. Art. 2 Nr. 3 MP-VO oder Produkte i. S. d. Anhangs XVI MP-VO zu verstehen. Es gibt unterschiedliche Konstellationen, wie Software in den Verkehr gegeben werden kann.

In der Informatik wird zwischen Software differenziert, die als eigenständig nutzbarer „Gegenstand“ in den Verkehr gegeben werden kann („eigenständige Software“) und solche die körperlich oder virtuell in ein Produkt integriert ist, um dessen Funktionsweise zu ermöglichen („eingebettete Software“). Vor diesem Hintergrund stellt sich die Frage, wie die jeweiligen Einheiten regulatorisch einzuordnen sind und ob der geltende Qualifizierungsrahmen diesen verschiedenen Konstellationen hinreichend Rechnung trägt.[171]

## I. Eigenständige Software als Medizinprodukt

### 1. Eigenständige Software

In der Informatik versteht man unter eigenständiger Software, Anwendungssoftware, welche „als eigenständiges, unabhängig nutzbares Produkt“ in den Verkehr gebracht wird.[172]

Obwohl diese Softwaretypen als „eigenständig“ bezeichnet werden, setzt auch der Einsatz von eigenständiger Software *zwingend* ein Computersystem voraus, auf dem die Software abgespielt werden kann.[173]

Nach der sog. *Von-Neumann-Architektur* zeichnet sich der Aufbau eines Computersystems dadurch aus, dass das System zunächst Informationen aufnimmt (Eingabe), die durch den sog. Rechner verarbeitet (Verarbeitungskomponente) und

[171] Vgl. zu der Frage, ob sich die Qualifizierungsanforderungen auch für dynamische Systeme eignen, vgl. die Ausführungen in Kap. 2, E., II., 1.

[172] *Berns/Schürmann/Trapp*, Eingebettete Systeme, S. 168.

[173] *Hasenteufel/Renaud*, Software als Medizinprodukt, S. 22, die betonen, dass Software „nie alleine für sich zum Einsatz kommen“ kann, sondern stets Hardware sowie eine Laufzeitumgebung wie ein Betriebssystem voraussetzt; ebenso in Bezug auf KI-Systeme Abschnitt 12, *Europäische Kommission*, Leitlinien der Kommission zur Definition eines Systems der künstlichen Intelligenz, COM (2025) 5053 final, S. 3.

anschließend wieder ausgegeben werden (Ausgabe).[174] Während die Ein- und Ausgabe durch „periphere Geräte“ erfolgt, wird die Datenverarbeitung durch ein Zusammenspiel der Hard- und Software des Computersystems erreicht.[175] „Software“ bezeichnet die Menge von Programmen, die einem Computersystem zur Verfügung stehen.[176] Unter einem Programm werden üblicherweise Befehle verstanden, die in einer Programmiersprache verfasst sind und dadurch von Maschinen lesbar sind.[177] In Abhängigkeit der Zwecksetzung der Programme lassen sich verschiedene Softwaretypen unterscheiden.[178] Bei Systemsoftware handelt es sich um Software, die für die Kommunikation mit der Hardware zuständig ist und diese nutzbar macht, indem sie die zur Verfügung stehenden Ressourcen, wie den Speicher oder die Prozessorzeit koordiniert.[179] Beispiele für Systemsoftware sind etwa Betriebssysteme, wie z. B. Windows, Linux oder MacOS. [180]

Anwendungssoftware ist hingegen dadurch gekennzeichnet, dass sie „anwendernah“ ist, indem sie für den Nutzer Aufgabenstellungen bewältigt.[181] Zu nennen sind etwa Videobearbeitungsprogramme oder E-Mail-Programme.[182] Sofern die Anwendungssoftware auf einem mobilen Endgerät abgespielt wird, wird diese Software auch als „Applikation“ (kurz: „App“ bezeichnet).[183] Von diesen zwei Haupttypen lassen sich noch die Entwicklungs- bzw. Standardsoftware unterschieden, die zur Erstellung oder Wartung der Programme eingesetzt werden.[184]

---

[174] Vgl. *Weber/Gabriel/Lux/Menke*, Basiswissen Wirtschaftsinformatik, S. 30 f.; *Gehring/Gabriel*, Wirtschaftsinformatik, S. 34 ff.; vgl. auch die Abb. 2.1, *Leimeister*, Einführung in die Wirtschaftsinformatik, S. 43; ferner *Abts/Mülder*, Grundkurs Wirtschaftsinformatik, S. 30.

[175] Vgl. zu der Datenverarbeitung, *Gehring/Gabriel*, Wirtschaftsinformatik, S. 73 ff.; vgl. dazu, dass die Ein- und Ausgabe durch periphere Geräte erfolgt, *Leimeister*, Einführung in die Wirtschaftsinformatik, S. 43; *Abts/Mülder*, Grundkurs Wirtschaftsinformatik, S. 28.

[176] *Abts/Mülder*, Grundkurs Wirtschaftsinformatik, S. 55; *Weber/Gabriel/Lux/Menke*, Basiswissen Wirtschaftsinformatik, S. 100.

[177] *Abts/Mülder*, Grundkurs Wirtschaftsinformatik, S. 55; *Gehring/Gabriel*, Wirtschaftsinformatik, S. 73.

[178] Vgl. zu den unterschiedlichen Softwaretypen, *Leimeister*, Einführung in die Wirtschaftsinformatik, S. 69 ff.; *Weber/Gabriel/Lux/Menke*, Basiswissen Wirtschaftsinformatik, S. 100 ff.

[179] *Leimeister*, Einführung in die Wirtschaftsinformatik, S. 69 f.; *Weber/Gabriel/Lux/Menke*, Basiswissen Wirtschaftsinformatik, S. 102.

[180] *Weber/Gabriel/Lux/Menke*, Basiswissen Wirtschaftsinformatik, S. 102.

[181] *Leimeister*, Einführung in die Wirtschaftsinformatik, S. 69; vgl. auch *Gehring/Gabriel*, Wirtschaftsinformatik, S. 74; *Weber/Gabriel/Lux/Menke*, Basiswissen Wirtschaftsinformatik, S. 102.

[182] Vgl. für Beispiele *Leimeister*, Einführung in die Wirtschaftsinformatik, S. 69; *Weber/Gabriel/Lux/Menke*, Basiswissen Wirtschaftsinformatik, S. 102.

[183] *Gehring/Gabriel*, Wirtschaftsinformatik, S. 74.

[184] Vgl. für die Bezeichnung als Entwicklungssoftware und Standardsoftware, *Weber/Gabriel/Lux/Menke*, Basiswissen Wirtschaftsinformatik, S. 104; vgl. für die Bezeichnung der Standardsoftware als Unterstützungssoftware, *Leimeister*, Einführung in die Wirtschaftsinformatik, S. 70.

Die *Hardware* umfasst alle physischen Komponenten, die für die Verarbeitung, Speicherung oder Übertragung von Computerprogrammen oder Daten verwendet werden.[185] Damit bilden sowohl die peripheren Geräte, durch die Signale aufgenommen oder abgebeben werden, als auch der Rechner die Hardware des Computers.[186]

Der Rechner umfasst nach der *Von-Neumann-Architektur* einen Zentralprozessor[187] und einen Hauptspeicher.[188] Der *Zentralprozessor* (CPU) ist für die Ausführung von Programmen zuständig und setzt sich aus einem Steuer- und einem Rechenwerk zusammen. Während das Steuerwerk zusammen auf die im Hauptspeicher verorteten Befehle und Daten zugreift, diese entschlüsselt und die Anwendungsreihenfolge der Befehle festgelegt, ist das Rechenwerk für die eigentliche Durchführung der Befehle zuständig.[189] Zur Ausführung der Programme ist ferner ein Hauptspeicher notwendig, der aus einem Arbeitsspeicher (RAM) und ggf. einem Festwertspeicher (ROM) besteht. Im Arbeitsspeicher werden die für die Verarbeitung erforderlichen Programme und Daten abgelegt und können darin sowohl gelesen als auch verändert werden.[190] KI-Systeme benötigen vermehrt eine derart hohe Rechenkapazität, dass herkömmliche CPUs nicht mehr ausreichend sind und häufig sog. *Grafikprozessoren* (GPUs) für die Verarbeitung auf Hardwareebene zum Einsatz kommen.[191]

Die Hardware umfasst neben dem Rechner auch noch periphere Geräte. Davon sind alle materiellen Komponenten erfasst, die nicht im Rahmen des Rechners verwendet werden, wie beispielsweise Festplatten oder Ein- und Ausgabegeräte.[192] Während der Zentralprozessor und der Hauptspeicher als Zentraleinheit für die Datenverarbeitung zuständig sind, dienen die peripheren Geräte dem Datentransfer, indem sie Daten an die Zentraleinheit übermitteln, Verarbeitungsergebnisse an die Nutzenden übermitteln oder Ergebnisse extern abspeichern.[193] Darunter fallen insbesondere auch Ein- und Ausgabeeinheiten, in denen die zu verarbeitende Information aufgenommen bzw. die verarbeitete Information wieder ausgegeben wird.[194]

---

[185] *Gehring/Gabriel*, Wirtschaftsinformatik, S. 74.

[186] *Leimeister*, Einführung in die Wirtschaftsinformatik, S. 44 ff.

[187] Der Zentralprozessor wird im Englischen „Central Processing Unit (CPU)“ bezeichnet, *Leimeister*, Einführung in die Wirtschaftsinformatik, S. 44; *Weber/Gabriel/Lux/Menke*, Basiswissen Wirtschaftsinformatik, S. 32.

[188] *Gering/Gabriel*, Wirtschaftsinformatik, S. 35 f.; *Leimeister*, Einführung in die Wirtschaftsinformatik, S. 43 f.

[189] *Gehring/Gabriel*, Wirtschaftsinformatik, S. 40; *Weber/Gabriel/Lux/Menke*, Basiswissen Wirtschaftsinformatik, S. 32; *Leimeister*, Einführung in die Wirtschaftsinformatik, S. 44 f.

[190] *Leimeister*, Einführung in die Wirtschaftsinformatik, S. 48 f.

[191] *Wittpahl*, Künstliche Intelligenz, S. 36 ff.; *Leimeister*, Einführung in die Wirtschaftsinformatik, S. 178.

[192] Vgl. *Weber/Gabriel/Lux/Menke*, Basiswissen Wirtschaftsinformatik, S. 39 ff.

[193] *Leimeister*, Einführung in die Wirtschaftsinformatik, S. 44.

[194] Vgl. *Gehring/Gabriel*, Wirtschaftsinformatik, S. 52 ff.

Während Eingabegeräte wie Tastaturen oder eine Computermaus eine manuelle Eingabe ermöglichen, gibt es auch Eingabegeräte, die die Umgebung optisch, durch eine Kamera oder einen Scanner, oder akustisch, durch ein Mikrofon, wahrnehmen.[195] Zudem existieren auch Eingabegeräte, die automatisiert durch Sensoren bestimmte Messdaten ermitteln.[196]

Nachdem die aufgenommenen Informationen verarbeitet wurden, muss das Ergebnis wieder ausgegeben werden. Die „Ausgabe" bezeichnet die „Abgabe von Verarbeitungsergebnissen eines Rechners".[197] Bei sog. *Personal Computern* (PC) kann dies insbesondere dadurch erfolgen, dass das Ergebnis beispielsweise visuell (durch die Darstellung auf einem Bildschirm oder akustisch (durch einen Lautsprecher) ausgegeben wird.[198] Die Besonderheit bei eigenständiger Software besteht daher darin, dass die Zweckbestimmung nicht in der Ermöglichung der Funktionsweise des körperlichen Produkts (also bspw. des PC) liegt, sondern vielmehr in der Verarbeitung *als solcher* der Zweck der Software besteht.[199]

Beispiele für eigenständige Software im Medizinproduktesektor sind etwa Diagnosesysteme, die auf herkömmlichen Computern abgespielt werden, um die ärztliche Entscheidung zu unterstützen oder auch Apps, die auf dem Smartphone abgespielt werden können und in die Patienten Symptome eingeben können, um einen Diagnosevorschlag oder Hinweise zu erhalten.[200]

### 2. Vorliegen einer medizinischen Zweckbestimmung bei Software

Bereits zum Geltungszeitpunkt der RL (EG) 93/43/EWG betonte der Europäische Gerichtshof, dass es sich bei Software nur dann um ein Medizinprodukt handele, wenn die Software nach der Bestimmung des Herstellers einen der Art. 1 II lit. a) RL (EG) 93/42/EWG genannten medizinischen Zwecke verfolgt.[201]

---

[195] Vgl. hierfür die Abbildung 2.21 *Gehring/Gabriel*, Wirtschaftsinformatik, S. 53.

[196] Vgl. hierfür die Abbildung 2.21 *Gehring/Gabriel*, Wirtschaftsinformatik, S. 53.

[197] *Gehring/Gabriel*, Wirtschaftsinformatik, S. 54 ff.

[198] Vgl. *Gehring/Gabriel*, Wirtschaftsinformatik, S. 55.

[199] Vgl. zu den Unterschieden zwischen eingebetteter und eigenständiger Software, *Berns/Schürmann/Trapp*, Eingebettete Systeme, S. 168 ff.

[200] Vgl. für eine Smartphone-App für den Patienten etwa AdaHealth, abrufbar unter: https://ada.com/de/, zuletzt abgerufen: 4.1.2026; *Haftenberger*, Produkthaftung für intelligente Medizinprodukte, S. 21 ff.

[201] Vgl. noch zur RL 93/42/EWG, EuGH, GRUR 2013, 82, 83, Rn. 16 f. – Brain Products; EuGH MPR 2018, 28, 31 f. – Snitem; vgl. zur MP-VO, MDCG-Leitlinien, S. 6; dem folgend *Mayr/Thiermann/Schrack/Kiesselbach*, Medizinprodukterecht, § 2, Rn. 73 f. § 3, Rn. 240 ff.; *Ortner*, Medizin-Apps als Medizinprodukt, S. 67 ff.; *Helle*, MedR 2020, 993, 994; *v. Zezschwitz*, MedR 2020, 196, 197 f.; vgl. zu der Frage, ob ChatGPT als Medizinprodukt zu qualifizieren ist, *Vorberg/Gottberg*, RDi 2023, 259, 160 ff.; vgl. für eine ausführliche Auseinandersetzung, mit der medizinischen Zweckbestimmung im Rahmen der MP-VO, *Eickbusch*, MPR 2021, 52, ff.

Bereits zum Geltungszeitpunkt der RL (EG) 93/42 lehnte der EuGH die Qualifizierung als Medizinprodukt dann ab, wenn die Software nur „allgemeine Zwecke" verfolge.[202] Dies sei etwa dann der Fall, wenn sie dazu bestimmt ist „Daten zu archivieren, zu sammeln und zu übertragen", was beispielsweise bei Speichersoftware oder Software der Fall sei, die nur das Generikum für ein Medikament angebe.[203] Zur Annahme einer medizinischen Zwecksetzung sei es vielmehr erforderlich, dass die Software „Patientendaten" analysiert und Informationen über „Kontraindikationen, Wechselwirkungen von Medikamenten und Überdosierungen" ermittelt.[204]

Die Ausführungen lassen sich auch auf Art. 2 Nr. 2 MP-VO übertragen, wonach Software als Medizinprodukt zu qualifizieren ist, wenn sie einen der dort genannten medizinischen Zwecke erfüllt.[205]

Inzwischen bestätigt Erwägungsgrund 19 MP-VO ferner ausdrücklich, dass in Ermanglung einer *medizinischen* Zweckbestimmung, „Software für allgemeine Zwecke" auch dann nicht als Medizinprodukt zu qualifizieren ist, wenn sie „in Einrichtungen des Gesundheitswesens eingesetzt wird".[206] Ausweislich der MDCG-Leitlinien 2019-11 würde dies selbst dann gelten, wenn die Software medizinische Daten verarbeitet, analysiert, erstellt oder modifiziert, solange die Verarbeitung als solches keine medizinische Zweckbestimmung verfolge und deren Funktion sich vielmehr in einer bloßen Strukturierung der Datensätze aus „Verschönerungs-/kosmetischen oder Kompatibilitätszwecken" oder einer einfachen Suchfunktion erschöpfe.[207]

Als Beispiele für Software, die nur allgemeine Zwecke verfolgt, führen die MDCG-Leitlinien 2019-11 solche Software an, die zur Organisation des medizinischen Betriebes, bei der Abrechnung oder bei der Planung des Mitarbeitereinsatzes oder dem E-Mail-Verkehr, Web- oder Sprachnachrichten, Textverarbeitung und Back-ups zum Einsatz kommen.[208]

---

[202] Unter Hinweis auf die Erwägungsgründe des Art. 2 der Richtlinie 2007/47 zur Änderung der Richtlinie 93/42, betonte der Gerichtshof, dass es für die Qualifizierung als Medizinprodukt nicht ausreichen würde, wenn die Software in einem medizinischen Kontext verwendet würde, jedoch nur „allgemeine Zwecke" verfolge, vgl. EuGH, GRUR 2013, 82, 83, Rn. 16 f. – Brain Products; EuGH MPR 2018, 28, 31 f. – Snitem.

[203] Vgl. EuGH MPR 2018, 28, 32 – Snitem.

[204] EuGH MPR 2018, 28, 32 – Snitem.

[205] *Reitebuch*, Mobile Health Applications, S. 58; MDCG-Leitlinien, S. 6; *Mayr/Thiermann/Schrack/Kiesselbach*, Medizinprodukterecht, § 2, Rn. 73 f.; *Hill/Schmitt*, WiKO, B I, Rn. 12; *Ortner*, Medizin-Apps als Medizinprodukt, S. 78; *Hofmann*, MPR 2021, 161, 162; *Helle*, MedR 2020, 993, 994; *v. Zezschwitz*, MedR 2020, 196, 197 f.; ebenso im Zusammenhang mit Chat-GPT *Vorberg/Gottberg*, RDi 2023, 259, 160 ff.

[206] *Hofmann*, MPR 2021, 161, 162; vgl. auch *v. Zezschwitz*, MedR 2020, 196, 197.

[207] MDCG-Leitlinie 2019-11, S. 6.

[208] Vgl. MDCG-Leitlinie 2019-11, S. 6 f.; dem folgend *Mayr/Thiermann/Schrack/Kiesselbach*, Medizinprodukterecht, § 2, Rn. 75; *Helle*, MedR 2020, 993, 994; vgl. noch mit Verweis

### 3. Ermangelung bei Fitness- oder Wellnesszwecken

In Ermangelung einer medizinischen Zweckbestimmung darf auch Software, die für Fitness- oder Wellnesszwecke zu dienen bestimmt ist, nicht als Medizinprodukt qualifiziert werden.[209]

In Erwägungsgrund 19 MP-VO betont der Unionsgesetzgeber ausdrücklich, dass „Software, die für die Zwecke in den *Bereichen des Lebensstils und Wohlbefindens* eingesetzt wird" keinen medizinischen Zweck verfolge.[210]

Hintergrund für diese Klarstellung scheinen die Erwägungen des Gerichtshofes zu sein, dass der Gesundheitsschutz als Schutzzweck des Medizinproduktrechts bei solcher Software, deren Funktion sich darauf beschränkt lediglich die „Funktionen bestimmter Organe im Körper zu messen", nicht berührt sei.[211]

Hinsichtlich der Abgrenzung zwischen Medizinprodukte-Software, die bloßen Fitness- oder Wellnesszwecken dient und solcher Software, die eine medizinische Zweckbestimmung verfolgt, wird darauf abgestellt, ob es zu einer „*anwendungsspezifischen* Verarbeitung von Daten mit Bezug auf eine *individuelle* Behandlungssituation" kommt.[212]

Apps, die als Kalorienzähler oder zur Aufzeichnung der Herzfrequenz durch „Wearables" verwendet werden, sind dann als Fitness- oder Lifestyleprodukte zu qualifizieren, wenn diese zum Einsatz für Fitnesszwecke bestimmt sind.[213] Etwas anderes gilt jedoch, wenn die Software dazu bestimmt ist, die Herzfrequenz zu bestimmen oder die Kalorien zu zählen, um die Werte des Patienten medizinisch-diagnostischen zu überwachen.[214]

---

auf die MEDDEV 2.1/6, *Hasenteufel/Renaud*, Software als Medizinprodukt, S. 35 f.; vgl. dafür, dass die MEDDEV 2.1/6 durch die MDCG-Leitlinien 2019-11 ersetzt wird, weil die MEDDEV 2.1/6 weitestgehend durch letztere adaptiert wurde, *Gassner/Schreiegg*, MPR 2019, 198, 199; *Rehmann*/Wagner, MP-VO, Rn. 15.

[209] *Mayr/Thiermann/Schrack/Kiesselbach*, Medizinprodukterecht, § 2, Rn. 20, 73.; vgl. auch Abb. 3.17 *Hasenteufel/Renaud*, Software als Medizinprodukt, S. 78; *Dettling*, PharmR 2019, 633, 636

[210] Vgl. hierfür Erwägungsgrund 19 MP-VO (Hervorhebung hinzugefügt); vgl. *Gassner*, MPR 2016, 109, 112, der den bereits in dem Entwurf für eine MP-VO vorhandenen Erwägungsgrund als „echte Innovation" und „brauchbare(s)" Neuerung bezeichnete.

[211] Vgl. hierfür EuGH, EuZW 2013, 117, 119, Rn. 29 ff.; *Leupold/Wiesner*, in: Leupold/Wiebe/Glossner, Teil 13, Rn. 23.

[212] So die Urteilsanmerkungen *Gassner/Modi*, EuGH, EuZW 2018, 166, 169 (Hervorhebung hinzugefügt); vgl. dafür, dass es um eine individuelle Verarbeitung von Informationen geht, *Dettling*, PharmR 2019, 633, 636; vgl. auch die Beispiele von *v. Czettritz/Strelow*, PharmR 2017, 433, 434; dem folgend *Leupold/Wiesner*, in: Leupold/Wiebe/Glossner, Teil 13, Rn. 23;

[213] Vgl. *v. Czettritz/Strelow*, PharmR 2017, 433, 434; *Dettling*, PharmR 2019, 633, 636.

[214] Vgl. *v. Czettritz/Strelow*, PharmR 2017, 433, 434; *Dettling*, PharmR 2019, 633, 636.

### 4. Subjektive Bestimmung der Zwecksetzung eines Medizinprodukts

Bei der Beurteilung, ob ein Medizinprodukt eine medizinische Zweckbestimmung verfolgt, kommt es grundsätzlich nicht auf die objektive Verwendungsmöglichkeit, sondern die subjektive Zweckbestimmung des Herstellers an.[215]

Die subjektive Prägung kommt bereits durch den Wortlaut[216] des Art. 2 Nr. 1 MP-VO zum Ausdruck, wonach das Medizinprodukt für einen der dort genannten Zwecke „bestimmt" sein muss und wird weiterhin durch Erwägungsgrund 19 MP-VO[217] untermauert, wonach eine Software als Medizinprodukt zu qualifizieren ist, wenn der „Hersteller" für die Software eine medizinische Zwecksetzung bestimmt hat. Ferner wird die subjektive Bestimmung der Zwecksetzung auch durch die Legaldefinition des Art. 2 Nr. 12 MP-VO bestätigt, wonach für die Zweckbestimmung die „*Angaben des Herstellers*" maßgeblich sind.[218]

Die subjektive Prägung der Zweckbestimmung ist gleichwohl auch sinnvoll, weil Medizinprodukte – ganz im Unterschied zu Arzneimitteln – oftmals für verschiedene Zwecke einsetzbar sind und erst durch die funktionale Verwendung medizinische Risiken von ihnen ausgehen.[219] Dies vermag durch das in den Schlussanträgen von Generalanwalt Mengozzi aufgeführte Beispiel bildhaft veranschaulicht zu werden, dass chirurgische Instrumente, wie eine Säge oder ein Hammer, in ihrer „Funktionsweise oft den von Handwerkern für die Bearbeitung von Eisen oder Holz benutzten Werkzeugen ähneln" würden und niemand auf die Idee kommen würde, dass diese einer medizinprodukterechtlichen Zertifizierung unterworfen werden müssten, wenn diese Instrumente außerhalb des medizinischen Kontextes verwendet würden.[220]

---

[215] Vgl. noch zu der RL 93/42/EWG, EuGH GRUR 2013, 82, 83, Rn. 16 – Brain Products; dem folgend EuGH MPR 2018, 28, 32 – Snitem; *Rehmann*/Wagner, MP-VO, Rn. 17; ebenso *Eickbusch*, MPR 2021, 52; *Hofmann*, MPR 2021, 161, 162; ebenso *Dietel/Lewalter*, PharmR 2017, 53, 54; dem folgend *Vorberg/Gottberg*, RDi 2023, 159, 160, mit dem Hinweis, dass der Wortlaut dies nahelegen würde und es darüber hinaus die „herrschende Rechtsauffassung sei"; *Haftenberger*, Die Produkthaftung für künstliche Intelligenz, S. 41; *Mayr/Thiermann/Schrack/Kiesselbach*, Medizinprodukterecht, § 2, Rn. 20; *Katzenmeier*, MedR 2019, 259, 264 f.; *Leupold/Wiesner*, in: Leupold/Wiebe/Glossner, Teil 13, Rn. 23; *v. Zezschwitz*, MedR 2020, 196, 197; *Helle*, MedR 2020, 993, 994.

[216] *Eickbusch*, MPR 2021, 52; *Hofmann*, MPR 2021, 161, 162; *Dietel/Lewalter*, PharmR 2017, 53, 54; *Vorberg/Gottberg*, RDi 2023, 159, 160; *Haftenberger*, Die Produkthaftung für künstliche Intelligenz, S. 41.

[217] *Hofmann*, MPR 2021, 161, 162.

[218] Vgl. den Wortlaut des Art. 2 Nr. 12 MP-VO (Hervorhebung hinzugefügt); siehe hierzu auch *Eickbusch*, MPR 2021, 52, 53 ff.

[219] Vgl. *Mengozzi*, Schlussanträge zu EuGH C-219/11, 1505.2012 (Brain Products), PharmR 2012, 307, 311; dem folgend *Reitebuch*, Mobile Health Applications, S. 64 f.

[220] Vgl. *Mengozzi*, Schlussanträge zu EuGH C-219/11, 1505.2012 (Brain Products), PharmR 2012, 307, 311; hinzu auch *Reitebuch*, Mobile Health Applications, S. 64 f.

Entscheidend für die Qualifizierung als Medizinprodukt ist es daher, ob das Produkt nach den „Angaben des Herstellers spezifisch“ für einen der in Art. 2 Nr. 1 lit. a–d MP-VO genannten Zwecke bestimmt ist.[221] Die Angaben des Herstellers lassen sich dabei an der „Kennzeichnung in der Gebrauchsanweisung oder dem Werbe- oder Verkaufsmaterial bzw. den Werbe- oder Verkaufsangaben und seinen Angaben bei der klinischen Bewertung“ erkennen.[222]

Bei der Beurteilung sind weniger die einzelnen Formulierungen entscheidend, sondern ist maßgeblich, ob es sich bei der aus der Gesamtheit der Angaben eindeutig zum Ausdruck kommenden Zwecksetzung um eine medizinische handelt (sog. *Prinzip der Einheitlichkeit der Produktdarstellung*).[223]

Obgleich dem Hersteller dadurch eine „Definitionsmacht“ zukommt, obliegt ihm andererseits auch keine „Definitionshoheit“.[224] Der Subjektivität der Zwecksetzung sind vielmehr durch das sog. *Willkürverbot* objektive Grenzen gesetzt.[225]

Dadurch soll der Missbrauch der subjektiven Prägung der Qualifizierungsentscheidung für Fälle vorgebeugt werden, in denen der Hersteller nur deshalb die Ermangelung einer medizinischen Zweckbestimmung deklariert, um sich der Regulierung der MP-VO zu entziehen.[226] Die Grenze der „Willkür“ ist nicht bereits erreicht, wenn ein Produkt „objektiv zur Erfüllung medizinischer Zwecke geeignet“ ist. Erforderlich ist vielmehr, dass die vom Hersteller deklarierte Zweckbestimmung „wissenschaftlich unhaltbar oder widersprüchlich“ ist.[227]

---

[221] Vgl. der Hinweis von *Eickbusch*, MPR 2021, 52, 55, dass die Angaben der Zweckbestimmung, deutlich mehr Angaben enthalten würden als nur Angaben über den „spezifischen medizinischen Zweck(e)“.

[222] *Mayr/Thiermann/Schrack/Kiesselbach*, Medizinprodukterecht, § 2, Rn. 20; *v. Zezschwitz*, MedR 2020, 196, 198; *Helle*, MedR 2020, 993, 994; *Katzenmeier*, MedR 2019, 259, 264 f.; *Leupold/Wiesner*, in: Leupold/Wiebe/Glossner, Teil 13, Rn. 2.

[223] *Rehmann/Tillmanns*, E-Health, Kap. 2, Rn. 332; dem folgend *Vorberg/Gottberg*, RDi 2023, 159, 161.

[224] *Eickbusch*, MPR 2021, 52; *Vorberg/Gottberg*, RDi 2023, 159, 161; vgl. noch zum MPG, Deutsch/Lippert/*Ratzel*/Tag/Gassner, MPG, § 3, Rn. 2; *Gassner*, MPR 2015, 73, 78.

[225] Vgl. so zum MPG, BGH GRUR 2013, 1261, Rn. 12 ff.; vgl. zum Willkürgebot im Rahmen der MP-VO, etwa *Reitebuch*, Mobile Health Applications, S. 66; *Hill/Schmitt*, WiKO, B I, Rn. 4, 7; *Haftenberger*, Produkthaftung für künstlich intelligente Medizinprodukte, S. 41; *Mayr/Thiermann/Schrack/Kiesselbach*, Medizinprodukterecht, § 2, Rn. 29; *Leupold/Wiesner*, in: Leupold/Wiebe/Glossner, Teil 13, Rn. 23; *Prütting/Wolk*, MedR 2020, 359, 360; *Hofmann*, MPR 2021, 161, 162.

[226] Vgl. so zum MPG BGH NJW-RR 2014, 46, Rn. 15; *Rübsamen*, MedR 2015, 485, 486 f.; *Gassner*, MPR 2015, 73, 78; *Leupold/Wiesner*, in: Leupold/Wiebe/Glossner, Teil 13, Rn. 23.

[227] Vgl. BGH NJW-RR 2014, 46, Rn. 15.

#### 5. Zwischenergebnis

Sofern eine Software, als eigenständiges unabhängig nutzbares Produkt isoliert in den Verkehr gegeben wird, wird sie im Rahmen der Informatik als eigenständige Software bezeichnet. Eigenständige Software wird dann als Medizinprodukt qualifiziert, wenn eine medizinische Zweckbestimmung i. S. d. Art. 2 Nr. 1 MP-VO vorliegt. Dies ist abzulehnen, wenn sich die Funktion der Software in allgemeinen Zwecken, wie etwa der Datenarchivierung oder Übertragung erschöpft oder diese für Wellness- oder Fitnesszwecke bestimmt ist.

Aufgrund der vielfältigen Verwendungsmöglichkeiten einer Reihe von Medizinprodukten wird die Frage, ob der jeweilige Gegenstand eine medizinische Zweckbestimmung i. S. d. Art. 2 Nr. 1 MP-VO verfolgt, nicht objektiv, sondern subjektiv nach den Angaben des Herstellers beurteilt. Nur wenn die Schwelle dessen, was wissenschaftlich unhaltbar oder widersprüchlich ist, überschritten ist, kommt es zu einer objektiven Korrektur, sodass die tatsächliche Verwendung maßgeblich für die Klassifizierungsentscheidung wird.

### II. Regulatorische Einordnung von Software als Teil eines eingebetteten Systems

Während bei der Qualifizierung von eigenständiger Software als Medizinprodukt, noch keine besonderen Schwierigkeiten bestehen, breitet die regulatorische Einordnung von, in körperliche Produkte, eingebetteter Software, die als Teil eines eingebetteten Systems, die (medizinische oder allgemeine) Funktionsweise eines körperlichen Produkts ermöglicht, nicht unerhebliche Herausforderungen, die im Folgenden dargestellt werden sollen.

#### 1. Software als Teil eines in ein Produkt eingebetteten Systems

Während die Hardware von Computersystemen ursprünglich enorme Größen erreichte, führte die zunehmende „Miniaturisierung" der Hardware in Form von Mikroprozessoren zunächst zu der Erfindung des Personal Computers (PC) und später auch dazu, dass Computer-Systeme in körperliche Produkte, wie beispielsweise Kaffeemaschinen oder Waschmaschinen, körperlich integriert werden konnten, um als fester Bestandteil, die Funktionsfähigkeit der Maschinen zu automatisieren.[228]

[228] *Leimeister*, Einführung in die Wirtschaftsinformatik, S. 42, für den Begriff der „Miniaturisierung", S. 97; vgl. ausführlich zu der Entwicklung von „eingebetteten Systemen", *Hünnig*, Embedded Systems für IoT, S. 1 ff.; vgl. zu der Funktionsweise von eingebetteten Systemen auch *Berns/Schürmann/Trapp*, Eingebettete Systeme, S. 168 ff.; *Gessler*, Entwicklung Eingebettete Systeme, S. 7 ff.

Wegen des Umstandes, dass die Systeme „integraler Bestandteil" eines Produkts sind, spricht man in der Informatik von sog. „eingebetteten Systemen".[229] Charakteristisch für eingebettete Systeme ist es, dass diese durch die „Steuerung, Regelung- und Datenverarbeitung" die Funktionalität eines körperlichen Produktes ermöglichen.[230]

Einerseits kann die Funktion des eingebetteten Systems darin bestehen, dass die verarbeite Information als Signale an die Aktuatoren weitergeleitet werden, die diese in die Umgebung umsetzen.[231]

Anderseits kann die Funktion eines eingebetteten Systems, einschließlich der darin eingebetteten Software, auch darin bestehen, dass das verarbeitete Ergebnis auf einem peripheren Gerät als Information angezeigt wird (Entscheidungsunterstützungssysteme).[232]

Eingebettete Systeme sind daher als „Kleinstcomputern" anzusehen, weil sie als Ganzes (Computer-)*System*, einschließlich der oben beschriebenen *Hard-* und *Softwarekomponenten*, in ein körperliches Produkt integriert sind.[233] Da diese Systeme – im Unterschied zu PCs – für den Nutzer „unsichtbar" sind, werden sie auch als „Computer, die man nicht sieht" bezeichnet.[234]

*Eingebettete Software* bildet daher (nur) einen *Bestandteil* solcher eingebetteten *Computer-Systeme*, die wiederum in ein körperliches Produkt integriert werden, um dessen Funktionsweise zu steuern.[235] Beispiele für solche Systeme in der Medizin, sind etwa softwaregesteuerte Insulinpumpen oder ein softwaregesteuerter Nahinfrarotlaserlichtscanner.[236]

Während ursprünglich die physische Integration notwendig war, um die Funktionalität des körperlichen Produkts zu steuern, ist inzwischen auch eine virtuelle Einbettung der Steuerungssoftware und auch die Verbindung verschiedener Pro-

---

[229] *Berns/Schürmann/Trapp*, Eingebettete Systeme, S. 168 f.

[230] *Bitkom*, Eingebettete Systeme – Ein strategisches Wachstumsfeld für Deutschland, S. 4; *Hünnig*, Embedded Systems für IoT, S. 12; *Berns/Schürmann/Trapp*, Eingebettete Systeme, S. 2; *Liggieri/Müller*, Mensch-Maschine-Interaktion, S. 247.

[231] Vgl. *Berns/Schürmann/Trapp*, Eingebettete Systeme, S. 171, die als Beispiel hierfür ein Air-Bag-System anführen.

[232] Vgl. *Berns/Schürmann/Trapp*, Eingebettete Systeme, S. 169, die als Beispiel hierfür Mobiltelefone anführen.

[233] Vgl. für den Begriff des „Kleinstcomputer", *Leimeister*, Einführung in die Wirtschaftsinformatik, S. 42; vgl. zu der Funktionsweise von eingebetteten Systemen, bereits Kap. 2, B., II., 1.

[234] *Liggieri/Müller*, Mensch-Maschine-Interaktion, S. 247; vgl. auch die Bezeichnung als „unsichtbare Helfer" *Berns/Schürmann/Trapp*, Eingebettete Systeme, Vorwort; vgl. zu dem Aufbau von Computersystemen, bereits S. 107 ff.

[235] *Berns/Schürmann/Trapp*, Eingebettete Systeme, S. 168 ff.

[236] Vgl. hierfür die Beispiele der MDCG-Leitlinien 2019-11, S. 7.

dukte möglich, was auch als „Internet of Things“ (IoT) bezeichnet wird.[237] Durch diese Fähigkeit eine Verbindung zwischen verschiedenen Objekten herzustellen, können die eindimensionalen Strukturen aufgebrochen werden und komplexen Systeme von vernetzten eingebetteten Systemen[238] entstehen, die auch als „cyberphysische Systeme“ (CPS) bezeichnet werden.[239]

Insbesondere in der Medizin sind die durch die Vernetzung von körperlichen Produkten entstehenden CPS vielversprechend.[240]

Durch die Netzwerkverbindung können verschiedene Produkte zu einem virtuellen Gesamt-Produkt verbunden werden, indem das CPS die einzelnen Produkte – je nach Funktion – als Ein- oder Ausgabegerät ansteuert.[241] Als Eingabekomponente können körperliche Produkte dienen, die mit Sensoren ausgestattet sind und über die Vitalwerte des Patienten ermittelt werden, oder auch Daten aus der elektronischen Gesundheitsakte, denen historische Daten entnommen werden können, um so die über die Sensoren ermittelten Daten in einen historischen Kontext setzen zu können.[242] Die Ausgabe des CPS kann entweder in Form einer Alarmierung des Pflegepersonals (Entscheidungsunterstützungssysteme) oder einer direkten Umsetzung der therapeutischen Maßnahme durch eine Ansteuerung der Funktion eines Produkts durch Aktoren erreicht werden, indem beispielsweise die Funktion eines Beatmungsgeräts oder eine Infusionspumpe reguliert wird.[243]

### 2. Ansatz der MDCG-Leitlinien

Derzeit entspricht es wohl der überwiegenden Auffassung im juristischen Schrifttum, dass die Qualifizierung als „Medizinprodukt“ bei „Software“ unabhängig davon geschieht, ob die Software in ein körperliches Medizinprodukt integriert ist, dessen medizinische Funktionsweise sie steuert.[244] Eine eingebettete

---

[237] Vgl. dafür, dass mittels eingebetteter Systeme die Funktionsweise verschiedener Produkte miteinander vernetzt werden können, *Liggieri/Müller*, Mensch-Maschine-Interaktion, S. 247; vgl. zu dem Begriff „Internet of Things“, den wohl Kevin Ashton prägte, *Rose/Eldridge/Chapin*, The Internet of Things, S. 7 ff.; vgl. auch die Ausführungen zu Internet of Things von *Ammar et al.*, Journal of Information Security and Applications 2018, 8 ff.; *Farooq et al.*, International Journal of Computer Applications 2015, 1 ff.; *Schmidt/Pruß*, in: Auer-Reinsdorff/Conrad, § 3, Rn. 431 ff.; *Gronau/Rojahn*, in: Leupold/Wiebe/Glossner, Teil 10.

[238] *Liggieri/Müller*, Mensch-Maschine-Interaktion, S. 247.

[239] *Liggieri/Müller*, Mensch-Maschine-Interaktion, S. 247; *Hünnig*, Embedded Systems für IoT, S. 5 ff.

[240] Vgl. zu Cyber-Physischen Systemen in der Medizin *Lee et al.*, Proceedings of the IEEE 2012, 75 ff.

[241] *Lee et al.*, Proceedings of the IEEE 2012, 75 ff.

[242] *Lee et al.*, Proceedings of the IEEE 2012, 75 ff.

[243] *Lee et al.*, Proceedings of the IEEE 2012, 75 ff.

[244] Vgl. etwa *Ortner*, Medizin-Apps als Medizinprodukt, S. 78; *Gassner*, MPR 2021, 42, mit Verweis auf MDCG-Leitlinien 2019-11, S. 6; *Gassner/Schreiegg*, MPR 2019, 198, 199 f.;

Software wäre daher auch dann als *eigenständiges* Medizinprodukt zu qualifizieren, wenn diese *auch* eine eigene Zweckbestimmung verfolgen würde, was anzunehmen wäre, wenn sie medizinische Daten verarbeitet, um das körperliche Produkt zu steuern.[245] Zurückzuführen ist diese Auffassung vor allem auf den Ansatz der MDCG-Leitlinien 2019-11, die die Frage, wann eine Software als Medizinprodukt qualifiziert werden könne, näher zu konkretisieren beanspruchen.[246]

Im Folgenden soll der Ansatz der MDCG-Leitlinien 2019-11 in Bezug auf die Qualifizierung von eingebetteter Software als auch die Auswirkungen auf die Risikoklassifizierung dargestellt werden (*siehe hierzu a)*).

Anschließend soll gezeigt werden, dass der von der MDCG-Leitlinien 2019-11 vorgeschlagene Qualifizierungsansatz weder sicherheitsrechtlich sinnvoll noch im Einklang mit dem Willen des Unionsgesetzgebers ist (*siehe hierzu b)*).

### *a) Auswirkungen des Qualifizierungsansatzes der MDCG-Leitlinien 2019-11*

#### aa) Eingebettete Steuerungssoftware als eigenständiges Medizinprodukt

Da „Software" als eine der möglichen Produktkategorien für die Qualifizierung als Medizinprodukt in Art. 2 Nr. 1 MP-VO ausdrücklich aufgeführt wird, ist deren Qualifizierung als Medizinprodukt von einer medizinischen Zweckbestimmung abhängig.[247]

---

dem folgend *Schreitmüller*, Regulierung intelligenter Medizinprodukte, S. 112; noch kritisch *Gassner*, MPR 2016, 109, 110; *Prütting/Wolk*, MedR 2020, 359, 360; den MDCG-Leitlinien 2019-11 wohl folgend *Helle*, MedR 2020, 993, 994; kritisch, hinsichtlich der Frage, ob den MDCG-Leitlinien 2019-11 gefolgt werden kann, *Muresan*, LSR 2021, 17, 25, wobei jedoch keine nähere Untersuchung dessen erfolgt.

[245] Vgl. *Ortner*, Medizin-Apps als Medizinprodukt, S. 78; *Gassner*, MPR 2021, 42 mit Verweis auf MDCG-Leitlinien 2019-11, S. 6; *Gassner/Schreiegg*, MPR 2019, 198, 199 f.; dem folgend *Schreitmüller*, Regulierung intelligenter Medizinprodukte, S. 112; noch kritisch *Gassner*, MPR 2016, 109, 110; *Prütting/Wolk*, MedR 2020, 359, 360; den MDCG-Leitlinien 2019-11 wohl folgend *Helle*, MedR 2020, 993, 994; kritisch, hinsichtlich der Frage, ob den MDCG-Leitlinien 2019-11 gefolgt werden kann, *Muresan*, LSR 2021, 17, 25, wobei jedoch keine nähere Untersuchung dessen erfolgt.

[246] Vgl. hierfür MDCG-Leitlinien 2019-11; bereits an dieser Stelle soll darauf hingewiesen werden, dass die Leitlinien der MDCG vom EuGH zwar als Auslegungshilfen herangezogen werden *können*, gleichwohl keinesfalls einen *Verbindlichkeitsanspruch* begründen, wenn die dort konkretisierten Maßgaben sich nicht in dem Verordnungstext als solches wiederfinden, weil die Leitlinien nicht zu den in Art. 288 AEUV aufgeführten Rechtsakten zählen. Sie können nur einen „zweckdienliche(n) Anhaltspunkt(e)" für die Konkretisierung bieten. Voraussetzung ist es jedoch, dass die Anhaltspunkte in den rechtlichen Vorgaben angelegt sind, EuGH, EuZW 2012, 783, 784; *Mayr/Thiermann/Schrack/Kiesselbach*, Medizinprodukterecht, § 6, Rn. 48.

[247] Vgl. hierfür die Ausführungen zu den technischen Grundlagen zu eigenständiger Software, bereits Kap. 2, B., I., 1.

In Erwägungsgrund 19 MP-VO betont der Verordnungsgeber zudem, dass „eindeutig festgelegt werden" müsse, dass die Qualifizierung von „Software" als Medizinprodukt, „unabhängig vom Ort der Software und der Art der Verbindung zwischen der Software und einem Produkt" sei. Die Qualifizierung sei vielmehr allein davon abhängig, ob diese „speziell für einen oder mehrere der in der Definition von Medizinprodukten genannten medizinischen Zwecke bestimmt ist".

Aus diesem Erwägungsgrund folgerten die MDCG-Leitlinien 2019-11, dass der Gesetzgeber die Unterscheidung zwischen eigenständiger Software und Software, die als Bestandteil eines Produkts zu qualifizieren ist, vollständig aufgeben wollte.[248]

Daher sei Software, die in ein körperliches Produkt integriert ist, dann als *eigenständiges* Medizinprodukt zu qualifizieren, wenn diese *auch* einen eigenen medizinischen Zweck verfolge, was etwa der Fall sei, wenn die Software *medizinische* Daten verarbeitet, um die Funktionsweise des körperlichen Produkts (z. B. Abgabe des Insulins) zu steuern.[249]

Nach dem Ansatz der MDCG-Leitlinien 2019-11 ist daher sowohl solche Software, die medizinische Daten verarbeitet, um Informationen zu produzieren (Entscheidungsunterstützungssysteme), als auch solche Software, die anhand der von ihr verarbeiteten medizinischen Daten die Funktionsweise des körperlichen Produkts ermöglicht, *jeweils* als *eigenständiges* Medizinprodukt i. S. d. Art. 2 Nr. 1 MP-VO zu qualifizieren.[250]

Als Beispiel führen die MDCG-Leitlinien 2019-11 Software an, die in Abhängigkeit einer zunächst ermittelten medizinischen Diagnose einen Nahinfrarotlaserlichtscanner oder eine Insulinpumpe steuert.[251]

Auf der Ebene der Qualifizierung als Medizinprodukt i. S. d. Art. 2 Nr. 1 MP-VO würde der Ansatz der MDCG-Leitlinien 2019-11 daher zu dem Ergebnis führen, dass es sich regulatorisch um *zwei* Medizinprodukte handelt: zum einen die Medizinprodukte-*Software*, die das Produkt anhand von verarbeiteten medizinischen Daten steuert, und zum anderen das *körperliche* Medizinprodukt, also beispielsweise die Insulinpumpe oder der Nahinfrarotlaserlichtscanner, in das die Software körperlich oder virtuell integriert ist. Diese regulatorische Trennung der eingebetteten Software als *eigenständiges* Medizinprodukt von dem körperlichen Medizinprodukt hat Auswirkungen auf die Risikoklassifizierung und das Konformitätsbewertungsverfahren, die im Folgenden dargestellt werden sollen.

---

248 MDCG-Leitlinien 2019-11, S. 3, Fn. 2, S. 6.

249 MDCG-Leitlinien 2019-11, S. 3, Fn. 2, S. 6.

250 Vgl. Note 1 und 2, MDCG-Leitlinien 2019-11, S. 7.

251 Vgl. hierfür das erste und zweite Beispiel der Erkenntnis 2, MDCG-Leitlinien 2019-11, S. 7.

#### bb) Unanwendbarkeit der Regel 3.5 Anhang VIII MP-VO

Gemäß Art. 51 Abs. 1 MP-VO erfolgt die Risikoklassifizierung unter Beachtung der Zweckbestimmung nach Maßgabe des Anhangs VIII MP-VO, auf Grundlage der dort niedergelegten 22 Klassifizierungsregeln.[252]

Während im Rahmen der RL 93/42/EWG gem. Anhang IV Abschnitt 1.4 nur „eigenständige Software" als aktives Medizinprodukt galt, strich die Gesetzgeber in der Legaldefinition des Art. 2 Nr. 4 UAbs. 2 MP-VO die Beschränkung auf eigenständige Software.[253] Daher wird Software, nunmehr unabhängig davon, ob diese in ein Medizinprodukt funktional integriert wurde oder nicht, als aktives Medizinprodukt behandelt.[254]

Die MDCG-Leitlinien 2019-11 und diesen folgend Teile der Literatur nehmen deshalb an, dass nunmehr sowohl für eigenständige als auch eingebettete Software die Klassifizierungsregeln 9–12 Anhang VIII MP-VO anwendbar seien. Damit fände insbesondere auch Regel 11 Anhang VIII MP-VO Anwendung, die sich ausdrücklich mit der Klassifizierung von Software beschäftigt.[255]

Da der Wortlaut der Regel 11 Anhang VIII MP-VO allgemein von „Software" spreche, spräche viel dafür, dass die Regel auch für Medizinprodukte-Software anwendbar sein müsse, die funktional in ein anderes Medizinprodukt integriert ist.[256]

Dennoch ist die Anwendbarkeit der Regel 11 MP-VO für Software, die in körperliche Produkte integriert ist, um deren Funktionsweise zu steuern, in der juristischen Literatur umstritten.[257]

---

[252] Ebenso etwa *Mayr/Thiermann/Schrack/Kiesselbach*, Medizinprodukterecht, § 2, Rn. 27; Rehmann/*Wagner*, MP-VO, Art. 51, Rn. 5; *Hasenteufel/Renaud*, Software als Medizinprodukt, S. 15.

[253] Vgl. dafür, dass die Unterscheidung des Anhanges IX Abschnitt 1.4 RL 93/42/EWG aufgegeben wurde, *Gassner*, MPR 2016, 109, 111; *Dietel/Lewalter*, PharmR 2017, 53, 54; vgl. *Jakobs/Huber*, MPR 2019, 1, 5, die davon ausgehen, dass Kontrollsoftware als „aktives Produkt" zu qualifizieren ist.

[254] *Gassner*, MPR 2016, 109, 111; *Dietel/Lewalter*, PharmR 2017, 53, 54; *Jakobs/Huber*, MPR 2019, 1, 5; *Reitebuch*, Mobile Health Applications, S. 102.

[255] Vgl. hierfür MDCG-Leitlinien 2019-11, S. 12; vgl. zu den für aktive Produkte anwendbaren Klassifizierungsregeln *Gassner/Schreiegg*, MPR 2019, 198, 201, in Abweichung von *Gassner*, MPR 2016, 109, 111, der noch zu Regel 10a MP-VO-E eine Anwendbarkeit ablehnte, weil die „travaux préparatoires" der Anwendbarkeit entgegenstünden; vgl. auch *Hofmann*, MPR 2021, 161, 162, der trotz der Durchführungsregel 3.3 MP-VO den MDCG-Leitlinien 2019-11 folgend von der Anwendbarkeit der Regel 11 ausgeht; vgl. auch *Reitebuch*, Mobile Health Applications, S. 102, der betont, dass Steuerungssoftware zwar auch als aktives Produkt gelten würde, der Anwendbarkeit der Regel 11 jedoch Durchführungsregel 3.3 MP-VO entgegenstehen würde.

[256] *Hofmann*, MPR 2021, 161, 163; *Gassner*, MPR 2016, 109, 112.

[257] Vgl. für die Stimmen, die die Anwendbarkeit für integrierte Software ablehnen, *Reitebuch*, Mobile Health Applications, S. 102, mit Verweis auf Durchführungsregel 3.3 UAbs. 1

Ausgangspunkt für die Ablehnung der Anwendbarkeit für eingebettete Software ist Durchführungsvorschrift 3.3 Anhang VIII MP-VO.[258] Durchführungsregel 3.3 Anhang VIII MP-VO bestimmt, dass „Software, die ein Produkt *steuert* oder *dessen Anwendung beeinflusst*", derselben Klasse zugerechnet werden muss, wie das gesteuerte bzw. beeinflusste Produkt, während „Software", die „von anderen Produkten *unabhängig*" ist, für sich allein klassifiziert werden muss.[259] Aus der Durchführungsregel 3.3 UAbs. 1 Anhang VIII MP-VO würde sich daher ergeben, dass eingebettete Software in die Risikoklasse des körperlichen Medizinproduktes fallen würde, so dass die Anwendbarkeit der Regel 11 MP-VO abzulehnen wäre.[260]

Entgegen dieser Auffassung wollen die MDCG-Leitlinien 2019-11[261] und die dem folgenden Stimmen in der Literatur[262] Regel 11 *zusätzlich* anwenden, sodass die Anwendung der Risikoklassifizierungsregel des körperlichen Medizinprodukts nur grundsätzlich die einschlägige Risikoklasse begründen würde, während die Anwendung der Regel 11 sich im Einzelnen risikoerhöhend auswirken könnte. Als Anknüpfungspunkt für eine risikoerhöhende Wirkung der Regel 11 wird im Hinblick auf Medizinprodukte-*Steuerungs*software, überwiegend auf ein Beispiel der MDCG-Leitlinien 2019-11 verwiesen.[263] Nach dem Ansatz der MDCG-Leitlinien 2019-11 sei eine Software, die in einen Nahinfrarotlaserlichtscanner integriert wäre, um diesen zu steuern, ausweislich der Durchführungsregel 3.3 Anhang VIII nur

---

MP-VO; ebenso *Hasenteufel/Renaud*, Software als Medizinprodukt, S. 15; *Graf*, PharmR 2017, 57, 59; vgl. hingegen die Stimmen, die eine Anwendbarkeit der Regel 11 MP-VO unabhängig von dem Typ der Software annehmen, *Hofmann*, MPR 2021, 161, der im Ergebnis den MDCG-Leitlinie folgt; ebenso mit Verweis auf die MDCG-Leitlinien, *Gassner/Schreigg*, MPR 2021, 198, 201; während dieser zuvor noch vertreten hatte, dass Regel 10a MP-VO-E nur auf Standalone Software anwendbar sei, *Gassner*, MPR 2016, 109, 112; ebenso *Prütting/Wolk*, MedR 2020, 359, 362, mit dem Verweis darauf, dass es die herrschende Meinung sei; ebenso *Gerhart*, Regel 11: Der Klassifizierungs-Albtraum, abrufbar unter: siehe Quellenangaben.

Vgl. *Reitebuch*, Mobile Health Applications, S. 102; *Hasenteufel/Renaud*, Software als Medizinprodukt, S. 15 f.; vgl. auch *Hofmann*, MPR 2021, 161, 163, der wegen der Durchführungsregel 3.3 MP-VO die Anwendbarkeit der Regel 11 MP-VO zunächst in Frage stellt, im Ergebnis jedoch den MDCG-Leitlinien folgend von der Anwendbarkeit der Regel 11 MP-VO ausgeht; ebenso *Graf*, PharmR 2017, 57, 59.

[258] *Hasenteufel/Renaud*, Software als Medizinprodukt, S. 15 f.; *Graf*, PharmR 2017, 57, 59; vgl. auch *Hofmann*, MPR 2021, 161, 163, der die Anwendbarkeit der Regel 11 MP-VO im Ergebnis auch für eingebettete Software annimmt.

[259] Vgl. hierfür Durchführungsregel 3.3 Anhang VIII MP-VO (Hervorhebung hinzugefügt).

[260] Vgl. *Reitebuch*, Mobile Health Applications, S. 102; *Hasenteufel/Renaud*, Software als Medizinprodukt, S. 15 f.; *Graf*, PharmR 2017, 57, 59.

[261] Vgl. hierfür MDCG-Leitlinien 2019-11, S. 12.

[262] Vgl. *Hofmann*, MPR 2021, 161, 163; inzwischen auch *Gassner*, MPR 2021, 198, 201, in Abweichung von *Gassner*, MPR 2016, 109, 112; *Prütting/Wolk*, MedR 2020, 359, 362.

[263] Vgl. so *Gassner*, MPR 2021, 198, 201, mit Verweis auf die MDCG-Leitlinien 2019-11, S. 27; ebenso *Hofmann*, MPR 2021, 161, 163, mit Verweis auf die MDCG-Leitlinien 2019-11, S. 12.

*grundsätzlich* in die Risikoklasse des Laserscanners einzuordnen.[264] *Zusätzlich* müsste sodann jedoch Regel 11 angewandt werden.[265] Sofern sich daraus eine höhere Risikoklasse ergeben würde, könnte sich diese gem. Durchführungsregel 3.5 Anhang VIII MP-VO risikoerhöhend auswirken, weil ausweislich der Durchführungsregel 3.5 MP-VO stets die strengste Regel/Unterregel maßgeblich ist.[266]

Gegen eine Anwendbarkeit der Durchführungsregel 3.5 Anhang VIII MP-VO spricht gleichwohl, dass dem Wortlaut der Durchführungsregel 3.3 Abs. 1 Anhang VIII MP-VO keine Anhaltspunkte dafür zu entnehmen sind, dass es sich bei der Durchführungsregel 3.3 Anhang VIII MP-VO, um einen Grundsatz handelt, von dem abgewichen werden könnte.

Selbst wenn man die Hürde des Wortlautes der Durchführungsregel 3.3 UAbs. 1 Anhang VIII MP-VO durch eine teleologische Rechtsfortbildung wegen der Notwendigkeit, KI-spezifische Risiken zu berücksichtigen, überwinden können sollte[267], steht der Anwendung der Durchführungsregel 3.5 Anhang VIII MP-VO der Wortlaut der Durchführungsregel entgegen: zwar statuiert die Durchführungsregel 3.5 Anhang VIII MP-VO, dass bei der Anwendbarkeit mehrerer Regeln oder Unterregeln die strengste Regel/Unterregel anwendbar ist. Gleichwohl ist die Vorschrift auf Situationen beschränkt, in denen für „*ein und dasselbe* Produkt“[268] mehrere Regeln anwendbar sind.

In den MDCG-Leitlinien 2019-11 lässt sich daher ein Widerspruch identifizieren: nach dem Ansatz der MDCG-Leitlinien 2019-11 handelt es sich bei einer Medizinprodukte-Steuerungssoftware ja gerade um ein *eigenständiges* Medizinprodukt, wenn diese zumindest auch einen der in Art. 2 Nr. 1 MP-VO genannten medizinischen Zwecke erfüllt, indem sie medizinische Daten verarbeitet, um ein Medizinprodukt zu steuern. Da dies zur Folge hat, dass es sich aus regulatorischer Sicht um *zwei* Medizinprodukte handelt, würde es sich bei der eingebetteten *Medizinprodukte*-Software und dem gesteuerten Medizinprodukt nicht mehr um „*ein und dasselbe* Produkt“[269] handeln. Daher wäre die Durchführungsregel 3.5 Anhang VIII MP-VO von vornherein nicht anwendbar, weshalb der Ansatz der MDCG-Leitlinien 2019-11 nicht zu überzeugen vermag.[270]

---

264 Vgl. MDCG-Leitlinien 2019-11, S. 27.

265 Vgl. MDCG-Leitlinien 2019-11, S. 27.

266 Vgl. MDCG-Leitlinien 2019-11, S. 27; dem folgend *Gassner*, MPR 2021, 198, 201; *Hofmann*, MPR 2021, 161, 163 mit Verweis auf die MDCG-Leitlinien 2019-11, S. 12.

267 Später soll gezeigt werden, dass die Risikoklassifizierung in Abhängigkeit der Funktionsweise des Gesamtprodukts auch gerechtfertigt ist, sodass die Anwendung der Durchführungsregel 3.3 Anhang VIII MP-VO zu einem gerechtfertigten Ergebnis führt. Vgl. hierfür ausführlich Kap. 2, B., II., 2., b), cc), (1).

268 Vgl. Durchführungsregel 3.5 Anhang VIII MP-VO (Hervorhebung hinzugefügt).

269 Vgl. Durchführungsregel 3.5 Anhang VIII MP-VO (Hervorhebung hinzugefügt).

270 Vgl. dazu, dass der Ansatz der MDCG-Leitlinien 2019-11 dazu führt, dass die eingebettete Software und das gesteuerte körperliche Medizinprodukt *jeweils* als eigenständiges

Sofern man – dem Ansatz der MDCG-Leitlinien 2019-11 folgend – die Steuerungssoftware, die medizinische Daten verarbeitet, um die medizinische Funktionsweise eines anderen Produkts zu ermöglichen, selbst als eigenständiges Medizinprodukt qualifizieren würde, würde die *Medizinprodukte*-Software – entgegen dem Ansatz der MDCG-Leitlinien 2019-11 – gem. Durchführungsregel 3.3 UAbs. 1 Anhang VIII MP-VO stets in dieselbe Risikoklasse des körperliche Medizinprodukt fallen.[271]

### cc) Doppelte Konformitätsbewertungsbewertungspflicht

Die regulatorische Einordnung als *zwei* Medizinprodukte hätte ferner gem. Art. 52 Abs. 1 MP-VO zur Folge, dass jedes dieser Medizinprodukte *jeweils* einem *eigenen* und voneinander getrennten Konformitätsbewertungsverfahren unterworfen werden müsste, weil beide Komponenten als Produkte i. S. d. Art. 1 Abs. 4 MP-VO zu qualifizieren wären.

Ob dieses Ergebnis sicherheitsrechtlich gewünscht ist, ist fraglich. Zu beachten ist nämlich, dass die Risiken, die von einer unkörperlichen *Steuerungs*software ausgehen, erst durch die Umsetzung der Signale durch das gesteuerte Medizinprodukt realisiert werden, indem dieses die Befehle der Software durch Aktoren in der Umgebung ausführt. Erst durch diese *Umsetzung* können Fehler der Steuerungssoftware daher auch zu einer Gefahr für den Patienten werden.

Zudem ist die Software ohne das körperliche Medizinprodukt nicht funktionsfähig, weil Software, die ein anderes Medizinprodukt steuert oder beeinflusst, als Bestandteil eines eingebetteten Systems oftmals gerade für die körperlichen Besonderheiten des zu steuernden körperlichen Medizinproduktes und die für das Produkt speziell entwickelte Hardware entworfen wurde.[272]

Sofern eine benannte Stelle die Funktion des Medizinprodukts oder der Software überprüfen wollte, müsste sodann in *zwei getrennten* Konformitätsbewertungsverfahren der jeweils andere „Gegenstand“ *mittelbar mit*überprüft werden. Eine regulatorische Trennung würde daher nicht zu einem sicherheitsrechtlichen Mehrwert führen.

Wegen der Ermangelung eines sicherheitsrechtlichen Mehrwertes wäre sodann auch infrage zu stellen, ob der hohe finanzielle Aufwand des Herstellers, der mit

---

Medizinprodukt zu qualifizieren wäre, solange die Steuerung der Software dazu dient, die medizinische Funktionsweise zu ermöglichen oder zu beeinflussen, Kap. 2, B., II., 2., a).

[271] Zu einer umfassenden Untersuchung, ob eine gemeinsame Risikoklassifizierung der integrierten Software, mit dem gesteuerten Medizinprodukt sinnvoll ist, sogleich Kap. 2, B., II., 2., b), cc)., weil der Ansatz der MDCG-Leitlinien 2019-11 bereits aus anderen Gründen nicht überzeugt.

[272] Vgl. *Berns/Schürmann/Trapp*, Eingebettete Systeme, S. 168 ff.

einer doppelten Konformitätsbewertung verbunden ist, noch gerechtfertigt wäre.[273] Sofern eine Software als integraler Bestandteil eines körperlichen Medizinproduktes in den Verkehr gegeben wird, würde sich eine regulatorische Trennung auf der Ebene der Qualifizierung nicht nur als künstlich darstellen, sondern wäre die daraus resultierende Mehrbelastung auch in Bezug auf die Vereinbarkeit mit der unternehmerischen Freiheit der Hersteller aus Art. 16 der EU-GR-Charta aus verfassungsrechtlichen Gesichtspunkten infrage zu stellen.[274]

#### dd) Korrektur durch Fiktion eines einheitlichen Medizinprodukts

Trotz der regulatorischen Trennung auf Ebene der Qualifizierung scheinen auch die MDCG-Leitlinien 2019-11 anzuerkennen, dass die Trennung auf der Ebene der Konformitätsbewertung wieder derogiert werden muss. Dies kommt dadurch zum Ausdruck, dass diese sodann statuieren, dass „*MDSW* that is placed on the market or put into service solely as an integral component/part of a (hardware) device *may not have to undergo* its own regulatory process".[275] In Ermangelung einer Begründung[276] bleibt gleichwohl offen, wie die MDCG-Leitlinien 2019-11 diese Derogation der zunächst auf Ebene der Qualifizierung noch künstlich vorgenommenen regulatorischen Trennung für die Zwecke einer gemeinsamen Konformitätsbewertung rechtlich begründen wollten.

Gemäß Art. 52 Abs. 1 MP-VO muss für *jedes* Produkt i. S. d. Art. 1 Abs. 4 MP-VO und damit für jedes Medizinprodukt nach Art. 2 Nr. 1 MP-VO, Zubehör i. S. d. Art. 2 Nr. 3 MP-VO oder Produkt i. S. d. Anhangs XVI MP-VO eine eigenständige Konformitätsbewertung durchgeführt werden.

Sofern die Medizinprodukt-*Software* und das gesteuerte *körperliche Medizinprodukt* – den MDCG-Leitlinien 2019-11 folgend – regulatorisch zu trennen wäre, würde dies dazu führen, dass regulatorisch zwei *eigenständige* Medizinprodukte vorlägen. Daher müsste auch für *jedes* dieser Produkte gem. Art. 52 Abs. 1 MP-VO *jeweils* die Pflicht zur Durchführung einer Konformitätsbewertung erfüllt werden. Eine Ausnahme von dem eindeutigen Wortlaut des Art. 52 Abs. 1 MP-VO wäre nur dann anzunehmen, wenn der Unionsgesetzgeber eine solche ausdrücklich normiert hätte.

---

[273] Vgl. zu dem hohen zeitlichen und finanziellen Aufwand (durchschnittlich 10.000 Euro), der mit einer Konformitätsbewertung von Medizinprodukten verbunden ist, Prütting/*Wolk*, MedR 2020, 359, 363.

[274] Vgl. zu der unternehmerischen Freiheit aus Art. 16 GR-Charta, Calliess/*Ruffert*, Art. 16, Rn. 1 ff.

[275] Vgl. MDCG-Leitlinien 2019-11, S. 17 (Hervorhebung hinzugefügt).

[276] Vgl. MDCG-Leitlinien 2019-11, S. 17.

### *(1) Unanwendbarkeit des Art. 23 MP-VO*

Obgleich die MDCG-Leitlinien 2019-11 für die ggf. gemeinsam durchzuführende Konformitätsbewertung einer Begründung ermangeln, scheinen sie die Begründung in Art. 23 MP-VO zu sehen. Jedenfalls verweist die Leitlinie im Zusammenhang mit der Aussage, dass ggf. ein gemeinsames Konformitätsbewertungsverfahren durchzuführen sei, darauf, dass davon abweichend Art. 23 Abs. 2 MP-VO zu beachten sei, der wiederum zu einer regulatorischen Trennung der Konformitätsbewertung führen könne.[277]

Art. 23 Abs. 2 MP-VO bestimmt, dass ein Gegenstand, der dazu bestimmt ist, ein Teil oder eine Komponente eines Produkts zu ersetzen und dadurch einen Einfluss auf die Leistungs- und Sicherheitsmerkmale oder die Zweckbestimmung des Produkts hat, dieser als eigenständiges Produkt gilt, der die Anforderungen der Verordnung erfüllen muss.

Selbst wenn man eingebettete Software als „Gegenstand" i. S. d. Art. 23 Abs. 2 MP-VO qualifizieren würde, würde die Rechtsfolge des Art. 23 Abs. 2 MP-VO jedoch nur dazu führen, dass das *Ersatzteil*, aber *nicht* das entstehende *Gesamtprodukt* als eigenständiges Produkt i. S. d. Art. 1 Abs. 4 MP-VO zu behandeln wäre. Daher ist allem voran bereits die Rechtsfolge nicht geeignet, die regulatorische Trennung der MDCG-Leitlinien zwischen der Medizinprodukte-Steuerungssoftware von dem gesteuerten Medizinprodukt für die Zwecke der Risikoklassifizierung wieder zu derogieren.

Darüber hinaus wären jedoch auch die Voraussetzungen des Art. 23 Abs. 2 MP-VO nicht erfüllt, weil es sich bei der eingebetteten Software nicht um einen Gegenstand i. S. d. Art. 23 Abs. 2 MP-VO handeln würde, der von dem Hersteller „speziell dazu bestimmt" ist, einen „Teil oder eine Komponente" zu ersetzen. Unter dem Begriff des „ersetzen" versteht man im allgemeinen Sprachverständnis *„für* jemanden, *etwas Ersatz schaffen*; jemand, etwas *an die Stelle von* jemandem, *etwas setzen*".[278]

Zu beachten ist, dass eine Medizinprodukte-Steuerungssoftware nicht *an die Stelle* einer anderen Software tritt, sondern gerade eine vorher nicht vorgesehene Funktion *erstmals* übernimmt. Daher handelt es sich bei der Medizinprodukte-Steuerungssoftware nicht um ein Ersatzteil i. S. d. Art. 23 MP-VO, sodass bereits die Anwendbarkeit der Vorschrift infrage zu stellen ist.[279]

---

[277] Vgl. MDCG-Leitlinien 2019-11, S. 17.

[278] Vgl. hierfür das allgemeine Sprachverständnis für den Begriff „ersetzen" nach Duden, abrufbar unter: https://www.duden.de/rechtschreibung/ersetzen, zuletzt abgerufen: 4. 1. 2026 (Hervorhebung hinzugefügt).

[279] Dieses Ergebnis wird auch durch den Sinn und Zweck der Vorschrift bestätigt. Denn als Rechtsfolge sieht Art. 23 Abs. 2 MP-VO vor, dass das Ersatzteil als „eigenständiges Produkt" zu behandeln ist. Eine entsprechende Fiktion ist nur dann erforderlich, wenn das Ersatzteil nicht bereits selbst als Produkt i. S. d. Art. 1 Abs. 4 MP-VO zu qualifizieren wäre. Sofern man dem Ansatz der MDCG-Leitlinien 2019-11 folgen würde, würde es sich bei der eingebetteten

Vor diesem Hintergrund ist fraglich, welche rechtliche Begründung die MDCG-Leitlinien 2019-11 für die Derogation der zuvor vorgenommenen künstlichen Trennung der Medizinprodukte-Software von dem körperlichen Medizinprodukt heranziehen wollten.

*(2) Unanwendbarkeit des Art. 22 Abs. 4 MP-VO*

Ein anderes Ergebnis könnte sich jedoch ggf. durch die Anwendung des Art. 22 Abs. 4 MP-VO ergeben.[280] Gemäß Art. 22 Abs. 4 MP-VO müssen ihrerseits nicht verkehrsfähige Produkte, die zu einem System oder einer Behandlungseinheit verbunden werden, als *einheitliches* Medizinprodukt einer gemeinsamen Konformitätsbewertung unterworfen werden.[281]

(a) Vorliegen eines Systems oder einer Behandlungseinheit

Voraussetzung für die Anwendbarkeit des Art. 22 Abs. 4 MP-VO ist zunächst, dass die Inverkehrgabe von Produkten als „Systeme oder Behandlungseinheiten" intendiert ist. Systeme und Behandlungseinheiten[282] sind gem. Art. 2 Nr. 10 und 11 MP-VO Konstruktionen, in denen die Produkte in einer Weise miteinander kombiniert werden, dass diese zusammen eine „spezifische medizinische Zweckgemeinschaft" bilden.[283] Kennzeichnend für eine Zweckgemeinschaft ist, dass sich –

---

Software jedoch um ein eigenständiges Medizinprodukt handeln, weshalb eine Anwendbarkeit des Art. 22 Abs. 4 MP-VO überhaupt nicht notwendig wäre.

[280] Allgemein zu Art. 22 MP-VO, vgl. etwa *Hill/Schmitt*, WiKO, B I, Rn. 1 ff.; *Gassner/Lempp/Maleika*, MPR 2022, 126 ff.; Rehmann/*Wagner*, MP-VO, Art. 22, Rn. 1 ff.; *Mayr/Thiermann/Schrack/Kiesselbach*, Medizinprodukterecht, § 2, Rn. 116 ff.

[281] Art. 22 MP-VO bestimmt die Voraussetzungen, unter denen Produkte in „Systemen oder Behandlungseinheiten" in den Verkehr gebracht werden dürfen. Sofern die Produkte innerhalb des Systems oder der Behandlungseinheit ihrerseits jeweils *verkehrsfähig* sind, sieht Art. 22 Abs. 1 MP-VO vor, dass für die Inverkehrgabe des Produkts eine bloße Erklärung i. S. d. Art. 22 Abs. 2 MP-VO ausreichend ist. Im Unterschied dazu müssen Produkte, die ihrerseits nicht oder jedenfalls für die vorgesehene Zweckbestimmung *nicht verkehrsfähig* sind und als medizinische Zweckgemeinschaft in einem System oder einer Behandlungseinheit miteinander verbunden werden, gem. Art. 22 Abs. 4 MP-VO als „eigenständige Produkte" behandelt und gemeinsam einem Konformitätsbewertungsverfahren unterzogen werden, *Hill/Schmitt*, WiKO, B I, Rn. 29; Rehmann/*Wagner*, MP-VO, Art. 22, Rn. 12; *Mayr/Thiermann/Schrack/Kiesselbach*, Medizinprodukterecht, § 2, Rn. 118.

[282] Der Unterschied zwischen einer Behandlungseinheit und einem System besteht ausweislich des Art. 2 Nr. 10 MP-VO darin, dass Produkte, um als Behandlungseinheit qualifiziert zu werden, gemeinsam verpackt werden müssen, während es für ein System gem. Art. 2 Nr. 11 MP-VO ausreichend ist, wenn die Produkte dazu bestimmt sind, kombiniert oder verbunden zu werden. Letztlich lösen beide Kategorien dieselbe Rechtsfolge des Art. 22 Abs. 1 und Abs. 4 MP-VO aus, sodass eine Abgrenzung im Einzelfall nicht erforderlich ist, *Gassner/Lempp/Maleika*, MPR 2022, 126, 127.

[283] *Gassner/Lempp/Maleika*, MPR 2022, 126, 127.

im Unterschied zu einer bloßen „Sachgesamtheit“ – die Produkte in ihrer Funktionalität gegenseitig bedingen.[284]

Unabhängig von der regulatorischen Trennung in den MDCG-Leitlinien 2019-11 stellt sich eingebettete Medizinprodukte-Steuerungssoftware jedenfalls rein tatsächlich als Bestandteil des körperlichen Produkts dar, weil die *Funktion* des körperlichen Produkts erst durch die eingebettete Software ermöglicht wird.[285]

Im Unterschied zu eigenständiger Software handelt es sich bei eingebetteten Systemen um eine Kombination aus verschiedenen Soft- und Hardwarekomponenten, die *speziell* für die *Besonderheiten* des zu steuernden körperlichen Produkts entworfen wurden.[286] Die Hardware, inklusive der Ein- und Ausgabegeräte, wie auch das Betriebssystem sind oftmals spezifisch für die Funktion des eingebetteten Systems in dem körperlichen *End*produkt bestimmt und damit gerade auf die Eigenschaften und Besonderheiten des körperlichen Endprodukts zugeschnitten. Dies ist auch deshalb erforderlich, weil die Reaktionszeit des eingebetteten Systems auf die Zweckbestimmungen des Gesamtprodukts zugeschnitten sein muss.[287] Daher handelt es sich bei dem eingebetteten System und dem körperlichen Medizinprodukt um ein genau aufeinander abgestimmtes Gesamtsystem, bei welchem erst durch das Zusammenspiel der einzelnen Komponenten die intendierte medizinische Zweckbestimmung des körperlichen Endprodukts ermöglicht wird.[288]

Sofern man das körperliche Produkt und die Software, den MDCG-Leitlinien 2019-11 folgend, entsprechend der regulatorischen Trennung trennen würde, würden diese eine medizinische Zweckgemeinschaft bilden, weshalb sie als System oder Behandlungseinheit zu qualifizieren wären. Dies bestätigen auch die MDCG-Leitlinien 2019-11 selbst, indem sie – etwas widersprüchlich zu der vorher im Rahmen der Qualifizierung vorgenommenen regulatorischen Trennung – betonen, dass die „MDSW“, auch „integrierte Komponente/Bestandteil von einem (Hardware) Medizinprodukt“ sein könne.[289]

Würde man dem Ansatz der MDCG-Leitlinien 2019-11 folgend, die eingebettete Software und das körperliche Produkt regulatorisch getrennt jeweils als eigenständige Medizinprodukte betrachten, spricht daher viel dafür, dass diese ein System oder eine Behandlungseinheit i. d. S. bilden würden.

(b) Verbindung isoliert nicht verkehrsfähiger Produkte

Um die Rechtsfolge des Art. 22 Abs. 4 MP-VO auszulösen, setzt Art. 22 Abs. 4 MP-VO weiterhin voraus, dass weder die Medizinprodukte-Steuerungssoftware

[284] *Hill/Schmitt*, WiKO, B I, Rn. 13.

[285] *Berns/Schürmann/Trapp*, Eingebettete Systeme, S. 168 ff.

[286] *Berns/Schürmann/Trapp*, Eingebettete Systeme, S. 168.

[287] *Berns/Schürmann/Trapp*, Eingebettete Systeme, S. 171 ff.

[288] MDCG-Leitlinien 2019-11, S. 8.

[289] MDCG-Leitlinien 2019-11, S. 17.

noch das gesteuerte körperliche Medizinprodukt seinerseits – jedenfalls nicht für den gemeinsam verfolgten Zweck – isoliert verkehrsfähig wären.[290] Dies ergibt sich aus Art. 22 Abs. 4 MP-VO, wonach die Produkte nur dann als eigenständiges Produkt behandelt werden, wenn zumindest ein Produkt des Systems oder der Behandlungseinheit keine CE-Kennzeichnung trägt oder die Kombination mit der ursprünglichen Zweckbestimmung der Produkte nicht vereinbar ist.[291]

Folgt man der regulatorischen Trennung der MDCG-Leitlinien 2019-11, würde weder die eingebettete Medizinprodukte-Software noch das körperliche Medizinprodukt eine CE-Kennzeichnung aufweisen, sodass die Produkte nicht isoliert verkehrsfähig wären.

(c) Entgegenstehende Zwecksetzung des Art. 22 Abs. 4 MP-VO

Nachdem damit beide Voraussetzungen des Art. 22 Abs. 4 MP-VO erfüllt sind, führt sodann die Rechtsfolge des Art. 22 Abs. 4 MP-VO eigentlich dazu, dass die von den MDCG-Leitlinien 2019-11 vorgenommene Trennung wieder derogiert würde, indem die Medizinprodukte-Software und die Infusionspumpe gem. Art. 22 Abs. 4 MP-VO jeweils als „eigenständiges Produkt“ zu qualifizieren wären und als Einheit dem einschlägigen Konformitätsbewertungsverfahren unterzogen werden müssten.

Obgleich Art. 22 Abs. 4 MP-VO zunächst eine „Notlösung“[292] dafür zu bilden scheint, die sicherheitsrechtlich nicht gerechtfertigte Trennung der MDCG-Leitlinien 2019-11 für die Zwecke einer gemeinsamen Konformitätsbewertung nachträglich zu korrigieren, ist eine entsprechende Auslegung des Art. 22 Abs. 4 MP-VO nicht ohne Weiteres mit dem Schutzzweck der Regelung vereinbar.

Sinn und Zweck des Art. 22 Abs. 1 MP-VO ist, dass die gemeinsame Verpackung oder Verbindung von eigenständigen Medizinprodukten und/oder Zubehör privilegiert werden soll, um so eine „Nachfragesituation“ in der Praxis zu befriedigen.[293] Art. 22 Abs. 1 MP-VO wurde daher für das Zusammenzufügen solcher Produkte geschaffen, die gerade nicht von vornherein dazu bestimmt sind, zusammen in den Verkehr gegeben zu werden.[294] Dies kommt dadurch zum Ausdruck, dass Art. 22 Abs. 1 MP-VO dann keine gemeinsame Konformitätsbewertung nach Art. 22 Abs. 4 MP-VO fordert, wenn sich die gemeinsame Verpackung oder Verbindung der Produkte „innerhalb der vom Hersteller vorgesehenen Anwendungs-

[290] *Hill/Schmitt*, WiKO, B I, Rn. 4.

[291] *Hill/Schmitt*, WiKO, B I, Rn. 4.

[292] Vor dem Hintergrund, dass eine solche Derogation über Art. 22 MP-VO nur notwendig wäre, wenn es überhaupt zu einer Trennung kommen würde, handelt es sich um eine Notlösung. Später soll indes gezeigt werden, dass die Trennung der eingebetteten Software von dem gesteuerten Produkt, weder sicherheitsrechtlich sinnvoll noch im Einklang mit dem Willen des Unionsgesetzgebers ist, siehe hierzu Kap. 2, B., II., 2., b).

[293] *Gassner/Lempp/Maleika*, MPR 2022, 126, 130 ff.

[294] *Gassner/Lempp/Maleika*, MPR 2022, 126, 130.

beschränkung“ hält. Daher ist Art. 22 Abs. 4 MP-VO nicht für Fälle intendiert, in denen von vornherein die gemeinsame Inverkehrgabe geplant ist, sodass die Derogation der regulatorischen Trennung der MDCG-Leitlinien 2019-11 nicht über Art. 22 Abs. 4 MP-VO erreicht werden kann.

#### ee) Zwischenergebnis

Nach dem Ansatz der MDCG-Leitlinien 2019-11 ist in ein körperliches Medizinprodukt eingebettete Software dann als eigenständiges Medizinprodukt zu qualifizieren, wenn die Software neben der mechanischen Steuerung der Funktionsweise des körperlichen Produkts (z. B. Abgabe von Insulin) auch medizinische Daten verarbeitet, wodurch diese Steuerung beeinflusst wird. Aus regulatorischer Sicht führt dieser Ansatz dazu, dass zwei Medizinprodukte vorliegen.

Obwohl eine regulatorische Trennung grundsätzlich dazu führen würde, dass auch Produkte unabhängig voneinander gem. Art. 51 Abs. 1 MP-VO in ihrer Risikoträchtigkeit beurteilt würden, sieht Durchführungsregel 3.3 UAbs. 1 MP-VO eine gemeinsame Risikoklassifizierung vor. Diese gemeinsame Risikoklassifizierung der Medizinprodukte könnte, entgegen des Ansatzes der MDCG-Leitlinien 2019-11, auch nicht durch die Anwendung der Durchführungsregel 3.5 Anhang VIII MP-VO wieder aufgehoben werden, weil es sich nach dem Ansatz der MDCG-Leitlinien gerade nicht mehr um „ein und dasselbe“ Produkt handelt.

Auf der Ebene der Konformitätsbewertung würde die regulatorische Trennung zu der Pflicht führen, dass zwei voneinander getrennte Bewertungsverfahren durchzuführen wären, deren sicherheitsrechtlicher Mehrwert nicht nur fraglich ist, sondern die auch aus verfassungsrechtlicher Sicht nicht mehr gerechtfertigt werden können.

Zwar wollen die Leitlinien die zunächst vorgenommene Trennung wohl für die Konformitätsbewertung wieder derogieren, gleichwohl ermangeln sie einer rechtlichen Begründung für die Verschmelzung der Konformitätsbewertungsverfahren von *zwei getrennten* Medizinprodukten, die jeweils der Pflicht des Art. 52 MP-VO unterliegen.

Sofern in diesem Zusammenhang auf Art. 23 MP-VO verwiesen wird, kann dies nicht überzeugen, da die Vorschrift weder anwendbar ist, noch zu der gewünschte Rechtsfolge einer gemeinsamen Konformitätsbewertung für zwei Medizinprodukte führen würde.

Obgleich durch Art. 22 Abs. 4 MP-VO die gewünschte Rechtsfolge einer gemeinsamen Konformitätsbewertung herbeigeführt werden könnte, muss die Anwendbarkeit der Vorschrift aus teleologischen Gründen infrage gestellt werden.

Würde man der regulatorischen Trennung der MDCG-Leitlinien 2019-11 in Bezug auf die Qualifizierung von Steuerungssoftware und des körperlichen Medizinprodukts als jeweils eigenständige Medizinprodukte folgen, würde diese regulatorische Trennung auch auf der Ebene der Konformitätsbewertung zu der Durchführung von zwei *getrennten* Konformitätsbewertungsverfahren führen, was sicherheitsrechtlich nicht gerechtfertigt werden kann.

#### *b) Notwendigkeit einer einheitlichen Betrachtung*

Zu einer nicht gerechtfertigten regulatorischen Trennung der eingebetteten Software und des körperlichen Medizinprodukts käme es auf der Ebene der Konformitätsbewertung jedoch überhaupt nur dann, wenn, den – rechtlich unverbindlichen[295] – MDCG-Leitlinien 2019-11 folgend, sowohl die eingebettete Software als auch das körperliche Medizinprodukt jeweils als *eigenständiges* Medizinprodukt zu qualifizieren wären.[296] Im Folgenden soll gleichwohl gezeigt werden, dass die vorgeschlagene regulatorische Trennung weder sicherheitsrechtlich geboten noch im Einklang mit dem Willen des Unionsgesetzgebers ist.

##### aa) Widerspruch des Ansatzes zum Willen des Unionsgesetzgebers

Ausweislich des Art. 2 Nr. 1 MP-VO ist „Software“ als Medizinprodukt zu qualifizieren, wenn diese „alleine oder in Kombination“ eine der in Art. 2 Nr. 1 MP-VO genannten medizinischen Zwecksetzungen verfolgt. Erwägungsgrund 19 MP-VO statuiert weiter, dass „die Einstufung der Software entweder als Produkt oder als Zubehör (...) unabhängig vom Ort der Software und von der Art der Verbindung zwischen der Software und einem Produkt“ sei.

Die MDCG-Leitlinien 2019-11 betonen, dass der Unionsgesetzgeber damit die Unterscheidung zwischen *eigenständiger* und *integrierter* Software aufheben wollte.[297] In Bezug auf die Qualifizierung einer Software als Medizinprodukt i. S. d. Art. 2 Nr. 2 MP-VO kommen sie daher zu dem Ergebnis, dass es kein Unterschied sei, ob die Software in ein Produkt integriert ist oder nicht, solange die Software auch *selbst* eine medizinische Zweckbestimmung verfolge.[298]

Eine medizinische Zweckbestimmung erkennen die MDCG-Leitlinien 2019-11 integrierter Software jedoch bereits dann zu, wenn die Software *medizinische* Daten

---

[295] EuGH, EuZW 2012, 783, 784, dass es „hervorzuheben“ sei, dass die Leitlinien nicht zu den in Art. 288 AEUV aufgeführten Unionsrechtsakten gehören, weshalb diese „weder rechtlich bindend (...) noch den Bürgern entgegengehalten werden“ könnten. Gleichwohl können die Leitlinien „zweckdienliche Anhaltspunkte für die Auslegung der maßgeblichen Bestimmungen des Unionsrechts liefern“. Sofern die Auslegung der Leitlinie mit den rechtlichen Vorgaben vereinbar ist, können diese daher zur Auslegung des Gesetzestextes herangezogen werden; *Mayr/Thiermann/Schrack/Kiesselbach*, Medizinprodukterecht, § 6, Rn. 48.

[296] Vgl. für eine Darstellung des Ansatzes der MDCG-Leitlinien 2019-11, bereits Kap. 2, B., II., 2., a).

[297] Vgl. MDCG-Leitlinien 2019-11, S. 3, Rn. 5.

[298] Vgl. MDCG-Leitlinien 2019-11, S. 5 ff.

verarbeitet, um die Funktionsweise eines körperlichen Medizinprodukts zu ermöglichen.[299]

Als Beispiel wird eine Diagnose-Software genannt, die anhand der Diagnose einen Nahinfrarotlaserlichtscanner steuert.[300] Da die Software durch die Verarbeitung medizinischer Daten auch selbst eine medizinische Zweckbestimmung verfolge, sei sie auch selbst als *eigenständiges* Medizinprodukt zu qualifizieren.[301]

*(1) „Erfüllung" der medizinischen Zweckbestimmung als Voraussetzung*

Zuzuerkennen ist dem Ansatz der MDCG-Leitlinien 2019-11 jedenfalls, dass auch solche Software, die körperlich oder virtuell in ein Produkt *integriert* ist, selbst als eigenständiges Medizinprodukt qualifiziert werden *kann*.

Dies kann unmittelbar aus Art. 2 Nr. 1 MP-VO abgeleitet werden, wonach es nicht erforderlich ist, dass die Software die medizinische Zweckbestimmung „alleine" erfüllt, sondern es ausreichend ist, wenn die Software, die medizinische Zweckbestimmung „in Kombination" erfüllt. Dies wird auch durch Erwägungsgrund 19 MP-VO untermauert, wonach der Ort und die Art der Verbindung der Software mit einem Produkt keinen Einfluss auf die Qualifizierungsentscheidung haben sollte. Daraus ergibt sich, dass auch solche Software, die in ein körperliches Produkt integriert ist, *grundsätzlich* als *eigenständiges* Medizinprodukt qualifiziert werden *kann*.

Dies entbindet die Software jedoch nicht davon *selbst* die *Voraussetzungen* des Art. 2 Nr. 1 MP-VO zu erfüllen.

Daher ist den MDCG-Leitlinien 2019-11 auch insoweit zuzustimmen, als eine Qualifizierung als *eigenständiges* Medizinprodukt nur dann möglich ist, wenn die Software *auch selbst* eine medizinische Zweckbestimmung i. S. d. Art. 2 Nr. 1 MP-VO erfüllt.

Dies lässt sich überspitzt daran illustrieren, dass, ließe man es ausreichen, dass Gegenstände jeweils nur in Kombination eine medizinische Zweckbestimmung erfüllen können müssen, letztlich auch *jede Schraube* in einem körperlichen Medizinprodukt als eigenständiges Medizinprodukt zu qualifizieren wäre, weil diese *in Kombination* mit allen anderen Bestandteilen dazu geeignet ist, eine der in Art. 2 Nr. 1 MP-VO normierten medizinischen Zweckbestimmungen zu erfüllen.

Neben der sicherheitsrechtlich fehlenden Rechtfertigung eines solchen Ansatzes, würde eine solche Auslegung auch dazu führen, dass für die Qualifizierung als Zubehör nach Art. 2 Nr. 2 MP-VO kein Anwendungsbereich mehr verbleiben würde. Denn ein Produkt, welches die Zweckbestimmung eines anderen Produkts

[299] Vgl. hierfür die Beispiele unter „Note 2", MDCG-Leitlinien 2019-11, S. 7.

[300] Vgl. hierfür die Beispiele unter „Note 2", MDCG-Leitlinien 2019-11, S. 7.

[301] Vgl. hierfür die Beispiele unter „Note 2", MDCG-Leitlinien 2019-11, S. 7.

*ermöglicht*, wäre bereits als Medizinprodukt i. S. d. Art. 2 Nr. 1 MP-VO zu qualifizieren, weil es in Kombination eine medizinische Zweckbestimmung verfolgt.

Daher muss den MDCG-Leitlinien 2019-11 auch insoweit zugestimmt werden, als die eingebettete Software nur dann als *eigenständiges* Medizinprodukt qualifiziert werden kann, wenn die eingebettete Software *auch selbst* eine medizinische Zweckbestimmung i. S. d. Art. 2 Nr. 1 MP-VO erfüllt.

Obgleich die MDCG-Leitlinien 2019-11 ebenfalls zu diesem Ergebnis kommen, verkennt der Ansatz in der Anwendung des Art. 2 Nr. 1 MP-VO auf praktische Anwendungsbeispiele einen entscheidenden Umstand: Nach den MDCG-Leitlinien erfüllt eine Software auch dann die Voraussetzungen des Art. 2 Nr. 1 MP-VO, wenn die Software medizinische Daten verarbeitet, *um* diese unmittelbar als Steuerungssignale an eine Insulinpumpe weiterzuleiten, deren *medizinische Funktionsweise* dadurch *ermöglicht* wird.

Die MDCG-Leitlinien 2019-11 verkennen jedoch, dass Art. 2 Nr. 1 MP-VO es nicht ausreichen lässt, dass die Software einen medizinischen Zweck *verfolgt*, sondern nach Art. 2 Nr. 1 MO-VO ist es ausweislich des Wortlautes des Art. 2 Nr. 1 MP-VO vielmehr erforderlich, dass die jeweils einschlägige Produktkategorie die medizinische Zwecksetzung selbstständig „erfüllt". Unter „Erfüllen" versteht man im allgemeinen Sprachverständnis jedoch, „der Verpflichtung, Erwartung, Forderung o. Ä. ganz und gar nachkommen, völlig entsprechen", „Wirklichkeit werden; eintreffen".[302]

Sofern eine Software eine Diagnose eines Bildes vornimmt, *um* einen Nahinfrarotlaserlichtscanner *zu* steuern, setzt die Software *als solche* keinerlei Handlung in die „Wirklichkeit" um. Vielmehr wird erst durch das gesteuerte Medizinprodukt die medizinische Zweckbestimmung erreicht, sodass die Software als solches selbst noch keine medizinische Zweckbestimmung *erfüllt.* Selbst wenn die Software medizinische Daten verarbeitet, werden diese nur als „unsichtbare" Steuerungssignale unmittelbar an das körperliche Produkt weitergeleitet, um diesem die Umsetzung der Signale in die Wirklichkeit *zu ermöglichen.*

„Wirklichkeit" wird die *medizinische* Funktion daher erst dann, wenn das *körperliche Medizinprodukt* die Signale in der tatsächlichen Welt umsetzt und damit i. S. d. Art. 2 Nr. 1 MP-VO *erfüllt.*

Etwas anderes gilt nur dann, wenn Software in ein körperliches Produkt integriert ist, um eine menschliche Entscheidungsfindung zu *unterstützen.* Sofern etwa eine Software in ein Produkt mit Sensoren integriert ist, um die Vitalwerte des Patienten zu messen und daraus Diagnosen abzuleiten, die dem ärztlichen Entscheidungsträger sodann unmittelbar *angezeigt* werden, *erfüllt* die Software durch die Anzeige der Information selbst die *medizinische End*zweckbestimmung.

---

[302] Vgl. hierfür das Sprachverständnis für den Begriff „erfüllen" nach Duden, abrufbar unter: https://www.duden.de/rechtschreibung/erfuellen, zuletzt abgerufen: 4. 1. 2026.

Zwar werden auch hier die Ergebnisse der Verarbeitung als „unsichtbare" Steuerungssignale an das körperliche Produkt weitergeleitet, allerdings realisiert sich in der *Anzeige* der *Entscheidungsergebnisse* durch das körperliche Produkt keine *medizinische* Zweckbestimmung des *körperlichen Medizinprodukts*, sodass die *Software* die *medizinische* End-Zweckbestimmung i. S. d. Art. 2 Nr. 1 MP-VO erfüllt.

Da es ausweislich des Art. 2 Nr. 1 MP-VO jedoch unschädlich ist, wenn für die Erfüllung eine *Kombination* mit einem anderen Produkt bzw. Gegenstand erforderlich ist, steht dies der Qualifizierung der eingebetteten Entscheidungsunterstützungssoftware als eigenständiges Medizinprodukt nicht entgegen.

Sowohl bei der von den MDCG-Leitlinien 2019-11 als Medizinprodukt qualifizierten Software, die anhand der verarbeiteten medizinischen Daten einen Nahinfrarotlaserlichtscanner steuert, als auch bei der Software, die anhand der verarbeiteten medizinischen Daten eine Insulinpumpe steuert, tritt die *Erfüllung* der medizinischen Zweckbestimmung erst durch die Abgabe des Lasers/Insulins, durch den *Nahinfrarotlaserlichtscanner bzw. die Insulinpumpe* ein.

Der Ansatz der MDCG-Leitlinien 2019-11 ist daher nicht mit dem Wortlaut des Art. 2 Nr. 1 MP-VO vereinbar. Die dargestellten Beispiele sind, entgegen des Ansatzes der MDCG-Leitlinien 2019-11, jeweils nicht selbst als Medizinprodukt zu qualifizieren, weil sie übereinstimmend nicht *selbst* eine medizinische Zweckbestimmung erfüllen, sondern nur die medizinische Zweckbestimmung eines körperlichen Produkts ermöglichen.

*(2) Eingebettete Steuerungssoftware als Bestandteil oder Zubehör*

Da solche Formen von eingebetteter Software selbst keine medizinische Zweckbestimmung *erfüllen*, sondern nur die medizinische Funktionsweise eines körperlichen Produkts *ermöglichen*, wäre es erwägenswert, die eingebettete Software als Zubehör zum Medizinprodukt i. S. d. Art. 2 Nr. 2 MP-VO zu qualifizieren. Gemäß Art. 2 Nr. 2 MP-VO liegt ein Zubehör nämlich gerade dann vor, wenn ein Gegenstand dazu bestimmt ist, die medizinische Funktionsweise eines Medizinprodukts zu *ermöglichen* oder diese gezielt unmittelbar zu unterstützen ohne selbst Medizinprodukt zu sein.

„Zubehör" ist ausweislich des Art. 1 Abs. 4 MP-VO aus regulatorischer Sicht Medizinprodukten gleichgestellt, sodass die Software, auch bei der Qualifizierung als „Zubehör" i. S. d. Art. 2 Nr. 2 MP-VO, einer eigenen Konformitätsbewertungspflicht nach Art. 52 Abs. 1 MP-VO unterliegen würde, was wiederum zu der oben dargestellten, nicht gerechtfertigten, doppelten Konformitätsbewertungspflicht führen würde.

Die Definition des Zubehörs nach Art. 2 Nr. 2 MP-VO entspricht ihrem Inhalt nach dem Begriffsverständnis des § 97 BGB, mit der Maßgabe, dass es nicht auf den wirtschaftlichen Zweck und das räumliche Verhältnis, sondern vielmehr die subjektive Zweckbestimmung des Herstellers ankommt.[303]

Durch die Anlehnung an das Begriffsverständnis des § 97 BGB, ergibt sich noch ein weiterer Umstand: sofern ein Gegenstand als Zubehör i. S. d. Art. 2 Nr. 1 MP-VO zu qualifizieren ist, kann dieser nicht zugleich auch als Bestandteil eines Medizinprodukts zu qualifizieren sein.[304] Da die MP-VO einer Definition für den Begriff des „Bestandteils" ermangelt, stellt sich die Frage, wie die Zubehöreigenschaft i. S. d. Art. 2 Nr. 2 MP-VO von einem Bestandteil abgegrenzt werden kann. Obgleich auch im BGB eine Definition für den Begriff des Bestandteils fehlt, wurde der Begriff im Laufe der Zeit durch die Rechtsprechung konkretisiert.[305] Ein Gegenstand ist dann als „Bestandteil" einer einheitlichen Sache anzusehen, wenn er entweder von Natur aus eine einheitliche Sache bildet oder dergestalt mit einem anderen Gegenstand verbunden wird, dass die Gegenstände ihre Selbstständigkeit verlieren und – für die Dauer der Verbindung – nach der Verkehrsanschauung als einheitliche Sache erscheinen.[306]

Im Unterschied dazu liegt ein Zubehör i. S. d. § 97 BGB dann vor, wenn die körperlichen Gegenstände gerade keine Einheit bilden, sondern weiterhin als selbstständige Sachen anzusehen sehen sind.[307]

Hinsichtlich der rechtlichen Bewertung eines Kraftfahrzeugmotors hat der BGH entschieden, dass der Motor, der in ein Kraftfahrzeug eingebaut wurde, ab dem Zeitpunkt des Einbaus die frühere Eigenschaft als selbstständige Sache verliere und ab dem Zeitpunkt des Einbaus als Bestandteil des KfZ als einheitliche Sache anzusehen sei.[308] Daran ändere auch der Umstand nichts, dass die Verbindung leicht wieder gelöst werden könne, entscheidend sei vielmehr, dass das KfZ erst durch den Einbau seiner Zweckbestimmung entsprechend genutzt werden könne und der Motor der Zweckbestimmung des KfZ zugeführt würde.[309]

Ausweislich der Legaldefinition des Art. 2 Nr. 1 MP-VO geht der Unionsgesetzgeber im Rahmen der MP-VO von einem vergleichbaren Begriffsverständnis aus, so dass Zubehör nur die Gegenstände sein können, die nicht zugleich als Medizinprodukt zu qualifizieren sind. Mit der Formulierung des Art. 2 Nr. 2 MP-VO, dass der „Gegenstand" dazu bestimmt sein muss, „zusammen" mit einem Medizinprodukt „verwendet zu werden", bringt die Legaldefinition ferner zum Aus-

---

303 *Rehmann*/Wagner, MP-VO, Art. 2, Rn. 23.

304 *Rehmann*/Wagner, MP-VO, Art. 2, Rn. 23; vgl. zu § 97 BGB, *Stresemann*, in: MüKO BGB, Band 1, § 97 BGB, Rn. 6 f.

305 Vgl. hierzu *Mössner*, in: BeckOGK, § 93 BGB, Rn. 7 ff.

306 Hierzu bereits RGZ 158, 362, 370; BGH NJW 2012, 778, Rn. 11; zuletzt bestätigt auch durch BGH NJW 2022, 614, 616; *Mössner*, in: BeckOGK, § 93 BGB, Rn. 7 m. w. N.

307 *Stresemann*, in: MüKO BGB, Band 1, § 93 BGB, Rn. 2.

308 BGH NJW 1955, 1793; BGH NJW 1973, 1454.

309 BGH NJW 1955, 1793.

druck, dass es sich bei dem Gegenstand und dem Medizinprodukt um *keine* einheitliche Sache handeln kann.

Die Ausführungen zu § 97 BGB, können daher auch für die Abgrenzung des Bestandteils- und Zubehörbegriffes im Rahmen der MP-VO übertragen werden. Dies gilt gleichwohl mit der Maßgabe, dass ausweislich des Wortlautes „bestimmt ist" nicht die Verkehrsanschauung, sondern vielmehr die subjektive Zweckbestimmung des Herstellers entscheidend ist.[310]

Sofern der Hersteller die integrierte Software als Bestandteil des körperlichen Medizinprodukts, als eine Einheit in den Verkehr bringt, handelt es sich bei der Software um den „unsichtbaren Motor" und daher nur um einen Bestandteil eines *einheitlichen* Medizinproduktes.

Sofern die Software von dem Medizinprodukt getrennt in den Verkehr gegeben wird, handelt es sich hingegen nach der Bestimmung des Herstellers um eine selbstständige Sache, die dazu bestimmt ist, die Funktionsweise eines Medizinprodukts zu ermöglichen. Die Software wäre in letzterem Fall daher als „Zubehör" i. S. d. Art. 2 Nr. 2 MP-VO zu einem Medizinprodukt zu qualifizieren ist. Für eine Qualifizierung als Zubehör i. d. S. ist es jedoch nicht bereits ausreichend, dass eine integrierte Software, die als Einheit mit einem körperlichen Produkt in den Verkehr gegeben wurde, nur deshalb „räumlich" von dem Produkt getrennt ist, weil die „Integration" der Steuerungssoftware nur durch eine Netzwerkverbindung erfolgt. Entscheidend ist vielmehr, ob der Hersteller die Software dennoch als *einheitliches Medizinprodukt* mit dem körperlichen Medizinprodukt in den Verkehr bringt.

Dieses Ergebnis ist auch im Einklang mit Erwägungsgrund 19 MP-VO, der statuiert, dass die Qualifizierung von Software als Medizinprodukt oder Zubehör unabhängig von dem Ort und der Art der Verbindung mit dem Produkt sein muss.

*(3) Zwischenergebnis*

Obgleich dem Ansatz der MDCG-Leitlinien 2019-11 zuzuerkennen ist, dass auch in körperliche (Medizin-)Produkte eingebettete Software als eigenständige Medizinprodukte qualifiziert werden können, ist dies nur dann der Fall, wenn diese *selbst* eine medizinische End-Zweckbestimmung verfolgen, indem sie die verarbeiteten Ergebnisse anzeigen (Entscheidungsunterstützungssysteme). Nur in diesem Fall setzt die Software (ggf. in Kombination mit Anzeigegeräten) die medizinische Zweckbestimmung *selbstständig* in die Wirklichkeit um, erfüllt damit eine medizinische Zweckbestimmung i. S. d. Art. 2 Nr. 1 MP-VO.

Sofern die Software nicht selbst die medizinische Zweckbestimmung *erfüllt*, weil diese anhand der verarbeiteten medizinischen Daten die Funktionsweise eines körperlichen Produkts *ermöglicht*, ist diese – entgegen dem Ansatz der MDCG-Leitlinien 2019-11 – nicht selbst als Medizinprodukt i. S. d. Art. 2 Nr. 1 MP-VO zu

[310] *Rehmann*/Wagner, MP-VO, Rn. 23.

qualifizieren, weil sie der funktionalen Zweckbestimmung des körperlichen Produktes zugeführt wird, selbst aber keine eigene medizinische Zweckbestimmung verfolgt. In Abhängigkeit der subjektiven Zweckbestimmung des Herstellers ist solche Software entweder als *Bestandteil* oder als *Zubehör* i. S. d. Art. 2 Nr. 2 MP-VO zum Medizinprodukt zu qualifizieren, weil diese nicht selbst die Voraussetzungen des Art. 2 Nr. 2 MP-VO erfüllt.

#### bb) Folgen für die Konformitätsbewertungspflicht

Für einen entsprechenden Auslegungsansatz spricht auch, dass dadurch die oben dargelegte Folge des Ansatzes der MDCG-Leitlinien 2019-11, nämlich die nicht gerechtfertigten Trennung der Konformitätsbewertungsverfahren für die Software und das körperliche Produkt, die gemeinsam als *einheitliches Produkt* in den Verkehr gegeben, verhindert werden kann.[311]

Eine Konformitätsbewertungspflicht wird nur für „Produkte", und damit Medizinprodukte, Zubehör oder Produkte i. S. d. Anhangs XVI MP-VO, ausgelöst. Sofern – dem Ansatz dieser Arbeit folgend – eingebettete Software, die als *Einheit* mit dem körperlichen Produkt in den Verkehr gegeben wird, um dessen Funktionsweise zu steuern, als bloßer *Bestandteil* des körperlichen Produkts zu qualifizieren wäre, würde nur für das Gesamt-Medizinprodukt *eine* Konformitätsbewertungspflicht gem. Art. 52 Abs. 1 MP-VO bestehen, in dessen Rahmen sodann die Konformität der Bestandteilsoftware mitüberprüft werden müsste. Dies würde das sicherheits- und verfassungsrechtlich nicht gerechtfertigte Ergebnis einer doppelten Konformitätsbewertung vermeiden und auch verhindern, dass die künstlich vorgenommene Trennung für die Zwecke einer gemeinsamen Konformitätsbewertung wieder derogiert werden müsste.[312]

Nur für den Fall, dass die eingebettete Software, die anhand der verarbeiteten medizinischen Daten die medizinische Funktionsweise eines körperlichen Produkts ermöglicht[313], nach Maßgabe des Herstellers nicht als *Einheit* mit dem gesteuerten Medizinprodukt in den Verkehr gegeben wird, wäre diese nicht als Bestandteil des Medizinprodukts zu qualifizieren, sondern würde sie vielmehr als „Zubehör" einer eigenen Konformitätsbewertungspflicht nach Art. 52 Abs. 1 MP-VO unterliegen.

---

[311] Vgl. dafür, dass der Ansatz der MDCG-Leitlinien 2019-11 zur Folge hat, dass die eingebettete Software neben dem körperlichen Produkt als eigenständiges Medizinprodukt zu qualifizieren ist, was dazu führt, dass für beide Einheiten ein eigenständiges Konformitätsbewertungsverfahren durchgeführt werden müsste. Eine entsprechende Derogation der regulatorischen Trennung zum Zwecke einer einheitlichen Konformitätsbewertung ist nicht möglich, Kap. 2, B., II., 2., a).

[312] Vgl. hierzu bereits ausführlich Kap. 2, B., II., 2., a).

[313] Gemeint ist Software, die medizinische Daten verarbeitet, um die medizinische Funktion eines körperlichen Medizinprodukts zu steuern. Damit bezieht sich diese Softwareform auf die Beispiele in Notiz 2 der MDCG-Leitlinien 2019-11, S. 7.

Zu einem anderen Ergebnis würde es nur dann kommen, wenn der Hersteller ein bereits im Markt befindliches Medizinprodukt nachträglich mit der Zubehörsoftware, die dessen Funktionsweise steuern soll, verbindet, das initial nicht zu einer solchen Verbindung bestimmt war. In diesem Fall könnte das durch die Verbindung entstehende Gesamt-Konstrukt, als System oder Behandlungseinheit qualifiziert werden, was sodann dazu führen würde, dass Art. 22 Abs. 4 MP-VO anwendbar wäre und das entstehende Gesamtprodukt als einheitliches Produkt einem einheitlichen Konformitätsbewertungsverfahren unterworfen werden müsste.[314]

### cc) Folgen des Ansatzes für die Risikoklassifizierung

Für einen entsprechenden Auslegungsansatz spricht ferner, dass dieser Ansatz auch zu einem gerechtfertigten Risikoklassifizierungssystem führen würde.

#### *(1) Einheitliche Risikoklassifizierung für ein einheitliches Medizinprodukt*

Aus der Durchführungsregel 3.5 Anhang VIII MP-VO ergibt sich, dass für „ein und dasselbe Produkt" mehrere Klassifizierungsregeln anwendbar sein können.

Da nach der hier vertretenen Auffassung eingebettete Software, sofern diese als Einheit mit dem körperlichen Produkt in den Verkehr gegeben wird, auch dann nicht als eigenständiges Medizinprodukt zu qualifizieren ist, wenn sie medizinische Daten verarbeitet, wäre auf das einheitliche *Gesamtmedizinprodukt* nunmehr[315] Durchführungsregel 3.5 Anhang VIII MP-VO anwendbar, weil es sich um „ein und dasselbe" Produkt handelt. Dies würde eigentlich dazu führen, dass sofern für das aus der Software und dem körperlichen Produkt bestehende Gesamt-Medizinprodukt mehrerer Regeln oder Unterregeln anwendbar wären, die strengste Regel maßgeblich wäre. Dies würde dazu führen, dass neben der Risikoklassifizierungsregel, die für die körperliche Komponente, also etwa die Insulinpumpe, einschlägig wäre, *zusätzlich* Regel 11 Anhang VIII MP-VO anzuwenden wäre, die die Risikoträchtigkeit der Software*komponente* zum Ausdruck bringt.[316] Die Anwendung der Durchführungsregel 3.5 Anhang VIII MP-VO würde sodann dazu führen, dass die Risikoklassifizierungsregel maßgeblich wäre, die die höchste Risikoklasse zur Folge hätte.

---

[314] So auch im Zusammenhang mit dem MPG, *Most*, MPJ 2015, 19, 24; vgl. zu den Voraussetzungen des Art. 22 Abs. 4 MP-VO, Kap. 2, B., II., 2., a), dd), (2).

[315] Obgleich auch die MDCG-Leitlinien 2019-11 die Durchführungsregel 3.5 MP-VO anwenden wollen, scheitert der Ansatz der MDCG-Leitlinien 2019-11 jedoch bereits daran, dass nach dem Ansatz der MDCG-Leitlinien 2019-11 nicht „ein und dasselbe" Produkt vorliegt, sondern die eingebettete Software und das körperliche Medizinprodukt vielmehr als zwei Medizinprodukte zu qualifizieren sind, Kap. 2, B., II., 2., a), bb).

[316] Dies entspricht dem Ansatz der MDCG-Leitlinien 2019-11, der jedoch bereits daran scheiterte, dass nach dem Ansatz der MDCG-Leitlinien 2019-11 nicht „ein und dasselbe" Produkt vorliegt, Kap. 2, B., II., 2., a), bb).

Etwas anderes ergibt sich jedoch aus der Durchführungsregel 3.3 UAbs. 1 Anhang VIII MP-VO. Speziell für Software, die „ein Produkt steuert oder dessen Anwendung beeinflusst“, sieht sie vielmehr vor, dass diese *derselben* Risikoklasse zuzurechnen ist wie das gesteuerte Produkt.

Daher ist die Durchführungsregel 3.3 UAbs. 1 Anhang VIII MP-VO eine *Abweichung* von dem Grundsatz der Durchführungsregel 3.5 Anhang VIII MP-VO, sodass Risikoklassifizierungsregel 11 Anhang VIII MP-VO *gerade* keine risikoerhöhende Wirkung zukommt und sich die Risikoklasse *ausschließlich* nach dem körperlichen Produkt richtet.

Alternativ könnte die Durchführungsregel 3.3 UAbs. 1 Anhang VIII MP-VO – dem Ansatz der MDCG-Leitlinien 2019-11 folgend – jedoch so ausgelegt werden, dass diese nur grundsätzlich festlegt, dass die Risikoklasse des körperlichen Medizinprodukts maßgeblich ist, während in einem zweiten Schritt zu beurteilen wäre, ob die Risikoklassifizierungsregel 11 sich durch die Anwendung der Durchführungsregel 3.5 Anhang VIII MP-VO risikoerhöhend auswirken kann.[317] Dem Ansatz steht nunmehr nicht mehr der Umstand entgegen, dass es sich nicht um „ein und dasselbe“ Produkt handelt.[318] Gleichwohl steht dieser Auslegung die sodann infrage zu stellende Regelungsnotwendigkeit der Durchführungsregel 3.3 UAbs. 1 Anhang VIII MP-VO entgegen, da für „ein und dasselbe“ Medizinprodukt auch bei isolierter Anwendung der Durchführungsregel 3.5 Anhang VIII MP-VO stets die strengste Regel gelten würde.

Ferner lässt auch der Wortlaut der Durchführungsregel 3.3 UAbs. 1 Anhang VIII MP-VO nicht erkennen, dass es sich bei der Regelung nur um einen Grundsatz handelt, von dem abgewichen werden kann. Vielmehr legt die Formulierung „wird“ nahe, dass der Regel ein abschließender Regelungscharakter zukommt, die für solche Software daher immer vorsieht, dass die Software derselben Klasse des körperlichen Produkts zugerechnet wird.

Daher muss es bei dem oben aufgeführten Auslegungsergebnis bleiben, dass die Durchführungsregel 3.3 UAbs. 1 Anhang VIII MP-VO für Software, die medizinische Daten verarbeitet, um die Funktion eines körperlichen Produkts zu ermöglichen, in Abweichung von der Durchführungsregel 3.5 Anhang VIII MP-VO gerade *nicht* zusätzlich Risikoklassifizierungsregel 11 anwendbar ist, sondern gem. Durchführungsregel 3.3 UAbs. 1 Anhang VIII MP-VO *ausschließlich* die Risikoklassifizierungsregel des körperlichen Produkts maßgeblich ist, dessen Funktionsweise die Software ermöglicht.

Dieses Auslegungsergebnis vermag zunächst teleologisch nicht gerechtfertigt erscheinen, weil die Risiken der eingebetteten Software*komponente* im Rahmen der

---

[317] Vgl. zum Ansatz der MDCG-Leitlinien 2019-11, Kap. 2, B., II., 2., a).

[318] Dies entspricht dem Ansatz der MDCG-Leitlinien 2019-11, der jedoch bereits daran scheiterte, dass nach dem Ansatz der MDCG-Leitlinien 2019-11 nicht „ein und dasselbe“ Produkt vorliegt, Kap. 2, B., II., 2., a), bb).

Risikoklassifizierung des Gesamtmedizinprodukts nicht risikoerhöhend berücksichtigt werden können. Bei einer genaueren Betrachtung kommt gleichwohl das insofern gerechtfertigte Telos der Durchführungsregel 3.3 Anhang VIII MP-VO zum Vorschein: Der Grad der Risikoträchtigkeit muss sich ausweislich des Erwägungsgrundes 58 MP-VO danach bestimmen, inwieweit das Medizinprodukt dazu geeignet ist, den menschlichen Körper zu *verletzen*.[319] Der menschliche Körper kann jedoch bei einer *unkörperlichen* Steuerungssoftware nicht durch die Software, sondern erst durch die *Umsetzung* der Ergebnisse durch das körperliche Produkt verletzt werden. Sofern die Steuerungssoftware eine falsche *Angabe der Menge des abzugebenden Insulins* macht, realisiert sich die Gefahr nämlich erst dadurch, dass das Medizinprodukt das Insulin an den Patienten *abgibt*.

Daher kann sich die Art der Gefahr für den menschlichen Körper und damit auch die Risikoträchtigkeit, bei einem körperlichen Medizinprodukt, dessen Anwendung durch eine eingebettete Software gesteuert wird, nur danach bestimmen lassen, „wie" die Entscheidung in der Umgebung umgesetzt wird.

Die einheitliche Betrachtung, der eingebetteten Software und des körperlichen Gegenstandes als ein *Gesamt*medizinprodukt, führt daher zu dem gerechtfertigten Ergebnis, dass gem. Durchführungsregel 3.3 Anhang VIII MP-VO die integrierte Steuerungssoftware – als Bestandteil des Produkts – auch in die Risikoklasse des körperlichen Produkts fällt, ohne dass Regel 11 Anhang VIII MP-VO zur Anwendung gelangt.

*(2) Unanwendbarkeit der Regel 11 auf Steuerungssoftware*

Etwas anderes gilt jedoch dann, wenn die KI-basierte Software nur deshalb in ein körperliches Medizinprodukt eingebettet ist, weil sie das körperliche Produkt als Eingabekomponente ansteuert, um darüber Daten aufzunehmen oder als Ausgabekomponente ansteuert, um die Entscheidungsergebnisse als Alarm oder als Information auf einem Bildschirm anzeigen zu lassen. In diesem Fall ermöglicht die Software nicht nur durch die Verarbeitung die medizinische Funktionsweise des körperlichen Medizinprodukts, sondern erfüllt vielmehr selbst eine medizinische Zweckbestimmung, indem sie medizinische Daten verarbeitet, deren Ergebnisse unmittelbar angezeigt werden, und dadurch der *Unterstützung* einer medizinischen Entscheidung dient (sog. *Entscheidungsunterstützungssystem*).

In diesem Fall geht von der eingebetteten Software nämlich die eigenständige Gefahr aus, dass durch die Präsentation fehlerhafter Entscheidungsergebnisse dieser Fehler in den darauf basierenden Entscheidungen der menschlichen Entscheidungsträger übernommen wird.

Daher ist die Fehlerhaftigkeit des Entscheidungsergebnisses der Software *unabhängig* von der Gefahr, die für den menschlichen Körper etwa aus der Tatsache

[319] Vgl. hierfür Erwägungsgrund 58, VO (EU) 2017/745, ABl. 2017/L117, S. 8.

resultiert, dass das körperliche Medizinprodukt, welches die Software als Eingabekomponente ansteuert, *invasiv* ist.

Daher würde eine Anwendung der Durchführungsregel 3.3 UAbs. 1 Anhang VIII MP-VO auf Entscheidungs*unterstützungs*software, die ein anderes Medizinprodukt nur zur Aufnahme von Eingabedaten oder der Präsentation von Entscheidungsergebnissen ansteuert, zu dem nicht gerechtfertigten Ergebnis führen, dass diese in dieselbe Risikoklasse des gesteuerten Medizinprodukts fallen würde.

Gleichwohl könnte der Anwendungsbereich der Durchführungsregel 3.3 UAbs. 1 Anhang VIII MP-VO auch mittelbar durch den Anwendungsbereich der Durchführungsregel 3.3 UAbs. 2 Anhang VIII MP-VO eingeschränkt werden. Gemäß Durchführungsregel 3.3 UAbs. 2 Anhang VIII MP-VO ist Software nämlich dann für sich allein zu klassifizieren, wenn sie von „anderen Produkten *unabhängig*“ ist.[320] Im Einklang mit der hier vertretenen Auffassung auf Ebene der Qualifizierung könnte der Begriff der „Unabhängigkeit“ i. S. d. Durchführungsregel 3.3 UAbs. 2 MP-VO daher so auszulegen sein, dass die Software selbst (und damit „unabhängig“) in der Lage sein muss, eine medizinische End-Zweckbestimmung zu *erfüllen*.

Dafür spricht auch, dass dies zu dem gerechtfertigten Ergebnis führen würde, dass Entscheidungsunterstützungssoftware gem. Durchführungsregel 3.3 UAbs. 2 Anhang VIII MP-VO selbst dann für sich allein zu klassifizieren wäre, wenn diese in ein anderes Medizinprodukt integriert ist, um darüber Daten aufzunehmen oder die Ergebnisse anzuzeigen. Denn dadurch, dass die Software *selbst* Ergebnisse präsentiert, *erfüllt* sie auch *selbst* die medizinische End-Zweckbestimmung und ist daher von anderen Produkten unabhängig. Das durch die Einschränkung der Durchführungsregel 3.3 UAbs. 1 MP-VO entstehende Auslegungsergebnis scheint auch im Einklang mit Erwägungsgrund 19 MP-VO zu sein, wonach der Ort und die Art der Verbindung von der Qualifizierung als Medizinprodukt unabhängig ist, sofern durch die *Verarbeitung* von der Software *als solche* eine medizinische Zweckbestimmung erfüllt wird.

Die Durchführungsregel 3.3 Anhang VIII MP-VO wäre sodann als Äquivalent des Erwägungsgrundes 19 MP-VO zu verstehen, wonach Entscheidungsunterstützungssoftware auch dann für sich allein zu klassifizieren ist, wenn sie in körperliche Produkte integriert ist, um diese als Eingabekomponenten anzusteuern, sofern sie *selbst* und damit „unabhängig“ von anderen Produkten die medizinische Zweckbestimmung erfüllt.

Nur so kann sichergestellt werden, dass etwa die Invasivität des Produkts, das die Entscheidungsunterstützungssoftware als Eingabekomponente verwendet, sich nicht auf die Risikoträchtigkeit der Medizinprodukte-Entscheidungsunterstüt-

[320] Vgl. hierfür den Wortlaut der Durchführungsregel 3.3 UAbs. 2 Anhang VIII MP-VO (Hervorhebung hinzugefügt).

zungssoftware auswirkt, da die Frage, ob die Information risikoträchtig ist, von der Risikoträchtigkeit des körperlichen Produkts unabhängig ist.

*(3) Bestätigung durch die Anlehnung an den Ansatz der IMDRF*

Das Auslegungsergebnis würde dazu führen, dass Regel 11 Anhang VIII MP-VO ausschließlich auf Entscheidungsunterstützungssysteme anwendbar ist. Vor diesem Hintergrund würde es einer solchen Auslegung von vornherein entgegenstehen, wenn der Unionsgesetzgeber in Regel 11 Anhang VIII MP-VO von einem weiteren Anwendungsbereich ausgehen würde.

Das dies nicht der Fall ist, kann durch die Anlehnung der Regel 11 Anhang VIII MP-VO an die Leitlinie der IMDRF bestätigt werden, die die MP-VO ausweislich des Erwägungsgrundes 5 MP-VO so weit möglich zu berücksichtigen intendierte.[321]

Für die Klassifizierung von Medizinprodukte-Software veröffentlichte die IMDRF das Dokument „Software as a Medical Device: Possible Framework for Risk Categorization and Corresponding Considerations“, das ausweislich der MDCG-Leitlinien 2019-11 in dem Risikoklassifizierungssystem der Regel 11 widergespiegelt werden sollte.[322] Obgleich Regel 11 das System der IMDRF nicht vollständig übernahm, lässt sich der Risikoklassifizierungsansatz der IMDRF „im Kern“ noch erkennen.[323]

Der Anwendungsbereich des Risikoklassifizierungssystems der IMDRF beschränkte sich allerdings von vornherein ausschließlich auf „Software as a Medical Device (SaMD)“.[324]

Eine Qualifizierung als SaMD lehnt die IMDRF von vornherein dann ab, wenn die Software, unabhängig davon, ob sie körperlich oder unkörperlich in ein Medizinprodukt integriert ist, als *Bestandteil eines körperlichen Medizinprodukts* dazu bestimmt ist, die *medizinische Funktion des Hardware-Medizinprodukts* zu *ermöglichen.*[325]

Im Unterschied dazu sei Software, bei der die Verbindung zu einem anderen Hardware-Medizinprodukten dazu diene, dass die Hardware die *Funktion der*

[321] Vgl. für die Anlehnung der Regel 11 Anhang VIII MP-VO an den Risikoklassifizierungsansatz der IMDRF, MDCG-Leitlinien 2019-11, S. 12

[322] MDCG-Leitlinien 2019-11, S. 14; vgl. hierfür *IMDRF*, Software as a Medical Device: Possible Framework for Risk Categorization and Corresponding Considerations, abrufbar unter: siehe Quellenangaben.

[323] *Gassner*, MPR 2016, 109, 112.

[324] *IMDRF*, Software as a Medical Device: Possible Framework for Risk Categorization and Corresponding Considerations, S. 5, abrufbar unter: siehe Quellenangaben.

[325] Vgl. hierfür die Beispiele, für Software, die die IMDRF nicht als „SaMD“ qualifizieren will, *IMDRF*, Software as a Medical Device: Possible Framework for Risk Categorization and Corresponding Considerations, S. 28 f.; abrufbar unter: siehe Quellenangaben.

*Software* ermöglicht, weil durch die Steuerung des Medizinprodukts lediglich Input-Daten aufgenommen würden, selbst als SaMD zu qualifizieren.[326]

Damit ging jedenfalls der Ansatz der IMDRF – übereinstimmend mit dem Ansatz dieser Arbeit[327] und in Abweichung von dem Ansatz der MDCG-Leitlinien 2019-11[328] – davon aus, dass nur Entscheidungsunterstützungssysteme, unabhängig davon, ob diese allein oder körperlich in ein Medizinprodukt integriert in den Verkehr gegeben werden, *selbst* als Medizinprodukt qualifiziert werden könnten.

Daher gilt das von der IMDRF vorgestellte Risikoklassifizierungssystem von vornherein *ausschließlich* für *Entscheidungsunterstützungssysteme.*[329]

Sofern Regel 11 MP-VO das Risikoklassifizierungssystem der IMDRF vollständig übernommen hätte, wäre diese Regel also nur für Entscheidungsunterstützungssysteme anwendbar, was die regulatorische Einordnung dieser Arbeit, von Steuerungssoftware als Zubehör oder Bestandteil und daher – entgegen den MDCG-Leitlinien 2019-11 – nicht als Medizinprodukt, untermauern würde.

Obgleich eine Angleichung des Risikoklassifizierungskonzepts der Regel 11 MP-VO an den Vorschlag der IMDRF vom Unionsgesetzgeber mit der MP-VO intendiert wurde, machte dieser zugleich auch deutlich, dass keine vorbehaltslose Übernahme erfolgen müsse.[330] Vielmehr seien die Leitlinien ausweislich des Erwägungsgrunds 5 MP-VO nur „soweit möglich" zu übernehmen. Eine „sklavische Orientierung" an dem Risikoklassifizierungssystem ist daher nicht unbedingt notwendig.[331]

Folglich könnte der Verordnungsgeber mit der Regel 11 auch gerade insofern von dem Risikoklassifizierungssystem IMDRF abgewichen sein, als die Regel 11 nicht nur auf *Entscheidungsunterstützungs*software anwendbar ist, sondern auch für solche Software, deren Funktion darin besteht, die Funktionsweise eines anderen Produkts zu steuern bzw. dessen Anwendung zu beeinflussen.

Zwar spricht Regel 11 UAbs. 1 allgemein von „Software", gleichwohl bezieht sich Regel 11 UAbs. 1 MP-VO auf solche Software, „die dazu bestimmt ist, *Informationen zu liefern*".[332] Obgleich jede Software Informationen verarbeitet, liegt die Zweckbestimmung von Steuerungssoftware nicht darin „Informationen zu liefern", sondern darin ein körperliches Produkt zu steuern, sodass bereits der Wortlaut na-

---

[326] *IMDRF*, Software as a Medical Device: Possible Framework for Risk Categorization and Corresponding Considerations, S. 5, abrufbar unter: siehe Quellenangaben.

[327] Vgl. hierzu bereits ausführlich Kap. 2, B., II., 2., b).

[328] Vgl. hierzu bereits ausführlich Kap. 2, B., II., 2., a).

[329] *IMDRF*, Software as a Medical Device: Possible Framework for Risk Categorization and Corresponding Considerations, S. 28, abrufbar unter: siehe Quellenangaben.

[330] *Gassner/Schreiegg*, MPR 2019, 198, 200.

[331] So die Formulierung von *Gassner/Schreiegg*, MPR 2019, 198, 200.

[332] Vgl. hierfür den Wortlaut der Regel 11 UAbs. 1 Anhang VIII MP-VO (Hervorhebung hinzugefügt).

helegt, dass Regel 11 UAbs. 1 MP-VO sich nur auf Entscheidungsunterstützungs-, nicht jedoch Steuerungssoftware bezieht.[333]

Zudem statuiert Regel 11 UAbs. 1 MP-VO einschränkend weiter, dass es sich um ein System handeln muss, das Informationen produziert, die *„zu Entscheidungen* für diagnostische oder therapeutische Zwecke *herangezogen werden*".[334] Da der Wortlaut der Regel 11 UAbs. 1 MP-VO nur solche Software betrifft, die die medizinischen Entscheidungen nicht selbst *umsetzt*, ist Steuerungssoftware jedenfalls von Regel 11 UAbs. 1 MP-VO nicht erfasst.

Obgleich Regel 11 UAbs. 2 MP-VO Software erfasst, „die für die Kontrolle von physiologischen Prozessen bestimmt ist" und daher nahelegt, dass auch Steuerungssoftware vom Anwendungsbereich der Regel 11 UAbs. 2 MP-VO erfasst sein könnte, lässt der Wortlaut der Regel 11 UAbs. 2 MP-VO andererseits nicht erkennen, dass die Software neben der „Kontrolle" auch die Fähigkeit besitzen muss, bei als zu niedrig identifizierten Werten eine Anpassung durch eine Steuerung eines körperlichen Produkts vornehmen zu müssen.

Selbst wenn Regel 11 UAbs. 2 MP-VO dem Wortlaut nach auch auf Steuerungssoftware anwendbar wäre, spräche gegen eine Anwendbarkeit ein teleologisches Argument. Eine Einordnung solcher Steuerungssoftware in Regel 11 UAbs. 2 MP-VO würde dazu führen, dass die Steuerungssoftware höchstens in Risikoklasse IIb fallen würde, während Entscheidungsunterstützungssoftware nach Regel 11 UAbs. 1 MP-VO auch in die Risikoklasse III fallen könnte. Wegen des mit dem höheren Automatisierungsgrad einhergehenden steigenden Risikos würde durch die Risikoklasse der Verlust der menschlichen Kontrolle nicht angemessen widergespiegelt werden.

Dieses Auslegungsergebnis wäre ferner mit der Existenz der Risikoklassifizierungsregel 22 MP-VO nicht vereinbar, wonach „aktiv therapeutische Produkte mit *integrierter und eingebauter diagnostischer Funktion*, die das Patientenmanagement durch das Produkt erheblich bestimmt, wie etwa geschlossene Regelsysteme oder automatische externe Defibrillatoren" in Risikoklasse III fallen.[335]

Aus der Gesamtkonzeption der Klassifizierungsregeln ergibt sich daher, dass der Gesetzgeber mit Regel 11 MP-VO gerade nicht von dem Ansatz der IMDRF abweichen wollte, weshalb Regel 11 Anhang VIII MP-VO *ausschließlich* auf *Entscheidungsunterstützungs*software anwendbar ist. Dies ist vor dem Hintergrund, dass die

[333] Vgl. hierfür den Wortlaut der Regel 11 UAbs. 1 Anhang VIII MP-VO (Hervorhebung hinzugefügt).

[334] Vgl. hierfür die deutsche Sprachfassung der Regel 11 UAbs. 1 MP-VO (Hervorhebung hinzugefügt); die englische Sprachfassung spricht von Software, die dazu bestimmt ist Informationen zu liefern „which is used to take decisions with diagnosis or therapeutic purposes"; die französische Sprachfassung spricht von „Les logiciels destinés à fournir des informations utilisées pour prendre des décisions à des fins thérapeutiques ou diagnostiques relèvent de la classe IIa, sauf si ces décisions ont une incidence susceptible de causer".

[335] Vgl. hierfür Regel 22 Anhang VIII MP-VO (Hervorhebung hinzugefügt).

Risikoträchtigkeit stets von der Art und Weise, wie die medizinische Zwecksetzung in der Umgebung umgesetzt und damit *erfüllt* wird, auch gerechtfertigt.

#### dd) Keine sicherheitsrechtlichen Regelungslücken

Dem Auslegungsansatz, dass eingebettete Software als Bestandteil eines *einheitlichen* Medizinprodukts – entgegen des Ansatzes der MDCG-Leitlinien 2019-11 – auch dann nicht als eigenständiges Medizinprodukt zu qualifizieren ist, wenn sie medizinische Daten verarbeitet, um die medizinische Funktionsweise eines körperlichen Produkts zu ermöglichen, können ferner auch nicht drohende sicherheitsrechtlichen Regelungslücken entgegengehalten werden.

Zu beachten ist nämlich, dass die Anforderungen, die Anhang I Abschnitt 17 MP-VO an die „Software" stellt, sowohl für „*Produkte* in Form einer Software" anwendbar ist als auch für Produkte, „zu deren *Bestandteilen* programmierbare Elektroniksysteme, einschließlich *Software* gehören".[336]

Ferner wird ein körperliches Produkt, welches von einer eingebetteten Software anhand der zuvor verarbeiteten medizinischen Daten gesteuert wird, auch als Produkt mit „Diagnosefunktion" i. S. d. Anhangs I Abschnitt 15.1 MP-VO zu qualifizieren sein. Für solche Produkte gilt gem. Anhang I Abschnitt 15.1 MP-VO die Pflicht, dass das Produkt so auszulegen und herzustellen ist, „dass auf der Grundlage geeigneter wissenschaftlicher und technischer Verfahren ausreichende Genauigkeit, Präzision und Stabilität für die Zweckbestimmung des Produkts gewährleistet sind. Der Hersteller gibt die Genauigkeitsgrenzen an", die weiterhin für das Gesamtprodukt und damit auch die *Bestandteil*steuerungssoftware anwendbar sind.

Es besteht daher auch aus sicherheitsrechtlichen Gesichtspunkten keine Notwendigkeit, dem Ansatz der MDCG-Leitlinien 2019-11[337] zu folgen und eingebettete Software, die medizinische Daten verarbeitet, um eine medizinische Funktion eines anderen Produkts zu ermöglichen, selbst als Medizinprodukt i. S. d. Art. 2 Nr. 1 MP-VO zu qualifizieren.

#### ee) Erwägungsgrund 19 MP-VO

Dass die MP-VO die Qualifizierung von Software als Medizinprodukt insgesamt an die Definition der IMDRF anlehnt, wird ferner auch durch Erwägungsgrund 19 MP-VO bestärkt, worin der Unionsgesetzgeber betont, dass die Qualifizierung von Software als Medizinprodukt oder Zubehör nicht von dem Ort und der Art der Verbindung von einem anderen Produkt abhängig ist.

---

[336] Vgl. hierfür Anhang I Abschnitt 17 MP-VO (Hervorhebung hinzugefügt).

[337] Vgl. für eine Darstellung des Ansatzes der MDCG-Leitlinien 2019-11, Kap. 2, B., II., 2., a).

Damit ist jedoch, wie umfassend dargelegt wurde, nicht gemeint, wie die MDCG-Leitlinien 2019-11 annehmen, dass die Software auch dann als eigenständiges Medizinprodukt zu qualifizieren ist, wenn diese zum Zwecke der Steuerung der medizinischen Funktion des Hardware-Medizinprodukts medizinische Daten verarbeitet.[338] Vielmehr meint der Gesetzgeber damit, dass, im Einklang mit dem Verständnis der IMDRF, für den Begriff des SaMD, eine Software nur dann als Medizinprodukte zu qualifizieren ist, wenn die Software *selbst* die medizinische Zweckbestimmung *erfüllt*, indem durch die Verarbeitung Informationen produziert werden, die direkt präsentiert werden und die Software dadurch *selbst* eine medizinische Zweckbestimmung *erfüllt*. Entscheidend ist daher, ob die Medizinprodukte-Software (*selbstständig*) die medizinische (End-)Zweckbestimmung verfolgt oder *nur* die medizinische Zweckbestimmung eines anderen Produkts *ermöglicht*.

Dadurch wird gewährleistet, dass auch Software, die körperlich als Bestandteil in ein anderes Medizinprodukt integriert ist, selbst als Medizinprodukt qualifiziert werden kann, wenn die Funktion der Software *nicht* in der Steuerung der *medizinischen* Funktion eines anderen Produkts besteht, sondern in der *Präsentation* von medizinischen Entscheidungsergebnissen.

### 3. Zwischenergebnis

Zusammenfassend ergibt sich daher, dass eine Software ausschließlich dann als eigenständiges Medizinprodukt i. S. d. Art. 2 Nr. 1 MP-VO zu qualifizieren ist, wenn diese *selbst* eine medizinische Zweckbestimmung *erfüllt*. Da eine Software, die die medizinische Funktionsweise eines körperlichen Produkts, anhand verarbeiteter medizinischer Daten, nur der medizinischen Funktionsweise des körperlichen Medizinprodukts zugeführt wird, ist diese nicht selbst als Medizinprodukt, sondern – in Abhängigkeit der subjektiven Bestimmung des Herstellers – nur als Bestandteil oder Zubehör des Medizinprodukts zu qualifizieren. Etwas anderes gilt nur dann, wenn die Software nur deshalb in das körperliche Produkt integriert ist, um darüber Daten aufzunehmen oder Ergebnisse anzeigen zu lassen. In diesem Fall erfüllt die Software als solches eine medizinische Zweckbestimmung und ist daher auch selbst als Medizinprodukt i. S. d. Art. 2 Nr. 1 MP-VO zu qualifizieren.

[338] Vgl. für eine umfassende Begründung dafür, dass der Ansatz der MDCG-Leitlinien 2019-11 (vgl. für eine Darstellung des Ansatzes, Kap. 2, B., II., 2., a) nicht zu überzeugen vermag, Kap. 2, B., II., 2., b)).

### III. Auswirkung der Unterscheidung zwischen einer Software und Systemen

In dem Wortlaut des Art. 2 Nr. 1 MP-VO findet sich derzeit keine eigenständige Produktkategorie für „System(e) der künstlichen Intelligenz" i. S. d. Art. 3 Nr. 1 KI-VO.

Dennoch scheint weit überwiegend Einigkeit zu bestehen, dass auch KI-basierte Systeme unter die Produktkategorie der „Software" nach Art. 2 Nr. 1 MP-VO fallen.[339] Als Begründung hierfür wird vor allem angeführt, dass für KI-basierte Software kein anderer Regulierungsmaßstab gelten dürfe als für „herkömmliche" Software.[340]

Fraglich ist jedoch, wie sich das oben aufgezeigte Ergebnis, dass es sich bei Systemen der künstlichen Intelligenz i. S. d. Art. 3 Nr. 1 KI-VO gerade nicht nur um „eine" Software, sondern vielmehr ein *System* handelt, welches aus unterschiedlichen Software- und ggf. auch Hardware*komponenten* bestehen kann, auf die Zuordnung zu der Software-Produktkategorie des Art. 2 Nr. 1 MP-VO auswirkt.[341]

Allerdings scheint „Software" nicht im informatischen Sinne verstanden zu werden, sondern bereits *de lege lata* auch wissensbasierte Systeme zu erfassen. Zu beachten ist nämlich, dass es sich bei Software nur dann um ein Medizinprodukt i. S. d. Art. 2 Nr. 1 MP-VO handelt, wenn die „Software" nach der subjektiven Zweckbestimmung des Herstellers einen der in Art. 2 Nr. 1 MP-VO genannten medizinischen Zwecke verfolgt.[342] Dies wäre jedoch dann abzulehnen, wenn die Software nur zur Sammlung, Archivierung oder Übertragung von Daten bestimmt ist. Erforderlich ist vielmehr, dass die medizinischen Daten für einen der in Art. 2 Nr. 1 MP-VO genannten Zwecke verarbeitet und modifiziert werden. Ausweislich der Risikoklassifizierungsregel 11 Anhang VIII MP-VO ist das jedenfalls dann der Fall, wenn eine Software, medizinische Daten zu einer Schlussfolgerung verarbeitet, um einen menschlichen Entscheidungsträger bei der Entscheidungsfindung zu unterstützen. Eine solche Automatisierung der Schlussfolgerung ist jedoch bei „herkömmlicher" Software nicht möglich, weil diese auf einem „anwendungsba-

---

339 Vgl. so etwa *Heil*, MPR 2022, 1, 6; *Thiermann/Böck*, RDi 2022, 333, 334 f.; *Helle*, MedR 2020, 993, 994; *Gassner*, MPR 2021, 41, 42; *Saliba*, in: Festschrift Gassner, S. 494; *Stief/Pisani*, in: Festschrift Gassner, S. 471; kritisch *Gassner/Schreiegg*, MPR 2019, 198, 200, die bezweifeln, dass diese „unterkomplexe" Definition geeignet wäre, die Spezifika von KI-basierter Software regulatorisch zu berücksichtigen.

340 So *Gassner*, MPR 2021, 41, 42; *Heil*, MPR 2022, 1, 6.

341 Zu den Schwächen des Kommissionsentwurfes im Hinblick auf die Beschränkung des Systembegriffes auf „eine" Software, Kap. 2, A., I.

342 Zu den Voraussetzungen, unter denen ein KI-System als Medizinprodukt zu qualifizieren ist, bereits Kap. 2, B., I.

sierten Programmierstil" beruhen, sodass keine Automatisierung von Schlussfolgerungen, sondern nur eine Datenabfrage möglich ist.[343]

Daher sind bereits *de lege lata* auch wissensbasierte *Systeme* von der Produktkategorie „Software" nach Art. 2 Nr. 1 MP-VO erfasst. Etwas anderes scheint jedoch für solche KI-basierte Software zu gelten, die als Bestandteil eines eingebetteten Systems in ein körperliches Produkt integriert wird, da Anhang I Abschnitt 17.1 MP-VO ausdrücklich zwischen „Software" und dem „programmierbaren Elektroniksystem", dessen Bestandteil die Software ist, unterscheidet.[344] In diesem Fall wäre sodann nur die „Software" auch von der Produktkategorie des Art. 2 Nr. 1 MP-VO erfasst. Da es sich bei solchen Produkten, einschließlich des „programmierbaren Elektroniksystems", dessen Bestandteil die Software ist, nach der hier vertretenen Auffassung jedoch ohnehin *nur* um einen Bestandteil des körperlichen Produkts handelt, ergibt sich diesbezüglich gleichwohl keine Regelungslücke.[345] Von der Produktkategorie „Software" sind daher auch Systeme der künstlichen Intelligenz i. S. d. Art. 2 Nr. 1 MP-VO erfasst.

### IV. Reformvorschlag zur Herstellung von Rechtssicherheit

Obgleich durch eine entsprechende Auslegung die sicherheitsrechtlich nicht gerechtfertigte Pflicht zu Durchführung von *zwei getrennten* Konformitätsbewertungsverfahren verhindert werden könnte, muss dennoch infrage gestellt werden, ob das derzeit geltende Qualifizierungssystem, für eingebettete KI-Systeme noch die Grenzen des unionsverfassungsrechtlichen Bestimmtheitsgrundsatzes wahrt.

Auf europäischer Ebene ist der Bestimmtheitsgrundsatz Teil des in Art. 2 EUV verankerten Grundsatzes der Rechtsstaatlichkeit.[346] Nach der Rechtsprechung des EuGH ist es ein Gebot der Rechtssicherheit, dass Regelungen derart „klar und deutlich" sein müssen, dass der Betroffene „seine Rechte und Pflichten unzweideutig erkennen und somit Vorkehrungen treffen kann".[347] Ob diese Erkennbarkeit

---

[343] Zu den technischen Unterschieden zwischen herkömmlicher Software und wissensbasierten Systemen, bereits Kap. 2, A., II., 1., a) und b).

[344] Zu der technischen Funktionsweise von eingebetteten Systemen, zu dessen Bestandteil Software gehören kann, bereits Kap. 2, B., II., 1.

[345] Zu der Begründung, dass es sich – entgegen des Ansatzes der MDCG-Leitlinien 2019-11 – bei eingebetteten Systemen bzw. eingebetteter Software, dann nicht um ein eigenständiges Medizinprodukt handelt, wenn das System medizinischen Daten verarbeitet, um die medizinische Funktionsweise eines anderen Produkts zu ermöglichen/zu steuern. Um ein eigenständiges Medizinprodukt handelt es sich ausschließlich dann, wenn das System als Entscheidungsunterstützungssystem in den Verkehr gegeben wird. Hierzu bereits Kap. 2, B., II., 2., b).

[346] Vgl. hierfür *Payandeh*, JuS 2021, 481, 484; *Calliess*/Ruffert, Art. 2 EUV, Rn. 27; *Pechstein*, in: Streinz, Art. 2 EUV, Rn. 6.

[347] EuGH, BeckRS 2004, 71922, Rn. 17 – Gondrand Freres; EuGH, BeckRS 2004, 77646, Rn. 20 – Milcherzeugnisse.

und Berechenbarkeit noch gewahrt ist, muss wegen der offenbar bestehenden Rechtsunsicherheit infrage gestellt werden. Daher ist der Unionsgesetzgeber dringend dazu aufgefordert, Klarstellungen in den Erwägungsgründen und dem Verordnungstext aufzunehmen. Konkret könnten die Änderungen wie folgt gestaltet werden:

Erwägungsgrund 19 MP-VO sollte so geändert werden, dass darin zum Ausdruck kommt, dass nur bei Entscheidungsunterstützungssoftware die Qualifizierung als Medizinprodukt von dem Ort und der Art der Verbindung der Software mit einem anderen Medizinprodukt unabhängig ist:

„(19) Es muss eindeutig festgelegt werden, dass ~~Software~~ *IT-Systeme* als solche, wenn sie vom Hersteller speziell für einen oder mehrere der in der Definition von Medizinprodukten genannten medizinischen Zwecke bestimmt *sind* ~~ist~~, als Medizinprodukt *gelten* ~~gilt~~, während *Systeme*~~-Software~~ für allgemeine Zwecke, auch wenn sie in Einrichtungen des Gesundheitswesens eingesetzt ~~wird~~*werden*, sowie *Systeme*~~-Software~~, die für Zwecke in den Bereichen Lebensstil und Wohlbefinden eingesetzt ~~wird~~*werden*, keine Medizinprodukt*e* *sind* ~~ist~~. Die Einstufung de*s*~~r~~ *Systems*~~-Software~~ ~~entweder~~ als *eigenständiges* Produkt *hängt davon ab, ob das System als solches eine medizinische Zweckbestimmung erfüllt. Von einer Erfüllung kann nur dann ausgegangen werden, wenn die Verarbeitung der Daten als solche die medizinische End-Zweckbestimmung darstellt, indem die Ergebnisse einem menschlichen Entscheidungsträger zur Entscheidungsunterstützung präsentiert werden (Entscheidungsunterstützungssysteme). Sofern dies der Fall ist, ist die Qualifizierung als Medizinprodukt unabhängig von der Frage, ob das System noch mit anderen Produkten verbunden ist oder in diese integriert ist, um darüber Daten aufzunehmen oder Entscheidungsergebnisse anzuzeigen.*

*Sofern das System medizinische Daten verarbeitet, um die medizinische Funktionsweise eines anderen Produkts zu ermöglichen, ist das System nicht selbst als Medizinprodukt, sondern, in Abhängigkeit der Zweckbestimmung des Herstellers, nur als Bestandteil oder Zubehör zu qualifizieren, weil das System keine medizinische Zweckbestimmung erfüllt, sondern nur diejenige des körperlichen Produkts ermöglicht.* Die Einstufung ~~der Software~~ *eines solchen eingebetteten Systems* entweder *als Bestandteil eines* Produkts oder als Zubehör ist *wiederum* unabhängig vom Ort der Software und von der Art der Verbindung zwischen der Software und einem Produkt."

Eine entsprechende Klarstellung wäre auch in Bezug auf die Durchführungsregel 3.3 Anhang VIII MP-VO geboten, um der Rechtsunsicherheit in Bezug auf dessen Auslegung Abhilfe zu schaffen:

„3.3 ~~Software~~ Systeme, die *als Bestandteil oder dessen Zubehör eines körperlichen Medizinprodukts, dessen medizinische Zwecksetzung dadurch ermöglichen, dass diese medizinische Daten verarbeiten, um das* ~~ein~~ Produkt *zu* steuern oder dessen Anwendung *zu* beeinfluss*en*~~t~~, ~~wird~~ *werden* derselben Klasse zugerechnet, wie das *körperliche* Produkt.

~~Ist die Software~~ *Sofern es sich bei dem System selbst um ein Medizinprodukt handelt, weil dieses zur Entscheidungsunterstützung zu dienen bestimmt ist,* ~~von anderen Produkten unabhängig, so~~ wird ~~sie~~ *dieses auch dann* für sich allein klassifiziert, *wenn das System körperlich oder virtuell in das körperliche Medizinprodukt integriert ist, um darüber Daten aufzunehmen oder die Entscheidungsergebnisse zu präsentieren.*"

## V. Ergebnis zu diesem Abschnitt

Software kann nicht nur als eigenständiges unabhängiges Produkt in den Verkehr gegeben werden, sondern kann vielmehr auch als körperlicher oder virtueller Bestandteil eines eingebetteten Systems in einen körperlichen Gegenstand integriert sein, um dessen medizinische oder auch allgemeine Funktionsweise zu steuern, sog. *eingebettete Software.*

In solchen Fällen stellt sich die Frage, welche Einheiten bei solchen Software-Produktkombinationen als *eigenständige* Produkte i. S. d. Art. 1 Abs. 4 MP-VO einem *eigenständigen* Konformitätsbewertungsverfahren nach Art. 52 MP-VO unterliegen: Nach den MDCG-Leitlinien 2019-11 und diesen folgenden Stimmen in der Literatur ist Software selbst dann als eigenständiges Medizinprodukt zu qualifizieren, wenn sie eine medizinische Zweckbestimmung verfolgt, indem sie medizinische Daten verarbeitet, um die medizinische Funktionsweise eines körperlichen Medizinprodukts zu steuern.

Sofern man diesem Ansatz folgt, würde es zu einer regulatorischen Trennung des Produkts von der Software kommen, was nicht zuletzt auch dazu führen würde, dass zwei voneinander getrennte Konformitätsbewertungsverfahren für das körperliche Produkt und die eingebettete Software durchgeführt werden müssten, weil diese jeweils als *eigenständige* Medizinprodukte zu qualifizieren wären.

Allerdings steht dieser Auslegungsansatz im Widerspruch mit dem Wortlaut des Art. 2 Nr. 1 MP-VO. Software ist ausweislich des Wortlautes des Art. 2 Nr. 1 MP-VO nur dann als eigenständiges Medizinprodukt zu qualifizieren, wenn diese unabhängig von dem Ort und der Art der Verbindung mit einem Produkt durch die Verarbeitung der medizinischen Daten selbst eine medizinische *End*-Zweckbestimmung *erfüllt.* Eine „Erfüllung" i. S. d. Art. 2 Nr. 1 MP-VO ist nur dann anzunehmen, wenn durch die jeweilige Produktkategorie die medizinische Zweckbestimmung in der Wirklichkeit umgesetzt wird.

Bei einer eingebetteten Software, die medizinische Daten verarbeitet, um die *medizinische* Funktionsweise eines körperlichen Produkts zu ermöglichen, *setzt* nur das körperliche Produkt eine medizinische Zweckbestimmung in die Wirklichkeit um, während die Software diese nur als „unsichtbarer Motor" ermöglicht. Da die Software nur eine medizinische Zweckbestimmung des Produkts *ermöglicht,* ist sie nur als Bestandteil oder Zubehör i. S. d. Art. 2 Nr. 2 MP-VO zu qualifizieren.

Etwas anderes gilt dann, wenn die Software eingebettet ist, um über das körperliche Produkt Daten aufzunehmen oder Ergebnisse zu präsentieren, in diesem Fall *erfüllt* die Software durch die Präsentation der Ergebnisse selbst eine medizinische Zweckbestimmung.

Für eine entsprechende Auslegung spricht auch, dass sodann ein sicherheitsrechtlich nicht gerechtfertigtes doppeltes Konformitätsbewertungsverfahren für die eingebettete Steuerungssoftware vermieden würde, die zusammen mit dem körperlichen Produkt als Einheit in den Verkehr gegeben und daher als einheitliches

Medizinprodukt einem einheitlichen Konformitätsbewertungsverfahren unterliegen würde.

Dieses Auslegungsergebnis steht auch im Einklang mit Erwägungsgrund 19 MP-VO, ausweislich dessen – im Einklang mit dem Ansatz der IMDRF – die Qualifizierung als eigenständiges Medizinprodukt oder Zubehör unabhängig von dem Ort und der Art der Verbindung zwischen der Software und dem Produkt ist, solange die Software dennoch *selbstständig* eine medizinische Zweckbestimmung in der Wirklichkeit umsetzt und damit *erfüllt*. Eingebettete Software ist daher *ausschließlich* dann als eigenständiges Medizinprodukt zu qualifizieren, wenn diese als Entscheidungsunterstützungssystem, entweder als eigenständige oder eingebettete Software, in den Verkehr gegeben wird. Eingebettete *Steuerungs*software ist hingegen – entgegen den MDCG-Leitlinien 2019-11 – nicht als Medizinprodukt, sondern als Bestandteil oder Zubehör zu qualifizieren.

Diese Ausführungen können entsprechend auch auf KI-Systeme übertragen werden, die von der Produktkategorie „Software“ erfasst sein werden. Wegen der bereits *de lege lata* bestehenden Rechtsunsicherheiten in Bezug auf die Frage, wann eine Software selbst als Medizinprodukt zu qualifizieren ist, ist gleichwohl die verfassungsrechtliche Bestimmtheit des Qualifizierungssystems für KI-Systeme infrage zu stellen, so dass mehr Rechtssicherheit geschaffen werden sollte. Einen Ansatzpunkt könnte der oben dargestellte Reformvorschlag bilden.

## C. Wahl des einschlägigen Konformitätsbewertungsverfahrens

Die Wahl des einschlägigen Konformitätsbewertungsverfahrens hängt maßgeblich von der Risikoklasse des zu bewertenden Produkts i. S. d. Art. 1 Abs. 4 MP-VO ab.[348] Daher soll im Folgenden untersucht werden, ob das Risikoklassifizierungssystem der MP-VO auch für die Risikoklassifizierung von KI-basierten Medizinprodukten geeignet ist.

### I. Differenzierung zwischen Entscheidungsunterstützungs- und Steuerungssystemen

Ausweislich des Art. 51 Abs. 1 MP-VO und der Durchführungsregel 3.1 Anhang VIII MP-VO bestimmt sich die Risikoklasse des Produkts i. S. d. Art. 1 Abs. 4 MP-VO in Abhängigkeit der Zweckbestimmung nach den in Anhang VIII MP-VO normierten Risikoklassifizierungsregeln.[349]

---

[348] *Mayr/Thiermann/Schrack/Kiesselbach*, Medizinprodukterecht, § 2, Rn. 78.

[349] *Mayr/Thiermann/Schrack/Kiesselbach*, Medizinprodukterecht, § 2, Rn. 27; Rehmann/*Wagner*, MP-VO, Art. 51, Rn. 5; *Hasenteufel/Renaud*, Software als Medizinprodukt, S. 15.

Wie oben bereits dargelegt, gilt *Software* gem. Art. 2 Abs. 4 MP-VO als „aktives Produkt“, weshalb für diese die Risikoklassifizierungsregeln 9–13 MP-VO in Betracht kommen. Regel 11 MP-VO ist dabei speziell für die Risikoklassifizierung von Software bestimmt.[350]

Wie ebenfalls dargelegt wurde, ist Risikoklassifizierungsregel 11 MP-VO wegen der Durchführungsregel 3.3 MP-VO – dem Ansatz der IMDRF folgend – ausschließlich dann anwendbar, wenn das KI-System „unabhängig“ von anderen Produkten *selbst* eine medizinische Zweckbestimmung erfüllt, was nach der hier vertretenen Auffassung nur bei Entscheidungsunterstützungssystemen der Fall ist, und zwar unabhängig von dem Umstand, ob diese *zusätzlich* in ein körperliches Produkt integriert sind, um darüber Daten aufzunehmen oder die Ergebnisse als *Information* anzuzeigen.[351]

Sofern ein KI-System in ein körperliches Produkt integriert ist, um anhand verarbeiteter medizinischer Daten dessen *medizinische* Funktionsweise zu ermöglichen, ist das KI-System als Zubehör oder Bestandteil des körperlichen Medizinprodukts gem. Durchführungsregel 3.3 UAbs. 1 MP-VO *ausschließlich* in dieselbe Klasse wie das körperliche Medizinprodukt einzuordnen.[352] Regel 11 MP-VO findet für solche Systeme – entgegen des Ansatzes der MDCG-Leitlinien 2019-11 – auch nicht risikoerhöhend Anwendung, weil die Durchführungsregel 3.3 UAbs. 1 MP-VO insoweit abschließend ist.[353]

Dies ist zumindest grundsätzlich auch sicherheitsrechtlich sinnvoll, weil die Frage der Risikoträchtigkeit immer danach beurteilt werden muss, inwieweit ein Produkt geeignet ist, den Menschen zu verletzten.[354]

Sofern ein KI-System medizinische Daten verarbeitet, um die medizinische Funktionsweise zu erfüllen, wird durch das KI-System noch keine medizinische Zwecksetzung in der „Wirklichkeit“ umgesetzt. Vielmehr *erfüllt* erst die Ausführung des körperlichen Medizinprodukts die Zweckbestimmung in der Umwelt.[355] Daher hängt jedoch die Frage, inwieweit fehlerhafte Steuerungssignale geeignet sind, den

---

[350] Hierzu bereits Kap. 2., B., II., 2., a), bb).

[351] Vgl. für eine umfassenden Begründung, dass dem Ansatz der MDCG-Leitlinien 2019-11 (Kap. 2, B., II., 2.) nachdem auch solche Software als eigenständiges Medizinprodukt qualifiziert werden soll, die medizinische Daten verarbeitet, um die medizinische Zweckbestimmung eines körperlichen Medizinprodukts zu ermöglichen, nicht gefolgt werden kann, Kap. 2, B., II., 2., b); vgl. ferner für die Begründung, dass Risikoklassifizierungsregel 11 MP-VO – dem Ansatz der IMDRF folgend – ausschließlich auf Software anwendbar ist, die als Entscheidungsunterstützungssysteme selbst als Medizinprodukt zu qualifizieren sind, bereits Kap. 2, B., II., 2., b), cc).

[352] Vgl. hierzu bereits ausführlich Kap. 2, B., II., 2., b), cc), (2).

[353] Vgl. hierzu bereits ausführlich Kap. 2, B., II., 2., b), cc), (2).

[354] Vgl. Erwägungsgrund 58, VO (EU) 2017/745, ABl. 2017/L117, S. 8.

[355] Vgl. hierzu bereits ausführlich Kap. 2, B., II., 2., b), cc), (2).

menschlichen Körper zu verletzten, unmittelbar von den Funktionen und der Beschaffenheit, als auch den physischen Grenzen des körperlichen Produkts ab.[356]

Etwas anderes gilt nur dann, wenn ein Entscheidungsunterstützungssystem in ein körperliches Medizinprodukt integriert ist, um darüber Daten zu ermitteln oder die Entscheidungsergebnisse anzuzeigen.[357] In diesem Fall hängt die Frage, ob das System geeignet ist den menschlichen Körper zu verletzten, davon ab, in welche Entscheidungen die Informationen, die das System produziert hat, eingebunden werden.[358]

Ob das körperliche Medizinprodukt, über das die Software die Daten aufnimmt, etwa zusätzlich invasiv ist, hat keinen Einfluss auf die Risikoträchtigkeit der *Information*, die das körperliche Entscheidungsunterstützungssystem produziert, sodass eine unabhängige Klassifizierung i. S. d. Durchführungsregel 3.3 UAbs. 2 MP-VO gerechtfertigt ist, weil das System seine *medizinische* Zwecksetzung *selbstständig* und damit *unabhängig* erfüllt.[359]

## II. Risikoklassifizierung von Entscheidungsunterstützungssystemen

Neben der grundsätzlich begrüßenswerten Beschränkung der Anwendbarkeit der Risikoklassifizierungsregel 11 MP-VO auf Entscheidungsunterstützungssysteme muss weiterhin untersucht werden, ob die Risikoklassifizierung auch in materieller Hinsicht für KI-basierte Entscheidungsunterstützungssysteme geeignet ist.

### 1. Unbestimmtheit der Regel 11 für die Zwecke der Risikoklassifizierung

#### *a) Risikoklassifizierungssystem der Regel 11*

Regel 11 Anhang VIII MP-VO unterscheidet in seinen Unterabsätzen drei[360] verschiedene Software-Typen: Regel 11 UAbs. 1 Anhang VIII MP-VO erfasst jede „Software, die dazu bestimmt ist, Informationen zu liefern, die zu Entscheidungen für diagnostische oder therapeutische Zwecke herangezogen werden". Von Regel 11 UAbs. 2 Anhang VIII MP-VO ist jede Software erfasst, „die für die Kontrolle von physiologischen Prozessen bestimmt ist", während Regel 11 UAbs. 3 Anhang VIII MP-VO „sämtliche andere Software" erfasst.

In Abhängigkeit des einschlägigen Unterabsatzes der Regel 11 Anhang VIII MP-VO bestimmt sich, in welche Risikoklasse die Software *mindestens* fällt:

---

[356] Vgl. hierzu bereits ausführlich Kap. 2, B., II., 2., b), cc), (2).

[357] Vgl. hierzu bereits ausführlich Kap. 2, B., II., 2., b), cc), (2).

[358] Vgl. hierzu bereits ausführlich Kap. 2, B., II., 2., b), cc), (2).

[359] Vgl. hierzu bereits ausführlich Kap. 2, B., II., 2., b), cc), (2).

[360] Bestätigend MDCG 2019-11, S. 13; *Hofmann*, MPR 2021, 161, 163.

während für Software i. S. d. Regel 11 UAbs. 1 und UAbs. 2 Anhang VIII MP-VO mindestens Risikoklasse IIa einschlägig ist, fällt solche Software, die in den Anwendungsbereich der Regel 11 UAbs. 3 Anhang VIII MP-VO fällt, generell in Risikoklasse I.

Daher muss bei der KI-basierten Entscheidungsunterstützung zunächst die einschlägige Software*kategorie* der Regel 11 MP-VO bestimmt werden, um sodann zu beurteilen, ob für die jeweilige Software*kategorie* die in Regel 11 UAbs. 1 und UAbs. 2 Anhang VIII MP-VO vorgesehenen risikoerhöhenden Wirkungen in Betracht kommen.

Während für Systeme i. S. d. Regel 11 UAbs. 2 Anhang VIII MP-VO eine risikoerhöhende Wirkung an die Voraussetzungen geknüpft ist, dass die „Art der Änderung der Parameter zu einer *unmittelbaren Gefahr* führen können", wirkt es sich im Zusammenhang mit Regel 11 UAbs. 1 Anhang VIII MP-VO risikoerhöhend aus, wenn die Entscheidung „Auswirkungen" hat, die einen der dort genannten Schäden „verursachen können".[361]

### *b) Kritik an der Ausgestaltung der Risikoklassifizierungsregel*

Bereits im Zusammenhang mit herkömmlicher Software sah sich die Regel nicht nur scharfer Kritik[362] ausgesetzt, sondern wurde sogar als „eine der größten Fehlleistungen"[363] und teilweise auch als „Klassifizierungs-Albtraum"[364] bezeichnet. Dieser Kritik würde sich die Regelung nunmehr auch für KI-basierte Entscheidungsunterstützungssysteme ausgesetzt sehen.[365] Es lassen sich grob zwei Kritikpunkte unterscheiden:

Zunächst wird die Eignung der Regelung deshalb infrage gestellt, weil die Weite der schärfsten Unterregelungen, namentlich die Regel 11 UAbs. 1 Anhang VIII

[361] Vgl. Regel 11 UAbs. 1 und UAbs. 2 Anhang VIII MP-VO (Hervorhebung hinzugefügt).

[362] Vgl. im Zusammenhang mit Regel 10a MP-VOE-E, *Gassner*, MPR 2016, 109, 112; vgl. zu Regel 11 MP-VO, *Gassner/Schreiegg*, MPR 2019, 200 f., die die Regel als „eine der größten Fehlleistungen" bezeichnen; *Hofmann*, MPR 2021, 161, 164 ff.; vgl. ferner die Bezeichnung als „Klassifizierungs-Albtraum", *Gerhart*, MDR Regel 11: Der Klassifizierungs-Albtraum?, abrufbar unter: siehe Quellenangaben; *Prütting/Wolk*, MedR 2020, 359, 361 ff.; ebenso kritisch hinsichtlich der Unbestimmtheit der Risikoklassifizierungskriterien der Regel 11 MP-VO, *Reitebuch*, Mobile Health Applications, S. 112 ff.

[363] *Gassner/Schreiegg*, MPR 2019, 198, 200.

[364] *Gerhart*, MDR Regel 11: Der Klassifizierungsalbtraum, abrufbar unter: siehe Quellenangaben.

[365] Vgl. *Heil*, MPR 2022, 1, 6 f.; *Fuderer*, MPR 2021, 121, 122; *Johner Institut*, Input on the proposed AI-Act, S. 2 ff., abrufbar unter: siehe Quellenangaben; *BVMed*, Positionen zum Entwurf des AI-Act, S. 2, abrufbar unter: siehe Quellenangaben; *Stief/Pisani*, in: Festschrift Gassner, S. 471; ebenso *Ströbel/Grau*, ZD 2022, 599, 603; *Saliba*, in: Festschrift Gassner, S. 494; *Thiermann/Böck*, RDi 2022, 333, 335; *Reitebuch*, Mobile Health Applications, S. 112 ff.; *Jakobs/Huber*, MPR 2019, 1, 5.

MP-VO, dazu führen würde, dass nahezu jede Software *mindestens* der Risikoklasse IIa zuzuordnen wäre.[366]

Da ab der Risikoklasse IIa eine benannte Stelle zu beteiligen ist, hätte dies zur Folge, dass nahezu jedes KI-basierte Medizinprodukt auch als Hochrisiko-KI-System i. S. d. Art. 6 Abs. 1 KI-VO zu klassifizieren ist.[367] Da mit einer Klassifizierung als Hochrisiko-KI-System zukünftig jedoch die strengen Anforderungen des Kapitels III Abschnitt 2 KI-VO einhergehen sollen[368], würde die Intensität der Regulierung nicht mehr im Verhältnis zu dem tatsächlichen Risiko des Systems stehen[369].

Zudem wird eine Ausuferung der *risikoerhöhenden* Wirkung der Regel 11 UAbs. 1 MP-VO befürchtet.[370] Die auch in diesem Zusammenhang zu verzeichnende Weite des Wortlautes der Regel 11 UAbs. 1 MP-VO würde dazu führen, dass bereits eine abstrakte Gefahr der dort genannten Auswirkungen eine risikoerhöhende Wirkung zur Folge hätte und daher – entgegen dem Ziel des Unionsgesetzgebers – die Wahrscheinlichkeit des Schadens vollständig außer Betracht lassen würde.[371]

---

[366] Vgl. für die Kritik an der Einordnung in Risikoklasse IIa, *Gassner*, MPR 2016, 109, 112 f.; *Gerhart*, MDR Regel 11: Der Klassifizierungs-Albtraum?, abrufbar unter: siehe Quellenangaben; *Heil*, MPR 2022, 1, 6 f.; *Fuderer*, MPR 2022, 121, 122; *Ströbel/Grau*, ZD 2022, 599, 604; *Johner Institut*, Input on the proposed AI-Act, S. 4, abrufbar unter: siehe Quellenangaben; *BVMed*, Positionen zum Entwurf des AI-Act, S. 3, abrufbar unter: siehe Quellenangaben; a. A. *Reitebuch*, Mobile Health Applications, S. 112 ff., der die Einordnung in Risikoklasse IIa als Mindestrisikoklasse für gerechtfertigt hält, allerdings eine Konkretisierung der Kriterien zur Bestimmung der risikoerhöhenden Wirkung in Regel 11 UAbs. 1 MP-VO fordert; wohl auch befürwortend *Jakobs/Huber*, MPR 2019, 1, 5; vgl. dafür, dass KI-Systeme in aller Regel in Risikoklasse IIa fallen werden, *Stief/Pisani*, in: Festschrift Gassner, S. 471; *Ströbel/Grau*, ZD 2022, 599, 603; *Saliba*, in: Festschrift Gassner, S. 494; *Thiermann/Böck*, RDi 2022, 333, 335; *Rostalski/Weiss*, ZfDR 2021, 329, 346.

[367] Vgl. zum Kommissionsentwurf, *Heil*, MPR 2022, 1, 6 f.; *Thiermann/Böck*, RDi 2022, 333, 336; *Fuderer*, MPR 2022, 121, 122; *Ströbel/Grau*, ZD 2022, 599, 604; *Stief/Pisani*, in: Festschrift Gassner, S. 471; *Saliba*, in: Festschrift Gassner, S. 494; *Thiermann/Böck*, RDi 2022, 333, 335; *Rostalski/Weiss*, ZfDR 2021, 329, 346; *BVMed*, Positionen zum Entwurf des AI-Act, S. 3, abrufbar unter: siehe Quellenangaben; *Johner Institut*, Input on the proposed AI-Act, S. 4, abrufbar unter: siehe Quellenangaben.

[368] Vgl. zum Kommissionsentwurf, *Heil*, MPR 2022, 1, 6 f.; ebenso *Ströbel/Grau*, ZD 2022, 599, 604.

[369] Vgl. zum Kommissionsentwurf, *Heil*, MPR 2022, 1, 7; *Ströbel/Grau*, ZD 2022, 599, 604; *BVMed*, Positionen zum Entwurf des AI-Act, S. 3, abrufbar unter: siehe Quellenangaben; *Johner Institut*, Input on the proposed AI-Act, S. 4, abrufbar unter: siehe Quellenangaben.

[370] Vgl. hierfür etwa Prütting/*Wolk*, MedR 2020, 359, 363 ff.; kritisch auch *Hofmann*, MPR 2021, 161, 165 ff.; *Gerhart*, MDR Regel 11: Der Klassifizierungs-Albtraum?, abrufbar unter: siehe Quellenangaben; *Heil*, MPR 2022, 1, 6 f.; so auch *Reitebuch*, Mobile Health Applications, S. 112 ff., der betont, dass es klarer Kriterien ermangle, mit denen die einschlägige Risikoklasse bestimmt werden könne; vgl. noch Regel 10a MP-VO-E, *Gassner*, MPR 2016, 109, 112.

[371] Vgl. *Prütting/Wolk*, MedR 2020, 359, 363 ff., der eine Korrektur im Wege der teleologischen Reduktion erreichen will; *Gassner/Schreiegg*, MPR 2019, 198, 200 f., die die aufge-

### *c) Rechtfertigung der einschlägigen Mindestrisikoklassen*

Zunächst soll der erste Kritikpunkt beurteilt werden, die Weite des Anwendungsbereiches des Unterabsatzes 1 Regel 11 Anhang VIII MP-VO führe dazu, dass nahezu jede Medizinprodukte-Software in Risikoklasse IIa falle.[372]

#### aa) Maßgeblichkeit des Anwendungsbereiches der Unterregelung 1

Welcher Anwendungsbereich den Unterabsätzen der Regel 11 Anhang VIII MP-VO konkret zukommt, wird unterschiedlich beantwortet.[373]

Aus der Existenz der Durchführungsregel 3.5 Anhang VIII MP-VO ergibt sich, dass die Unterabsätze der Regel 11 Anhang VIII MP-VO in keinem alternativen Regelungsverhältnis zueinander stehen, sondern nebeneinander mit der Maßgabe anwendbar sind, dass die jeweils strengste Unterregelung maßgeblich ist.[374]

Da die Anwendung der Regel 11 UAbs. 1 Anhang VIII MP-VO dazu führen kann, dass das Entscheidungsunterstützungssystem in Risikoklasse III einzuordnen ist, handelt es sich bei Unterabsatz 1, um die strengste Unterregelung innerhalb der

---

zeigten Schwachstellen durch eine Übertragung der von der IMDRF vorgeschlagenen Risikomatrix korrigieren möchten; ebenso *Schreitmüller*, Regulierung intelligenter Medizinprodukte, S. 117 ff.; *Gerhart*, MDR Regel 11: Der Klassifizierungs-Albtraum?, abrufbar unter: siehe Quellenangaben, der betont, dass durch die Übertragung des Ansatzes der MDCG-Leitlinien 2019-11 die Probleme zwar abgeschwächt, nicht aber behoben werden könnten, weil der Ansatz der MDCG-Leitlinien das Risikoklassifizierungssystem der IMDRF verbiegen würde; *Hofmann*, MPR 2021, 161, 165 ff., der betont, dass diese Schwachstelle nicht durch eine teleologische Reduktion korrigiert werden könnten. Auch die Übertragung des Ansatzes der MDCG-Leitlinien 2019-11 würde die Problematik, dass die weit überwiegende Anzahl an Produkten in Risikoklasse IIa fallen würden, nicht beheben; vgl. *Reitebuch*, Mobile Health Applications, S. 112 ff., der es als Aufgabe des Unionsgesetzgebers ansieht die Regel entsprechend zu korrigieren.

[372] Vgl. für die Kritik an der Einordnung in Risikoklasse IIa, *Gassner*, MPR 2016, 109, 112 f.; *Gerhart*, MDR Regel 11: Der Klassifizierungs-Albtraum?, abrufbar unter: siehe Quellenangaben; *Heil*, MPR 2022, 1, 6 f.; *Fuderer*, MPR 2022, 121, 122; *Ströbel/Grau*, ZD 2022, 599, 604; *Johner Institut*, Input on the proposed AI-Act, S. 4, abrufbar unter: siehe Quellenangaben; *BVMed*, Positionen zum Entwurf des AI-Act, S. 3, abrufbar unter: siehe Quellenangaben; a. A. *Reitebuch*, Mobile Health Applications, S. 112 ff., der die Einordnung in Risikoklasse IIa, als Mindestrisikoklasse für gerechtfertigt hält, allerdings eine Konkretisierung der Kriterien zur Bestimmung der risikoerhöhenden Wirkung in Regel 11 UAbs. 1 MP-VO fordert; wohl auch befürwortend *Jakobs/Huber*, MPR 2019, 1, 5; vgl. dafür, dass KI-Systeme in aller Regel in Risikoklasse IIa fallen werden, *Stief/Pisani*, in: Festschrift Gassner, S. 471; *Ströbel/Grau*, ZD 2022, 599, 603; *Saliba*, in: Festschrift Gassner, S. 494; *Thiermann/Böck*, RDi 2022, 333, 335; *Rostalski/Weiss*, ZfDR 2021, 329, 346.

[373] Vgl. MDCG-Leitlinien 2019-11, S. 13 f., die „jede" Software erfassen wollen; dem folgend *Gassner/Schreiegg*, MPR 2019, 198, 201; a. A. *Hofmann*, MPR 2021, 161, 164 f., der betont, dass der Wortlaut der Regel 11 UAbs. 1 MP-VO nicht jede Software erfassen würde; ebenso *Gerhart*, MDR Regel 11: Der Klassifizierungs-Albtraum, abrufbar unter: siehe Quellenangaben; sehr differenziert, *Reitebuch*, Mobile Health Applications, S. 107 ff.

[374] Ebenso *Reitebuch*, Mobile Health Applications, S. 110.

Regel 11 MP-VO. Daher wird der Anwendungsbereich der übrigen Unterabsätze maßgeblich in Abgrenzung zu dem Anwendungsbereich des Unterabsatzes 1 zu bestimmen sein.[375]

Dies wird nicht zuletzt dadurch untermauert, dass der Anwendungsbereich der Regel 11 UAbs. 3 Anhang VIII MP-VO nur negativ als „sämtliche andere Software“ definiert wird.

Gleichwohl besteht keine Einigkeit darüber, welche Zweckbestimmungen von der Softwarekategorie der Regel 11 *UAbs. 1* Anhang VIII MP-VO erfasst sein sollen.[376] Während einerseits[377] nur solche Software als erfasst angesehen wird, die mindestens einen mittelbaren Einfluss auf eine Diagnose- oder Therapieentscheidung hat, wollen die MDCG-Leitlinien 2019-11[378] und diesen folgend auch Stimmen in der Literatur „jede“ Medizinprodukte-Software als von Regel 11 UAbs. 1 Anhang VIII MP-VO erfasst ansehen.

Daher muss im Folgenden beurteilt werden, welche Zwecksetzungen der Unionsgesetzgeber dem Anwendungsbereich der Regel 11 UAbs. 1 MP-VO Anhang VIII MP-VO zuerkennen wollte.

#### bb) Abhängigkeit von dem subjektiven Verwendungszweck der Information

Dafür muss zunächst beurteilt werden, ob der Anwendungsbereich der Unterregeln der Regel 11 MP-VO objektiv oder subjektiv zu bestimmen ist. Teilweise wird kritisiert, dass dem Wortlaut der Regel 11 UAbs. 1 MP-VO nicht zu entnehmen sei, ob auf eine objektive oder auf eine subjektive Zweckbestimmung abzustellen ist.[379]

---

[375] Vgl. in diese Richtung auch *Reitebuch*, Mobile Health Applications, S. 109 f.; ebenso wohl auch MDCG-Leitlinien 2019-11, S. 13 f.; *Hofmann*, MPR 2021, 161, 164 ff.; *Gerhart*, MDR Regel 11: Der Klassifizierungs-Albtraum, abrufbar unter: siehe Quellenangaben, die jeweils den Anwendungsbereich von Regel 11 UAbs. 2 und UAbs. 3 MP-VO in Abgrenzung von Regel 11 UAbs. 1 MP-VO bestimmen.

[376] Vgl. hierfür zunächst die MDCG-Leitlinien 2019-11, S. 13 f., die jede Software als vom Anwendungsbereich der Regel 11 UAbs. 1 MP-VO erfasst ansehen wollen, die eine medizinische Zwecksetzung verfolgt; dem folgend *Gassner/Schreiegg*, MPR 2019, 198, 201; a. A. *Reitebuch*, Mobile Health Applications, S. 107 ff.; *Hofmann*, MPR 2021, 161, 164 f.; *Gerhart*, MDR Regel 11: Der Klassifizierungs-Albtraum, abrufbar unter: siehe Quellenangaben.

[377] Vgl. *Hofmann*, MPR 2021, 161, 164; *Reitebuch*, Mobile Health Applications, S. 107 f.; ebenso *Gerhart*, MDR Regel 11: Der Klassifizierungs-Albtraum?, abrufbar unter: siehe Quellenangaben.

[378] Vgl. MDCG-Leitlinien 2019-11, S. 13; in diese Richtung wohl *Gassner/Schreiegg*, MPR 2019, 109, 201.

[379] Vgl. *Prütting/Wolk*, MedR 2020, 359, 363; ebenso kritisch *Hofmann*, MPR 2021, 161, 164.

Während die Formulierung „herangezogen werden“, für eine objektive Auslegung spräche, lege die Formulierung „bestimmt ist“, eine subjektive Auslegung nahe.[380]

Dennoch kommen die Stimmen übereinstimmend zu dem Ergebnis, dass die Einordnung in die Softwarekategorien der Unterabsätze der Regel 11 MP-VO anhand einer subjektiven Zweckbestimmung erfolgen müsse.[381] Teilweise wird dafür angeführt, dass eine objektive Bestimmung des Anwendungsbereichs der Regel 11 UAbs. 1 MP-VO dazu führe, dass selbst bei einer Zweckentfremdung des Anwenders eine Einordnung in Risikoklasse IIa vorzunehmen sei.[382] Dies sei vor dem Hintergrund, dass der Hersteller keinen Einfluss darauf habe, ob der Anwender die Informationen in seiner Zweckbestimmung entfremdet, auch in Bezug auf die Zurechenbarkeit infrage zu stellen.[383] Die Notwendigkeit einer subjektiven Auslegung ergäbe sich auch durch einen systematischen Vergleich zu der Formulierung in Art. 2 Nr. 1 MP-VO „bestimmt ist“.[384] Obgleich in Regel 11 UAbs. 1 1. Hs. MP-VO der ausdrückliche Bezug zu dem Hersteller fehle, sei eine subjektive Zweckbestimmung auch deshalb notwendig, weil der Hersteller die Systeme zur Unterstützung von Entscheidungen konzipiert habe und es dem Wort „Entscheidung“ immanent sei, dass die subjektive Zweckbestimmung des Herstellers maßgeblich ist.[385]

Der Aussage, dass der Einordnung der Software in die jeweiligen Unterabsätze der Regel 11 MP-VO eine subjektive Zweckbestimmung zugrundezulegen ist, ist zuzustimmen. Die MP-VO ist insgesamt von dem Prinzip geprägt, dass die Zweckbestimmung des Produkts subjektiv[386] erfolgt. Dass der Unionsgesetzgeber mit Regel 11 von diesem grundlegenden Prinzip abweichen wollte, ist nicht ersichtlich.

Vielmehr stellt sowohl Durchführungsregel 3.1 Anhang VIII MP-VO als auch Art. 51 Abs. 1 MP-VO hinsichtlich der Risikoklassifizierung auf die „*Zweckbestimmung* der Produkte“ ab.[387]

Unter dem Begriff der „Zweckbestimmung“ versteht Art. 2 Nr. 12 MP-VO die „*Angaben des Herstellers* auf der Kennzeichnung, in der Gebrauchsanweisung oder dem Werbe- oder Verkaufsmaterial bzw. den Werbe- oder Verkaufsangaben und seinen Angaben bei der klinischen Bewertung“.[388]

---

[380] Vgl. *Prütting/Wolk*, MedR 2020, 359, 363; *Hofmann*, MPR 2021, 161, 164.

[381] Vgl. *Prütting/Wolk*, MedR 2020, 359, 363; *Hofmann*, MPR 2021, 161, 164.

[382] Vgl. *Prütting/Wolk*, MedR 2020, 359, 363.

[383] Vgl. *Prütting/Wolk*, MedR 2020, 359, 363.

[384] Vgl. *Hofmann*, MPR 2021, 161, 164.

[385] Vgl. *Hofmann*, MPR 2021, 161, 164.

[386] Vgl. zur subjektiven Bestimmung der Zweckbestimmung, bereits Kap. 2, B., I., 4.

[387] Vgl. Art. 51 Abs. 1 MP-VO, Durchführungsregel 3.1 Anhang VIII MP-VO (Hervorhebung hinzugefügt); ebenso *Reitebuch*, Mobile Health Applications, S. 107.

[388] Vgl. Art. 2 Nr. 12 MP-VO (Hervorhebung hinzugefügt).

Anknüpfungspunkt für die Zweifel an einer subjektiven Zweckbestimmung ist die Formulierung der Regel 11 UAbs. 1 MP-VO, dass die Informationen „herangezogen werden“.[389] Da oben gezeigt wurde, dass die Regel 11 MP-VO ausschließlich für Entscheidungsunterstützungssysteme anwendbar ist,[390] sollte durch diese Formulierung gleichwohl keine objektive Bestimmung der Zwecksetzung nahegelegt werden, sondern vielmehr nur dem Umstand Ausdruck verliehen werden, dass nur Systeme erfasst sind, die eine Diagnose- oder Therapieentscheidung eines Arztes *unterstützen* und deren Informationen also *„herangezogen werden“*.[391] Die Anwendungsbereiche der Unterabsätze der Regel 11 MP-VO sind daher gem. Art. 51 Abs. 1 bzw. Durchführungsregel 3.1 Anhang VIII i. V. m. Art. 2 Nr. 12 MP-VO subjektiv zu bestimmen.[392]

### cc) Konkrete Diagnose- oder Therapieentscheidung als Abgrenzungsmerkmal

Da Regel 11 UAbs. 1 MP-VO die Einordnung in die höchste Risikoklasse zur Folge haben kann, müssen, wegen der Existenz der Durchführungsregel 3.5 MP-VO, die Anwendungsbereiche der übrigen Unterabsätze in Abhängigkeit des Anwendungsbereichs des Unterabsatzes 1 MP-VO konturiert werden.[393]

#### *(1) Ausreichen eines mittelbaren Einflusses auf die Entscheidung*

Die MDCG-Leitlinien 2019-11[394] wollen von dem Anwendungsbereich der Regel 11 UAbs. 1 MP-VO „jede“ Medizinprodukte-Software erfassen. Diesem Ansatz wird in der Literatur gleichwohl der Wortlaut der Regelung entgegengehalten.[395]

Software, deren Information der „Verhütung, Überwachung, Vorhersage, Prognose“ dient, wäre nicht mehr von Regel 11 UAbs. 1 MP-VO erfasst, weil diese Zweckbestimmungen einen Zeitpunkt nach der Feststellung der Krankheit beträfen.[396] Andererseits wird betont, dass Software, deren Informationen der „Überwachung“, „Prognose“ oder „Linderung“ dienen, wäre jedenfalls dann von Regel 11

---

[389] Vgl. *Prütting/Wolk*, MedR 2020, 359, 363.

[390] Zu der Begründung, dass Regel 11 MP-VO ausschließlich auf Entscheidungsunterstützungssysteme anwendbar ist, bereits Kap. 2, B., II., 2., b), cc), (2).

[391] Vgl. hierfür den Wortlaut der Regel 11 Anhang VIII MP-VO (Hervorhebung hinzugefügt).

[392] Ebenso in Bezug auf Durchführungsregel 3.1 MP-VO, *Reitebuch*, Mobile Health Applications, S. 107; im Ergebnis ebenso *Prütting/Wolk*, MedR 2020, 359, 363; *Hofmann*, MPR 2021, 161, 164.

[393] Ebenso *Reitebuch*, Mobile Health Applications, S. 110.

[394] Vgl. hierfür auch den Hinweis MDCG-Leitlinien 2019-11, S. 13, „Therefore, this subrule is generally applicable to *all* MDSW (excluding those MDSW that have no medical purpose)“ (Hervorhebung hinzugefügt).

[395] Vgl. *Hofmann*, MPR 2021, 161, 165; wohl auch *Gerhart*, MDR Regel 11: Der Klassifizierungs-Albtraum?, abrufbar unter: siehe Quellenangaben.

[396] Vgl. *Hofmann*, MPR 2021, 161, 165.

UAbs. 1 MP-VO erfasst, wenn sie zur diagnostischen oder therapeutischen Entscheidungsfindung herangezogen wird.[397]

Ausgangspunkt für die kritisierte Weite der Regel 11 UAbs. 1 MP-VO scheint insoweit die Formulierung, dass die Informationen zu „diagnostischen oder therapeutischen Zwecken *herangezogen werden*" müssen.[398]

Im allgemeinen Sprachverständnis versteht man unter dem Begriff der „Diagnose"[399] die „Feststellung, Bestimmung einer körperlichen oder psychischen Krankheit (durch den Arzt)", während unter dem Begriff der „Therapie"[400] eine „Heilbehandlung" verstanden wird. Unter dem Begriff „Heilen" wird dabei das „gesund machen" eine „durch entsprechende ärztliche, medikamentöse, o. ä. Behandlung beheben, beseitigen" verstanden.[401]

Zu beachten ist jedoch, dass es ausweislich des Wortlautes der Regel 11 UAbs. 1 MP-VO nicht erforderlich ist, dass die Information *die* Diagnose- oder *die* Therapieentscheidung betrifft. Vielmehr ist es hinreichend, wenn die Informationen für „diagnostische oder therapeutische Zwecke *herangezogen werden*".[402] Im allgemeinen Sprachverständnis versteht man unter dem Begriff „Heranziehen" „für etwas in Betracht ziehen, verwenden; bei etwas berücksichtigen".[403]

Das allgemeine Sprachverständnis legt daher nahe, dass Software i. S. d. Regel 11 UAbs. 1 MP-VO nicht *die* Therapie- oder *die* Diagnoseentscheidung als solche treffen muss, sondern es vielmehr ausreichend ist, wenn die Information der Software einen *mittelbaren* Einfluss auf eine therapeutische oder diagnostische Entscheidung durch eine Teil-Information hat.[404]

*(2) Einbindung in einen konkreten Entscheidungsprozess*

Da Regel 11 UAbs. 1 MP-VO einen mittelbaren Einfluss auf die Diagnose- oder Therapieentscheidung i. S. d. Regel 11 UAbs. 1 MP-VO ausreichen lässt, ist fraglich, ob es bereits ausreichend ist, wenn die Information *potenziell* eine Diagnose-

---

[397] Vgl. *Gerhart*, MDR Regel 11: Der Klassifizierungs-Albtraum?, abrufbar unter: siehe Quellenangaben.

[398] Vgl. hierfür Regel 11 UAbs. 1 Anhang VIII MP-VO (Hervorhebung hinzugefügt).

[399] Vgl. hierfür das Begriffsverständnis für den Begriff „Diagnose" nach Duden, abrufbar unter: https://www.duden.de/rechtschreibung/Diagnose, zuletzt abgerufen: 4. 1. 2026.

[400] Vgl. hierfür das Begriffsverständnis für den Begriff „Therapie" nach Duden, abrufbar unter: https://www.duden.de/rechtschreibung/Therapie, zuletzt abgerufen: 4. 1. 2026.

[401] Vgl. für das allgemeine Sprachverständnis für den Begriff „heilen" nach Duden, abrufbar unter: https://www.duden.de/rechtschreibung/heilen, zuletzt abgerufen: 4. 1. 2026.

[402] Vgl. hierfür Regel 11 UAbs. 1 Anhang VIII MP-VO (Hervorhebung hinzugefügt).

[403] Vgl. hierfür das Sprachverständnis für den Begriff „heranziehen" nach Duden (Nr. 4), abrufbar unter: https://www.duden.de/rechtschreibung/heranziehen, zuletzt abgerufen: 4. 1. 2026; ebenso ohne Verweis auf das allgemeine Sprachverständnis, *Reitebuch*, Mobile Health Applications, S. 107.

[404] Ebenso *Reitebuch*, Mobile Health Applications, S. 107.

oder Therapieentscheidung beeinflussen könnte. Dann würden etwa Kontrollsysteme, welche physiologische Parameter überwachen, bei denen eine Identifizierung eines zu niedrigen Wertes einen Alarm auslöst, dem Anwendungsbereich unterfallen, weil die Informationen das Potenzial haben, eine Therapieentscheidung auszulösen oder in eine zukünftige Diagnose- oder Therapieentscheidung miteinbezogen zu werden. In diesem Fall müsste sich der These der MDCG-Leitlinien 2019-11 angeschlossen werden, dass „jede" Software, die als Medizinprodukt zu qualifizieren ist, sogleich auch dem Anwendungsbereich der Regel 11 UAbs. 1 MP-VO unterfällt.[405]

(a) Innerer systematischer Zusammenhang zu Regel 11 UAbs. 2 MP-VO

Gegen eine solche Auslegung spricht jedoch zunächst, dass sodann dem Anwendungsbereich der Regel 11 UAbs. 2 MP-VO *kein* Anwendungsbereich mehr zukäme.

Dies bestätigen die MDCG-Leitlinien 2019-11 im Widerspruch zu der zunächst aufgestellten These, dass *jede* Medizinprodukte-Software von UAbs. 1 erfasst sei, kurz darauf selbst, indem sie statuieren, dass solche Software, die *ausschließlich* der Kontrolle zu dienen bestimmt ist, nicht von UAbs. 1, sondern vielmehr von UAbs. 2 der Regel 11 MP-VO erfasst sei.[406]

Damit erkennen die MDCG-Leitlinien 2019-11 jedoch selbst an, dass nicht „jede" Medizinprodukte-Software vom Anwendungsbereich der Regel 11 UAbs. 1 MP-VO erfasst ist, sondern nur solche Software, die eine *konkrete* Diagnose- oder Therapieentscheidung zu beeinflussen bestimmt ist.

(b) Systematischer Zusammenhang mit Regel 10 Abs. 1 Var. 3 MP-VO

Dafür, dass von UAbs. 1 der Regel 11 MP-VO nur Software erfasst ist, die eine direkte Diagnose- oder Therapieentscheidung beeinflusst, spricht auch der systematische Zusammenhang zu Regel 10 Abs. 1 Var. 3 MP-VO.[407]

(aa) Informationen für die direkte Diagnose oder Kontrolle

In Regel 10 Abs. 1 Var. 3 MP-VO unterscheidet der Unionsgesetzgeber ausdrücklich zwischen aktiven Produkten, die für eine „direkte Diagnose" bestimmt sind und solchen Produkten, die für die „Kontrolle von vitalen Körperfunktionen" bestimmt sind. Ausweislich der Durchführungsvorschriften 3.7 Anhang VIII MP-VO ist ein Produkt dann für eine direkte Diagnose bestimmt, wenn es die „Diagnose

[405] MDCG-Leitlinien 2019-11, S. 13.

[406] Vgl. MDCG-Leitlinien 2019-11, S. 13.

[407] A. A. *Reitebuch*, Mobile Health Applications, S. 107, der Regel 11 UAbs. 1 MP-VO als Abkehr von Regel 10 MP-VO ansieht.

der betreffenden Krankheit oder des betreffenden Gesundheitszustandes *selbst liefert* oder aber für die Diagnose die *entscheidenden Informationen* hervorbringt".[408]

Da Regel 10 UAbs. 1 Var. 3 MP-VO zwischen der „direkten Diagnose" und der „Kontrolle" unterscheidet, kann unter dem Begriff der „Kontrolle" in Art. 10 UAbs. 1 Var. 3 MP-VO nur solche Software erfasst werden, die keinerlei Einfluss auf eine *konkrete* Entscheidungsfindung hat, sondern „ausschließlich" zur Kontrolle bestimmter Werte bestimmt ist.[409]

Daher könnte für die Differenzierung von Regel 11 UAbs. 1 und UAbs. 2 MP-VO die von Regel 10 UAbs. 1 Var. 3 MP-VO vorgenommene Differenzierung aufgegriffen worden sein, sodass Regel 11 UAbs. 1 MP-VO nur Systeme erfassen würden, die eine *direkte* Diagnose liefern, während Art. 11 UAbs. 2 MP-VO nur Systeme erfassen würde, deren Informationen ausschließlich der Kontrolle zu dienen bestimmt sind.

Wegen der Relativität der Rechtsbegriffe muss der Begriff der „Kontrolle" im Rahmen der MP-VO nicht einheitlich verwendet werden.[410] Daher muss überprüft werden, ob der Unionsgesetzgeber dem Begriff der „Kontrolle" i. S. d. Regel 11 UAbs. 2 MP-VO die gleiche Begriffsbedeutung wie in Regel 10 UAbs. 1 Var. 3 MP-VO zuerkennen wollte.

Dafür könnte jedenfalls sprechen, dass die Regel 11 UAbs. 2 MP-VO ausweislich der MDCG-Leitlinien 2019-11 deshalb eingefügt wurde, weil nur so gewährleistet werden könne, dass die Risikoklassifizierung von Kontroll-Software der Risikoklassifizierung der *Kontroll*-Hardware entspricht.[411]

Sofern durch Regel 11 UAbs. 2 MP-VO tatsächlich ein Gleichlauf von Soft- und Hardware erreicht werden sollte, müsste dem Begriff der „Kontrolle" in Regel 11 UAbs. 2 MP-VO der gleiche Bedeutungsgehalt wie derjenige in Regel 10 UAbs. 1 Var. 3 MP-VO zukommen. Dann wäre von Regel 11 UAbs. 2 MP-VO daher ebenfalls nur Software erfasst, die Informationen produziert, die *ausschließlich* der Kontrolle dienen, *ohne* für eine *konkrete* Entscheidung herangezogen zu werden.

Dass die Regelung 11 UAbs. 2 MP-VO das Äquivalent zu Regel 10 UAbs. 1 Var. 3 MP-VO bildet, kommt dadurch zum Ausdruck, dass die Regelung den Wortlaut der Regel 10 aufgreift und sich auf die Kontrolle von „physiologischen

---

[408] Vgl. Durchführungsregel 3.7 Anhang VIII MP-VO (Hervorhebung hinzugefügt); ebenso *Reitebuch*, Mobile Health Applications, S. 103.

[409] Ebenso *Reitebuch*, Mobile Health Applications, S. 104 f.

[410] Der Grundsatz der „Relativität der Rechtsbegriffe" besagt, dass einem Begriff selbst innerhalb eines Gesetzes unterschiedliche Bedeutung zukommen kann, vgl. hierzu eingehend *Reimer*, Juristische Methodenlehre, S. 145 ff.

[411] Vgl. dafür, dass UAbs. 2 eigentlich dazu dient, den Gleichlauf zwischen Kontroll-Soft- und -Hardware zu gewährleisten, auch MDCG-Leitlinien 2019-11, S. 14; ebenso *Reitebuch*, Mobile Health Applications, S. 114, der gleichwohl kritisiert, dass dieser Intention durch Regel 11 UAbs. 2 MP-VO derzeit noch keine Rechnung getragen würde.

Prozessen" und „Parametern" bezieht.[412] Obgleich die Regel 11 UAbs. 2 MP-VO insoweit von Regel 10 Abs. 1 Var. 3 MP-VO abweicht, als für die Klassifizierung in Risikoklasse IIa keine Überwachung von „vitalen" physiologischen Prozessen erforderlich ist, sondern allgemein die Kontrolle von „physiologischen Prozessen" ausreichend ist, soll später gezeigt werden, dass die Weite der Regel 11 UAbs. 2 MP-VO von dem Gesetzgeber nicht gewollt war und aus diesem Grund teleologisch zu reduzieren ist.[413] Daher spricht vieles dafür, dass dem Begriff „Kontrolle" in Regel 11 UAbs. 2 MP-VO derselbe Bedeutungsgehalt wie dem Begriff „Kontrolle" in Regel 10 UAbs. 1 Var. 3 MP-VO zukommt.

(bb) Abweichung vom Begriff der „direkten Diagnose"

Gegen dieses Auslegungsergebnis könnte jedoch sprechen, dass der Unionsgesetzgeber in Regel 11 UAbs. 1 MP-VO – in Abweichung von Regel 10 UAbs. 1 Var. 3 MP-VO – von dem durch Durchführungsregel 3.7 MP-VO extra hierfür definierten Begriff der „direkten Diagnose" abwich, indem er statuiert, dass die Information für „diagnostische oder therapeutische Zwecke herangezogen" werden muss.

Ausweislich der Durchführungsregel 3.7 MP-VO wird ein Produkt „als Produkt angesehen, das eine direkte Diagnose ermöglicht, wenn es *die Diagnose* der betreffenden Krankheit oder des betreffenden Gesundheitszustandes *selbst liefert* oder aber für die Diagnose *entscheidende Informationen hervorbringt*".[414]

Eine entsprechende Abweichung der Regel 11 UAbs. 1 MP-VO wäre daher in zweierlei Hinsicht denkbar: einerseits könnte durch die Abkehr von dem Begriff der „direkten Diagnose" in Regel 11 UAbs. 1 MP-VO zum Ausdruck gebracht werden sollen, dass der Unterabsatz 1 weiter als der Begriff der direkten Diagnose i. S. d. Durchführungsregel 3.7 Anhang VIII MP-VO auszulegen wäre und nicht nur solche Software erfasst werden sollte, deren Information die Diagnose- oder Therapieentscheidung oder eine Teil-Information liefert, sondern vielmehr auch solche Software, die keine konkrete Diagnose- oder Therapieentscheidung beeinflusst.

Dem steht es jedoch – wie oben bereits dargelegt – entgegen, dass Regel 11 UAbs. 2 MP-VO sodann *keinerlei* Anwendungsbereich mehr zukommen würde, weil auch Informationen über die Kontrolle von physiologischen Prozessen eine Diagnose- oder Therapieentscheidung potenziell beeinflussen bzw. auslösen können.

---

[412] Obwohl die Regel 10 UAbs. 1 Var. 3 MP-VO in Abweichung von dem Wortlaut der Regel 11 UAbs. 2 MP-VO von physiologischen Körperfunktionen spricht, spricht die englische Sprachfassung für Regel 10 UAbs. 1 Var. 3 und Regel 11 UAbs. 2 MP-VO in beiden Regeln von „physiological processes".

[413] Eingehend dazu, dass Regel 11 UAbs. 2 MP-VO dahingehend teleologisch reduziert werden muss, dass nur solche Software erfasst wird, die der Kontrolle von „*vitalen*" physiologischen Prozessen dient, ausführlich Kap. 2, C., II., 1., c), ee), (2).

[414] Vgl. hierfür Durchführungsregel 3.7 Anhang VIII MP-VO (Hervorhebung hinzugefügt).

Andererseits könnte die Abkehr von dem Begriff der „direkten Diagnose“ durch Regel 11 UAbs. 1 MP-VO auch zum Ausdruck bringen wollen, dass der Anwendungsbereich der Regel 11 UAbs. 1 MP-VO deshalb *enger* ist, weil es nicht ausreicht, nur eine entscheidende *Teil*-Information zu liefern, sondern es vielmehr erforderlich wäre, *die* Diagnose oder Therapie zu liefern.

Eine entsprechende Verschärfung wäre jedenfalls im Einklang mit dem Ansatz der IMDRF, nach dem Software, die *die* Diagnose oder *die* Therapie liefert, in die höchste Risikokategorie im Hinblick auf die Signifikanz der Information eingeordnet wird.[415] Ausweislich des Erwägungsgrundes 5 MP-VO wollte der Unionsgesetzgeber den Ansatz der IMDRF soweit möglich berücksichtigen.

Allerdings steht einer solchen Auslegung der Wortlaut entgegen, wonach Regel 11 UAbs. 1 MP-VO solche Systeme erfasst, deren Informationen „herangezogen werden“.[416] Durch diese Formulierung könnte andererseits auch lediglich zum Ausdruck gebracht werden sollen, dass das System – wegen des Arztvorbehaltes[417] – nur eine *unterstützende Funktion* haben darf, also *die* Diagnose- oder *die* Therapieentscheidung nur als Vorschlag präsentieren darf, während eine vollständig automatisierte Übermittlung an den Patienten unzulässig wäre.

Gleichwohl spricht gegen eine Beschränkung des Anwendungsbereiches der Regel 11 UAbs. 1 MP-VO auf Software, die *die* Diagnose- oder Therapieentscheidung liefert, dass durch eine solche Auslegung der Regel 11 UAbs. 1 MP-VO ein nicht mehr gerechtfertigtes Risikoklassifizierungssystem entstehen würde.

Sofern die Regel 11 UAbs. 1 MP-VO tatsächlich von dem Begriff der „direkten Diagnose“ mit der Formulierung zu „diagnostischen oder therapeutischen Zwecken herangezogen werden“ abweichen wollte, würde der Unionsgesetzgeber dadurch im Umkehrschluss zum Ausdruck bringen, dass er zumindest *grundsätzlich* an dem Bedeutungsgehalt des Begriffs der „direkten Diagnose“ und der „Kontrolle“ der Regel 10 UAbs. 1 Var. 3 MP-VO festhalten wollte und daher *explizit* nur in Regel 11 UAbs. 1 MP-VO von dem Begriff der „direkten Diagnose“ abwich.[418]

In diesem Fall wäre der Begriff der „Kontrolle“ i. S. d. Regel 11 UAbs. 2 MP-VO jedoch weiterhin mit dem Begriff der „Kontrolle“ in Regel 10 UAbs. 1 Var. 3 MP-VO gleichzusetzen.

---

415 Vgl. *IMDRF*, Software as a Medical Device: Possible Framework for Risk Categorization and Corresponding Considerations, S. 10 f., abrufbar unter: siehe Quellenangaben.

416 Vgl. hierzu bereits ausführlich Kap. 2, C., II., 1., c), cc), (1).

417 Für eine Untersuchung, inwieweit der Einsatz von KI-Systemen im Rahmen der ärztlichen Entscheidungsfindung vor dem Hintergrund des Arztvorbehaltes zulässig ist, ausführlich Kap. 4, C., IV., 3., c), bb), (1).

418 Von dem Begriff „Kontrolle“ i. S. d. Regel 10 UAbs. 1 Var. 3 MP-VO ist nur solche Software erfasst, deren Informationen ausschließlich der Kontrolle physiologischer Prozesse zu dienen bestimmt sind. Dies ist jedoch nicht der Fall, wenn die Informationen in eine konkrete Diagnose- oder Therapieentscheidung miteinbezogen werden, hierzu bereits Kap. 2 C., II., 1., c), cc).

Der Anwendungsbereich der Regel 11 UAbs. 2 MP-VO wäre daher auf Software zu beschränken, die *ausschließlich* der Kontrolle zu dienen bestimmt ist, ohne dabei eine konkrete Entscheidungsfindung zu unterstützen.

Da sodann Regel 11 UAbs. 1 MP-VO nur Software erfassen würde, die *die* Diagnose- oder Therapieentscheidung liefert, verbliebe für Software, die nur eine Teil-Information für eine konkrete Diagnose- oder Therapieentscheidung liefert, nur noch der Anwendungsbereich der Regel 11 UAbs. 3 MP-VO.

Weil aber die Informationen solcher Software einen direkten Einfluss auf eine konkrete *Diagnose- oder Therapieentscheidung* haben, wäre dies ein vollkommen unvertretbares Ergebnis. Das wird dadurch untermauert, dass eine Software, die *direkt* in einen Entscheidungsprozess eingebunden wird, in eine niedrigere Risikoklasse fiele, als eine solche Software, die ausschließlich der Kontrolle von physiologischen Parametern zu dienen bestimmt ist und daher jedenfalls keine *konkrete* Diagnose- oder Therapieentscheidung beeinflusst, weil diese gem. Regel 11 UAbs. 2 MP-VO der Risikoklasse IIa zuzuordnen wäre.

Dass eine solche Einordnung auch im Widerspruch zu dem Willen des Unionsgesetzgebers steht, kommt durch Regel 10 UAbs. 1 Var. 3 MP-VO zum Ausdruck, ausweislich der die Medizinprodukte-Hardware, die der *direkten Diagnose* zu dienen bestimmt ist, mindestens in Risikoklasse IIa fällt. Da von dem Begriff der direkten Diagnose sowohl Produkte erfasst sind, die *die* Diagnose stellen, als auch solche, die *entscheidende Informationen* dafür hervorbringen, ist die Risikoträchtigkeit der Diagnose-Hardware unabhängig davon, ob die *gesamte* Diagnose oder nur eine für die Entscheidung *entscheidende* Information hervorgebracht wird. Vor diesem Hintergrund würde eine Einordnung in Risikoklasse I auch der Wertung des Unionsgesetzgebers widersprechen und ist daher abzulehnen.

Die Abweichung von dem Begriff der „direkten Diagnose" kann vielmehr dadurch erklärt werden, dass Regel 11 UAbs. 1 MP-VO nicht nur die *direkte Diagnose* i. S. d. Durchführungsregel 3.7 Anhang VIII MP-VO erfassen wollte, sondern auch solche Entscheidungsunterstützungssysteme, die Informationen zur Unterstützung einer *konkreten Therapie*entscheidung betreffen.

#### *(3) Verbleibender Anwendungsbereich des Unterabsatzes 3*

In Abhängigkeit dessen kann nunmehr bestimmt werden, was unter „sämtliche andere Software" i. S. d. Regel 11 UAbs. 3 MP-VO fällt.

Im Ergebnis muss sich den Stimmen angeschlossen werden, die statuieren, dass Software, die der Verhütung, Vorhersage oder Prognose zu dienen bestimmt ist, als „sämtliche andere" Software dem Anwendungsbereich der Regel 11 UAbs. 3 MP-

VO unterliegt.[419] Dies gilt jedenfalls so lange, wie diese Informationen nicht in einen konkreten Entscheidungsprozess miteinbezogen werden.[420]

Unter der „Verhütung“ einer Krankheit, versteht man nach dem allgemeinen Sprachverständnis die „Abwehr, Abwendung, Blockierung, Durchkreuzung“.[421] Sofern man diesem Begriffsverständnis folgt, betreffen Informationen, die der Verhütung dienen, einen Zeitpunkt, der der Diagnose und Therapie einer Krankheit zeitlich vorgelagert ist, weil die Krankheit bereits in ihrer Entstehung abgewehrt werden soll.[422] In Ermangelung einer bestehenden Krankheit, kann die Information daher auch nicht zu diagnostischen Zwecken herangezogen werden, weil dem Begriff der Diagnose begrifflich immanent ist, dass eine Krankheit bereits besteht. Da Software, die der Verhütung dient, auch nicht nur zur Kontrolle physiologischer Prozesse zu dienen bestimmt ist, sondern vielmehr Empfehlungen für eine Verhütung ausgibt, verbleibt hierfür nur die Anwendbarkeit der Regel 11 UAbs. 3 MP-VO.[423]

Unter der „Vorhersage“, versteht man im allgemeinen Sprachverständnis „etwas, was jemand sagt in Bezug auf etwas, was sich zukünftig ereignen oder darauf, wie etwas in nächster Zeit verlaufen wird“.[424] Ob Software, deren Informationen der „Vorhersage“ dienen, vom Anwendungsbereich der Regel 11 UAbs. 1 MP-VO erfasst ist, hängt maßgeblich davon ab, ob der Begriff sich auf die Vorhersage, einer *noch nicht bestehenden* Krankheit oder den Verlauf einer *bereits bestehenden* Krankheit bezieht. Sofern die Information eine bestehende Krankheit betrifft, könnte diese zu therapeutischen Zwecken herangezogen werden und würde daher mittelbar die Therapieentscheidung beeinflussen. Dass der Begriff der „Vorhersage“ sich auf die Verlaufsentwicklung einer noch *nicht bestehenden* Krankheit bezieht, ergibt sich in Abgrenzung zu dem Begriff der „Prognose“, der ebenfalls als medizinische Zweckbestimmung von Art. 2 Nr. 1 MP-VO erfasst ist. Unter einer Prognose versteht man im allgemeinen Sprachverständnis eine „(wissenschaftlich

---

[419] *Gerhart*, MDR Regel 11: Der Klassifizierungs-Albtraum?, abrufbar unter: siehe Quellenangaben; *Hofmann*, MPR 2021, 161, 165.

[420] *Gerhart*, MDR Regel 11: Der Klassifizierungs-Albtraum?, abrufbar unter: siehe Quellenangaben; während *Hofmann*, MPR 2021, 161, 165.

[421] Vgl. hierfür das allgemeine Begriffsverständnis für den Begriff „Verhütung“ nach Duden, abrufbar unter: https://www.duden.de/rechtschreibung/Verhuetung, zuletzt abgerufen: 4. 1. 2026.

[422] Vgl. auch *Hofmann*, MPR 2021, 161, 165, der die Anwendbarkeit der Regel 11 UAbs. 1 MP-VO für Software, mit einer entsprechenden Zwecksetzung ablehnt, weil Informationen, die der „Verhütung“ von Krankheiten zu dienen bestimmt sind, einen Zeitpunkt nach der Entstehung der Krankheit betreffen würden; ferner *Gerhart*, MDR Regel 11: Der Klassifizierungsalbtraum, abrufbar unter: siehe Quellenangaben, der jedoch keine Begründung liefert.

[423] Ebenso *Hofmann*, MPR 2021, 161, 165; *Gerhart*, MDR Regel 11: Der Klassifizierungsalbtraum, abrufbar unter: siehe Quellenangaben.

[424] Vgl. hierfür das Begriffsverständnis für den Begriff der „Vorhersage“ nach Duden, abrufbar unter: Bedeutung „Vorhersage“ Duden, abrufbar unter: https://www.duden.de/rechtschreibung/Vorhersage, zuletzt abgerufen: 4. 1. 2026.

begründete) Voraussage einer künftigen Entwicklung, künftiger Zustände, des voraussichtlichen Verlaufs (z. B. einer Krankheit)".[425]

Vor diesem Hintergrund spricht das allgemeine Sprachverständnis dafür, dass sich die Prognose auf eine *bestehende* Krankheit bezieht, während die Vorhersage eine (noch) *nicht bestehende* Krankheit betrifft. Sofern eine Krankheit noch nicht besteht, wird die Information auch nicht *zu* diagnostischen oder therapeutischen Zwecken herangezogen werden.

In diesem Fall betrifft die Information einen Zeitpunkt *nach* Eintritt der Krankheit, weshalb Informationen zur „Vorhersage" nicht dem Anwendungsbereich der Regel 11 UAbs. 1 MP-VO unterfallen können. Für solche Systeme verbleibt vielmehr sodann nur der Anwendungsbereich der Regel 11 UAbs. 3 MP-VO.[426]

Im Unterschied dazu kann eine Prognose einer Krankheit die Wahl der Form und vor allem auch der Intensität der Therapie beeinflussen, und damit dem Anwendungsbereich der Regel 11 UAbs. 1 MP-VO unterfallen. Abzulehnen wäre die Anwendbarkeit nur dann, wenn die Information ausschließlich der Prognose zu dienen bestimmt ist,[427] wofür ein praktischer Anwendungsbereich indes nur schwer vollstellbar ist und daher eher konstruiert wirkt.[428]

Nach dem allgemeinen Sprachverständnis versteht man unter einer „Linderung" von Krankheiten, das „lindern", worunter wiederum ein „mildern, erträglich(er) machen" verstanden wird.[429] Daher ist eine Linderung nicht auf die Heilung einer Krankheit gerichtet, sondern – dem allgemeinen Sprachverständnis folgend – nur darauf, dass die Krankheit und damit die für den Patienten bestehenden Beschwer-

---

[425] Vgl. hierfür das Begriffsverständnis für den Begriff der „Prognose" nach Duden, abrufbar unter: https://www.duden.de/rechtschreibung/Prognose, zuletzt abgerufen: 4. 1. 2026.

[426] Im Ergebnis ebenso *Gerhart*, MDR Regel 11: Der Klassifizierungs-Albtraum?, abrufbar unter: siehe Quellenangaben; ferner *Hofmann*, MPR 2021, 161, 165, der jedoch vertritt, dass Software, die Informationen zur „Vorhersage" einer Krankheit liefern würde, den Zeitpunkt nach der Diagnose bzw. Therapie betreffen würde, weshalb Regel 11 UAbs. 1 MP-VO nicht anwendbar wäre; a. A. MDCG-Leitlinien 2019-11, S. 13, die den Unterabsatz für *jede* Medizinproduktesoftware als anwendbar betrachten; dem folgend wohl *Gassner*, MPR 2016, 109, 113; *Gassner/Schreiegg*, MPR 2019, 198, 201.

[427] Ebenso *Gerhart*, MDR Regel 11: Der Klassifizierungs-Albtraum?, abrufbar unter: siehe Quellenangaben; a. A. *Hofmann*, MPR 2021, 161, 165, der die Anwendbarkeit der Regel 11 UAbs. 1 MP-VO für Informationen, die der Prognose dienen, grundsätzlich ablehnt; a. A. MDCG-Leitlinien 2019-11, S. 13, die den Unterabsatz für *jede* Medizinproduktesoftware als anwendbar betrachten; dem wohl folgend *Gassner*, MPR 2016, 109, 113; *Gassner/Schreiegg*, MPR 2019, 198, 201.

[428] *Gerhart*, MDR Regel 11: Der Klassifizierungs-Albtraum?, abrufbar unter: siehe Quellenangaben.

[429] Vgl. hierfür das Begriffsverständnis für den Begriff der „Linderung" nach Duden, abrufbar unter: https://www.duden.de/suchen/dudenonline/linderung, zuletzt abgerufen: 4. 1. 2026.

den erträglicher gemacht werden.[430] Ob die Information, die der Linderung einer Krankheit dient, auch zu therapeutischen Zwecken herangezogen werden kann, wird vom Einzelfall abhängig sein. Denkbar ist etwa, dass die Information über verschiedene Therapievorschläge durch Informationen einer Software ergänzt wird, die angibt, welche Therapievorschläge die derzeitigen Beschwerden des Patienten lindern. In diesem Fall dient die Information einer therapeutischen Zwecksetzung. Maßgeblich ist insoweit wiederum die subjektive Zwecksetzung des Herstellers.

*(4) Zwischenergebnis*

Ausweislich des Wortlautes ist es für den Anwendungsbereich der Regel 11 UAbs. 1 MP-VO nicht erforderlich, dass das System *die* Therapie- oder Diagnoseentscheidung liefert, sondern ist ausreichend, dass die Information einen mittelbaren Einfluss auf die Endentscheidung hat, weil die Informationen zur Unterstützung *herangezogen werden.*

Allerdings werden nur solche Systeme von Regel 11 UAbs. 1 MP-VO erfasst werden, bei denen die Informationen zur Unterstützung einer *direkten* Diagnose- oder *konkreten* Therapieentscheidungen bestimmt sind.

Daher sind von dem Anwendungsbereich der Regel 11 UAbs. 1 MP-VO alle Systeme erfasst, deren Informationen entweder einen konkreten Diagnose- oder Therapievorschlag oder eine dafür entscheidende Information liefern. In den Anwendungsbereich der Regel 11 UAbs. 2 MP-VO fallen hingegen alle Systeme, die zur Kontrolle bestimmt sind, ohne zugleich einen Einfluss auf eine *konkrete* Diagnose- oder Therapieentscheidung zu haben.

Sofern die Informationen weder eine konkrete Therapie- oder Diagnoseentscheidung beeinflussen noch der Kontrolle von physiologischen Paramenten dienen, fallen die Systeme in den Unterabsatz 3 und damit stets in Risikoklasse I.

### dd) Risikoverschärfende Wirkung im Vergleich zu dem IMDRF-Ansatz

Dadurch, dass Regel 11 UAbs. 1 MP-VO auch Systeme erfasst, die keinen Vorschlag für eine Diagnose- oder Therapieentscheidung liefern, sondern nur eine konkrete Entscheidungsfindung *unterstützen,*[431] verschärft die Regelung den Ansatz der IMDRF bereits im Hinblick auf die Einordnung in die jeweilige *Mindest*risikoklasse, weil die IMDRF für solche Software in Abhängigkeit zweiten Risikoklassifizierungskriterium auch die Möglichkeit vorsah, dass diese in Risikoklasse I fallen könnten (*siehe hierzu (1)*).

---

[430] So auch die Argumentation von *Gerhart*, MDR Regel 11: Der Klassifizierungs-Albtraum?, abrufbar unter: siehe Quellenangaben.

[431] Vgl. hierfür das Begriffsverständnis für den Begriff der „direkten Diagnose“ nach Durchführungsregel 3.7 Anhang VIII MP-VO.

Eine Anwendung der MDCG-Leitlinien 2019-11 kann diesen Umstand nicht korrigieren, da die Regel 11 UAbs. 1 MP-VO weder auf *jede* Medizinproduktsoftware anwendbar ist, noch eine Übertragung des materiellen Ansatzes der IMDRF mit dem Risikoklassifizierungssystem der Regel 11 UAbs. 1 MP-VO vereinbar wäre (*siehe hierzu (2)*).

*(1) Risikoklassifizierungsansatz der IMDRF*

Der Ansatz der Regel 11 MP-VO, anhand der Zweckbestimmung der von der Software produzierten Information verschiedene Mindestrisikoklassen zu unterscheiden, lässt sich auf den Ansatz des „International Medical Device Regulators Forum (IMDRF)“[432] zurückführen, das einen internationalen Vorschlag für einen möglichen Risikoklassifizierungsrahmen für Medizinprodukte-Software vorstellte.[433]

Für die Zwecke der Risikoklassifizierung unterscheidet die IMDRF vier Risikoklassen, deren Einordnung maßgeblich anhand von zwei Oberkriterien, namentlich „Significance of information provided by SaMD to healthcare decision“ und „Healthcare Situation or Condition“ erfolgt.[434]

In einem ersten Schritt ist die „Signifikanz der Information“ und damit die Zweckbestimmung der Software von der produzierten Information maßgeblich.[435] In Abhängigkeit der Risikoträchtigkeit der Zweckbestimmung lässt sich dieses Kriterium wiederum in drei Unterkategorien einteilen.[436] Unterschieden wird Software[437], die *die* Diagnose/Therapieentscheidung liefert, Software[438], die diese Entscheidung nur unterstützt und solche Software[439], die keinen Einfluss auf eine konkrete Entscheidung hat.

---

[432] Vgl. *IMDRF*, Software as a Medical Device: Possible Framework for Risk Categorization and Corresponding Considerations, abrufbar unter: siehe Quellenangaben.

[433] Dies wird auch durch Erwägungsgrund 5 MP-VO bestätigt, wonach der europäische Gesetzgeber die Ansätze der IMDRF „soweit möglich“ berücksichtigen wollte.

[434] Vgl. *IMDRF*, Software as a Medical Device: Possible Framework for Risk Categorization and Corresponding Considerations, S. 10 ff., abrufbar unter: siehe Quellenangaben.

[435] Vgl. *IMDRF*, Software as a Medical Device: Possible Framework for Risk Categorization and Corresponding Considerations, S. 14, abrufbar unter: siehe Quellenangaben.

[436] Vgl. *IMDRF*, Software as a Medical Device: Possible Framework for Risk Categorization and Corresponding Considerations, S. 10 f., abrufbar unter: siehe Quellenangaben.

[437] Vgl. Definition 5.1.1. *IMDRF*, Software as a Medical Device: Possible Framework for Risk Categorization and Corresponding Considerations, S. 10 f., abrufbar unter: siehe Quellenangaben.

[438] Vgl. Definition 5.1.2. *IMDRF*, Software as a Medical Device: Possible Framework for Risk Categorization and Corresponding Considerations, S. 10 f., abrufbar unter: siehe Quellenangaben.

[439] Vgl. Definition 5.1.3. *IMDRF*, Software as a Medical Device: Possible Framework for Risk Categorization and Corresponding Considerations, S. 10 f., abrufbar unter: siehe Quellenangaben.

In einem zweiten Schritt muss sodann beurteilt werden muss, ob der Gesundheitszustand eine risikoerhöhende Wirkung auf die jeweils mindestens einschlägige Risikoklasse haben kann.[440] Es werden wiederum drei Kategorien in Abhängigkeit der Risikoträchtigkeit unterschieden, die in ihrer Risikoträchtigkeit absteigend von einer kritischen[441], ernsten[442] zu einer nur nicht-kritischen[443] Gesundheitssituation reichen.

Obgleich der Unionsgesetzgeber ausweislich des Erwägungsgrundes 5 MP-VO den Ansatz der IMDRF *soweit möglich* berücksichtigen wollte, stellt sich die Risikoklassifizierungsregel 11 MP-VO im Vergleich zu dem Ansatz der IMDRF als Verschärfung in Bezug auf die Risikoklasse dar, in die die jeweiligen Softwarekategorien mindestens fallen.

Die IMDRF ordnet Software, die im Hinblick auf das erste Risikoklassifizierungskriterium, namentlich die „Signifikanz der Information", in die höchste Risiko*kategorie*[444] fällt, mindestens der Risikoklasse II zu.[445]

Obgleich auch Regel 11 UAbs. 1 MP-VO mindestens eine Einordnung in Risikoklasse IIa[446] vorsieht, stellt sich die Regel 11 UAbs. 1 MP-VO als Verschärfung dar. Von dem Wortlaut der Regel 11 UAbs. 1 MP-VO wird nicht nur Software erfasst, die *zur* Diagnose oder *zur* Therapie eingesetzt wird, sondern auch solche Software, die eine konkrete Diagnose- oder Therapieentscheidung durch eine Teil-Information (nur) *unterstützt.*[447] Im Unterschied dazu soll nach dem Vorschlag der

---

[440] Vgl. Definition 5.2.1. *IMDRF*, Software as a Medical Device: Possible Framework for Risk Categorization and Corresponding Considerations, S. 11 f., abrufbar unter: siehe Quellenangaben.

[441] Vgl. Definition 5.2.2. *IMDRF*, Software as a Medical Device: Possible Framework for Risk Categorization and Corresponding Considerations, S. 11, abrufbar unter: siehe Quellenangaben.

[442] Vgl. Definition 5.2.3. *IMDRF*, Software as a Medical Device: Possible Framework for Risk Categorization and Corresponding Considerations, S. 11, abrufbar unter: siehe Quellenangaben.

[443] Vgl. *IMDRF*, Software as a Medical Device: Possible Framework for Risk Categorization and Corresponding Considerations, S. 10 f., abrufbar unter: siehe Quellenangaben.

[444] Vgl. hierfür die Definition 5.1.1, *IMDRF*, Software as a Medical Device: Possible Framework for Risk Categorization and Corresponding Considerations, S. 11, abrufbar unter: siehe Quellenangaben.

[445] Vgl. *IMDRF*, Software as a Medical Device: Possible Framework for Risk Categorization and Corresponding Considerations, S. 14 abrufbar unter: siehe Quellenangaben.

[446] Im Rahmen der MP-VO werden ebenso wie in dem Ansatz der IMDRF vier Risikoklassen unterschieden. In der MP-VO wird zwischen den Risikoklasse I, IIa, IIb und III unterschieden, vgl. hierfür Art. 51 Abs. 1 MP-VO, bestätigend etwa *Mayr/Thiermann/Schrack/Kiesselbach*, Medizinprodukterecht, § 3, Rn. 50; während die IMDRF zwischen den Risikoklasse I, II, III und IV unterscheidet, *IMDRF*, Software as a Medical Device: Possible Framework for Risk Categorization and Corresponding Considerations, S. 14 abrufbar unter: siehe Quellenangaben.

[447] Vgl. für eine eingehende Darstellung, welcher Anwendungsbereich der Regel 11 UAbs. 1 MP-VO zukommt, bereits Kap. 2, C., II., 1., c), cc).

IMDRF von der höchsten[448] Risikokategorie Bezug auf die „Signifikanz der Information“ nur solche Software erfasst sein, die *zur* Diagnose oder *zur* Therapie eingesetzt wird.[449] Dies wird auch durch Beispiele illustriert, die die IMDRF für diese Softwarekategorie anführt.[450] Als Beispiele für die höchste[451] Risikokategorie in Bezug auf die „Signifikanz der Information“ führt die IMDRF beispielsweise Software an, die eine diagnostische Bildanalyse durchführt, um eine Behandlungsentscheidung bei einem Patienten mit akutem Schlaganfall zu treffen.[452] Ferner nennt die IMDRF als Beispiel eine Software, die das Mikrofon eines Smartphones verwendet, um Atemaussetzer während des Schlafs zu erkennen und den Betroffenen mit einem Ton zu wecken.[453]

Im Unterschied dazu fällt Software, die dazu bestimmt ist, die Behandlung oder Diagnose „nur“ zu unterstützen, im Risikoklassifizierungsansatz der IMDRF nur in die zweithöchste[454] Risikokategorie in Bezug auf das erste Risikoklassifizierungskriterium „Signifikanz der Information“. Dies hat jedoch zur Folge, dass die Software nach dem Ansatz der IMDRF – in Abhängigkeit des zweiten Oberkriteriums, namentlich des „Gesundheitszustand(s) bzw. gesundheitliche Situation des Patienten“ – und gerade im Unterschied zu Regel 11 UAbs. 1 MP-VO, auch in Risikoklasse I fallen kann.[455] Als Beispiel für diese Softwarekategorie führt die IMDRF

[448] Vgl. hierfür die Definition 5.1.1, *IMDRF*, Software as a Medical Device: Possible Framework for Risk Categorization and Corresponding Considerations, S. 11, abrufbar unter: siehe Quellenangaben.

[449] Vgl. die Definition 5.1.1. *IMDRF*, Software as a Medical Device: Possible Framework for Risk Categorization and Corresponding Considerations, S. 10 f. abrufbar unter: siehe Quellenangaben.

[450] Vgl. hierfür *IMDRF*, Software as a Medical Device: Possible Framework for Risk Categorization and Corresponding Considerations, S. 15 f., abrufbar unter: siehe Quellenangaben.

[451] Vgl. hierfür die Definition 5.1.1, *IMDRF*, Software as a Medical Device: Possible Framework for Risk Categorization and Corresponding Considerations, S. 11, abrufbar unter: siehe Quellenangaben.

[452] Vgl. das Beispiel 1 für die Risikoklasse IV (die in der MP-VP Risikoklasse III entsprechen würde), *IMDRF*, Software as a Medical Device: Possible Framework for Risk Categorization and Corresponding Considerations, S. 15, abrufbar unter: siehe Quellenangaben.

[453] Vgl. das Beispiel 1 für die Risikoklasse IV (die in der MP-VO der Risikoklasse III entsprechen würde), sowie das Beispiel 1 für die Risikoklasse III (die in der MP-VO Risikoklasse IIb entsprechen würde), *IMDRF*, Software as a Medical Device: Possible Framework for Risk Categorization and Corresponding Considerations, S. 15 f., abrufbar unter: siehe Quellenangaben.

[454] Vgl. hierfür die Definition 5.1.2 *IMDRF*, Software as a Medical Device: Possible Framework for Risk Categorization and Corresponding Considerations, S. 11, abrufbar unter: siehe Quellenangaben.

[455] Dies wäre etwa dann der Fall, wenn das System zwar in Bezug auf die Signifikanz der Information in Risikokategorie 5.1.2 fällt, gleichwohl in Bezug auf das zweite Oberkriterium, nämlich den Gesundheitszustand, in die Risikokategorie 5.2.1 fallen würde, vgl. *IMDRF*, Software as a Medical Device: Possible Framework for Risk Categorization and Corresponding Considerations, S. 11, 14 abrufbar unter: siehe Quellenangaben.

etwa Software an, die „Bilder, Augenbewegungen oder andere Informationen analysiert, um die nächste diagnostische Maßnahme bei Astigmatismus zu steuern".[456]

Die Unterscheidung zwischen Software, die einen Vorschlag für eine Diagnose- oder Therapieentscheidung liefert, und solcher Software, die diese Entscheidung nur durch eine Teil-Information unterstützt, wurde im Rahmen der Regel 11 UAbs. 1 MP-VO nicht unternommen. Mit Regel 11 UAbs. 1 MP-VO fasste der Unionsgesetzgeber die beiden Risikokategorien des 5.1.1 und 5.1.2 IMDRF in Regel 11 UAbs. 1 MP-VO zusammen, was jedoch zur Folge hat, dass in beiden Fällen *mindestens* Risikoklasse IIa einschlägig ist.[457]

Neben der risikoverschärfenden Wirkung der Regel 11 UAbs. 1 und UAbs. 2 MP-VO stellt auch die Regel 11 UAbs. 3 MP-VO eine Abweichung von dem Ansatz der IMDRF dar.

Übereinstimmend mit Regel 11 UAbs. 3 MP-VO sieht auch der Ansatz der IMDRF vor, dass Software, die nicht dazu bestimmt ist, eine konkrete oder zumindest baldige Diagnose- oder Therapieentscheidung zu beeinflussen, grundsätzlich in der Risikoklasse I einzuordnen ist.[458]

Im Unterschied zu Risikoklassifizierungsregel 11 UAbs. 3 MP-VO erfolgt die Einordnung nicht pauschal, sondern sieht die IMDRF eine Ausnahme für solche Software vor, die zugleich einen Gesundheitszustand in einer kritischen Situation i. S. d. Definition 5.2.1 betrifft.[459] In diesem Fall ist auch Software, die keine konkrete oder baldige Entscheidung beeinflusst, der Risikoklasse II zuzuordnen, die in dem viertstufigen Risikoklassifizierungssystem der MP-VO Risikoklasse IIa entsprechen würde.[460] Als Beispiel nennt die IMDRF etwa Software, die individuelle Patientendaten verwendet, um das Risiko eines Schlaganfalls oder einer Herz-

---

[456] Vgl. das Beispiel 3 für die Risikoklasse I, *IMDRF*, Software as a Medical Device: Possible Framework for Risk Categorization and Corresponding Considerations, S. 18, abrufbar unter: siehe Quellenangaben.

[457] Für eine Darstellung, dass der Anwendungsbereich der Regel 11 UAbs. 1 MP-VO sowohl Software erfasst, die dazu bestimmt ist, die Diagnose- oder Therapieentscheidung zu liefern, als auch solche Software, die nur eine Teil-Information dafür liefert, bereits Kap. 2, C., II., 1., c), cc).

[458] Vgl. hierfür die Definition für Software „to inform clinical management" i. S. d. 5.1.3, die nach dem Ansatz der IMDRF, grundsätzlich der Risikoklasse I zuzuordnen ist, *IMDRF*, Software as a Medical Device: Possible Framework for Risk Categorization and Corresponding Considerations, S. 14 f., abrufbar unter: siehe Quellenangaben.

[459] Vgl. hierfür die Beispiele 3 für Kategorie II, *IMDRF*, Software as a Medical Device: Possible Framework for Risk Categorization and Corresponding Considerations, S. 17, abrufbar unter: siehe Quellenangaben.

[460] Vgl. hierfür die Beispiele 3 für Kategorie II, *IMDRF*, Software as a Medical Device: Possible Framework for Risk Categorization and Corresponding Considerations, S. 17, abrufbar unter: siehe Quellenangaben.

krankheit vorherzusagen, um so Präventions- und Interventionsstrategien zu entwickeln.[461]

Die pauschale Zuordnung der Risikoklassifizierungsregel 11 UAbs. 3 MP-VO stellt sich daher als Abmilderung des Ansatzes der IMDRF dar.

Insgesamt bedeutet die Regel 11 MP-VO in Bezug auf die einschlägigen Mindest-Risikoklassen daher eine Verschärfung des Ansatzes der IMDRF, was in der folgenden Übersicht illustriert werden soll.

*Tabelle 1*

**Übersicht über die risikoverschärfende Wirkung der Risikoklassifizierungsregel 11 MP-VO im Vergleich zu dem Vorschlag der IMDRF**

| **Regel 11 MP-VO** | | | | **IMDRF[462]** | | | |
|---|---|---|---|---|---|---|---|
| **Gesundh. Z/S[463]** | **Signifikanz der Information[464]** | | | **Gesundh. Z/S** | **Signifikanz der Information** | | |
| | **5.1.1** | **5.1.2** | **5.1.3** | | **5.1.1** | **5.1.2** | **5.1.3** |
| **5.2.1** | III | **III** | **I** | **5.2.1** | IV | III | II |
| **5.2.2** | IIb | **IIb** | I | **5.2.2** | III | II | I |
| **5.2.3** | IIa | **IIa** | I | **5.2.3** | II | I | I |

### *(2) Verbiegung des Ansatzes durch die MDCG-Leitlinien 2019-11*

In den Leitlinien 2019-11 schlägt die MDCG vor, den Ansatz der IMDRF auf Regel 11 MP-VO zu übertragen, um die Regelung zu dem Risikoklassifizierungssystem der IMDRF zurückzuführen.[465] Allerdings muss einschränkend beachtet

---

[461] Vgl. hierfür die Beispiele 3 für Kategorie II, *IMDRF*, Software as a Medical Device: Possible Framework for Risk Categorization and Corresponding Considerations, S. 17, abrufbar unter: siehe Quellenangaben.

[462] In dem Risikoklassifizierungsansatz der IMDRF werden, im Einklang mit Art. 51 MP-VO, ebenfalls vier Risikoklassen unterschieden. Im Unterschied zu Art. 51 MP-VO werden diese nicht als Risikoklassen I, IIa, IIb und III, sondern vielmehr als Risikoklasse I, II, III und IV bezeichnet, *IMDRF*, Software as a Medical Device: Possible Framework for Risk Categorization and Corresponding Considerations, S. 17, abrufbar unter: siehe Quellenangaben.

[463] Gemeint ist der „Gesundheitszustand bzw. die gesundheitliche Situtation", übersetzt aus dem Englischen „Healthcare Situation or Condition", vgl. hierfür die Definitionen 5.2.1 – 5.2.3 *IMDRF*, Software as a Medical Device: Possible Framework for Risk Categorization and Corresponding Considerations, S. 10 f., abrufbar unter: siehe Quellenangaben.

[464] Übersetzt aus dem Englischen „Significance of information provided by SaMD to healthcare decision", vgl. hierfür die Definitionen 5.1.1 – 5.1.3 *IMDRF*, Software as a Medical Device: Possible Framework for Risk Categorization and Corresponding Considerations, S. 10 f., abrufbar unter: siehe Quellenangaben.

[465] Vgl. MDCG-Leitlinien 2019-11, S. 12 ff.

werden, dass die MDCG-Leitlinien 2019-11 den Ansatz ausschließlich auf Regel 11 *UAbs. 1* MP-VO übertragen wollen.[466]

Hintergrund dafür, scheint der Umstand zu sein, dass der Begriff „verursachen können" in Regel 11 UAbs. 1 MP-VO genügen Auslegungsspielraum lassen würde, das Risikoklassifizierungssystem der IMDRF zu übertragen.[467]

Obgleich die Intention der MDCG-Leitlinien 2019-11 grundsätzlich begrüßt wird, wird überwiegend bezweifelt, dass die Leitlinie dazu geeignet ist, die Weite der Regel 11 UAbs. 1 MP-VO zu revidieren.[468] Vielmehr wird die materielle Eignung des Ansatzes der MDCG-Leitlinien 2019-11 insofern bezweifelt, als die Leitlinie Risikoklasse I überhaupt nicht berücksichtigen würden.[469] Andererseits wird sogar befürchtet, dass durch die MDCG-Leitlinien 2019-11 bestehende Konzepte, wie das der IMDRF, verbogen werden würden.[470] Daher könnten die aufgezeigten Schwächen der Regel 11 MP-VO nur durch den Gesetzgeber behoben werden.[471]

Dem ist zuzustimmen. Einer Übertragung des Ansatzes der MDCG-Leitlinien 2019-11 steht zunächst vor allem entgegen, dass – wie oben dargelegt – von Regel 11 UAbs. 1 MP-VO nicht „jede" Software erfasst ist.[472] Dies erkennen die MDCG-Leitlinien 2019-11 auch selbst an, indem sie Software, die ausschließlich der Kontrolle zu dienen bestimmt ist, vom Anwendungsbereich ausschließen wollen.[473]

Selbst wenn man darüber hinwegsehen würde und Regel 11 UAbs. 1 MP-VO für jede Software als anwendbar erachten würde, würde die vorbehaltslose Übertragung der Risikoklassifizierungskriterien der IMDRF auf Regel 11 UAbs. 1 MP-VO an einem einzigen aber gleichwohl fundamentalen Punkt scheitern: während der Ansatz der IMDRF insgesamt vier mögliche Risikoklassen von der Stufe I bis zur Stufe IV vorsieht, beschränkt Regel 11 *UAbs. 1* MP-VO ausweislich des Wortlautes die möglichen Risikoklassen von vornherein auf die drei höchsten Risikostufen.

---

466 Vgl. hierfür die ausdrückliche Einschränkung MDCG-Leitlinien 2019-11, S. 26; zu der Frage, ob eine Korrektur dieser risikoverschärfenden Wirkung, in Bezug auf die Mindestrisikoklasse, in die die Software einzustufen ist, überhaupt erforderlich ist, ausführlich Kap. 2, C., II., 1., c), ee).

467 Vgl. *Prütting/Wolk*, MedR 2020, 359, 365 f.

468 Vgl. *Prütting/Wolk*, MedR 2020, 359, 364; *Hofmann*, MPR 2021, 161, 169; in diese Richtung auch *Gerhart*, MDR Regel 11: Der Klassifizierungs-Albtraum?, abrufbar unter: siehe Quellenangaben; *Reinsch*, Software als Medizinprodukt – Software as Medical Device abrufbar unter: siehe Quellenangaben; *Gassner/Schreiegg*, MPR 2019, 198, 200.

469 Vgl. so *Prütting/Wolk*, MedR 2020, 359, 364; *Hofmann*, MPR 2021, 161, 169.

470 *Reinsch*, Software als Medizinprodukt – Software as Medical Device abrufbar unter: siehe Quellenangaben.

471 Vgl. *Gassner/Schreiegg*, MPR 2019, 198, 200; *Reinsch*, Software als Medizinprodukt – Software as Medical Device abrufbar unter: siehe Quellenangaben.

472 Vgl. hierzu bereits ausführlich Kap. 2, C., II., 1., c), cc), (1).

473 Vgl. MDCG-Leitlinien 2019-11, S. 14.

Sofern man den Ansatz der IMDRF vorbehaltslos auf die Regel 11 UAbs. 1 MP-VO übertragen würde, wäre für Software, die im Hinblick auf die „Signifikanz der Information“ in Risikokategorie 5.1.3 fällt, entgegen dem Ansatz der IMDRF nicht nur dann Risikoklasse IIa einschlägig, wenn die Software zugleich auf einen kritischen Gesundheitszustand i. S. d. 5.2.3 trifft, sondern vielmehr stets eine Einordnung in Risikoklasse IIa begründet.[474]

Die MDCG-Leitlinien 2019-11 mag diesen Umstand zwar dadurch berücksichtigt haben, dass sie in Bezug auf die „Signifikanz der Information“ nur bezüglich der ersten beiden Risikokategorien auf die Definition der IMDRF verweist, während sie in Bezug auf die niedrigste Risikoklasse nicht auf die Definition des 5.1.3 der IMDRF verweist.[475] Gleichwohl ist sodann fraglich, welchen Anwendungsbereich die MDCG-Leitlinien 2019-11 der untersten Risikokategorie „informs clinical management“ in Bezug auf die „Signifikanz der Information“ überhaupt zukommen lassen wollten, wenn davon nicht solche Software erfasst ist, die der Definition 5.1.3 der IMDRF zuzuordnen wäre.

Der Ansatz der MDCG-Leitlinien 2019-11 nur auf den UAbs. 1 der Regel 11 MP-VO den Ansatz der IMDRF zu übertragen, verbiegt den Ansatz der IMDRF in der Tat, sodass dem nicht gefolgt werden kann.

*Tabelle 2*

**Vergleich des Ansatzes der MDCG-Leitlinien 2019-11 im Vergleich zu dem Vorschlag der IMDRF**

| **MDCG-Leitlinien 2019 – 11[476]** | | | | **IMDRF** | | | |
|---|---|---|---|---|---|---|---|
| **Gesundh. Z/S[477]** | **Signifikanz der Information[478]** | | | **Gesundh. Z/S** | **Signifikanz der Information** | | |
| | **5.1.1** | **5.1.2** | * | | **5.1.1** | **5.1.2** | **5.1.3** |
| **5.2.1** | III | **IIb** | **IIa/I** | 5.2.1 | IV | III | II |
| **5.2.2** | IIb | **IIa** | **IIa/I** | 5.2.2 | III | II | I |
| * | IIa | **IIa** | **IIa/I** | 5.2.3 | II | I | I |

[474] Vgl. so *Prütting/Wolk*, MedR 2020, 359, 364; *Hofmann*, MPR 2021, 161, 169.

[475] Dies erkennen die MDCG-Leitlinien 2019-11 auch selbst an, vgl. MDCG-Leitlinie 2019-11, S. 26; vgl. hierzu kritisch *Prütting/Wolk*, MedR 2020, 359, 364 f.; *Hofmann*, MPR 2021, 161, 169.

[476] Vgl. hierfür die Abbildung der MDCG-Leitlinien 2019-11, S. 26.

[477] Gemeint ist der „Gesundheitszustand bzw. die gesundheitliche Situtation“, übersetzt aus dem Englischen „Healthcare Situation or Condition“, vgl. hierfür die Definitionen 5.2.1 – 5.2.2 *IMDRF*, Software as a Medical Device: Possible Framework for Risk Categorization and Corresponding Considerations, S. 10 f., abrufbar unter: siehe Quellenangaben.

[478] Übersetzt aus dem Englischen „Significance of information provided by SaMD to healthcare decision“, vgl. hierfür die Definitionen 5.1.1 – 5.1.2 *IMDRF*, Software as a Medical Device: Possible Framework for Risk Categorization and Corresponding Considerations, S. 10 f., abrufbar unter: siehe Quellenangaben.

ee) Rechtfertigung der Mindestrisikoklassen der jeweiligen Softwarekategorie

Daher bleibt es bei dem Auslegungsergebnis, dass Regel 11 UAbs. 1 MP-VO Software unabhängig davon in Risikoklasse IIa einordnet, ob diese selbst einen Diagnose- oder Therapievorschlag unterbreitet oder *nur* eine Teil-Information zur Unterstützung einer Diagnose- oder Therapieentscheidung liefert und den Ansatz der IMDRF daher verschärft.[479]

*(1) Rechtfertigung der Mindestrisikoklasse des Unterabsatzes 1*

Da aufgrund der Weite des Anwendungsbereichs der Regel 11 UAbs. 1 MP-VO nicht nur solche Software in Risikoklasse IIa fällt, die dem ärztlichen Entscheidungsträger einen Vorschlag für eine Diagnose- oder Therapie unterbreitet, sondern auch solche Software von Regel 11 UAbs. 1 MP-VO erfasst ist, die eine konkrete diagnostische oder therapeutische Entscheidung unterstützt, indem sie etwa eine Teil-Information zur Verfügung stellt, scheint es ausweislich der Regel 11 UAbs. 1 MP-VO kein Unterschied zu machen, in welchem Umfang eine konkrete Entscheidung automatisiert wird.[480] Vielmehr ordnet der Unionsgesetzgeber beide Zweckbestimmungen in dieselbe Software- und damit auch Mindestrisikoklasse der Regel 11 UAbs. 1 MP-VO ein.

Teilweise wird die Ermangelung einer Unterscheidung von Systemen, die nur eine Teil-Information liefern, von Systemen, die eine Entscheidung liefern, befürwortet, weil auch die Fehlerhaftigkeit einer *Teil*-Information unmittelbar Eingang in die Entscheidungsfindung hätte und daher geeignet wäre den Patienten zu verletzen.[481]

Dieser Auffassung ist deshalb zuzustimmen, weil die *Nähe* zum Rechtsgut des Patienten, sofern es sich um eine Information handelt, die von dem ärztlichen Entscheidungsträger umgesetzt wird, in beiden Fällen identisch ist. Sofern eine Information, die unmittelbar in einen Entscheidungsprozess eingebunden wird, einen Fehler aufweist, besteht ebenso die Gefahr, dass dieser Fehler zu einer fehlerhaften Diagnose- oder Therapieentscheidung führt, die sodann unmittelbar zu einer Rechtsgutsverletzung des Patienten führen kann.

Dies gilt jedenfalls für solche Informationen, die die Diagnose- oder Therapieentscheidung nicht nur *unerheblich* beeinflussen, weil sich in diesem Fall eine fehlerhafte Information auch auf die Fehlerhaftigkeit der Diagnose- bzw. Therapieentscheidung auswirkt. Sofern die Information keinen derart erheblichen Einfluss auf eine konkrete Entscheidung hat, ist die Vergleichbarkeit der Intensität des

---

[479] Vgl. hierzu bereits Kap. 2, C., II., 1., c), cc).

[480] Vgl. für eine ausführliche Darstellung, welcher Anwendungsbereich der Regel 11 UAbs. 1 MP-VO zukommt, bereits Kap. 2, B., II., 1., c), cc); ebenso *Reitebuch*, Mobile Health Applications, S. 114.

[481] *Reitebuch*, Mobile Health Applications, S. 114.

Risikos gegenüber solcher Software, die *die* Diagnose-/Therapieentscheidung liefert, gleichwohl abzulehnen.

Nach der hier vertretenen Auffassung ist von Regel 11 UAbs. 1 MP-VO ohnehin nur Software erfasst, die der *direkten* Diagnose i. S. d. Durchführungsregel 3.7 MP-VO oder einer *konkreten* Therapieentscheidung zu dienen bestimmt ist. Gemäß Durchführungsregel 3.7 MP-VO fällt nur eine solche Teil-Information unter den Begriff der „direkten Diagnose“, die „*entscheidende*“ Informationen für die Diagnose hervorbringen.[482]

Dies wird ferner auch durch Regel 10 UAbs. 1 Var. 3 MP-VO bestätigt, weil Hardware, die der direkten Diagnose zu dienen bestimmt ist, ebenfalls mindestens in Risikoklasse IIa fällt. Da Regel 10 UAbs. 1 Var. 3 MP-VO nicht zwischen Produkten unterscheidet, die Diagnose- oder Therapievorschläge erstellen, und solcher Software, die den konkreten Entscheidungsprozess nur durch eine entscheidende Information *unterstützt*, bringt der Unionsgesetzgeber damit die Wertentscheidung zum Ausdruck, dass beiden Zweckbestimmungen die *gleiche Risikoträchtigkeit* zuerkannt werden muss.

Daher muss sich der Ansicht in der Literatur[483] angeschlossen werden, die eine entsprechende risikobezogene Gleichstellung von Software, die *die* Diagnose/Therapie liefert, und Software, die nur eine entscheidende *Teil*-Information liefert, als gerechtfertigt ansieht. Einschränkend ist jedoch zu fordern, dass eine gewisse Entscheidungserheblichkeit der *Teil*-Information gegeben ist.

#### *(2) Wahrung der Kohärenz der Regel 11 zu Regel 10 MP-VO*

In Bezug auf die Risikoklassifizierungsregel des UAbs. 2 der Regel 11 MP-VO besteht gleichwohl ein Korrekturbedürfnis.

Während für Kontroll-Hardware die Einordnung in Risikoklasse IIa an die Voraussetzung geknüpft ist, dass „vitale“ physiologischen Prozesse kontrolliert werden (*siehe hierzu (a)*), ist dem Wortlaut der Regel 11 UAbs. 2 MP-VO eine entsprechende Beschränkung nicht zu entnehmen. Allerdings ist die Einordnung in Risikoklasse IIa für solche Software, die zur Kontrolle nicht-vitaler physiologischer Prozesse bestimmt ist, nicht mehr mit dem Telos der Norm vereinbar, weshalb die Vorschrift im Wege einer entsprechenden teleologischen Reduktion zu korrigieren ist (*siehe hierzu unter (b)*).

##### (a) Risikoklassifizierung der Diagnose-Hardware

Nur sofern in der Datenverarbeitung als solcher eine medizinische Zweckbestimmung *erfüllt* wird, ist das KI-System selbst als Medizinprodukt zu qualifizieren,

---

[482] Vgl. hierfür den Wortlaut der Durchführungsregel 3.7 Anhang VIII MP-VO (Hervorhebung hinzugefügt).

[483] *Reitebuch*, Mobile Health Applications, S. 114.

was – entgegen des Ansatzes der MDCG-Leitlinien 2019 – nur bei Entscheidungsunterstützungssystemen der Fall ist.[484] In diesem Fall ist die Software ausweislich der Durchführungsregel 3.3 UAbs. 2 MP-VO unabhängig davon für sich allein zu klassifizieren, ob das KI-System zusätzlich ein körperliches Medizinprodukt ansteuert, um daraus Daten zu beziehen, oder die Entscheidungsergebnisse zu präsentieren.[485]

Sofern ein Entscheidungsunterstützungssystem ein körperliches Medizinprodukt ansteuert, um daraus Daten zu beziehen, gleichwohl *selbst* eine medizinische Zweckbestimmung erfüllt, indem es die Ergebnisse dem Nutzer unmittelbar als Information *präsentiert*, liegen zwei Medizinprodukte vor, die getrennt voneinander zu klassifiziert werden müssen.[486]

Während das Entscheidungsunterstützungssystem gem. Durchführungsregel 3.3 UAbs. 2 MP-VO für sich allein nach Regel 11 MP-VO klassifiziert wird, kommt für die Risikoklassifizierung des körperlichen Produkts (einschließlich der Hardware), das zur Aufnahme der Daten bestimmt ist, insbesondere Regel 10 MP-VO in Betracht, die sich mit der Klassifizierung von Produkten beschäftigt, die zu Diagnose- oder Überwachungszwecken eingesetzt werden.[487]

Gemäß Regel 10 UAbs. 1 Var. 3 MP-VO sind aktiv therapeutische Produkte, die zur Messung der „vitalen physiologischen Körperfunktionen" eingesetzt werden, grundsätzlich in Risikoklasse IIa einzuordnen.[488] Sofern aktiv therapeutische Produkte, zur Messung von „vitalen physiologischen Parametern" eingesetzt werden, deren Änderung zu einer unmittelbaren Gefahr, wie der Änderung der Herzfunktion, der Atmung oder der Aktivität des zentralen Nervensystems führen kann, sieht Regel 10 UAbs. 1 Var. 3 MP-VO sogar eine Einordnung in Risikoklasse IIb vor.

Obgleich der Gesetzgeber daher zwischen physiologischen Körperfunktionen und physiologischen Parametern unterscheidet, ermangelt es der MP-VO gleichwohl einer Legaldefinition der Begriffe, weshalb teilweise bereits Rechtsunsicherheit in Bezug auf die Auslegung der Begriffe moniert wurde.[489]

Um den Begriff der „vitalen physiologischen Körperfunktionen" zu konkretisieren, wird teilweise auf die Formulierung „vital physiological processes" der englischen Sprachfassung zurückgegriffen und auf die Definition des „Global

---

[484] Vgl. hierzu ausführlich Kap. 2, B., II., 2., b), aa), (1).

[485] Vgl. hierzu ausführlich Kap. 2, B., II., 2., b), cc).

[486] Vgl. hierzu ausführlich Kap. 2, B., II., 2., b), aa), (1).

[487] Vgl. zur Risikoklassifizierungsregel 10 auch *Reitebuch*, Mobile Health Applications, S. 103 ff.

[488] Vgl. hierfür den Wortlaut der Regel 10 UAbs. 1 Var. 3 Anhang VIII MP-VO.

[489] Ebenso kritisch *Schulze*, Vitale Körperfunktionen, abrufbar unter: siehe Quellenangaben.

Harmonization Task Force (GHTF)" verwiesen.[490] Unter einem „vitalen physiologischen Prozesses" wollte die GHTF einen „process that is neceassy to substain life, the indicators of which may include the any or more of the following: respiration, heart rate, cerebal function, blood gases, body temperature" verstehen.[491] Ein Rückgriff auf diese Definition ist auch deshalb sinnvoll, weil die Risikoklassifizierungsregel 10 UAbs. 1 Var. 3 MP-VO mit dem Vorschlag für die Regel 10 (i) der GHTF nicht nur sprachlich, sondern auch inhaltlich deckungsgleich ist.[492] Obgleich der Vorschlag keine Definition für den Begriff „vitale physiologische Parameter" enthält, nennt er als Beispiele hierfür „monitors/alarms for intensive care; biological sensors; oxygen saturation monitors; apnoea monitors".[493]

Einschränkend sieht Risikoklassifizierungsregel 10 UAbs. 1 Var. 3 MP-VO jedoch vor, dass nur solche Kontroll-Hardware in Risikoklasse IIa fällt, die der Kontrolle „*vitaler* physiologischer Körperfunktionen" dient.[494]

(b) Gefahr der Inkohärenz der Risikoklassifizierungsregeln

Im Unterschied dazu ermangelt die Regel 11 Abs. 2 MP-VO einer entsprechenden Einschränkung auf „vitale" physiologische Prozesse für Kontroll-Software, sondern statuiert pauschal, dass solche Software, die der „Kontrolle von physiologischen Prozessen bestimmt ist", in Risikoklasse IIa falle.[495]

Obgleich die Regel 11 UAbs. 2 MP-VO nicht von einer „Körperfunktion" i. S. d. Regel 10 UAbs. 1 Var. 3 MP-VO spricht, sondern von einem „physiologischen Prozess", muss andererseits beachtet werden, dass die englische Sprachfassung der MP-VO in beiden Regeln von einem „physiological process" spricht. Daher sollte der Abweichung der deutschen Sprachfassung in Bezug auf physiologische Prozesse in Regel 11 UAbs. 2 MP-VO bzw. Körperfunktionen in Regel 10 UAbs. 1 Var. 3 MP-VO keine allzu große Bedeutung zuerkannt werden, sondern ist der Begriff der „Körperfunktion" der Regel 10 UAbs. 1 Var. 3 MP-VO dem deutschen Begriff des „physiologischen Prozess" in Regel 11 UAbs. 2 MP-VO gleichzusetzen.

Dennoch unterscheiden sich die Regeln dahingehend, dass Regel 10 UAbs. 1 Var. 3 MP-VO eine Einordnung in Risikoklasse IIa an die Voraussetzung knüpft, dass „vitale" physiologische Körperfunktionen überwacht werden, während Re-

---

[490] Ebenso kritisch *Schulze*, Vitale Körperfunktionen, abrufbar unter: siehe Quellenangaben.

[491] *GHTF*, Global Harmonization Task Force, S. 8, abrufbar unter: siehe Quellenangaben.

[492] Vgl. hierfür, *GHTF*, Global Harmonization Task Force, S. 19 f., abrufbar unter: siehe Quellenangaben.

[493] Vgl. hierfür, *GHTF*, Global Harmonization Task Force, S. 19, abrufbar unter: siehe Quellenangaben.

[494] Vgl. hierfür den Wortlaut der Regel 10 UAbs. 1 Var. 3 Anhang VIII MP-VO (Hervorhebung hinzugefügt).

[495] *Reitebuch*, Mobile Health Applications, S. 114 f.

gel 11 UAbs. 2 MP-VO die Überwachung jeglicher physiologischen Körperfunktionen ausreichen lässt.[496]

Die Unterscheidung der Risikoklassifizierung zwischen der Kontroll-Software und -Hardware wird im juristischen Schrifttum als ungerechtfertigt kritisiert, weil nicht ersichtlich sei, dass Kontroll-Software eine höhere Risikoträchtigkeit zukomme als der Kontroll-Hardware.[497]

Sofern ein Entscheidungsunterstützungssystem ein körperliches Medizinprodukt ansteuert, um darüber Daten aufzunehmen, macht es für die Frage, ob der menschliche Körper verletzt werden könnte, kein Unterschied, ob der Fehler des Endergebnisses auf einer fehlerhaften Verarbeitung der Eingabedaten bei funktionsfähigen Sensoren, oder darin begründet liegt, dass die Sensoren als solches fehlerhaft sind, während die Verarbeitung fehlerfrei ist.

Daher ist der Auffassung in der Literatur zuzustimmen, dass die risikoverschärfende Wirkung der Risikoklassifizierungsregel 11 UAbs. 1 MP-VO von Kontroll-Software im Vergleich zu Kontroll-Hardware der Regel 10 MP-VO nicht gerechtfertigt ist.

Dafür spricht auch, dass nicht-vitale physiologische Prozesse solche Prozesse sind, die nicht überlebenswichtig sind.[498] Zu nicht-vitalen physiologischen Prozessen gehören etwa die Sinne, wie das Sehen, Hören, Riechen oder Fühlen sowie Schmecken, als auch die Reflexe oder die Orientierung im Raum.[499] Da die Auswirkungen der Fehler, bei der Kontrolle dieser physiologischen Prozessen keine unmittelbare Gefahr für die Gesundheit des Patienten bedeuten, muss bezweifelt werden, dass eine Einordnung in Risikoklasse IIa, mit der die Pflicht zur Einbeziehung einer benannten Stelle im Rahmen des Konformitätsbewertungsverfahrens einhergeht[500], noch im Einklang mit der Wahrscheinlichkeit und Schwere des Schadens steht.[501] Daher muss die Weite der Regel 11 UAbs. 2 MP-VO dahingehend teleologisch reduziert werden, dass Regel 11 Abs. 2 MP-VO nur bei einer Kontrolle von vitalen Körperfunktionen eine Einordnung in Risikoklasse IIa vorsieht. Nur so kann erreicht werden, dass die Kohärenz zu Regel 10 UAbs. 1 Var. 3 MP-VO gewahrt bleibt und Risikoklassifizierungsregel 11 MP-VO das Risiko der Kontroll-Software angemessen widerspiegelt.

---

[496] *Reitebuch*, Mobile Health Applications, S. 114 f.

[497] *Reitebuch*, Mobile Health Applications, S. 114 f.

[498] Vgl. *Schulze*, Vitale Körperfunktionen, abrufbar unter: siehe Quellenangaben.

[499] Vgl. *Schulze*, Vitale Körperfunktionen, abrufbar unter: siehe Quellenangaben.

[500] Vgl. dafür, dass ab der Risikoklasse IIa eine benannte Stelle miteinzubeziehen ist, bereits Kap. 2, B., II.

[501] Vgl. dafür, dass die Intensität der Konformitätsbewertung sich nach der Risikoträchtigkeit richtet, die wiederrum nach der „Verletzlichkeit des menschlichen Körpers" bestimmt wird, Erwägungsgrund 58 MP-VO.

#### ff) Zwischenergebnis

Da für die Risikoklassifizierung stets die strengste Unterregelung maßgeblich ist, können die Anwendungsbereiche der Unterabsätze der Regel 11 Anhang VIII MP-VO nur in Abhängigkeit von den strengsten Unterregelung und daher Regel 11 UAbs. 1 Anhang VIII MP-VO bestimmt werden. Die Einordnung in die jeweiligen Softwarekategorien erfolgt im Einklang mit der Legaldefinition für den Begriff der Zweckbestimmung subjektiv nach den Angaben des Herstellers.

Regel 11 UAbs. 1 Anhang VIII MP-VO umfasst jede Software, die der direkten Diagnose oder Beeinflussung einer *konkreten* Therapieentscheidung zu dienen bestimmt ist, während die übrigen Unterabsätze Software erfassen, deren Information nicht für eine konkrete Diagnose- oder Therapieentscheidung zu dienen bestimmt ist.

Durch Regel 11 Anhang VIII MP-VO wird das von der IMDRF vorgeschlagene Risikoklassifizierungssystem in Bezug auf die Einordnung in die *Mindest*-Risikoklassen noch verschärft, was auch durch die von den MDCG-Leitlinien 2019-11 vorgeschlagene Übertragung des Ansatzes der IMDRF auf Regel 11 UAbs. 1 nicht korrigiert werden kann, weil dieser den Ansatz der IMDRF verbiegt.

Dadurch, dass Regel 11 UAbs. 1 MP-VO auch Systeme erfasst, die keinen Vorschlag für eine Diagnose- oder Therapieentscheidung liefern, sondern nur eine konkrete Entscheidungsfindung *unterstützen*, verschärft die Regelung den Ansatz der IMDRF, der für solche Software in Abhängigkeit des Gesundheitszustandes auch die Möglichkeit vorsah, dass diese in Risikoklasse I fallen könnten. Obgleich dieser Ansatz eine risikoverschärfende Wirkung gegenüber dem Ansatz der IMDRF verzeichnen lässt, ist diese Klassifizierungsentscheidung des Unionsgesetzgebers aufgrund der identischen Nähe zum Rechtsgut des Patienten dennoch gerechtfertigt.

In Bezug auf Software, die der Kontrolle zu dienen bestimmt ist, ist gleichwohl eine teleologische Reduktion der Risikoklassifizierungsregel 11 UAbs. 2 MP-VO dahingehend geboten, dass nur Software, die der Kontrolle *vitaler* physiologischer Prozesse zu dienen bestimmt ist, der Risikoklasse IIa zuzuordnen ist, weil anderenfalls auch die intendierte Kohärenz zu Regel 10 UAbs. 1 Var. 3 MP-VO nicht mehr gewahrt werden könnte.

### *d) Risikoerhöhende Wirkung*

Neben der Rechtfertigung der Mindestrisikoklassen gilt es ferner zu untersuchen, ob der Regel 11 MP-VO in Bezug auf den zweiten Kritikpunkt, nämlich die befürchtete Ausuferung der risikoerhöhenden Wirkung der Regel 11 UAbs. 1 MP-VO, zugestimmt werden muss.[502]

---

[502] Vgl. zur Kritik an der risikoerhöhenden Wirkung, *Prütting/Wolk*, MedR 2020, 359, 363 ff.; *Schreitmüller*, Regulierung intelligenter Medizinprodukte, S. 84 ff.; *Gassner/Schreiegg*, MPR 2019, 198, 200 f.; *Reitebuch*, Mobile Health Applications, S. 112 ff.; *Gerhart*, MDR

#### aa) Teleologische Reduktion der Weite des Unterabsatzes 1

Obgleich Software i. S. d. Regel 11 UAbs. 1 und UAbs. 2 MP-VO grundsätzlich der Risikoklasse IIa zuzuordnen ist, sehen die Unterabsätze in Abhängigkeit der dort genannten Auswirkungen eine risikoerhöhende Wirkung vor.

Für Software, die unter den Anwendungsbereich der Regel 11 UAbs. 1 MP-VO fällt, sieht der Wortlaut eine Einordnung in Risikoklasse IIb oder III vor, wenn diese eine der in Regel 11 UAbs. 1 Alt. 1 oder Alt. 2 MP-VO genannten Schäden „verursachen kann".

Im Unterschied dazu ist für eine risikoerhöhende Wirkung von Software i. S. d. Regel 11 UAbs. 2 MP-VO erforderlich, dass diese zu „unmittelbaren Gefahren" für den Patienten führen kann.

Im allgemeinen Sprachverständnis versteht man unter der in Regel 11 UAbs. 2 MP-VO geforderten „unmittelbaren Gefahr" eine „nicht mittelbar, nicht durch etwas Drittes, durch einen Dritten vermittelt; direkte" Gefahr.[503]

In Ermangelung eines entsprechenden Unmittelbarkeitskriteriums, würde der Wortlaut der Regel 11 UAbs. 1 MP-VO nahelegen, dass bereits die abstrakte Gefahr, dass es zu einer Schädigung kommen kann, die risikoerhöhende Wirkung der Regel 11 UAbs. 1 2. Hs. MP-VO zur Folge hätte.[504] Teilweise wurde sogar die Befürchtung geäußert, dass dies dazu führen könnte, dass ungefährliche Medizinprodukte, wie das Bildübertragungssystem PACS, zukünftig als Medizinprodukte der Risikoklasse IIb oder III klassifiziert werden könnten.[505]

Sofern für die risikoerhöhende Wirkung der Regel 11 UAbs. 1 2. Hs. MP-VO bereits eine abstrakte Gefahr ausreicht, wäre die Risikoklassifizierung nur nach der Schwere, nicht aber nach der Wahrscheinlichkeit des Schadens zu beurteilen.[506]

Zwar sei der zunächst in den Entwürfen der Klassifizierungsregel noch enthaltene Wortlaut *„direkt oder indirekt* verursachen können" gestrichen worden, aller-

---

Regel 11: Der Klassifizierungs-Albtraum?, abrufbar unter: siehe Quellenangaben; *Hofmann*, MPR 2021, 161, 165 ff.

[503] So auch *Hofmann*, MPR 2021, 161, 168; vgl. hierfür das Sprachverständnis nach Duden für den Begriff „unmittelbar", abrufbar unter: https://www.duden.de/rechtschreibung/unmittel bar, zuletzt abgerufen: 4. 1. 2026.

[504] Vgl. *Prütting/Wolk*, MedR 2020, 359, 363 ff.; *Hofmann*, MPR 2021, 161, 165 ff.; vgl. noch zu MP-VO-E, *Gassner*, MPR 2016, 109, 112; vgl. in diese Richtung wohl auch *Schreitmüller*, Regulierung intelligenter Medizinprodukte, S. 117 f. *Gassner/Schreiegg*, MPR 2019, 198, 200 f.; *Reitebuch*, Mobile Health Applications, S. 112 ff.; *Gerhart*, MDR Regel 11: Der Klassifizierungs-Albtraum?, abrufbar unter: siehe Quellenangaben.

[505] Vgl. *Prütting/Wolk*, MedR 2020, 359, 363; *Gassner*, MPR 2016, 109, 112.

[506] Vgl. *Prütting/Wolk*, MedR 2020, 359, 363 ff.; *Hofmann*, MPR 2021, 161, 165 ff.; *Schreitmüller*, Regulierung intelligenter Medizinprodukte, S. 118; *Reitebuch*, Mobile Health Applications, S. 112 ff.; vgl. noch zu MP-VO-E *Gassner*, MPR 2016, 109, 112; *Gassner/Schreiegg*, MPR 2019, 198, 200 f.; *Gerhart*, MDR Regel 11: Der Klassifizierungs-Albtraum?, abrufbar unter: siehe Quellenangaben.

dings könne dieser Streichung keinerlei Auskunft darüber entnommen werden, ob der Gesetzgeber dadurch intendiert habe, die risikoerhöhende Wirkung auf das Vorliegen einer konkreten Gefahr zu beschränken.[507]

Ob die Weite des Wortlautes, durch eine teleologische Reduktion eingeschränkt werden kann, ist im juristischen Schrifttum umstritten.[508]

Teile der Literatur schlagen vor, die aufgezeigte Weite des Wortlautes durch eine „systematisch objektiv teleologische Reduktion" des Begriffs „verursachen können" zu korrigieren.[509]

Andererseits wird betont, dass die Berücksichtigung eines „Wahrscheinlichkeitskriteriums" nicht durch eine Auslegung erreicht werden könne, weil es ausschließlich Aufgabe des Unionsgesetzgebers sei, die Schwäche der Regel 11 MP-VO zu korrigieren.[510]

Einer teleologischen Reduktion wird ferner der Schutzzweck der MP-VO entgegengehalten. Denn ausweislich des Erwägungsgrundes 1 MP-VO habe sich dieser zum Ziel gesetzt, ein hohes Niveau „an Sicherheit und Gesundheitsschutz" zu erreichen, was ausweislich des Erwägungsgrundes 2 auch hohe „Standards für Qualität und Sicherheit der Medizinprodukte" gebiete.[511]

Zu beachten ist jedoch, dass der Schutzzweck der MP-VO nicht nur darin besteht, einen hohen Sicherheits- und Gesundheitsschutz des Patienten zu gewährleisten, sondern der Unionsgesetzgeber sich in Erwägungsgrund 1 MP-VO zugleich auch verpflichtet hat „innovationsfördernd" zu wirken.[512]

Sofern die oben dargestellte Weite der Regel 11 UAbs. 1 MP-VO nicht im Verhältnis zu der tatsächlichen Risikoträchtigkeit steht, könnte der durch die MP-VO verfolgte binäre Schutzzweck aus dem Gleichgewicht geraten. Dies würde dazu führen, dass der Hersteller sich einer steigenden Intensität der Regulierungsanfor-

---

[507] *Hofmann*, MPR 2021, 161, 166 (Hervorhebung hinzugefügt).

[508] Vgl. für die Stimmen, die die Weite durch Auslegung einschränken wollen, *Prütting/Wolk*, MedR 2020, 359, 363 ff.; *Schreitmüller*, Regulierung intelligenter Medizinprodukte, S. 120 f., die eine Übertragung des Ansatzes der IMDRF, dem Ansatz der MDCG-Leitlinien 2019-11 folgend, begrüßt; vgl. hingegen die Stimmen, die eine Korrektur dem Unionsgesetzgeber vorbehalten sehen, *Gassner/Schreiegg*, MPR 2019, 198, 200 f.; *Reitebuch*, Mobile Health Applications, S. 112 ff.; in diese Richtung auch *Hofmann*, MPR 2021, 161, 165 ff., der eine Korrektur über die MDCG-Leitlinien 2019-11 erwägt. Er kommt jedoch zu dem Ergebnis, dass dies die Problematik, dass die weit überwiegende Anzahl an Produkten in Risikoklasse IIa fallen würden, nicht beheben würde; ebenso kritisch *Gerhart*, MDR Regel 11: Der Klassifizierungs-Albtraum?, abrufbar unter: siehe Quellenangaben.

[509] Vgl. hierfür den Vorschlag von *Prütting/Wolk*, MedR 2020, 359, 363; dem folgend *Schreitmüller*, Regulierung intelligenter Medizinprodukte, S. 120 f.

[510] Vgl. hingegen für die Stimmen, die eine Korrektur dem Unionsgesetzgeber vorbehalten sehen, *Gassner/Schreiegg*, MPR 2019, 198, 200 f.; *Reitebuch*, Mobile Health Applications, S. 112 ff.

[511] Vgl. *Hofmann*, MPR 2021, 161, 166.

[512] Erwägungsgrund 1, Verordnung (EU) 745/2017, ABl. 2017/L117, S. 1 f.

derungen ausgesetzt sähe, die nicht mit einem sicherheitsrechtlichen Mehrwert gerechtfertigt werden könnte.

Selbst wenn die Sicherheit und der Gesundheitsschutz des Patienten isoliert betrachtet werden würden, erscheint gleichwohl zweifelhaft, dass daraus ein anderes Ergebnis resultieren würde.

Überspitzte Anforderungen, bei denen das Verhältnis des Risikos zu der Intensität der Sicherheitsanforderungen nicht in einem ausgewogenen Gleichgewicht stehen, können im schlimmsten Fall bewirken, dass sicheren und trotzdem leistungsfähigen Medizinprodukten von vornherein der Marktzugang verwehrt würde.[513]

Dies würde dazu führen, dass auch dem Patienten der Zugang zu vielversprechenden Medizinprodukten verwehrt würde, weil selbst Systeme mit einer geringen Risikoträchtigkeit hohen regulatorischen Anforderungen nachkommen müssten, ohne dass die hohen Sicherheitsanforderungen in einem angemessenen Verhältnis zu der Risikoträchtigkeit des Systems stünden. Sofern dies der Fall ist, ist fraglich, ob der Schutzzweck des Erwägungsgrundes 1, ein hohes Niveau an Gesundheitsschutz zu erzielen, wirklich erreicht werden könnte. Daher ist eine Einschränkung der risikoerhöhenden Wirkung der Regel 11 UAbs. 1 MP-VO auf eine *konkrete* Gefahr aus teleologischen Gründen wohl geboten.[514]

#### bb) Verfassungsrechtliche Unbestimmtheit der konkreten Beurteilungskriterien

Aufgrund der Unbestimmtheit des Wortlautes lassen sich aus Regel 11 UAbs. 1 MP-VO keine konkreten Beurteilungskriterien ableiten, mit Hilfe derer bestimmt werden kann, ob eine konkrete Gefahr eines Schadenseintrittes besteht. Fraglich ist daher, ob die Regel 11 UAbs. 1 MP-VO hinsichtlich der konkreten Beurteilungskriterien noch hinreichend bestimmt ist oder ob der Unionsgesetzgeber[515] vielmehr eine Konkretisierung vornehmen muss.

Gleichwohl könnte erwogen werden zur Konkretisierung der Beurteilungskriterien auf den Ansatz der IMDRF zurückzugreifen, der ausweislich des Erwägungsgrundes 5 „soweit möglich" berücksichtigt werden sollte.[516]

Neben der „Signifikanz der Information" berücksichtigt der Ansatz der IMDRF nämlich auch den „Gesundheitszustand bzw. die gesundheitliche Situation" und

[513] Ebenso *Prütting/Wolk*, MedR 2020, 359, 363.

[514] A. A. *Hofmann*, MPR 2021, 161, 166, der zwar die Möglichkeit einer teleologischen Reduktion ablehnt, jedoch eine Anwendung der MDCG-Leitlinien 2019-11 auf Regel 11 MP-VO erwägt.

[515] Vgl. für die Stimmen, die eine Korrektur dem Unionsgesetzgeber vorbehalten sehen, *Gassner/Schreiegg*, MPR 2019, 198, 200 f.; *Reitebuch*, Mobile Health Applications, S. 112 ff.

[516] Vgl. hierfür Erwägungsgrund 5, VO (EU) 2017/745, ABl. 2017/L117, S. 2.

damit die *Wahrscheinlichkeit* des Schadens.[517] Hinsichtlich des zweiten Kriteriums unterscheidet die IMDRF wiederum drei Unterrisikokategorien, die mit absteigendem Risikograd kritische, ernsthafte oder nicht-kritische Situationen oder Umstände betreffen.[518]

Eine kritische Entscheidung, als höchste Risiko*kategorie*, sei immer dann anzunehmen, wenn eine zeitnahe und/oder richtige Entscheidung unabdingbar wäre, um den Tod, eine langfristige Gesundheitsschädigung oder eine ernsthafte Verschlechterung des Gesundheitszustandes zu vermeiden oder sofern die Entscheidungen einen Einfluss auf die öffentliche Gesundheit haben können.[519] Als Beispiele hierfür nennt die IMDRF Software, die im Zusammenhang mit Krankheiten eingesetzt wird, die eine lebensbedrohlichen Gesundheitszustand oder größere therapeutische Eingriffe nach sich ziehen können. Ferner sei für diese Risikokategorie kennzeichnend, dass der Gesundheitszustand der Zielgruppe des Patienten fragil ist und die Frage, ob die Anwendung des Systems durch einen professionellen Verwender oder einen Laien erfolgt.[520]

In die zweithöchste Risiko*kategorie* fällt sodann Software, die in einem Zusammenhang verwendet wird, in dem eine richtige Diagnose oder Behandlung entscheidend ist, um nicht-notwendige Eingriffe oder nicht-rückkehrbare Auswirkungen auf den Gesundheitszustand zu vermeiden.[521] Als Beispiele für solche Zustände nennt die IMDRF Krankheiten, die nur mäßig fortschreiten oder keiner größeren therapeutischen Interventionen bedürfen. Ferner sei von dieser Unterrisikokategorie auch solche Software erfasst, die für eine Patientengruppe intendiert ist, deren Gesundheitszustand nicht fragil ist. Zu berücksichtigen sei ferner, ob die Anwendung des Medizinprodukts durch einen professionellen Verwender oder einen Laien erfolge.[522]

In die niedrigste Risikokategorie im Zusammenhang dem „Gesundheitszustand" als einem von zwei Kriterien zur Beurteilung der Risikoträchtigkeit, fallen alle Softwaresysteme, bei denen eine richtige Diagnose zwar wichtig, dennoch aber

---

[517] Vgl. *IMDRF*, Software as a Medical Device: Possible Framework for Risk Categorization and Corresponding Considerations, S. 10 f., abrufbar unter: siehe Quellenangaben.

[518] Vgl. *IMDRF*, Software as a Medical Device: Possible Framework for Risk Categorization and Corresponding Considerations, S. 11 f., abrufbar unter: siehe Quellenangaben.

[519] Vgl. Definition 5.2.1 *IMDRF*, Software as a Medical Device: Possible Framework for Risk Categorization and Corresponding Considerations, S. 11, abrufbar unter: siehe Quellenangaben.

[520] Vgl. *IMDRF*, Software as a Medical Device: Possible Framework for Risk Categorization and Corresponding Considerations, S. 11, abrufbar unter: siehe Quellenangaben.

[521] Vgl. Definition 5.2.2 *IMDRF*, Software as a Medical Device: Possible Framework for Risk Categorization and Corresponding Considerations, S. 11, abrufbar unter: siehe Quellenangaben.

[522] Vgl Definition 5.2.2 *IMDRF*, Software as a Medical Device: Possible Framework for Risk Categorization and Corresponding Considerations, S. 12, abrufbar unter: siehe Quellenangaben.

nicht unbedingt notwendig ist, um langfristige irreversible Folgen für die Patienten oder die öffentliche Gesundheit zu verhindern.[523] Als mögliche Beispiele nennt die IMDRF Software, die im Zusammenhang mit Krankheiten eingesetzt wird, die nur langsam fortschreiten oder nur geringfügige therapeutische Eingriffe erfordern, sowie Software, bei der die Anwenderzielgruppe nicht notwendigerweise Patienten sind.[524]

Während die Intensität des Schadens durch Regel 11 UAbs. 1 1. Alt. und 2. Alt. MP-VO berücksichtigt wird, könnten insbesondere Kriterien wie der zu erwartende Gesundheitszustand oder die Frage, ob die Systeme zur Anwendung durch Laien oder ggf. geschulte professionelle Anwender bestimmt sind, als risikoerhöhende Umstände herangezogen werden.

Selbst wenn das Kriterium „Gesundheitszustand bzw. die gesundheitliche Situation" als zweites Kriterium der Risikoklassifizierungsmatrix der IMDRF geeignet wäre, die Kriterien für die Beurteilung der Wahrscheinlichkeit des Schadens näher zu konkretisieren, ist fraglich, ob dies für den Rechtsanwender noch hinreichend zum Ausdruck käme.

Zwar statuiert Erwägungsgrund 5 MP-VO, dass der Ansatz der IMDRF berücksichtigt werden müsse, gleichwohl weicht Risikoklassifizierungsregel 11 MP-VO von dem Ansatz der IMDRF auch ab und lässt diesen nur im „Kern" erkennen.

Ferner könnte eine einfache Übertragung des Ansatzes – wie die Verbiegung des Ansatzes durch die MDCG-Leitlinien 2019-11 gezeigt hat – nicht das gewünschte Ergebnis erzielen, sondern müsste Regel 11 UAbs. 1 MP-VO nur um das Kriterium des „Gesundheitszustand(s) bzw. die gesundheitliche Situation" ergänzt werden. Selbst wenn der Begriff „verursachen können" auf das Vorliegen einer *konkreten Gefahr* teleologisch reduziert werden könnte, ist fraglich, ob für den Rechtsanwender noch hinreichend eindeutig zum Ausdruck käme, anhand welcher Kriterien, die Beurteilung vorgenommen werden soll.

#### *e) Notwendigkeit der Korrektur der Unbestimmtheit des Wortlautes*

Gerade diese Unbestimmtheit der Regel 11 MP-VO könnte jedoch die verfassungsrechtliche Bestimmtheit der Regelung infrage stellen, die nach der Rechtsprechung des Gerichtshofes nur dann gewahrt sei, wenn die Regelungen derart

[523] Vgl. Definition 5.2.3 *IMDRF*, Software as a Medical Device: Possible Framework for Risk Categorization and Corresponding Considerations, S. 12, abrufbar unter: siehe Quellenangaben.

[524] Vgl. *IMDRF*, Software as a Medical Device: Possible Framework for Risk Categorization and Corresponding Considerations, S. 12, abrufbar unter: siehe Quellenangaben.

„klar und deutlich“ formuliert sind, dass der Betroffene „seine Rechte und Pflichten unzweideutig erkennen“ und entsprechende „Vorkehrungen treffen“ könne.[525]

Gleichwohl betonte bereits das BVerfG wiederholt die Zulässigkeit von unbestimmten Rechtsbegriffen, da die Vielfältigkeit der zu erfassenden Lebenssachverhalte es nicht möglich mache, jeden Sachverhalt einzeln zu erfassen.[526]

Da auch auf Unionsebene eine entsprechend detaillierte Regelung an die Grenzen des Möglichen stößt, ist die Rechtsprechung auf das Unionsverfassungsrecht übertragbar, sodass die Verwendung von unbestimmten Rechtsbegriffen dann zulässig ist, wenn der Inhalt der Regelung durch herkömmliche juristische Auslegungsmethoden (noch) ermittelbar ist.[527]

Die Grenze für das zulässige Maß an Bestimmtheit kann nicht allgemein festgelegt werden, sondern bestimmt sich nach der „Eigenart der zu ordnenden Lebenssachverhalte mit Rücksicht auf den Normzweck“ für den konkreten Einzelfall.[528] Bei der Bestimmung des erforderlichen Grades an Bestimmtheit muss die Intensität der Grundrechtseingriffe, die mit der jeweiligen Regelung für den Betroffenen einhergehen, berücksichtigt werden.[529]

Im Zusammenhang mit Regel 11 MP-VO ist die Unbestimmtheit des Wortlautes vor allem deshalb problematisch, weil die einschlägige Risikoklasse einen erheblichen Einfluss auf die Rechte und Pflichten des Herstellers hat. In Abhängigkeit von der Risikoklasse werden nämlich das anzuwendende Konformitätsbewertungsverfahren und damit auch die Anforderungen bestimmt, die der Hersteller erfüllen muss, um sein Produkt in den Marktzugang zu bringen.[530]

Die Intensität der Beeinträchtigung der relevanten Wirtschaftsakteure spitzt sich umso mehr zu, als durch den Verweis des Art. 6 Abs. 1 lit. b) KI-VO[531] auf das

---

[525] EuGH, BeckRS 2004, 71922, Rn. 17 – Gondrand Freres; EuGH, BeckRS 2004, 77646, Rn. 20 – Milcherzeugnisse; *Payandeh*, JuS 2021, 481, 484; *Calliess*/Ruffert, Art. 2 EUV, Rn. 27; *Pechstein*, in: Streinz, Art. 2 EUV, Rn. 6.

[526] Vgl. zum deutschen Verfassungsrecht BVerfGE 3, 225, 243; BVerfGE 87, 234, 263 f.; *Schulze-Fielitz*, in: Dreier, GG Art. 20 (Rechtsstaat), Rn. 133 ff. m. w. N.

[527] Vgl. zum deutschen Verfassungsrecht nur BVerfGE 21, 73, 79; BVerfGE 31, 255, 264; BVerfGE 49, 168, 181; BVerfGE 79, 106, 120; BVerfGE 102, 254, 337; BVerfGE 110, 370, 397; BVerfGE 117, 71, 108; BVerfGE 118, 168, 188.

[528] Vgl. zum deutschen Verfassungsrecht nur BVerfGE 49, 168; 181; BVerfGE 59, 104, 114; BVerfGE 78, 205, 212; BVerfGE 102, 254; 337.

[529] Vgl. zum deutschen Verfassungsrecht nur BVerfG 48, 210, 222; BVerfGE 59, 104, 114; vgl. auch *Schulze-Fielitz*, in: Dreier, GG Art. 20, Rn. 133 ff.

[530] Ebenso ohne Bezug auf das Bestimmtheitsgebot, *Muresan*, LSR 2021, 17, 30, der betont, dass die Risikoklassifizierungsregel 11 MP-VO nicht unerhebliche Probleme bereiten würde, die sich vor dem Hintergrund, dass die Risikoklassifizierungsregel nicht unerhebliche Auswirkungen auf die Konformitätsbewertung hat, als bedenklich darstellen würden.

[531] Vgl. Art. 6 Abs. 1 lit. e) KI-VOE-KOM, COM 2021, 206 final, S. 52; ebenso *Europäisches Parlament*, Amendments adopted by the European Parliament on 14 June 2023 on the proposal for a regulation of the European Parliament and of the Council on laying down

Risikoklassifizierungssystem der MP-VO die einschlägige Risikoklasse auch darüber entscheidet, ob das System als Hochrisiko-KI-System gem. Art. 8 KI-VO den strengen Anforderungen des Kapitel III Abschnitt 2 KI-VO unterfällt.[532] Daher ist mit der Einordnung in Risikoklasse IIa ein nicht unerheblicher finanzieller und zeitlicher Mehraufwand verbunden, der die unternehmerische Freiheit aus Art. 16 Grundrechte-Charta beeinträchtigen kann.[533]

Dennoch scheint über die Auslegung der Regel 11 MP-VO sowohl in Bezug auf den *Anwendungsbereich* der einzelnen Unterabsätze als auch in Bezug auf die Voraussetzungen, die innerhalb der Unterabsätze für eine *risikoerhöhende Wirkung* vorliegen müssen, erhebliche Rechtsunsicherheit zu bestehen, was durch die erheblich divergierenden Auslegungsansätze zum Ausdruck kommt.[534] Ob die Regel 11 MP-VO noch dem verfassungsrechtlichen Bestimmtheitsgrundsatz genügen kann, muss daher infrage gestellt werden.

Es sollte dringend klargestellt werden, dass von dem Anwendungsbereich der Regel 11 UAbs. 1 MP-VO nur Software erfasst ist, deren Information eine *konkrete* Diagnose- oder Therapieentscheidung zu unterstützen bestimmt ist, indem sie entweder die Gesamt-Entscheidung präsentiert oder eine „entscheidende" Teil-Information hierfür liefert.[535]

Ferner sollte den Unsicherheiten über die Auslegung des Wortlautes der Regel 11 UAbs. 1 MP-VO in Bezug auf die risikoerhöhende Wirkung dadurch entgegengetreten werden, dass für die dort vorgesehene Höherklassifizierung eine *konkrete* Gefahr einer der dort genannten Auswirkungen vorausgesetzt wird, hinsichtlich derer der Unionsgesetzgeber konkrete Kriterien normieren sollte, mittels derer die Wahrscheinlichkeit ermittelt werden und hinsichtlich derer sich an dem Kriterium des „Gesundheitszustandes/der Gesundheitssituation" orientiert werden kann.[536] Zudem sollte in den Wortlaut der Regel 11 UAbs. 2 MP-VO der Begriff der

---

harmonised rules on artificial intelligence (Artificial Intelligence Act), P9_TA(2023)2036; Vgl. Art. 6 Abs. 1 und Abs. 2 KI-VOE-Rat, *Rat*, General Approach 14054/22, S. 85 f.

532 *Heil*, MPR 2022, 1, 6 f.; *Fuderer*, MPR 2022, 121, 122; *Ströbel/Grau*, ZD 2022, 599, 604; *BVMed*, Positionen zum Entwurf des AI-Act, S. 3, abrufbar unter: siehe Quellenangaben; *Johner Institut*, Input on the proposed AI-Act, S. 4, abrufbar unter: siehe Quellenangaben.

533 Vgl. dafür, dass die Abgrenzung zwischen Regel 11 UAbs. 1 und UAbs. 3 MP-VO von besonderer Bedeutung ist, *Muresan*, LSR 2021, 17, 31; vgl. dafür, dass die Beteiligung einer benannten Stelle mindestens 10.000 Euro kostet, *Prütting/Wolk*, MedR 2020, 359, 363; vgl. zu Art. 16 GR-CH, *Jarass*, Charta der Grundrechte der EU, Art. 16, Rn. 8 f.

534 Zu den unterschiedlichen Auslegungsvarianten der Regel 11 MP-VO, ausführlich bereits Kap. 2, C., II.

535 Vgl. dazu, dass von dem Anwendungsbereich der Regel 11 UAbs. 1 MP-VO nur Software erfasst ist, die eine *konkrete* Diagnose- oder Therapieentscheidung unterstützt, bereits ausführlich Kap. 2, C., II., 1., c), cc).

536 Derzeit kann diese Einschränkung der Regel 11 UAbs. 2 MP-VO nur durch eine teleologische Reduktion erreicht werden. Wegen der erheblichen Rechtsunsicherheit wäre indes eine Korrektur durch den Gesetzgeber erforderlich, hierzu bereits Kap. 2, C., II., 1., d), aa).

„vitalen" physiologischen Prozessen aufgenommen werden, um so die Kohärenz zu Regel 10 Abs. 1 Var. 3 MP-VO zu wahren.[537] Sofern diese Änderungen vorgenommen werden, erscheint die Regel zumindest grundsätzlich dafür geeignet, als Risikoklassifizierungsregel für Entscheidungsunterstützungssysteme zu dienen.

#### *f) Zwischenergebnis*

Seit *jeher* wird die Eignung der Risikoklassifizierungsregel 11 Anhang VIII MP-VO infrage gestellt und befürchtet, dass die Weite des Wortlautes der Regel 11 UAbs. 1 Anhang VIII MP-VO nicht nur dazu führt, dass jedes Produkt in Risikoklasse IIa fällt, sondern dass von Regel 11 UAbs. 1 MP-VO bereits eine abstrakte Gefahr einer dort genannten Auswirkung eine risikoerhöhende Wirkung auslöst.

Obgleich der Regel 11 UAbs. 1 Anhang VIII MP-VO ein weiter Anwendungsbereich zukommt, ist der Anwendungsbereich des Unterabsatzes 1 auf solche Systeme beschränkt, die Informationen zu produzieren bestimmt sind, die eine *konkrete* diagnostische oder therapeutische Entscheidung nicht nur unerheblich beeinflussen.

Wegen der hohen Risikoträchtigkeit von Systemen mit einer solchen Zwecksetzung ist die Einordnung in Risikoklasse IIa gleichwohl gerechtfertigt.

Die Weite der Regel 11 UAbs. 1 Anhang VIII MP-VO bezüglich der risikoerhöhenden Wirkung muss durch eine teleologische Reduktion dahingehend korrigiert werden, dass nur eine konkrete Gefahr der dort genannten Auswirkungen die risikoerhöhende Wirkung der Regel 11 UAbs. 1 MP-VO auslöst. Allerdings verbleibt die Unbestimmtheit hinsichtlich konkreter Kriterien, mittels derer das Vorliegen einer konkreten Gefahr ermittelt werden kann.

Die Unbestimmtheit löst derzeit noch eine erhebliche Rechtsunsicherheit aus, die die Vereinbarkeit mit dem verfassungsrechtlichen Bestimmtheitsgrundsatz infrage stellt.

Bezüglich der Risikoklassifizierungsregel 11 UAbs. 2 MP-VO müsste dringend ergänzt werden, dass nur die Kontrolle *vitaler* physiologischer Prozesse die Einordnung in Risikoklasse IIa auslöst, weil anderenfalls der Gleichlauf zu Regel 10 UAbs. 1 Var. 3 MP-VP nicht gewahrt wäre.

### 2. Eignung der Regelung trotz KI-spezifischer Besonderheiten

Abgesehen von diesen allgemeinen Schwächen[538] stellt sich für KI-Systeme weiterhin die Frage, ob sich die Risikoklassifizierungsregel 11 MP-VO trotz Ei-

---

[537] Vgl. hierzu bereits Kap. 2, C., II., 1., c), ee), (2).

[538] Vgl. für eine Darstellung der – unabhängig von KI-spezifischen Besonderheiten – bestehenden Schwachstellen der Risikoklassifizierungsregel 11 MP-VO, bereits Kap. 2, C., II., 1.

genschaften wie der Intransparenz oder Autonomie, von denen Systeme der künstlichen Intelligenz geprägt sein können, als anwendbar und geeignet erweist.

Jedenfalls hinsichtlich der Anwendbarkeit scheint es der einhelligen Auffassung zu entsprechen, dass Regel 11 MP-VO auch für KI-basierte Entscheidungsunterstützungssysteme anwendbar ist.[539] Jenseits von der Anwendbarkeit der Regel 11 Anhang VIII MP-VO müsste sich die Regelung jedoch trotz der besonderen Eigenschaften, die KI-Systeme aufweisen können, als geeignet erweisen, das Ausmaß der Risikoträchtigkeit angemessen widerzuspiegeln.[540]

### *a) Keine Berücksichtigungsnotwendigkeit der Lernfähigkeit und Opazität*

Die für Entscheidungsunterstützungssysteme[541] anwendbare Risikoklassifizierungsregel 11 MP-VO ermangelt KI-spezifischer Risikoklassifizierungskriterien.[542] Dennoch nehmen Teile der Literatur die Eignung der Regelung 11 MP-VO auch für KI-Systeme an, weil keine Notwendigkeit bestehe die Lernfähigkeit und Opazität als risikoerhöhende Umstände zu berücksichtigen.[543]

Begründet wird dieser Ansatz damit, dass die Lernfähigkeit und Intransparenz keinen Einfluss darauf hätten, „was" das System macht, sondern nur die Frage beträfen, „wie" das System funktioniere.[544] Dass ein System fehlerfrei funktioniere, sei keine Frage, die bei der Risikoklassifizierung zu berücksichtigen sei, sondern eine Frage der Ausgestaltung der Sicherheitsanforderungen.[545]

---

[539] Vgl. hierfür etwa *Muresan*, LSR 2021, 17, 31; *Schreitmüller*, Regulierung intelligenter Medizinprodukte, S. 130 ff.; *Helle*, MedR 2020, 993, 995; *Heil*, MPR 2022, 1, 6 f.; *Fuderer*, MPR 2022, 121, 123; *Thiermann/Böck*, RDi 2022, 333, 335; *Ströbel/Grau*, ZD 2022, 599, 603; *Jakobs/Huber*, MPR 2019, 1, 5; *Johner Institut*, Input on the proposed AI-Act, S. 4, abrufbar unter: siehe Quellenangaben; *BVMed*, Positionen zum Entwurf des AI-Act, S. 2, abrufbar unter: siehe Quellenangaben.

[540] Vgl. für eine Untersuchung der Eignung der Risikoklassifizierungsregel 11 MP-VO für KI-Systeme die KI-spezifische Besonderheiten aufweisen auch *Muresan*, LSR 2021, 17, 31 ff.; *Schreitmüller*, Regulierung intelligenter Medizinprodukte, S. 130 ff.

[541] Zu der Begründung, dass Regel 11 MP-VO ausweislich der Durchführungsregel 3.3 MP-VO *ausschließlich* auf Entscheidungsunterstützungssysteme anwendbar ist, und zwar unabhängig von der Frage, ob die Systeme körperlich integriert sind oder nicht, bereits Kap. 2, B., II., 2., b), cc), (2).

[542] Vgl. auch *Gassner*, MPR 2021, 41, 44, der betont, dass die gesamte MP-VO keine KI-spezifischen Besonderheiten berücksichtigen würde; ferner auch *Muresan*, LSR 2021, 17, 33; *Schreitmüller*, Regulierung intelligenter Medizinprodukte, S. 130 ff., die KI-spezifische Risiken wie die Autonomie und Intransparenz bei der Risikoklassifizierung nicht berücksichtigen wollen.

[543] *Muresan*, LSR 2021, 17, 33; dem folgend *Schreitmüller*, Regulierung intelligenter Medizinprodukte, S. 130 ff.

[544] *Muresan*, LSR 2021, 17, 33; dem folgend *Schreitmüller*, Regulierung intelligenter Medizinprodukte, S. 130 ff.

[545] *Muresan*, LSR 2021, 17, 33; dem folgend *Schreitmüller*, Regulierung intelligenter Medizinprodukte, S. 130 ff.

aa) Maßgeblichkeit des Anwendungskontextes für die Risikoklassifizierung

In ihrem Weißbuch betont die Kommission, dass die Beurteilung der Risikoträchtigkeit des Systems in Abhängigkeit des Verwendungszwecks erfolgen müsse.[546]

Ferner wurde auch anderweitig wiederholt betont, dass mit Eigenschaften wie der Lernfähigkeit und Intransparenz noch nicht *per se* ein erhöhtes Risiko einhergehen würde, sondern sich die daraus resultierenden Risiken vielmehr in Abhängigkeit des konkret bedrohten Rechtsgutes bestimmen lassen müssten.[547] Die Risikoklassifizierung müsse daher stets nach der Zweckbestimmung des KI-Systems im jeweiligen Anwendungskontext erfolgen.[548]

Dies komme auch dadurch zum Ausdruck, dass die Risikoträchtigkeit eines vollständig autonomen Staubsaugerroboters trotz eines hohen Autonomiegrades nicht mit der Risikoträchtigkeit eines KI-basierten Produkts vergleichbar sei, das bei gleichem Autonomiegrad direkt auf einen Menschen einwirken kann.[549] Die unterschiedliche Nähe zu den Rechtsgütern und das Rangverhältnis der potenziell betroffenen Rechtsgüter müssen folglich maßgeblich bei der Risikoklassifizierung berücksichtigt werden.[550] Daher muss die Zweckbestimmung stets den Ausgangspunkt der Risikoklassifizierung bilden.[551] Insoweit ist es jedenfalls begrüßenswert, dass die 22 Risikoklassifizierungsregeln der MP-VO keine Regel erhalten, die sich ausschließlich mit der Klassifizierung von KI-basierten Systemen beschäftigt.

Vielmehr ist begrüßenswerterweise der *medizinische Verwendungszweck* entscheidend. Daher ist die Risikoklassifizierungsregel 11 MP-VO zumindest grund-

---

[546] *Europäische Kommission*, Weißbuch zur Künstlichen Intelligenz, COM 2020, final 65, S. 20 f.

[547] Ebenso *Krafft/Zweig*, Transparenz und Nachvollziehbarkeit algorithmenbasierter Entscheidungsprozesse, S. 18 ff., abrufbar unter: siehe Quellenangaben; *Heesen et al.*, Zertifizierung II, S. 19, abrufbar unter: siehe Quellenangaben; *Strecker*, RDi 2021, 124, 129 f.

[548] *Krafft/Zweig*, Transparenz und Nachvollziehbarkeit algorithmenbasierter Entscheidungsprozesse, S. 18 ff., abrufbar unter: siehe Quellenangaben; *Heesen et al.*, Zertifizierung von KI-Systemen, S. 19, abrufbar unter: siehe Quellenangaben; *Strecker*, RDi 2021, 124, 129 f.

[549] *Heesen et al.*, Zertifizierung II, S. 19, abrufbar unter: siehe Quellenangaben.

[550] *Krafft/Zweig*, Transparenz und Nachvollziehbarkeit algorithmenbasierter Entscheidungsprozesse, S. 18 ff., abrufbar unter: siehe Quellenangaben; *Heesen et al.*, Zertifizierung von KI-Systemen, S. 19, abrufbar unter: siehe Quellenangaben; *Strecker*, RDi 2021, 124, 129 f.

[551] *Krafft/Zweig*, Transparenz und Nachvollziehbarkeit algorithmenbasierter Entscheidungsprozesse, S. 18 ff., abrufbar unter: siehe Quellenangaben; *Heesen et al.*, Zertifizierung von KI-Systemen, S. 19, abrufbar unter: siehe Quellenangaben; *Strecker*, RDi 2021, 124, 129 f.

sätzlich auch für die Klassifizierung von *KI-basierten* Entscheidungsunterstützungssystemen geeignet.[552]

Fraglich ist insofern nur, ob KI-spezifische Kriterien wie die Lernfähigkeit, Intransparenz oder Komplexität und Automatisierung im Rahmen der Risikoklassifizierung nach Regel 11 MP-VO als risikoerhöhende Umstände berücksichtigt werden sollten.[553]

#### bb) Bestimmung des zulässigen Maßes an Lernfähigkeit und Opazität

Durch die Weite des Wortlautes „verursachen können" bestünde in Regel 11 Abs. 1 und Abs. 2 MP-VO jedenfalls genügend Auslegungsspielraum, die KI-spezifischen Risiken als *risikoerhöhende* Umstände zu berücksichtigen. Dennoch wollen Teil der Literatur[554] von diesem Auslegungsspielraum keinen Gebrauch machen.

Gemäß Art. 2 Nr. 23 MP-VO ist unter „Risiko", die „Kombination von Wahrscheinlichkeit eines Schadenseintritts und Schwere des Schadens" zu verstehen. Zunächst vermag es daher evident sein, dass mit der Lernfähigkeit und Intransparenz eine im Vergleich zum System erhöhte Risikoträchtigkeit einhergeht, die auf vollständig deterministischen Enterscheidungsstrukturen beruht. Dies legt auch der Bericht zum Weißbuch nahe, in dem dargelegt wurde, dass gerade die besonderen Eigenschaften wie die Konnektivität, Autonomie, Datenabhängigkeit, Opazität und Komplexität und Konnektivität neue *Risiken* bergen, denen entgegengetreten werden müsse.[555] Dennoch muss die Notwendigkeit, die Lernfähigkeit und Opazität bei der Risikoklassifizierung zu berücksichtigen, diesen Stimmen[556] folgend, abgelehnt werden.

Ausweislich des Art. 51 Abs. 1 MP-VO und der Durchführungsregel 3.1 Anhang VIII MP-VO ist es die „Zweckbestimmung", nach der sich die Risikoträchtigkeit bestimmt. Aus der Legaldefinition des Art. 2 Nr. 12 MP-VO ergibt sich, dass die Zweckbestimmung mit der vom Hersteller intendierten „Verwendung" des Produkts gleichzusetzen ist. Bei einer Insulinpumpe besteht die Zweckbestimmung nicht in der mechanischen Funktion der Pumpe, sondern darin, dass diese *invasiv* ist und *zur Abgabe von Insulin bestimmt ist.* Dem folgend dürfen aber auch die Lernfähigkeit und Intransparenz nicht im Rahmen der Risikoklassifizierung berück-

---

[552] *Muresan*, LSR 2021, 17, 31 ff.; ebenso *Schreitmüller*, Regulierung intelligenter Medizinprodukte, S. 130 ff.

[553] Ablehnend *Muresan*, LSR 2021, 17, 31 ff.; ebenso *Schreitmüller*, Regulierung intelligenter Medizinprodukte, S. 130 ff.

[554] So etwa *Muresan*, LSR 2021, 17, 33; *Schreitmüller*, Regulierung intelligenter Medizinprodukte, S. 130 ff.

[555] Vgl. *Europäische Kommission*, Bericht zum Weißbuch, COM 2020, 64 final, S. 2 ff.

[556] *Muresan*, LSR 2021, 17, 31 ff.; dem folgend *Schreitmüller*, Regulierung intelligenter Medizinprodukte, S. 130 ff.

sichtigt werden. Die Eigenschaften betreffen nämlich nicht die Frage, welche medizinische Zweckbestimmung das System verfolgt, sondern dessen *technische Funktionsweise.*[557]

Gegen eine Berücksichtigungsnotwendigkeit spricht auch, dass eine Berücksichtigung dieser Eigenschaften im Rahmen der Risikoklassifizierung implizieren würde, dass die Lernfähigkeit und Opazität generell mit dem Einsatz *jedes* KI-Systems verbunden wären, sich also als unabdingbare *statische* Eigenschaften darstellen würden, die als Begleiterscheinung eines *jeden* KI-Systems auftreten würden.

Gleichwohl handelt es sich bei der Lernfähigkeit oder Intransparenz nicht um binäre Eigenschaften, sondern Eigenschaften, die durch die Systeme graduell erfüllt werden.[558] Ein System ist nicht entweder „lernfähig" oder „nicht lernfähig" bzw. „intransparent" oder „transparent", sondern von einem bestimmten Grad an Lernfähigkeit oder Opazität geprägt.[559]

Der Hersteller eines KI-Systems hat die Möglichkeit das Maß an Lernfähigkeit *vor* der Inverkehrgabe zu unterbinden oder der Intransparenz durch die Anwendung von *post-hoc*-Verfahren entgegenzutreten.[560]

Dabei handelt es sich um Maßnahmen, mit denen die *Sicherheit* des Systems gewährleistet werden kann. Welches Maß an Sicherheit erforderlich ist, bestimmt sich ausweislich des Anhangs I Abschnitt 2 MP-VO in Abhängigkeit eines Nutzen-Risiko-Verhältnisses. Risiken müssen daher so weit verringert werden, wie dies „ohne negative Auswirkungen auf das Nutzen-Risiko-Verhältnis möglich ist".[561]

Ob der Hersteller entsprechende Vorkehrungen treffen muss, kann daher nicht pauschal bestimmt werden, sondern hängt von den Auswirkungen ab, die das System auf die Verletzlichkeit des menschlichen Körpers hat und inwieweit sich diese noch als „akzeptabel" i. S. d. Anhangs I Abschnitt 4 MP-VO darstellen.[562] Während eine Approximationsungenauigkeit bei der Anwendung von *post-hoc*-Verfahren bei

---

[557] *Muresan*, LSR 2021, 17, 33; dem folgend *Schreitmüller*, Regulierung intelligenter Medizinprodukte, S. 131 ff.

[558] Vgl. im Zusammenhang mit der Autonomie, *Boden*, The Philosophy of Artificial Life, S. 101 f.; dem folgend *Reichwald/Pfisterer*, CR 2016, 208, 210; *Zech*, Risiken digitaler Systeme, S. 41, abrufbar unter: siehe Quellenangaben; *Ebers*/Heinze/Krügel/Steinrötter, § 3, Rn. 22; vgl. auch die Übersicht über die unterschiedlichen Grade der Lernfähigkeit von algorithmischen Systemen, *COCIR*, Artificial Intelligence in EU Medical Device Legislation, S. 6 ff., abrufbar unter: siehe Quellenangaben; vgl. im Zusammenhang mit der Autonomie, *Europäische Kommission*, Bericht zum Weißbuch, S. 11.

[559] Eingehend zu den unterschiedlichen Graden der Autonomie und Intransparenz, ausführlich Kap. 2, D., I.

[560] Eingehend zu den unterschiedlichen Graden der Autonomie und Intransparenz, ausführlich Kap. 2, D., I.

[561] Für eine Begründung, dass sich das erforderliche Sicherheitsniveau in Abhängigkeit der Risikoklasse bestimmt, sogleich ausführlich, Kap. 4, C., III., 1.

[562] Vgl. hierzu eingehend Kap. 4, C., III., 1.

Systemen, die zur Entscheidungsunterstützung für Entscheidungen herangezogen werden, die den Tod bewirken können, nicht vertretbar wäre, würden sich diese Ungenauigkeiten bei einem System, welches Einfluss auf eine konkrete Entscheidung hat, als noch hinnehmbar darstellen.[563]

Daher sollte die Lernfähigkeit und Opazität nicht die Risikoklasse bestimmen, sondern müssten umgekehrt die potenziellen Auswirkungen des Systems das noch *zulässige* Maß an Lernfähigkeit oder Opazität bestimmen.[564]

So muss – Teilen der Literatur[565] folgend – bei der Risikoklassifizierung die Autonomie und Intransparenz außer Betracht bleiben, da diese Eigenschaften nicht die Zweckbestimmung des Systems berühren, weil diese Eigenschaften nicht die Frage betreffen, „Was" das System „macht", sondern „Wie" das System eine bestimmte Aufgabenstellung bewältigt.[566]

#### *b) Berücksichtigung der Automatisierung und Komplexität des Systems*

Im Unterschied dazu müsste sowohl der Grad der Automatisierung (*siehe hierzu aa)*) als auch die Komplexität (*siehe hierzu bb)*) bei der Risikoklassifizierung berücksichtigt werden. Diesem Umstand trägt der Unionsgesetzgeber gleichwohl bereits derzeit hinreichend Rechnung, sodass Regel 11 MP-VO sich grundsätzlich auch für KI-basierte Entscheidungsunterstützungssysteme als geeignet darstellt.

##### aa) Grade der Automatisierung

Neben dem Grad der Lernfähigkeit der Systeme können Systeme der künstlichen Intelligenz auch von unterschiedlichen Graden der Automatisierung geprägt sein.[567]

---

[563] Vgl. *Krafft/Zweig*, Transparenz und Nachvollziehbarkeit algorithmenbasierter Entscheidungsprozesse, S. 31 ff., abrufbar unter: siehe Quellenangaben; dem folgend, *DIN/DKE*, Normungsroadmap Version 1, S. 101, abrufbar unter: siehe Quellenangaben.

[564] Vgl. hierfür auch den Ansatz *Krafft/Zweig*, Transparenz und Nachvollziehbarkeit algorithmenbasierter Entscheidungsprozesse, S. 31 ff., abrufbar unter: siehe Quellenangaben; dem folgend *DIN/DKE*, Normungsroadmap Version 1, S. 101, abrufbar unter: siehe Quellenangaben.

[565] *Muresan*, LSR 2021, 17, 33; dem folgend *Schreitmüller*, Regulierung intelligenter Medizinprodukte, S. 130 ff.

[566] *Muresan*, LSR 2021, 17, 33; dem folgend *Schreitmüller*, Regulierung intelligenter Medizinprodukte, S. 130 ff.

[567] Vgl. *Niederée/Nejdl*, in: Ebers/Heinze/Krügel/Steinrötter, § 2, Rn. 112 ff.; vgl. *SAE*, Levels of Driving Automation – SAE J3016, abrufbar unter: siehe Quellenangaben; *Jaremko et al.*, Canadian Association of Radiologists Journal 2019, 107 ff.; *DEK*, Gutachten zur Künstlichen Intelligenz, S. 161, abrufbar unter: siehe Quellenangaben.

Es gibt eine Vielzahl unterschiedlicher Ansätze, die die Grade der Automatisierung zu kategorisieren versuchen.[568]

Teilweise wird zwischen Systemen, die die Entscheidung eines medizinischen Entscheidungsträgers unterstützen („Decision Support Systems (DS-System)") und solchen Systemen, die die Entscheidung selbstständig treffen und umsetzen („Automated Decision Making System (AuDM)"), unterschieden.[569]

Wenn ein System nicht „nur" einen Vorschlag für eine Diagnose- oder Therapieentscheidung liefert, sondern die Entscheidung durch die Steuerung eines körperlichen Produkts direkt am Patienten umsetzt, hat dies einen Einfluss auf die Frage, „Was" das System macht und damit auf die Zweckbestimmung des Systems.[570] Daher muss diese Unterscheidung auch bei der Risikoklassifizierung berücksichtigt werden. Dem trägt der geltende Rechtsrahmen jedoch bereits *de lege lata* ausreichend Rechnung.

Wie bereits dargelegt, richtet sich nur die Risikoklassifizierung von Entscheidungsunterstützungssystemen gem. Durchführungsregel 3.3 UAbs. 2 MP-VO nach Regel 11 MP-VO, während sich die Risikoklasse von eingebetteten Systemen, die die medizinische Funktionsweise anhand verarbeiteter medizinischer Daten zu steuern bestimmt sind, gem. Durchführungsregel 3.3 UAbs. 2 MP-VO ausschließlich nach der Risikoklasse des körperlichen Medizinprodukts richtet, als dessen Bestandteil oder Zubehör das System zu qualifizieren ist.[571]

Daher trägt der Unionsgesetzgeber im Risikoklassifizierungssystem des Anhangs VIII MP-VO der Unterscheidung AuDM- und DS-Systemen *de lege lata* Rechnung.

Allerdings gibt es eine Reihe weiterer Ansätze, die die Automatisierungsgrade noch granulärer bestimmen. Dafür wird vor allem auf den Umfang Bezug genommen, indem die Entscheidungsfreiheit des Menschen eingeschränkt wird: Die Da-

[568] Vgl. insofern auch den Kategorisierungsansatz für die verschiedenen Stufen der Automatisierung im Zusammenhang mit dem autonomen Fahren, *SAE*, Levels of Driving Automation – SAE J3016, abrufbar unter: siehe Quellenangaben; vgl. ferner der daraus abgeleitete Kategorisierungsansatz für die unterschiedlichen Automatisierungsstufen für Diagnosesoftware in der Radiologie, *Jaremko et al.*, Canadian Association of Radiologists Journal 2019, 107 ff.; *Niederée/Neijdl*, in: Ebers/Heinze/Krügel/Steinrötter, § 2, Rn. 114 f.; *DEK*, Gutachten zur Künstlichen Intelligenz, S. 161, abrufbar unter: siehe Quellenangaben.

[569] *Zweig/Fischer/Lischka*, Wo Menschen irren können, S. 12 f. abrufbar unter: siehe Quellenangaben; dem folgend *Niederée/Nejdl*, in: Ebers/Heinze/Krügel/Steinrötter, § 2, Rn. 114; vgl. auch *Dettling*, PharmR 2019, 633, 636.

[570] Vgl. dafür, dass bei der Risikoklassifizierung nur Umstände berücksichtigt werden müssen, die die Zweckbestimmung des KI-Systems betreffen, *Muresan*, LSR 2021, 17, 33; dem folgend *Schreitmüller*, Regulierung intelligenter Medizinprodukte, S. 130 ff.

[571] Vgl. hierzu bereits Kap. 2, B., II., 2., b), cc).

tenethikkommission (DEK) differenziert zwischen algorithmen*basierten*, algorithmen*getriebenen* und algorithmen*determinierten* Entscheidungen.[572]

Während bei algorithmen*determinierten* Entscheidungen die Ergebnisse des Systems nur als Teil-Informationen zur Entscheidungsunterstützung herangezogen werden, bezeichnet eine algorithmen*getriebene* Entscheidung Entscheidungsprozesse, bei denen das Systemen den Entscheidungsträgern bereits Vorschläge für Entscheidungsergebnisse unterbreitet. Bei algorithmendeterminierten Entscheidungen werden automatisiert Handlungen ausgeführt, ohne dass menschliche Entscheidungsträger in den Entscheidungsprozess eingebunden werden.[573]

Sektorenspezifisch wurden für das autonomen Fahren aber auch die Medizin weitere Konzepte vorgeschlagen, mittels derer die unterschiedlichen Automatisierungsstufen kategorisiert werden können.

Am bekanntesten ist wohl der Vorschlag der „Society of Automotive Engineers", die mit der Norm „SAE J3016" eine Kategorisierung der „Levels of Driving Automation" vorschlugen.[574] Während die ersten Automatisierungsstufen dieses Ansatzes, zwischen Fahrzeugen unterscheiden, bei denen der Fahrer durch das System in einem steigenden Umfang unterstützt wird, unterscheiden die höchsten drei Automatisierungsstufen nach dem Grad, in dem das System selbst die Führung des Fahrzeuges übernimmt.[575]

Dieser Vorschlag wurde sodann für die radiologische Bilderkennung durch KI-Systeme in den medizinischen Kontext übertragen.[576] In diesem Kontext werden nun Systeme in die Stufen 0–3 eingeordnet, bei denen die Kontrolle durch einen menschlichen Entscheidungsträger erfolgt, während für Systeme, welche in Stufe 4 einzuordnen sind, eine Kontrolle nur noch in Ausnahmefällen erfolgt.[577] Stufe 5 erfasst sodann alle Systeme, die – ohne Kontrolle eines menschlichen Entscheidungsträgers – selbstständig die Endentscheidung treffen.[578]

Bemerkenswert ist insbesondere, dass selbst der Risikoklassifizierungsansatz der IMDRF den Umfang, in dem der menschliche Entscheidungsprozess durch das KI-

---

[572] *DEK*, Gutachten zur Künstlichen Intelligenz, S. 161, abrufbar unter: siehe Ouellenangaben.

[573] *DEK*, Gutachten zur Künstlichen Intelligenz, S. 161, abrufbar unter: siehe Ouellenangaben.

[574] Vgl. *SAE*, Levels of Driving Automation – SAE J3016, abrufbar unter: siehe Quellenangaben; darauf verweisend *Niederée/Neijdl*, in: Ebers/Heinze/Krügel/Steinrötter, § 2, Rn. 116; ebenso *Zech*, Risiken digitaler Systeme, S. 40, abrufbar unter: siehe Quellenangaben.

[575] Vgl. *SAE*, Levels of Driving Automation – SAE J3016, abrufbar unter: siehe Quellenangaben; darauf verweisend *Niederée/Neijdl*, in: Ebers/Heinze/Krügel/Steinrötter, § 2, Rn. 116; ebenso *Zech*, Risiken digitaler Systeme, S. 40, abrufbar unter: siehe Quellenangaben.

[576] *Jaremko et al.*, Canadian Association of Radiologists Journal 2019, S. 107 ff.; darauf verweisend *FDA*, AI/ML in Medical Devices, abrufbar unter: siehe Quellenangaben.

[577] *Jaremko et al.*, Canadian Association of Radiologists Journal 2019, S. 107 ff.

[578] *Jaremko et al.*, Canadian Association of Radiologists Journal 2019, S. 107 ff.

System automatisiert wird, durch das Kriterium der „Signifikanz der Information" im Rahmen der Risikoklassifizierung berücksichtigt.[579] Mit absteigender Risikoträchtigkeit unterscheidet der Vorschlag nämlich zwischen Systemen, die dem Entscheidungsträger die Endentscheidung präsentieren und solchen, die nur eine Teil-Information zur Verfügung stellen oder gar keinen Einfluss auf eine konkrete Diagnose-/Therapieentscheidung haben.[580]

Obgleich die MP-VO ausweislich des Erwägungsgrundes 5 MP-VO eine weitestmögliche Angleichung an den Ansatz der IMDRF intendierte, wurde diese Unterscheidung durch Regel 11 MP-VO gleichwohl teilweise wieder aufgehoben, sodass Software, die *die* Diagnose- oder Therapieentscheidung liefert, und solche Software, die „nur" eine Teil-Information liefert, übereinstimmend Regel 11 UAbs. 1 MP-VO und damit derselben Risikokategorie zugeordnet wird.[581] Dennoch berücksichtigt Regel 11 MP-VO den Grad der Automatisierung des Entscheidungsunterstützungssystems. Zunächst werden in Regel 11 UAbs. 1 MP-VO[582] alle Systeme erfasst, deren Informationen einen nicht nur unerheblichen Einfluss auf eine konkrete Diagnose- oder Therapieentscheidung haben. In Regel 11 UAbs. 2 MP-VO[583] sind sodann alle Systeme erfasst, die vitale physiologische Prozesse kontrollieren, aber *keinen unmittelbaren* Einfluss auf eine *konkrete* Entscheidungsfindung haben, sondern nur ggf. eine solche auslösen können, während in die unterste[584] Risikoklasse alle übrigen Systeme fallen.

Daher ist der Grad der Automatisierung ein Umstand, der durch die MP-VO bereits *de lege lata* berücksichtigt wird. Dies kommt nicht nur durch die Beschränkung der Anwendbarkeit der Risikoklassifizierungsregel 11 MP-VO auf Entscheidungsunterstützungssysteme, sondern auch durch die Untergliederung Regel 11 MP-VO in die jeweiligen Unterabsätze zum Ausdruck.

### bb) Berücksichtigungsnotwendigkeit der Komplexität

Unter der Komplexität versteht die Europäische Kommission in ihrem Bericht zum Weißbuch den Umstand, dass im Zusammenhang mit KI-Systemen komplexe

---

[579] Vgl. *IMDRF*, Software as a Medical Device: Possible Framework for Risk Categorization and Corresponding Considerations, S. 10 f., abrufbar unter: siehe Quellenangaben.

[580] Vgl. *IMDRF*, Software as a Medical Device: Possible Framework for Risk Categorization and Corresponding Considerations, S. 11, abrufbar unter: siehe Quellenangaben.

[581] Vgl. dafür, dass die Regel 11 MP-VO zwar am Ansatz der IMDRF orientiert ist, Unterabsatz 1 der Regel 11 MP-VO gleichwohl die Automatisierungsgrade (5.1.1. und 5.1.2.) des Ansatzes der IMDRF unter einer Kategorie zusammenfasst, bereits Kap. 2, C., II., 1., c), dd).

[582] Vgl. für die Untersuchung, welcher Anwendungsbereich der Regel 11 UAbs. 1 MP-VO zukommt, bereits Kap. 2, C., 1., c), cc), (1).

[583] Vgl. für die Untersuchung, welcher Anwendungsbereich der Regel 11 UAbs. 2 MP-VO zukommt, bereits Kap. 2, C., 1., c), cc), (2).

[584] Vgl. für die Untersuchung, welcher Anwendungsbereich der Regel 11 UAbs. 3 MP-VO zukommt, bereits Kap. 2, C., 1., c), cc), (3).

Netzwerkstrukturen entstehen können, deren Komponenten sich wechselseitig beeinflussen können.[585] Sofern ein System eine Reihe unterschiedlicher Ausgabegeräte ansteuert, steigt dadurch die Anzahl an potenziellen Fehlerquellen.[586] Natürlich hängt die Risikoträchtigkeit weiterhin von der Art der Entscheidung ab, weil diese maßgeblich bestimmt, wie folgenträchtig die Schädigung durch das KI-System ist. Allerdings hat die Komplexität durch den Anstieg der Quantität der Fehlerquellen einen Einfluss auf den Umfang und damit die Schwere des Schadens.[587]

Im Unterschied zu der Transparenz und Lernfähigkeit handelt es sich bei der Komplexität auch nicht um eine Eigenschaft, die die innere Funktionsweise des Systems betrifft, sondern vielmehr um einen Umstand, der das betrifft, „was" das System „macht".[588]

Daher sollte die Komplexität des Systems als risikoerhöhender Umstand berücksichtigt werden. *De lege lata* besteht durch die Weite des Wortlautes der Regel 11 UAbs. 1 MP-VO „verursachen können" genügend Auslegungsspielraum, um diesen Umstand als risikoerhöhendes Kriterium zu berücksichtigen.

#### *c) Bestätigung durch den Kriterienkatalog des Art. 7 KI-VO*

Dieses Ergebnis wird auch durch den in Art. 7 Abs. 2 KI-VO vorgesehenen Kriterienkatalog untermauert, der eine Berücksichtigung der Autonomie und Intransparenz nicht vorsieht.[589]

Mit Art. 7 Abs. 1 KI-VO wird der Kommission die Befugnis übertragen, die Liste von Systemen, die ausweislich des Anhangs III als hochriskant gelten, durch delegierte Rechtsakte zu ergänzen.[590]

Im Rahmen des Kommissionsentwurfes war die Ergänzung durch die Kommission noch an die Voraussetzung der kumulativen Erfüllung zweier Kriterien geknüpft. Ausweislich des Art. 6 KI-VOE-KOM müsste hierfür das KI-System so-

---

585 *Europäische Kommission*, Bericht zum Weißbuch, COM 2020, 64 final, S. 11 f.

586 *Zech*, Risiken digitaler Systeme, S. 51, abrufbar unter: siehe Quellenangaben.

587 *Zech*, Risiken digitaler Systeme, S. 51, abrufbar unter: siehe Quellenangaben.

588 Vgl. dafür, dass bei der Risikoklassifizierung nur Umstände berücksichtigt werden müssen, die die Zweckbestimmung des KI-Systems betreffen, *Muresan*, LSR 2021, 17, 33; dem folgend *Schreitmüller*, Regulierung intelligenter Medizinprodukte, S. 130 ff.

589 Vgl. zu den Entwürfen Art. 7 Abs. 2) KI-VOE-KOM, COM 2021, 206 final, S. 53; Art. 7 Abs. 2 KI-VOE-Rat, *Rat*, General Approach 14954/22, S. 87 f.; Art. 7 KI-VOE-EP, *Europäisches Parlament*, Amendments adopted by the European Parliament on 14 June 2023 on the proposal for a regulation of the European Parliament and of the Council on laying down harmonised rules on artificial intelligence (Artificial Intelligence Act) and amending certain Union legislative acts, P9_TA(2023)0236.

590 Vgl. zu der Möglichkeit und den Voraussetzungen, unter denen Anhang III KI-VO durch delegierter Rechtsakte der Kommission gem. Art. 7 KI-VO geändert werden kann, im Zusammenhang mit dem Kommissionsentwurf, *Martini*, in: Hilgendorf/Roth-Isigkeit, 1. Auflage, § 4, Rn. 104 ff.; *Rostalski/Weiss*, ZfDR 2021, 329, 246 f.

wohl in einen der in Anhang III Nr. 1–8 KI-VOE-KOM genannten Bereiche fallen, als auch ein „Risiko der Schädigung der Gesundheit oder der Beeinträchtigung der Sicherheit oder nachteiliger Auswirkungen auf die Grundrechte" bergen, das „im Hinblick auf die Schwere und die Wahrscheinlichkeit des Eintretens dem Risiko der Schädigung, Beeinträchtigung oder negativer Auswirkungen gleicht, das von den in Anhang III bereits aufgeführten Hochrisiko-KI-Systemen ausgeht, oder dieses übersteigt".[591] Art. 7 Abs. 2 KI-VOE listete sodann eine Reihe von Kriterien auf, die zur Beurteilung der zweiten Voraussetzung des Art. 7 Abs. 1 lit. b) KI-VOE herangezogen werden mussten.[592]

Während der Rat[593] und das Parlament[594] in ihren Entwürfen für Art. 7 KI-VOE die Notwendigkeit, dass das KI-System in einen der acht Bereiche des Anhangs III KI-VOE fallen muss, vorbehaltlos gestrichen haben, halten sie an dem Risikoerfordernis weiterhin fest.

Der finale Regelungstext kehrt zu dem Ansatz der Kommission zurück. Anhang III kann durch delegierte Rechtsakte der Kommission ergänzt werden, wenn das System sowohl in einem der in Anhang III genannten Bereiche eingesetzt wird, als auch ein Risiko birgt, das den in Anhang III genannten Systemen gleicht oder dieses übersteigt. Das Vorliegen eines Risikos bestimmt sich weiterhin nach den in Art. 7 Abs. 2 KI-VO vorgesehenen Kriterien, die bei der Beurteilung zu berücksichtigen sind. Gleichwohl ermangelt diese Liste eines Bezugs auf die Lernfähigkeit oder Intransparenz als Bewertungskriterien für die Risikoträchtigkeit.[595]

Die Notwendigkeit der Berücksichtigung dieser Kriterien kann auch nicht damit begründet werden, dass der Kriterienkatalog des Art. 7 Abs. 2 KI-VO die Beurteilungskriterien nur beispielhaft auflistet. Vielmehr statuiert der Wortlaut des Art. 7

---

[591] Vgl. zu den Entwürfen Art. 7 Abs. 2) KI-VOE-KOM, COM 2021, 206 final, S. 53; vgl. ebenso *Martini*, in: Hilgendorf/Roth-Isigkeit, 1. Auflage, § 4, Rn. 104 ff.; *Rostalski/Weiss*, ZfDR 2021, 329, 347.

[592] Art. 7 Abs. 2) KI-VOE-KOM, COM 2021, 206 final, S. 53; Art. 7 Abs. 2 KI-VOE-Rat, *Rat*, General Approach 14954/22, S. 87 f.

[593] Art. 7 Abs. 2 KI-VOE-Rat, *Rat*, General Approach 14954/22, S. 87 f.

[594] Vgl. Änderung 238, 239 Art. 7 KI-VOE-EP, *Europäisches Parlament*, Amendments adopted by the European Parliament on 14 June 2023 on the proposal for a regulation of the European Parliament and of the Council on laying down harmonised rules on artificial intelligence (Artificial Intelligence Act) and amending certain Union legislative acts, P9_TA(2023)0236.

[595] Vgl. ebenso bereits in den Entwürfen, Art. 7 Abs. 2 KI-VOE-KOM, COM 2021, 206 final, S. 53; Art. 7 Abs. 2 KI-VOE-Rat, *Rat*, General Approach 14954/22, S. 87 f.; ebenso Art. 7 Abs. 2 KI-VOE-EP, *Europäisches Parlament*, Amendments adopted by the European Parliament on 14 June 2023 on the proposal for a regulation of the European Parliament and of the Council on laying down harmonised rules on artificial intelligence (Artificial Intelligence Act) and amending certain Union legislative acts, P9_TA(2023)0236.

Abs. 2 KI-VO ausdrücklich, dass „*folgende Kriterien*" durch die Kommission „berücksichtigt" werden müssen.[596]

Im Unterschied dazu sieht Art. 7 Abs. 2 lit. f) KI-VO vor, dass der Umfang, in dem das System zeitgleich mehrere Personen schädigen kann, bei der Risikoklassifizierung berücksichtigt werden muss.[597] Daraus ergibt sich die gesetzgeberische Wertung, dass die KI-Verordnung bei der Beurteilung der Risikoträchtigkeit jedenfalls die Komplexität des jeweiligen Systems als relevanten Maßstab einbezieht. Dem Entwurf des Parlaments folgend berücksichtigt Art. 7 Abs. 2 lit. d) KI-VO nunmehr auch den Grad der Automatisierung.[598] Nach dieser Vorschrift sind das Ausmaß, in dem das KI-System autonom handelt, sowie die Möglichkeit, dass ein Mensch eine Entscheidung oder Empfehlungen, die zu einem potenziellen Schaden führen können, außer Kraft setzen kann, zu berücksichtigen.

Daher spricht auch der Kriterienkatalog des Art. 7 KI-VO dafür, dass die Lernfähigkeit und Opazität keine Umstände sind, die bei der Beurteilung der Risikoträchtigkeit Berücksichtigung finden sollten, während die Komplexität und der Grad der Automatisierung berücksichtigt werden müssen.

Zwar findet der Kriterienkatalog des Art. 7 KI-VO für die Risikoklassifizierung von KI-basierten Medizinprodukten i. S. d. Anhangs I Teil A Abschnitt KI-VO keine unmittelbare Anwendung, weil sich für solche Systeme die Risikoträchtigkeit ausschließlich[599] nach dem Risikoklassifizierungssystem der Harmonisierungsvor-

---

[596] Hervorhebung hinzugefügt; Vgl. ebenso bereits in den Entwürfen, Art. 7 Abs. 2 KI-VOE-KOM, COM 2021, 206 final, S. 53; dem folgend Art. 7 Abs. 2 KI-VOE-Rat, *Rat*, General Approach 14954/22, S. 87; ebenso *Europäisches Parlament*, Amendments adopted by the European Parliament on 14 June 2023 on the proposal for a regulation of the European Parliament and of the Council on laying down harmonised rules on artificial intelligence (Artificial Intelligence Act) and amending certain Union legislative acts, P9_TA(2023)0236.

[597] Vgl. ebenso bereits in den Entwürfen, Art. 7 Abs. 2 lit. d) KI-VOE-KOM, COM 2021, 206 final, S. 53; Art. 7 Abs. 2 lit. d) KI-VOE-Rat, *Rat*, General Approach 14954/22, S. 87; vgl. auch Änderung 247, Art. 7 Abs. 2 lit. d) KI-VOE-EP, *Europäisches Parlament*, Amendments adopted by the European Parliament on 14 June 2023 on the proposal for a regulation of the European Parliament and of the Council on laying down harmonised rules on artificial intelligence (Artificial Intelligence Act) and amending certain Union legislative acts, P9_TA(2023)0236.

[598] Vgl. für den Vorschlag des Parlaments Änderung 245, Art. 7 Abs. 2 lit. bb (new), *Europäisches Parlament*, Amendments adopted by the European Parliament on 14 June 2023 on the proposal for a regulation of the European Parliament and of the Council on laying down harmonised rules on artificial intelligence (Artificial Intelligence Act) and amending certain Union legislative acts, P9_TA(2023)0236.

[599] Vgl. zu den Entwürfen Art. 6 Abs. 1 lit. b) KI-VOE-KOM, COM 2021, 206 final, S. 52; Art. 6 Abs. 1 lit. b) KI-VOE-EP, Vgl. Art. 6 Abs. 1 lit. b) KI-VOE-EP, *Europäisches Parlament*, Amendments adopted by the European Parliament on 14 June 2023 on the proposal for a regulation of the European Parliament and of the Council on laying down harmonised rules on artificial intelligence (Artificial Intelligence Act) and amending certain Union legislative acts, P9_TA(2023)0236; vgl. Art. 6 Abs. 1 und 2 KI-VOE-Rat, Vgl. Art. 6 Abs. 1 und Abs. 2 KI-VOE-Rat, *Rat*, General Approach 14954/22, S. 85 f.

schrift richtet. Gleichwohl kann durch die Ermangelung der Berücksichtigung der Autonomie und Opazität eine gewisse Indizwirkung begründet werden, die den Umstand, dass Eigenschaften wie die Lernfähigkeit und Opazität bei der Risikoklassifizierung von KI-Systemen nicht zu berücksichtigen sind, noch untermauert.

### 3. Zwischenergebnis

Neben der oben bereits kritisierten Unbestimmtheit stellt sich die Frage, ob die Risikoklassifizierungsregel 11 MP-VO sich für KI-basierte Systeme trotz besonderer Eigenschaften wie der Lernfähigkeit, Intransparenz, Automatisierung oder der Komplexität als geeignet erweist.

Teilweise wird die Eignung der Risikoklassifizierungsregel 11 MP-VO für KI-basierte Systeme damit begründet, dass überhaupt keine Notwendigkeit bestehe, Eigenschaften wie die Lernfähigkeit oder Intransparenz bei der Beurteilung der Risikoträchtigkeit zu berücksichtigen, weil dies Umstände seien, die zwar die Sicherheitsanforderungen nicht aber die Risikoklassifizierung beträfen. Dieser Auffassung muss sich angeschlossen werden, weil Eigenschaften wie die Lernfähigkeit nicht die Risikoklasse bestimmen sollten, sondern vielmehr umgekehrt durch die Risikoträchtigkeit der Entscheidung des Systems das noch zulässige Maß an Intransparenz oder Lernfähigkeit bestimmt werden muss.

Obgleich für den Grad der Automatisierung und die Komplexität des Systems eine Notwendigkeit besteht diese zu berücksichtigen, wird diesen Eigenschaften durch das geltende Risikoklassifizierungssystem der MP-VO bereits *de lege lata* ausreichend Rechnung getragen, weshalb sich Regel 11 insgesamt auch für KI-Systeme als geeignet erweist.

Dass bei der Risikoklassifizierung die Autonomie und Intransparenz keine Berücksichtigung finden sollte, während die Komplexität und der Grad an Automatisierung eine Berücksichtigung finden sollten, wird auch durch den Kriterienkatalog des Art. 7 der KI-Verordnung untermauert, der für KI-basierte Medizinprodukte zwar nicht unmittelbar anwendbar ist, dem gleichwohl eine gewisse Indizwirkung zukommt.

Sofern die Unbestimmtheit der Regel 11 MP-VO, in Bezug auf die Anwendungsbereiche der einzelnen Unterabsätze, als auch der risikoerhöhenden Wirkung korrigiert würde, wäre die Regelung daher auch für die Klassifizierung von KI-Systemen geeignet.

### III. Risikoklassifizierung für KI-gesteuerte Medizinprodukte

Für KI-Systeme, die medizinische Daten verarbeiten, um als Teil eines körperlichen Medizinprodukts, dessen medizinische Zweckbestimmung zu ermöglichen, ist Regel 11 MP-VO ausweislich der Durchführungsregel 3.3 UAbs. 1 MP-VO von vornherein nicht anwendbar, weil sich die Risikoklassifizierung ausschließlich nach der Risikoklasse des körperlichen Medizinprodukts richtet.[600]

#### 1. Steuerung der therapeutischen Funktion durch die diagnostische Funktion

Für die Risikoklassifizierung KI-basierter Medizinprodukte kommt insbesondere Regel 22 MP-VO in Betracht, die für aktiv therapeutische Medizinprodukte anwendbar ist, die durch eine integrierte oder eingebaute diagnostische Funktion gesteuert werden.[601]

Als exemplarisches Beispiel für Produkte i.d.S. nennt Regel 22 MP-VO „geschlossene Regelsysteme" und „automatische externe Defibrillatoren". Geschlossene Regelsysteme (auch „Closed-Loop-Systeme" genannt) bezeichnen Systeme, deren Funktionsweise dadurch gekennzeichnet ist, dass ein bestimmter „Sollwert" durch die Steuerung „Regelgröße(n)" trotz äußerer Störungen („Störgröße") kontinuierlich automatisiert aufrechterhalten wird.[602] Beispiele für geschlossene Regelsystem sind etwa automatisierte Narkosesysteme, Infusionspumpen oder Herzschrittmacher.[603] Für solche Systeme ist es kennzeichnend, dass viele verschiedene physiologische Parameter, wie beispielsweise die Körpertemperatur, die Herzfrequenz, die Atmung oder der Blutzucker, berücksichtigt werden müssen.[604] Da es sich jedoch auch bei Beatmungsgeräten und Dialysegeräten um geschlossene Re-

---

[600] Für eine Begründung, dass eingebettete KI-Systeme, die medizinische Daten verarbeiten, um die *medizinische* Funktionsweise eines körperlichen Produkts (z.B. Abgabe von Insulin/Steuerung eines Nahinfrarotlaserlichtscanners) zu steuern – entgegen des Ansatzes der MDCG-Leitlinien 2019-11 (vgl. Kap. 2, B., II., 2., a)) – selbst dann nicht als eigenständige Medizinprodukte zu qualifizieren sind, wenn diese medizinische Daten verarbeiten, um die Steuerung des körperlichen Produkts vorzunehmen. Hintergrund ist, dass in diesem Fall das System nicht selbst eine medizinische Zweckbestimmung in der Wirklichkeit i.S.d. Art. 2 Nr. 1 MP-VO erfüllt, sondern nur der Zweckbestimmung des körperlichen Medizinprodukts zugeführt wird, vgl. Kap. 2, B., II., 2., a). Dies hat zur Folge, dass gem. Durchführungsregel 3.3 UAbs. 1 MP-VO das eingebettete System ausschließlich in dieselbe Risikoklasse des körperlichen Produkts fallen, ohne dass der Risikoklassifizierungsregel 11 MP-VO eine risikoerhöhende Wirkung zukommt, ausführlich hierzu vgl. Kap. 2, B., II., 2., b), cc), (2).

[601] Die Durchführungsregel 22 MP-VO wurde mit der MP-VO neu in das Medizinprodukterecht eingeführt, *Friedrich*, in: Clausen/Schroeder-Printzen, § 17, Rn. 407.

[602] *Klessascheck*, Closed-Loop-Systeme bei Medizinprodukten, abrufbar unter: siehe Quellenangaben.

[603] *Klessascheck*, Closed-Loop-Systeme bei Medizinprodukten, abrufbar unter: siehe Quellenangaben.

[604] *Klessascheck*, Closed-Loop-Systeme bei Medizinprodukten, abrufbar unter: siehe Quellenangaben.

gelsysteme handelt, wird teilweise befürchtet, dass diese nunmehr ungerechtfertigterweise dem Anwendungsbereich der Regel 22 MP-VO und damit der Risikoklasse III unterfallen würden.[605] Allerdings muss beachtet werden, dass die Qualifizierung als geschlossenes Regelsystem nur dann die Rechtsfolge der Regel 22 MP-VO auslöst, wenn das Regelsystem die Anforderungen der Regel 22 MP-VO erfüllt und sich daher als „aktiv therapeutisches Produkt mit integrierter oder eingebauter diagnostischer Funktion“ darstellt, die das Patientenmanagement „erheblich bestimmt“.

Da jedoch bei Beatmungsgeräten oder Dialysesystemen die eigentliche Diagnose durch einen Menschen erfolgt und nur die *Durchführung* der Therapie *automatisiert* wird, kann den Stimmen[606], die befürchten, dass solche Produkte zukünftig in Risikoklasse III fallen, nicht gefolgt werden, weil die Regel 22 MP-VO dort nicht anwendbar ist.

Im Unterschied dazu erfüllt ein automatischer externer Defibrillator diese Voraussetzung insoweit, als automatisiert diagnostiziert wird, ob die Ursache für einen Herzstillstand das Kammerflimmern ist oder eine fehlende Herzaktion (sog. *Asytolie*) und sodann eine entsprechende Reaktion ausgelöst wird.[607]

Obgleich die Systeme pauschal in Risikoklasse III eingeordnet werden, erscheint eine entsprechende Risikoklassifizierung dennoch als gerechtfertigt. Denn obwohl ein hoher Automatisierungsgrad nicht *per se* ein besonders hohes Gefahrenpotenzial birgt, muss andererseits beachtet werden, dass von Regel 22 MP-VO von vornherein nur solche Systeme erfasst werden, die nicht nur den menschlichen Entscheidungsprozess automatisieren, sondern zudem das Patientenmanagement „erheblich“ bestimmen. Daher ist kein menschlicher Entscheidungsträger als Kontrollinstanz zwischengeschaltet, weshalb die Einordnung in die höchste Risikoklasse auch gerechtfertigt ist.

### 2. Klassifizierung KI-gesteuerter Medizinprodukte im Übrigen

Im Übrigen richtet sich die Risikoklasse gem. Durchführungsregel 3.3 UAbs. 1 MP-VO maßgeblich nach der für die jeweilige Zweckbestimmung des körperlichen Medizinprodukts einschlägigen Risikoklassifizierungsregel.[608] Da die Umsetzung der medizinischen Zweckbestimmung und damit auch eine Gefahr für die Verletzung des menschlichen Körpers erst aus der Ausführung des körperlichen Medi-

---

[605] *Klessascheck*, Closed-Loop-Systeme bei Medizinprodukten, abrufbar unter: siehe Quellenangaben.

[606] *Klessascheck*, Closed-Loop-Systeme bei Medizinprodukten, abrufbar unter: siehe Quellenangaben.

[607] *Institut für Qualität und Wirtschaftlichkeit im Gesundheitswesen*, Wie benutzt man einen automatisierten externen Defibrillator (AED), abrufbar unter: siehe Quellenangaben.

[608] Vgl. hierzu bereits ausführlich Kap. 2, B., II., 2., b), cc), (2).

zinprodukts resultiert, ist dies auch gerechtfertigt.[609] Die fehlende Eignung kann ferner ebenso nicht dadurch begründet werden, dass die Regelungen Eigenschaften, wie die Autonomie und Intransparenz nicht berücksichtigen, da diese Eigenschaften nicht den Grad der Risikoträchtigkeit bestimmen, sondern umgekehrt die Risikoträchtigkeit das noch zulässige Maß an KI-spezifischen Risiken bestimmt.[610]

### IV. Fazit zu diesem Abschnitt

Gerechtfertigt ist es jedenfalls, dass ausweislich der Durchführungsregel 3.3 Anhang VIII MP-VO nur solche Systeme, die als Entscheidungsunterstützungssysteme *als eigenständiges* Medizinprodukt zu qualifizieren sind, für sich *allein* zu klassifizieren sind, während Systeme, die nur die medizinische Funktionsweise als Bestandteil oder Zubehör ermöglichen, *ausschließlich* in die Risikoklasse des gesteuerten Produkts fallen.

Der Hintergrund dafür ist, dass erst durch die *Umsetzung* der medizinischen Zweckbestimmung in die Wirklichkeit sich entscheidet, inwieweit der menschliche Körper verletzt werden kann. Sofern das System keine eigene Zweckbestimmung *in die Wirklichkeit* umsetzt, weil die Ergebnisse nur als unsichtbare Steuerungssignale an das körperliche Produkt zu dessen Umsetzung weitergeleitet werden, muss sich die Risikoträchtigkeit danach richten, wie das körperliche Medizinprodukt die medizinische Zweckbestimmung erfüllt.

Neben der grundsätzlich gerechtfertigten Beschränkung der Regel 11 MP-VO auf Entscheidungsunterstützungssysteme ist die Eignung der Regelung jedoch in materieller Hinsicht wegen ihrer Unbestimmtheit infrage zu stellen. Sofern diese Unbestimmtheit korrigiert werden würde, wäre die Regelung jedoch auch für KI-basierte Entscheidungsunterstützungssysteme geeignet. Begrüßenswert ist es auch, dass die Risikoklassifizierungsregeln die Intransparenz und Autonomie nicht als risikoerhöhende Umstände berücksichtigen, weil die Risikoträchtigkeit vielmehr umgekehrt, dass noch zulässige Maß an Intransparenz und Autonomie bestimmen sollten.

## D. Regelungslücken für statische KI-Systeme

Sofern statische Systeme in den Verkehr gegeben werden, können diese entweder als Produkt i.S.d. Art. 1 Abs. 4 MP-VO selbst einem Konformitätsbewertungsverfahren nach Art. 52 MP-VO unterliegen oder als Bestandteil dessen im Rahmen des Konformitätsbewertungsverfahrens des jeweils gesteuerten Medizin-

[609] Vgl. hierzu bereits ausführlich Kap. 2, B., II., 2., b), cc), (2).

[610] Vgl. hierzu bereits ausführlich Kap. 2, C., II., 2.

produkts mit überprüft werden.[611] Im Zusammenhang mit der Konformitätsbewertung von KI-Systemen wurde vor allem die *Dynamik* als besondere Herausforderung angesehen.[612] Ferner lehnte im Zusammenhang mit dem Kommissionsentwurf für eine KI-Verordnung ein nicht unerheblicher Teil der Stimmen in der Literatur die Regelungsnotwendigkeit für deterministische Systeme sogar ab.[613] Dennoch hielten sowohl der Rat als auch das Parlament in ihren Entwürfen für eine KI-Verordnung, sowie der finale Regelungstext für eine KI-Verordnung an der Regulierung von wissensbasierten Systemen fest.[614] Ob eine Regelungsnotwendigkeit besteht, kann nur in Abhängigkeit von der Frage bestimmt werden, ob für deterministische Systeme im Rahmen der MP-VO Regelungslücken bestehen, die durch die KI-Verordnung geschlossen werden müssen. Daher gilt es zu prüfen, ob der geltende Regelungsrahmen der MP-VO sich für statische Systeme als geeignet darstellt und inwieweit noch Regelungslücken bestehen, die durch die KI-Verordnung geschlossen werden müssen.

## I. Grenzen der Lern- und Aktualisierungsfähigkeit maschineller Lernsysteme

Während für dynamische Systeme die Zertifizierbarkeit wegen der Fähigkeit, sich nach der Inverkehrgabe weiterentwickeln zu können und jede Änderung eine Genehmigungspflicht nach Anhang IX Abschnitt 2.4, 4.10 bzw. Anhang X Abschnitt 5 MP-VO bei der zuständigen benannten Stelle auslösen würde, überwie-

[611] Für eine eingehende Darstellung der unterschiedlichen Qualifizierungsmöglichkeiten von KI-basierten Medizinprodukten, bereits Kap. 2, B.

[612] Vgl. *IG-NB*, Questionnaire „Artificial Intelligence (AI) in medical devices, Version 4, S. 4, abrufbar unter: siehe Quellenangaben, die eine Zertifizierung von dynamischen KI-Systemen gänzlich ablehnt; vgl. kritisch auch *Handorn/Juknat*, MPR 2022, 77, 83, die den Standpunkt zwar als „restriktiv" bezeichnen, jedoch ebenfalls bei jeder Änderung eine neue Konformitätsbewertungspflicht als ausgelöst ansehen wollen; *Frost*, MPR 2019, 117, 120; ebenso *Heil*, MPR 2022, 1, 11, die betont, dass auch in der MP-VO eine der KI-VO entsprechende Ausnahme aufgenommen werden müsste, um zu verhindern, dass jede Aktualisierung eine Genehmigungspflicht auslöst; *Saliba*, in: Festschrift Gassner, S. 495 ff.; vgl. hingegen für die Stimmen, die die Zertifizierbarkeit von dynamischen Systemen annehmen, *Muresan*, LSR 2021, 17, 37 ff.; *Schreitmüller*, Regulierung intelligenter Medizinprodukte, S. 149 ff.; *COCIR*, Artificial Intelligence in EU Medical Device Legislation, S. 9 ff., abrufbar unter: siehe Quellenangaben; dem wohl folgend *Gassner*, MPR 2021, 41, 48 f.

[613] Vgl. *Bomhard/Merkle*, RDi 2021, 276, 277; *Ebers et al.*, RDi 2021, 528, 529; *Engelmann/Brunotte/Lütkens*, RDi 2021, 317, 318; *Ströbel/Grau*, ZD 2022, 599, 600; *Heil*, MPR 2022, 1, 4; *Kalbhenn*, ZUM 2021, 663, 664; *Spindler*, CR 2021, 361, 373; *Handorn/Juknat*, MPR 2022, 77, 79; *Johner Institut*, Input on the proposed AI-Act, S. 2, abrufbar unter: siehe Quellenangaben; dem sich anschließend *Schreitmüller*, Regulierung intelligenter Medizinprodukte, S. 289 ff.; a. A. *Rostalski/Weiss*, ZfDR 2021, 329, 331; *Gless/Janal*, Hilgendorf/Roth-Isigkeit, 1. Auflage, § 2, Rn. 17; vgl. eingehend zu der Kritik an der Regulierung von wissensbasierten Systemen durch den Kommissionsentwurf, bereits Kap. 2, A., II., 1., d).

[614] Vgl. eingehend hierzu bereits Kap. 2, A., II., 2.

gend abgelehnt[615] wird, mangelt[616] es bei statischen Systemen an einer entsprechenden Lernfähigkeit, sodass die Konformitätsbewertung grundsätzlich möglich ist.

Allerdings kann aus diesem Umstand allein noch nicht der Schluss gezogen werden, dass für deterministische Systeme keine Regelungsnotwendigkeit besteht.

Obgleich die Fähigkeit nach der Inverkehrgabe weiter zu lernen und sich daher unvorhersehbar zu verhalten vor allem maschinellen Lernsystemen zugesprochen[617] wird, muss andererseits beachtet werden, dass auch maschinelle Lernsysteme nicht notwendigerweise *nach* der Inverkehrgabe die Fähigkeit besitzen sich selbstständig weiterzuentwickeln.

In technischer Sicht muss die Fähigkeit der Systeme, vor der Inverkehrgabe im Rahmen der Trainingsphase selbstständig ein Modell erstellen zu können, von der Frage, inwieweit das System auch *nach* der Inverkehrgabe in der Lage ist, weiter zu lernen und sich selbstständig zu aktualisieren unterschieden werden.

Zunächst gibt es Systeme, deren Lernprozess vor der Inverkehrgabe vollständig unterbunden wird, die daher als „statische KI"[618] oder „locked AI"[619] bezeichnet werden.

Selbst wenn maschinelle Lernsysteme auch nach der Inverkehrgabe die Fähigkeit besitzen, am Anwendungsfall weiter zu lernen[620], geht damit noch nicht zwingend auch die Möglichkeit einher, dass diese sich auch selbstständig *weiterentwickeln* können. Von der „Lernfähigkeit" muss nämlich zwingend die Frage unter-

---

[615] Vgl. *IG-NB*, Questionnaire „Artificial Intelligence (AI) in medical devices, Version 4, S. 4, abrufbar unter: siehe Quellenangaben; vgl. etwa *Handorn/Juknat*, MPR 2022, 77, 83; *Heil*, MPR 2022, 1, 11; *Frost*, MPR 2019, 117, 120; *Saliba*, in: Festschrift Gassner, S. 495 ff.; a.A. *Muresan*, LSR 2021, 17, 37 ff.; *Schreitmüller*, Regulierung intelligenter Medizinprodukte, S. 146 ff.; *COCIR*, Artificial Intelligence in EU Medical Device Legislation, S. 9 ff., abrufbar unter: siehe Quellenangaben; dem wohl folgend *Gassner*, MPR 2021, 41, 48 f.

[616] Zu der Funktionsweise von deterministischen Systemen, die im Unterschied zu maschinellen Lernsystemen gerade nicht selbstständig Muster in Daten erlernen können, sondern auf einer expliziten und manuellen Repräsentation der Wissensbasis beruhen, bereits Kap. 2, A., II., 1., b).

[617] Vgl. *Ebers et al.*, RDi 2021, 528, 529; *Engelmann/Brunotte/Lütkens*, RDi 2021, 317, 318; *Ströbel/Grau*, ZD 2022, 599, 600 f.; *Heil*, MPR 2022, 1, 4; *Handorn/Juknat*, MPR 2022, 77, 82 f.

[618] *IG-NB*, Questionnaire „Artificial Intelligence (AI) in medical devices, Version 4, S. 4, abrufbar unter: siehe Quellenangaben; dem folgend *Thiermann/Böck*, RDi 2022, 333, 334; ebenso *Gassner*, MPR 2021, 42, 49; vgl. ebenso die Differenzierung von *Schreitmüller*, Regulierung intelligenter Medizinprodukte, S. 48 ff.

[619] *COCIR*, Artificial Intelligence in EU Medical Device Legislation, S. 9 ff., abrufbar unter: siehe Quellenangaben.

[620] Vgl. hierfür Abbildung 3, Fallbeispiel 2 und 3, *COCIR*, Artificial Intelligence in EU Medical Device Legislation, S. 11, abrufbar unter: siehe Quellenangaben.

schieden werden, ob das System sein Verhalten auch im Anwendungskontext an die erlernten Muster *anpassen* kann, sich also selbstständig aktualisieren kann.[621]

Insofern werden Systeme unterschieden, die ihr Verhalten selbstständig – also ohne Interaktion mit dem Nutzer oder Hersteller – an die Umgebungsänderung anpassen können (sog. *online Lernfähigkeit*), und andererseits solche Systeme, die zwar selbstständig nach der Inverkehrabe Muster erkennen und Modelle erlernen können, bei denen die Ersetzung des ursprünglich erlernten Modells durch neue Modelle gleichwohl eine Bestätigung durch den Anbieter/Hersteller voraussetzt (sog. *offline Lernfähigkeit*).[622] Daher besteht nicht bei *allen* maschinellen Lernsystemen die Gefahr, dass diese sich selbstständig und unvorhersehbar weiterentwickeln können. Die Gefahr einer unvorhersehbaren fehlerhaften Weiterentwicklung ist auch innerhalb solcher Systemtypen beschränkt, die sich selbstständig *aktualisieren* können.[623]

Deshalb kann der Umstand, dass regel- bzw. wissensbasierte Systeme sich nicht selbstständig aktualisieren können, nicht automatisch zu der Schlussfolgerung führen, dass keine Regelungsnotwendigkeit für wissensbasierte Systeme besteht.[624]

## II. Regelungslücken der materiellen Sicherheitsanforderungen

Regelungslücken könnten sich allerdings hinsichtlich der grundlegenden Sicherheits- und Leistungsanforderungen ergeben, die in Anhang I MP-VO normiert sind und die jedes Medizinprodukt vor dessen Inverkehrgabe erfüllen muss.[625]

---

[621] *COCIR*, Artificial Intelligence in EU Medical Device Legislation, S. 11, abrufbar unter: siehe Quellenangaben; *Muresan*, LSR 2021, 17, 28; *Schreitmüller*, Regulierung intelligenter Medizinprodukte, S. 48 ff.

[622] Vgl. hierfür auch Abbildung 3, *COCIR*, Artificial Intelligence in EU Medical Device Legislation, S. 11, abrufbar unter: siehe Quellenangaben; vgl. auch *Schreitmüller*, Regulierung intelligenter Medizinprodukte, S. 48 ff., die jedoch den Begriff für „offline learning“ dafür verwendet, dass das System eingefroren wurde und nur in der Entwicklungsphase lernfähig ist.

[623] Ebenso *Muresan*, LSR 2021, 17, 28; vgl. hierfür auch Abbildung 3, *COCIR*, Artificial Intelligence in EU Medical Device Legislation, S. 11, abrufbar unter: siehe Quellenangaben; *Schreitmüller*, Regulierung intelligenter Medizinprodukte, S. 48 ff.; *Thiermann/Böck*, RDi 2022, 333, 334; *Gassner*, MPR 2021, 42, 49.

[624] So aber *Ebers et al.*, RDi 2021, 528, 529; *Engelmann/Brunotte/Lütkens*, RDi 2021, 317, 318; *Ströbel/Grau*, ZD 2022, 599, 600 f.; *Heil*, MPR 2022, 1, 4; *Handorn/Juknat*, MPR 2022, 77, 82 f.; a. A. *Rostalski/Weiss*, ZfDR 2021, 329, 331 ff.; *Gless/Janal*, in: Hilgendorf/Roth-Isigkeit, 1. Auflage, § 2, Rn. 12 ff.

[625] Verantwortlich dafür, die Einhaltung der Anforderungen des Anhanges I MP-VO zu gewährleisten, ist gem. Art. 10 Abs. 1 MP-VO der Hersteller, Rehmann/*Wagner*, MP-VO, Art. 10, Rn. 3.

### 1. Anwendbare Sicherheits- und Leistungsanforderungen für KI-Systeme

In systematischer Hinsicht gliedert sich Anhang I MP-VO in drei Kapitel: während sich in Kapitel I allgemeine Anforderungen wie die Pflicht zur Etablierung eines Risikomanagementsystems wiederfinden, sind in Kapitel II besondere Anforderungen an die Auslegung und Herstellung vorgesehen.[626] Die allgemeinen Anforderungen des Kapitels I Anhang I MP-VO müssen von allen Medizinprodukten erfüllt werden.[627] Dies umfasst gem. Anhang I Abschnitt 1 MP-VO die Herstellung der Produkte in einer Weise, dass die Sicherheit der mit den Produkten in Kontakt kommenden Personen, wie Patienten, Anwender oder Dritte, sichergestellt ist.[628] Zu diesem Zweck müssen etwaige Risiken auf ein vertretbares Maß reduziert werden und die Sicherheitsmaßnahmen den allgemein anerkannten „Stand der Technik" aufweisen. Ferner gehört zu den allgemeinen Produktanforderungen die Pflicht zur Erstellung eines Risikomanagementsystems nach Maßgabe des Anhangs I Nr. 2–8 MP-VO.[629]

Im Rahmen des Kapitels II sind Anforderungen verortet, die speziell auf das Risiko des jeweiligen Medizinproduktes eingehen und dessen Anwendbarkeit daher in Abhängigkeit von der Zweckbestimmung ermittelt werden muss.[630] Dies legt der Wortlaut der Vorschriften des Kapitels II nahe, der spezielle Risiken adressiert, die aus der physischen Beschaffenheit[631], der Anwendungsumgebung[632], der Funktion des Produkts[633], der Tatsache, dass es sich um ein aktives Produkt[634] handelt oder das Produkt Energie oder Stoffe abgibt[635], resultieren.

---

[626] Vgl. *Hasenteufel/Renaud*, Software als Medizinprodukt, S. 21; Rehmann/*Wagner*, MP-VO, Art. 5, Rn. 37.

[627] Rehmann/*Wagner*, *MP-VO*, Art. 5, Rn. 38; *Hasenteufel/Renaud*, Software als Medizinprodukt, S. 21.

[628] Rehmann/*Wagner*, MP-VO, Art. 5, Rn. 38.

[629] Rehmann/*Wagner*, MP-VO, Art. 5, Rn. 38.

[630] Vgl. Rehmann/*Wagner*, MP-VO, Art. 5, Rn. 36 ff.; *Hasenteufel/Renaud*, Software als Medizinprodukt, S. 21 f.

[631] Vgl. für Produkte mit chemischen, physikalischen oder biologischen Eigenschaften, Abschnitt 10, Anhang I MP-VO; für Produkte, dessen Beschaffenheit Risiken von Infektionen oder mikrobielle Kontaminationen bergen, Abschnitt 11, Anhang I MP-VO; für Produkte, dessen Bestandteile aus Materialen des biologischen Ursprunges bestehen, Abschnitt 13, Anhang I MP-VO.

[632] Vgl. für die Berücksichtigung von Wechselwirkungen, Abschnitt 14, Anhang I MP-VO; vgl. für die Anforderungen an Medizinprodukte, die zur Anwendung durch Laien bestimmt sind, Abschnitt 22, Anhang I MP-VO.

[633] Vgl. für Produkte, die dazu bestimmt sind Strahlungen auszusenden, Abschnitt 16 Anhang I MP-VO.

[634] Vgl. Abschnitt 17 Anhang I MP-VO.

[635] Vgl. Abschnitt 21 Anhang I MP-VO.

Ferner wird dieser Umstand auch dadurch untermauert, dass in der technischen Dokumentation gem. Anhang II Abschnitt 4 MP-VO anzugeben ist, welche konkreten Anforderungen für die Zweckbestimmung des Produkts gelten.

Gemäß Art. 5 Abs. 5 MP-VO bestimmen sich die anwendbaren Sicherheitsanforderungen des Anhangs I, Abschnitt 10–22 MP-VO „unter Berücksichtigung der Zweckbestimmung“ des KI-basierten Medizinprodukts.[636] Durch diese Konzeption kommt die von der Kommission im *Blue Guide* betonte Relevanz der konkreten Risikoanalyse zum Vorschein.[637]

Hinsichtlich der für KI-Systeme anwendbaren Anforderungen des Anhangs II Kapitel 2 MP-VO, die zukünftig auch für KI-Systeme gelten werden, wird vor allem auf die Vorschrift des Abschnitts 17 Anhang I MP-VO verwiesen.[638]

Anhang I Abschnitt 17.1 sieht für Software die Verpflichtung vor, diese so auszulegen, dass deren Leistungsfähigkeit entsprechend der jeweiligen Zwecksetzung und die „Wiederholbarkeit, Zuverlässigkeit und Leistung“ gewährleistet ist.

Ferner muss jedenfalls für Produkte mit diagnostischer Funktion gem. Anhang I Abschnitt 15.1 MP-VO gewährleistet sein, dass diese auf „Grundlage geeigneter wissenschaftlicher und technischer Verfahren ausreichende Genauigkeit, Präzision und Stabilität für die Zweckbestimmung des Produkts“ aufweist.

Jedenfalls die Europäische Kommission äußerte in ihrem Weißbuch zur künstlichen Intelligenz Bedenken daran, dass die geltenden Sicherheitsanforderungen der nach dem neuen Rechtsrahmen harmonisierten Produktsicherheitsvorschriften auch für die Besonderheiten von KI-Systemen geeignet wären, ohne gleichwohl die Regelungslücken der konkreten sektorenspezifischen Regeln aufzuzeigen. Im Folgenden soll daher analysiert werden, ob die sich aus Anhang I MP-VO ergebenden Sicherheitsanforderungen geeignet sind, ein hinreichendes Sicherheitsniveau auch für statische KI-Systeme zu gewährleisten.

---

[636] Rehmann/*Wagner*, MP-VO, Art. 5, Rn. 36; vgl. für einen Überblick, über die für Software potenziell anwendbaren Sicherheitsanforderungen, *Hasenteufel/Renaud*, Software als Medizinprodukt, S. 21 f.

[637] Vgl. *Europäische Kommission*, Blue Guide, ABl. 2022/C247, S. 48; vgl. zu den Grundprinzipien des neuen Rechtsrahmen, bereits Kap. 1, A.

[638] Vgl. *IG-NB*, Questionnaire „Artificial Intelligence (AI) in medical devices, Version 4, S. 4, abrufbar unter: siehe Quellenangaben, die die Verifizierung und Validierung i. S. d. 17.2 Anhang I MP-VO für dynamische Systeme als unerfüllbar deklarieren; ebenso *Reitebuch*, Mobile Health Applications, S. 126 ff.; *Schreitmüller*, Regulierung intelligenter Medizinprodukte, S. 148, die übereinstimmend die Anforderungen als anwendbar ansehen, obgleich sie die Eignung für dynamische KI-Systeme in Frage stellen; ebenso *Gassner*, MPR 2021, 41, 48, der Abschnitt 17 MP-VO als die „Kernvorschrift“ für Software ansieht; *Helle*, MedR 2020, 993, 995, Fn. 20 und 21; *Prütting/Wolk*, MedR 2020, 359, 361, Fn. 22; *Hänold et al.*, MedR 2020, 516, 520; *Thiermann/Böck*, RDi 2022, 333, 335; *Saliba*, in: Festschrift Gassner, S. 495; vgl. allgemein für Software *Jorzig/Sarangi*, Digitalisierung im Gesundheitswesen, S. 223; dem folgend *Leupold/Wiesner*, in: Leupold/Wiebe//Glossner, Teil 13, Rn. 25; vgl. zu herkömmlicher Software auch *Hasenteufel/Renaud*, Software als Medizinprodukt, S. 22.

## 2. Regelungsnotwendigkeit für Datenqualitätsanforderungen

Bei KI-Systemen, die auf Verfahren des maschinellen Lernens beruhen, werden die Entscheidungsregeln nicht durch einen Entwickler explizit und manuell repräsentiert, sondern erlernt das System auf Grundlage von Trainingsdaten in der Trainingsphase vielmehr selbstständig ein Modell.[639] Daher hängt die Qualität des Systems unmittelbar von der Qualität der Trainingsdaten ab, was auch als Datenabhängigkeit bezeichnet wird.[640]

Risiken können sich daher vor allem daraus ergeben, dass die Systeme in der Entwurfsphase fehlerhafte Strukturen erlernen, etwa weil die Daten unvollständig oder fehlerhaft sind.[641] Daher betonte bereits die europäische Kommission, dass wegen der Datenabhängigkeit die „Genauigkeit und Relevanz der Daten" hinreichend sichergestellt sein müsse, indem die in der „Entwurfs- und Testphase" verwendeten Daten Qualitätsanforderungen unterworfen werden.[642] Da die nach dem neuen Rechtsrahmen harmonisierten Vorschriften derzeit noch Regelungen ermangelten, ergebe sich eine Regelungslücke, die es horizontal durch eine KI-spezifische Regulierung zu schließen gelte.[643]

Für den Medizinproduktesektor normiert Anhang I Abschnitt 17.1 MP-VO die Pflicht die „Wiederholbarkeit und Zuverlässigkeit der Leistung" zu gewährleisten.

Wegen der Unbestimmtheit, wie diese Anforderungen umzusetzen sind, lasse die Regelung bereits *de lege lata* hinreichend Auslegungsspielraum dafür, dass der Hersteller für maschinelle Lernsysteme bereits eine entsprechende Datenqualität der Entwicklungsdaten sicherzustellen hat, weil anderenfalls nicht die Wiederholbarkeit, Zuverlässigkeit und Leistung gewährleistet werden könne. Sonst bestehe nämlich die Gefahr, dass der Hersteller die „Zuverlässigkeit und Leistung" des KI-Systems nicht gewährleisten könne, weil Fehler in den Datensätzen sich wegen der Datenabhängigkeit auch in den Ergebnissen der Systeme fortsetzen können.

Allerdings ist fraglich, ob die Anforderungen noch das Maß an erforderlicher Bestimmtheit wahren können. Denn die Art und Weise, „Wie" die Datenqualität sichergestellt werden kann, stehe vollständig im Ermessen des Herstellers. In Ermangelung hinreichend *konkreter* Sicherheitsanforderungen besteht daher eine Re-

---

[639] Zu der Funktionsweise von maschinellen Lernsystemen, bereits Kap. 2, A., II., 1., c).

[640] *Europäische Kommission*, Bericht zum Weißbuch, COM 2020, 64 final, S. 20 f.

[641] *Europäische Kommission*, Bericht zum Weißbuch, COM 2020, 64 final, S. 20 f.

[642] Vgl. *Europäische Kommission*, Bericht zum Weißbuch, COM 2020, 64 final, S. 10.

[643] Vgl. zu den von der Kommission in den nach dem neuen Rechtsrahmen harmonisierten Produktsicherheitsvorschriften identifizierten Regelungslücken, *Europäische Kommission*, Bericht zum Weißbuch, COM 2020, 64 final, S. 10; vgl. für die Schlussfolgerung, dass die identifizierten Regelungslücken durch eine horizontale KI-Verordnung geschlossen werden müssten, *Europäische Kommission*, Weißbuch zur Künstlichen Intelligenz, COM 2020, 65 final, S. 22 f.

gelungsnotwendigkeit für konkrete Datenqualitätsanforderungen, die die Anforderung des Anhangs I Abschnitt 17.1 MP-VO konkretisieren.

Im Unterschied zu Systemen des maschinellen Lernens basieren wissensbasierte Systeme auf einer expliziten und manuellen Repräsentation des gesamten Wissens.[644] Da die Systeme daher gerade nicht selbstständig Muster erlernen, sondern deren Wissen durch den Entwickler determiniert wird, besteht auch keine Notwendigkeit die Trainingsdaten Qualitätsanforderungen zu unterwerfen. Es muss insofern nur gewährleistet werden, dass die von dem Entwickler explizit und manuell repräsentierten Weltausschnitte tatsächlich repräsentativ sind und den derzeitigen Stand der Wissenschaft widerspiegeln.

Derzeit verpflichtet Abschnitt 15.1 MP-VO jedenfalls Hersteller von diagnostischen Produkten dazu, diese so auszulegen und herzustellen, „dass auf der Grundlage *geeigneter wissenschaftlicher* und technischer Verfahren ausreichende Genauigkeit, Präzision und Stabilität für die Zweckbestimmung des Produkts gewährleistet" ist.[645]

Die Regelung beschränkt sich indes von vornherein auf diagnostische Produkte, sodass für Systeme, die eine therapeutische Entscheidung unterstützen oder eine entsprechende therapeutische Entscheidung ausführen, keine entsprechende Pflicht besteht. Selbst wenn sich daraus eine Regelungslücke ergäbe, handelte es sich dabei nicht um eine KI-spezifische Regelungslücke, sondern würde diese vielmehr speziell den Medizinproduktesektor betreffen, weshalb die MP-VO *sektorenspezifisch* um entsprechende Regelungen ergänzt werden müssten, was später noch eingehend untersucht werden soll.[646]

### 3. Regelungsnotwendigkeit für Transparenzanforderungen

Für deterministische Systeme könnte sich eine Regelungsnotwendigkeit für eine horizontale KI-Verordnung jedoch aus dem Umstand ergeben, dass der geltende Rechtsrahmen hinreichend konkreter Transparenzanforderungen ermangelt, die gewährleisten, dass die Systeme die Gründe für die Entscheidungsergebnisse offenlegen.

Im Zusammenhang mit Art. 3 Nr. 1 i.V.m. Anhang I lit. b) KI-VOE-KOM wurde die Regulierung deterministischer Systeme scharf kritisiert, weil diese gerade nicht durch „charakteristische Elemente der KI" wie den „Black-Box-Effekt" ge-

---

[644] Zu der Funktionsweise von wissensbasierten Systemen, bereits Kap. 2, B., I., 4.

[645] Vgl. hierfür den Wortlaut des Anhang I Abschnitt 15.1 MP-VO (Hervorhebung hinzugefügt).

[646] Vgl. für eine Untersuchung, inwieweit der Anwendungsbereich des Anhang I Abschnitt 15.1 MP-VO auch auf Systeme mit einer therapeutischen Zwecksetzung ausgeweitet werden muss, ausführlich Kap. 4, C., V.

prägt seien.[647] Mit dem „Black-Box-Effekt“ wird typischerweise der Umstand beschrieben, dass interne Systemstrukturen sich als intransparent erweisen und daher nicht ohne Weiteres für den Menschen nachvollziehbar sind.[648] Im Folgenden soll gleichwohl dargelegt werden, dass auch deterministische Systeme nicht *per se* nachvollziehbar sind, sodass auch für solche Systeme eine Regelungsnotwendigkeit besteht.

#### *a) Interpretierbarkeit algorithmischer Entscheidungsfindungen*

Im Zusammenhang mit der Nachvollziehbarkeit algorithmischer Entscheidungsfindungen besteht bisher wenig Einigkeit über die Taxonomie. Vielmehr werden Begriffe wie die „Interpretierbarkeit“, „Transparenz“ und „Erklärbarkeit“ in unterschiedlicher Weise verwendet und diesen unterschiedliche Bedeutungsgehalte zugewiesen.[649]

Trotz der unterschiedlichen Begriffsdefinitionen verstehen eine Reihe von Stimmen unter dem Begriff der „Interpretierbarkeit“, inwieweit ein algorithmischer Entscheidungsprozess für den Menschen nachvollziehbar ist:

Brian und Cotton definieren den Begriff der „Interpretierbarkeit“ etwa als Oberbegriff dafür, dass „die einzelnen Vorgänge von Menschen verstanden werden können, entweder durch Einsicht in die Systeme oder durch nachträglich erstellte Erklärungen“.[650]

Dem schloss sich wiederum Miller an, der den Begriff der „Interpretierbarkeit“ als Oberbegriff für „den Grad, in dem Beobachter den Grund für eine Entscheidung verstehen können“ definierte, wobei die Interpretierbarkeit entweder durch die Verwendung von *per se* verständlichen Modellen oder durch eine nachträgliche Inspektion der Systeme erreicht werden könne.[651]

---

[647] So *Spindler*, CR 2021, 361, 373; ebenso *Ebers et al.*, RDi 2021, 528, 529, die betonen, dass einfache „logikbasierte“ Systeme nicht von KI-spezifischen Risiken geprägt seien.

[648] Vgl. hierfür etwa *Europäische Kommission*, Bericht zum Weißbuch, COM 2020 64 final, S. 11; *Ebers*/Heinze/Krügel/Steinrötter, § 3, Rn. 25; *Lipton*, Queue 2018, 31 ff.; *Adadi/Berrada*, IEEE Access 2018, 52138 ff.

[649] *Adadi/Berrada*, IEEE Access 2018, 52138 ff.; *Lipton*, Queue 2018, 31 ff.; *Murdoch et al.*, Proceedings of the National Academy of Sciences 2019, 22071 ff.; *Doshi-Valez/Kim*, Towards A Rigorous Science of Interpretable Machine Learning, arXiv preprint:1702.08608, 2017; *Kiseleva et al.*, Frontiers in Artificial Intelligence 2022, 879603; *Hänold et al.*, MedR 2021, 516, 518.

[650] Vgl. hierfür die Definition *Brian/Cotton*, IJCAI-17 workshop on explainable AI (XAI) 2017, 8 ff., aus dem Englischen „systems are interpretable if their operations can be understood by a human, either through introspection or through a produced explanation“.

[651] Vgl. hierfür die Definition von *Miller*, Artificial Intelligence 2019, 1, 8; dem folgend *Molnar*, Interpretable Machine Learning, S. 15 f., aus dem Englischen „the degree to which an observer can understand the cause of a decision. Explanation is thus one mode in which an observer may obtain understanding, but clearly, there are additional modes that one can adopt, such as making decisions that are inherently easier to understand or via introspection“.

Ferner wurde der Begriff der „Interpretierbarkeit" von Doshi-Valez und Kim als Oberbegriff für die „Fähigkeit verstanden, die Entscheidungen in einer für den Menschen verständlichen Weise zu erklären oder zu präsentieren".[652]

Daher soll auch für die Zwecke dieser Arbeit unter Interpretierbarkeit verstanden werden, inwieweit die Entscheidungsprozesse für einen Menschen nachvollziehbar sind.

Diese Nachvollziehbarkeit kann unterschiedliche Bezugspunkte betreffen. Einerseits kann die Nachvollziehbarkeit sich auf ein abstraktes Verständnis der (gesamten) Funktionsweise des Systems beziehen, sog. *globale Interpretierbarkeit*, und andererseits auch darauf, dass die Gründe für eine *spezifische* Entscheidung offengelegt werden, wofür der Begriff der „lokalen Interpretierbarkeit" verwendet wird.[653]

Ferner gibt es auch für den Begriff der „Erklärbarkeit" kein einheitliches Begriffsverständnis.[654] Während Teile der Literatur die Begriffe der Interpretierbarkeit und Erklärbarkeit als Synonyme[655] für die Nachvollziehbarkeit algorithmischer Entscheidungsfindungen verwendeten, betonte Gilpin[656] die Notwendigkeit, zwischen diesen Begrifflichkeiten zu unterscheiden. Die Erklärbarkeit sei vielmehr als Oberbegriff für die Nachvollziehbarkeit zu verstehen, die durch „Vollständigkeit", also einerseits der gesamten und korrekten Beschreibung der Funktionsweise des

[652] Vgl. hierfür die Definition von *Doshi-Valez/Kim*, Towards A Rigorous Science of Interpretable Machine Learning, arXiv preprint:1702.08608, 2017, aus dem Englischen übersetzt „we define interpretability as *the ability to explain or present in understandable terms to human*"; dem folgend *Du et al.*, Coummunications of the ACM 2020, 68 ff.; ebenso *Hall/Gill*, An Introduction to Machine Learning Interpretability, S. 2.

[653] Vgl. etwa *Doshi-Valez/Kim*, Towards A Rigorous Science of Interpretable Machine Learning, arXiv preprint:1702.08608, 2017; *Du et al.*, Communications of the ACM 2020, 68 ff.; *Rai*, Journal of the Academy of Marketing Science 2020, 137 ff.; vgl. auch *Lipton*, Queue 2018, 31 ff., der dafür jedoch nicht die Begriffe der lokalen bzw. globalen Interpretierbarkeit verwendet; vgl. auch die Bezeichnung als System- und Ergebnistransparenz, *Schreitmüller*, Regulierung intelligenter Medizinprodukte, S. 50 f.

[654] Vgl. hierzu eingehend *Linardatos, P. et al.*, Entropy 2021, 18.; vgl. *Hänold et al.*, MedR 2021, 516, 517, die auf die Unterschiede hinweisen. Im Ergebnis verwenden sie Begriff der „Erklärbarkeit" jedoch für Verfahren, mit Hilfe derer eine Erklärung erstellt wird. Andererseits wird der Begriff der „Erklärbarkeit" mit dem der „Interpretierbarkeit" gleichgesetzt, und für die Produktion von Erklärungen durch post-hoc-Verfahren wird der Begriff der „Erklärung" verwendet, vgl. *Du et al.*, Coummunications of the ACM 2020, 68 ff.; *Hall/Gill*, An Introduction to Machine Learning Interpretability, S. 2; *Miller*, Artificial Intelligence 2019, 1 ff.

[655] Ebenso *Kiseleva et al.*, Frontiers in Artificial Intelligence 2022, 879603; vgl. hierfür etwa *Du et al.*, Communications of the ACM 2020, 68 ff.; *Molnar*, Interpretable Machine Learning, S. 15.

[656] *Gilpin et al.*, IEEE 5th International Conference on data science and advanced analytics (DSAA) 2018, 80 ff.; *Markus et al.*, Journal of Biomedical Informatics 2021, 103655.

Systems und andererseits „Interpretierbarkeit" erreicht werden könne, worunter die „verständliche" Darstellung dieses Inhaltes zu verstehen sei.[657]

Andererseits wird betont, dass der Begriff der „Erklärbarkeit" die Fähigkeit beschreibe, die Entscheidung zu erklären, um so zu erreichen, dass der jeweilige Adressat die Entscheidung auch nachvollziehen könne und daher „Interpretierbarkeit" erreicht werde.[658]

Für die Zwecke dieser Arbeit soll den letzteren Stimmen gefolgt werden, die unter der *Erklärbarkeit* einen Überbegriff für alle Methoden verstehen, mit denen die Entscheidungen eines Systems *erklärt* werden, um so zu gewährleisten, dass die Entscheidungsprozesse für den Einzelnen nachvollziehbar und damit interpretierbar sind.[659]

Einigkeit[660] scheint darüber zu bestehen, dass zwischen intrinsisch und extrinsisch interpretierbaren Systemen differenziert werden muss.

Dabei soll dem Verständnis von Lipton gefolgt werden, dass intrinsisch interpretierbare Systeme „transparente Systeme" sind. Transparenz wird als das Gegenteil von dem Umstand verstanden, dass es sich bei dem System um eine „Black-Box" handelt, weil die jeweils angewandten Entscheidungsregeln explizit repräsentiert in dem Systeminneren zugänglich sind.[661] Bei Black-Box-Systemen kann die Interpretierbarkeit nur extrinsisch durch die Anwendung von *post-hoc*-Verfahren erreicht werden.[662]

#### *b) Technische Möglichkeiten zur Herstellung der Interpretierbarkeit*

Vor dem Hintergrund dieses Begriffsverständnisses, soll nunmehr dargestellt werden, inwieweit die unterschiedlichen Techniken und Verfahren, die nach Anhangs I KI-VO von dem Regelungsgegenstand der „Systeme der künstlichen Intelligenz" erfasst sind, interpretierbar sind.

---

[657] *Gilpin et al.*, IEEE 5th International Conference on data science and advanced analytics (DSAA) 2018, 80 ff.; dem folgend *Markus et al.*, Journal of Biomedical Informatics 2021, 103655.

[658] *Kiseleva et al.*, Frontiers in Artificial Intelligence 2022, 879603; vgl. *Hänold et al.*, MedR 2021, 516, 517.

[659] *Kiseleva et al.*, Frontiers in Artificial Intelligence 2022, 879603.

[660] Vgl. hierfür *Molnar*, Interpretable Machine Learning, S. 21; dem folgend *Du et al.*, Coummunications of the ACM 2020, 68 ff.; so wohl auch *Brian/Cotton*, IJCAI-17 workshop on explainable AI (XAI) 2017, 8 ff.; vgl. auch *Speith*, FAccT 2022, 2239, 2240; vgl. die Bezeichnung als „model-based interpretability" und „post-hoc interpretability", *Murdoch et al.*, Proceedings of the National Academy of Sciences 2019, 22071 ff.; vgl. auch die Bezeichnung Systemtransparenz und Ergebnistransparenz, *Schreitmüller*, Regulierung intelligenter Medizinprodukte, S. 50 f.

[661] Vgl. *Lipton*, Queue 2018, 31 ff.

[662] *Lipton*, Queue 2018, 31 ff.

### aa) Extrinsische Interpretierbarkeit

Während bei intrinsisch interpretierbaren Modellen die Modellstrukturen eingesehen und nachvollzogen werden können, kann bei sog. *Black-Box-Modellen* selbst bei Einsicht in die Systemstrukturen die Funktionsweise und damit der Grund für die Entscheidung nicht ohne Weiteres abgeleitet werden.[663]

#### *(1) Black-Box-Modelle*

Systeme des maschinellen Lernens beruhen gerade nicht auf einer „Schritt-für-Schritt“-Anleitung, sondern auf selbstständig erlernten, komplexen Modellstrukturen und darin repräsentierten Gewichten, die jedoch ggf. auch durch Feedbackfunktionen nach der Inverkehrgabe selbstständig verändert werden können.[664] Durch die Komplexität und die daraus resultierende exorbitante Anzahl an Möglichkeiten der Verknüpfungen sowie der Feedbackfunktionen ist es selbst Experten nicht immer möglich, die Entscheidungsprozesse durch eine bloße *Einsicht* in die Systemstrukturen nachzuvollziehen.[665]

Obgleich in der Regel mit einer steigenden Komplexität der Modelle eine höhere Genauigkeit einhergeht, geht die steigende Komplexität daher andererseits auch zulasten der (*intrinsischen*) Interpretierbarkeit.[666]

#### *(2) Notwendigkeit der Anwendung von Post-Hoc-Verfahren*

Andererseits ist auch die Herstellung der Interpretierbarkeit von Black-Box-Systemen nicht gänzlich unmöglich. Um die Interpretierbarkeit solcher Modelle zu erreichen, existieren eine Reihe von Vorgehensweisen, bei denen mittels externer *post-hoc*-Verfahren die Funktionsweise des Systems nachträglich approximiert wird.[667]

---

[663] *Lipton*, Queue 2018, 31 ff.; *Du et al.*, Coummunications of the ACM 2020, 68 ff.; vgl. *Kaulartz/Braegelmann*, Rechtshandbuch AI/ML, S. 131 ff.

[664] So *Kaulartz/Braegelmann*, Rechtshandbuch AI/ML, S. 124 ff.; ebenso *Ebers*/Heinze/Krügel/Steinrötter, § 3, Rn. 33; vgl. hinsichtlich der komplexen Modellstrukturen und Feedbackfunktionen *Kädel/von Maltzan*, CR 2020, 66, 69.

[665] *Kädel/von Maltzan*, CR 2021, 66, 69.

[666] *Lou et al.*, Proceedings of the 18th ACM SIGKDD international conference on Knowledge discovery and data mining, 2012, 150 ff.; *Linardatos, P. et al.*, Entropy 2021, 18; a. A. *Rudin*, Nature Machine Learning 2019, 206 ff., die es als „widespread belief“ bezeichnet, dass die Komplexität notwendigerweise mit einem Verlust der Genauigkeit einhergehen würde, der jedoch so nicht richtig wäre.

[667] Vgl. auch die Übersicht über die verschiedenen Erklärungsverfahren, *Guidotti et al.*, ACM Computing Surveys 2018, 1 ff.; *Linardatos, P. et al.*, Entropy 2021, 18; *Du et al.*, Communications of the ACM 2020, 68 ff.; kritisch hingegen a. A. *Rudin*, Nature Machine Learning 2019, 206 ff., die eine Interpretierbarkeit von Black-Box-Modellen mit der Begründung ablehnen, dass die Genauigkeit von post-hoc Erklärungen nicht garantiert werden könnte.

Je nachdem, worauf sich die Interpretierbarkeit bei *post-hoc*-Verfahren bezieht, werden solche Verfahrenstypen unterschieden, die nachträglich die Funktionsweise des gesamten Modells erklären und daher die „globale“ Interpretierbarkeit herstellen, und solche, die nachträglich nur die Gründe für einen spezifischen Entscheidungsprozess offengelegen und durch die daher „lokale“ Interpretierbarkeit hergestellt wird.[668]

Während manche post-hoc-Verfahren nur für bestimmte Verfahren von KI-Systemen anwendbar sind (sog. *Modell-spezifische-Verfahren*), werden andere Verfahren für eine Reihe unterschiedlicher Techniken und Methoden von KI-Systemen entworfen (sog. *Model-agnostische Verfahren*).[669] Ein Modell-agnostisches Verfahren zur Herstellung von globaler Transparenz ist beispielsweise das sog. *Permutation-Feature-Importance*-Verfahren.[670] Mithilfe dieses Verfahrens wird die Relevanz der individuellen Merkmale nachträglich gemessen, indem bestimmte Merkmale eines Testdatensets, wie beispielsweise das Alter oder das Körpergewicht, geändert und dessen Auswirkung auf das Gesamtergebnis ermittelt wird.[671]

Ein Beispiel für ein Verfahren, durch welches lokale Interpretierbarkeit hergestellt wird, ist das *LIME*-Verfahren.[672] Da es sich bei dem Verfahren um ein model-agnostisches Verfahren handelt, behandelt es das zu interpretierende Modell als Blackbox und analysiert daher nicht die internen Strukturen. Vielmehr werden die Entscheidungsprozesse dadurch approximiert, dass eine Klassifizierung ähnlicher Inputdaten erfolgt, deren Relevanz in Abhängigkeit von der Übereinstimmung mit den ursprünglichen Inputdaten gemessen wird.[673] In einem zweiten Schritt werden die klassifizierten Merkmale und deren Relevanz zum Training eines interpretierbaren Modells verwendet, das sodann die Entscheidungsprozesse in einem Interpretierbaren Modell abstrahiert, wodurch die Gründe für die Entscheidung offenlegt werden sollen.[674]

[668] *Du et al.*, Coummunications of the ACM 2020, 68 ff.; vgl. ebenso hinsichtlich der Differenzierung zwischen Modellerklärungen und Ergebniserklärung, *Guidotti et al.*, ACM Computing Surveys 2018, 1, 13.

[669] *Du et al.*, Coummunications of the ACM 2020, 68 ff.; *Guidotti et al.*, ACM Computing Surveys 2018, 1, 17 ff.; ebenso *Speith*, FAccT 2022, 2239 ff.

[670] *Du et al.*, Coummunications of the ACM 2020, 68 ff.; *Molnar*, Interpretable Machine Learning, Kapitel 8, Abschnitt 8.5.

[671] *Du et al.*, Coummunications of the ACM 2020, 68 ff.; *Molnar*, Interpretable Machine Learning, Kapitel 8, Abschnitt 8.5.

[672] Das Verfahren wurde vorgestellt von *Riberio et al.*, KDD '16: Proceedings of the 22nd ACM SIGKDD International Conference on Knowledge Discovery and Data Mining 2016, 1135 ff.; *Linardatos, P. et al.*, Entropy 2021, 18.

[673] *Riberio et al.*, KDD '16: Proceedings of the 22nd ACM SIGKDD International Conference on Knowledge Discovery and Data Mining 2016, 1135 ff.

[674] *Riberio et al.*, KDD '16: Proceedings of the 22nd ACM SIGKDD International Conference on Knowledge Discovery and Data Mining 2016, 1135 ff.

Das „*LIME*-Verfahren“ ist dabei nicht nur auf die Erklärung von Klassifizierungsentscheidungen beschränkt, die auf einer Verarbeitung eines Textes beruhen, sondern hierdurch können auch die Gründe für eine Klassifizierungsentscheidung von Bildern erklärt werden.[675]

Eine weitere Methode zur Messung der Merkmalsrelevanz ist die Bestimmung der sog. *Shapely Values*, ein Begriff, der aus der Gaming-Industrie abgeleitet wurde.[676] Dabei wird die Relevanz der „Spieler“, wie beispielsweise einzelne tabellarische Daten oder Superpixel, für die „Auszahlung“, also die Relevanz der Merkmale in der Klassifizierungsentscheidung gemessen. Zu diesem Zweck wird die Relevanz des jeweiligen Spielers in Abhängigkeit der fehlenden Präsenz des Spielers gemessen.[677]

Eine weitere Methode bilden sog. *SHapely Additive exPlanations – SHAP*-Verfahren, durch welche ebenfalls die Merkmalsrelevanz für die Herstellung einer model-agnostischen lokalen Interpretierbarkeit ermittelt wird.[678]

*Post-hoc*-Verfahren unterscheiden sich nicht nur in der Art und Weise wie eine Erklärung ermittelt wird, sondern auch im Hinblick auf die Art und Weise wie die Entscheidungsgründe offengelegt werden. Die Gründe für eine algorithmische Entscheidung können dabei sowohl in Textform, visualisiert oder als Beispiel offengelegt werden.[679] Beispielsweise werden durch sog. *Saliency Maps* zur Erklärung von Entscheidungsprozessen von Deep Learning Modellen, die für die Entscheidung relevanten Pixelfelder markiert oder die maßgeblichen Wörter in einem Text hervorgehoben.[680]

#### *(3) Gradueller Verlust der Approximationsgenauigkeit*

Post-Hoc-Verfahren stellen die Interpretierbarkeit nicht durch die *Einsicht* in die Systemstrukturen her, sondern vielmehr in aller Regel dadurch, dass diese die Funktionsweise des gesamten Systems oder einzelne Entscheidungsprozesse nachträglich zu rekonstruieren versuchen, indem sie das System testen und dadurch die

---

[675] *Riberio et al.*, KDD ’16: Proceedings of the 22nd ACM SIGKDD International Conference on Knowledge Discovery and Data Mining 2016, 1135; *Molnar*, Interpretable Machine Learning, Kapitel 9, Abschnitt 9.2.3.

[676] Vgl. eingehend hierzu *Molnar*, Interpretable Machine Learning, Kapitel 9, Abschnitt 9.5; ferner *Lundberg/Lee*, NIPS ’17: Proceedings of the 31st International Conference on Neural Information Processing Systems 2017, 4768 ff.

[677] Vgl. eingehend hierzu *Molnar*, Interpretable Machine Learning, Kapitel 9, Abschnitt 9.5; ferner *Lundberg/Lee*, A NIPS ’17: Proceedings of the 31st International Conference on Neural Information Processing Systems 2017, 4768 ff.

[678] Das Verfahren wurde erstmals vorgestellt von *Lundberg/Lee*, NIPS ’17: Proceedings of the 31st International Conference on Neural Information Processing Systems 2017, 4768 ff.

[679] Vgl. *Lipton*, Queue 2018, 31 ff.; *Guidotti et al.*, ACM Computing Surveys 2018, 1, 13.

[680] Vgl. eingehend zur Funktionsweise von „saliency maps“, etwa *Dabkowski/Gal*, arXiv preprint arXiv:1705.07857, 2017; *Guidotti et al.*, ACM Computing Surveys 2018, 1, 13.

Funktionsweise approximieren.[681] Problematisch an diesem Ansatz ist, dass es durch die Approximation zu einem Verlust an Genauigkeit der Erklärung kommen kann.[682]

Allerdings kann auch die Genauigkeit des *post-hoc*-Modells vorher getestet und optimiert werden.[683] Welches Modell eine besonders hohe Genauigkeit aufweist und daher in Bezug auf die Approximation der Funktion des Black-Modells am geeignetsten ist, kann nicht pauschal ausgemacht werden. Vielmehr muss für das konkrete System ermittelt werden, durch welche technischen Verfahren die höchste Approximationsgenauigkeit erreicht werden kann.[684]

In diesem Zusammenhang wird in der englischen Sprache für das Maß an Genauigkeit richtiger Klassifizierungen der Begriff der „Accuracy" verwendet, während für die Beschreibung, wie gut ein Erklärungsmodell die Funktionsweise eines Black-Box-Modells approximieren kann, der Begriff „Fidelity" verwendet wird.[685]

*(4) Zwischenergebnis*

Wegen der fehlenden Möglichkeit, die Entscheidungsprozesse durch eine Einsicht in das Systeminnere nachzuvollziehen, werden extrinsisch interpretierbare Systeme auch als Black-Box-Systeme bezeichnet. Für solche Systeme ist zur Herstellung der Interpretierbarkeit die Anwendung spezieller *post-hoc*-Verfahren notwendig, mithilfe derer die Entscheidungsgründe nachträglich ermittelt werden können. Da diese Verfahren die Funktionsweise teilweise nur approximieren, kann die steigende Komplexität die Genauigkeit der Erklärungsverfahren negativ beeinträchtigen.

### bb) Grenzen der intrinsischen Interpretierbarkeit

Intrinsische Interpretierbarkeit wird vor allem für Systeme eines niedrigeren Komplexitätsgrades angenommen.[686] Eine reduzierte Komplexität weisen etwa Entscheidungsbäume, regelbasierte und lineare Modelle auf.[687]

---

[681] *Guidotti et al.*, ACM Computing Surveys 2018, 1 ff.; *Du et al.*, Communications of the ACM 2020, 68 ff.

[682] *Rudin*, Nature Machine Learning 2019, 206 ff.; *Guidotti et al.*, ACM Computing Surveys 2018, 1 ff.; *Du et al.*, Coummunications of the ACM 2020, 68 ff.

[683] Vgl. hierzu eingehend *Guidotti et al.*, ACM Computing Surveys 2018, 1 ff.

[684] *Guidotti et al.*, ACM Computing Surveys 2018, 1 ff.

[685] *Guidotti et al.*, ACM Computing Surveys 2018, 1 ff.

[686] Vgl. *Ebers*/Heinze/Krügel/Steinrötter, § 3, Rn. 33; *Lipton*, Queue 2018, 31 ff.; *Riberio et al.*, KDD '16: Proceedings of the 22nd ACM SIGKDD International Conference on Knowledge Discovery and Data Mining 2016, 1135 ff.

[687] *Freitas*, ACM SIGKDD Explorations Newsletter 2013, 1, 2; *Du et al.*, Coummunications of the ACM 2020, 68 ff.; andererseits betonen andere Stimmen, dass auch wissens- und regelbasierte Systeme nicht *per se* interpretierbar seien, *Lipton*, Queue 2018, 31 ff.; *Riberio et*

Bei Entscheidungsbäumen können sowohl die Funktion als auch die internen Verarbeitungsprozesse vergleichbar einfach dadurch nachvollzogen werden, dass die einzelnen Pfade rekonstruiert werden können.[688] Durch die hierarchische Struktur kann auch die Relevanz der einzelnen Attribute durch eine Einsicht in das Systeminnere ermittelt werden, da die Relevanz von dem Ausgangsknoten bis zu dem letzten Knoten ansteigend ist.[689]

In vergleichbarer Weise lassen sich auch die angewandten Entscheidungsregeln bei regelbasierten Modellen rekonstruieren, weil diese vollständig und explizit in der Wissensbasis in Form von Regeln, die auf „Wenn-Dann-Formulierungen" beruhen, abgelegt sind.[690]

Vor dem Hintergrund, dass das Wissen, grundsätzlich *offen* in dem System zur Verfügung steht, können die Systemstrukturen solcher Systeme als *transparent* bezeichnet werden.[691]

Von der Frage der Transparenz muss gleichwohl die Frage unterschieden werden, ob die Entscheidungsfindungen der Systeme auch für den Menschen *interpretierbar* sind.[692]

Im Unterschied zu der Transparenz knüpft die *Interpretierbarkeit* nach den insoweit übereinstimmenden informatischen Begriffsbestimmungen an das Verständnis des „Menschen"[693] bzw. „Beobachters"[694] an, damit kommt die subjektive Prägung der Interpretierbarkeit zum Ausdruck.[695]

---

*al.*, KDD '16: Proceedings of the 22nd ACM SIGKDD International Conference on Knowledge Discovery and Data Mining 2016, 1135 ff.

688 *Freitas*, ACM SIGKDD Explorations Newsletter 2013, 1, 2.

689 *Freitas*, ACM SIGKDD Explorations Newsletter 2013, 1, 2.

690 *Freitas*, ACM SIGKDD Explorations Newsletter 2013, 1, 3.

691 *Lipton*, Queue 2018, 31 ff.

692 Im Rahmen von dieser Arbeit wird unter dem Begriff „Transparenz" das Gegenteil von Black-Box verstanden. Ein System ist daher transparent, wenn die Entscheidungsprozesse offen zugänglich in den Systemstrukturen repräsentiert sind. Im Unterschied dazu wird unter dem Begriff der „Interpretierbarkeit" der Umstand verstanden, dass der Entscheidungsprozess für den *jeweiligen* Menschen unter Berücksichtigung der subjektiven Grenzen im konkreten Anwendungskontext *nachvollziehbar* ist. Hierzu bereits Kap. 2, D, II., 3., a).

693 Vgl. hierfür die Legaldefinition von *Doshi-Valez/Kim*, Towards A Rigorous Science of Interpretable Machine Learning, arXiv preprint:1702.08608, 2017, „we define interpretability as *the ability to explain or present in understandable terms to human*" (Hervorhebung hinzugefügt); dem folgend *Du et al.*, Coummunications of the ACM 2020, 68 ff.

694 Vgl. hierfür die Definition von *Miller*, Artificial Intelligence 2019, 1 ff.

695 *Lipton*, Queue 2018, 31 ff.; *Du et al.*, Coummunications of the ACM 2020, 68 ff.; ebenso *Kiseleva et al.*, Frontiers in Artificial Intelligence 2022, 879603.

*(1) Grenzen des zu verarbeitenden Umfanges*

Obgleich deterministische Systeme wie wissensbasierte Systeme transparent seien mögen, kann mit der Transparenz nicht die *subjektive Nachvollziehbarkeit* (Interpretierbarkeit) gleichgesetzt werden.[696] Während etwa eine besonders detaillierte Unterrichtung des Anwenders zunächst eine hohe Transparenz herzustellen vermag, birgt der steigende Umfang der Information jedoch andererseits auch die Gefahr, dass es zu einer Informationsüberflutung kommt.[697] Zu einer solchen Überflutung kommt es, wenn der Betroffene mit derart umfangreichen Informationen versorgt wird, dass eine Verarbeitung der Information aus kognitiven Gründen nicht mehr möglich ist.[698]

Ob die Entscheidungsprozesse von algorithmischen Systemen nachvollziehbar sind, hängt daher unmittelbar von den kognitiven Fähigkeiten des *Informationssuchenden* ab und wird ferner auch durch äußere Faktoren, wie die zur Verfügung stehende Zeit, beeinflusst werden.[699]

Bei hochkomplexen Entscheidungsbäumen, die beispielsweise für Schachspiele eingesetzt werden, kann es erforderlich sein, dass $10^{120}$ Möglichkeiten von Zügen in dem System abgebildet werden müssten, um die Interpretierbarkeit herzustellen.[700]

Daher kann der Umfang eines Entscheidungsbaumes das überschreiten, was von Menschen vernünftigerweise in einer dafür noch *angemessenen Zeit* nachvollziehbar ist.[701] Zur Herstellung der Interpretierbarkeit kann es folglich erforderlich sein, die Information auf spezifische Informationen zu beschränken bzw. über die Offenlegung hinaus die relevante Information zusammenzufassen.

*(2) Terminologie und Sprachverständnis*

Ferner wird eine Nachvollziehbarkeit nur dann anzunehmen sein, wenn die Art und Weise, wie die Information dargestellt wird, vom Anwender verstanden werden

---

[696] *Lipton*, Queue 2018, 31 ff.; *Du et al.*, Coummunications of the ACM 2020, 68 ff.; ebenso *Kiseleva et al.*, Frontiers in Artificial Intelligence 2022, 879603.

[697] Vgl. zu der Gefahr der Informationsüberflutung („Information-Overloads“), die die Gefahr birgt, dass die Informationen in eine Desinformation resultieren würden, *Ingold*, Desinformationsrecht, S. 33; vgl. zu der Gefahr des „Information-Overloads“ im Zusammenhang mit den Informationspflichten der DSGVO und Data-Act-E, *Hennemannn/Steinrötter*, NJW 2022, 1481, 1483; ebenso zum Data-Act-E, etwa *Bomhard/Merkle*, RDi 2022, 168, 173; im Zusammenhang mit der DS-GVO auch *van Ooijen/Vrabec*, Journal of Consumer Policy 2018, 91 ff.

[698] Vgl. im Zusammenhang mit der DS-GVO, *van Ooijen/Vrabec*, Journal of Consumer Policy 2018, 91 ff.

[699] *Lipton*, Queue 2018, 31 ff.

[700] *Wittpahl*, Künstliche Intelligenz, S. 23.

[701] *Lipton*, Queue 2018, 31 ff.; *Riberio et al.*, KDD ’16: Proceedings of the 22nd ACM SIGKDD International Conference on Knowledge Discovery and Data Mining 2016, 1135 ff.

kann.[702] Selbst wenn deterministische Systeme sich als transparent darstellen mögen, ist das vorher determinierte Wissen in einer Repräsentationssprache verfasst, deren Verständnis – für einen technischen Laien – zumindest die Übersetzung der Regeln voraussetzt, daher sind selbst deterministische Systeme nicht *automatisch* interpretierbar.[703]

Die Notwendigkeit, die Entscheidungsprozesse in einer verständlichen Sprache offenzulegen, wurde bereits in den 1970er-Jahren im Zusammenhang mit dem Einsatz der ersten[704] wissensbasierten Systeme wie dem Expertensystem „MYCIN"[705] erkannt.[706] Die Fähigkeit, die Entscheidungsfindung zu erklären, war zunächst darauf beschränkt, dass der Nutzer die angewandte Regel während des Konsultationsprozesses abfragen konnte, was sodann dazu führte, dass das System die jeweiligen Regeln in die englische Sprache übersetzte und dem Nutzer präsentierte.[707]

Neben der Sprache müsste auch die gewählte Terminologie die jeweiligen Besonderheiten der Anwendungszielgruppe berücksichtigen.[708]

Von medizinischen Laien können keine umfassenden Kenntnisse in Bezug auf technisches oder medizinisches Fachwissen vorausgesetzt werden, die über die

---

[702] *Ebers*/Heinze/Krügel/Steinrötter, § 3, Rn. 32; *Lipton*, Queue 2018, 31 ff.; *Riberio et al.*, KDD '16: Proceedings of the 22nd ACM SIGKDD International Conference on Knowledge Discovery and Data Mining 2016, 1135 ff.

[703] Vgl. zu der historischen Entwicklung des Forschungsbereiches XAI, der seinen Ursprung in einer Übersetzung der Entscheidungsregeln ins Englische durch das Expertensystems namens „MYCIN" findet, *Canfalonieri et al.*, Wiley Interdisciplinary Reviews: Data Mining and Knowledge 2021, e1391.

[704] Das MYCIN-System wurde in den 1970er-Jahren von Buchanan und Shortliffe entwickelt, vgl. eingehend zu der historischen Entwicklung von MYCIN, *Buchanan/Shortliffe*, Rule-Based Expert Systems, S. 6 ff.

[705] Der Name „MYCIN" ist zurückzuführen auf die übereinstimmende Endung verschiedener Antibiotika auf „-mycin", vgl. *Shortliffe et al.*, Computers and Biomedical Research 1975, 303, 304.

[706] Ebenso *Canfalonieri et al.*, Wiley Interdisciplinary Reviews: Data Mining and Knowledge 2021, e1391; ferner *Swartout/Moore*, in: David/Krivine/Simmons, S. 543; vgl. hierfür *Shortliffe et al.*, Computers and Biomedical Research 1975, 303, 304.; *Shortliffe*, Computer-Based Medical Consultations: MYCIN, S. 67; *Shortliffe*, Proceedings of the Annual Symposium on Computer Application in Medical Car, American Medical Informatics Association, Presentation at the Annual Meeting of the Society for Computer Medicine 1997, 66 ff.; *Buchanan/Shortliffe*, Rule-Based Expert Systems, S. 337.

[707] *Buchanan/Shortliffe*, Rule-Based Expert Systems, S. 331 f.; für eine Beschreibung der Erklärungskomponente des MYCIN-Systems *Shortliffe et al.*, Computers and Biomedical Research 1975, 303, 305 ff.

[708] Vgl. *Ebers*/Heinze/Krügel/Steinrötter, § 3, Rn. 32, der betont, dass die Intransparenz auf mangelndes Fachwissen zurückgeführt werden kann, das sich sowohl auf das informatische als auch das branchenspezifische Wissen beziehen könnte; vgl. zu den Informationsinteressen der unterschiedlichen Informationsadressaten im medizinischen Kontext, *Kiseleva et al.*, Frontiers in Artificial Intelligence 2022, 879603.

allgemeine Lebenserfahrung hinausgehen. Daher wäre eine Erklärung, die medizinische oder informatische Fachwörter verwendet, nicht geeignet, um das Informationsinteresse des Laien als Anwendungsadressaten zu befriedigen.[709] Im Unterschied dazu kann davon ausgegangen werden, dass bei medizinischem Fachpersonal zwar keine vertieften informatischen Kenntnisse vorhanden sind, wohl aber medizinisches Fachwissen vorausgesetzt werden kann.[710] Von dem Entwickler wird man wiederum vertiefte technische Fachkenntnisse erwarten können.[711]

*(3) Informationsbedürfnis und subjektiver Wissensstand*

Die Anwendungsadressaten prägen auch maßgeblich den Inhalt, der erforderlich ist, um für den jeweiligen Anwendungsadressaten die Nachvollziehbarkeit herzustellen. Denn, ob die Verarbeitungsprozesse der Entscheidungssysteme für den *Anwender* nachvollziehbar sind, wird subjektiv von dem Informations*bedürfnis* des Anwendungssubjekts und dessen Wissensstand abhängen.[712]

(a) Plausibilitätsprüfung der Entscheidungsergebnisse

Bei der Anwendung von KI-basierten Medizinprodukten wird das medizinische Fachpersonal vor allem ein Interesse an der Rechtfertigung der Entscheidungs*ergebnisse* haben, um so die Ergebnisse anhand ihres medizinischen Fachwissens auf ihre Plausibilität hin zu überprüfen.[713]

Während die Erklärungen des Expertensystems MYCIN zunächst sehr rudimentär ausgestaltet waren und bei der Konzeption der Systeme noch keinen wesentlichen Stellenwert einnahmen, entwickelte sich der Bereich im Laufe der Zeit zu einem eigenen Forschungszweig.[714]

Um das Vertrauen in die Systeme zu fördern, forderte Gorry, dass Systeme mit einer umfassenderen Erklärungskomponente ausgestattet werden sollten, durch die es den Klinikern ermöglicht wird, die Entscheidungen der Systeme auch nachzuvollziehen und auf ihre *Plausibilität* hin überprüfen zu können.[715]

---

[709] Vgl. *Ebers*/Heinze/Krügel/Steinrötter, § 3, Rn. 32; *Kiseleva et al.*, Frontiers in Artificial Intelligence 2022, 879603.

[710] *Ebers*/Heinze/Krügel/Steinrötter, § 3, Rn. 32.

[711] *Ebers*/Heinze/Krügel/Steinrötter, § 3, Rn. 32.

[712] Für eine eingehende Darstellung der unterschiedlichen Informationsadressaten und dessen pflichtenbedingte Informationsinteressen im medizinischen Kontext, *Kiseleva et al.*, Frontiers in Artificial Intelligence 2022, 879603.

[713] Ebenso *Kiseleva et al.*, Frontiers in Artificial Intelligence 2022, 879603.

[714] *Buchanan/Shortliffe*, Rule-Based Expert Systems, S. 331 f.

[715] *Buchanan/Shortliffe*, Rule-Based Expert Systems, S. 332; vgl. *Gorry*, Methods of Information in Medicine 1973, 45 ff.

Diese Forderung führte dazu, dass die weitere Entwicklung des Expertensystems MYCIN maßgeblich von der Intention geprägt war die Erklärbarkeit des Expertensystems zu stärken.[716]

Zu diesem Zweck wurde das MYCIN-System sodann mit einer interaktiven Erklärungskomponente ausgestattet.[717] Diese Erklärungskomponente setzte sich aus einem „Reseanoning status checker (RSC)“[718] und einem sog. *General question answerer (GQA)*[719] zusammen. Während der RSC es dem Nutzer durch „WHY“- and „HOW“-Befehle ermöglichte, während des Entscheidungsprozesses des Systems die Gründe für eine Entscheidung abzufragen, ermöglichte der GQA es dem Nutzer, auch retrospektiv und über den konkreten Fall hinausgehende, frei formulierte Fragen über das Wissen des Systems zu stellen.[720]

Der RSC war insoweit eine Weiterentwicklung, als nicht nur die derzeit angewandte Regel in englischer Sprache anzeigt wurde, sondern auch die Gründe angezeigt wurden, die zu der Anwendung der konkreten Regel geführt hatten.[721]

Durch eine Aneinanderreihung mehrerer „WHY“-Befehle, konnte diese Information für jede bis zu diesem Zeitpunkt angewandte Regelung innerhalb der Regelungskette nachvollzogen werden, bis eine Erklärung für jedes Glied der Regelungskette abgefragt wurde.[722]

Diese Funktion wurde durch einen „HOW“-Befehl ergänzt, durch den der Nutzer im Laufe des Konsultationsverfahrens eine Erklärung für eine bestimmte in der Regel vorausgesetzte Schlussfolgerungen erfragen konnte.[723] Wenn die Regel etwa lautete, „wenn die Körpertemperatur des Patienten 39 Grad Celsius beträgt, dann hat der Patient Fieber“, konnte durch eine Eingabe des „HOW“-Befehls gefragt werden, woher das System wusste, dass der Patient Fieber habe. Das MYCIN-System beantwortete diese Befehle entweder durch den Bezug auf die Eingabe des Nutzers, das Ergebnis einer angewandten Regel, oder mit dem Verweis, dass es sich

---

[716] *Buchanan/Shortliffe*, Rule-Based Expert Systems, S. 332 f.; vgl. hierfür *Shortliffe et al.*, Computers and Biomedical Research 1975, 303, 310.

[717] *Shortliffe et al.*, Computers and Biomedical Research 1975, 303, 305 ff.

[718] *Scott/Clancey/Davis/Shortliffe*, in: Buchanan/Shortliffe, Rule-Based Expert Systems, S. 340.

[719] *Scott/Clancey/Davis/Shortliffe*, in: Buchanan/Shortliffe, Rule-Based Expert Systems, S. 340.

[720] *Shortliffe et al.*, Computer-Based Consultation in Clinical Therapeutics: Explanation and Rule Acquisition Capabilities of the MYCIN System, Computers and Biomedical Research 1975, 303, 310 ff.

[721] *Shortliffe et al.*, Computers and Biomedical Research 1975, 303, 310.

[722] *Shortliffe et al.*, Computers and Biomedical Research 1975, 303, 312; ebenso *Buchanan/Shortliffe*, Rule-Based Expert Systems, S. 333.

[723] *Shortliffe et al.*, Computers and Biomedical Research 1975, 303, 312; ebenso *Buchanan/Shortliffe*, Rule-Based Expert Systems, S. 333.

nur um ein vorläufiges Ergebnis handelt, weil die Anwendung einer anderen Regel diese Informationen ggf. noch beeinflussen kann.[724]

Bereits im Jahre 1975 erkannte man daher an, dass selbst die Entscheidungsprozesse von transparenten wissensbasierten Systemen für den Nutzer nicht automatisch nachvollziehbar sind, weil die Nachvollziehbarkeit ein stark subjektiv geprägtes Merkmal darstellt.

(b) Offenlegung der hinter dem System stehenden Informationen

Dennoch wurden diese Ansätze, die auf der Offenlegung der Entscheidungsregeln beruhen, später als unzureichend kritisiert[725], sodass sich im Laufe der Zeit die Interpretierbarkeit mehr und mehr zu einem eigenen Forschungsbereich[726] entwickelte.

Zwar ermögliche eine Übersetzung der angewandten Regeln der einzelnen Entscheidungsregeln die Rückverfolgbarkeit, gleichwohl führe die Form der Erklärungsmethode nicht dazu, dass die Systeme selbst die Ergebnisse mit domainspezifischem Wissen rechtfertigen.[727] Das Wissen, mit dem die Ergebnisse zu rechtfertigen wären, könne deshalb nicht angezeigt werden, weil dieses Wissen nicht explizit in der Wissensbasis repräsentiert sei, sondern vielmehr „hinter dem System stehe".[728] Daher könne die Rechtfertigung auch nicht durch die Präsentation der Entscheidungsregeln offengelegt werden.[729] Ein Ansatz[730], der diesem Problem entgegentreten wollte, wurde von Wick und Thompson[731] mit dem Expertensystem namens „REX" vorgeschlagen. Ausgangspunkt für die Beurteilung, ob eine Erklärung gut sei, müsse die Unterscheidung zwischen den unterschiedlichen Informationssubjekten bilden: Während Softwareentwickler vor allem an einer Verifizierung der genauen Entscheidungsschritte interessiert seien, seien insbesondere Domainexperten an einer Rechtfertigung der Ergebnisse mit domainspezifischem Wissen interessiert.[732]

---

[724] *Shortliffe et al.*, Computers and Biomedical Research 1975, 303, 312; ebenso *Buchanan/Shortliffe*, Rule-Based Expert Systems, S. 313.

[725] *Swartout*, Artificial Intelligence 1983, 285, 287; ebenso *Clancey*, Artificial Intelligence 1983, 215, 223 ff.

[726] *Canfalonieri et al.*, Wiley Interdisciplinary Reviews: Data Mining and Knowledge 2021, e1391.

[727] *Swartout*, Artificial Intelligence 1983, 285, 287; ebenso *Clancey*, Artificial Intelligence 1983, 215, 223 ff.

[728] *Swartout*, Artificial Intelligence 1983, 285, 287; ebenso *Clancey*, Artificial Intelligence 1983, 215, 223 ff.

[729] *Swartout*, Artificial Intelligence 1983, 285, 287; ebenso *Clancey*, Artificial Intelligence 1983, 215, 223 ff.

[730] Vgl. für eine ausführlichen Überblick der Ansätze zur Lösung dieses Problems, *Swartout/Moore*, in: David/Krivine/Simmons, S. 550 ff.

[731] *Wick/Thompson*, Artificial Intelligence 1992, 33 ff.

[732] *Wick/Thompson*, Artificial Intelligence 1992, 33, 43 ff.

Daher hänge auch die Frage, inwieweit die schlichte Offenlegung der Entscheidungsschritte eine gute Erklärung biete, gerade von Informationsinteresse des Informationsadressaten ab.[733] Insbesondere wenn eine Rechtfertigung mit domainspezifischem Wissen erforderlich sei, seien jedoch Ansätze erforderlich, die über eine Offenlegung der Regelungsketten hinausgehend, auch die domainspezifischen Gründe für die Entscheidung offenlegten.[734]

Zu beachten sei nämlich, dass die Argumentationslinie, also die einzelnen Schritte, mithilfe derer eine Entscheidung getroffen wird, nicht notwendigerweise auch eine Erklärung der Entscheidung liefere.[735] Vielmehr wichen die Entscheidungsschritte des Systems und die Erklärung des Ergebnisses sowohl in der Struktur als auch dem Inhalt voneinander ab.[736] Dies sei insbesondere darin begründet, dass für die Erklärung Informationen notwendig seien, die nicht für eine Identifizierung einer kausalen Beziehung erforderlich seien und daher von vornherein bei der Repräsentation der Entscheidungsregeln ausgelassen würden.[737]

Das Informationssubjekt hat indes nicht nur Einfluss auf den Gegenstand der Information, sondern auch die Art und Weise „Wie" die Erklärung dargestellt werden muss, damit das Informationssubjekt die Erklärung auch tatsächlich versteht.[738] Diese Frage kann nicht allgemein beantwortet werden, sondern hängt vor allem auch von dem vorhandenen Wissen des Nutzers ab und kann daher zwischen einem Entwickler und einem Endnutzer stark divergieren.[739]

Um diese Ziele zu erreichen, wurde in dem Expertensystems namens „REX" die Erklärungskomponente nicht als zusätzliche Funktion dem System hinzugefügt, sondern das System bestand vielmehr aus zwei voneinander getrennt arbeitenden Systemen, bei denen die Ergebnisse des verarbeitenden Systems als Eingabe für das erklärende System dienten, welches aus dem Ergebnis mithilfe von zusätzlichem Wissen *retrospektiv* eine Erklärung mittels domainspezifischen Wissens generieren sollte.[740]

Dennoch bergen diese Verfahren auch die Gefahr, dass durch die Trennung der Erklärungssysteme von dem verarbeitenden System eine Erklärung geliefert wird, die tatsächlich gar nicht ausschlaggebend für die Entscheidungsfindung des Systems war.[741]

---

[733] *Wick/Thompson*, Artificial Intelligence 1992, 33, 45 f.

[734] *Wick/Thompson*, Artificial Intelligence 1992, 33, 45 f.

[735] *Wick/Thompson*, Artificial Intelligence 1992, 33, 34 f.

[736] *Wick/Thompson*, Artificial Intelligence 1992, 33, 34 f.

[737] *Wick/Thompson*, Artificial Intelligence 1992, 33, 35.

[738] *Wick/Thompson*, Artificial Intelligence 1992, 33, 37.

[739] *Wick/Thompson*, Artificial Intelligence 1992, 33, 37.

[740] *Wick/Thompson*, Artificial Intelligence 1992, 33, 38 ff.

[741] *Swartout/Moore*, in: David/Krivine/Simmons, S. 565 f.

*(4) Fazit*

Sofern Systeme keinen vergleichbar hohen Komplexitätsgrad aufweisen, weil die angewandten Regeln oder Entscheidungspfade grundsätzlich explizit und manuell repräsentiert wurden und daher durch Einsicht in die Systemstrukturen zugänglich sind, werden die Systeme als intrinsisch interpretierbare Modelle bezeichnet. Dennoch wäre es vorschnell geurteilt, mit der transparenten Gestaltung auch die Interpretierbarkeit gleichzusetzen, da das Merkmal der Interpretierbarkeit ein subjektiv geprägtes Merkmal darstellt.

Selbst vollständig deterministische Systeme sind daher nicht *per se* für jeden Informationsadressaten interpretierbar. Vielmehr setzt die Interpretierbarkeit der Entscheidungsergebnisse voraus, dass gegenüber dem *tatsächlichen Verwender* die Ergebnisse in einer Weise offengelegt werden, die für diesen in Abhängigkeit des Wissenstandes als auch der dafür zur Verfügung stehenden Zeit kognitiv zu verarbeiten sind. Der Inhalt, der erforderlich ist, um die Nachvollziehbarkeit herzustellen wird maßgeblich durch das Informationsinteresse bestimmt. Daher ist die Interpretierbarkeit – auch bei unterkomplexen Systemen – keinesfalls ein Automatismus, sodass sich auch deterministische Systeme für den tatsächlichen Verwender – als technischen Laien – nicht *per se* als interpretierbar darstellen.

### *c) Regelungslücken der Sicherheitsanforderungen des bestehenden Rechtsrahmens*

Inwieweit eine Regelungsnotwendigkeit für deterministische Systeme in Bezug auf entsprechende Transparenzanforderungen besteht, muss maßgeblich danach beurteilt werden, inwieweit gesetzliche Transparenzregelungen erforderlich sind, um die von dem System ausgehenden Risiken auf ein vertretbares Maß zu reduzieren.

#### aa) Produktsicherheitsrechtliche Regelungsnotwendigkeit

Transparenzanforderungen können das Informationsinteresse unterschiedlicher Akteure befriedigen, die mit den KI-Systemen in Kontakt stehen.[742]

Dies werden zunächst vor allem die Hersteller bzw. Personen sein, die das System unter eigenem Namen in den Betrieb nehmen.[743]

Ferner kann in Bezug auf die Verwendung des KI-Systems unterschieden werden zwischen den Personen, unter deren Verantwortung das System zur Anwen-

---

[742] *Kiseleva et al.*, Frontiers in Artificial Intelligence 2022, 879603.

[743] Vgl. hinsichtlich der Hersteller, *Kiseleva et al.*, Frontiers in Artificial Intelligence 2022, 879603; während im Rahmen der MP-VO vor allem der „Hersteller" i. S. d. Art. 2 Nr. 30 MP-VO Pflichtenadressat ist, ist in den Entwürfen für eine KI-Verordnung der „Anbieter" Pflichtenadressat. Anbieter i. d. S. ist auch die Person, die die Systeme entwickelt bzw. entwickeln lässt, um diese selbst in den Betrieb zu nehmen, hierzu bereits Kap. 1, C., II., 3.

dung kommt, wie etwa Arztpraxen oder Krankenhäusern[744], sowie natürlichen Personen, also das medizinische Fachpersonal, die das System tatsächlich am Patienten anwenden[745] und den von den Entscheidungen des Systems betroffenen Personen[746]. Im medizinischen Kontext sind die betroffenen Personen die Patienten[747], die unter Umständen wiederum gleichermaßen die Anwender des Systems sein können. Daneben sind Marktüberwachungsbehörden und Konformitätsbewertungsstellen mit den Systemen betraut.[748]

Hinsichtlich der Transparenzpflichten ist aus regulatorischer Hinsicht jedoch eine zentrale Unterscheidung vorzunehmen: während Transparenzpflichten sich einerseits als *Recht* des *Betroffenen* darstellen können, können diese andererseits dazu bestimmt sein, die *Sicherheit* der KI-Systeme zu gewährleisten.

Beispielsweise stellt sich die Frage, ob über den Einsatz eines KI-Systems im Rahmen der ärztlichen Aufklärungspflicht[749] aufgeklärt werden muss, als *Recht des Betroffenen* dar.

Ebenso sind die für von vollautomatisierten Entscheidungen[750] betroffenen Personen[751] aus Art. 13, 14 und 15 DSGVO resultierenden Informationsrechte[752] über

---

[744] Vgl. hinsichtlich der Arztpraxen und Krankhäuser, die im Rahmen der KI-Verordnung als Betreiber i. S. d. Art. 3 Nr. 4 KI-VO zu qualifizieren wären, zum Kommissionsentwurf *Heil*, MPR 2022, 1, 5; *Kiseleva et al.*, Transparency of AI in Healthcare as a Multilayered System of Accountabilities, Frontiers in Artificial Intelligence 2022, 879603.

[745] *Kiseleva et al.*, Frontiers in Artificial Intelligence 2022, 879603.

[746] Vgl. *HLEG*, Ethik-Leitlinien, S. 16, abrufbar unter: siehe Quellenangaben; *DEK*, Gutachten zur Künstlichen Intelligenz, S. 169, abrufbar unter: siehe Ouellenangaben; *Kiseleva et al.*, Transparenc of AI in Healthcare as a Multilayered System of Accountabilities, Frontiers in Artificial Intelligence 2022, 879603.

[747] Vgl. *Kiseleva et al.*, Frontiers in Artificial Intelligence 2022, 879603.

[748] *DEK*, Gutachten zur Künstlichen Intelligenz, S. 169, abrufbar unter: siehe Ouellenangaben.

[749] Vgl. hierzu auch *Eichelberger*, in: Chibanguza/Kuß/Steege, § 4, I. Arzthaftung, Rn. 16 ff.; *Spindler*, in: Festschrift Dieter Hart, S. 590 ff.

[750] In der Literatur wird diese Voraussetzung aus dem ausdrücklichen Bezug der Art. 13 Abs. 2 lit. f) bzw. Art. 14 Abs. 2 lit. g), Art. 15 Abs. 1 lit. h DSGVO auf Art. 22 DSGVO abgeleitet. Die Formulierung „zumindest in diesen Fällen" würde einem solchen Auslegungsergebnis nicht entgegenstehen, sondern sei dieser Wortlaut vielmehr auf die Vorgängervorschrift des Art. 12 lit. a RL 96/3/EG zurückzuführen, vgl. *Martini*, Blackbox Algorithmus, S. 183 f.; *Kumkar/Roth-Isigkeit*, JZ 2020, 277, 282; eine vollautomatisierte Entscheidung liegt nur dann vor, wenn kein menschlicher Akteure an der Entscheidung beteiligt ist, *Martini*, Blackbox Algorithmus, S. 173.

[751] Informationsadressat ist die Person, dessen personenbezogene Daten i. S. d. Art. 4 Abs. 1 DSGVO verarbeitet wurden, *Schreitmüller*, Regulierung intelligenter Medizinprodukte, S. 239 f.

[752] Aus Art. 13 Abs. 2 lit. f) DSGVO (sofern die Daten direkt bei dem Betroffenen erhoben werden) bzw. Art. 14 Abs. 2 lit. g) DSGVO (sofern die Daten nicht direkt von dem Betroffenen erhoben werden) können sich Informationsrechte des Betroffenen hinsichtlich der Frage ergeben, „ob" eine automatisierte Entscheidung bevorsteht. Daneben normiert Art. 13 Abs. 2

den Einsatz und die involvierte Logik und Tragweite der Entscheidung und die Frage[753], ob diese Rechte um ein Recht auf Erklärbarkeit ausgeweitet werden sollten, nicht eine produkt*sicherheits*rechtliche Frage, sondern ebenfalls eine Frage, die im Zusammenhang mit den Rechten des Betroffenen[754] steht.

Im Unterschied dazu handelt es sich bei Transparenzanforderungen nur dann um produktsicherheitsrechtliche Anforderungen, wenn die jeweilige Pflicht dazu bestimmt ist, die Sicherheit des Produkts zu gewährleisten.

Diese Unterscheidung kommt in der KI-Verordnung dadurch zum Ausdruck, dass nur die Transparenzpflichten des Art. 11, 12 und 13 KI-VO der Überprüfung im Rahmen des Konformitätsbewertungsverfahrens unterliegen, während die Transparenzpflicht des Art. 52 KI-VO nicht vom Umfang der Konformitätsbewertung erfasst ist.

Die Pflicht zur Aufzeichnung der Systemvorgänge und Ereignisse des Art. 12 KI-VO[755], die Pflicht zur Herstellung der Ergebnistransparenz nach Art. 13 KI-VO[756] sowie die Pflicht zur Erstellung einer technischen Dokumentation nach Art. 11 KI-VO[757] dienen dazu, es den Betreibern, Anbietern und Marktüberwachungsbehörden zu ermöglichen, dass diese den ihnen obliegenden Überwachungspflichten nachkommen können. Die Maßnahmen dienen daher dazu die *Sicherheit* der Produkte zu gewährleisten.

---

lit. f) DSGVO bzw. Art. 14 Abs. 2 lit. g) DSGVO die Pflicht, „aussagekräftige Informationen über die involvierte Logik sowie Tragweite und die angestrebten Auswirkungen einer derartigen Verarbeitung" („Wie") zur Verfügung zu stellen. Ergänzt werden diese Informationspflichten noch durch die Auskunftsrechte nach Art. 15 Abs. 1 lit. h) DSGVO, vgl. hierzu eingehend *Vogel*, Künstliche Intelligenz und Datenschutz, S. 108 ff., S. 145 f.; ebenso im Kontext von intelligenten Medizinprodukten, *Schreitmüller*, Regulierung intelligenter Medizinprodukte, S. 241 ff.; *Roth-Isigkeit*, GesR 2022, 278, 281 f.

[753] Aus den Informationsrechten des Art. 13, 14 und 15 DSGVO lässt sich nach der wohl überwiegenden Auffassung derzeit kein Recht auf Erklärbarkeit ableiten. Hintergrund dafür ist, dass sich die Vorschriften übereinstimmenden auf den Zeitpunkt vor der Entscheidung beziehen. Für Art. 13 Abs. 2 DSGVO ergebe sich dies aus dem Wortlaut der Vorschrift, der auf den „Zeitpunkt der Erhebung" abstellen würde, während sich dieser Umstand für Art. 14 Abs. 2 lit. g) und Art. 15 Abs. 1 lit. h) aus dem Zusammenhang mit Art. 13 DSGVO ergeben würde, *Kumkar/Roth-Isigkeit*, JZ 2020, 277, 281. Ferner könne auch aus Art. 22 DSGVO kein entsprechendes Recht abgeleitet werden, da der Vorschrift als solches kein entsprechendes Recht zu entnehmen sei und der rechtlich unverbindliche Erwägungsgrund 71 S. 4 DSGVO nicht dazu geeignet wäre, über den Wortlaut der Vorschrift hinaus ein entsprechendes Recht zu begründen, *Kumkar/Roth-Isigkeit*, JZ 2020, 277, 281.

[754] So auch *Schreitmüller*, Regulierung intelligenter Medizinprodukte, S. 241 ff.

[755] Eingehend zu den Aufzeichnungspflichten nach Art. 12 KI-VO, ausführlich, Kap. 4, C., IV., 2.

[756] Eingehend zu den Transparenzpflichten nach Art. 13 KI-VO, ausführlich, Kap. 4, C., IV., 3.

[757] Eingehend zu den Anforderungen an die technische Dokumentation nach Art. 11 KI-VO, ausführlich, Kap. 4, D., I., 2.

Im Unterschied dazu soll die Transparenzpflicht des Art. 52 KI-VO eine Täuschung bzw. Manipulation der betroffenen Personen verhindern. Es geht daher um die Frage, inwieweit *Rechte* des Betroffenen tangiert sind und nicht um eine Frage, die die Sicherheit des KI-Systems betrifft.

Im Rahmen der Konformitätsbewertung werden nur die Sicherheitsanforderungen *an das* Produkt bzw. des Systems überprüft. Daher wird sich auch die Untersuchung dieser Arbeit auf die Frage beschränken, inwieweit produktsicherheitsrechtliche Regelungslücken bestehen.

Ob der Rechtsrahmen für KI-basierte Medizinprodukte geeignet ist, um die *Produkt*sicherheit von deterministischen Systemen zu gewährleisten, muss maßgeblich danach beurteilt werden, ob es den jeweiligen Akteuren möglich ist, den ihnen obliegenden Pflichten nachzukommen, und insgesamt ein hinreichendes Sicherheitsniveau für die Systeme gewährleistet werden kann.

Ob ein *Recht des Patienten* auf die Erklärbarkeit der Entscheidung besteht, ist daher keine Frage des Produktsicherheitsrechts, sondern eine Frage, inwieweit die bestehenden Rechte aus dem Datenschutzrecht[758] bzw. der ärztlichen Aufklärungspflicht[759] zu ergänzend sind.

#### bb) Notwendigkeit einer Plausibilitätskontrolle

Die Regelungsnotwendigkeit von produktsicherheitsrechtlichen Transparenzanforderungen für deterministische Systeme kann sich noch nicht aus dem Umstand ergeben, dass Transparenzanforderungen erforderlich sind, um es dem Hersteller zu ermöglichen, die ihm obliegenden Sicherheitsanforderungen zu erfüllen.

Denn – anders als bei komplexen maschinellen Lernsystemen – sind deterministische Systeme *transparent* und daher zumindest für den Hersteller *interpretierbar.*[760]

---

[758] Vgl. für eine eingehende Analyse der Eignung der DSGVO für intelligente Medizinprodukte, *Schreitmüller*, Regulierung intelligenter Medizinprodukte, S. 165 ff.

[759] Ebenso *Schulze-Große/Genske*, GuP 2023, 81, 90; vgl. für eine Untersuchung, inwieweit eine Aufklärungspflicht über den Einsatz eines KI-Systems gegenüber dem Patienten besteht, vgl. *Eichelberger*, in: Chibanguza/Kuß/Steege, § 4, I. Arzthaftung, Rn. 16 ff.; *Spindler*, in: Festschrift Dieter Hart, S. 590 ff.

[760] In der vorliegenden Arbeit wird unter „Transparenz" der Umstand verstanden, dass die Entscheidungsregeln durch eine Einsicht in das System nachverfolgt werden könnten, weil sie dort explizit repräsentiert sind. Im Unterschied dazu versteht die vorliegende Arbeit unter „Interpretierbarkeit" den Umstand, dass die Entscheidungsprozesse gerade für den jeweiligen Informationssuchenden – und damit subjektiv – in Abhängigkeit der kognitiven Fähigkeiten, der zur Verfügung stehenden Zeit und des Wissensstands, für diesen nachvollziehbar sind, Kap. 2, D., II., 3., a).

Ferner müsste es jedoch auch den Marktüberwachungsbehörden[761] und den Konformitätsbewertungsstellen[762] möglich sein, den ihnen obliegenden Pflichten nachzukommen und die Konformität der Systeme mit Anhang I MP-VO überprüfen zu können.

Selbst bei deterministischen Systemen haben die Marktüberwachungsbehörden und Konformitätsbewertungsstellen nicht notwendigerweise Kenntnis über die Funktionsweise des *konkreten* Systems, die jedoch unmittelbare Voraussetzung wäre, um zu beurteilen, ob die Anforderungen des Anhangs I MP-VO erfüllt sind. Zu beachten ist aber, dass dieses Informationsdefizit nicht KI-spezifisch ist, sondern vielmehr generell bei allen Produkten besteht, weil die Behörden bzw. Stellen keinen Einblick in den Entwicklungs- bzw. Herstellungsprozess haben. Daher sind die Bewertungsstellen ohnehin darauf angewiesen, dass der Hersteller ihnen Informationen zur Verfügung stellt. Diesem Umstand trägt der Unionsgesetzgeber dadurch Rechnung, dass den Konformitätsbewertungsstellen die technische Dokumentation zur Verfügung gestellt werden muss, deren Inhalt sich ausweislich des Art. 10 Abs. 4 i. V. m. Anhang II und III MP-VO gerade auf den Herstellungsprozess und die Funktionsweise des Systems bezieht.[763]

Gegenüber den Marktüberwachungsbehörden hat der Hersteller gem. Art. 10 Abs. 8 MP-VO die Pflicht, die technische Dokumentation „mindestens zehn Jahre" nach der Inverkehrgabe bereitzuhalten.[764] Sofern eine Überwachungsbehörde den Hersteller entsprechend ersucht, muss dieser gem. Art. 10 Abs. 8 UAbs. 2 MP-VO der Behörde die technische Dokumentation bzw. eine Zusammenfassung davon zur Verfügung stellen.[765]

Allerdings könnte sich die Regelungsnotwendigkeit aus dem Umstand ergeben, dass selbst bei Einhaltung der in Anhang I MP-VO vorgesehenen grundlegenden Sicherheits- und Leistungsanforderungen für deterministische Systeme kein hinreichendes Sicherheitsniveau gewährleistet werden kann.

Deterministische Entscheidungsunterstützungssysteme können Ärztinnen und Ärzte bei Diagnose- und Therapieentscheidungen unterstützen. Selbst wenn die Hersteller bei der Konzeption der Systeme einen hohen Sorgfaltsmaßstab angelegt und alle Anforderungen des Anhangs I MP-VO eingehalten haben, schließt dies die

[761] Für eine Darstellung der Pflichten der nationalen Marktüberwachungsbehörden, siehe *Mayr/Thiermann/Schrack/Kiesselbach*, Medizinprodukterecht, § 5, Rn. 1 ff.

[762] Für eine Darstellung der Pflichten der benannten Stellen, siehe *Mayr/Thiermann/Schrack/Kiesselbach*, Medizinprodukterecht, § 4, Rn. 1 ff.

[763] Für das Konformitätsbewertungsverfahren gemäß Anhang IX MP-VO ergibt sich dies aus Anhang IX Abschnitt 4 MP-VO, für das Konformitätsbewertungsverfahren auf Grundlage einer Baumusterprüfung gemäß Anhang X MP-VO aus Anhang X Abschnitt 1 MP-VO; vgl. zu der Ausgestaltung der unterschiedlichen Konformitätsbewertungsverfahren im Rahmen der MP-VO, bereits Kap. 1, B., I.

[764] Rehmann/*Wagner*, MP-VO, Art. 10, Rn. 8.

[765] Rehmann/*Wagner*, MP-VO, Art. 10, Rn. 8.

Fehlerhaftigkeit der Systeme nicht von vornherein aus. Die Gewährleistung einer absoluten Fehlerfreiheit ist nämlich weder praktisch umsetzbar noch produktsicherheitsrechtlich erforderlich.[766] Dies ergibt sich auch aus dem Umstand, dass gem. Anhang I Abschnitt 3 und 4 MP-VO der Hersteller nur *voraussehbaren* Risiken entgegengetreten muss. Ferner müssen Hersteller voraussehbare Risiken nicht vollkommen unterbinden, sondern ist es gem. Anhang I Abschnitt 4 MP-VO ausreichend, wenn sich die einzelnen Risiken und das Gesamtrisiko insgesamt als „akzeptabel" darstellen. Dies ist gem. Anhang I Abschnitt 2 MP-VO der Fall, wenn die Risiken „so weit" verringert werden, „wie es ohne negative Auswirkungen auf das Nutzen-Risiko-Verhältnis möglich" ist.

Daher besteht auch bei Produkten, die in den Verkehr gegeben werden, weiterhin die Gefahr, dass unvorhersehbare Fehler auftreten. Dass solche unvorhersehbaren Fehler auch bei *deterministischen* Entscheidungsunterstützungssystemen auftreten können und erhebliche Schäden zur Folge haben können, hat die Historie in mehreren Fällen gezeigt, von denen die COMPAS-Software zur Beurteilung der Rückfallswahrscheinlichkeit von Straftätern wohl das bekannteste Beispiel darstellt.[767] Der Umstand, dass die Systeme deterministisch sind, ist daher keine Garantie für deren Fehlerfreiheit und absolute Sicherheit.[768]

Im medizinischen Kontext sind unvorhersehbare Fehler einer Entscheidungsunterstützungssoftware dann problematisch, wenn die Ergebnisse durch die Einbeziehung in eine Diagnose- oder Therapieentscheidung zu einer Verletzung des Leibes und Lebens des Patienten führen können. Da konkrete Fehler, die möglicherweise eintreten können, für den Hersteller jedoch unvorhersehbar sind, liegt es in der Natur der Sache, dass der Hersteller diese nicht antizipieren kann.

Zu diesem Zweck können gleichwohl Sicherheitsmaßnahmen etabliert werden, mit denen auch Fehler vermieden werden, die in ihrer konkreten Ausgestaltung unvorhersehbar sind. Bei Entscheidungsunterstützungssystemen kommt hierfür die Offenlegung der Entscheidungsgründe für den menschlichen Entscheidungsträger in Betracht, um diesem die Möglichkeit zu eröffnen, als „letzte Kontrollinstanz" die Ergebnisse des Systems auf deren Plausibilität hin zu untersuchen. Eine Plausibilitätsprüfung durch das medizinische Fachpersonal ist nur dann möglich, wenn die Entscheidungsprozesse für diese interpretierbar sind. Da eine Plausibilitätsprüfung es voraussetzt, dass die Entscheidungsprozesse in einer für den Nutzer in der zur Verfügung stehenden Zeit in Abhängigkeit von einer den kognitiven Grenzen und dem Wissensstand entsprechenden Weise nachvollziehbar sind, vermag der Umstand, dass die Systeme *transparent* sind, allein noch nicht eine entsprechende

[766] In Bezug auf die gesamte Rechtsordnung, am Beispiel des Produkthaftungsrechts ebenso *Linardatos*, GPR 2022, 58, 64.

[767] *Gless/Janal*, in: Hilgendorf/Roth-Isigkeit, 1. Auflage, § 2, Rn. 17.

[768] *Gless/Janal*, in: Hilgendorf/Roth-Isigkeit, 1. Auflage, § 2, Rn. 17.

Möglichkeit eröffnen.[769] Plakativ kann dies bereits dadurch illustriert werden, dass das medizinische Fachpersonal keine Repräsentationssprache spricht, in der die gesamte Wissensbasis jedoch verfasst ist.[770] Daher besteht auch bei deterministischen Systemen eine Notwendigkeit, es dem medizinischen Fachpersonal zu ermöglichen, dass diese die Plausibilität, in der dafür zur Verfügung stehenden Zeit überprüfen können. Da diese Interpretierbarkeit auch bei deterministischen Systemen kein Automatismus ist, besteht auch für deterministische Systeme eine Regelungsnotwendigkeit für Transparenzanforderungen. Andererseits muss einschränkend beachtet werden, dass eine solche Kontrolle der Entscheidungsergebnisse nur dann zwingend erforderlich ist, wenn Fehler sich unmittelbar als Gefahr für den Patienten auswirken könnten.

Fraglich ist daher, ob der geltende Regelungsrahmen dieser Regelungsnotwendigkeit bereits *de lege lata* hinreichend nachkommt. Gemäß Anhang I Abschnitt 17.1 MP-VO muss die „Wiederholbarkeit, Zuverlässigkeit und Leistung" von Entscheidungsunterstützungssystemen gewährleistet sein. Da eine Fehlerfreiheit und damit die Zuverlässigkeit und Leistung der Systeme nur dann gewährleistet werden kann, wenn die menschlichen Entscheidungsträger als „letzte Kontrollinstanz" die Plausibilität der Entscheidungsergebnisse überprüfen können, könnte bereits aus Anhang I Abschnitt 17.1 MP-VO eine entsprechende Pflicht, die Systeme so zu konzipieren, dass diese die Gründe für eine Entscheidung offenlegen, abgeleitet werden.

Ferner würde diese Pflicht bereits im geltende Regelungsrahmen nicht unabhängig davon bestehen, welche Risikoträchtigkeit das System aufweist, weil ausweislich des Anhangs I Abschnitt 2 MP-VO die Intensität der Sicherheitsanforderungen danach bestimmt wird, was erforderlich ist, um das Risiko so weit zu minimieren, wie es ohne Auswirkungen auf das Nutzen-Risiko-Verhältnis möglich ist.

Dennoch kann den Stimmen in der Literatur, die Regelungslücken für deterministische Systeme ablehnen, nicht gefolgt werden. Es ermangelt nämlich hinreichend bestimmter Kriterien, mittels derer sich konkrete Transparenzpflichten bestimmen lassen.[771] Die Vorschriften würden daher eine erhebliche Rechtunsicherheit für den Rechtsanwender im Zusammenhang mit der Regulierung von wissensbasierten Systemen auslösen. Da der geltende Rechtsrahmen hinreichend konkrete Transparenzanforderungen vermissen lässt, besteht auch für deterministi-

[769] Vgl. zu den unterschiedlichen Bedeutungsgehalten der Begriffe „Transparenz" und „Interpretierbarkeit", bereits Kap. 2, D., II., 3., a); zu den subjektiven Grenzen der Interpretierbarkeit, bereits Kap. 2, D., II., 3., b), bb).

[770] Eingehend zu den subjektiven Grenzen der Interpretierbarkeit und zu dem Umstand, dass deshalb auch wissensbasierte Systeme für den technischen Laien nicht interpretierbar sind, Kap. 2, D., II., 3., b), bb).

[771] Ebenso *Roth-Isigkeit*, GesR 2022, 278, 281.

sche Systeme – entgegen Stimmen in der Literatur[772] – ebenfalls eine Regelungsnotwendigkeit, den geltenden Rechtsrahmen um entsprechend konkrete Transparenzpflichten für deterministische Systeme zu ergänzen, die – jedenfalls ab einer bestimmten Risikoträchtigkeit – die Interpretierbarkeit der Entscheidungsergebnisse für das medizinische Fachpersonal gewährleisten können müssen, um die „Wiederholbarkeit, Zuverlässigkeit und Leistung" der Systeme sicherzustellen.

### cc) Abgrenzung zu herkömmlicher Software

Abzugrenzen sind wissensbasierte Systeme jedoch von herkömmlicher Software. Obgleich wissensbasierte Systeme häufig mit herkömmlicher Software gleichgesetzt wurden, ergibt sich dennoch ein entscheidender Unterschied: wegen der Abkehr von dem anwendungsbasierten Programmierstil und der Trennung zwischen der Wissensbasis und der Inferenzmaschine, können wissensbasierte Systeme – im Unterschied zu herkömmlicher Software – automatisiert Schlussfolgerungen treffen.[773]

Zwar ist die Wissensbasis der jeweiligen Weltausschnitte in explizit und manuell repräsentierten Regeln niedergelegt, gleichwohl ist die Anwendungsreihenfolge dieser Regeln nicht statisch, sondern wird vielmehr durch die Inferenzmaschine bestimmt, sodass – in Abhängigkeit des Problems – die determinierten Regeln auf verschiedene Weise kombiniert werden können.[774] Durch diese Konzeption wurde es möglich menschliche Schlussfolgerungen zu automatisieren.[775]

Gerade in dieser Fähigkeit, menschliche Schlussfolgerungen nachzubilden zu können, liegt jedoch auch die Notwendigkeit begründet, dass wissensbasierte Systeme die Gründe für die Schlussfolgerung offenlegen müssen, um eine Plausibilitätsprüfung zu ermöglichen.

Da herkömmliche Software nicht automatisiert schlussfolgern kann, sondern stets in der derselben festen Reihenfolge die Regeln abarbeitet[776], kann sie gerade

---

[772] Vgl. für die Stimmen, die an der Definition Kritik üben, etwa *Ebers et al.*, RDi 2021, 528, 529; *Steege*, MMR 2022, 926, 928; *Engelmann/Brunotte/Lütkens*, RDi 2021, 317, 318; *Marx/Gladov*, MPR 2022, 37; *Stief/Pisani*, in: Festschrift Gassner, S. 473 f.; *Ströbel/Grau*, ZD 2022, 599, 600; *Thiermann/Böck*, RDi 2022, 333, 334; *Heil*, MPR 2022, 1, 3; *Roos/Weitz*, MMR 2021, 844, 845; *Ebert/Spiecker gen. Döhmann*, NVwZ 2021, 1188, 189; *Lachenmann*, MMR-Aktuell 2021, 438173; *BVMed*, Positionen zum Entwurf des AI-Act, S. 3, abrufbar unter: siehe Quellenangaben; *Johner Institut*, Input on the proposed AI-Act, S. 1, abrufbar unter: siehe Quellenangaben; Roche, S. 2; *Siemens Healthineers*, Feedback AI-Act, S. 2, abrufbar unter: siehe Quellenangaben; a. A. *Rostalski/Weiss*, ZfDR 2021, 329, 331; *Gless/Janal*, in: Hilgendorf/Roth-Isigkeit, 1. Auflage, § 2, Rn. 17.

[773] Zu den technischen Unterschieden zwischen herkömmlicher Software und wissensbasierten Systemen, bereits Kap. 2, A., II., 1., a) und b).

[774] Hierzu bereits Kap. 2, A., II., 1., b).

[775] Hierzu bereits Kap. 2, A., II., 1., b).

[776] Hierzu bereits Kap. 2, A., II., 1., b).

im Unterschied zu wissensbasierten Systemen nicht zur Entscheidungsautomatisierung verwendet werden, sodass für solche Systeme keine Regelungsnotwendigkeit besteht, die Interpretierbarkeit der algorithmischen Entscheidungsfindung herzustellen.

Dies verdeutlich jedoch, dass eine Gleichsetzung von Software wie Datenbanken, Tabellenkalkulationen oder Taschenrechner mit *wissensbasierten Schlussfolgerungs*systemen fatal wäre und daher unbedingt differenziert werden muss.

Die sicherheitsrechtliche Unbedenklichkeit bestätigt der Unionsgesetzgeber bereits dadurch, dass er in Erwägungsgrund 19 ausdrücklich betont, dass Software für allgemeine Zwecke nicht vom Anwendungsbereich der MP-VO erfasst sein sollte.

## III. Fazit zu diesem Abschnitt

Der geltende Regelungsrahmen ist auch für statische maschinelle Lernsysteme und wissensbasierte Systeme grundsätzlich geeignet.

Um die Sicherheit dieser Systeme zu gewährleisten, ermangelt der geltende Rechtsrahmen indes hinreichend konkreter Anforderungen, mit denen gewährleistet werden kann, dass die „Wiederholbarkeit, Zuverlässigkeit und Leistung" i. S. d. Anhangs I Abschnitt 17.1 MP-VO sichergestellt werden kann.

Die Regelungsnotwendigkeit statischer maschineller Lernsysteme ergibt sich etwa aus der Notwendigkeit konkrete Datenqualitätsanforderungen zu normieren, um die Zuverlässigkeit und Leistung der Systeme trotz des Umstandes zu gewährleisten, dass die Systeme im Entwicklungsprozess selbst die maßgeblichen Regeln erlernt haben, nach denen sie zukünftig ihre Klassifizierungsentscheidung vornehmen.

Wegen der deterministischen Strukturen kann die Regelungsnotwendigkeit für deterministische Systeme nicht mit Datenqualitätsanforderungen begründet werden. Allerdings kann dieser Umstand – entgegen den Stimmen in der Literatur – nicht allein dafür herangezogen werden, eine Regelungsnotwendigkeit für regel- und wissensbasierte Systeme abzulehnen, da auch maschinellen Lernsysteme – über deren Regelungsnotwendigkeit Einigkeit zu bestehen scheint – nicht *stets* nach der Inverkehrgabe lernfähig sind.

Für deterministische Systeme wie regel- oder wissensbasierte Systeme ergeben sich die Regelungslücken vor allem aus der Fähigkeit, dass die Systeme selbstständig Schlussfolgerungen automatisieren können und daher jedenfalls ab einer gewissen Risikoträchtigkeit die Notwendigkeit besteht, dass dem ärztlichen Entscheidungsträger die Gründe für die Entscheidung offengelegt werden müssen, um diesem eine Plausibilitätsprüfung zu ermöglichen. Obgleich die *Interpretierbarkeit* deterministischer und daher transparenter Systeme *leichter* herzustellen ist, ist sie keinesfalls ein *Automatismus*, sodass ab der Risikoklasse IIa eine Regelungsnotwendigkeit für Transparenzpflichten besteht, die dem derzeitigen Regelungsrahmen noch fehlen.

## E. Regelungslücken für dynamische KI-Systeme

Obgleich den Regelungen der MP-VO kein ausdrückliches Verbot für die Inverkehrgabe von dynamischen KI-Systemen zu entnehmen ist, lehnt jedenfalls die „Interessensgemeinschaft der benannten Stellen für Medizinprodukte in Deutschland“ (IG-NB)[777] die Durchführung einer Konformitätsbewertung von dynamischen KI-basierten Medizinprodukten (noch) ab.[778] Im Folgenden soll daher die Eignung des geltenden Rechtsrahmens für dynamische KI-Systeme untersucht werden.[779]

### I. Auswirkungen der Dynamik auf die Qualifizierung als Medizinprodukt

Da die Beurteilung der Frage, ob ein Produkt als Medizinprodukt i. S. d. Art. 2 Nr. 1 MP-VO zu qualifizieren ist, *vor* der Inverkehrgabe oder Inbetriebnahme der Systeme erfolgt, stellt sich zunächst die Frage, wie sich eine dynamische Weiterentwicklung der Zweckbestimmung der Systeme *nach* der Inverkehrgabe auf die Qualifizierung als Medizinprodukt auswirkt.[780]

---

[777] Die IG-NB repräsentiert einen Zusammenschluss von benannten Stellen, dessen Ziel darin besteht, gemeinsame Positionen und Interessen der benannten Stellen zu vereinen, um diese gegenüber Industrie und Behörden besser durchsetzen zu können, vgl. hierfür IG-NB, abrufbar unter: https://www.ig-nb.de, zuletzt abgerufen: 4. 1. 2026.

[778] Ebenso nur *Gassner*, MPR 2021, 41, 47; *Gassner/Juknat*, in: Rehmann/Tillmanns, Kap. 3, Rn. 401; *Handorn/Juknat*, MPR 2022, 77, 83; *Heil*, MPR 2022, 1, 10; *Muresan*, LSR 2021, 17, 38, Fn. 194; vgl. *IG-NB*, Questionnaire „Artificial Intelligence (AI) in medical devices“, S. 4.

[779] Vgl. zu einer Untersuchung der Eignung des Zertifizierungssystem der MP-VO auch *Muresan*, LSR 2021, 17, 38 f.; dem folgend *Schreitmüller*, Regulierung intelligenter Medizinprodukte, S. 142 ff.; *Gassner*, MPR 2021, 41, 48; *Gassner/Juknat*, in: Rehmann/Tillmanns, Kap. 3, Rn. 401 ff.; dem folgend *Handorn/Juknat*, MPR 2022, 77, 83; *Heil*, MPR 2022, 1, 10; *Frost*, MPR 2019, 117, 120; *Saliba*, in: Festschrift Gassner, S. 494 f.

[780] Vgl. zu den Auswirkungen der Dynamik auf die Qualifizierungsentscheidung, *Muresan*, LSR 2021, 17, 27 ff.; dem folgend *Schreitmüller*, Regulierung intelligenter Medizinprodukte, S. 142 f.; *Saliba*, in: Festschrift Gassner, S. 494 f.; vgl. eingehend zu der Qualifizierung als Medizinprodukt, bereits Kap. 2, B.

### 1. Erstmalige Qualifizierung als Medizinprodukt

Im Zusammenhang mit der Qualifizierung als Medizinprodukt werden jedenfalls für solche Systeme, die nach der Aktualisierung erstmals die Anforderungen des Art. 2 Nr. 1 MP-VO erfüllen, keine besonderen Herausforderungen gesehen.[781]

Zwar ist dieser Auffassung im Ergebnis zuzustimmen, gleichwohl ist jedoch zu beachten, dass ein KI-System, welches nach seiner Weiterentwicklung erstmals die Anforderungen des Art. 2 Nr. 1 MP-VO erfüllt, andererseits auch nicht *automatisch* als Medizinprodukt i. d. S. zu qualifizieren ist. Dieses Ergebnis liegt in dem Umstand begründet, dass die Zweckbestimmung des Produkts ausweislich des Wortlautes des Art. 2 Nr. 1 MP-VO nicht objektiv, sondern *subjektiv* nach den Angaben des Herstellers zu bestimmen ist.[782]

Sofern der Hersteller für ein dynamisches KI-System initial keine medizinische Zweckbestimmung vorgesehen hat und die Angaben über die Zweckbestimmung auch nach der Weiterentwicklung nicht anpasst werden, ist es wegen der Subjektivität der Zweckbestimmung fraglich, ob die nachträgliche Änderung für die Qualifizierungsentscheidung überhaupt berücksichtigt werden kann.[783] Dennoch muss andererseits berücksichtigt werden, dass die subjektive Bestimmung der Zweckbestimmung dann objektiv zu korrigieren ist, wenn sich die vom Hersteller angegebene Zweckbestimmung als willkürlich erweist.[784] Dies setzt jedoch voraus, dass die anfänglich deklarierte Zweckbestimmung sich als wissenschaftlich unhaltbar oder widersprüchlich erweist.[785] Daher könnte erwogen werden, in solchen Fällen die subjektive Zweckbestimmung über eine entsprechende Anwendung des Willkürgebotes objektiv zu korrigieren. Bedenken an der Anwendbarkeit könnten sich jedoch aus dem Sinn und Zweck des Willkürgebotes ergeben, da dieses initial dazu konzipiert wurde, den Missbrauch der Subjektivität der Zweckbestimmung zu verhindern.[786] Bei Systemen, die selbstständig eine automatisierte Aktualisierung vornehmen können, könnte die Vergleichbarkeit der Sachlage infrage zu stellen sein, weil sich die Aktualisierung selbst für den Hersteller als unvorhersehbar erweisen kann.

---

[781] Vgl. *Muresan*, LSR 2021, 17, 28 ff.; *Schreitmüller*, Regulierung intelligenter Medizinprodukte, S. 143, die gleichwohl in Frage stellen, ob eine solche Weiterentwicklung überhaupt technisch umsetzbar wäre.

[782] Zu der subjektiven Bestimmung der Zweckbestimmung, bereits Kap. 2, B., I., 4.

[783] Kritisch auch *Saliba*, in: Festschrift Gassner, S. 494 f., der eine objektive Korrektur in Erwägung zieht.

[784] Hierzu bereits Kap. 2, B., I., 4.

[785] Hierzu bereits Kap. 2, B., I., 4.

[786] Vgl. zu dem Sinn und Zweck des Willkürgebots, *Leupold/Wiesner*, in: Leupold/Wiebe/Glossner, Teil 13, Rn. 23.

Dem kann jedoch entgegengehalten werden, dass der Hersteller initial die Voraussetzungen dafür geschaffen hat, dass ein System sich weiterentwickeln kann.[787] Daher muss der Hersteller auch die Verantwortung tragen, eine entsprechende Weiterentwicklung zu überwachen und ggf. die Zweckbestimmung des Produkts entsprechend zu aktualisieren.[788] Nur durch eine entsprechende objektive Korrektur kann verhindert werden, dass durch die selbstständige Weiterentwicklung eine Schutzlücke zulasten des Patienten entsteht, weil Systeme, obwohl sie inzwischen eine medizinische Zweckbestimmung i. S. d. Art. 2 Nr. 1 MP-VO erfüllen, nicht den grundlegenden Sicherheits- und Leistungsanforderungen des Anhangs I MP-VO unterfallen. Sofern ein System nach der Weiterentwicklung erstmals die Anforderungen des Art. 2 Nr. 1 MP-VO erfüllt, wäre die subjektive Zweckbestimmung durch eine entsprechende Anwendung des Willkürgebotes dann objektiv zu korrigieren, wenn der Hersteller seiner Pflicht zur Aktualisierung der Zweckbestimmung nicht nachkommt.

### 2. Veränderung der spezifischen medizinischen Zwecksetzung

Ein anderes Ergebnis gilt jedoch für KI-Systeme, die bereits vor der Aktualisierung als Medizinprodukt einzustufen sind und bei denen die Aktualisierung nur zu einer inhaltlichen Veränderung der medizinischen Zweckbestimmung i. S. d. Art. 2 Nr. 1 MP-VO führt.[789]

Teilweise wird die Unbeachtlichkeit einer entsprechenden Änderung mit dem Umstand begründet, dass zum Zeitpunkt der Inverkehrgabe „ohnehin nicht abschließend beantwortet werden“ könne, welche medizinische Zweckbestimmung das Produkt verfolgt.[790] Für die Qualifizierung als Medizinprodukt sei es jedoch ohnehin nur entscheidend, *dass*, und nicht *welche* medizinische Zwecksetzung durch das jeweilige Produkt erfüllt werde.[791]

---

[787] Vgl. auch die Argumentation im Haftungsrecht, wonach der Hersteller sich nicht dadurch einer Haftung entziehen kann, dass er sich darauf beruft, dass er eine „unkontrollierbare Gefahrenquelle“ in den Verkehr gibt, *Wagner*, AcP 2017, 707, 713.

[788] Vgl. auch *Muresan*, LSR 20221, 17, 29, jedoch nicht in Bezug auf die Aktualisierung der Zweckbestimmung, sondern vielmehr dahingehend, dass, sofern das KI-System durch seine Aktualisierung zum Medizinprodukt wird, der Hersteller sodann verpflichtet ist, dafür Sorge zu tragen, dass die damit einhergehenden Pflichten erfüllt werden. Dies setze eine Überwachung der Funktionsweise voraus.

[789] Vgl. *Muresan*, LSR 20221, 17, 29, der betont, dass eine entsprechende Veränderung keinen Einfluss auf die Qualifizierung als Medizinprodukt haben würde; dem folgend *Schreitmüller*, Regulierung intelligenter Medizinprodukte, S. 143.

[790] So *Schreitmüller*, Regulierung intelligenter Medizinprodukte, S. 143.

[791] So *Schreitmüller*, Regulierung intelligenter Medizinprodukte, S. 143.

Im Ergebnis ist diesen Auffassungen[792] zuzustimmen. Als Begründung ist gleichwohl weniger die fehlende Prognostizierbarkeit als vielmehr wiederum der Umstand heranzuziehen, dass die Zweckbestimmung subjektiv danach erfolgt, welche Angaben der Hersteller über die Zweckbestimmung des Systems zum Zeitpunkt der Inverkehrgabe macht.[793]

Fraglich ist daher allein, ob in solchen Fällen, in denen sich durch die Weiterentwicklung nur der Inhalt der medizinischen Zweckbestimmung ändert, ebenfalls eine objektive Korrektur der Zweckbestimmung erforderlich ist.[794]

Dies ist in Ermangelung einer vergleichbaren Sachlage abzulehnen: Sowohl bei einer widersprüchlichen Angabe des Herstellers über die Zweckbestimmung, als auch in Fällen, in denen das KI-System durch die Weiterentwicklung erstmals eine medizinische Zweckbestimmung erfüllt, führt die Anwendung des Willkürgebots dazu, dass die MP-VO *überhaupt* zur Anwendung gelangt.

Im Unterschied dazu ist in den Fällen, in denen die Aktualisierung des Systems nur einen Einfluss auf den *Inhalt* der Zweckbestimmung hat, die MP-VO von vornherein anwendbar, sodass es an einer für die Anwendung des Willkürgebots vergleichbaren Sachlage fehlt.

Dies wird ferner auch durch die Existenz von Anhang IX Abschnitt 2.4, 4.10 und Anhang VII Abschnitt 4.9 MP-VO, sowie Anhang X Abschnitt 5.2 MP-VO bestätigt, in dem die rechtlichen Folgen einer objektiven Änderung der Zweckbestimmung von Medizinprodukten nach der Inverkehrgabe festgelegt sind.[795] Daraus ergibt sich im Umkehrschluss, dass der Unionsgesetzgeber abschließend geregelt hat, wie mit der inhaltlichen Änderung der *medizinischen* Zweckbestimmung nach der Inverkehrgabe umzugehen ist.

### 3. Zwischenergebnis

Zusammenfassend lässt sich daher statuieren, dass hinsichtlich der Frage, wie sich die Veränderung der Zweckbestimmung von dynamischen Systemen auf die Qualifizierungsentscheidung auswirkt, zwei Sachverhalte unterschieden werden müssen.

---

[792] Vgl. *Muresan*, LSR 20221, 17, 29, *Schreitmüller*, Regulierung intelligenter Medizinprodukte, S. 143.

[793] Vgl. auch *Saliba*, in: Festschrift Gassner, S. 494.

[794] Ablehnend etwa *Muresan*, LSR 2021, 17, 28; dem folgend *Schreitmüller*, Regulierung intelligenter Medizinprodukte, S. 143.

[795] Vgl. für eine Untersuchung dessen, welche Auswirkungen die Vorschriften des Anhang IX Abschnitt 2.4, 4.10 und Anhang VII Abschnitt 4.9 MP-VO, sowie Anhang X Abschnitt 5.2 MP-VO im Falle einer automatisierten Aktualisierung der Systeme auf die Gültigkeit der Konformitätsbewertung haben, Kap. 2, E., II.

Bei KI-Systemen, die durch die Weiterentwicklung erstmals eine medizinische Zweckbestimmung i. S. d. Art. 2 Nr. 1 MP-VO erfüllen, ist die initial vom Hersteller subjektiv bestimmte, nicht-medizinische Zweckbestimmung durch eine entsprechende Übertragung der Grundsätze des Willkürgebotes objektiv zu korrigieren, wenn der Hersteller die zunächst bestimmte Zwecksetzung nach einer selbstständigen Weiterentwicklung nicht selbst entsprechend anpasst.

Sofern die Veränderung der medizinischen Zweckbestimmung sich nur auf den Inhalt einer zuvor bereits als medizinisch i. S. d. Art. 2 Nr. 1 MP-VO qualifizierten Zweckbestimmung bezieht, scheidet eine entsprechende Anwendung des Willkürverbotes aus, sodass die initiale Zweckbestimmung, jedenfalls für die Zwecke der Qualifizierung als Medizinprodukt, maßgeblich bleibt.

Vor diesem Hintergrund führt die Dynamik der Systeme zumindest im Zusammenhang mit der Qualifizierung als Medizinprodukt nicht zu unvertretbaren Regelungslücken, die die Eignung des bestehenden Rechtsrahmens infrage stellen würden.[796]

## II. Regelungslücken für Produkte ab der Risikoklasse IIa

Erhebliche Herausforderungen werden für dynamische Systeme jedoch in Bezug auf die Konformitätsbewertungsverfahren gesehen, welche sich als „Momentaufnahme“ darstelle und daher in einem Spannungsfeld zu der Dynamik der KI-Systeme stehe.[797] Systeme, die sich selbstständig aktualisieren können, könnten den initial in der Konformitätsbewertung überprüften Zustand kurz darauf „bereits verlassen“, wodurch sodann die Aktualität nicht mehr länger garantiert werden könnte und die Gültigkeit der Konformitätsbescheinigung infrage zu stellen wäre.[798] Daher stellt sich die Frage, ob die im Rahmen der MP-VO für Medizinprodukte vorgesehenen Anforderungen an das Konformitätsbewertungsverfahren überhaupt für die Bewertung dynamischer Bewertungsgegenstände geeignet sind.[799]

Obgleich die MP-VO dieser Herausforderung bereits *de lege lata* durch eine Informations- und Genehmigungspflicht gem. Anhang IX Abschnitt 2.4 und 4.10 bzw. Anhang IX Abschnitt 5 MP-VO entgegentritt, wird die Eignung der Vor-

---

[796] Mit teilweise abweichender Begründung im Ergebnis ebenso *Muresan*, LSR 2021, 17, 30; dem folgend *Schreitmüller*, Regulierung intelligenter Medizinprodukte, S. 145.

[797] *Heesen et al.*, Zertifizierung I, S. 10, abrufbar unter: siehe Quellenangaben; vgl. ferner *DIN/DKE*, Deutsche Normungsroadmap Künstliche Intelligenz, Version 1, S. 137, abrufbar unter: siehe Quellenangaben; *Frost*, MPR 2019, 117, 120; dem folgend *Schreitmüller*, Regulierung intelligenter Medizinprodukte, S. 148.; ebenso *Gassner*, MPR 2021, 41, 48; *Heil*, MPR 2022, 1, 10; *Helle*, MedR 2020, 993, 995.

[798] *DIN/DKE*, Deutsche Normungsroadmap Künstliche Intelligenz, Version 1, S. 137, abrufbar unter: siehe Quellenangaben.

[799] Vgl. für eine Darstellung der unterschiedlichen Konformitätsbewertungsverfahren im Rahmen der MP-VO, Kap. 1, B.

schriften für dynamische Systeme überwiegend bezweifelt, weil die Regelungen wiederum dazu führen würden, dass kontinuierlich eine neue aber vor allem vorherige Genehmigungspflicht ausgelöst werden würde, die sich wegen der Quantität und fehlenden Prognostizierbarkeit als unerfüllbar und damit als Marktzugangshindernis für dynamische Systeme erweisen würde.[800]

### 1. Zertifizierbarkeit dynamischer Systeme nach Anhang IX MP-VO

#### *a) Informations- und Genehmigungspflicht für wesentliche Änderungen*

Für Produkte, die einem Bewertungsverfahren nach Anhang IX MP-VO unterliegen, ergibt sich eine Informations- und Genehmigungspflicht geplanter Änderungen an dem Qualitätsmanagement oder an der davon erfassten Produktpalette aus Abschnitt 2.4 Anhang IX MP-VO.[801] Eine dem entsprechende Genehmigungspflicht der technischen Dokumentation ergibt sich für Änderungen an dem „genehmigten Produkt" aus 4.10 Anhang IX MP-VO.[802]

Zudem sieht Anhang VII Abschnitt 4.9 MP-VO für die benannten Stelle die Pflicht vor, zu gewährleisten, dass der Hersteller der ihm obliegenden Informationspflicht von geplanten Änderungen i. S. d. Anhangs IX Abschnitt 2.4 und 4.10 MP-VO nachkommt.[803]

Informations- und Genehmigungspflichten nach Anhang IX Abschnitt 2.4 und 4.10 MP-VO werden gleichwohl nicht durch jede Änderung ausgelöst, sondern nur durch solche, die den Grad der Wesentlichkeit überschreiten.[804] Während sich dies

---

[800] Vgl. mit Verweis auf Anhang VII Abschnitt 4.9, Anhang IX Abschnitt 2.4, 4.10 MP-VO, *Gassner*, MPR 2021, 41, 48; *Gassner/Juknat*, in: Rehmann/Tillmanns, Kap. 3, Rn. 399 ff.; dem folgend *Handorn/Juknat*, MPR 2022, 77, 83 mit Verweis auf Anhang IX Abschnitt 4.10 MP-VO; vgl. ebenso im Zusammenhang mit Anhang IX 2.4 MP-VO, *Heil*, MPR 2022, 1, 10, Fn. 42; ferner im Zusammenhang mit Anhang VII 4.9, *Frost*, MPR 2019, 117, 120, Fn. 21; vgl. auch *Saliba*, in: Festschrift Gassner, S. 496, mit Verweis auf Anhang IX Abschnitt 2.4 und 4.10 MP-VO; a. A. *Muresan*, LSR 2021, 17, 38 f., der die Genehmigungspflicht aus Vorschriften des Anhang IX Abschnitt 4.10 und Anhang X Abschnitt 5.2 und 5.3 MP-VO ableitet, die Genehmigungspflicht im Ergebnis jedoch auch für dynamische Systeme als erfüllbar ansieht; dem folgend *Schreitmüller*, Regulierung intelligenter Medizinprodukte, S. 149 ff.

[801] Ebenso etwa *Gassner*, MPR 2021, 41, 48; *Gassner/Juknat*, in: Rehmann/Tillmanns, Kap. 3, Rn. 399 ff.; *Heil*, MPR 2022, 1, 10, Fn. 42; vgl. auch *Saliba*, in: Festschrift Gassner, S. 496.

[802] Ebenso *Muresan*, LSR 2021, 17, 35; *Schreitmüller*, Regulierung intelligenter Medizinprodukte, S. 149 f.; *Gassner*, MPR 2021, 41, 48; *Gassner/Juknat*, in: Rehmann/Tillmanns, Kap. 3, Rn. 399 ff.; *Handorn/Juknat*, MPR 2022, 77, 83; *Saliba*, in: Festschrift Gassner, S. 496.

[803] *Gassner*, MPR 2021, 41, 48.

[804] Vgl. so auch *Gassner*, MPR 2021, 41, 48; *Heil*, MPR 2022, 1, 10; *Handorn/Juknat*, MPR 2022, 77, 86; *Schreitmüller*, Regulierung intelligenter Medizinprodukte, S. 150; bereits

zwar nicht aus dem Wortlaut des Anhangs VII Abschnitt 4.9 MP-VO ergibt[805], kann es gleichwohl aus dem Wortlaut des Anhangs IX Abschnitt 2.4 MP-VO abgeleitet werden, wonach die Genehmigungspflicht ausschließlich auf „wesentliche Änderungen" am Qualitätsmanagement oder der hiervon erfassten Produktpalette beschränkt ist.[806] Dementsprechend sieht auch Anhang IX Abschnitt 4.10 S. 1 MP-VO vor, dass Änderungen nur dann einer Genehmigungspflicht unterliegen, wenn sie die „Sicherheit und Leistungsfähigkeit des Produktes oder die für das Produkt vorgeschriebenen Anwendungsbedingungen" beeinflussen.[807]

Zur Konkretisierung dessen, wann die Grenze der Wesentlichkeit überschritten ist, wird teilweise auf die MDCG-Leitlinien 2020-3[808] verwiesen.[809] Obwohl die Leitlinie initial für die Konkretisierung von Art. 120 MP-VO entworfen wurde, könnte die Leitlinie wegen der insoweit vergleichbaren Zwecksetzung des Art. 120 Abs. 3 MP-VO auch für die Bestimmung der Wesentlichkeitsgrenze des Anhangs IX Abschnitt 2.4 und 4.10 MP-VO herangezogen werden.[810] Daher bestünde die Informations- und Genehmigungspflicht des Anhangs IX Abschnitt 2.4 und 4.10 MP-VO auch nur dann, wenn die Änderung die ursprüngliche Leistung, Sicherheit oder bestimmungsgemäße Verwendung ändert oder die Veränderung einen Einfluss auf die Art und Weise der Datenauswertung, der Architekturen oder der verwendeten Algorithmen hat.[811] Obgleich im Übrigen zwar nicht auf die MDCG-Leitlinien 2020-3 verwiesen wird, scheint dennoch Einigkeit darüber zu bestehen, dass die Schwelle der Wesentlichkeit jedenfalls bei „Security-Patches" oder „Bugfixes", also marginalen Fehlerkorrekturen, nicht überschritten sei, sondern vielmehr eine gewisse Veränderung der Leistungsfunktion durch Updates oder Upgrades vorliegen müsse, indem etwa neue Systemfunktionen hinzugefügt werden oder die Zweckbestimmung geändert wird.[812]

---

*Irmer*, MPR 2013, 145, 147, der betont, dass nur funktionserweiternde Upgrades zu einer erneuten Konformitätsbewertung führen würden; *Dietel/Lewalter*, PharmR 2017, 53, 55.

[805] *Gassner*, MPR 2021, 41, 48.

[806] *Gassner*, MPR 2021, 41, 48.

[807] *Gassner*, MPR 2021, 41, 48.

[808] Vgl. hierfür MDCG-Leitlinien 2020-3.

[809] *Gassner*, MPR 2021, 41, 48; dem folgend *Schreitmüller*, Regulierung intelligenter Medizinprodukte, S. 150 f.

[810] *Gassner*, MPR 2021, 41, 48.

[811] *Gassner*, MPR 2021, 41, 49.

[812] Vgl. *Handorn/Juknat*, MPR 2022, 77, 86, die darauf hinweisen, dass lediglich geringfügige Änderungen, wie Bugfixes oder Sicherheitspatches, nicht zu einer entsprechenden Genehmigungspflicht führen würden; vgl. *Dietel/Lewalter*, PharmR 2017, 53, 55, die darauf hinweisen, dass nur dann eine neue Konformitätsbewertung erforderlich wäre, wenn es durch die Aktualisierung zu einer echten Funktionsergänzung käme; ebenso *Irmer*, MPR 2013, 145, 147, die betont, dass geringfügige Funktionserweiterungen oder kleine Verbesserungen zur Fehlerbehebung nicht dazu führen würden, dass ein neues Konformitätsbewertungsverfahren durchgeführt werden müsste.

Sobald die Schwelle der Wesentlichkeit überschritten ist, müssen Hersteller ihrer Informationspflicht nach Anhang IX Abschnitt 2.4 und 4.10 MP-VO nachkommen und die Änderung von der initial zuständigen Stelle genehmigen lassen, die sodann darüber entscheidet, ob gem. Anhang VII Abschnitt 4.9 MP-VO und Anhang IX Abschnitt 4.10 S. 3 MP-VO ein erneutes Konformitätsbewertungsverfahren durchgeführt werden muss oder ein Nachtrag zur EU-Qualitätsmanagementbescheinigung bzw. ein Nachtrag zu der EU-Bescheinigung über die Bewertung der technischen Dokumentation ausreichend ist.[813]

### *b) Folgen der Genehmigungspflicht für dynamische Systeme*

Im Folgenden soll gezeigt werden, dass, jedenfalls sofern die selbstständige Aktualisierungen eines dynamischen Systems – der wohl herrschenden Auffassung in der Literatur[814] folgend – als *„Änderungen“* i. S. d. Anhangs IX Abschnitt 2.4 und 4.10 MP-VO zu qualifizieren wäre, sich die Erfüllung der *vorherigen* Genehmigungspflicht wegen der fehlenden Prognostizierbarkeit und Quantität der Änderungen, als unmöglich erweisen würde.[815] Würde man die Aktualisierungen daher als „Änderungen“ qualifizieren, würde sich die Genehmigungspflicht somit auch als Marktzugangshindernis für dynamische Systeme darstellen.[816]

#### aa) Automatisierte Änderung als Änderung an dem genehmigten Produkt

Um die Informations- und Genehmigungspflicht des Anhangs IX Abschnitt 2.4 bzw. 4.10 MP-VO auszulösen, ist es ausweislich dessen Wortlautes Voraussetzung, dass der Hersteller „Änderungen“ an dem genehmigten Produkt bzw. der von dem Qualitätsmanagementsystem erfassten Produktpalette plant.

In der juristischen Literatur scheint es der allgemeinen Auffassung zu entsprechen, dass selbstständige Aktualisierungen als „Änderungen“ an dem „genehmigten Produkt“ zu qualifizieren sind, sodass bei jeder Aktualisierung, die die Schwelle der

---

[813] *Gassner*, MPR 2021, 41, 48.

[814] Vgl. in Bezug auf 2.4 und 4.10 Anhang IX MP-VO *Gassner*, MPR 2021, 41, 48 f.; dem folgend *Saliba*, in: Festschrift Gassner, S. 496; vgl. in Bezug auf Abschnitt 2.4 Anhang IX MP-VO, *Heil*, MPR 2022, 1, 10; vgl. in Bezug auf 4.10 MP-VO *Handorn/Juknat*, MPR 2022, 77, 83; ebenso in Bezug auf 4.10 MP-VO *Muresan*, LSR 2021, 17, 39; dem wohl folgend *Schreitmüller*, Regulierung intelligenter Medizinprodukte, S. 152.

[815] Vgl. hierfür den Wortlaut Anhang I Abschnitt 2.4 und 4.10 Anhang IX MP-VO (Hervorhebung hinzugefügt).

[816] Dass eine Qualifizierung der Aktualisierung des Systems als „Änderung“ keinesfalls zwingend ist, soll im darauffolgenden Abschnitt dargelegt werden, siehe hierzu Kap. 2, E., II., 1., c).

Wesentlichkeit[817] überschreitet, auch eine neue Genehmigungspflicht nach Anhang IX Abschnitt 4.10 MP-VO emergieren würde.[818]

Während die Anwendbarkeit überwiegend nicht[819] begründet wird, wird jedenfalls in Bezug auf Abschnitt 4.10 Anhang IX MP-VO vereinzelt[820] mit dem Wortlaut der Vorschrift argumentiert, der mit der Verwendung des Begriffes der „Änderungen" hinreichend Auslegungsspielraum lasse, sodass auch automatisierte Änderungen an dem Produkt eine die Genehmigungspflicht begründende Änderung i. S. d. Anhangs IX Abschnitt 4.10 MP-VO darstellen würden. Dieses Auslegungsergebnis könne notfalls durch eine Anwendung des „Effet-Utile"-Grundsatzes erreicht werden, weil die Aufrechterhaltung des Gesundheitsschutzes unabhängig von dem Umstand sei, ob die Aktualisierung durch den Hersteller oder durch das System vorgenommen werde.[821]

#### bb) Faktisches Marktzugangshindernis für dynamische Systeme

Sofern dem gefolgt würde und eine automatisierte Aktualisierung als Änderung i. S. d. Anhangs IX Abschnitt 2.4 bzw. 4.10 MP-VO zu qualifizieren wäre[822], sähe sich die Informations- und Genehmigungspflicht für dynamische Systeme erheblicher Kritik an der praktischen Umsetzbarkeit[823] ausgesetzt. Eingewandt wird, dass

---

[817] Die Genehmigungspflicht i. S. d. Anhanges IX Abschnitt 2.4 und 4.10 MP-VO entsteht von vornherein überhaupt nur dann, wenn die Änderungen die Schwelle der Wesentlichkeit überschreiten, was jedenfalls bei marginalen Änderungen, wie etwa „Bugfixes" oder „Security-Patches", die nur der Fehlerbehebung dienen, nicht der Fall ist. Hierzu bereits Kap. 2, E., I., II., 1., a).

[818] Vgl. in Bezug auf 2.4 und 4.10 Anhang IX MP-VO *Gassner*, MPR 2021, 41, 48 f.; dem wohl folgend *Saliba*, in: Festschrift Gassner, S. 496; vgl. in Bezug auf Abschnitt 2.4 Anhang IX MDR, *Heil*, MPR 2022, 1, 10; vgl. in Bezug auf 4.10 MP-VO *Handorn/Juknat*, MPR 2022, 77, 83; ebenso in Bezug auf 4.10 MP-VO *Muresan*, LSR 2021, 17, 39; dem wohl folgend *Schreitmüller*, Regulierung intelligenter Medizinprodukte, S. 152.

[819] Vgl. etwa *Gassner*, MPR 2021, 41, 48, *Heil*, MPR 2022, 1, 10, Fn. 42.

[820] *Muresan*, LSR 2021, 17, 36 ff.; dem folgend *Schreitmüller*, Regulierung intelligenter Medizinprodukt, S. 116.

[821] *Muresan*, LSR 2021, 17, 36.

[822] Das Aktualisierungen von dynamischen Systemen als „Änderungen" i. d. S. zu qualifizieren sind, scheint die ganz herrschende Meinung zu sein, weil übereinstimmend davon ausgegangen wird, dass für solche Aktualisierungen eine Genehmigungspflicht besteht, vgl. *COCIR*, Artificial Intelligence in EU Medical Device Legislation, S. 12, abrufbar unter: siehe Quellenangaben; dem folgend *Gassner*, MPR 2021, 41, 48 ff.; *Gassner/Juknat*, in: Rehmann/Tillmanns, Kap. 3, Rn. 399 ff.; ebenso *Handorn/Juknat*, MPR 2022, 77, 83, in Bezug auf Anhang IX Abschnitt 4.10 MP-VO; ebenso *Heil*, MPR 2022, 1, 10, im Zusammenhang mit Anhang IX 2.4; ebenso *Frost*, MPR 2019, 117, 120, mit Bezug auf Anhang VII 4.9; *Saliba*, in: Festschrift Gassner, S. 495 f.; *Muresan*, LSR 2021, 17, 36 f. *Schreitmüller*, Regulierung intelligenter Medizinprodukte, S. 152.

[823] *Saliba*, in: Festschrift Gassner, S. 496 f.; *Handorn/Juknat*, MPR 2022, 77, 83, in Bezug auf Anhang IX Abschnitt 4.10 MP-VO; *Heil*, MPR 2022, 1, 10, im Zusammenhang mit Anhang IX 2.4; ebenso *Frost*, MPR 2019, 117, 120, im Zusammenhang mit Anhang VII 4.9; vgl.

sowohl die Frequenz der Änderungen als auch der Umstand, dass die konkreten Änderungen selbst für den Hersteller im Einzelnen nicht prognostizierbar seien, einer Erfüllung der Genehmigungspflicht für dynamische Systeme entgegenstünden.[824] Aus diesen Gründen wird die Genehmigungspflicht vermehrt als Marktzugangshindernis für dynamische Systeme deklariert.[825]

*(1) Prognostizierbarkeit und Quantität der Aktualisierungen*

Bei Systemen, die nicht nur selbst weiterlernen, sondern sich auch eigenständig aktualisieren können, besteht die Besonderheit darin, dass es selbst für den Programmierer nicht immer ersichtlich ist, wann und in welcher Art und Weise die Systeme sich weiterentwickeln.[826] Dies steht jedoch in der Tat in einem Spannungsverhältnis dazu, dass die Erfüllung der Informations- und Genehmigungspflichten des Anhangs IX Abschnitt 2.4, 4.10 MP-VO *vor* der Umsetzung der Änderung am bewerteten System erfolgen muss.[827] Der Umstand, dass die Genehmigung *vor* der Umsetzung der Änderung eingeholt werden muss, ergibt sich bereits aus dem Wortlaut des Anhangs VII Abschnitt 4.9 UAbs. 3 Var. 1 MP-VO, wonach der Hersteller die „Pläne für Änderungen" zur „*vorherigen* Genehmigung vorlegen" muss.[828] Untermauert wird dies durch Abschnitt 4.9 UAbs. 3 Var.2 Anhang VII MP-VO, wonach die benannte Stelle die „*vorgeschlagenen* Änderungen" zu über-

hingegen die Stimmen, die die Herausforderung durch die Übertragung des Ansatzes der FDA bereits de lege lata als überwindbar erachten, *COCIR*, Artificial Intelligence in EU Medical Device Legislation, S. 12, abrufbar unter: siehe Quellenangaben; dem folgend *Gassner*, MPR 2022, 41, 50 f.; *Muresan*, LSR 2021, 17, 37 f.; dem folgend *Schreitmüller*, Regulierung intelligenter Medizinprodukte, S. 152.

[824] Vgl. etwa *Saliba*, in: Festschrift Gassner, S. 496, der die Herausforderungen darin begründet sieht, dass die Veränderungen „zeitlich wie sachlich" unvorhersehbar wären; kritisch *Heil*, MPR 2022, 1, 10, die vor allem die Dynamik als Herausforderungen bei der Erfüllung der Genehmigungspflicht anführt; vgl. auch *Stief/Pisani*, in: Festschrift Gassner, S. 470, die allgemein betonen, dass die Dynamik „regulatorisch eine besondere Herausforderung" darstellen würde; ferner auch *Muresan*, LSR 2021, 17, 38 ff.; *Schreitmüller*, Regulierung intelligenter Medizinprodukte, S. 152.

[825] Vgl. *Saliba*, in: Festschrift Gassner, S. 496 f.; *Handorn/Juknat*, MPR 2022, 77, 83, in Bezug auf Anhang IX Abschnitt 4.10 MP-VO; *Heil*, MPR 2022, 1, 10, im Zusammenhang mit Anhang IX 2.4; ebenso *Frost*, MPR 2019, 117, 120 Zusammenhang mit Anhang VII 4.9; andererseits gibt es eine Reihe von Ansätzen, die durch eine Übertragung des Ansatzes der FDA eine antizipierte Erfüllung der Genehmigungspflicht erwägen, *Muresan*, LSR 2021, 17, 37 f. *Schreitmüller*, Regulierung intelligenter Medizinprodukte, S. 153 ff.; in diese Richtung wohl auch *COCIR*, Artificial Intelligence in EU Medical Device Legislation, S. 12, abrufbar unter: siehe Quellenangaben; dem folgend *Gassner*, MPR 2022, 41, 50 f.

[826] *Heesen et al.*, Zertifizierung I, S. 11, abrufbar unter: siehe Quellenangaben; vgl. im Zusammenhang mit Art. 43 Abs. 4 des Kommissionsentwurfes für eine KI-Verordnung, *Bomhard/Merkle*, RDi 2021, 276, 281; dem folgend *Rostalski/Weiss*, ZfDR 2021, 330, 349.

[827] *Saliba*, in: Festschrift Gassner, S. 496.

[828] Vgl. hierfür den Wortlaut des Abschnittes 4.9 UAbs. 3 Var. 2 Anhang VII MP-VO (Hervorhebung hinzugefügt).

prüfen und zu bewerten hat.[829] Ein entsprechender Wortlaut findet sich auch in der Vorschrift des Anhangs IX Abschnitt 2.4 S. 1, 2 MP-VO, wonach der Hersteller die benannte Stelle über „*geplante* wesentliche Änderungen" informiert und die benannte Stelle die „*vorgeschlagenen* Änderungen" bewerten muss.[830] Ferner sieht Abschnitt 4.10 S. 2 Anhang IX MP-VO vor, dass in dem Zeitpunkt, wenn der Hersteller die Änderung „plant", eine entsprechende Informationspflicht ausgelöst wird.

Für Systeme, die sich selbstständig in einer für den Hersteller unvorhersehbaren Weise weiterentwickeln, muss sich den Stimmen in der Literatur angeschlossen werden, nach denen die fehlende Prognostizierbarkeit der Einholung einer vorherigen Genehmigung der *konkreten* Aktualisierung i. S. d. Anhanges IX Abschnitt 2.4 und 4.10 MP-VO entgegenstehe.

Die fehlende Prognostizierbarkeit steht der Genehmigungspflicht der Aktualisierungen bei Systemen des maschinellen Lernens indes nur dann entgegen, wenn diese sich selbstständig aktualisieren können, was nicht für alle Systeme des maschinellen Lernens gelten wird.[831] Vielmehr existiert ein breites Spektrum unterschiedlicher Grade der Lernfähigkeit[832], sodass bei der Zertifizierbarkeit von dynamischen Systemen zwingend zu differenzieren ist.[833] Sofern die Systeme zwar lern- aber nicht aktualisierungsfähig sind, würde die Aktualisierung des Systems es – ebenso wie bei statischen Systemen – voraussetzen, dass der Hersteller aktiv ein Update aufspielt.[834] Dadurch sind die Aktualisierung des KI-Systems für den Hersteller jedoch auch wieder prognostizierbar, sodass dieser seiner Informations- und Genehmigungspflicht aus Abschnitt 2.4 und 4.10 Anhang IX MP-VO nachkommen könnte.[835] Gleichwohl besteht der Unterschied solcher lern- aber nicht aktualisierungsfähiger Systeme zu vollständig deterministischen Systemen darin, dass diese darauf ausgelegt sind, sich *kontinuierlich* weiterzuentwickeln. Daher

---

[829] Vgl. hierfür den Wortlaut des Abschnitts 4.9 UAbs. 3 Var. 2 Anhang VII MP-VO (Hervorhebung hinzugefügt).

[830] Vgl. hierfür den Wortlaut des Abschnitts 2.4 Anhang IX MP-VO (Hervorhebung hinzugefügt).

[831] Ebenso *Gassner*, MPR 2021, 42, 50 f.; *Schreitmüller*, Regulierung intelligenter Medizinprodukte, S. 152 f.; zu den unterschiedlichen Abstufungen der Lernfähigkeit, bereits Kap. 2, D., I., 2.

[832] Zu den unterschiedlichen Autonomiegraden, bereits Kap. 2, D., I., 2.

[833] *Gassner*, MPR 2021, 41, 51, mit Verweis auf *COCIR*, Artificial Intelligence in EU Medical Device Legislation, abrufbar unter: siehe Quellenangaben; *Schreitmüller*, Regulierung intelligenter Medizinprodukte, S. 152 ff.; *Heesen et al.*, Zeritifzierung I, S. 4, abrufbar unter: siehe Quellenangaben; vgl. ebenso *FDA*, Proposed Regulatory Framework for Modifications to AI/ML, S. 6 ff., abrufbar unter: siehe Quellenangaben.

[834] Vgl. für die Unterscheidung zwischen Lern- und Aktualisierungsfähigkeit, *Muresan*, LSR 2021, 17, 28; *COCIR*, Artificial Intelligence in EU Medical Device Legislation, S. 9 ff., abrufbar unter: siehe Quellenangaben; *Gassner*, MPR 2021, 41, 50 f.; *Schreitmüller*, Regulierung intelligenter Medizinprodukte, S. 153.

[835] *Gassner*, MPR 2021, 51.

werden Hersteller von lern- aber nicht aktualisierungsfähigen statischen Systemen, die Genehmigungspflicht zwar grundsätzlich erfüllen können, gleichwohl stünde die Erfüllbarkeit jedenfalls vor der Herausforderung der Quantität der Änderungen und damit erneut emergierenden Genehmigungsobliegenheiten. Eine kontinuierlich neu emergierende Genehmigungspflicht würde sich auch negativ auf die ohnehin schon bestehende Überbelastung der benannten Stellen und dadurch die Dauer des Genehmigungsverfahrens der Aktualisierung auswirken, was wiederum die Innovation hindern könnte.[836] Ferner bliebe auch der Nutzen von online lernfähigen Systemen weiterhin unausgeschöpft.[837]

Daher würde, sofern jede Aktualisierung eine Genehmigungspflicht nach Anhang IX Abschnitt 2.4 bzw. 4.10 MP-VO auslösen würde[838], die Innovationsförderung als einer der Schutzzwecke der MP-VO gefährdet werden.

*(2) Keine Korrektur durch antizipierte Erfüllung der Genehmigungspflicht*

Allerdings gibt es bereits einige Ansätze, die diese kontinuierlich neu emergierende Genehmigungspflicht zu verhindern versuchen.[839]

Manche Stimmen schlagen etwa vor, den Ansatz der FDA[840] eines sog. *predetermined change of control plan* auf den geltenden Rechtsrahmen zu übertragen.[841] Begründet wird dieser Ansatz teilweise damit, dass der geltende Rechtsrahmen der MP-VO in Art. 10 Abs. 9 MP-VO vorsehe, dass der Hersteller mit den benannten Stellen vertragliche Vereinbarungen über Veränderungen treffen müsse. In diesem Rahmen könne der Hersteller sodann Änderungen vorab überprüfen lassen.[842]

Diese Stimmen scheinen – im Einklang mit weiteren Stimmen in der Literatur[843] – davon auszugehen, dass die ständig neu emergierende Genehmigungspflicht

---

[836] *Schreitmüller*, Regulierung intelligenter Medizinprodukte, S. 153.

[837] *Schreitmüller*, Regulierung intelligenter Medizinprodukte, S. 153.

[838] Für den alternativen Ansatz dieser Arbeit, die Genehmigungspflicht des Anhang IX Abschnitt 2.4 bzw. 4.10 MP-VO bereits in der Entstehung durch eine antizipierte Bewertung der Dynamik als Produkteigenschaft zu verhindern, eingehend Kap. 2, E., II., 1., c).

[839] Vgl. *COCIR*, Artificial Intelligence in EU Medical Device Legislation, S. 12, abrufbar unter: siehe Quellenangaben; dem folgend *Gassner*, MPR 2022, 41, 50 f.; *Muresan*, LSR 2021, 17, 37 f. *Schreitmüller*, Regulierung intelligenter Medizinprodukte, S. 153 ff.

[840] Siehe für eine Darstellung des Ansatzes der FDA, Kap. 2, E., II., 1., c), bb).

[841] *COCIR*, Artificial Intelligence in EU Medical Device Legislation, S. 12, abrufbar unter: siehe Quellenangaben; dem folgend *Gassner*, MPR 2022, 41, 50 f.

[842] *COCIR*, Artificial Intelligence in EU Medical Device Legislation, S. 12, abrufbar unter: siehe Quellenangaben; dem folgend *Gassner*, MPR 2022, 41, 50 f.

[843] Vgl. *Muresan*, LSR 2021, 17, 38 f.; dem folgend *Schreitmüller*, Regulierung intelligenter Medizinprodukte, S. 153 ff., die nur von einer antizipierten Konformitätsbewertung spricht und nicht näher auf eine rechtliche Begründung und damit die Frage eingeht, ob diese antizipierte Bewertung die Erfüllung der Genehmigungspflicht nach Anhang IX Abschnitt 2.4 und 4.10 MP-VO vorverlagert. Da sie jedoch wiederholt auf den Ansatz von Muresan ver-

des Anhangs IX Abschnitt 2.4 bzw. 4.10 MP-VO durch eine antizipierte *Erfüllung* der Genehmigungspflicht des Anhangs IX Abschnitt 2.4 bzw. 4.10 MP-VO im initialen Konformitätsbewertungsverfahren verhindert werden könne.

Zu diesem Zweck soll der Zeitpunkt, in dem die Genehmigungspflicht des Abschnitts 2.4 und 4.10 Anhang IX MP-VO *erfüllt wird*, auf den Zeitpunkt des „initialen" Konformitätsbewertungsverfahrens vorverlagert werden, indem künftige Änderungen (vorgelagert) in dem initialen Konformitätsbewertungsverfahren antizipiert mit bewertet werden.[844] Diese Auslegung sei deshalb mit dem Wortlaut der Regel 4.10 Anhang IX MP-VO vereinbar, weil dieser fordere, dass die Genehmigung eingeholt werden müsse, sofern der Hersteller eine entsprechende Änderung plant.[845] Da der Hersteller aber bereits zum Zeitpunkt der Inverkehrgabe eines dynamischen Systems dessen Weiterentwicklung plane, könne der Zeitpunkt der Genehmigung i. S. d. Abschnitt 4.10 Anhang IX MP-VO auch vorgelagert werden.[846]

Obgleich dieser Ansatz ein erster Schritt in die richtige Richtung ist, steht einer vorgelagerten *Erfüllung* der Genehmigungspflicht durch eine initiale Bewertung der Änderung der insoweit recht eindeutige Wortlaut des Abschnitts 4.10 Anhang IX MP-VO in zweifacher Weise entgegen.

Zunächst einmal sieht Anhang IX Abschnitt MP-VO vor, dass der Zeitpunkt der Genehmigung *nach* dem initialen Konformitätsbewertungsverfahren liegen muss. Dies ergibt sich zunächst aus Abschnitts 4.10 Anhang IX MP-VO wonach die Änderung zu einem Zeitpunkt geplant wird, in dem die benannte Stelle die ursprüngliche EU-Konformitätsbescheinigung über die Bewertung „ausgestellt *hat*".[847] Damit betrifft der Zeitpunkt, in dem die Genehmigungspflicht erfüllt werden muss, den Zeitpunkt *nach* der initialen Konformitätsbewertung und gleichwohl *vor* der Umsetzung der Änderung. Eine antizipierte Erfüllung der Genehmigungs*pflicht* des *Anhangs IX Abschnitt 4.10 MP-VO* ist, entgegen der Auffassung von Teilen der Literatur[848], daher nicht vorgesehen.

---

weist, scheint sie diesem folgend davon auszugehen, dass durch die antizipierte Bewertung der Zeitpunkt der Erfüllung einer bestehenden Genehmigungspflicht nach Anhang IX Abschnitt 2.4 und 4.10 MP-VO vorverlagert wird.

[844] *Muresan*, LSR 2021, 17, 38 f.; dem folgend *Schreitmüller*, Regulierung intelligenter Medizinprodukte, S. 153 f.

[845] *Muresan*, LSR 2021, 17, 39; dem folgend *Schreitmüller*, Regulierung intelligenter Medizinprodukte, S. 153 ff.

[846] *Muresan*, LSR 2021, 17, 39; dem folgend *Schreitmüller*, Regulierung intelligenter Medizinprodukte, S. 153 ff.

[847] Vgl. hierfür den Wortlaut des Anhanges 4.10 S. 1 Anhang IX MP-VO (Hervorhebung hinzugefügt).

[848] Vgl. *Muresan*, LSR 2021, 17, 39; dem folgend *Schreitmüller*, Regulierung intelligenter Medizinprodukte, S. 153 ff.; in diese Richtung wohl bereits *COCIR*, Artificial Intelligence in EU Medical Device Legislation, S. 12, abrufbar unter: siehe Quellenangaben; dem folgend *Gassner*, MPR 2022, 41, 50 f.

Selbst wenn man diesen Umstand teleologisch oder durch eine entsprechende Anwendung überwinden könnte, steht diesem Ansatz auch die fehlende Prognostizierbarkeit der *konkreten* Änderung entgegen.[849] Zu beachten ist nämlich, dass die Genehmigungspflicht des Anhangs IX Abschnitt 4.10 MP-VO sich ausweislich des Wortlautes auf die Überprüfung und Genehmigung der *konkreten* Änderung bezieht. Dies ergibt sich zunächst aus Anhang IX Abschnitt 4.10 MP-VO, wonach sich die Genehmigung auf „diese" und damit eine konkrete Änderung bezieht. Ferner ergibt es sich auch aus Anhang VII Abschnitt 4.9 UAbs. 2 Var.2 MP-VO, der den von der benannten Stelle im Zusammenhang mit der Genehmigungspflicht einzuhaltenden Pflichtenkatalog normiert. Ausweislich dieser Vorschrift muss die benannte Stelle nämlich die „vorgeschlagenen Änderungen" überprüfen und bewerten, ob für „*diese(n)* Änderungen" die Konformitätsbewertung noch hinreichend ist.[850]

Die antizipierte Genehmigung der *konkreten* Änderung ist jedoch wegen der fehlenden Prognostizierbarkeit nicht möglich.[851]

Die Literatur will der fehlenden Prognostizierbarkeit der konkreten Änderung dadurch entgegentreten, dass sie, dem Ansatz der FDA[852] folgend, eine antizipierte Bewertung eines „predetermined change control plan" im Rahmen der initialen Konformitätsbewertung vorschlägt.[853] Obgleich dem Ansatz der FDA, der antizipierten Bewertung des „predetermined change control plan", wie später[854] eingehend gezeigt werden soll, nicht die fehlenden Prognostizierbarkeit entgegengesetzt werden kann, kann dieser Ansatz, sofern die Genehmigungspflicht *erst einmal entsteht*, nicht zum Zwecke der *Erfüllung* der *Genehmigungspflicht nach Anhang IX Abschnitt 4.10 MP-VO* übertragen werden.

Der Ansatz der FDA besteht nämlich darin, die „Dynamik" als Produkteigenschaft antizipiert dadurch zu bewerten, dass *nicht* die konkrete Änderung, sondern vielmehr nur der *Bezugspunkt* der Änderung und die *Sicherheitsmaßnahmen*, die

---

[849] Vgl. dafür, dass die konkrete Aktualisierung von lernfähigen Systemen nicht prognostizierbar ist, bereits Kap. 2, E., II., 1., b), bb), (1).

[850] Vgl. hierfür der Wortlaut des Anhanges VII Abschnitt 4.9 UAbs. 3 2.Var MP-VO (Hervorhebung hinzugefügt).

[851] Vgl. zur fehlenden Prognostizierbarkeit bereits Kap. 2, E., II., 1., b), bb), (1).

[852] Vgl. für eine Darstellung des Ansatzes der FDA, bereits Kap. 2, E., II., 1., c), bb).

[853] Vgl. *Schreitmüller*, Regulierung intelligenter Medizinprodukte, S. 153 ff.; in diese Richtung wohl auch *COCIR*, Artificial Intelligence in EU Medical Device Legislation, S. 12, abrufbar unter: siehe Quellenangaben; dem folgend *Gassner*, MPR 2022, 41, 50 f.

[854] Später soll noch ausführlich gezeigt werden, dass der Ansatz der FDA die fehlende Prognostizierbarkeit nicht unberücksichtigt lässt, sondern diesem Umstand vielmehr dadurch entgegentritt, dass der Ansatz von einer antizipierten Bewertung der konkreten Aktualisierung absieht und die Dynamik vielmehr durch eine Bewertung des Bezugspunktes der Lernfähigkeit, als auch der Sicherheitsmaßnahmen erfolgt, die getroffen werden, um die Sicherheit trotz der Lernfähigkeit zu gewährleisten, Kap. 2, E., II., 1., c), cc).

ergriffen werden, um die Sicherheit *trotz* der Aktualisierungsfähigkeit zu gewährleisten, antizipiert bewertet werden.[855]

Selbst wenn man über den Umstand hinwegsehen würde, dass die Genehmigung ausweislich des Anhangs IX Abschnitt 4.10 und des Anhangs VII Abschnitt 4.9 MP-VO zum Zeitpunkt *nach* dem initialen Konformitätsbewertungsverfahren eingeholt werden muss, würde dem in der Literatur[856] teilweise vorgeschlagene Ansatz einer antizipierten Erfüllung daher auch die fehlende Prognostizierbarkeit der *konkreten* Änderung entgegenstehen, die auch nicht durch den Ansatz der FDA korrigiert werden kann, weil der Ansatz der FDA keine Bewertung der *konkreten* Änderung, sondern nur des Bezugspunktes der Lernfähigkeit bzw. entsprechende Sicherheitsmaßnahmen vorsieht.

Würde die Aktualisierung von dynamischen Systemen als „Änderung“ an dem „genehmigten Produkt“ i. S. d. Anhangs IX Abschnitt 4.10 MP-VO angesehen, entstünde bei *jeder wesentlichen* Aktualisierung eine Genehmigungspflicht, was sich als unerfüllbar und damit als faktisches Marktzugangshindernis für dynamische Systeme darstellen würde. Dies könnte aus den beschriebenen Gründen auch *nicht* durch eine *antizipierte Erfüllung*[857] der Genehmigungspflicht des Anhangs IX Abschnitt 4.10 MP-VO korrigiert werden. Ließe man die Genehmigungspflicht des Anhangs IX Abschnitt 4.10 MP-VO entstehen, könnten dynamische Systeme aus tatsächlichen Gründen nicht in den Verkehr gegeben werden.

Sofern die Zertifizierbarkeit mit der Existenz der Regel 22 MP-VO begründet wird, weil Regel 22 MP-VO davon ausgehe, dass das System, „ohne menschliche Interaktion“ allein durch einen Algorithmus gesteuert werden, vermag dies nicht zu überzeugen.[858]

Zu beachten ist nämlich, dass der Grad an Automatisierung noch nicht notwendigerweise eine Aussage darüber trifft, inwieweit ein System auch am Anwendungskontext *weiterlernen* und sich *selbstständig* aktualisieren kann.[859]

---

[855] Vgl. für eine Darstellung des Ansatzes der FDA, Kap. 2, E., II., 1., c), bb).

[856] Vgl. *Schreitmüller*, Regulierung intelligenter Medizinprodukte, S. 118 ff.; in diese Richtung wohl bereits *COCIR*, Artificial Intelligence in EU Medical Device Legislation, S. 12, abrufbar unter: siehe Quellenangaben; dem folgend *Gassner*, MPR 2022, 41, 50 f.

[857] Etwas anderes gilt jedoch, wenn bereits die *Entstehung* der Genehmigungspflicht des Anhanges IX Abschnitt 4.10 MP-VO verhindert werden würde, ausführlich Kap. 2, E., II., 1., c).

[858] So aber *Gassner*, MPR 2021, 41, 51; dem folgend *Schreitmüller*, Regulierung intelligenter Medizinprodukte, S. 154.

[859] Vgl. hierfür bereits den Umstand, dass die FDA eine Leitlinie für Closed-Loop-Systeme herausgebracht hat, dessen Anwendbarkeit sie jedoch für ML-Systeme explizit ausschließt und ferner betont, dass Closed-Loop-Systeme nur *möglicherweise* mit ML-Systemen ausgestattet sind, *FDA*, Technical Considerations for Medical Devices with Physiologic Closed-Loop Control Technology, S. 5, S. 16, abrufbar unter: siehe Quellenangaben.

Vielmehr können geschlossene Regelsysteme, die zugleich eine Diagnose stellen, auch durch ein regelbasiertes System gesteuert werden, dessen Funktionsweise vollständig determiniert ist.[860] Sofern die Aktualisierungen tatsächlich als „Änderungen" zu qualifizieren wären, würde sich die Genehmigungspflicht des Anhangs IX Abschnitt 4.10 MP-VO als faktisches Marktzugangshindernis darstellen.

#### cc) Notwendigkeit der gesetzgeberischen Korrektur dieses Marktzugangshindernisses

Teilweise wird der Umstand, dass die Zertifizierbarkeit dynamischer Systeme faktisch nicht möglich ist, zumindest aktuell als noch gerechtfertigt begrüßt, da in dem derzeitig geltenden Rechtsrahmen nicht gewährleistet werden könne, dass die Konformitätsbewertung sich auch auf die Systemversion erstreckt, die durch die selbstständige Aktualisierung zukünftig entstehen kann.[861]

Um langfristig sicherzustellen, dass die Innovation nicht durch regulatorische Anforderungen behindert wird, sei der Unionsgesetzgeber gleichwohl aufgefordert, Regelungen zu schaffen, die gewährleisten, dass ein ausgewogenes Gleichgewicht zwischen der Förderung der Innovation und Gewährleistung der Sicherheit besteht.[862] Ausweislich des Erwägungsgrundes 1 MP-VO hat sich der Unionsgesetzgeber ausdrücklich dazu bekannt, die Innovation fördern zu wollen.[863] Daher müsste der Unionsgesetzgeber Regelungen schaffen, um auch dynamischen Systemen einen Marktzutritt zu gewähren und gleichzeitig sicherzustellen, dass die Konformitätsbewertung auch Aktualisierungen umfasst.[864]

Hinsichtlich der Ausgestaltung konkreter Lösungsansätze wird weit überwiegend auf den Ansatz der US-amerikanischen Zulassungsbehörde „Federal Drug Admnistration (FDA)" verwiesen, den diese in dem Diskussionspapier „Proposed Regulatory Framework for Modifications to Artificial Intelligence/Machine Lear-

---

[860] Vgl. *FDA*, Technical Considerations for Medical Devices with Physiologic Closed-Loop Control Technology, S. 16, abrufbar unter: siehe Quellenangaben.

[861] Vgl. *Frost*, MPR 2019, 117, 120.

[862] So *Frost*, MPR 2019, 117, 120; in diese Richtung auch *Heil*, MPR 2022, 1, 10; *Saliba*, in: Festschrift Gassner, S. 495 f.; a. A. *COCIR*, Artificial Intelligence in EU Medical Device Legislation, S. 12, abrufbar unter: siehe Quellenangaben; dem folgend *Gassner*, MPR 2022, 41, 50 f., der den Ansatz der FDA bereits de lege lata als übertragbar ansieht;

[863] Vgl. hierfür Erwägungsgrund 1, VO (EU) 2017/745, ABl. 2017/L117, S. 1; *Schreitmüller*, Regulierung intelligenter Medizinprodukte, S. 153 ff.; auch *Muresan*, LSR 2021, 17, 39, der jedoch betont, dass es „ungeachtet" der Übertragbarkeit des Ansatzes der FDA „im Interesse der Klarheit, Einheitlichkeit und Rechtssicherheit" begrüßenswert wäre, wenn entsprechend ausdrückliche Regelungen in die MP-VO aufgenommen werden würden.

[864] Vgl. etwa *Frost*, MPR 2019, 117, 120; *Heil*, MPR 2022, 1, 10; *Saliba*, in: Festschrift Gassner, S. 495 f.; vgl. hingegen Stimmen, die bereits derzeit von der Zertifizierbarkeit ausgehen, *COCIR*, Artificial Intelligence in EU Medical Device Legislation, S. 12, abrufbar unter: siehe Quellenangaben; *Gassner*, MPR 2021, 41, 51; *Muresan*, LSR 2021, 17, 39; dem folgend *Schreitmüller*, Regulierung intelligenter Medizinprodukte, S. 153 ff.

ning (AI/ML) – Based Software as a Medical Device (SaMD)" vorstellte.[865] An diesem Ansatz könne sich sodann auch ein künftiger Unionsgesetzgeber orientieren.[866]

#### dd) Zwischenergebnis

Zusammenfassend lässt sich daher statuieren, dass die bisher wohl vorherrschende Auffassung in der Literatur vertritt, dass selbstständige Aktualisierungen des Systems als „Änderungen" i. S. d. Anhangs IX Abschnitt 2.4 und 4.10 MP-VO zu qualifizieren sind.

Sofern man dem folgen würde, stünde der Zertifizierbarkeit die Genehmigungspflicht nach Anhang IX Abschnitt 2.4 und 4.10 MP-VO entgegen, weil diese wegen der Quantität und der fehlenden Prognostizierbarkeit der Aktualisierungen praktisch nicht erfüllbar wäre.

Etwas anderes kann auch nicht durch eine antizipierte *Erfüllung* der Genehmigungspflicht erreicht werden, da diesem Ansatz der eindeutige Wortlaut der Regelung des Anhangs IX Abschnitt 2.4 und 4.10 MP-VO entgegensteht, wonach eine Genehmigung *nach* der initialen Konformitätsbewertung einzuholen ist.

Selbst wenn man über diesen Umstand hinwegsieht, bezieht sich die Genehmigungspflicht des Anhangs IX Abschnitt 2.4 und 4.10 MP-VO auf die konkrete Aktualisierung, die jedoch zum Zeitpunkt der initialen Bewertung nicht prognostizierbar ist.

Sofern den Stimmen in der Literatur folgend, die Genehmigungspflicht des Anhangs IX Abschnitt 4.10 MP-VO *erst einmal entstehen* würde, würde sie sich als faktisches Marktzugangshindernis für dynamische Systeme auswirken. Dynamische Systeme wären sodann *nicht* zertifizierbar, wenn der Unionsgesetzgeber den Regelungsrahmen nicht entsprechend anpassen würde.

### *c) Alternativer Auslegungsansatz zur Gewährleistung der Zertifizierbarkeit*

Eine Regelungsnotwendigkeit wäre jedoch von vornherein nur dann anzunehmen, wenn für automatisierte Aktualisierungen aus Anhang IX Abschnitt 2.4 bzw. 4.10 MP-VO tatsächlich eine Genehmigungspflicht resultieren würde. Ob dies der Fall ist, soll in den folgenden Absätzen gleichwohl infrage gestellt werden.

---

[865] *Frost*, MPR 2019, 117, 120; *Heil*, MPR 2022, 1, 10; *Saliba*, in: Festschrift Gassner, S. 495 f.; a. A. *Muresan*, LSR 2021, 17, 39, *Schreitmüller*, Regulierung intelligenter Medizinprodukte, S. 153 ff.; *COCIR*, Artificial Intelligence in EU Medical Device Legislation, S. 12, abrufbar unter: siehe Quellenangaben; dem folgend *Gassner*, MPR 2022, 41, 50 f.; vgl. *FDA*, Proposed Framework for Modifications to AI/ML, S. 1 ff., abrufbar unter: siehe Quellenangaben; vgl. eingehend zu dem Ansatz der FDA, ausführlich S. 254 ff.

[866] Vgl. *Saliba*, in: Festschrift Gassner, S. 500 f.; bereits *Frost*, MPR 2019, 117, 120.

### aa) Entfall der Genehmigungspflicht – Zertifizierung der Dynamik als Eigenschaft

Obgleich es der vorherrschenden Auffassung[867] zu entsprechen scheint, dass automatisierte Aktualisierungen eines lernfähigen Systems, als „Änderungen" i. S. d. Anhangs IX Abschnitt 2.4 bzw. 4.10 MP-VO zu qualifizieren sind und dadurch die dort vorgesehene Genehmigungspflicht auslöst wird, könnte alternativ erwogen werden, dass durch eine antizipierte Bewertung der „Dynamik" als *Produkteigenschaft* die Aktualisierungen des Systems als *Teil* des genehmigten Produkts und *nicht* als *genehmigungsbedürftige* Änderungen zu qualifizieren wäre.

#### *(1) Änderung außerhalb des genehmigten Umfanges als Voraussetzung*

Ausweislich des Anhangs 4.10 S. 1 Anhang IX MP-VO lösen ausschließlich „Änderungen" an „*genehmigten* Produkten" eine Genehmigungspflicht durch die benannte Stelle aus.[868]

Obgleich aus der Vorschrift überwiegend[869] eine Genehmigungspflicht abgeleitet wird, *entstünde* die Genehmigungspflicht von vornherein erst gar nicht, wenn sich die automatisierte Aktualisierung des Systems im Rahmen des initial „*genehmigten*" hielte.[870]

Eine entsprechende Auslegung liegt deshalb nahe, da bei dynamischen KI-Systemen deren Zweckbestimmung gerade darin besteht, sich nach der Inverkehrgabe weiterzuentwickeln. Veränderung des KI-Systems ist – im Unterschied zu herkömmlichen Produkten – daher nicht nur möglich, sondern vielmehr die initiale Aufgabe des Systems. Daher bildet die Fähigkeit, sich selbstständig weiterzuentwickeln, eine – wenn auch dynamische – Eigenschaft des KI-Systems.

---

[867] Vgl. *Gassner*, MPR 2021, 41, 48, im Zusammenhang mit Abschnitt 2.4 und 4.10 des Anhanges IX; dem folgend *Saliba*, in: Festschrift Gassner, S. 496; ebenso *Handorn/Juknat*, MPR 2022, 77, 83, in Bezug auf 4.10 MP-VO; ebenso *Heil*, MPR 2022, 1, 10, Fn. 42, in Bezug auf Abschnitt 2.4; ebenso *Muresan*, LSR 2021, 17, 36 ff., der die Vorschriften jedoch sodann dahingehend auslegt, dass die Genehmigungspflicht antizipiert erfüllt werden kann; dem folgend *Schreitmüller*, Regulierung intelligenter Medizinprodukt, S. 153 ff.; in diese Richtung auch *COCIR*, Artificial Intelligence in EU Medical Device Legislation, S. 12, abrufbar unter: siehe Quellenangaben.

[868] Vgl. hierfür Art. 4.10 S. 1 Anhang IX MP-VO (Hervorhebung hinzugefügt).

[869] Vgl. *Gassner*, MPR 2021, 41, 48, im Zusammenhang mit Abschnitt 2.4 und 4.10 des Anhanges IX; dem folgend *Saliba*, in: Festschrift Gassner, S. 496; ebenso *Handorn/Juknat*, MPR 2022, 77, 83, in Bezug auf 4.10 MP-VO; ebenso *Heil*, MPR 2022, 1, 10, Fn. 42, in Bezug auf Abschnitt 2.4; ebenso *Muresan*, LSR 2021, 17, 36 ff., der die Vorschriften jedoch sodann dahingehend auslegt, dass die Genehmigungspflicht antizipiert erfüllt werden kann; dem wohl folgend *Schreitmüller*, Regulierung intelligenter Medizinprodukt, S. 153 ff.; in diese Richtung auch *COCIR*, Artificial Intelligence in EU Medical Device Legislation, S. 12, abrufbar unter: siehe Quellenangaben.

[870] Vgl. hierfür Art. 4.10 S. 1 Anhang IX MP-VO (Hervorhebung hinzugefügt).

Vor diesem Hintergrund könnte erwogen werden, die „Dynamik“ als Produkteigenschaft im Rahmen des initialen Konformitätsbewertungsverfahrens mitzubewerten.

Sofern sich eine künftige Aktualisierung *innerhalb* des initial bewerteten Rahmens hält, handelt es sich nicht um eine „Änderung“ an dem „genehmigten Produkt“, sondern um einen bereits „*genehmigten*“ Teil des Produkts, sodass bereits die *Entstehung* der Genehmigungspflicht des Anhangs IX Abschnitt 4.10 MP-VO verhindert würde.[871]

Im Unterschied zu dem in der Literatur teilweise[872] vorgeschlagenen Ansatz besteht der in dieser Arbeit vorgestellte Ansatz daher *nicht* darin, die *Erfüllung* einer *bestehenden* Genehmigungspflicht des Anhangs IX Abschnitt 4.10 MP-VO zu antizipieren, sondern vielmehr darin, durch eine antizipierte Bewertung der „Dynamik“ als Produkt*eigenschaft*, bereits die *Entstehung* der Genehmigungs*pflicht* nach Anhang IX Abschnitt 4.10 MP-VO zu verhindern.

Sofern eine entsprechende Zertifizierung der „Dynamik“ als Produkteigenschaft möglich ist, steht diesem Ansatz auch nicht der Wortlaut des Anhangs IX Abschnitt 4.10 MP-VO entgegen, der vorsieht, dass die Genehmigung von „Änderungen“ *nach* dem initialen Bewertungsverfahren eingeholt werden muss und sich diese zudem (auf die zu diesem Zeitpunkt nicht prognostizierbare) konkrete Änderung beziehen muss, weil die Genehmigungspflicht des Anhangs IX Abschnitt 4.10 MP-VO von vornherein *nicht besteht*.

*(2) Übertragbarkeit des Ansatzes auf Abschnitt 2.4 Anhang IX*

Selbst wenn dadurch die Entstehung der erneuten Genehmigung der technischen Dokumentation nach Anhang IX Abschnitt 4.10 MP-VO verhindert werden könnte, würde es der Zertifizierbarkeit von dynamischen Systemen jedoch auch entgegenstehen, wenn gem. Anhang IX Abschnitt 2.4 MP-VO die Genehmigungspflicht des Qualitätsmanagementsystems kontinuierlich neu entstehen würde.

Im Unterschied zu Anhang IX Abschnitt 4.10 MP-VO spricht der Wortlaut des Anhangs IX Abschnitt 2.4 MP-VO nicht von einer Änderung an dem „genehmigten Produkt“, sondern allgemein von „wesentlichen Änderungen“ an der von dem Qualitätsmanagementsystem erfassten „Produktpalette“. Jedenfalls der Wortlaut legt daher nahe, dass die Genehmigungspflicht des Anhangs IX Abschnitt 2.4 MP-VO für *jede* wesentliche Änderung ausgelöst wird, unabhängig davon, was initial bereits bewertet wurde. Wäre dies der Fall, würde der vorgeschlagene Ansatz an der Übertragbarkeit auf Anhang IX Abschnitt 2.4 MP-VO scheitern.

---

[871] Vgl. hierfür Art. 4.10 S. 1 Anhang IX MP-VO (Hervorhebung hinzugefügt).

[872] So *Muresan*, LSR 2021, 17, 38 f.; dem folgend *Schreitmüller*, Regulierung intelligenter Medizinprodukte, S. 153 ff.; in diese Richtung wohl bereits *COCIR*, Artificial Intelligence in EU Medical Device Legislation, S. 12, abrufbar unter: siehe Quellenangaben; *Gassner*, MPR 2021, 41, 51.

Dem müssen jedoch teleologische Gesichtspunkte entgegengehalten werden. Im Rahmen des Genehmigungsverfahrens nach Anhang IX Abschnitt 2.4 MP-VO wird überprüft, ob *trotz* der Veränderung die Anforderungen des Anhangs IX Abschnitt 2.2 MP-VO noch erfüllt werden können. Sofern die jeweilige Qualitätsmanagementmaßnahme initial gerade dazu konzipiert wurde, zu gewährleisten, dass die Konformität mit Anhang I MP-VO *trotz* der Lernfähigkeit sichergestellt ist, würde ein Genehmigungsverfahren dazu führen, dass bei jeder Änderung eine erneute Bewertung der Maßnahmen erfolgen müsste, obwohl die Qualitätsmanagementmaßnahmen gerade für den Fall einer selbstständigen Weiterentwickelung konzipiert und bewertet wurden.

Gemäß Art. 10 Abs. 9 MP-VO bezieht sich das Qualitätsmanagementsystem auf „Verfahren". Sofern die vom Hersteller etablierten „Verfahren" gerade zur Begegnung der Sicherheitsrisiken etabliert wurden, die aus der selbstständigen Aktualisierungsfähigkeit resultieren, können diese Maßnahmen auch dann Gültigkeit beanspruchen, wenn das System sich selbstständig aktualisiert. Daher kann – sofern die Dynamik als Produkteigenschaft initial als Teil des Qualitätsmanagementsystems bewertet wird – im Wege der teleologischen Reduktion[873] von der Genehmigungspflicht des Anhangs IX Abschnitt 2.4 MP-VO abgesehen werden, um so zu gewährleisten, dass nicht eine doppelte Konformitätsbewertung mit einem identischen Inhalt erfolgt, die nicht mit einem sicherheitsrechtlichen Mehrwert gerechtfertigt werden kann.

*(3) Herausforderungen der Zertifizierung der Dynamik als Eigenschaft*

Gleichwohl wäre für die Qualifizierung der selbstständigen Aktualisierung als Teil des „genehmigten Produkts" Voraussetzung, dass die „Dynamik" als *Produkteigenschaft* überhaupt zertifizierbar wäre.

Herausforderungen ergeben sich jedoch dahingehend, dass es sich im Unterschied zu einer körperlichen Produkteigenschaft nicht um eine statische Zustandsbeschreibung, sondern ein dynamisches Merkmal handelt. Erhebliche Schutzlücken in Bezug auf die Sicherheit des Medizinprodukts wären jedenfalls dann zu erwarten, wenn die Dynamik als *abstrakte* Möglichkeit, dass ein System sich selbstständig weiterentwickeln kann, zertifiziert würde. In diesem Fall würde sich die Konformitätsbewertung – zumindest inhaltlich – überhaupt nicht auf zukünftige Aktualisierungen erstrecken. Dies hätte sodann auch eine nicht gerechtfertigte Privilegierung von dynamischen Systemen gegenüber deterministischen Systemen zur Folge.

Andererseits stößt die Zertifizierung zukünftiger *konkreter* Aktualisierungen eines lernfähigen Systems auf die fehlende Prognostizierbarkeit, sodass eine anti-

[873] Vgl. zur teleologischen Reduktion im Rahmen des Sekundärrechts, *Riesenhuber*, Europäische Methodenlehre, S. 227 f.

zipierte Bewertung der *konkreten* Änderungen ebenfalls nicht möglich wäre.[874] Daher ist fraglich, inwieweit die „Dynamik" als Produkteigenschaft überhaupt zertifiziert werden kann.

### bb) Ansatz der FDA zur antizipierten Bewertung zukünftiger Aktualisierungen

Einen Vorschlag, wie sich dieses Spannungsfeld in Bezug auf die antizipierte Bewertung der Dynamik als Produkteigenschaft lösen lässt, schlägt die FDA „Food and Drug Administration" (FDA) in dem von ihr vorgeschlagenen Diskussionspapier „Proposed Regulatory Framework for Modifications to Artificial Intelligence/ MAchine Learning (AI/ML) – Based Software as as Medical Device (SaMD)[875]" vor.[876]

#### *(1) Antizipierte Bewertung eines Änderungskontrollplans*

Im US-amerikanischen Recht setzt die Inverkehrgabe von Medizinprodukten eine Zulassung durch die dafür zuständige staatliche Behörde, die sog. *Food and Drug Administration* (FDA) voraus.[877] Sobald ein Produkt als Medizinprodukt[878]

---

[874] Vgl. für die Stimmen, die wegen der fehlenden Prognostizierbarkeit der konkreten Änderung die Umsetzbarkeit einer antizipierten Bewertung i. S. d. Art. 43 Abs. 4 UAbs. 2 KI-VOE im Zusammenhang mit dem Kommissionsentwurf bezweifelten, *Bomhard/Merkle*, RDi 2021, 276, 281; *Rostalski/Weiss*, ZfDR 2021, 329, 349; *Heil*, MPR 2022, 1, 10; *Spindler*, CR 2021, 361, 370; vgl. kritisch zum Ansatz der FDA, *Gassner/Juknat*, EPLR 2019, 176, 180; vgl. dazu, dass die zukünftigen Aktualisierungen von KI-Systemen im Einzelnen nicht prognostizierbar sind, bereits Kap. 2, E., II., 1., b), bb), (1).

[875] Vgl. *FDA*, Proposed Regulatory Framework for Modifications to AI/ML, abrufbar unter: siehe Quellenangaben.

[876] Obgleich es bereits eine Reihe von Ansätzen gibt, die den im Diskussionspapier der FDA vorgestellten Ansatz auf die MP-VO übertragen wollen, kann die Art und Weise, wie diese Übertragung vorgeschlagen wird, bisher noch nicht überzeugen, hierzu bereits Kap. 2, E., II., 1., b), bb), (2).

[877] Seinen normativen Niederschlag findet das US-amerikanische Medizinprodukterecht in Kapitel 9 Titel 21 des United States Code (USC) sog. Federal Food, Drug and Cosmetic Act, der wiederum durch die Anforderungen des Titel 21 des Codes of Federal Regulations (21 CFR) an die Zulassung von Medizinprodukten ergänzt wird, die durch eine Vielzahl an Leitlinien noch weiter erläutert werden, vgl. hierzu eingehend *Hasenteufel/Renaud*, Software als Medizinprodukt, S. 182 ff.

[878] Um ein Medizinprodukt handelt es sich dann, wenn das Produkt in eine der in § 321 (h) 21 USC genannten Produktkategorien fällt und zudem eine der dort genannten medizinischen Zweckbestimmungen erfüllt, vgl. *Hasenteufel/Renaud*, Software als Medizinprodukt, S. 185 f.; obgleich im Unterschied zu dem europäischen Medizinprodukterecht „Software" keine ausdrückliche Erwähnung findet, ergibt sich aus § 360j(o) 21 USC, dass auch Software als Medizinprodukt qualifiziert werden kann, vgl. *Hasenteufel/Renaud*, Software als Medizinprodukt, S. 186 f.; gem. 360j(o) 21 USC ist Software, die eine der dort enumerativ aufgelisteten Zweckbestimmungen erfüllt, nicht als Medizinprodukt i. S. d. § 321(h) 21 USC zu qualifizieren. Zu den dort aufgeführten Zweckbestimmungen gehören insbesondere allgemeine Zwecke, oder die Förderungen des gesunden Lebensstiles, als auch der Umstand, dass

qualifiziert ist, werden in Abhängigkeit von der Risikoklasse gem. § 360c 21 USC, mit dem „De-Novo-Verfahren", der 510 (k) „Pre-Market Notification" und dem „Pre-market Approaval", drei unterschiedliche Zulassungswege differenziert.[879] Sobald die FDA die Zulassung erteilt hat, bestimmt 21 CFR 807.81 (a) (3), dass eine neue „Pre-Market Notification" dann durchzuführen ist, wenn das Produkt sich erheblich geändert hat oder in seinem Design modifiziert wurde.[880] Diese Schwelle ist dann überschritten, wenn durch die Veränderung die Sicherheit und Leistungsfähigkeit des Produkts beeinflusst oder die Zweckbestimmung des Medizinprodukts verändert wird.[881]

Speziell für Medizinprodukte-Software hat die FDA eine Leitlinie „Deciding when to submit a 510 (k) for a Software Change to an Existing Device" veröffentlicht, die die Frage, ab wann eine wesentliche Änderung bei Aktualisierungen von Software anzunehmen ist, näher konkretisiert.[882] Danach sei jedenfalls bei rein kosmetischen Änderungen der Software keine neue Bewertungspflicht ausgelöst.[883] Sofern die Veränderung die Softwarearchitektur betrifft oder der Herstellung der Kompatibilität mit einem neuen Betriebssystem oder einer neuen Hard- oder Middleware dient, hängt die Frage, ob der Umfang der Veränderung die Schwelle der Wesentlichkeit überschreitet, davon ab, ob durch die Veränderung neue Risiken emergieren.[884]

Da dieser Regelungsrahmen viele Parallelen zu den Voraussetzungen hat, unter denen auch im europäischen Rechtsrahmen eine Re-Zertifizierung erfolgen muss[885], ist es nicht überraschend, dass auch die FDA die Eignung dieses Rechtsrahmens für Systeme, die sich selbstständig weiterentwickeln können, infrage stellte.[886]

---

die Software nicht dazu bestimmt ist, eine medizinische Entscheidung zu unterstützen, vgl. *Hasenteufel/Renaud*, Software als Medizinprodukt, S. 186 f.

[879] Vgl. hierzu eingehend *Hasenteufel/Renaud*, Software als Medizinprodukt, S. 186 ff.; ebenso *FDA*, Proposed Regulatory Framework for Modifications to AI/ML, S. 2, abrufbar unter: siehe Quellenangaben.

[880] Vgl. *FDA*, When to Submit a 510 (k) for a Software Change to an Existing Device, abrufbar unter: siehe Quellenangaben.

[881] Vgl. *FDA*, When to Submit a 510 (k) for a Software Change to an Existing Device, S. 10 ff., abrufbar unter: siehe Quellenangaben.

[882] Vgl. *FDA*, When to Submit a 510 (k) for a Software Change to an Existing Device, S. 10 ff., abrufbar unter: siehe Quellenangaben.

[883] Vgl. *FDA*, When to Submit a 510 (k) for a Software Change to an Existing Device, S. 16, abrufbar unter: siehe Quellenangaben.

[884] Vgl. *FDA*, When to Submit a 510 (k) for a Software Change to an Existing Device S. 15 f., abrufbar unter: siehe Quellenangaben.

[885] Eingehend dazu, dass auch im Rahmen der MP-VO eine Genehmigungspflicht nach Anhang IX Abschnitt 2.4 und 4.10 MP-VO nur für Änderungen besteht, die die Schwelle der Wesentlichkeit überschreiten, Kap. 2, E., II., 1., a).

[886] Vgl. *FDA*, Proposed Regulatory Framework for Modifications to AI/ML, S. 2 ff., abrufbar unter: siehe Quellenangaben.

Obgleich nicht alle Aktualisierungen eines KI-Systems eine neue Bewertungspflicht auslösten, sei von den meisten Aktualisierungen dynamischer Systeme die Software-Architektur betroffen oder setze ein erneutes Training mit neuen Datensätzen voraus, sodass vermehrt die Schwelle der Wesentlichkeit überschritten sei.[887]

Um diese Regelungslücke zu schließen, stellte die FDA einen „Total Product Lifycycle Regulatory Approach for AI/ML Based SaMD“ vor, der einerseits verhindern soll, dass eine Konformitätsbewertungspflicht kontinuierlich neu emergiert, und andererseits dennoch die Sicherheit des Systems gewährleisten soll.[888]

Um zu verhindern, dass eine wesentliche Änderung oder Modifikation des KI-basierten Produkts ein neues Bewertungsverfahren auslöst, soll durch die Bewertung eines „predetermined change control plan“ die Bewertung der Sicherheit der Aktualisierungen des Systems auf den Zeitpunkt der Zulassung *vorverlagert* werden.[889] Zu diesem Zweck müssten in einem „predetermined change control plan“ sowohl die geplanten Veränderungen (sog. *SaMD Pre-Specifications – SPS*) als auch Maßnahmen determiniert werden, mit denen den durch die Veränderung entstehenden Risiken wirksam entgegengetreten werden kann (sog. *Algorithm Change Protocol – ACP*).[890]

Sofern sich eine Veränderung nach der Zulassung innerhalb des Rahmens bewegt, der von dem „predetermined change control plan“ abgedeckt ist, ist sodann auch keine erneute Bewertung erforderlich.[891] Eine Re-Evaluierung ist nur dann notwendig, wenn sich die Veränderung außerhalb des zuvor in dem SPS und ACP determinierten Rahmens bewegt.[892] Selbst wenn die Grenze dessen überschritten werde, führte dies gleichwohl nicht zwingend zu einer Re-Evaluierung des gesamten KI-Systems, sondern beschränkte sich die neue Überprüfung gezielt nur auf den Teil der konkreten Veränderung.[893] Eine vollständige Re-Evaluierung sei hingegen nur dann notwendig, wenn die Veränderung zu einem neuen Verwendungszweck des Systems führe.[894]

---

[887] Vgl. *FDA*, Proposed Regulatory Framework for Modifications to AI/ML, S. 3, abrufbar unter: siehe Quellenangaben.

[888] Vgl. *FDA*, Proposed Regulatory Framework for Modifications to AI/ML, S. 7 ff., abrufbar unter: siehe Quellenangaben.

[889] Vgl. *FDA*, Proposed Regulatory Framework for Modifications to AI/ML, S. 10 ff., abrufbar unter: siehe Quellenangaben.

[890] Vgl. *FDA*, Proposed Regulatory Framework for Modifications to AI/ML, S. 10 f., abrufbar unter: siehe Quellenangaben.

[891] Vgl. *FDA*, Proposed Regulatory Framework for Modifications to AI/ML, S. 12 f., abrufbar unter: siehe Quellenangaben.

[892] Vgl. *FDA*, Proposed Regulatory Framework for Modifications to AI/ML, S. 13, abrufbar unter: siehe Quellenangaben.

[893] Vgl. *FDA*, Proposed Regulatory Framework for Modifications to AI/ML, S. 13, abrufbar unter: siehe Quellenangaben.

[894] Vgl. *FDA*, Proposed Regulatory Framework for Modifications to AI/ML, S. 13, abrufbar unter: siehe Quellenangaben.

*(2) Prozesszertifizierung zur Begegnung der fehlenden Prognostizierbarkeit*

Da die konkreten Änderungen nicht vorher determiniert werden können, könnte diesem Ansatz jedoch wiederum die fehlende Prognostizierbarkeit der konkreten Aktualisierung entgegenzusetzen sein.[895] Gleichwohl blieb der Umstand, dass die *konkrete* Änderung nicht prognostizierbar ist, nicht unberücksichtigt, weshalb dem Ansatz keine Pflicht zur Beschreibung der *konkreten* Änderung des Systems zu entnehmen ist.[896]

Zwar müssen im Rahmen des „SaMD Pre-Specifications"-Plans, als Teil des Änderungskontrollplans, die Änderungen an dem KI-System beschrieben werden, gleichwohl beschränkt sich dies nur auf eine Beschreibung der „Region einer potenziellen Änderung".[897] Zu diesem Zweck muss angegeben werden, ob sich die geplante Änderung auf die klinische oder analytische Leistungsfähigkeit des Systems, eine Veränderung der Eingabedaten oder eine Veränderung der Zweckbestimmung beziehen wird.[898] Da KI-Systeme sich nur innerhalb der von den Entwicklern vorher determinierten Grenzen weiterentwickeln können, mag zwar die konkrete Änderung nicht bestimmbar sein, gleichwohl ist *jedenfalls* der Bezugspunkt einer künftigen Änderung vorher bestimmbar, sodass diese Beschreibung sich nicht dem Hindernis einer fehlenden Prognostizierbarkeit ausgesetzt sehen würde.[899]

Obgleich nach dem Ansatz der FDA im Rahmen des „Algorithm Change Protocol"-Planes, als zweiter Teil des Änderungskontrollplanes, eine Beschreibung dessen vorzunehmen ist, „Wie" der Algorithmus weiterlernt und sich verändern wird, ist die Beschreibung gleichwohl dennoch auf Angaben beschränkt, die sich noch innerhalb des Rahmens halten, der für den Hersteller voraussehbar ist.[900] Erforderlich aber auch ausreichend ist es, wenn eine Beschreibung der Datenmanagementverfahren, der Art und Weise der Protokollierungen sowie Qualitätssi-

---

[895] Vgl. kritisch zum Vorschlag der FDA, *Gassner/Juknat*, EPLR 2019, 176, 180; kritischen in Bezug auf den Ansatz der KI-VOE, der an diesen Ansatz angelehnt ist, *Bomhard/Merkle*, RDi 2021, 276, 281; dem folgend *Rostalski/Weiss*, ZfDR 2021, 329, 349; *Heil*, MPR 2022, 1, 10; ebenso kritisch *Spindler*, CR 2021, 361, 370.

[896] Vgl. *FDA*, Proposed Regulatory Framework for Modifications to AI/ML, S. 10 f., abrufbar unter: siehe Quellenangaben.

[897] Vgl. *FDA*, Proposed Regulatory Framework for Modifications to AI/ML, S. 10, abrufbar unter: siehe Quellenangaben.

[898] Vgl. *FDA*, Proposed Regulatory Framework for Modifications to AI/ML, S. 10 f., abrufbar unter: siehe Quellenangaben.

[899] Vgl. hierfür auch *Europäische Kommission*, Bericht zum Weißbuch, COM 2020 64 final, S. 8, Fn. 34.

[900] Vgl. *FDA*, Proposed Regulatory Framework for Modifications to AI/ML, S. 10 f., S. 19, abrufbar unter: siehe Quellenangaben.

cherungsmaßnahmen und die verwendeten Trainings- und Testdaten erfolgt.[901] Auch hier wird daher keine Beschreibung der *konkreten* Änderung gefordert.[902]

Weiterhin sieht der Ansatz der FDA vor, dass geeignete Maßnahmen angegeben werden müssen, mit denen die Leistungsfähigkeit bewertet werden soll, was insbesondere eine Angabe der Metriken zur Messung der Leistungsfähigkeit, statische Analysepläne und die Frequenz der Bewertung der Systeme umfasst.[903] Zudem muss die Lernfähigkeit beschrieben werden, indem die verwendeten Lernverfahren, der Bezugspunkt der lernfähigen Parameter als auch die Art und Weise, wie eine Aktualisierung umgesetzt wird, skizziert werden.[904]

Im Ergebnis begegnet der Ansatz der FDA der fehlenden Prognostizierbarkeit zukünftiger Veränderungen dadurch, dass von der Bewertung zukünftiger konkreter Änderungen abgesehen wird und sich darauf beschränkt wird, die Eignung der Maßnahmen zu überprüfen, mit denen die Sicherheit des Systems, trotz der selbstständigen Aktualisierungsfähigkeit zukünftig gewährleistet werden kann.[905]

Damit begegnet die FDA der Dynamik der Systeme, in dem sie eine Kombination aus einer Produkt- und Prozessbewertung vorschlägt.[906] Während eine Produktbewertung sich auf feststehende (meist auch körperliche) Eigenschaften eines Produkts bezieht, indem die statische Funktionsweise des Produkts oder statische körperlichen Eigenschaften bewerteten werden, bezieht sich die Prozessbewertung entweder allgemein auf Herstellungs-, Entwicklungs- oder Einführungsprozesse oder im Besonderen auf konkrete Prozesse, die zur Sicherheit etabliert werden.[907] Als „Momentaufnahme" stellt sich indes nur die Produktzertifizierung dar, während eine Prozesszertifizierung demgegenüber den Vorteil hat, dass nicht nur der (statische) Zustand bewertet wird, sondern vielmehr das Verfahren, das selbst bei einer Änderung des zugrunde liegenden Produkts gleichbleibend ist.[908]

---

[901] Vgl. *FDA*, Proposed Regulatory Framework for Modifications to AI/ML, S. 11, abrufbar unter: siehe Quellenangaben.

[902] Vgl. *FDA*, Proposed Regulatory Framework for Modifications to AI/ML, S. 11, S. 19, abrufbar unter: siehe Quellenangaben.

[903] Vgl. *FDA*, Proposed Regulatory Framework for Modifications to AI/ML, S. 11, S. 19, abrufbar unter: siehe Quellenangaben.

[904] Vgl. *FDA*, Proposed Regulatory Framework for Modifications to AI/ML, S. 19, abrufbar unter: siehe Quellenangaben.

[905] Vgl. für Stimmen, die eine „Mischform aus Produkt- und Prozesszertifizierung" als unbedingt notwendig erachten, um die Zertifizierbarkeit dynamischer Systeme zu gewährleisten, *Heesen et al.*, Zertifizierung II, S. 22 ff., abrufbar unter: siehe Quellenangaben.

[906] *Heesen et al.*, Zertifizierung II, S. 23, abrufbar unter: siehe Quellenangaben.

[907] *Heesen et al.*, Zertifizierung II, S. 23, abrufbar unter: siehe Quellenangaben.

[908] *Heesen et al.*, Zertifizierung II, S. 23, abrufbar unter: siehe Quellenangaben.

Eine Zertifizierung der „Dynamik“ als Produkteigenschaft ist dann möglich, wenn die Dynamik als Eigenschaft durch eine Prozesszertifizierung initial mit bewertet wird.[909]

*(3) Anforderungen an die Gewährleistung der Sicherheit trotz Aktualisierung*

Ergänzend sieht die FDA vor, dass diese antizipierte Bewertung des Änderungskontrollplans noch durch ein Qualitätsmanagementsystem und die Etablierung von „Good Machine Learning Practices“ zu ergänzen sei.[910] Nur so könne sichergestellt werden, dass die klinische Leistungsfähigkeit des KI-basierten Medizinprodukts auch zukünftig nicht beeinträchtigt werde und könne sichergestellt werden, dass der „Output“ der Systeme klinisch korrekt und für die medizinische Zweckbestimmung geeignet ist.[911]

Ferner setze die Funktionsfähigkeit des vorgeschlagenen Regelungssystems auch die Transparenz der Systeme voraus.[912] Zu diesem Zweck müsse technisch gewährleistet werden, dass das System die Gerätehersteller, Kliniker, Patienten oder sonstige Anwender über selbstständig vorgenommene Aktualisierungen informiert.[913] Ferner müsse der Hersteller sicherstellen, dass in der Gebrauchsanweisung, durch genaue und vollständige Angaben über die Aktualisierungsfähigkeit des Systems aufklärt wird.[914] Sobald ein System einer Aktualisierung unterliegt, die sich auf die Kompatibilität mit anderen Geräten, Zubehör oder sonstige Produkte auswirkt, sei zudem eine Benachrichtigungspflicht des Herstellers gegenüber den Anwendern vorauszusetzen.[915] Zu diesem Zweck könne auf unterschiedliche Kommunikationsverfahren, wie Briefe, E-Mails oder Software-Benachrichtigungen, zurückgegriffen werden.[916]

Abgesehen von diesen Informationspflichten hielt die FDA zur Herstellung der Transparenz auch eine Echtzeit-Überwachung der Leistungsfähigkeit des Produkts

---

909 Vgl. dafür, dass die Dynamik dann keine Herausforderung für das Konformitätsbewertungsverfahren darstellt, wenn eine Prozesszertifizierung erfolgt, *Heesen et al.*, Zertifizierung II, S. 23, abrufbar unter: siehe Quellenangaben.

910 Vgl. *FDA*, Proposed Regulatory Framework for Modifications to AI/ML, S. 9 ff., abrufbar unter: siehe Quellenangaben.

911 Vgl. *FDA*, Proposed Regulatory Framework for Modifications to AI/ML, S. 9 ff., abrufbar unter: siehe Quellenangaben.

912 Vgl. *FDA*, Proposed Regulatory Framework for Modifications to AI/ML, S. 14 ff., abrufbar unter: siehe Quellenangaben.

913 Vgl. *FDA*, Proposed Regulatory Framework for Modifications to AI/ML, S. 9 ff., abrufbar unter: siehe Quellenangaben.

914 Vgl. *FDA*, Proposed Regulatory Framework for Modifications to AI/ML, S. 14, abrufbar unter: siehe Quellenangaben.

915 Vgl. *FDA*, Proposed Regulatory Framework for Modifications to AI/ML, S. 14, abrufbar unter: siehe Quellenangaben.

916 Vgl. *FDA*, Proposed Regulatory Framework for Modifications to AI/ML, S. 14, abrufbar unter: siehe Quellenangaben.

durch den Hersteller für erforderlich.[917] Zu diesem Zweck müssten geeignete Überwachungsmechanismen, wie jährliche Berichtspflichten oder andere Mechanismen etabliert werden, die derzeit in Pilotprojekten der FDA entwickelt würden.[918] Diese Überwachungsmechanismen könnten ihren Anknüpfungspunkt auch in Dokumentationspflichten, jährlichen Berichtspflichten oder Projekten, wie etwa das „Case for Qualität" oder das „Pre-Cert Programm" finden.[919]

Sofern diese Anforderungen eingehalten würden, könnte die Sicherheit der Systeme, trotz der Fähigkeit sich selbstständig zu aktualisieren, hinreichend gewährleistet werden.

*(4) Zwischenergebnis*

Der Ansatz der FDA begegnete der fehlenden Prognostizierbarkeit der *konkreten* Änderung dadurch, dass die antizipierte Bewertung sich nicht auf die konkrete Aktualisierung, sondern vielmehr den determinierbaren Bezugspunkt künftiger Änderungen und Maßnahmen bezieht, mit denen die Sicherheit der Systeme trotz der selbstständigen Aktualisierungen sichergestellt werden kann. Um dennoch die Sicherheit der konkreten Änderungen zu gewährleisten, sieht der Ansatz der FDA ergänzend vor, dass diese antizipierte Bewertung durch Qualitätsmanagementmaßnahmen und Transparenzanforderungen ergänzt wird.

cc) Übertragbarkeit auf die Genehmigungspflichten des Anhangs IX *de lege lata*

Es gab bereits einige Ansätze, den Ansatz der FDA auf den geltenden Regelungsrahmen der MP-VO zu übertragen[920], um so zu verhindern, dass die Genehmigungspflicht des Anhangs IX Abschnitt 4.10 MP-VO kontinuierlich neu emergiert und sich für dynamische Systeme zum Marktzugangshindernis auswirkt. Bisher wurde jedoch vorgeschlagen, die Genehmigungspflicht des Anhangs IX Ab-

---

[917] Vgl. *FDA*, Proposed Regulatory Framework for Modifications to AI/ML, S. 15, abrufbar unter: siehe Quellenangaben.

[918] Vgl. *FDA*, Proposed Regulatory Framework for Modifications to AI/ML, S. 15, abrufbar unter: siehe Quellenangaben.

[919] Vgl. *FDA*, Proposed Regulatory Framework for Modifications to AI/ML. S. 15, abrufbar unter: siehe Quellenangaben. mit Verweis auf das Projekt „Case for Qualität", vgl. *FDA*, Case for Quality und das Pre-Cert-Programm, abrufbar unter: siehe Quellenangaben, vgl. *FDA*, The Software Precertification (Pre-Cert), abrufbar unter: siehe Quellenangaben.

[920] Vgl. hierfür *Muresan*, LSR 2021, 17, 38 f.; *Schreitmüller*, Regulierung intelligenter Medizinprodukte, S. 153 ff.; in diese Richtung wohl bereits *COCIR*, Artificial Intelligence in EU Medical Device Legislation, S. 12, abrufbar unter: siehe Quellenangaben; dem folgend *Gassner*, MPR 2021, 41, 51.

schnitt 4.10 MP-VO antizipiert zu *erfüllen*, indem, dem Ansatz der FDA folgend, initial der Änderungskontrollplan überprüft wird.[921]

Dem steht jedoch der insoweit eindeutige Wortlaut des Anhangs IX Abschnitt 4.10 MP-VO in zweifacher Hinsicht entgegen: Einerseits bezieht sich der Zeitpunkt, in dem die Genehmigung eingeholt werden muss, auf den Zeitpunkt *nach* der initialen Bewertung, andererseits bezieht sich die Genehmigung auf die zu diesem Zeitpunkt nicht prognostizierbare *konkrete* Änderung.[922]

Sofern jedoch bereits die Entstehung der Genehmigungspflicht des Anhangs IX Abschnitt 4.10 MP-VO verhindert werden kann, indem die „Dynamik" als Produkteigenschaft antizipiert mit bewertet wird und sich die Aktualisierung innerhalb dieses Rahmens befindet, kann die Änderung Teil des „genehmigten" Produkts sein, sodass die Genehmigungspflicht des Anhangs IX Abschnitt 4.10 MP-VO erst gar nicht entsteht.[923]

Dies setzt jedoch voraus, dass die „Dynamik" als Produkteigenschaft überhaupt zertifizierbar ist. Das ist jedoch nur dann der Fall, wenn, dem Ansatz der FDA folgend, sich die Konformitätsbewertung im Rahmen der MP-VO nicht als reine Zustandsbewertung darstellt, sondern die „Dynamik" durch eine antizipierte Bewertung von *gleichbleibenden* Prozessen als Produkteigenschaft mit bewertet werden kann.

*(1) Kritisierte Statik des Konformitätsbewertungssystems der MP-VO*

Gegenstand des Konformitätsbewertungsverfahrens Anhang IX MP-VO ist die technische Dokumentation und das Qualitätsmanagementsystem.[924] Daher sind vom Umfang der Konformitätsbewertung alle Umstände erfasst, die als Teil der technischen Dokumentation oder des Qualitätsmanagementsystems einer Überprüfung durch eine benannte Stelle unterliegen.

Teil der technischen Dokumentation ist gem. Anhang II Abschnitt 4 MP-VO insbesondere der Nachweis der Einhaltung der für das jeweilige Produkt anwendbaren grundlegenden Sicherheits- und Leistungsanforderungen nach Anhang I MP-VO.[925] Eine Zertifizierbarkeit wäre jedenfalls dann infrage zu stellen, wenn sich die

---

[921] Vgl. für eine Begründung, dass diese Ansätze wegen des in zweifacher Hinsicht entgegenstehenden Wortlautes des Anhanges IX Abschnitt 2.4 und 4.10 MP-VO nicht überzeugen können, bereits Kap. 2, E., II., 1., b), bb), (2).

[922] Vgl. hierzu bereits Kap. 2, E., II., 1., b), bb), (2).

[923] Vgl. hierzu bereits Kap. 2, E., II., 1., c).

[924] *Mayr/Thiermann/Schrack/Kiesselbach*, Medizinprodukterecht, § 2, Rn. 81.

[925] *Hasenteufel/Renaud*, Software als Medizinprodukt, S. 18; *Mayr/Thiermann/Schrack/Kiesselbach*, Medizinprodukterecht, § 2, Rn. 79; vgl. ferner auch die Legaldefinition für das Konformitätsbewertungsverfahren in Art. 2 Nr. 40 MP-VO, wonach in dem Bewertungsverfahren, die Einhaltung der „Anforderungen dieser Verordnung" überprüft werden soll, VO (EU) 2017/745, ABl. 2017/L117, S. 18.

in Anhang I Abschnitt 17 MP-VO für KI-Systeme geltenden Anforderungen als *Zustandsbewertung* darstellen würden.[926]

Jedenfalls die IG-NB[927] lehnt gerade wegen der Statik der Anforderungen des Anhangs I Abschnitt 17.2 MP-VO eine Zertifizierbarkeit dynamischer Systeme ab.[928] Obwohl die Linie der IG-NB teilweise als „restriktiv"[929] bezeichnete wurde, teilte die bisher als herrschend angesehene Meinung in der Literatur[930] überwiegend zumindest auch Bedenken an der Zertifizierbarkeit von dynamischen Systemen. Insbesondere wird befürchtet, dass es bei der Bewertung der „Verifizierung und Validierung"[931] sowie der „Wiederholbarkeit, Zuverlässigkeit und Leistung"[932] um eine Zustandsbeschreibung handele, die das System bereits verlassen haben könnte. Jedenfalls wenn im Rahmen der technischen Dokumentation nur die „Wiederholbarkeit, Zuverlässigkeit und Leistung" zum Zeitpunkt der Konformitätsbewertung beurteilt würde, müsste sich dieser Auffassung angeschlossen werden und wegen der Statik des Konformitätsbewertungsverfahrens der MP-VO eine Übertragbarkeit des Ansatzes der FDA abgelehnt werden, und das kontinuierliche neu Emergieren der Genehmigungspflicht des Anhangs IX Abschnitt 4.10 MP-VO wäre nicht zu verhindern.

---

926 Vgl. zu der Frage, inwieweit sich die Konformitätsbewertung als Zustandsbewertung darstellt, *IG-NB*, Questionnaire „Artificial Intelligence (AI) in medical devices", Version 4, abrufbar unter: siehe Quellenangaben; *Schreitmüller*, Regulierung intelligenter Medizinprodukte, S. 148 f.; *Helle*, MedR 2020, 993, 995, Fn. 20 und 21; *Prütting/Wolk*, MedR 2020, 359, 361, Fn. 22; *Hänold et al.*, MedR 2020, 516, 520; *Thiermann/Böck*, RDi 2022, 333, 335; *Saliba*, in: Festschrift Gassner, S. 495; *Gassner*, MPR 2021, 41, 48.

927 Vgl. IG-NB, Questionnaire „Artificial Intelligence (AI) in medical devices", Version 4, abrufbar unter: siehe Quellenangaben.

928 Ebenso nur *Gassner*, MPR 2021, 41, 47; *Gassner/Juknat*, in: Rehmann/Tillmanns, Kap. 3, Rn. 401; *Handorn/Juknat*, MPR 2022, 77, 83; *Heil*, MPR 2022, 1, 10; *Muresan*, LSR 2021, 17, 38, Fn. 194; vgl. *IG-NB*, Questionnaire „Artificial Intelligence (AI) in medical devices", Version 4, abrufbar unter: siehe Quellenangaben.

929 *Handorn/Juknat*, MPR 2022, 77, 83; ebenso *Gassner*, MPR 2021, 41, 49.

930 Vgl. für die Stimmen, die eine Herausforderung bei der Erfüllung der grundlegenden Sicherheits- und Leistungsanforderungen sehen, *Hasenteufel/Renaud*, Software als Medizinprodukt, S. 23, 96; *Helle*, MedR 2020, 993, 995; *Dettling*, PharmR 2019, 633, 637; *Thiermann/Böck*, RDi 2022, 333, 336; *Saliba*, in: Chibanguza/Kuß/Steege, 2. Teil, § 4, Abschnitt F, Rn. 10; *Saliba*, in: Festschrift Gassner, S. 495; in diese Richtung auch *Hänold et al.*, MedR 2021, 516, 520; a. A. wohl *COCIR*, Artificial Intelligence in EU Medical Device Legislation, S. 21 ff.; dem folgend *Gassner*, MPR 2021, 41, 47.

931 Vgl. *IG-NB*, Questionnaire „Artificial Intelligence (AI) in medical devices", Version 4, abrufbar unter: siehe Quellenangaben, die die Zertifizierbarkeit für dynamische Systeme ablehnt, weil diese die Anforderung der Verifizierung und Validierung nicht erfüllen könnten.

932 Vgl. etwa *Saliba*, in: Festschrift Gassner, S. 495; *Dettling*, PharmR 2019, 633, 637; vgl. ferner die Stimmen, die insbesondere die Wiederholbarkeit als Herausforderung für dynamische Systeme als begründet ansehen, *Thiermann/Böck*, RDi 2022, 333, 335; *Helle*, MedR 2020, 993, 995; *Hasenteufel/Renaud*, Software als Medizinprodukt, S. 23, 96.

*(2) Übertragbarkeit des Ansatzes der FDA durch eine Prozesszertifizierung*

Im Folgenden soll gleichwohl gezeigt werden, dass sich die grundlegenden Sicherheits- und Leistungsanforderungen des Anhangs I MP-VO – entgegen diesen Stimmen – bereits *de lege lata* nicht ausschließlich als Zustandsbewertung darstellen.

(a) Antizipierte Bewertung des Änderungskontrollplans

Der Ansatz der FDA[933] bewertet die Dynamik, indem sie die Lernfähigkeit in Form eines „predetermined change control plan" beurteilt. Zu diesem Zweck muss im Rahmen des SPS der Bezugspunkt der Lernfähigkeit beschrieben werden, während im Rahmen des ACP alle Methoden beschrieben werden müssen, mit denen den Risiken entgegengetreten wird, die aus der Aktualisierungsfähigkeit resultieren.[934] Diese Methoden betreffen insbesondere das Datenmanagement, das erneute Training der Systeme, die Leistungsanalyseverfahren und die Art und Weise, wie die Systeme sich aktualisieren.[935]

Obgleich vermehrt die Statik der Konformitätsbewertung betont wurde, muss bei dynamischen KI-Systemen, die der MP-VO unterliegen, der Änderungskontrollplan nach dem Ansatz der FDA[936] bereits *de lege lata* als Teil des Risikomanagementsystems i. S. d. Anhangs I Abschnitt 3 und 4 MP-VO angesehen werden, welches wiederum als Bestandteil des Qualitätsmanagementsystem[937] und der technischen Dokumentation[938] einer Bewertung im initialen Konformitätsbewertung unterliegt[939].

Das Risikomanagementsystem lässt sich in drei Phasen untergliedern: die Risikoanalyse und -bewertungsphase, die Etablierung von Risikobewältigungsmaßnahmen und die kontinuierliche Aktualisierung des Risikomanagementplans nach der (erstmaligen) Inverkehrgabe oder Inbetriebnahme.[940]

---

[933] Vgl. für eine Darstellung des Ansatzes der FDA, bereits Kap. 2, E., II., 1., c), bb).

[934] Vgl. *FDA*, Proposed Regulatory Framework for Modifications to AI/ML, S. 19, abrufbar unter: siehe Quellenangaben.

[935] Vgl. *FDA*, Proposed Regulatory Framework for Modifications to AI/ML, S. 11, S. 19, abrufbar unter: siehe Quellenangaben.

[936] Für eine Darstellung des Ansatzes der FDA, bereits Kap. 2, E., II., 1., c), bb).

[937] Vgl. Art. 10 Abs. 9 UAbs. 3 lit. e) i. V. m. Anhang I Abschnitt 3 MP-VO.

[938] Vgl. Anhang IX Abschnitt 4.2 i. V. m. Anhang II Abschnitt 4 und 5 lit. b) i. V. m. Anhang I Abschnitt 1–8 MP-VO.

[939] *Mayr/Thiermann/Schrack/Kiesselbach*, Medizinprodukterecht, § 3, Rn. 42 (QM), Rn. 115 (TD); ebenso in Bezug auf die technische Dokumentation, *Hasenteufel/Renaud*, Software als Medizinprodukt, S. 27.

[940] Dies ergibt sich vor allem aus dem Pflichtenkatalog des Abschnitts 3 und 4 Anhang I MP-VO: Risikoanalyse und Bewertung Anhang I Abschnitt 3 lit. b) und c) MP-VO; Risikobewältigungsmaßnahmen, Anhang I Abschnitt 3 lit. d) und f) MP-VO; kontinuierliche Updates Anhang I Abschnitt 3 UAbs. 2 MP-VO „regelmäßige systematische Aktualisierung", sowie Anhang I Abschnitt 3 UAbs. 2 lit. e) MP-VO; vgl. allgemein zum Risikomanagement-

Da allgemein bekannt ist, dass bei lern- und aktualisierungsfähigen Systemen das Risiko besteht, dass diese sich fehlerhaft weiterentwickeln können, handelt es sich dabei um ein *voraussehbares* Risiko, das die Einhaltung der „Wiederholbarkeit, Zuverlässigkeit und Leistung" der Systeme gem. Anhang I Abschnitt 17.1 MP-VO gefährden könnte.

Sofern ein System sich fehlerhaft aktualisiert, handelt es sich dabei auch nicht um ein Risiko, welches unter einer Nutzen-Risiko-Analyse noch vertretbar wäre; daher ist der Hersteller gem. Anhang I Abschnitt 3 lit. d) MP-VO, dem Ansatz der FDA für ein „Algorithmic Change Protocol" entsprechend, ebenfalls verpflichtet, Risikobewältigungsmaßnahmen zu etablieren, mithilfe derer gewährleistet werden kann, dass *trotz* der Fähigkeit, sich selbstständig zu aktualisieren, die Sicherheit des KI-Systems gewährleistet ist.[941]

Im Unterschied zu dem Vorschlag der FDA[942] besteht hinsichtlich der Risikobewältigungsmaßnahmen im Rahmen der MP-VO gem. Anhang I Abschnitt 4 MP-VO jedoch eine Rangfolge, in der Hersteller den durch die Dynamik entstehenden Risiken antizipiert entgegengetreten müssen. Daher müssen die Risikobewältigungsmaßnahmen gem. Anhang I Abschnitt 4 lit. a) MP-VO vorrangig die „Auslegung und Herstellung" der Produkte betreffen. Erst subsidiär soll der Hersteller gem. Anhang I Abschnitt 4 lit. b) MP-VO Schutzmaßnahmen ergreifen, die zur Umsetzung durch den Anwender bestimmt sind oder diesen warnen sollen.

Insgesamt ergibt sich daraus, dass die antizipierte Bewertung des Änderungskontrollplans – nach dem Ansatz der FDA – für dynamische Systeme bereits *de lege lata* als Bestandteil des Risikomanagementsystems im Rahmen der Konformitätsbewertung antizipiert mit bewertet werden kann, sodass die MP-VO sich *nicht* als reine Zustandsbewertung darstellt.[943]

### (b) Plan zur Überwachung nach dem Inverkehrbringen

Neben einer antizipierten Bewertung des Änderungskontrollplans sieht der Ansatz der FDA ergänzend vor, dass die Systeme auch nach der Inverkehrgabe kon-

---

system *Mayr/Thiermann/Schrack/Kiesselbach*, Medizinprodukterecht, § 3, Rn. 32; *Hasenteufel/Renaud*, Software als Medizinprodukt, S. 25.

[941] Vgl. für den Ansatz der *FDA*, Proposed Regulatory Framework for Modifications to AI/ML, S. 11, S. 19, abrufbar unter: siehe Quellenangaben; in diese Richtung wohl auch COCIR, Artificial Intelligence in EU Medicial Device Regulation, S. 12 ff., dessen Ansatz jedoch aus den oben dargestellten Gründen im Übrigen nicht zu überzeugen vermag, Kap. 2, E., II., 1., b), bb), (2).

[942] Eingehend zu dem Inhalt des Änderungskontrollplanes nach dem Ansatz der FDA, bereits Kap. 2, E., II., 1., c), dd), (1); in diese Richtung wohl auch COCIR, Artificial Intelligence in EU Medicial Device Regulation, S. 12 ff.

[943] Eingehend zur Unbestimmtheit der konkreten Sicherheitsanforderungen, die ergriffen werden müssen, um *trotz* der Lernfähigkeit die „Wiederholbarkeit, Zuverlässigkeit und Leistung" aufrechtzuerhalten, und zu der Frage, inwieweit der Erfüllbarkeit der Anforderungen die Intransparenz entgegensteht, ausführlich Kap. 2, E., II., 1., c), dd), (2).

tinuierlich überwacht werden müssen.[944] Gleichwohl endet auch im Rahmen der MP-VO die Verantwortung des Herstellers nicht mit der Inverkehrgabe des Produkts, sondern der Hersteller ist gem. Art. 10 Abs. 10 MP-VO verpflichtet, ein System zur Überwachung nach der Inverkehrgabe gem. Art. 83 MP-VO zu etablieren und dieses kontinuierlich auf dem neusten Stand zu halten.[945]

Zu diesem Zweck müssen Hersteller gem. Art. 83 Abs. 2 MP-VO bereits *de lege lata* systematisch Daten über „die Qualität, die Leistung und die Sicherheit des Produkts während dessen gesamten Lebensdauer“ sammeln, aufzeichnen und analysieren und ggf. etwaige „Präventiv- oder Korrekturmaßnahmen“ ermitteln, durchführen oder überwachen.[946]

Dieses System zur Überwachung des Produkts nach der Inverkehrgabe unterliegt in Form eines Plans zur Überwachung des Produkts nach der Inverkehrgabe als Teil der technischen Dokumentation gem. Anhang IX Abschnitt 4.2 i. V. m. Anhang III MP-VO und gem. Art. 10 Abs. 9 UAbs. 3 lit. i) MP-VO wie auch als Teil des Qualitätsmanagementsystems der Überprüfung durch eine benannte Stellen im Konformitätsbewertungsverfahren.[947] Daher bilden bereits *de lege lata* die Prozesse, die der Hersteller etabliert, um die Einhaltung der Konformität zu überwachen, einen Teil dessen, was vom Umfang der initialen Konformitätsbewertung erfasst ist.

(c) Antizipierte Bewertung des Plans zur klinischen Nachbeobachtung

Der Ansatz der FDA sieht weiterhin vor, dass Qualitätsmanagementprozesse etabliert werden müssen, die gewährleisten, dass die klinische Leistungsfähigkeit *trotz* der Fähigkeit sich selbstständig zu aktualisieren hinreichend sichergestellt ist.[948]

Gemäß Art. 61 Abs. 1 MP-VO besteht auch im Rahmen der MP-VO eine Pflicht, die Konformität des Medizinprodukts mit den grundlegenden Sicherheits- und Leistungsanforderungen, die Abwesenheit unerwünschter Nebenwirkungen und die Vertretbarkeit des Nutzen-Risiko-Verhältnisses anhand von klinischen Daten im Rahmen einer klinischen Bewertung nachzuweisen.[949] Da die klinische Bewertung

---

[944] Vgl. *FDA*, Proposed Regulatory Framework for Modifications to AI/ML, S. 15, abrufbar unter: siehe Quellenangaben.

[945] Rehmann/*Wagner*, MP-VO, Rn. Art. 83, Rn. 1 ff.; *Mayr/Thiermann/Schrack/Kiesselbach*, Medizinprodukterecht, § 3, Rn. 162 ff.

[946] Rehmann/*Wagner*, MP-VO, Rn. Art. 83, Rn. 2.

[947] Rehmann/*Wagner*, MP-VO, Rn. Art. 83, Rn. 2; vgl. in Bezug auf die technische Dokumentation, *Mayr/Thiermann/Schrack/Kiesselbach*, Medizinprodukterecht, § 3, Rn. 173.

[948] Vgl. *FDA*, Proposed Regulatory Framework for Modifications to AI/ML, S. 9 ff., abrufbar unter: siehe Quellenangaben.

[949] *Friedrich*, in: Clausen/Schroeder-Printzen, § 17, Rn. 417 ff.; *Rehmann*/Wagner, MP-VO, Art. 61, Rn. 1 ff.; *Mayr/Thiermann/Schrack/Kiesselbach*, Medizinprodukterecht, § 3,

sich auf einen bestimmten Zustand eines KI-Systems bezieht, könnte die Zertifizierbarkeit dynamischer Systeme abzulehnen sein, weil die initial bewertete Leistungsfähigkeit im Falle einer Aktualisierung nach der Inverkehrgabe für die aktualisierte Version des Systems keine Gültigkeit mehr beanspruchen würde.[950]

Obwohl der Abschluss der klinischen Bewertung in einem (statischen) Bewertungsbericht gem. Art. 61 Abs. 12 MP-VO dokumentiert werden muss, der sodann als Teil der technischen Dokumentation gem. Anhang II Abschnitt 6.1 lit. c) MP-VO der Konformitätsbewertung unterliegt, stellt sich auch die klinische Bewertung bereits *de lege lata* nicht als *einmalige Zustands*bewertung dar.[951]

Dies kommt bereits durch die Legaldefinition des Art. 2 Nr. 44 MP-VO zum Ausdruck, wonach es sich bei einer klinischen Bewertung um einen systematischen und geplanten „Prozess zur *kontinuierlichen* Generierung, Sammlung, Analyse und Bewertung der klinischen Daten zu einem Produkt, mit dem Sicherheit und Leistung, einschließlich des klinischen Nutzens, des Produkts bei vom Hersteller vorgesehener Verwendung überprüft wird" handelt.[952]

Die klinische Bewertung endet daher nicht nach der einmaligen Bewertung des Produkts. Vielmehr ist der Hersteller auch *nach* der Inverkehrgabe gem. Art. 61 Abs. 11 i. V. m. Anhang XIV Teil B MP-VO verpflichtet, die klinische Bewertung fortzuführen und kontinuierlich zu aktualisieren.[953]

In der klinischen Nachbeobachtung müssen Hersteller gem. Art. 61 Abs. 11 i. V. m. Anhang XIV Abschnitt 5 S. 2 MP-VO „auf proaktive Weise klinische Daten" sammeln, aus denen sich die Einhaltung der grundlegenden Sicherheits- und Leistungsanforderungen „während der erwarteten *Lebensdauer* des Produkts" ergibt und aus denen die „*fortwährende* Vertretbarkeit der ermittelten Risiken" abgeleitet werden kann.[954]

Für diese Zwecke ist der Hersteller gem. Art. 61 Abs. 11 i. V. m. Anhang XIV Abschnitt 6 MP-VO verpflichtet, einen Plan zur klinischen Nachbeobachtung zu etablieren. Der Mindestinhalt dieses Plans zur klinischen Nachbeobachtung wird in

Rn. 67 ff.; zu der klinischen Bewertung von Medizinprodukten, ausführlich Kap. 4, C., II., 1., b), aa); Kap. 4, C., II., 2., b), aa).

[950] Vgl. hierfür auch die Bedenken der IG-NB, Questionnaire „Artificial Intelligence (AI) in medical devices", Version 4, S. 4, abrufbar unter: siehe Quellenangaben; *Dettling*, PharmR 2019, 633, 637; *Helle*, MedR 2020, 993, 995; *Saliba*, in: Chibanguza/Kuß/Steege, Abschnitt F, Rn. 10.

[951] Vgl. dafür, dass die klinische Bewertung mit einem Bewertungsbericht abgeschlossen wird, *Rehmann*/Wagner, MP-VO, Art. 61, Rn. 12; vgl. dafür, dass die klinische Bewertung auch eine klinische Nachbeobachtung umfasst, *Mayr/Thiermann/Schrack/Kiesselbach*, Medizinprodukterecht, § 3, Rn. 76 f.; *Rehmann*/Wagner, MP-VO, Art. 61, Rn. 11.

[952] Art. 2 Nr. 44 MP-VO (Hervorhebung hinzugefügt).

[953] *Mayr/Thiermann/Schrack/Kiesselbach*, Medizinprodukterecht, § 3, Rn. 77; *Rehmann*/Wagner, MP-VO, Art. 61, Rn. 11.

[954] Vgl. Anhang XIV Abschnitt 5 S. 2 MP-VO (Hervorhebung hinzugefügt).

Anhang XIV Abschnitt 6.1 MP-VO näher bestimmt und umfasst alle Methoden, mithilfe derer Hersteller proaktiv Daten sammeln und bewerten können. Die Maßnahmen müssen ausweislich des Anhangs XIV Abschnitt 6.1 lit. a) MP-VO geeignet sein dazulegen, dass die Sicherheit während der gesamten Lebensdauer gewährleistet ist und Maßnahmen etabliert wurden, mit denen unbekannte Nebenwirkungen ermittelt und überwacht werden. Ferner müssen ausweislich des Anhangs XIV Abschnitt 6.1 lit. c) und d) MP-VO Maßnahmen etabliert werden, mithilfe derer Risiken für die empirischen Belege festgestellt werden können und die fortwährende Vertretbarkeit des Nutzen-Risiko-Verhältnisses untersucht und bewertet werden kann.

Neben der Darlegung, welche Maßnahmen ergriffen werden, um proaktiv Daten zu sammeln, sind gem. Anhang XIV Abschnitt 6.2 lit. a) und b) MP-VO auch alle Methoden und Verfahren zu beschreiben, die ergriffen werden, um zu gewährleisten, dass die klinische Erfahrung, das Feedback der Anwender und die wissenschaftliche Fachliteratur berücksichtigt werden.

Daher werden Hersteller ausweislich des Anhangs XIV Teil B MP-VO – dem Ansatz der FDA entsprechend – bereits *de lege lata* verpflichtet sicherzustellen, dass die klinische Bewertung konstant aktualisiert wird, indem Prozesse etabliert werden, mittels derer die Aktualität der klinischen Bewertung *trotz* der Lernfähigkeit gewährleistet wird.

Der Plan zur klinischen Nachbeobachtung nach der Inverkehrgabe unterliegt als Teil der technischen Dokumentation gem. Anhang IX Abschnitt 4.2 S. 2 i.V.m. Anhang II Abschnitt 6.2 lit. d) MP-VO, wie auch als Teil des Qualitätsmanagementsystems gem. Art. 10 Abs. 9 UAbs. 3 lit. f) i.V.m. Art. 61 Abs. 11 i.V.m. Anhang XIV Teil B MP-VO der Überprüfung der benannten Stelle. Vor diesem Hintergrund werden im Rahmen des Konformitätsbewertungsverfahrens bereits *de lege lata* Prozesse zertifiziert, mittels derer die Hersteller die *Aktualität* der klinischen Bewertung trotz der Fähigkeit der Systeme, sich aktualisieren zu können, sicherstellen.

*(3) Verhinderung kontinuierlich neu emergierender Genehmigungspflicht*

Würde man die Dynamik als Produkteigenschaft in dieser Weise bewerten, wäre auch die von der FDA vorgesehene Rechtsfolge auf Anhang IX Abschnitt 4.10 MP-VO übertragbar.

Sofern die Dynamik durch eine Bewertung des „pre-determined change control plans" initial mit bewertet wird und sich die Änderung *innerhalb* des bewerteten Rahmens befindet, ist im Ansatz der FDA vorgesehen, dass von einer erneuten Zulassung des Produkts abgesehen werden kann.[955] Für den Fall, dass eine Änderung sich *außerhalb* des initial bewerteten Rahmens befindet, ist eine Durchführung

[955] Vgl. *FDA*, Proposed Regulatory Framework for Modifications to AI/ML, S. 13, abrufbar unter: siehe Quellenangaben.

eines vollständig neuen Zertifizierungsverfahren des *gesamten Systems* ferner ausschließlich dann erforderlich, wenn sich durch die Aktualisierung die Zweckbestimmung des Systems ändert, während im Übrigen die erneute Zulassung sich nur auf die isolierte Bewertung der *konkreten* Aktualisierung beschränken soll.[956]

Sofern die „Dynamik" als Produkteigenschaft – dem Ansatz der FDA folgend – durch eine Bewertung des „pre-determined change control plans" als Teil des Risikomanagementsystems mit bewertet würde, wäre auch die von der FDA vorgesehene Rechtsfolge auf die MP-VO übertragbar. Denn in diesem Fall sind Änderungen, die sich *innerhalb* des antizipiert bewerteten Änderungskontrollplanes halten, als Teil des „genehmigten" Produkts und nicht als „Änderungen" daran zu qualifizieren, sodass die Genehmigungspflicht des Anhangs IX 4.10 MP-VO – dem Ansatz der FDA entsprechend – überhaupt nicht *entstehen*[957] würde.[958]

Im Unterschied dazu wären Aktualisierungen außerhalb dieses Rahmens als „Änderungen" an dem „genehmigten Produkt(en)" zu qualifizieren und würden daher die Rechtsfolge des Anhangs IX Abschnitt 4.10 MP-VO auslösen.[959]

Gleichwohl sieht Anhang IX Abschnitt 4.10 MP-VO – dem Ansatz der FDA entsprechend – ebenfalls nicht vor, dass *stets* eine vollständig neue Konformitätsbewertung erfolgen muss, sondern es liegt vielmehr im Ermessen der benannten Stelle, darüber zu entscheiden, ob für die Aktualisierung ein Nachtrag zu der EU-Bescheinigung über die Bewertung der technischen Dokumentation ausreichend ist oder eine vollständige Re-Zertifizierung erfolgen muss.[960]

---

[956] Vgl. *FDA*, Proposed Regulatory Framework for Modifications to AI/ML, S. 13, abrufbar unter: siehe Quellenangaben.

[957] Der Unterschied zu dem in der Literatur (vgl. *Muresan*, LSR 2021, 17, 38 f.; dem wohl folgend *Schreitmüller*, Regulierung intelligenter Medizinprodukte, S. 153 ff.; in diese Richtung wohl auch *COCIR*, Artificial Intelligence in EU Medical Device Legislation, S. 12, abrufbar unter: siehe Quellenangaben; dem folgend *Gassner*, MPR 2021, 41, 51) vertretenen Ansatz einer antizipierten *Erfüllung* der *bestehenden* Genehmigungspflicht des Anhanges IX Abschnitt 2.4 und 4.10 MP-VO, besteht darin, dass nach dem hier vorgeschlagenen Ansatz bereits die *Entstehung* der Genehmigungspflicht des Anhanges IX Abschnitt 2.4 und 4.10 MP-VO zu verhindert versucht wird. Zu diesem Zweck wird vorgeschlagen die Dynamik als Produkteigenschaft initial mit zu bewerten, um dadurch sicherzustellen, dass eine Aktualisierung innerhalb dieses initial bewerteten Rahmens zu dem „genehmigten" Umfanges des Produkts gehört, der sodann keine Genehmigungspflicht auslöst.

[958] In diese Richtung wohl auch COCIR, Artificial Intelligence in EU Medical Device Legislation, S. 12 f., jedoch ohne Bezug auf Anhang IX Abschnitt 4.10, die als rechtliche Begründung eine vertragliche Vereinbarung zwischen Hersteller und benannter Stelle anführen.

[959] In diese Richtung wohl auch COCIR, Artificial Intelligence in EU Medical Device Legislation, S. 12 f., jedoch ohne Bezug auf Anhang IX Abschnitt 4.10, die als rechtliche Begründung eine vertragliche Vereinbarung zwischen Hersteller und benannter Stelle anführen.

[960] *Gassner*, MPR 2021, 41, 48.

Im Unterschied zu dem Ansatz der FDA ist der Verordnungstext des Anhangs IX Abschnitt 4.10 MP-VO von der Schwäche geprägt, dass dieser die Kriterien anhand derer sich die Frage, ob nur ein Nachtrag zur Konformitätsbewertung oder eine erneute Überprüfung erfolgen muss, konkretisieren ließe, weitestgehend unbestimmt lässt.[961] Aus teleologischen Gesichtspunkten müsste die Zulässigkeit eines Nachtrages zur ursprünglichen Konformitätsbewertung auf Fälle beschränkt werden, in denen die Änderung sich auf einen Teil des Produkts bezieht, der isoliert überprüft werden kann oder in denen sich aus der Umsetzung der Änderung keine Risiken ergeben, die die Sicherheit des gesamten Produkts beeinträchtigen könnten.[962]

Würde man Anhang IX Abschnitt 4.10 MP-VO eine entsprechende Auslegung zugrunde legen, wäre auch die Rechtsfolge des Anhangs IX Abschnitt 4.10 MP-VO mit dem Ansatz der FDA identisch.

Ein ähnliches Ergebnis lässt sich auch in Bezug auf die Genehmigungspflicht des Anhangs IX Abschnitt 2.4 MP-VO verzeichnen, dessen Rechtsfolge im Wege der teleologischen Reduktion für Fälle, in denen sich die Änderung im initial bewerteten Rahmen hält, abzusehen ist.[963]

Nur sofern die Änderung außerhalb des initial bewerten Rahmens liegt, entsteht die Genehmigungspflicht des Anhangs IX Abschnitt 2.4 MP-VO. Allerdings sieht Anhang IX Abschnitt 2.4 MP-VO – im Unterschied zu Anhang IX Abschnitt 4.10 MP-VO – niemals das Emergieren einer neuen Bewertung des gesamten Qualitätsmanagementsystems vor, sondern stets nur einen *Nachtrag* zur EU-Qualitätsmanagementbescheinigung.

Dieser Umstand ist vor allem in der Tatsache begründet, dass sich die Qualitätsmanagementverfahren vor allem auch auf organisatorische *Maßnahmen* des Herstellers beziehen, die selbst bei einer Veränderung der Zweckbestimmung *gleichbleibend* seien können, weshalb diese Rechtsfolge auch als gerechtfertigt erscheint.

#### *(4) Zwischenergebnis*

Sofern die Dynamik als Produkteigenschaft bewertet werden kann, ist die Aktualisierung innerhalb des Rahmens nicht als Änderung, sondern als Teil des genehmigten Produkts zu qualifizieren, sodass die Genehmigungspflicht nach Anhang IX Abschnitt 2.4 und 4.10 MP-VO überhaupt nicht entstehen würde. Dies setzt jedoch voraus, dass die Dynamik überhaupt als Produkteigenschaft bewertet werden kann. Einen Ansatz zur Bewertung der Dynamik als Produkteigenschaft stellt die FDA vor. Die dort vorgeschlagene antizipierte Bewertung eines Änderungskontrollplans ist bei der Konformitätsbewertung von dynamischen Systemen

---

[961] *Gassner*, MPR 2021, 41, 48.

[962] *Gassner*, MPR 2021, 41, 48.

[963] Hierzu bereits Kap. 2, E., II., 1., c), aa), (2).

bereits *de lege lata* Teil des gem. Anhang I Abschnitt 3 und 4 MP-VO zu etablierenden Risikomanagementsystems, was als Teil des Qualitätsmanagementsystems und der technischen Dokumentation im initialen Konformitätsbewertungsverfahren mitüberprüft wird. Im Einklang mit dem Ansatz der FDA erstreckt sich die initiale Konformitätsbewertung ferner auch auf den Plan zur Überwachung nach der Inverkehrgabe und den Plan zur klinischen Nachbeobachtung.

Wegen der bereits *de lege lata* bestehenden zahlreichen Überschneidungen des *geltenden* Rechtsrahmens der MP-VO mit dem Ansatz der FDA könnte bereits die *Entstehung* der Genehmigungspflicht des Anhangs IX Abschnitt 4.10 und 2.4 MP-VO verhindert werden, indem die Dynamik als Produkteigenschaft mit zertifiziert wird. Dadurch kann verhindert werden, dass sich Anhang IX Abschnitt 4.10 und 2.4 MP-VO als faktisches Marktzugangshindernis für dynamische Systeme auswirkt.

*Tabelle 3*

**Übersicht über die Überschneidungen des Ansatzes der FDA mit den Anforderungen der MP-VO**

| **Bewertung der Dynamik als Produkteigenschaft** | |
|---|---|
| **FDA**[964] | **MP-VO** |
| Antizipierte Bewertung des Änderungskontrollplans (FDA, S. 10 ff.) | Risikomanagementsystem, Anhang I Abschnitt 3 und 4 MP-VO<br>– Bewertung im initialen Konformitätsbewertungsverfahren als Teil der technischen Dokumentation: Anhang IX Abschnitt 4.2 i. V. m. Anhang II Abschnitt 4 und 5 lit. b) i. V. m. Anhang I Abschnitt 1–8 MP-VO<br>– Bewertung im initialen Konformitätsbewertungsverfahren als Teil des Qualitätsmanagementsystems: Anhang IX Abschnitt 1 und 2 i. V. m. Art. 10 Abs. 9 UAbs. 3 lit. e) i. V. m. Anhang I Abschnitt 3 MP-VO |
| – SPS (Beschreibung des Bezugspunktes der Aktualisierungen) | – Anhang I Abschnitt 3 lit. c) MP-VO (Beschreibung voraussehbarer Risiken) |
| – ACP (Maßnahmen zur Gewährleistung der Sicherheit, trotz Aktualisierungsfähigkeit | – Anhang I Abschnitt 4 MP-VO (Risikobewältigungsmaßnahmen) |

[964] Die Ausführungen beziehen sich auf den Ansatz, den die FDA im Rahmen des Diskussionspapiers vorgestellt hat, vgl. hiefür *FDA*, Proposed Regulatory Framework for Modifications to AI/ML, abrufbar unter: siehe Quellenangaben.

<table>
<tr><th colspan="6">Auswirkungen auf die Wirksamkeit der initialen Zulassung/Konformitätsbewertung[965]</th></tr>
<tr><th colspan="2">FDA</th><th colspan="2">Anhang IX 4.10</th><th colspan="2">Anhang IX 2.4</th></tr>
<tr><td colspan="2">– Keine erneute Zulassung: Änderung innerhalb des Änderungskontrollplans<br>– Isolierte Re-Evaluierung der konkreten Änderung: Änderung außerhalb des Änderungskontrollplans<br>– Erneutes Zulassungsverfahren für das gesamte Produkt: Änderung außerhalb des Änderungskontrollplans und Änderung der Zweckbestimmung</td><td colspan="2">– Keine erneute Bewertung: Änderung innerhalb des initial bewerteten Rahmens, dann Teil des „genehmigten Produkts“<br>– Nachtrag zur Bewertung der TD: außerhalb des initial bewerteten Rahmens<br>– Vollständig neues KBV: außerhalb bewerteten Rahmens und Änderung der Zweckbestimmung</td><td colspan="2">– Keine erneute Bewertung: Änderung innerhalb des initial bewerteten Rahmens, der Dynamik als Produkteigenschaft<br>– Nachtrag zur Bewertung des QM: außerhalb des initial bewerteten Rahmens</td></tr>
<tr><th colspan="6">Überwachung der Produkte nach der Inverkehrgabe</th></tr>
<tr><th colspan="2">FDA</th><th colspan="4">MP-VO</th></tr>
<tr><td colspan="2">Überwachung nach der Inverkehrgabe (S. 15)</td><td colspan="4">Überwachung nach der Inverkehrgabe, Art. 83 MP-VO<br>– Bewertung im initialen Konformitätsbewertungsverfahren als Teil der technischen Dokumentation: Anhang IX Abschnitt 4.2 i. V. m. Anhang III MP-VO.<br>– Bewertung im initialen Konformitätsbewertungsverfahren als Teil des Qualitätsmanagementsystems: Art. 10 Abs. 9 UAbs. 3 lit. i) MP-VO</td></tr>
<tr><th colspan="6">Klinische Nachbeobachtung</th></tr>
<tr><th colspan="2">FDA</th><th colspan="4">MP-VO</th></tr>
<tr><td colspan="2">Klinische Nachbeobachtung des Systems (FDA, S. 9 ff.)</td><td colspan="4">Klinische Nachbeobachtung, Art. 61 Abs. 11 i. V. m. Anhang XIV Teil B MP-VO<br>– Bewertung im initialen Konformitätsbewertungsverfahren als Teil der technischen Dokumentation: Anhang IX Abschnitt 4.2 i. V. m. Anhang II Abschnitt 6.1 lit. d) MP-VO<br>– Bewertung im initialen Konformitätsbewertungsverfahren als Teil des Qualitätsmanagementsystems: Art. 10 Abs. 9 UAbs. 3 lit. f) i. V. m. Art. 61 Abs. 11 i. V. m. Anhang XIV Teil B MP-VO</td></tr>
</table>

[965] Im US-amerikanischen Recht unterliegen Medizinprodukte einer Zulassungspflicht, Kap. 2, E., II., 1., c), bb), (1); im Unterschied dazu ist in der MP-VO gerade keine Zulassungspflicht vorgesehen, sondern nur eine Konformitätsbewertungspflicht, Kap. 1, B., I., der Unterschied zwischen einer Zulassung und einer Konformitätsbewertung besteht vor allem in der Zuständigkeit für die Durchführung des Verfahrens. Während eine Zulassung durch eine staatliche Behörde erfolgt, wird die Konformitätsbewertung durch eine notifizierte privatrechtliche Institution durchgeführt, vgl. hierzu bereits Kap. 1, A., II., 5.

### dd) Notwendigkeit einer Konkretisierung der Sicherheitsanforderungen

Eine antizipierte Bewertung der Dynamik als Produkteigenschaft ist jedoch von vornherein nur dann möglich, wenn die Funktionsweise der Systeme derart transparent ist, dass die benannte Stelle die Funktionsweise des Systems überprüfen kann und ferner gewährleistet ist, dass die Systeme trotz besonderer Eigenschaften wie der Lernfähigkeit und Intransparenz ein hinreichendes Sicherheitsniveau erreichen können.

#### *(1) Bewertung der Funktionsweise durch benannte Stellen trotz Intransparenz*

Eine Voraussetzung für die antizipierte Bewertung der „Dynamik" als Produkteigenschaft ist, dass die nach Anhang IX MP-VO zu beteiligende[966] benannte Stelle hinreichend Kenntnis über die Funktionsweise des KI-Systems hat, weil sie nur so der ihr obliegenden Pflicht zur Überprüfung der Systeme im Rahmen des Konformitätsbewertungsverfahrens nachkommen kann.[967] Eine entsprechende Transparenz ist auch erforderlich, damit die Marktüberwachungsbehörden den ihnen obliegenden Pflichten des Art. 93 ff. MP-VO nachkommen können.[968]

Da nicht alle Pflichten, die der Hersteller ausweislich der grundlegenden Sicherheits- und Leistungsanforderungen erfüllen muss, dem Produkt *körperlich* anhaften, ist allerdings unabhängig davon, ob es sich um ein KI-System handelt oder nicht, stets erforderlich, dass der jeweiligen Bewertungsstelle bzw. Marktüberwachungsbehörde hinreichend Informationen über die Funktionsweise des Medizinprodukts sowie dessen Auslegungs- und Herstellungsprozesse zur Verfügung gestellt werden.[969]

Diesem Informationsinteresse wird bereits *de lege lata* durch die vom Hersteller gem. Art. 10 Abs. 4 MP-VO zu erstellende technische Dokumentation nach Anhang II und III MP-VO Rechnung getragen, die gem. Art. 10 Abs. 4 i.V.m. Anhang II und III MP-VO bzw. Art. 10 Abs. 8 MP-VO den benannten Stellen und Marktüberwachungsbehörden zur Verfügung gestellt werden muss.[970] In der technischen Dokumentation muss gem. Anhang II Abschnitt 1.1. lit. j) MP-VO die Funktionsweise des Systems beschrieben werden. Ferner müssen die technischen Spezifikationen des Systems wie beispielsweise die „Eigenschaften, Abmessungen

---

[966] Zu der Zuständigkeit der benannten Stelle im Rahmen des Konformitätsbewertungsverfahrens nach Anhang IX MP-VO, bereits Kap. 1, B., II.

[967] Ebenso *DEK*, Gutachten zur Künstlichen Intelligenz, S. 168, abrufbar unter: siehe Quellenangaben; vgl. eingehend zu der Notwendigkeit, dass das Informationsdefizit, dem die benannten Stellen, in Bezug auf die Funktionsweise und den Entwicklungsprozess des KI-Systems unterliegen, durch Informationen in der technischen Dokumentation befriedigt werden muss, um diesen eine Bewertung zu ermöglichen, bereits Kap. 2, D., II., 3., c), aa).

[968] Hierzu bereits Kap. 2, D., II., 3., c), aa).

[969] Hierzu bereits Kap. 2, D., II., 3., c), bb).

[970] Hierzu bereits Kap. 2, D., II., 3., c), bb).

und Leistungsattribute“ des Medizinprodukts gem. Anhang I Abschnitt 1.1 lit. k) MP-VO erläutert werden und gem. Anhang I Abschnitt 1.1 lit. g) MP-VO neuartige Eigenschaften beschrieben werden. Zudem sieht Anhang I Abschnitt 3 lit. b) MP-VO eine Beschreibung des Herstellungsprozesses und der Verifizierung und Validierung des Produkts vor. Damit muss der Hersteller jedenfalls Informationen über das System, dessen Funktionsweise und den allgemeinen Entwicklungsprozess zur Verfügung stellen, sodass zumindest globale Interpretierbarkeit hergestellt werden müsste.[971] Daher besteht bereits *de lege lata* die Pflicht, die Systeme im Rahmen der technischen Dokumentation so zu beschreiben, dass die benannte Stelle bzw. die Marktüberwachungsbehörde, die für die Bewertung der Funktionsweise des Systems relevante Information hat. Allerdings bleiben die Informationen, die im Zusammenhang mit der Zertifizierung von dynamischen KI-Systemen erforderlich sind, um das Informationsinteresse der benannten Stellen zu befriedigen, weitestgehend unbestimmt.[972]

Selbst wenn dem Informationsinteresse in Bezug auf die globale Interpretierbarkeit Rechnung getragen wird, könnte zudem auch eine lokale Interpretierbarkeit der konkreten Entscheidungsprozesse erforderlich sein, um es den Bewertungsstellen bzw. Behörden zu ermöglichen, die Funktionsweise zu überprüfen.[973] Dafür spricht, dass die benannte Stelle gem. Anhang IX Abschnitt 4.3 MP-VO zur Überprüfung der Konformität selbst „angemessene physische Kontrollen oder Laboruntersuchungen“ durchführen muss. Abgesehen davon, dass eine physische Untersuchung ohnehin nicht möglich ist, müsste diese Pflicht im Wege des *Effet-Utile*-Grundsatzes ggf. so ausgelegt werden, dass bei unkörperlichen Systemen eine Durchführung von Software-Tests erfolgen kann. Für diese Zwecke könnte sodann jedoch die lokale Interpretierbarkeit und damit die Transparenz konkreter Entscheidungsprozesse erforderlich sein, die voraussetzt, dass der Hersteller bei Black-Box-Modellen *post-hoc*-Verfahren anwendet, mittels derer die Transparenz herstellt wird.[974] Insbesondere wegen der drohenden Approximationsungenauigkeiten sind dann jedoch konkrete Anforderungen erforderlich, die das erforderliche Maß an lokaler Interpretierbarkeit hinreichend konkret bestimmen. Der geltende Regelungsrahmen ist daher nicht *per se* ungeeignet, ermangelt jedoch hinreichend konkreter Transparenzanforderungen.

---

[971] Zu den Unterschieden zwischen globaler und lokaler Interpretierbarkeit, bereits Kap. 2, D., II., 3., a).

[972] Eingehend zu der Untersuchung, inwieweit der geltende Regelungsrahmen dieses Informationsinteresse befriedigt, bereits Kap. 2, D., II., 3., c).

[973] Zu der Unterscheidung zwischen globaler und lokaler Interpretierbarkeit, bereits Kap. 2, D., II., 3., c).

[974] Vgl. *Dettling*, PharmR 2019, 633, 637; vgl. eingehend zu den technischen Grundlagen, wie die Interpretierbarkeit von Black-Box-Modellen, durch die Anwendung von post-hoc Verfahren hergestellt werden kann, bereits Kap. 2, D., II., 3., b), aa), (2).

*(2) Erfüllbarkeit der grundlegenden Sicherheits- und Leistungsanforderungen*

Ferner würde es einer antizipierten Bewertung der Dynamik als Produkteigenschaft entgegenstehen, wenn die grundlegenden Sicherheits- und Leistungsanforderungen nach Anhang I MP-VO sich für dynamische Systeme als unerfüllbar darstellen.[975]

(a) Transparenz als Voraussetzung für die Verifizierung und Validierung

Bedenken an der Zertifizierbarkeit von dynamischen Systemen werden insbesondere in Bezug auf die Erfüllung der Pflicht des Abschnitts 17.2 Anhang I MP-VO zur „Verifizierung und Validierung" der Medizinprodukte-Software geäußert.[976]

Da die Funktionsweise von Systemen sich selbst für den Hersteller als intransparent darstellen kann, wird für Black-Box-Systeme die Erfüllbarkeit dieser Voraussetzung teilweise bezweifelt[977]. Obgleich auch die IG-NB Bedenken an der Erfüllbarkeit dieser Voraussetzungen äußert, will diese die Frage der Zertifizierbarkeit im Zusammenhang mit Black-Box-Systemen von einer Einzelfallentscheidung abhängig machen.[978]

Ebenso wie bei der „Autonomie" handelt es sich bei der Frage, ob die Funktionsweise und Entscheidungsprozesse eines Systems nachvollziehbar sind (sog. *Interpretierbarkeit*), nicht um ein binäres Kriterium, welches entweder erfüllt ist oder nicht, sondern vielmehr um ein Maß, das unterschiedlich stark ausgeprägt sein kann.[979] Dies ist nicht zuletzt in dem Umstand begründet, dass die Interpretierbarkeit stark von den subjektiven Fähigkeiten, dem Wissensstand und den kognitiven

---

[975] Ablehnend etwa *IG-NB*, Questionnaire „Artificial Intelligence (AI) in medical devices", Version 4, S. 4, abrufbar unter: siehe Quellenangaben; *Dettling*, PharmR 2019, 633, 637; *Helle*, MedR 2020, 993, 995; *Saliba*, in: Chibanguza/Kuß/Steege, 2. Teil, § 4, Abschnitt F, Rn. 10; *Saliba*, in: Festschrift Gassner, S. 495 f.; *Thiermann/Böck*, RDi 2022, 333, 335; *Hänold et al.*, MedR 2021, 516, 520; *Hasenteufel/Renaud*, Software als Medizinprodukt, S. 23, 96.

[976] Vgl. *IG-NB*, Questionnaire „Artificial Intelligence (AI) in medical devices", Version 4, S. 4, abrufbar unter: siehe Quellenangaben, die betonen, dass es einer Einzelfallentscheidung bedürfe, in der beurteilt wird, ob die Intransparenz der Erfüllung der regulatorischen Anforderungen des Anhanges I Abschnitt 17.2 MP-VO und damit auch einer Zertifizierbarkeit entgegensteht; kritisch auch *Dettling*, PharmR 2019, 633, 637; dem folgend *Helle*, MedR 2020, 993, 995; *Thiermann/Böck*, RDi 2022, 333, 335; *Hänold et al.*, MedR 2021, 516, 520; *Saliba*, in: Chibanguza/Kuß/Steege, Abschnitt F, Rn. 10; ebenso *Jaekel*, SächsVBl. 2023, 194, 197 f.

[977] Vgl. *Dettling*, PharmR 2019, 633, 637; dem folgend *Helle*, MedR 2020, 993, 995; *Thiermann/Böck*, RDi 2022, 333, 335; *Hänold et al.*, MedR 2021, 516, 520; *Saliba*, in: Chibanguza/Kuß/Steege, Abschnitt F, Rn. 10.

[978] *IG-NB*, Questionnaire „Artificial Intelligence (AI) in medical devices", Version 4, S. 4, abrufbar unter: siehe Quellenangaben.

[979] Zu den technischen Grundlagen der Interpretierbarkeit von KI-Systemen, vgl. bereits Kap. 2, D., II., 3., a).

Grenzen des jeweiligen Informationssuchenden in der konkreten Anwendungsumgebung abhängig ist.[980]

Sofern es um die Frage geht, ob der Hersteller die Leistungsfähigkeit des Systems anhand von klinischen Daten bestätigen kann, geht es vorrangig um die Frage, ob es in *technischer* Hinsicht möglich ist, die Funktionsweise des Systems zu verstehen, weil es in diesem Fall um das subjektive Verständnis des Herstellers und damit um das Verständnis eines technischen Fachmanns geht. Selbst wenn die Systeme sich als „Black Box" darstellen, ist es jedoch nicht *per se* unmöglich, die Interpretierbarkeit für den Hersteller herzustellen.[981] Vielmehr kann durch die Anwendung von „Post-Hoc-Verfahren" die Nachvollziehbarkeit auch für intransparente Systeme hergestellt werden.[982] Selbst wenn die *post-hoc*-Verfahren einen hohen „fidelity"-Score erreichen, wird bei solchen Verfahren die Funktionsweise nur mit Wahrscheinlichkeiten approximiert, sodass eine Restunsicherheit bestehen kann, dass die Gründe einer Entscheidung tatsächlich andere waren.[983] Diese Restunsicherheit könnte der Erfüllbarkeit der Pflicht zur klinischen Bewertung nach Art. 61 Abs. 1 MP-VO durch den Hersteller jedoch von vornherein entgegenstehen, wenn selbst für den Hersteller nicht ermittelbar wäre, wie die Systeme konkret funktionieren.[984]

Dies wäre gleichwohl nur dann anzunehmen, wenn die Vorschriften der MP-VO keinerlei Restunsicherheit in Bezug auf die Funktionsweise des Systems als zulässig erachteten. Dass dies jedoch nicht der Fall ist, ergibt sich bereits aus der Existenz der Pflicht zur Erstellung eines Risikomanagementsystems i. S. d. Anhangs I Abschnitt 3 und 4 MP-VO.[985] Für *voraussehbare* Risiken ist es nämlich nicht erforderlich, dass diese vollständig antizipiert werden, sondern vielmehr ausweislich des Abschnitts 4 Anhang I MP-VO ausreichend, wenn diese auf ein *vertretbares* Maß reduziert werden. Daher besteht keine hundertprozentige allumfängliche Pflicht zu gewährleisten, dass von dem Produkt niemals irgendwelche Risiken ausgehen. Vielmehr muss bei der Bestimmung des Grades, in dem die Risiken minimiert

[980] Zu der subjektiven Prägung der Interpretierbarkeit, vgl. bereits Kap. 2, D., II., 3., b), bb).

[981] Zu den Möglichkeiten, die Interpretierbarkeit von Black-Box-Systeme durch die Anwendung von post-hoc Verfahren herzustellen, vgl. bereits Kap. 2, D., II., 3., b), bb).

[982] Zu den unterschiedlichen post-hoc Verfahren bereits Kap. 2, D., II., 3., a).

[983] Zu dem Verlust der Approximationsungenauigkeit, die mit der Anwendung von posthoc Verfahren einhergeht bereits Kap. 2, D., II., 3., b), aa), (3).

[984] Vgl. die Stimmen, die die „Verifizierung und Validierung" wegen der Intransparenz als unerfüllbar ansehen, *Dettling*, PharmR 2019, 633, 637; dem folgend *Helle*, MedR 2020, 993, 995; *Hänold et al.*, MedR 2021, 516, 520; vgl. kritisch auch *IG-NB*, Questionnaire „Artificial Intelligence (AI) in medical devices", Version 4, S. 4, abrufbar unter: siehe Quellenangaben, die die Zertifizierbarkeit von Black-Box-Systemen von einer Einzelfallentscheidung abhängig machen wollen.

[985] Zu den Anforderungen an das Risikomanagementsystem nach Anhang I Abschnitt 3 und 4 MP-VO, Kap. 4, C., II., 1., a).

werden, das Verhältnis zwischen Risiko und Nutzen berücksichtigt werden und die von dem KI-basierten Produkt ausgehenden Risiken insgesamt auf ein „akzeptabel(es)“ Maß reduzieren.

Dass ein Restrisiko einer Approximationsungenauigkeit in Bezug auf die Transparenz der Systeme besteht, ist jedenfalls nicht von vornherein unzulässig, sondern muss dessen Zulässigkeit in Abhängigkeit von den potenziellen Auswirkungen, also der Wahrscheinlichkeit und Schwere des Schadens, beurteilt werden. Daher steht es dem Marktzutritt dynamischer Systeme nicht von vornherein entgegen, dass die klinische Bewertung sich auf Systemfunktionen bezieht, die mit einem sehr hohen aber keinem hundertprozentigen Wahrscheinlichkeitsgrad approximiert wurden, sofern die *marginale Rest*unsicherheit im Vergleich zu dem Risiko noch vertretbar ist.[986]

Dabei muss insbesondere berücksichtigt werden, dass dieses *Rest*risiko auch durch Risikobewältigungsmaßnahmen, wie beispielsweise eine menschliche Kontrolle der Ergebnisse, in Form von Plausibilitätsprüfungen ausgeglichen werden kann.

Zu berücksichtigen ist ferner, dass ein solches Ergebnis nur dann als vertretbar angesehen werden kann, wenn es sich tatsächlich lediglich um *Rest*risiken handelt und zugleich hinreichende Risikobewältigungsmaßnahmen – etwa in Form von Plausibilitätskontrollen – bestehen, die die fehlende Transparenz kompensieren und insgesamt sicherstellen, dass das Risiko auf ein vertretbares Maß minimiert wird.

Denn letztlich gilt stets die allgemeine Pflicht des Anhang I Abschnitt 2 MP-VO, wonach die Risiken so weit zu verringern sind, „wie es ohne negative Auswirkungen auf das Nutzen-Risiko-Verhältnis möglich ist“.

Damit steht der Regelungsrahmen der MP-VO der Zertifizierung von dynamischen Systemen nicht grundsätzlich entgegen. Entscheidend ist jedoch, dass trotz Eigenschaften wie der Lernfähigkeit und Intransparenz, die Risiken insgesamt auf ein vertretbares Maß reduziert werden.

Allerdings ist der derzeitige Regelungsrahmen in Bezug auf den Umgang mit Approximationsungenauigkeiten und dem Zusammenspiel mit menschlichen Aufsichtsmaßnahmen noch zu unbestimmt. Es mangelt an konkreten Kriterien, anhand derer die Zulässigkeit und auch das erforderliche Transparenzniveau bestimmt werden können.

(b) Wiederholbarkeit, Zuverlässigkeit und Leistung dynamischer Systeme

In Bezug auf die materiellen Produktanforderungen des Anhangs I MP-VO wird ferner auch die Erfüllbarkeit des Anhangs I Abschnitt 17.1 MP-VO infrage ge-

[986] Zu der rechtlichen Zulässigkeit von Rest-Unsicherheiten in Bezug auf post-hoc Erklärungen, im Zusammenhang mit der Transparenzpflicht des Art. 13 KI-VO, Kap. 4, C., IV., 3., a), dd).

stellt.[987] Wegen der Fähigkeit selbstständig weiter zu lernen sei die Erfüllbarkeit der in Anhang I Abschnitt 17.1 MP-VO geforderten „Wiederholbarkeit, Zuverlässigkeit und Leistung" von dynamischen Systemen zu bezweifeln.[988]

Gerade die „Wiederholbarkeit" der Leistung nach Anhang I Abschnitt 17.1 MP-VO stehe vor der Herausforderung, dass dynamische Systeme nicht auf eine Wiederholbarkeit ausgelegt seien, sondern dazu bestimmt seien, sich auch im Anwendungsfeld weiterzuentwickeln.[989]

Würde man der „Wiederholbarkeit" diese Auslegung zugrunde legen, stünde dies jedoch auch in einem Spannungsfeld zu der Pflicht, die „Zuverlässigkeit und Leistung" des Systems zu gewährleisten.

Die Genauigkeit der Systeme kann nämlich nicht nur dadurch beeinflusst werden, dass das System sich *fehlerhaft* aktualisiert, sondern vielmehr auch dadurch, dass die von dem System ursprünglich erlernten Muster nicht zu der veränderten Anwendungsumgebung passen, weil wegen einer veränderten Datengrundlage oder veränderten Umständen in der Welt ein „Concept Drift" vorliegt.[990] Daher kann es sogar wünschenswert sein, dass das System sich verändert, um auch zukünftig seine „Zuverlässigkeit und Leistung" zu gewährleisten.[991]

Mit der „Wiederholbarkeit" scheint daher weniger gemeint zu sein, dass das System sich überhaupt nicht verändern darf, sondern scheint damit mehr die Pflicht normiert zu werden, dass ein System sich auch bei der Analyse von unbekannten Daten „gleich" verhält, indem es auch in Bezug auf unbekannte Daten die erforderlichen Genauigkeitswerte aufrechterhält.[992] Für eine solche Auslegung spricht auch das Verständnis der HLEG, die betont, dass unter der „Wiederholbarkeit" die

---

[987] Vgl. so wohl *IG-NB*, Questionnaire „Artificial Intelligence (AI) in medical devices", Version 4, S. 4, abrufbar unter: siehe Quellenangaben; ebenso *Saliba*, in: Festschrift Gassner, S. 495; *Thiermann/Böck*, RDi 2022, 333, 335; *Dettling*, PharmR 2019, 633, 637; *Helle*, MedR 2020, 993, 995; *Hasenteufel/Renaud*, Software als Medizinprodukt, S. 23, 96; a. A. *COCIR*, Artificial Intelligence in EU Medical Device Legislation, S. 21 ff., abrufbar unter: siehe Quellenangaben.

[988] Vgl. *Saliba*, in: Festschrift Gassner, S. 495; *Thiermann/Böck*, RDi 2022, 333, 335; *Hänold et al.*, MedR 2021, 516, 520; *Dettling*, PharmR 2019, 633, 637; *Helle*, MedR 2020, 993, 995; *Hasenteufel/Renaud*, Software als Medizinprodukt, S. 23, 96.

[989] *Dettling*, PharmR 2019, 633, 637; *Thiermann/Böck*, RDi 2022, 333, 336; *Saliba*, in: Festschrift Gassner, S. 495; in diese Richtung auch *Saliba*, in: Chibanguza/Kuß/Steege, Abschnitt F, Rn. 10.

[990] Das Phänomen des „Concept Drift" wurde erstmals beschrieben von *Schlimmer/Granger*, Machine Learning 1986, 317 ff.; vgl. dazu, dass eine Anpassung an Concept Drifts erforderlich sein kann, um die hohen Genauigkeitswerte aufrecht zu erhalten, *Gama et al.*, ACM Computing Surveys 2014, 1, 4 f.; *Lu et al.*, IEEE Transactions on Knowledge and Data Engineering 2019, 2346 ff.

[991] *Gama et al.*, ACM Computing Surveys 2014, 1, 4 f.; *Lu et al.*, IEEE Transactions on Knowledge and Data Engineering 2019, 2346 ff.

[992] Ebenso *COCIR*, Artificial Intelligence in EU Medical Device Legislation, S. 24, abrufbar unter: siehe Quellenangaben.

Frage zu verstehen sei, „ob ein KI-Experiment das gleiche Verhalten aufweist, wenn es unter gleichen Bedingungen wiederholt wird“.[993]

Daher kann auch für dynamische Systeme die „Wiederholbarkeit“ gewährleistet werden.[994] Voraussetzung ist jedoch, dass der Hersteller als Teil des Risikomanagementsystems geeignete Maßnahmen etabliert, mittels derer die „Wiederholbarkeit, Zuverlässigkeit und Leistung“ *trotz* der Fähigkeit, dass die Systeme sich selbstständig aktualisieren können, gewährleistet werden kann. Welche Maßnahmen durch den Hersteller bei KI-Systemen ergriffen werden müssen, bleibt im derzeitigen Regelungsrahmen der MP-VO indes vollkommen unbestimmt.

Gerade bei KI-Systemen, die sich im Anwendungskontext weiterentwickeln, stellt sich jedoch gerade die Art und Weise „wie“ die Sicherheit und Leistungsfähigkeit der Systeme hergestellt werden soll, als besondere Herausforderung dar. Der geltende Regelungsrahmen ist daher noch zu unbestimmt, um einen hinreichend rechtssicheren Rahmen zu bieten, der gewährleistet, dass die Sicherheit von dynamischen Systemen *trotz* der Lernfähigkeit gewährleistet werden kann.

#### *d) Zwischenergebnis*

Vom Hersteller geplante wesentliche Änderungen an einem bereits bewerteten Konformitätsbewertungsgegenstand werden in dem Verfahren nach Anhang IX MP-VO bereits *de lege lata* nicht unberücksichtigt gelassen, sondern lösen diese grundsätzlich eine *vorherige* Informations- und Genehmigungspflicht nach Anhang IX Abschnitt 2.4 und 4.10 MP-VO gegenüber der benannten Stelle aus, die initial für die Konformitätsbewertung zuständig war. Sie entscheidet sodann über die Notwendigkeit der Durchführung eines neuen Konformitätsbewertungsverfahrens oder über das Ausreichen eines Nachtrages zur Konformitätsbewertung.

Sofern die selbstständige Aktualisierung eines dynamischen Systems – der wohl herrschenden Auffassung in der Literatur folgend – als „Änderung“ an dem genehmigten Produkt i. S. d. Anhangs IX Abschnitt 4.10 MP-VO zu qualifizieren ist, stellt sich die Erfüllung der *vorherigen* Genehmigungspflicht wegen der fehlenden Prognostizierbarkeit und Quantität der Änderungen für dynamische Systeme als Marktzugangshindernis dar. Dieses Ergebnis kann auch nicht dadurch korrigiert werden, dass die *Erfüllung* der Genehmigungspflicht auf den Zeitpunkt der initialen Konformitätsbewertung *vorverlagert* wird, weil der Wortlaut eine Genehmigung *nach* der initialen Konformitätsbewertung nahelegt und die *Genehmigung* nach

[993] Vgl. *HLEG*, Ethik-Leitlinien, S. 21, Rn. 70 abrufbar unter: siehe Quellenangaben; *COCIR*, Artificial Intelligence in EU Medical Device Legislation, S. 24, abrufbar unter: siehe Quellenangaben.

[994] Ebenso *COCIR*, Artificial Intelligence in EU Medical Device Legislation, S. 25 f.; a. A. wohl *Dettling*, PharmR 2019, 633, 637; *Thiermann/Böck*, RDi 2022, 333, 336; *Saliba*, in: Festschrift Gassner, S. 495; in diese Richtung auch *Saliba*, in: Chibanguza/Kuß/Steege, Abschnitt F, Rn. 10.

Anhang IX Abschnitt 4.10 MP-VO sich zudem auf die *konkrete* Aktualisierung beziehen würde, die zu diesem Zeitpunkt nicht prognostizierbar ist.

Alternativ könnte erwogen werden, dass die „Dynamik“ als Produkteigenschaft in der initialen Konformitätsbewertung mit bewertet wird und sodann Aktualisierungen, die sich innerhalb des genehmigten Rahmens halten, die Informations- und Genehmigungspflicht von vornherein nicht *entstehen* lassen würden, weil es sich sodann um einen Teil des „genehmigten“ Produkts und nicht um eine Änderung i. S. d. Anhangs IX Abschnitt 2.4 und 4.10 MP-VO handeln würde. Dadurch könnte bereits *de lege lata* verhindert werden, dass sich die Genehmigungspflicht des Anhangs IX Abschnitt 4.10 MP-VO für dynamische Systeme als Marktzugangshindernis auswirkt.

Die Dynamik als Produkteigenschaften kann durch eine Übertragung des Ansatzes der FDA bereits *de lege lata* mit bewertet werden, weil sich im Rahmen der MP-VO zahlreiche Überschneidungen zu dem Ansatz der FDA identifizieren lassen.

Regelungslücken entstehen gleichwohl dadurch, dass es konkreter Sicherheits- und Transparenzanforderungen ermangelt, mit denen die Sicherheit und Überprüfbarkeit der Systeme *trotz* der Aktualisierungsfähigkeit gewährleistet werden kann.

### 2. Mangelnde Eignung des Bewertungsverfahrens nach Anhang X und XI MP-VO

Für Medizinprodukte der Risikoklasse IIb und III kommt gem. Art. 52 Abs. 3 und 4 MP-VO alternativ eine Konformitätsbewertung auf der Grundlage einer Baumusterprüfung in Betracht.[995] Fraglich ist daher nur, ob das Bewertungsverfahren nach Anhang X MP-VO sich auch für die Bewertung von dynamischen Systemen eignet.[996]

#### *a) Bewertungsumfang der Baumusterprüfung nach Anhang X MP-VO*

Die Konformitätsbewertung auf der Grundlage eines Baumusters erfolgt in zwei Schritten: in einem ersten Schritt wird die Konformität des Baumusters mit den einschlägigen Anforderungen der Verordnung anhand der technischen Dokumen-

[995] Zu der Möglichkeit eine Baumusterprüfung nach Anhang X MP-VO durchzuführen und zu dessen Ausgestaltung, bereits Kap. 1, B., I., 2., b).

[996] Manche Stimmen lehnen die Eignung des Bewertungsverfahrens nach Anhang X MP-VO bereits im Zusammenhang mit herkömmlicher Software ab, weil eine reine Produktprüfung bei Software nicht angemessen wäre, *NB-Med*, Software and Medical Devices, Recommendation NB-Med/2.2/Rec4), abrufbar unter: siehe Quellenangaben; dem folgend *Quickbird Medical*, Zulassung & Zertifizierung von Software-Medizinprodukten (MDR), abrufbar unter: siehe Quellenangaben; *Hasenteufel/Renaud*, Software als Medizinprodukt, S. 19; *Johner*, Baumusterprüfung für Software, abrufbar unter: siehe Quellenangaben.

tation sowie angemessenen physischen Kontrollen und Laboruntersuchungen des Produkts nach Maßgabe des Anhangs X MP-VO überprüft, anschließend wird in einem zweiten Schritt beurteilt, ob das konkrete Produkt mit dem Baumuster übereinstimmt.[997]

Für diese Zwecke kann gem. Art. 52 Abs. 3 und 4 MP-VO in Form einer Produktionsqualitätssicherung nach Anhang XI Teil A MP-VO überprüft werden, ob das Qualitätsmanagementsystem dazu geeignet ist sicherzustellen, dass künftige Produkte mit dem Baumuster übereinstimmen oder gem. Art. 52 Abs. 3 und 4 MP-VO eine Produktprüfung nach Anhang XI Teil B MP-VO durchgeführt werden muss, in der jedes einzelne Produkt im Hinblick auf dessen Übereinstimmung mit dem Baumuster überprüft wird.[998]

Teilweise wurde bereits im Zusammenhang mit herkömmlicher Software die Eignung dieser Form der Konformitätsbewertung infrage gestellt.[999]

Insbesondere die „Coordination of notified Bodies Medical Devices" (NB-Med) statuierte in einem der von ihr veröffentlichen Leitfäden, dass für die Konformitätsbewertung von Software-basierten Medizinprodukten, „a pure product related evaluation without consideration of the design process is not considered adequate. Consequently, the use of some of the Conformity Assessment Procedures (CAP), as defined by the directives may be unsuitable for software".[1000]

Die mangelnde Eignung wurde insbesondere mit dem Umstand begründet, dass die bloße Testung von Software nicht geeignet sei Fehler der Software zu identifizieren.[1001]

Vielmehr müsse das Risikomanagementsystem und vor allem der Entwicklungsprozess der Software bewertet werden, um sicherzustellen, dass die Software nicht mit Fehlern behaftet ist.[1002] Sofern die Konformitätsbewertung lediglich auf

---

[997] Hierzu bereits ausführlich Kap. 1, B., I., 2., b).

[998] Hierzu bereits ausführlich Kap. 1, B., I., 2., b).

[999] *Hasenteufel/Renaud*, Software als Medizinprodukt, S. 19; ebenso *NB-Med*, Software and Medical Devices – Recommendation, NB-Med/2.2/Rec 4, abrufbar unter: siehe Quellenangaben; dem folgend *Quickbird Medical*, Zulassung & Zertifizierung von Software-Medizinprodukten (MDR, abrufbar unter: siehe Quellenangaben; *Johner*, Baumusterprüfung für Software, abrufbar unter: siehe Quellenangaben; wohl a. A. *Muresan*, LSR 2021, 17, 39 f.; *Schreitmüller*, Regulierung intelligenter Medizinprodukte, S. 154 f., die übereinstimmend von der Anwendbarkeit der Baumusterprüfung für dynamische KI-Systeme ausgehen.

[1000] *NB-Med*, Software and Medical Devices, Recommendation NB-Med/2.2/Rec4), abrufbar unter: siehe Quellenangaben; dem folgend *Quickbird Medical*, Zulassung & Zertifizierung von Software-Medizinprodukten (MDR), abrufbar unter: siehe Quellenangaben.

[1001] *NB-Med*, Software and Medical Devices, Recommendation NB-Med/2.2/Rec4), abrufbar unter: siehe Quellenangaben; dem folgend *Quickbird Medical*, Zulassung & Zertifizierung von Software-Medizinprodukten (MDR), abrufbar unter: siehe Quellenangaben.

[1002] *NB-Med*, Software and Medical Devices, Recommendation NB-Med/2.2/Rec4), abrufbar unter: siehe Quellenangaben; dem folgend *Quickbird Medical*, Zulassung & Zertifieine Überprüfung der Softwarefunktionen mittels Anwendungstests beschränkt wäre, müsste sich dieser Auffassung angeschlossen werden. Insbesondere bei KI-Systemen wird eine bloße Anwendungsumgebungstestung nicht geeignet sein, Fehler zu identifizieren, weil eine Fehlerfreiheit wegen der durch die Lernfähigkeit begründeten starken Abhängigkeit vom Anwendungskontext nur dann angenommen werden kann, wenn das System in jedem nur denkbaren Anwendungskontext überprüft wurde. Eine Bewertung ist daher nur dann möglich, wenn die Systeme auch im Rahmen der Bewertung des Anhangs IX MP-VO auf der Grundlage einer Bewertung von *Prozessen* erfolgen würde, die etabliert wurden, um die Sicherheit *trotz* der Aktualisierungsfähigkeit zu gewährleisten.[1003]

Der Unterschied zwischen der Überprüfung des Baumusters nach Anhang X MP-VO und einer Konformitätsbewertung nach Anhang IX MP-VO besteht vor allem darin, dass hinsichtlich des Baumusters gem. Anhang X Abschnitt 1 MP-VO eine Bewertung nur auf der Grundlage einer Bewertung der „technischen Dokumentation" erfolgt, während im Rahmen des Bewertungsverfahrens nach Anhang IX Abschnitt 1 MP-VO die Bewertung auch auf der Grundlage einer Bewertung des Qualitätsmanagementsystems erfolgt.[1004]

Bei der technischen Dokumentation i. S. d. Anhangs II und III MP-VO handelt es sich um eine „produktspezifische" Aufzeichnung über die Art und Weise, wie das *konkrete* Produkt die Anforderungen der Verordnung erfüllt.[1005] Im Unterschied dazu beschreibt das Qualitätsmanagementsystem Verfahren, die der Hersteller etabliert hat, um zu gewährleisten, dass die Anforderungen der Verordnung „jederzeit eingehalten werden".[1006]

Sofern in der technischen Dokumentation nach Anhang II und III MP-VO für KI-Systeme lediglich etwa die Genauigkeitswerte zum Zeitpunkt der Inverkehrgabe angegeben wären, wäre eine Überprüfung der technischen Dokumentation nicht geeignet, die Sicherheit des KI-Systems zu gewährleisten.

Wie oben[1007] jedoch bereits ausführlich dargelegt, bezieht sich auch die technische Dokumentation nicht *nur* auf *statische* Produkteigenschaften, sondern mit

---

zierung von Software-Medizinprodukten (MDR), abrufbar unter: siehe Quellenangaben; ebenso *Johner*, Baumusterprüfung für Software, abrufbar unter: siehe Quellenangaben.

[1003] Eingehend dazu, dass das Verfahren nach Anhanges IX MP-VO sich nicht nur als bloße Zustandsbewertung darstellt, sondern bereits *de lege lata* auch eine Prozesszertifizierung umfasst, Kap. 2, E., II., 1., c), cc).

[1004] Zu dem Konformitätsbewertungsverfahren nach Anhang IX MP-VO, bereits Kap. 1, B., I., 2., a).

[1005] *Quickbird Medical*, Zulassung & Zertifizierung von Software-Medizinprodukten (MDR), abrufbar unter: siehe Quellenangaben.

[1006] *Quickbird Medical*, Zulassung & Zertifizierung von Software-Medizinprodukten (MDR), abrufbar unter: siehe Quellenangaben.

[1007] Für eine Darlegung, dass auch die technische Dokumentation sich nicht nur auf statische Eigenschaften, sondern auch auf Prozesse bezieht, bereits Kap. 2, E., II., 1., c), cc), (2).

einer Bewertung des Risikomanagementsystems nach Anhang II Abschnitt 3 und 4 MP-VO sowie dem Plan zur Überwachung nach der Inverkehrgabe nach Anhang III MP-VO auch auf Prozesse, die der Hersteller etabliert hat, um daraus resultierenden voraussehbaren Risiken entgegenzutreten.

Es wird daher nicht nur bewertet, ob ein System die Genauigkeitswerte zum Zeitpunkt der Inverkehrgabe aufweist, sondern vielmehr auch, ob geeignete Mechanismen etabliert wurden, um eine Abweichung von diesen Werten zu antizipieren.[1008]

Daher beschränkt sich auch die Baumusterprüfung nicht auf eine Überprüfung von statischen Produkteigenschaften, wie den Genauigkeitswerten zum Zeitpunkt der Inverkehrgabe, sondern auch auf den Entwicklungs*prozess*, das etablierte Risikomanagementsystem bzw. den Plan zur Überwachung nach der Inverkehrgabe, mit denen die Sicherheit während des Lebenszyklus des Systems sichergestellt werden soll. Dies wird auch ausdrücklich durch Anhang X Abschnitt 1 MP-VO bestätigt.[1009] Es ist daher nicht *per se* unmöglich dynamische Baumuster zu bewerten.

### *b) Konzeption des Bewertungsverfahrens für statische Produkte*

Sofern eine entsprechende Bewertung erfolgt ist, sieht Anhang X Abschnitt 5.1 und 5.2 MP-VO eine Informations- und Genehmigungspflicht vor, für „Änderungen am genehmigten Baumuster oder seiner Zweckbestimmung oder seiner Verwendungsbedingungen“, nach dessen Inverkehrgabe bzw. Inbetriebnahme.[1010]

#### aa) Änderungen an dem in den Verkehr gegebenen Produkt

Teilweise wird die Vorschrift des Anhangs X Abschnitt 5 MP-VO so ausgelegt, dass eine Änderung der *in den Verkehr gegebenen* KI-Systeme die Informations- und Genehmigungspflicht nach Anhang X Abschnitt 5.1 und 5.2 MP-VO auslöse.[1011]

Um zu gewährleisten, dass auch dynamische Systeme weiterhin verkehrsfähig bleiben, müsse die Vorschrift des Anhangs X Abschnitt 5 MP-VO – im Einklang mit dem Ansatz für Anhang IX Abschnitt 4.10 MP-VO – sodann so ausgelegt

---

[1008] Hierzu bereits Kap. 2, E., II., 1., c), cc), (2), (a).

[1009] Vgl. hierfür Anhang X Abschnitt 1 MP-VO „(…) eine Benannte Stelle feststellt und bescheinigt, dass ein Produkt einschließlich der technischen Dokumentation und der *einschlägigen Prozesse* während des Lebenszyklus sowie ein entsprechendes für die geplante Produktion des Medizinprodukts repräsentatives Exemplar den einschlägigen Bestimmungen dieser Verordnung entsprechen.“ (Hervorhebung hinzugefügt).

[1010] *Muresan*, LSR 2021, 17, 39; *Schreitmüller*, Regulierung intelligenter Medizinprodukte, S. 150.

[1011] *Muresan*, LSR 2021, 17, 39; *Schreitmüller*, Regulierung intelligenter Medizinprodukte, S. 150.

werden, dass die Genehmigungspflicht bereits durch ein initiales Konformitätsbewertungsverfahren antizipiert erfüllt werden könnte.[1012]

Allerdings ist zu beachten, dass Anhang X Abschnitt 5.3 MP-VO – im Unterschied zu Anhang IX Abschnitt 4.10 MP-VO – für Änderungen an der Zweckbestimmung und den Verwendungsbedingungen des Baumusters *stets* die Durchführung einer vollständig neuen Konformitätsbewertung vorsieht.[1013] Obgleich die Stimmen, die auch für Anhang X Abschnitt 5 MP-VO eine antizipierte Erfüllung der Informations- und Genehmigungspflicht vorsehen, diese Herausforderung anerkennen, schlagen sie vor, sich über den Wortlaut des Anhangs X Abschnitt 5.3 MP-VO im Wege der Analogie oder der teleologischen Reduktion hinwegzusetzen und Anhang X Abschnitt 5.3 MP-VO zur Sicherung der Innovationsförderungen für unanwendbar zu erklären.[1014]

Sofern diesen Stimmen folgend eine Änderung des im Verkehr befindlichen Systems tatsächlich die Informations- und Genehmigungspflicht nach Anhang X Abschnitt 5.1 und 5.2 MP-VO auslösen würde, würde dieser Ansatz neben dem entgegenstehenden Wortlaut vor allem auch auf das bereits im Zusammenhang mit der Informations- und Genehmigungspflicht des Abschnitts 4.10 Anhang IX MP-VO diskutierte Problem stoßen.[1015] Zu beachten ist nämlich, dass eine antizipierte *Erfüllung* der Genehmigungs*pflicht* auch im Zusammenhang mit Anhang X Abschnitt 5.1–5.3 MP-VO daran scheitert, dass der Unionsgesetzgeber ausweislich des Wortlautes „ausgestellt *hat*" davon ausgeht, dass der Zeitpunkt der Genehmigung nach dem Zeitpunkt der initialen Konformitätsbewertungsverfahren liegt.[1016] Selbst wenn über eine teleologische Auslegung korrigiert werden könnte, scheitert eine antizipierte Bewertung der „Änderung(en)" auch daran, dass Anhang X Abschnitt 5.2 MP-VO eine Genehmigung der *konkreten* Änderung vorsieht, welche zum Zeitpunkt der initialen Konformitätsbewertung jedoch nicht prognostizierbar ist.[1017]

Während eine antizipierte Erfüllung einer bestehenden Genehmigungspflicht nach Anhang I Abschnitt 5 MP-VO nicht möglich ist, muss andererseits beachtet

---

[1012] Vgl. *Muresan*, LSR 2021, 17, 39 f.; *Schreitmüller*, Regulierung intelligenter Medizinprodukte, S. 153 f.

[1013] *Muresan*, LSR 2021, 17, 39 f.; *Schreitmüller*, Regulierung intelligenter Medizinprodukte, S. 154 f.

[1014] Vgl. *Muresan*, LSR 2021, 17, 39 f., der erwägt diese Herausforderung durch eine „Lückenfüllung" zu überwinden; dem folgend *Schreitmüller*, Regulierung intelligenter Medizinprodukte, S. 154 f., die zusätzlich auch eine Überwindung dieser Herausforderungen im Wege einer teleologischen Reduktion erwägt.

[1015] Vgl. dafür, dass, eine antizipierte Erfüllung der bestehenden Genehmigungspflicht durch eine Vorverlagerung des Zeitpunktes der Genehmigung nicht überzeugen kann, bereits im Zusammenhang mit Anhang IX Abschnitt 4.10 ausführlich, Kap. 2, E., II., 1., bb), (2).

[1016] Vgl. hierfür den Wortlaut des Anhanges X Abschnitt 5.1 MP-VO (Hervorhebung hinzugefügt).

[1017] Vgl. hierzu bereits Kap. 2, E., II., 1., b), bb), (1).

werden, dass – ebenso wie bei Anhang IX MP-VO – eine Genehmigungspflicht überhaupt nur dann entsteht, wenn die Änderung nicht den Teil des KI-Systems betrifft, der bereits initial als Teil des Produkts bewertet wurde.

Sofern die „Dynamik“ als Produkteigenschaft initial bewertet würde, läge es daher nahe, dass sich auch hier der oben vorgestellte Ansatz, dass es sich bei der Aktualisierung um einen Teil des „genehmigten Baumusters“ handelt, übertragen ließe, sodass nur dann eine Genehmigungspflicht emergieren würde, wenn die Änderungen einen Teil betreffen, der nicht initial mit bewertet wurde. Würde man dem Folgen, führten Änderungen außerhalb des Rahmens, die die Zweckbestimmung unberührt lassen, gem. Anhang X Abschnitt 5.2 MP-VO zu einer isolierten Bewertung der Änderung, während Änderungen der Zweckbestimmung gem. Anhang X Abschnitt 5.3 MP-VO stets eine neue Konformitätsbewertung auslösen würden.

Das eine entsprechende Übertragung jedoch bereits aus anderen Gründen scheitert, soll im folgenden Abschnitt dargelegt werden.

### bb) Beschränkung der Genehmigungspflicht auf Änderungen an dem Baumuster

Allerdings ist im Zusammenhang mit Anhang X Abschnitt 5 MP-VO bereits fraglich, ob sich aus Anhang X Abschnitt 5 MP-VO für Änderungen an dem KI-System, *das in den Verkehr gegeben* wurde, überhaupt eine Informations- und Genehmigungspflicht nach Anhang X Abschnitt 5 MP-VO ergibt, also auch dann, wenn die Dynamik nicht antizipiert bewertet wurde.

Ausweislich des Wortlautes ist die Informationspflicht gem. Anhang X Abschnitt 5.1 MP-VO nämlich auf „Änderungen am genehmigten *Baumuster*“ beschränkt.[1018] Obgleich Anhang X Abschnitte 5.2 und 5.3 MP-VO sodann allgemein von „Änderungen am genehmigten Produkt“ sprechen, ergibt sich aus der systematischen Stellung in Anhang X MP-VO, dass auch sie sich auf das „Baumuster“ beziehen, denn „genehmigt(en)“ i. S. d. Anhanges X MP-VO wurde nur das Baumuster als solches.

Gemäß Anhang X Abschnitt 2 Var.2 MP-VO ist ein Baumuster ein repräsentatives Exemplar für eine geplante Produktion. Dieses repräsentative Exemplar dient als Beispiel für alle Produkte, die mit diesem Baumuster identisch sind und in den Verkehr gegeben werden sollen. Das Bau*muster* wird jedoch als solches nicht in den Verkehr gegeben, sondern dient vielmehr als *Muster* für die Entwicklung aller übrigen Produkte, die sodann nach einer Überprüfung der Produktkonformität mit dem Baumuster nach Anhang XI Teil A oder B MP-VO in den Verkehr gegeben werden.

Sofern die Änderung jedoch das in den Verkehr gegebene KI-System betrifft, besteht bereits keine Informations- und Genehmigungspflicht, weil es sich nicht um

[1018] Vgl. hierfür den Wortlaut des Anhanges X Abschnitt 5.1 MP-VO (Hervorhebung hinzugefügt).

eine Änderung an dem *Baumuster* i. S. d. Anhangs I Abschnitt 5 MP-VO handelt, sondern vielmehr um eine Änderung an dem KI-System, welches in den Verkehr gegeben wurde. Hinsichtlich der Aktualisierung ermangelt es einer Genehmigungspflicht gänzlich, sodass jede Änderung ein vollständig neues Konformitätsbewertungsverfahren auslösen würde.

#### cc) Konzeption für statische Bewertungsgegenstände

Gleichwohl erklärt sich die Ermangelung einer entsprechenden Berücksichtigung der Änderungen von den in den Verkehr gegebenen Produkten dadurch, dass der Unionsgesetzgeber bei der Konzeption der Baumusterprüfung nach Anhang X MP-VO von der *Statik* der Produkte, die in den Verkehr gegeben werden, ausging. Dies kommt dadurch zum Ausdruck, dass im Rahmen der Baumuster-Konformitätsbewertung zunächst die Konformität des Baumusters überprüft wird und in einem zweiten Schritt nur, ob das Produkt mit dem Baumuster übereinstimmt.

Dadurch kommt die Intention zum Ausdruck, dass der Unionsgesetzgeber mit der Baumusterprüfung die Kosten und den Aufwand für solche Hersteller erleichtern wollte, die eine Massenproduktion planen.[1019] Bei körperlichen Produkten, die nach demselben „Bauplan" hergestellt werden, kann die Übereinstimmung vor allem dadurch gefährdet werden, dass im Rahmen des *Herstellungsprozesses* Fehler unterlaufen, die dazu führen, dass trotz einer Herstellung des Produkts nach demselben Bauplan, das Endprodukt in seiner Beschaffenheit von dem Baumuster abweicht. Sofern also *nach dem Herstellungsprozess*, aber vor der Inverkehrgabe die Übereinstimmung nachgewiesen wurde, kann die Übereinstimmung des körperlichen Produkts mit dem Baumuster auch nach der Inverkehrgabe gewährleistet werden.

Dadurch erklärt sich auch die Anknüpfung des zweiten Abschnitts der Konformitätsbewertung an den *Herstellungsprozess* bzw. den Zustand, den das Produkt *nach dem Herstellungsprozess* aufweist.

Bei *unkörperlichen* KI-Systemen können diese Ansätze gleichwohl nicht unmittelbar übertragen werden. Zu beachten ist nämlich, dass, sofern „mehrere" Versionen desselben KI-Systems in den Verkehr gegeben werden, nur *ein* KI-System konzipiert und trainiert wird, welches sodann nur auf entsprechenden Datenträgern vervielfältigt wird.

Eine Übereinstimmungsüberprüfung des KI-Systems, welches in den Verkehr gegeben wird, mit dem bewerteten Baumuster als zweiten Schritt der Baumusterprüfung wäre daher aber von vornherein *obsolet*, weil sich die KI-Systeme ohnehin als „Kopie" von dem initial entwickelten KI-System darstellen würden. Eine unterschiedliche Entwicklung der jeweils in den Verkehr gegebenen KI-Systeme

---

[1019] Vgl. so auch *Europäische Kommission*, Blue Guide, ABl. 2022/C247, S. 74.

kommt von vornherein erst *nach* der Inverkehrgabe in Betracht, weil die KI-Systeme in Abhängigkeit der *unterschiedlichen* Anwendungskontexte weiterlernen.

Daher ist eine Konformitätsbewertung in Form einer Baumusterprüfung von vornherein nicht für dynamische Bewertungsgegenstände geeignet, weil die KI-Systeme gerade darauf gerichtet sind, den „Musterzustand" des initial entwickelten Systems wieder zu verlassen.

Obgleich nach dem Wortlaut des Art. 52 Abs. 3 und 4 MP-VO eine Baumusterprüfung nach Anhang X MP-VO auch für KI-basierte Medizinprodukte anwendbar wäre, die auch nach der Inverkehrgabe lernfähig sind, könnte durch die Anwendung dieses Verfahrens keine Zertifizierung dynamischer KI-Systeme erreicht werden.

### 3. Fazit: Grundsätzliche Zertifizierbarkeit dynamischer Systeme

Obgleich den Stimmen, die die Zertifizierbarkeit von dynamischen Systemen ablehnen, zuzugestehen ist, dass die Genehmigungspflicht nach Anhang IX Abschnitt 2.4 und 4.10 MP-VO sich als Marktzugangshindernis auswirken würde, wenn diese entstünde, würde die Genehmigungspflicht nach Anhang IX Abschnitt 2.4 und 4.10 MP-VO jedoch von vornherein nicht *entstehen*, wenn die Dynamik als Produkteigenschaft im initialen Konformitätsbewertungsverfahren mit bewertet wird und sich Aktualisierungen in diesem Rahmen hielten. In diesem Fall ist die Aktualisierung nicht als „Änderung(en)", sondern als Teil des „genehmigten" Produkts zu qualifizieren, weshalb bereits die Entstehungsvoraussetzungen für die Genehmigungspflicht nicht erfüllt sind. Sofern die Dynamik als Produkteigenschaft mit bewertet wird, sind die Systeme daher zertifizierbar.

Teile der Literatur wollen die Informations- und Genehmigungspflicht auch dann ausgelöst sehen, wenn eine Aktualisierung nicht an dem Baumuster, sondern dem in den Verkehr gegebenen Produkt vorgenommen wird. Gleichwohl ist die Informations- und Genehmigungspflicht nach Anhang X Abschnitt 5 MP-VO von vornherein nur auf die *Baumuster* beschränkt. Jedenfalls hinsichtlich solcher Änderungen, die vorher nicht als Teil der technischen Dokumentation antizipiert mit bewertet wurden, würden sich durch eine Anwendung der Baumusterprüfung erhebliche Schutzlücken ergeben, weshalb die Regelung teleologisch zu reduzieren und die Anwendbarkeit für dynamische Systeme abzulehnen ist.

Da für alle Produkte ab der Risikoklasse IIa stets wahlweise das Verfahren nach Anhang IX MP-VO angewandt werden kann, steht die Unanwendbarkeit des Verfahrens gem. Anhang X MP-VO der Zertifizierbarkeit dynamischer Systeme nicht entgegen. Voraussetzung ist jedoch, dass der geltende Regelungsrahmen der MP-VO um hinreichend *konkrete* Sicherheits- und Transparenzanforderungen ergänzt wird, um so hinreichend Rechtssicherheit hinsichtlich der zu ergreifenden Pflichten für dynamische Systeme zu schaffen.

## III. Regelungslücken für Produkte der Risikoklasse I

Grundsätzlich besteht ausweislich des Art. 52 Abs. 7 MP-VO für Produkte ab der Risikoklasse I keine Notwendigkeit, eine benannte Stelle bei der Konformitätsbewertung zu beteiligen.[1020] Vielmehr erfolgt die Konformitätsbewertung dadurch, dass der Hersteller gem. Art. 52 Abs. 7 MP-VO die technische Dokumentation erstellt und anschließend eine EU-Konformitätserklärung gem. Art. 19 MP-VO ausstellt.[1021] Daher steht der Zertifizierbarkeit von dynamischen KI-Systemen, die entweder als Produkt oder Bestandteil eines Medizinprodukts in Risikoklasse I fallen, von vornherein keine kontinuierlich neu emergierende Genehmigungspflicht der Aktualisierungen durch eine benannte Stelle entgegen.

Etwas anderes gilt jedoch gem. Art. 52 Abs. 7 MP-VO dann, wenn Produkte der Risikoklasse I steril sind, eine Messfunktion haben oder wiederverwendbare chirurgische Instrumente darstellen. In diesem Fall sieht Art. 52 Abs. 7 S. 3 MP-VO – abweichend von der grundsätzlichen Regel des Art. 52 Abs. 7 S. 2 MP-VO – ausnahmsweise die Beteiligung einer benannten Stelle nach Anhang IX Kapitel I und III oder Anhang IX Teil A MP-VO vor.[1022] Die Besonderheit besteht dabei gleichwohl darin, dass sich die Beteiligung der benannten Stelle ausweislich des Art. 52 Abs. 7 S. 4 lit. a-c MP-VO nur auf die Überprüfung des Teils bezieht, der die besondere Stellung der Produkte gegenüber allen anderen Produkten der Risikoklasse I begründet.[1023]

Der Umfang der Überprüfung würde sich daher beispielsweise bei sterilen Produkten nur auf solche Eigenschaften erstrecken, die mit der „Herstellung, der Sicherung und der Aufrechterhaltung steriler Bedingungen“ zusammenhängen.[1024]

Daher wird auch die Informations- und Genehmigungspflicht des Anhangs IX Kapitel I Abschnitt 2.4 MP-VO bzw. Anhang XI Abschnitt 6.4 i. V. m. Anhang IX Abschnitt 2.4 MP-VO von vornherein nur für solche Änderungen gelten, die eine der in Art. 52 Abs. 7 S. 4 MP-VO aufgelisteten Eigenschaften des Medizinprodukts betreffen.

Bei einer genaueren Betrachtung der Eigenschaften des Art. 52 Abs. 7 S. 4 MP-VO, ist fraglich, ob die dynamische Weiterentwicklung sich überhaupt auf eine dieser Eigenschaften beziehen würde. In aller Regel wird nämlich der Umstand,

---

[1020] Hierzu bereits Kap. 1, B., II.

[1021] Hierzu bereits Kap. 1, B., I., 1.

[1022] *Mayr/Thiermann/Schrack/Kiesselbach*, Medizinprodukterecht, § 2, Rn. 80 f.; vgl. für die Klassenbezeichnung Im, Is, Ir, etwa *Hasenteufel/Renaud*, Software als Medizinprodukt, S. 15; *VDE Health*, Qualitätsmanagement für Medizinprodukte nach MDR und ISO 3485, abrufbar unter: siehe online Quellen.

[1023] *Mayr/Thiermann/Schrack/Kiesselbach*, Medizinprodukterecht, § 2, Rn. 81; *Hasenteufel/Renaud*, Software als Medizinprodukt, S. 15.

[1024] *Mayr/Thiermann/Schrack/Kiesselbach*, Medizinprodukterecht, § 2, Rn. 81; *Hasenteufel/Renaud*, Software als Medizinprodukt, S. 15.

dass sich das KI-System weiterentwickeln kann, nichts daran ändern, dass das körperliche Produkt einen sterilen Zustand aufweist oder dass das System in ein Instrument integriert ist, welches ein wiederverwendbares chirurgisches Instrument darstellt. Denn die Aspekte, die im Zusammenhang mit der Wiederverwendung stehen, beziehen sich auf körperliche Aspekte, wie die „Reinigung, Desinfektion, Sterilisation, Wartung und Funktionsprüfung sowie die damit verbundenen Gebrauchsanweisungen".

In Betracht käme insoweit nur, dass eine Aktualisierung sich auf einen Umstand auswirken würde, der in einem Zusammenhang mit der Messfunktionen des KI-Systems steht, denn bei der Messfunktion handelt es sich ausweislich des Art. 52 Abs. 7 lit. b) MP-VO um eine Eigenschaft, die von einer benannten Stelle zu überprüfen ist.

Gleichwohl beschränkt sich die Beteiligung einer benannten Stelle in diesem Fall nur auf die Überprüfung der Konformität der Produkte mit den „messtechnischen Anforderungen". Daher wird sich die Überprüfung auf die Konformität mit den gesetzlichen Einheiten der Richtlinie (EU) 80/181/EWG beziehen, die Produkte mit Messfunktion gem. Anhang I Abschnitt 15.2 MP-VO aufweisen müssen. Solange die Weiterentwicklung diese Anforderungen erfüllt, wäre von vornherein keine benannte Stelle für die Aktualisierung zu beteiligen, sodass die Informations- und Genehmigungspflicht des Anhangs IX Kapitel I Abschnitt 2.4 MP-VO bzw. Anhang XI Abschnitt 6.4 i.V.m. Anhang IX Abschnitt 2.4 MP-VO von vornherein keine Anwendung findet und der Zertifizierbarkeit daher auch nicht entgegensteht.

## F. Ergebnis zu Kapitel 2

Insgesamt lässt sich daher zusammenfassen, dass für KI-Systeme die Eignung des geltenden Regelungsrahmens der MP-VO im Hinblick auf die verfassungsrechtliche Bestimmtheit der Qualifizierungsanforderungen als auch die Bestimmtheit des Risikoklassifizierungssystems infrage zu stellen ist. Der Unionsgesetzgeber ist daher dringend dazu aufgefordert klarzustellen, dass nur solche KI-System als *eigenständiges* Medizinprodukt zu qualifizieren sind, die *selbst* einen der in Art. 2 Nr. 1 MP-VO genannten medizinischen Zwecke in die „Wirklichkeit" umsetzen, also erfüllen. Unabhängig davon, ob das System (virtuell oder physisch) in ein Produkt eingebettet ist oder als eigenständiges Produkt in den Verkehr gegeben wird, ist dies ausschließlich dann der Fall, wenn das System als *Entscheidungsunterstützungssystem* menschlichen Entscheidungsträgern Informationen präsentiert. Sofern das System (virtuell oder physisch) in das körperliche Medizinprodukt eingebettet ist, um die *medizinische* Funktionsweise zu ermöglichen, ist es – entgegen des Ansatzes der MDCG-Leitlinien 2019 – selbst dann nicht als Medizinprodukt zu qualifizieren, wenn die Steuerung anhand von verarbeiteten medizinischen Daten erfolgt, weil in diesem Fall das System – als unsichtbarer Motor – die Zweckbestimmung nicht erfüllt, sondern vielmehr die des medizinischen Produkts (z. B. die Abgabe des Insulins) nur ermöglicht. Solche Systeme sind – in Abhängigkeit der subjektiven Bestimmung des Herstellers – nur als Zubehör oder Bestandteil zum Medizinprodukt zu qualifizieren. Zur Schaffung der Rechtssicherheit sollte der geltende Regelungsrahmen daher entsprechend angepasst werden.

Ferner muss in Bezug auf die Durchführungsregel 3.3 UAbs. 2 Anhang VIII MP-VO klargestellt werden, dass nur solche Software für sich allein klassifiziert wird, die – als Entscheidungsunterstützungssystem – *selbst als* Medizinprodukt zu qualifizieren ist.[1025] Sofern die eingebettete Software durch verarbeitete medizinische Daten die Funktionsweise des körperlichen Produktes ermöglicht, richtet sich die Risikoklasse *ausschließlich* nach dem körperlichen Produkt.

Vor dem Hintergrund, dass sich die Risikoträchtigkeit stets nach der Art und Weise richten soll, wie der menschliche Körper verletzt werden kann, ist dies auch begrüßenswert, weil sich die Gefahren, die von dem Produkt ausgehen, nur danach bestimmen können, wie Handlungen in die Wirklichkeit umgesetzt und damit *erfüllt* werden. Da dies im derzeitigen Regelungsrahmen nicht hinreichend eindeutig zum Ausdruck kommt, ist der Unionsgesetzgeber zur Wahrung der verfassungsrechtlichen Bestimmtheit dazu aufgefordert, die entsprechenden Regelungen zu konkretisieren.[1026] Einen Anhaltspunkt für die Korrektur dieser Unbestimmtheiten könnte der oben dargestellte Reformvorschlag bieten.[1027]

Sofern diese Unbestimmtheit korrigiert würde, wäre der geltende Regelungsrahmen grundsätzlich auch für Regulierung KI-basierter Medizinprodukte geeignet. Insbesondere kann der Zertifizierbarkeit dynamischer Systeme nicht die kontinuierlich neu emergierende Genehmigungspflicht nach Anhang IX Abschnitt 2.4 und 4.10 MP-VO entgegengehalten werden. Um das kontinuierlich neue Emergieren der Genehmigungspflicht des Anhangs IX Abschnitt 2.4 und 4.10 MP-VO zu vermeiden, müsste die Dynamik gleichwohl als Produkteigenschaft antizipiert mit bewertet werden. Eine entsprechende Bewertung kann bereits *de lege lata* durch eine Übertragung des Ansatzes der FDA erfolgen, weil sich die Konformitätsbewertung nach Anhang IX MP-VO nicht als reine Zustandsbewertung darstellt, sondern insbesondere im Rahmen des Risikomanagementsystems auch ergriffene Maßnahmen zur Antizipierung künftiger Risiken etabliert und als Teil des Bewertungsverfahrens mitbewertet werden müssen. Sofern eine entsprechende Bewertung erfolgt, resultiert aus Anhang IX Abschnitt 2.4 und 4.10 MP-VO keine Genehmigungsflicht, weil sich die Aktualisierung innerhalb des initial bewerteten Rahmens, als Teil des bewerteten Produkts und nicht als „Änderung(en)" an dem „genehmigten Produkt(en)" darstellt. Nur außerhalb des initial bewerteten Rahmes entsteht eine Genehmigungspflicht nach Anhang IX Abschnitt 2.4 und 4.10 MP-VO. Diese führt

[1025] Vgl. für den Reformvorschlag, Kap. 2, B., IV.

[1026] Vgl. für den Reformvorschlag, Kap. 2, B., IV.

[1027] Vgl. für den Reformvorschlag, Kap. 2, B., IV.

jedoch nicht *per se* dazu, eine vollständig neue Konformitätsbewertungspflicht durchführen zu müssen, sondern ist die benannte Stelle auch berechtigt einen Nachtrag zur initialen Konformitätsbewertung ausreichen zu lassen.

Das geltende Regelungssystem ist daher auch für dynamische Systeme nicht von vornherein ungeeignet; vielmehr hängt die Zertifizierbarkeit davon ab, ob für das *konkrete* System durch ein Zusammenspiel von menschlichen Aufsichtsmaßnahmen und eingebauten Erklärungskomponenten insgesamt noch ein hinreichendes Sicherheitsniveau erreicht werden kann, so dass das Gesamtrestrisiko sich insgesamt i. S. d. Anhanges I Abschnitt 4 als „akzeptabel" darstellt. Gleichwohl müsste gewährleistet werden, dass der Regelungsrahmen durch KI-spezifische Sicherheits- und Transparenzanforderungen ergänzt wird, um auch für die Zertifizierbarkeit von dynamischen Systemen einen hinreichend rechtssicheren Regelungsrahmen zu schaffen.

*Kapitel 3*

# Ergänzung durch die KI-Verordnung

Diese Regelungslücken könnten jedoch durch die KI-VO geschlossen werden, die gerade als Reaktion auf die im bisherigen Regelungsrahmen befürchteten Regelungslücken geschaffen wurde. Insoweit war der Erlass der KI-VO gerade eine Reaktion auf Risiken, die sich aus neuartigen Eigenschaften wie Konnektivität, Autonomie, Datenabhängigkeit, Komplexität und Opazität ergeben.[1]

## A. Ergänzende Sicherheits- und Transparenzanforderungen

Für Hochrisiko-KI-Systeme wird der bisher geltende Rechtsrahmen nunmehr durch die in Kapitel III Abschnitt 2 KI-VO vorgesehenen Sicherheits- und Transparenzanforderungen ergänzt.[2]

### I. Transparenzanforderungen des Kapitels III Abschnitt 2 KI-VO

Davon sind zunächst die in Art. 11, 12 und 13 KI-VO vorgeschlagenen Dokumentations-, Aufzeichnungs-, und Transparenzpflichten erfasst.[3]

Ausweislich des Art. 11 Abs. 1 UAbs. 1 KI-VO[4] sind Anbieter zunächst zur Erstellung einer technischen Dokumentation verpflichtet, aus der nicht nur der

---

[1] Zu der historischen Entwicklung der KI-Verordnung, bereits Kap. 1., C., I.

[2] Eingehend zu den einzelnen Sicherheitsanforderungen des Kapitel III Abschnitt 2 KI-VO, vgl. Kap. 4, C.

[3] Vgl. zu den Entwürfen, Art. 11, 12 und 13 KI-VOE-KOM, COM 2021, 206 final, S. 56 ff.; ebenso Art. 11, 12 und 13 KI-VOE-Rat, *Rat*, General Approach, 14952/22, S. 93 ff.; ferner Art. 11, 12 und 13 KI-VOE-EP, *Europäisches Parlament*, Amendments adopted by the European Parliament on 14 June 2023 on the proposal for an Artificial Intelligence Act, P9_TA(2023)0236; vgl. dazu, dass Art. 11, 12 und 13 KI-VOE des Kommissionsentwurfes Transparenzanforderungen festlegen auch *Kiseleva, et al.*, Frontiers in Artificial Intelligence 2022, 879603; ebenso *Kumkar*, in: Hilgendorf/Roth-Isigkeit, 1. Auflage, Die neue KI-Verordnung, § 6, Rn. 10 ff.; ferner auch ebenso *Roth-Isigkeit*, GesR 2022, 278, 283; vgl. zu den Transparenzanforderungen der KI-Verordnung im Einzelnen, Kap. 4, C., IV., 3.

[4] Vgl. zu den Entwürfen Art. 11 Abs. 1 KI-VOE-KOM, COM 2021, 206 final, S. 56; ebenso Art. 11 Abs. 1 KI-VOE-Rat, *Rat*, General Approach, 14952/22, S. 93; ferner Art. 11 Abs. 1 KI-VOE-EP, *Europäisches Parlament*, Amendments adopted by the European Parlia-

Nachweis ergehen soll, wie das konkrete KI-System die Anforderungen erfüllt, sondern aus der sich auch eine Beschreibung der Funktionsweise der Systeme ergeben muss. Hinsichtlich des dafür in Anhang IV KI-VO[5] vorgesehenen Mindestinhalts wird auch den Besonderheiten von KI-Systemen Rechnung getragen, indem etwa anzugeben ist, inwieweit „vortrainierte Systeme" bei der Konzeption des Systems verwendet wurden oder welche „Bedeutung den verschiedenen Parametern" zukommt. Dadurch soll gem. Art. 11 Abs. 1 UAbs. 2 KI-VO gewährleistet werden, dass die „zuständigen nationalen Behörden" und „notifizierten Stellen" der ihnen obliegenden Pflicht zur Bewertung der Systeme nachkommen können.[6] Die technische Dokumentation adressiert daher gerade die aufgezeigten Regelungslücken, die sich aus der Ermangelung *hinreichend konkreter* Vorgaben ergeben, durch die das Informationsbedürfnis der benannten Stelle und Marktüberwachungsbehörde in Bezug auf Information über den Entwicklungsprozess und die Systemfunktionen sowie deren Architektur befriedigt werden kann.[7]

Ergänzt wird diese Dokumentationspflicht noch um die Aufzeichnungspflicht nach Art. 12 Abs. 1 S. 1 KI-VO[8], die die Anbieter dazu verpflichtet, die Systeme in einer Weise zu konzipieren und zu entwickeln, dass die „automatische Aufzeichnung von Vorgängen und Ergebnissen (Protokollierung)" gewährleistet ist. Durch die Protokollierung soll es gem. Art. 12 Abs. 2 KI-VO[9] einerseits dem Anbieter ermöglicht werden, seiner Nachbeobachtungspflicht nach Art. 72 KI-VO nachzukommen, und andererseits gewährleistet werden, dass die Marktüberwachungsbe-

---

ment on 14 June 2023 on the proposal for an Artificial Intelligence Act, P9_TA(2023)0236; vgl. eingehend zu Art. 11 KI-VOE, Kap. 4, D., I., 2.

[5] Vgl. zu den Entwürfen Anhang IV Abschnitt 2 lit. a) und lit. b) KI-VOE-KOM, COM 2021, 206 final, Anhänge, S. 8; dem folgend Anhang IV Abschnitt 2 lit. a) und b) KI-VOE-Rat, *Rat*, General Approach, 14952/22, S. 202 f.; ebenso *Europäisches Parlament*, Amendments adopted by the European Parliament on 14 June 2023 on the proposal for an Artificial Intelligence Act, P9_TA(2023)0236.

[6] Vgl. zu den Entwürfen Art. 11 Abs. 1 UAbs. 2 KI-VOE-KOM, COM 2021, 206 final, S. 56; dem folgend Art. 11 Abs. 1 UAbs. 2 KI-VOE-Rat, *Rat*, General Approach, 14952/22, S. 93; vgl. ferner Art. 11 Abs. 1 UAbs. 2 KI-VOE-EP, durch die Änderung 292 wird nur ausdrücklich klarstellt, dass mit den zuständigen nationalen Behörden die Überwachungsbehörden gemeint sind, *Europäisches Parlament*, Amendments adopted by the European Parliament on 14 June 2023 on the proposal for an Artificial Intelligence Act, P9_TA(2023)0236.

[7] Obgleich die Anforderungen an die technische Dokumentation des Anhanges II MP-VO auch für KI-Systeme grundsätzlich geeignet sind, enthalten sie keine Anforderungen, die auf KI-spezifische Besonderheiten eingehen, bereits Kap. 2, E., II., 1., c), dd), (1).

[8] Vgl. zu den Entwürfen Art. 12 Abs. 1 KI-VOE-KOM, COM 2021, 206 final, S. 57; dem folgend Art. 12 Abs. 1 KI-VOE-Rat, *Rat*, General Approach, 14954/22, S. 58; ebenso Art. 12 Abs. 1 KI-VOE-EP, *Europäisches Parlament*, Amendments adopted by the European Parliament on 14 June 2023 on the proposal for an Artificial Intelligence Act, P9_TA(2023)0236; eingehend zu Art. 12 KI-VO, ausführlich Kap. 4, C., IV., 2.

[9] Vgl. zu den Entwürfen Art. 12 Abs. 2 KI-VOE-KOM, COM 2021, 206 final, S. 57; ebenso Art. 12 Abs. 2 KI-VOE-Rat, *Rat*, General Approach, 14954/22, S. 58; ebenso Art. 12 Abs. 2 KI-VOE-EP, *Europäisches Parlament*, Amendments adopted by the European Parliament on 14 June 2023 on the proposal for an Artificial Intelligence Act, P9_TA(2023)0236.

hörde das Vorliegen eines „Risikos" i. S. d. Art. 79 Abs. 1 KI-VO feststellen kann und der Betreiber den ihm obliegenden Pflichten nach Art. 26 Abs. 5 KI-VO, zur Überwachung des Systembetriebs anhand der Betriebsanleitung nachkommen kann.

Ferner ist in Art. 13 KI-VO[10] die Pflicht vorgesehen, die Systeme so zu konzipieren und entwickeln, dass sie „hinreichend transparent" sind, um es den Betreibern zu ermöglichen die Ergebnisse angemessen interpretieren und verwenden zu können und zu gewährleisten, dass sowohl Betreibern als auch Anbieter den ihnen obliegenden Pflichten nachkommen können.[11]

Damit betreffen die in der KI-VO vorgesehenen Transparenzpflichten inhaltlich gerade die Aspekte, hinsichtlich derer im geltenden Regelungsrahmen der MP-VO Regelungslücken identifiziert wurden.[12] Inwieweit die in Art. 11, 12 und 13 i. V. m. Art. 14 KI-VO vorgesehenen Transparenzanforderungen die produktsicherheitsrechtliche Regelungslücken in materieller Hinsicht tatsächlich hinreichend schließen, soll noch eingehend untersucht werden.[13]

## II. Gewährleistung der Sicherheit trotz eigenständiger Automatisierung

Ferner sieht Kapitel III Abschnitt 2 KI-VO auch eine Reihe von Sicherheitsanforderungen vor, die den geltenden Regelungsrahmen gerade um die fehlenden konkrete Anforderungen zu ergänzen versprechen, mithilfe derer die Sicherheit der KI-Systeme *trotz* Eigenschaften wie der Autonomie gewährleistet werden kann.[14] Entsprechende Sicherheitsanforderungen sind erforderlich, um zu gewährleisten, dass die Pflicht, die „Wiederholbarkeit, Zuverlässigkeit und Leistung" nach Anhang I Abschnitt 17.1 MP-VO sicherzustellen, auch für Systeme, die sich kontinuierlich weiterentwickeln und daher dem Risiko einer fehlerhaften Weiterentwicklung unterliegen können, gewährleistet werden kann.[15]

---

[10] Vgl. zu den Entwürfen Art. 13 KI-VOE-KOM, COM 2021, 206 final, S. 57 f.; ebenso Art. 13 KI-VOE-Rat, *Rat*, General Approach, 14954/22, S. 59; ebenso Art. 13 KI-VOE-EP, *Europäisches Parlament*, Amendments adopted by the European Parliament on 14 June 2023 on the proposal for an Artificial Intelligence Act, P9_TA(2023)0236.

[11] Vgl. zu Art. 13 KI-VO, Kap. 4., IV., 3.

[12] Vgl. für eine Darstellung der Regelungslücken des geltenden Regelungsrahmens der MP-VO, Kap. 2, D., II., 3., c), Kap. 2, E., II., 1., c), dd).

[13] Vgl. für eine Untersuchung der Frage, ob die KI-Verordnung tatsächlich geeignet ist, die Regelungslücken zu schließen, Kapitel 3.

[14] Regelungslücken ergeben sich im geltenden Rechtsrahmen vor allem dadurch, dass es an hinreichend konkreten Sicherheitsanforderungen mangelt, mittels derer gewährleistet werden kann, dass die Sicherheit der Systeme, trotz besonderer Eigenschaften wie der Fähigkeit, sich selbstständig weiterentwickeln zu können, gewährleistet ist. Vgl. hierzu bereits Kap. 2, D., II., 3., c); Kap. 2, E., II., 1., c), dd).

[15] Hierzu bereits Kap. 2, E., II., 1., c), dd).

Bereits in ihrem Weißbuch zur künstlichen Intelligenz betonte die Kommission die Notwendigkeit den geltenden Regelungsrahmen, um konkrete Datenqualitätsanforderungen zu ergänzen.[16] Dieser Forderung trägt Art. 10 KI-VO Rechnung, indem den Anbietern von KI-Systemen die Qualitätsanforderungen des Art. 10 Abs. 2 bis 5 KI-VO für Trainings-, Validierungs- und Testdatensätzen auferlegt werden.[17] Die Qualitätsanforderungen sollen gerade dem Risiko entgegengetreten, dass wegen der Lernfähigkeit der Systeme die Qualität der Ergebnisse unmittelbar von der Qualität der Daten abhängt.[18]

Darüber hinaus sieht Art. 14 Abs. 1 KI-VO die Pflicht vor, die Systeme so zu konzipieren, dass diese durch natürliche Personen wirksam beaufsichtigt werden können.[19]

In Art. 15 Abs. 1 KI-VO ist ferner die Pflicht vorgesehen, dass die Genauigkeit, Robustheit und Cybersicherheit auch *nach* der Inverkehrgabe gewährleistet werden muss.[20] Zu diesem Zweck sieht Art. 15 Abs. 4 UAbs. 3 KI-VO speziell für Systeme, die „nach dem Inverkehrbringen oder der Inbetriebnahme weiterhin dazulernen" konkretisierend vor, dass nach der Inverkehrgabe drohenden Verzerrungen durch ggf. entstehende Rückkoppelungsschleifen angemessen entgegengetreten wird.[21]

Übereinstimmend treten diese Sicherheitsanforderungen daher auch solchen Risiken entgegen, die aus der Lernfähigkeit der Systeme resultieren. Daher spricht viel dafür, dass die Sicherheitsanforderungen des Kapitel III Abschnitt 2 KI-VO

---

[16] Vgl. *Europäische Kommission*, Weißbuch zur Künstlichen Intelligenz, COM 2020, 65 final, S. 22 f.

[17] Vgl. Art. 10 Abs. 1 KI-VOE-KOM, COM 2021, 206 final, S. 55 f.; ebenso Art. 10 Abs. 1 KI-VOE-Rat, *Rat*, General Approach, 14954/22, S. 91 ff.; ferner Art. 10 Abs. 1 KI-VOE-EP, *Europäisches Parlament*, Amendments adopted by the European Parliament on 14 June 2023 on the proposal for an Artificial Intelligence Act, P9_TA(2023)0236; zu den Anforderung des Art. 10 KI-VO, ausführlich Kap. 4, C., IV., 1.

[18] Erwägungsgrund 67; vgl. zu den Entwürfen, den insoweit übereinstimmenden Erwägungsgrund 44 KI-VOE S. 1, COM 2021, 206 final, S. 34; *Rat*, General Approach, 14954/22, S. 42; *Europäisches Parlament*, Amendments adopted by the European Parliament on 14 June 2023 on the proposal for an Artificial Intelligence Act, P9_TA(2023)0236.

[19] Vgl. Zu den Entwürfen Art. 14 KI-VOE-KOM, COM 2021, 206 final, S. 58; ebenso Art. 14 KI-VOE-Rat, *Rat*, General Approach, 14954/22, S. 96; ferner Art. 14 KI-VOE-EP, *Europäisches Parlament*, Amendments adopted by the European Parliament on 14 June 2023 on the proposal for an Artificial Intelligence Act, P9_TA(2023)0236; eingehend zu Art. 14 KI-VO, Kap. 4, C., IV., 3., d).

[20] Vgl. zu den Entwürfen Art. 15 KI-VOE-KOM, COM 2021, 206 final, S. 59 f.; ebenso Art. 15 KI-VOE-Rat, *Rat*, General Approach, 14954/22, S. 98 f.; ferner Art. 13 KI-VOE-EP, *Europäisches Parlament*, Amendments adopted by the European Parliament on 14 June 2023 on the proposal for an Artificial Intelligence Act, P9_TA(2023)0236; ausführlich zu der Anforderung des Art. 15 KI-VO, Kap. 4, C., IV., 5.

[21] Vgl. zu den Entwürfen, Art. 15 KI-VOE-KOM, COM 2021, 206 final, S. 59 f.; ebenso Art. 15 KI-VOE-Rat, *Rat*, General Approach, 14954/22, S. 98; ferner Art. 13 KI-VOE-EP, *Europäisches Parlament*, Amendments adopted by the European Parliament on 14 June 2023 on the proposal for an Artificial Intelligence Act, P9_TA(2023)0236.

gerade die Regelungslücken schließen können, die der bisher geltende Rechtsrahmen für statische und dynamische KI-Systeme noch aufweist.[22] Ob dies tatsächlich der Fall ist, soll im Folgenden einer eingehenden Untersuchung unterzogen werden.

## B. Anwendbarkeit des Kapitels III Abschnitt 2 KI-VO auf Hochrisiko-KI-Systeme

Um die Sicherheitsanforderungen des Kapitels III Abschnitt 2 KI-VO auszulösen, müsste das KI-System nicht nur als „System der künstlichen Intelligenz (KI-System)" i. S. d. Art. 3 Nr. 1 KI-VO[23] zu qualifizieren sein, sondern zudem als „Hochrisiko-KI-System" i. S. d. Art. 6 KI-VO.[24]

### I. Qualifizierung als System der künstlichen Intelligenz

Hinsichtlich der Qualifizierung als „System der künstlichen Intelligenz" sei auf die obigen Ausführungen zu Art. 3 Nr. 1 KI-VO verwiesen, während hier insoweit nur kurz auf die Ergebnisse eingegangen wird.[25]

Der Kommissionsentwurf verwendete den in Art. 3 Nr. 1 KI-VOE-KOM definierten Begriff „System der künstlichen Intelligenz" im weiteren Verordnungsentwurf nicht kohärent. Während die vorgeschlagene Legaldefinition des Art. 3 Nr. 1 KI-VOE-KOM den Regelungsgegenstand auf „eine" Software beschränkte, ging der Kommissionsentwurf im weiteren Verordnungsentwurf, wie beispielsweise in Anhang IV lit. b) und Anhang IV Abschnitt 2 lit. c) KI-VOE-KOM, davon aus, dass auch Hardware, bzw. mehrere Softwarekomponen*ten* einen Teil des KI-Systems bilden könnten.[26] Hintergrund für diese Inkohärenz des Kommissionsentwurfes vermag der Umstand zu sein, dass die Kommission die Anforderungen des Kapitels 2 Titel III KI-VOE[27] aus den Anforderungen der HLEG ableitete, ohne diese an das den Kommissionsentwurf prägende engere Begriffsverständnis anzupassen, nachdem der Begriff des KI-Systems i. S. d. Art. 3 Nr. 1 KI-VOE-KOM auf „eine" Software beschränkt ist.[28] Durch die Entwürfe des Rates und des Parlaments in

[22] Zu den Regelungslücken der MP-VO für statische KI-Systeme, Kap. 2, D.; zu den Regelungslücken der MP-VO für dynamische KI-Systeme, Kap. 2, E.

[23] Zu den unterschiedlichen Definitionen der Entwürfe für Art. 3 Nr. 1 KI-VOE im Zusammenhang mit dem Begriff „System der Künstlichen Intelligenz", bereits Kap. 2, A.

[24] Vgl. hierfür *Braun Binder/Egli*, in: Martini/Wendehorst, Art. 8, Rn. 12 f.

[25] Vgl. hierzu bereits Kap. 2, A.

[26] Für eine Darstellung, der inkohärenten Begriffsverwendung im Kommissionsentwurf, bereits Kap. 2, A., I.

[27] Vgl. nunmehr Kap. III Abschnitt 2 KI-VO.

[28] Hierzu bereits Kap. 2, A., I., 2.

Art. 3 Nr. 1 KI-VOE konnte diese Schwäche jedoch behoben werden.[29] Diesem Systemverständnis schloss sich der endgültige Regelungstext mit Art. 3 Nr. 1 KI-VO auch an.

Wie bereits dargestellt wurde, sah sich der Kommissionsentwurf wegen der Weite der von der Legaldefinition des Art. 3 Nr. 1 i. V. m. Anhang I KI-VOE-KOM umfassten Techniken und Methoden der Kritik einer Überregulierung ausgesetzt.[30] Um zu dieser Kritik Stellung zu beziehen, musste zunächst beurteilt werden, inwieweit für die in Anhang I KI-VOE-KOM aufgeführten Verfahren Regelungslücken bestehen.[31] Nachdem im vorherigen Kapitel die Regelungslücken[32] identifiziert wurden, kann daher nunmehr zu der Regelungsnotwendigkeit der in Anhang I KI-VOE-KOM aufgezählten Techniken und Verfahren abschließend[33] Stellung genommen werden.

Obgleich für wissensbasierte Systeme die Regelungsnotwendigkeit vermehrt bezweifelt[34] wurde, weil die Systeme nicht von charakteristischen Merkmalen, wie der Lernfähigkeit und Intransparenz gekennzeichnet seien, die initial den Beweggrund für den Erlass einer KI-VO bildeten, kann dem nicht gefolgt werden.[35]

Da eine Fehlerfreiheit der Ergebnisse der KI-Systeme nur dann sichergestellt werden kann, wenn die ärztlichen Entscheidungsträger als *letzte Kontrollinstanz* die Ergebnisse auf ihre Plausibilität hin untersuchen können, kann – in Abhängigkeit der Risikoträchtigkeit – ein Bedürfnis bestehen, dem Entscheidungsträger die Gründe für die Entscheidung offenzulegen, um diesem so eine Plausibilität zu ermöglichen und dadurch die Sicherheit gewährleisten zu können.[36] Wie bereits dargelegt, wird die Frage, ob algorithmische Entscheidungen durch menschliche Ent-

---

[29] Vgl. dafür, dass die Entwürfe des Parlaments und des Rates, diese Schwäche jedoch korrigieren, bereits Kap. 2, A., I., 4.

[30] Hierzu bereits Kap. 2, A., II., 1., d).

[31] Hierzu bereits Kap. 2, D.

[32] Siehe für eine Untersuchung der Regelungslücken des geltenden Regelungsrahmens der MP-VO, bereits Kap. 2, D.

[33] Für eine vorläufige Stellungnahme, bereits Kap. 2., A., III.

[34] So zum Kommissionsentwurf *Spindler*, CR 2021, 361, 373; ebenso der Hinweis, dass einfache „logikbasierte" Systeme die KI-spezifischen Risiken nur teilweise aufweisen würden, *Ebers et al.*, RDi 2021, 528, 529; *Bomhard/Merkle*, RDi 2021, 276, 277; *Engelmann/Brunotte/Lütkens*, RDi 2021, 317, 318; *Ströbel/Grau*, ZD 2022, 599, 600; *Heil*, MPR 2022, 1, 4; *Rostalski/Weiss*, ZfDR 2021, 329, 331; *Kalbhenn*, ZUM 2021, 663, 664; *Spindler*, CR 2021, 361, 373; *Handorn/Juknat*, MPR 2022, 77, 79; *Johner Institut*, Input on the proposed AI-Act, S. 2, abrufbar unter: siehe Quellenangaben; dem sich anschließend *Schreitmüller*, Regulierung intelligenter Medizinprodukte, S. 289 ff.

[35] Ebenso *Rostalski/Weiss*, ZfDR 2021, 329, 332; ebenso *Gless/Janal*, in: Hilgendorf/Roth-Isigkeit, 1. Auflage, § 2, Rn. 17.

[36] Vgl. eingehend dazu, dass auch für wissensbasierte Systeme eine Regelungsnotwendigkeit für Transparenzanforderungen besteht, die gewährleisten, dass die Systeme die Gründe für eine Entscheidung in einer für den jeweiligen Anwender verständlichen Weise präsentieren, bereits Kap. 2, D., II., 3.

scheidungsträger nachvollzogen werden können, als „Interpretierbarkeit“ bezeichnet.[37] Da die Interpretierbarkeit an das subjektive Verständnis des Menschen anknüpft, kann mit der *technischen Transparenz* noch nicht der Umstand gleichgesetzt werden, dass die Entscheidungsprozesse auch für den menschlichen Entscheidungsträger nachvollziehbar und damit interpretierbar sind.[38] Vielmehr scheitert die Nachvollziehbarkeit auch unterkomplexer Systeme bereits daran, dass das medizinische Fachpersonal keine Repräsentationssprache spricht.[39] Neben der sprachlichen Barriere wird die Interpretierbarkeit auch nur dann anzunehmen sein, wenn der Umfang der Information durch den ärztlichen Entscheidungsträger in der dafür zur Verfügung stehenden Zeit vernünftigerweise noch nachvollzogen werden kann.[40] Selbst bei unterkomplexen wissensbasierten Systemen können Entscheidungsbäume eine Größe erreichen, die nicht mehr ohne Weiteres nachvollziehbar ist und daher das Bedürfnis einer Zusammenfassung der Information begründet.[41] Vor diesem Hintergrund besteht – entgegen der wohl überwiegenden[42] Auffassung in der Literatur – auch für wissensbasierte Systeme eine Regelungsnotwendigkeit.[43]

Abzugrenzen sind wissensbasierte Systeme gleichwohl von herkömmlicher Software wie Datenbanken.[44] Obgleich der Begriff der „herkömmlichen Software“ teilweise[45] mit wissensbasierten Systemen gleichgesetzt wurde, wird durch diese

---

[37] Im Rahmen dieser Arbeit wird unter „Interpretierbarkeit“ der Umstand verstanden, dass die Entscheidungsgründe für den jeweiligen Menschen in der dafür zur Verfügung stehenden Zeit nachvollzogen werden können, Kap. 2, D., II., 3., a).

[38] Vgl. dafür, dass die Interpretierbarkeit ein stark subjektiv geprägtes Merkmal darstellt, bereits Kap. 2, D., II., 3., b), bb).

[39] Vgl. dazu, dass wegen der subjektiven Prägung der Interpretierbarkeit auch die Gründe für eine Entscheidung von transparenten Systemen, wie wissensbasierten Systemen, nicht ohne weiteres nachvollzogen werden können, Kap. 2, D., II., 3., b), bb).

[40] Vgl. hierzu bereits Kap. 2, D., II., 3., b), bb).

[41] Vgl. hierzu bereits Kap. 2, D., II., 3., b), bb).

[42] Vgl. hierfür zum Kommissionsentwurf *Spindler*, CR 2021, 361, 373; *Ebers et al.*, RDi 2021, 528, 529; *Bomhard/Merkle*, RDi 2021, 276, 277; *Engelmann/Brunotte/Lütkens*, RDi 2021, 317, 318; *Ströbel/Grau*, ZD 2022, 599, 600; *Heil*, MPR 2022, 1, 4; *Rostalski/Weiss*, ZfDR 2021, 329, 331; *Kalbhenn*, ZUM 2021, 663, 664; *Spindler*, CR 2021, 361, 373; *Handorn/Juknat*, MPR 2022, 77, 79; *Johner Institut*, Input on the proposed AI-Act, S. 2, abrufbar unter: siehe Quellenangaben; *Schreitmüller*, Regulierung intelligenter Medizinprodukte, S. 289 ff.

[43] Zu diesem Ergebnis kommen auch *Rostalski/Weiss*, ZfDR 2021, 329, 332; ebenso *Gless/Janal*, in: Hilgendorf/Roth-Isigkeit, 1. Auflage, § 2, Rn. 17, allerdings nicht im Zusammenhang mit dem Medizinproduktesektor.

[44] Vgl. für die technischen Unterschiede zwischen wissensbasierten Systemen und herkömmlicher Software, bereits Kap. 2, C., II., 1., b); vgl. dafür, dass für wissensbasierte Systeme eine Regelungsnotwendigkeit besteht, Kap. 2, D., II., 3.; vgl. dafür, dass keine Regelungsnotwendigkeit für herkömmliche Software besteht, weil diese nicht in der Lage ist, Schlussfolgerungen zu automatisieren, Kap. 2, D., II., 3., c), cc).

[45] Vgl. so zum Kommissionsentwurf, etwa *Bomhard/Merkle*, RDi 2021, 276, 277; *Engelmann/Brunotte/Lütkens*, RDi 2021, 317, 318; *Heil*, MPR 2022, 1, 4, die statuiert, dass die

Gleichsetzung ein entscheidender technischer Unterschied unberücksichtigt gelassen: während herkömmliche Software wegen des *anwendungsbasierten Programmierstils* gerade *nicht* zur Automatisierung von menschlichen Schlussfolgerungen imstande ist, ist bei wissensbasierten Systemen durch eine *Trennung* des Wissens in der Wissensbasis von der Verarbeitungskomponente eine Automatisierung menschlicher Schlussfolgerungen möglich.[46] Nur sofern ein menschlicher Entscheidungsprozess automatisiert wird, besteht auch die Notwendigkeit, die Gründe für eine Entscheidung überprüfen können zu müssen.[47] Da herkömmliche Software zu einer solchen Schlussfolgerung gerade nicht imstande ist, besteht für solche Software auch keine Regelungsnotwendigkeit.[48]

Für Systeme, die eine automatisierte Schlussfolgerung vornehmen, um menschliche Entscheidungen zu unterstützen, sieht Art. 13 Abs. 1, Abs. 3 lit. d) KI-VO i.V.m. Art. 14 Abs. 4 lit. c) KI-VO die Pflicht vor, die Gründe der Entscheidung zum Zwecke der Plausibilitätsprüfung offenlegen zu müssen.

Entgegen mancher Stimmen in der Literatur[49] kann daher sehr wohl eine Regelungsnotwendigkeit[50] bestehen, den geltenden Regelungsrahmen der MP-VO auch für deterministische wissensbasierte Systeme zu ergänzen. Daher ist es begrüßenswert, dass auch die Entwürfe des Rates und des Parlaments an der Regulierung wissensbasierter Systeme festhalten.[51] Da Anhang I lit. c) KI-VOE-KOM jedoch dazu hätte führen können, dass über die Regulierung von wissensbasierten Systemen hinaus auch herkömmliche Software, wie Datenbanken oder E-Mail-Programme, erfasst werden[52], ist die in den Entwürfen des Rates und des Parlaments

---

Autonomie KI-Systeme von herkömmlicher Software abgrenzen würde; *Kalbhenn*, ZUM 2021, 663, 664; *Ströbel/Grau*, ZD 2022, 599, 600.

[46] Vgl. für die technischen Unterschiede zwischen wissensbasierten Systemen und herkömmlicher Software, bereits Kap. 2, A., II., 1., a).

[47] Vgl. hierzu bereits Kap. 2, D., II., 3., c), cc).

[48] Vgl. für dieses Ergebnis, bereits Kap. 2, D., II., 3., c), cc).

[49] Vgl. *Ebers et al.*, RDi 2021, 528, 529, der eine Regelungsnotwendigkeit für „einfache (logikbasierte) Algorithmen" ablehnt; *Engelmann/Brunotte/Lütkens*, RDi 2021, 317, 318, die die Weite kritisieren, da die Autonomie und Intransparenz bei Expertensystemen fehlen würde, sodass die Erforderlichkeit der Regulierung infrage zu stellen wäre; ebenso *Heil*, MPR 2022, 1, 4; ebenso wohl *Ströbel/Grau*, ZD 2022, 599, 600, die den Begriff der „herkömmlichen Software" für Systeme verwenden, die auf „Wenn-Dann-Formulierungen" beruhen; ebenso *Bomhard/Merkle*, RDi 2021, 2021, 276, 277, die für regel- und wissensbasierte Systeme ebenfalls den Begriff der herkömmlichen Software verwenden; ebenso *Siemens Healthineers*, Feedback AI-Act, S. 2 f., abrufbar unter: siehe Quellenangaben; ebenso *Johner Institut*, Input on the proposed AI-Act, S. 1, abrufbar unter: siehe Quellenangaben.

[50] Ebenso jedoch nicht in Bezug auf den Medizinproduktesektor *Rostalski/Weiss*, ZfDR 2021, 329, 331; ebenso *Gless/Janal*, in: Hilgendorf/Roth-Isigkeit, 1. Auflage, § 2, Rn. 17.

[51] Vgl. dafür, dass auch die Entwürfe des Parlaments und des Rates an der Regulierung von wissensbasierten Systemen festhielten, bereits Kap. 2, A., II., 2.

[52] Vgl. zu der Befürchtung, dass wegen der Weite der von der Kommission vorgeschlagenen Definition auch herkömmliche Taschenrechner und Datenbanken dem Anwendungs-

vorgeschlagene und durch Art. 3 Nr. 1 KI-VO des endgültigen Regelungstextes unter Berücksichtigung des Erwägungsgrundes 12 vorgesehene Ausgliederung[53] von herkömmlicher Software begrüßenswert.

## II. Klassifizierung als Hochrisiko-KI-System

In Abweichung[54] von den Grundprinzipien des neuen Rechtsrahmens unterliegen jedoch nicht alle Systeme den Sicherheitsanforderungen des Kapitels III Abschnitt 1 KI-VO. Vielmehr ist die Anwendbarkeit der Anforderungen ausweislich des Art. 8 Abs. 1 KI-VO[55] von vornherein auf solche KI-Systeme beschränkt, die zugleich auch als „Hochrisiko-KI-System" zu klassifizieren sind.[56] In der dafür maßgeblichen Risikoklassifizierungsregel des Art. 6 KI-VO wird maßgeblich zwischen Hochrisiko-KI-Systemen i. S. d. Art. 6 KI-VO, die zugleich als Produkt oder Bestandteil unter eine der in Anhang I Teil A KI-VO genannten Harmonisierungsvorschriften fallen, und solchen Hochrisiko-KI-Systemen i. S. d. Art. 6 Abs. 2 KI-VO unterschieden, die unter einen der in Anhang III KI-VO genannten kritischen Anwendungsbereiche fallen.[57]

---

bereich des Anhanges I lit. c) KI-VOE-KOM unterfallen könnten, etwa *BVMed*, Positionen zum Entwurf des AI-Act, S. 3 f., abrufbar unter: siehe Quellenangaben; dem folgend *Marx/Gladov*, MPR 2022, 37; ebenso kritisch hinsichtlich herkömmlicher Software, etwa *Thiermann/Böck*, RDi 2022, 333, 334; *Stief/Pisani*, in: Festschrift Gassner, S. 474; *Ebert/Spiecker gen. Döhmann*, NVwZ 2021, 1188, 189; *Steege*, MMR 2022, 926, 928.

[53] Vgl. dafür, dass die Entwürfe des Rates und des Parlaments, die Legaldefinition auf Systeme beschränken, die auf wissensbasierten und maschinellen Lernverfahren beruhen, Kap. 2, II., 2.

[54] Vgl. eingehend zu den Grundprinzipien des neuen Rechtsrahmens, wonach die grundlegenden Sicherheits- und Leistungsanforderungen grundsätzlich durch jedes System erfüllt werden müssen, während die Risikoträchtigkeit nur einen Einfluss auf die Wahl des Konformitätsbewertungsverfahrens hat, Kap. 1, A., II., 2., b); vgl. in Bezug auf die Medizinprodukteverordnung, Kap. 1, B.

[55] Vgl. zu den Entwürfen Art. 8 Abs. 1 KI-VOE-KOM; COM 2021, 206 final, S. 54; dem folgend Art. 8 Abs. 1 KI-VOE-Rat, *Rat*, General Approach 14954/22, S. 88; ferner auch Art. 8 Abs. 1 KI-VOE-EP, *Europäisches Parlament*, Amendments adopted by the European Parliament on 14 June 2023 on the proposal for an artificial intelligence act, P9_TA(2023)0236.

[56] *Braun Binder/Egli*, in: Martini/Wendehorst, Art. 8, Rn. 18; *König*, in: Bomhard/Pieper/Wende, Art. 8, Rn. 10; ebenso noch zum Kommissionsentwurf *Fuderer*, MPR 2022, 121, 124 f.; *Denga*, ZfPC 2023, 154, 155; *Wiebe*, BB 2022, 899, 903; dem folgend, *Linardatos*, in: Hilgendorf/Roth-Isigkeit, 1. Auflage, § 7, Rn. 11; *Veale/Zuiderveen Borgesius*, CRi 2021, 97, 102; *Orssich*, EuZW 2022, 254, 258; *Ebers et al.*, RDi 2021, 528, 532 f.; *Heinrichs et al.*, MedR 2023, 259, 260; *Frank/Heine*, NZA 2023, 1281, 1282; ferner auch *Jaekel*, SächsVBl. 2023, 194, 199.

[57] *Gehrmann*, in: Bomhard/Pieper/Wende, Art. 6, Rn. 46; vgl. so auch *Rauschemeier*, in: Martini/Wendehorst, Art. 6, Rn. 27 ff.; ebenso zum Kommissionsentwurf *Fuderer*, MPR 2022, 121, 122 f.; *Stief/Pisani*, in: Festschrift Gassner, S. 472; allgemein zu Art. 6 KI-VOE-KOM etwa *Martini*, in: Hilgendorf/Roth-Isigkeit, 1. Auflage, § 4, Rn. 40 ff.; *Steege/Chiban-*

### 1. Hochrisiko-KI-Systeme i. S. d. Anhangs II KI-VO

Die Medizinprodukteverordnung ist eine der von Anhang I Teil A Nr. 11 KI-VO erfassten Harmonisierungsvorschriften. Sofern ein KI-System als Produkt oder Bestandteil eines Produkts dem Anwendungsbereich der MP-VO unterfällt, richtet sich die Risikoklassifizierung ausweislich des Art. 6 Abs. 1 lit. a) i. V. m. Anhang II Nr. 11 KI-VO gem. Art. 6 Abs. 1 lit. b) KI-VO nach der Frage, ob bei der Konformitätsbewertung im Rahmen der MP-VO eine benannte Stelle zu beteiligen ist.[58] Da im Rahmen der MP-VO eine solche Beteiligung ab der Risikoklasse IIa vorgesehen ist, werden KI-Systeme, die als Produkt oder dessen Bestandteil der Risikoklasse IIa MP-VO zuzuordnen sind, zukünftig auch als Hochrisiko-KI-System i. S. d. Art. 6 Abs. 1 i. V. m. Anhang I Teil A Abschnitt 11 KI-VO zu qualifizieren sein.[59]

### 2. Hochrisiko-KI-Systeme i. S. d. Anhangs III KI-VO

Daher stellt sich die Frage, welcher Anwendungsbereich der Risikoklassifizierungsregel Art. 6 Abs. 2 KI-VO im Medizinproduktesektor noch zukommen wird.

#### *a) Beschränkung auf Medizinprodukte der Risikoklasse I*

Art. 6 Abs. 2 KI-VO statuiert allgemein, dass „*zusätzlich* zu den in Absatz 1 genannten Hochrisiko-KI-Systemen“ auch solche Systeme als hochriskant gelten, die in den Anwendungsbereich des Anhangs III KI-VO fallen.[60] Daher stellt sich die Frage nach dem Verhältnis der Absätze des Art. 6 KI-VO.[61]

---

*guza*, Metaverse, § 8, Rn. 68 ff.; *Wiebe*, BB 2022, 899, 900 f.; *Rostalski/Weiss*, ZfDR 2021, 329, 345 ff.; *Bomhard/Merkle*, RDi 2021, 276, 280.

[58] Vgl. zur Risikoklassifizierung im Medizinproduktesektor auch *Rauschemeier*, in: Martini/Wendehorst, Art. 6, Rn. 76 ff.; *Gehrmann*, in: Bomhard/Pieper/Wende, Art. 6, Rn. 59; ebenso noch zu den Entwürfen *Martini*, in: Hilgendorf/Roth-Isigkeit, 1. Auflage, § 4, Rn. 41 f.; *Bomhard/Merkle*, RDi 2021, 276, 280; *Roos/Weitz*, MMR 2021, 844, 845; *Steege/Chibanguza*, Metaverse, § 8, Rn. 64.

[59] Vgl. *Ruschemeier*, in: Martini/Wendehorst, Art. 6, Rn. 77; vgl. dafür, dass die wohl überwiegende Anzahl an KI-basierten Medizinprodukten in Risikoklasse IIa fällt und daher auch als Hochrisiko-KI-System zu klassifizieren wäre, zum Kommissionsentwurf *Stief/Pisani*, in: Festschrift Gassner, S. 472; *Saliba*, in: Festschrift Gassner, S. 499; *Heil*, MPR 2022, 1, 6; *Ströbel/Grau*, ZD 2022, 599, 604; *Thiermann/Böck*, RDi 2022, 333, 336; ebenso *Jorzig/Kemter*, ZfPC 2023, 172, 173, die betonen, dass diese Voraussetzung durch „nahezu alle in Betracht kommenden Medizinprodukte“ erfüllt werden; ebenso *Schulze-Große/Genske*, GuP 2023, 81, 87; *Heinrichs et al.*, MedR 2023, 259, 260; ebenso ebenso *Roth-Isigkeit*, GesR 2022, 278, 283; *Johner Institut*, Input on the proposed AI-Act, S. 4, abrufbar unter: siehe Quellenangaben; *BVMed*, Positionen zum Entwurf des AI-Act, S. 2, abrufbar unter: siehe Quellenangaben.

[60] Hervorhebung hinzugefügt.

[61] Hierzu auch *Gerdemann*, NJW 2024, 2209, 2213; Vgl. im Zusammenhang mit dem Kommissionsentwurf insofern nur den Verweis, dass „ohne Rücksicht auf ihre produktsi-

Wenn das KI-System bereits nach Art. 6 Abs. 1 lit. a) und b) KI-VO als Hochrisiko-KI-System zu qualifizieren ist, wäre ein Rückgriff auf Art. 6 Abs. 2 KI-VO jedenfalls nicht notwendig. Gleichwohl könnte man annehmen, dass die Absätze nebeneinander anwendbar sind, sodass es unerheblich wäre, ob ein System nach Art. 6 Abs. 1 oder Abs. 2 KI-VO als Hochrisiko-KI-System zu klassifizieren ist, weil letztlich beide Absätze zu der Klassifizierung als Hochrisiko-KI-System führen. Da jedoch die Unterscheidung der Systemtypen des Art. 6 Abs. 1 bzw. Art. 6 Abs. 2 KI-VO einen maßgeblichen Einfluss auf die Ausgestaltung der Konformitätsbewertungsverfahren hat, muss zwischen den Unterabsätzen differenziert werden.[62]

Sofern ein Rückgriff auf Art. 6 Abs. 2 KI-VO auch dann zulässig wäre, wenn beide Voraussetzungen des Art. 6 Abs. 1 KI-VO erfüllt sind, könnte der Anbieter nach seiner Wahl statt dem Verfahren nach Art. 43 Abs. 3 KI-VO auch das Verfahren nach Art. 43 Abs. 1 bzw. Abs. 2 KI-VO durchführen.

Dies würde jedoch dazu führen, dass der Anbieter eines KI-basierten Medizinprodukts der Risikoklasse IIa sich bei der Konformitätsbewertung, der eigentlich nach Art. 43 Abs. 3 KI-VO i. V. m. Art. 52 Abs. 3, 4 oder 6 MP-VO notwendigen Beteiligung einer benannten Stelle, in Bezug auf die Bewertung der Konformität mit den Sicherheitsanforderungen des Kapitels 2 Titel III KI-VO, entziehen könnte.[63] Da mit KI-Systemen, die als Produkt der Risikoklasse III zu klassifizieren sind, erhebliche Gefahren für Leib und Leben des Patienten einhergehen können, wäre eine bloße interne Konformitätsbewertung, die für die weit überwiegende Anzahl an KI-Systemen nach Art. 6 Abs. 2 i. V. m. Anhang III KI-VO gem. Art. 43 Abs. 1 und Abs. 2 KI-VO ausreichend ist, nicht gerechtfertigt.[64]

Sofern das System als Hochrisiko-KI-System i. S. d. Art. 6 Abs. 2 i. V. m. Anhang III Nr. 1 lit. a) KI-VO zu qualifizieren ist, wäre zwar eine benannte Stelle zu beteiligen, gleichwohl würde dieses Verfahren sodann neben das Konformitätsbewertungsverfahren treten, das die Anbieter gem. Art. 52 MP-VO ohnehin durch-

---

cherheitsrechtliche Klassifizierung“ gem. Art. 6 Abs. 2 KI-VOE-KOM die KI-Systeme, die unter Anhang III KI-VOE-KOM, ebenfalls als Hochrisiko-KI-Systeme zu klassifizieren wären, *Martini*, in: Hilgendorf/Roth-Isigkeit, 1. Auflage, § 4, Rn. 50; vgl. *Fuderer*, MPR 2022, 121, 123, der den Anwendungsbereich des Art. 6 Abs. 2 KI-VOE-KOM für Produkte der Risikoklasse I als eröffnet ansieht.

[62] Vgl. dazu, dass im Rahmen der KI-Verordnung, in Abweichung von den Grundprinzipien des neuen Rechtsrahmens, das einschlägige Konformitätsbewertungsverfahren sich nach der Frage beurteilt, ob ein KI-System unter eine Harmonisierungsvorschrift fällt, bereits Kap. 1, C., III., 2.

[63] Vgl. dafür, dass ab Risikoklasse IIa, gem. Art. 52 Abs. 3, 4 und 6 MP-VO die Beteiligung einer benannten Stelle erforderlich ist, bereits Kap. 1, B., II.

[64] Vgl. dafür, dass für die weit überwiegende Anzahl an Hochrisiko-KI-Systemen nach Art. 6 Abs. 2 i. V. m. Anhang III KI-VO keine benannte Stelle bei dem Konformitätsbewertungsverfahren nach Art. 43 Abs. 1 und Abs. 2 KI-VO zu beteiligen ist, bereits Kap. 1, C., III., 2., a); Kap. 5.

führen müssen. Eine Integration der Bewertung in das Konformitätsbewertungsverfahren nach Art. 43 Abs. 3 KI-VO wäre nicht möglich, weil die Vorschrift nur für Hochrisiko-KI-Systeme i. S. d. Anhanges I Teil A KI-VO anwendbar ist. Sofern ein Rückgriff auf Art. 6 Abs. 2 KI-VO möglich ist, würde dadurch die ursprüngliche Intention konterkariert werden, bei KI-Systemen, die zugleich einer Konformitätsbewertungspflicht einer Harmonisierungsvorschrift unterliegen, eine doppelte Arbeitsbelastung der Anbieter, aber auch der benannten Stellen zu verhindern.[65]

Zwar würde sich der Anbieter in diesem Falle freiwillig für eine entsprechende doppelte Arbeitsbelastung entscheiden, gleichwohl würde daraus auch eine doppelte Arbeitsbelastung der benannten Stellen drohen, die die ohnehin schon drohende Überbelastung dieser noch weiter verschärft würde und die Gefahr bestünde, dass die Konformitätsbewertung zu einem sich weiter verengenden „Nadelöhr" bei der Inverkehrgabe von Medizinprodukten mutiert.[66]

Zur Gewährleistung eines funktionsfähigen Rechtssystems ist für KI-Systeme, die als Produkt oder Bestandteil eines Produktes der Risikoklasse IIa bereits unter Art. 6 Abs. 1 KI-VO fallen, der Rückgriff auf Abs. 2 KI-VO gesperrt.[67]

Fraglich ist gleichwohl, ob der Rückgriff auch dann unzulässig ist, wenn das KI-System als Produkt oder Bestandteil eines Medizinprodukts unter Risikoklasse I MP-VO fällt.[68]

Im Unterschied zu der KI-VO besteht im Rahmen der MP-VO nämlich nicht nur für Medizinprodukte einer bestimmten Risikoklasse, sondern für *alle* Medizinprodukte eine Konformitätsbewertungspflicht.[69]

Sofern KI-Systeme der Risikoklasse I nach Art. 6 Abs. 2 i. V. m. Anhang III KI-VO als Hochrisiko-KI-System zu klassifizieren sind, wäre Art. 43 Abs. 3 KI-VO nicht anwendbar, sodass neben das Konformitätsbewertungsverfahren nach Art. 57 Abs. 7 MP-VO noch das Konformitätsbewertungsverfahren nach Art. 43 Abs. 1 oder Abs. 2 KI-VO treten würde. Da bei dem Bewertungsverfahren für Produkte der Risikoklasse I jedoch ausweislich des Art. 52 Abs. 7 MP-VO grundsätzlich keine

---

[65] Vgl. dafür, dass durch das gemeinsame Konformitätsbewertungsverfahren nach Art. 43 Abs. 3 UAbs. 1 KI-VO eine doppelte Arbeitsbelastung verhindert werden sollte, bereits Kap. 1, C., III., 2., b).

[66] Vgl. ausführlich zu der drohenden Überbelastung der benannten Stellen, Kap. 4, D., III., 5.

[67] Wohl a. A. *Gerdemann*, NJW 2024, 2209, 2213, der eine Sperrwirkung mit Hinweis auf den Schutzweck generell verneint.

[68] Den Rückgriff als zulässig erachtend *Gerdemann*, NJW 2024, 2209, 2213, der eine Sperrwirkung mit Hinweis auf den Schutzweck generell verneint; ebenso zum Kommissionsentwurf *Fuderer*, MPR 2022, 121, 123; *Martini*, Hilgendorf/Roth-Isigkeit, 1. Auflage, § 4, Rn. 50, der betont, dass die Klassifizierung „ohne Rücksicht" auf die Einordnung in Art. 6 Abs. 1 KI-VOE-KOM erfolgen würde.

[69] Vgl. dafür, dass die KI-Verordnung mit ihrer Beschränkung der Konformitätsbewertungspflicht auf Hochrisiko-KI-Systeme von den Grundprinzipien des neuen Rechtsrahmens abweicht, bereits Kap. 1, C., III., 1.

Beteiligung einer benannten Stelle vorgesehen ist, kann durch den Rückgriff auf Art. 6 Abs. 2 KI-VO weder die in der MP-VO vorgesehene Beteiligung einer benannten Stelle umgangen werden, noch führt die Konformitätsbewertung nach Art. 43 Abs. 1 oder Abs. 2 KI-VO zu einer doppelten Arbeitsbelastung der benannten Stellen. Daher ist ein Rückgriff auf Art. 6 Abs. 2 KI-VO jedenfalls dann zulässig, wenn das KI-System in die Risikoklasse I der MP-VO fällt und daher nicht bereits nach Art. 6 Abs. 1 KI-VO als Hochrisiko-KI-System zu klassifizieren ist.[70]

### *b) Geringe praktische Relevanz des Anhang III KI-VO*

Selbst wenn das KI-System als Produkt i. S. d. Art. 1 Abs. 4 MP-VO oder Bestandteil in Risikoklasse I fällt, wäre das System nur dann als „Hochrisiko-KI-System" zu klassifizieren, wenn zudem auch die zweite Voraussetzung des Art. 6 Abs. 2 KI-VO erfüllt ist, also die Zweckbestimmung des Systems in einen der in Anhang III KI-VO aufgeführten kritischen Anwendungsbereiche fällt.[71] Anhang III KI-VO listet insgesamt acht Bereiche auf, die die Kommission als derart risikoträchtig erachtet, dass sie dessen Klassifizierung als Hochrisiko-KI-System nicht von einer Entscheidung im Einzelfall abhängig machen will, sondern diese pauschal in Risikoklasse I einordnet.[72]

Zu beachten ist jedoch, dass die in Anhang III KI-VO aufgeführten *Bereiche* als solches keine eigenständigen Risikokategorien bilden, sondern nur dazu dienen, die Befugnisse der Kommission gem. Art. 7 Abs. 1 lit. a) KI-VO dahingehend einzuschränken, dass sie die Liste kritischen Einsatzzwecke für Hochrisiko-KI-Systeme i. S. d. Anhanges III KI-VO zwar ergänzen darf, eine Ergänzung sich allerdings innerhalb der in Anhang III aufgeführten Bereiche halten muss.[73] Daher wäre ein KI-System der Risikoklasse I MP-VO nur dann als Hochrisiko-KI-System i. S. d. Art. 6 Abs. 2 KI-VO zu klassifizieren, wenn das System unter eine der in Anhang III Nr. 1–8 KI-VO genannten Einsatzzwecke innerhalb der kritischen Anwendungsbereiche fallen würde.

---

[70] Vgl. auch *Gerdemann*, NJW 2024, 2209, 2213, der eine Sperrwirkung generell ablehnt; vgl. zum Kommissionsentwurf *Fuderer*, MPR 2022, 121, 123; *Martini*, Hilgendorf/Roth-Isigkeit, 1. Auflage, § 4, Rn. 50, der betont, dass die Klassifizierung „ohne Rücksicht" auf die Einordnung in Art. 6 Abs. 1 KI-VOE-KOM erfolgen würde.

[71] *Gehrmann*, in: Bomhard/Pieper/Wende, Art. 6, Rn. 66; *Klawonn*, in: BeckOK KI-Recht, Art. 6, Rn. 16; vgl. zum Kommissionsentwurf *Martini*, in: Hilgendorf/Roth-Isigkeit, 1. Auflage, § 4, Rn. 50 ff.; *Rostalski/Weiss*, ZfDR 2021, 329, 346 f.

[72] Vgl. zum Kommissionsentwurf *Martini*, in: Hilgendorf/Roth-Isigkeit, 1. Auflage, § 4, Rn. 52.

[73] Vgl. zum Kommissionsentwurf, dass die in Anhang III KI-VOE aufgelisteten kritischen Bereiche, durch delegierte Rechtsakte der Kommission gem. Art. 7 Abs. 1 lit. a) KI-VOE-KOM geändert werden können, *Martini*, in: Hilgendorf/Roth-Isigkeit, 1. Auflage, § 4, Rn. 108; ebenso *Rostalski/Weiss*, ZfDR 2021, 329, 346 f.

### aa) Verwendung für Analysen biometrischer Daten

Im Zusammenhang mit dem Medizinproduktesektor wurde bereits für den Kommissionsentwurf teilweise auf Anhang III Nr. 1 lit. a) KI-VOE-KOM verwiesen, wonach Systeme, die „bestimmungsgemäß für die biometrische Echtzeit-Fernidentifizierung und nachträgliche biometrische Fernidentifizierung natürlicher Personen verwendet werden sollen", als Hochrisiko-KI-Systeme zu klassifizieren sind.[74]

Anhang III des endgültigen Regelungstextes erweitert den Anwendungsbereich noch dahingehend, dass Anhang III Nr. 1 KI-VO allgemein KI-Systeme im Bereich „Biometrie" erfasst, „soweit ihr Einsatz nach einschlägigem Unionsrecht oder nationalen Recht zugelassen ist". Gemäß Anhang III Nr. 1 lit. a–c) KI-VO fallen unter diesen Bereich Systeme zur biometrischen Fernidentifizierung- und Kategorisierung sowie der Emotionserkennung.

Biometrische Daten sind gem. Art. 3 Nr. 33 KI-VO „mit speziellen technischen Verfahren gewonnene personenbezogene Daten zu den physischen, physiologischen oder verhaltenstypischen Merkmalen einer natürlichen Person, wie etwa Gesichtsbilder oder daktyloskopische Daten".

Zu physischen, physiologischen verhaltenstypischen Charakteristiken, die im Rahmen einer biometrischen Analyse verarbeitet werden können, zählen beispielsweise Fingerabdrücke, Merkmale der Augen, wie die Iris oder die Netzhaut, und auch bestimmte Verhaltensweisen, wie die Stimme oder Bewegungsmuster, die für jede Person einzigartig sind.[75]

Die biometrische Analyse kann dabei nicht nur zur Personenidentifizierung[76] eingesetzt werden, sondern kann diese auch im medizinischen Kontext zur Informationsgewinnung eingesetzt werden, indem etwa biometrische Daten analysiert werden, um physiologische oder psychische Krankheiten zu diagnostizieren.[77] Dadurch können beispielsweise genetische Erkrankungen oder Syndrome, wie das Down-Syndrom, das Angelman-Syndrom oder Trisomien, erkannt werden.[78] Ferner kann durch eine Analyse der Stimme beispielsweise die Parkinsonkrankheit[79] oder eine Erkrankung an dem Covid-19 Virus[80] diagnostiziert werden.

---

[74] Vgl. hierfür *Fuderer*, MPR 2022, 121, 123.

[75] *Jain et al.*, Biometrics personal identification in networked society 1999, S. 4 f.; *Fatima et al.*, International Conference on Computing (ICIC) 2019, 1 ff.

[76] Vgl. eingehend zur biometrischen Identifizierung, *Jain et al.*, Communications of the ACM 2000, 90 ff.; vgl. zur Zulässigkeit der Biometrischen Identifizierung zum Kommissionsentwurf, *Schindler/Schönberg*, in: Friedewald/Roßnagel/Heesen/Krämer/Lamla, S. 114 ff.

[77] Vgl. eingehend zu der biometrischen Analyse zum Zwecke der Diagnose, *Ross et al.*, Computer Vision and Image Understanding 2021, 103438; ebenso *Gerdemann*, NJW 2024, 2209, 2212 zu psychischen Erkrankungen.

[78] *Gurovich et al.*, Nature Medicine 2019, 60 ff.

[79] *Pompili et al.*, Interspeech 2020, 4591 ff.

Ob es sich dabei um Einsatzzwecke handelt, die unter die Anwendungskategorien des Anhangs III Abschnitt 1 lit. a)–c) KI-VO fallen, muss gleichwohl bezweifelt werden.

Anhang III Abschnitt 1 lit. a) KI-VO erfasst zunächst „biometrische Fernidentifizierungssysteme". Für die Qualifizierung als „biometrisches Fernidentifizierungssystem" ist es ausweislich der Legaldefinition des Art. 3 Nr. 41 KI-VO jedoch erforderlich, dass dieses dem Zweck der Identifizierung eine Person dienen muss. Da die biometrische Analyse im medizinischen Kontext nicht zur Identifizierung von Personen, sondern zur Diagnose, Vorhersage oder Prognose von Krankheiten verwendet wird, wird Anhang III Nr. 1 lit. a) KI-VO jedenfalls im Medizinproduktesektor kein Anwendungsbereich zukommen.[81]

Weiterhin wird auch dem Anhang III Nr. 1 lit. b) KI-VO kein maßgeblicher Anwendungsbereich zukommen. Nach Anhang III Nr. 1 lit. b) i. V. m. Art. 6 Abs. 2 KI-VO sind auch KI-Systeme, „die bestimmungsgemäß für die biometrische Kategorisierung nach sensiblen oder geschützten Attributen oder Merkmalen auf der Grundlage von Rückschlüssen auf diese Attribute oder Merkmale verwendet werden sollen." als Hochrisiko-KI-Systeme zu klassifizieren. Für Medizinprodukte käme dem nur dann ein Anwendungsbereich zu, wenn es sich bei den medizinischen Zweckbestimmungen, wie etwa der Diagnose einer Krankheit, auch um eine Kategorie i. d. S. handeln würde. Jedenfalls durch die Legaldefinition des Art. 3 Nr. 40 KI-VO wird keine Beschränkung auf spezifische Kategorien vorgenommen, sondern lässt es die Vorschrift vielmehr ausreichen, wenn die Zuordnung zu einer „bestimmten Kategorie(n)" erfolgt. Eine entsprechende Einschränkung lässt sich auch nicht Erwägungsgrund 16 entnehmen, der nur beispielhaft Kategorien, wie die Haarfarbe, das Alter oder das Geschlecht aufführt.[82] Gleichwohl wird Anhang III Nr. 1 lit. b) KI-VO überwiegend ohnehin nicht anwendbar sein. Zu beachten ist nämlich, dass es für die Qualifizierung als System zur biometrischen Kategorisierung nach Art. 3 Nr. 40 KI-VO erforderlich ist, dass das KI-System die Kategorisierung als Hauptfunktion erfüllt.[83] Dies ergibt sich zwar nicht aus der Legaldefinition des Art. 3 Nr. 40 KI-VO, die in ihrer deutschen Fassung vielmehr ausdrücklich davon spricht, dass es sich dabei um eine Nebenfunktion handeln muss. Gleichwohl dürfte es sich dabei um ein Redaktionsversehen handeln.[84]

Zum einen geht Erwägungsgrund 16 in der deutschen Sprachfassung gerade im Unterschied von der Legaldefinition des Art. 3 Nr. 40 KI-VO davon aus, dass von dem Begriff des Systems zur biometrischen Kategorisierung gerade solche Systeme, bei denen die Kategorisierung eine bloße Nebenfunktion erfüllt, „nicht" als

[80] *Han et al.*, Interspeech 2020, 4946 ff.

[81] Vgl. zum Kommissionsentwurf a. A. *Fuderer*, MPR 2022, 121, 123.

[82] Vgl. hierfür den Wortlaut des Erwägungsgrundes 16 „können".

[83] *Merkle*, in; Bomhard/Pieper/Wende, Art. 3, Rn. 336 f.

[84] *Merkle*, in; Bomhard/Pieper/Wende, Art. 3, Rn. 336 f.

Systeme zur biometrischen Kategorisierung zu qualifizieren sind.[85] Dieses Verständnis wird ausdrücklich auch durch die englische Sprachfassung bestätigt, wonach es sich nur dann um ein System zur biometrischen Kategorisierung handelt, wenn die Kategorisierung gerade keine bloße Nebenfunktion darstellt. Zudem lässt sich auch der englischen Sprachfassung des Art. 3 Nr. 40 ein entsprechendes Verständnis entnehmen.[86]

Sofern jedoch die Kategorisierung in bestimmte Krankheitsbilder die Hauptfunktion des Systems darstellt, handelt es sich nicht mehr um ein System, welches in Risikoklasse I der MP-VO fällt, weil das System nach der Risikoklassifizierungsregel 11 aufgrund seiner diagnostischen Funktion in Risikoklasse IIa zu klassifizieren wäre, sodass der Rückgriff auf Art. 6 Abs. 2 i. V. m. Anhang III KI-VO gesperrt wäre.[87]

Vor diesem Hintergrund wird auch dem Anwendungsbereich des Anhanges III Nr. 1 lit. c) KI-VO kein oder nur ein geringer Anwendungsbereich zukommen. Denn die Vorschrift erfasst „KI-Systeme, die bestimmungsgemäß zur Emotionserkennung verwendet werden sollen". Ausweislich des Erwägungsgrundes 18 sollen darunter Systeme fallen, bei denen aus den biometrischen Daten Emotionen, wie Glück, Trauer, Wut, Überraschung, Ekel, Verlegenheit, Aufregung, Scham, Verachtung, Zufriedenheit und Vergnügen, abgeleitet werden. Gerade im psychiatrischen Bereich sind Anwendungsfälle denkbar, in denen eine solche Funktion die Diagnose unterstützen kann.[88] Gleichwohl muss wiederrum beachtet werden, dass ein System, welches Informationen generiert, die der Unterstützung einer therapeutischen oder diagnostischen Entscheidung dienen, gemäß Risikoklassifizierungsregel 11 in Risikoklasse IIa fällt und damit wiederrum der Rückgriff auf Art. 6 Abs. 2 i. V. m. Anhang III Nr. 1 KI-VO gesperrt ist.

#### bb) Priorisierung von Not- und Rettungsdiensten und medizinischer Nothilfe

Gleichwohl käme für den Medizinproduktesektor eine Anwendbarkeit des Anhangs III Nr. 5 lit. d) KI-VO in Betracht, wonach auch solche KI-Systeme als Hochrisiko-KI-Systeme zu klassifizieren sind, die „zur Bewertung und Klassifizierung von Notrufen von natürlichen Personen oder für die Entsendung oder Priorisierung des Einsatzes von Not- und Rettungsdiensten, einschließlich Polizei,

---

[85] *Merkle*, in; Bomhard/Pieper/Wende, Art. 3, Rn. 336 f.

[86] Vgl. hierfür den Wortlaut der englischen Sprachfassung für Art. 3 Nr. 40 KI-VO, „‚biometric categorisation system' means an AI system for the purpose of assigning natural persons to specific categories on the basis of their biometric data, *unless* it is ancillary to another commercial service and strictly necessary for objective technical reasons" (Hervorhebung hinzugefügt). *Merkle*, in: Bomhard/Pieper/Wende, Art. 3, Rn. 336 f.

[87] Vgl. hierzu bereits Kap. 3, B., I., 2., a).

[88] Ebenso *Gerdemann*, in: NJW 2024, 2209, 2212.

Feuerwehr und medizinischer Nothilfe, sowie für Systeme für die Triage von Patienten bei der Notfallversorgung verwendet werden sollen".[89]

Um in der Notaufnahme die Betroffenen nach der Dringlichkeit einer medizinischen Versorgung zu priorisieren, haben sich in den unterschiedlichen Ländern mit dem „Australian Triage Scale", dem „Canadian Triage and Acuity Scale", dem „Manchester Triage System" und dem „Emergency Severity Index", verschiedene Triage-Systeme entwickelt, von denen vor allem das Manchester Triage System (MTS) im europäischen Raum angewandt wird.[90]

Im Rahmen des MTS muss das Pflegepersonal die Beschwerden des Betroffenen zunächst in eine der 51 Symptomkategorien wie beispielsweise Allergie, Atemnot (Erwachsene), Kopfschmerzen oder Zahnprobleme einordnen. Für jedes dieser 51 Symptome existieren Diagramme, die eine Reihe von Schlüsselsymptomen, sog. *Indikatoren*, auflisten, die von dem Pflegepersonal abgefragt werden sollen. Umfasst sind etwa die Schmerzintensität, der Blutdruck, die Herzfrequenz, der Blutzuckergehalt oder die Körpertemperatur.[91] Anhand der einschlägigen Indikatoren wird sodann die Dringlichkeitsstufe bestimmt, anhand derer sich die Wartezeit bestimmen lässt.[92] Es werden insgesamt fünf Dringlichkeitsstufen unterschieden, die von einer sofortigen Behandlung, bei Einordnung des Zustandes in Dringlichkeitsstufe 5, bis zu einer Wartezeit von 240[93] bzw. 120[94] Minuten reichen können.[95] In den jeweiligen Diagrammen sind die Indikatoren in Abhängigkeit der Dringlichkeit angeordnet, sodass eine Bejahung der zuerst aufgelisteten Indikatoren dazu führt, dass automatisch die Dringlichkeitsstufe 5 anzunehmen ist.[96]

Sofern eine entsprechende Triage von einem KI-System vorgenommen würde, um die Entscheidung, wie dringlich eine Diagnose oder Therapie zu erfolgen hat, zu unterstützen, wäre dieses System in aller Regel nicht als System der Risikoklasse I einzuordnen. Insbesondere wenn die Atemfrequenz oder der Blutdruck gemessen werden, handelt es sich um ein System, welches vitale physiologische Prozesse kontrolliert. Dies hätte sodann jedoch gem. Regel 11 UAbs. 2 MP-VO bereits zur Folge, dass das System mindestens in Risikoklasse IIa einzuordnen ist. In diesem Fall wäre Anhang III Nr. 5 lit. d) KI-VO jedoch von vornherein nicht anwendbar,

---

[89] Vgl. ebenso zum Kommissionsentwurf *Fuderer*, MPR 2022, 121, 123, der KI-basierte Medizinprodukte auf eine Anwendbarkeit des Anhang III Nr. 5 lit. c) KI-VOE-KOM verweist.

[90] Vgl. hierzu *Christ et al.*, Deutsches Ärzteblatt 2010, S. 892 ff.; vgl. dazu, dass das Manchester Triage System im europäischen Raum weit verbreitet ist, *Azeredo et al.*, International Emergency Nursing 2015, 47 ff. m. w. N.

[91] Vgl. eingehend zu dem Manchester Triage System, *Schellein/Ludwig-Pistor/Cremerich*, Der Anaesthesist 2009, 163, 165 ff.

[92] *Schellein/Ludwig-Pistor/Cremerich*, Der Anaesthesist 2009, 163, 166.

[93] Dies war die Wartezeit der englischen Originalversion des Manchester Triage System.

[94] In der deutschen Version wurde dies auf 120 Minuten reduziert.

[95] *Schellein/Ludwig-Pistor/Cremerich*, Der Anaesthesist 2009, 163, 166.

[96] *Schellein/Ludwig-Pistor/Cremerich*, Der Anaesthesist 2009, 163, 166.

weil das Medizinprodukt bereits die Voraussetzungen des Art. 6 Abs. 1 KI-VO erfüllen würde.[97] Daher ist fraglich, welcher Anwendungsbereich dem Anhang III Nr. 5 lit. d) KI-VO im Rahmen des Medizinproduktesektors noch verbleibt.[98]

### cc) Ergänzung des Anhangs III durch delegierte Rechtsakte der Kommission

KI-Systeme, die im Medizinproduktesektor eingesetzt werden, könnten daher nur dann als Hochrisiko-KI-System i. S. d. Anhangs III KI-VO klassifiziert werden, wenn Anhang III KI-VO durch einen delegierten Rechtsakt der Kommission i. S. d. Art. 7 Abs. 1 KI-VO, um eine entsprechende Kategorie von Systemen ergänzt würde.[99]

Voraussetzung dafür ist es jedoch, dass das KI-System kumulativ die Voraussetzungen des Art. 7 KI-VO erfüllt.[100] Zum einen muss das System ein Risiko für die Gesundheit, Sicherheit oder Grundrechte bergen, das den Risiken des Anhangs III KI-VO vergleichbar ist, während es zum anderen auch in einen der in Anhang III Nr. 1–8 KI-VO genannten Bereiche fallen muss.[101] Damit orientiert sich der endgültige Regelungstext an dem Kommissionsentwurf. Während der Entwurf des Parlaments es vorsah, die Kommission nicht nur dazu zu berechtigen, innerhalb der acht Bereiche des Anhangs III KI-VOE entsprechende Anwendungsbereiche für Hochrisiko-KI-Systeme zu ergänzen, sondern sie zudem auch dazu zu berechtigen, die Bereiche des Anhangs III KI-VOE-EP *als solche* zu modifizieren.[102]

Da die Kommission daher auch bei der Ergänzung der Liste des Anhangs III KI-VO an den Anwendungsbereich des Anhangs III Nr. 1 KI-VO gebunden ist, würde

---

[97] Vgl. für eine Begründung, dass auf Art. 6 Abs. 2 KI-VO nicht mehr zurückgegriffen werden darf, sofern die Voraussetzungen des Art. 6 Abs. 1 KI-VO erfüllt sind, Kap. 3, B., II., 2.

[98] Vgl. zu der Möglichkeit und den Voraussetzungen, unter denen Anhang III KI-VO durch delegierte Rechtsakte der Kommission gem. Art. 7 KI-VO geändert werden kann, zu den Entwürfen der KI-Verordnung, *Martini*, in: Hilgendorf/Roth-Isigkeit, 1. Auflage, § 4, Rn. 104 ff.; *Rostalski/Weiss*, ZfDR 2021, 329, 246 f.

[99] Vgl. eingehend zu der Möglichkeit und den Voraussetzungen unter denen Anhang III KI-VOE-KOM durch delegierte Rechtsakte der Kommission gem. Art. 7 KI-VOE-KOM geändert werden kann, *Martini*, in: Hilgendorf/Roth-Isigkeit, 1. Auflage, § 4, Rn. 104 ff.; *Rostalski/Weiss*, ZfDR 2021, 329, 246 f.

[100] Vgl. zum Kommissionsentwurf, *Martini*, in: Hilgendorf/Roth-Isigkeit, 1. Auflage, § 4, Rn. 104 ff.; *Rostalski/Weiss*, ZfDR 2021, 329, 246 f.

[101] Vgl. zum Kommissionsentwurf, *Martini*, in: Hilgendorf/Roth-Isigkeit, 1. Auflage, § 4, Rn. 104 ff.; *Rostalski/Weiss*, ZfDR 2021, 329, 246 f.

[102] Vgl. Änderung 238, *Europäisches Parlament*, Amendments adopted by the European Parliament on 14 June 2023 on the proposal for a regulation of the European Parliament and of the Council on laying down harmonised rules on artificial intelligence (Artificial Intelligence Act) and amending certain Union legislative acts, P9_TA(2023)0236.

selbst eine Ergänzung durch einen delegierten Rechtsakt nicht dazu führen, dass sich der Anwendungsbereich von Anhang III KI-VO erweitert.

Denn letztlich bleibt es bei dem Ergebnis, dass die Systeme in aller Regel bereits in Risikoklasse IIa fallen und daher bereits nach Art. 6 Abs. 1 KI-VO als Hochrisiko-KI-System zu klassifizieren sind. Dies wird dadurch untermauert, dass auch Art. 6 Abs. 2 KI-VO die Einordnung nicht nur von dem Bereich abhängig macht, sondern auch davon, dass die KI-Systeme ein Risiko bergen, die Gesundheit, Sicherheit oder Grundrechte von natürlichen Personen zu schädigen.[103] Sofern dies der Fall ist, ist ein System zur biometrischen Datenverarbeitung in aller Regel jedoch bereits in Risikoklasse IIa einzuordnen. Aus denselben Gründen kommt auch Anhang III Nr. 5 lit. d) KI-VO kein besonderer Anwendungsbereich zu.

#### *c) Zwischenergebnis*

Die Sicherheitsanforderungen des Kapitels III Abschnitt 2 KI-VO ist nur für Hochrisiko-KI-Systeme anwendbar. Art. 6 KI-VO sieht für die Klassifizierung als Hochrisiko-KI-System zwei Möglichkeiten vor. Medizinprodukte der Risikoklasse IIa gelten gem. Art. 6 Abs. 1 i. V. m. Anhang I Teil A KI-VO als Hochrisiko-KI-Systeme, weil bei der Konformitätsbewertung im Rahmen der MP-VO ab Risikoklasse IIa eine benannte Stelle einzubeziehen ist.

Da die Unterscheidung des Art. 6 Abs. 1 oder Abs. 2 KI-VO einen maßgeblichen Einfluss auf die Wahl des Konformitätsbewertungsverfahrens hat, kommt ein Rückgriff auf die Risikoklassifizierungsregel des Art. 6 Abs. 2 i. V. m. Anhang III KI-VO nur dann in Betracht, wenn das KI-System unter Risikoklasse I MP-VO fällt.

Selbst wenn ein KI-System in Risikoklasse I MP-VO fällt, wird die praktische Relevanz der Risikoklassifizierungsregel Art. 6 Abs. 2 KI-VO für den Medizinproduktesektor verschwindend gering sein, weil in aller Regel keiner der in Anhang III KI-VO genannten Bereiche einschlägig sein wird.

Inhaltlich kommen von vornherein nur Anhang III Nr. 1 und Nr. 5 lit. d) KI-VO in Betracht.

Gleichwohl wird auch diesen Bereichen keine besonders hohe praktische Relevanz zukommen, da Systeme mit einer entsprechenden Zweckbestimmung in aller Regel bereits der Risikoklasse IIa MP-VO und damit dem Anwendungsbereich des Art. 6 Abs. 1 KI-VO unterfallen würden, sodass ein Rückgriff auf Abs. 2 gesperrt ist.

---

[103] Vgl. Änderung 234, „pose a significant risk of harm to the health, safety or fundamental rights of natural persons" *Europäisches Parlament*, Amendments adopted by the European Parliament on 14 June 2023 on the proposal for a regulation of the European Parliament and of the Council on laying down harmonised rules on artificial intelligence (Artificial Intelligence Act) and amending certain Union legislative acts, P9_TA(2023)0236.

### III. Rechtfertigung der Beschränkung auf Hochrisiko-KI-Systeme

Obgleich die Anforderungen des Kapitels III Abschnitt 2 KI-VO die Regelungslücken der MP-VO für Systeme der künstlichen Intelligenz zu schließen versprechen, sind sie gem. Art. 8 Abs. 1 KI-VO von vornherein nur auf „Hochrisiko-KI-Systeme" anwendbar. Wie die Ausführungen des vorherigen Abschnitts gezeigt haben, werden die Anforderungen der MP-VO daher grundsätzlich nur für KI-Systeme ergänzt, die als eigenständiges Medizinprodukt oder als Bestandteil eines Medizinproduktes mindestens in Risikoklasse IIa fallen. Für alle Systeme, die in Risikoklasse I fallen, werden die Anforderungen der MP-VO nur dann ergänzt, wenn das System *zusätzlich* unter einen der kritischen Anwendungsbereiche des Anhangs III KI-VO fällt.

Dennoch ist die KI-Verordnung nicht *per se* ungeeignet die Regelungslücken der MP-VO zu schließen. Zu beachten ist nämlich, dass KI-Systeme der Risikoklasse I, die nicht zugleich in Anhang III KI-VO fallen, in keinen regelungsleeren Raum treffen, sondern Anbieter weiterhin der allgemeinen Pflicht des Anhangs I Abschnitt 17.1 MP-VO unterliegen, die „Wiederholbarkeit, Zuverlässigkeit und Leistung" des Systems zu gewährleisten.

Gegen die Notwendigkeit einer Ergänzung für KI-Systeme, die als Produkt oder Bestandteil eines Produkts in Risikoklasse I fallen, spricht ferner der Grundsatz der Verhältnismäßigkeit. Denn selbst wenn die Anforderungen des Kapitels III Abschnitt 2 KI-VO eine risikobasierte Abstufung[104] der Intensität der jeweiligen Sicherheitsanforderungen ermöglichen würden, wird durch die Anforderung des Kapitels 2 Titel III KI-VO dennoch ein gewisses *Mindest*maß an Sicherheit- und Transparenz bestimmt, dass alle Hochrisiko-KI-Systeme aufweisen müssen. Dies betrifft etwa die Pflicht, die Transparenz der Entscheidungsergebnisse nach Art. 13 Abs. 1 KI-VO herzustellen, oder die Pflicht des Art. 14 KI-VO, eine kontinuierliche Überwachung der Funktionsweise des Systems durch natürliche Personen zu gewährleisten. Da diese Anforderungen der KI-Verordnung eine nicht unerhebliche Belastung des Anbieter nach sich ziehen, würde das Maß dessen, was noch verhältnismäßig ist, überschritten werden, wenn auch KI-Systeme, die als Produkt oder Bestandteil eines Produkts der Risikoklasse I MP-VO gelten, *per se* dem umfassenden Regelungskatalog des Kapitels III Abschnitt 2 KI-VO unterworfen werden würden.

---

[104] Vgl. für eine Begründung, dass die Intensität, der in Kap. III Abschnitt 2 KI-VO genannten Anforderungen risikobasiert bestimmt wird, Kap. 4, C., III., 1.

## C. Ergebnis des Kapitels und Festlegung des Bewertungsrahmens

Der geltende Regelungsrahmen wird zukünftig noch um die materiellen Sicherheitsanforderungen des Kapitels III Abschnitt 2 KI-VO ergänzt werden. Die darin enthaltenen Sicherheits- und Transparenzanforderungen adressieren inhaltlich gerade die oben identifizierten Regelungslücken, sodass viel dafürspricht, dass durch den Erlass der KI-Verordnung die bestehenden Regelungslücken geschlossen werden könnten: Den fehlenden Transparenzanforderungen tritt die KI-Verordnung durch die produktsicherheitsrechtlichen Transparenzanforderungen des Art. 11, 12 und 13 KI-VO entgegen. Ferner adressieren die Anforderungen des Art. 10, 14 und 15 KI-VO auch die Regelungslücken, die daraus entstehen, dass der geltende Rechtsrahmen hinreichend konkreter Sicherheitsanforderungen ermangelt, mittels derer die Sicherheit der Systeme *trotz* der Lernfähigkeit gewährleistet werden kann.

Obgleich die Sicherheitsanforderungen des Kapitels III Abschnitt 2 KI-VO von vornherein nicht für alle KI-basierten Medizinprodukte anwendbar sind, ist die KI-Verordnung nicht *per se* ungeeignet, die bestehenden Regelungslücken zu schließen, weil für alle übrigen KI-basierten Medizinprodukte die geltenden Sicherheitsanforderungen des Anhangs I MP-VO noch hinreichend erscheinen, um die Sicherheit der Systeme zu gewährleisten.

Vor diesem Hintergrund muss überprüft werden, ob die KI-Verordnung tatsächlich geeignet ist, die Regelungslücken des geltenden Regelungsrahmens zu schließen.

Dies ist dann der Fall, wenn kumulativ zwei Voraussetzungen erfüllt sind: während einerseits gewährleistet sein müsste, dass die Sicherheitsanforderungen des Kapitels III Abschnitt 2 KI-VO die Regelungslücken tatsächlich schließen, müsste andererseits auch sichergestellt werden, dass sich die KI-Verordnung in das bereits geltende Regelungskonzept der MP-VO nahtlos einfügt.[105] In diesem Zusammenhang muss zwischen Systemen i. S. d. Anhanges I Teil A KI-VO und solchen Systemen i. S. d. Anhanges III KI-VO unterschieden werden. Hintergrund dafür ist, dass ausweislich des Art. 43 KI-VO die einschlägige Hochrisiko-KI-System-Kategorie einen maßgeblichen Einfluss auf das einschlägige Konformitätsbewertungsverfahren haben wird.[106] Für Hochrisiko-KI-Systeme i. S. d. Anhangs III KI-VO richtet sich die Konformitätsbewertung gem. Art. 43 Abs. 1 oder Abs. 2 KI-VO nach den Anforderungen des Anhangs VI oder VII KI-VO.[107] Im Unterschied dazu sieht Art. 43 Abs. 3 UAbs. 1 KI-VO vor, dass für Hochrisiko-KI-basierte

[105] Vgl. für eine Untersuchung, inwieweit die Sicherheitsanforderungen des Kapitel III Abschnitt 2 die bestehenden Regelungslücken der MP-VO schließen können, Kapitel 4.

[106] Hierzu bereits Kap. 1, C., III., 2.

[107] Vgl. zu der Ausgestaltung des Konformitätsbewertungsverfahren für Hochrisiko-KI-Systeme i. S. d. Anhanges III KI-VO, Kapitel 5.

Medizinprodukte i. S. d. Anhangs I Teil A MP-VO die Bewertung der Konformität mit Kapitel III Abschnitt 2 KI-VO in das jeweilige Konformitätsbewertungsverfahren des Harmonisierungsrechtsaktes mit einbezogen werden muss.[108] Obgleich die Einbeziehung zur Vermeidung der doppelten Arbeitsbelastung begrüßenswert ist, setzt dies zugleich voraus, dass die Anforderungen an das Bewertungsverfahren inhaltlich kohärent sind, weil nur so gewährleistet werden kann, dass eine gemeinsame Konformitätsbewertung tatsächlich durchführbar ist.[109] Daher soll in Bezug auf die Untersuchung der KI-VO hinsichtlich dieser zwei Typen von Hochrisiko-KI-Systemen unterschieden werden.[110]

[108] Vgl. zu dem Konformitätsbewertungsverfahren für Hochrisiko-KI-Systeme i. S. d. Anhanges I Teil A KI-VO, Kapitel 4.

[109] Vgl. hierzu ausführlich Kap. 4, A.

[110] Vgl. für eine Analyse, ob die KI-Verordnung in Bezug auf Hochrisiko-KI-basierte Medizinprodukte i. S. d. Anhanges I Teil A KI-VO geeignet ist, die Regelungslücken der MP-VO zu schließen, Kapitel 4; vgl. für eine Untersuchung, inwieweit die KI-Verordnung für Hochrisiko-KI-basierte Medizinprodukte i. S. d. Anhanges III KI-VO einen geeigneten Regelungsrahmen darstellt, Kapitel 5.

*Kapitel 4*

# Konformitätsbewertung für KI-basierte Medizinprodukte der Risikoklasse IIa

Zunächst soll die Eignung der KI-Verordnung in Bezug auf Hochrisiko-KI-Systeme untersucht werden, die als Produkt oder Bestandteil eines Produkts dem Anwendungsbereich des Anhangs I Teil A KI-VO unterfallen.

## A. Kohärenz als Voraussetzung für die verfassungsrechtliche Bestimmtheit

Bereits die Entwürfe für eine KI-VO folgten den Grundprinzipien des neuen Rechtsrahmens und sahen in Art. 19 Abs. 1 KI-VOE[1] bzw. Art. 16 lit. e) KI-VOE-EP[2] die Pflicht zur Durchführung eines Konformitätsbewertungsverfahrens i. S. d. Art. 43 KI-VO vor, in dessen Rahmen die Konformität mit Kap. 2 Titel III KI-VO überprüft und bestätigt werden muss.[3] Daran hielt auch der endgültige Regelungstext mit Art. 16 lit. f) KI-VO fest, der die Pflicht normiert, dass vor der Inbetriebnahme oder Inverkehrgabe ein Konformitätsbewertungsverfahren durchgeführt werden muss.[4]

### I. Verhinderung eines doppelten Verwaltungsaufwandes

Für KI-Systeme i. S. d. Anhangs I Teil A KI-VO würde diese horizontal geltende Pflicht grundsätzlich *neben* die Konformitätsbewertungspflicht nach Art. 52 Abs. 1

---

[1] Vgl. Art. 19 Abs. 1 KI-VOE-KOM, COM 2021, 206 final, S. 62; Art. 19 Abs. 1 KI-VOE-Rat, *Rat*, General Approach, 14954/22, S. 103.

[2] Vgl. Art. 16 lit. e KI-VOE-EP, *Europäisches Parlament*, Amendments adopted by the European Parliament on 14 June 2023 on the proposal for a regulation of the European Parliament and of the Council on laying down harmonised rules on artificial intelligence (Artificial Intelligence Act) and amending certain Union legislative acts, P9_TA(2023)0236.

[3] Zu den Grundprinzipien des neuen Rechtsrahmens, bereits Kap. 1, A., II.; vgl. dazu, dass die KI-Verordnung mit der Konformitätsbewertungspflicht dem neuen Rechtsrahmen folgt, bereits Kap. 1, C., II., 2.

[4] Vgl. auch *Eisenberger/Th. Binder*, in: Martini/Wendehorst, Art. 16, Rn. 28; *Weiden*, in: Bomhard/Pieper/Wende, Art. 16, Rn. 94; *Henke*, in: BeckOK KI-Recht, Art. 16 Rn. 29.

MP-VO treten.[5] Da die Durchführung jedes Konformitätsbewertungsverfahrens mit einem nicht unerheblichen finanziellen und zeitlichen Aufwand verbunden ist, würde daraus eine doppelte Arbeitsbelastung für den Anbieter als auch die benannten Stellen resultieren.[6]

Da die geringe Anzahl und hohe Arbeitsbelastung der benannten Stellen ohnehin schon zu bewirken droht, dass sich die Konformitätsbewertung als „Nadelöhr“ bzw. „Flaschenhals“ bei der Inverkehrgabe von Medizinprodukten erweist, würde ein doppeltes Konformitätsbewertungsverfahren für ein und dasselbe Produkt diese Problematik noch verschärfen und die Innovation zu behindern drohen.[7] Um dies zu vermeiden, weicht die KI-VO von der den neuen Rechtsrahmen grundsätzlich prägenden risikobasierten Wahl des Konformitätsbewertungsverfahrens ab und entscheidet das einschlägige Konformitätsbewertungsverfahren in Art. 43 KI-VO vielmehr in Abhängigkeit davon, welchem der zwei Typen von Hochrisiko-KI-Systemen das konkrete System zuzuordnen ist.[8]

KI-Systeme, die als Produkt oder Bestandteil eines Produkts in Risikoklasse IIa MP-VO fallen, sind nach der KI-VO als Hochrisiko-KI-Systeme i. S. d. Anhangs I Teil A Nr. 11 KI-VO zu klassifizieren, sodass für diese Produkte das Konformitätsbewertungsverfahren des Art. 43 Abs. 3 KI-VO[9] durchgeführt werden muss.[10] Dies hat zur Folge, dass gem. Art. 43 Abs. 3 KI-VO[11] die Überprüfung der Konformität mit den Anforderungen des Kap. III Abschnitt 2 KI-VO in das Konformitätsbewertungsverfahren der jeweiligen Harmonisierungsvorschrift miteinbezogen

---

[5] Ebenso zum Kommissionsentwurf *Heil*, MPR 2022, 1, 5.

[6] *Gerdemann*, in: Martini/Wendehorst, Art. 43, Rn. 50; Vgl. zu dem zeitlichen und finanziellen Aufwand, der sich auf durchschnittlich 10.000 Euro belaufen würde, *Prütting/Wolk*, MedR 2021, 359, 363.

[7] Vgl. die Bezeichnung als „Nadelöhr“ *Prütting/Wolk*, MedR 2021, 359, 363; vgl. für die Bezeichnung als „Bottleneck“, *Hill/Schmitt*, WiKO, A III, Rn. 10; zu der „Nadelöhr-Problematik“, ausführlich Kap. 4, D., III., 5.

[8] Hierzu bereits Kap. 1, C., III., 2.

[9] Vgl. zu den Entwürfen Art. 43 Abs. 3 KI-VOE-KOM, COM 2021, 206 final, S. 73; Art. 43 Abs. 3 KI-VOE-Rat, *Rat*, General Approach, 14954/22, S. 129; ebenso Art. 43 Abs. 3 KI-VOE-EP *Europäisches Parlament*, Amendments adopted by the European Parliament on 14 June 2023 on the proposal for a regulation of the European Parliament and of the Council on laying down harmonised rules on artificial intelligence (Artificial Intelligence Act) and amending certain Union legislative acts, P9_TA(2023)0236.

[10] Vgl. zum Kommissionsentwurf, *Fuderer*, MPR 2022, 121, 124; *Denga*, ZfPC 2023, 154, 155 f.; *Roth-Isigkeit*, in: Hilgendorf/Roth-Isigkeit, 1. Auflage, § 8, Rn. 3.

[11] Vgl. zu den Entwürfen Art. 43 Abs. 3 KI-VOE-KOM, COM 2021, 206 final, S. 73; Art. 43 Abs. 3 KI-VOE-Rat, *Rat*, General Approach, 14954/22, S. 129; ebenso Art. 43 Abs. 3 KI-VOE-EP, *Europäisches Parlament*, Amendments adopted by the European Parliament on 14 June 2023 on the proposal for a regulation of the European Parliament and of the Council on laying down harmonised rules on artificial intelligence (Artificial Intelligence Act) and amending certain Union legislative acts, P9_TA(2023)0236.

wird.[12] Dadurch soll der durch zwei parallel durchzuführende Konformitätsbewertungsverfahren entstehende doppelte Arbeitsaufwand verhindert werden.[13]

Für KI-Systeme i. S. d. Anhangs I Teil A KI-VO entsteht daher zukünftig ein gemeinsames Konformitätsbewertungssystem, in dessen Rahmen sowohl die Einhaltung der Anforderungen des Anhangs I MP-VO als auch die des Kap. III Abschnitt 2 KI-VO überprüft werden müssen.

## II. Verfassungsrechtliche Bestimmtheit als Grenze für die statischen Verweise

Zwingende Voraussetzung dafür, dass diese Integration möglich ist, ist es jedoch, dass sich die KI-Verordnung „nahtlos" in das Regelungssystem der MP-VO einfügt und sowohl die in dem gemeinsamen Konformitätsbewertungsverfahren zu überprüfenden materiellen Sicherheitsanforderungen als auch die formellen Anforderungen an das Bewertungsverfahren inhaltlich kohärent sind.[14]

### 1. Statische Verweise der KI-Verordnung

Bereits die Europäische Kommission ließ dies gleichwohl nicht unberücksichtigt und betonte mehrfach[15], dass eine „Verzahnung" der KI-VO mit dem europäischen Harmonisierungsrecht erforderlich sei.[16] Im Rahmen des Kommissionsentwurfes

---

[12] *Gerdemann*, in: Martini/Wendehorst, Art. 43, Rn. 49; ebenso zum Kommissionsentwurf, *Fuderer*, MPR 2022, 121, 124; *Roth-Isigkeit*, in: Hilgendorf/Roth-Isigkeit, 1. Auflage, § 8, Rn. 3; *Denga*, ZfPC 2023, 154, 155.

[13] *Gerdemann*, in: Martini/Wendehorst, Art. 43, Rn. 50; vgl. hierfür Erwägungsgrund 124 VO (EU) 2024/1689; vormals Erwägungsgrund 63, COM 2021, 206 final, S. 38; ebenso Erwägungsgrund 63 KI-VOE-Rat, *Rat*, General Approach, 14954/22, S. 52; ferner Erwägungsgrund 63 KI-VOE-EP *Europäisches Parlament*, Amendments adopted by the European Parliament on 14 June 2023 on the proposal for a regulation of the European Parliament and of the Council on laying down harmonised rules on artificial intelligence (Artificial Intelligence Act) and amending certain Union legislative acts, P9_TA(2023)0236.

[14] Vgl. noch zum Kommissionsentwurf für die Stimmen, die eine entsprechende Kohärenz bezweifeln, *Heil*, MPR 2022, 1, 7 ff.; sehr kritisch *COCIR*, Feedback AI-Act, S. 2, abrufbar unter: siehe Quellenangaben, die sogar die Streichung der MP-VO fordern; ebenso *Roche*, S. 2; *Siemens Healthineers*, Feedback AI-Act, S. 3 ff., abrufbar unter: siehe Quellenangaben; *Novartis*, Feedback on AI-Act, S. 2, abrufbar unter: siehe Quellenangaben; *BVMed*, Positionen zum Entwurf des AI-Act, S. 2 f., abrufbar unter: siehe Quellenangabe; *Johner Institut*, Input on the proposed AI-Act, S. 2 ff., abrufbar unter: siehe Quellenangaben; kritisch wohl auch *Thiermann/Böck*, RDi 2022, 333, 336; *Fuderer*, MPR 2022, 121, 122 f.; ebenso *Ströbel/Grau*, ZD 2022, 599, 604; *Saliba*, in: Festschrift Gassner, S. 499; ff.

[15] Vgl. Erklärendes Memorandum, COM 2021, 206 final, S. 4 f., S. 12, S. 17.

[16] Vgl. Erklärendes Memorandum, COM 2021, 206 final, S. 4 f., S. 12, S. 17; vgl. für den Begriff „verzahnen", im Zusammenhang mit dem Kommissionsentwurf, *Ebers et al.*, RDi, 2021, 528, 536.

kam das Ziel eines wechselseitigen Zusammenspiels[17] durch die zahlreichen statischen Verweise auf den jeweiligen Harmonisierungsrechtsakt zum Ausdruck, von dem nunmehr auch der endgültige Regelungstext gekennzeichnet ist.

Zunächst einmal legt die KI-Verordnung die formellen Anforderungen an die Konformitätsbewertung nicht selbst fest. Durch die Integration des Konformitätsbewertungsverfahrens für Hochrisiko-KI-Systeme i.S.d. Anhangs I Teil A KI-VO in Art. 43 Abs. 3 UAbs. 1 KI-VO[18] in das des jeweiligen Harmonisierungsrechtsaktes wird vielmehr bewirkt, dass sich die formellen Anforderungen nach dem Harmonisierungsrechtakt richten.[19]

Ferner legt die KI-VO für Systeme i.S.d. Anhangs I Teil A MP-VO auch die Anforderungen an die Risikoklassifizierung nicht selbst fest, sondern macht Art. 6 lit. b) KI-VO die Klassifizierung als „Hochrisiko-KI-System" von der Frage abhängig, ob bei der Konformitätsbewertung des Harmonisierungsrechtsaktes eine benannte Stelle miteinzubeziehen ist.[20] Da sich diese Frage – im Einklang mit den Grundprinzipien des neuen Rechtsrahmens – nach der Risikoklasse des Medizinproduktes richtet, macht sich die KI-VO implizit das Risikoklassifizierungssystem der jeweiligen Harmonisierungsvorschrift auch zum Zwecke der Klassifizierung als Hochrisiko-KI-System i.S.d. Art. 6 KI-VO zu eigen.[21]

Hinsichtlich der materiellen Produktanforderungen verfolgt bereits der Kommissionsentwurf das Ziel, ein aufeinander abgestimmtes Sicherheitskonzept für KI-basierte Produkte zu schaffen, bei dem die KI-VO den KI-spezifischen Risiken entgegentritt, während die MP-VO die Sicherheit des Endprodukts gewährleisten soll.[22] Da sich die materiellen Produktanforderungen teilweise überschneiden, trägt dem die KI-VO nunmehr dadurch Rechnung, dass sie auch Ausnahmen von den

---

[17] Vgl. Erklärendes Memorandum, COM 2021, 206 final, S. 5.

[18] Vgl. zu den Entwürfen, Art. 43 Abs. 3 KI-VOE-KOM, COM 2021, 206 final, S. 73; Art. 43 Abs. 3 KI-VOE-Rat, *Rat*, General Approach, 14954/22, S. 129; ebenso Art. 43 Abs. 3 KI-VOE-EP *Europäisches Parlament*, Amendments adopted by the European Parliament on 14 June 2023 on the proposal for a regulation of the European Parliament and of the Council on laying down harmonised rules on artificial intelligence (Artificial Intelligence Act) and amending certain Union legislative acts, P9_TA(2023)0236.

[19] Vgl. zum Kommissionsentwurf *Fuderer*, MPR 2022, 121, 124; *Ströbel/Grau*, ZD 2022, 599, 604; *Heil*, MPR 2022, 1, 8; *Stief/Pisani*, in: Festschrift Gassner, S. 472.

[20] Zu den Voraussetzungen, unter denen ein KI-System als „Hochrisiko-KI-System" zu klassifizieren ist, bereits Kap. 3, B., II.

[21] Für KI-Systeme, die zugleich unter eine der in Anhang I Teil A KI-VO aufgelisteten Harmonisierungsvorschriften fallen, richtet sich die Frage, ob das System als Hochrisiko-KI-System zu klassifizieren ist, danach, ob im Rahmen des Konformitätsbewertungsverfahrens des Harmonisierungsrechtsaktes eine benannte Stelle einzubeziehen ist. Dies ist im Rahmen der MP-VO ab der Risikoklasse IIa der Fall, hierzu bereits Kap. 3, B., II., 1.

[22] Vgl. Erklärendes Memorandum, COM 2021, 206 final, S. 5, 12, 17.

materiellen Anforderungen vorsieht, sofern dem entsprechende materielle Anforderungen bereits nach dem jeweiligen Harmonisierungsrechtsakt erfüllt wurden.[23]

Wenn es in einem Rechtsakt zu einer solchen Inbezugnahme von Anforderungen eines anderen Rechtsaktes kommt, spricht man rechtsmethodisch von einer sog. *Verweisung*.[24]

In Abhängigkeit von der Zwecksetzung können unterschiedliche Arten von Verweisungen unterschieden werden: sofern ein ohnehin rechtsverbindliches Verweisungsobjekt in Bezug genommen wird, dient der Verweis nur der „Erleichterung des Gesetzesverständnisses" bzw. der „Gesetzesanwendung" und wird daher auch als Verweisung „im weiteren Sinne", als „unechte Verweisung" oder „deklaratorische Verweisung" bezeichnet.[25]

Im Unterschied dazu handelt es sich dann um einen „echten" bzw. „konstitutiven" Verweis, wenn durch den Verweis eine inhaltlich unvollständige Verweisungsnorm gefüllt wird, indem der Gesetzgeber sich den Inhalt des Verweisungsobjekts zu eigen macht.[26]

Die KI-VO weist sowohl hinsichtlich der formellen Anforderungen in Art. 43 Abs. 3 UAbs. 1 KI-VO[27] als auch der konkreten Kriterien zur Beurteilung der Ri-

---

[23] Vgl. Art. 11 Abs. 2 KI-VO; so bereits in den Entwürfen, vgl. Art. 11 Abs. 2 KI-VOE-KOM, COM 2021, 206 final, S. 57; ebenso Art. 11 Abs. 2 KI-VOE-Rat, *Rat*, General Approach, 14954/22 S. 93; vgl. Art. 8 Abs. 2a (new) KI-VOE-EP, Änderung 260, *Europäisches Parlament*, Amendments adopted by the European Parliament on 14 June 2023 on the proposal for a regulation of an Artificial Intelligence Act, P9_TA(2023)0236.

[24] Vgl. *Karpen*, Die Verweisung als Mittel der Gesetzgebungstechnik, S. 19; *Debus*, Verweisungen in deutschen Rechtsnormen, S. 35.

[25] Vgl. hinsichtlich der Bezeichnung als Verweisung im weiteren Sinne, sowie in Bezug darauf, dass diese Verweisung der Erleichterung des Gesetzesverständnisses dient, *Karpen*, Die Verweisung als Mittel der Gesetzgebungstechnik, S. 20; vgl. für eine Übersicht der unterschiedlichen Terminologien, die für solche Verweisungstypen verwendet werden, *Debus*, Verweisungen in deutschen Rechtsnormen, S. 39 f., die diese Form von Verweisung als deklaratorische Verweisung bezeichnet; vgl. für den Begriff der „unechten Verweisung" *Guckelberger*, ZD 2004, 63 f.

[26] Vgl. für die Bezeichnung als „echten Verweis" *Karpen*, Die Verweisung als Mittel der Gesetzgebungstechnik, S. 22; vgl. für die Bezeichnung als „konstitutive Verweisung", *Debus*, Verweisungen in deutschen Rechtsnormen, S. 42; ebenso *Guckelberger*, ZD 2004, 63, 64; vgl. zu der „Inkooperation" des Inhaltes *Clemens*, AöR 1986, 64, 65; vgl. hierzu bereits bereits *Jellinek*, Gesetz, Gesetzesanwendung und Zuverlässigkeitserwägungen, S. 94, der jedoch die Unterscheidung zwischen echten und unechten Verweisen als sprachlich nicht sinnvoll erachtet, weil beide Verweisungen „echt" seien, sodass lieber zwischen „wandelbaren" und „unwandelbaren" Verweisen unterschieden werden solle.

[27] Vgl. zu den Entwürfen Art. 43 Abs. 3 UAbs. 1 KI-VOE-KOM, COM 2021, 206 final, S. 73 f.; ebenso Art. 43 Abs. 3 UAbs. 1 KI-VOE-Rat, *Rat*, General Approach, 14954/22, S. 129; ebenso Art. 43 Abs. 3 UAbs. 1 KI-VOE-EP, *Europäisches Parlament*, Amendments adopted by the European Parliament on 14 June 2023 on the proposal for a regulation of an Artificial Intelligence Act, P9_TA(2023)0236.

sikoträchtigkeit in Art. 6 Abs. 1 KI-VO[28] inhaltliche Lücken auf, die durch den Verweis auf die Anforderungen an das Konformitätsbewertungsverfahren bzw. das Risikoklassifizierungssystem der MP-VO gefüllt werden sollen.

Obgleich die Anforderungen der MP-VO für Medizinprodukte ohnehin Geltung beanspruchen, handelt es sich dennoch um einen echten bzw. konstitutiven Verweis. Während die Vorschriften zwar für die Zwecke der Konformitätsbewertung oder Risikoklassifizierung nach der MP-VO ohnehin anwendbar sind, beanspruchen sie für die Zwecke der Konformitätsbewertung bzw. Risikoklassifizierung nach der KI-Verordnung erst durch den Verweis des Art. 43 Abs. 3 bzw. Art. 6 Abs. 1 KI-VO Geltung.

Innerhalb von „echten“ Verweisen unterscheidet man weiter zwischen „statischen Verweisen“, bei denen auf eine konkret bestimmte Fassung eines Verweisungsobjekt verwiesen wird, und „dynamischen Verweisen“, bei denen auf die jeweils geltende Fassung des Verweisungsobjektes referenziert wird.[29] Sowohl hinsichtlich der Risikoklassifizierung nach Art. 6 Abs. 1 KI-VO[30] als auch der Ausgestaltung des Konformitätsbewertungsverfahrens nach Art. 43 Abs. 3 KI-VO[31] wird auf die Harmonisierungsvorschriften nach Anhang I Abschnitt A KI-VO verwiesen.[32] In Anhang I Abschnitt A Nr. 11 KI-VO[33] wird die „*Verordnung (EU)*

[28] Vgl. zu den Entwürfen Art. 6 Abs. 1 lit. b) KI-VOE-KOM, COM 2021, 206 final, S. 52; inhaltlich insoweit übereinstimmend, Art. 6 Abs. 1 und Abs. 2 KI-VOE-Rat, *Rat*, General Approach, 14954/22, S. 129; ebenso Art. 6 Abs. 1 lit. b) KI-VOE-EP, *Europäisches Parlament*, Amendments adopted by the European Parliament on 14 June 2023 on the proposal for a regulation of an Artificial Intelligence Act, P9_TA(2023)0236.

[29] Vgl. zum deutschen Recht, BVerfG NJW 1978, 1475, 1476; BVerfG NJW 1982, 2859, 2860; BVerfG, BeckRS 1988, 6636, Rn. 18; *Karpen*, Die Verweisung als Mittel der Gesetzgebungstechnik, S. 66 ff.; *Debus*, Verweisungen in deutschen Rechtsnormen, S. 59 ff.; *Guckelberger*, ZD 2004, 63, 64 ff.; *Clemens*, AöR 1986, 62, 80.

[30] Vgl. zu den Entwürfen hierfür Art. 6 Abs. 1 lit. b) KI-VOE-KOM, COM 2021, 206 final, S. 52; ebenso Art. 6 Abs. 1 und Abs. 2 KI-VOE-Rat, *Rat*, General Approach, 14952/22, S. 85 f.; ferner auch Art. 6 Abs. 1 KI-VOE-EP, *Europäisches Parlament*, Amendments adopted by the European Parliament on 14 June 2023 on the proposal for an Artificial Intelligence Act, P9_TA(2023)0236.

[31] Vgl. zu den Entwürfen Art. 43 Abs. 3 UAbs. 1 KI-VOE-KOM, COM 2021, 206 final, S. 73 f.; ebenso Art. 43 Abs. 3 UAbs. 1 KI-VOE-Rat, *Rat*, General Approach, 14954/22, S. 129; ebenso Art. 43 Abs. 3 UAbs. 1 KI-VOE-EP, *Europäisches Parlament*, Amendments adopted by the European Parliament on 14 June 2023 on the proposal for a regulation of an Artificial Intelligence Act, P9_TA(2023)0236.

[32] Vgl. zu den Entwürfen hierfür den Verweis Art. 6 Abs. 1 lit. b) KI-VOE-KOM und Art. 43 Abs. 3 UAbs. 1 KI-VOE-KOM jeweils auf Anhang II Teil A Nr. 11 KI-VOE-KOM, COM 2021, 206 final, S. 52, 73; ebenso Art. 6 Abs. 1 und Abs. 2 KI-VOE-Rat und Art. 43 Abs. 3 UAbs. 1 KI-VOE-Rat, jeweils auf Anhang II Teil A Nr. 11 KI-VOE-Rat, *Rat*, General Approach, 14952/22, S. 85 f.; 129; ferner auch Art. 6 Abs. 1 KI-VOE-EP und Art. 43 Abs. 3 UAbs. 1 KI-VOE-EP, jeweils auf jeweils auf Anhang II Teil A Nr. 11 KI-VOE-KOM, *Europäisches Parlament*, Amendments adopted by the European Parliament on 14 June 2023 on the proposal for an Artificial Intelligence Act, P9_TA(2023)0236.

[33] Ebenso *Linardatos*, GPR 2021, 58, 63.

*2017/745* des Europäischen Parlaments und des Rates *vom 5. April 2017* über Medizinprodukte, zur Änderung der Richtlinie 2001/83/EG, der Verordnung (EG) Nr. 178/2002 und der Verordnung (EG) Nr. 1223/2009 und zur Aufhebung der Richtlinien 90/385/EWG und 93/42/EWG des *Rates (ABl. L 117 vom 5. 5. 2017, S. 1)*" aufgeführt.[34] Wegen der Bezugnahme des Anhangs I Abschnitt A Nr. 11 KI-VO wird daher die konkrete Fassung der MP-VO, wie sie am 5. April 2017 im Amtsblatt 2017/L117, S. 1 veröffentlicht wurde, in Bezug genommen, weshalb es sich bei dem Verweis des Art. 6 Abs. 1 KI-VO auf das Risikoklassifizierungssystem der MP-VO, wie auch den Verweis des Art. 43 Abs. 3 KI-VO auf das Konformitätsbewertungsverfahren der MP-VO, um einen statischen echten Verweis handelt.

### 2. Verfassungsrechtliche Grenzen für diese Regelungskonzeption

Obgleich statische Verweisungen grundsätzlich zulässig sind, unterliegen sie dennoch den allgemeinen verfassungsrechtlichen Grenzen, an denen sich auch die Verweisungen der KI-VO zukünftig messen lassen müssen.

#### *a) Vereinbarkeit mit dem Demokratieprinzip*

Gerade im Unterschied zu dynamischen Verweisen[35] steht bei einem statischen Verweis auf eine konkrete Fassung einer Rechtsnorm zum Zeitpunkt des Erlasses des Rechtsaktes bereits der gesamte Inhalt der Verweisungsnorm fest. Dadurch kann der Inhalt des Verweisungsobjekts umfassend mitüberprüft werden und sich bei Erlass der Norm der Regelungswille des Gesetzgebers nicht nur auf die Verweisungsnorm, sondern auch auf den Inhalt des Verweisungsobjekts erstrecken.[36] Sofern der Gesetzgeber den Inhalt des Verweisungsobjekts auch tatsächlich von seinem Willen umschlossen hat, ist auch das in Bezug genommene Verweisungsobjekt „Ergebnis einer Willensbildung" und damit mit dem Demokratieprinzip

---

[34] Hervorhebung hinzugefügt; Vgl. zu den Entwürfen bereits Anhang II Abschnitt A Nr. 11 KI-VOE-KOM, COM 2021, 206 final, Anhänge, S. 2; Anhang II Abschnitt A Nr. 11 KI-VOE-Rat, *Rat*, General Approach, 14952/22, S. 195; Anhang II Abschnitt A Nr. 11 KI-VOE-EP, *Europäisches Parlament*, Amendments adopted by the European Parliament on 14 June 2023 on the proposal for an Artificial Intelligence Act, P9_TA(2023)0236.

[35] Ausführlich zu der Vereinbarkeit von dynamischen Verweisen mit Demokratieprinzip, etwa *Karpen*, Die Verweisung als Mittel der Gesetzgebungstechnik, S. 180; *Guckelberger*, ZD 2004, 61, 73 f.; speziell im Zusammenhang mit den dynamischen Verweisen auf technische Normen in den Harmonisierungsvorschriften des neuen Rechtsrahmens, etwa *Rönck*, Technische Normen als Gestaltungsmittel des Europäischen Gemeinschaftsrecht, S. 170 ff.; *Roßnagel*, DVBl 1996, 1181 ff.; *Ehricke*, EuZW 2002, 746 ff.

[36] *Ossenbühl*, DVBl 1967, 401, 402; dem folgend Vgl. etwa BVerfG NJW 1978, 1475, 1476; *Karpen*, Die Verweisung als Mittel der Gesetzgebungstechnik, S. 180; *Hömig*, DVBl 1979, 307 f.; zur Zulässigkeit ebenso BVerfG, NJW 1985, 1329, 1330.

vereinbar.[37] Anderenfalls würde es sich um ein „parlamentsloses Parlamentsgesetz" handeln, weil das „Gesetz als Wille ohne Vorstellung" zu qualifizieren wäre.[38]

*b) Bestimmtheitsgebot als Grenze für die Zulässigkeit statischer Verweise*

Obgleich die Rechtsmethodik der Verweisung zwar zulässig sein mag, entbindet dies den Gesetzgeber nicht von der Einhaltung des Grundsatzes der Bestimmtheit und Rechtsklarheit.[39]

Auch auf europäischer Ebene umfasst der in Art. 2 EUV verankerte Grundsatz der Rechtsstaatlichkeit auch den Bestimmtheitsgrundsatz, wonach Regelungen derart „klar und deutlich" verfasst sein müssen, dass der Betroffene „seine Rechte und Pflichten unzweideutig erkennen und somit Vorkehrungen treffen kann".[40]

Den Bestimmtheitsgrundsatz erfüllt ein Gesetz vor allem dann, wenn eine Norm die Anforderungen und die damit verbundene Rechtsfolge möglichst detailliert selbst ausformuliert.[41] Mit der Verwendung von Verweisen geht daher stets ein Verlust der Bestimmtheit einher.[42] Dennoch ist die Verwendung von Verweisen nicht grundsätzlich unzulässig. Voraussetzung für die Zulässigkeit ist jedoch, dass das Maß an erforderlicher Bestimmtheit gewahrt ist und der Betroffene seine Rechte und Pflichten hinreichend erkennen und entsprechende Vorkehrungen treffen kann.[43]

---

[37] *Quatrisch*, Das parlamentslose Parlamentsgesetz, S. 40 f.; dem folgend auch *Ossenbühl*, DVBl 1967, 401, 402; ebenso *Guckelberger*, ZD 2004, 61, 73 f.; ebenso *Karpen*, Die Verweisung als Mittel der Gesetzgebungstechnik, S. 180, der die Vereinbarkeit annimmt, wenn in die Gesetzesvorlage auch das Verweisungsobjekt miteinbezogen wurde; ebenso *Hömig*, DVBl 1979, 307 f.; ferner *Arndt* JuS 1979, 784, 786.

[38] *Quatrisch*, Das parlamentslose Parlamentsgesetz, S. 41; dem folgend *Ossenbühl*, DVBl 1967, 401, 402; dem folgend *Guckelberger*, ZD 2004, 61, 73 f.; ebenso *Karpen*, Die Verweisung als Mittel der Gesetzgebungstechnik, S. 180; *Hömig*, DVBl 1979, 307 f.; ferner *Arndt*, JuS 1979, 784, 786.

[39] Vgl. zum deutschen Verfassungsrecht etwa *Ossenbühl*, DVBl 1967, 401, 402; *Hömig*, DVBl 1979, 307, 308; *Guckelberger*, ZD 2004, 61, 69 f.; *Debus*, Verweisungen in deutschen Rechtsnormen, S. 141 ff.; *Karpen*, Die Verweisung als Mittel der Gesetzgebungstechnik, S. 162 f.; ebenso im Zusammenhang mit der KI-Verordnung, *Linardatos*, ZRP 2021, 58, 63.

[40] EuGH, BeckRS 2004, 71922, Rn. 17 – Gondrand Freres; EuGH, BeckRS 2004, 77646, Rn. 20 – Milcherzeugnisse; *Calliess*/Ruffert, Art. 2 EUV, Rn. 27; *Pechstein*, in: Streinz, Art. 2 EUV, Rn. 6; *Payandeh*, JuS 2021, 481, 484; vgl. bereits zu dem Bestimmtheitsgebot auf Unionsebene, Kap. 4, A., II., 2., b); ebenso im Zusammenhang mit der KI-Verordnung, *Linardatos*, ZRP 2021, 58, 63.

[41] *Guckelberger*, ZD 2004, 62, S. 69.

[42] *Guckelberger*, ZD 2004, 62, 69, mit Verweis auf *Clemens*, AöR 1986, 62, 84.

[43] *Guckelberger*, ZD 2004, 62, S. 69, betont, dass, solange der Gesetzgeber anerkennenswerte Motive verfolgen würde, eine mit der Verweisung verbundene Relativierung der Bestimmtheit und Rechtsklarheit nicht zu beanstanden wäre; jedenfalls für das deutsche Verfassungsrecht wurde die Zulässigkeit durch das BVerfG in zahlreichen Entscheidungen bestätigt, sofern die Bestimmtheit hinreichend gewahrt ist, vgl. hierfür nur BVerfGE 5, 25, 31;

Da ein Verweis zwei Rechtsnormen miteinander verbindet, kann die mangelnde Bestimmtheit und Rechtsklarheit unterschiedliche Anknüpfungspunkte haben. Man unterscheidet insofern zwischen der Vorschrift, die auf eine andere Vorschrift verweist, als Verweisungsgrundlage[44] oder Verweisungsnorm[45] und der Vorschrift, auf die Bezug genommen wird, als Verweisungsobjekt[46].[47] Die mangelnde Bestimmtheit kann sowohl in der Verweisungsnorm, dem Verweisungsobjekt sowie in dem sich durch die Verbindung ergebenden Gesamttatbestand wurzeln.[48]

### aa) Bestimmtheit der Verweisungsnorm

Um sich keines Verstoßes gegen den Bestimmtheitsgrundsatz ausgesetzt zu sehen, müsste die Verweisungsnorm hinreichend eindeutig zum Ausdruck bringen, auf welches Verweisungsobjekt in welchem Umfang[49] Bezug genommen wird.[50] Dies erfordert zunächst, dass in der Verweisungsnorm das Verweisungsobjekt derart präzise benannt wird, dass der Betroffene dieses „ohne Mühe" ermitteln kann.[51]

Obwohl eine genaue Fundstellenangabe dem Grundsatz der Bestimmtheit am meisten Rechnung tragen würde, ist eine entsprechende Angabe von „Gesetzestitel, Datum und Fundstelle" aus verfassungsrechtlicher Sicht nicht unbedingt erforder-

---

BVerfGE 22,330, 346; BVerfGE 26, 338, 367; ebenso *Karpen*, Die Verweisung als Mittel der Gesetzgebungstechnik, S. 162 ff.

[44] *Ossenbühl*, DVBl 1967, 401.

[45] *Guckelberger*, ZD 2004, 62.

[46] *Ossenbühl*, DVBl 1976, 401; *Guckelberger*, ZD 2004, 62.

[47] Vgl. zu den unterschiedlichen Terminologien, *Karpen*, Die Verweisung als Mittel der Gesetzgebungstechnik, S. 19; *Debus*, Verweisungen in deutschen Rechtsnormen, S. 36; ferner auch *Breulmann*, Normung und Rechtsangleichung in der Europäischen Wirtschaftsgemeinschaft, S. 126.

[48] *Debus*, Verweisungen in deutschen Rechtsnormen, S. 142 ff.; ferner in Bezug auf das deutsche Strafecht, *Schnell*, Verweisungsbedingte Normkomplexität, S. 107 ff.; *Moll*, Europäisches Strafrecht durch nationale Blankettstrafgesetzgebung, S. 134.

[49] So *Guckelberger*, ZD 2004, 62, 69; dem folgend *Debus*, Verweisungen in deutschen Rechtsnormen, S. 142.

[50] Vgl. hierfür zum deutschen Verfassungsrecht BVerfGE 5, 25, 31; BVerfGE 22, 330, 346; BVerfGE 26, 338, 367; BVerfGE 78, 32, 35 f., BVerfGE 47, 285, 311; *Karpen*, Die Verweisung als Mittel der Gesetzgebungstechnik, S. 162 f.; *Hömig*, DVBl 1979. 307, 308; *Hill*, NJW 1982, 2104, 2107; *Schnell*, Verweisungsbedingte Normkomplexität, S. 109; *Clemens*, AöR 1986, 62, 83 ff.; *Guckelberger*, ZD 2004, 62, 69; dem folgend *Debus*, Verweisungen in deutschen Rechtsnormen, S. 142 f.; im Zusammenhang mit dynamischen Verweisen, *Pabst*, NVwZ 2005, 1034, 1035.

[51] *Karpen*, Die Verweisung als Mittel der Gesetzgebungstechnik, S. 162; vgl. auch *Clemens*, AöR 1986, 62, 84; *Guckelberger*, ZD 2004, 62, 69 f.; vgl. in Bezug auf das Strafrecht *Moll*, Europäisches Strafrecht durch nationale Blankettstrafgesetzgebung, S. 153 f.; dem folgend *Debus*, Verweisungen in deutschen Rechtsnormen, S. 143, der betont, dass alle Verweisungsformen problematisch seien, die eine Transferleistung abverlangen würden.

lich, sondern es ist vielmehr hinreichend, wenn die Vorschriften derart genau umschrieben sind, dass der Betroffene sie noch ermitteln kann.[52]

Dies ist jedenfalls dann nicht der Fall, wenn eine Ermittlung des Verweisungsobjektes nur unter Hinzuziehung eines Experten möglich ist. Zu diesem Ergebnis kam das BVerfG in dem in diesem Zusammenhang viel zitierten[53] Urteil, in dem das BVerfG die Bestimmtheit des „Apothekenstoppgesetzes" wegen der Unbestimmtheit der Verweisungsnorm ablehnte.[54] Hintergrund war, dass das Apothekenstoppgesetz einen allgemeinen Verweis auf das „geltende Apothekenrecht" enthielt, welches jedoch – nach Ansicht des BVerfG – zu einer der „unübersichtlichsten" Regelungsmaterien zu dieser Zeit zählte, weil eine enorme Anzahl von einzelnen Vorschriften galten, deren Anwendbarkeit sich nicht ohne das Hinzuziehen von Experten erschließe.[55]

Bei komplexen Verweisungssystemen kann die Anzahl oder Art der Verweisungen eine Komplexität erreichen, die es dem Betroffenen nicht mehr ermöglicht, das Gesamtsystem zu überblicken.[56]

Die Komplexität der Verweisungssysteme kann durch die in Bezugnahme mehrerer Normen oder Normenkomplexe, durch Verweisungsketten und/oder Verweisungshäufungen entstehen.[57] Bei Verweisungsketten kommt es dabei zu einer linearen Verknüpfung von verschiedenen Verweisungsobjekten, wodurch eine Kette von Normen entsteht.[58] Denkbar sind jedoch auch Verweisungssysteme, bei denen es zu einer „nicht-linearen" Verweisung kommt, weil es innerhalb einer

---

[52] So auch die Auffassung des BVerfGE 26, 338, 367; *Clemens*, AöR 1986, 62, 84; *Guckelberger*, ZD 2004, 62, 70; *Debus*, Verweisungen in deutschen Rechtsnormen, S. 143; a. A. *Altenmüller*, DVBl 1982, 241, 243; *Starkowski*, Die Angleichung technischer Rechtsvorschriften, S. 120.

[53] Vgl. hierfür etwa BVerfGE 22, 330, 346; BVerfGE 26, 338, 366; ferner *Karpen*, Verweise als Methodik der Gesetzgebung, S. 162 f.; *Debus*, Verweisungen in deutschen Rechtsnormen, S. 149 f.; *Clemens*, AöR 1986, 63, 85; vgl. im Zusammenhang mit der KI-Verordnung, *Linardatos*, GPR 2022, 58, 63, Fn. 59.

[54] Vgl. BVerfG 5, 25, 31 ff.

[55] Vgl. BVerfG 5, 25, 31 ff.

[56] *Debus*, Verweisungen in deutschen Rechtsnormen, S. 153 ff.; *Clemens*, AöR 1986, 62, 85; *Guckelberger*, ZD 2004, 62, 70; vgl. zum deutschen Strafecht, *Schnell*, Verweisungsbedingte Normkomplexität, S. 106 ff., 131 f.; *Moll*, Europäisches Strafrecht durch nationale Blankettstrafgesetzgebung, S. 180 ff.

[57] *Debus*, Verweisung in deutschen Rechtsnormen, S. 153 ff.; vgl. dafür, dass die strukturelle Komplexität des Verweisungssystemen der Bestimmtheit entgegenstehen kann, *Moll*, Europäisches Strafrecht durch nationale Blankettstrafgesetzgebung, S. 181 f.; *Schnell*, Verweisungsbedingte Normkomplexität, S. 134.

[58] *Karpen*, Die Verweisung als Mittel der Gesetzgebungstechnik, S. 40; vgl. *Moll*, Europäisches Strafrecht durch nationale Blankettstrafgesetzgebung, S. 181; *Schnell*, Verweisungsbedingte Normkomplexität, S. 134.

Verweisungsnorm zu einer Verweisungshäufung kommt, wodurch ein komplexes Verweisungssystem entsteht.[59]

Die mangelnde Bestimmtheit kann sich dabei sowohl aus dem durch die Länge der Verweisungskette entstehenden Umfang des Normtexts (quantitative Komplexität) als auch der Anzahl und Art und Weise der Verknüpfung der Normen (strukturelle Komplexität) ergeben.[60] Ob die Komplexität des Verweisungssystems das Maß an zulässiger Komplexität überschreitet, wird danach zu bestimmen sein, ob ein durchschnittlicher Rechtsanwender die Rechtsfolge mit vertretbarem Aufwand noch ermitteln kann.[61]

Während die Komplexität des Verweisungssystems die Ermittlung der Rechtsfolge erschweren kann, kann die Komplexität jedoch auch durch die Art und Weise, wie der Verweis konkret formuliert ist, ausgeglichen werden.[62]

Da überwiegend die genaue Bezeichnung für die Einhaltung des Bestimmtheitsgrundsatzes als nicht erforderlich angesehen wird, sind auch Verweisungen zulässig, die das Verweisungsobjekt nicht selbst zitieren (sog. explizite Verweise) oder dieses lediglich angeben, ohne die konkrete Normen anzugeben (sog. halbexplizite Verweise) oder bei denen kein ausdrücklicher Hinweis erfolgt, sondern sich die Verweisung nur aus der Systematik ergibt (sog. stillschweigende Verweise).[63] Obgleich solche nicht-expliziten Verweisungen zwar nach wohl überwiegender Auffassung zulässig sind, mindern sie andererseits auch das Maß der Bestimmtheit.[64] Weiterhin kann sich die Tatsache, dass die Fundstellen nur schwer auffindbar sind, negativ auf die Bestimmtheit auswirken und es andererseits wiederum erfordern, dass die Art und Weise, wie der Verweis formuliert ist, diese Herausforderungen kompensiert.[65] Die Erkennbarkeit und Voraussehbarkeit für den Betroffenen kann ferner durch das Maß an „Ergänzungsbedürftigkeit" und auch „Ergänzungsoffenheit" beeinträchtigt werden.[66] Die Komplexität des Verweisungssystems allein muss daher nicht notwendigerweise die Unbestimmtheit zur

---

[59] *Debus*, Verweisungen in deutschen Rechtsnormen, S. 153 f.; *Schnell*, Verweisungsbedingte Normkomplexität, S. 108 f.; *Guckelberger*, ZD 2004, 62, 70; *Moll*, Europäisches Strafrecht durch nationale Blankettstrafgesetzgebung, S. 181 f.

[60] *Debus*, Verweisungen in deutschen Rechtsnormen, S. 153 f.; vgl. zum deutschen Strafrecht, *Schnell*, Verweisungsbedingte Normkomplexität, S. 106; 131; *Moll*, Europäisches Strafrecht durch nationale Gesetzgebung, S. 181 f.

[61] BVerfG 5, 25, 31 ff.; *Debus*, Verweisungen in deutschen Rechtsnormen, S. 155.

[62] *Debus*, Verweisungen in deutschen Rechtsnormen, S. 155 f.

[63] *Debus*, Verweisungen in deutschen Rechtsnormen, S. 49 f.

[64] *Debus*, Verweisungen in deutschen Rechtsnormen, S. 155 f.; *Karpen*, Die Verweisung als Mittel der Gesetzgebungstechnik, S. 164.

[65] *Schnell*, Verweisungsbedingte Normkomplexität, S. 132; dem folgend *Debus*, Verweisungen in deutschen Rechtsnormen, S. 155 f.

[66] *Moll*, Europäisches Strafrecht durch nationale Blankettstrafgesetzgebung, S. 182; dem folgend *Debus*, Verweisungen in deutschen Rechtsnormen, S. 155.

Folge haben, erforderlich ist daher nur, dass insgesamt ein hinreichendes Niveau an Bestimmtheit erreicht wird.[67]

### bb) Bestimmtheit und Rechtsklarheit des Verweisungsobjekts

Neben der Bestimmtheit der Verweisung muss auch das in Bezug genommene Verweisungsobjekt als solches dem Grundsatz der Bestimmtheit und Rechtsklarheit genügen.[68] Sofern das in den Bezug genommene Verweisungsobjekt dem Grundsatz der Bestimmtheit nicht genügen kann, „schlägt" sich diese Unbestimmtheit in der Regel auch auf das gesamte Verweisungssystem durch, was sodann dazu führt, dass das System insgesamt dem Bestimmtheitsgrundsatz nicht genügen kann.[69] In einem Verweisungssystem ist gleichwohl die Besonderheit zu beachten, dass die Unbestimmtheit einzelner Verweisungsglieder durch das Verweisungssystem ggf. kompensiert werden kann.[70]

### cc) Bestimmtheit und Rechtsklarheit des entstehenden Gesamttatbestands

Eine hinreichende Bestimmtheit wäre auch dann abzulehnen, wenn der durch die Verknüpfung der Verweisungsnorm und des Verweisungsobjekts sich ergebende Gesamttatbestand für den Adressaten nicht hinreichend eindeutig zum Ausdruck bringen würde, welche Rechte und Pflichten sich aus dem Gesamttatbestand für den Rechtsanwender ergeben.[71]

Dies ist insbesondere dann der Fall, wenn das in Bezug genommene Verweisungsobjekt gar nicht geeignet ist, die Verweisungsnorm zu ergänzen.[72] Dies kann etwa in dem Umstand begründet sein, dass die Rechtsakte wegen der „Relativität der Rechtsbegriffe" dieselben Begriffe mit einem unterschiedlichen Bedeutungsgehalt verwenden, da dies Rechtsunsicherheit über die Auslegung der Begriffe auslösen kann.[73] Teilweise wird sogar betont, dass zur Wahrung der Bestimmtheit

---

[67] *Debus*, Verweisungen in deutschen Rechtsnormen, S. 155 f.

[68] *Schnell*, Verweisungsbedingte Normkomplexität, S. 109; *Moll*, Europäisches Strafrecht durch nationale Blankettstrafgesetzgebung, S. 134; *Debus*, Verweisungen in deutschen Rechtsnormen, S. 142 ff.; *Guckelberger*, GZ 2004, 62, 70.

[69] *Schnell*, Verweisungsbedingte Normkomplexität, S. 107; *Moll*, Europäisches Strafrecht durch nationale Blankettstrafgesetzgebung, S. 135; *Guckelberger*, GZ 2004, 62, 70; *Debus*, Verweisungen in deutschen Rechtsnormen, S. 142.

[70] *Debus*, Verweisungen in deutschen Rechtsnormen, S. 151.

[71] *Guckelberger*, ZD 2004, 62, 70.

[72] *Guckelberger*, ZD 2004, 62, 70; *Kreppel*, in: Schwarze, S. 133; dem folgend *Debus*, Verweisungen in deutschen Rechtsnormen, S. 155.

[73] Vgl. eingehend zu der Relativität der Rechtsbegriffe *Engisch*, Einführung in das juristische Denken, S. 95; dem folgend *Debus*, Verweisungen in deutschen Rechtsnormen, S. 155.

klargestellt werden müsse, inwieweit an den Begriffen des Verweisungsobjekts festgehalten werden solle.[74]

### 3. Zwischenergebnis

Für KI-Systeme, die zugleich unter eine der nach dem neuen Rechtsrahmen harmonisierten Produktsicherheitsvorschriften des Anhangs I Teil A KI-VO fallen, ist die KI-VO von einer Vielzahl von Verweisen auf die sektorenspezifische Harmonisierungsvorschrift geprägt, durch die sie sich das Risikoklassifizierungssystem der MP-VO als auch die formellen Anforderungen an das Bewertungsverfahren zu eigen machen.

Obgleich statische Verweise unbedingt erforderlich sind, um die Kohärenz der Verordnung zu gewährleisten, unterliegen sie dennoch den allgemeinen verfassungsrechtlichen Grenzen, die sich insbesondere aus dem Bestimmtheitsgebot ergeben. Mit dem Bestimmtheitsgebot sind die Verweise nur dann vereinbar, wenn die Verweisungsnorm hinreichend eindeutig das in bezuggenommen Verweisungsobjekt zum Ausdruck bringt, das Verweisungsobjekt seinerseits hinreichend bestimmt ist und auch der sich aus dem Verweis ergebende Gesamtbestand hinreichend eindeutig die Rechte und Pflichten des Anwendungsadressaten zum Ausdruck bringt. An diesem Maßstab werden sich die zahlreichen Verweise der KI-VO auf das Risikoklassifizierungssystem, die formellen Verfahrensanforderungen und die materiellen Produktanforderungen der Harmonisierungsvorschrift messen lassen müssen, was im Folgenden untersucht werden soll.

## B. Einheitliches Risikoklassifizierungssystem

Für KI-Systeme, die zugleich unter eine der in Anhang I Teil A KI-VO genannten Harmonisierungsvorschriften fallen, bestimmt Art. 6 KI-VO nicht selbst die Kriterien zur Risikoklassifizierung, sondern macht sich diese vielmehr durch einen statischen Verweis des Art. 6 Abs. 1 lit. b) KI-VO[75] auf die Frage, ob eine benannte Stelle miteinzubeziehen ist, das Risikoklassifizierungssystem der MP-VO

[74] *Kirchhof*, in: Diederichsen, Das missglückte Gesetz, S. 147; dem folgend *Debus*, Verweisungen in deutschen Rechtsnormen, S. 155.

[75] Vgl. zu den Entwürfen Art. 6 Abs. 1 lit. b) KI-VOE-KOM, COM 2021, 206 final, S. 52; ebenso Art. 6 Abs. 1 lit. b) KI-VOE-EP, *Europäisches Parlament*, Amendments adopted by the European Parliament on 14 June 2023 on the proposal for a regulation of the European Parliament and of the Council on laying down harmonized rules on artificial intelligence (Artificial Intelligence Act) and amending certain Union legislative acts, P9_TA(2023)0236; vgl. Art. 6 Abs. 1 und Abs. 2 KI-VOE-Rat, der insoweit Art. 6 Abs. 1 KI-VOE-KOM entspricht und nunmehr nur zwischen KI-Systemen unterscheidet, die selbst als Produkts zu qualifizieren sind (Abs. 1), und solchen, die nur als Bestandteil eines Produkts zu qualifizieren sind (Abs. 2), *Rat*, General Approach 14954/22, S. 85 f.

zu eigen. Ob diese Verweisung, die im vorherigen Abschnitt aufgezeigten Grenzen noch wahren kann, soll im Folgenden untersucht werden.

### I. Gewährleistung einer anwendungsspezifischen Risikoklassifizierung

Zunächst muss die Verweisung des Art. 6 Abs. 1 KI-VO[76] zumindest grundsätzlich begrüßt werden. Denn das einheitliche Konformitätsbewertungsverfahren[77], dass durch den Verweis Art. 43 Abs. 3 UAbs. 1 KI-VO für Hochrisiko-KI-Systeme i. S. d. Anhangs I Teil A KI-VO entsteht, setzt immanent ein einheitliches Risikoklassifizierungssystem voraus.

Dies wird ferner dadurch untermauert, dass die Risikoklassifizierung von KI-basierten Systemen nicht ohne Berücksichtigung des jeweiligen Anwendungskontextes erfolgen kann.[78] Wegen der horizontalen Ausgestaltung der KI-VO, ist ein entsprechender Verweis daher auch erforderlich, um den sektorenspezifischen Besonderheiten im Rahmen der Risikoklassifizierung hinreichend Rechnung zu tragen.

Ferner muss beachtet werden, dass die KI-Verordnung KI-Systeme unabhängig davon reguliert, ob diese als Bestandteil oder eigenständiges Produkt i. S. d. Art. 1 Abs. 4 MP-VO in den Verkehr gegeben werden.

Dafür spricht ferner, dass sich die Risikoträchtigkeit nach der Wahrscheinlichkeit und dem Ausmaß eines Schadens bestimmen soll. Während sich dies im Rahmen des Kommissionsentwurfes und des Entwurfes des Rates ausschließlich aus dem Erwägungsgrund 32 KI-VOE[79] entnehmen ließ, ergänzte das Europäische Parlament den Entwurf in Art. 3 Nr. 1a KI-VOE-EP[80] um eine dementsprechende Legaldefinition für den Begriff „Risiko". Dem folgte der endgültige Regelungstext mit der Legaldefinition des Art. 3 Nr. 2 KI-VO, wonach Risiko „die Kombination aus der Wahrscheinlichkeit des Auftretens eines Schadens und der Schwere dieses Schadens" ist. Da die Wahrscheinlichkeit und das Ausmaß des Schadens jedoch nur danach bestimmt

---

[76] Vgl. zu den Entwürfen Art. 6 Abs. 1 lit. b) KI-VOE-KOM, COM 2021, 206 final, S. 52; ebenso Art. 6 Abs. 1 lit. b) KI-VOE-EP, *Europäisches Parlament*, Amendments adopted by the European Parliament on 14 June 2023 on the proposal for a regulation of the European Parliament and of the Council on laying down harmonised rules on artificial intelligence (Artificial Intelligence Act) and amending certain Union legislative acts, P9_TA(2023)0236.

[77] Vgl. dafür, dass für Hochrisiko-KI-Systeme i. S. d. Anhanges I Teil A KI-VO ein gemeinsames Konformitätsbewertungsverfahren vorgesehen ist, bereits Kap. 1, C., III., 2.

[78] Vgl. hierzu bereits Kap. 2, C., II., 1., c), aa).

[79] Vgl. Erwägungsgrund 32 KI-VOE, COM 2021, 206 final, S. 30; ebenso Erwägungsgrund 32 KI-VOE-Rat, *Rat*, General Approach 14954/22, S. 35.

[80] Vgl. Art. 3 Nr. 1 a (new) *Europäisches Parlament*, Amendments adopted by the European Parliament on 14 June 2023 on the proposal for a regulation of the European Parliament and of the Council on laying down harmonised rules on artificial intelligence (Artificial Intelligence Act) and amending certain Union legislative acts, P9_TA(2023)0236.

werden können, wie die Ergebnisse der Software in die Umgebung umgesetzt werden, muss dringend zwischen KI-Systemen, die als Entscheidungsunterstützungssystem *selbst* einen Einfluss auf die Umgebung haben und solchen Systemen, die als Bestandteil eines körperlichen Produkts dessen medizinische Funktionsweise ermöglichen, differenziert werden. Denn erst durch die Art und Weise, wie die Zweckbestimmung in der Umgebung *umgesetzt* wird, entscheidet sich, wie sich Fehler der KI-Systeme in der Umgebung auswirken können.[81] Daher sollte sich die Risikoklasse auch nach dem Produkt richten, das als funktionsfähige Einheit in den Verkehr gegeben wird, sodass der Verweis auf das Risikoklassifizierungssystem der MP-VO durch Art. 6 Abs. 1 KI-VO zu begrüßen ist.

## II. Durchschlagen der Unbestimmtheit des Risikoklassifizierungssystems

Obgleich die Verweisung auf das Risikoklassifizierungssystem der MP-VO daher auch erforderlich ist, um ein angemessenes Risikoklassifizierungssystem zu konzipieren, sind der Zulässigkeit dennoch die oben aufgezeigten verfassungsrechtlichen Grenzen gesetzt.[82] Das Bestimmtheitsgebot setzt voraus, dass in einem Verweisungssystem sowohl die Verweisungsnorm als auch das Verweisungsobjekt und der durch die Verweisung entstehende Gesamttatbestand hinreichend eindeutig die daraus resultierenden Rechte und Pflichten des Rechtsanwenders erkennen lässt.[83]

Da die Frage, ob im Rahmen des Bewertungsverfahrens eine benannte Stelle einzubeziehen ist, sich im neuen Rechtsrahmen stets nach der Risikoklasse richtet[84], ist es für den Rechtsanwender jedenfalls noch erkennbar, dass die Klassifizierung als Hochrisiko-KI-System von der Risikoklassifizierung i. S. d. Art. 51 Abs. 1 MP-VO und damit der jeweils einschlägigen Risikoklassifizierungsregel des Anhangs VII MP-VO abhängig ist.[85]

Im Übrigen ist – wie oben bereits dargestellt – fraglich, ob das Risikoklassifizierungssystem für eigenständige und eingebettete KI-Systeme noch die Grenzen dessen wahrt, was für die hinreichende Bestimmtheit erforderlich ist.[86]

---

[81] Vgl. hierzu bereits Kap. 2, B., II., 2., b), cc), (1).

[82] Vgl. zu den Grenzen der Zulässigkeit, die sich für statische Verweise aus dem Bestimmtheitsgebot ergeben, Kap. 4, A., II.

[83] Vgl. hierzu bereits Kap. 4, A., II., 2., b).

[84] Vgl. zu den Grundprinzipien des neuen Rechtsrahmen und der risikobasierten Bestimmung des einschlägigen Konformitätsbewertungsverfahrens, Kap. 1, A., II., 2., b).

[85] Zur Risikoklassifizierung von Medizinprodukten nach Art. 51 Abs. 1 i. V. m. Anhang VII MP-VO, bereits Kap. 2, C.

[86] Vgl. hierzu bereits ausführlich Kap. 2, B., V.; Kap. 2, C., II., 1., e).

Da das Risikoklassifizierungssystem als Verweisungsobjekt von Art. 6 Abs. 1 lit. b) KI-VO in Bezug genommen wird, würde eine entsprechende Unbestimmtheit sich auch auf die Bestimmtheit des Art. 6 Abs. 1 lit. b) KI-VO durchschlagen.[87]

### 1. Entscheidungsunterstützungssysteme

Für Entscheidungsunterstützungssysteme richtet sich die Risikoklassifizierung nach Regel 11 MP-VO. Dies gilt auch dann, wenn diese in ein körperliches Medizinprodukt integriert sind, sofern die Integration lediglich dazu dient, über das Produkt Daten aufzunehmen oder die Entscheidungs*ergebnisse* als *Information* anzeigen zu lassen.[88]

Bereits hinsichtlich der einschlägigen Risikoklassifizierungsregel könnte ausweislich der Durchführungsregel 3.3 UAbs. 1 MP-VO Rechtsunsicherheit bestehen. Ausweislich der Durchführungsregel 3.3 UAbs. 1 MP-VO muss Software, „die ein Produkt steuert oder dessen Anwendung beeinflusst", derselben Klasse zugerechnet werden wie das Produkt.

Wie zuvor bereits umfassend dargelegt wurde, wäre jedenfalls bei Entscheidungsunterstützungssystemen, die das körperliche Medizinprodukt *ausschließlich* zur Informationsaufnahme oder Präsentation der Ergebnisse ansteuern, eine pauschale Einordnung in die Risikoklasse des körperlichen Produktes nicht gerechtfertigt, weil die *Erfüllung der medizinischen* Zwecksetzung des KI-Systems (Entscheidungsunterstützung) von der (medizinischen) Zwecksetzung des körperlichen Produkts unabhängig ist.[89] Daher scheint Durchführungsregel 3.3 UAbs. 2 MP-VO mit „unabhängig" zu meinen, dass die Software *selbst* als Medizinprodukt zu qualifizieren ist, weil sie unabhängig von anderen Produkten eine medizinische Zweckbestimmung erfüllt. Ob dies hinreichend eindeutig zum Ausdruck kommt, muss bezweifelt werden.

Unabhängig davon ist die Bestimmtheit des Risikoklassifizierungssystems jedenfalls in Bezug auf die für Entscheidungsunterstützungssysteme einschlägige Risikoklassifizierungsregel 11 MP-VO als solche nicht mehr gewahrt, da diese weder hinreichend eindeutig zum Ausdruck bringt welcher Anwendungsbereich den jeweiligen Unterabsätzen zukommt noch welche Kriterien zur Ermittlung der risikoerhöhenden Wirkung der Regel 11 UAbs. 1 MP-VO heranzuziehen sind.[90] Wegen dieser Unbestimmtheit wurde die Wahrung des verfassungsrechtlichen Bestimmtheitsgrundsatzes des Risikoklassifizierungssystem der MP-VO für Ent-

---

[87] Vgl. dafür, dass sich die Unbestimmtheit des Verweisungsobjektes auf die Verweisungsnorm durchschlägt, Kap. 4, A., II., 2., b), bb).

[88] Vgl. hierzu bereits ausführlich Kap. 2, B., II., 2., b), cc), (1).

[89] Vgl. hierzu bereits ausführlich Kap. 2, B., II., 2., b), cc), (2).

[90] Vgl. hierzu bereits Kap. 2, C., II., 1.

scheidungsunterstützungssysteme oben bereits infrage gestellt.[91] Diese Unbestimmtheit schlägt sich durch den statischen Verweis des Art. 6 Abs. 1 KI-VO[92] nunmehr auch auf die Risikoklassifizierungsregel der KI-VO durch, sodass auch die Bestimmtheit des Art. 6 Abs. 1 KI-VO bezweifelt werden muss.[93] Es wäre daher nicht nur zur Wahrung der Bestimmtheit des Risikoklassifizierungssystems der MP-VO, sondern auch zur Wahrung der Bestimmtheit des Art. 6 Abs. 1 KI-VO erforderlich, den geltenden Rechtsrahmen näher zu konkretisieren.

### 2. Unbestimmtheit eingebetteter Steuerungssysteme

Wie bereits umfassend dargestellt wurde, ist das geltende Regelungssystem jedenfalls in Bezug auf die Qualifizierung und Risikoklassifizierung von eingebetteter Steuerungssoftware noch zu unbestimmt.[94]

Zunächst kommt derzeit nicht hinreichend zum Ausdruck, dass eingebettete KI-Systeme, die medizinische Daten verarbeiten, um die *medizinische* Funktionsweise eines körperlichen Medizinprodukts zu ermöglichen, entgegen den MDCG-Leitlinien 2019-11 und den wohl überwiegenden Stimmen in der Literatur, *nicht* als eigenständiges Medizinprodukt zu qualifizieren sind.[95]

Selbst wenn das System medizinische Daten verarbeitet, *erfüllt* dieses nämlich – entgegen den MDCG-Leitlinien 2019-11 – selbst keine medizinische Zweckbestimmung i. S. d. Art. 2 Nr. 1 MP-VO.[96] Dies ist in dem Umstand begründet, dass der „Output" des Systems in unsichtbaren Steuerungssignalen besteht, die für die „Welt" unsichtbar sind. Die *Erfüllung* der medizinischen Zweckbestimmung findet erst durch die *Umsetzung* dieser Signale durch das körperliche Medizinprodukt statt.[97] Daher erfüllt bei eingebetteten Systemen, die die medizinische Funktions-

---

[91] Vgl. hierzu bereits Kap. 2, C., II., 1.

[92] Vgl. zu den Entwürfen Art. 6 Abs. 1 lit. b) KI-VOE-KOM, COM 2021, 206 final, S. 52; ebenso Art. 6 Abs. 1 lit. b) KI-VOE-EP, *Europäisches Parlament*, Amendments adopted by the European Parliament on 14 June 2023 on the proposal for a regulation of the European Parliament and of the Council on laying down harmonized rules on artificial intelligence (Artificial Intelligence Act) and amending certain Union legislative acts, P9_TA(2023)0236; Vgl. Art. 6 Abs. 1 und Abs. 2 KI-VOE-Rat, der insoweit Art. 6 Abs. 1 KI-VOE-KOM entspricht, und nunmehr nur zwischen KI-Systemen die selbst als Produkts zu qualifizieren sind (Abs. 1) und solchen, die nur als Bestandteil eines Produkts zu qualifizieren sind (Abs. 2) unterscheidet, *Rat*, General Approach 14954/22, S. 85 f.

[93] Vgl. dazu, dass sich die Unbestimmtheit des Verweisungsobjekts auf die Verweisungsnorm durchschlägt, Kap. 4, A. II., 2., b), bb).

[94] Vgl. zu der noch bestehenden Unbestimmtheit des Qualifizierungssystems, Kap. 2, B., II., 2.

[95] Eingehend zu der Begründung warum Steuerungssoftware *nicht* selbst als Medizinprodukt zu qualifizieren ist und warum der Ansatz der MDCG-Leitlinien 2019-11 (Kap. 2, B., II., 2. a)) nicht überzeugt, bereits Kap. 2, B., II., 2., b).

[96] Vgl. hierzu bereits Kap. 2, B., II., 2., b).

[97] Vgl. hierzu bereits Kap. 2, B., II., 2., b).

weise eines körperlichen Produkts steuern, *ausschließlich* das körperliche Medizinprodukt eine *eigenständige* medizinische Zweckbestimmung, während das eingebettete KI-System die medizinische Zweckbestimmung nur *ermöglicht.*[98] In Abhängigkeit von der subjektiven Zweckbestimmung des Herstellers kann die Software entweder als Bestandteil oder Zubehör qualifiziert werden, je nachdem, ob nach der subjektiven Bestimmung des Herstellers die Kombination als *einheitliches Produkt* in den Verkehr gebracht werden soll oder nicht.[99]

Da sich aus der Durchführungsregel 3.5 Anhang VII MP-VO ergibt, dass für „ein und dasselbe“ Produkt mehrere Risikoklassifizierungsregeln anwendbar sein können und sich die Risikoklasse sodann nach der Regel richtet, aus der sich die höchste Risikoklasse ergibt, würde dies grundsätzlich dazu führen, dass neben der Risikoklassifizierungsregel, die für das *einheitliche* Produkt wegen der körperlichen Eigenschaften einschlägig ist, wegen der Software-Komponente zudem auch Risikoklassifizierungsregel 11 MP-VO anwendbar wäre.[100] Davon abweichend statuiert Durchführungsregel 3.3 UAbs. 1 MP-VO jedoch, dass in den Fällen, in denen Software ein Medizinprodukt steuert oder dessen Anwendung beeinflusst, *ausschließlich* die Risikoklassifizierungsregel des körperlichen Produkts maßgeblich ist.[101]

Daher findet die Risikoklassifizierungsregel 11 MP-VO auf Software, die medizinische Daten verarbeitet, um die *medizinische* Funktionsweise eines Medizinprodukts zu ermöglichen, keine Anwendung.[102] Da der geltende Regelungsrahmen sowohl hinsichtlich der Qualifizierung von eingebetteten Systemen als auch in Bezug auf die Auslegung der Durchführungsregel 3.3 MP-VO erhebliche Rechtsunsicherheit birgt, ist mehr als fraglich, ob das Verweisungsobjekt die verfassungsrechtliche Bestimmtheit noch hinreichend wahrt.[103]

Die Unbestimmtheit würde durch den Verweis auch auf die Unbestimmtheit der Verweisungsnorm und damit Art. 6 KI-VO durchschlagen. Um zu vermeiden, dass sich nicht nur das Risikoklassifizierungssystem der MP-VO, sondern durch den Verweis auch das Risikoklassifizierungssystem des Art. 6 KI-VO einem Verstoß gegen den verfassungsrechtlichen Bestimmtheitsgrundsatz ausgesetzt sieht, sollte der Unionsgesetzgeber die MP-VO dringend weiter konkretisieren. Dabei könnte der Unionsgesetzgeber sich an dem oben dargestellten Reformvorschlag orientieren.[104]

---

[98] Vgl. hierzu bereits Kap. 2, B., II., 2., b).

[99] Vgl. hierzu bereits Kap. 2, B., II., 2., b).

[100] Vgl. hierzu bereits Kap. 2, B., II., 2., b), cc), (1).

[101] Vgl. hierzu bereits Kap. 2, B., II., 2., b), cc), (1).

[102] Vgl. hierzu bereits Kap. 2, B., II., 2., b), cc), (1).

[103] Vgl. hierzu bereits Kap. 2, B., IV.

[104] Vgl. für einen Reformvorschlag, bereits Kap. 2, B., IV.

### III. Konsequenz der Ausnahmen von dem risikobasierten Ansatz durch die MP-VO

Von dem Grundsatz, dass ab der Risikoklasse IIa eine benannte Stelle zu beteiligen ist, sieht die MP-VO teilweise auch Ausnahmen vor: einerseits sieht Art. 52 Abs. 7 S. 2 MP-VO für manche Produkte der Risikoklasse I, in Abweichung des Grundsatzes des Art. 52 Abs. 7 S. 1 MP-VO vor, dass für Produkte der Risikoklasse I keine Beteiligung einer benannten Stelle erforderlich ist, ausnahmsweise doch eine Beteiligung einer benannten Stelle miteinzubeziehen ist. Andererseits wird für Eigenherstellungen, Prüfprodukten und Sonderanfertigungen – grundsätzlich unabhängig von der Risikoklasse des Produktes – von der Notwendigkeit der Beteiligung einer benannten Stelle grundsätzlich abgesehen.[105]

Fraglich ist daher, ob der pauschale Verweis auf die Frage, ob eine benannte Stelle zu beteiligen ist, hinreichend zum Ausdruck bringt, wie mit diesen Ausnahmen der MP-VO von der risikobasierten Bestimmung der Frage, ob eine benannte Stelle zu beteiligen ist, umzugehen ist.[106]

#### 1. Unklarheit der Auswirkungen der Einordnung in Risikoklasse Is, Im und Ir

Für Produkte, die „in sterilem Zustand in den Verkehr gebracht werden, bei Produkten mit Messfunktion oder bei Produkten, bei denen es sich um wiederverwendbare chirurgische Instrumente handelt", ist in Abweichung des Grundsatzes des Art. 52 Abs. 7 S. 1 MP-VO gem. Art. 57 Abs. 7 S. 2 MP-VO die Beteiligung einer benannten Stelle vorgesehen.

Ausweislich des Wortlautes des Art. 6 Abs. 1 lit. b) KI-VO ist für die Klassifizierung als Hochrisiko-KI-System gleichwohl nicht entscheidend, inwieweit eine benannte Stelle zu beteiligen ist, sondern stellt die Vorschrift ausschließlich auf die Frage ab, „ob" eine Dritte Stelle zu beteiligen ist.

Daher liegt nahe, dass auch Produkte der Risikoklasse Is, Ir und Im als „Hochrisiko-KI-Systeme" i.S.d. Art. 6 Abs. 1 KI-VO klassifiziert werden müssten. Ob dies gerechtfertigt ist, muss gleichwohl bezweifelt werden.

Obwohl ab der Risikoklasse IIa der Umfang, in dem eine benannten Stelle zu beteiligen ist, ebenfalls variieren[107] kann, besteht dennoch ein entscheidender Un-

[105] *Friedrich*, in: Clausen/Schroeder-Printzen, § 17, Rn. 412 ff.; vgl. zu Sonderanfertigungen und Produkten für Gesundheitseinrichtungen, *Mayr/Thiermann/Schrack/Kiesselbach*, Medizinprodukterecht, § 2, Rn. 109 ff.

[106] Vgl. zum Kommissionsentwurf im Zusammenhang mit Eigenherstellungen, *Heil*, MPR 2021, 1, 8.

[107] Vgl. zum unterschiedlichen Umfang, in dem eine benannte Stelle für die jeweilige Risikoklasse im Konformitätsbewertungsverfahren zu beteiligen ist, bereits Kap. 1, B., II.

terschied gegenüber dem Bewertungsverfahren von Produkten der Risikoklasse Is, Ir und Im:

Bei Produkten, ab der Risikoklasse IIa kann in Abhängigkeit von der steigenden Risikoklasse auch der Umfang steigen, in dem das *Gesamt*produkt einer Bewertung unterzogen werden muss.[108]

Im Unterschied dazu bezieht sich der Umfang, in dem Produkte der Risikoklasse Is, Ir und Im einer Bewertung durch eine benannte Stelle unterliegen, ausweislich des Art. 52 Abs. 7 S. 4 MP-VO von vornherein *nicht* auf das *Gesamt*produkt. Vielmehr bewertet die benannte Stelle nur die *isolierten Eigenschaften*, die ausweislich des Art. 52 Abs. 7 S. 4 MP-VO die besondere Risikoträchtigkeit im Vergleich zu anderen Produkten der Risikoklasse I begründen.[109]

Sofern die Eigenschaft, die die besondere Risikoträchtigkeit i. S. d. Art. 57 Abs. 7 S. 4 MP-VO begründen, in keinem Zusammenhang mit KI-spezifischen Eigenschaften steht, ist fraglich, ob die Beteiligung einer benannten Stelle i. S. d. Art. 52 Abs. 7 S. 2 MP-VO tatsächlich zu einer Klassifizierung als Hochrisiko-KI-System i. S. d. Art. 6 Abs. 1 KI-VO führen sollte. Eine Regelungsnotwendigkeit, würde nur dann bestehen, wenn die Eigenschaften Risiken begründen, denen mit den Anforderungen des Kap. III Abschnitt 2 KI-VO entgegengetreten werden kann.

Die Funktionsweise des steuernden KI-Systems wird jedoch in aller Regel keinen Einfluss auf die Frage haben, ob das körperliche Produkt steril ist oder sich als wiederverwendbares chirurgisches Instrument darstellt. In Betracht käme insofern nur, dass die Funktionsweise des Systems einen Einfluss auf die Messfunktion i. S. d. Art. 52 Abs. 7 lit. b) MP-VO haben könnte. Allerdings muss beachtet werden, dass sich die Beteiligung der benannten Stelle auf die Überprüfung der Konformität mit den „messtechnischen Anforderungen" beschränkt. Damit nimmt Art. 52 Abs. 7 S. 4 lit. b) MP-VO ausweislich des Anhangs I Abschnitt 15.2 MP-VO Bezug auf die gesetzlichen Einheiten der Richtlinie (EU) 80/181/EWG[110], die Produkte mit Messfunktion gem. Anhang I Abschnitt 15.2 MP-VO aufweisen müssen. Sofern die Funktionsweise des KI-Systems die Einhaltung der messtechnischen Anforderungen nicht beeinflussen kann, steht die Funktionsweise des KI-Systems auch nicht in einem Zusammenhang mit Art. 57 Abs. 7 S. 4 lit. b) MP-VO.

Allerdings sieht Art. 6 Abs. 1 lit. b) KI-VO vor, dass eine Klassifizierung als Hochrisiko-KI-System auf Fälle beschränkt ist, in denen „*das Produkt*, dessen Sicherheitsbauteil gemäß Buchstabe a das KI-System ist, oder das *KI-System* selbst

[108] Vgl. dazu, dass sich die Unterschiede hinsichtlich des Prüfungsumfanges nur darauf beziehen, wie viele der Produkte einer Bewertung im Rahmen des Konformitätsbewertungsverfahren unterzogen werden müssen, Kap. 1, B., I., 2., a), bb).

[109] *Mayr/Thiermann/Schrack/Kiesselbach*, Medizinprodukterecht, § 2, Rn. 81; *Hasenteufel/Renaud*, Software als Medizinprodukt, S. 15.

[110] Richtlinie des Rates vom 20. Dezember 1979 zur Angleichung der Rechtsvorschriften der Mitgliedstaaten über die Einheiten im Meßwesen und zur Aufhebung der Richtlinie 71/354/EWG, ABl. 1980/L39, S. 40 ff.

*als Produkt* (…) einer Konformitätsbewertung durch Dritte (…) unterzogen werden“ muss.[111]

Daher kann Art. 6 Abs. 1 KI-VO einschränkend dahingehend ausgelegt werden, dass eine Klassifizierung als Hochrisiko-KI-System nur dann in Betracht kommt, wenn das KI-System *als Produkt* oder *das Produkt*, dessen Bestandteil das KI-System ist, *als solches* einem Konformitätsbewertungsverfahren durch eine benannte Stelle unterliegt.

### 2. Auswirkungen der Zuordnung zu besonderen Einsatzzwecken

Eine weitere Abweichung von dem Grundsatz, dass ab der Risikoklasse IIa eine benannte Stelle zu beteiligen ist, sieht die MP-VO grundsätzlich auch für Sonderanfertigungen, Eigenherstellungen und Prüfprodukte vor.[112]

Zum Kommissionsentwurf wurde im Zusammenhang mit diesen Ausnahmen betont, dass die Systeme in diesem Fall nicht als Hochrisiko-KI-System einer Konformitätsbewertungspflicht unterliegen würden, weil von der Ausnahme des Art. 43 Abs. 3 UAbs. 3 KI-VO-KOM[113] Gebrauch gemacht werden könne.[114]

Sowohl im Kommissionsentwurf als auch dem endgültigen Regelungstext setzt die Anwendbarkeit der Ausnahme des Art. 43 Abs. 3 UAbs. 3 KI-VO es ausweislich des Wortlautes immanent voraussetzt, dass das KI-System überhaupt einer Konformitätsbewertungspflicht unterliegt. Dies ist allerdings nach Art. 16 lit. f) KI-VO[115] nur dann der Fall, wenn die Systeme als „Hochrisiko-KI-Systeme“ i. S. d. Art. 6 KI-VO zu klassifizieren sind. Da – wie im Folgenden gezeigt werden soll – bereits bezweifelt werden muss, dass Sonderanfertigungen, Prüfprodukte oder Eigenherstellungen überhaupt als Hochrisiko-KI-Systeme zu qualifizieren sind, besteht überhaupt kein Bedürfnis, von der Ausnahme des Art. 43 Abs. 3 UAbs. 3 KI-VO Gebrauch zu machen, sondern besteht initial keine Konformitätsbewertungspflicht.

---

[111] Hervorhebung hinzugefügt.

[112] *Friedrich*, in: Clausen/Schroeder-Printzen, § 17, Rn. 412 ff.; vgl. zu Sonderanfertigungen und Produkten für Gesundheitseinrichtungen, *Mayr/Thiermann/Schrack/Kiesselbach*, Medizinprodukterecht, § 2, Rn. 109 ff.

[113] Die Ausnahme des Art. 43 Abs. 3 UAbs. 3 KI-VOE-KOM sieht vor, dass für Produkte, die unter eine der Harmonisierungsvorschriften fallen, die in dem Harmonisierungsrechtsakt normierten Ausnahmen von der Konformitätsbewertungspflicht auch im Rahmen der KI-Verordnung gelten. Dies gilt jedenfalls so lange, wie die Hersteller die harmonisierten Normen oder gemeinsamen Normen, durch die die Anforderungen des Kap. III Abschnitt 2 erfüllt werden.

[114] Vgl. zum Kommissionsentwurf *Heil*, MPR 2022, 1, 8.

[115] Vgl. zum Kommissionsentwurf Art. 19 Abs. 1 S. 1 KI-VOE-KOM.

### *b) Entfall der Konformitätsbewertungspflicht für Eigenherstellungen*

Eine weitere Ausnahme sieht Art. 5 Abs. 5 MP-VO für Produkte vor, die zur Verwendung in Gesundheitseinrichtungen von diesen hergestellt und dort in Betrieb genommen werden.[116] Für solche Produkte bestimmt Art. 5 Abs. 5 MP-VO, dass nur die grundlegenden Sicherheits- und Leistungsanforderungen Geltung beanspruchen, während alle übrigen Anforderungen der MP-VO nicht beachtet werden müssen.[117] In Ermangelung einer Konformitätsbewertungspflicht ist das System sodann auch nicht als Hochrisiko-KI-System i. S. d. Art. 6 Abs. 1 lit. b) KI-VO zu qualifizieren. Damit entfällt gem. Art. 16 lit. f) KI-VO auch die Konformitätsbewertungspflicht, die von vornherein nur für Hochrisiko-KI-Systeme besteht.

Eine Gesundheitseinrichtung liegt ausweislich der Legaldefinition des Art. 2 Nr. 36 MP-VO dann vor, wenn der Hauptzweck der Organisation der jeweiligen Einrichtung in der Versorgung oder Behandlung eines Patienten liegt oder diese zur Förderung der öffentlichen Gesundheit bestimmt ist.[118] Ausweislich des Erwägungsgrundes 30 MP-VO sollen davon insbesondere Krankenhäuser, Laboratorien und öffentliche Gesundheitseinrichtungen erfasst sein, während Einrichtungen, die in erster Linie gesundheitlichen Interessen dienen, wie Fitnessstudios, Heilbäder und Wellnesszentren, nicht erfasst sein sollen.[119]

Voraussetzung für das Auslösen der Rechtsfolge des Art. 5 Abs. 5 MP-VO ist jedoch, dass die Produkte die in Art. 5 Abs. 5 lit. a)–h) MP-VO enumerativ aufgelisteten Anforderungen kumulativ erfüllen.[120] Zu diesen Anforderungen gehört auch eine dokumentierte Begründung, dass kein anderes Produkt auf dem Markt befindlich ist, das den „spezifischen Erforderniss(en) der Patientenzielgruppe" auf dem gleichen Leistungsniveau nachkommen könnte.[121]

Hintergrund für die Privilegierung solcher Produktkategorien ist, dass Gesundheitseinrichtungen die Option eröffnet werden soll, die verwendeten Produkte herzustellen, zu ändern und zu verwenden, um so eine der Patientenzielgruppe individualisierte Therapie zu ermöglichen.[122]

Da die Anforderungen der MP-VO bei Erfüllung der Voraussetzungen des Art. 5 Abs. 5 MP-VO für solche Produkte vollständig entfallen, entfällt auch die Konfor-

---

[116] *Friedrich*, in: Clausen/Schroeder-Printzen, § 17, Rn. 414; *Hasenteufel/Renaud*, Software als Medizinprodukt, S. 36.

[117] *Hasenteufel/Renaud*, Software als Medizinprodukt, S. 36; vgl. eingehend hierzu *Oeben*, MPR 2020, 215 ff.; Rehmann/*Wagner*, MP-VO, Art. 5, Rn. 44 ff.

[118] Ebenso *Oeben*, MPR 2020, 215, 216.

[119] Ebenso *Oeben*, MPR 2020, 215, 216.

[120] *Oeben*, MPR 2020, 215, 216; ebenso Rehmann/*Wagner*, MP-VO, Art. 5, Rn. 45.

[121] Ebenfalls darauf verweisend, *Mayr/Thiermann/Schrack/Kiesselbach*, Medizinprodukterecht, § 2 Rn. 113.

[122] Vgl. Erwägungsgrund 30, Verordnung (EU) 745/2017, ABl. 2017/L117, S. 5.

mitätsbewertungspflicht des Art. 52 Abs. 1 MP-VO.[123] Bei einem gänzlichen Entfall der Konformitätsbewertungspflicht erfüllt das System auch nicht die Voraussetzungen des Art. 6 KI-VO und ist daher nicht als Hochrisiko-KI-System zu qualifizieren, sodass die Ausnahme des Art. 5 Abs. 5 MP-VO nicht unterlaufen würde.

#### *a) Grundsätzliche Entbehrlichkeit der Beteiligung bei Sonderanfertigungen*

Im Zusammenhang mit der Konformitätsbewertung betont Art. 52 MP-VO wiederholt, dass die dort normierten Regelungen für Sonderanfertigungen nicht gelten würden.[124]

Für Sonderanfertigungen richtet sich das Verfahren unabhängig von der Risikoklasse immer nach Art. 52 Abs. 8 MP-VO, wonach stets ein Konformitätsbewertungsverfahren nach Anhang XIII MP-VO durchzuführen ist, in dessen Rahmen keine Beteiligung einer benannten Stelle vorgesehen ist.[125] Die Beteiligung einer benannten Stelle ist nur für Sonderanfertigungen der Risikoklasse III erforderlich, für solche Produkte, muss der Hersteller gem. Art. 52 Abs. 8 UAbs. 2 MP-VO zusätzlich das Verfahren nach Anhang IX Kap. 1 MP-VO oder alternativ das Verfahren Anhang XI Teil A MP-VO befolgen.[126] Solange dies jedoch nicht der Fall ist, scheidet bereits die Klassifizierung als Hochrisiko-KI-System aus, weil es für die Klassifizierung als Hochrisiko-KI-System ausweislich des Art. 6 Abs. 1 lit. b) KI-VO immanente Voraussetzung ist, dass bei der Konformitätsbewertung eine benannte Stelle zu beteiligen ist.

Voraussetzung dafür wäre es jedoch, dass das Produkt tatsächlich als Sonderanfertigung i. S. d. Art. 2 Nr. 3 MP-VO oder dessen Bestandteil klassifiziert werden kann. Entscheidend für die Qualifizierung als „Sonderanfertigung" ist die Anpassung an die „individuellen Bedürfnisse".[127] Produkte, die in irgendeiner Form in Serie hergestellt werden, sind auch dann nicht als Sonderanfertigung zu qualifizieren, wenn diese durch Konfigurationsmöglichkeiten an den Kreis der verwendenden Personengruppe angepasst werden können, weil die Produkte dann nicht mehr speziell für die individuellen Bedürfnisse eines Patienten entwickelt wurden.[128]

---

[123] *Friedrich*, in: Clausen/Schroeder-Printzen, § 17, Rn. 414.

[124] Vgl. hierfür die Ausnahmen des Art. 52 Abs. 3, 4, 6 und 7 MP-VO; vgl. zu den Besonderheiten der MP-VO in Bezug auf die Regulierung von Sonderanfertigungen im Rahmen auch MDCG-Leitlinie 2021-3, abrufbar unter: siehe Quellenangaben.

[125] *Mayr/Thiermann/Schrack/Kiesselbach*, Medizinprodukterecht, § 2, Rn. 109 ff.; *Friedrich*, in: Clausen/Schroeder-Printzen, § 17, Rn. 414; *Hasenteufel/Renaud*, Software als Medizinprodukt, S. 36; Rehmann/*Wagner*, MP-VO, Art. 52, Rn. 2.

[126] *Mayr/Thiermann/Schrack/Kiesselbach*, Medizinprodukterecht, § 2, Rn. 112; Rehmann/*Wagner*, MP-VO, Art. 52, Rn. 2.

[127] *Mayr/Thiermann/Schrack/Kiesselbach*, Medizinprodukterecht, § 2, Rn. 110; vgl. ebenso *Hasenteufel/Renaud*, Software als Medizinprodukt, S. 36, die diese Voraussetzung für Software „in den seltensten Fällen (nie?)" als erfüllt ansehen.

[128] *Mayr/Thiermann/Schrack/Kiesselbach*, Medizinprodukterecht, § 2, Rn. 110.

Obgleich grundsätzlich auch für KI-basierte Medizinprodukte die Möglichkeit besteht, als Sonderanfertigung i. S. d. Art. 2 Nr. 3 MP-VO qualifiziert zu werden, ist fraglich, ob der Ausnahme für KI-Systeme eine praktische Relevanz zukommen wird.[129] Die praktische Bedeutung wird vor allem deshalb infrage zu stellen sein, weil die Entwicklung eines KI-Systems mit exorbitant hohen Entwicklungskosten verbunden sein wird, deren Höhe eine patientenindividuelle Entwicklung oftmals nicht rechtfertigen wird.

#### *c) Entfall der Konformitätsbewertungspflicht für Prüfprodukte*

Von einer Konformitätsbewertungspflicht sind auch sog. *Prüfprodukte* ausgenommen.[130] Ein Prüfprodukt bezeichnet gem. Art. 2 Nr. 46 MP-VO „ein Produkt, das im Rahmen einer klinischen Prüfung bewertet wird“. Für diese gelten gem. Art. 52 Abs. 13 MP-VO nur die Anforderungen des Art. 62 bis 81 MP-VO.[131] Daher besteht auch für Prüfprodukte keine selbstständige Konformitätsbewertungspflicht nach Art. 52 Abs. 1 MP-VO, sodass diese ebenfalls nicht die Voraussetzungen des Art. 6 Abs. 1 lit. b) KI-VO erfüllen und daher auch nicht als Hochrisiko-KI-System i. d. S. qualifiziert werden können. In Ermangelung einer Klassifizierung als Hochrisiko-KI-System besteht für solche Produkte auch keine Konformitätsbewertungspflicht i. S. d. Art. 16 lit. f) KI-VO, sodass auch die Ausnahme des Art. 52 Abs. 13 MP-VO durch die KI-VO nicht unterlaufen würde.

#### *d) Zwischenergebnis*

Obwohl die Ausnahme des Art. 43 Abs. 3 KI-VO – entgegen vereinzelten Stimmen in der Literatur[132] – nicht anwendbar ist, unterläuft die KI-VO die Ausnahmen der MP-VO, die diese für Eigenherstellungen, Prüfprodukte und Sonderanfertigungen vorsieht, nicht.

Zu beachten ist nämlich, dass die Konformitätsbewertungspflicht nach Art. 16 lit. f) KI-VO überhaupt nur dann *besteht*, wenn das KI-System auch als „Hochrisiko-KI-System“ i. S. d. Art. 6 KI-VO zu klassifizieren ist. Da grundsätzlich weder für Sonderanfertigungen noch Eigenherstellungen oder Prüfprodukte die Einbeziehung einer benannten Stelle erforderlich ist, scheitert bereits die Klassifizierung als Hochrisiko-KI-System an der Erfüllung der Voraussetzung des Art. 6 Abs. 1 lit. b) KI-VO, dass keine Pflicht zur Einbeziehung einer benannten Stelle besteht.

---

[129] Vgl. ebenso im Zusammenhang mit Software, *Hasenteufel/Renaud*, Software als Medizinprodukt, S. 36.

[130] Vgl. hierfür den Wortlaut Art. 52 Abs. 3, Abs. 4 UAbs. 1 und Abs. 6 UAbs. 1 MP-VO.

[131] *Friedrich*, in: Clausen/Schroeder-Printzen, § 17, Rn. 414.

[132] *Heil*, MPR 2022, 1, 8.

### IV. Fazit zu diesem Abschnitt

Für KI-Systemen i. S. d. Anhangs I Teil A KI-VO richtet sich die Risikoklassifizierung nach der Frage, ob in dem jeweiligen Harmonisierungsrechtsakt eine benannte Stelle miteinzubeziehen ist. Da sich diese Frage ausweislich des Art. 52 MP-VO – im Einklang mit dem neuen Rechtsrahmen – nach der jeweiligen Risikoklasse richtet, macht sich Art. 6 Abs. 1 KI-VO implizit das Risikoklassifizierungssystem der MP-VO auch für die Klassifizierung als „Hochrisiko-KI-System" zu eigen. Diese „Verweisung" ist zwar grundsätzlich notwendig, um eine sektorenspezifische Risikoklassifizierung zu ermöglichen, gleichwohl muss sich dessen Zulässigkeit an dem im vorherigen Abschnitt festgelegten Maßstab der verfassungsrechtlichen Bestimmtheit messen lassen. Da der geltende Regelungsrahmen der MP-VO in Bezug auf die Qualifizierung und Risikoklassifizierung von KI-basierten Medizinprodukten gegen den verfassungsrechtlichen Bestimmtheitsgrundsatz verstößt, würde sich diese Unbestimmtheit der Verweisungsobjekte auch auf Art. 6 KI-VO durchschlagen. Vor dem Erlass einer KI-VO sollte daher dringend die Unbestimmtheit der MP-VO korrigiert werden. Im Übrigen werden die Ausnahmen, die die MP-VO von der risikobasierten Bestimmung der Notwendigkeit eine benannte Stelle zu beteiligen, in Art. 52 Abs. 7 S. 2 MP-VO bzw. für Sonderanfertigungen, Prüfprodukte und Produkte von Gesundheitseinrichtungen, durch die KI-Verordnung nicht unterlaufen, weil in beiden Fällen die Systeme nicht als Hochrisiko-KI-System zu klassifizieren sind.

## C. Kohärentes Zusammenspiel der materiellen Sicherheitsanforderungen

Sofern ein KI-Systeme als Hochrisiko-KI-System zu klassifizieren ist, wird der geltende Rechtsrahmen gem. Art. 8 Abs. 1 KI-VO[133] zukünftig noch um die Sicherheits- und Transparenzanforderungen des Kap. III Abschnitt 2 KI-VO ergänzt.[134]

### I. Synergetisches Zusammenspiel zur Wahrung der Bestimmtheit

Erklärtes Ziel war bereits im Kommissionsentwurf, dass diese horizontal geltenden Sicherheitsanforderungen des Kap. III Abschnitt 2 KI-VO[135] sich unter

[133] Vgl. Art. 8 Abs. 1 KI-VOE-KOM, COM 2021, 206 final, S. 54; dem folgend Art. 8 Abs. 1 KI-VOE-Rat, *Rat*, General Approach 14954/22, S. 88; ferner auch Art. 8 Abs. 1 KI-VOE-EP, *Europäisches Parlament*, Amendments adopted by the European Parliament on 14 June 2023 on the proposal for an artificial intelligence act, P9_TA(2023)0236.

[134] Ebenso nur *Heil*, MPR 2022, 1, 5; *Ströbel/Grau*, ZD 2022, 599, 604; *Schreitmüller*, Regulierung intelligenter Medizinprodukte, S. 289 f.

[135] Vgl. zum Kommissionsentwurf, Kap. 2 Titel III KI-VOE-KOM.

Wahrung einer „uneingeschränkte(n) Kohärenz“ in das bestehende Regelungssystem der sektorenspezifischen Regelungen des neuen Rechtsrahmens einfügen, um so Überschneidungen und einen erhöhten Verwaltungsaufwand zu vermeiden.[136]

### 1. Bedenken an der Kohärenz der KI-Verordnung und der MP-VO

Ob die KI-Verordnung diesem Ziel tatsächlich nachkommen konnte, wurde im Schrifttum[137] als auch der öffentlichen Konsultation[138] bereits im Zusammenhang mit dem Kommissionentwurf infrage gestellt und befürchtet, dass die KI-VO von einer Fülle von Widersprüchen und Doppelungen geprägt sein könne, die das Ziel – eines sich wechselseitig ergänzenden Systems – konterkarieren würde.

Ein Widerspruch ergäbe sich zunächst daraus, dass der Kommissionsentwurf ausweislich des Art. 43 Abs. 4 UAbs. 2 KI-VO auch von der Zertifizierbarkeit von Systemen, die nach der Inverkehrgabe „weiterhin dazulernen“ ausgehen würde, während jedenfalls die IG-NB im Zusammenhang mit der MP-VO eine Zertifizierbarkeit entsprechender Systeme anlehnen würde.[139]

Eine Inkohärenz ergebe sich auch dadurch, dass die KI-Verordnung und die MP-VO unterschiedliche Regelungsadressaten verpflichte und auch die Definition in Bezug auf die Inbetriebnahme der MP-VO inhaltlich nicht mit den Definitionen der KI-VO übereinstimme.[140]

Ferner sei auch in Bezug auf die materiellen Anforderungen des Kap. III Abschnitt 2 KI-VO die Kohärenz der Verordnungen infrage zu stellen.[141]

Da die KI-Verordnung nur vereinzelt festlege, in welchem Verhältnis die materiellen Anforderungen der MP-VO und der KI-VO stehen, müsse grundsätzlich davon ausgegangen werden, dass beide Vorschriften uneingeschränkt nebeneinander anwendbar sind.[142] Durch sich inhaltlich überschneidende Anforderungen werde

---

[136] Vgl. so das Erklärende Memorandum im Kommissionsentwurf, COM 2021, 206 final, S. 4, S. 12, S. 17.

[137] Vgl. *Heil*, MPR 2022, 1, 7 ff.; *Fuderer*, MPR 2021, 121 ff.; *Ströbel/Grau*, ZD 2022, 599, 604; *Thiermann/Böck*, RDi 2022, 333, 336; *Jorzig/Kemter*, ZfPC 2023, 172, 175.

[138] Vgl. *COCIR*, Feedback AI-Act, S. 2 ff., abrufbar unter: siehe Quellenangaben; *Siemens Healthineers*, Feedback AI-Act, S. 3 ff., abrufbar unter: siehe Quellenangaben; *Roche*, S. 2 ff.; *ResMed*, Consultation AI-Act, S. 1, abrufbar unter: siehe Quellenangaben; *Novartis*, Feedback on AI-Act, S. 2, abrufbar unter: siehe Quellenangaben; *Johner Institut*, Input on the proposed AI-Act, S. 2 ff., abrufbar unter: siehe Quellenangaben.

[139] *Heil*, MPR 2022, 1, 10.

[140] *Heil*, MPR 2022, 1, 7 f.; *Thiermann/Böck*, RDi 2022, 333, 336; ebenso *Ströbel/Grau*, ZD 2022, 599, 604.

[141] *Heil*, MPR 2022, 1, 7 ff.; ebenso *COCIR*, Feedback AI-Act, S. 2 ff., abrufbar unter: siehe Quellenangaben; *Siemens Healthineers*, Feedback AI-Act, S. 3 ff., abrufbar unter: siehe Quellenangaben; *Roche*, S. 2 ff.; *ResMed*, Consultation AI-Act, S. 1, abrufbar unter: siehe Quellenangaben; *Novartis*, Feedback on AI-Act, S. 2, abrufbar unter: siehe Quellenangaben.

[142] So *Heil*, MPR 2022, 1, 7; ebenso *Schulze-Große/Genske*, GuP 2023, 81, 88.

die Arbeitsbelastung für die Hersteller und benannten Stellen in ungerechtfertigter Weise erhöht.[143]

Zwar sehe KI-Verordnung vereinzelt Ausnahmen von den Sicherheitsanforderungen für Fälle vor, in denen sich eine inhaltliche Überscheidung mit der MP-VO ergebe, gleichwohl ließen die Ausnahmen derzeit nicht hinreichend erkennen, um welche Anforderungen die materiellen Sicherheitsanforderungen ergänzt werden sollen, sodass es dem Betroffenen aufgebürdet werde, zu ermitteln inwieweit die Vorschriften sich gegenseitig widersprechen oder ergänzen.[144]

Die doppelte Arbeitsbelastung und die dadurch entstehende Rechtsunsicherheit, führe zu einer erheblichen zeitlichen und finanziellen Belastung der Hersteller, die im schlimmsten Fall den Zugang zu der Therapie mit technologisch fortschrittlichen Produkten gänzlich verhindere.[145]

Einige der sich im Rahmen der öffentlichen Konsultation zu dem Kommissionsentwurf für eine KI-Verordnung geäußerten Wirtschaftsakteure bezweifeln die Regelungsnotwendigkeit für Medizinprodukte sogar gänzlich und fordern deren Streichung aus der KI-VO, weil bereits durch die MP-VO ein viel detaillierterer produktsicherheitsrechtlicher Rechtsrahmen gewährleistet werden könne, durch den auch die Sicherheit von KI-basierten Medizinprodukten hinreichend sichergestellt werden könne.[146] Jedenfalls müssten Widersprüche und Dopplungen im Verhältnis zwischen der MP-VO und KI-VO aufgelöst werden, um eine doppelte Arbeitsbelastung und Rechtsunsicherheit zu vermeiden und eine innovationshemmende Wirkung der KI-VO zu unterbinden.[147]

---

[143] Vgl. *Roche*, S. 5 f.; *BVMed*, Positionen zum Entwurf des AI-Act, S. 7 f., abrufbar unter: siehe Quellenangaben; *Siemens Healthineers*, Feedback AI-Act, S. 4, abrufbar unter: siehe Quellenangaben; *Johner Institut*, Input on the proposed AI-Act, S. 2 ff., abrufbar unter: siehe Quellenangaben.

[144] Vgl. *Johner Institut*, Input on the proposed AI-Act, S. 2, abrufbar unter: siehe Quellenangaben.

[145] Vgl. *BVMed*, Positionen zum Entwurf des AI-Act, S. 7 f., abrufbar unter: siehe Quellenangaben.

[146] Vgl. nunmehr auch der Kommissionsentwurf *Europäische Kommission*, Regulation of the European Parliament and of the Council amending Regulations (EU) 2017/745 and (EU) 2017/746 as regards simplifying and reducing the burden of the rules on medical devices and in vitro diagnostic medical devices, and amending Regulation (EU) 2022/123 as regards the support of the European Medicines Agency for the expert panels on medical devices and Regulation (EU) 2024/1689 as regards the list of Union harmonisation legislation referred to in its Annex I, COM 2025, 1023 final; der es vorsieht, dass die MDR und IVDR im Anhang I von Abschnitt A in Abschnitt B verschoben werden; vgl. *COCIR*, Feedback AI-Act, S. 2, abrufbar unter: siehe Quellenangaben; *Roche*, S. 5; *Siemens Healthineers*, Feedback AI-Act, S. 2, abrufbar unter: siehe Quellenangaben.

[147] Vgl. *Heil*, MPR 2022, 1, 7 ff.; ebenso *Thiermann/Böck*, RDi 2022, 333, 336; ebenso *Ströbel/Grau*, ZD 2022, 599, 604; *BVMed*, Positionen zum Entwurf des AI-Act, S. 2, abrufbar unter: siehe Quellenangaben; *Johner Institut*, Input on the proposed AI-Act, S. 2, abrufbar unter: siehe Quellenangaben; *ResMed*, Consultation AI-Act, S. 2, abrufbar unter: siehe

## 2. Zertifizierbarkeit dynamischer Systeme als Voraussetzung für die Kohärenz

Im Folgenden soll untersucht werden, inwieweit dieser Kritik an der Inkohärenz der Medizinprodukteverordnungen mit der KI-Verordnung gefolgt werden kann. Zu diesem Zweck soll zunächst die Kohärenz der Anforderungen an die Zertifizierbarkeit von dynamischen Systemen beleuchtet werden.

### *a) Anlehnung der KI-Verordnung an den Ansatz der FDA*

Daher gilt es zunächst zu prüfen, wie die KI-Verordnung der Herausforderung, dass der Bewertungsgegenstand bei lernfähigen Systemen dynamischen sein kann, entgegentritt.[148]

#### aa) Absehen von der Konformitätsbewertung bei antizipierter Bewertung

Damit der Rechtsrahmen zur Regulierung von KI-Systemen nicht zum Marktzugangshindernis für dynamische Systeme wird, schlug bereits die deutsche Bundesregierung in ihrer Stellungnahme zum Weißbuch der Kommission vor, eine Ausnahme von der Re-Zertifizierungspflicht bei Aktualisierungen von dynamischen Systemen vorzusehen.[149] Zu diesem Zweck solle bei dynamischen Systemen, die zum Einsatz in Reallaboren oder zu Forschungszwecken bestimmt sind, von der Konformitätsbewertungspflicht entweder vollständig abgesehen werden oder die Bewertung zumindest auf eine fokussierte Prüfung der konkreten Änderungen beschränkt werden.[150]

Bereits der Entwurf der Kommission[151], des Parlaments[152] und des Rates[153] für eine KI-Verordnungen sahen entsprechende Ausnahmen von einer Re-Zertifizie-

---

Quellenangaben; *MedTech*, Response to the public consultation, S. 2, abrufbar unter: siehe Quellenangaben.

[148] Vgl. *Heil*, MPR 2022, 1, 10, die in dem Umgang mit dynamischen Systemen eine Inkohärenz zwischen der MP-VO und den KI-VOE als begründet ansehen.

[149] Vgl. *Bundesregierung*, Stellungnahme zum Weißbuch zur Künstlichen Intelligenz, S. 18, abrufbar unter: siehe Quellenangaben.

[150] Vgl. *Bundesregierung*, Stellungnahme zum Weißbuch zur Künstlichen Intelligenz, S. 18, abrufbar unter: siehe Quellenangaben.

[151] Zunächst griff der Kommissionsentwurf diese Forderung auf und sah eine entsprechende Erleichterung in Art. 43 Abs. 4 UAbs. 2 KI-VOE-KOM vor, wobei die Ausnahme nicht nur für bestimmte, sondern vielmehr für alle Einsatzzwecke von Hochrisiko-KI-Systemen gelten soll. Während Art. 43 Abs. 4 UAbs. 1 KI-VOE-KOM grundsätzlich vorsah, dass bei einer wesentlichen Änderung an einem bereits bewerteten System die Pflicht zur Durchführung eines neues Konformitätsbewertungsverfahren ausgelöst wird, sollte gem. Art. 43 Abs. 4 UAbs. 2 KI-VOE-KOM dann keine neue Konformitätsbewertungspflicht emergieren, wenn die Änderungen bereits zum Zeitpunkt des initialen Konformitätsbewertungsverfahren vorab bestimmt und als Teil der technischen Dokumentation mit überprüft wurden, vgl. Erwägungsgrund 66, COM 2021, 206 final, S. 38 f.; vgl. zum Kommissionsentwurf auch *Spindler*, CR 2021, 361, 370; *Heil*, MPR 2022, 1, 10, die die Angleichung der MP-VO an die

rungspflicht für dynamische Systeme vor, wenn die Änderungen bereits zum Zeitpunkt der initialen Konformitätsbewertung vorab bestimmt und als Teil der technischen Dokumentation mitüberprüft wurden.

Mit Art. 43 Abs. 4 UAbs. 2 KI-VO folgt der endgültige Regelungstext in seiner Konzeption dem Ansatz des Kommissions- und Parlamentsentwurfes.[154] Im Grundsatz löst eine „wesentliche(n) Änderung" gemäß Art. 43 Abs. 4 UAbs. 1 KI-VO eine Pflicht zur Durchführung eines neuen Konformitätsbewertungsverfahrens aus.[155] Eine wesentliche Veränderung liegt ausweislich der Definition des Art. 3 Nr. 23 KI-VO dann vor, wenn die Veränderung im ursprünglich durchgeführten Konformitätsbewertungsverfahren nicht vorgesehen war und durch die Änderung die Konformität mit den Anforderungen des Kap. III Abschnitt 2 beeinträchtigt wird oder es zu einer Änderung in der Zweckbestimmung kommt.[156] Davon abweichend sieht Art. 43 Abs. 4 UAbs. 2 KI-VO eine Ausnahme für dynamische

---

KI-VOE-KOM fordert; kritisch in Bezug auf die praktische Umsetzbarkeit, etwa *Saliba*, in: Festschrift Gassner, S. 500 ff.; *Bomhard/Merkle*, RDi 2021, 276, 281; *Rostalski/Weiss*, ZfDR 2021, 329, 349. Die Schwelle der Wesentlichkeit sollte gem. Art. 3 Nr. 23 KI-VOE-KOM dann überschritten sein, wenn sich die konkrete Aktualisierung des KI-Systems auf die Konformität mit den Anforderungen des Kap. 2 Titel III KI-VOE-KOM oder die Zweckbestimmung des KI-Systems auswirkt.

[152] Der Entwurf des Europäische Parlaments hielt mit Art. 43 Abs. 4 UAbs. 2 KI-VOE-EP, Erwägungsgrund 66 KI-VOE-EP und Annex IV Abschnitt 2 lit. f) KI-VOE-EP vollständig an dem Vorschlag der Kommission fest, vgl. Art. 43 Abs. 4 UAbs. 2 KI-VOE-EP, Erwägungsgrund 66 KI-VOE-EP, Annex IV Abschnitt 2 lit. f) KI-VOE-EP, *Europäisches Parlament*, Amendments adopted by the European Parliament on 14 June 2023 on the proposal for an Artificial Intelligence Act, P9_TA(2023)0236.

[153] Weiterhin hielt auch der Entwurf des Rates an der Zertifizierbarkeit dynamischer Systeme fest. Obgleich in dem gemeinsamen Standpunkt des Rates die Ausnahme des Art. 43 Abs. 4 UAbs. 2 KI-VOE-KOM gestrichen wurde, hält dieser inhaltlich weiter an dem von der Kommission vorgeschlagenen Ansatz in Bezug auf die Re-Zertifizierung von dynamischen Systemen fest. Dies ergibt sich aus der von dem Rat vorgeschlagenen Änderung der Legaldefinition für den Begriff „substantial modification" in Art. 3 Nr. 23 KI-VOE-Rat. Ausweislich des Art. 3 Nr. 23 KI-VOE-Rat, liegt eine wesentliche Änderungen selbstlernender Systeme nunmehr nur noch dann vor, wenn diese nicht bereits vorher determiniert wurden und als Teil der technischen Dokumentation i. S. d. Annex IV Abschnitt 2 lit. f) KI-VOE-Rat der Bewertung im Rahmen des initialen Konformitätsbewertungsverfahren unterliegen. Sobald eine wesentliche Veränderung i. d. S. vorliegt, beendet sie den Lebenszyklus des KI-Systems, sodass ab diesem Zeitpunkt gem. Art. 3 Nr. 1a KI-VOE-Rat das System als neues KI-System qualifiziert werden muss, für das sodann wiederum die Konformitätsbewertungspflicht des Art. 19 Abs. 1 KI-VOE-Rat neu emergiert, vgl. Art. 3 Nr. 23 KI-VOE-Rat, *Rat*, General Approach 14954/22, S. 74; insoweit bestätigend Erwägungsgrund 66 KI-VOE-Rat, *Rat*, General Approach, 14954/22, S. 53; Art. 3 Nr. 1a KI-VOE-Rat, *Rat*, General Approach 14954/22, S. 71.

[154] *Saurin/Thiermann*, in: Bomhard/Pieper/Wende, Art. 43, Rn. 41.

[155] *Gerdemann*, in: Martini/Wendehorst, Art. 43, Rn. 61; *Kilian*, in: BeckOK KI-Recht, Art. 43, Rn. 28; *Saurin/Thiermann*, in: Bomhard/Pieper/Wende, Art. 43, Rn. 39.

[156] Ebenso *Gerdemann*, in: Martini/Wendehorst, Art. 43, Rn. 62.

Systeme vor.[157] Nach dieser Vorschrift gilt es nicht als wesentliche Änderung, die eine Re-Zertifizierungspflicht auslöst, wenn diese „zum Zeitpunkt des ursprünglichen Konformitätsbewertungsverfahrens vorab festgelegt wurden und in den Informationen der technischen Dokumentation gemäß Anhang IV Nummer 2 Buchstabe f enthalten sind."

### bb) Praktische Umsetzbarkeit des Regelungsansatzes

Bereits im Zusammenhang mit dem Kommissionsentwurf wurde die Durchführbarkeit einer antizipierten Bewertung der Aktualisierungen von dynamischen Systemen nach Art. 43 Abs. 4 UAbs. 2 KI-VO wegen der fehlenden Prognostizierbarkeit des Lernverhaltens von dynamischen Systemen infrage gestellt.[158] Da die konkrete Aktualisierung gerade nicht prognostizierbar sei, könnten diese auch nicht gem. Art. 43 Abs. 4 UAbs. 2 KI-VO antizipiert bewertet werden.[159] Dem schlossen sich auch Stimmen im Zusammenhang zum endgültigen Regelungstext an.[160]

Wie oben bereits dargestellt wurde, sind die *konkreten* (zukünftigen) Aktualisierungen, die das KI-System nach der Inverkehrgabe, auf Grund neu erlernter Muster vornimmt, nicht prognostizierbar.[161] Sofern sich die in Art. 43 Abs. 4 UAbs. 2 KI-VO vorgesehene antizipierte Bewertung daher auf die *konkrete* (zukünftige) Aktualisierung beziehen würde, müsste sich diesen Stimmen angeschlossen werden.[162]

Etwas anderes würde jedoch gelten, wenn Art. 43 Abs. 4 UAbs. 2 KI-VO dem Ansatz der FDA inhaltlich folgen würde.[163] Zu beachten ist nämlich, dass der Ansatz der FDA die fehlende Prognostizierbarkeit der *konkreten* Änderung nicht unberücksichtigt lässt. Die FDA tritt der fehlenden Prognostizierbarkeit dadurch entgegen, dass von einer antizipierten Bewertung der konkreten Änderung abgesehen wird und die

---

[157] Vgl. hierzu auch *Gerdemann*, in: Martini/Wendehorst, Art. 43, Rn. 64 ff.

[158] *Saurin/Thiermann*, in: Bomhard/Pieper/Wende, Art. 43, Rn. 41; *Kilian*, in: BeckOK. Vgl. zum Kommissionsentwurf *Denga*, ZfPC 2023, 154, 155; *Bomhard/Merkle*, RDi 2021, 276, 281; dem folgend *Rostalski/Weiss*, ZfDR 2021, 329, 349; ebenso *Saliba*, in: Festschrift Gassner, S. 503 f.; vgl. bereits zum inhaltsgleichen Ansatz der FDA kritisch *Gassner/Juknat*, EPLR 2019, 176, 180.

[159] Vgl. zum Kommissionsentwurf *Denga*, ZfPC 2023, 154, 155; *Bomhard/Merkle*, RDi 2021, 276, 281; dem folgend *Rostalski/Weiss*, ZfDR 2021, 329, 349; ebenso *Saliba*, in: Festschrift Gassner, S. 503 f.; vgl. bereits zum inhaltsgleichen Ansatz der FDA kritisch *Gassner/Juknat*, EPLR 2019, 176, 180.

[160] Vgl. etwa *Saurin/Thiermann*, in: Bomhard/Pieper/Wende, Art. 43, Rn. 41; *Kilian*, in: BeckOK KI-Recht, Art. 43, Rn. 31.

[161] Vgl. dazu, dass die konkrete Aktualisierung aufgrund der fehlenden Prognostizierbarkeit und Quantität der Aktualisierungen nicht antizipiert bewertet werden kann, bereits Kap. 2, E., II., 1., b), bb), (1).

[162] Vgl. hierzu bereits Kap. 2, E., II., 1., b), bb), (1).

[163] Vgl. eingehend zu dem Ansatz der FDA, bereits Kap. 2, E., II., 1., c), bb).

Bewertung vielmehr auf eine Bewertung des Bezugspunktes der Lernfähigkeit als auch der Sicherheitsmaßnahmen beschränkt wird, die getroffen wurden, um die Sicherheit *trotz* der Fähigkeit sich aktualisieren zu können zu gewährleisten.[164]

Sofern die KI-VO dem Ansatz der FDA folgen würden, könnte der Erfüllbarkeit des Art. 43 Abs. 4 UAbs. 2 KI-VO die fehlende Prognostizierbarkeit nicht entgegengesetzt werden.[165] In diesem Fall bestünde sodann auch keine Notwendigkeit, die teilweise vorgeschlagene „vollautomatisierte Ad-Hoc Konformitätsprüfungen" durchzuführen, da nicht das sich verändernde dynamische System einer Bewertung unterzogen wird, sondern vielmehr eine Bewertung *gleichbleibender* Prozesse erfolgt.[166]

Um die praktische Umsetzbarkeit zu beurteilen, muss daher untersucht werden, auf welchen Bezugspunkt sich die antizipierte Bewertung des Art. 43 Abs. 4 UAbs. 2 KI-VO bzw. Art. 3 Nr. 23 KI-VO bezieht.

Art. 43 Abs. 4 UAbs. 2 KI-VOE-KOM des Kommissionsentwurfes sprach allgemein davon, dass „Änderungen des Hochrisiko-KI-Systems und seiner Leistung" beschrieben werden sollen und ließ weitgehend unbestimmt, wie detailliert die Beschreibung der Änderung erfolgen muss, um die Rechtsfolge der Regelung auszulösen. Diese Unbestimmtheit in Bezug auf die Frage, „Wie" die Änderungen zu beschreiben sind, wurde ferner auch durch die Entwürfe des Rates und des Parlaments oder den endgültigen Regelungstext des Art. 43 Abs. 4 UAbs. 2 KI-VO nicht behoben.[167] Während der Entwurf des Parlaments in Art. 43 Abs. 4 UAbs. 2 KI-VOE-EP dem Kommissionsentwurf vorbehaltslos folgte, sprach auch der Entwurf des Rates allgemein von „changes (...) that have been pre-determined".[168]

Der endgültige Regelungstext in Art. 43 Abs. 4 UAbs. 2 KI-VO bezieht sich allgemein auf „Änderungen des Hochrisiko-KI-Systems". Dafür, dass darunter eine Beschreibung der konkreten Änderung zu verstehen ist, könnte jedoch Erwägungsgrund 128 KI-VO[169] sprechen, wonach eine Beschreibung der „Änderungen, die den Algorithmus und die Leistung von KI-Systemen betreffen" erfolgen müs-

---

[164] Vgl. hierzu bereits Kap. 2, E., II., 1., c), bb), (2).

[165] Vgl. hierzu bereits Kap. 2, E., II., 1., c), bb), (2).

[166] Vgl. hierfür den Vorschlag von *Bomhard/Merkle*, RDi 2021, 276, 281; vgl auch *Denga*, ZfPC 2023, 154, 155, der eine „Konformitätsbewertung in Permanenz" befürchtet; ebenso *Rostalski/Weiss*, ZfDR 2021, 329, 349, die jedoch die Vereinbarkeit einer vollautomatisierten Konformitätsprüfung mit Art. 14 KI-VOE bezweifeln.

[167] Vgl. Art. 3 Nr. 23 KI-VOE-Rat, *Rat*, General Approach 14954/22, S. 74; vgl. Art. 43 Abs. 4 UAbs. 2 KI-VOE-EP, der dem Kommissionsentwurf vorbehaltslos folgt *Europäisches Parlament*, Amendments adopted by the European Parliament on 14 June 2023 on the proposal for an Artificial Intelligence Act, P9_TA(2023)0236.

[168] *Rat*, General Approach 14954/22, S. 74.

[169] Vgl. zu den Entwürfen, Erwägungsgrund 66, COM 2021, 206 final, S. 38; ebenso *Rat*, General Approach 14954/22, S. 53; ferner auch *Europäisches Parlament*, Amendments adopted by the European Parliament on 14 June 2023 on the proposal for an Artificial Intelligence Act, P9_TA(2023)0236.

se.[170] Ferner sieht Anhang IV Nr. 2 lit. f) KI-VO[171] vor, dass in der technischen Dokumentation eine „*detaillierte Beschreibung* der vorab bestimmten *Änderungen* an dem KI-System und seiner Leistung mit allen einschlägigen Angaben zu den technischen Lösungen" enthalten sein müsse.[172]

Gegen die Notwendigkeit, die konkrete Änderung vorab zu beschreiben und zu bewerten spricht gleichwohl ein teleologisches Argument. Zu beachten ist nämlich, dass eine entsprechende Auslegung dazu führen würde, dass Anbieter von dynamischen Systemen von Art. 43 UAbs. 4 UAbs. 2 KI-VO keinen Gebrauch machen könnten, weil die *konkreten Änderungen* gerade nicht prognostizierbar sind.[173] Da ausweislich des Wortlautes des Art. 43 UAbs. 4 UAbs. 2 KI-VO die Ausnahme jedoch gerade für Systeme geschaffen wurde, die „weiterhin dazulernen", würde eine entsprechende Auslegung die eigentliche Intention, die Re-Zertifizierungspflicht für dynamische Systeme zu erleichtern, konterkarieren.[174]

Dafür, dass Art. 43 Abs. 4 UAbs. 2 KI-VO dem Ansatz der FDA folgen wollten, spricht ferner, dass Anhang IV Nr. 2 lit. f) KI-VO[175] nicht nur eine Beschreibung der Änderungen vorsehen, sondern zudem auch vorsehen, dass „alle(n) einschlägigen Informationen zu den technischen *Lösungen*" in der technischen Dokumentation enthalten sein müssen, „mit denen sichergestellt wird, dass das KI-System die einschlägigen Anforderungen nach Titel III Kap. 2 *weiterhin dauerhaft erfüllt*".[176]

Daher lässt die KI-VO jedenfalls im Ansatz die Anlehnung an den Vorschlag der FDA erkennen, in dem von einer antizipierten Bewertung der konkreten Änderung abgesehen wird und die Bewertung vielmehr im Wege einer Bewertung des Bezugspunktes der Lernfähigkeit als auch der Sicherheitsmaßnahmen vorgenommen

---

[170] Hervorhebung hinzugefügt.

[171] Vgl. zu den Entwürfen wortgleich, Anhang IV Nr. 2 lit. f) KI-VOE, COM 2021, 206 final, Anhänge, S. 8; Anhang IV Nr. 2 lit. f) KI-VOE-Rat, *Rat*, General Approach, 14954/22, S. 202; Anhang IV Nr. 2 lit. f), *Europäisches Parlament*, Amendments adopted by the European Parliament on 14 June 2023 on the proposal for an Artificial Intelligence Act, P9_TA(2023)0236.

[172] Hervorhebung hinzugefügt.

[173] Vgl. zum Kommissionsentwurf *Denga*, ZfPC 2023, 154, 155; *Bomhard/Merkle*, RDi 2021, 276, 281; dem folgend *Rostalski/Weiss*, ZfDR 2021, 329, 349; ebenso *Saliba*, in: Festschrift Gassner, S. 503 f.; vgl. bereits zum inhaltsgleichen Ansatz der FDA kritisch, *Gassner/Juknat*, EPLR 2019, 176, 180.

[174] Vgl. zum Kommissionsentwurf, *Denga*, ZfPC 2023, 154, 155; *Bomhard/Merkle*, RDi 2021, 276, 281; dem folgend *Rostalski/Weiss*, ZfDR 2021, 329, 349; ebenso *Saliba*, in: Festschrift Gassner, S. 503 f.; vgl. bereits zum inhaltsgleichen Ansatz der FDA kritisch, *Gassner/Juknat*, EPLR 2019, 176, 180.

[175] Vgl. zu den Entwürfen, Art. 43 Abs. 4 UAbs. 2 KI-VOE-KOM, COM 2021, 206 final, S. 74; ebenso Art. 3 Nr. 23 KI-VOE-Rat, *Rat*, General Approach 14954/22, S. 74; ebenso Art. 43 Abs. 4 UAbs. 2 KI-VOE-EP, *Europäisches Parlament*, Amendments adopted by the European Parliament on 14 June 2023 on the proposal for an Artificial Intelligence Act, P9_TA(2023)0236.

[176] Hervorhebung hinzugefügt.

wird, die getroffen wurden, um die Sicherheit *trotz* der Lernfähigkeit zu gewährleisten.[177]

Derzeit ermangelt Art. 43 Abs. 4 UAbs. 2 KI-VO einer Bestimmung des *genauen* Inhaltes des Änderungskontrollplans, weshalb gleichwohl eine Rechtsunsicherheit verbleibt, ob die KI-VO dem Ansatz der FDA tatsächlich folgen wollen und von einer antizipierten Bewertung der *konkreten* (zukünftigen) Aktualisierung absehen. Um dem verfassungsrechtlichen Bestimmtheitsgrundsatz noch zu genügen, ist daher dringend erforderlich, dass der *konkrete* Inhalt, den der Änderungskontrollplan für Art. 43 Abs. 4 UAbs. 2 KI-VO aufweisen muss, näher konkretisiert wird.

#### *b) Antizipierte Bewertung der Dynamik als Produkteigenschaft durch die MP-VO*

Selbst wenn Anbieter von der Ausnahme des Art. 43 Abs. 4 UAbs. 2 KI-VO Gebrauch machen könnten, liefe diese von vornherein ins Leere, wenn weiterhin nach der Medizinprodukteverordnung für jede wesentliche Aktualisierung eine neue Genehmigungspflicht nach Anhang IX Abschnitt 2.4 und 4.10 MP-VO erfüllt werden muss.[178]

Dies wäre jedenfalls dann der Fall, wenn, der wohl derzeit überwiegenden Auffassung[179] in der Literatur folgend, die Genehmigungspflicht des Anhangs IX Abschnitt 2.4 bzw. 4.10 MP-VO auch für Aktualisierungen von dynamischen Systemen *entstehen* würde.[180]

Sofern die Genehmigungspflicht des Anhangs IX Abschnitt 2.4 bzw. 4.10 MP-VO entstehen würde, wäre die Zertifizierbarkeit dynamischer Systeme wegen der Quantität und fehlenden Prognostizierbarkeit der Aktualisierungen nicht möglich.[181]

---

[177] Vgl. dazu, dass die FDA die fehlende Prognostizierbarkeit der konkreten Änderung berücksichtigt, bereits Kap. 2, E., II., 1., c), bb), (2).

[178] Vgl. noch zum Kommissionsentwurf *Heil*, MPR 2022, 1, 10; vgl. zu der Frage, inwieweit aus Anhang IX Abschnitt 2.4 bzw. 4.10 MP-VO eine Genehmigungspflicht für jede wesentliche Aktualisierung zu resultieren droht, bereits Kap. 2, E., II., 1.

[179] Das Aktualisierungen von dynamischen Systemen als „Änderungen" i. d. S. zu qualifizieren sind, scheint die ganz herrschende Meinung zu sein, weil übereinstimmend davon ausgegangen wird, dass für solche Aktualisierungen eine Genehmigungspflicht besteht, vgl. hierfür *COCIR*, Artificial Intelligence in EU Medical Device Legislation, S. 12, abrufbar unter: siehe Quellenangaben; dem folgend *Gassner*, MPR 2021, 41, 48 ff.; *Gassner/Juknat*, in: Rehmann/Tillmanns, Kap. 3, Rn. 399 ff.; ebenso *Handorn/Juknat*, MPR 2022, 77, 83, in Bezug auf Anhang IX Abschnitt 4.10 MP-VO; ebenso *Heil*, MPR 2022, 1, 10 im Zusammenhang mit Anhang IX 2.4; *Frost*, MPR 2019, 117, 120, in Bezug auf Anhang VII 4.9; *Saliba*, in: Festschrift Gassner, S. 495 f.; *Muresan*, LSR 2021, 17, 36 f. *Schreitmüller*, Regulierung intelligenter Medizinprodukte, S. 150 f.

[180] Vgl. dazu, dass sofern die Genehmigungspflicht Anhang IX Abschnitt 2.4 bzw. 4.10 MP-VO erst einmal entsteht, sich diese als Marktzugangshindernis für dynamische Systeme auswirken würde, bereits Kap. 2, E., II., 1., b).

[181] Vgl. hierzu bereits Kap. 2, E., II., 1., b), bb).

Dieses Ergebnis kann auch nicht dadurch korrigiert werden, dass die *Erfüllung* der Genehmigungsplicht auf den Zeitpunkt der initialen Konformitätsbewertungsverfahren vorverlagert wird, weil diesem Auslegungsansatz der Wortlaut des Anhangs IX Abschnitt 2.4 bzw. 4.10 MP-VO in zweifacher Hinsicht entgegensteht.[182] Nicht nur bezieht sich die Genehmigungspflicht des Anhangs IX Abschnitt 2.4 bzw. 4.10 MP-VO auf einen Zeitpunkt *nach* der initialen Konformitätsbewertung, sondern Anhang IX Abschnitt 2.4 bzw. 4.10 MP-VO sieht auch vor, dass sich die *konkrete* Änderung genehmigt werden muss.[183] Da die konkreten (zukünftigen) Änderungen jedoch gerade nicht prognostizierbar sind, könnte die Genehmigungspflicht – sofern sie entstehen würde – nicht antizipiert erfüllt werden.[184] Insbesondere kann die Genehmigung der *konkreten* Änderung nicht durch eine Übertragung des Ansatzes der FDA erfüllt werden, weil die FDA keine Bewertung der konkreten Änderung vorsieht, sondern sich die antizipierte Bewertung nur auf den Bezugspunkt der Lernfähigkeit, als auch die Sicherheitsmaßnahmen bezieht, die der Hersteller ergriffen hat, um die Sicherheit der Systeme, trotz der Lernfähigkeit, zu gewährleisten.

Wie oben umfassend dargelegt wurde, kann jedoch bereits die *Entstehung* der Genehmigungspflicht nach Anhang IX Abschnitt 2.4 bzw. 4.10 MP-VO durch eine antizipierte Bewertung der „Dynamik" als *Produkteigenschaft* verhindert werden.[185]

Eine solche antizipierte Bewertung der Dynamik als Produkteigenschaft im Wege einer Kombination aus einer Produkt- und Prozesszertifizierung ist möglich, weil die MP-VO sich nicht als reine Zustandsbewertung darstellt.[186] Vielmehr ist von der Bewertung des Risikomanagementsystems, des Plans zur Beobachtung der Produkte nach der Inverkehrgabe und der klinischen Nachbeobachtung bereits *de lege lata* eine Prozesszertifizierung erfasst, die es ermöglicht, den Ansatz der FDA einer antizipierten Bewertung eines Änderungskontrollplans zu übertragen.[187]

Sofern eine antizipierte Bewertung der *Dynamik* als Produkteigenschaft erfolgt, und die Aktualisierung sich innerhalb des bewerteten Rahmens hält, entsteht die Genehmigungspflicht des Anhangs IX Abschnitt 2.4 bzw. 4.10 MP-VO gar nicht erst, weil die Aktualisierungen nicht als „Änderungen", sondern als *Teil* des „genehmigten" Produkts zu qualifizieren sind.[188]

Selbst wenn eine Aktualisierung sich außerhalb des initial bewerteten Rahmens hält, ist nicht stets eine vollständig neue Bewertung durchzuführen, sondern kann gem. Anhang IX Abschnitt 2.4 bzw. 4.10 MP-VO – dem Ansatz der FDA folgend –

---

182 Vgl. hierzu bereits Kap. 2, E., II., 1., b), bb).

183 Vgl. hierzu bereits Kap. 2, E., II., 1., b), bb).

184 Vgl. hierzu bereits Kap. 2, E., II., 1., b), bb).

185 Vgl. hierzu bereits Kap. 2, E., II., 1., c).

186 Vgl. hierzu bereits Kap. 2, E., II., 1., c), cc).

187 Vgl. hierzu bereits Kap. 2, E., II., 1., c), cc).

188 Vgl. hierzu bereits Kap. 2, E., II., 1., c), aa).

bereits *de lege lata* auch eine isolierte Bewertung der Aktualisierung vorgenommen werden.[189] Im Unterschied zum Ansatz der FDA steht die Frage, ob eine erneute Konformitätsbewertung erforderlich oder eine isolierte Überprüfung der Aktualisierung ausreichend ist, derzeit noch im Ermessen der benannten Stelle.[190] Da die MP-VO etwaiger Kriterien ermangelt, anhand derer diese Entscheidung getroffen werden kann, schlagen Stimmen in der Literatur vor, die Möglichkeit eines Nachtrages auf Fälle zu beschränken, in denen die isolierte Überprüfung möglich ist und zudem nicht die Sicherheit des Gesamtprodukts beeinträchtigt ist.[191]

Der Ansatz der FDA ist daher bereits *de lege lata* auch im Hinblick auf die Rechtsfolge der antizipierten Bewertung vollständig auf die MP-VO übertragbar, sodass die Systeme zumindest grundsätzlich zertifizierbar sind.[192]

Sofern das kontinuierliche neu Emergieren der Genehmigungspflicht durch die Bewertung der Dynamik als Produkteigenschaft verhindert wird, wird die Erleichterung des Art. 43 Abs. 4 UAbs. 2 KI-VO nicht durch Anhang IX Abschnitt 2.4 bzw. 4.10 MP-VO konterkariert, da die daraus resultierenden Genehmigungspflichten überhaupt *nicht entstehen*.[193]

### *c) Notwendigkeit der Anpassung der KI-VO an die MP-VO*

Während teilweise[194] gefordert wird, dass die MP-VO an die KI-VO angeglichen werden müsse, kann dem daher nicht gefolgt werden.

Sofern die Dynamik als Produkteigenschaft bewertet wird, sieht Anhang IX Abschnitt 2.4 und 4.10 MP-VO, dem Ansatz der FDA entsprechend, bei einer Aktualisierung außerhalb des initial bewerten Rahmens, sogar die Möglichkeit vor, dass eine isolierte Genehmigung der konkreten Änderung erfolgen kann. Im Unterschied dazu ermangelt Art. 43 Abs. 4 UAbs. 2 KI-VO einer entsprechenden Möglichkeit, die Re-Zertifizierung isoliert auf die *konkrete* Aktualisierung zu beschränken, die sich außerhalb des initial bewerteten Rahmens hält. Vielmehr wird für Aktualisierungen außerhalb des initial bewerteten Rahmens stets eine *vollständig* neue Konformitätsbewertungspflicht ausgelöst.

Dies ergibt sich aus dem Wortlaut des endgültigen Regelungstextes nach Art. 43 Abs. 4 UAbs. 1 KI-VO, wonach das KI-System „im Falle einer wesentlichen Än-

[189] Vgl. hierzu bereits Kap. 2, E., II., 1., c), cc), (3).

[190] Vgl. hierzu bereits Kap. 2, E., II., 1., c), cc), (3).

[191] Vgl. hierfür *Gassner*, MPR 2021, 41, 48 f.

[192] Vgl. auch die Übersicht hinsichtlich der inhaltlichen Überschneidungen des Ansatzes der FDA mit dem geltenden Rechtsrahmen der MP-VO, durch die veranschaulicht wird, dass der Ansatz bereits *de lege lata* auf die MP-VO übertragbar ist, Kap. 2, E., II., 1., c), cc), (4).

[193] *Heil*, MPR 2022, 1, 10; vgl. eingehend zu der Frage, inwieweit aus Anhang IX Abschnitt 2.4 bzw. 4.10 MP-VO eine Genehmigungspflicht für jede wesentliche Aktualisierung zu resultieren droht, bereits Kap. 2, E., II., 1.

[194] Vgl. zum Kommissionsentwurf *Heil*, MPR 2022, 1, 10.

derung *einem neuen* Konformitätsbewertungsverfahren unterzogen“ werden muss.[195] Damit folgt der endgültige Regelungstext konzeptionell und inhaltlich den Entwürfen der Kommission und des Parlaments.[196]

Eine Angleichung der MP-VO an den Ansatz der KI-Verordnung wäre daher nicht zielführend, weil der Ansatz der MP-VO sich sogar als sachgerechtere Lösung für den Umgang mit Aktualisierungen dynamischer Systeme präsentiert.

Vielmehr wäre es, um die Kohärenz zwischen den Verordnungen zu wahren, erforderlich, dass die KI-VO an den Ansatz der MP-VO angeglichen wird, indem auch im Rahmen der KI-VO die Möglichkeit vorgesehen wird, dass für Änderungen, die sich außerhalb des Änderungskontrollplans halten, nicht stets ein neues Konformitätsbewertungsverfahren ausgelöst wird, sondern die Genehmigung sich auch isoliert auf die konkrete, außerhalb des Änderungskontrollplanes liegende Änderung beziehen kann.

Die MP-VO wäre nur insofern korrekturbedürftig, dass hinsichtlich des Ermessens in Bezug auf die Frage, ob ein Nachtrag zur Konformitätsbewertung ausreicht oder eine vollständig neue Bewertung durchgeführt werden müsste, hinreichend eindeutige Kriterien normiert werden sollten, wonach sich diese Frage beantworten lässt. Maßgeblich sollte dabei insbesondere die Frage sein, ob die konkreten Änderungen isoliert überprüft werden können bzw. ob diese einen Einfluss auf die gesamte Funktionsweise des KI-Systems haben.[197]

### *d) Notwendigkeit ergänzender Sicherheitsanforderungen einer KI-Verordnung*

Obgleich der Zertifizierbarkeit dynamischer Systeme überwiegend[198] die Erfüllbarkeit der „Wiederholbarkeit, Zuverlässigkeit und Leistung“ als auch die

---

[195] Vgl. hierfür den Wortlaut des Art. 43 Abs. 4 UAbs. 1 VO (EU) 2024/1689 (Hervorhebung hinzugefügt).

[196] In den Entwürfen der Kommission und des Parlaments ergab sich dies ebenfalls aus dem Wortlaut des Art. 43 Abs. 4 UAbs. 1 KI-VOE-KOM/EP, Vgl. Art. 43 Abs. 4 KI-VOE-KOM, COM 2021, 206 final, S. 74; ebenso Änderung 455, *Europäisches Parlament*, Amendments adopted by the European Parliament on 14 June 2023 on the proposal for a regulation of the European Parliament and of the Council on laying down harmonised rules on artificial intelligence (Artificial Intelligence Act) and amending certain Union legislative acts, P9_TA(2023)0236; Inhaltlich sah auch der Entwurf des Rates eine entsprechende Pflicht vor: Im Rahmen des Verordnungsentwurfs des Rates beendete eine wesentliche Veränderung den Lebenszyklus eines KI-Systems und war ab diesem Zeitpunkt gem. Art. 3 Nr. 1a KI-VOE-Rat als neues KI-System zu qualifizieren, sodass die Konformitätsbewertungspflicht des Art. 19 Abs. 1 KI-VOE-Rat neu emergieren sollte, vgl. Art. 3 Nr. 1a KI-VOE-Rat, *Rat*, General Approach 14954/22, S. 71.

[197] *Gassner*, MPR 2021, 41, 48 f.

[198] Vgl. die Stimmen, die die Zertifizierbarkeit auf Grund von Bedenken hinsichtlich der Erfüllbarkeit der „Verifizierung und Validierung“ bezweifeln, etwa *IG-NB*, Questionnaire „Artificial Intelligence (AI) in medical devices“, S. 4; *Dettling*, PharmR 2019, 633, 637; dem folgend *Helle*, MedR 2020, 993, 995; *Thiermann/Böck*, RDi 2022, 333, 335; *Hänold et al.*,

„Verifizierung und Validierung“, als materielle Sicherheitsanforderungen entgegengehalten wurden, kann dem – wie oben bereits dargelegt wurde – nicht vorbehaltslos gefolgt werden.[199] Allerdings ermangelt der Anforderungskatalog des Anhangs I MP-VO bisher hinreichend *konkreter* Sicherheits- und Transparenzanforderungen, die einen rechtssicheren Regelungsrahmen dafür bilden, wie die Anforderungen erfüllt werden können.[200] Da Kap. III Abschnitt 2 KI-VO jedoch gerade diese Regelungslücken adressieren[201], kann jedenfalls den Stimmen[202], die im Rahmen des Gesetzgebungsverfahrens eine vollständige Streichung der MP-VO vom Anwendungsbereich der KI-VO forderten, nicht gefolgt werden.

Vielmehr ist eine Ergänzung hinreichend konkreter materieller Sicherheits- und Transparenzanforderungen durch eine KI-VO erforderlich, um die Funktionsfähigkeit des bestehenden Regelungsrahmens der MP-VO auch für dynamische Systeme sicherzustellen.[203]

Die Notwendigkeit, dass der geltende Regelungsrahmen durch eine KI-VO ergänzt werden muss, wird auch dadurch untermauert, dass dem geltenden Rechtsrahmen in Bezug auf statische Systeme derzeit noch konkreter Transparenz- und Sicherheitsanforderungen in Anhang I MP-VO fehlen, mit denen hinreichend bestimmt festgelegt wird, *wie* die „Wiederholbarkeit, Zuverlässigkeit und Leistung“ für solche Systeme gewährleistet werden kann.[204]

Daher besteht eine dringende Notwendigkeit, die MP-VO um konkrete Sicherheits- und Transparenzanforderungen wie die des Kap. III Abschnitt 2 KI-VO zu ergänzen, sodass eine Streichung der MP-VO vom Anwendungsbereich der KI-VO nicht zielführend wäre. Erforderlich ist jedoch, dass die materiellen Anforderungen des Anhanges I MP-VO und des Kap. III Abschnitt 2 KI-VO sich tatsächlich *ergänzen* und nicht durch Widersprüche und Doppelungen geprägt sind.[205]

Die Notwendigkeit, eine inhaltliche Kohärenz zwischen den Anforderungen der Verordnungen herzustellen, ist dabei nicht nur wünschenswert, sondern auch erfor-

---

MedR 2021, 516, 520; ebenso *Saliba*, in: Chibanguza/Kuß/Steege, Abschnitt F, Rn. 10; vgl. die Stimmen, die Bedenken an Zertifizierbarkeit, weil sie die „Wiederholbarkeit, Zuverlässigkeit und Leistung“ für dynamische Systeme als unerfüllbar ansehen, etwa *Saliba*, in: Festschrift Gassner, S. 495; *Thiermann/Böck*, RDi 2022, 333, 335; *Hänold et al.*, MedR 2021, 516, 520; *Dettling*, PharmR 2019, 633, 637; *Helle*, MedR 2020, 993, 995; *Hasenteufel/Renaud*, Software als Medizinprodukt, S. 23, 96.

[199] Vgl. für eine Darlegung des Umstandes, dass die Anforderungen auch für dynamische Systeme nicht grundsätzlich unerfüllbar sind, bereits Kap. 2, E.

[200] Vgl. hierzu bereits Kap. 2, E., II., 1., c), dd).

[201] Vgl. hierzu bereits Kap. 3, A.

[202] Vgl. *COCIR*, Feedback AI-Act, S. 2, abrufbar unter: siehe Quellenangaben; *Roche*, S. 5; *Siemens Healthineers*, Feedback AI-Act, S. 2, abrufbar unter: siehe Quellenangaben.

[203] Vgl. hierzu bereits Kap. 2, E., II., 1., c), dd).

[204] Vgl. zu den Regelungslücken für statische KI-Systeme, bereits Kap. 2, D., II., 3., c).

[205] Vgl. zu den Bedenken an der Kohärenz, bereits Kap. 4, C., I., 1.

derlich, um zu gewährleisten, dass der Verweis des Art. 43 Abs. 3 UAbs. 1 KI-VO nicht wegen eines Verstoßes gegen den Bestimmtheitsgrundsatz verfassungswidrig ist.[206]

In der oben dargestellten Kritik an der Inkohärenz der Verordnungen, die durch sich widersprechende Definitionen und Sicherheitsanforderungen ausgelöst werde, ist, wenn dem zu Folgen wäre, sodann ein Verstoß gegen das Bestimmtheitsgebot anzunehmen. Zu beachten ist nämlich, dass, sofern das in Bezug genommene Verweisungsobjekt nicht geeignet wäre, die Regelungslücken der Verweisungsnorm zu schließen, es für den Rechtsanwender nicht mehr hinreichend erkennbar ist, welche Rechtsfolge sich aus dem Gesamttatbestand für ihn ergibt.[207]

Zusammenfassend lässt sich daher statuieren, dass die Kohärenz der Verordnungen auch aus verfassungsrechtlicher Sicht dringend notwendig ist, um zu verhindern, dass Art. 43 Abs. 3 UAbs. 1 KI-VO gegen den verfassungsrechtlichen Bestimmtheitsgrundsatz verstößt.

Die Kohärenz der Verordnungen ist dann gewahrt, wenn die KI-VO die Intention des Kommissionsentwurfes erfüllen kann und mit Kap. III Abschnitt 2 KI-VO die medizinischen Sicherheitsanforderungen des Anhanges I MP-VO gerade um die konkreten *technischen Sicherheitsanforderungen* ergänzen kann, die erforderlich sind, um die Regelungslücken der MP-VO in Bezug auf konkrete Anforderungen zur Gewährleistung der *Sicherheit und Transparenz* des KI-Systems, trotz Eigenschaften wie der Opazität und Lernfähigkeit, zu schließen.[208]

Ob dies in Kap. III Abschnitt 2 KI-VO bereits hinreichend gewährleistet ist und inwieweit noch ein Korrekturbedürfnis besteht, soll im Folgenden hinsichtlich der Sicherheitsanforderungen des Kap. III Abschnitt 2 KI-VO im Einzelnen untersucht werden.

## II. Etablierung eines gemeinsamen Risikomanagementsystems

Zu den Anforderungen, um die die KI-VO den bestehenden Regelungsrahmen für Hochrisiko-KI-Systeme ergänzen soll, wird ausweislich des Art. 9 Abs. 1 KI-VO[209] auch die Pflicht zur Etablierung eines Risikomanagementsystems gehören.

---

[206] Vgl. eingehend hierzu bereits Kap. 4, C., I., 2., d).

[207] Vgl. eingehend hierzu bereits Kap. 4, C., I., 2., d).

[208] Vgl. Erklärendes Memorandum, COM 2021, 206 final, S. 5, S. 12, S. 17.

[209] Vgl. zu den Entwürfen Art. 9 Abs. 1 KI-VOE-KOM, COM 2021, 206 final, S. 54; Art. 9 KI-VOE-Rat, *Rat*, General Approach, 14954/22, S. 89; Art. 9 KI-VOE-EP, *Europäisches Parlament*, Amendments adopted by the European Parliament on 14 June 2023 on the proposal for an Artificial Intelligence Act, P9_TA(2023)0236.

### 1. Inhaltliche Kongruenz der KI-Verordnung mit der MP-VO

Bereits im Zusammenhang mit dem Kommissionsentwurf wurde infrage gestellt, ob Art. 9 KI-VOE-KOM tatsächlich der intendierte ergänzende Regelungscharakter zukommt, weil die Vorschrift zahlreiche „Parallelen" mit der MP-VO aufweisen würde.[210] Von weitreichenden Überschneidungen mit der MP-VO ist nunmehr auch Art. 9 des endgültigen Regelungstextes geprägt.

#### *a) Übereinstimmende Anforderungen an das Risikomanagementsystem*

Übereinstimmung mit Art. 10 Abs. 2 i.V.m. Anhang I Abschnitt 3 und 4 MP-VO sieht auch Art. 9 Abs. 1 KI-VO die Pflicht, zur Errichtung, Anwendung, Dokumentierung und Aufrechterhaltung eines Risikomanagementsystems vor.[211] In beiden Verordnungen lässt sich das zu etablierende Risikomanagementsystem ferner in die Phasen der Risikoanalyse und -bewertung, die Etablierung von geeigneten Risikomanagementmaßnahmen und die ständige Aktualisierung des Risikomanagementsystems untergliedern.[212]

##### aa) Übereinstimmende Anforderungen an die Risikoanalyse- und -bewertung

Die Etablierung des Risikomanagementsystems beginnt gem. Art. 9 Abs. 2 lit. a–c) KI-VO mit der Identifizierung, Analyse und Bewertung der Risiken, die von KI-Systemen ausgehen.[213] Zu diesem Zweck müssen gem. Art. 9 Abs. 2 lit. a) und b) KI-VO alle bekannten und voraussehbaren Risiken als auch solche Risiken, die trotz der bestimmungsgemäßen Verwendung oder der vernünftigerweise noch vorausseh-

---

[210] So *Fuderer*, MPR 2022, 121, 123; *Schreitmüller*, Regulierung intelligenter Medizinprodukte, S. 295; *Johner Institut*, Input on the proposed AI-Act, S. 2, abrufbar unter: siehe Quellenangaben; *COCIR*, Feedback AI-Act, S. 2, abrufbar unter: siehe Quellenangaben.

[211] Vgl. zum Kommissionsentwurf, etwa *Ebers*, RDi 2021, 588, 589; *Ebert/Spiecker gen. Döhmann*, NVwZ 2021, 1188, 1190; *Engelmann/Brunotte/Lütkens*, RDi 2021, 317, 321; *Orssich*, EuZW 2022, 254, 257; *Rostalski/Weiss*, ZfDR 2021, 329, 346; *Valta/Vasel*, ZRP 2021, 142, 144; *Sesing/Tschech*, MMR 2022, 24, 29; *Spindler*, in: Hilgendorf/Roth-Isigkeit, 1. Auflage, § 5, Rn. 5; vgl. zur MP-VO Rehmann/*Wagner*, MP-VO, Art. 10, Rn. 9; *Mayr/Thiermann/Schrack/Kiesselbach*, Medizinprodukterecht, § 3, Rn. 32 ff.; *Hasenteufel/Renaud*, Software als Medizinprodukt, S. 25; vgl. allgemein dazu, dass die Pflicht kein „Novum" darstellen würde, sondern sich als „Kern der Technikfolgenabschätzung" darstelle, *Steege/Chibanguza*, SVR 2022, 401, 403.

[212] Vgl. dazu, dass das Risikomanagementsystem sich in unterschiedliche Phasen untergliedern lässt, bereits Kap. 2, E., II., 1., c), cc), (2), (a); vgl. auch *Braun Binder/Egli*, in: Martini/Wendehorst, Art. 9, Rn. 2 f. der von „vier Schritten" spricht; vgl. zum Kommissionsentwurf, *Roos/Weitz*, MMR 2021, 844, 847; *Spindler*, in: Hilgendorf/Roth-Isigkeit, 1. Auflage, § 5, Rn. 7; *Kalbhenn*, ZUM 2021, 663, 667, der die vier Phasen der Identifizierung, Bewertung, Bewältigung und Überwachung unterscheidet.

[213] *Braun Binder/Egli*, in: Martini/Wendehorst, Art. 9, Rn. 22; vgl. zum Kommissionsentwurf, *Roos/Weitz*, MMR 2021, 844, 847; *Wiebe*, BB 2022, 899, 900; *Spindler*, in: Hilgendorf/Roth-Isigkeit, 1. Auflage, § 5, Rn. 7.

baren Fehlanwendung auftreten können, berücksichtigt werden.[214] Ferner müssen gem. Art. 9 Abs. 2 lit. c) KI-VO auch solche Risiken berücksichtigt werden, die aufgrund der Beobachtung des Systems nach der Inverkehrgabe identifiziert wurden.[215]

In vollständiger Kongruenz hierzu sieht auch Anhang I Abschnitt 3 MP-VO vor, dass im Rahmen der Risikoanalyse und -bewertung alle „bekannten und vorhersehbaren Gefährdungen“[216] sowie solche Risiken, die in Verbindung mit der „bestimmungsgemäßen Verwendung“ oder „voraussehbaren Fehlanwendung“ auftreten[217], zu identifizieren und zu bewerten sind. Ferner müssen auch die Risiken berücksichtigt werden, die „nach dem Inverkehrbringen“[218] identifiziert werden.

Die Anforderungen an die erste Phase des Risikomanagementsystems, namentlich die Risikoanalyse und -bewertung, weisen daher nicht nur viele Parallelen[219] auf, sondern sind die Anforderungen des Art. 9 KI-VO mit Anhang I Abschnitt 3 MP-VO vielmehr inhaltlich vollständig kongruent.

#### bb) Übereinstimmende Anforderungen an die Risikobewältigungsmaßnahmen

Sobald die Risiken analysiert und bewertet wurden, müssen in dem nächsten Schritt, gem. Art. 9 Abs. 2 lit. d) KI-VO Maßnahmen etabliert werden, mithilfe derer den identifizierten Risiken entgegengetreten werden kann.[220] Zu diesem Zweck müssen die Risikomanagementmaßnahmen die identifizierten Risiken gem. Art. 9 Abs. 5 KI-VO so weit reduzieren, dass das verbleibende Restrisiko und das von dem KI-System ausgehende Gesamtrisiko sich insgesamt als noch vertretbar darstellen.[221] Dies kann gem. Art. 9 Abs. 5 UAbs. 2 lit. a)–c) KI-VO durch eine geeignete Konzeption und Entwicklung, durch angemessene Minderungs- und

---

[214] *Braun Binder/Egli*, in: Martini/Wendehorst, Art. 9, Rn. 23; vgl. zum Kommissionsentwurf, *Kalbhenn*, ZUM 2021, 663, 667; vgl. zu der Konkretisierung dessen, was noch voraussehbar ist, an dem Maßstab eines „objektiven verständigen Durchschnittsbeobachters“, *Spindler*, in: Hilgendorf/Roth-Isigkeit, 1. Auflage, § 5, Rn. 8.

[215] *Braun Binder/Egli*, in: Martini/Wendehorst, Art. 9, Rn. 27; vgl. zum Kommissionsentwurf, *Roos/Weitz*, MMR 2021, 844, 847; *Spindler*, in: Hilgendorf/Roth-Isigkeit, 1. Auflage, § 5, Rn. 7; *Kalbhenn*, ZUM 2021, 663, 667.

[216] Vgl. hierfür Anhang I Abschnitt 3 UAbs. 2 lit. b) MP-VO.

[217] Vgl. hierfür Anhang I Abschnitt 3 UAbs. 2 lit. c) MP-VO.

[218] Vgl. hierfür Anhang I Abschnitt 3 UAbs. 2 lit. e) MP-VO.

[219] Vgl. zum Kommissionsentwurf so *Fuderer*, MPR 2022, 121, 123.

[220] *Braun Binder/Egli*, in: Martini/Wendehorst, Art. 9, Rn. 28; *König*, in: Bomhard/Pieper/Wende, Art. 9, Rn. 24; vgl. noch zu den Entwürfen *Spindler*, in: Hilgendorf/Roth-Isigkeit, 1. Auflage, § 5, Rn. 9; *Roos/Weitz*, MMR 2021, 844, 847; *Wiebe*, BB 2022, 899, 900 f.; *Kalbhenn*, ZUM 2021, 663, 667.

[221] *Braun Binder/Egli*, in: Martini/Wendehorst, Art. 9, Rn. 33; *Gerdemann*, in: BeckOK KI-Recht, Art. 9, Rn. 51; vgl. noch zu den Entwürfen *Spindler*, in: Hilgendorf/Roth-Isigkeit, 1. Auflage, § 5, Rn. 12; *Ebert/Spiecker gen. Döhmann*, NVwZ 2021, 1188, 1190; *Kalbhenn*, ZUM 2021, 663, 667; *Roos/Weitz*, MMR 2021, 844, 847.

Kontrollmaßnahmen oder angemessene Sicherheitsinformationen erreicht werden.[222]

Dementsprechende Anforderungen finden sich auch in Anhang I Abschnitt 3 und 4 MP-VO wieder. Gemäß Anhang I Nr. 3 lit. d) oder f) MP-VO müssen die identifizierten Risiken durch entsprechende Risikobewältigungsmaßnahmen i. S. d. Anhangs I Nr. 4 MP-VO derart reduziert werden, dass das mit der Gefährdung verbundene Restrisiko wie auch das Gesamtrestrisiko als akzeptabel eingestuft werden können.

Eine Besonderheit scheint sich indes zunächst durch die in Anhang I Abschnitt 4 S. 3 MP-VO vorgesehene feste Rangfolge zu ergeben, in der die Risikomanagementmaßnahmen zu ergreifen sind. Primär ist der Hersteller gem. Anhang I Abschnitt 4 S. 3 lit. a) MP-VO selbst verpflichtet, die Produkte so auszulegen und herzustellen, dass die davon ausgehenden Risiken vollständig beseitigt oder minimiert werden.[223] Erst subsidiär dürfen die Sicherheitsmaßnahmen des Anhangs I Abschnitt 4 S. 3 lit. b) MP-VO ergriffen werden, mittels derer die Risiken durch angemessene Schutzmaßnahmen kompensiert werden. Nur sofern diese Maßnahmen nicht erfolgsversprechend sind, sieht Anhang I Abschnitt 4 S. 3 lit. c) MP-VO – *ultima ratio* – vor, dass die Risiken durch Sicherheitsinformationen wie Warnungen, Vorsichtshinweise oder Kontraindikationen und Schulungen mitigiert oder beseitigt werden können.

Obgleich Art. 9 KI-VO eine entsprechende Rangfolge nicht explizit normiert, spricht dennoch vieles dafür, dass auch in Art. 9 Abs. 5 UAbs. 2 KI-VO eine entsprechende Rangfolge besteht.[224] Dies ergibt sich nicht nur aus der Reihenfolge in der die Maßnahmen in Art. 9 Abs. 5 UAbs. 2 lit. a)–c) KI-VO aufgelistet sind, sondern auch daraus, dass Art. 9 Abs. 5 UAbs. 2 lit. a) KI-VO normiert, dass „soweit technisch möglich" die Beseitigung der Risiken durch eine geeignete Konzeption und Entwicklung des Hochrisiko-KI-Systems erfolgen muss. Gemäß Art. 9 Abs. 5 UAbs. 2 lit. b) KI-VO sind nur „gegebenenfalls" Minderungs- und Kontrollmaßnahmen „zur Bewältigung *nicht auszuschließender* Risiken" zulässig.[225] Dadurch kommt das Subsidiaritätsverhältnis der Sicherheitsvorkehrungen nach Art. 9 Abs. 5 UAbs. 2 lit. b) KI-VO gegenüber Maßnahmen zum Ausdruck, die gem. Art. 9 Abs. 5 UAbs. 2 lit. a) KI-VO durch den Anbieter selbst im Rahmen der Konzeption und Entwicklung eines KI-Systems ergriffen werden. Daher geht Art. 9 Abs. 5 UAbs. 2 KI-VO ebenfalls von einer dem Anhang I Abschnitt 4 S. 3 MP-VO

---

[222] *Gerdemann*, in: BeckOK KI-Recht, Art. 9, Rn. 52; vgl. noch zu den Entwürfen *Spindler*, in: Hilgendorf/Roth-Isigkeit, 1. Auflage, § 5, Rn. 11.

[223] Vgl. zu der festen Rangfolge der in Anhang I Abschnitt 4 lit. a) – c) MP-VO genannten Risikomanagementmaßnahmen, *Mayr/Thiermann/Schrack/Kiesselbach*, Medizinprodukterecht, § 3, Rn. 35.

[224] *Braun Binder/Egli*, in: Martini/Wendehorst, Art. 9, Rn. 35; ebenso *Gerdemann*, in: BeckOK KI-Recht, Art. 9, Rn. 74; vgl. zum Kommissionsentwurf *Wiebe*, BB 2022, 899, 901 f.

[225] Hervorhebung hinzugefügt.

entsprechenden Rangfolge der Risikobewältigungsmaßnahmen aus. Auch im Rahmen der KI-VO wird daher der Grundsatz gelten, dass eine „Flucht in die Instruktion" unzulässig ist.[226]

Übereinstimmend ist sowohl im Rahmen der KI-VO als auch der MP-VO bei der Wahl der Risikobewältigungsmaßnahmen der Fähigkeits- und Kenntnisstand des jeweiligen Anwenders mit einzubeziehen. Im Rahmen der KI-VO ergibt sich dies aus Art. 9 Abs. 5 UAbs. 3 KI-VO, wonach die Beseitigung und Verringerung des Risikos unter Berücksichtigung der technischen Kenntnisse, der Erfahrungen und des Bildungsstand, die vom Betreiber erwartet werden können erfolgen muss.[227] Im Rahmen der MP-VO ergibt sich dies aus Anhang I Nr. 5 lit. b) MP-VO, wonach die Eigenschaften der anwendende Personengruppen und deren „technische Kenntnisse" deren „Erfahrung(en)" sowie „Aus- und Weiterbildung" sowie der gesundheitliche Zustand für die Wahl der Risikobewältigungsmaßnahmen zu berücksichtigen sind.

Obgleich Anhang I Nr. 5 lit. b) MP-VO ergänzend die Notwendigkeit der Berücksichtigung der Schutzbedürftigkeit von Laien oder Personen mit körperlicher Behinderung betont, handelt es sich jedenfalls bei dem Umstand, dass eine Person ein „Laie" ist, um eine Eigenschaft, die im Rahmen der „Erfahrungen" des Anwenders auch in Art. 9 Abs. 5 UAbs. 3 KI-VO berücksichtigt werden kann.

Eine zusätzliche Anforderung der KI-Verordnung könnte sich jedoch aus dem Umstand ergeben, dass ausweislich des Art. 9 Abs. 8 KI-VO zu berücksichtigen ist, inwieweit die Systeme Auswirkungen auf Personen unter 18 Jahren oder schutzbedürftige Personen haben können. Zwar ermangelt die MP-VO einer entsprechenden Regelung, gleichwohl besteht ausweislich des Anhanges I Nr. 5 lit. a) und b) MP-VO genügend Auslegungsspielraum diesen Umstand, als einen Aspekt der Anwendungsumgebung zu berücksichtigen.

Ferner verweisen beide Verordnungen hinsichtlich der zu etablierenden Risikobewältigungsmaßnahmen auf den jeweils „anerkannten Stand der Technik" und damit auf die zu diesem Zweck harmonisierten technischen Normen.[228]

---

[226] Ebenso *Braun Binder/Egli*, in: Martini/Wendehorst, Art. 9, Rn. 35; Vgl. so auch zum Kommissionsentwurf, *Wiebe*, BB 2022, 899, 901 f.

[227] Ebenso *Braun Binder/Egli*, in: Martini/Wendehorst, Art. 9, Rn. 40; *Gerdemann*, in: BeckOK KI-Recht, Art. 9, Rn. 84; *König*, in: Bomhard/Pieper/Wende, Art. 9, Rn. 39.

[228] Vgl. hierfür den allgemeinen Verweis des 8 Abs. 1 KI-VO, der für alle Hochrisiko-KI-Anforderungen des 2. Abschnittes gilt; ebenso *Gerdemann*, in: BeckOK KI-Recht, Art. 9, Rn. 78; vgl. zum Kommissionsentwurf bereits den Verweis des Art. 9 Abs. 3 KI-VOE-KOM auf den „allgemein anerkannten Stand der Technik"; ebenso zum Kommissionsentwurf, *Spindler*, in: Hilgendorf/Roth-Isigkeit, 1. Auflage, § 5, Rn. 9; *Ebert/Spiecker gen. Döhmann*, NVwZ 2021, 1188, 1190; *Roos/Weitz*, MMR 2021, 844, 847; vgl. ferner den Verweis des Anhanges I Abschnitt 4 S. 1 MP-VO auf den „allgemein anerkannten Stand der Technik", *Mayr/Thiermann/Schrack/Kiesselbach*, Medizinprodukterecht, § 3, Rn. 37; *Hasenteufel/Renaud*, Software als Medizinprodukt, S. 48 ff.

Insgesamt vermögen diese Ausführungen zum Ausdruck zu bringen, dass nicht nur die Anforderungen an die Risikoanalyse und -bewertung, sondern auch die Anforderungen, die Art. 9 Abs. 5 KI-VO an die Risikobewältigung stellt, mit den Anforderungen des Anhangs I Abschnitt 4 MP-VO übereinstimmen.

#### cc) Übereinstimmende Anforderungen an den Aktualisierungsprozess

Übereinstimmend sehen beide Verordnungen zudem vor, dass das Risikomanagementsystem konstant zu aktualisieren ist. In der KI-VO ergibt sich dies aus Art. 9 Abs. 2 S. 1 KI-VO, wonach das Risikomanagementsystem als „kontinuierlicher iterativer Prozess" während des gesamten Lebenszyklus zu verstehen ist, der eine „regelmäßige systematische Überprüfung und Aktualisierung" fordert.[229] In Anhang I Abschnitt 3 UAbs. 2 MP-VO findet sich eine dieser Pflicht, sogar hinsichtlich des Wortlautes identische Pflicht auch im Rahmen der MP-VO wieder.[230]

#### dd) Zwischenergebnis und Übersicht der inhaltlichen Übereinstimmungen

Vor dem Hintergrund, dass die Anforderungen des Art. 9 Abs. 1–4 KI-VO mit Anhang I Abschnitt 3 und 4 MP-VO hinsichtlich der Risikoanalyse und -bewertung, der Risikobewältigungsmaßnahmen, als auch der Aktualisierung des Risikomanagementsystems inhaltlich weitestgehend identisch sind, weist Art. 9 Abs. 1–5 VO nicht nur viele „Parallelen" auf, sondern ist dieser mit Anhang I Abschnitt 3 und 4 MP-VO weitüberwiegend inhaltlich kongruent.

---

[229] Ebenso *Braun Binder/Egli*, in: Martini/Wendehorst, Art. 9, Rn. 21; *König*, in: BeckOK KI-Recht, Art. 9, Rn. 13; *Gerdemann*, in: BeckOK KI-Recht, Art. 9, Rn. 19; vgl. noch zum Kommissionsentwurf *Ebert/Spiecker gen. Döhmann*, NVwZ 2021, 1188, 1190; *Geminn*, ZD 2021, 354, 355; ebenso *Steege/Chibanguza*, SVR 2022, 401, 402 f.

[230] Vgl. den Wortlaut des Anhanges I Abschnitt 3 UAbs. 2 MP-VO „Das Risikomanagement ist als kontinuierlicher iterativer Prozess während des gesamten Lebenszyklus eines Produkts zu verstehen, der eine regelmäßige systematische Aktualisierung erfordert".

*Tabelle 4*

**Inhaltliche Übereinstimmungen in Bezug auf die Pflicht zur Etablierung eines Risikomanagementsystems**

| **Risikomanagementpflicht** | | |
|---|---|---|
| **Inhalt der Pflicht** | **KI-VO** | **MP-VO** |
| Allgemeine Pflicht zur Errichtung eines Risikomanagementsystems | Art. 9 Abs. 1 | Art. 10 Abs. 2 i. V. m. Anhang I Abschnitt 3 UAbs. 1 |
| Kontinuierlich Aktualisierung während des gesamten Lebenszyklus | Art. 9 Abs. 2 S. 1 | Anhang I Abschnitt 3 UAbs. 2 |
| **Risikoanalyse** | | |
| **Inhalt der Pflicht** | **KI-VO** | **MP-VO** |
| Berücksichtigung von bekannten und vorhersehbaren Risken/Gefährdungen | Art. 9 Abs. 2 lit. a) | Anhang I Abschnitt 3 lit. b) |
| Risiken, trotz bestimmungsgemäßer Verwendung/voraussehbarer Fehlanwendung | Art. 9 Abs. 2 lit. b) | Anhang I Abschnitt 3 lit. c) |
| Risiken, die durch die Überwachung nach der Inverkehrgabe identifiziert wurden | Art. 9 Abs. 2 lit. c) | Anhang I Abschnitt 3 lit. e) |
| **Risikobewältigungsmaßnahmen** | | |
| **Inhalt der Pflicht** | **KI-VO** | **MP-VO** |
| Pflicht zur Berücksichtigung der Wechselwirkungen mit den materiellen Sicherheitsanforderungen | Art. 9 Abs. 3 S. 1 | Anhang I Abschnitt 2 |
| Konkretisierung der Risikomanagementmaßnahmen durch technische Normen | Art. 8 S.1 KI-VO | Anhang I Abschnitt 4 S. 1 |
| Gestaltung der Risikomanagementmaßnahmen, sodass Restrisiko und Gesamtrisiko noch vertretbar sind, wenn entsprechend Zweckbestimmung/voraussehbarer Fehlanwendung verwendet wird | Art. 9 Abs. 5 UAbs. 1 | Anhang I Abschnitt 4 S. 2 |
| Rangfolge | Zwar keine explizite Festlegung, dass eine Rangfolge besteht, dennoch legt Wortlaut des Art. 9 Abs. 5 („soweit technisch möglich"; „gegebenenfalls"; „zur Bewältigung nicht auszuschließender Risiken") dies nahe | Anhang I Abschnitt 4 S. 3 |

| Risikobewältigungsmaßnahmen | | |
|---|---|---|
| **Inhalt der Pflicht** | **KI-VO** | **MP-VO** |
| Primär Beseitigung durch den Hersteller/Anbieter selbst | Art. 9 Abs. 5 lit. a) | Anhang I Abschnitt 4 S. 3 lit. a) |
| Subsidiär Sicherheitsvorkehrungen | Art. 9 Abs. 5 lit. b) | Anhang I Abschnitt 4 S. 3 lit. b) |
| Subsidiär Sicherheitsinformationen | Art. 9 Abs. 5 lit. c) | Anhang I Abschnitt 4 S. 3 lit. c) |
| Berücksichtigung der Eigenschaften der Anwenderzielgruppe | Art. 9 Abs. 5 UAbs. 3 | Anhang I Abschnitt 5 lit. b) |
| Berücksichtigung des Anwendungskontextes | Art. 9 Abs. 5 UAbs. 3 KI-VO. Art. 9 Abs. 8 (konkret in Bezug auf die Frage, ob das System Auswirkungen auf Personen unter 18 Jahren oder andere schutzbedürftige Gruppen haben kann) | Anhang I Abschnitt 5 lit. a) |

### *b) Übereinstimmende Pflicht zur Durchführung eines Testverfahrens*

Ausweislich des Art. 9 Abs. 6 S. 1, Abs. 8 S. 1 KI-VO müssen Hochrisiko-KI-Systeme während des gesamten Entwicklungsprozesses und in jedem Fall vor der Inverkehrgabe oder Inbetriebnahme getestet werden.[231] Das Testverfahren dient gem. Art. 9 Abs. 6 S. 1 und 2 KI-VO dazu, die am besten geeigneten Risikomanagementmaßnahmen zu überprüfen und sicherzustellen, dass die Systeme die Anforderungen des Kap. III Abschnitt 2 KI-VO erfüllen.[232] Teilweise wurde die Testpflicht des Art. 9 Abs. 6 KI-VO als zusätzliche Anforderung deklariert, die keine Entsprechung in der MP-VO finde.[233] Obgleich zwar Anhang I Abschnitt 1–8 MP-VO keine dementsprechende Pflicht zu entnehmen ist, wäre es dennoch zu

[231] Ebenso *Braun Binder/Egli*, in: Martini/Wendehorst, Art. 9, Rn. 45; *Gerdemann*, in: BeckOK KI-Recht, Art. 9, Rn. 95; *König*, in: Bomhard/Pieper/Wende, Art. 9, Rn. 40; vgl. zum Kommissionsentwurf *Spindler*, in: Hilgendorf/Roth-Isigkeit, 1. Auflage, § 5, Rn. 16 f., mit dem Hinweis, dass durch die Formulierung „in jeden Fall" zum Ausdruck gebracht werden würde, dass auf die Testverfahren während der Entwicklungsphase verzichtet werden könnte.

[232] Vgl. dazu auch *Braun Binder/Egli*, in: Martini/Wendehorst, Art. 9, Rn. 43; *König*, in: Bomhard/Pieper/Wende, Art. 9, Rn. 42; *Gerdemann*, in: BeckOK KI-Recht, Art. 9, Rn. 92.

[233] Vgl. zum Kommissionsentwurf *Heil*, MPR 2022, 1, 5, die betont, dass die Testpflicht „zusätzlich zu den „normalen" Anforderungen nach der MP-VO eingehalten werden müsste.

vorschnell geurteilt, wenn man einen ergänzenden Charakter des Art. 9 Abs. 6 KI-VO gegenüber der MP-VO annähme.[234]

#### aa) Beinhaltung der technischen Überprüfung in der klinischen Bewertung

Vielmehr muss auch im Rahmen der MP-VO die Übereinstimmung des KI-Systems mit dem Verwendungszweck und den einschlägigen Sicherheits- und Leistungsanforderungen gem. Art. 61 Abs. 1 MP-VO in einer klinischen Bewertung nach der Maßgabe des Anhangs XIV Teil A MP-VO überprüft und nachgewiesen werden.[235]

Da sich bei der klinischen Bewertung von Software einige Besonderheiten ergeben, hat die MDCG eine Leitlinie zur Konkretisierung veröffentlicht.[236] Die MDCG-Leitlinien 2020-1 sehen vor, dass im Rahmen der klinischen Bewertung von Medizinproduktesoftware die „valide klinische Assoziation/wissenschaftliche Validität“ der Ergebnisse, die „technische/analytische Leistungsfähigkeit“ als auch die deklarierte „klinische Leistung“ nachgewiesen werden muss.[237] Daher bildet bereits *de lege lata* die Überprüfung der „technischen/analytische“ Leistungsfähigkeit einen Teil, der im Rahmen der klinischen Bewertung nach Art. 61 MP-VO überprüft werden muss, sodass sich Art. 9 Abs. 6 KI-VO nicht als zusätzliche Anforderung darstellt.[238]

#### bb) Übereinstimmende Überprüfung der Risikobewältigungsmaßnahmen

Eine Ergänzung könnte sich jedoch durch Art. 9 Abs. 6 S. 1 KI-VO ergeben, wonach im Rahmen des Testverfahrens auch die Eignung der ergriffenen Risikobewältigungsmaßnahmen zu überprüfen ist.[239] Gleichwohl findet sich eine entsprechende Pflicht auch im Zusammenhang mit der klinischen Bewertung nach Art. 61 i. V. m. Anhang XIV MP-VO wieder. Gegenstand des Bewertungsverfahren ist

---

[234] So aber *Heil*, MPR 2022, 1, 5 noch zum Kommissionsentwurf.

[235] Vgl. zur klinischen Bewertung von Medizinprodukten nach Art. 61 MP-VO, bereits Kap. 2, E., II., 1., c), cc), (2), (c); vgl. hierzu eingehend *Friedrich*, in: Clausen/Schroeder-Printzen, § 17, Rn. 417 ff.

[236] Ebenso *Gassner/Schreiegg*, MPR 2020, 104 ff.; vgl. MDCG-Leitlinien 2020-1, abrufbar unter: siehe Quellenangaben.

[237] Aus dem Englischen übersetzt „Valid Clinical Association/Scientific Validity“, „Technical Performance/Analytical Performance“, „Clinical Performance“, MDCG-Leitlinien 2020-1, S. 10, abrufbar unter: siehe Quellenangaben.

[238] Vgl. MDCG-Leitlinien 2020-1, S. 10, abrufbar unter: siehe Quellenangaben. a. A. wohl *Heil*, MPR 2022, 1, 5, die davon ausgeht, dass sich die Pflicht des Art. 9 Abs. 5 KI-VOE-KOM als zusätzliche Anforderung darstellt.

[239] Ebenso *Braun Binder/Egli*, in: Martini/Wendehorst, Art. 9, Rn. 42; *König*, in: Bomhard/Pieper/Wende, Art. 9, Rn. 42; *Gerdemann*, in: BeckOK KI-Recht, Art. 9, Rn. 92; vgl. so wohl zum Kommissionsentwurf, *Heil*, MPR 2022, 1, 5.

nämlich ausweislich des Art. 61 Abs. 1 MP-VO auch die Beurteilung der Vertretbarkeit des Nutzen-Risiko-Verhältnisses gem. Anhang I Abschnitt 1–8 MP-VO. Daher wird auch Rahmen der klinischen Bewertung nach der MP-VO die Vertretbarkeit der Risiken unter Berücksichtigung der nach Anhang I Abschnitt 3 und 4 MP-VO ergriffenen Risikobewältigungsmaßnahmen überprüft werden müssen. Dies wird auch durch Erwägungsgrund 33 S. 1 MP-VO bestätigt, wonach das Risikomanagementsystem auf die klinische Bewertung „sorgfältig (...) abgestimmt und darin berücksichtigt werden“ soll. Daher stellt sich die Pflicht zur Überprüfung der Effektivität der Risikobewältigungsmaßnahmen im Rahmen des Testverfahrens nach Art. 9 Abs. 6 S. 1 KI-VO nicht als „zusätzliche“ Anforderung der KI-Verordnung dar.[240]

*Tabelle 5*

**Inhaltliche Überschneidungen**
**Testverfahren des KI-Systems**

| Inhalt der Pflicht | KI-VO | MP-VO |
|---|---|---|
| Test des Systems vor der Inverkehrgabe | Art. 9 Abs. 6 i. V. m. Abs. 8 | Art. 61 i. V. m. Anhang XIV |
| Überprüfung der Eignung der Risikomanagementmaßnahmen | Art. 9 Abs. 6 S. 1 | – Art. 61 UAbs. 1 i. V. m. Anhang I Abschnitt 1–8<br>– Erwägungsgrund 33 S. 1 |

### *c) Etablierung eines einheitlichen Risikomanagementsystems*

Angesichts der zahlreichen inhaltlichen Überschneidungen lagen bereits hinsichtlich des Kommissionsentwurfes nicht nur „Parallelen“[241] zwischen Art. 9 KI-VOE-KOM und Anhang I Abschnitt 3 und 4 bzw. Art. 61 i. V. m. XIV MP-VO vor, sondern waren auch die Anforderungen an das Risikomanagementsystem nach Art. 9 Abs. 1–4 KI-VOE-KOM und die Pflicht[242] des Art. 9 Abs. 5 KI-VOE-KOM zur Durchführung eines Testverfahrens mit den Anforderungen der MP-VO weitestgehend inhaltlich kongruent.

Trotz dieser inhaltlichen Überschneidungen ermangelte es einer dem Art. 9 Abs. 9 KI-VOE-KOM entsprechenden Ausnahme für KI-Systeme, die zugleich als Produkt i. S. d. Art. 1 Abs. 4 MP-VO oder Bestandteil dessen unter den Anwendungsbereich der Medizinprodukte i. S. d. VO (EU) 2017/745 fallen. Dies hätte dazu

---

[240] A. A. wohl *Heil*, MPR 2022, 1, 5 (noch zum Kommissionsentwurf).

[241] So *Fuderer*, MPR 2022, 121, 123.

[242] Während den Verordnungen übereinstimmend eine Testpflicht zur Überprüfung der technischen/analytischen Leistungsfähigkeit zu entnehmen ist, ergänzen sich die Verordnungen jedoch in Bezug auf die konkreten Anforderungen an das Testverfahren wechselseitig, vgl. ausführlich Kap. 4, C., II., 2.

geführt, dass die Vorschriften jeweils getrennt voneinander erfüllt werden müssten, was dazu führen würde, dass zwei Risikomanagementsysteme und Testverfahren getrennt voneinander zu etablieren und durchzuführen wären.[243] Ob die daraus resultierende doppelte Arbeitsbelastung sachlich gerechtfertigt werden kann, musste gleichwohl bezweifelt werden.

Zu beachten ist nämlich, dass es sich bei einem KI-basierten Medizinprodukt[244], letztlich um *ein* Produkt handelt, für das *insgesamt* ein hohes Sicherheitsniveau erreicht werden muss. Für die Erreichung dieses Sicherheitsniveaus ist daher ein Zusammenspiel von unterschiedlichen Sicherheitsmaßnahmen notwendig, mithilfe derer sowohl den medizinischen als auch den KI-spezifischen Risiken entgegengetreten werden kann. Wie bereits im Rahmen der Risikoklassifizierung dargelegt wurde, ist es unmöglich, die Risikoträchtigkeit eines KI-Systems vollständig unabhängig von dem jeweiligen Anwendungskontext allein anhand der KI-spezifischen Risiken zu bestimmen, und *erst recht* nicht zu bewältigen.[245] Eine Trennung der Risikomanagementsysteme würde daher dazu führen, dass implizit KI-spezifische bzw. medizinische Risiken im jeweiligen Risikomanagementsystem mit überprüft werden müssten und daher eine doppelte Arbeitsbelastung emergieren würden, die sachlich nicht gerechtfertigt ist. Daher besteht eine unbedingte Notwendigkeit, ein gemeinsames Risikomanagementsystem zu schaffen, durch das allen von dem KI-basierten Medizinprodukt ausgehenden Risiken entgegengetreten werden kann, um zu gewährleisten, dass das KI-basierte Medizinprodukt insgesamt ein hinreichendes Sicherheitsniveau erreicht.

Obgleich die Vorschläge des Rates[246] sowie des Parlaments[247] einige Änderungen an Art. 9 Abs. 1–4 KI-VOE vorsahen, wurde auch durch sie nicht dem Umstand Abhilfe geschaffen, dass die Anforderungen an das Risikomanagementsystem mit Anhang I Abschnitt 3 und 4 MP-VO weitestgehend kohärent sind. Ferner hielten auch die Entwürfe weiterhin übereinstimmend an der Testpflicht für die Systeme vor deren Inverkehrgabe nach Art. 9 Abs. 5 KI-VOE fest.[248]

---

[243] Vgl. *Heil*, MPR 2022, 1, 7, die betont, dass sofern der KI-Verordnung keine Ausnahme zu entnehmen ist, davon ausgegangen werden muss, dass die Vorschriften neben der Harmonisierungsvorschrift anwendbar sind; ebenso *Schulze-Große/Genske*, GuP 2023, 81, 88.

[244] KI-basierte Medizinprodukte können entweder als eigenständiges Produkt in den Verkehr gebracht werden oder als dessen integraler Bestandteil, der das KI-System das Medizinprodukt steuert, hierzu bereits Kap. 2, B., I., 1.; Kap. 2, B., II., 1.

[245] Vgl. *Krafft/Zweig*, Transparenz und Nachvollziehbarkeit algorithmenbasierter Entscheidungsprozesse, S. 18 ff., abrufbar unter: siehe Quellenangaben; *Heesen et al.*, Zertifizierung II, S. 19 abrufbar unter: siehe Quellenangaben; vgl. hierzu bereits ausführlich Kap. 2, C., II., 2.

[246] Vgl. Art. 9 Abs. 1–4 KI-VOE-Rat, *Rat*, General Approach, 14954/22, S. 89 f.

[247] Vgl. Art. 9 Abs. 1–4 KI-VOE-EP, Änderungen 261–272, *Europäisches Parlament*, Amendments adopted by the European Parliament on 14 June 2023 on the proposal for an Artificial Intelligence Act, P9_TA(2023)0236.

[248] Vgl. Art. 9 Abs. 5 KI-VOE-Rat, *Rat*, General Approach, 14954/22, S. 90; vgl. Änderung 273 Art. 9 Abs. 5 KI-VOE-EP, *Europäisches Parlament*, Amendments adopted by the

Die aus den zahlreichen Überschneidungen resultierende doppelte Arbeitsbelastung ließen die Entwürfe des Rates und des Parlaments ganz im Unterschied zu dem Kommissionsentwurf jedoch nicht unberücksichtigt. Vielmehr sahen sie in Art. 9 Abs. 9 KI-VOE-Rat[249] bzw. Art. 9 Abs. 1 und Abs. 9 KI-VOE-EP[250] die Möglichkeit vor, dass für Systeme, die zugleich unter einen Harmonisierungsrechtsakt fallen, ein gemeinsames Risikomanagementsystem etabliert werden kann, in dessen Rahmen die Anforderungen des Art. 9 Abs. 1–8 KI-VOE miteinbezogen werden.

Dem folgte der endgültige Regelungstext in Art. 9 Abs. 10 KI-VO. Die Vorschrift sieht für Hochrisiko-KI-Systeme, die zugleich unter eine der Harmonisierungsvorschriften fallen, eine Erleichterung vor: Die in Art. 9 Abs. 1–9 KI-VO geregelten Aspekte können entweder Bestandteil des in dem Harmonisierungsrechtsakt festgelegten Risikomanagementverfahren sein oder mit diesen Verfahren kombiniert werden.[251] Einer solchen Inkorporation würde es jedoch von vornherein entgegenstehen, wenn die inhaltlichen Anforderungen, die die KI-VO und die MP-VO an die Risikobewältigungsmaßnahmen stellen, nicht kohärent sind.[252]

Jedenfalls im Zusammenhang mit dem Kommissionsentwurf wurde eine Inkohärenz darin befürchtet, dass der Verordnungsentwurf gem. Art. 9 Abs. 4 UAbs. 2 lit. a) KI-VOE eine „weitestmögliche Beseitigung oder Verringerung“ forderte, während die MP-VO hingegen stets eine Risiko-Nutzen-Abwägung und daher keine gänzliche Beseitigung voraussetzen würde.[253]

Allerdings war die Pflicht bereits zu diesem Zeitpunkt in einem systematischen Zusammenhang mit Art. 9 Abs. 4 UAbs. 1 S. 1 KI-VOE zu sehen, wonach Risikobewältigungsmaßnahmen immer so gestaltet sein müssen, dass die von dem System ausgehenden Risiken auf ein noch „vertretbar(es)“ Maß reduziert werden. Daher war auch im Rahmen des Kommissionsentwurfes eine Risiko-Nutzen-Abwägung erforderlich. Da die Formulierung des Art. 9 Abs. 4 UAbs. 2 KI-VOE-KOM jedoch eine gewisse Rechtsunsicherheit auszulösen schien, ist es begrüßenswert, dass der endgültige Regelungstext aus Klarstellungsgründen dem Ansatz des Europäischen Parlaments[254] folgte und das erforderliche Maß in Art. 9 Abs. 5 UAbs. 2 lit. a) KI-

European Parliament on 14 June 2023 on the proposal for an Artificial Intelligence Act, P9_TA(2023)0236.

[249] Vgl. Art. 9 Abs. 9 KI-VOE-Rat, *Rat*, General Approach 14954/22, S. 91.

[250] Vgl. Art. 9 Abs. 1 und Abs. 9 KI-VOE-EP, Änderung 261 und 277, *Europäisches Parlament*, Amendments adopted by the European Parliament on 14 June 2023 on the proposal for an Artificial Intelligence Act, P9_TA(2023)0236.

[251] Ebenso *König*, in: Bomhard/Pieper/Wende, Art. 9, Rn. 52; *Gerdemann*, in: BeckOK KI-Recht, Art. 9, Rn. 28.

[252] Vgl. *Johner Institut*, Input on the proposed AI-Act, S. 6 f., abrufbar unter: siehe Quellenangaben.

[253] Vgl. *Johner Institut*, Input on the proposed AI-Act, S. 6 f., abrufbar unter: siehe Quellenangaben.

[254] Vgl. Art. 9 Abs. 4 UAbs. 1 lit. a) KI-VOE-EP, wonach im Hinblick auf die Minimierung der Risiken, die technische Umsetzbarkeit („technically feasible“), berücksichtigt werden

VO auf das was „technisch möglich" ist beschränkte. Insgesamt sind die Anforderungen an das Risikomanagementsystem daher inhaltlich kohärent, sodass die Möglichkeit ein gemeinsames Risikomanagementsystems zu etablieren, zur Vermeidung einer doppelten Arbeitsbelastung begrüßenswert ist.

### 2. Wechselseitige Ergänzung der Anforderungen der MP-VO und der KI-VO

Hinsichtlich der inhaltlichen Anforderungen an das dadurch entstehende einheitliche Risikomanagementsystem sieht Art. 9 Abs. 10 KI-VO vor, dass die geltenden Anforderungen des Anhangs I Abschnitt 3 und 4 MP-VO um die Anforderungen des Art. 9 Abs. 1–9 KI-VO *ergänzt* werden.[255]

#### *a) Einheitliches Risikomanagementsystem*

Wegen der nahezu vollständigen inhaltlichen Kongruenz der Anforderungen des Art. 9 Abs. 1–5 KI-VO mit den Anforderungen des Anhangs I Abschnitt 3 und 4 MP-VO, besteht indes keine Notwendigkeit die MP-VO um Anforderungen *an* das Risikomanagementsystem nach Art. 9 Abs. 1–5 KI-VO zu ergänzen. Der ergänzende Regelungscharakter des Art. 9 KI-VO könnte sich gleichwohl aus der Art der Risiken ergeben, die im Rahmen des einheitlichen Risikomanagementsystems zu berücksichtigen sind. Konkretisierend ist etwa die Pflicht des Art. 9 Abs. 4 KI-VO, wonach die Wechselwirkung des Risikomanagementsystems mit den Anforderungen des Kap. III Abschnitt 2 KI-VO zu berücksichtigen ist. Insgesamt wird daher ein einheitliches Risikomanagementsystem zu erstellen sein, in dem sowohl den medizinischen als auch KI-spezifischen Risiken entgegengetreten wird.

#### *b) Wechselseitige Ergänzung der Anforderungen an das Testverfahren*

Ebenso verhält es sich auch mit der in Art. 61 MP-VO und Art. 9 Abs. 6 KI-VO vorgesehenen Testpflicht, die für KI-basierte Medizinprodukte vor deren Inverkehrgabe oder Inbetriebnahme durchzuführen ist. Obgleich die KI-VO als auch die MP-VO übereinstimmend die Pflicht zur Durchführung eines Testverfahrens vorsehen, ergibt sich diesbezüglich in inhaltlicher wie auch formeller Hinsicht eine

---

muss, Änderung 269, *Europäisches Parlament*, Amendments adopted by the European Parliament on 14 June 2023 on the proposal for an Artificial Intelligence Act, P9_TA(2023)0236.

[255] Vgl. Art. 9 Abs. 9 KI-VOE-Rat, „(…) aspects described in paragraphs 1 to 8 *may be part* of the risk management procedures (…)", *Rat*, General Approach, 14954/22, S. 91 (Hervorhebung hinzugefügt); vgl. Art. 9 Abs. 9 KI-VOE-EP, „(…) the aspects described in paragraphs 1 to 8 *shall be part of or combined* with the risk management procedures (…)", vgl. Änderung 278, *Europäisches Parlament*, Amendments adopted by the European Parliament on 14 June 2023 on the proposal for an Artificial Intelligence Act, P9_TA(2023)0236 (Hervorhebung hinzugefügt).

andere Schwerpunktsetzung, durch die das von der Kommission intendierte synergetische Zusammenspiel der Verordnungen erreicht werden könnte.

#### aa) Klinischer Nachweis als Ergebnis der klinischen Bewertung der MP-VO

Die klinische Bewertung nach Art. 61 Abs. 1 UAbs. 1 MP-VO dient vorrangig dem Nachweis, dass die grundlegenden Sicherheits- und Leistungsanforderungen des Anhangs I MP-VO erfüllt sind.[256] Ausweislich der MDCG-Leitlinien 2020-1 wird in diesem Zusammenhang neben der „technischen/analytischen Leistungsfähigkeit" auch die „valide klinische Assoziation/wissenschaftliche Validität" und die „klinische Leistung" überprüft.[257] Im Rahmen der Überprüfung der „validen klinische Assoziation/wissenschaftlichen Validität" wird überprüft, ob die Software auf anerkannten medizinischen Prinzipien beruht. Anerkannt sind die Prinzipien dann, wenn diese auf professionellen Leitlinien oder Studien beruhen.[258] Zudem muss die „klinische Leistung" überprüft werden, was anzunehmen ist, wenn das System die deklarierte medizinische Zweckbestimmung erfüllen kann.[259]

Damit beschränkt sich die klinische Bewertung gerade im Unterschied zu Art. 9 Abs. 6 KI-VO nicht *ausschließlich* auf eine Überprüfung der technischen Leistungsfähigkeit, sondern es handelt sich dabei um einen von drei Aspekten, auf die sich die Bewertung bezieht.

Ergänzend ist im Rahmen der MP-VO gem. Art. 61 Abs. 1 UAbs. 1 MP-VO ferner vorgesehen, dass der Nachweis der klinischen Bewertung anhand von klinischen Daten erbracht werden muss. Ausweislich des Art. 2 Nr. 48 MP-VO sind „klinische Daten", solche Daten, die Informationen über die Sicherheit und Leistungsfähigkeit eines Produkts enthalten und die aus einer der in der Legaldefinition enumerativ aufgelisteten Quellen stammen. Zu diesem Zweck muss gem. Anhang XIV Teil A Nr. 1 lit. b) und c) MP-VO zunächst analysiert werden, ob bereits entsprechende klinische Daten der wissenschaftlichen Fachliteratur oder einer bereits durchgeführten klinischen Prüfung zu entnehmen sind. Erst subsidiär kann der Nachweis auch durch eine klinische Prüfung des konkreten Produkts erbracht werden.

Voraussetzung zur Übertragung bereits bestehender Daten aus der wissenschaftlichen Fachliteratur oder einer bereits erfolgten klinischen Prüfung ist gem. Art. 61 Abs. 3 lit. a) Var. 1 MP-VO jedoch, dass die Produkte nachgewiesenermaßen gleichwertig zu den bereits bewerteten Produkten sind.[260] Dies ist gem. Anhang XIV Nr. 3 MP-VO dann der Fall, wenn die Produkte technisch, biologisch und

---

[256] *Friedrich*, in: Clausen/Schroeder-Printzen, § 17, Rn. 418.

[257] Aus dem Englischen übersetzt „Valid Clinical Association/Scientific Validity", „Technical Performance/Analytical Performance", „Clinical Performance", vgl. MDCG-Leitlinien 2020-1, S. 10, abrufbar unter: siehe Quellenangaben.

[258] Vgl. MDCG-Leitlinien 2020-1, S. 10, S. 12, abrufbar unter: siehe Quellenangaben.

[259] Vgl. MDCG-Leitlinien 2020-1, S. 10, S. 13 f., abrufbar unter: siehe Quellenangaben.

[260] *Friedrich*, in: Clausen/Schroeder-Printzen, § 17, Rn. 419.

klinisch in wissenschaftlich belegbarer Weise vergleichbar sind. Diese Vergleichbarkeit umfasst gem. Anhang XIV Nr. 3 Var. 1 MP-VO auch die technische Vergleichbarkeit, wozu insbesondere Software-Algorithmen sowie ähnliche Entwicklungsmethoden gehören.[261] Erst subsidiär kann der Nachweis durch die Durchführung einer neuen klinischen Prüfung des betreffenden Produktes gem. Anhang XIV Teil A Nr. 1 lit. d) MP-VO erbracht werden.[262] Unter einer klinischen Prüfung ist gem. Art. 2 Nr. 45 MP-VO eine „systematische Untersuchung, bei der ein oder mehrere menschliche Prüfungsteilnehmer einbezogen sind und die zwecks Bewertung der Sicherheit oder Leistung eines Produkts durchgeführt wird" zu verstehen.

Zusammenfassend ergibt sich der ergänzende Charakter des Art. 61 MP-VO daher dadurch, dass eine Integration des Testverfahrens nach Art. 9 Abs. 6–8 KI-VO[263] dazu führt, dass nicht nur die technische Leistungsfähigkeit, sondern auch die klinische Leistung und wissenschaftliche Validität überprüft werden muss, wobei der Nachweis jeweils mittels klinischer Daten i. S. d. Art. 2 Nr. 45 MP-VO erbracht werden muss.

#### bb) Konkretisierung der Anforderungen an die technische Leistungsfähigkeit

Im Unterschied dient das Testverfahren nach Art. 9 Abs. 6 S. 2 KI-VO dem Nachweis der Einhaltung der Sicherheits- und Transparenzanforderungen des Kap. III Abschnitt 2 KI-VO.[264]

Sofern die Anforderungen des Kap. III Abschnitt 2 KI-VO die Anforderungen des Anhanges I MP-VO tatsächlich gerade um solche Anforderungen ergänzen würden, die die technische Sicherheit gewährleisten, könnte durch das Testverfahren des Art. 9 Abs. 6 KI-VO der Nachweis erbracht werden, der im Rahmen der klinischen Bewertung der MP-VO für den Nachweis der „technische(n)/analytische(n) Leistungsfähigkeit" erforderlich ist.

Der Nachweis der technischen Leistungsfähigkeit soll sich ausweislich der MDCG-Leitlinien 2020-1 nämlich unter anderem auf die „accuracy", die „analytical sensitivity", oder die „generalisability" beziehen.[265] Der Nachweis könnte mit-

---

[261] Vgl. eingehend zur Gleichartigkeit, insbesondere in Tabelle 2, *Schwegler/Schübel*, MPJ 2017, 107, 109; darauf verweisend, *Rehmann*/Wagner, MP-VO, Art. 61, Rn. 3; *Friedrich*, in: Clausen/Schroeder-Printzen, § 17, Rn. 419.

[262] *Mayr/Thiermann/Schrack/Kiesselbach*, Medizinprodukterecht, § 3, Rn. 67.

[263] Vgl. zu den Entwürfen Art. 9 Abs. 5 S. 2 KI-VOE-KOM, COM 2021, 206 final, S. 55; Art. 9 Abs. 5 S. 2 KI-VOE-Rat, *Rat*, General Approach, 14954/22, S. 90 f.; vgl. Art. 9 Abs. 5 S. 2 KI-VOE-EP, *Europäisches Parlament*, Amendments adopted by the European Parliament on 14 June 2023 on the proposal for an Artificial Intelligence Act, P9_TA(2023)0236.

[264] Ebenso *Braun Binder/Egli*, in: Martini/Wendehorst, Art. 9, Rn. 42; *König*, in: Bomhard/Pieper/Wende, Art. 9, Rn. 43; *Gerdemann*, in: BeckOK KI-Recht, Art. 9, Rn. 94.

[265] Vgl. MDCG-Leitlinien 2020-1, S. 10, abrufbar unter: siehe Quellenangaben.

tels Softwareverifizierungs- und -validierungsverfahren erbracht werden.[266] Da die klinische Bewertung nach Art. 61 Abs. 1 MP-VO dem Nachweis zu dienen bestimmt ist, dass die Anforderungen des Anhangs I MP-VO eingehalten wurden, ist den MDCG-Leitlinien 2020-1 nur dann zu folgen, wenn sich in den grundlegenden Sicherheits- und Leistungsanforderungen eine entsprechende Pflicht zu Gewährleistung der technischen/analytischen Leistungsfähigkeit wiederfindet, deren Einhaltung sodann als Teil der klinischen Bewertung gem. Art. 61 Abs. 1 S. 1 MP-VO nachgewiesen werden muss.

Anhang I Abschnitt 17.1 MP-VO sieht für Software explizit vor, dass die „Wiederholbarkeit, Zuverlässigkeit und Leistung" gewährleistet sein muss.[267] Ferner ist für Produkte mit einer Diagnosefunktion in Anhang I Abschnitt 15.1 MP-VO die Pflicht vorgesehen, dass diese so ausgelegt und hergestellt werden müssen, dass sie auf „Grundlage *geeigneter wissenschaftlicher* und *technischer Verfahren* ausreichende Genauigkeit, Präzision und Stabilität für die Zweckbestimmung des Produkts" aufweisen.[268]

Daher scheinen die MDCG-Leitlinien 2020-1 mit der darin vorgesehenen Pflicht zum Nachweis der „technischen Leistungsfähigkeit" und der „klinischen Assoziation/wissenschaftlichen Validität", gerade diese Sicherheitsanforderungen aufzugreifen.

Wie oben bereits gezeigt wurde, sind die Sicherheitsanforderungen des Anhangs I Abschnitt 17.1 und 15.1 MP-VO auch für KI-Systeme nicht unerfüllbar, gleichwohl fehlen hinreichend konkrete Sicherheitsanforderungen, die für dynamische und statische KI-Systeme ergriffen werden müssen, um die „Wiederholbarkeit, Zuverlässigkeit und Leistung" bzw. eine „ausreichende Genauigkeit, Präzision und Stabilität für die Zweckbestimmung des Produkts" trotz Eigenschaften wie der Lernfähigkeit zu gewährleisten.[269] Diese Regelungslücke versprechen jedoch die in Kap. III Abschnitt 2 KI-VO vorgesehenen Sicherheits- und Transparenzanforderungen zu schließen.[270]

Da die Anforderungen des Kap. III Abschnitt 2 KI-VO diese Anforderungen konkretisieren, kann durch das Testverfahren i. S. d. Art. 9 Abs. 6 S. 2 KI-VO[271], in

[266] Vgl. MDCG-Leitlinien 2020-1, S. 10, abrufbar unter: siehe Quellenangaben.

[267] Vgl. zu den grundlegenden Sicherheits- und Leistungsanforderungen, bereits Kap. 2, D., II., 1.; zur Erfüllbarkeit dieser Anforderung durch dynamische Systeme, bereits Kap. 2, E., II., 1., c), dd), (2).

[268] Hervorhebung hinzugefügt; vgl. zur Erfüllbarkeit dieser Anforderung durch dynamische Systeme, bereits Kap. 2, E., II., 1., c), dd), (2).

[269] Vgl. eingehend zu den Regelungslücken des geltenden Rechtsrahmens für statische Systeme, Kap. 2, D.; vgl. für dynamische Systeme, bereits Kap. 2, E.

[270] Vgl. hierzu bereits, Kap. 3.

[271] Vgl. zu den Entwürfen Art. 9 Abs. 5 S. 2 KI-VOE-KOM, COM 2021, 206 final, S. 55; Art. 9 Abs. 5 S. 2 KI-VOE-Rat, *Rat*, General Approach, 14954/22, S. 90 f.; Art. 9 Abs. 5 S. 2

dessen Rahmen die Einhaltung der Anforderungen des Kap. III Abschnitt 2 KI-VO überprüft und bestätigt wird, zugleich auch der für die klinische Bewertung erforderliche Nachweis der „technischen/analytischen Leistungsfähigkeit“ erbracht.

Zudem ergänzt die KI-Verordnung die Anforderungen an die Ausgestaltung der Bewertung der technischen Leistungsfähigkeit noch weiter. Zu diesem Zweck sieht etwa Art. 10 Abs. 1 KI-VO[272] die Pflicht vor, dass die Testdatensätze, mittels derer die finale Leistungsbewertung der Systeme erfolgt, die in Art. 10 Abs. 2 bis 5 KI-VO normierten Datenqualitätsanforderungen einzuhalten haben. Dadurch wird sichergestellt, dass der Nachweis der Testverfahren auch aussagekräftig ist und nicht aufgrund einer mangelnden Repräsentativität der Validierungs- und Testdatensätze fehlerbehaftet ist. Ferner sieht Art. 9 Abs. 8 S. 2 KI-VO[273] vor, dass die Testverfahren anhand von vorab festgelegten Parametern und probabilistischen Schwellenwerten erfolgen muss, wodurch die äußeren Rahmenbedingungen des Bewertungsverfahrens näher konkretisiert werden.[274]

### 3. Zwischenergebnis und Übersicht über das Zusammenspiel der Anforderungen

Da die Anforderungen, die Art. 9 KI-VO an das Risikomanagementsystem stellt, inhaltlich vollständig in den Anforderungen des Anhangs I Abschnitt 3 und 4 MP-VO aufgehen, ist zur Vermeidung einer doppelten Arbeitsbelastung ein einheitliches Risikomanagementsystem nach Art. 9 Abs. 10 KI-VO zwingend erforderlich.

Wegen der vollständigen inhaltlichen Kongruenz der Anforderungen des Art. 9 Abs. 1–4 MP-VO und Anhang I Abschnitt 3 und 4 MP-VO an das Risikomanagementsystem, ergibt sich der ergänzende Regelungscharakter nur aus der Art der Risiken, die es im Rahmen des Risikomanagementsystems zu berücksichtigen gilt und der Wechselwirkung des Risikomanagementsystems mit den jeweiligen materiellen Sicherheitsanforderungen.

In Bezug auf die übereinstimmende Pflicht zur Durchführung eines Testverfahrens ergänzen sich die Verordnungen gem. Art. 9 Abs. 6 KI-VO und Art. 61 MP-

---

KI-VOE-EP, *Europäisches Parlament*, Amendments adopted by the European Parliament on 14 June 2023 on the proposal for an Artificial Intelligence Act, P9_TA(2023)0236.

[272] Vgl. zu den Entwürfen Art. 10 Abs. 1 KI-VOE-KOM, COM 2021, 206 final, S. 55; Art. 10 Abs. 1 KI-VOE-Rat, *Rat*, General Approach, 14954/22, S. 91; Art. 10 Abs. 1 und 2 KI-VOE-EP, *Europäisches Parlament*, Amendments adopted by the European Parliament on 14 June 2023 on the proposal for an Artificial Intelligence Act, P9_TA(2023)0236.

[273] Vgl. zu den Entwürfen Art. 9 Abs. 7 S. 2 KI-VOE-KOM, COM 2021, 206 final, S. 55 f.; Art. 9 Abs. 7 S. 2 KI-VOE-Rat, *Rat*, General Approach, 14954/22, S. 91; Art. 9 Abs. 7 S. 2 KI-VOE-EP, Änderung 275 *Europäisches Parlament*, Amendments adopted by the European Parliament on 14 June 2023 on the proposal for an Artificial Intelligence Act, P9_TA(2023) 0236.

[274] *Braun Binder/Egli*, in: Martini/Wendehorst, Art. 9, Rn. 46; *König*, in: Bomhard/Pieper/Wende, Art. 9, Rn. 48; *Gerdemann*, in: BeckOK KI-Recht, Art. 9, Rn. 94.

VO wechselseitig. Die MP-VO sieht neben dem Nachweis der technischen Leistungsfähigkeit auch die Pflicht vor, dass die klinische Leistung und auch die klinische Assoziation bzw. wissenschaftliche Validität nachgewiesen werden muss. Ferner muss der Nachweis der klinischen Bewertung anhand von klinischen Daten i.S.d. Art. 2 Nr. 45 MP-VO erbracht werden.

Im Unterschied dazu ergänzt die KI-VO die klinische Bewertung gem. Art. 9 Abs. 6 S. 2 KI-VO um konkrete Anforderungen an die Bewertung der technischen Leistungsfähigkeit, indem durch Art. 9 Abs. 6 S. 2 KI-VO der Nachweis der Einhaltung der Anforderungen des Kap. III Abschnitt 2 KI-VO erbracht wird und zudem Anforderungen an das Bewertungsverfahren durch Datenqualitätsanforderungen des Art. 10 Abs. 1 KI-VO gestellt werden.

*Tabelle 6*

**Wechselseitig ergänzende Aspekte in Bezug auf die Pflicht des Art. 9 KI-VO und der MP-VO**

| **Risikomanagementsystem** | | |
|---|---|---|
| **Inhalt der Pflicht** | **KI-VO** | **MP-VO** |
| Übereinstimmung: Anforderungen an das Risikomanagementsystem | Art. 9 Abs. 1–5 | Anhang I Abschnitt 3 und 4 |
| Ergänzung: Art der Risiken | KI-spezifische Risiken | Medizinische Risiken |
| **Testverfahren** | | |
| **Inhalt der Pflicht** | **KI-VO** | **MP-VO** |
| Übereinstimmung: Pflicht zur Durchführung von Testverfahren | Art. 9 Abs. 6 S. 2 | Art. 61 |
| Ergänzung: Bezugspunkt der Überprüfung | Konkretisierung der Anforderungen zur Überprüfung der technischen Leistungsfähigkeit, durch Nachweis mit Anforderungen des Kap. III Abschnitt 2 KI-VO | Ergänzung: Überprüfung der<br>– validen klinischen Assoziation<br>– wissenschaftlichen Validität<br>– klinischen Leistung |
| Ergänzung: Anforderungen an das Prüfverfahren und Art des Nachweises | – Anforderungen an die Qualität der zur Überprüfung verwendeten Datengrundlage, Art. 10 Abs. 1<br>– Anforderungen an das Testverfahren nach Art. 9 Abs. 8 S. 2 | Klinische Daten |

## III. Einfluss des Risikomanagements auf die Intensität der Sicherheitsanforderungen

Das gemeinsame Risikomanagementsystem wird sodann maßgeblich die Art und Weise prägen, wie die Sicherheitsanforderungen des Anhangs I MP-VO und des Kap. III Abschnitt 2 KI-VO für das jeweilige KI-basierte Medizinprodukt erfüllt werden müssen.

### 1. Bestimmung des erforderlichen Sicherheitsniveaus anhand der Risikoklasse

In Bezug auf die in Kap. III Abschnitt 2 KI-VO normierten Sicherheitsanforderungen ist zunächst bemerkenswert, dass die Anforderungen des Art. 9–15 KI-VO das *konkret* erforderliche Sicherheitsniveau unbestimmt lassen und vielmehr auf ein „*hinreichend*(es)“[275] Maß an Transparenz oder eines „angemessenen Maßes an Genauigkeit und Robustheit“[276] verweisen.[277] Teilweise wurde diese Unbestimmtheit kritisiert, weil darin eine unzulässige Delegation politischen Entscheidungsermessens auf private Normungsorganisationen zu sehen sei, die verfassungsrechtlich bedenklich sei.[278]

Allerdings ist die Unbestimmtheit des konkreten Sicherheitsniveau nicht *per se* korrekturbedürftig, sondern zumindest auch Ausdruck eines risikobasierten Regelungsansatzes.[279] Zu beachten ist nämlich, dass nach Art. 8 Abs. 1 KI-VO bei der Einhaltung des Kap. III Abschnitt 2 KI-VO die Zweckbestimmung des Hochrisiko-KI-Systems als auch das „in Artikel 9 genannten Risikomanagementsystem“ berücksichtigt werden muss.[280] Nach Art. 9 Abs. 5 UAbs. 1 KI-VO[281] müssen die von

---

[275] Hervorhebung hinzugefügt; vgl. Art. 13 Abs. 1 KI-VO; zu den Entwürfen Art. 13 Abs. 1 KI-VOE-KOM, COM 2021, 206 final, S. 57; ebenso Art. 13 Abs. 1 KI-VOE-Rat („sufficiently transparent“), *Rat*, General Approach, 14954/22, S. 95; ferner auch Art. 9 Abs. 5 S. 2 KI-VOE-EP, *Europäisches Parlament*, Amendments adopted by the European Parliament on 14 June 2023 on the proposal for an Artificial Intelligence Act, P9_TA(2023)0236.

[276] Hervorhebung hinzugefügt; vgl. Art. 15 Abs. 1 KI-VO; zu den Entwürfen Art. 15 Abs. 2 KI-VOE-KOM, COM 2021, 206 final, S. 59 ebenso Art. 15 Abs. 1 KI-VOE-Rat („appropriate level“), *Rat*, General Approach, 14954/22, S. 95; ferner auch Art. 15 Abs. 1 KI-VOE-EP, *Europäisches Parlament*, Amendments adopted by the European Parliament on 14 June 2023 on the proposal for an Artificial Intelligence Act, P9_TA(2023)0236.

[277] Vgl. zu den Entwürfen *Ebers et al.*, RDi 2021, 528, 533; *Roos/Weitz*, MMR 2021, 844, 847; *Kumkar*, in: Hilgendorf/Roth-Isigkeit, 1. Auflage, § 6, Rn. 18 f.; *Spindler*, in: Hilgendorf/Roth-Isigkeit, 1. Auflage, § 5, Rn. 2.

[278] Vgl. zu den Entwürfen *Ebers et al.*, RDi 2021, 528, 533 ff.

[279] Vgl. zu den Entwürfen *Spindler*, in: Hilgendorf/Roth-Isigkeit, 1. Auflage, § 5, Rn. 3; *Kumkar*, in: Hilgendorf/Roth-Isigkeit, 1. Auflage, § 6, Rn. 18 ff.

[280] Vgl. zu den Entwürfen *Spindler*, in: Hilgendorf/Roth-Isigkeit, 1. Auflage, § 5, Rn. 3, der jedoch betont, dass der Verweis „eher dunkel“ sei, weil von den Anforderungen des Kap. 2 Titel III KI-VOE ohnehin nur Hochrisiko-KI-Systeme erfasst seien.

den Hochrisiko-KI-Systemen ausgehenden Risiken im Rahmen des Risikomanagementsystems nach Art. 9 KI-VO so weit reduziert werden, dass das Gesamt- und das Restrisiko für Hochrisiko-KI-Systeme sich insgesamt als noch „vertretbar" darstellen.[282] Ob dies der Fall ist, kann gleichwohl nicht allgemein bestimmt werden, sondern hängt dies vielmehr von der Wahrscheinlichkeit und Schwere des Schadens ab, in der sich ein Fehler eines KI-Systems realisieren kann.[283] Dadurch hat die Risikoträchtigkeit einen maßgeblichen Einfluss auf das erforderliche Sicherheitsniveau.[284]

Teilweise wurde die Bedeutung dieser Verweisung als „eher dunkel" bezeichnet, weil von den Anforderungen des Kap. III Abschnitt 2 KI-VO ohnehin nur Hochrisiko-KI-Systeme erfasst seien, sodass der „Mehrwert dieser Aussage nicht recht ersichtlich" sei.[285]

Jedenfalls im Medizinproduktesektor besteht der Mehrwert jedoch darin, dass KI-Systeme, unabhängig davon, ob diese in die Risikoklassen IIa, IIb oder III fallen, pauschal als Hochrisiko-KI-System zu klassifizieren sind.[286]

Dadurch, dass Art. 9 KI-VO die Intensität des erforderlichen Sicherheitsniveau von der Vertretbarkeit der Risiken abhängig macht, eröffnet die Vorschrift die Möglichkeit, die Risikoklasse der MP-VO bei der Beurteilung des erforderlichen Sicherheitsniveaus der Anforderungen des Art. 10–15 KI-VO zu berücksichtigen. Da die Vertretbarkeit stark von dem *konkreten* Anwendungskontext und dem *konkreten* System abhängt, ist die Unbestimmtheit des Sicherheitsniveaus zumindest grundsätzlich begrüßenswert.[287]

---

[281] Vgl. zu den Entwürfen, Art. 9 Abs. 4 UAbs. 1 KI-VOE-KOM, COM 2021, 206 final, S. 54; Art. 9 Abs. 4 UAbs. 1 KI-VOE-Rat, *Rat*, General Approach 14954/22, S. 90; ebenso Art. 9 Abs. 4 UAbs. 1 KI-VOE-EP, Änderung 268, *Europäisches Parlament*, Amendments adopted by the European Parliament on 14 June 2023 on the proposal for an Artificial Intelligence Act, P9_TA(2023)0236.

[282] *Braun Binder/Egli*, in: Martini/Wendehorst, Art. 9, Rn. 33.

[283] Ebenso *Braun Binder/Egli*, in: Martini/Wendehorst, Art. 9, Rn. 34; in diese Richtung noch zu den Entwürfen auch *Spindler*, in: Hilgendorf/Roth-Isigkeit, 1. Auflage, § 5, Rn. 3; *Kumkar*, in: Hilgendorf/Roth-Isigkeit, 1. Auflage, § 6, Rn. 18 ff.; ebenso im Zusammenhang mit der Pflicht zur Gewährleistung der menschlichen Kontrolle, *Haimerle*, Anmerkungen zum Vorschlag für die EU-Verordnung, S. 9, abrufbar unter: siehe Quellenangaben.

[284] In diese Richtung noch zu den Entwürfen auch *Spindler*, in: Hilgendorf/Roth-Isigkeit, 1. Auflage, § 5, Rn. 3; *Kumkar*, in: Hilgendorf/Roth-Isigkeit, 1. Auflage, § 6, Rn. 18 ff.; ebenso im Zusammenhang mit der Pflicht zur Gewährleistung der menschlichen Kontrolle, *Haimerle*, Anmerkungen zum Vorschlag für die EU-Verordnung, S. 9, abrufbar unter: siehe Quellenangaben.

[285] Vgl. ebenso noch zu den Entwürfen *Spindler*, in: Hilgendorf/Roth-Isigkeit, 1. Auflage, § 5, Rn. 3.

[286] Vgl. eingehend dazu, dass KI-Systeme ab der Risikoklasse IIa MP-VO als Hochrisiko-KI-Systeme i. S. d. Anhanges II Teil A KI-VO klassifizieren sind, Kap. 3, B., II., 1.

[287] Vgl. ebenso in Bezug auf die Transparenzanforderungen zu den Entwürfen, *Kumkar*, in: Hilgendorf/Roth-Isigkeit, 1. Auflage, § 6, Rn. 18; vgl. hierzu auch die Forderung von *Hein-*

Ferner kann durch diesen Ansatz gewährleistet werden, dass das zulässige Maß an KI-Lernfähigkeit oder Intransparenz in Abhängigkeit der Risikoklasse bestimmt wird, indem die Intensität der Sicherheitsanforderungen des Kap. III Abschnitt 2 KI-VO, die die Zulässigkeit des Maßes dieser Eigenschaften regulatorisch beschränken, nach der jeweiligen Risikoklasse bestimmt wird.[288]

Eine entsprechende risikobasierte Bestimmung des erforderlichen Sicherheitsniveaus ist darüber hinaus keine Besonderheit der KI-VO, sondern ist auch die MP-VO maßgeblich von einem entsprechenden Ansatz geprägt. Als übergeordnetes Prinzip in Bezug auf die Einhaltung der Sicherheits- und Leistungsanforderungen wird in Anhang I Abschnitt 2 MP-VO nämlich die Pflicht normiert, dass durch die Einhaltung der Anforderungen des Anhangs I MP-VO die Risiken weitmöglichst reduziert werden müssen. Darunter versteht die MP-VO, dass Risiken „so weit zu verringern sind, wie es ohne negative Auswirkungen auf das Nutzen-Risiko-Verhältnis möglich ist". Damit bringt die MP-VO zum Ausdruck, dass auch in Bezug auf die einzelnen Sicherheitsanforderungen des Anhangs I MP-VO kein allgemeingültiges Maß an Sicherheit normiert werden kann, sondern die Intensität der Sicherheitsanforderungen von der Risikoträchtigkeit des Medizinprodukts abhängig ist.

Daher wird in dem gemeinsam zu etablierenden Risikomanagementsystem in Abhängigkeit von der Risikoträchtigkeit des *konkreten* Systems im *konkreten* Anwendungskontext das erforderliche Sicherheitsniveau risikobasiert zu bestimmen sein.

### 2. Wechselwirkung der materiellen Sicherheitsanforderungen

Bei der sodann darauffolgenden Beurteilung, ob das jeweilige KI-basierte Medizinprodukt das ermittelte Sicherheitsniveau auch erreicht, dürfen die jeweiligen materiellen Sicherheitsanforderungen des Kap. III Abschnitt 2 KI-VO bzw. Anhang I MP-VO nicht isoliert betrachtet werden.

Für die KI-VO ergibt sich dies aus Art. 9 Abs. 4 KI-VO[289], wonach die „Auswirkungen und möglichen *Wechselwirkungen*, die sich aus der *kombinierten Anwendung* der Anforderungen dieses Abschnitts ergeben" im Rahmen des Risiko-

---

*richs et al.*, MedR 2023, 259, 262, die betonen, dass die Sicherheitsanforderungen des Kap. 2 Titel III KI-VOE, in Abhängigkeit der Risikoklasse der MP-VO risikobasiert abgestuft werden müssten, was die MP-VO derzeit noch nicht berücksichtigen würde.

[288] Vgl. dafür, dass ein Bedürfnis besteht, das Maß an noch zulässigen KI-spezifischen Risiken nach der Risikoträchtigkeit des KI-Systems zu bestimmen, bereits Kap. 4, C., III., 1.

[289] Vgl. in den Enwürfen vormals Art. 9 Abs. 3 S. 1 KI-VOE-KOM, COM 2021, 206 final, S. 54; ebenso Art. 9 Abs. 3 S. 1 KI-VOE-Rat, *Rat*, General Approach 14954/22, S. 90; ferner Art. 9 Abs. 3 S. 1 KI-VOE-EP, Änderung 267, *Europäisches Parlament*, Amendments adopted by the European Parliament on 14 June 2023 on the proposal for an Artificial Intelligence Act, P9_TA(2023)0236.

managementsystems „gebührend berücksichtigt" werden müssen.[290] Daher muss berücksichtigt werden, dass es für die Erreichung des erforderlichen Sicherheitsniveaus auf das Zusammenspiel der Anforderungen des Kap. III Abschnitt 2 KI-VO ankommt, die sich wechselseitig bedingen aber auch gegenseitig ergänzen und ggf. kompensieren können. Vor diesem Hintergrund kann eine verminderte Transparenz ggf. durch gesteigerte Anforderungen an die Genauigkeit-, Robustheit und Cybersicherheit kompensiert werden. Entscheidend ist stets, dass insgesamt ein hinreichendes Sicherheitsniveau erreicht werden kann.

Obgleich die MP-VO einer entsprechenden expliziten Regelung ermangelt, ergibt sich dieser Umstand im Rahmen der MP-VO aus der Tatsache, dass die Anforderungen des Anhangs I MP-VO gem. Anhang I Abschnitt 2 MP-VO in einer Weise einzuhalten sind, dass die von dem System ausgehenden Risiken so weit verringert werden, wie es ohne Auswirkung auf das Nutzen-Risiko-Verhältnis möglich ist.

Daher wird nicht nur die verordnungsspezifische Ergänzung der Sicherheitsanforderungen des Anhangs I MP-VO bzw. Kap. III Abschnitt 2 KI-VO zu berücksichtigen sein, sondern auch die Frage, inwieweit die Anforderungen der MP-VO und die in Kap. III Abschnitt 2 KI-VO sich wechselseitig ergänzen, um *insgesamt* für das *End*produkt ein hinreichendes Sicherheitsniveau zu erreichen.

### 3. Einfluss der Rangfolge des Risikosystems auf die Sicherheitsanforderungen

Aus der Pflicht, bei der Einhaltung der materiellen Sicherheitsanforderungen des Kap. III Abschnitt 2 KI-VO gem. Art. 8 Abs. 1 KI-VO das Risikomanagementsystem nach Art. 9 KI-VO zu berücksichtigen, resultiert gleichwohl noch ein anderer Umstand, der als übergeordnetes Prinzip ebenfalls einen maßgeblichen Einfluss auf die Art und Weise haben wird, wie die materiellen Sicherheitsanforderungen erfüllt werden müssen.

Wie oben dargestellt ergibt sich aus Anhang I Abschnitt 4 S. 3 MP-VO eine Rangfolge, in der die Risikobewältigungsmaßnahmen zu ergreifen sind.[291] Eine entsprechende Rangfolge lässt sich auch Art. 9 Abs. 5 UAbs. 2 KI-VO entnehmen.[292]

Sofern die Sicherheitsanforderungen des Anhangs I MP-VO oder des Kap. III Abschnitt 2 KI-VO die zu ergreifenden Maßnahmen nicht ausdrücklich festlegen, müssen die Maßnahmen zur Erfüllung der Anforderungen des Art. 9–15 KI-VO

[290] Hervorhebung hinzugefügt; *Braun Binder/Egli*, in: Martini/Wendehorst, Art. 9, Rn. 31; *König*, in: Bomhard/Pieper/Wende, Art. 9, Rn. 28; *Gerdemann*, in: BeckOK KI-Recht, Art. 9, Rn. 57.

[291] Vgl. *Braun Binder/Egli*, in: Martini/Wendehorst, Art. 9, Rn. 35; ebenso *Gerdemann*, in: BeckOK KI-Recht, Art. 9, Rn. 74.

[292] Vgl. hierzu bereits Kap. 4, C., II., 1., a), bb).

primär durch den Hersteller bzw. Anbieter *selbst* beseitigt werden, indem dieser die Systeme durch eine entsprechende Konzeption und Entwicklung sicher gestaltet. Erst subsidiär[293] darf auf Kontrollmaßnahmen oder die Bereitstellung von Sicherheitsinformationen zurückgegriffen werden.

#### 4. Zwischenergebnis

Das gemeinsam zu etablierende Risikomanagement hat daher einen maßgeblichen Einfluss auf die Bestimmung des konkret erforderlichen Sicherheitsniveaus und damit der Intensität, in denen Hersteller die Sicherheitsanforderungen des Anhanges I MP-VO bzw. Kap. III Abschnitt 2 KI-VO erfüllen müssen. Um zu beurteilen, ob das erforderliche Sicherheitsniveau erreicht wurde, sind die Anforderungen der KI-VO und der MP-VO nicht isoliert zu betrachten, sondern ergänzen sich sowohl verordnungsspezifisch innerhalb des Anhangs I MP-VO bzw. Kap. III Abschnitt 2 KI-VO als auch verordnungsübergreifend wechselseitig. Bei der Erfüllung der materiellen Sicherheitsanforderungen ist die Rangfolge des Anhangs I Abschnitt 4 bzw. Art. 9 Abs. 5 lit. a)–c) KI-VO zu beachten. Primär ist den Risiken daher hersteller- bzw. anbieterseitig durch eine entsprechende Konzeption und Entwicklung entgegenzutreten. Nur subsidiär darf auf Sicherheitsmaßnahmen oder Informationen an die Verwender zurückgegriffen werden.

### IV. Gewährleistung der technischen Sicherheit durch Kapitel III Abschnitt 2 KI-VO

Vor dem Hintergrund dieser übergeordneten Prinzipien soll nunmehr im Einzelnen überprüft werden, ob die in Kap. III Abschnitt 2 KI-VO vorgesehenen Anforderungen an die Daten und Datengovernance, die Aufzeichnungen und Transparenz sowie an die menschliche Kontrolle und Genauigkeit, Robustheit und Cybersicherheit dem Anspruch, die bestehenden Regelungslücken[294] der MP-VO

---

[293] Obgleich eine entsprechende Rangfolge durch Art. 9 Abs. 5 UAbs. 2 KI-VO nicht explizit vorausgesetzt wird, ergibt sich diese aus dem Wortlaut des Art. 9 Abs. 4 KI-VO („soweit technisch möglich“; „gegebenenfalls“; „zur Bewältigung nicht auszuschließenden Risiken“), hierzu bereits Kap. 4, C., II., 1., a), bb).

[294] Obgleich Anhang I Abschnitt 15.1 und 17 MP-VO bereits *de lege lata* den Hersteller zur Gewährleistung der technischen Sicherheit und Leistungsfähigkeit verpflichtet, erschöpfen sich die darin vorgesehenen Anforderungen bisher noch in allgemeinen Zielvorgaben, die die konkret zu ergreifenden Maßnahmen vollkommen unbestimmt lassen. Da hinreichend konkrete Sicherheits- und Transparenzmaßnahmen unmittelbare Bedingung dafür sind, dass der Regelungsrahmen der MP-VO auch für die Regulierung von KI-basierten Medizinprodukten geeignet ist, besteht gleichwohl ein entsprechendes Ergänzungsbedürfnis, vgl. für statische Systeme, bereits Kap. 4, D., II., 3., c); vgl. für dynamische Systeme, bereits Kap. 4, E., II., 1., c), dd).

durch die Ergänzung um hinreichend konkrete Sicherheits- und Transparenzanforderungen zu schließen, gerecht werden können.

### 1. Daten und Datengovernance nach Art. 10 KI-VO

Gerade für solche KI-Systeme, die selbstständig Muster aus Daten erkennen und diese in Modelle generalisieren können, hängt die Sicherheit der Systeme unmittelbar von der Qualität der Trainingsdaten ab.[295]

Die Abhängigkeit von der Qualität der Datensätze veranlasste bereits die HLEG zu der Forderung, dass vor der Verwendung die Datensätze des Entwicklungsprozesses auf Verzerrungen, Ungenauigkeiten und Fehler untersucht und diese ggf. behoben werden müssen.[296]

Der geltende Regelungsrahmen der MP-VO ermangelte bisher entsprechender Datenqualitätsanforderungen. Vielmehr erschöpften sich die Anforderungen in der allgemeinen Pflicht des Anhangs I Abschnitt 17.1 MP-VO, dass die „Wiederholbarkeit, Zuverlässigkeit und Leistung“ gewährleistet sein müsse.[297] Wegen der für lernfähige KI-Systeme in dem geltenden Rechtsrahmen befürchteten Regelungslücken, forderte die Kommission bereits in ihrem Weißbuch[298] gesetzlich normierte Datenqualitätsanforderungen. Dieser Forderung soll nun Art. 10 Abs. 1 KI-VO[299] nachkommen, der entsprechende Qualitätsanforderungen für die Trainings-, Validierungs- und Testdatensätze vorsieht.[300]

---

[295] *Europäische Kommission*, Bericht zum Weißbuch, COM 2020, 64 final, S. 10 f.

[296] Vgl. *HLEG*, Ethik-Leitlinien, S. 21, abrufbar unter: siehe Quellenangaben.

[297] *Europäische Kommission*, Bericht zum Weißbuch, COM 2020, 64 final, S. 10 f.; vgl. hierzu bereits Kap. 2, D., II., 2.

[298] *Europäische Kommission*, Bericht zum Weißbuch, COM 2020, 64 final, S. 10 f.

[299] Vgl. zu den Entwürfen, Art. 10 Abs. 1 KI-VOE-KOM, COM 2021, 206 final, S. 55 f.; ebenso Art. 10 Abs. 1 KI-VOE-Rat, *Rat*, General Approach, 15954/22, S. 91 f.; ferner auch Art. 10 Abs. 1 KI-VOE-EP *Europäisches Parlament*, Amendments adopted by the European Parliament on 14 June 2023 on the proposal for an Artificial Intelligence Act, P9_TA(2023) 0236.

[300] *Braun Binder/Egli*, in: Martini/Wendehorst, Art. 10, Rn. 10; *Bomhard/Wietzke*, in: Bomhard/Pieper/Wende, Art. 10, Rn. 5; *Kilian/Schefzig*, in: BeckOK KI-Recht, Art. 10, Rn. 16; vgl. zu den Entwürfen, *Müller-Peltzer/Tanczik*, RDi 2023, 452, 454 ff.; vgl. im Zusammenhang mit dem Kommissionsvorschlag, auch *Spindler*, Hilgendorf/Roth-Isigkeit, 1. Auflage, § 5, Rn. 21 ff.; *Bomhard/Merkle*, RDi 2021, 276, 280; *Linardatos*, GPR 2022, 58, 63; *Roos/Weitz*, MMR 2021, 844, 847.

### *a) Beschränkung auf die Datensätze des Entwicklungsprozesses*

Art. 10 KI-VO[301] beschränkt die Qualitätsanforderungen auf die Datensätze, die im Rahmen des Entwicklungsprozesses verwendet wurden.[302]

Im Entwicklungsprozess werden Daten in den unterschiedlichsten Phasen eingesetzt.[303] Die erste Phase des Entwicklungsprozesses bildet das Training der Systeme, in dessen Rahmen das KI-System aus einem Datensatz Muster erlernen und diese in Modellen generalisieren soll.[304] Die dabei verwendeten Daten unterliegen als „Trainingsdaten" i. S. d. Art. 3 Nr. 29 KI-VO gem. Art. 10 Abs. 1 KI-VO den Qualitätsanforderungen des Art. 10 Abs. 2–5 KI-VO.[305]

Nachdem die KI-Systeme trainiert wurden, kann es erforderlich sein, dass die Generalisierungsfähigkeit optimiert wird, um so eine Über- oder Unteranpassung des Systems an die Trainingsdaten zu vermeiden.[306] Zu diesem Zweck wird die Leistungsfähigkeit des Systems anhand eines zuvor unbekannten Datensatzes überprüft und die Modellparameter ggf. entsprechend angepasst.[307] Die verwende-

---

[301] Art. 10 Abs. 1 KI-VOE-KOM, COM 2021, 206 final, S. 55; ebenso Art. 10 Abs. 1 KI-VOE-Rat, *Rat*, General Approach 14954/22, S. 91; ferner *Europäisches Parlament*, Amendments adopted by the European Parliament on 14 June 2023 on the proposal for an Artificial Intelligence Act, P9_TA(2023)0236.

[302] Ebenso *Braun Binder/Egli*, in: Martini/Wendehorst, Art. 10, Rn. 14; vgl. auch *Bomhard/Wietzke*, in: Bomhard/Pieper/Wende, Art. 10, Rn. 6; *Kilian/Schefzig*, in: BeckOK KI-Recht, Art. 10, Rn. 16.

[303] Vgl. *Suresh/Guttag*, EAAMO 2021 5 ff.; *Chen/Liu/Peng*, Nature Materials 2019, 410, 411.

[304] *Suresh/Guttag*, EAAMO 2021 5 ff.; *Chen/Liu/Peng*, Nature Materials 2019, 410, 412.

[305] Vgl. zu dem Begriff der Trainingsdaten i. S. d. Art. 3 Nr. 29 KI-VO, *Bomhard/Wietzke*, in: Bomhard/Pieper/Wende, Art. 10, Rn. 14 ff.; Ausweislich des Art. 3 Nr. 29 KI-VOE-KOM definierte der Kommissionsentwurf den Begriff „Trainingsdaten" als Daten, die „zum Trainieren eines KI-Systems verwendet werden, wobei dessen lernbare Parameter und die Gewichte eines neuronalen Netzes angepasst werden", vgl. hierfür Art. 3 Nr. 29 KI-VOE-KOM, COM 2021, 206 final, S. 48; an dieser Definition hielt sowohl der Rat mit Art. 3 Nr. 29 KI-VOE-Rat als auch das Europäische Parlament mit Art. 3 Nr. 29 KI-VOE-EP inhaltlich fest. Übereinstimmend sahen beide Vorschläge jedoch eine Streichung des Zusatzes „und die Gewichte eines neuronalen Netzes angepasst werden" vor, vgl. Art. 3 Nr. 29 KI-VOE-Rat, *Rat*, General Approach, 15954/22, S. 75; ebenso Art. 3 Nr. 29 KI-VOE-EP, *Europäisches Parlament*, Amendments adopted by the European Parliament on 14 June 2023 on the proposal for an Artificial Intelligence Act, P9_TA(2023)0236. Die Streichung ist begrüßenswert, weil bei einem künstlich neuronalen Netz die lernbaren Parameter zugleich die Gewichte sind. Somit handelt es sich bei dem Zusatz des Art. 3 Nr. 29 KI-VOE-KOM um eine nicht notwendige Repetition, vgl. dazu, dass die lernbaren Parameter die Gewichte sind, *Niederée/Nejdl*, in: Ebers/Heinze/Krügel/Steinrötter, § 2, Rn. 63.

[306] *Chen/Liu/Peng*, Nature Materials 2019, 410, 412.

[307] Vgl. zu dem Begriff der Validierungsdaten i. S. d. Art. 3 Nr. 30 KI-VO, *Bomhard/Wietzke*, in: Bomhard/Pieper/Wende, Art. 10, Rn. 17 ff.; *Chen/Liu/Peng*, Nature Materials 2019, 410, 412, die dafür den Begriff „Tuning-Set" verwenden; *Suresh/Guttag*, EAAMO 2021 5 ff.

ten Daten unterliegen als „Validierungsdaten" i. S. d. Art. 3 Nr. 30 KI-VO den Qualitätsanforderungen des Art. 10 Abs. 1 KI-VO.[308]

Sobald im Rahmen des Validierungsprozesses die gewünschten Genauigkeitswerte erreicht wurden, wird die Leistungsfähigkeit des Systems in einer finalen Leistungsanalyse überprüft und bestätigt.[309] Die hierfür verwendeten Datensätze sind als sog. *Testdaten* i. S. d. Art. 3 Nr. 32 KI-VO[310] von den Qualitätsanforderungen des Art. 10 Abs. 1 KI-VO erfasst.[311]

Mit dieser Phase endet nicht nur der Entwicklungsprozess des KI-Systems, sondern auch die in Art. 16 lit. a) KI-VO vorgesehene Pflicht des Anbieters die Einhaltung der Qualitätsanforderungen des Art. 10 KI-VO sicherzustellen.[312] Damit beschränkt sich die Pflicht des Art. 10 Abs. 1 KI-VO auf eine „vorgelagerte Daten-Compliance"[313].

### *b) Ergänzung durch die Anforderungen des Kapitel III Abschnitt 2 KI-VO*

Durch die Beschränkung des Anwendungsbereiches des Art. 10 Abs. 1 KI-VO auf *Entwicklungs*datensätze wurden teilweise Regelungslücken befürchtet und ge-

---

[308] Die Kommission definierte „Validierungsdaten" in Art. 3 Nr. 30 KI-VOE, als Daten, die „zum Bewerten des trainierten KI-Systems und zum Abstimmen seiner nicht lernbaren Parameter und seines Lernprozesses verwendet werden, um unter anderem eine Überanpassung zu vermeiden (…)" bestimmt sind; der Entwurf des Rates übernahm in Art. 3 Nr. 30 KI-VOE-Rat die Legaldefinition der Kommission vorbehaltslos, vgl. *Rat*, General Approach, 15954/22, S. 75; ferner hielt auch das Parlament in seinem Änderungsentwurf an der Legaldefinition des Kommissionsvorschlages mit Art. 2 Nr. 30 KI-VOE-EP fest, ergänzte die Definition jedoch um den Zusatz, dass mit den Validierungsdatensätze nicht eine Überanpassung zu vermeiden wäre, sondern auch einer Unteranpassung verhindert werden müsste, vgl. Änderung 185, Art. 3 Nr. 30 KI-VOE-EP *Europäisches Parlament*, Amendments adopted by the European Parliament on 14 June 2023 on the proposal for an Artificial Intelligence Act, P9_TA(2023)0236.

[309] *Suresh/Guttag*, EAAMO 2021, 5 ff.; *Chen/Liu/Peng*, Nature Materials 2019, 410, 412 f., die hierfür im Unterschied zu der KI-Verordnung den Begriff „validiation set" verwenden.

[310] Vgl. zu den Entwürfen Art. 3 Nr. 31 KI-VOE-KOM, COM 2021, 206 final, S. 48; Art. 3 Nr. 31 KI-VOE-Rat, *Rat*, General Approach, 15954/22, S. 75; Art. 3 Nr. 31 KI-VOE-EP *Europäisches Parlament*, Amendments adopted by the European Parliament on 14 June 2023 on the proposal for an Artificial Intelligence Act, P9_TA(2023)0236.

[311] Vgl. zu dem Begriff der Testdaten i. S. d. Art. 3 Nr. 32 KI-VO, *Bomhard/Wietzke*, in: Bomhard/Pieper/Wende, Art. 10, Rn. 20 ff.

[312] Vgl. zum Kommissionsentwurf, *Müller-Peltzer/Tanczik*, RDi 2023, 452, 454.

[313] Vgl. für die Bezeichnung als „vorgelagerte Daten-Compliance" in Bezug auf Art. 10 Abs. 1 KI-VOE-KOM *Bomhard/Merkle*, RDi 2021, 276, 280; dem folgend *Schreitmüller*, Regulierung intelligenter Medizinprodukte, S. 299.

fordert, dass die Qualitätsanforderungen auf die Eingabedaten in anderen Lebenszyklen ausgeweitet werden müssten.[314]

Zuzuerkennen ist den Stimmen in der Literatur jedenfalls, dass auch eine mindere Qualität der Eingabedaten mittels derer das System *nach* der Inverkehrgabe weiterlernt, die Genauigkeit des Systems negativ beeinträchtigen kann.[315] Allerdings führt diese Annahme noch nicht dazu, dass sich durch die Beschränkung des Anwendungsbereiches des Art. 10 Abs. 1 KI-VO auf die Entwicklungsdatensätze korrekturbedürftige Regelungslücken ergeben. Zu beachten ist nämlich, dass die Sicherheitsanforderungen des Kap. III Abschnitt 2 KI-VO nicht isoliert betrachtet werden dürfen. Vielmehr muss bei der Beurteilung, ob sich die Risiken insgesamt als vertretbar i. S. d. Art. 9 Abs. 4 KI-VO[316] darstellen, stets die „Wechselwirkungen" berücksichtigt werden, „die sich aus der kombinierten Anwendung der Anforderungen dieses Abschnitts ergeben".[317]

Vor diesem Hintergrund könnte das Vorliegen von Regelungslücken erst dann angenommen werden, wenn die aus den fehlerhaften Eingabedaten resultierenden Risiken nicht nur durch Art. 10 KI-VO, sondern durch Kap. III Abschnitt 2 KI-VO insgesamt unberücksichtigt gelassen werden würden. Dies ist gleichwohl nicht der Fall. Vielmehr existieren in Kap. III Abschnitt 2 KI-VO eine Reihe von Anforderungen, mithilfe derer den Risiken entgegengetreten wird, die ihre Ursache in fehlerhaften *Eingabe*daten finden, mit denen das System *nach* der Inverkehrgabe weiterlernt.

Dies betrifft zunächst die in Art. 15 Abs. 4 UAbs. 3 KI-VO vorgesehene Konkretisierung der allgemeinen Pflicht zur Gewährleistung eines angemessenen Maßes an Robustheit. Für lernfähige KI-Systeme sieht Art. 15 Abs. 4 UAbs. 3 KI-VO die Pflicht zur Etablierung von geeigneten Risikominderungsmaßnahmen durch den Anbieter vor, mithilfe derer verzerrte Ergebnisse verhindert werden, die aus der Verwendung vorheriger Ergebnisse als Eingabedaten für den künftigen Betrieb (sog. *Rückkoppelungsschleifen*) entstehen.[318]

---

[314] Vgl. zum Kommissionsentwurf *Ebers et al.*, RDi 2021, 528, 533; dem folgend *Spindler*, in: Hilgendorf/Roth-Isigkeit, 1. Auflage, § 5, Rn. 22; *Müller-Peltzer/Tanczik*, RDi 2023, 452, 454.

[315] Dieser Umstand liegt in der Datenabhängigkeit der Systeme begründet, hierzu bereits Kap. 2, D., II., 2.

[316] Vgl. zu den Entwürfen Art. 9 Abs. 3 KI-VOE-KOM, COM 2021, 206 final, S. 54; ebenso Art. 9 Abs. 3 KI-VOE-Rat, *Rat*, General Approach, 15954/22, S. 90; ferner Art. 9 Abs. 3 KI-VOE-EP, Änderung 267 *Europäisches Parlament*, Amendments adopted by the European Parliament on 14 June 2023 on the proposal for an Artificial Intelligence Act, P9_TA(2023)0236.

[317] Vgl. eingehend hierzu bereits Kap. 4, C., III., 2.

[318] Vgl. zu den Entwürfen Art. 15 Abs. 3 UAbs. 3 KI-VOE-KOM, COM 2021, 206 final, S. 60; ebenso Art. 15 Abs. 3 UAbs. 3 KI-VOE-Rat, *Rat*, General Approach 14954/22, S. 98; ferner *Europäisches Parlament*, Amendments adopted by the European Parliament on 14 June

Eine entsprechende negative Beeinträchtigung der Ergebnisse eines KI-Systems kann auch dadurch verursacht werden, dass der Nutzer in das System Daten eingibt, für die es initial nicht bestimmt war, und dadurch die Funktionsweise des Systems – in einer für den Anbieter nicht vorhersehbaren Weise – negativ beeinflusst.[319]

Allerdings lässt die KI-VO auch diesen Umstand nicht unberücksichtigt, sondern sieht sie in Art. 13 Abs. 3 lit. b) vi) KI-VO[320] die Möglichkeit vor, dass der Anbieter im Rahmen der Betriebsanleitung Einschränkungen in Bezug auf die zulässigen Eingabedaten vorsehen kann. Sofern der Anbieter entsprechende Beschränkungen im Rahmen der Betriebsanleitung vorsieht, sind die Betreiber gem. Art. 26 Abs. 1, Abs. 4 KI-VO zur Einhaltung dieser Anforderungen verpflichtet.

Für eine Ausweitung der Qualitätsanforderungen des Art. 10 KI-VO auf die Eingabedaten besteht daher keine Regelungsnotwendigkeit.

Gegen eine entsprechende Erweiterung des Anwendungsbereiches des Art. 10 KI-VO spricht weiterhin, dass der Anbieter nur einen bedingten Einfluss darauf hat, welche Daten in das System eingegeben werden können, weil sich die Art und Weise, wie das KI-System nach dem Eintritt in den Unionsmarkt verwendet wird, außerhalb der Einwirkungssphäre des Anbieters hält. Die Umstände, auf die der Anbieter einen Einfluss hat, beschränken sich daher auf eine entsprechende technische Konzeption, durch die Störungen und Anomalien in den Eingabedaten – durch eingebaute technische Vorkehrungen – erkannt werden können bzw. auf die Bereitstellung von Sicherheitsinformationen, in denen ggf. Verwendungsbeschränkungen oder Anforderungen an die Eingabedaten näher konkretisiert werden. Um den Gleichlauf zwischen den Regelungspflichten und der Einwirkungsmöglichkeit des Anbieters aufrechtzuerhalten, sollten die Qualitätsanforderungen des Art. 10 KI-VO weiterhin auf die Entwicklungsdatensätzen beschränkt bleiben.

### *c) Qualitätsanforderungen an die Entwicklungsdatensätze*

Hinsichtlich der Entwicklungsdaten sind Anbieter gem. Art. 10 Abs. 1 KI-VO daher verpflichtet, die Qualitätsanforderungen des Art. 10 Abs. 2–5 KI-VO einzuhalten.

---

2023 on the proposal for an Artificial Intelligence Act, P9_TA(2023)0236; ausführlich zu Art. 15 KI-VO, Kap. 4, C., IV., 5.

[319] *HLEG*, Ethik-Leitlinien, S. 21, abrufbar unter: siehe Quellenangaben.

[320] Vgl. dafür, dass der Anbieter „Spezifikationen für die Eingabedaten" treffen können, zu den Entwürfen Art. 13 Abs. 3 lit. b) v) KI-VOE-KOM, COM 2021, 206 final, S. 58; ebenso Art. 13 Abs. 3 lit. b) v) KI-VOE-Rat, *Rat*, General Approach, 15954/22, S. 96; vgl. ebenso die Konkretisierung des Parlaments, dass der Anbieter im Rahmen der Gebrauchsanweisung Einschränkungen hinsichtlich „about user actions that may influence system performance, including type or quality of input data" gegenüber dem Nutzer treffen kann, vgl. Änderung 309, *Europäisches Parlament*, Amendments adopted by the European Parliament on 14 June 2023 on the proposal for an Artificial Intelligence Act, P9_TA(2023)0236.

#### aa) Qualitätszielvorgaben an die Entwicklungsdatensätze

Dazu gehören insbesondere die in Art. 10 Abs. 3 und 4 KI-VO[321] normierten Qualitätszielvorgaben denen die Trainings-, Validierungs- und Testdatensätze, mit denen das KI-System entwickelt wurde, entsprechen müssen.[322] Gemäß Art. 10 Abs. 3 S. 1 KI-VO müssen die Entwicklungsdatensätze *„im Hinblick auf die Zweckbestimmung* relevant, *hinreichend* repräsentativ und *so weit wie möglich* fehlerfrei und vollständig sein".[323]

##### *(1) Unerfüllbare Anforderungen des Kommissionsentwurfes*

Zurückzuführen ist diese Pflicht zumindest dem Grunde nach auf den Vorschlag des Kommissionsentwurfes.[324] An der Eignung der im Kommissionsentwurf noch enthaltenen Pflicht wurden in der Literatur gleichwohl erhebliche Bedenken geäußert.[325] Im Unterschied zum endgültigen Regelungstext sah der Entwurf der Kommissionsentwurfs in Art. 10 Abs. 3 S. 1 KI-VOE-KOM noch die unbedingte Pflicht vor, dass die Entwicklungsdatensätzen allgemein „relevant, repräsentativ, fehlerfrei und vollständig" sein müssen.

Die Vorschrift lasse Informatiker als auch Rechtswissenschaftler „zusammenzucken".[326] Der praktischen Umsetzbarkeit stehe nicht zuletzt auch die enorme Größe, die die Datensätze erreichen könnten, entgegen, die eine allumfänglichen Garantie der Fehlerfreiheit ausschließe.[327] Weiterhin ermangele es jeglicher Bestimmung, was unter einem „Fehler" bzw. der „Fehlerfreiheit" zu verstehen wäre.[328] Je nachdem wie man den Begriff des „Fehlers" auslegen möchte, könnte bereits ein Scan, der Flecken aufweist oder teilweise verpixelt ist, als fehlerhaft i. d. S. dekla-

---

[321] Vgl. zu den Entwürfen Art. 10 Abs. 3 und 4 KI-VOE-KOM, COM 2021, 206 final, S. 55 f.; ebenso *Rat*, General Approach 14954/22, S. 92; ferner Art. 10 Abs. 3 und 4 KI-VOE-EP, *Europäisches Parlament*, Amendments adopted by the European Parliament on 14 June 2023 on the proposal for an Artificial Intelligence Act, P9_TA(2023)0236.

[322] *Müller-Peltzer/Tanczik*, RDi 2023, 452, 455; *Spindler*, in: Hilgendorf/Roth-Isigkeit, 1. Auflage, § 5, Rn. 26 ff.;

[323] Vgl. hierfür den Wortlaut des Art. 10 Abs. 3 S. 1 KI-VO (Hervorhebung hinzugefügt).

[324] Vgl. Art. 9 Abs. 3 KI-VOE-KOM, COM 2021, 206 final, S. 54.

[325] Vgl. *Bomhard/Merkle*, RDi 2021, 276, 280, der als Beispiel hierfür Fehler anführt, die durch Messfehler der Sensoren oder Festplattenfehler entstehen; *Roos/Weitz*, MMR 2021, 844, 847; *Siemens Healthineers*, Feedback AI-Act, S. 4, abrufbar unter: siehe Quellenangaben; *Johner Institut*, Input on the proposed AI-Act, S. 4, abrufbar unter: siehe Quellenangaben.

[326] *Linardatos*, GPR 2022, 58, 64.

[327] *Bomhard/Merkle*, RDi 2021, 276, 280.

[328] Vgl. *Bomhard/Merkle*, RDi 2021, 276, 280, der als Beispiel hierfür Fehler anführt, die durch Messfehler der Sensoren oder Festplattenfehler entstehen; *Roos/Weitz*, MMR 2021, 844, 847; *Siemens Healthineers*, Feedback AI-Act, S. 4, abrufbar unter: siehe Quellenangaben; *Johner Institut*, Input on the proposed AI-Act, S. 4, abrufbar unter: siehe Quellenangaben.

riert werden.[329] Überspitzte Anforderungen an die Fehlerfreiheit würden zu dem nicht gerechtfertigten Ergebnis führen, dass manchen Systemen der Marktzutritt von vornherein versagt werde, obwohl zur Gewährleistung der Sicherheit des Systems eine absolute Garantie der Fehlerfreiheit überhaupt nicht erforderlich sei.[330]

Denselben Herausforderungen sieht sich auch die Pflicht zur Gewährleistung eines „vollständig(en)" Datensatzes ausgesetzt.[331] Ob diese Pflicht erfüllbar ist, hänge ebenfalls maßgeblich von dem Bedeutungsgehalt ab, der dieser abstrakten Qualitätszielvorgabe zugrunde zu legen sei.[332] Nur sofern die *Vollständigkeit* i. S. e. dem jeweiligen Weltausschnitt entsprechenden Repräsentation zu verstehen sei, könne die Erfüllbarkeit angenommen werden.[333]

Eine Pflicht zur Gewährleistung einer absoluten und allumfänglichen Fehlerfreiheit, Repräsentativität und Vollständigkeit sei unserer gesamten Rechtsordnung hingegen fremd.[334] Vielmehr könne man sich bereits durch die Einhaltung der „berechtigen Sicherheitserwartungen" einer Haftung entziehen.[335]

Obgleich sehr hohe Anforderungen an die Datenqualität notwendig sind, um die Sicherheit von datenabhängigen Systemen zu gewährleisten[336], muss andererseits auch dessen praktische Umsetzbarkeit sichergestellt werden. Dass Restrisiken in unserem Rechtssystem nicht dazu führen, dass einem Produkt der Zugang zum Markt verweigert wird, ergibt sich nicht nur aus dem Haftungsrecht[337], sondern auch aus den produktsicherheitsrechtlichen Vorschriften. Im Rahmen des zu etablierenden Risikomanagementsystems[338] müssen nämlich von vornherein nur „bekannte(n)

[329] So die Befürchtung von *Siemens Healthineers*, Feedback AI-Act, S. 2 f., abrufbar unter: siehe Quellenangaben.

[330] *Siemens Healthineers*, Feedback AI-Act, S. 4, abrufbar unter: siehe Quellenangaben; *COCIR*, Feedback AI-Act, S. 2, abrufbar unter: siehe Quellenangaben.

[331] Vgl. für Bedenken an der Erfüllbarkeit, *Marx/Gladov*, MPR 2022, 37, 40; *Heil*, MPR 2022, 1, 9; Art. 10 KI-VOE *Roos/Weitz*, MMR 2021, 844, 847.

[332] Vgl. *Linardatos*, GPR 2022, 58, 64.

[333] *Linardatos*, GPR 2022, 58, 64.

[334] *Linardatos*, GPR 2022, 58, 64.

[335] *Linardatos*, GPR 2022, 58, 64.

[336] *Ebert/Spiecker gen. Döhmann*, NVwZ 2021, 1188, 1191.

[337] *Linardatos*, GPR 2022, 58, 64.

[338] Sowohl die Medizinprodukteverordnung als auch die KI-Verordnung sehen übereinstimmend eine Pflicht zur Etablierung eines Risikomanagementsystems vor, vgl. Anhang I Abschnitt 3 und 4 MP-VO, ABl. 2017/L117, S. 94; vgl. ferner Art. 9 KI-VO; ebenso in den Entwürfen bereits Art. 9 KI-VOE, COM 2021, 206 final, S. 54; ebenso Art. 9 Abs. 4 KI-VOE-Rat, *Rat*, General Approach, 14954/22, 90; ebenso Art. 9 Abs. 4 KI-VOE-EP, *Europäisches Parlament*, Amendments adopted by the European Parliament on 14 June 2023 on the proposal for an Artificial Intelligence Act, P9_TA(2023)0236; eingehend zu der Pflicht ein Risikomanagement erstellen zu müssen, bereits Kap. 4, C., II.

und voraussehbare(n)" Risiken antizipiert werden.[339] Diese sind ferner nicht vollständig zu unterbinden, sondern nur soweit zu reduzieren, dass die Restrisiken sich als „vertretbar"[340] bzw. „akzeptabel"[341] darstellen.[342] Daher besteht auch im Produktsicherheitsrecht keine Pflicht zu Gewährleistung einer absoluten Fehlerfreiheit, solange das mit der Gefährdung verbundene Risiko sich im Verhältnis zu dem Risiko noch in einem angemessenen Rahmen hält. Daher ist auch dem Produktsicherheitsrecht eine absolute Fehlerfreiheit fremd. Eine absolute Repräsentativität und Fehlerfreiheit ist daher weder praktisch umsetzbar noch rechtlich erforderlich.

*(2) Abmilderung auf ein angemessenes Maß*

Daher ist es begrüßenswert[343], dass der endgültige Regelungstext den Umfang der Anforderungen dahingehend einschränkte, dass die Daten lediglich „so weit wie möglich" fehlerfrei und vollständig sein müssen.[344] Damit orientiert sich die KI-VO an den Entwürfen von Rat und Parlament.

Der Rat der Europäischen Union verabschiedete sich mit Art. 10 Abs. 3 KI-VOE-Rat[345] von den unerfüllbaren Anforderungen einer absoluten Fehlerfreiheit und Vollständigkeit des Art. 10 Abs. 3 KI-VOE-KOM[346] und beschränkte das Maß der Fehlerfreiheit und Vollständigkeit mit der Ergänzung „to the best extent possible" auf das bestmögliche Maß.[347]

Ferner nahm auch das Europäische Parlament in seinem Entwurf für Art. 10 Abs. 3 KI-VOE-EP davon Abstand, eine absolute Repräsentativität, Fehlerfreiheit und Vollständigkeit zu fordern, indem es die Pflicht des Art. 10 Abs. 3 KI-VOE-EP auf ein hinreichendes und angemessenes Maß an Repräsentativität und Fehlerfreiheit beschränkt, dass für den jeweiligen Verwendungszweck erforderlich erscheint.[348]

---

[339] Vgl. Anhang I Abschnitt 3 lit. b) MP-VO; Art. 9 Abs. 2 lit. a) KI-VOE-KOM; ebenso *Rat*, General Approach 14954/22, S. 89; ebenso *Europäisches Parlament*, Amendments adopted by the European Parliament on 14 June 2023 on the proposal for an Artificial Intelligence Act, P9_TA(2023)0236.

[340] Vgl. Art. 9 Abs. 4 KI-VOE-KOM, COM 2021, 206 final, S. 54; Art. 9 Abs. 4 KI-VOE-Rat, *Rat*, General Approach, 14954/22, 90; Art. 9 Abs. 4 KI-VOE-EP, *Europäisches Parlament*, Amendments adopted by the European Parliament on 14 June 2023 on the proposal for an Artificial Intelligence Act, P9_TA(2023)0236.

[341] Anhang I Abschnitt 4 S. 2 MP-VO, VO (EU) 2017/745.

[342] Eingehend hierzu bereits Kap. 4, C., III., 1.

[343] Ebenso noch zum tschechischen Kompromissvorschlag des Rates, *Spindler*, in: Hilgendorf/Roth-Isigkeit, 1. Auflage, § 5, Rn. 26.

[344] Ebenso *Braun Binder/Egli*, in: Martini/Wendehorst, Art. 10, Rn. 58.

[345] Vgl. Art. 10 Abs. 3 KI-VOE-Rat, *Rat*, General Approach 14954/22, S. 92.

[346] Vgl. Art. 10 Abs. 3 KI-VOE-KOM, COM 2021, 206 final, S. 56.

[347] Vgl. Art. 10 Abs. 3 KI-VOE-Rat, *Rat*, General Approach 14954/22, S. 92.

[348] Vgl. hierfür die Änderung 288, „sufficiently representative, appropriately vetted for errors and be as complete as possible in view of the intended purpose", *Europäisches Parla-*

Vor dem Hintergrund der oben aufgeführten Kritik ist die Reduktion auf ein noch umsetzbares Maß an Repräsentativität, Vollständigkeit und Fehlerfreiheit auch erforderlich, um die Anbieter von KI-Systemen vor nicht erfüllbaren aber auch sicherheitsrechtlich nicht erforderlichen Anforderungen zu schützen.[349]

*(3) Anforderungen an die Art und Weise der Erfüllung der Qualitätsanforderungen*

Unabhängig von dem erforderlichen Maß an Repräsentativität sieht Art. 10 Abs. 3 S. 2 KI-VO[350] vor, dass den Datensätze die zu diesem Zweck „geeigneten statischen Merkmale(n)" genügen müssen.[351] Konkretisiert wird die Pflicht zur Gewährleistung der Repräsentativität auch durch Art. 10 Abs. 4 KI-VO, wonach die Entwicklungsdaten Merkmale oder Elemente aufweisen müssen, die für die „besonderen geografischen, kontextuellen, verhaltensbezogenen oder funktionalen Rahmenbedingungen," unter denen das Hochrisiko-KI-System bestimmungsgemäß „verwendet werden soll, typisch sind".[352] Einschränkend sieht Art. 10 Abs. 4 KI-VO insoweit jedoch vor, dass dies nur gilt, sofern es „für die Zweckbestimmung erforderlich ist".[353]

Als „wichtige Einschränkung" wird ferner die in Art. 10 Abs. 3 S. 3 KI-VO[354] vorgesehene Erleichterung angesehen, ausweislich deren die Trainings-, Validierungs- und Testdatensätze nicht notwendigerweise durch das System *als solches*

---

*ment*, Amendments adopted by the European Parliament on 14 June 2023 on the proposal for an Artificial Intelligence Act, P9_TA(2023)0236; ebenso *Müller-Peltzer/Tanczik*, RDi 2021, 452, 457.

[349] Ebenso *Müller-Peltzer/Tanczik*, RDi 2021, 452, 457, zum Entwurf des Parlaments; noch zum tschechischen Kompromissvorschlag des Rates, *Spindler*, in: Hilgendorf/Roth-Isigkeit, 1. Auflage, § 5, Rn. 26.

[350] Vgl. die insoweit übereinstimmenden Entwürfe, Art. 9 Abs. 3 KI-VOE, COM 2021, 206 final, S. 56; *Rat*, General Approach 14954/22, S. 92; ebenso *Europäisches Parlament*, Amendments adopted by the European Parliament on 14 June 2023 on the proposal for an Artificial Intelligence Act, P9_TA(2023)0236; ebenso *Spindler*, in: Hilgendorf/Roth-Isigkeit, 1. Auflage, § 5, Rn. 27.

[351] *Braun Binder/Egli*, in: Martini/Wendehorst, Art. 10, Rn. 73; *Bomhard/Wietzke*, in: Bomhard/Pieper/Wende, Art. 10, Rn. 71; *Kilian/Schefzig*, in: BeckOK KI-Recht, Art. 10, Rn. 46; vgl. noch zu den Entwürfen *Spindler*, in: Hilgendorf/Roth-Isigkeit, 1. Auflage, § 5, Rn. 27.

[352] *Braun Binder/Egli*, in: Martini/Wendehorst, Art. 10, Rn. 76.

[353] *Braun Binder/Egli*, in: Martini/Wendehorst, Art. 10, Rn. 77.

[354] Vgl. zu den Entwürfen, Art. 10 Abs. 3 S. 3 KI-VOE-KOM, COM 2021, 206 final, S. 56; ebenso Art. 10 Abs. 3 S. 3 KI-VOE-EP, *Europäisches Parlament*, Amendments adopted by the European Parliament on 14 June 2023 on the proposal for an Artificial Intelligence Act, P9_TA(2023)0236.

erfüllt werden müssen, sondern es vielmehr ausreichend sei, wenn diese die Qualitätsanforderungen erst in Kombination erfüllen können.[355]

### bb) Datengovernance- und Datenverwaltungsmaßnahmen

Um zu gewährleisten, dass die Entwicklungsdatensätze diesen Qualitätszielvorgaben entsprechen, sieht Art. 10 Abs. 2 S. 1 KI-VO[356] die Pflicht zur Etablierung von „geeignet(en)" Daten-, Daten-Governance- und Datenverwaltungsverfahren vor.[357] Um die Repräsentativität der Datensätze i. S. d. Art. 10 Abs. 3 und 4 KI-VO zu gewährleisten, wird der in Art. 10 Abs. 2 lit. f) KI-VO[358] vorgesehenen Pflicht zur Überprüfung der Entwicklungsdatensätze auf mögliche „Verzerrungen (Bias)" eine besondere Bedeutung zukommen.[359]

#### *(1) Notwendigkeit der Konkretisierung unzulässiger Verzerrungen*

Es gibt zahlreiche Formen algorithmischer Verzerrungen, die im Folgenden nur auszugsweise dargestellt werden können.[360]

Verzerrungen können historisch bedingt sein, weil die Daten die tatsächlichen Umstände in der Welt zwar wirklichkeitsgetreu widerspiegeln, diese jedoch von einer historisch bedingten gesellschaftlichen Voreingenommenheit geprägt sind (sog. *prä-existierender bias*).[361]

---

[355] *Braun Binder/Egli*, in: Martini/Wendehorst, Art. 10, Rn. 75; *Kilian/Schefzig*, in: BeckOK KI-Recht, Art. 10, Rn. 47; vgl. ebenso noch zu Entwürfen *Spindler*, in: Hilgendorf/Roth-Isigkeit, 1. Auflage, § 5, Rn. 28.

[356] Vgl. zu den Entwürfen, Art. 10 Abs. 2 S. 1 KI-VOE-KOM, COM 2021, 206 final, S. 55; Art. 10 Abs. 2 S. 1 KI-VOE-Rat, *Rat*, General Approach, 14954/22, S. 91; Art. 10 Abs. 2 S. 1 KI-VOE-EP Änderung 279, *Europäisches Parlament*, Amendments adopted by the European Parliament on 14 June 2023 on the proposal for an Artificial Intelligence Act, P9_TA(2023) 0236.

[357] *Braun Binder/Egli*, in: Martini/Wendehorst, Art. 10, Rn. 15; *Bomhard/Wietzke*, in: Bomhard/Pieper/Wende, Art. 10, Rn. 22; *Kilian/Schefzig*, in: BeckOK KI-Recht, Art. 10, Rn. 21.

[358] Vgl. zu den Entwürfen, Art. 10 Abs. 2 lit. f) KI-VOE-KOM, COM 2021, 206 final, S. 56; Art. 10 Abs. 2 lit. f) KI-VOE-Rat, *Rat*, General Approach, 15954/22, S. 92; ebenso Art. 10 Abs. 2 lit. f) KI-VOE-EP, Änderung 285, *Europäisches Parlament*, Amendments adopted by the European Parliament on 14 June 2023 on the proposal for an Artificial Intelligence Act, P9_TA(2023)0236.

[359] Ebenso *Braun Binder/Egli*, in: Martini/Wendehorst, Art. 10, Rn. 25; *Kilian/Schefzig*, in: BeckOK KI-Recht, Art. 10, Rn. 24; vgl. zu den Entwürfen auch *Spindler*, in: Hilgendorf/Roth-Isigkeit, 1. Auflage, § 5, Rn. 25, der dies als „eines der essenziellen Elemente" bezeichnet.

[360] Vgl. eingehend zu den unterschiedlichen Ursachen für „Bias" *Suresh/Guttag*, EAAMO 2021, 5 ff.; *Mehrabi et al.*, ACM computing surveys, 2021, 1 ff.; *Braun Binder/Egli*, in: Martini/Wendehorst, Art. 10, Rn. 25 ff.; *Kilian/Schefzig*, in: BeckOK KI-Recht, Art. 10, Rn. 25 ff.

[361] *Suresh/Guttag*, EAAMO 2021, 5 ff.; ebenso zum Prä-Existierenden Bias, *Beck et al.*, Künstliche Intelligenz und Diskriminierung, S. 8, 14, abrufbar unter: siehe Quellenangaben.

Im medizinischen Kontext kann eine solche historische Verzerrung etwa deshalb auftreten, weil Frauen in Bezug auf die Intensität der Behandlung oder die Frage, ob Symptome psychosozialer Natur sind, in der Vergangenheit strukturell anders als Männer behandelt wurden.[362] Sofern maschinelle Lernsysteme mit entsprechend verzerrten Daten trainiert wurden, kann die Datenabhängigkeit der Systeme dazu führen, dass in den Trainingsdaten enthaltene Verzerrungen als ursächlich erlernt werden und sich die Verzerrung auch in den Ergebnissen des Systems wiederfindet.[363] Dadurch kann bewirkt werden, dass ein eigentlich „neutrales" KI-System verschiedene Gruppen – in ungerechtfertigter Weise – ungleich behandelt.[364]

Ferner können Verzerrungen auch darauf beruhen, dass zum Training der Systeme Daten ausgewählt wurden, die für den jeweiligen Weltausschnitt nicht repräsentativ sind, weil in den Daten nur ein bestimmter räumlicher Bereich oder bestimmte Gruppen repräsentiert sind (sog. „reprasentation bias").[365]

Verzerrungen können auch in der Modellkonzeption begründet liegen, was etwa der Fall ist, wenn die Messwerte („proxys") mithilfe derer das System eine Entscheidung fällt, für die jeweilige Zweckbestimmung nicht geeignet sind (sog. *measurement bias*).[366] Zu einer entsprechenden Verzerrung kam es etwa im Zusammenhang mit der COMPAS-Software, in deren Rahmen als Messwerte für die Rückfallwahrscheinlichkeit eines Straftäters frühere Verhaftungen des Betroffenen wie auch Verhaftungen von Freunden und Familienmitgliedern als Messwerte für die Rückfallwahrscheinlichkeit dienten.[367]

Verzerrungen können darüber hinaus auch in Form eines „aggregation bias" auftreten, der dadurch entsteht, dass ein System, welches für die Anwendung auf bestimmte Individuen konzipiert wurde, auf die Gesamtbevölkerung angewandt wird, ohne dass das System an die ggf. bestehenden Besonderheiten angepasst wird.[368] Dies kommt etwa dann in Betracht, wenn Modelle, die zur Diagnose/Therapie von Männern verwendet wurden, vorbehaltslos auch auf die Diagnose- und/oder Therapie von Frauen übertragen werden und dadurch ausschlagende biologische Besonderheiten unberücksichtigt bleiben.[369]

---

[362] Vgl. hierzu ausführlich, *Hamberg*, Womens Health 2008, 237, 238.

[363] *Mehrabi et al.*, ACM computing surveys, 2021, 1, 4; vgl. zur Datenabhängigkeit des KI-Systems auch *Europäische Kommission*, Bericht zum Weißbuch, COM 2020, 64 final, S. 10.

[364] *Danks/London*, Proceedings of the 26th International Joint Conference on Artificial Intelligence 2017, 4691 ff.

[365] *Suresh/Guttag*, EAAMO 2021, 5 ff.; dem folgend *Mehrabi et al.*, ACM computing surveys, 2021, 1 ff.

[366] *Mehrabi et al.*, ACM computing surveys, 2021, 1, 4.

[367] *Mehrabi et al.*, ACM computing surveys, 2021, 1, 4.

[368] *Mehrabi et al.*, ACM computing surveys, 2021, 1, 5; *Suresh/Guttag*, EAAMO 2021, 5 ff.

[369] Dieses Phänomen wird auch als „Gender blindness" bezeichnet und beschreibt den Umstand, dass sich die medizinische Forschung lange Zeit auf hellhäutige Männer mittleren

Verzerrungen können auf unterschiedliche Weise Eingang in die Ergebnisse algorithmischer Entscheidungen finden. Neben verzerrten Trainingsdaten, aus denen das System verzerrte Muster erlernt, können auch Verzerrungen in den Validierungs- und Testdatensätzen folgenträchtig sein, weil sodann die im Rahmen der Validierungs- und Testphase ermittelten Genauigkeitswerte nicht aussagekräftig sind (sog. *evaluation bias*).[370] Dies ist insbesondere dann besonders gefährlich, wenn sog. *Benchmark*-Datensets verwendet werden, die zur Testung mehrerer Modelle verwendet werden und daher gravierende Auswirkungen auf die Qualität einer Vielzahl von Modellen haben könnten.[371]

Sofern entsprechende Verzerrungen sich in den algorithmischen Ergebnissen widerspiegeln, *können* dadurch gravierenden Folgen entstehen, was insbesondere rassistische Chat-Bots oder der COMPAS-Algorithmus, der zur Beurteilung der Strafrückfallswahrscheinlichkeit eingesetzt wurde und Menschen mit dunkler Hautfarbe benachteiligte, veranschaulicht haben.[372]

Gleichwohl muss andererseits beachtet werden, dass eine Verzerrung keinesfalls *automatisch* zu unvertretbaren Folgen führen muss.[373] Vielmehr kann eine Repräsentationsverzerrung in den Trainingsdatensätzen sogar wünschenswert sein, was etwa der Fall ist, wenn das algorithmische System nur für den Einsatz in einem bestimmten räumlichen Bereich und/oder für eine bestimmte Gruppe von Personen vorgesehen ist und daher gerade die Besonderheiten dieses Bereiches bzw. der jeweiligen Personengruppe berücksichtigt werden müssen.[374]

Ferner können statistische Verzerrungen auch als Maßnahme eingesetzt werden, um so einer prä-existierenden/historischen Verzerrung, wie die Benachteiligung von Frauen oder Menschen mit dunkler Hautfarbe, entgegenzutreten.[375]

---

Alters konzentrierte. Dadurch wurden die biologischen Besonderheiten von Frauen bei der Diagnose/Therapie nicht ausreichend berücksichtigt, vgl. hierzu eingehend *Hamberg*, Gender bias in medicine, Women's Health 2008, 237, 238.

[370] *Suresh/Guttag*, EAAMO 2021, 5 ff.; vgl. hinsichtlich der Definition für die Validierungs- und Testdatensätze nach den Entwürfen für eine KI-Verordnung, bereits Kap. 4, C., IV., 1., a).

[371] Vgl. eingehend *Suresh/Guttag*, EAAMO 2021, 5 ff., der dies als „Evaluation Bias" bezeichnet.

[372] Vgl. zu der Diskriminierung durch die COMPAS-Software, *Larson et al.*, How We Analysed the COMPAS Recidivism Algorithm, abrufbar unter: siehe Quellenangaben; hierzu auch *Steege*, MMR 2019, 715, 716 f.; vgl. zu diskriminierenden Chatbots, *Susanne Beck et al.*, Künstliche Intelligenz und Diskriminierung, S. 5 ff.

[373] *Danks/London*, Proceedings of the 26th International Joint Conference on Artificial Intelligence 2017, 4691 ff.

[374] *Danks/London*, Proceedings of the 26th International Joint Conference on Artificial Intelligence 2017, 4691 ff.

[375] *Danks/London*, Algorithmic Bias in Autonomous Systems, Proceedings of the 26th International Joint Conference on Artificial Intelligence 2017, 4691 ff.

Daher besteht kein Bedürfnis *jede* Verzerrung zu vermeiden, sondern muss vielmehr sichergestellt werden, dass nur solche Verzerrungen vermieden werden, die zu unerwünschten Folgen, wie etwa einer *nicht gerechtfertigten* Diskriminierung führen.[376] Welche Verzerrungen i. d. S. unerwünscht sind, kann nicht allgemeingültig beantwortet werden, sondern hängt vielmehr stets von dem Standard ab, der als Beurteilungsmaßstab für die Zulässigkeit der Verzerrung definiert wird.[377]

*(2) Konkretisierung der Art der zu vermeidenden Verzerrungen*

Das Verzerrungen sogar erforderlich sein können, um eine ungerechtfertigte Diskriminierung zu verhindern, wird durch den endgültigen Regelungstext berücksichtigt. Art. 10 Abs. 2 lit. f) KI-VO sieht vor, dass der Anbieter das System nicht auf jegliche Formen des „Bias" überprüfen soll, sondern nur auf solche, „die die Gesundheit und Sicherheit von Personen beeinträchtigen, sich negativ auf die Grundrechte auswirken oder zu einer nach den Rechtsvorschriften der Union verbotenen Diskriminierung führen könnten (...)".

Damit korrigierte der Gesetzgeber die noch im Kommissionsentwurf in Art. 10 Abs. 2 lit. f) KI-VOE-KOM vorgesehene Pflicht, dass die Entwicklungsdatensätze allgemein einer „Untersuchung im Hinblick auf mögliche Verzerrungen (Bias)" unterzogen werden müssten. Zu Recht erntete die Unbestimmtheit dieser Pflicht Kritik.[378] Eine gewisse Konkretisierung der zu verhindernden Verzerrungen ergab sich nur aus Erwägungsgrund 44 KI-VOE-KOM, wonach die „nach dem Unionsrecht" verbotenen Diskriminierungen zu vermeiden seien, deren Bestimmtheit gleichwohl ebenfalls infrage gestellt wird.[379]

Selbst wenn die Bestimmtheit der Konkretisierung des Erwägungsgrundes 44 KI-VOE-KOM anzunehmen wäre, ist die ungerechtfertigte Diskriminierung zwar eine schwerwiegende Folge gleichwohl nicht die einzige sicherheitsrelevante Implikation, die aus einer algorithmischen Verzerrung der Ergebnisse resultieren kann.

Die große Schwäche der Antidiskriminierungsrichtlinie RL (EG) 2000/43 in Bezug auf KI-basierte Systeme liegt darin, dass die Gründe, unter denen eine ungerechtfertigte Diskriminierung anzunehmen ist, fest bestimmt sind. Sofern die Diskriminierung jedoch weder mittelbar noch unmittelbar wegen der „Rasse", der „ethnischen Herkunft" oder dem „Geschlecht", sondern etwa deshalb erfolgt, weil bestimme Personen eine bestimmte Schuhmarke trägt, liegt zwar eine ungerecht-

---

[376] *Danks/London*, Proceedings of the 26th International Joint Conference on Artificial Intelligence 2017, 4691 ff.

[377] *Danks/London*, Proceedings of the 26th International Joint Conference on Artificial Intelligence 2017, 4691 ff.

[378] *Ebers et al.*, RDi 2021, 528, 533; *Lauscher/Legner*, ZfDR 2022, 367, 385; ebenso *Spindler*, in: Hilgendorf/Roth-Isigkeit, 1. Auflage, § 5, Rn. 25.

[379] *Ebers et al.*, RDi 2021, 528, 533.

fertigte Verzerrung, jedoch keine Verzerrung vor, die nach der Antidiskriminierungsrichtlinie verboten ist.[380]

Insbesondere in der Medizin kann die mangelnde Repräsentativität seltener Krankheiten in den Entwicklungsdatensätzen des Systems dazu führen, dass die Genauigkeitswerte für solche Krankheiten vermindert sein können.[381] Daher sollten die unionsrechtlichen Diskriminierungsvorschriften nicht den *einzigen* Maßstab bilden, an dem die Zulässigkeit der Verzerrungen in Trainingsdaten zukünftig gemessen werden soll.

Dass auch andere sicherheitsrelevante Verzerrungen durch die Datenverwaltungsmaßnahmen i. S. d. Art. 10 Abs. 2 lit. f) KI-VOE-KOM vermieden werden müssen, ergab sich jedoch auch im Kommissionsentwurf aus dem inneren systematischen Zusammenhang mit Art. 10 Abs. 3 und 4 KI-VOE-KOM. In Art. 10 Abs. 3 und 4 KI-VOE-KOM war vorgesehen, dass die Entwicklungsdatensätze in Bezug auf die besonderen geografischen und verhaltensbezogenen, als auch funktionalen Rahmenbedingungen hinreichend repräsentativ sein müssen.

Wegen der Unbestimmtheit des Art. 10 Abs. 2 lit. f) KI-VOE-KOM wäre jedoch mit Rechtsunsicherheit zu rechnen gewesen. Daher ist es begrüßenswert, dass diesem Umstand bereits Rat[382] und das Parlament[383] entgegentraten, indem sie übereinstimmend Art. 10 Abs. 2 lit. f) KI-VOE explizit den Maßstab, an dem sich die Zulässigkeit der Verzerrungen messen lassen müssen, näher konkretisierten. Diesem Vorschlag folgend, sieht nunmehr auch der endgültige Regelungsentwurf des Art. 10 Abs. 2 lit. f) KI-VO von einer allgemeinen Pflicht zur Überprüfung von „Bias" ab und beschränkt die Überprüfung vielmehr auf solche Verzerrungen, „die die Gesundheit und Sicherheit von Personen beeinträchtigen, sich negativ auf die Grundrechte auswirken oder zu einer nach den Rechtsvorschriften der Union verbotenen Diskriminierung führen könnten (…)".

*(3) Verweis auf nach dem Unionsrecht verbotene Diskriminierungen*

Ob sich durch den Verweis auf die „nach den Rechtsvorschriften der Union" verbotenen Diskriminierungen tatsächlich eine Konkretisierung ergeben kann,

[380] *Ebers*/Heinze/Krügel/Steinrötter, § 3, Rn. 130.

[381] *Heil*, MPR 2022, 1, 9; *Marx/Gladov*, MPR 2022, 37, 40; *Chen/Liu/Peng*, Nature Materials 2019, 410, 411; *Chen et al.*, Nature Biomedical Engineering 2021, 493.

[382] Vgl. Art. 10 Abs. 2 lit. f) KI-VOE-Rat: „(f) examination in view of possible biases that are likely to affect health and safety of natural persons or lead to discrimination prohibited by Union law", *Rat*, General Approach, 15954/22, S. 92.

[383] Vgl. Art. 10 Abs. 2 lit. f) KI-VOE-EP: „(f) examination in view of possible biases that are likely to affect the health and safety of persons, negatively impact fundamental rights or lead to discrimination prohibited under Union law (…)", Änderung 285, *Europäisches Parlament*, Amendments adopted by the European Parliament on 14 June 2023 on the proposal for an Artificial Intelligence Act, P9_TA(2023)0236.

wurde bezweifelt.[384] Insoweit bliebe durch den Verweis zu unbestimmt, inwieweit die dort normierten Verbote auf algorithmische Systeme übertragen werden können.[385]

Auf europäischer Ebene wird der unmittelbaren und mittelbaren Diskriminierung insbesondere durch die Antidiskriminierungsrichtlinien RL 2000/43/EG, RL 2000/78/EG, RL 2002/73/EG und RL 2004/112/EG entgegengetreten, die in Deutschland durch das AGG umgesetzt wurden.[386] Die Richtlinien werden noch durch das Diskriminierungsverbot des Art. 21 GRCh, wonach die Diskriminierung wegen der sozialen Herkunft, genetischen Merkmalen, der Sprache, der politischen Anschauung, dem Vermögen oder der Geburt verboten sind, ergänzt.[387]

Daher scheint sich die geäußerte Kritik zunächst nicht zu erschließen, da auch algorithmische Systeme zumindest grundsätzlich von diesen Verboten erfasst sind.[388] Voraussetzung dafür, dass der Verweis des Art. 10 Abs. 2 lit. f) KI-VO auf die nach dem Unionsrecht verbotenen Diskriminierungen nicht ins Leere läuft, ist jedoch auch die inhaltliche Eignung dieser Diskriminierungsverbote für die Besonderheiten von Systemen der künstlichen Intelligenz.[389] Insbesondere in Bezug auf die Antirassismus-RL 2000/43/EG und deren deutsche Umsetzung im AGG wurden daran bereits Bedenken geäußert.[390] Sofern der geltende Rechtsrahmen tatsächlich entsprechende Mängel aufweisen würde, würde der Verweis des Art. 10 Abs. 2 lit. f) KI-VO ins Leere laufen. Dies würde sodann dazu führen, dass der Gesamttatbestand der Norm für den Rechtsanwender nicht mehr hinreichend ermittelbar wäre und auch die verfassungsrechtliche Bestimmtheit infrage zu stellen wäre.[391]

Wegen der Befürchtungen, dass der Verweis auf die nach dem Unionsrecht verbotene Diskriminierung ungeeignet sei, wurde bereits vorgeschlagen, dass die

---

[384] *Ebers et al.*, RDi 2021, 528, 533.

[385] Vgl. auch *Ebers et al.*, RDi 2021, 528, 533, die sich bereits zum Kommissionsentwurf kritisch in Bezug auf die Unbestimmtheit äußerten; kritisch zum tschechischen Kompromissvorschlag des Rates, *Spindler*, in: Hilgendorf/Roth-Isigkeit, 1. Auflage, § 5, Rn. 25.

[386] *Braun Binder/Egli*, in: Martini/Wendehorst, Rn. 28; *Horcher*, in: BeckOK, Hau/Poseck, § 1, Rn. 3.

[387] *Horcher*, in: BeckOK, Hau/Poseck, § 1, Rn. 3.

[388] Vgl. zum AGG als Umsetzung der RL 2000/EG/EG, *Sesing/Tschech*, MMR 2022, 24, 25 f.; *Lauscher/Legner*, ZfDR 2022, 367, 373 f.; wohl auch *Braun Binder/Egli*, in: Martini/Wendehorst, Rn. 28.

[389] *Sesing/Tschech*, MMR 2022, 24, 25 f.; vgl. in diese Richtung auch *Ebers et al.*, RDi 2021, 528, 533.

[390] Vgl. *Ebers*/Heinze/Krügel/Steinrötter, § 3, Rn. 129 ff.; *Ebers et al.*, RDi 2021, 528, 533, mit Verweis auf *Gerards/Xenidis*, Algorithmic discrimination in Europe, S. 78 ff.; *Lauscher/Legner*, ZfDR 2022, 367, 373 ff.; *Sesing/Tschech*, MMR 2022, 25, 26 ff.

[391] Vgl. eingehend dazu, dass ein Verweis nur dann die Grenzen der verfassungsrechtlichen Bestimmtheit wahrt, wenn das Verweisungsobjekt auch tatsächlich geeignet ist, die in der Verweisnorm bestehenden Regelungslücken zu ergänzen, bereits Kap. 4, A., II., 2., b), cc).

Festlegung dessen, was eine unzulässige Diskriminierung ist, aus dem Gesetz ausgegliedert werden solle und vielmehr – dem Vorschlag der Gesellschaft für Informatik[392] folgend – durch Akzeptanztests zu konkretisieren sei, die sodann in Normen zusammengefasst würden, die die Unzulässigkeit konkretisieren könnten.[393] Ob dieser Vorschlag dem verfassungsrechtlichen Bestimmtheitsgrundsatz noch hinreichend Rechnung tragen kann, muss jedoch in Frage gestellt werden.

*(4) Zwischenergebnis*

Obgleich Verzerrungen in den Entwicklungsdaten folgenschwere Auswirkungen haben *können*, sind nicht alle Verzerrungen *per se* gefährlich, sondern teilweise sogar notwendig, um zu vermeiden, dass den Ergebnissen des Systems eine diskriminierende Wirkung innewohnt. Die KI-VO, die die Zulässigkeit dahingehend konkretisiert, dass sie die Pflicht zur Überprüfung auf eine nach dem Unionsrecht verbotene Diskriminierung bzw. andere für die Gesundheit und Sicherheit relevante Verzerrungen vorsehen, ist nur dann als Maßstab für die Zulässigkeit von Verzerrungen geeignet, wenn das europäische Diskriminierungsrecht auch für die Beurteilung algorithmischer Diskriminierungen geeignet ist. Sofern diesbezüglich Schwächen bestehen, wäre eine Anpassung des europäischen Diskriminierungsrechts angezeigt.

### cc) Herausforderungen bei der Erfüllbarkeit der Qualitätsanforderungen

Gleichwohl ist auch die Erfüllung der nunmehr in Art. 10 Abs. 3 KI-VO vorgesehenen Pflicht, dass die Entwicklungsdaten ein angemessenes Maß an Repräsentativität und Vollständigkeit aufweisen müssen, gerade im medizinischen Kontext vor Herausforderungen gestellt.[394] Während die Repräsentativität der Daten nämlich einerseits unbedingt erforderlich ist, um die Sicherheit in Bezug auf die Diagnose- oder Therapieentscheidung zu gewährleisten, fehlen gerade im Gesundheitssektor oftmals repräsentative und vollständige Datensätze.[395]

Die Abwesenheit einer hinreichenden Datengrundlage kann auf unterschiedliche Ursachen zurückgeführt werden. Einerseits kann dies in dem Umstand begründet liegen, dass für seltene Krankheiten Daten fehlen, während andererseits auch

---

[392] *Adler et al.*, Gesellschaft für Informatik e.V., Abschlussbericht ExamAI – KI Testing und Auditing, S. 35 ff., abrufbar unter: siehe Quellenangaben.

[393] So *Spindler*, in: Hilgendorf/Roth-Isigkeit, 1. Auflage, § 5, Rn. 25.

[394] Vgl. *Heil*, MPR 2022, 1, 9; *Marx/Gladov*, MPR 2022, 37, 40; *Chen/Liu/Peng*, Nature Materials 2019, 410, 411; *Chen et al.*, Nature Biomedical Engineering 2021, 493.

[395] Vgl. *Heil*, MPR 2022, 1, 9; *Marx/Gladov*, MPR 2022, 37, 40; *Chen/Liu/Peng*, Nature Materials 2019, 410, 411; *Chen et al.*, Nature Biomedical Engineering 2021, 493.

denkbar ist, dass die Daten zwar vorhanden sind, jedoch aufgrund von Beschränkungen der DSGVO nicht verarbeitet werden dürfen.[396]

*(1) Verarbeitung besonderer personenbezogener Daten*

Sofern die Entwicklungsdaten als personenbezogene Daten i. S. d. Art. 4 Nr. 1 DSGVO[397] zu qualifizieren sind, ist die Verarbeitung gem. Art. 6 DSGVO nur dann zulässig, wenn eine der in Art. 6 Abs. 1 lit. a)–f) DSGVO aufgelisteten Bedingungen erfüllt ist.[398] Zulässig ist die Verarbeitung gem. Art. 6 Abs. 1 lit. c) DSGVO etwa dann, wenn der Verantwortliche die Daten verarbeiten muss, um eine ihm obliegende Pflicht zu erfüllen.[399] Da sich die Erfüllung der Qualitätsanforderungen i. S. d. Art. 10 KI-VO gem. Art. 16 lit. a) KI-VO als Pflicht des Anbieters darstellt, wäre eine Verarbeitung nach Maßgabe des Art. 6 DSGVO zumindest grundsätzlich zulässig.[400]

Etwas anderes gilt jedoch, wenn die personenbezogenen Daten, mit denen das System entwickelt wurde, unter eine der besonderen Kategorien der personenbezogenen Daten i. S. d. Art. 9 Abs. 1 DSGVO fallen. In diesem Fall ist die Verarbeitung grundsätzlich untersagt.[401] Zu den davon erfassten besonderen Kategorien zählen gem. Art. 9 Abs. 1 DSGVO auch „Gesundheitsdaten".[402]

Gesundheitsdaten sind in Art. 4 Nr. 15 DSGVO legaldefiniert als „personenbezogene Daten, die sich auf die körperliche oder geistige Gesundheit einer natürli-

---

[396] Vgl. zu den Beschränkungen der DSGVO als eine der Ursachen für das Fehlen hinreichender Entwicklungsdatensätze, etwa *Chen/Liu/Peng*, Nature Materials 2019, 410, 411; *Hecker/Voss/Paaß/Wirtz*, Big Data 2.0 – mit synthetischen Daten KI-Systeme stärken, abrufbar unter: siehe Quellenangaben.

[397] Vgl. eingehend zu dem Begriff der „personenbezogenen Daten" i. S. d. Art. 4 Nr. 1 DSGVO, *Ziehbarth*, in: Sydow/Marsch, Art. 4 DSGVO, Rn. 8 ff.; *Frenzel*, in: Paal/Pauly, Art. 4 DSGVO, Rn. 3 ff.

[398] Vgl. auch die Bezeichnung als „umfassendes präventives Verbot", *Reimer*, in: Sydow/Marsch, Art. 6 DSGVO, Rn. 1 ff.; hierzu auch *Frenzel*, in: Paal/Pauly, Art. 6 DSGVO, Rn. 1; vgl. dafür, dass die DSGVO neben der KI-Verordnung parallel anwendbar ist, *Schulz-Große*, MPR 2022, 210, 211, mit Verweis auf das Erklärende Memorandum, COM 2021, 206 final, S. 4; ebenso in Bezug zu dem Entwurf des Rats, *Schulze-Große/Genske*, GuP 2023, 81, 85, mit Verweis auf Erwägungsgrund 58a KI-VOE-Rat, *Rat*, General Approach 14954/22, S. 49.

[399] *Reimer*, in: Sydow/Marsch, Art. 6 DSGVO, Rn. 35 ff.; *Frenzel*, in: Paal/Pauly, Art. 6 DSGVO, Rn. 16 ff.

[400] In diese Richtung auch *Schreitmüller*, Regulierung intelligenter Medizinprodukt, S. 307; vgl. dazu, dass Art. 6 DSGVO nur das „Ob" der Zulässigkeit, nicht aber das „wie" der Zulässigkeit der Verarbeitung bestimmt, sodass selbst wenn die Voraussetzungen des Art. 6 DSGVO erfüllt sind, weiterhin die Beschränkungen des Art. 5 DSGVO einzuhalten sind, *Frenzel*, in: Paal/Pauly, Art. 6 DSGVO, Rn. 7.

[401] Ebenso inzwischen *Braun Binder/Egli*, in: Martini/Wendehorst, Art. 10, Rn. 78; *Schreitmüller*, Regulierung intelligenter Medizinprodukte, S. 212.

[402] *Schreitmüller*, Regulierung intelligenter Medizinprodukte, S. 213; vgl. eingehend zu den einzelnen Kategorien, die die besondere Stellung der personenbezogenen Daten i. S. d. Art. 9 Abs. 1 DSGVO begründen, *Frenzel*, in: Paal/Pauly, Art. 9 DSGVO, Rn. 10 ff.

chen Person, einschließlich der Erbringung von Gesundheitsleistungen, beziehen und aus denen Informationen über den Gesundheitszustand hervorgehen". Obgleich die Definition wegen der wiederholten Verwendung des Wortes „Gesundheit" als misslungen[403] deklariert wird, scheint dennoch Einigkeit darüber zu bestehen, dass von dem Begriff Daten erfasst sein sollen, aus denen sich Informationen über einen früheren, derzeitigen oder künftig bestehenden körperlichen oder geistigen Zustand einer Person ergeben.[404]

Nach der überwiegenden[405] Ansicht in der Literatur liegt dem Begriff ein weites Verständnis zugrunde. Um als *Gesundheits*daten qualifiziert zu werden, ist es daher nicht erforderlich, dass die Verarbeitung eines bereits gestellten Diagnose*ergebnisses* erfolgt, sondern ist es vielmehr ausreichend, dass Daten vorliegen, auf deren Grundlage eine Diagnoseentscheidung getroffen werden kann, was etwa bei der Verarbeitung von noch nicht befundeten Röntgenbildern oder CT-Aufnahmen anzunehmen ist.[406] Daher sind medizinische Daten strenggenommen stets als Gesundheitsdaten i. d. S. zu qualifizieren, weshalb auch KI-basierte Medizinprodukte in aller Regel Gesundheitsdaten i. S. d. Art. 9 Abs. 1 DSGVO verarbeiten und daher der Verbotstatbestand des Art. 9 Abs. 1 DSGVO regelmäßig erfüllt ist.[407]

Allerdings handelt es sich dabei auch nicht um ein absolutes Verbot, vielmehr sieht Art. 9 Abs. 2 DSGVO eine Reihe von Ausnahmen vor, unter deren Bedingung die Verarbeitung ausnahmsweise dennoch zulässig ist.[408] Zu diesen Ausnahmen gehört ausweislich des Art. 9 Abs. 2 lit. g) DSGVO auch die Ermächtigung auf Grundlage des Unionsrechts, sofern die Verarbeitung in einem angemessenen Verhältnis zu dem verfolgten Ziel steht, den Datenschutz dem Wesen nach wahrt, angemessene Maßnahmen zum Schutz der Grundrechte und Interessen der betroffenen Person vorsieht, als auch aus Gründen des öffentlichen Interesses erforderlich ist.[409]

---

[403] So *Kampert*, in: Sydow/Marsch, Art. 4 DSGVO, Rn. 188.

[404] *Rammos/Lange/Clausen*, in: Ebers/Heinze/Krügel/Steinrötter, § 28, Rn. 50; *Kampert*, in: Sydow/Marsch, Art. 4 DSGVO, Rn. 188, mit Verweis auf Erwägungsgrund 35 DSGVO; ebenso *Schreitmüller*, Regulierung intelligenter Medizinprodukte, S. 213.

[405] *Rammos/Lange/Clausen*, in: Ebers/Heinze/Krügel/Steinrötter, § 28, Rn. 50; *Kampert*, in: Sydow/Marsch, Art. 4 DSGVO, Rn. 189; ebenso *Schild*, in: BeckOK Datenschutzrecht, Art. 4 DSGVO, Rn. 143.

[406] *Rammos/Lange/Clausen*, in: Ebers/Heinze/Krügel/Steinrötter, § 28, Rn. 50; dem folgend *Schreitmüller*, Regulierung intelligenter Medizinprodukte, S. 213.

[407] *Rammos/Lange/Clausen*, in: Ebers/Heinze/Krügel/Steinrötter, § 28, Rn. 50; dem folgend *Schreitmüller*, Regulierung intelligenter Medizinprodukte, S. 213.

[408] *Braun Binder/Egli*, in: Martini/Wendehorst, Art. 10, Rn. 79; *Schreitmüller*, Regulierung intelligenter Medizinprodukte, S. 212; *Frenzel*, in: Paal/Pauly, Art. 9 DSGVO, Rn. 18 ff.

[409] *Braun Binder/Egli*, in: Martini/Wendehorst, Art. 10, Rn. 79; vgl. eingehend zu der Ausnahme des Art. 9 Abs. 2 lit. g) DSGVO, *Frenzel*, in: Paal/Pauly, Art. 9 DSGVO, Rn. 38 ff.; ebenso *Kampert*, in: Sydow/Marsch, Art. 9 DSGVO, Rn. 34 ff.

Von dieser Ausnahme macht Art. 10 Abs. 5 KI-VO[410] Gebrauch, indem dieser die Verarbeitung von personenbezogenen Daten i. S. d. Art. 9 Abs. 1 VO (EU) 2016/679, Art. 10 der RL (EU) 2016/680 und Art. 10 Abs. 1 VO (EU) 2018/1725 unter bestimmten Voraussetzungen zulässt.[411]

Zu den Einschränkungen, unter denen von dieser Ermächtigung Gebrauch gemacht werden kann, gehört gem. Art. 10 Abs. 5 KI-VO, dass eine entsprechende Verarbeitung „unbedingt erforderlich" ist, um die Verzerrungen zu beobachten, erkennen oder zu korrigieren. Ferner müssten „angemessene" Schutzvorkehrungen getroffen werden, um den Schutz der Grundrechte zu erreichen, wozu auch die Beschränkung der Weiterverwendung als auch mordernste Sicherheits- und Datenschutzmaßnahmen, wie die Pseudonymisierung gehörten. Einschränkend sah die Kommission schließlich vor, dass eine Verarbeitung nur dann zulässig sei, wenn der Zweck nicht durch eine Anonymisierung erreicht werden könne.

*(2) Ermangelung von Qualitätsanforderungen für synthetische Daten*

Selbst wenn damit den datenschutzrechtlichen Ursachen für eine Ermangelung ausreichend repräsentativer Daten entgegengetreten werden kann, verleibt das für seltene Erkrankungen bestehende Problem, dass es einer ausreichenden Menge an repräsentativen (digitalen) Daten ermangelt.[412]

Diesen Herausforderungen versucht man nunmehr mit synthetischen Daten entgegenzutreten.[413] Synthetische Daten können durch sog. *Generative Adversial Networks* (GAN) erstellt werden, indem zwei neuronale Netzwerke miteinander konkurrieren.[414] Zu diesem Zweck erzeugt das eine Netzwerk einen synthetischen Inhalt, während das konkurrierende Netzwerk eine Klassifizierung des Inhaltes als echt oder künstlich vornimmt, um so die Authentizität des generierten Inhaltes weiter zu optimieren.[415] Auf diese Weise lernt das System möglichst wirklichkeitsgetreue synthetische Inhalte zu generieren, die den Anschein erwecken echt zu sein.[416] Dadurch könnten beispielsweise synthetische Röntgenaufnahmen oder Bilder von Hautläsionen generiert werden, die dann zur Ergänzung der Datengrundlage

---

[410] Vgl. bereits zum Kommissionsentwurf, Art. 10 Abs. 5 KI-VOE-KOM, COM 2021, 206 final, S. 56; vgl. hierfür Änderung 290, *Europäisches Parlament*, Amendments adopted by the European Parliament on 14 June 2023 on the proposal for an Artificial Intelligence Act, P9_TA(2023)0236.

[411] *Braun Binder/Egli*, in: Martini/Wendehorst, Art. 10, Rn. 79; vgl. zum Kommissionsentwurf *Ebert/Spiecker gen. Döhmann*, NVwZ 2021, 1188, 1190; dem folgend *Spindler*, Hilgendorf/Roth-Isigkeit, 1. Auflage, § 5, Rn. 34; ebenso *Schulze-Große*, MPR 2022, 210, 213; ebenso *Hornung*, DuD 2022, 561, 563.

[412] Vgl. hierzu *Heil*, MPR 2022, 1, 9; *Marx/Gladov*, MPR 2022, 37, 40; *Chen/Liu/Peng*, Nature Materials 2019, 410, 411; *Chen et al.*, Nature Biomedical Engineering 2021, 493.

[413] Vgl. hierzu eingehend *Chen et al.*, Nature Biomedical Engineering 2021, 493.

[414] *Chen et al.*, Nature Biomedical Engineering 2021, 493.

[415] *Chen et al.*, Nature Biomedical Engineering 2021, 493.

[416] *Chen et al.*, Nature Biomedical Engineering 2021, 493.

verwendet und zu Trainingszwecken eingesetzt werden können.[417] Durch die Generierung synthetischer Daten wird die Überwindung der Herausforderungen von fehlenden Daten über seltene Krankheiten bzw. datenschutzrechtlichen Verarbeitungsverboten entgegengetreten.[418]

Umso überraschender ist es jedoch, dass der Umgang mit synthetischen Daten im Entwurf der Kommission und des Rates keine, und im Entwurf des Parlaments sowie dem endgültigen Regelungstext nur am Rande Erwähnung findet. Im endgültigen Regelungstext – dem Entwurf des Parlaments folgend – wird nur insoweit auf synthetische Daten eingegangen, als dass die Ermächtigungsgrundlage des Art. 10 Abs. 5 KI-VO von der Voraussetzung abhängig gemacht wird, dass die Datenqualitätsanforderungen auch nicht durch „*synthetic* or anonymised data" erreicht werden konnten.[419]

Gleichwohl steht die Generierung von synthetischen Daten andererseits vor der Herausforderung, dass die Qualität und Repräsentativität der Daten gewährleistet sein muss.[420] Die Entwicklung eines Standards, an dem die Qualität der synthetischen Daten gemessen werden kann, kann jedoch vor der Herausforderung stehen, dass selbst für die Etablierung dieses Standards keine hinreichenden Vergleichsdaten bestehen und zudem Metriken fehlen, anhand derer die Qualität der synthetischen Daten gemessen werden kann.[421]

Bisher ermangelt die KI-Verordnung indes spezieller Regelungen in Bezug auf die Qualitätsanforderungen von synthetischen Daten. Dem Unionsgesetzgeber sei dennoch geraten, sich frühzeitig mit entsprechenden Qualitätsanforderungen auseinanderzusetzen, weil synthetische Daten eine Reihe von Herausforderungen hinsichtlich der Unvollständigkeit der Datensätze zu lösen versprechen, gleichwohl eine Reihe neuartiger Risiken bergen, denen entgegengetreten werden muss.

#### *d) Zwischenergebnis*

In Art. 10 KI-VO sind Qualitätsanforderungen vorgesehen, denen die Entwicklungsdatensätze entsprechen müssen.

Obgleich die Qualitätsanforderungen nur für die Entwicklungsdaten und daher nicht für die Eingabedaten gelten, die nach der Inverkehrgabe durch den Verwender

---

417 *Chen et al.*, Nature Biomedical Engineering 2021, 493, 494; vgl. zur Generierung von synthetischen Röntgenaufnahmen, vgl. *Teixeira et al.*, IEEE conference on computer vision and pattern recognition 2018, 9059 ff.; vgl. zur Generierung von synthetischen Bildern von Hautläsionen, *Ghorbani et al.*, Proceedings of Machine Learning Research 2020, 155 ff.

418 *Chen et al.*, Nature Biomedical Engineering 2021, 493, 494.

419 Hervorhebung hinzugefügt; Vgl. Änderung 290, *Europäisches Parlament*, Amendments adopted by the European Parliament on 14 June 2023 on the proposal for an Artificial Intelligence Act, P9_TA(2023)0236.

420 *Chen et al.*, Nature Biomedical Engineering 2021, 493, 494 f.

421 *Chen et al.*, Nature Biomedical Engineering 2021, 493, 494 f.

eingegeben werden, führt diese Beschränkung des Art. 10 Abs. 1 KI-VO dennoch nicht zu sicherheitsrechtlichen Regelungslücken. Vielmehr kann den Risiken, die aus der mangelnden Qualität der Eingabedaten resultiert, durch Anforderungen an die menschliche Kontrolle nach Art. 14 KI-VO und die Etablierung von Maßnahmen zur Gewährleistung der Genauigkeit, Robustheit und Cybersicherheit nach Art. 15 KI-VO entgegengetreten werden.

Während der Kommissionsentwurf in Art. 10 Abs. 3 KI-VOE-KOM teilweise noch unerfüllbare Qualitätsanforderungen an die Entwicklungsdatensätze stellte, konnte die Schwäche durch den endgültigen Regelungstext, der von einer absoluten Fehlerfreiheit, Repräsentativität und Vollständigkeit absieht und die Pflicht auf das Maß des Erforderlichen und praktisch Umsetzbaren reduziert, behoben werden.

Dennoch stellt im Rahmen des Medizinsektors der Mangel an medizinischen Daten eine der größten Herausforderungen für den Einsatz maschineller Lernsysteme dar. Diese Herausforderungen versprechen synthetische Daten zu schließen. Begrüßenswert ist es daher, dass der endgültige Regelungstext ausdrücklich von der Zulässigkeit synthetischer Daten als Entwicklungsdaten ausgeht. Erforderlich wäre jedoch, dass der Unionsgesetzgeber auch speziell für solche Daten frühzeitig hinreichend konkrete Qualitätsanforderungen festlegt.

Sofern diese Schwächen korrigiert werden, verspricht Art. 10 KI-VO die sicherheitsrechtlichen Regelungslücken des Anhanges I MP-VO zu schließen, die aufgrund der Ermangelung hinreichend konkreter Datenqualitätsanforderungen für lernfähige Hochrisiko-KI-Systeme entstehen.

### 2. Aufzeichnungspflicht nach Art. 12 KI-VO

Zudem wird der geltende Regelungsrahmen der MP-VO mit Art. 12 Abs. 1 KI-VO[422] um die Pflicht ergänzt, dass Hochrisiko-KI-Systeme die automatische Aufzeichnung von Ereignissen ermöglichen können muss.[423] In dem Zusammenhang spricht die KI-Verordnung von einer sog. *Protokollierung*[424] bzw. „logs“[425].[426] In der

[422] Vgl. zu den Entwürfen, Art. 12 Abs. 1 KI-VOE-KOM, COM 2021, 206 final, S. 57; Art. 12 Abs. 1 KI-VOE-Rat, *Rat*, General Approach, 14954/22, S. 94; Art. 12 Abs. 1 KI-VOE-EP, *Europäisches Parlament*, Amendments adopted by the European Parliament on 14 June 2023 on the proposal for an Artificial Intelligence Act, P9_TA(2023)0236.

[423] *Braun Binder/Egli*, in: Martini/Wendehorst, Art. 12, Rn. 8; *Siglmüller/Zdanowiecki*, in: BeckOK KI-Recht, Art. 12, Rn. 8; *Wende*, in: Bomhard/Pieper/Wende, Art. 12, Rn. 9.

[424] Vgl. *Braun Binder/Egli*, in: Martini/Wendehorst, Art. 12, Rn. 8; vgl. hierfür die deutsche Sprachfassung des Art. 12 Abs. 1 VO (EU) 2024/1689; Vgl. hierfür zu den Entwürfen auch die deutsche Sprachfassung von Art. 12 Abs. 1 KI-VOE-KOM, COM 2021, 206 final, S. 57.

[425] Vgl. hierfür die englische Sprachfassung des Art. 12 Abs. 1 VO (EU) 2024/1689; Vgl. hierfür zu den Entwürfen auch die englische Sprachfassung des Kommissionsentwurfes Art. 12 Abs. 1 KI-VOE-KOM, COM 2021, 206 final, S. 49; ferner auch Art. 12 Abs. 1 KI-

Informatik wird das „Software-Logging" zur Rückverfolgung und Überwachung der Funktionsweise einer Software verwendet.[427] Die Dokumentationen können zur Fehleranalyse, Überprüfung der Leistungsfähigkeit sowie zur Überprüfung der Einhaltung von Sicherheits- und Rechtsvorschriften herangezogen werden.[428]

Gerade wegen dieser unterschiedlichen Zielsetzungen kann weder der konkrete Bezugspunkt der Protokollierung („Where-to-log") noch der konkrete Inhalt („What-to-log") oder die Wahl des konkreten technischen Verfahrens („How-to-log") allgemeingültig festgelegt werden, sondern hängen diese Umstände vielmehr stets von der Entscheidung des Entwicklers im Einzelfall ab.[429]

*a) Konturierung der Protokollierungspflicht durch die Verwendungsadressaten*

Welche Anforderungen die KI-VO an die Protokollierungen stellen wird, wird in Art. 12 Abs. 3 KI-VO[430] nur für solche KI-Systeme explizit konkretisiert, die unter Anhang III Nr. 1 lit. a) KI-VO fallen.[431] Für KI-basierte Medizinprodukte i. S. d. Anhangs I Teil A KI-VO ermangelt Art. 12 KI-VO einer entsprechend ausdrücklichen Konkretisierung.[432] Für solche Systeme erschöpft sich die Konkretisierung des

---

VOE-Rat, *Rat*, General Approach, 14954/22, S. 58; Art. 12 Abs. 1 KI-VOE-EP, *Europäisches Parlament*, Amendments adopted by the European Parliament on 14 June 2023 on the proposal for an Artificial Intelligence Act, P9_TA(2023)0236.

426 Eingehend zu der Aufzeichnungspflicht des Kommissionsentwurfes, etwa *Linardatos*, GPR 2022, 58, 65; *Kumkar*, in: Hilgendorf/Roth-Isigkeit, 1. Auflage, § 6, Rn. 13 ff.; vgl. zu der Pflicht auch *Bomhard/Merkle*, RDi 2021, 276, 281; *Roos/Weitz*, MMR 2021, 844, 846 f.; *Sesing/Tschech*, MMR 2022, 24, 29; *Fuderer*, MPR 2022, 121, 123; *Wiebe*, BB 2022, 899, 902.

427 Vgl. eingehend zu den Funktionen des Software-Loggings *Chen/Jiang*, ACM Computing Surveys 2021, 1; ferner auch *Cândido/Anniche/van Deursen*, PeerJ Computer Science 2021, 1, 10; vgl. zur Notwendigkeit der Logs für die Beweissicherung im Haftungsrecht, *Horner/Kaulartz*, CR 2016, 7, 10; ebenso *Grützmacher*, CR 2021, 433, 440.

428 Vgl. hierzu eingehend *Chen/Jiang*, ACM Computing Surveys 2021, 1 ff.; vgl. ebenso zu den Zwecken der Log-Analyse in der Wissenschaft, *Cândido/Anniche/van Deursen*, PeerJ Computer Science 2021, 1, 10; vgl. zur Notwendigkeit der Logs für die Beweissicherung im Haftungsrecht, *Horner/Kaulartz*, CR 2016, 7, 10; ebenso *Grützmacher*, CR 2021, 433, 440.

429 *Chen/Jiang*, ACM Computing Surveys 2021, 1 ff.; *Cândido/Anniche/can Deursen*, PeerJ Computer Science 2021, 1, 13.

430 Vgl. zu den Entwürfen Art. 12 Abs. 4 KI-VOE-KOM, COM 2021, 206 final, S. 57; ebenso Art. 12 Abs. 4 KI-VOE-Rat, *Rat*, General Approach, 14954/22, S. 94; ebenso Art. 12 Abs. 4 KI-VOE-EP, *Europäisches Parlament*, Amendments adopted by the European Parliament on 14 June 2023 on the proposal for an Artificial Intelligence Act, P9_TA(2023)0236;

431 *Roos/Weitz*, MMR 2021, 844, 847; *Kumkar*, in: Hilgendorf/Roth-Isigkeit, 1. Auflage, § 6, Rn. 15.

432 Vgl. dafür, dass der Kommissionsentwurf nur für Systeme i. S. d. Anhanges III Nr. 1 lit. a) KI-VOE „weitere Detailvorgaben" enthält, *Roos/Weitz*, MMR 2021, 844, 847.

Inhaltes vielmehr in den allgemeinen Vorgaben des Art. 12 Abs. 2 KI-VO[433], wonach die Protokollierung eine angemessene Rückverfolgung ermöglichen müsse.[434]

Der Grad, in dem eine angemessene Rückverfolgbarkeit gewährleistet werden muss, bemisst sich nach Art. 12 Abs. 2 KI-VO daran, dass die Marktüberwachungsbehörden, Anbieter und auch Betreiber ihren jeweiligen Pflichten nachkommen können.[435]

Zu diesem Zweck sieht Art. 12 Abs. 2 lit. a) und b) KI-VO es als erforderlich an, dass die Protokollierung die Marktüberwachungsbehörde in die Lage versetzt wird, das Vorliegen eines Risikos i. S. d. Art. 79 Abs. 1 KI-VO festzustellen, und es den Anbietern der Systeme ermöglicht, diese nach der Inverkehrgabe i. S. d. Art. 72 KI-VO zu überwachen.[436]

Weiterhin muss der Anbieter sicherstellen, dass die Aufzeichnungen so gestaltet sind, dass der Betreiber das System nach Art. 26 Abs. 5 KI-VO hinreichend überwachen kann.[437]

---

433 Vgl. zu den Enwürfen Art. 12 Abs. 2 KI-VOE-KOM, COM 2021, 206 final, S. 57; ebenso Art. 12 Abs. 2 KI-VOE-*Rat*, S. 94; Art. 12 Abs. 2 KI-VOE-EP, *Europäisches Parlament*, Amendments adopted by the European Parliament on 14 June 2023 on the proposal for an Artificial Intelligence Act, P9_TA(2023)0236.

434 *Siglmüller/Zdanowiecki*, in: BeckOK KI-Recht, Art. 12, Rn. 27; vgl. zum Kommissionentwurf, *Bomhard/Merkle*, RDi 2021, 276, 280; *Wiebe*, BB 2022, 899, 902; *Kalbhenn*, ZUM 2021, 663, 668; *Kumkar*, in: Hilgendorf/Roth-Isigkeit, 1. Auflage, § 6, Rn. 13.

435 Vgl. auch *Braun Binder/Egli*, in: Martini/Wendehorst, Art. 12, Rn. 14 ff.

436 Vgl. hierfür bereits zum Kommissionsentwurf Art. 12 Abs. 3 KI-VOE-KOM, COM 2021, 206 final, S. 57; ebenso vgl. Art. 12 Abs. 2 KI-VOE-Rat, *Rat*, General Approach 24954/22, S. 94; Art. 12 Abs. 2 KI-VOE-EP, Änderung 296, *Europäisches Parlament*, Amendments adopted by the European Parliament on 14 June 2023 on the proposal for an Artificial Intelligence Act, P9_TA(2023)0236; vgl. zum Kommissionsentwurf *Kumkar*, in: Hilgendorf/Roth-Isigkeit, 1. Auflage, § 6, Rn. 13; *Linardatos*, GPR 2022, 58, 65; vgl. in Bezug auf die Nachmarktbeobachtung des Anbieters, *Wiebe*, BB 2022, 899, 902; vgl. in Bezug auf die behördliche Aufsicht, *Roos/Weitz*, MMR 2021, 844, 847.

437 Während die Kommission nur die Marktüberwachungsbehörden und den Anbieter als Adressat der Aufzeichnungspflichten ansah, ergänzten die Entwürfe das Parlaments und des Rates den Adressatenkreis um ein weiteres Rechtssubjekt, indem sie vorsehen, dass die Protokolle auch die Erfüllung der Pflichten aus Art. 29 Abs. 4 KI-VOE ermöglichen müssten. Obgleich der Entwurf des Rates in Art. 29 Abs. 4 KI-VOE-Rat den „User" verpflichtete und das Parlament davon abweichend eine Verpflichtung des „Deployers" vorsah, stimmten die Entwürfe dennoch inhaltlich überein. Zunächst einmal sprach der Entwurf des Parlaments zwar von dem „Deployer" gleichwohl hielt er diesbezüglich inhaltlich an der Definition des „Nutzers" i. S. d. Art. 3 Nr. 4 KI-VOE-KOM vollständig fest. Im Entwurf des Rates wurde in Art. 3 Abs. 4 KI-VOE-Rat zwar die Einschränkung des Nutzerbegriffes des Art. 3 Nr. 4 KI-VOE-KOM auf professionelle Verwender aufgehoben, gleichwohl ergab sich aus Art. 2 Abs. 8 KI-VOE-Rat wiederum, dass die Pflichten des Art. 29 Abs. 4 KI-VOE-Rat weiterhin nur für professionelle Verwender gelten sollen; vgl. Art. 12 Abs. 2 KI-VOE-Rat, *Rat*, General Approach 24954/22, S. 94; Art. 12 Abs. 2 KI-VOE-EP, Änderung 296, *Europäisches Parlament*, Amendments adopted by the European Parliament on 14 June 2023 on the proposal for an Artificial Intelligence Act, P9_TA(2023)0236; vgl. Art. 29 Abs. 4 KI-VOE-Rat, *Rat*, General Approach 14054/22, S. 112; vgl. Art. 29 Abs. 4 KI-VOE-EP, Änderung 400, *Europäi-*

Sinn und Zweck der Aufzeichnungspflicht des Art. 12 KI-VO besteht daher vor allem darin, der Intransparenz von komplexen KI-Systemen entgegenzutreten und den jeweiligen Informationsadressaten eine angemessene Rückverfolgbarkeit zu ermöglichen, damit sie den ihnen obliegenden Pflichten nachkommen können.[438]

### *b) Emergierendes Spannungsfeld der unterschiedlichen Informationsadressaten*

Obgleich in Abhängigkeit der jeweiligen Pflichten der Inhalt der Aufzeichnungspflicht näher konkretisiert werden kann, ist es andererseits jedoch problematisch, dass die Informationsinteressen zwischen diesen Adressatenkreisen stark divergieren können. Dadurch entsteht ein nicht unerhebliches Spannungsfeld von unterschiedlichen Informationsinteressen, durch das die Frage nach dem Inhalt der Protokollierungen, als auch der Art der Darstellung aufgeworfen wird.

#### aa) Informationsinteresse des Anbieters

Die Anbieter werden zunächst an einer unstrukturierten Aufzeichnung des Systembetriebes interessiert sein, da diese nur so der ihnen obliegenden Pflicht des Art. 72 KI-VO[439] nachkommen können, über die gesamte Lebensdauer hinweg Daten zu erfassen, zu dokumentieren und zu analysieren, um ihre Nachbeobachtungspflicht nach Art. 72 Abs. 2 KI-VO[440] zu erfüllen.[441] Das Informationsinteresse des Anbieters liegt daher in einer umfassenden Aufzeichnung der einzelnen Prozesse des Systems, um selbst eine Fehleranalyse durchführen zu können. Dieses Informationsbedürfnis könnte gerade durch „Log"-Dateien, in deren Rahmen der Systembetrieb unstrukturiert aufgezeichnet wird, befriedigt werden.[442] Anderenfalls besteht die Gefahr, dass durch die Zusammenfassung der erhobenen Daten für die Fehleranalyse wesentliche Informationen beschnitten werden.

---

*sches Parlament*, Amendments adopted by the European Parliament on 14 June 2023 on the proposal for an Artificial Intelligence Act, P9_TA(2023)0236.

[438] Vgl. so auch *Braun Binder/Egli*, in: Martini/Wendehorst, Art. 12, Rn. 1; vgl. zu den Entwürfen, *Linardatos*, GPR 2022, 58, 65; *Kumkar*, in: Hilgendorf/Roth-Isigkeit, 1. Auflage, § 6, Rn. 13; *Wiebe*, BB 2022, 899, 902.

[439] Vgl. zu den Entwürfen Art. 61 Abs. 2 KI-VOE-KOM, COM 2021, 206 final, S. 85; ebenso Art. 61 Abs. 2 KI-VOE-Rat, *Rat*, General Approach 14954/22, S. 159; ebenso Art. 61 Abs. KI-VOE-EP, *Europäisches Parlament*, Amendments adopted by the European Parliament on 14 June 2023 on the proposal for an Artificial Intelligence Act, P9_TA(2023)0236.

[440] Vgl. zu den Entwürfen Art. 61 Abs. 2 KI-VOE-KOM, COM 2021, 206 final, S. 85; ebenso Art. 61 Abs. 2 KI-VOE-Rat, *Rat*, General Approach 14954/22, S. 159; ebenso Art. 61 Abs. KI-VOE-EP, *Europäisches Parlament*, Amendments adopted by the European Parliament on 14 June 2023 on the proposal for an Artificial Intelligence Act, P9_TA(2023)0236.

[441] *Braun Binder/Egli*, in: Martini/Wendehorst, Art. 12, Rn. 19; vgl. ebenso zum Kommissionsentwurf *Wiebe*, BB 2022, 899, 904; *Linardatos*, in: Hilgendorf/Roth-Isigkeit, 1. Auflage, § 7, Rn. 53.

[442] Vgl. hierzu *Cândido/Anniche/can Deursen*, PeerJ Computer Science 2021, 1, 18 f.

### bb) Feststellung von Risiken durch die Marktüberwachungsbehörde

Ob diese unstrukturierten Log-Dateien auch das Informationsbedürfnis der Marktüberwachungsbehörden befriedigen können, muss hingegen bezweifelt werden.

Den Marktüberwachungsbehörden muss die Protokollierung es gem. Art. 12 Abs. 2 lit. a) KI-VO[443] ermöglichen, das Vorliegen eines Risikos i. S. d. Art. 79 Abs. 1 KI-VO und einer wesentlichen Änderung beurteilen zu können.[444]

Die Voraussetzungen, unter denen ein KI-System als ein System gilt, das ein Risiko birgt, sind in Art. 79 Abs. 1 KI-VO[445] normiert.[446] Zur Konkretisierung dessen verweist Art. 79 Abs. 1 KI-VO[447] auf die Legaldefinition des Art. 3 Nr. 19 VO (EU) 2019/1020. Demgemäß ist ein KI-System, das mit einem Risiko verbunden ist, ein System, das „Gesundheit und Sicherheit von Personen (...) stärker beeinträchtigen kann als das im Verhältnis zu seiner Zweckbestimmung oder bei normaler oder nach vernünftigem Ermessen vorhersehbarer Verwendung des betreffenden Produkts (...) als vernünftig und vertretbar gilt".

Daher beschränkt sich die Überprüfung der Marktüberwachungsbehörde auf das Vorliegen von sicherheitsrelevanten Risiken, während eine Überprüfung der Konformität mit den Anforderungen des Kap. III Abschnitt 2 KI-VO zu diesem Zeitpunkt noch nicht erfolgt.

Zunächst muss daher das Vorliegen eines solchen Risikos i. S. d. Art. 79 Abs. 1 KI-VO bestätigt werden, erst dies berechtigt die Marktüberwachungsbehörden gem.

---

[443] Vgl. zu den Entwürfen Art. 12 Abs. 3 KI-VOE-KOM, COM 2021, 206 final, S. 57; Art. 12 Abs. 2 KI-VOE-Rat, *Rat*, General Approach, 14954/22, S. 94; Art. 12 Abs. 2 KI-VOE-EP, Änderung 296, *Europäisches Parlament*, Amendments adopted by the European Parliament on 14 June 2023 on the proposal for an Artificial Intelligence Act, P9_TA(2023) 0236.

[444] Vgl. hierzu *Braun Binder/Egli*, in: Martini/Wendehorst, Art. 12, Rn. 15 ff.

[445] Vgl. zu den Entwürfen Art. 65 Abs. 1 KI-VOE-KOM, COM 2021, 206 final, S. 88; ebenso vgl. Art. 65 Abs. 1 KI-VOE-Rat, *Rat*, General Approach, 14054/22, S. 113; Art. 65 Abs. 1 KI-VOE-EP, Änderung 596, *Europäisches Parlament*, Amendments adopted by the European Parliament on 14 June 2023 on the proposal for an Artificial Intelligence Act, P9_TA(2023)0236.

[446] Vgl. zum Kommissionsentwurf, *Roth-Isigkeit*, in: Hilgendorf/Roth-Isigkeit, 1. Auflage, § 8, Rn. 27.

[447] Vgl. zu den Entwürfen Art. 65 Abs. 1 KI-VOE-KOM, COM 2021, 206 final, S. 88; Art. 65 Abs. 1 KI-VOE-Rat, *Rat*, General Approach, 14054/22, S. 167; Art. 65 Abs. 1 KI-VOE-EP, Änderung 596, *Europäisches Parlament*, Amendments adopted by the European Parliament on 14 June 2023 on the proposal for an Artificial Intelligence Act, P9_TA(2023) 0236, Obwohl der Parlamentsentwurf in Art. 65 Abs. 1 KI-VOE-EP von einem Verweis auf Art. 3 Nr. 19 VO (EU) 2019/1020 absah und das Risiko eigens in Art. 65 Abs. 1 KI-VOE-EP definierte, hielt auch das Parlament weiterhin daran fest, dass bei der Risikobeurteilung i. S. d. Art. 65 Abs. 1 KI-VOE-EP keine Konformitätsüberprüfung erfolgt, sondern nur zu beurteilen ist, ob das System das „Potenzial" birgt, dass eines der dort genannten Risiken vorliegt.

Art. 79 Abs. 2 KI-VO, die Konformität mit den Anforderungen der Verordnung zu überprüfen.[448]

Diese Einschränkung ist Ausfluss des den neuen Rechtsrahmen prägenden Prinzips, dass von einer systematischen Konformitätsprüfung der nationalen Behörden der Mitgliedstaaten abgesehen wird, weil diese anderenfalls die eigentliche bezweckte freie Verkehrsfähigkeit für Produkte mit CE-Kennzeichnung konterkarieren würden.[449]

Die Marktüberwachungsbehörden müssen daher auf Grundlage der Protokollierungen keine umfassende Konformitätsbewertung durchführen können, sondern anhand der Protokollierung muss allein das Vorliegen eines nicht vertretbaren Risikos i. S. d. Art. 79 Abs. 1 KI-VO bestimmt werden können. Daher sind die Marktüberwachungsbehörden vor allem an einer Aufzeichnung der vergangen Entscheidungsprozesse interessiert. Eine bloße Darlegung der Log-Dateien wird jedoch in aller Regel nicht ausreichend sein, um eine entsprechende Rückverfolgbarkeit durch die Marktüberwachungsbehörden anzunehmen und dadurch deren Informationsbedürfnis zu befriedigen.[450]

Zu beachten ist nämlich, dass es sich bei „Logs“ um eine Dokumentierung des Systembetriebs handelt, wobei die dadurch generierten Dateien schnell einen Umfang von mehreren Gigabytes pro Tag erreichen können, sodass eine Analyse durch einen Menschen nicht ohne Weiteres möglich ist.[451] Die Herstellung der Interpretierbarkeit kann es sogar zunächst erfordern, dass eine Strukturierung der Daten vorgenommen wird, die es erlaubt, mittels „log analysis“ anschließend Informationen aus den Datensätzen zu gewinnen.[452] Ein solche Strukturierung kann etwa über sog. *Pasing*-Verfahren erreicht werden, mit denen log-messages inhaltlich kategorisiert und zusammengefasst werden.[453] Wegen des exponentiellen Anstieges der Protokollierungsdaten kann sogar die Notwendigkeit bestehen, maschinelle Lernsysteme einzusetzen, um eine Analyse zu bewerkstelligen.[454] Diese Problematik spitzt sich umso mehr zu, wenn verschiedenen Systeme in einem Netzwerk

---

[448] Vgl. zum Kommissionsentwurf, *Roth-Isigkeit*, in: Hilgendorf/Roth-Isigkeit, 1. Auflage, § 8, Rn. 27.

[449] Vgl. eingehend zu den Grundprinzipien des neuen Rechtsrahmen, bereits Kap. 1., A.; vgl. dazu, dass die KI-Verordnungsentwürfe diesem Prinzip auch folgen, Kap. 1., C., II.

[450] Vgl. ebenso zum Kommissionsentwurf *Linardatos*, GPR 2021, 58, 65; *Hofmann*, K&R 2021, 369, 372; dem folgend *Kumkar*, in: Hilgendorf/Roth-Isigkeit, 1. Auflage, § 6, Rn. 13.

[451] *Cândido/Anniche/van Deursen*, PeerJ Computer Science 2021, 1, 19; ebenso *Bosch/Bosch*, Software Logging for Machine Learning, arXiv peprint 2020.

[452] *Cândido/Anniche/can Deursen*, PeerJ Computer Science 2021, 1, 17 ff.

[453] *Cândido/Anniche/can Deursen*, PeerJ Computer Science 2021, 1, 18 f.

[454] *Du/Li/Feifei*, ACM 2017, 1285 ff.; *Chen et al.*, arXiv preprint arXiv:2017.05908.

zusammenwirken, weil zur Nachvollziehbarkeit die Dokumentation auch die einzelnen Systeme umfassen muss, mit denen das System interagiert.[455]

Die Marktüberwachungsbehörde wird daher in aller Regel nicht an der Bereitstellung von diesen umfassenden und unstrukturierten Log-Dateien interessiert sein, sondern an einer Darstellung der aus diesen Log-Dateien bereits extrahierten Information, die in einer für diese verständlichen Weise dargestellt wird.[456]

#### cc) Feststellung eines Risikos oder einer Fehlfunktion durch den Betreiber

Diese Ausführungen lassen sich auch auf das Informationsinteresse des Betreibers übertragen, die ausweislich des Art. 12 Abs. 2 lit. c) KI-VO ebenfalls von dem Adressatenkreis der Aufzeichnungspflicht erfasst sein sollen.

Gemäß Art. 26 Abs. 5 KI-VO müssen die Systeme so konzipiert sein, dass die Betreiber in der Lage sind, die Systeme während ihrer Anwendung entsprechend der Betriebsanleitung zu überwachen.[457] Sofern im Rahmen der Überwachung durch den Betreiber das Vorliegen eines Risikos i. S. d. Art. 79 Abs. 1 KI-VO oder einen schwerwiegenden Vorfall i. S. d. Art. 73 KI-VO festgestellt wurde, löst dies gem. Art. 26 Abs. 5 S. 2 und S. 3 KI-VO eine Informationspflicht gegenüber dem Anbieter oder Händler und der zuständigen Marktüberwachungsbehörde aus.[458] Dieser Pflicht wird auch der „Betreiber" i. S. d. Art. 3 Nr. 4 KI-VO durch die für ihn handelnden Personen nur dann nachkommen, wenn diesen verständliche Informationen über den Systembetrieb zur Verfügung gestellt werden. Eine Offenlegung

---

[455] *Reichwald/Pfisterer*, CR 2016, 208, 211, die betonen, dass die Nachvollziehbarkeit nur dann gewährleistet werden kann, wenn bei komplexen Netzwerkstrukturen alle beteiligten Einzelsysteme mitdokumentiert werden; *Grützmacher*, CR 2021, 433, 436.

[456] Vgl. ebenso zum Kommissionsentwurf *Linardatos*, GPR 2021, 58, 65; *Hofmann*, K&R 2021, 369, 372; dem folgend *Kumkar*, in: Hilgendorf/Roth-Isigkeit, 1. Auflage, § 6, Rn. 13.

[457] Ebenso *Braun Binder/Egli*, in: Martini/Wendehorst, Art. 12, Rn. 20; vgl. zu den Entwürfen noch Art. 29 Abs. 4 KI-VOE-Rat, *Rat*, General Approach 14954/22, S. 112.

[458] Bereits Art. 12 Abs. 3 KI-VOE-Rat/EP sah es vor, dass die Systeme so konzipiert und entwickelt sein müssten, dass der „User"/„Deployer" seiner Überwachungspflicht nach Art. 29 Abs. 4 KI-VOE-Rat/EP nachkommen könne. Sofern im Rahmen der Überwachung durch den Nutzer das Vorliegen eines Risikos i. S. d. Art. 65 Abs. 1 KI-VOE-Rat oder eine Fehlfunktion i. S. d. Art. 62 KI-VOE-Rat festgestellt wurde, löste dies gem. Art. 29 Abs. 4 S. 2 KI-VOE-Rat eine Informationspflicht gegenüber dem Anbieter oder Händler aus, vgl. Art. 29 Abs. 4 KI-VOE-Rat, *Rat*, General Approach 14954/22, S. 112; Der Entwurf des Parlaments für Art. 29 Abs. 4 KI-VOE-EP stimmte damit weitestgehend überein, wobei der Entwurf ergänzend vorsah, dass die Informationspflicht nicht nur gegenüber dem Anbieter und dem Händler, sondern *auch* gegenüber der „national supervisory authorities" erfüllt werden muss. Demnach sah bereits der Parlamentsentwurf es vor, dass der „User"/„Deployer" auch das Vorliegen eines Risikos i. S. d. Art. 65 Abs. 1 KI-VOE oder eine Fehlfunktion i. S. d. Art. 62 KI-VOE feststellen können, vgl. Art. 29 Abs. 4 KI-VOE-EP, Änderung 404, *Europäisches Parlament*, Amendments adopted by the European Parliament on 14 June 2023 on the proposal for an Artificial Intelligence Act, P9_TA(2023)0236.

von mehreren Terabyte unstrukturierter Log-Daten wird dieses Informationsinteresse nicht befriedigen können.[459]

### *c) Trennung der technischen Konzeption von dem erzeugenden Protokoll*

Da die Marktüberwachungsbehörden, Betreiber und Anbieter als Informationsadressaten des Art. 12 KI-VO divergierende Informationsbedürfnisse haben, stellt sich die Frage, welcher Inhalt dem automatisch generierten Protokoll nach Art. 12 Abs. 1 KI-VO zukommen soll. Teilweise wurde wegen der nicht ohne Weiteres anzunehmenden Interpretierbarkeit der Log-Dateien betont, dass Art. 12 KI-VO in einem Zusammenhang mit Art. 13 KI-VO zu sehen sei und daher ein „erklärendes Protokoll" generiert werden müsse.[460] Sofern jedoch ausschließlich ein erklärendes Protokoll erstellt würde, könnte dem Informationsinteresse des Anbieters nicht mehr hinreichend Rechnung getragen werden, weil die Aufzeichnung von vornherein bereits analysierte Informationen erhalten würde.

Vor diesem Hintergrund ist die Pflicht die Systeme so zu konzipieren und zu entwickeln, dass diese die Prozesse in (unstrukturierten) Log-Dateien aufzeichnen, grundsätzlich begrüßenswert.

Es muss jedoch gewährleistet sein, dass den Marktüberwachungsbehörden und den Betreibern nicht diese unstrukturierten Daten, sondern vielmehr erklärte Protokolle zur Verfügung gestellt werden. Obgleich Art. 12 KI-VO keine entsprechende Pflicht zu entnehmen ist, muss die in Art. 9 Abs. 4 KI-VO betonte Wechselwirkung der Sicherheitsanforderungen des Kap. III Abschnitt 2 KI-VO berücksichtigt werden.

Ausweislich des Art. 13 Abs. 1 KI-VO[461] sind die Systeme nämlich so zu konzipieren, dass diese in technischer Hinsicht hinreichend Transparenz herstellen, damit die „Betreiber" den ihnen obliegenden Pflichten und damit auch der Überwachungspflicht des Art. 26 Abs. 5 KI-VO nachkommen können. Dies würde daher auch eine verständliche Darstellung der nach Art. 12 KI-VO protokollierten Prozessabläufe umfassen.[462]

Vor dem Hintergrund, dass die Transparenzpflicht des Art. 13 KI-VO jedoch vorrangig dafür bestimmt ist, dass die Anbieter und Betreiber ihre Pflichten erfüllen können, ist fraglich, inwieweit dem Interesse der Marktüberwachungsbehörden in Bezug auf ein erklärbares Protokoll Rechnung getragen werden kann, weil es einer

---

[459] Vgl. zum Kommissionsentwurf, *Linardatos*, GPR 2021, 58, 65; *Hofmann*, K&R 2021, 369, 372; *Kumkar*, in: Hilgendorf/Roth-Isigkeit, 1. Auflage, § 6, Rn. 13.

[460] Vgl. zum Kommissionsentwurf, *Linardatos*, GPR 2021, 58, 65.

[461] Vgl. zu den Entwürfen Art. 13 Abs. 1 S. 1 KI-VOE-KOM, COM 2021, 206 final, S. 57; Art. 13 Abs. 1 S. 1 KI-VOE-Rat, *Rat*, General Approach, 14954/22, S. 95; Art. 13 Abs. 1 S. 1 KI-VOE-EP, *Europäisches Parlament*, Amendments adopted by the European Parliament on 14 June 2023 on the proposal for an Artificial Intelligence Act, P9_TA(2023)0236.

[462] Zu den Transparenzpflichten des Art. 13 KI-VO, ausführlich Kap. 4, C., IV., 3.

entsprechenden Vorschrift für die Marktüberwachungsbehörden der KI-Verordnung ermangelt.

Das Informationsbedürfnis der Marktüberwachungsbehörden wird jedoch nicht gänzlich unberücksichtigt gelassen. Vielmehr ist in Art. 79 Abs. 2 UAbs. 1 S. 3 KI-VO[463] vorgesehen, dass die betreffenden Akteure im notwenigen Umfang mit den Behörden zusammenarbeiten müssen. Dies umfasst sodann auch die Pflicht für den Anbieter, den Behörden die automatisch generierten Protokolle in einer interpretierbaren Weise zur Verfügung stellen. Dass das bestehende Informationsdefizit der Marktüberwachungsbehörde durch die Zurverfügungstellung von verständlichen Informationen durch den Anbieter ausgeglichen werden muss, zeigt auch die Existenz der technischen Dokumentation i. S. d. Art. 11 KI-VO.[464]

Dass die Systeme allerdings so konzipiert und entwickelt werden müssen, dass sie den Systembetrieb zunächst einmal umfassend in den Log-Dateien i. S. d. Art. 12 Abs. 1 KI-VO aufzeichnen, ist begrüßenswert, um den unterschiedlichen Informationsinteressen des Anbieters, der Marktüberwachungsbehörden und des Betreibers Rechnung tragen zu können. Die Zurverfügungstellung verständlicher Informationen gegenüber den Marktüberwachungsbehörden bzw. Betreibern wird sodann durch das Zusammenspiel mit Art. 13 Abs. 1 KI-VO bzw. Art. 79 Abs. 2 UAbs. 1 S. 3 KI-VO gewährleistet.

#### *d) Ausgliederung der Aufbewahrungsfristen aus den Systemeigenschaften*

Teilweise[465] wurde kritisiert, dass in Art. 12 KI-VO jegliche Lösch- bzw. Aufbewahrungsfristen für die erstellten Protokolle fehlen würden. Obgleich Art. 12 KI-VO keine Aufbewahrungsfristen zu entnehmen sind, wäre es vorschnell geurteilt, der KI-VO generell entsprechende Lösch- oder Aufbewahrungsfristen abzusprechen. Vielmehr ist der Umstand, dass Art. 12 KI-VO Lösch- und Aufbewahrungsfristen ermangelt, in der systematischen Stellung des Art. 12 KI-VO in Kap. III Abschnitt 2 KI-VO begründet. In Kap. III Abschnitt 2 KI-VO sind Anforderungen an die technische Konzeption und Entwicklung *des KI-Systems* festlegt. Im Unterschied hierzu handelt es sich bei Frage, wie lange etwas aufbewahrt werden muss, nicht um eine Frage der System*eigenschaften*, sondern vielmehr um eine *Pflicht* des Anbieters bzw. Betreibers.

---

[463] Vgl. zu den Entwürfen, Art. 65 Abs. 2 KI-VOE-KOM, COM 2021, 206 final, S. 57; Art. 65 Abs. 2 KI-VOE-Rat, *Rat*, General Approach, 14954/22, S. 167; Art. 65 Abs. 2 KI-VOE-EP, *Europäisches Parlament*, Amendments adopted by the European Parliament on 14 June 2023 on the proposal for an Artificial Intelligence Act, P9_TA(2023)0236.

[464] Vgl. zu den Entwürfen, Art. 11 KI-VOE-KOM, COM 2021, 206 final, S. 56; Art. 11 KI-VOE-Rat, *Rat*, General Approach, 14954/22, S. 93; Art. 11 KI-VOE-EP, *Europäisches Parlament*, Amendments adopted by the European Parliament on 14 June 2023 on the proposal for an Artificial Intelligence Act, P9_TA(2023)0236.

[465] Vgl. zum Kommissionsentwurf, *Roos/Weitz*, MMR 2021, 844, 847.

Für Anbieter sind die Aufbewahrungspflichten der Protokolle in Art. 18 Abs. 1 KI-VO[466] normiert. Die Aufbewahrungsfrist des Betreibers ist in Art. 26 Abs. 6 KI-VO[467] festgelegt, wonach die Protokolle „(...) für einen der Zweckbestimmung des Hochrisiko-KI-Systems angemessenen Zeitraum von mindestens sechs Monaten auf, sofern im geltenden Unionsrecht, insbesondere im Unionsrecht über den Schutz personenbezogener Daten, oder im geltenden nationalen Recht nichts anderes bestimmt ist“.[468]

Die Aufbewahrungspflichten stellen jedoch keine Eigenschaften des KI-Systems dar, welche im Rahmen der Konformitätsbewertung nach Art. 43 Abs. 3 UAbs. 1 KI-VO mitüberprüft werden müssen, sodass eine Ausgliederung aus Kap. III Abschnitt 2 KI-VO sinnvoll ist.

### *e) Fazit zu diesem Abschnitt*

Ausweislich des Art. 12 KI-VO sind Anbieter von Hochrisiko-KI-Systemen dazu verpflichtet, die Systeme so zu konzipieren und zu entwickeln, dass diese die Vorgänge in sog. *Log-Dateien* aufzeichnen.

Vor dem Hintergrund, dass Art. 12 KI-VO an unterschiedliche Informationsadressaten anknüpft, entsteht ein nicht unerhebliches Spannungsverhältnis zwischen den unterschiedlichen Informationsinteressen, was die Frage danach aufwirft, welchen Inhalt die Aufzeichnung haben sollte und wie diese ausgestaltet sein sollte.

Wegen der unterschiedlichen Informationsinteressen der Anbieter, Betreiber und Marktüberwachungsbehörden ist es gleichwohl begrüßenswert, dass die Aufzeichnungspflicht nicht von vornherein auf die Erstellung von erklärbaren Protokollen beschränkt wird, weil dem Anbieter nur bei dem Vorliegen „unbeschnittener“ Daten eine Fehleranalyse möglich ist.

Dem Informationsinteresse des Betreibers an erklärbaren Protokollen wird bereits durch das Zusammenspiel mit Art. 13 KI-VO Rechnung getragen, wonach die Systeme so konzipiert und entwickelt sein müssen, dass der Betreiber seiner Überwachungspflicht nach Art. 26 Abs. 5 KI-VO nachkommen können muss.

Obgleich der Informationsadressat der Transparenzpflicht des Art. 13 KI-VO primär der Betreiber ist, ergibt sich eine dementsprechende Transparenzpflicht für die Marktüberwachungsbehörden aus Art. 79 Abs. 2 UAbs. 1 S. 3 KI-VO, wonach

---

[466] Vgl. zum Kommissionsentwurf, Art. 20 KI-VOE-KOM, COM 2021, 206 final, S. 62.

[467] Vgl. zum Kommissionsentwurf, Art. 29 KI-VOE-KOM, COM 2021, 206 final, S. 66.

[468] Vgl. ebenso zum Kommissionsentwurf, *Veale/Zuiderveen Borgesius*, CRi 2021, 97, 103; ebenso *Schulze-Große/Genske*, GuP 2023, 81, 90; die Dauer der Aufbewahrungsfrist von 6 Monaten ist auf die Vorschläge von Rat und Parlament zurückzuführen, vgl. Art. 12 KI-VOE-Rat, Art. 20 Abs. 1 KI-VOE-Rat, Art. 29 Abs. 5 KI-VOE-Rat, *Rat*, General Approach, 14954/22, S. 94, 104, 112; vgl. Art. 12 KI-VOE-EP, Art. 20 Abs. 1 KI-VOE-EP, Art. 29 Abs. 5 KI-VOE-EP, *Europäisches Parlament*, Amendments adopted by the European Parliament on 14 June 2023 on the proposal for an Artificial Intelligence Act, P9_TA(2023)0236.

den Anbietern die Pflicht obliegt, den Überwachungsbehörden alle erforderlichen Informationen zur Verfügung zu stellen die erforderlich sind, um das Vorliegen eines Risikos i. S. d. Art. 79 Abs. 1 KI-VO für den konkreten Anwendungsfall zu überprüfen. Zu diesen Informationen würden sodann auch erklärende Protokolle zählen.

Insgesamt ist Art. 12 KI-VO daher geeignet, die Informationsinteressen der Anbieter, Betreiber und Marktüberwachungsbehörden zu befriedigen.

Vor dem Hintergrund, dass eine Inverkehrgabe eines KI-basierten Medizinprodukts nur dann möglich ist, wenn die KI-Systeme durch die Marktüberwachungsbehörden wirksam beaufsichtigt werden können, vermag Art. 12 KI-VO gerade ein Teil der Regelungslücken zu schließen, die in Ermangelung entsprechender Transparenzpflichten im Rahmen der Medizinprodukteverordnung derzeit noch bestehen.[469]

### 3. Transparenzpflichten nach Art. 13 KI-VO

In Bezug auf die Interpretierbarkeit algorithmischer Entscheidungsfindungen weist der Regelungsrahmen der MP-VO für statische und dynamische maschinelle Lernsysteme aber auch deterministische wissensbasierte Systeme noch Regelungslücken auf.[470]

Um Verletzungen bedeutender Rechtsgüter zu verhindern, kann es im medizinischen Sektor erforderlich sein, Systeme so zu konzipieren, dass diese die Gründe für eine Entscheidung offenlegen. Nur so kann gewährleistet werden, dass die ärztlichen Entscheidungsträger, als letzte Kontrollinstanz, durch eine Plausibilitätsprüfung die Fehlerfreiheit der von dem System produzierten Ergebnisse und damit auch die darauf gestützte medizinische Entscheidung sicherstellen können.[471]

Obgleich die in Anhang I Abschnitt 17.1 MP-VO geforderte „Wiederholbarkeit, Zuverlässigkeit und Leistung“ für Entscheidungsunterstützungssysteme nur dann gewährleistet werden kann, wenn gegenüber dem Verwender als auch den Marktüberwachungsbehörden und Konformitätsbewertungsstellen eine gewisse Transparenz besteht, ermangelt der derzeitige Regelungsrahmen noch hinreichend konkreter System- und/oder Ergebnistransparenzpflichten.[472] Ob die in Art. 13 KI-VO

[469] Zu den fehlenden Transparenzanforderungen gegenüber den Marktüberwachungsbehörden, bereits Kap. 2, D., II., 3., c), bb).

[470] Zu den Regelungslücken für statische Systeme, Kap. 2, D.; zu den Regelungslücken für dynamische Systeme, Kap. 2, E.; vgl. dafür, dass die Anforderungen des Art. 13 KI-VO diese Regelungslücken zu schließen versprechen, Kap. 4, C., IV., 3.

[471] Zu den Regelungslücken für statische Systeme, Kap. 2, D.; zu den Regelungslücken für dynamische Systeme, Kap. 2, E.

[472] Zu den Regelungslücken für statische Systeme, Kap. 2, D.; zu den Regelungslücken für dynamische Systeme, Kap. 2, E.

vorgesehene Transparenzpflicht tatsächlich geeignet ist, den geltenden Rechtsrahmen zu ergänzen, soll im Folgenden überprüft werden.

### *a) Anwender- und kontextbezogene Bestimmung des Transparenzniveaus*

Art. 13 Abs. 1 S. 1 KI-VO sieht die Pflicht vor, die KI-Systeme in einer Weise zu konzipieren und zu entwickeln, dass der „Betrieb" des KI-Systems „hinreichend transparent" ist.

#### aa) Kritik an der Unbestimmtheit des Art. 13 KI-VO

Vermehrt wurde in der juristischen Literatur die Unbestimmtheit der Regelungspflicht des Art. 13 Abs. 1 S. 1 KI-VO kritisiert.[473] Die Weite des Wortlautes lasse sowohl die Wahl der Maßnahmen als auch den Grad dessen, was als „hinreichend transparent" zu qualifizieren sei, vollständig im Ermessen der Anbieter.[474] Nur vereinzelt leiteten Stimmen in der Literatur aus Art. 13 Abs. 1 S. 1 KI-VO die konkrete Pflicht ab, den gesamten Systembetrieb offenzulegen.[475]

Für den in Art. 13 Abs. 1 S. 1 KI-VO verwendeten Begriff der Transparenz ermangelt die KI-Verordnung einer Legaldefinition.[476] Nur in dem rechtlich unverbindlichen Erwägungsgrund 27 S. 8 wird Transparenz nunmehr definiert.[477] Demnach bedeutet sie „(…) dass KI-Systeme so entwickelt und verwendet werden, dass sie angemessen nachvollziehbar und erklärbar sind, wobei den Menschen bewusst

[473] Vgl. kritisch auch *Martini*/Wendehorst, Art. 13, Rn. 52, der betont, dass die KI-Verordnung damit einen „substanziellen Auslegungsspielraum eröffne"; ebenso kritisch *Bomhard*/Pieper/Wende, KI-VO, Art. 13, Rn. 8 ff.; Vgl. zum Kommissionsentwurf *Ebers*, in: Nordic Yearbook of Law and Informatics 2020, S. 18; *Ebers et al.*, RDi 2021, 528, 533; *Ebers*, RDi 2021, 588, 590; ebenso *Bomhard/Merkle*, RDi 2021, 276, 280; ferner *Roos/Weitz*, MMR 2021, 844, 845; vgl. auch *Kumkar*, in: Hilgendorf/Roth-Isigkeit, 1. Auflage, § 6, Rn. 17 f., die die Unbestimmtheit der Art der Transparenzmaßnahme, als auch des Niveaus grundsätzlich befürwortet, gleichwohl eine Konkretisierung der Kriterien fordert, mithilfe derer das erforderliche Transparenzniveau bestimmt werden kann.

[474] Vgl. *Bomhard*/Pieper/Wende, KI-VO, Art. 13, Rn. 9; vgl. zum Kommissionsentwurf hinsichtlich der Unbestimmtheit der konkreten Transparenzmaßnahmen, *Ebers*, RDi 2021, 588, 590; *Ebers et al.*, RDi 2021, 528, 534; vgl. hinsichtlich der Unbestimmtheit des Maßes an erforderlicher Transparenz, *Bomhard/Merkle*, RDi 2021, 276, 280; *Roos/Weitz*, MMR 2021, 844, 847.

[475] Vgl. zum Kommissionsentwurf *Linardatos*, GPR 2022, 58, 65 f., der jedoch sodann kritisiert, dass eine entsprechende Systemtransparenz weder sinnvoll noch erforderlich wäre, weil die verwendenden Personen weniger ein Interesse an der Offenlegung des gesamten Systembetriebes hätten, sondern mehr an einer Offenlegung der *konkreten* Entscheidungsgründe intressiert seien, um so eine „Plausibilitätsprüfung" durchführen zu können.

[476] *Bomhard*/Pieper/Wende, KI-VO, Art. 13, Rn. 9; vgl. zum Kommissionsentwurf *Kiseleva et al.*, Frontiers in Artificial Intelligence 2022, 879603; dem folgend *Kumkar*, in: Hilgendorf/Roth-Isigkeit, 1. Auflage, § 6, Rn. 4 ff.

[477] *Bomhard*/Pieper/Wende, Art. 13, Rn. 9.

gemacht werden muss, dass sie mit einem KI-System kommunizieren oder interagieren, und dass die Betreiber ordnungsgemäß über die Fähigkeiten und Grenzen des KI-Systems informieren und die betroffenen Personen über ihre Rechte in Kenntnis setzen müssen".

Als „Transparenzpflichten" werden im Rahmen der KI-VO sowohl die Kennzeichnungs- und Mitteilungspflicht des Art. 50 KI-VO[478], dass es sich um ein KI-System oder einen KI-generierten Inhalt handelt, als auch die Pflicht des Art. 13 Abs. 1 S. 1 KI-VO[479] zur Herstellung der Transparenz des Betriebes bezeichnet.[480]

Übereinstimmend geht es bei beiden Pflichten um einen Ausgleich eines Informationsdefizits durch die *Offenlegung* von Informationen. Während es im Zusammenhang mit Art. 50 KI-VO um die Offenlegung der Information geht, *dass* es sich um ein KI-System oder einen KI-generierten Inhalt handelt, müssen nach Art. 13 Abs. 1 S. 1 KI-VO Informationen über einen Teil des Systembetriebes offengelegt werden, um zu gewährleisten, dass die Ergebnisse angemessen interpretiert und verwendet werden können.[481]

Unter dem Begriff „Betrieb" versteht man im allgemeinen Sprachverständnis „das In-Funktion-Sein; das Arbeiten".[482] In der englischen Sprachfassung ist insoweit von „operation" die Rede, worunter „the way that parts of a machine or a system work; the process of making something work" verstanden wird.[483]

Sofern vereinzelt[484] aus der Formulierung des Art. 13 Abs. 1 S. 1 KI-VO, dass der Betrieb des Systems offengelegt werden müsse, geschlossen wurde, dass die Vorschrift zur Offenlegung des gesamten „Betrieb(s)" des Systems in Form einer globalen Interpretierbarkeit[485] verpflichten werde, ist dies gleichwohl abzulehnen.

Zu beachten ist nämlich, dass Art. 13 Abs. 1 KI-VO die Offenlegung von vornherein auf das Maß beschränkt, was erforderlich ist, um zu gewährleisten, dass das

---

[478] Vgl. hierfür die Überschrift des Art. 50 KI-VO; vgl. zum Kommissionsentwurf Erklärendes Memorandum, COM 2021, 206 final, S. 4, S. 8, S. 18; Erwägungsgrund 69, COM 2021, 206 final, S. 39.

[479] Vgl. hierfür die Überschrift des Art. 13 Abs. 1 S. 1 KI-VO; ebenso bereits die Überschrift des Art. 13 Abs. 1 S. 1 KI-VOE-KOM, COM 2021 206 final, S. 57.

[480] Vgl. auch *Kumkar*, in: Hilgendorf/Roth-Isigkeit, 1. Auflage, § 6, Rn. 4.

[481] In diese Richtung auch *Kiseleva et al.*, Frontiers in Artificial Intelligence 2022, 879603; dem folgend *Kumkar*, in: Hilgendorf/Roth-Isigkeit, 1. Auflage, § 6, Rn. 4 ff.

[482] Vgl. hierfür das Begriffsverständnis für Betrieb nach Duden 2 a), abrufbar unter: https://www.duden.de/rechtschreibung/Betrieb, zuletzt abgerufen: 4. 1. 2026.

[483] Vgl. hierfür das Begriffsverständnis für „operation" nach OALD, Nr. 7, abrufbar unter: https://www.oxfordlearnersdictionaries.com/definition/english/operation?q=operation, zuletzt abgerufen: 4. 1. 2026.

[484] Vgl. zum Kommissionsentwurf, *Linardatos*, GPR 2022, 58, 65 f.

[485] Zu den technischen Grundlagen der Interpretierbarkeit, bereits Kap. 2, D., II., 3.

System „hinreichend transparent ist".[486] Das Maß dessen, was „hinreichend" ist, wird im Verordnungstext des Art. 13 Abs. 1 KI-VO jedoch nicht allgemeingültig festgelegt, sondern vielmehr davon abhängig gemacht, was „angemessen" ist, um zu gewährleisten, dass nicht nur die Betreiber die Ergebnisse interpretieren und verwenden können, sondern dass die Betreiber und Anbieter den ihnen obliegenden Pflichten nachkommen können.[487]

Vor diesem Hintergrund kann sich den Stimmen in der Literatur[488] angeschlossen werden, dass Art. 13 Abs. 1 KI-VO das erforderliche Transparenzniveau nicht allgemeingültig bestimmt.

Neben dem erforderlichen Maß der Transparenz, ist auch die Art der zu ergreifenden Transparenzmaßnahmen in Art. 13 Abs. 1 KI-VO weitestgehend unbestimmt.[489]

Durch die Verwendung von einer Reihe unbestimmter Rechtsbegriffe normiert Art. 13 Abs. 1 KI-VO gerade *keine* allgemeine Pflicht zur Herstellung vollständiger Systemtransparenz, sondern wird sowohl das Maß als auch die Art, mit der die Transparenz erreicht werden kann, vollkommen *unbestimmt* gelassen.[490]

Diese Unbestimmtheit wurde in der juristischen Literatur teilweise kritisiert.[491] Da die Weite des Wortlautes sowohl die Wahl der Maßnahmen als auch den Grad

---

[486] Ebenso *Martini*/Wendehorst, Art. 13, Rn. 53; vgl. auch *Kumkar*, in: Hilgendorf/Roth-Isigkeit, 1. Auflage, § 6, Rn. 20, die ohne Bezugnahme auf den Wortlaut eine Pflicht zur Herstellung von Systemtransparenz ablehnt.

[487] Ebenso *Martini*/Wendehorst, Art. 13, Rn. 56; vgl. ebenso dazu, dass das Maß an erforderlicher Transparenz nicht allgemeingültig bestimmt wird, sondern davon abhängt, was erforderlich ist, um den Anbietern und Nutzern es zu ermöglichen, den ihn obliegenden Pflichten nachzukommen, *Sovrano et al.*, Multidisciplinary Scientific Journal 2022, 126, 131 f.; dem folgend *Kumkar*, in: Hilgendorf/Roth-Isigkeit, 1. Auflage, § 6, Rn. 17 ff., die von einer „doppelten Zielsetzung" spricht, die die „funktionale Stoßrichtung" begründen würde.

[488] *Bomhard*/Pieper/Wende, KI-VO, Art. 13, Rn. 9; *Martini*/Wendehorst, Art. 13, Rn. 53 ff.; vgl. zum Kommissionsentwurf *Ebers*, in: Nordic Yearbook of Law and Informatics 2020, S. 18; *Ebers et al.*, RDi 2021, 528, 533; *Ebers*, RDi 2021, 588, 590; *Bomhard/Merkle*, RDi 2021, 276, 280; *Roos/Weitz*, MMR 2021, 844, 845; *Kumkar*, in: Hilgendorf/Roth-Isigkeit, 1. Auflage, § 6, Rn. 17 f.

[489] Vgl. zum Kommissionsentwurf, *Ebers*, RDi 2021, 588, 590; ebenso *Ebers et al.*, RDi 2021, 528, 534; a. A. wohl *Linardatos*, GPR 2022, 58, 65 f., der aus Art. 13 KI-VOE-KOM die Pflicht zur Herstellung von Systemtransparenz ableitet.

[490] *Bomhard*/Pieper/Wende, KI-VO, Art. 13, Rn. 9; *Martini*/Wendehorst, Art. 13, Rn. 53 ff.; vgl. zu den Entwürfen, *Roos/Weitz*, MMR 2021, 844, 845; ebenso *Ebers*, in: Nordic Yearbook of Law and Informatics 2020, S. 18; *Ebers et al.*, RDi 2021, 528, 533; *Ebers*, RDi 2021, 588, 590; ebenso *Bomhard/Merkle*, RDi 2021, 276, 280; vgl. auch *Kumkar*, in: Hilgendorf/Roth-Isigkeit, 1. Auflage, § 6, Rn. 17 f.; a. A. *Linardatos*, GPR 2021, 58, 65 f.

[491] Vgl. etwa *Martini*/Wendehorst, Art. 13, Rn. 52, der kritisiert, dass die Unbestimmtheit Rechtsunsicherheit hervorrufe(n); vgl. hierfür zu den Entwürfen *Ebers*, in: Nordic Yearbook of Law and Informatics 2020, S. 18; *Ebers et al.*, RDi 2021, 528, 533; *Ebers*, RDi 2021, 588, 590; ferner *Bomhard/Merkle*, RDi 2021, 276, 280; *Roos/Weitz*, MMR 2021, 844; vgl. auch *Kumkar*, in: Hilgendorf/Roth-Isigkeit, 1. Auflage, § 6, Rn. 17 f., die die Unbestimmtheit der

der herzustellenden Transparenz vollständig im Ermessen des Anbieters lasse, sei eine erhebliche Rechtsunsicherheit bei den Anbietern zu erwarten, die es zu korrigieren gelte.[492]

bb) Subjektiv und anwendungsbezogene Festlegung des Transparenzniveaus

Nur vereinzelt wurde die Unbestimmtheit zumindest *grundsätzlich* begrüßt, weil dadurch gewährleistet werden könne, dass den „spezifischen Besonderheiten" des Anwendungskontextes und des Anwenders Rechnung getragen werden könne.[493] Der zuletzt genannten Auffassung muss sich angeschlossen werden.

Bereits im Rahmen der Ethikleitlinien forderte die HLEG, dass die Erklärung auf die „Sachkenntnis des betroffenen Interessensträgers" zugeschnitten sein müsse.[494]

Zu beachten ist nämlich, dass die Frage, ob die Entscheidungsprozesse nachvollziehbar sind, nur in Abhängigkeit des Wissensstands, der kognitiven Fähigkeit aber auch der Grenzen des Anwenders im konkreten Anwendungskontext in Abhängigkeit der zur Verfügung stehenden Zeit bestimmt werden kann.[495] Diese subjektive Prägung bezieht sich sowohl auf die Art und Weise der Darstellung als auch den Umfang der offengelegten Informationen.[496] Für technische Laien ist es zur Herstellung der Nachvollziehbarkeit etwa erforderlich, dass die Entscheidungsgründe in einer verständlichen Sprache und in einem Umfang offengelegt werden, der in der zur Verfügung stehenden Zeit verarbeitet werden kann.[497] Ein vollkommen anderer Maßstab wird hingegen für technische Experten, wie beispielsweise die Entwickler der Systeme, gelten.[498]

Indem Art. 13 Abs. 1 KI-VO das erforderliche Transparenzniveau und die konkrete Art der Transparenzmaßnahme davon abhängig macht, was erforderlich ist, damit die Betreiber und Anbieter ihren Pflichten nachkommen können, wird dieser subjektiven und anwendungskontextbezogenen Prägung der Interpretierbarkeit Rechnung getragen.[499] Damit folgt die KI-VO der Forderung[500], dass es bei dem

---

Art der Transparenzmaßnahme, als auch des Niveaus grundsätzlich zwar befürwortet, gleichwohl eine Konkretisierung der Kriterien fordert, mithilfe derer das erforderliche Maß bzw. die geeignete Art der Transparenzmaßnahme bestimmt werden kann.

492 Vgl. zu den Entwürfen *Roos/Weitz*, MMR 2021, 844, 847; *Ebers*, in: Nordic Yearbook of Law and Informatics 2020, S. 18; *Ebers*, RDi 2021, 588, 590; *Ebers et al.*, RDi 2021, 528, 534.

493 *Kumkar*, in: Hilgendorf/Roth-Isigkeit, 1. Auflage, § 6, Rn. 17 ff.

494 Vgl. *HLEG*, Ethik-Leitlinien 2019-11, S. 22, abrufbar unter: siehe Quellenangaben.

495 Zu der subjektiven Prägung der Interpretierbarkeit, bereits Kap. 2, D., II., 3., b), bb).

496 Vgl. hierzu bereits Kap. 2, D., II., 3., b), bb).

497 Vgl. hierzu bereits Kap. 2, D., II., 3., b), bb).

498 Vgl. hierzu bereits Kap. 2, D., II., 3., b), bb).

499 Ebenso *Kumkar*, in: Hilgendorf/Roth-Isigkeit, 1. Auflage, § 6, Rn. 17 f.

Einsatz von algorithmischen Systemen nicht ausreichend sei, die Transparenz der Systeme herzustellen, sondern dass vielmehr gewährleistet werden müsse, dass die relevanten Akteure in die „operativ handelnde Rolle“ versetzt werden, die Entscheidungen der Systeme auch *tatsächlich* nachvollziehen und überprüfen zu können.

Wegen der subjektiven Prägung der Interpretierbarkeit ist die Unbestimmtheit des Maßes als auch die Art, wie die Transparenz gewährleistet werden muss, um Art. 13 KI-VO zu erfüllen zumindest grundsätzlich begrüßenswert.[501]

### cc) Konturierung der Transparenzpflicht in Abhängigkeit des Informationsadressaten

Im Folgenden soll für den Medizinproduktesektor konkretisiert werden, welches Maß und welche Art von Transparenz erforderlich ist, um i. S. d. Art. 13 Abs. 1 S. 2 KI-VO zu gewährleisten, dass die Betreiber bzw. Anbieter in die „operativ handelnde Rolle“[502] versetzt werden können, den ihnen obliegenden Pflichten nachzukommen.[503]

#### *(1) Überwachung der Systemfunktion durch den Betreiber*

Zu den Pflichten des Betreibers gehört gem. Art. 26 Abs. 1 und Abs. 5 KI-VO insbesondere die Pflicht, die Systeme in der in der Betriebsanleitung vorgesehenen Weise zu verwenden und zu überwachen.[504]

#### (a) Systemtransparenz durch die Informationen der Betriebsanleitung

Eine hinreichende Transparenz i. S. d. Art. 13 Abs. 1 S. 1 KI-VO setzt es in jedem Fall voraus, dass die Betreiber der Hochrisiko-KI-Systeme Zugang zu der Betriebsanleitung haben. Diesem Informationsinteresse des Betreibers wird durch die Pflicht des Art. 13 Abs. 2 KI-VO zur Erstellung einer Betriebsanleitung Rechnung getragen.[505] Der dafür in Art. 13 Abs. 3 KI-VO vorgesehene Mindestinhalt umfasst eine

---

[500] *Krafft/Zweig*, Transparenz und Nachvollziehbarkeit algorithmenbasierter Entscheidungsprozesse, abrufbar unter: siehe Quellenangaben.

[501] Ebenso *Kumkar*, in: Hilgendorf/Roth-Isigkeit, 1. Auflage, § 6, Rn. 17 f.; a. A. zum Kommissionsentwurf *Roos/Weitz*, MMR 2021, 844, 845; ebenso *Ebers*, in: Nordic Yearbook of Law and Informatics 2020, S. 18; *Ebers et al.*, RDi 2021, 528, 533; *Ebers*, RDi 2021, 588, 590; ebenso *Bomhard/Merkle*, RDi 2021, 276, 280; vgl. auch *Kumkar*, in: Hilgendorf/Roth-Isigkeit, 1. Auflage, § 6, Rn. 17 f.

[502] So der Maßstab, den Krafft und Zweig für die Interpretierbarkeit algorithmischer Entscheidungsfindungen anlegen wollen *Krafft/Zweig*, Transparenz und Nachvollziehbarkeit algorithmenbasierter Entscheidungsprozesse, abrufbar unter: siehe Quellenangaben.

[503] Vgl. auch *Martini*/Wendehorst, Art. 13, Rn. 56.

[504] *Sovrano et al.*, Multidisciplinary Scientific Journal 2022, 126, 132.

[505] Vgl. hierfür auch die Legaldefinition des Art. 3 Nr. 15 KI-VO; vgl. zu der Pflicht im Kommissionsentwurf allgemein, *Roos/Weitz*, MMR 2021, 844, 845; *Kumkar*, in: Hilgendorf/

Reihe von verpflichtenden Angaben, die für die ordnungsgemäße Verwendung des KI-Systems wesentlich sind. Dies betrifft etwa die in Art. 13 Abs. 3 lit. b) i)–vii) KI-VO vorgesehene Pflicht, die Merkmale, Fähigkeit und Leistungsgrenzen des KI-Systems näher zu spezifizieren oder gem. Art. 13 Abs. 3 lit. e) KI-VO die zu erwartende Lebensdauer, einschließlich etwaiger Pflege- und Wartungsmaßnahmen, aufzuführen.[506] Hinsichtlich der Art und Weise, in der die Informationen in der Betriebsanleitung darzustellen sind, trägt Art. 13 Abs. 2 KI-VO auch der subjektiven Prägung der Interpretierbarkeit Rechnung. Gemäß Art. 13 Abs. 2 KI-VO ist die Betriebsanleitung „in einem geeigneten digitalen Format" bereitzustellen und muss die „präzise, vollständige, korrekte und eindeutige Information in einer *für die Betreiber* relevanten, barrierefrei zugänglichen und *verständlichen Form*" enthalten.[507]

(b) Transparenz der Gründe einer konkreten Entscheidung

Zu den Pflichten des Betreibers gehört gem. Art. 26 Abs. 5 KI-VO auch die Überwachung der Systemfunktionen anhand der Betriebsanleitung.[508] Im Rahmen der Betriebsanleitung müssen Betreiber gem. Art. 13 Abs. 3 lit. d) KI-VO auch über die vom Anbieter ggf. etablierten Aufsichtsmaßnahmen informiert werden.[509] Dies kann auch Maßnahmen i. S. d. Art. 14 Abs. 4 lit. c) KI-VO umfassen, die von dem Anbieter getroffen wurden, um die Interpretierbarkeit der Ergebnisse zu gewährleisten.[510]

Daher erschöpft sich die geforderte Transparenz des Art. 13 Abs. 1 S. 1 KI-VO nicht in einer allgemeinen Förderung des Verständnisses über die Leistungsfähigkeit und Grenzen des KI-Systems, sondern kann vielmehr auch eine Interpretierbarkeit des *konkreten* Entscheidungsergebnisses und damit eine Offenlegung der Gründe des *konkreten* Entscheidungsprozesses erforderlich werden.[511] Jedenfalls bei Entscheidungsunterstützungssystemen wird eine entsprechende Pflicht anzunehmen sein.[512]

---

Roth-Isigkeit, 1. Auflage, § 6, Rn. 21 f.; *Steege/Chibanguza*, SVR 2022, 401, 404; ebenso *Roth-Isigkeit*, GesR 2022, 278, 284; zu der Frage, inwieweit sich durch die sich mit der MP-VO überschneidende Pflicht zur Erstellung einer Gebrauchsanweisung eine doppelte Arbeitsbelastung resultiert, ausführlich Kap. 4, C., IV., 3., b).

[506] Vgl. zu der Kohärenz der inhaltlichen Anforderungen des Art. 13 Abs. 3 KI-VO mit Anhang I Abschnitt 23.4, ausführlich Kap. 4, C., IV., 3., b).

[507] Hervorhebung hinzugefügt.

[508] Vgl. noch zu den Entwürfen, *Sovrano et al.*, Multidisciplinary Scientific Journal 2022, 126, 132; ebenso *Schulze-Große/Genske*, GuP 2023, 81, 90.

[509] Ebenso *Martini*/Wendehorst, Art. 13, Rn. 119; Vgl. noch zu den Entwürfen, *Sovrano et al.*, Multidisciplinary Scientific Journal 2022, 126, 132; *Kumkar*, in: Hilgendorf/Roth-Isigkeit, 1. Auflage, § 6, Rn. 17.

[510] *Sovrano et al.*, Multidisciplinary Scientific Journal 2022, 126, 132; *Kumkar*, in: Hilgendorf/Roth-Isigkeit, 1. Auflage, § 6, Rn. 17; *Schulze-Große/Genske*, GuP 2023, 81, 90.

[511] *Sovrano et al.*, Multidisciliniary Scientific Journal 2022, 126, 131 f.; ebenso *Kumkar*, in: Hilgendorf/Roth-Isigkeit, 1. Auflage, § 6, Rn. 17; a. A. *Roth-Isigkeit*, GesR 2022, 278, 284, der betont, dass der Kommissionsentwurf einen „Mittelweg" verfolge und auf eine „(technisch nur äußert schwer mögliche) Erklärung einer Entscheidung im Einzelfall" verzichten würde.

[512] Ebenso zu den Entwürfen *Kumkar*, in: Hilgendorf/Roth-Isigkeit, 1. Auflage, § 6, Rn. 17.

(aa) Verwendendes Fachpersonal als Maßstab für die Interpretierbarkeit

Die Notwendigkeit, dass die konkreten Entscheidungsfindung interpretierbar sein muss, bestätigt Art. 13 Abs. 1 S. 1 KI-VO, wonach die Systeme so konzipiert werden müssen, dass die „Betreiber“ die Ergebnisse des KI-Systems interpretieren und verwenden können. Gleichwohl ist fraglich, ob der „Betreiber“ i. S. d. Art. 3 Nr. 4 KI-VO wirklich als subjektiver Maßstab der Interpretierbarkeit dienen sollte. „Betreiber“ i. d. S. ist ausweislich des Art. 3 Nr. 4 KI-VO „eine natürliche oder juristische Person, Behörde, Einrichtung oder sonstige Stelle, die ein KI-System in eigener Verantwortung verwendet, es sei denn, das KI-System wird im Rahmen einer persönlichen und nicht beruflichen Tätigkeit verwendet.“

Damit unterliegt der Betreiberbegriff des Art. 3 Nr. 4 KI-VO neben der Beschränkung auf die berufliche Verwendung auch noch einer zweiten Beschränkung. Ausweislich des Art. 3 Nr. 4 KI-VO sind nämlich nur solche Personen als Betreiber i. d. S. zu qualifizieren, die das System auch „in eigener Verantwortung“ „under its authority“ verwenden.[513]

Bei dem Einsatz von medizinischen Geräten obliegt diese Verantwortung dem „Behandelnden“.[514] Dieser ist dafür verantwortlich, dass vermeidbare Fehlfunktionen, die von medizinischen Geräten ausgehen, durch entsprechende Sicherheits- und Kontrollmaßnahmen vermieden werden.[515] Entgegen dem allgemeinen Sprachverständnis ist „Behandelnder“ jedoch nicht die Person, die die Geräte im tatsächlichen Sinne *verwendet*, sondern gem. § 630a BGB die Person, die die Behandlung zugesagt hat, mit der also der Behandlungsvertrag geschlossen wurde.[516] Behandelnder ist daher nicht das medizinische Fachpersonal, sondern vielmehr die Gesellschaft oder der Krankenhaus- bzw. MVZ-Träger, mit der oder dem der Vertrag geschlossen wird.[517] Nur sofern der Arzt als niedergelassener Arzt oder als Teil einer Organisationsgemeinschaft den Vertrag mit dem Patienten selbst schließt, ist er zugleich auch als „Behandelnder“ zu qualifizieren, womit sodann auch die Verantwortlichkeit für die Einhaltung der Sorgfalts- und Organisationspflichten einhergeht.[518] In aller Regel

---

[513] Vgl. so bereits im Kommissionsentwurf Art. 3 Nr. 4 KI-VOE-KOM, COM 2021, 206 final, S. 46 (deutsche Sprachfassung); Art. 3 Nr. 4 KI-VOE-KOM, COM 2021, 206 final, S. 40 (englische Sprachfassung).

[514] Vgl. *Katzenmeier*, in: BeckOK, Hau/Poseck, BGB, § 630h, Rn. 17 ff.

[515] Eingehend dazu, dass es sich bei vermeidbaren Fehlfunktionen, um ein „vollbeherrschbares Behandlungsrisiko“ handelt, *Katzenmeier*, in: BeckOK, Hau/Poseck, BGB, § 630h, Rn. 17 ff.; eine vermeidbare Fehlfunktion ist insbesondere dann anzunehmen, wenn das System nicht entsprechend der „Bedienungsanweisung“ verwendet wurde, vgl. *Katzenmeier*, in: BeckOK, Hau/Poseck, § 630h, Rn. 22.

[516] Vgl. hierfür auch die Begr. zum Gesetzesentwurf, abgedr. in BT-Drucks 17/10488, S. 18; ebenso *Katzenmeier*, in: BeckOK, Hau/Poseck, § 630a, Rn. 59 ff.

[517] Vgl. ausführlich hierzu und den unterschiedlichen Vertragsverhältnissen zwischen dem Patienten, dem Arzt und dem Krankenhausträger, *Katzenmeier*, in: BeckOK Hau/Poseck, § 630a, Rn. 58 ff.

[518] Vgl. *Katzenmeier*, in: BeckOK Hau/Poseck, § 630a, Rn. 59.

wird der Arzt, der die Medizinprodukte *tatsächlich* anwendet, daher nur als Erfüllungsgehilfe des Behandelnden i. S. d. § 278 BGB oder als Organ der Gesellschaft zu qualifizieren sein und kann damit nicht unmittelbar mit der Person gleichgesetzt werden, die für den Einsatz des Gerätes verantwortlich ist.[519]

Sofern der Arzt, der die medizinische Behandlung im tatsächlichen Sinne vornimmt, nicht zugleich auch die Person ist, die als „Behandelnder" i. S. d. § 630a BGB, für die Behandlung verantwortlich ist, ist dieser auch nicht als „Betreiber" i. S. d. Art. 3 Nr. 4 KI-VO zu qualifizieren.[520] Betreiber i. d. S. ist sodann vielmehr der MVZ- oder Krankenhausträger als „Behandelnder" i. S. d. § 630a BGB.[521]

Vor dem Hintergrund, dass von dem Betreiberbegriff auch juristische Personen erfasst sind, ist entgegen der Formulierung des Art. 13 Abs. 1 S. 1 bzw. Art. 13 Abs. 3 lit. d) KI-VO, dass der „Betreiber" die Ergebnisse interpretieren und verwenden können muss, dennoch nicht der Betreiber als solches Maßstab für die Interpretierbarkeit. Da die Verwendung und Interpretation vielmehr durch die für den Betreiber handelnden *Verwender im tatsächlichen Sinne*, im medizinischen Kontext etwa das ärztliche Fachpersonal, erfolgt, bildet das medizinischen Fachpersonal den subjektiven Maßstab anhand dessen die Transparenzpflicht des Art. 13 Abs. 1 KI-VO hinsichtlich der Art und Weise, wie auch des Umfangs, in dem die Information offengelegt werden muss, konturiert werden muss.

(bb) Medizinische Rechtfertigung der Entscheidungsergebnisse

Obgleich sowohl der Wissensstand als auch die kognitiven Fähigkeiten des Individuums im Einzelfall stark divergieren können, kann von dem Anbieter andererseits nicht jeder Einzelfall antizipiert werden, sodass es zulässig sein wird, auf die subjektiven Besonderheiten eines *durchschnittlichen* Anwenders abzustellen.

Von durchschnittlichem ärztlichen Fachpersonal wird man fundierte medizinische, gleichwohl aber keine vertieften technischen Fachkenntnisse erwarten können, da die handelnden Personen keine „Techniker im Arztkittel"[522] sind.[523]

Eine umfassende technische Überprüfung der einzelnen Entscheidungsergebnisse des Systems würde daher bei Weitem das überschreiten, was vernünftigerweise noch von einem durchschnittlichen Arzt oder einer durchschnittlichen Ärztin erwartet werden kann. Allerdings wird man erwarten können, dass die handelnden Personen eine Plausibilitätsprüfung der Entscheidungsergebnisse anhand des me-

---

[519] Vgl. *Katzenmeier*, in: BeckOK Hau/Poseck, § 630a, Rn. 59.

[520] Vgl. zum Kommissionsentwurf *Heil*, MPR 2022, 1, 5, die ohne Begründung darauf verweist, dass das Krankenhaus oder die Arztpraxis als „Nutzer" den Überwachungspflichten des Art. 29 KI-VOE-KOM unterfallen würde; *Schmidt*, GesR 2023, 341, 352, der betont, dass neben den Ärzten auch Krankenhäuser als Nutzer in Betracht kämen.

[521] Vgl. *Heil*, MPR 2022, 1, 5; *Schmidt*, GesR 2023, 341, 352.

[522] Vgl. hinsichtlich dieser Formulierung, *Giesen*, JZ 1982, 345, 349.

[523] Vgl. *Ebers*/Heinze/Krügel/Steinrötter, § 3, Rn. 32.

dizinischen Fachwissens vornehmen, in dessen Rahmen sie überprüfen, ob die Schlussfolgerungen der konkreten Entscheidungsfindung auf den gesicherten Erkenntnissen des derzeitigen Standes der Wissenschaft beruhen.[524]

Welche Symptome für eine Krankheit nach dem derzeitigen Stand der Wissenschaft und Forschung charakteristisch sind und von welchen Krankheiten mit ähnlichen Symptomen sie abgegrenzt werden muss (sog. *Differenzialdiagnose*), wird in medizinischen Leitlinien näher konkretisiert.[525]

Für das medizinische Fachpersonal, das die medizinische Entscheidung anhand von medizinischem Fachwissen rechtfertigen muss, würde es daher den Idealfall darstellen, wenn das KI-System alle entscheidungserheblichen Gründe offenlegt, als auch darlegt, inwieweit Differenzialdiagnosen zu anderen Krankheiten gestellt und mit welchen Gründen diese abgelehnt wurden.[526] Ferner würde eine perfekte Erklärung die Ergebnisse der Entscheidung mit medizinischem Fachwissen, also dem konkreten Bezug zu dem jeweiligen Stand der Wissenschaft, wie er etwa in Leitlinien zum Ausdruck kommt, belegen und damit die ermittelten Ergebnisse zugleich auch medizinisch rechtfertigen.[527] Eine entsprechende Rechtfertigung kann erforderlich sein, um zu beurteilen, welche Studien und Leitlinien berücksichtigt wurden bzw. ob neuartige Studien/Leitlinien bereits in die Bewertung miteinbezogen wurden.

Allerdings muss beachtet werden, dass Art. 13 Abs. 1 KI-VO keine allumfängliche Interpretierbarkeit fordert, sondern den Grad der Interpretierbarkeit auf das Maß beschränkt, das hinreichend ist, um es dem Betreiber zu ermöglichen, die ihm obliegenden Pflichten „angemessen" zu erfüllen.[528] Wann die Pflichten für den Betreiber „angemessen" erfüllt werden können, wird durch die KI-Verordnung gleichwohl unbestimmt belassen.[529]

Diese Unbestimmtheit ist wiederum nicht *per se* korrekturbedürftig, weil dadurch gewährleistet werden kann, dass die Intensität der Transparenzanforderungen des Art. 13 KI-VO sich risikobasiert bestimmt und dadurch eine Abwägung zwischen dem *noch* erforderlichen Maß an Interpretierbarkeit für den Betreiber ermöglicht,

---

[524] Vgl. in diese Richtung auch *Kiseleva et al.*, Frontiers in Artificial Intelligence 2022, 879603.

[525] Vgl. hierfür etwa *DGN*, Erster epileptischer Anfall und Epilepsien im Erwachsenenalter, abrufbar unter: siehe Quellenangaben; vgl. dazu, dass medizinische Leitlinien das ärztliche Sorgfaltsgebot näher konkretisieren können, *Wagner*, in: MüKO BGB, § 630a, Rn. 150 ff.; vgl. eingehend zu der Stellung von medizinischen Leitlinien im Rahmen der Diagnose- und Therapie, *Beckmann/Jud*, Frauenheilkunde 2009, 243 ff.

[526] Vgl. für eine perfekte Erklärung von KI-Systemen, ohne Bezug auf den medizinischen Kontext, *Miller*, Artificial Intelligence 2019, 1, 7.

[527] Vgl. *Miller*, Artificial Intelligence 2019, 1, 7; vgl. dazu, dass bereits ganz zu Beginn der Entwicklung von KI-Systemen bei wissensbasierten Systemen wie dem Expertensystem „REX" erste Ansätze präsentiert wurden, mit denen es ermöglicht werden sollte, dass die Systeme ihre Entscheidungen medizinisch rechtfertigen, bereits Kap. 2, D., II., 3., b), bb), (3), (b).

[528] *Martini*/Wendehorst, Art. 13, Rn. 67.

[529] Ebenso zum Kommissionsentwurf *Roos/Weitz*, MMR 2021, 844, 847.

dem Maß dessen, was sich *als noch* zumutbare Belastung für den Anbieter darstellt. Diese risikobasierte Bestimmung ergibt sich aus Art. 8 Abs. 1 KI-VO, wonach bei der Gewährleistung der Einhaltung des Kap. III Abschnitt 2 KI-VO, dem Risikomanagementsystem aus Art. 9 KI-VO Rechnung getragen werden muss. Durch den Verweis auf Art. 9 KI-VO ergibt sich, dass die Risiken insgesamt auf ein ein „vertretbar(es)" Maß reduziert werden müssen.[530]

Abgesehen von dem Inhalt der Erklärung muss auch die Art und Weise, wie die Information dargestellt wird, den subjektiven Anforderungen des für den Betreiber handelnden Verwenders im konkreten Anwendungskontext Rechnung tragen.

Es gibt eine Reihe unterschiedlicher Verfahren wie die Gründe für einen algorithmischen Verarbeitungsprozess offengelegt werden können.[531] Zu nennen sind neben Visualisierungen auch die Darstellung der Merkmalsrelevanz, die Kennzeichnung von Superpixeln oder Wörtern als auch Begründungen der Entscheidungen in Textform.[532] Welche Form der Erklärung gewählt werden muss, kann wiederum nicht allgemein bestimmt werden, sondern muss danach beurteilt werden, welche Form der Erklärung die von dem System ausgehenden Risiken auf ein noch vertretbares Maß reduzieren. Dabei müssen verschiedene Faktoren berücksichtigt werden, von denen insbesondere die zur Verfügung stehende Zeit die Art und Weise der Darstellung maßgeblich prägen wird. Je weniger Zeit für die Überprüfung zur Verfügung steht, *desto* spezifischer muss daher die Information sein, die das System dem menschlichen Entscheidungsfinder zur Verfügung steht.[533] Insbesondere wenn das System nicht nur eine Diagnoseentscheidung trifft, sondern zudem auch die Symptome ermittelt, indem etwa Bilddateien oder Daten von Wearables analysiert werden, kann es erforderlich werden, dass es dem medizinischen Fachpersonal auch ermöglicht wird, nachzuvollziehen, woher das System die Informationen bezieht, um gegebenenfalls auch die Schlussfolgerung der Eingabedaten auf die einzelnen Symptome hin überprüfen zu können.[534] Zu diesem Zweck müssen unterschiedliche Erklärungsmechanismen ggf. kombiniert werden, um die Interpretierbarkeit herzustellen, indem sowohl die in den Bildern relevanten Bereiche für die Schlussfolgerung auf ein Symptom gekennzeichnet werden, als auch die Gründe für die Schlussfolgerungen aufgrund dieser Symptome auf eine Diagnoseentscheidung offengelegt werden müssen.[535]

---

[530] Vgl. dazu, dass die Unbestimmtheit des konkret erforderlichen Sicherheitsniveaus vor allem darin begründet liegt, dass dadurch eine risikobasierte Bestimmung des erforderlichen Sicherheitsniveaus gewährleistet werden kann, Kap. 4, C., III., 1.

[531] Vgl. hierzu bereits ausführlich Kap. 2, D., II., 3., b), aa), (2).

[532] Vgl. hierzu bereits ausführlich Kap. 2, D., II., 3., b), aa), (2).

[533] Vgl. *Doshi-Valez/Kim*, Towards A Rigorous Science of Interpretable Machine Learning, arXiv preprint:1702.08608, 2017; ebenso *Lipton*, Queue 2018, 31 ff.

[534] Vgl. *Miller*, Artificial Intelligence 2019, 1, 12.

[535] Vgl. *Miller*, Artificial Intelligence 2019, 1, 12.

Zusammenfassend lässt sich damit statuieren, dass das System nur dann hinreichend transparent i. S. d. Art. 13 Abs. 1 KI-VO ist, wenn gewährleistet ist, dass die Betreiber den ihnen obliegenden Pflichten nachkommen können. Dies ist bei dem Einsatz von Entscheidungsunterstützungssystemen der Fall, wenn die *medizinische* Plausibilität der Entscheidung in der zur Verfügung stehenden Zeit angemessen überprüft werden kann. Das Maß dessen, was angemessen ist, bestimmt sich wegen der Wechselwirkung mit dem Risikomanagementsystem risikobasiert.

(cc) Unbestimmtheit konkreter Kriterien

Insgesamt ist jedoch zu beachten, dass die Vorschrift des Art. 13 Abs. 1 KI-VO es bisher noch zu unbestimmt lässt, wie die Transparenzpflicht zu erfüllen ist, um den ärztlichen Entscheidungsträgern eine entsprechende Plausibilitätsprüfung zu ermöglichen.[536] Eine Konkretisierung im Rahmen der KI-Verordnung steht indes vor der Herausforderung, dass die Interpretierbarkeit eine stark Anwender- und Anwendungskontextbezogene Beurteilung ist, die daher in einem Spannungsfeld mit dem horizontalen Regelungscharakter stünde. Erwägenswert wäre es daher, dass zur Konkretisierung der Kriterien auf die jeweilige Harmonisierungsvorschrift verwiesen wird. In der MP-VO könnten sodann in Abhängigkeit der Risikoträchtigkeit des Systems Kriterien zur näheren Bestimmung des erforderlichen Transparenzniveaus normiert werden.

*(2) Systemtransparenz für den Anbieter*

Ferner müssten die Systeme gem. Art. 13 Abs. 1 S. 2 KI-VO auch hinreichend transparent sein, um zu gewährleisten, dass auch die Anbieter den ihnen obliegenden Pflichten nachkommen können. Ausweislich des Pflichtenkataloges des Art. 16 KI-VO besteht die primäre Pflicht des Anbieters darin sicherzustellen, dass das KI-System mit den Anforderungen des Kap. III Abschnitt 2 KI-VO konform ist.

Zur Gewährleistung dieser Konformität wird der Anbieter – ganz im Unterschied zu dem Betreiber – jedoch nicht an einer verständlichen Darstellung der Gründe für einen *konkreten* Entscheidungsprozess in einer natürlichen Sprache interessiert sein. Vielmehr wäre Art. 13 KI-VO nur dann erfüllt, wenn der Anbieter die Genauigkeitswerte des Systems und damit mögliche Fehlerursachen überprüfen kann, um so der Pflicht zur Einhaltung des Kap. III Abschnitt 2 KI-VO als auch seiner Überwachungspflicht nach Art. 72 KI-VO nachkommen zu können.[537] Die Erfüllung der Pflichten des Anbieters setzt daher voraus, dass eine gewisse Systemtransparenz besteht, die es dem Anbieter ermöglicht, die Leistungsfähigkeit des Systems zu überprüfen.

[536] Zu diesem Ergebnis kommt auch *Kumkar*, in: Hilgendorf/Roth-Isigkeit, 1. Auflage, § 6, Rn. 19, jedoch ohne Bezug zum Medizinproduktesektor.

[537] Zu dem Informationsinteresse des Anbieters bereits im Zusammenhang mit den Aufzeichnungspflichten des Art. 12 KI-VO ausführlich, Kap. 4, C., IV., 2., b), aa).

### dd) Risikobasierte Bestimmung des erforderlichen Transparenzmaßes

Während teilweise[538] die Umsetzbarkeit dieser Transparenzpflicht für Blackbox-Modelle bezweifelt wurde, wurde hinsichtlich der Erfüllbarkeit des Art. 13 KI-VO für Blackbox-Modelle andererseits[539] auf die verschiedenen post-hoc Verfahren verwiesen, mittels derer die Erklärbarkeit hergestellt werden könne. Andere Stimmen weisen auf die unterschiedlichen Auffassungen hin und betonen, dass wegen der Relevanz der Transparenzpflichten jedenfalls entsprechende Forschungsanreize gesetzt werden müssten.[540]

Wie bereits dargelegt wurde, ist die Herstellung der Interpretierbarkeit selbst bei „Black-Box"-Systemen nicht *per se* unmöglich, sie kann indes erfordern, dass Verfahren angewandt werden, mittels derer die Entscheidungsgründe retrospektiv approximiert werden.[541] Der Nachteil dieser Verfahren ist jedoch, dass die Entscheidungsgründe nur approximiert werden, sodass eine Rest-Unsicherheit bestehen kann, dass die in der Erklärung offengelegten Gründe für eine algorithmische Entscheidung, die algorithmischen Entscheidungsprozesse nicht vollständig wirklichkeitsgetreu widerspiegeln.[542]

Andererseits muss jedoch auch beachtet werden, dass Art. 13 Abs. 1 S. 1 KI-VO keine allumfängliche Transparenz fordert, sondern die erforderliche Transparenz auf das beschränkt, was „hinreichend" ist, um zu gewährleisten, dass der Betreiber die Ergebnisse „angemessen" interpretieren und verwenden kann und es den Betreibern und Anbietern in einem „angemessenen Maß" möglich ist, den ihnen obliegenden Pflichten nachkommen zu können.

Eine angemessene Interpretier- und Verwendbarkeit des Ergebnisses ist jedoch nur dann möglich, wenn sowohl der anwendende Arzt als auch der Anbieter sich auf die Vollständigkeit und Korrektheit der Gründe, auf die er seine Entscheidung stützt oder anhand derer er die Konformität des Systems überprüft, verlassen kann. Anderenfalls droht, dass die Transparenzmaßnahmen, mehr zu einer schon von der Datenethikkommission befürchteten „Desinformation" führen.[543]

---

[538] Vgl. *Heil*, MPR 2022, 1, 9 mit Verweis auf *Bomhard/Merkle*, RDi 2021, 276, 280 f., die jedoch betonen, dass die zur Erfüllung der Transparenzanforderungen das Forschungsfeld „Explainable AI" in den Vordergrund rücken würde.

[539] Vgl. zum Kommissionsentwurf *Bomhard/Merkle*, RDi 2021, 276, 280 f.; *Saliba*, in: Festschrift für Gassner, S. 505.

[540] Vgl. zum Kommissionsentwurf *Linardatos*, GPR 2021, 58, 66.

[541] Zu der Herstellung der Interpretierbarkeit von Black-Box Modellen, bereits Kap. 2, D., II., 3., b), aa), (2).

[542] Vgl. dafür, dass mit der Anwendung von post-hoc Verfahren ein Verlust der Approximationsgenauigkeit der Erklärungen einhergehen kann, bereits Kap. 2, D., II., 3., b), aa), (3).

[543] Vgl. *DEK*, Gutachten zur Künstlichen Intelligenz, S. 187, abrufbar unter: siehe Quellenangaben.

Die Gefahr einer Desinformation könnte dafürsprechen, dass Approximationsungenauigkeiten grundsätzlich auszuschließen wären. Sofern dies tatsächlich der Fall wäre, würde dies jedoch dazu führen, dass besonders komplexen Systemen von vornherein der Marktzugang verwehrt bliebe.[544]

Gleichwohl kann die Genauigkeit der Erklärungsverfahren gemessen und auch optimiert werden, sodass die Approximationsungenauigkeit sich unter Umständen nur auf eine marginale Restunsicherheiten beschränkt.[545] Ferner muss beachtet werden, dass die bestehende Restunsicherheit ggf. auch durch gesteigerte Anforderungen an die Genauigkeit und Robustheit der Systeme nach Art. 15 KI-VO ausgeglichen werden kann. Sofern es zu einer entsprechenden Kompensation käme, käme darin auch das in Art. 9 Abs. 4 KI-VO betonte Wechselspiel der Sicherheitsanforderungen des Kap. III Abschnitt 2 KI-VO zum Ausdruck.[546] Dies dürfte jedoch nicht dazu führen, dass Anbieter sich von der Erfüllung der Transparenzpflicht des Art. 13 Abs. 1 KI-VO *per se* mit dem Hinweis auf Rechtsunsicherheiten entziehen können, weil anderenfalls die Transparenzpflicht nicht nur ins Leere zu laufen droht, sondern zudem auch die Sicherheit der Systeme erheblich beeinträchtigt würde. Dies wirft die Frage des noch zulässigen Maßes an Restunsicherheit auf.

Bereits die HLEG betonte in den von ihr veröffentlichen Ethik-Leitlinien, dass für den Grad der Erklärbarkeit vor allem auf den „Kontext und die Tragweite der Konsequenzen" ankommen müsse, die ein fehlerhaftes Ergebnis haben könne.[547]

Krafft und Zweig schlugen ein Bewertungssystem vor, in dem die Intensität der Transparenzpflichten in Abhängigkeit der Risikoträchtigkeit bestimmt wird.[548] In dem von ihnen vorgeschlagenen Ansatz sehen diese vor, dass für bestimmte Risikoklassen die Anwendung von post-hoc Verfahren grundsätzlich unzulässig ist und daher ausschließlich transparente Systeme verwendet werden sollten, während für manche Einsatzzwecke sogar der Einsatz von algorithmischen Systemen gänzlich versagt werden solle.[549]

Einer entsprechend risikobasierten Bestimmung des noch zulässigen Maßes an Approximationsungenauigkeiten scheint auch die KI-Verordnung mit Art. 13 KI-VO

---

[544] Vgl. dafür, dass hohe Transparenzanforderungen zum Ausschluss mancher Systeme führen können, *Heil*, MPR 2022, 1, 9.

[545] Vgl. zu der Messung der Genauigkeit der Erklärungen und der Optimierung der Erklärungsverfahren, *Guidotti et al.*, ACM Computing Surveys 2018, 1 ff.

[546] Vgl. zu der wechselseitigen Ergänzung der Sicherheitsanforderungen des Kap. III Abschnitt 2 KI-VO, Kap. 4, C., III., 2.

[547] Vgl. *HLEG*, Ethik-Leitlinien, S. 16, abrufbar unter: siehe Quellenangaben.

[548] *Krafft/Zweig*, Transparenz und Nachvollziehbarkeit algorithmenbasierter Entscheidungsprozesse, abrufbar unter: siehe Quellenangaben.

[549] *Krafft/Zweig*, Transparenz und Nachvollziehbarkeit algorithmenbasierter Entscheidungsprozesse, abrufbar unter: siehe Quellenangaben.

gefolgt zu sein.[550] Denn das Maß dessen, was hinreichend ist, um eine angemessen Interpretierbarkeit zu gewährleisten, muss wegen des Wechselspiels mit dem Risikomanagementsystem gem. Art. 9 Abs. 4 KI-VO daran gemessen werden, was erforderlich ist, um die Risiken auf ein „vertretbar(es)“ Maß zu reduzieren.[551] Die Vertretbarkeit richtet sich jedoch unmittelbar nach den Auswirkungen und der Wahrscheinlichkeit eines Schadens und damit gerade nach der Risikoträchtigkeit des Systems.[552] Dennoch ist vollkommen unklar, welches Maß an Restunsicherheit sich im medizinischen Sektor als „noch“ vertretbar darstellt.

Den Transparenzanforderungen des Kap. III Abschnitt 2 KI-VO unterliegen von vornherein nur solche Systeme, die als Hochrisiko-KI-Systeme i. S. d. Art. 6 Abs. 1 oder Abs. 2 KI-VO zu klassifizieren sind.[553] Für KI-basierte Medizinprodukte ist die Klassifizierung dann erfüllt, wenn das KI-basierte Medizinprodukt in Risikoklasse IIa fällt oder zwar in Risikoklasse I fällt, aber einem der kritischen Anwendungsbereiche des Anhanges III KI-VO zuzuordnen ist.[554]

Bei Entscheidungsunterstützungssystemen setzt die Klassifizierung in Risikoklasse IIa es ausweislich der Regel 11 MP-VO voraus, dass das System entweder eine konkrete Diagnose- oder Therapieentscheidung unterstützt oder der Kontrolle von vitalen physiologischen Parametern zu dienen bestimmt ist.[555] Daher handelt es sich jedenfalls im medizinischen Kontext bei Hochrisiko-KI-Systemen um Systeme, bei denen Fehler in der algorithmischen Entscheidungsfindung folgenschwere Auswirkungen auf bedeutende Rechtsgüter haben können. Wegen der hohen Risikoträchtigkeit könnte die Zulässigkeit von Systemen, deren Interpretierbarkeit nur durch post-hoc-Verfahren gewährleistet werden kann, mit deren Anwendung Approximationsungenauigkeiten einhergehen, daher gänzlich infrage gestellt werden. Andererseits verbietet sich wohl eine pauschale Lösung. Vielmehr muss im Einzelfall beurteilt werden, worauf *genau* sich die Restunsicherheit bezieht und welche Auswirkungen fehlerhafte Ergebnisse des Systems auf den Patienten haben könnten. Zudem muss die Wechselwirkung mit den übrigen Sicherheitsanforderungen nach Kap. III Abschnitt 2 KI-VO, insbesondere der menschlichen Aufsicht nach Art. 14 KI-VO, berücksichtigt werden. Gegebenenfalls kann eine geminderte Transparenz daher durch erhöhte Anforderungen an die menschliche Aufsicht kompensiert werden.

---

[550] Ebenso *Martini*/Wendehorst, Art. 13, Rn. 55.

[551] Inzwischen auch *Martini*/Wendehorst, Art. 13, Rn. 55; vgl. dazu, dass das Sicherheitsniveau der Anforderungen des Kap. III Abschnitt 2 KI-VO nicht allgemein bestimmbar ist. Vielmehr ist es in Abhängigkeit dessen zu bestimmen, was erforderlich ist, um die Risiken insgesamt auf ein vertretbares Maß zu reduzieren, bereits Kap. 4, C., III., 1.

[552] Vgl. hierzu bereits Kap. 4, C., III., 1.

[553] Vgl. hierzu bereits Kap. 3, B., II.

[554] Vgl. hierzu bereits Kap. 3, B., II.

[555] Zu der Risikoklassifizierung von Entscheidungsunterstützungssystemen, bereits Kap. 2, C., II.

Sofern insgesamt noch ein hinreichendes Sicherheitsniveau angenommen werden kann und sich die von dem System ausgehenden Risiken insgesamt als noch vertretbar i. S. d. Art. 9 Abs. 5 KI-VO darstellen, sollte auch für Hochrisiko-KI-basierte Medizinprodukte die Anwendung von post-hoc-Verfahren zur Herstellung der Transparenz nicht grundsätzlich unzulässig sein.

Diesbezüglich erscheint der geltende Regelungsrahmen jedoch noch zu unbestimmt. Es sollte daher ausdrücklich klargestellt werden, nach welchem Maßstab zu beurteilen ist, inwieweit Approximationsungenauigkeiten zulässig sind.

#### ee) Zwischenergebnis

Zusammenfassend lässt sich daher statuieren, dass der Kommissionsentwurf in Art. 13 Abs. 1 S. 1 KI-VO weder das konkrete Maß noch die konkrete Art festlegt, wie die Pflicht des Art. 13 KI-VO zu erfüllen ist. Vielmehr macht Art. 13 KI-VO sowohl das Transparenzniveau als auch die zu ergreifende Transparenzmaßnahme von dem Einzelfall abhängig. Obgleich diese Unbestimmtheit vermehrt scharf kritisiert wurde, lässt sie sich zumindest grundsätzlich durch die stark subjektive und kontextbezogene Prägung der Interpretierbarkeit algorithmischer Entscheidungsfindungen begründen. Es ist daher grundsätzlich begrüßenswert, dass das Maß der erforderlichen Transparenz in Art. 13 Abs. 1 KI-VO unbestimmt ist.

Allerdings ermangelt es noch hinreichend bestimmter Kriterien, mit Hilfe derer die Transparenzpflicht Einzelfallbezogen konturiert werden kann. Wegen der horizontalen Ausgestaltung könnte diesbezüglich ein Verweis auf die MP-VO erwogen werden. Welches Niveau an Transparenz „angemessen" ist, bestimmt sich risikobasiert, was dazu führen kann, dass die Anwendung von post-hoc Verfahren im Einzelfall unzulässig sein kann. Andererseits muss auch stets die Wechselwirkung mit anderen Sicherheitsanforderungen gem. § 8 Abs. 1 S. 2 i. V. m. § 9 Abs. 5 KI-VO berücksichtigt werden. Dadurch kann eine ggfs. verminderte Transparenz der Systeme durch eine Steigerung der menschlichen Aufsichtsmaßnahmen ausgeglichen werden. Entscheidend ist stets, dass das KI-System in seiner Gesamtheit ein Sicherheitsniveau erreicht, das die verbleibenden Risiken sich insgesamt als vertretbar darstellen. Derzeit bleibt es gleichwohl noch zu unbestimmt, inwieweit Approximationsungenauigkeiten noch zulässig sind, sodass zur Wahrung der Rechtssicherheit eine weitergehende Konkretisierung erforderlich ist.

### *b) Möglichkeit zur Etablierung einer gemeinsamen Betriebsanleitung*

#### aa) Inhaltliche Kohärenz der Pflichten zwischen MP-VO und KI-VO

Obgleich die Pflicht zur Erstellung einer Betriebsanleitung i. S. d. Art. 13 Abs. 2 KI-VO eine unmittelbare Voraussetzung dafür ist, dass das Maß an für den Betreiber hinreichender Transparenz i. S. d. Art. 13 Abs. 1 KI-VO erfüllt werden kann, muss überprüft werden, inwieweit die Anforderungen zu den Anforderungen der MP-VO inhaltlich kohärent sind.

Zu beachten ist nämlich, dass die Pflicht des Art. 13 Abs. 2 KI-VO neben die auch im Rahmen der MP-VO in Anhang I Abschnitt 23.1 MP-VO vorgesehene Pflicht zur Erstellung einer Gebrauchsanweisung tritt.[556]

Sofern die inhaltlichen Anforderungen des Anhangs I Abschnitt 23.4 MP-VO mit Art. 13 Abs. 3 KI-VO weitreichende inhaltliche Überschneidungen aufweisen würden, könnte dies – sofern keine Erleichterung bestünde – zu einer doppelten Arbeitsbelastung der Anbieter von Hochrisiko-KI-Systemen führen, durch die die ursprüngliche Intention der Kommission konterkariert werden würde.[557]

Daher soll im Folgenden ermittelt werden, inwieweit die KI-VO mit der MP-VO inhaltliche Überschneidungen aufweist. Hinsichtlich dieser Untersuchung muss maßgeblich zwischen solchen Hochrisiko-KI-Systemen unterschieden werden, die *selbst* als Medizinprodukt zu qualifizieren sind (*siehe hierzu (1)*), und Systemen, die nur als Bestandteil eines Medizinprodukts zu qualifizieren sind (*siehe hierzu (2)*).

#### *(1) Hochrisiko-KI-Systeme als Produkt i. S. d. Art. 1 Abs. 4 MP-VO*

Sofern das Hochrisiko-KI-System zugleich *selbst*[558] als Produkt i. S. d. Art. 1 Abs. 4 MP-VO zu qualifizieren ist, beziehen sich auch die Informationen, die gem. Anhang I Abschnitt 23.4 MP-VO in der Gebrauchsanweisung enthalten sein müssen, auf das Hochrisiko-KI-System *als solches.* Dadurch ergeben sich notwendigerweise weitreichende inhaltliche Überschneidungen der in Anhang I Abschnitt 23.1 MP-VO und Art. 13 Abs. 3 KI-VO vorgesehenen Mindestinhalte, weil beide Pflichten sich auf das Hochrisiko-KI-System beziehen.

Art. 13 Abs. 3 lit. b) ii) KI-VO normiert zunächst die Pflicht, das Maß an Genauigkeit, Robustheit und Cybersicherheit sowie alle voraussehbaren Risiken, die die Sicherheit trotz der bestimmungsgemäßen oder voraussehbaren Fehlanwendung

[556] Vgl. dazu, dass die Anforderungen der KI-VO grundsätzlich neben den Anforderungen MP-VO treten, daher müssen sie, sofern keine Ausnahmeregelung vorgesehen ist, zusätzlich erfüllt werden, zum Kommissionsentwurf *Heil*, MPR 2022, 1, 7.

[557] Vgl. hierfür Erwägungsgrund 63, COM 2021, 206 final, S. 38.

[558] Es wurde bereits umfassend dargelegt, dass nach der Auffassung dieser Arbeit und entgegen dem Ansatz der MDCG-Leitlinien 22019-11 (Kap. 2, B., II., 2, a)), eine Software nur dann selbst als eigenständiges Medizinprodukt zu qualifizieren ist, wenn diese eine medizinische Zweckbestimmung erfüllt. Dies ist jedoch nur bei Entscheidungsunterstützungssystemen der Fall, weil Software, die medizinische Daten verarbeitet, um die Funktion eines anderen Medizinprodukts zu erfüllen, der medizinischen Zweckbestimmung dieses körperlichen Medizinprodukts zugeführt wird. Damit verfolgt die integrierte Software selbst keine eigene medizinische Zwecksetzung, sondern ermöglicht diese nur die medizinische Zwecksetzung des körperlichen Medizinprodukts. In diesem Fall ist das KI-System – in Abhängigkeit der subjektiven Zweckbestimmung des Herstellers – als Zubehör i. S. d. Art. 2 Nr. 2 MP-VO oder integraler Bestandteil des Medizinprodukts nicht aber als eigenständiges Medizinprodukt zu qualifizieren, Kap. 2, B., II., 2., b).

beeinträchtigen können, anzugeben. Eine entsprechende Pflicht lässt sich auch der MP-VO entnehmen, die in der Gebrauchsanweisung die Pflicht gem. Anhang I Nr. 23.4 lit. e) MP-VO zur Angabe der „Leistungsmerkmale des Produkts" vorsieht. Für KI-Systeme wird dies durch eine Angabe der Genauigkeits- und Robustheitsgrade zum Ausdruck gebracht. Ferner ist in Art. 13 Abs. 3 lit. b) ii) KI-VO auch die Pflicht vorgesehen, dass die Betreiber über alle bekannten und voraussehbaren Umstände, die sich auf die Genauigkeit und Robustheit und Cybersicherheit auswirken könnten, zu informieren sind. Eine entsprechende Pflicht lässt sich auch Anhang I Nr. 23.4 lit. s) MP-VO entnehmen, wonach auch im Rahmen der Gebrauchsanweisungen der MP-VO „Warnungen, Vorsichtshinweise, Kontraindikationen, zu ergreifende Maßnahmen sowie Verwendungsbeschränkungen" angegeben werden müssen. Mit dieser Formulierung greift Anhang I Nr. 23.4 lit. s) S. 1 MP-VO den Wortlaut der Vorschrift des Anhangs I Nr. 4 lit. c) MP-VO auf. Bei der Zurverfügungstellung von Sicherheitsinformationen handelt es sich letztlich um eine Risikobewältigungsmaßnahme, die der Hersteller ergreifen darf, um den bekannten und voraussehbaren Risiken entgegenzutreten, die nicht durch Auslegungs- oder Herstellungsmaßnahmen i. S. d. Anhang I Nr. 4 lit. a) MP-VO oder angemessene Schutzmaßnahmen i. S. d. Anhang I Nr. 4 lit. b) MP-VO verhindert werden können. Sofern eine Verwendung des KI-Systems einen negativen Einfluss auf die Genauigkeits- und Robustheitsgrade hätte, würde es sich dabei um ein voraussehbares Risiko handeln, welches durch entsprechende Sicherheitsinformationen antizipiert werden muss. Insbesondere für Risiken, die sich auf die Cybersicherheit auswirken können, ergibt sich dies auch aus Anhang I Nr. 23.4 lit. z) ab) MP-VO, wonach in der Gebrauchsanweisung über die erforderliche Maßnahmen zur Gewährleistung der IT-Sicherheit bei bestimmungsgemäßer Verwendung informiert werden muss.

Da es sich bei den in Art. 13 Abs. 3 lit. b) iii) KI-VO vorgesehenen Informationen über Umstände, die sich trotz der bestimmungsgemäßen Verwendung oder voraussehbaren Fehlanwendung auf die Gesundheit und Sicherheit oder Grundrechte negativ auswirken können, um Sicherheitsinformationen über voraussehbare aber nicht vermeidbare Risiken handelt, handelt es sich dabei ebenfalls um eine Information, die gem. Anhang I Abschnitt 23.4 lit. s) MP-VO im Rahmen der Gebrauchsanweisung zur Verfügung gestellt werden muss.

Weiterhin sieht Art. 13 Abs. 3 lit. b) v) KI-VO die Pflicht vor, dass die Personen oder Personengruppen auf die das System bestimmungsgemäß angewandt werden soll, angegeben werden müssen. Eine dem entsprechende Pflicht lässt sich auch Anhang 23.4 lit. b) MP-VO entnehmen, wonach eine genaue Angabe der Personenzielgruppe erfolgen muss, einschließlich der Indikationen und Kontraindikationen, auf die das System angewandt werden soll.

Hinsichtlich der in Art. 13 Abs. 3 lit. b vi) KI-VO vorgesehenen Information über Spezifikationen der Eingabedaten handelt es sich wiederum um eine Beschränkung der Art und Weise, über die gem. Anhang I Nr. 23.4 lit. s) MP-VO auch in der Gebrauchsanweisung der MP-VO zu informieren ist.

Ferner findet auch die Pflicht des Art. 13 Abs. 3 lit. c) KI-VO, wonach über die zum Zeitpunkt des Konformitätsbewertungsverfahrens vorab bestimmten Änderungen zu informieren ist, eine inhaltliche Entsprechung in Anhang I Nr. 23.4 lit. s) Var. 1 MP-VO, wonach ebenfalls über *Leistungsveränderungen* zu informieren ist.

Weiterhin sieht Art. 13 Abs. 3 lit. d) KI-VO die Pflicht vor, den Betreiber über die durch den Anbieter etablierten Aufsichtsmaßnahmen i. S. d. Art. 14 KI-VO zu informieren, was insbesondere Maßnahmen umfasst, durch die die Ausgaben des Hochrisiko-KI-Systems zu interpretieren sind. Diese Pflicht hängt eng mit den Informationspflichten aus Art. 13 Abs. 3 lit. b) iv) KI-VO zusammen, wonach Anbieter ggfs. über die technischen Fähigkeiten und Merkmale des Hochrisiko-KI-Systems zu informieren sind, die zur Erläuterung seiner Ausgaben relevant sind.

Letztlich handelt es sich dabei um Risikobewältigungsmaßnahmen, durch die gewährleistet wird, dass der menschliche Entscheidungsträger als letzte Kontrollinstanz solche Risiken ausschließt, die für den Anbieter nicht vorhersehbar waren oder trotz Einhaltung aller Sicherheitsmaßnahmen auftreten. Über Risikobewältigungsmaßnahmen ist auch in der Gebrauchsanweisung der MP-VO gem. Anhang I Abschnitt 23.4 lit. s) MP-VO zu informieren ist.

Die ferner in Art. 13 Abs. 3 lit. e) KI-VO vorgesehene Pflicht zum Benennen der erforderlichen Rechen- und Hardware-Ressourcen sowie der erwarteten Lebensdauer des Systems und der ggf. erforderlichen Pflege und Wartungsmaßnahmen findet ebenfalls eine inhaltliche Entsprechung in Anhang I Nr. 23.4 lit. k MP-VO, wonach auch in der MP-VO über etwaig erforderliche Instandhaltungsmaßnahmen zu informieren ist. Dies wird ferner durch Anhang I Nr. 23.4 lit. z) ab) MP-VO ergänzt, wonach über Mindestanforderungen bezügliche Hardware, sowie etwaige IT-Sicherheitsmaßnahmen einschließlich Cybersicherheitsmaßnahmen zu informieren ist.

Trotz dieser weitreichenden inhaltlichen Überschneidungen müssten im Rahmen des Kommissionsentwurfes beide Pflichten getrennt voneinander erfüllt werden.[559] Daher wären Anbieter dazu verpflichtet, zwei Gebrauchs bzw. Betriebsanweisungen für Hochrisiko-KI-Systeme zu erstellen, deren Inhalt sich jedoch in großen Teilen überschneiden würde.

---

[559] Vgl. dazu, dass, sofern keine ausdrückliche Ausnahme vorgesehen ist, die Anforderungen der KI-VO grundsätzlich neben die Anforderungen MP-VO tritt, zum Kommissionsentwurf *Heil*, MPR 2022, 1, 7.

*Tabelle 7*

**Übersicht über die Überschneidungen der Anforderungen des Art. 13 Abs. 3 KI-VO mit Anhang I Abschnitt 23.4 MP-VO für Hochrisiko-KI-Systeme als Produkte i. S. d. Art. 1 Abs. 4 MP-VO**

| Inhalt der Pflicht | KI-VO | MP-VO |
|---|---|---|
| Angabe der Kontaktdaten | Art. 13 Abs. 3 lit. a) | Anhang I Nr. 23.4 lit. a) i. V. m. Anhang I Nr. 23.2 lit. c) |
| Angabe der Zweckbestimmung | Art. 13 Abs. 3 lit. b) lit. i) | Anhang I Nr. 23.4 lit. b) |
| Leistungsmerkmale | Art. 13 Abs. 3 lit. b) lit. ii) (Maß an Genauigkeit, Robustheit, Cybersicherheit) | Anhang I Nr. 23.4 lit. e) |
| | Art. 13 Abs. 3 lit. b) lit. ii) (Umstände, die das Maß an Genauigkeit, Robustheit, Cybersicherheit negativ beeinflussen könnten) | Anhang I Nr. 23.4 lit. s) i. V. m. Anhang I Nr. 4 lit. c) |
| | | Anhang I Nr. 23.4 lit. z) ab) (zusätzlich für Cybersicherheit) |
| Informationen über Risiken trotz bestimmungsgemäßer Anwendung oder voraussehbarer Fehlanwendung | Art. 13 Abs. 3 lit. b) lit. iii) | Anhang I Nr. 23.4 lit. s) i. V. m. Anhang I Nr. 4 lit. c) |
| Merkmale der Personen bzw. Personengruppen, auf die das System bestimmungsgemäß angewandt werden soll | Art. 13 Abs. 3 lit. b) v) | Anhang I Nr. 23.4 lit. b) Angabe der Indikationen Kontraindikationen Patientenzielgruppe i. V. m. Anhang I Nr. 23.4 lit. e) Angabe der Leistungsmerkmale |
| Spezifikationen Eingabedaten | Art. 13 Abs. 3 lit. b) vi) | Anhang I Nr. 23.4 lit. s) Verwendungsbeschränkung |
| Vorab bestimmte Änderungen | Art. 13 Abs. 3 lit. c) | Anhang I Nr. 23.4 lit. s) Var. 1 Informationen über Leistungsveränderungen |
| Technische Maßnahmen zur Gewährleistung menschlicher Kontrolle | Art. 13 Abs. 3 lit. d); Art. 13 Abs. 3 lit. b) iv) | (Anhang I Abschnitt 4 lit. b) und c) i. V. m. Anhang I Abschnitt 23.4 lit. s) |
| Erforderliche Rechen- und Hardware-Ressourcen, Lebensdauer, Wartung, Pflege | Art. 13 Abs. 3 lit. e) | Anhang I Nr. 23.4 lit. k Var. 1 „Instandhaltungsmaßnahmen" Anhang I Nr. 23.4 lit. z) ab) Mindestanforderungen bzgl. Hardware, IT-Sicherheitsmaßnahmen |

*(2) Hochrisiko-KI-Systeme als Bestandteil eines Medizinprodukts*

Hinsichtlich solcher Hochrisiko-KI-Systeme, die nicht selbst als Produkt i. S. d. Art. 1 Abs. 4 MP-VO, sondern als dessen Bestandteil[560] zu qualifizieren sind, bezieht sich die nach Anhang I Abschnitt 23.1 MP-VO zu erstellende Gebrauchsanweisung nur auf das *Gesamt*produkt, während Informationen über das Hochrisiko-KI-System nur in der Gebrauchsanweisung *mit enthalten* sind.

Im Unterschied dazu betrifft die Betriebsanleitung des Art. 13 Abs. 3 KI-VO das Hochrisiko-KI-System *als solches*. Da sich die Gebrauchsanweisungen nach Anhang I Abschnitt 23.1 MP-VO und Art. 13 Abs. 3 KI-VO in solchen Fällen sich nunmehr nicht mehr auf denselben „Gegenstand" beziehen, ergeben sich von vornherein nicht so viele Überschneidungen, wie in Fällen, in denen das KI-System *selbst* als Produkt i. S. d. Art. 1 Abs. 4 MP-VO zu qualifizieren ist.

Andererseits muss jedoch beachtet werden, dass gem. Anhang I Abschnitt 23.4 MP-VO auch in der Gebrauchsanweisung des Gesamt-Medizinproduktes, Informationen über „programmierbare Elektroniksysteme, einschließlich Software" enthalten sein müssen, die als „Bestandteil" des *Gesamt-Medizinprodukts* zu qualifizieren sind, wie Anhang I Abschnitt 23.4 lit. z) ab) MP-VO ausdrücklich bestätigt. Die in Anhang I Abschnitt 23.4 lit. z) ab) MP-VO diesbezüglich vorgesehene Informationen, betreffen etwa Mindestanforderungen bezüglich der Hardware, der Eigenschaften von IT-Netzen und Sicherheitsmaßnahmen, einschließlich des Schutzes vor dem unbefugten Zugriff von Dritten, die für den bestimmungsgemäßen Einsatz erforderlich sind. Da die Informationen, die in Art. 13 Abs. 3 KI-VO enthalten sind, gerade Informationen über KI-spezifische Sicherheitsmaßnahmen betreffen, mithilfe derer sichergestellt wird, dass das System bestimmungsgemäß funktioniert, konkretisieren die Anforderungen des Art. 13 KI-VO die Anforderungen des Anhangs I Abschnitt 23.4 lit. z) ab) MP-VO inhaltlich.

---

[560] Sofern ein Hochrisiko-KI-System nicht selbstständig die medizinische Zweckbestimmung *erfüllt*, sondern anhand der verarbeiteten medizinischen Daten ein anderes Medizinprodukt steuert und dadurch die Funktionsweise eines anderen Medizinprodukts *ermöglicht*, ist dieses KI-System – wie oben ausführlich dargelegt wurde – entgegen des Ansatzes der MDCG-Leitlinien 2019-11 (Kap. 2, B., II., 2., a)) – *nicht* selbst als Medizinprodukt zu qualifizieren. Hintergrund dafür ist, dass das KI-System, trotz der Verarbeitung medizinischer Daten keinen eigenständigen medizinischen Zwecksetzung i. S. d. Art. 2 Nr. 1 MP-VO *erfüllt*. Die *Erfüllung* der medizinischen Zwecksetzung tritt vielmehr erst dann ein, wenn die Ergebnisse des KI-Systems durch das körperliche Medizinprodukt umgesetzt werden. Daher sind solche eingebetteten Hochrisiko-KI-*Steuerungs*system der „unsichtbare Motor" des körperlichen Produkts der Zweckbestimmung des körperlichen Medizinprodukts zugeführt. Sie sind daher nicht selbst Medizinprodukt, sondern entweder als Zubehör i. S. d. Art. 2 Nr. 2 MP-VO oder als Bestandteil eines Medizinprodukts zu qualifizieren. Nur wenn das System als Zubehör i. S. d. Art. 2 Nr. 2 MP-VO zu qualifizieren ist selbst ein eigenständiges Produkt i. S. d. Art. 1 Abs. 4 MP-VO. Sofern der Hersteller das System zusammen mit dem körperlichen Medizinprodukt *als* Einheit in den Verkehr gibt, handelt es sich jedoch um ein einheitliches Gesamt-Produkt, sodass das KI-System – entgegen den MDCG-Leitlinien 2019-11 – nicht als eigenständiges Produkt i. S. d. Art. 1 Abs. 4 MP-VO, sondern dessen Bestandteil zu qualifizieren ist, vgl. hierzu bereits ausführlich Kap. 2, B., II., 2., b).

*Tabelle 8*

**Übersicht über die inhaltlichen Überschneidungen der Anforderungen des Art. 13 Abs. 3 KI-VO mit Anhang I Abschnitt 23.4 MP-VO für Hochrisiko-KI-Systeme als Bestandteil eines Medizinprodukts**

| KI-VOE-KOM | MP-VO |
|---|---|
| Art. 13 Abs. 3 | Anhang I Abschnitt 23.4 lit. z) ab) |

### bb) Erstellung einer einheitlichen Gebrauchsanweisung

Aufgrund der zahlreichen inhaltlichen Überschneidungen würde die Pflicht des Art. 13 Abs. 1 und 3 KI-VO zu einer erheblichen Mehrbelastung führen, die sicherheitsrechtlich nicht gerechtfertigt werden kann. Daher besteht die Notwendigkeit, eine Möglichkeit zu schaffen, dass Anbieter eine einheitliche Gebrauchsanweisung erstellen könnten, in der die inhaltlichen Anforderungen des Anhangs I Abschnitt 23.4 MP-VO durch Art. 13 KI-VO konkretisiert werden. Weder den Entwürfen[561] noch dem endgültigen Regelungstext für Art. 13 KI-VO ist eine explizite Ausnahme zu entnehmen.

Allerdings ergibt sich eine entsprechende Ausnahme im endgültigen Regelungstext nunmehr aus Art. 8 Abs. 2 KI-VO. Danach können Anbieter bei Produkten, die ein KI-System enthalten und unter einen der in Anhang I Abschnitt A aufgeführten Harmonisierungsrechtsakte fallen, zur Vermeidung einer doppelten Arbeitsbelastung, die nach Kap. III Abschnitt 2 KI-VO geforderten Informationen, in die nach der MP-VO bereitzustellenden Unterlagen integrieren.[562]

#### *(1) Kohärenz der Anforderungen an die Gebrauchs- bzw. Betriebsanweisung*

Eine entsprechende Erleichterung, eine einheitliche Gebrauchsanweisung erstellen zu können, ist jedoch von vornherein nur dann möglich, wenn die Anforderungen an die Gebrauchsanweisung inhaltlich kohärent sind.

#### (a) Verpflichtung unterschiedlicher Regelungsadressaten

Zunächst könnte es der Kohärenz der Verordnungen entgegenstehen, dass die Verordnungen hinsichtlich der Pflicht, zur Erstellung einer Gebrauchsanweisung, unterschiedliche Regelungsadressaten adressieren.

---

[561] Vgl. *Rat*, General Approach, 14954/22, S. 95 f.; Art. 13 KI-VOE-EP, *Europäisches Parlament*, Amendments adopted by the European Parliament on 14 June 2023 on the proposal for an Artificial Intelligence Act, P9_TA(2023)0236.

[562] Eine entsprechende Ausnahme ließ sich bereits im Parlamentsentwurf aus Art. 8 Abs. 2a KI-VO-EP ableiten, vgl. Art. 8 Abs. 2a (new) KI-VOE-EP, Änderung 260 *Europäisches Parlament*, Amendments adopted by the European Parliament on 14 June 2023 on the proposal for an Artificial Intelligence Act, P9_TA (2023)0236.

Während in der KI-Verordnung gem. Art. 16 lit. a) KI-VO[563] die „Anbieter" verpflichtet sind, die Einhaltung der Anforderungen des Kap. III Abschnitt 2 KI-VO sicherzustellen, obliegt diese Pflicht im Rahmen der MP-VO gem. Art. 10 Abs. 1 MP-VO den „Hersteller(n)". Dieser Unterschied kommt auch dadurch zum Ausdruck, dass im Rahmen der KI-VO gem. Art. 13 Abs. 3 lit. a) KI-VO[564] die Namen sowie die Kontaktinformationen des Anbieters anzugeben sind, während gem. Anhang I Nr. 23.2 lit. c) MP-VO im Rahmen der MP-VO der Handelsname oder die eingetragene Handelsmarke des Herstellers einschließlich der Anschrift seiner Niederlassung anzugeben ist.

Unter dem „Hersteller" ist ausweislich des Art. 2 Nr. 30 MP-VO jede „natürliche oder juristische Person, die ein Produkt herstellt oder als neu aufbereitet bzw. entwickeln, herstellen oder als neu aufbereiten lässt und dieses Produkt unter ihrem eigenen Namen oder ihrer eigenen Marke vermarket".

Im Unterschied dazu wird der „Anbieter" in Art. 3 Nr. 3 KI-VO[565] als „eine natürliche oder juristische Person, Behörde, Einrichtung oder sonstige Stelle, die ein KI-System oder ein KI-Modell mit allgemeinem Verwendungszweck entwickelt oder entwickeln lässt und es unter ihrem eigenen Namen oder ihrer Handelsmarke in Verkehr bringt oder das KI-System unter ihrem eigenen Namen oder ihrer Handelsmarke in Betrieb nimmt, sei es entgeltlich oder unentgeltlich" legaldefiniert.

Der Unterschied zwischen dem Hersteller-Begriff der MP-VO und dem Anbieter-Begriff der KI-VO liegt darin, dass der Begriff des Anbieters weiter ist und auch solche Personen erfasst, die das System zur eignen Verwendung entwickelt haben oder entwickeln lassen haben, um es *selbst* in Betrieb zu nehmen.[566]

Dennoch steht dieser Umstand der Erstellung einer einheitlichen Gebrauchsanweisung nicht von vornherein entgegen. Zu beachten ist nämlich, dass die Erleichterung des Art. 8 Abs. 2 KI-VO, von vornherein nur so lange gilt, wie eine Ge-

---

[563] Vgl. zu den Entwürfen Art. 16 lit. a) KI-VOE-KOM, COM 2021 206 final, S. 60; ferner Art. 16 lit. a) KI-VOE-Rat, *Rat*, General Approach, 14954/22, S. 99; Art. 16 lit. a) KI-VOE-EP, *Europäisches Parlament*, Amendments adopted by the European Parliament on 14 June 2023 on the proposal for an Artificial Intelligence Act, P9_TA(2023)0236.

[564] Vgl. Art. 13 Abs. 3 lit. a) KI-VOE-KOM, COM 2021, 206 final, S. 58; Art. 13 Abs. 3 lit. a) KI-VOE-Rat, *Rat*, General Approach, 14954/22, S. 95; Art. 13 Abs. 3 lit. a) KI-VOE-EP, *Europäisches Parlament*, Amendments adopted by the European Parliament on 14 June 2023 on the proposal for an Artificial Intelligence Act, P9_TA(2023)0236.

[565] Vgl. zu der inhaltlich übereinstimmenden Legaldefinition in den Entwürfen, Art. 3 Abs. 2 KI-VOE-KOM, COM 2021, 206 final, S. 46; ebenso Art. 3 Nr. 2 KI-VOE-Rat, *Rat*, General Approach, 14954/22, S. 71; Art. 3 Nr. 2 KI-VOE-EP *Europäisches Parlament*, Amendments adopted by the European Parliament on 14 June 2023 on the Artificial Intelligence Act, P9_TA(2023)0236.

[566] Vgl. so auch zum Kommissionsentwurf *Heil*, MPR 2022, 1, 4.

brauchsanweisung mit dem jeweiligen Inhalt bereits nach dem Harmonisierungsrechtsakt erfüllt wurde.[567]

Für solche KI-Systeme, die als Bestandteil eines körperlichen Produkts zusammen unter dem Namen eines Produktherstellers nach einem der Harmonisierungsrechtsakte i. S. d. Anhangs I Teil A KI-VO in den Verkehr gebracht werden, bestimmt Art. 25 Abs. 3 KI-VO[568] ferner, dass dieser Hersteller zugleich als Anbieter i. S. d. KI-Verordnung zu qualifizieren ist. Daher steht der Umstand, dass die Pflicht in Art. 13 KI-VO dem Anbieter obliegt, der Erstellung einer einheitlichen Gebrauchsanweisung nicht entgegen.

(b) Ausnahmen von der Gebrauchsanweisung nach der MP-VO

Etwas anderes könnte sich jedoch in Bezug auf die in Anhang I Nr. 23.1 MP-VO vorgesehene Ausnahme von der Pflicht zur Erstellung einer Gebrauchsanweisung ergeben. Obgleich gem. Anhang I Nr. 23.1 MP-VO grundsätzlich „jedem Produkt" eine Gebrauchsanweisung beizufügen ist, ist diese Verpflichtung nicht vorbehaltslos, sondern in Anhang I Nr. 23.1 lit. d) MP-VO ist vielmehr eine Ausnahme von diesem Grundsatz vorgesehen, sofern die „sichere Anwendung" von Produkten der Risikoklasse I und IIa auch ohne eine Gebrauchsanweisung gewährleistet werden kann und keine Rückausnahme im Rahmen der MP-VO vorgesehen ist.

Eine entsprechende Ausnahme von der Pflicht zur Erstellung einer Gebrauchsanweisung ist in Art. 13 KI-VO[569] nicht vorgesehen, sodass fraglich ist, ob die Vorschrift des Anhangs I Nr. 23.1 lit. d MP-VO nicht durch die Pflicht des Art. 13 Abs. 2 KI-VO unterlaufen würde, weil nach der KI-VO stets eine Gebrauchsanweisung beizufügen ist.

Allerdings ist die Ausnahme ohnehin nur dann anwendbar, wenn das KI-basierte Medizinprodukt kumulativ die in Anhang I Abschnitt 23.1 lit. d) MP-VO vorgesehenen Voraussetzungen erfüllt, also höchstens in Risikoklasse IIa fällt, und zudem

[567] Vgl. Art. 8a (new) KI-VOE-EP, Änderung 260, *Europäisches Parlament*, Amendments adopted by the European Parliament on 14 June 2023 on the proposal for an Artificial Intelligence Act, P9_TA(2023)0236.

[568] Vgl. zu den Entwürfen bereits Art. 24 KI-VOE-KOM, COM 2021, 206 final, S. 63; Art. 24 KI-VOE-EP, *Europäisches Parlament*, Amendments adopted by the European Parliament on 14 June 2023 on the proposal for an Artificial Intelligence Act, P9_TA(2023)0236; Art. 23a KI-VOE-Rat, *Rat*, General Approach 14954/22, S. 106.

[569] Vgl. auch zu den Entwürfen, Art. 13 KI-VOE-KOM, COM 2021, 206 final, S. 57 f.; obwohl das Parlament in Art. 8 Abs. 2a (new) KI-VOE-EP vorsah, dass Anforderungen, die bereits nach der sektorenspezifischen Regelung vorgesehen sind, nicht zusätzlich erfüllt werden müssen, um mit der KI-VOE-EP konform zu sein, ermangelte der Entwurf eine entsprechende Regelung, dass auch die Ausnahmen, die der jeweilige Harmonisierungsrechtsakte in Bezug auf die materiellen Sicherheitsanforderungen vorsieht, übertragen werden können, vgl. *Europäisches Parlament*, Amendments adopted by the European Parliament on 14 June 2023, P9_TA(2023)0236; vgl. hierfür Art. 13 KI-VOE-Rat, *Rat*, General Approach, 14954/22, S. 95.

gewährleistet ist, dass die Anwendung auch ohne Gebrauchsanweisung hinreichend sicher ist.

Ob der Ausnahme für KI-basierte Medizinprodukte überhaupt ein praktischer Anwendungsfall zukäme, ist fraglich. Die Ausnahme ist von vornherein nur für den Teil von Hochrisiko-KI-Systemen i. S. d. Anhangs I Teil A KI-VO anwendbar, die in Risikoklasse IIa fallen.

Für den verbleibenden Teil von Hochrisiko-KI-Systemen ist die Ausnahme des Anhangs I Nr. 23.1 lit. d) MP-VO nur anwendbar, wenn die Sicherheit des KI-basierten Medizinproduktes auch ohne die Bereitstellung einer Gebrauchsanweisung gewährleistet werden kann.

Dies ist nur dann der Fall, wenn die Sicherheit der Medizinprodukte auch ohne die in Anhang I Abschnitt 23.4 MP-VO vorgesehenen Informationen über die Anforderungen an die Anwendungsumgebung, die Installationsanweisung und die Qualifikationsanforderungen an das Personal bedienbar und sicher sind und dessen Anwendung zudem keinen Verwendungsbeschränkungen unterliegt, über die der Anwender gem. Anhang I Abschnitt 23.4 lit. s) MP-VO zu informieren ist.

Ob die Sicherheit von KI-Systemen ohne jegliche Sicherheitsinformationen gewährleistet werden kann, muss bezweifelt werden. Jedenfalls bei lernfähigen Systemen müssten dem Betreiber, der durch die Eingabe von Daten einen maßgeblichen Einfluss auf die Verhaltensweise des Systems haben kann, Spezifikationen hinsichtlich der Eingabedaten zur Verfügung gestellt werden.[570]

Unabhängig davon, ob es sich um ein System handelt, welches sich selbstständig weiterentwickelt oder bei dem diese Fähigkeit vor Markteintritt unterbunden wurde, besteht die Gefahr, dass Menschen geneigt sind, den Entscheidungen algorithmischer Systeme vorbehaltslos Glauben zu schenken, was als sog. *Automation Bias* bezeichnen wird.[571] Bei Systemen, welche in menschliche Entscheidungsprozesse eingebunden werden, wird daher eine entsprechende Warnung in der Gebrauchsanweisung aufgenommen werden müssen.

Bei KI-Systemen sind in aller Regel Informationen erforderlich, mithilfe derer die Sicherheit gewährleistet werden kann, weshalb ein praktischer Anwendungsfall der Ausnahme des Anhangs I Nr. 23.1 lit. d MP-VO ohnehin kaum vorstellbar ist, sodass die Ausnahme durch Art. 13 Abs. 2 KI-VO in aller Regel auch nicht unterlaufen werden würde.

---

[570] Vgl. zur Datenabhängigkeit, bereits Kap. 2, D., II., 2.

[571] Unter dem Begriff des „Automation Bias“ wird die Tendenz verstanden, dass Menschen dazu neigen, den von IT-Systemen produzierten Entscheidungen wegen der vermeintlichen Objektivität Vertrauen zu schenken, ohne die Ergebnisse einer vorherigen Überprüfung zu unterziehen, vgl. *DEK*, Gutachten zur Künstlichen Intelligenz, S. 162, abrufbar unter: siehe Quellenangaben.

(c) Format der Bereitstellung

Der Etablierung einer gemeinsamen Gebrauchsanweisung würde es jedoch auch entgegenstehen, wenn die Verordnungen in Anhang I Abschnitt 23 MP-VO bzw. Art. 13 Abs. 2 KI-VO unterschiedliche Formate für die Bereitstellung der Betriebsanleitung vorsehen würden.

Im Rahmen der MP-VO ist die Gebrauchsanweisung gem. Anhang I Abschnitt 23.1 lit. f) MP-VO grundsätzlich in „Papierform“ zur Verfügung zu stellen. Eine Darbietung in anderer „z. B. elektronisch(er)“ Form ist nach Anhang I Abschnitt 23.1 lit. f) MP-VO nur dann zulässig, wenn zusätzlich die Voraussetzungen der Verordnung (EU) Nr. 207/2012[572] oder einer der danach erlassenen Durchführungsbestimmungen erfüllt werden. Durch die Verordnung (EU) 2226/2021[573] wurde die Verordnung (EU) Nr. 207/2012 gleichwohl ersetzt, sodass sich die Zulässigkeit nunmehr nach der VO 2226/2021 richtet.[574]

Im Hinblick auf die Frage, ob eine elektronische Gebrauchsanweisung[575] zulässig ist, muss zwischen KI-Systemen, die selbst als Medizinprodukte zu qualifizieren sind, und solchen Systemen unterschieden werden, die nur als Bestandteil eines Medizinproduktes zu qualifizieren sind. Für KI-Systeme, die als Bestandteil eines Medizinprodukts oder Zubehör zu qualifizieren sind, steht eine elektronische Anzeige der Gebrauchsanweisung unter der Voraussetzung des Art. 3 und darf gem. Abs. 2 lit. a) und lit. b) VO 2226/2021 nur dann erfolgen, wenn die Produkte erstens zur Verwendung durch einen professionellen Verwender bestimmt sind und zweitens nach vernünftigem Ermessen nicht damit gerechnet werden muss, dass es zu einer Verwendung durch eine andere Person kommt. Sofern ein KI-System selbst als Produkt i. S. d. Art. 1 Abs. 4 MP-VO zu qualifizieren ist, statuiert Art. 3 Abs. 3 VO 2226/2021 allgemein, dass eine „elektronische Gebrauchsanweisung mithilfe der Software selbst und nicht in Papierform“ bereitgestellt werden kann. Allerdings besteht sowohl bei KI-Systemen, die selbst als Produkt i. S. d. Art. 1 Abs. 4 MP-VO zu qualifizieren sind, als auch solchen, die als Bestandteil dessen zu qualifizieren

---

[572] Verordnung (EU) Nr. 207/2012 der Kommission vom 9. März 2012 über elektronische Gebrauchsanweisungen für Medizinprodukte, ABl. 2021/L72, S. 28 ff.

[573] Durchführungsverordnung (EU) 2021/2226 der Kommission vom 14. Dezember 2021 mit Durchführungsbestimmungen zur Verordnung (EU) 2017/745 des Europäischen Parlaments und des Rates hinsichtlich elektronischer Gebrauchsanweisungen für Medizinprodukte, ABl. 2021/L448, S. 32 ff.

[574] Vgl. hierfür Erwägungsgrund 9 Verordnung (EU) 2226/2021, ABl. 2021/L448, S. 33; ebenso *Seib*, Elektronische Gebrauchsanweisung für Medizinprodukte, abrufbar unter: siehe Quellenangaben; ferner ausführlich zu den Hintergründen des Entstehungsprozesses *Caspari/ Marks*, PharmR 2021, 385, 387.

[575] Gem. Art. 2 Nr. 1 VO 2226/2021 bezeichnet eine „elektronische Gebrauchsanweisung“ eine „Gebrauchsanweisung, die in elektronischer Form vom Produkt selbst angezeigt werden, auf einem elektronischen Speichermedium enthalten sind, das vom Hersteller zusammen mit dem Produkt geliefert wird, oder die über eine Software oder auf einer Website bereitgestellt werden“, Art. 2 Nr. 1 VO 2226/2021, ABl. 2021/L448, S. 33.

sind, die Möglichkeit zur Erstellung einer elektronischen Gebrauchsanweisung unter der weiteren Voraussetzung des Art. 5 VO 2226/2021.

Bedingung für die Bereitstellung ist gem. Art. 5 Abs. 1 VO 2226/2021 insbesondere, dass eine Risikobewertung gem. Art. 4 VO 2226/2021 erfolgt, in deren Rahmen der Nachweis erbracht wird, dass das Schutzniveau, das mit der elektronischen Gebrauchsanweisung erreicht wird, der Gebrauchsanweisung in Papierform gleichgestellt werden kann. Zudem müssen Hersteller gem. Art. 5 Abs. 6 VO 2226/2021 den Nachweis erbringen, dass die elektronische Gebrauchsanweisung auch tatsächlich funktionsfähig ist. Dies kann gem. Art. 5 Abs. 7 VO 2226/2021 insbesondere auch die Spezifikation etwaiger Hard- und/oder Softwareanforderungen für den Zugriff auf die Gebrauchsanweisung umfassen. Ferner statuiert Art. 6 Abs. 1 VO 2226/2021 die Pflicht, dass ausdrücklich auf die Darbietung der Gebrauchsanweisung in elektronischer Form gem. Art. 6 Abs. 2 UAbs.1 VO 2226/2021 hinzuweisen ist. Dies umfasst auch eine Angabe der Art und Weise, wie auf die Gebrauchsanweisung zugegriffen werden kann. Diese Angaben müssen ferner inhaltlich den Anforderungen des Art. 6 UAbs. 3 lit. a)–d) entsprechen. Für Software erfolgt dieser Hinweis gem. Art. 6 Abs. 1 UAbs. 3 VO 2226/2021 an der Stelle, „von der aus Zugang zu der Software gewährt wird".

Diese Ausführungen vermögen veranschaulicht haben, dass die Zurverfügungstellung einer Gebrauchsanweisung in elektronischer Form im Rahmen der MP-VO an eine Reihe weiterer Voraussetzungen geknüpft ist. Ganz im Unterschied dazu sieht Art. 13 Abs. 2 KI-VO[576] keinerlei Einschränkungen vor, unter denen die Darbietung der Betriebsanleitung in digitaler Weise erfolgen darf. Gleichwohl steht dies der Etablierung einer gemeinsamen Gebrauchsanweisung deshalb nicht von vornherein entgegen, weil die KI-VO es insofern dem Anbieter überlässt, ob dieser die Betriebsanleitung digital oder „auf andere Weise" und damit beispielsweise in Papierform zur Verfügung stellt.

Sofern eine einheitliche Gebrauchsanweisung etabliert werden würde, würde diese Inkohärenz der Anforderungen an die Art und Weise der Zurverfügungstellung der Gebrauchsanweisung dazu führen, dass die Art und Weise der Darstellung der Gebrauchsanweisung sich ggf. nach den strengeren Voraussetzungen des Anhanges I Nr. 23.1 lit. f) MP-VO richten muss.

---

[576] Vgl. zu den Entwürfen bereits Art. 13 Abs. 2 KI-VOE-KOM, COM 2021, 206 final, S. 57; vgl. Art. 13 Abs. 2 KI-VOE-Rat, *Rat*, General Approach 14954/22, S. 95; ferner auch Art. 13 Abs. 2 KI-VOE-EP, jedoch mit der Einschränkung, dass, sofern die Gebrauchsanweisung „auf andere Weise" zur Verfügung gestellt wird, diese zudem „available in a durable medium" sein muss, vgl. hierfür Änderung 301, *Europäisches Parlament*, Amendments adopted by the European Parliament on 14 June 2023 on the proposal for an Artificial Intelligence Act, P9_TA(2023)0236.

(d) Verfassung in den jeweiligen Amtssprachen der Mitgliedstaaten

Gemäß Art. 10 Abs. 11 MP-VO müssen Hersteller dafür sorgen, dass die Gebrauchsanweisung in allen Amtssprachen der Mitgliedsländer beigefügt wird, in denen das Produkt „zur Verfügung gestellt" wird. Eine entsprechende Pflicht war zwar in dem Entwurf des Parlaments[577] enthalten, findet sich jedoch im endgültigen Regelungstext nicht wieder. Obgleich eine entsprechende Pflicht in Art. 13 Abs. 2 und Abs. 3 KI-VO nicht vorgesehen ist, verpflichtet auch Art. 13 Abs. 2 KI-VO den Anbieter dazu, die Betriebsanleitung in einer „verständlichen Form" darzubieten. Dies setzt implizit voraus, dass die Betriebsanleitung in einer der in dem jeweiligen Land gesprochenen Amtssprache verfasst ist.

*(2) Ergänzende Anforderungen des Art. 13 Abs. 3 KI-VO*

Da sich die Anforderungen weitreichend überschneiden, stellt sich die Frage, um welche Anforderungen Art. 13 Abs. 3 KI-VO die inhaltlichen Anforderungen des Anhangs I Abschnitt 23.4 MP-VO *konkret* ergänzen soll.

Für Hochrisiko-KI-Systeme, die selbst als Medizinprodukt i. S. d. Art. 2 Nr. 1 MP-VO oder Zubehör i. S. d. Art. 2 Nr. 2 MP-VO zu qualifizieren sind, bezieht sich die Gebrauchsanweisung der MP-VO als auch der KI-VO jeweils auf das Hochrisiko-KI-System *als solches.*

Obgleich die inhaltlichen Anforderungen des Art. 13 Abs. 3 KI-VO weitgehend in den Anforderungen des Anhangs I Abschnitt 23.4 MP-VO enthalten sind, können die in Art. 13 Abs. 3 KI-VO vorgesehenen Informationspflichten die allgemein formulierten inhaltlichen Anforderungen des Anhangs I Abschnitt 23.4 MP-VO hinsichtlich der für KI-Systeme vorgesehenen Informationen noch *konkretisieren.* Für solche Systeme sollte daher zur Erleichterung der Gesetzesanwendung in Anhang I Abschnitt 23.4 MP-VO ein unechter Verweis[578] auf die konkretisierenden Anforderungen des Art. 13 Abs. 3 KI-VO aufgenommen werden.

Für Hochrisiko-KI-Systeme, die als Bestandteil zu qualifizieren sind, beziehen sich die Informationen des Anhangs I Abschnitt 23.4 MP-VO überwiegend auf das Gesamt-Medizinprodukt, dessen Bestandteil das Hochrisiko-KI-System darstellt.

---

[577] Während der Entwurf des Rates einer solchen noch ermangelt, sah jedenfalls Art. 13 Abs. 3 lit. eb (new) KI-VOE-EP des Parlamentsentwurfes eine entsprechende Klarstellung vor. Zu beachten ist jedoch, dass die Gebrauchsanweisung im Rahmen der MP-VO nach Art. 10 Abs. 11 MP-VO in allen Amtssprachen verfasst sein muss, in denen das System „zur Verfügung gestellt wird". Art. 13 Abs. 3 lit. eb (new) KI-VOE-EP ging über diese Pflicht hinaus und sah vor, dass die Gebrauchsanweisung in allen Amtssprachen verfasst sein muss, die in den Mitgliedstaaten gesprochen werden, in denen das System „is used", vgl. Art. 13 Abs. 3 lit. eb (new) KI-VOE-EP Änderung 312, *Europäisches Parlament*, Amendments adopted by the European Parliament on 14 June 2023 on the proposal for an Artificial Intelligence Act, P9_TA(2023)0236.

[578] Zu unechten Verweisen, die sich dadurch kennzeichnen, auf ohnehin gültige Normen zu verweisen, um so die Gesetzesanwendung zu erleichtern, bereits Kap. 4, A., II., 1.

Allerdings umfasst die Gebrauchsanweisung des Gesamt-Medizinprodukts gem. Anhang I Abschnitt 23.4 lit. z) ab) MP-VO auch Informationen über „programmierbare Elektroniksysteme, einschließlich Software", die als „Bestandteil" des Medizinprodukts zu qualifizieren sind. Die dort vorgesehenen Anforderungen sind ebenso noch allgemein gehalten und könnten durch die Anforderungen des Art. 13 Abs. 3 KI-VO weiter konkretisiert werden. Zur Erleichterung der Rechtsanwendung sollte daher auch für solche KI-Systeme, die als Bestandteil zu qualifizieren sind, in Anhang I Abschnitt 23.4 lit. z) ab) MP-VO ein entsprechender unechter Verweis[579] auf die konkretisierenden Anforderungen des Art. 13 Abs. 3 KI-VO aufgenommen werden.

#### cc) Zwischenergebnis

Zusammenfassend kann daher statuiert werden, dass durch die weitreichenden inhaltlichen Überschneidungen der Pflichten des Art. 13 Abs. 2 KI-VO mit Anhang I Abschnitt 23.1 MP-VO eine doppelte Arbeitsbelastung nur verhindert werden kann, wenn eine einheitliche Gebrauchsanweisung etabliert werden kann. Während der Entwurf der Kommission und der Entwurf des Rates einer entsprechenden Erleichterung ermangelten, folgte der endgültige Regelungstext dem Entwurf des Europäischen Parlaments und sieht in Art. 8 Abs. 2 KI-VO eine allgemeine Erleichterung vor, die es zukünftig ermöglicht, dass eine gemeinsame Gebrauchsanweisung erstellt werden kann. Voraussetzung für die Möglichkeit der Erstellung einer einheitlichen Gebrauchsanweisung ist die Kohärenz der materiellen Anforderungen, die die jeweilige Verordnung an die Gebrauchsanweisung stellt. Insbesondere die Formate der Bereitstellung als auch die Anforderungen an die jeweilige Sprache, in der die Gebrauchsanweisung verfasst sein muss, sollten weiter aneinander angeglichen werden.

Um eine hinreichende Rechtssicherheit zu gewährleisten, sind im Rahmen der MP-VO sowohl für KI-Systeme als eigenständige Produkte, als auch Systeme, die als Bestandteil eines Produkts zu qualifizieren sind, unechte Verweise aufzunehmen, mithilfe derer klargestellt wird, welche konkreten Vorschriften der MP-VO die KI-VO konkretisieren.

### *c) Transparenzanforderungen für nicht-professionelle Verwender*

#### aa) Professioneller Verwender als Adressat der Transparenzpflicht

Bereits die Entwürfe für eine KI-Verordnung sahen übereinstimmend vor, den Adressatenkreis der nach Art. 13 KI-VO durch den Anbieter offengelegten Information auf jene Personen zu beschränken, die ein System in eigener Verantwortung und im professionellen Kontext verwenden.

---

[579] Vgl. zu unechten Verweisen, bereits Kap. 4, A., II., 1.

Im Kommissionsentwurf war der Adressatenkreis des Art. 13 Abs. 1 KI-VOE-KOM von vornherein auf solche Personen beschränkt, die als „Nutzer" i. S. d. Art. 3 Nr. 4 KI-VOE-KOM zu qualifizieren sind und damit auf Personen, die das System in eigener Verantwortung im Rahmen ihrer professionellen Tätigkeit verwenden.

Auch im Parlamentsentwurf wurde diese Beschränkung nicht aufgehoben. Im Unterschied zum Kommissionsentwurf bezeichnete der Entwurf des Parlaments den professionellen Verwender in Art. 3 Abs. 4 KI-VOE nicht mehr als „User", sondern als „Deployer", wobei die Legaldefinition Wortlaut identisch blieb.[580] Dass der Entwurf des Parlaments den ‚User'-Begriff in Art. 13 Abs. 1 KI-VO-EP nicht durch den Begriff des ‚Deployers' ersetzte, sollte keine Ausweitung der Informationsadressaten der Transparenzpflichten aus Art. 13 KI-VO auch auf den nicht professionellen Verwender zur Folge haben, sondern war vielmehr als Redaktionsversehen zu werten. Gegen ein solches Verständnis spricht nämlich, dass Art. 13 Abs. 1 KI-VOE-EP weiterhin vorsah, dass die Transparenz der Systeme es dem „User" ermöglichen müsse, die ihnen obliegenden Pflichten des Kap. 3 Titel III KI-VOE-EP zu erfüllen.[581] Diese Pflichten oblagen jedoch gemäß Art. 29 KI-VOE-EP dem „Deployer" i. S. d. Art. 3 Nr. 4 KI-VOE-EP und damit gerade der Person, die das System im Rahmen ihrer professionellen Tätigkeit in eigener Verantwortung verwendet.[582]

Die Beschränkung hinsichtlich des Informationsadressatenkreises wurde auch nicht durch den Entwurf des Rates für Art. 13 KI-VOE-Rat aufgehoben. Zunächst erweckte es den Anschein, als hebe der Rat diese Beschränkung dadurch auf, dass in der Definition des Art. 3 Nr. 4 KI-VOE-Rat die Beschränkung auf die Verwendung des Systems im professionellen Kontext gestrichen wurde.[583] Um zu gewährleisten, dass den nicht-professionellen Verwendern i. d. S. nicht der Pflichtenkatalog des Art. 29 KI-VOE-Rat auferlegt wird, schränkte der Rat die Anwendbarkeit der Verordnung gem. Art. 2 Nr. 8 KI-VOE jedoch dahingehend ein, dass nur professionellen Verwendern die Erfüllung der Pflichten des Nutzers obliegt.[584] Art. 13 Abs. 1 KI-VOE-Rat hielt weiterhin daran fest, dass die Transparenz es dem „user" ermöglichen muss, die ihm obliegenden Pflichten des Art. 29 KI-VOE-Rat zu erfüllen. Da die Pflichten jedoch gem. Art. 3 Nr. 4 i. V. m. Art. 1 Abs. 8 KI-VOE-Rat nur für den professionellen Verwender anwendbar sind, war Informationsadressat

---

[580] Vgl. hierfür die Änderungen 172, 300, *Europäisches Parlament*, Amendments adopted by the European Parliament on 14 June 2023, P9_TA(2023)0236.

[581] Vgl. Art. 13 Abs. 1 KI-VOE-EP, *Europäisches Parlament*, Amendments adopted by the European Parliament on 14 June 2023, P9_TA(2023)0236. Vgl. Änderung 630, *Europäisches Parlament*, Amendments adopted by the European Parliament on 14 June 2023, P9_TA(2023) 0236.

[582] Vgl. Art. 13 Abs. 1 KI-VOE-EP, *Europäisches Parlament*, Amendments adopted by the European Parliament on 14 June 2023, P9_TA(2023)0236.

[583] Vgl. Art. 3 Nr. 4 KI-VOE-Rat, *Rat*, General Approach 14954/22, S. 72.

[584] Vgl. Art. 2 Abs. 8 KI-VOE-Rat, *Rat*, General Approach 14954/22, S. 70.

des Art. 13 KI-VOE-Rat weiterhin nur die Person, die das System im Rahmen ihrer professionellen Tätigkeit eigenverantwortlich verwendet.

An dieser grundlegenden Wertentscheidung hielt auch der endgültige Regelungstext des Art. 13 KI-VO fest, wonach Hochrisiko-KI-Systeme so konzipiert und entwickelt werden müssen, „dass ihr Betrieb hinreichend transparent ist, damit die *Betreiber* die Ergebnisse angemessen interpretieren und verwenden können."[585]

Daher emergiert die Frage, inwieweit sich durch diese Beschränkung Regelungslücken gegenüber den nicht-professionellen Verwendern und den von den Systemen betroffenen Personen ergeben.[586]

Diese Regelungslücken können auch nicht durch Art. 50 KI-VO geschlossen werden, da die darin vorgesehene Mitteilungs- und Kennzeichnungspflicht nur dann anwendbar ist, wenn die betroffenen Person zugleich auch *selbst* mit dem System interagieren.[587] Sofern ein Patient von einer menschlichen Entscheidung betroffen ist, die unter Zuhilfenahme eines KI-Systems getroffen wurde, ermangelt die KI-Verordnung entsprechender Transparenzpflichten hingegen gänzlich.

Dies löste die Forderung einer Reihe von Stimmen[588] aus, entsprechende Transparenzrechte für den Betroffenen zu schaffen, wodurch sich diese Stimmen der bereits in der Vergangenheit wiederholt geäußerten Forderung[589] nach Betroffenenrechten anschlossen.

Ob dem zuzustimmen ist, kann vorliegend jedoch nicht abschließend beantwortet werden, da diese Frage nicht die produktsicherheitsrechtliche Regelungsnotwendigkeit, sondern die Frage betrifft, inwieweit den betroffenen Patienten ein *Recht* auf Erklärbarkeit zustehen soll.

Eine produktsicherheitsrechtliche Regelungsnotwendigkeit, die Transparenzanforderungen des Art. 13 KI-VO auszuweiten, könnte sich jedoch gegenüber solchen

---

585 Hervorhebung hinzugefügt.

586 Vgl. zu den Entwürfen *EDSA/EDSB*, Gemeinsame Stellungnahme zum Gesetz über künstliche Intelligenz, S. 11, Rn. 18, abrufbar unter: siehe Quellenangaben, die Transparenzpflichten für den Betroffenen und nicht-professionellen Verwender fordern; vgl. für die Forderung von Transparenzrechten für den Betroffenen, *Ebers*, in: Nordic Yearbook of Law and Informatics 2020, S. 19; *Ebers et al.*, RDi 2021, 528, 536; *Sesing/Tschech*, MMR 2022, 24, 29; vgl. *Bomhard/Merkle*, RDi 2021, 276, 283; allgemein dazu, dass die KI-VOE Betroffenenrechte ermangelt, *Veale/Zuiverdeen Borgesius*, CRi 2021, 97, 111.

587 Vgl. zu den Entwürfen *Sesing/Tschech*, MMR 2022, 24, 29; ebenso *Frank/Heine*, NZA 2023, 1281, 1283.

588 Vgl. zu den Entwürfen *EDSA/EDSB*, Gemeinsame Stellungnahme zum Gesetz über künstliche Intelligenz, S. 11, Rn. 18, die die fehlenden Betroffenenrechte als „blinden Fleck" bezeichnen; vgl. so auch *Veale/Zuiderveen Borgesius*, CR 2021, 97, 111; *Ebers*, in: Nordic Yearbook of Law and Informatics 2020, S. 19; *Ebers et al.*, RDi 2021, 528, 536; *Sesing/Tschech*, MMR 2022, 24, 29; vgl. *Bomhard/Merkle*, RDi 2021, 276, 283, allgemein dazu, dass die KI-VOE Betroffenenrechte ermangelt; *Veale/Zuiverdeen Borgesius*, CRi 2021, 97, 111.

589 Vgl. *HLEG*, Ethik-Leitlinien, S. 18, abrufbar unter: siehe Quellenangaben; *DEK*, Gutachten zur Künstlichen Intelligenz, S. 185.

Patienten ergeben, die das KI-System als *nicht-professionelle* Verwender selbstständig anwenden. Ein Beispiel dafür bildet die Verwendung einer KI-basierten App durch einen Patienten, der die Symptome einer Krankheit eingibt, um dadurch mögliche Diagnosevorschläge zu ermitteln.[590]

Da es für die Qualifizierung als Betreiber i. S. d. Art. 3 Nr. 4 KI-VO erforderlich ist, dass die jeweilige Person das KI-System im Rahmen ihrer *professionellen* Tätigkeit verwendet, betreffen die nach Art. 13 KI-VO zur Verfügung zu stellenden Informationen nicht den individuellen Patienten, der die App selbstständig anwendet.

Unabhängig von der inhaltlichen Beschränkung, auf die Mitteilung, dass es sich um ein KI-System handelt,[591] scheitert eine entsprechende Kompensation durch Art. 50 KI-VO von vornherein daran, dass es sich bei der Vorschrift nicht um eine *produktsicherheitsrechtliche* Regelungsvorschrift handelt. Dies kommt auch durch die systematische Stellung außerhalb des Kap. III Abschnitt 2 KI-VO zum Ausdruck. Nur in Kap. III Abschnitt 2 KI-VO sind nämlich Anforderungen normiert, deren Einhaltung gem. Art. 16 lit. a) und f) KI-VO in der Konformitätsbewertung nach Art. 43 KI-VO überprüft werden. Daher bleibt es bei dem Ergebnis, dass die KI-VO produktsicherheitsrechtliche Transparenzanforderungen ermangelt, die das Informationsinteresse von nicht-professionellen Verwendern befriedigt.

#### bb) Produktsicherheitsrechtliche Regelungsnotwendigkeit

Insofern stellt sich die Frage, inwieweit ein produktsicherheitsrechtliches Bedürfnis besteht, die Transparenzpflichten des Art. 13 KI-VO auch auf den nicht-professionellen Verwender auszuweiten.

---

[590] Vgl. hierfür etwa die App „Ada-Helath“, abrufbar unter: https://ada.com/de/app/, zuletzt abgerufen: 4. 1. 2026; *Haftenberger*, Produkthaftung für künstlich intelligente Medizinprodukte, S. 22.

[591] Vgl. dazu, dass dies bereits an dem Umstand scheitert, dass gem. Art. 50 Abs. 1 KI-VO nur offengelegt werden muss, dass es sich um ein KI-System handelt, ebenso noch zu Art. 52 Abs. 1 des Kommissionsentwurfes, *Schulze-Große/Genske*, GuP 2023, 81, 90, die betonen, dass sich die Informationsrechte des Nutzers daher vielmehr nach der im nationalen Recht vorgesehenen ärztlichen Aufklärungspflicht richten würden; mit der Beschränkung auf eine Mitteilungspflicht, dass es sich um ein KI-System handelt, weicht der Kommissionsentwurf von dem Ansatz der HLEG ab. Die HLEG sah in ihren Ethik-Leitlinien nämlich noch vor, dass KI-Systeme die Betroffenen auch über die Fähigkeiten des Systems und dessen Leistungsgrenzen informieren müssten, *HLEG*, Ethik-Leitlinien, S. 22, Rn. 78, abrufbar unter: siehe Quellenangaben; im Unterschied dazu sieht der Entwurf des Parlaments in Art. 52 Abs. 1 KI-VOE-EP eine Ausweitung dieser Informationsrechte vor. Demnach müssen weitergehende Informationen, wie etwa über die Person des Entscheidungsträgers und die Rechte des Betroffenen, einschließlich der Möglichkeit, sich gerichtlich gegen Entscheidung zu wehren, offengelegt werden, Änderung 484, *Europäisches Parlament*, Amendments adopted by the European Parliament on 14 June 2023 on the proposal for an Artificial Intelligence Act, P9_TA(2023)0236.

*(1) Einschränkung der Einsatzmöglichkeiten durch den Arztvorbehalt*

Zu diesem Zweck muss zunächst beurteilt werden, welche Funktionsweisen dem System überhaupt zukommen können. Eine gewisse Beschränkung ergibt sich in diesem Zusammenhang nämlich durch den in Deutschland geltenden Arztvorbehalt.[592] Der Grundsatz des Arztvorbehaltes und der damit verbundene Grundsatz der persönlichen Leistungserbringung erfordert es, dass die ärztliche Behandlung durch die nach der Berufsordnung approbierten Ärztinnen und Ärzte von diesen persönlich erbracht wird.[593] In Deutschland finden diese Grundsätze ihren normativen Niederschlag in unterschiedlichen Regelungen[594], wobei insbesondere § 2 Abs. 1 BÄO[595], die §§ 630a, 630b und 613 BGB[596], die §§ 15, 28 SGB V[597] sowie § 32 Ärzte-ZV[598] zu nennen sind.

Ausweislich des § 2 Abs. 1 BÄO ist für die Ausübung des ärztlichen Berufs eine Approbation als Arzt erforderlich.[599] Unter der „Ausübung des ärztlichen Berufs" ist ausweislich des § 2 Abs. 5 BÄO die Ausübung der „Heilkunde unter der Berufsbezeichnung „Arzt" oder „Ärztin" zu verstehen.[600] In Ermangelung einer Legaldefinition kann hinsichtlich des Begriffes „Heilkunde" zur Konkretisierung die Definition des § 1 Abs. 2 HKG herangezogen werden, die den Begriff der Heilkunde als „jede berufs- und gewerbsmäßig vorgenommene Tätigkeit zur Feststellung, Heilung oder Linderung von Krankheiten, Leiden oder Körperschäden bei Menschen" definiert.[601] Diese Tätigkeit muss folglich von einem approbierten Arzt ausgeübt werden, wofür gem. § 3 Abs. 1 S. 1 Nr. 4 BÄO ein Studium der Medizin erforderlich ist, welches ausweislich § 4 Abs. 2 BÄO die Ärztinnen und Ärzte zu einer „eigenverantwortlichen und selbstständigen" Ausübung des ärztlichen Berufs auf Grundlage von „theoretischen und praktischen Kenntnisse(n), Fähigkeiten und Fertigkeiten" befähigen soll.[602] Dabei obliegt die gesamte ärztliche Entscheidung,

---

[592] Ebenso *Stief/Pisani*, in: Festschrift Gassner, S. 476 ff.

[593] *Rammos/Lange/Clausen*, in: Ebers/Heinze/Krügel/Steinrötter, § 28, Rn. 37.

[594] Vgl. auch *Rammos/Lange/Clausen*, in: Ebers/Heinze/Krügel/Steinrötter, § 28, Rn. 37.

[595] *Dettling*, PharmR 2019, 633; *Achterfeld*, Aufgabenverteilung im Gesundheitswesen, S. 5.

[596] *Rammos/Lange/Clausen*, in: Ebers/Heinze/Krügel/Steinrötter, § 28, Rn. 37; vgl. zu § 630a BGB auch *Dettling*, PharmR 2019, 633, 634.

[597] BSG, BeckRS 2020, 46615, Rn. 11 f.; BSG, BeckRS 2018, 40930, Rn. 12 ff.; *Lang*, in: Becker/Kingreen, SGB V, § 15, Rn. 3 ff.; Laufs/*Kern*/Rehborn, § 49, Rn. 2; ebenso im Zusammenhang mit KI-basierten Medizinprodukten *Stief/Pisani*, in: Festschrift Gassner, S. 476.

[598] *Scholz*, in: BeckOK Sozialrecht, § 32, Rn. 11.

[599] *Schelling*, in: Spickhoff, Medizinrecht, § 2 BÄO, Rn. 1; *Achterfeld*, Aufgabenverteilung im Gesundheitswesen, S. 5; *Dettling*, PharmR 2019, 633.

[600] *Achterfeld*, Aufgabenverteilung im Gesundheitswesen, S. 5; Laufs/*Katzenmeier*/Lipp, Arztrecht, Abschnitt X, Rn. 57; *Dettling*, PharmR 2019, 633.

[601] *Achterfeld*, Aufgabenverteilung im Gesundheitswesen, S. 5 f.; *Dettling*, PharmR 2019, 633; Laufs/*Katzenmeier*/Lipp, Arztrecht, Abschnitt X, Rn. 57.

[602] *Dettling*, PharmR 2019, 633.

insbesondere die Entscheidung über die Wahl der Behandlungsmethode,[603] der Ärztin oder dem Arzt.[604]

Dass diese ärztliche Behandlung persönlich zu erbringen ist, ergibt sich vor allem aus § 15 SGB V.[605] Dadurch wird diesen das Behandlungsmonopol zugewiesen.[606]

Die Frage, inwieweit eine Übertragung der ärztlichen Entscheidungsbefugnis auf ein KI-System zulässig ist, ist bisher weitestgehend ungeklärt.[607] Teilweise wird bereits dann ein Verstoß gegen den Arztvorbehalt angenommen, wenn ein KI-System in der Lage ist, dem Arzt einen Diagnose- oder Therapievorschlag zu unterbreiten.[608] Andere Stimmen in der Literatur wollen einen Verstoß nur annehmen, wenn algorithmische Entscheidungsergebnisse die Entscheidungsfreiheit des Arztes erheblich beschränken.[609] Für eine Bestimmung des zulässigen Maßes des Einsatzes von Entscheidungsunterstützungssystemen im ärztlichen Entscheidungsprozess wird auf die Grundsätze verwiesen, die für die Delegation ärztlicher Leistungen auf Hilfspersonen gelten.[610]

Zu beachten ist nämlich, dass der Grundsatz der persönlichen Leistungserbringung ausweislich des Wortlautes der §§ 15 Abs. 1 S. 2 und § 28 Abs. 1 S. 2 SGB V nicht *per se* dem Einsatz von nicht-ärztlichen Hilfspersonen entgegensteht.[611] Dennoch sind der Übertragung der ärztlichen Befugnisse enge Grenzen gesetzt.[612] Einigkeit besteht insoweit nur darüber, dass die absolute Grenze der Zulässigkeit einer Delegation auf Hilfspersonal dort liegt, wo der „Kernbereich ärztlicher Tätigkeit“ berührt wird.[613] In diesen „Kernbereich“ der ärztlichen Tätigkeit sollen

---

[603] Vgl. BGH NJW 1982, 2121, 2122; ebenso BGH NJW 1988, 763, 764.

[604] *Dettling*, PharmR 2019, 633, 634.

[605] *Rammos/Lange/Clausen*, in: Ebers/Heinze/Krügel/Steinrötter, § 28, Rn. 37 f.

[606] *Lang*, in: Becker/Kingreen, SGB V, § 15, Rn. 3; ebenso *Rammos/Lange/Clausen*, in: Ebers/Heinze/Krügel/Steinrötter, § 28, Rn. 38.

[607] Vgl. *Rammos/Lange/Clausen*, in: Ebers/Heinze/Krügel/Steinrötter, § 28, Rn. 40 ff.; *Handorn/Juknat*, MPR 2022, 77, 83; *Frost*, MPR 2019, 117, 121; *Stief/Pisani*, in: Festschrift Gassner, S. 476 ff.

[608] Vgl. *Frost*, MPR 2019, 117, 121.

[609] Vgl. *Handorn/Juknat*, MPR 2022, 77, 83; in diese Richtung wohl auch *Jorzig/Kemter*, ZfPC 2023, 172, 174, die betonen, dass es mit dem Arztvorbehalt nicht vereinbar wäre, wenn das System die Diagnose- oder Therapieentscheidung vorgeben würde.

[610] *Rammos/Lange/Clausen*, in: Ebers/Heinze/Krügel/Steinrötter, § 28, Rn. 41 f.; *Eichelberger*, in: Chibanguza/Kuß/Steege, § 4, I. Arzthaftung, Rn. 30 ff.; *Eichelberger*, ZfPC 2023, 209, 211.

[611] BSG, BeckRS 2020, 46615, Rn. 15; BSG, BeckRS 2018, 40930, Rn. 15; *Achterfeld*, Aufgabenverteilung im Gesundheitswesen, S. 39 ff.; *Lang*, in: Becker/Kingreen, SGB V, § 15, Rn. 12; *Rammos/Lange/Clausen*, in: Ebers/Heinze/Krügel/Steinrötter, § 28, Rn. 38.

[612] *Rammos/Lange/Clausen*, in: Ebers/Heinze/Krügel/Steinrötter, 28, Rn. 41.

[613] BSG, NJW 1979, 2363, 2364; *Achterfeld*, Aufgabenverteilung im Gesundheitswesen, S. 45; Laufs/*Katzenmeier*/Lipp, Arztrecht, Abschnitt X, Rn. 58; vgl. hierfür Laufs/*Kern*/Reh-

insbesondere solche Maßnahmen fallen, die einen Schwierigkeits- und Gefährlichkeitsgrad aufweisen, dessen Bewältigung ein besonderes Fachwissen erfordert, das nur durch ausgebildete Ärztinnen oder Ärzte erfüllt werden kann.[614] Dies umfasst etwa die ärztliche Entscheidung über das Vorliegen einer Krankheit, weil diese eine besondere, auf medizinisch-wissenschaftlichen Erkenntnissen beruhende ärztliche Sachkunde erfordert.[615]

Zudem zählen auch Operationen und Maßnahmen für die Diagnostik zu dem Kernbereich ärztlicher Tätigkeit.[616] Daher betrifft sowohl die Entscheidung über die Diagnose als auch über die Therapie, den nicht delegationsfähigen Kern ärztlicher Tätigkeit.[617] Dies ist selbst dann der Fall, wenn die Maßnahme routinemäßig durchgeführt wird.[618]

Sofern ein KI-System eine Diagnose- oder Therapieentscheidung vollständig automatisiert trifft, ist der Kernbereich der ärztlichen Tätigkeit und damit ein nicht-delegationsfähiger Umstand betroffen, sodass viel gegen die Zulässigkeit entsprechender Systeme spricht.[619]

Sofern ein Patient in eine KI-basierte App Symptome eingibt, anhand derer das System eine erste Einschätzung trifft und den Patienten dazu auffordert einen Arzt aufzusuchen, handelt es sich strenggenommen jedoch nicht um eine „Delegation" der Diagnose- bzw. Therapieentscheidung. Denn von einer „Delegation" kann gesprochen werden, wenn die eigene Entscheidungskompetenz mit dem Willen übertragen wird, auf diese zu verzichten.[620]

Daher liegt eine Delegation dann vor, wenn die übertragene Handlung *eigenverantwortlich* wahrgenommen wird.[621] Eine Delegation ist gleichwohl abzulehnen, wenn das ärztliche Fachpersonal die ärztliche Tätigkeit grundsätzlich selbstständig

born, § 49, Rn. 6; *Lang*, in: Becker/Kingreen, § 15 SGB V, Rn. 14; *Wagner*, in: MüKO BGB, § 630a, Rn. 100; ebenso *Katzenmeier*, in: BeckOK BGB, § 630b, Rn. 6; *Eichelberger*, ZfPC 2023, 209, 211.

[614] Vgl. BGH NJW 1975, 2245, 2246; vgl. hierzu eingehend *Achterfeld*, Aufgabenverteilung im Gesundheitswesen, S. 45 ff.

[615] BSG NJW 1979, 2363, 2364; BSG BeckRS 1974, 30420073.

[616] Vgl. Laufs/*Kern*/Rehborn, § 49, Rn. 6; dem folgend *Achterfeld*, Aufgabenverteilung im Gesundheitswesen, S. 46.

[617] Vgl. *Achterfeld*, Aufgabenverteilung im Gesundheitswesen, S. 46.

[618] *Achterfeld*, Aufgabenverteilung im Gesundheitswesen, S. 46.

[619] *Rammos/Lange/Clausen*, in: Ebers/Heinze/Krügel/Steinrötter, Robotik und Recht, § 28, Rn. 41.

[620] Vgl. für den Begriff der „Delegation" im öffentlichen Recht, *Triepel*, Delegation und Mandat im Öffentlichen Recht, S. 23.

[621] Ebenso *Hellmann/Herffs*, Der ärztliche Abrechnungsbetrug, S. 124 f.; dem folgend *Spickhoff/Seibl*, MedR 2008, 463; *Eichelberger*, in: Chibanguza/Kuß/Steege, § 4, I. Arzthaftung, Rn. 30 ff.; *Eichelberger*, ZfPC 2023, 209, 211.

übernimmt, jedoch Teilleistungen zur Ausführung auf Dritte überträgt, man spricht insofern vielmehr von einer sog. *Assistenz.*[622]

Sofern ein KI-System nur eine vorläufige Empfehlung ausspricht, wird die Diagnose- und/oder Therapieentscheidung nicht unter Verzicht auf die eigene Entscheidungsgewalt auf das KI-System übertragen.[623]

Obgleich sich diese Ausführungen auf das deutsche Recht beziehen und daher keine verallgemeinerbare Aussage für den europäischen Rechtsraum beinhalten, muss andererseits beachtet werden, dass auch in anderen Mitgliedstaaten Arztvorbehalte existieren.[624] So bestimmt in Österreich § 3 Abs. 1 öÄrzteG[625], dass die Ausübung des ärztlichen Berufes „ausschließlich" Ärztinnen und Ärzten vorbehalten ist. Gemäß § 3 Abs. 2 öÄrztG besteht diese selbstständige Ausübung des ärztlichen Berufes in der eigenverantwortlichen Ausführung der in § 2 Abs. 2 und 3 öÄrzteG genannten Tätigkeiten. In § 2 Abs. 2 öÄrztG wurde festgelegt, dass die Ausübung des ärztlichen Berufes jede auf medizinisch-wissenschaftlichen Erkenntnissen beruhende Tätigkeit ist, die entweder direkt am Menschen oder mittelbar für den Menschen ausgeführt werden. Es folgt eine enumerative Auflistung § 2 Abs. 2 Nr. 1–8 öÄrztG möglicher Tätigkeiten, wozu insbesondere die Untersuchung und Behandlung einer Krankheit gehören. § 49 Abs. 2 S. 1 öÄrztG bestimmt, dass die behandelnden Ärztinnen und Ärzte ihren Beruf „persönlich und unmittelbar" ausüben müssen. Zwar dürfen sie sich ausweislich des § 49 Abs. 2 S. 2 öÄrztG Hilfspersonen bedienen, indes müssen diese Hilfspersonen sodann stets unter Aufsicht stehen und nach genauen Anordnungen handeln.

Vor diesem Hintergrund wird ein nicht-professioneller Verwender sich derzeit noch keiner automatisierten Diagnose- und/oder Therapieentscheidung ausgesetzt sehen, ohne dass ein ärztlicher Entscheidungsträger beteiligt ist. Gleichwohl ist denkbar, dass ein Patient als nicht-professioneller Verwender eine App verwendet, die anhand von bestimmten Symptomen einen vorläufigen Verdacht für eine bestimmte Diagnose ermittelt, mit dem Hinweis, dass es sich um keine *endgültige* Entscheidung handelt und die Notwendigkeit besteht, die Ergebnisse durch ärztliches Fachpersonal überprüfen zu lassen.

---

[622] Ebenso *Hellmann/Herffs*, Der ärztliche Abrechnungsbetrug, S. 124 f.; dem folgend *Spickhoff/Seibl*, MedR 2008, 463.

[623] Ebenso *Eichelberger*, in: Chibanguza/Kuß/Steege, § 4, I. Arzthaftung, Rn. 30 ff.; *Eichelberger*, ZfPC 2023, 209, 211, der für den Einsatz eines KI-Systems zur Unterstützung des ärztliche Fachpersonal betont, dass das KI-System nur „ein Werkzeug in" der Hand des ärztlichen Fachpersonals wäre. Der Arzt würde jedoch die wesentlichen Schritte des Systems vorgeben und dieses beherrschen. Etwas anderes gelte jedoch, wenn das KI-System tatsächlich eigenverantwortlich eine entsprechende Tätigkeit übernehmen würde.

[624] Zu nennen sind etwa das französische das österreichische und schweizerische Recht, *Deutsch/Spickhoff*, Medizinrecht, S. 24.

[625] Vgl. hierfür Bundesgesetz über die Ausübung des ärztlichen Berufes und die Standesvertretung der Ärzte 1998, abgedr. in Bundesgesetzblatt für die Republik Österreich 1998, S. 1933 ff.

*(2) Transparenzanforderungen des Anhangs I Abschnitt 22 MP-VO*

Sofern Patienten entsprechende Systeme selbstständig verwenden, ist fraglich, ob durch die Beschränkung des Art. 13 KI-VO auf den *professionellen* Verwender i. S. d. Art. 3 Nr. 4 KI-VO produktsicherheitsrechtliche Regelungslücken entstehen, die durch eine Ausweitung des Adressatenkreises der Transparenzpflichten auf den nicht-professionellen Verwender korrigiert werden müssen. Dies wäre jedenfalls nur dann der Fall, wenn die MP-VO dem Informationsinteresse des nicht-professionellen Verwenders nicht bereits *de lege lata* hinreichend Rechnung trägt.

(a) Sichere und fehlerfreie Verwendung der Systeme

Aus Anhang I Abschnitt 22 MP-VO ergeben sich speziell für Medizinprodukte, die zur Anwendung von medizinischen Laien bestimmt sind, eine Reihe von Pflichten, die Hersteller erfüllen müssen, sofern die Medizinprodukte zur Anwendung durch Laien bestimmt sind.

Dies umfasst auch die Pflicht des Anhangs I Abschnitt 22.2 MP-VO, wonach Produkte so ausgelegt und hergestellt werden müssen, dass diese während aller Bedienungsphasen sicher und fehlerfrei verwendet werden können und ferner gewährleistet ist, dass eine falsche Handhabung des Produkts so gering wie möglich gehalten wird.

Teilweise kann eine entsprechende nicht-ordnungsgemäße Verwendung der Systeme auch durch eine technische Konzeption oder Verwendungsbeschränkungen antizipiert werden. Gleichwohl sind auch Risiken denkbar, denen nicht durch eine technische Konzeption, sondern nur durch Sicherheitsanforderungen, über die Funktionsweise und/oder Verwendungsbeschränkungen, wie etwa Vorgaben in Bezug auf die Eingabedaten entgegengetreten werden kann. Obgleich die Betriebsanleitung ausweislich des Art. 13 Abs. 2 KI-VO nur dem professionellen Verwender i. S. d. Art. 3 Nr. 4 KI-VO zur Verfügung zu stellen ist, ergäben sich durch diese Beschränkung nur dann Regelungslücken, wenn diesem Informationsbedürfnis nicht bereits durch die MP-VO hinreichend Rechnung getragen würde.

Ganz im Unterschied zu Art. 13 KI-VO wird die Gebrauchsanweisung im Rahmen der MP-VO nach Art. 2 Nr. 14 MP-VO nicht nur dem professionellen Verwender zur Verfügung gestellt. Dies ergibt sich aus der Legaldefinition des Art. 2 Nr. 14 MP-VO, wonach diese dem „Anwender" zur Verfügung gestellt werden muss. Unter einem „Anwender" i. d. S. versteht die MP-VO ausweislich des Art. 2 Nr. 37 MP-VO nicht nur „jeden Angehörigen der Gesundheitsberufe", sondern vielmehr auch „Laien", die ein Medizinprodukt anwenden. Daher kann dem Informationsbedürfnis des Patienten als nicht-professioneller Verwender und damit Anwender i. S. d. Art. 2 Nr. 37 MP-VO bereits durch die Gebrauchsanweisung der MP-VO Rechnung getragen werden.

Korrekturbedürftig ist indes, dass die Anforderungen der Gebrauchsanweisung in Anhang I Abschnitt 23.4 MP-VO weit überwiegend keine dem Art. 13 Abs. 3 KI-

VO entsprechenden KI-spezifischen Informationen über den Inhalt der Gebrauchsanweisung enthalten. Wegen der oben dargestellten weitreichenden Überschneidungen besteht allerdings genügend Auslegungsspielraum, in der Gebrauchsanweisung der MP-VO auch für KI-basierte Medizinprodukte, die zur Anwendung durch Laien intendiert sind, die in Art. 13 Abs. 3 KI-VO vorgesehenen Sicherheitsanforderungen zu berücksichtigen. Zur Konkretisierung der Anforderungen könnte die Vorschrift des Art. 13 Abs. 3 KI-VO für entsprechend anwendbar erklärt werden.

(b) Vermeidung von Fehlinterpretationen und Überwachung

Fraglich ist jedoch, ob sich durch die Beschränkung der Pflicht zur Offenlegung der konkreten Entscheidungsgründe i. S. d. Art. 13 Abs. 1 KI-VO gegenüber dem nicht-professionellen Verwender Regelungslücken ergeben, die nicht durch die MP-VO geschlossen werden können.

Ausweislich des Anhang I Abschnitt 22.3 MP-VO muss der Hersteller Verfahren etablieren müssen, anhand derer der Laie „kontrollieren kann, ob das Produkt bei der Anwendung bestimmungsgemäß arbeiten wird".

Da bei einer bloßen Präsentation eines Entscheidungsergebnisses fraglich ist, inwieweit die Nutzer überprüfen können, ob das Produkt bestimmungsgemäß arbeitet, spricht viel dafür, dass für Entscheidungsunterstützungssysteme daraus eine Pflicht zur Gewährleistung der Interpretierbarkeit abzuleiten ist. Gegen eine solche Auslegung könnte gleichwohl sprechen, dass der Wortlaut „wird" des Anhangs I Abschnitt 22.3 MP-VO nahelegt, dass sich die Pflicht, auf den Zeitpunkt *vor* dem Einsatz des Systems bezieht.

Allerdings ist der englischen Sprachfassung des Anhangs I Abschnitt 22.3 MP-VO eine Beschränkung auf den Zeitpunkt *vor* dem Einsatz nicht zu entnehmen. Vielmehr spricht Anhang I Abschnitt 22.3 MP-VO allgemein davon, dass „Devices for use by lay persons shall, where appropriate, include a procedure by which the lay person: (...) can verify that, *at the time of use*, the device will perform as intended by the manufacturer, (...)".[626] Daher legt jedenfalls die englische Sprachfassung ebenfalls nahe, dass die Ergebnisse der Entscheidung zum Zeitpunkt der Anwendung überprüft werden können müssen.

Dies wird auch dadurch untermauert, dass nicht ersichtlich ist, wie ein Laie die Überprüfung der korrekten Funktionsweise vor der Anwendung des Systems vornehmen soll. Daher spricht viel dafür, dass nach Anhang I Abschnitt 22.3 MP-VO eine Überprüfung der Entscheidungsergebnisse ermöglicht werden muss.

In Ermangelung etwaigen technischen als auch medizinischen Fachwissens kann von dem nicht-professionellen Verwender keine Plausibilitätsprüfung der Ent-

[626] Vgl. hierfür Anhang I Abschnitt 22.3 MP-VO, ABl. 2017/L117, S. 103 (englische Sprachfassung) (Hervorhebung hinzugefügt).

scheidungsergebnisse erwartet werden.[627] Vielmehr wird gegenüber Laien sogar eine gesteigerte Transparenz erforderlich sein, indem die Systeme die Gründe nicht nur offenlegen, sondern diese die Ergebnisse zugleich auch mit medizinischem Fachwissen rechtfertigen.

Daher spricht viel dafür, dass Anhang I Abschnitt 22.3 1. Alt MP-VO bereits *de lege lata* eine entsprechende Transparenzpflicht entnommen werden kann, sodass keine Notwendigkeit besteht, den Anwendungsbereich des Art. 13 Abs. 1 KI-VO auch auf den nicht-professionellen Verwender auszuweiten.

Problematisch ist jedoch das Anhang I Abschnitt 22.3 1. Alt. MP-VO vollkommen unbestimmt lässt, inwieweit eine entsprechende Kontrolle möglich sein muss und wie mit Approximationsungenauigkeiten umgegangen werden soll. Obgleich die konkret zu etablierende Transparenzmaßnahme weiterhin risikobasiert unter Berücksichtigung der Besonderheiten des konkreten Einzelfalls bestimmt werden sollte, sind daher zur Konkretisierung der Pflicht des Anhanges I Abschnitt 22.3 1. Alt. MP-VO dennoch hinreichend bestimmte Kriterien erforderlich.

*Tabelle 9*

**Übersicht der produktsicherheitsrechtlichen Transparenzpflichten gegenüber nicht-professionellen Verwenders**

| Transparenzpflicht | KI-VO | MP-VO |
|---|---|---|
| **„Ob“** | (+)<br>In den Fällen des Art. 50 | (-) |
| **„Wie“ (ex ante)** | (-)<br>Art. 13 Abs. 1 nur ggü. dem „Betreiber“ i. S. d. Art. 3 Nr. 4 | (+)<br>Durch den Inhalt der Gebrauchsanweisung in Anhang I Nr. 23.4 |
| **„Wie“ (ex post)** | (-)<br>Art. 13 Abs. 1 nur ggü. dem „Betreiber“ i. S. d. Art. 3 Nr. 4 | Anhang I Abschnitt 22 MP-VO (setzt gewisse Transparenz der *konkreten* algorithmischen Entscheidungsfindung voraus) |

### cc) Stellungnahme

Die Transparenzpflichten des Art. 13 KI-VO sind von vornherein weder auf die betroffenen Patienten noch auf Personen anwendbar, die das System zu ihren privaten Zwecken nutzen. Ob die KI-Verordnung um Betroffenenrechte ergänzt werden soll und inwieweit Art. 50 KI-VO das Informationsbedürfnis des Betroffenen und der nicht-professionellen Verwender befriedigt wird, ist keine Frage des Produktsicherheitsrechts, sondern eine Frage von *Rechten* des Patienten, die bei der

[627] Zu der subjektiven Prägung der Interpretierbarkeit, bereits Kap. 2, D., II., 3., b), bb).

Beurteilung der produktsicherheitsrechtlichen Regelungsnotwendigkeit außer Betracht bleiben müssen.

Im Rahmen dieser Arbeit soll allein beurteilt werden, inwieweit es für die Sicherheit von KI-basierten Medizinprodukten erforderlich ist, auch für den nicht-professionellen Verwender Transparenzpflichten nach Art. 13 KI-VO zu schaffen. Vor dem Hintergrund, dass Anhang I Abschnitt 22 MP-VO dem Bedürfnis des nicht-professionellen Verwenders bereits derzeit hinreichend Rechnung trägt, ist eine entsprechende Ausweitung der Transparenzpflichten des Art. 13 KI-VO nicht erforderlich.

Gegen eine Ausweitung des Adressatenkreises des Art. 13 KI-VO spricht ferner, dass eine Ausweitung zwar für den Medizinproduktesektor gerechtfertigt sein mag, gleichwohl in anderen Sektoren ggf. zu einer Überregulierung führen kann.

Daher ist es begrüßenswert, dass die Transparenzpflichten im Rahmen der MP-VO sektorenspezifisch für den nicht-professionellen Verwender ergänzt werden. Hinsichtlich der in Anhang I Abschnitt 22 MP-VO vorgesehenen Transparenzanforderungen muss jedoch sichergestellt werden, dass hinreichend bestimmte Kriterien existieren, mithilfe derer die von den Herstellern zu ergreifenden Transparenzmaßnahmen, Einzelfall- und risikobasiert bestimmt werden können und auch der Umgang mit Approximationsungenauigkeiten näher konkretisiert werden kann. Hinsichtlich der Informationen, die in der Gebrauchsanweisung dem nicht-professionellen Verwender zur Verfügung gestellt werden müssen, sollte in Anhang I Abschnitt 22.2 1.Var. MP-VO durch die Aufnahme einer echten Verweisung, die in Art. 13 Abs. 3 KI-VO vorgesehenen inhaltlichen Anforderungen für entsprechend anwendbar erklärt werden.

### *d) Fazit zu diesem Abschnitt*

Insgesamt kann daher statuiert werden, dass die in Art. 13 KI-VO vorgesehenen Transparenzpflichten gerade die Regelungslücken zu schließen vermögen, die in der MP-VO für intransparente KI-basierte Systeme *de lege lata* noch bestehen.

Obgleich Art. 13 Abs. 1 KI-VO sowohl das Maß als auch die zu ergreifende Maßnahme zur Herstellung der Transparenz weitestgehend unbestimmt lassen, ist diese Unbestimmtheit nicht *per se* korrekturbedürftig. Vielmehr ist sie grundsätzlich begrüßenswert, weil nur so gewährleistet werden kann, dass das konkrete Transparenzniveau sich risikobasiert bestimmt und die konkret zu ergreifende Transparenzmaßnahme als auch das subjektive Verständnis des jeweiligen Anwenders im konkreten Anwendungskontext berücksichtigt werden können.

Erforderlich wären gleichwohl hinreichend konkrete Kriterien mithilfe derer die Transparenzpflicht des Art. 13 KI-VO im Einzelfall näher konkretisiert werden können. Insbesondere die Frage, inwieweit Approximationsungenauigkeiten zulässig sind, sollte dabei näher konkretisiert werden, da die diesbezügliche Unbestimmtheit erhebliche Rechtsunsicherheit nach sich zieht.

Hinsichtlich der Pflicht zur Erstellung einer Gebrauchsanweisung ergeben sich zahlreiche Überschneidungen zu den Anforderungen des Anhangs I Abschnitt 23.4 MP-VO. Daher ist es begrüßenswert, dass die Ausnahme des Art. 8 Abs. 2 KI-VO die Möglichkeit einer einheitlichen Betriebsanleitung vorsieht.

Obgleich die nach Art. 13 KI-VO zur Verfügung zu stellende Information nur dem professionellen Verwender (Betreiber i. S. d. Art. 3 Nr. 4 KI-VO) zur Verfügung zu stellen ist, ergeben sich dadurch keine Regelungslücken, weil dem Informationsbedürfnis des nicht-professionellen Verwenders bereits durch Anhang I Abschnitt 22 MP-VO Rechnung getragen wird.

Sofern diese Schwächen korrigiert werden, wäre Art. 13 KI-VO geeignet, die bestehenden Regelungslücken der MP-VO hinsichtlich fehlender Transparenzanforderungen für KI-basierte Medizinprodukte der Risikoklasse IIa zu schließen.

#### 4. Menschliche Aufsicht nach Art. 14 KI-VO

Regelungslücken weist die MP-VO auch bezüglich hinreichend konkreter Sicherheitsanforderungen auf, mithilfe derer gewährleistet werden kann, dass für KI-basierte Systeme trotz Eigenschaften wie der Intransparenz und Autonomie die nach Anhang I Abschnitt 17.1 MP-VO geforderte „Wiederholbarkeit, Zuverlässigkeit und Leistung" gewährleistet werden kann.[628] Neben den bereits dargestellten[629] Datenqualitätsanforderungen des Art. 10 KI-VO verspricht nunmehr auch die in Art. 14 KI-VO vorgesehene Pflicht zur Gewährleistung der menschlichen Aufsicht i. S. d. Art. 14 KI-VO diese Regelungslücken weiter zu schließen. Art. 14 Abs. 1 KI-VO sieht die Pflicht vor, dass Hochrisiko-KI-Systeme so konzipiert und entwickelt werden müssen, dass diese während der „Dauer der Verwendung des KI-Systems – auch mit geeigneten Werkzeugen einer Mensch-Maschine-Schnittstelle – von natürlichen Personen wirksam beaufsichtigt werden können". Damit folgt die KI-VO dem Ansatz der HLEG, die bereits in ihren Ethik-Leitlinien die Notwendigkeit begründet sahen, dass durch Aufsichtsmaßnahmen die Untergrabung der menschlichen Autonomie verhindert werden müsste.[630]

[628] Vgl. zu den Regelungslücken für statische Systeme, Kap. 2, D.; für dynamische Systeme, bereits Kap. 2, E.

[629] Vgl. zu den Datenanforderungen des Art. 10 KI-VO, bereits Kap. 4, C., IV., 1.

[630] Vgl. zu den historischen Wurzeln der menschlichen Aufsichtspflicht nach Art. 14 KI-VO, *Gassner*, MPR 2023, 5, 7 f.; vgl. zu den Anforderungen an die menschliche Kontrolle auch *HLEG*, Ethik-Leitlinien, S. 19 f., abrufbar unter: siehe Quellenangaben; vgl. dafür, dass die Anforderungen des Kap. 2 Titel III KIVOE aus den HLEG ableitet wurden, Erklärendes Memorandum, COM 2021, 206 final, S. 16.

### *a) Bedenken an der Unbestimmtheit des Art. 14 KI-VO*

Jedenfalls im Medizinproduktesektor wird eine entsprechende Pflicht auch als erforderlich angesehen, weil nur so die Wahrung des Arztvorbehaltes[631] gewährleistet werden könne.[632] Erheblicher Kritik sah sich indes die konkrete Ausgestaltung der Regelungspflicht ausgesetzt.[633]

Korrekturbedürftig sei zunächst die Unbestimmtheit des Art. 14 KI-VO, weil die Vorschrift sowohl die technischen als auch personellen Anforderungen, die zur Gewährleistung der menschlichen Aufsicht ergriffen werden müssen, gänzlich unbestimmt lasse.[634]

Teilweise wurde befürchtet, dass aus der in Art. 14 Abs. 1 S. 1 KI-VO normierten Pflicht, dass die Systeme so konzipiert und entwickelt werden müssen, „dass sie während der Dauer der Verwendung des KI-Systems (...) von natürlichen Personen wirksam beaufsichtigt werden könnten", eine Pflicht zur kontinuierlichen *manuellen* Leistungsüberprüfung resultiere und daher der „maschinellen Überprüfung" der Systeme „eine Absage erteilt" werde.[635]

Sofern dies der Fall sei, werde sich die Pflicht als faktisches Marktzugangshindernis auswirken, da eine kontinuierliche manuelle Leistungsüberprüfung bei dynamischen Systemen an die Grenzen des praktisch umsetzbaren stoße, weil eine

---

[631] Vgl. für eine Darstellung, inwieweit der Einsatz von KI-Systemen mit dem Arztvorbehalt vereinbar ist, bereits Kap. 4, C., IV., 3., c), bb), (1).

[632] Vgl. zum Kommissionsentwurf *Stief/Pisani*, in: Festschrift Gassner, S. 477; *Kalbhenn*, ZUM 2021, 663, 668; vgl. *Jaekel*, SächsVBl. 2023, 194, 199, jedoch ohne Bezug zum Arztvorbehalt.

[633] Vgl. zum Kommissionsentwurf *Bomhard/Merkle*, RDi 2021, 276, 281; *Ebers et al.*, RDi 2021, 528, 534; *Heil*, MPR 2022, 1, 9; kritisch *Roos/Weitz*, MMR 2021, 844, 845; kritisch auch *Linardatos*, GPR 2022, 58, 66; *Schreitmüller*, Regulierung intelligenter Medizinprodukte, S. 302 ff.; ebenso *Gassner*, MPR 2023, 5, 9; kritisch *Haimerle*, Anmerkungen zum Vorschlag für die EU-Verordnung, S. 8, abrufbar unter: siehe Quellenangaben; *COCIR*, Feedback AI-Act, S. 3 f., abrufbar unter: siehe Quellenangaben; *Johner Institut*, Input on the proposed AI-Act, S. 3, abrufbar unter: siehe Quellenangaben; *Siemens Healthineers*, Feedback AI-Act, S. 5, abrufbar unter: siehe Quellenangaben.

[634] Vgl. zum Kommissionsentwurf *Bomhard/Merkle*, RDi 2021, 276, 281; *Ebers et al.*, RDi 2021, 528, 534; *Haimerle*, Anmerkungen zum Vorschlag für die EU-Verordnung, S. 8, abrufbar unter: siehe Quellenangaben.

[635] Vgl. so zum Kommissionsentwurf *Kalbhenn*, ZUM 2021, 663, 668; in diese Richtung wohl auch *Rostalski/Weiss*, ZfDR 2021, 329, 349, die betonen, dass eine voll-automatisierte „Ad-hoc-Konformtitätsprüfung" nicht mit Art. 14 KI-VOE vereinbar sei; andererseits wird aus Art. 14 KI-VOE eine Pflicht zur Gewährleistung einer manuellen Leistungsüberwachung abgeleitet, vgl. *COCIR*, Feedback AI-Act, S. 3, abrufbar unter: siehe Quellenangaben; *Siemens Healthineers*, Feedback AI-Act, S. 5, abrufbar unter: siehe Quellenangaben; vgl. die Stimmen, die die Unbestimmtheit des Art. 14 KI-VOE kritisieren, *Johner Institut*, Input on the proposed AI-Act, S. 3, abrufbar unter: siehe Quellenangaben; *Haimerle*, Anmerkungen zum Vorschlag für die EU-Verordnung, S. 8, abrufbar unter: siehe Quellenangaben; dem folgend *Jorzig/Kemter*, ZfPC 2023, 172, 173; *Schreitmüller*, Regulierung intelligenter Medizinprodukte, S. 302 ff.

entsprechende Überwachung aufgrund der hohen Geschwindigkeit der Entscheidungsprozesse bei Weitem das überschreite, was durch einen Menschen kognitiv nachvollzogen werden könne.[636]

Die Anforderung des Art. 14 KI-VO seien gleichwohl dann erfüllbar, wenn aus Art. 14 Abs. 1 S. 1 KI-VO keine Pflicht zur kontinuierlichen und vor allem *manuellen* Überwachung *jedes einzelnen Entscheidungsschrittes* resultiere, sondern die Überwachung vielmehr nur in Form einer Überprüfung des „Gesamt-Outcomes des Systems" erfolgen müsse.[637] In diesem Fall resultiere aus Art. 14 Abs. 1 KI-VO nur die Pflicht, dass Maßnahmen etabliert werden müssen, mittels derer die Fehlfunktionen zuverlässig erkannt werden.[638]

Derzeit bleibe jedoch noch zu unbestimmt, welche Pflicht aus Art. 14 KI-VO resultiere, sodass die Vorschrift jedenfalls die Gefahr einer „Missinterpretation" berge.[639]

---

[636] Vgl. zum Kommissionsentwurf *COCIR*, Feedback AI-Act, S. 3, abrufbar unter: siehe Quellenangaben; *Siemens Healthineers*, S. 5; vgl. für die Stimmen, die darauf hinweisen, dass, sofern die Vorschrift ein manuelle Leistungsüberwachung fordern würde, dies nicht erfüllbar wäre, *Johner Institut*, Input on the proposed AI-Act, S. 3, abrufbar unter: siehe Quellenangaben, der diesbezüglich betont, dass der Regelungstext des Kommissionsentwurfes jedenfalls die Gefahr der Missinterpretation begründen würde; vgl. auch *Haimerle*, Anmerkungen zum Vorschlag für die EU-Verordnung, S. 8, abrufbar unter: siehe Quellenangaben, der wegen der Unbestimmtheit betont, dass die Gefahr besteht, dass Art. 14 KI-VOE entsprechend ausgelegt werden könnte; sich dem anschließend *Schreitmüller*, Regulierung intelligenter Medizinprodukte, S. 303.

[637] Vgl. zum Kommissionsentwurf *Haimerle*, Anmerkungen zum Vorschlag für die EU-Verordnung, S. 8, abrufbar unter: siehe Quellenangaben; vgl. auch *Johner Institut*, Input on the proposed AI-Act, S. 3, abrufbar unter: siehe Quellenangaben, der darauf hinweist, dass die Gefahr der Missinterpretation besteht; *Schreitmüller*, Regulierung intelligenter Medizinprodukte, S. 303; vgl. für die Stimmen, die von einer solchen kontinuierlichen Überwachungspflicht ausgehen, *COCIR*, Feedback AI-Act, S. 3, abrufbar unter: siehe Quellenangaben; *Siemens Healthineers*, Feedback AI-Act, S. 5, abrufbar unter: siehe Quellenangaben; vgl. *Rostalski/Weiss*, ZfDR 2021, 329, 349, die aus Art. 14 KI-VOE die Pflicht zu manuellen menschlichen Überprüfung ableiten und einer voll automatisierten Überprüfung eine Absage erteilen.

[638] Vgl. zum Kommissionsentwurf *Haimerle*, Anmerkungen zum Vorschlag für die EU-Verordnung, S. 8, abrufbar unter: siehe Quellenangaben.

[639] *Haimerle*, Anmerkungen zum Vorschlag für die EU-Verordnung, S. 8, abrufbar unter: siehe Quellenangaben; vgl. zu der Gefahr einer „Missinterpretation", *Johner Institut*, Input on the proposed AI-Act, S. 3, abrufbar unter: siehe Quellenangaben; ebenso *Schreitmüller*, Regulierung intelligenter Medizinprodukte, S. 303, die ebenso auf die unterschiedlichen Auslegungsansätze der Literatur hinweist.

### *b) Eignung der Aufsichtsmaßnahmen zur Umsetzung durch den Betreiber*

#### aa) Unbestimmtheit des Art. 14 Abs. 1 und Abs. 4 KI-VO

Gemäß Art. 14 Abs. 1 KI-VO müssen die Systeme so konzipiert und entwickelt werden, dass diese während der Dauer der Verwendung des KI-Systems wirksam „beaufsichtigt"[640] werden können. Im allgemeinen Sprachgebrauch versteht man unter einer „Beaufsichtigung", „über jemanden, etwas die Aufsicht ausüben; überwachen".[641]

Art. 14 Abs. 1 KI-VO lässt sich jedoch noch keine Auskunft darüber entnehmen, in welchem Maß eine entsprechende Aufsicht gewährleistet werden muss, um die Pflicht des Art. 14 Abs. 1 KI-VO zu erfüllen. Eine Konkretisierung dessen ergibt sich auch nicht durch die Pflicht des Art. 14 Abs. 1 KI-VO, dass die Aufsicht ggf. „auch mit geeigneten Werkzeugen einer Mensch-Maschine-Schnittstelle" erfolgen können müsse, da unter einer „Mensch-Maschine-Schnittstelle" letztlich nur eine technische Einrichtung zu verstehen ist, mittels derer die Systeme durch eine Texteingabe, Spracheingabe oder durch einen Touchscreen bedienbar sind.[642]

Obgleich Art. 14 Abs. 4 KI-VO zwar die Bezugspunkte der Aufsichtsmaßnahmen exemplarisch konkretisiert, lässt sich den Anforderungen dennoch keine eindeutige Aussage in Bezug auf den erforderlichen Umfang der Aufsichtspflicht entnehmen.[643]

Die in Art. 14 Abs. 4 lit. b) und lit. c) KI-VO normierten Aufsichtsmaßnahmen scheinen zunächst dafür zu sprechen, dass keine kontinuierliche manuelle Überprüfung des Verarbeitungs*prozesses* erforderlich ist, weil die Aufsichtsmaßnahmen sich auf die Überprüfung bzw. richtige Interpretation der Entscheidungs*ergebnisse*,

[640] Vgl. ebenso zum Kommissionsentwurf Art. 14 Abs. 1 KI-VOE-KOM in der deutschen Sprachfassung, COM 2021, 206 final, S. 58; vgl. auch die englische Sprachfassung des Art. 14 Abs. 1 KI-VOE-KOM, die von „overseen" spricht, COM 2021, 206 final, S. 51 (englische Sprachfassung).

[641] Vgl. für das Sprachverständnis für den Begriff „beaufsichtigen" nach Duden, abrufbar unter: https://www.duden.de/rechtschreibung/beaufsichtigen, zuletzt abgerufen: 4.1.2026; mit diesem Sprachverständnis, stimmt auch die englische Sprachfassung für den in Art. 14 Abs. 1 KI-VO verwendeten Begriff „overseen" überein, worunter „to watch somebody/something and make sure that a job or an acitivity is done correctly" zu verstehen ist, vgl. hierfür das Sprachverständnis für den Begriff „oversee" nach oxforadlearnersdictionaries, abrufbar unter: https://www.oxfordlearnersdictionaries.com/us/definition/english/oversee?q=overseen, zuletzt abgerufen: 4.1.2026.

[642] Vgl. zu den technischen Grundlagen des Begriffs der „Mensch-Maschine-Schnittstelle", *Martini*/Wendehorst, Art. 14, Rn. 53; *Grunwald/Hillerbrand*, Handbuch Technikethik, S. 295.

[643] Vgl. zum Kommissionsentwurf, dass Art. 14 Abs. 4 KI-VOE-KOM „wichtige Anhaltspunkte" zur Konkretisierung enthalten würde, *Kumkar*, in: Hilgendorf/Roth-Isigkeit, 1. Auflage, § 6, Rn. 24.

und damit nicht die Funktionsweise, sondern den „Output“ des Systems, beziehen.[644]

Ein anderes Ergebnis könnte sich jedoch aus Art. 14 Abs. 4 lit. a) KI-VO ergeben, wonach die natürliche Personen ggf. den „Betrieb“ des Systems überwachen können müssen. Ferner statuiert Erwägungsgrund 73 KI-VO, dass die „Funktionsweise“ des Systems überwacht werden können muss.[645]

Andererseits muss eine Beaufsichtigung des „Betrieb(s)“ bzw. der „Funktionsweise“ nicht notwendigerweise mit der Pflicht zur kontinuierlichen Überprüfung der technischen Genauigkeit der Systeme einhergehen.[646] Vielmehr kann die Vorschrift auch so ausgelegt werden, dass sich die Beaufsichtigung auf das bezieht, was für die Betreiber auch tatsächlich *erkennbar* und überprüfbar ist.[647]

Welches Maß an Aufsicht erforderlich ist und ob Art. 14 Abs. 1 KI-VO eine Pflicht zur kontinuierlichen, manuellen Leistungsanalyse zu entnehmen ist, kann durch Art. 14 Abs. 4 KI-VO daher noch nicht eindeutig bestimmt werden.[648]

#### bb) Eignung der Aufsichtsmaßnahme zur Umsetzung durch den Betreiber

Hinsichtlich der Ausgestaltung der Aufsichtsmaßnahmen des Art. 14 Abs. 1 KI-VO muss beachtet werden, dass die Vorschrift keine *Beaufsichtigungs*pflicht des *Betreibers*, sondern gem. Art. 16 lit. a) KI-VO eine Pflicht für den *Anbieter* normiert, die Systeme in einer Weise zu *konzipieren* und *zu entwickeln*, dass diese wirksam beaufsichtigt werden können.[649]

Eine Pflicht des Betreibers kann nur dadurch begründet werden, dass der Anbieter Maßnahmen zur Umsetzung durch den Betreiber in der Betriebsanleitung etabliert, zu deren Umsetzung dieser sodann gem. Art. 26 Abs. 1, Abs. 5 KI-VO

[644] Vgl. zum Kommissionsentwurf ebenso in diese Richtung *Haimerle*, Anmerkungen zum Vorschlag für die EU-Verordnung, S. 8, abrufbar unter: siehe Quellenangaben, der als alternativen Auslegungsansatz vorschlägt, die Vorschrift so zu verstehen, dass diese im Sinne einer Pflicht zur Überprüfung des „Gesamtoutputs“ ausgelegt werden könnten.

[645] Vgl. zum Kommissionsentwurf Erwägungsgrundes 48, COM 2021, 206 final, S. 35.

[646] Vgl. zum Kommissionsentwurf *Haimerle*, Anmerkungen zum Vorschlag für die EU-Verordnung, S. 8, abrufbar unter: siehe Quellenangaben.

[647] Vgl. zum Kommissionsentwurf *Haimerle*, Anmerkungen zum Vorschlag für die EU-Verordnung, S. 8, abrufbar unter: siehe Quellenangaben.

[648] Vgl. ebenso zum Kommissionsentwurf *Haimerle*, Anmerkungen zum Vorschlag für die EU-Verordnung, S. 8, abrufbar unter: siehe Quellenangaben; *Johner Institut*, Input on the proposed AI-Act, S. 3, abrufbar unter: siehe Quellenangaben; *Bomhard/Merkle*, RDi 2021, 276, 281; *Ebers et al.*, RDi 2021, 528. 534.

[649] Ebenso *Buchner*, in: BeckOK KI-Recht, Art. 14, Rn. 40; *Martini*/Wendehorst, Art. 14, Rn. 56 ff. mit Hinweis, darauf, dass der Betreiber die Systeme jedoch anhand der in der Betriebsanleitung normierten Aufsichtsmaßnahmen gem. Art. 26 Abs. 5 KI-VO überwachen muss; in diese Richtung auch *Bomhard/Wietzke*, in: Bomhard/Pieper/Wende, Art. 14, Rn. 10.

verpflichtet ist.[650] In der primären Verpflichtung des Anbieters zur Etablierung entsprechender Aufsichtsmaßnahmen kommt die Rangfolge der Risikobewältigungsmaßnahmen nach Art. 9 Abs. 5 KI-VO zum Ausdruck, wonach vorrangig der Anbieter Sicherheitsvorkehrungen zu treffen hat und erst subsidiär auf Maßnahmen zur Umsetzung des Betreibers zurückgegriffen werden darf.[651]

Dieses Subsidiaritätsverhältnis wird auch durch Art. 14 Abs. 3 lit. b) KI-VO bestätigt, wonach die technischen Maßnahmen, die zur Umsetzung des Betreibers etabliert wurden, an die Voraussetzung geknüpft werden, dass diese „geeignet" sind, durch den Betreiber umgesetzt zu werden. Obgleich Art. 14 KI-VO selbst keine Kriterien zu entnehmen sind, mithilfe derer sich diese Eignung konkretisieren lässt, lässt sich eine gewisse Konturierung des Maßstabes aus Art. 9 Abs. 5 KI-VO ableiten. Zu beachten ist nämlich, dass gem. Art. 9 Abs. 5 UAbs. 3 KI-VO hinsichtlich der zu ergreifenden Sicherheitsmaßnahmen die *„technischen Kenntnisse, die Erfahrungen und der Bildungsstand*, die vom Betreiber erwarten werden können, sowie der voraussichtliche Kontext, in dem das System eingesetzt werden soll, gebührend berücksichtigt" werden müssen.[652] Vor diesem Hintergrund könnte aus Art. 14 Abs. 1 KI-VO von vornherein nur dann eine Pflicht zur kontinuierlichen manuellen Leistungsüberwachung abgeleitet werden, wenn diese zur Umsetzung durch den Betreiber auch geeignet ist.

#### *(1) Verwendendes medizinisches Fachpersonal als Maßstab*

Dabei gilt es zu beachten, dass die Person des Betreibers i. S. d. Art. 3 Nr. 4 KI-VO nicht mit der Person des tatsächlichen Verwenders gleichgesetzt werden kann. Vielmehr wurde der Betreiberbegriff in Abweichung von dem Nutzerbegriff des Kommissionsentwurf eingeführt, um zu verdeutlichen, dass damit nicht die verwendenden natürlichen Personen, sondern vielmehr die natürlichen Personen, juristischen Personen oder Behörden, Einrichtungen oder sonstige Stellen erfasst sind, unter deren Verantwortung das System zum Einsatz kommt.[653] Die dem Betreiber obliegenden Pflichten werden daher in aller Regel durch die für den Betreiber handelnden natürlichen Personen ausgeführt. Daher müssen die für den Betreiber handelnden Personen auch den Maßstab für die Eignung der menschlichen Aufsichtsmaßnahmen nach Art. 14 Abs. 3 lit. b) KI-VO bilden.

Fraglich ist daher, welche Kenntnisse und Erfahrungen von diesen natürlichen Personen erwartet werden können. Erwägungsgrund 73 S. 3 KI-VO differenziert im

[650] Ebenso *Martini*/Wendehorst, Art. 14, Rn. 59; ebenso *Buchner*, in: BeckOK KI-Recht, Art. 14, Rn. 5.

[651] *Martini*/Wendehorst, Art. 14, Rn. 86 erkennt an, dass der Wahlfreiheit innerhalb des Absatzes 3 Grenzen gesetzt sind.

[652] Hervorhebung hinzugefügt.

[653] Vgl. hierfür die Ausführungen zu dem Nutzerbegriff und die Abgrenzung des Nutzerbegriffs von dem tatsächlichen Verwender im medizinischen Sektor, bereits Kap. 4, C., IV., 3., a), cc), (1), (b), (aa).

Zusammenhang zwischen dem „menschlichen Bediener“ und den „natürlichen Personen, denen die menschliche Aufsicht übertragen wurde“.[654] Dies wirft die Frage auf, ob neben dem tatsächlichen Verwender durch den für die Betreiber handelnde Person zukünftig auch Personen eingestellt werden müssen, die mit der Aufsicht der Systeme beauftragt werden. Art. 14 Abs. 1 und Abs. 4 KI-VO spricht pauschal von einer „natürlichen Person“ und enthält daher keine Anhaltspunkte dahingehend, ob die beaufsichtigende Person mit der Person des Verwenders personenidentisch ist.

Gleichwohl stellen die in Art. 14 Abs. 4 KI-VO aufgelisteten Aufsichtsmaßnahmen wiederholt auf den tatsächlichen Verwender ab. Gemäß Art. 14 Abs. 4 lit. b) KI-VO muss etwa gewährleistet sein, dass die Aufsichtspersonen sich über die Neigung eines „Automatisierungsbias“ bewusst sind. Dem Phänomen, dass Menschen automatisiert generierten Inhalten leichter Vertrauen schenken, können nur die Personen unterliegen, die auch tatsächlich eine Entscheidung auf der Grundlage der Ergebnisse des Systems treffen. Daher gehört der *tatsächliche Verwender* zumindest *auch* zum Kreis der natürlichen Personen, die den Maßstab für die Eignung der Aufsichtsmaßnahmen bilden.

Dies wird ferner auch durch Art. 14 Abs. 4 lit. c) KI-VO bestätigt, wonach die natürlichen Personen durch die Aufsichtsmaßnahmen, dazu befähigt sein müssen, die Ergebnisse „richtig zu interpretieren“. Dass neben der verwendenden Person zusätzlich auch Aufsichtspersonen eingestellt werden müssten, findet sich in Art. 14 KI-VO zumindest nicht explizit wieder.

Der Maßstab, an dem die Eignung der von den Anbietern gem. Art. 14 Abs. 3 lit. b) KI-VO etablierten Risikobewältigungsmaßnahmen gemessen werden muss, wird gem. Art. 9 Abs. 5 UAbs. 3 KI-VO durch die technischen Kenntnisse, die Erfahrungen und den Bildungsstand des medizinischen Fachpersonals bestimmt werden müssen.[655]

*(2) Eignung zur Umsetzung durch medizinisches Fachpersonal*

Da bei den Ärztinnen und Ärzten, die das System verwenden, keine besonderen technischen Fachkenntnisse erwartet werden können, würde eine Pflicht zur *kontinuierlichen manuellen* Leistungsüberprüfung bei Weitem das überschreiten, was von einer durchschnittlichen Ärztin oder einem durchschnittlichen Arzt erwartet werden kann.

Aufgrund der hohen Komplexität und der neuartigen Eigenschaften von KI-Systemen könnte sogar infrage zu stellen sein, ob selbst eine Leistungsüberwachung der Systeme im tatsächlichen Sinne das überschreiten würde, was vernünftigerweise von einem technisch durchschnittlich informierten Menschen erwartet werden kann. Die Funktionsweise von komplexen technischen Systemen, die nicht immer kör-

---

[654] Vgl. zum Kommissionsentwurf, Erwägungsgrund 48, COM 2021, 206 final, S. 35.

[655] Hervorhebung hinzugefügt.

perlich sind und deren Vernetzungsgrad variieren kann, erschließt sich ohne vertiefende Kenntnisse und Informationen über die Funktionsweise des Systems nicht. Vor diesem Hintergrund muss der bisher vorherrschenden Meinung[656] der Literatur insoweit zugestimmt werden, dass es für eine wirksame Beaufsichtigung von komplexen technischen Systemen ggf. erforderlich sein kann, dass die beaufsichtigenden Personen Schulungen unterzogen werden oder die Verwendung an entsprechende Qualifikationsanforderungen geknüpft wird, durch die die fachliche Kompetenz sowie Kenntnisse über die Funktionsweise sichergestellt werden können.

Entsprechende Qualifikationsanforderungen können jedoch aus Art. 14 KI-VO nicht abgeleitet werden. Zwar sieht Erwägungsgrund 73 S. 3 KI-VO vor, dass die beaufsichtigende Person die erforderliche „Kompetenz, Ausbildung und Befugnis" aufweisen muss, gleichwohl findet sich eine entsprechende Konkretisierung in Art. 14 KI-VO nicht wieder, sodass fraglich ist, ob Erwägungsgrund 73 KI-VO diese Lücken schließen kann.[657]

Sofern jedoch kritisiert[658] wurde, dass die Aufsichtspflicht sich als unerfüllbar darstelle, weil Art. 14 KI-VO keine Qualifikationsanforderungen an die natürliche Person entnommen werden könnten, kann dem nicht gefolgt werden. Vielmehr kann die Ermangelung etwaiger Qualifikationsanforderungen an den Betreiber durch die systematische Stellung der Vorschrift des Art. 14 KI-VO in Kap. III Abschnitt 2 KI-VO erklärt werden. Zu beachten ist nämlich, dass in Kap. III Abschnitt 2 KI-VO ausschließlich produktsicherheitsrechtliche Anforderungen an das Hochrisiko-KI-System festgelegt sind, deren Einhaltung im Rahmen des Konformitätsbewertungsverfahrens überprüft werden. Bei Qualifikationsanforderungen an den Betreiber handelt es sich jedoch nicht um solche produktsicherheitsrechtlichen Anforderungen.

Daher wäre es vorschnell geurteilt, der KI-Verordnung jegliche Qualifikationsanforderungen an den Betreiber abzusprechen. Vielmehr können sich solche aus dem wechselseitigen Zusammenspiel mit dem Risikomanagementsystem des Art. 9 KI-VO ergeben.[659] Zu beachten ist nämlich, dass die Anbieter solchen Risiken, die nicht durch eine entsprechende Konzeption und Entwicklung oder durch Kontrollmaßnahmen verhindert werden können – *ultima ratio* – durch entsprechende Si-

---

[656] Vgl. zum Kommissionsentwurf, *Sesing/Tschech*, MMR 2021, 24, 29; vgl. hierfür auch die Forderung nach einem „KI-Führerschein", *Valta/Vasel*, ZRP 2021, 142, 144; *Bomhard/Merkle*, RDi 2021, 276, 281, die betonen, dass es unklar bliebe auf welches „Hintergrundwissen" abgestellt werden dürfte; *Heil*, MPR 2022, 1, 5.

[657] Vgl. zum Kommissionsentwurf, Erwägungsgrund 48 S. 2, COM 2021, 206 final, S. 35.

[658] Vgl. zum Kommissionsentwurf, *Bomhard/Merkle*, RDi 2021, 276, 281; *Valta/Vasel*, ZRP 2021, 142, 144.

[659] Vgl. zu der Pflicht und den Anforderungen an die Erstellung eines Risikomanagementsystem nach Art. 9 KI-VO, bereits Kap. 4, C., II.; vgl. dazu, dass bei der Einhaltung der Sicherheitsanforderungen des Kap. III Abschnitt 2 KI-VO das Zusammenspiel mit dem Risikomanagementsystem zu beachten ist, bereits Kap. 4, C., III., 2.

cherheitsinformationen entgegentreten können. Sofern eine Risikobewältigungsmaßnahme nur dann durch den Betreiber umgesetzt werden kann, wenn dessen Personal bestimmte Qualifikationsanforderungen erfüllt oder Schulungen besucht hat, könnten Anbieter diese Verwendungsbeschränkung in der Betriebsanleitung i.S.d. Art. 9 Abs. 5 UAbs. 2 lit. c) i.V.m. Art. 13 Abs. 3 KI-VO festlegen. Dies wird auch durch Art. 9 Abs. 5 UAbs. 2 lit. c) KI-VO bestätigt, wonach in der Betriebsanleitung Sicherheitsinformationen und Schulungen für den Betreiber vorgesehen werden können. Gemäß Art. 26 Abs. 1 KI-VO wäre der Betreiber wiederum verpflichtet, die in der Betriebsanleitung vorgesehenen Anforderungen einzuhalten.

Selbst wenn das fehlende technische Fachwissen in einem gewissen Maß durch die vom Anbieter in der Betriebsanleitung vorgesehenen Schulungen oder Qualifikationsanforderungen kompensiert werden können, handelt es sich bei den für den Betreiber handelnden Personen dennoch um *technische Laien.*

Daher wären alle Maßnahmen, die vertiefte technische Kenntnisse in Form eines Informatikstudiums voraussetzen, nicht „geeignet" i.S.d. Art. 14 Abs. 3 lit. b) KI-VO, um durch die für den Betreiber handelnden Personen umgesetzt zu werden. Vielmehr müssen die Maßnahmen, die der Anbieter etabliert, den Umstand, dass es sich bei den beaufsichtigenden Personen um technische Laien handelt, hinreichend berücksichtigen.

Dadurch kommt das Rangverhältnis der Risikobewältigungsmaßnahmen nach Art. 9 Abs. 5 UAbs. 2 KI-VO zum Ausdruck, wonach primär der Anbieter selbst verpflichtet ist, den Risiken entgegenzutreten und nur *ultima ratio* auf den Anbieter zurückgegriffen werden kann.[660]

Vor diesem Hintergrund kann der Auffassung[661], dass Art. 14 KI-VO zu einer kontinuierlichen manuellen Leistungsüberwachung verpflichte, nicht gefolgt werden.

Vielmehr kann es umgekehrt gerade erforderlich sein, dass der Anbieter technische Vorkehrungen etabliert, durch die eine maschinelle Überprüfung automatisierter Entscheidungen erfolgt, um dem tatsächlichen Verwender durch eine automatisierte Angabe der Genauigkeitswerte eine Überwachung des Systems *im tatsächlichen Sinne* zu gewährleisten.

---

[660] Vgl. dafür, dass das in Art. 9 Abs. 4 KI-VO vorgesehene Rangverhältnis der Risikobewältigungsmaßnahmen wegen der in Art. 8 KI-VO vorgesehenen Wechselwirkung auch maßgeblich die Art und Weise prägt, wie die Sicherheitsanforderungen des Kap. III Abschnitt 2 KI-VO zu erfüllen sind, bereits Kap. 4, C., III., 3.

[661] Vgl. zum Kommissionsentwurf *Kalbhenn*, ZUM 2021, 663, 668; *Rostalski/Weiss*, ZfDR 2021, 329, 349; kritisch *COCIR*, Feedback AI-Act, S. 3, abrufbar unter: siehe Quellenangaben; *Johner Institut*, Input on the proposed AI-Act, S. 3, abrufbar unter: siehe Quellenangaben; *Siemens Healthineers*, Feedback AI-Act, S. 5, abrufbar unter: siehe Quellenangaben; ebenso kritisch *Haimerle*, Anmerkungen zum Vorschlag für die EU-Verordnung, S. 8, abrufbar unter: siehe Quellenangaben.

*(3) Zwischenergebnis*

Zusammenfassend ergibt sich daher, dass aus Art. 14 Abs. 1 KI-VO keine Pflicht zur kontinuierlichen manuellen Leistungsanalyse des Systems abgeleitet werden kann, weil dies bei Weitem das überschreiten würde, was i.S.d. Art. 14 Abs. 3 lit. b) KI-VO „geeignet“ ist, durch den Betreiber umgesetzt zu werden. Dies kann damit begründet werden, dass gem. Art. 9 Abs. 5 UAbs. 3 KI-VO der Bildungsstand, die technischen Kenntnisse und Erfahrungen berücksichtigen werden müssen. Zwar können die Anbieter in der Betriebsanleitung Qualifikationsanforderungen an die Aufsichtsperson vorsehen, die die Betreiber sodann gem. Art. 26 Abs. 1 KI-VO einhalten müssen, gleichwohl wird selbst für geschulte Ärztinnen und Ärzte eine kontinuierliche manuelle Leistungsüberwachung bei Weitem das überschreiten, was als i.S.d. Art. 14 Abs. 3 lit. b) KI-VO geeignet angesehen werden kann, von diesen umgesetzt zu werden.

*c) Kontext- und Risikobasierte Ermittlung der konkreten Aufsichtsmaßnahme*

Auf welche Art und Weise die Aufsicht technisch gewährleistet werden muss, wird durch Art. 14 KI-VO nicht näher bestimmt.[662] Zwar enthält Art. 14 Abs. 4 KI-VO einen Regelungskatalog möglicher Aufsichtsmaßnahmen, gleichwohl handelt es sich bei den dort normierten Anforderungen nur um *mögliche*, nicht aber für jedes System verpflichtende Anforderungen, was die Formulierung „angemessen und verhältnismäßig in der Lage sind“ zum Ausdruck bringt.[663] Sofern teilweise[664] kritisiert wurde, dass Art. 14 KI-VO einen „one-size-fits-all“-Ansatz verfolge, kann dem nicht gefolgt werden, weil die KI-Verordnung die einschlägige Aufsichtsmaßnahme gerade *nicht* allgemeingültig normiert, sondern vom jeweiligen Einzelfall abhängig macht.

---

[662] Vgl. ebenso zum Kommissionsentwurf *Kumkar*, in: Hilgendorf/Roth-Isigkeit, 1. Auflage, § 6, Rn. 29.

[663] Ebenso *Buchner*, in: BeckOK KI-Recht, Art. 14, Rn. 48, der jedoch betont, dass es nur ausnahmsweise zulässig sein soll, eine oder mehrere der Anforderungen nicht anzuwenden. Die Formulierung geht zurück auf den Entwurf des Europäischen Parlaments für Art. 14 Abs. 1 KI-VOE-EP. Obgleich sich dieser Umstand strenggenommen bereits aus dem wechselseitigen Zusammenspiel mit dem Risikomanagementsystem nach Art. 9 KI-VOE ergibt, ist die Klarstellung aus Rechtssicherheitsgründen begrüßenswert, vgl. hierfür Art. 14 Abs. 1 KI-VOE-EP, Änderung 314, *Europäisches Parlament*, Amendments adopted by the European Parliament on 14 June 2023 on the proposal for an Artificial Intelligence Act, P9_TA(2023) 0236; vgl. zu dem noch eindeutigeren Wortlaut „je nach den Umständen“ im Kommissionsentwurf, ebenso *Kumkar*, in: Hilgendorf/Roth-Isigkeit, 1. Auflage, § 6, Rn. 29; vgl. auch *Europäische Kommission*, Weißbuch zur Künstlichen Intelligenz, COM 2020, 65 final, S. 25, dafür, dass die Aufsichtsmaßnahmen „von Fall zu Fall variieren“ könnten.

[664] Vgl. zum Kommissionsentwurf auch *Gassner*, MPR 2023, 5, 9; in diese Richtung wohl auch *Bomhard/Merkle*, RDi 2021, 276, 281, die betonen, dass Art. 14 KI-VOE-KOM nicht zwischen ADM-Systemen und Entscheidungsunterstützungssystemen unterscheiden würde.

Diese Unbestimmtheit ist gleichwohl nicht *per se* korrekturbedürftig, weil die Eignung der Maßnahmen nicht nur von der Art des Systems, sondern auch von dem Anwendungskontext und dem zu erwartenden Wissensstand der Betreiber abhängt.[665]

Begrüßenswert ist ferner, dass die Konkretisierung der menschlichen Aufsichtspflichten nicht vollständig im Ermessen des Anbieters steht, sondern der Unionsgesetzgeber die Aufsichtsmaßnahmen durch die Zielvorgaben[666] des Art. 14 Abs. 4 lit. a)–e) KI-VO weiter konkretisiert.[667] Dadurch wird ein äußerer Rahmen gesteckt, durch den es dem Rechtsanwender ermöglicht wird, die *konkret* zu etablierenden Aufsichtsmaßnahmen *einzelfallbezogen* zu konkretisieren.

#### aa) Anomalien, Fehlfunktionen und unerwartete Leistungen

Art. 14 Abs. 4 lit. a) KI-VO sieht vor, dass die menschliche Aufsicht es den natürlichen Personen ermöglichen können muss „die einschlägigen Fähigkeiten und Grenzen des Hochrisiko-KI-Systems angemessen zu verstehen und seinen Betrieb ordnungsgemäß zu überwachen, einschließlich in Bezug auf das Erkennen und Beheben von Anomalien, Fehlfunktionen und unerwarteter Leistung“.

Der Kommissionsentwurf setzte zunächst voraus, dass die natürlichen Aufsichtspersonen „je nach den Umständen“, die Fähigkeiten und Grenzen des Hochrisiko-KI-Systems „vollständig (zu) verstehen“ können müssten. Es wurde jedoch bezweifelt, dass diese Pflicht erfüllbar ist, da ein vollständiges Verständnis der Fähigkeiten und Leistungsgrenzen selbst bei herkömmlichen Systemen nicht gewährleistet werden könne.[668]

Grundsätzlich ist die Zielrichtung, dass die menschlichen Aufsichtsmaßnahmen es dem Betreiber ermöglichen müssen, Fehlfunktionen zu erkennen, begrüßenswert. Sofern Art. 14 Abs. 4 lit. a) KI-VOE-KOM jedoch normierte, dass dieses Ziel durch ein vollständiges Verständnis der Fähigkeiten und Leistungsgrenzen ermöglicht werden soll, vermag dies den Anschein zu erwecken, dass der Betreiber zu einer kontinuierlichen technischen Leistungsanalyse verpflichtet ist. Dies stand jedoch im Widerspruch dazu, dass bei der Etablierung von Risikobewältigungsmaßnahmen zur Umsetzung des Betreibers gem. Art. 9 Abs. 4 UAbs. 3 KI-VOE-KOM der Wissensstand und die technischen Kenntnisse der für den Betreiber handelnden

---

[665] Zu den Entwürfen *Kumkar*, in: Hilgendorf/Roth-Isigkeit, 1. Auflage, § 6, Rn. 29.

[666] Vgl. ebenso die Bezeichnung als „Zielformulierung“, zum Kommissionsentwurf *Ebers et al.*, RDi 2021, 528, 534.

[667] Ebenso *Martini*/Wendehorst, Art. 14, Rn. 96.

[668] Vgl. die scharfe Kritik von *Ebers et al.*, RDi 2021, 528, 534, die betonen, dass diese Pflicht „unrealistisch“ sei und „de facto“ zu einem Verbot führen würde; *Haimerle*, Anmerkungen zum Vorschlag für die EU-Verordnung, S. 8, abrufbar unter: siehe Quellenangaben; *Geminn*, ZD 2021, 354, 357; dem folgend *Schreitmüller*, Regulierung intelligenter Medizinprodukte, S. 304.

Personen berücksichtigt werden müssen.[669] Ferner unterlief eine solche Pflicht die Rangfolge des Art. 9 Abs. 4 KI-VOE-KOM, wonach zunächst der Anbieter verpflichtet ist, alle technischen Maßnahmen zu ergreifen, mittels derer die Leistung kontinuierlich überwacht wird. Erst subsidiär können diese technischen Maßnahmen durch eine tatsächliche Überwachung der durch diese Komponenten ermittelten Genauigkeitswerte durch den Betreiber erreicht werden.

Vor diesem Hintergrund ist es begrüßenswert, dass der Passus, dass die Fähigkeiten und Grenzen „vollständig zu verstehen" sein müssen, in Art. 14 Abs. 4 lit. a) KI-VO gestrichen wurde.

Im Übrigen ist es jedoch auch sinnvoll, dass Art. 14 Abs. 4 lit. a) KI-VO grundsätzlich an der Pflicht, es den beaufsichtigten Personen zu ermöglichen, „Anomalien, Fehlfunktionen und unerwarteten Leistungen" zu erkennen und beheben, festhält. Gleichwohl müsste der *Anbieter* hinsichtlich der Art und Weise „wie" die Aufsichtsmaßnahme ausgestaltet ist, es dem Betreiber ermöglichen, dass dieser auch als technischer Laie eine entsprechende Überwachung durchführen kann. Nur dann wäre die Maßnahme auch „geeignet" i. S. d. Art. 14 Abs. 3 lit. b) KI-VO, um von dem Betreiber umgesetzt zu werden. Dies könnte etwa dadurch erfolgen, dass der Anbieter technische Vorkehrungen einbaut, durch die die Genauigkeitswerte kontinuierlich überprüft und dem für die Betreiber handelnden Personen angezeigt werden.

#### bb) Anforderungen des Art. 14 Abs. 4 lit.b) – d) KI-VO

Obgleich teilweise[670] kritisiert wurde, dass die Aufsichtsmaßnahmen des Art. 14 Abs. 4 KI-VO nicht zwischen solchen Systemen, die die Entscheidung direkt umsetzen, und Entscheidungsunterstützungssystemen unterscheide, kann dem nicht gefolgt werden. Wie oben bereits dargelegt hängt die Wahl der einschlägigen Aufsichtsmaßnahme in Art. 14 Abs. 4 KI-VO davon ab, was sich in den jeweiligen Umständen als „angemessen und verhältnismäßig" darstellt. Vor diesem Hintergrund muss Art. 14 Abs. 4 KI-VO nicht für jedes System erfüllt werden, sondern muss im Einzelfall ermittelt werden, inwieweit die dort genannten Aufsichtsmaßnahmen erforderlich sind, um die von dem System ausgehenden Risiken auf ein vertretbares Maß zu reduzieren.[671]

---

[669] Vgl. eingehend zu dem wechselseitigen Zusammenspiel des Art. 14 KI-VO mit dem Risikomanagement, bereits Kap. 4, C., IV., 4., b), bb).

[670] Vgl. *Bomhard/Merkle*, RDi 2021, 276, 281; vgl. auch *Gassner*, MPR 2023, 5, 9, der betont, dass Art. 14 KI-VOE-KOM eine „one-size-fits-all" Ansatz verfolgen wurde.

[671] So auch *Bomhard/Wietzke*, in: Bomhard/Pieper/Wende, Art. 14, Rn. 20; Vgl. dafür, dass sich die einschlägige Maßnahme einzelfallbezogen bestimmt werden, *Kumkar*, in. Hilgendorf-Roth-Isigkeit, § 6, Rn. 29; vgl. eingehend zu dem Wechselspiel zwischen den Sicherheitsanforderungen und dem Risikomanagementsystem i. S. d. Art. 9 Abs. 3 KI-VO, das dazu führt, dass das erforderliche Sicherheitsniveau risikobasiert bestimmt werden muss, bereits Kap. 4, C., III., 1.; a. A. *Bomhard/Merkle*, RDi 2021, 276, 281; *Gassner*, MPR 2023, 5, 9.

Wegen des Bezugs auf die Entscheidungsergebnisse kommt die Anwendbarkeit der Anforderungen des Art. 14 Abs. 4 lit. b)–d) KI-VO vor allem für Entscheidungsunterstützungssysteme in Betracht.[672] Deren Anbieter müssen gem. Art. 14 Abs. 4 lit. a)–d) KI-VO nach den Umständen neben Maßnamen, die den Verwender auf mögliche Automatisierungsbias aufmerksam machen, die Systeme auch so konzipieren, dass die Ergebnisse richtig interpretierbar sind und ggfs. gewährleisten, dass sich der Verwender auch gegen einen Einsatz der Systeme entscheiden kann.[673]

Teilweise wird in diesem Zusammenhang die Unerfüllbarkeit der Anforderungen wegen der fehlenden Transparenz von „Black-Box"-Systemen befürchtet.[674] Wie bereits umfangreich dargelegt wurde, ist die Herstellung der Transparenz gegenüber dem Betreiber auch bei Black-Box-Systemen nicht *per se* unmöglich, kann jedoch die Anwendung von *post-hoc*-Verfahren erfordern, mittels derer die Entscheidungsprozesse nachträglich approximiert werden.[675] Da die steigende Komplexität typischerweise auch einen negativen Einfluss auf die Genauigkeit dieser retrospektiven Erklärungen haben kann, ist nur fraglich, wie mit diesen Approximationsungenauigkeiten umgegangen werden muss.[676] Sofern die Approximationsungenauigkeit indes keinen Einfluss auf den Umstand hat, dass die Entscheidungsergebnisse weiterhin überprüft werden können, wurde bereits im Zusammenhang mit Art. 13 Abs. 1 i.V.m. Art. 26 Abs. 1, 5 i.V.m. Art. 13 Abs. 3 lit. d) KI-VO gezeigt, dass dies nicht *per se* zur Unzulässigkeit der Systeme führt, sondern sich die Zulässigkeit der Approximationsungenauigkeiten vielmehr danach bestimmt, ob das verbleibende Risiko, das von dem System ausgeht, sich als „vertretbar" i.S.d. Art. 9 Abs. 4 KI-VO darstellt.[677]

#### cc) Unterbrechung des Systembetriebes für Steuerungssysteme

In Art. 14 Abs. 4 lit. e) KI-VO ist ferner vorgesehen, dass je nach den Umständen der Betrieb des Systems durch geeignete Kontrollmaßnahmen, wie einer „Stopptaste" oder einem ähnlichen Verfahren", unterbrochen werden können

---

[672] A.A. wohl *Bomhard/Merkle*, RDi 2021, 276, 281; *Gassner*, MPR 2023, 5, 9.

[673] Ebenso *Schulze-Große/Genske*, GuP 2023, 81, 90; vgl. zu der Pflicht zu Herstellung der Interpretierbarkeit gem. Art. 13 Abs. 1 i.V.m. Art. 26 Abs. 5 i.V.m. Art. 13 Abs. 3 lit. d) i.V.m. Art. 14 Abs. 4 lit. c) KI-VO bereits Kap. 4, C., IV., 3., a), cc), (1); vgl. auch *Kumkar*, in: Hilgendorf/Roth-Isigkeit, 1. Auflage, § 6, Rn. 26, die die Pflicht zur Warnung vor Automatisierungsbias begrüßt.

[674] Vgl. *Ebers et al.*, RDi 2021, 528, 534; *Geminn*, ZD 2021, 354, 357.

[675] Vgl. eingehend zu den technischen Grundlagen, wie die Interpretierbarkeit für Black-Box Systeme hergestellt werden kann, bereits Kap. 2, D., II., 3., b), aa).

[676] Vgl. eingehend zu den technischen Grundlagen von post-hoc Verfahren und der Problematik, dass mit der Anwendung von post-hoc Verfahren die Approximationsgenauigkeit sinken kann, bereits Kap. 2, D., II., 3., b), aa), (2).

[677] Vgl. eingehend hierzu bereits Kap. 4, C., IV., 3., a), dd).

muss.[678] Da eine entsprechende Unterbrechung nur dann erforderlich ist, wenn das System durch eine Steuerung eines körperlichen Produkts die Ergebnisse direkt in die Umgebung umsetzen kann, ist die Pflicht vor allem für Steuerungssysteme anwendbar.

In der Literatur wurde diese Anforderungen teilweise begrüßt, weil eine entsprechende Unterbrechung zur Verhinderung von Schäden, die aus Fehlfunktionen oder einer Steuerung der Systeme durch Hacker resultieren kann, erforderlich sein könne, um die Sicherheit der Systeme zu gewährleisten.[679] Gleichwohl wurde andererseits befürchtet, dass die Vorrichtung nicht für alle vollautomatisierte Systeme geeignet seien, weil die Unterbrechung des Systembetriebes unter Umständen sogar einen größeren Schaden anrichten könne, als der fehlerhafte Betrieb des Systems.[680]

Obgleich dem zuzugestehen ist, dass etwa die Unterbrechung eines Beatmungsgerätes unmittelbar zu einer erheblichen Verletzung des Leibs und Lebens des Patienten führen könnte, muss andererseits auch beachtet werden, dass Art. 14 UAbs. 4 KI-VO nicht *stets* die Pflicht vorsieht, dass der Systembetrieb mittels einer Stopptaste unterbrochen werden können muss. Vielmehr muss gem. Art. 14 Abs. 4 KI-VO anhand der Umstände im Einzelfall beurteilt werden, ob eine entsprechende Stopptaste „angemessen und verhältnismäßig" ist.[681] Ob dies der Fall ist, muss danach beurteilt werden, ob eine Stopptaste erforderlich ist, um zu gewährleisten, dass das Risiko auf ein vertretbares Maß reduziert werden kann.[682]

#### *d) Pflichten des Betreibers zur Einhaltung der etablierten Maßnahmen*

Teilweise wurde die Ermangelung von Überwachungspflichten für den Betreiber kritisiert.[683]

---

[678] *Martini*/Wendehorst, Art. 14, Rn. 130; *Buchner*, in: BeckOK KI-Recht, Art. 14, Rn. 60; vgl. zum Kommissionsentwurf *Linardatos*, GPR 2022, 58, 67 f.; *Bomhard/Merkle*, RDi 2021, 276, 281; *Roos/Weitz*, MMR 2021, 844, 845; *Schreitmüller*, Regulierung intelligenter Medizinprodukte, S. 304; *Siemens Healthineers*, Feedback AI-Act, S. 5, abrufbar unter: siehe Quellenangaben.

[679] *Linardatos*, GPR 2022, 58, 66.

[680] *Bomhard/Merkle*, RDi 2021, 276, 281; kritisch auch *Roos/Weitz*, MMR 2021, 844, 847.

[681] Vgl. zum Kommissionsentwurf den Wortlaut des Art. 14 Abs. 4 KI-VOE-KOM; ebenso *Linardatos*, GPR 2022, 58, 67.

[682] Vgl. hierzu auch *Buchner*, in: BeckOK KI-Recht, Art. 14, Rn. 61; vgl. dazu, dass sich das erforderliche Sicherheitsniveau nicht allgemeingültig bestimmen lässt, sondern sich dieses wegen des wechselseitigen Zusammenspiels mit dem Risikomanagementsystem i. S. d. Art. 9 Abs. 3 KI-VO danach bestimmt, was erforderlich ist, um zu gewährleisten, dass die Risiken auf ein vertretbares Maß reduziert werden, bereits Kap. 4, C., III., 1.; vgl. dazu, dass eine Stopptaste in vielen Fällen nicht praktikabel sein wird, *Bomhard/Wietzke*, in: Bomhard/Pieper/Wende, Art. 14, Rn. 29.

[683] Die Kritik betraf den Kommissionsentwurf und wurde damit in Zusammenhang mit dem „Nutzer"-Begriff geäußert. Die Kritik ist nunmehr auch auf Art. 14 KI-VO übertragbar, da lediglich der Begriff „Nutzer" durch „Betreiber" ersetzt wurde, die Legaldefinition des

Den Stimmen ist jedenfalls insofern zuzustimmen, als Art. 14 KI-VO keine entsprechende Pflicht entnommen werden kann, weil gem. Art. 16 lit. a) KI-VO nur der Anbieter zur Einhaltung der Anforderungen des Kap. III Abschnitt 2 KI-VO verpflichtet ist. Andererseits muss beachtet werden, dass die Ermangelung etwaiger *Betreiber*pflichten in Art. 14 KI-VO wiederum aus der systematischen Stellung des Art. 14 KI-VO in Kap. III Abschnitt 2 KI-VO resultiert. Da in Kap. III Abschnitt 2 KI-VO die Anforderungen normiert sind, deren Konformität gem. Art. 43 Abs. 3 UAbs. 1 S. 2 KI-VO im Rahmen des Konformitätsbewertungsverfahrens überprüft wird, beziehen sich die Anforderungen auf das Hochrisiko-KI-System *als solches.*

Die Pflichten des Betreibers sind vielmehr in Art. 26 KI-VO festgelegt. In Art. 26 Abs. 5 KI-VO ist vorgesehen, dass der Betreiber das System nach Maßgabe der Betriebsanleitung überwachen können muss.[684] Zu den Informationen, die in der Betriebsanleitung enthalten sein müssen, gehören gem. Art. 13 Abs. 3 lit. d) KI-VO auch Informationen über die vom Anbieter etablierten Maßnahmen, die dieser zur Umsetzung des Betreibers etabliert hat, um die menschliche Aufsicht zu gewährleisten.[685]

Teilweise wird jedoch kritisiert, dass dadurch die Intensität, in der der Betreiber zur Überwachung verpflichtet werde, vollständig dem Ermessen des jeweiligen Anbieters überlassen werde.[686] Dem kann jedoch entgegengehalten werden, dass dem Ermessen durch das Wechselspiel mit dem Risikomanagementsystem Grenzen gesetzt sind. Der Anbieter ist daher nicht vollkommen frei, inwieweit dieser die von dem System ausgehenden Risiken durch Aufsichtsmaßnahmen des Betreibers unterbindet, sondern muss er einerseits die in Art. 9 Abs. 4 KI-VO festgelegte Rangfolge beachten und andererseits die Risiken so weit unterbinden, dass diese sich insgesamt als vertretbar darstellen.[687]

Der Umstand, dass der Unionsgesetzgeber den Betreiber nicht *pauschal* zur Überwachung verpflichtet, ist unmittelbarer Ausdruck dafür, dass die *produktsicherheits*rechtlichen Anforderungen hinsichtlich ihres Regelungsadressaten an die *Gefahrenquelle* und daher primär an die Person anknüpfen, die das System entwickelt oder herstellt und es in den Verkehr bringt.[688] Dies ist grundsätzlich auch

---

Art. 3 Nr. 4 KI-VO im Übrigen jedoch unverändert geblieben ist und weiterhin keine Transparenzpflichten in Art. 14 KI-VO vorgesehen sind, die von dem Betreiber einzuhalten wären, *Ebers et al.*, RDi 2021, 528, 534; ferner *Kumkar*, in: Hilgendorf/Roth-Isigkeit, 1. Auflage, § 6, Rn. 23.

684 Ebenso *Martini*/Wendehorst, Art. 14, Rn. 59; *Schumann*, in: Bomhard/Pieper/Wende, Art. 26, Rn. 57.

685 Vgl. so zum Kommissionsentwurf *Veale/Zuiderveen Borgesius*, CRi 2021, 97, 104.

686 Vgl. so zum Kommissionsentwurf *Veale/Zuiderveen Borgesius*, CRi 2021, 97, 104.

687 Vgl. dazu, dass sich das Sicherheitsniveau risikobasiert bestimmt, bereits Kap. 4, C., III., 1.

688 Historisch findet das Produktsicherheitsrechts seinen Ursprung in Arbeitnehmerschutzüberlegungen. Im Laufe der Zeit verlagerte man jedoch die Verantwortung auf den Hersteller, um an der Gefahrenquelle anzuknüpfen, hierzu bereits Kap. 1, A., I., 1.

sinnvoll, weil diese Personen nicht nur den meisten Einfluss auf die Fähigkeiten und auch Leistungsgrenzen des Systems, sondern auch am meisten Informationen über die Funktionsweise und den Entwicklungsprozess haben.[689] Eine Verpflichtung des Betreibers kann daher nur einen *ergänzenden Charakter* für die vom Anbieter etablierten Sicherheitsmaßnahmen hinsichtlich der Risiken bilden, die von den Anbieter nicht mehr antizipiert werden können. Dass primär der Anbieter verpflichtet ist, ist daher nicht korrekturbedürftig, sondern unmittelbarer Ausdruck für die den neuen Rechtsrahmen typischerweise prägende Rangfolge der Risikobewältigungsmaßnahmen.[690]

### *e) Zwischenergebnis*

Insgesamt verfolgt Art. 14 KI-VO den begrüßenswerten Ansatz, Anbietern die Pflicht auferlegt wird, Maßnahmen zu etablieren, mithilfe derer auch solche Fehler verhindert werden können, die von dem Anbieter nicht durch eine entsprechende Entwicklung oder Konzeption antizipiert werden können, weil die Risiken sich erst nach der Inverkehrgabe und damit außerhalb der Einwirkungssphäre des Anbieters realisieren.

Art. 14 KI-VO sieht keine Pflicht vor, dass eine kontinuierliche technische Leistungsüberwachung durch den *Betreiber* erfolgen müsse. Vielmehr ist primär der Anbieter selbst verpflichtet Maßnahmen zu etablieren, mithilfe derer die technische Sicherheit gewährleistet werden kann. Auf den Betreiber können nach Art. 14 Abs. 3 KI-VO nur solche Maßnahmen übertragen werden, die geeignet sind, von den für den Betreiber handelnden Personen umgesetzt zu werden. Obgleich der Anbieter Qualifikationsanforderungen oder Schulungen für diese Personen in der Betriebsanleitung vorsehen kann, handelt es sich bei den ausführenden Personen dennoch um technische Laien, von denen insoweit nur ein technisches *Grund*verständnis verlangt werden kann. Eine kontinuierliche technische Leistungsanalyse durch den Betreiber selbst, würde bei Weitem das überschreiten, was von geschulten technischen Laien erwartet werden kann.

Art. 14 KI-VO wahrt trotz der Unbestimmtheit der konkreten Ausgestaltung der Aufsichtsmaßnahmen noch das Maß an hinreichender Bestimmtheit, weil durch die Zielvorgaben des Art. 14 Abs. 4 KI-VO ein hinreichender äußerer Rahmen gesteckt wird, der es dem Rechtsanwender ermöglicht, die Aufsichtsmaßnahmen näher zu bestimmen.

[689] Vgl. hierzu bereits Kap. 1, A., I., 1.

[690] Vgl. zu der Rangfolge der Risikobewältigungsmaßnahmen nach Art. 9 Abs. 4 KI-VO, bereits Kap. 4, C., II., 1., a), bb).

### 5. Genauigkeit, Robustheit und Cybersicherheit, Art. 15 KI-VO

Ergänzt werden die geltenden Sicherheitsanforderungen der MP-VO auch durch die Pflicht des Art. 15 KI-VO[691] zur Gewährleistung der Genauigkeit, Robustheit und Cybersicherheit.

Damit folgt die Kommission den Ethik-Leitlinien der HLEG, die betonen, dass die „technische Robustheit und Sicherheit" nicht nur eine zentrale Bedingung für die Sicherheit, sondern auch Voraussetzung für die Schaffung von Vertrauenswürdigkeit der KI-Anwendungen sei.[692] Neben der Gewährleistung einer hinreichenden Präzision der Systeme umfasse dies auch Sicherheitsvorkehrungen, mithilfe derer gewährleistet wird, dass das System hinreichend widerstandsfähig gegenüber Angriffen und Sicherheitsverletzungen ist.[693]

In Anlehnung an diese Kernanforderungen normiert Art. 15 Abs. 1 KI-VO die Pflicht, die Hochrisiko-KI-Systeme so zu konzipieren und zu entwickeln, dass „sie im Hinblick auf ihre Zweckbestimmung ein angemessenes Maß an Genauigkeit, Robustheit und Cybersicherheit" aufweisen und „während ihres gesamten Lebenszyklus beständig funktionieren".

Fehlfunktionen von KI-Systemen können im Medizinsektor erhebliche Schäden an bedeutenden Rechtsgütern bewirken. Daher ist die Pflicht des Art. 15 KI-VO, trotz des nicht „unbeträchtlichem Ausmaß"[694] an Belastung des Anbieters, nicht nur begrüßenswert, sondern vielmehr immanente Bedingung für die Sicherheit der Systeme gegenüber dem Anwender und/oder den betroffenen Patienten. Nur wenn die Leistungsfähigkeit sichergestellt wird, können die Anforderung des Anhangs I Abschnitt 17.1 MP-VO, die „Wiederholbarkeit, Zuverlässigkeit und Leistung" zu gewährleisten, erfüllt werden, sodass die Robustheit und Genauigkeit der Systeme auch für die Erfüllbarkeit der Sicherheitsanforderungen des Anhangs I MP-VO unmittelbare Voraussetzung ist.

#### *a) Gewährleistung eines angemessenen Maßes an Genauigkeit*

Art. 15 Abs. 1 KI-VO sieht zunächst vor, dass die Hochrisiko-KI-Systeme ein angemessenes Maß an „Genauigkeit" aufweisen müssen. Unter der im Rahmen von Art. 15 Abs. 1 1. Var KI-VO geforderten „Genauigkeit"[695] bzw. „accuracy"[696], wird

---

[691] Vgl. zu den Entwürfen, Art. 15 KI-VOE-KOM, COM 2021, 206 final, S. 59; vgl. Art. 15 KI-VOE-Rat, *Rat*, General Approach, 14954/22, S. 98 f.; vgl. Art. 15 KI-VOE-EP, *Europäisches Parlament*, Amendments adopted by the European Parliament on 14 June 2023 on the proposal for an Artificial Intelligence Act, P9_TA(2023)0236.

[692] Vgl. *HLEG*, Ethik-Leitlinien, S. 20, abrufbar unter: siehe Quellenangaben.

[693] Vgl. *HLEG*, Ethik-Leitlinien, S. 20 f., abrufbar unter: siehe Quellenangaben.

[694] Ebenso *Ebert/Spiecker*, NVwZ 2021, 1188, 1191, jedoch nicht im Zusammenhang mit dem Gesundheitssektor.

[695] Vgl. Art. 15 KI-VOE-KOM, COM 2021, 206 final, S. 59 (deutsche Sprachfassung).

in der Informatik der Wert bezeichnet, der durch das Verhältnis der korrekt klassifizierten Ergebnisse im Vergleich zu der Gesamtanzahl der Testdaten erreicht werden kann.[697] Daher stellt der Genauigkeitsgrad eine Angabe für die Verlässlichkeit der von dem System produzierten Ergebnisse dar.[698]

#### aa) Optimierung der Genauigkeit des Systems in der Entwicklungsphase

Die Leistungsfähigkeit algorithmischer Systeme kann nach dem von Wolpert begründeten „No-Free-Lunch-Theorems“[699] nicht kontextunabhängig und pauschal bestimmt werden, sondern hängt vielmehr stark von dem jeweiligen Anwendungsfall, insbesondere auch der vorhandenen Datengrundlage ab.[700] Um das perfekte Modell zu konzipieren, werden oftmals verschiedene Modelle trainiert und anschließend evaluiert, welches Modell für den jeweiligen Anwendungsfall am besten geeignet ist.[701]

Für die Entwicklung des Systems wird die Datengrundlage in drei Teile aufgeteilt.[702] Während das System im Rahmen der Trainingsphase anhand eines Datensets Muster erlernt, wird in der Validierungsphase das System auf einen zweiten, dem System vorher unbekannten Datensatz angewandt, um so die Genauigkeit des Systems, durch sog. *Performance*-Metriken zu messen und anschließend zu optimieren, sog. *Parameter Tuning.*[703]

---

[696] Vgl. Art. 15 KI-VOE-KOM, COM 2021, 206 final, S. 51 f. (englische Sprachfassung).

[697] *Hicks et al.*, Nature Scientific Reports 2022, 5979; ebenso *Guidotti et al.*, ACM Computing Surveys 2018, 1 ff.; *Schacht/Lanquillon*, Blockchain und Maschinelles Lernen, S. 105.

[698] Vgl. *Martini*/Wendehorst, Art. 15, Rn. 39, der den Begriff der Genauigkeit mit „Präzision und Objektivität“ gleichsetzt; ebenso mit Verweis auf die HLEG *Buchner*, in: BeckOK KI-Recht, Art. 15, Rn. 31; vgl. auch die Bezeichnung als „Gütemaß“, *Schacht/Lanquillon*, Blockchain und Maschinelles Lernen, S. 105.

[699] Das „No-Free-Lunch-Theorem“ wurde durch Wolpert entwickelt und beweist, dass die Leistungsfähigkeit nicht unabhängig von der Betrachtung des konkreten Anwendungsfalles bestimmt werden kann, *Wolpert*, Neural Computation 1996, 1341 ff.; vgl. hierzu auch *Wolpert/Macready*, IEEE Transaction on Evolutionary Computation 1997, 67 ff.

[700] Ebenso *Schacht/Lanquillon*, Blockchain und Maschinelles Lernen, S. 139; *Murphy*, Machine Learning, S. 24 f.

[701] *Niederée/Nejdl*, in: Ebers/Heinze/Krügel/Steinrötter, § 2, Rn. 34.

[702] *Chen/Liu/Peng*, Nature Materials 2019, 410, 411; ebenso *Hicks et al.*, Nature Scientific Reports 2022, 5979; vgl. hierzu bereits eingehend Kap. 4, C., IV., 1., a).

[703] Vgl. dazu, dass nach der Trainingsphase, die Genauigkeitsgrade des Systems mit vorher unbekannten Datensets optimiert werden müssen, *Hicks et al.*, Nature Scientific Reports 2022, 5979; ebenso *Chen/Liu/Peng*, Nature Materials 2019, 410, 411; vgl. zum Begriff des „Parameter-Tuning“ *Niederée/Nejdl*, in: Ebers/Heinze/Krügel/Steinrötter, § 2, Rn. 31; vgl. hierzu bereits eingehend, S. 374 f.

Die Auswahlentscheidung des leistungsstärksten Algorithmus wird auch als „Model Selection"-Phase bezeichnet.[704] Zentrales Ziel ist dabei, die „empirische Fehlerrate", also die erwartete Anzahl an Generalisierungsfehlern, wenn das Model auf neue Daten angewandt wird, möglichst gering zu halten.[705]

Da die Modelle anhand von Trainingsdaten entwickelt werden, besteht die Gefahr, dass das Model sich zu sehr an die Trainingsdaten anpasst, also Charakteristiken, die in Trainingsdaten auftauchen, eine allgemeine Gültigkeit zuspricht, obgleich sich diese nur in den Trainingsdaten wiederfinden, man spricht insoweit von einem sog. *Overfitting.*[706] Gleichzeitig besteht auch die Gefahr des sog. *Underfitting*, welche in aller Regel auftritt, wenn die Vielschichtigkeit des Problems und die Anzahl an Daten die Komplexität des Systems übersteigen.[707] Gleichwohl gibt es auch eine Reihe unterschiedlicher Methoden und Techniken, mit denen diese Über- oder Unteranpassung bei der Konzeption des ML-Systems vermieden werden können. Sobald die Leistung des Modells hinreichend optimiert wurde, folgt eine abschließende Leistungsanalyse in der Testphase.[708]

#### bb) Bestimmung des angemessenen Maßes an Genauigkeit

Eine allumfängliche Gewährleistung einer unumstößlichen Genauigkeit von maschinellen Lernsystemen wird wegen deren probabilistischer Natur als unerfüllbar angesehen.[709] Wie bereits dargelegt fordert unser Rechtssystem weder im Produkthaftungs- noch im Produktsicherheitsrecht eine hundertprozentige Gewährleistung der Sicherheit.[710] Vielmehr ergibt sich bereits durch die Existenz des Risi-

---

[704] *Schacht/Lanquillon*, Blockchain und Maschinelles Lernen, S. 115; ebenso *Murphy*, Machine Learning, S. 22; ferner *Vamathevan et al.*, Nature Review Drug Discovery 2019, 463 ff.; vgl. auch die deutsche Bezeichnung als „Modellselektion" *Görz/Schneeberger/Schmid*, Handbuch der Künstlichen Intelligenz, S. 459.

[705] *Schacht/Lanquillon*, Blockchain und Maschinelles Lernen, S. 105; vgl. dazu, dass in dieser Phase das Maß der Fehlerträchtigkeit weitestmöglich reduziert werden soll, *Niederée/Nejdl*, in: Ebers/Heinze/Krügel/Steinrötter, § 2, Rn. 29.

[706] *Schacht/Lanquillon*, Blockchain und Maschinelles Lernen, S. 96; ebenso *Ebers/Heinze/Krügel/Steinrötter*, § 2, Rn. 29; *Vamathevan et al.*, Nature Review Drug Discovery 2019, 463 ff.

[707] *Chen/Liu/Peng*, Nature Materials 2019, 410, 412; *Schacht/Lanquillon*, Blockchain und Maschinelles Lernen, S. 96.

[708] Vgl. hierzu bereits im Zusammenhang mit der KI-Verordnung, in der die finale Leistungsanalyse als Testphase bezeichnet wird, Kap. 4, C., IV., 1., a); ebenso *Hicks et al.*, Nature Scientific Reports 2022, 5979; vgl. auch die Bezeichnung als Validierungsphase, *Chen/Liu/Peng*, Nature Materials 2019, 410, 411.

[709] *DIN/DKE*, Deutsche Normungsroadmap Künstliche Intelligenz, Version 1, S. 87, abrufbar unter: siehe Quellenangaben; dem folgend *Ebers*, RDi 2021, 588, 593.

[710] Vgl. dazu, dass unser Rechtssystem keine vollumfängliche Gewährleistung der Sicherheit und den Ausschluss jeglicher Rest-Risiken erfordert, bereits Kap. 4, C., IV., 1., c), aa), (1).

komanagementsystems, dass Restrisiken dem Marktzutritt nicht *per se* entgegenstehen, solange diese Risiken sich insgesamt als noch vertretbar erweisen.[711]

Vor diesem Hintergrund ist es jedoch begrüßenswert, dass Art. 15 Abs. 1 KI-VO das Maß der erforderlichen Genauigkeit auf das beschränkt, was als „angemessen(es)" betrachtet werden kann.

Die Unbestimmtheit des erforderlichen Genauigkeitsmaßes wurde in der Literatur teilweise kritisiert.[712]

Andererseits betonte bereits die HLEG in ihren Ethik-Leitlinien, dass das Maß der erforderlichen Genauigkeit von der individuellen Risikoträchtigkeit des Systems abhängig sei.[713] Insbesondere, wenn bedeutende Rechtsgüter, wie das Leben der Betroffenen, gefährdet seien, sei ein hohes Maß an Genauigkeit zu gewährleisten.[714] Ferner sei der Grad, in dem die Systeme zu Testen sind, auch unmittelbar davon abhängig, inwieweit eine menschliche Aufsicht über die Systeme gewährleistet sei.[715]

Gerade diesen Umständen trägt die KI-Verordnung jedoch durch die Unbestimmtheit des konkret erforderlichen Maßes an Genauigkeit in Art. 15 KI-VO Rechnung. Zu beachten ist nämlich, dass bei der Erfüllung der Sicherheitsanforderungen des Kap. III Abschnitt 2 KI-VO gem. Art. 9 Abs. 4 KI-VO die Wechselwirkung der Anforderungen mit dem Risikomanagementsystem berücksichtigt werden müssen.[716] Im Rahmen des Risikomanagementsystems gilt, dass die von dem System ausgehenden Risiken so weit reduziert werden müssten, dass sie sich als vertretbar darstellen. Vor diesem Hintergrund muss sich auch das erforderliche Sicherheitsniveau des Art. 15 Abs. 1 KI-VO, danach bestimmen, was erforderlich ist, um die Risiken insgesamt auf ein vertretbares Maß zu reduzieren.[717] Das erforderliche Sicherheitsniveau, das die Anbieter in Bezug auf die konkreten Anforderungen des Art. 9–15 KI-VO einhalten müssen, ist dabei nicht isoliert zu ermitteln, weil die Anforderungen sich gegenseitig ergänzen und ggf. auch kompensieren können.[718] Das

---

[711] Vgl. eingehend dazu, dass das Maß des erforderlichen Sicherheitsniveaus, das mit den einzelnen Anforderungen des Kap. III Abschnitt 2 KI-VO erreicht werden soll, sich nicht allgemeingültig bestimmen lässt. Vielmehr muss es danach bestimmt werden, was erforderlich ist, um die Risiken auf ein vertretbares Maß zu reduzieren, Kap. 4, C., III., 1.

[712] Vgl. *Ebers*, RDi 2021, 588, 589 f.

[713] Vgl. auch *HLEG*, Ethik-Leitlinien, S. 20 f., abrufbar unter: siehe Quellenangaben, in denen das Maß an erforderlicher Sicherheit ebenfalls von den Risiken abhängig gemacht wird, die von dem System ausgehen.

[714] Vgl. hierfür *HLEG*, Ethik-Leitlinien, S. 21, abrufbar unter: siehe Quellenangaben, die für den Begriff „Genauigkeit" das Wort „Präzision" verwendet.

[715] Vgl. *HLEG*, Ethik-Leitlinien, S. 20, Fn. 39, abrufbar unter: siehe Quellenangaben.

[716] Vgl. hierzu bereits Kap. 4, C., III., 1.; ebenso nunmehr *Moritz*, in: Bomhard/Pieper/Wende, KI-VO, Art-15, Rn. 33.

[717] Vgl. hierzu bereits Kap. 4, C., III., 1.

[718] Dies ergibt sich aus der von Art. 9 Abs. 3 KI-VO betonten Wechselwirkung, der Sicherheitsanforderungen mit dem Risikomanagementsystems, in dessen Rahmen auch die kombi-

bedeutet jedoch auch, dass – dem Ansatz der HLEG entsprechend – nicht nur die Risikoträchtigkeit des Systems, sondern vielmehr auch die gem. Art. 9 Abs. 4 KI-VO vorgesehene Wechselwirkung mit anderen Sicherheitsanforderungen des Kap. III Abschnitt 2 KI-VO hinreichend berücksichtigt werden müssen.[719] Dies kann dazu führen, dass eine verminderte Möglichkeit zur menschlichen Aufsicht, wie es etwa bei Systemen eines hohen Automatisierungsgrades der Fall ist, das Maß an erforderlicher Genauigkeit erhöhen kann.

Um dieses wechselseitige Zusammenspiel hinreichend zu berücksichtigen, ist es zwingend, das Maß an Genauigkeit nicht allgemeingültig zu definieren, sodass die Unbestimmtheit grundsätzlich zu begrüßen ist.

#### cc) Angabe der Genauigkeitsgrade und -kennzahlen

Sobald die erforderliche Genauigkeit erreicht wurde, müssen das im Rahmen der finalen Leistungsanalyse ermittelte „Maß(e) an Genauigkeit und die relevanten Genauigkeitsmetriken" sodann gem. Art. 15 Abs. 3 KI-VO in der von „ihnen beigefügten Betriebsanleitung angegeben" werden.[720] Damit gilt auch für die Angabe der Genauigkeitswert das allgemeine Prinzip des Art. 13 Abs. 2 KI-VO, wonach die Angaben „präzise, vollständige, korrekte und eindeutige Informationen" enthalten müssen und insbesondere in einer für die Betreiber relevanten, barrierefrei zugänglichen und in einer verständlichen Form enthalten sein sollen.[721]

Zu beachten ist jedoch, dass die angegebenen Genauigkeitswerte nur dann auch aussagekräftig sind, wenn die Testverfahren auch tatsächlich geeignet sind, die Leistungsfähigkeit zu evaluieren. Durch die Ermangelung entsprechender Anforderungen an das Testverfahren in Art. 15 KI-VO ergeben sich dennoch keine Regelungslücken, weil das sich aus Art. 9 Abs. 4 KI-VO ergebende wechselseitige Zusammenspiel der Sicherheitsanforderungen berücksichtigt werden muss.[722]

---

nierten Anforderungen der Sicherheitsanforderungen zu berücksichtigen ist, bereits Kap. 4, C., III., 2.; nunmehr ebenso *Moritz*, in: Bomhard/Pieper/Wende, KI-VO, Art. 15, Rn. 33.

[719] Nunmehr ebenso *Moritz*, in: Bomhard/Pieper/Wende, KI-VO, Art-15, Rn. 33; vgl. hierzu bereits Kap. 4, C., III., 2.

[720] Ebenso *Martini*/Wendehorst, Art. 15, Rn. 46; *Moritz*, in: Bomhard/Pieper/Wende, KI-VO, Art. 15, Rn. 51; *Buchner*, in: BeckOK KI-Recht, Art. 15, Rn. 42.

[721] Im Rahmen des Parlamentswurfes wurde vorgeschlagen diese Pflicht direkt in Artikel 15 Abs. 2 S. 2 KI-VO aufzunehmen. Dies hatte strenggenommen jedoch nur klarstellende Wirkung, da sich dies auch im Parlamentsentwurf aus Art. 13 Abs. 2 KI-VO-EP ergab. Vgl. Änderung 324, *Europäisches Parlament*, Amendments adopted by the European Parliament on 14 June 2023 on the proposal for an Artificial Intelligence Act, P9_TA(2023)0236.

[722] Vgl. dazu, dass gem. Art. 9 Abs. 3 KI-VO das wechselseitige Zusammenspiel der Sicherheitsanforderungen zu berücksichtigen ist, bereits Kap. 4, C., III., 2.

Insbesondere Art. 10 Abs. 1 KI-VO[723] wird die Art und Weise, wie die Genauigkeitswerte ermittelt werden, maßgeblich prägen, da die Vorschrift den Anbietern Qualitätsanforderungen des Art. 10 Abs. 2–5 KI-VO auferlegt, die diese für ihre Validierungs- und Testdatensätze einhalten müssen.

Neben den Qualitätsanforderungen an die zu verwendenden Datensätze werden zudem auch die Anforderungen an das Testverfahren nach Art. 9 Abs. 6–9 KI-VO[724] die Art und Weise, wie die Genauigkeitswerte zu ermitteln sind, beeinflussen. Daher müssen die Testverfahren anhand von festgelegten Parametern und probabilistischen Schwellenwerten erfolgen und für die Zweckbestimmung geeignet sein.

Durch diese wechselseitige Ergänzung wird sichergestellt, dass die ermittelten Genauigkeitswerte auch tatsächlich aussagekräftig für die Leistungsfähigkeit des KI-Systems sind. Erwägungsgrund 74 S. 5 KI-VO konkretisiert die Anforderungen an die Testverfahren noch dahingehend, dass Anforderungen der Richtlinie 2014/31/EU[725] und 2014/32/EU[726] beachtet werden müssen.[727] Zugleich soll die Kommission gemeinsam mit relevanten Interessensträgern und Organisationen, wie etwa Metrologie- und Benchmarking-Behörden, die Entwicklung geeigneter Benchmarks und Messmethoden für KI-Systeme fördern und dabei auch die internationale Zusammenarbeit mit Partnern im Bereich Metrologie und KI-Messindikatoren berücksichtigen.[728]

#### *b) Gewährleistung eines angemessenen Grads an Robustheit*

Selbst wenn die Verfahren, mithilfe derer die Genauigkeitsgrade ermittelt werden können, geeignet sind, stellt sich für dynamische Systeme gleichwohl eine weitere Herausforderung. Zu beachten ist nämlich, dass sich die Genauigkeitswerte auf den Zeitpunkt beziehen, in dem das System in den Verkehr gegeben wurde. Dies ergibt sich aus Art. 13 Abs. 3 lit. b) ii) KI-VO wonach die Genauigkeitswerte anzugeben sind, für die das KI-System „getestet und validiert wurde". Deklaratorisch wurde zudem in Art. 15 Abs. 3 KI-VO eine entsprechende ausdrückliche Pflicht aufgenommen.[729]

---

[723] Vgl. eingehend zu den Anforderungen an die verwendeten Entwicklungsdatensätze nach Art. 10 KI-VO, Kap. 4, C., IV., 1., c).

[724] Vgl. eingehend zu den Testverfahren nach Art. 9 Abs. 5–8 KI-VO, bereits Kap. 4, C., II., 1., b).

[725] Richtlinie 2014/31/EU des Europäischen Parlaments und des Rates vom 26. Februar 2014 zur Angleichung der Rechtsvorschriften der Mitgliedstaaten betreffend die Bereitstellung nichtselbsttätiger Waagen auf dem Markt, ABl. 2014/L 96, S. 107.

[726] Richtlinie 2014/32/EU des Europäischen Parlaments und des Rates vom 26. Februar 2014 zur Harmonisierung der Rechtsvorschriften der Mitgliedstaaten über die Bereitstellung von Messgeräten auf dem Markt, ABl. 2014/L 96, S. 149.

[727] *Martini*/Wendehorst, Art. 15, Rn. 46.

[728] *Martini*/Wendehorst, Art. 15, Rn. 46.

[729] *Martini*/Wendehorst, Art. 15, Rn. 46.

Gleichwohl lässt der Art. 15 KI-VO den Umstand, dass die Lernfähigkeit auch nach der Inverkehrgabe einen negativen Einfluss auf die Genauigkeit haben kann, nicht unberücksichtigt. Vielmehr sieht Art. 15 Abs. 1 und 4 KI-VO weiter die Pflicht zur Gewährleistung eines angemessenen Maßes an Robustheit vor. Durch die vom Anbieter etablierten Maßnahmen soll so in einem angemessenen Maße gewährleistet werden, dass die Systeme gegenüber „Fehlern, Störungen oder Unstimmigkeiten" widerstandsfähig sind.[730]

Zu diesem Zweck müssen Anbieter gem. Art. 15 Abs. 4 UAbs. 2 KI-VO durch technische Maßnahmen, wie eine „technische Redundanz" und „Sicherungs- und Störungssicherheitspläne" negative Auswirkungen i. S. d. Art. 15 Abs. 4 UAbs. 3 KI-VO verhindern.[731] Weiter sieht Art. 15 Abs. 4 UAbs. 3 KI-VO vor, dass Systeme, die nach dem Inverkehrbringen oder der Inbetriebnahme weiter dazulernen, so zu entwickeln sind, dass möglicherweise verzerrte Ausgaben, die künftige Vorgänge beeinflussen („Rückkoppelungsschleifen") beseitigt oder so gering wie möglich gehalten werden. Zu diesem Zweck muss sichergestellt werden, dass diesen Rückkoppelungsschleifen mit geeigneten Risikominderungsmaßnahmen begegnet wird.[732]

Das Maß dessen, was „angemessen" ist, bestimmt sich wiederum gem. Art. 8 Abs. 1 i. V. m. Art. 9 Abs. 5 KI-VO in Abhängigkeit des Maßes, welches erforderlich ist, um die Risiken auf ein vertretbares Maß zu reduzieren.[733] Bei der Erfüllung des erforderlichen Sicherheitsniveaus, müssen darüber hinaus auch die Wechselwirkun-

[730] *Martini*/Wendehorst, Art. 15, Rn. 50; *Moritz*, in: Bomhard/Pieper/Wende, Art. 15, Rn. 52; ebenso zum Kommissionsentwurf *Spindler*, in: Hilgendorf/Roth-Isigkeit, 1. Auflage, § 5, Rn. 53; *Spindler*, CR 2021, 361, 367 f.; *Ebert/Spiecker gen. Döhmann*, NVwZ 2021, 1188, 1191; *Kalbhenn*, ZUM 2021, 663, 669.

[731] Vgl. hierzu auch *Spindler*, in: Hilgendorf/Roth-Isigkeit, 1. Auflage, § 5, Rn. 52 ff., der diese Anforderung als „bemerkenswert" bezeichnet.

[732] *Martini*/Wendehorst, Art. 15, Rn. 58; *Buchner*, in: BeckOK KI-Recht, Art. 15, Rn. 51 ff.; bereits im Kommissionsentwurf war vorgesehen, dass Anbieter Rückkoppelungsschleifen verhindern sollten. Die Änderungen des Rates beschränken sich auf eine Klarstellung in Art. 15 Abs. 3 UAbs. 3 KI-VOE-Rat, wonach Maßnahmen zur Gewährleistung der technischen Robustheit Verzerrungen, die durch „feedbackloops" ausgelöst wurden, nicht *per se* verhindern müssen, sondern das Risiko einer Verzerrung nur „as far as possible" zu reduzieren sei, vgl. *Rat*, General Approach, 14954/22, S. 98. Obgleich zuzugestehen ist, dass eine allumfängliche Verhinderung etwaiger Verzerrungen weder möglich noch erforderlich ist, um die Sicherheit der Systeme zu gewährleisten, ist andererseits zu beachten, dass bereits im Kommissionsentwurf das Maß an erforderlicher Robustheit gem. Art. 15 Abs. 1 KI-VOE-KOM auf ein „angemessenes Maß" beschränkt war. Da Art. 15 Abs. 3 UAbs. 3 KI-VOE-KOM nur eine Konkretisierung der allgemeinen Pflicht des Art. 15 Abs. 1 KI-VOE-KOM darstellt, ist bereits dem Kommissionsentwurf keine allumfängliche Pflicht zur Verhinderung jeder Verzerrung zu entnehmen. Dennoch ist die Klarstellung aus Rechtssicherheitserwägungen begrüßenswert.

[733] Vgl. hierfür bereits die Begründung im Zusammenhang mit der Genauigkeit der Systeme, Kap. 4, C., IV., 5., a).

gen mit den übrigen Sicherheitsanforderungen gem. Art. 9 Abs. 4 KI-VO berücksichtigt werden.[734]

#### aa) Ergänzung durch Aufsichtsmaßnahmen des Betreibers

Selbst wenn ein Anbieter alle Maßnahmen i. S. d. Art. 15 Abs. 4 KI-VO ergreift, um Störungen der Genauigkeitswerte zu antizipieren, besteht dennoch ein Restrisiko, dass die Systeme sich in unvorhersehbarer Weise fehlerhaft aktualisieren.

Dies steht einer Inverkehrgabe nicht von vornherein entgegen, weil unser Rechtssystem keine allumfängliche absolute Sicherheit fordert, sondern – wie in Art. 9 Abs. 5 KI-VO zum Ausdruck kommt – nur fordert, dass die von dem System ausgehenden *voraussehbaren* Risiken auf ein vertretbares Maß reduziert werden.

Um zu gewährleisten, dass die Systeme „während ihres gesamten Lebenszyklus" entsprechend der Vorgaben des Art. 15 Abs. 1 KI-VO beständig funktionieren, ist es daher erforderlich, dass die Genauigkeitswerte auch nach der Inverkehrgabe *kontinuierlich* überwacht werden.

Gleichwohl kann der Anbieter die Genauigkeitsgrade nur in einem beschränkten Maße selbst überwachen, weil das System sich außerhalb seiner Einwirkungssphäre befindet, sondern ist er vielmehr auf die Überwachung der Genauigkeitswerte durch den Betreiber gem. Art. 26 Abs. 5 i. V. m. Art. 13 Abs. 3 lit. b) ii) KI-VO angewiesen.

Insbesondere bei lernfähigen Systemen setzt eine Überwachung der Genauigkeitswerte es jedoch voraus, dass dem Betreiber die aktuellen Werte auch angezeigt werden, weil die Genauigkeitswerte sich verändern können. Während die hochrangige Expertengruppe noch die Pflicht zur Anzeige des *konkreten Genauigkeitsgrades* für KI-Systeme forderte[735], wurde eine entsprechende Pflicht in Art. 15 KI-VO nicht übernommen.

Allerdings muss in diesem Zusammenhang wiederum das Zusammenspiel mit Art. 14 KI-VO berücksichtigt werden, wonach der Anbieter Vorkehrungen treffen muss, mittels derer den Risiken entgegengetreten wird, die trotz der Einhaltung der Anforderungen des Kap. III Abschnitt 2 KI-VO emergieren können.[736]

Um auch unvorhersehbare Beeinträchtigungen der Genauigkeitswerte entgegenzutreten, kann es daher für dynamische Systeme insbesondere erforderlich werden, dass die Anbieter als Aufsichtsmaßnahme i. S. d. Art. 14 KI-VO technische Verfahren in das System integrieren, mittels derer die Genauigkeit kontinuierlich überwacht und dem Betreiber angezeigt wird. Dieser ist sodann zu einer Überwachung des Systembetriebes verpflichtet. Sofern im Rahmen dieser Überwachung

---

[734] Vgl. hierfür bereits die Begründung im Zusammenhang mit der Genauigkeit der Systeme, Kap. 4, C., IV., 5., a).

[735] *HLEG*, Ethik-Leitlinien, S. 21, abrufbar unter: siehe Quellenangaben.

[736] Vgl. eingehend zu der Pflicht des Art. 14 KI-VO zur Gewährleistung der menschlichen Kontrolle, Kap. 4, C., IV., 4.

eine Unterschreitung der Genauigkeitswerte identifiziert wird, könnte der Betreiber sodann eine entsprechende Handlung wie die Unterbrechung des Systembetriebes durch die Stopptaste i. S. d. Art. 14 Abs. 4 lit. e) KI-VO einleiten.

Da es sich bei dem für die Betreiber handelnden Personen um technische Laien handelt, wäre die bloße Angabe von technischen Genauigkeitskennzahlen in der Betriebsanleitung noch nicht ohne Weiteres ausreichend, um die Überwachung dieser Werte zu gewährleisten.

Zu beachten ist jedoch, dass die Art und Weise „Wie" die Genauigkeitsgrade und Genauigkeitskennzahlen im Rahmen der Betriebsanleitung anzugeben sind, der Einschränkung des Art. 13 Abs. 2 KI-VO unterliegen. Gemäß Art. 13 Abs. 2 KI-VO müssen die Genauigkeitskennzahlen präzise, vollständig, korrekt, eindeutig aber vor allem auch in einer „verständlichen Form" in der Betriebsanleitung angegeben werden.

Vor diesem Hintergrund werden über die Angabe der Genauigkeitskennzahlen hinaus in der Betriebsanleitung ggf. Sicherheitsinformationen erforderlich sein, mittels derer die Betreiber die Kennzahlen interpretieren und überwachen können.

#### bb) Ergänzung durch Verwendungsbeschränkungen der Betriebsanleitung

Bei nicht-lernfähigen oder statischen Systemen können die Genauigkeitsgrade der Systeme zwar nicht durch eine fehlerhafte Aktualisierung, gleichwohl dadurch beeinträchtigt werden, dass sich die Anwendungsumgebung verändert und die Systeme in Ermangelung der Lernfähigkeit nicht auf die veränderte Anwendungsumgebung reagieren können.[737]

Selbst wenn die Systeme zum Zeitpunkt der Inverkehrgabe hohe Genauigkeitswerte erreichen, können diese durch eine Änderung in der Datengrundlage („virutal Drift") oder durch eine Veränderung der tatsächlichen Umstände in der Welt („real-concept Drift") beeinträchtigt werden.[738] Diese negativen Beeinträchtigungen der Genauigkeitswerte, die etwa durch eine Verwendung des Systems in einer von dem Anbieter nicht dafür vorgesehenen Weise ausgelöst werden können, können die Anbieter durch technische Maßnahmen i. S. d. Art. 15 Abs. 2 KI-VO, nur bedingt antizipieren, indem etwa Verwendungsbeschränkungen etabliert werden.

Allerdings wird eine negative Beeinträchtigung der Genauigkeitswerte dadurch antizipiert, dass der Anbieter im Rahmen der Betriebsanleitung gem. Art. 13 Abs. 3 lit. b) ii) KI-VO alle Umstände anzugeben hat, die sich auf das erwartete Maß an Genauigkeit oder Robustheit negativ auswirken können. Zur Einhaltung dieser Beschränkungen ist der Betreiber sodann gem. Art. 26 Abs. 1 KI-VO auch verpflichtet.

---

[737] Vgl. hierzu bereits Kap. 2, E., II., 1., c), dd), (2), (b).

[738] Vgl. hierzu bereits Kap. 2, E., II., 1., c), dd), (2), (b).

### *c) Cybersicherheit*

Ferner sieht Art. 15 Abs. 1 KI-VO vor, dass ein „angemessenes Maß“ an „Cybersicherheit“ gewährleistet werden müsse.

#### aa) Maßnahmen gegen Angriffe unbefugter Dritter

Zu diesem Zweck müssten Anbieter die Systeme gem. Art. 15 Abs. 5 KI-VO so konzipieren und entwickeln, dass diese gegenüber dem Ausnutzen von Systemschwachstellen von unbefugten Dritten widerstandfähig sind.[739]

Im Einklang mit den übrigen Anforderungen des Art. 15 KI-VO ist sowohl das erforderliche Sicherheitsniveau als auch die konkret zu ergreifende Maßnahme nicht allgemeingültig festgelegt, sondern bestimmt sich vielmehr danach, was im konkreten Fall „angemessen(es)“ ist.[740]

Wie auch im Zusammenhang mit der Genauigkeit und Robustheit dargelegt wurde, liegt diese Unbestimmtheit jedoch insbesondere darin begründet, dass das konkret erforderliche Sicherheitsniveau als auch die konkret zu ergreifenden Sicherheitsmaßnahmen nur in Abhängigkeit des konkreten Einzelfalles bestimmt werden können und daher nicht allgemeingültig festgelegt werden können.[741] Nicht zuletzt ist dies auch in dem Umstand begründet, dass die Art der Schwachstellen, die von unbefugten Dritten ausgenutzt werden können, unmittelbar von dem Systemtypus abhängen.

Nur für selbstlernende Systeme findet sich eine gewisse Konkretisierung in Art. 15 Abs. 5 UAbs. 3 KI-VO.[742] Für solche Systeme müssen Anbieter gem. Art. 15 Abs. 5 UAbs. 3 KI-VO Maßnahmen etablieren, durch die sichergestellt wird, dass die Leistungsfähigkeit nicht durch manipulierte Trainingsdaten (sog. *data poisoning*) oder Eingabedaten, die das System zu Fehlern verleiten (sog. *adversarial examples* or *model evasions*), beeinträchtigt wird.[743]

Obgleich eine entsprechende Manipulation auch durch die *befugten* Verwender erfolgen könnte, ist die Pflicht des Art. 15 Abs. 5 UAbs. 1 KI-VO von vornherein auf die Antizipierung von Manipulationsversuchen „unbefugter Dritter“ beschränkt.

---

[739] Ebenso *Martini*/Wendehorst, Art. 15, Rn. 59; *Moritz*, in: Bomhard/Pieper/Wende, Art. 15, Rn. 60; vgl. ebenso zum Kommissionsentwurf, etwa *Spindler*, CR 2021, 361, 368; *Wiebe*, BB 2022, 899, 902; *Veale/Zuiderveen Borgesius*, CRi 2021, 97, 103.

[740] Ebenso *Martini*/Wendehorst, Art. 15, Rn. 62; *Moritz*, in: Bomhard/Pieper/Wende, KI-VO, Art. 15, Rn. 33.

[741] Vgl. die Begründung hierfür bereits im Zusammenhang mit der Genauigkeit der Systeme, Kap. 4, C., IV., 5., a), bb).

[742] Vgl. ebenso zu den Entwürfen *Spindler*, in: Hilgendorf/Roth-Isigkeit, 1. Auflage, § 5, Rn. 55; *Kalbhenn*, ZUM 2021, 663, 669.

[743] *Moritz*, in: Bomhard/Pieper/Wende, Art. 15, Rn. 67; vgl. zu den Entwürfen, *Spindler*, in: Hilgendorf/Roth-Isigkeit, 1. Auflage, § 5, Rn. 55; *Kalbhenn*, ZUM 2021, 663, 669.

Gleichwohl emergiert durch diese Beschränkung noch keine Regelungslücke. Zu beachten ist nämlich, dass die Betreiber ohnehin gem. Art. 26 Abs. 1 KI-VO dazu verpflichtet sind, das System entsprechend der Betriebsanleitung und damit nicht nur im Einklang mit der nach Art. 13 Abs. 3 lit. b) i) KI-VO darin angegebenen Zweckbestimmung zu verwenden, sondern auch die in Art. 13 Abs. 3 lit. b) ii) KI-VO normierten Handlungen, die sich negativ auf die Genauigkeit und Robustheit auswirken können, zu unterlassen, als auch die ggf. in der Betriebsanleitung gem. Art. 13 Abs. 3 lit. b) vi) KI-VO vorgesehenen Spezifikationen in Bezug auf die zulässigen Eingabedaten zu beachten. Vor diesem Hintergrund entsteht durch die Beschränkung des Art. 15 Abs. 5 UAbs. 1 KI-VO auf die Verhinderung von Manipulationsversuchen durch einen unbefugten Dritten keine Regelungslücke.

#### bb) Vermutungswirkung des europäischen Cybersicherheitszertifikates

Ausweislich des Art. 42 Abs. 2 KI-VO wird die Konformität mit den Anforderungen des Art. 15 Abs. 5 KI-VO dann vermutet, wenn diese bereits hinreichend von den Anforderungen abgedeckt sind, die nach der Verordnung (EU) 2019/881 zertifiziert wurden.[744]

Mit der Verordnung (EU) 2019/881[745] wurde der sog. *Cybersecurity Act*[746] erlassen, durch den auch ein Zertifizierungsrahmen für die Cybersicherheit von „IKT-Produkten“ geschaffen wurde.[747] Gemäß Art. 2 Nr. 12 VO (EU) 2019/881 ist unter einem IKT-Produkt „ein Element oder eine Gruppe von Elementen eines Netz- oder Informationssystems“ zu verstehen.

Die Voraussetzungen, die für eine Zertifizierung nach der VO (EU) 2019/881 erforderlich sind, bestimmen sich nach der „Vertrauenswürdigkeit“ des IKT-Produktes.[748]

Zu diesem Zweck unterscheidet Art. 52 Abs. 1 S. 1 VO (EU) 2019/881 zwischen niedrigen, mittleren und einer hohen Vertrauenswürdigkeitsstufe.[749] Während für IKT-Produkte der niedrigsten Vertrauenswürdigkeitsstufe noch eine Selbstbewer-

---

744 *Martini*/Wendehorst, Art. 15, Rn. 100; *Buchner*, in: BeckOK KI-Recht, Art. 15, Rn. 62; vgl. zu den Entwürfen, *Spindler*, CR 2021, 361, 368; ebenso *Spindler*, in: Hilgendorf/Roth-Isigkeit, 1. Auflage, § 5, Rn. 55.

745 Vgl. Verordnung (EU) 2019/881 des Europäischen Parlaments und des Rates vom 17. April 2019 über die ENISA (Agentur der Europäischen Union für Cybersicherheit) und über die Zertifizierung der Cybersicherheit von Informations- und Kommunikationstechnik und zur Aufhebung der Verordnung (EU) Nr. 526/2013 (Rechtsakt zur Cybersicherheit), ABl. 2019/L151, S. 15 ff.

746 Vgl. *Deusch/Eggendorfer*, in: Taeger/Pohle, Computerrechts-Handbuch, 50.1, Rn. 344 f.

747 Vgl. eingehend zu dem Cybersecurity Act, *Wening*, in: Kipker/Reusch/Ritter, Art. 1, Rn. 1 ff.; *Deusch/Eggendorfer*, in: Taeger/Pohle, Computerrechts-Handbuch, 50.1, Rn. 345.

748 *Deusch/Eggendorfer*, in: Taeger/Pohle, Computerrechts-Handbuch, 50.1, Rn. 345.

749 *Deusch/Eggendorfer*, in: Taeger/Pohle, Computerrechts-Handbuch, 50.1, Rn. 345.

tung möglich ist, ist für die Zertifizierung von Produkten der mittleren bzw. hohen Vertrauenswürdigkeitsstufe die Einbeziehung eines Dritten erforderlich.[750]

Sowohl die Einordnung der IKT-Produkte in die Vertrauenswürdigkeitsklassen „niedrig", „mittel" bzw. „hoch" als auch die materiellen Anforderungen, die Produkte der jeweiligen Vertrauenswürdigkeitsklasse zu erfüllen haben, sind in dem gem. Art. 49 Abs. 1 VO (EU) 2019/881 von der ENISA zu entwickelnden europäischen Schema für Cybersicherheitszertifizierung für die jeweilige Vertrauenswürdigkeitsstufe gem. Art. 52 Abs. 1 und 3 VO (EU) 2019/881 festzulegen.[751]

Voraussetzung dafür, dass das Zertifikat der VO (EU) 2019/881 auch für die Zwecke der KI-Verordnung die Vermutungswirkung des Art. 42 Abs. 2 KI-VO auslöst, ist gem. Art. 15 Abs. 5 KI-VO jedoch, dass die darin zertifizierten Anforderungen in inhaltlicher Hinsicht auch die materiellen Anforderungen an die Cybersicherheit des Art. 15 Abs. 1 und 4 KI-VO umfassen.

Es wird daher im Einzelfall zu prüfen sein, wie weit das Cyberzertifikat inhaltlich reicht und inwieweit daher eine Vermutungswirkung nach Art. 42 Abs. 2 KI-VO hinsichtlich der Konformität mit Art. 15 KI-VO ausgelöst wird.

#### cc) Zwischenergebnis

Insgesamt stellt sich die Pflicht des Art. 15 KI-VO, ein angemessenes Maß an Genauigkeit, Robustheit und Cybersicherheit gewährleisten zu müssen, daher als erforderlich und geeignet dar, die Sicherheit der Systeme trotz Eigenschaften wie der Lernfähigkeit zu gewährleisten. Begrüßenswert ist insbesondere, dass die KI-Verordnung das dafür erforderliche Maß als auch die dafür geeignete Maßnahme nicht näher bestimmt, sondern vielmehr von dem konkreten Einzelfall abhängig macht. Dadurch kann gewährleistet werden, dass bei der Bestimmung des erforderlichen Maßes an Genauigkeit, Robustheit und Cybersicherheit nicht nur die Risikoträchtigkeit, sondern auch das bereits durch die Anforderungen des Kap. III Abschnitt 2 KI-VO erreichte Sicherheitsniveau berücksichtigt werden kann.

Ferner tritt Art. 15 KI-VO auch Störungen der Genauigkeitswerte entgegen, indem er den Anbieter dazu verpflichtet, die Robustheit gegenüber „Fehlern, Störungen oder Unstimmigkeiten" zu gewährleisten, was bei lernfähigen Systemen ausweislich des Art. 15 Abs. 4 KI-VO insbesondere auch eine Robustheit gegenüber Rückkoppelungsschleifen beinhaltet. Um zu gewährleisten, dass die Genauigkeit des Systems auch nach der Inverkehrgabe aufrechterhalten wird, sieht die KI-VO ergänzend weitere Sicherheitsanforderungen vor, die neben einer robusten Konzeption i. S. d. Art. 15 Abs. 4 KI-VO, auch Verwendungsbeschränkungen und Überwachungsmaßnahmen i. S. d. Art. 13 und 14 KI-VO beinhalten können.

---

[750] *Deusch/Eggendorfer*, in: Taeger/Pohle, Computerrechts-Handbuch, 50.1, Rn. 345.

[751] Vgl. hierzu eingehend *Reusch*, in: Kipker/Reusch/Ritter, Art. 52, Rn. 3 ff.

Insgesamt ergibt sich daraus ein sich komplementierendes Anforderungssystem, das insgesamt gewährleisten soll, dass ein hinreichendes Sicherheitsniveau für das jeweilige System in Abhängigkeit der Risikoträchtigkeit erreicht werden kann.

##### *d) Fazit zu diesem Abschnitt*

Mit den Anforderungen, die Art. 15 KI-VO an die Genauigkeit, Robustheit und Cybersicherheit stellt, werden die Sicherheitsanforderungen komplementiert, die erforderlich sind, um die Sicherheit der Systeme trotz Eigenschaften wie der Lernfähigkeit zu gewährleisten, und schließen damit die Regelungslücken, die in Bezug auf konkrete Sicherheitsanforderungen, die die Erfüllbarkeit der „Wiederholbarkeit, Zuverlässigkeit und Leistung" des Anhangs I Abschnitt 17.1 MP-VO sicherstellen, im geltenden Regelungsrahmen bestehen.

### V. Gewährleistung eines synergetischen Zusammenspiels zwischen den Verordnungen

Vor diesem Hintergrund soll im Folgenden untersucht werden, ob – sofern die aufgezeigten Schwächen korrigiert werden – die bereits im Kommissionsentwurf geäußerte Intention eines kohärenten, sich wechselseitig ergänzenden Systems von Sicherheitsanforderungen gewährleistet werden kann, in dessen Rahmen die MP-VO den medizinischen Risiken entgegentritt, während die KI-VO den KI-spezifischen Risiken entgegentritt.[752]

Die MDCG-Leitlinien 2020-1[753] sehen für die klinische Bewertung von Software-basierte Medizinprodukte neben dem Nachweis, dass die Schlussfolgerungen der Software auf anerkannten Verfahren beruhen muss (wissenschaftlichen Validität), auch den Nachweis der analytischen Leistungsfähigkeit vor, in dessen Rahmen insbesondere die Genauigkeit und Robustheit überprüft und sichergestellt werden muss.[754] Da die klinische Bewertung nach Art. 61 MP-VO nur dem Nachweis der Sicherheitsanforderungen zu dienen bestimmt ist, muss diese Unterscheidung zwischen der analytischen Leistungsfähigkeit und wissenschaftlichen Validität in den Sicherheitsanforderungen des Anhangs I MP-VO widergespiegelt sein.[755]

Wie oben bereits dargelegt, lässt sich Anhang I Abschnitt 15.1 und 17.1 MP-VO die Pflicht zur Gewährleistung der technischen Leistungsfähigkeit entnehmen, obgleich die Regelung jeglicher konkreter Kriterien ermangelt, mithilfe derer die daraus

---

[752] Vgl. zu der Intention, dass eine uneingeschränkte Kohärenz und ein wechselseitiges Zusammenspiel zwischen den Verordnungen zu gewährleisten ist, Erklärendes Memorandum, COM 2021, 206 final, S. 4 f.

[753] MDCG-Leitlinien 2020-1, abrufbar unter: siehe Quellenangaben.

[754] Vgl. hierzu bereits Kap. 4, C., II., 2., b), aa).

[755] Vgl. hierzu bereits Kap. 4, C., II., 2., b), aa).

resultierenden konkreten Sicherheitspflichten bestimmt werden können.[756] Sofern die bestehenden Schwächen korrigiert werden, kann diese Regelungslücke jedoch durch Kap. III Abschnitt 2 KI-VO geschlossen werden. Dadurch könnte jedenfalls die Intention erreicht werden, dass die KI-Verordnung den geltenden Regelungsrahmen gerade um die KI-spezifischen Sicherheitsanforderungen ergänzt.[757]

Fraglich ist jedoch, ob für die KI-Systeme auch die wissenschaftliche Validität in Anhang I MP-VO vorausgesetzt wird. Obgleich für Produkte mit einer diagnostischen Funktion gem. Abschnitt 15.1 Anhang I MP-VO die Pflicht besteht, dass diese auf der Grundlage *„geeigneter wissenschaftlicher* (…) Verfahren“ beruhen müssen, ist die Vorschrift von vornherein nur auf Produkte, mit einer *diagnostischen Funktion* oder Produkte mit einer *Mess*funktion beschränkt.[758] Sofern ein KI-System eine therapeutische Entscheidung unterstützt bzw. ein körperliches Medizinprodukt mit einer therapeutischen Funktion steuert, wäre Anhang I Abschnitt 15.1 MP-VO jedenfalls so lange nicht anwendbar, wie nicht zugleich eine diagnostische Funktion erfüllt würde. Für KI-Systeme mit therapeutischer Zweckbestimmung findet sich insofern nur die Pflicht zu Gewährleistung der „Wiederholbarkeit, Zuverlässigkeit und Leistung“ und damit der technischen Sicherheit in Anhang I Abschnitt 17.1 MP-VO. Da auch bei KI-Systemen mit einer therapeutischen Funktion ein Bedürfnis besteht, dass die Schlussfolgerungen auf Grundlage des derzeitigen medizinischen Stands der Wissenschaft getroffen werden, entsteht dadurch eine Regelungslücke.

Während durch eine entsprechende Ergänzung des Kap. III Abschnitt 2 KI-VO zwar die Regelungslücken hinsichtlich hinreichend konkreter Anforderungen an die technische/analytische Leistungsfähigkeit geschlossen werden könnten, besteht hinsichtlich der Beschränkung der Pflicht zur Gewährleistung einer wissenschaftlichen Validität diagnostischer Systeme eine Regelungslücke.

Erwägenswert ist daher, dass für Software bzw. KI-basierte Systeme allgemein anwendbare Sicherheitsanforderung geschaffen wird, die die Anforderungen des Anhangs I Abschnitt 15.1 und 17 MP-VO zusammenfasst und schärfer zwischen der medizinischen Leistungsfähigkeit in Form einer wissenschaftlichen Validität und der analytischen Leistungsfähigkeit in Form einer technischen Sicherheit unterscheidet. Die technischen Sicherheitsanforderungen würden für KI-basierte Systeme durch die Anforderungen des Kap. III Abschnitt 2 KI-VO konkretisiert werden. Um dies für den Rechtsanwender hinreichend eindeutig zum Ausdruck zu bringen, könnte ein unechter Verweis zur Erleichterung der Rechtsanwendung aufgenommen werden.[759]

---

756 Vgl. hierzu bereits Kap. 4, C., II., 2., b), aa).

757 Vgl. hierzu bereits Kap. 4, C., II., 2., b), aa).

758 Vgl. Anhang I Abschnitt 15.1 MP-VO (Hervorhebung hinzugefügt).

759 Vgl. eingehend zu den unterschiedlichen Formen von Verweisungen und dem Umstand, dass „unechte“ Verweise auf eine ohnehin geltende Rechtsvorschrift verweisen, um so die Gesetzesanwendung zu erleichtern, bereits Kap. 4, A., II., 1.

## VI. Fazit zu diesem Abschnitt

Erklärtes Ziel der KI-Verordnung war, dass die horizontal ausgerichtete KI-Verordnung unter Wahrung einer „uneingeschränkte(n) Kohärenz“ sich in das bestehende Regelungssystem der sektorenspezifischen Regelungen des neuen Rechtsrahmens einfügt, um so Überschneidungen und einen erhöhten Verwaltungsaufwand zu vermeiden.[760]

Ob die KI-VO diese Zielsetzung zu erfüllen vermag, wurde wegen der Widersprüche und Doppelungen mit der MP-VO bereits im Zusammenhang mit dem Kommissionsentwurf sowohl im Schrifttum als auch den öffentlichen Stellungnahmen erheblich angezweifelt und führte nicht zuletzt teilweise sogar zu der Forderung, die MP-VO gänzlich vom Anwendungsbereich der KI-Verordnung zu streichen.

Gegen eine Streichung der MP-VO vom Anwendungsbereich der KI-Verordnung spricht jedoch, dass Kap. III Abschnitt 2 KI-VO gerade die Sicherheits- und Transparenzanforderungen normiert, hinsichtlich derer der geltende Regelungsrahmen der MP-VO noch Regelungslücken aufweist.

Voraussetzung für die Funktionstüchtigkeit der Ergänzung ist jedoch, dass die Anforderungen des Kap. III Abschnitt 2 KI-VO sich tatsächlich kohärent in den geltenden Regelungsrahmen einfügen.

Um ein solches Zusammenspiel zu gewährleisten, ist die Etablierung eines gemeinsamen Risikomanagementsystems erforderlich. Das gemeinsame Risikomanagementsystems hat ausweislich des Art. 8 Abs. 1 KI-VO und Art. 9 Abs. 4 KI-VO einen maßgeblichen Einfluss auf die Art und Weise, wie die Sicherheitsanforderungen des Kap. III Abschnitt 2 KI-VO zu erfüllen sind. Zunächst einmal erklärt sich durch das wechselseitige Zusammenspiel die Unbestimmtheit des konkreten Sicherheitsniveau der einzelnen Sicherheitsanforderungen, da diese sich danach bestimmt, was erforderlich ist, um die Risiken i. S. d. Art. 9 Abs. 4 KI-VO auf ein vertretbares Maß zu reduzieren. Ob die konkret zur Erfüllung der Sicherheitsanforderungen des Kap. III Abschnitt 2 KI-VO etablierten Sicherheitsmaßnahmen diesem Anspruch gerecht werden können, ist bei dessen Erfüllung nicht isoliert zu beurteilen, sondern muss vielmehr die Wechselwirkung der einzelnen Sicherheitsanforderungen beachtet werden, so dass sich die Anforderungen gegenseitig ergänzen und auch kompensieren können. Durch die Wechselwirkung wird auch eine Rangfolge bestimmt, in der die Sicherheitsanforderungen des Kap. III Abschnitt 2 KI-VO erfüllt werden müssen.

Zur Wahrung der Kohärenz der materiellen Anforderungen sollte sich die technische Sicherheit und Überprüfbarkeit der KI-Systeme nach den Anforderungen der Art. 10–15 KI-VO richten, während im Rahmen der MP-VO in Anhang I Abschnitt 15.1 und 17.1 MP-VO ein unechter Verweis auf die Konkretisierung der technischen Sicherheitsmaßnahmen für KI-basierte Medizinprodukte in die KI-Verordnung aufgenommen werden muss.

---

[760] Vgl. Erklärendes Memorandum, COM 2021, 206 final, S. 4.

Sofern die dargestellten Schwächen hinsichtlich der Anforderungen des Kap. III Abschnitt 2 KI-VO behoben werden würden, würde sich diese auch als geeignet darstellen, gerade die bestehenden Regelungslücken der MP-VO zu beheben und sich kohärent in die materiellen Sicherheitsanforderungen einzufügen, ohne eine doppelte Arbeitsbelastung auszulösen.

Im Unterschied dazu sollten die grundlegenden Sicherheits- Leistungsanforderungen in Anhang I MP-VO sich auf Anforderungen beschränken, die den medizinischen Risiken entgegenzutreten bestimmt sind. Insbesondere in Bezug auf die Gewährleistung, dass die Schlussfolgerungen dem medizinischen Stand der Wissenschaft entsprechen, bestehen im Rahmen der MP-VO für KI-Systeme mit therapeutischer Funktion durch die Beschränkung des Anhanges I Abschnitt 15 MP-VO auf diagnostische Produkte noch Regelungslücken, die entsprechend korrigiert werden müssen. Sofern die identifizierten Schwachstellen behoben werden, kann durch das synergetische Zusammenspiel der Sicherheitsanforderungen der MP-VO und der KI-VO insgesamt die Sicherheit von KI-basierten Medizinprodukten gewährleistet werden.

## D. Zusammenspiel der formellen Anforderungen an das Bewertungsverfahren

Wie bereits dargelegt wurde folgt die KI-VO mit der in Art. 16 lit. f) KI-VO[761] vorgesehenen Konformitätsbewertungspflicht den Grundprinzipien des neuen Rechtsrahmens, dass die Konformität mit den materiellen Sicherheitsanforderungen vor der Inverkehrgabe überprüft und bestätigt werden muss.[762]

Hinsichtlich der Wahl des einschlägigen Bewertungsverfahrens weicht die KI-VO von der – den neuen Rechtsrahmen eigentlich kennzeichnenden – risikobasierten Wahl des einschlägigen Konformitätsbewertungsverfahrens ab und macht die Art der Konformitätsbewertung davon abhängig, ob das System als Hochrisiko-KI-System i. S. d. Anhangs I Teil A KI-VO oder i. S. d. Anhangs III KI-VO zu klassifizieren ist.[763]

### I. Konformitätsbewertungsgegenstand im Verfahren nach Anhang IX MP-VO

Für Hochrisiko-KI-basierte Medizinprodukte i. S. d. Anhangs I Teil A KI-VO sieht Art. 43 Abs. 3 UAbs. 1 KI-VO vor, dass die Konformität mit Kap. III Ab-

[761] Vgl. in den Entwürfen Art. 19 Abs. 1 KI-VOE-KOM/Rat bzw. Art. 16 lit. e) KI-VOE-EP.

[762] Vgl. hierzu bereits Kap. 1, C., II., 2.

[763] Vgl. hierzu bereits Kap. 1, C., III., 2.

schnitt 2 KI-VO in dem Konformitätsbewertungsverfahren des jeweiligen Harmonisierungsrechtsaktes mit überprüft werden kann.[764] Hintergrund für diese Etablierung eines *gemeinsamen* Konformitätsbewertungsverfahrens ist die Intention, eine doppelte Arbeitsbelastung vermeiden zu wollen, um so den Aufwand des Anbieters als auch der Bewertungsstellen möglichst gering zu halten.[765] Da Art. 43 Abs. 3 UAbs. 1 KI-VO eine Integration der Bewertung in das Bewertungsverfahren des Harmonisierungsrechtsaktes vorsieht, richtet sich das einschlägige Konformitätsbewertungsverfahren nach den Vorschriften des jeweiligen Harmonisierungsrechtsaktes. Im Rahmen der MP-VO bestimmt sich das Konformitätsbewertungsverfahren ausweislich des Art. 52 MP-VO risikobasiert.[766]

Obgleich für Medizinprodukte ab der Risikoklasse IIa neben der Anwendbarkeit des Anhangs IX MP-VO grundsätzlich auch Konformitätsbewertungsverfahren nach Anhang X und Anhang XI MP-VO in Betracht kommen, muss die Anwendbarkeit des Konformitätsbewertungsverfahrens nach Anhang X wegen dessen mangelnder Eignung infrage gestellt werden, sodass sich das einschlägige Bewertungsverfahren für Hochrisiko-KI-Systeme i. S. d. Anhangs I Teil A KI-VO stets nach Anhang IX MP-VO richtet.[767]

### 1. Dokumentation und Qualitätsmanagementsystem als Bewertungsgegenstand

Das Bewertungsverfahren nach Anhang IX MP-VO erfolgt auf der Grundlage der Überprüfung der technischen Dokumentation und des Qualitätsmanagementsystems, in dem in Art. 52 Abs. 3, 4 und 6 MP-VO für die jeweilige Risikoklasse vorgesehenen Umfang.[768]

Ausweislich des Art. 43 Abs. 3 UAbs. 1 S. 2 KI-VO[769] wird daher auch die Bewertung der Konformität mit den Anforderungen des Kap. III Abschnitt 2 KI-VO

---

[764] Vgl. hierzu bereits Kap. 1, C., III., 2., b).

[765] Vgl. Erwägungsgrund 124 VO (EU) 2024/1689; vgl. in den Entwürfen Erwägungsgrund 63 KI-VOE-KOM, COM 2021, 206 final, S. 38; Erklärendes Memorandum, COM 2021, 206 final, S. 5; ebenso Erwägungsgrund 63 KI-VOE-Rat, *Rat*, General Approach, 14954/22, S. 52; ebenso Erwägungsgrund 63, *Europäisches Parlament*, Amendments adopted by the European Parliament on 14 June 2023 on the proposal for an Artificial Intelligence Act, P9_TA(2023)0236; *Hilgendorf/Roth-Isigkeit*, 1. Auflage, § 8, Rn. 3; ebenso *Roth-Isigkeit*, ZRP 2022, 187, 188; vgl. hierzu bereits Kap. 1, C., III., 2., b).

[766] Vgl. hierzu bereits Kap. 1, B., I.

[767] Vgl. eingehend dazu, dass Anhang X MP-VO sich für die Bewertung von KI-Systemen nicht eignet, bereits Kap. 2, E., II., 2.

[768] Vgl. eingehend zu dem Konformitätsbewertungsverfahren nach Anhang IX MP-VO, bereits Kap. 1, B., I., 2., a).

[769] Vgl. zu den Entwürfen, Art. 43 Abs. 3 UAbs. 1 S. 1 Var. 1 KI-VOE-KOM, COM 2021, 206 final, S. 73; ebenso vgl. Art. 43 Abs. 3 UAbs. 1 S. 1 Var. 1 KI-VOE-Rat, *Rat*, General Approach, 14954/22, S. 129; ebenso vgl. Art. 43 Abs. 3 UAbs. 1 S. 1 Var. 1 KI-VOE-EP,

auf der Grundlage einer Bewertung der technischen Dokumentation und des Qualitätsmanagementsystems nach Anhang IX MP-VO erfolgen. Eine dem Anhang II und III und Art. 10 Abs. 9 MP-VO entsprechende Pflicht zur Erstellung einer technischen Dokumentation und eines Qualitätsmanagementsystems findet sich auch in in Art. 11 i. V. m. Anhang IV KI-VO[770] bzw. Art. 17 KI-VO[771] wieder.

Sofern die Anforderungen, die die MP-VO und die KI-VO an die technische Dokumentation bzw. das Qualitätsmanagementsystem stellt – den Bedenken mancher[772] Stimmen folgend – tatsächlich durch inhaltliche Überschneidungen geprägt wären, würde dies dazu führen, dass zwei inhaltlich in Teilen kongruente, Bewertungsgegenstände vorlägen, die jedoch im Rahmen des gemeinsamen Konformitätsbewertungsverfahren nach Art. 43 Abs. 3 KI-VO i. V. m. Anhang IX MP-VO getrennt voneinander zu überprüfen wären.[773] In diesem Fall würde das durch die Schaffung eines einheitlichen Konformitätsbewertungsverfahrens nach Art. 43 Abs. 3 KI-VO eigentlich verfolgte Ziel der Vermeidung einer doppelten Arbeitsbelastung[774] konterkariert werden.

---

*Europäisches Parlament*, Amendments adopted by the European Parliament on 14 June 2023 on the proposal for an Artificial Intelligence Act, P9_TA(2023)0236.

[770] Vgl. zu den Entwürfen, Art. 11 i. V. m. Anhang IV KI-VOE, COM 2021, 206 final, S. 56 ff.; Art. 11 i. V. m. Anhang IV KI-VOE-Rat, *Rat*, General Approach 14954/22, S. 93 ff.; ebenso Art. 11 i. V. m. Anhang IV KI-VOE-EP *Europäisches Parlament*, Amendments adopted by the European Parliament on 14 June 2023 on the proposal for an Artificial Intelligence Act, P9_TA(2023)0236.

[771] Vgl. zu den Entwürfen, Art. 17 KI-VOE-KOM, COM 2021, 206 final, S. 61; ebenso Art. 17 KI-VOE-Rat, *Rat*, General Approach 14954/22, S. 100; ebenso Art. 11 i. V. m. Anhang IV KI-VOE-EP *Europäisches Parlament*, Amendments adopted by the European Parliament on 14 June 2023 on the proposal for an Artificial Intelligence Act, P9_TA(2023)0236.

[772] Vgl. zum Kommissionsentwurf *Heil*, MPR 2022, 1, 7; *MedTech*, Response to the public consultation, S. 2, abrufbar unter: siehe Quellenangaben; *ResMed*, Consultation AI-Act, S. 1, abrufbar unter: siehe Quellenangaben; *Johner Institut*, Input on the proposed AI-Act, S. 2, abrufbar unter: siehe Quellenangaben; *COCIR*, Feedback AI-Act, S. 2, abrufbar unter: siehe Quellenangaben.

[773] Vgl. zum Kommissionsentwurf *Heil*, MPR 2022, 1, 7; *MedTech*, Response to the public consultation, S. 2, abrufbar unter: siehe Quellenangaben; *ResMed*, Consultation AI-Act, S. 1, abrufbar unter: siehe Quellenangaben; *Johner Institut*, Input on the proposed AI-Act, S. 2, abrufbar unter: siehe Quellenangaben; *COCIR*, Feedback AI-Act, S. 2, abrufbar unter: siehe Quellenangaben.

[774] Vgl. zum Kommissionsentwurf *Heil*, MPR 2022, 1, 7, die betont, dass es für die Innovationsförderung wesentlich wäre, eine Doppelregulierungen zu vermeiden; vgl. Erwägungsgrund 124 VO (EU) 2024/2689; in den Entwürfen bereits, Erwägungsgrund 63 KI-VOE-KOM, COM 2021, 206 final, S. 38; Erklärendes Memorandum, COM 2021, 206 final, S. 5; ebenso Erwägungsgrund 83 KI-VOE-Rat, *Rat*, General Approach, 14954/22, S. 52; ebenso Erwägungsgrund 63, *Europäisches Parlament*, Amendments adopted by the European Parliament on 14 June 2023 on the proposal for an Artificial Intelligence Act, P9_TA(2023)0236; ebenso Hilgendorf/Roth-Isigkeit, 1. Auflage, § 8, Rn. 3; ebenso *Roth-Isigkeit*, ZRP 2022, 187, 188.

## 2. Einheitliche technische Dokumentation zum Nachweis für beide Verordnungen

Jedenfalls hinsichtlich der technischen Dokumentation wurde dieser Umstand nicht unberücksichtigt gelassen. Vielmehr sieht Art. 11 Abs. 2 KI-VO[775] die Pflicht vor, dass für ein Hochrisiko-KI-System, das mit einem Produkt einer Harmonisierungsvorschrift „verbunden ist" eine einheitliche technische Dokumentation zu erstellen ist.[776]

### *a) Notwendigkeit der Erweiterung der Ausnahme auf eigenständige Systeme*

Ob die in Art. 11 Abs. 2 KI-VO[777] vorgesehene Erleichterung eine gemeinsame technische Dokumentation erstellen zu dürfen, die Intention, eine doppelte Arbeitsbelastung zu vermeiden, tatsächlich hinreichend zu erfüllen vermag, wurde bereits im Zusammenhang mit dem Kommissionsentwurf bezweifelt.[778] Kritisiert wurde zunächst, dass die Formulierung des Art. 11 Abs. 1 KI-VO, dass das Hochrisiko-KI-System mit einem Produkt einer Harmonisierungsvorschrift nach Anhang I Teil A KI-VO „verbunden" sein müsse, es nahelege, dass die Ausnahme von vornherein nur für solche Hochrisiko-KI-Systeme gelte, die nicht selbst als Produkte i. S. e. Harmonisierungsvorschrift zu qualifizieren seien.[779] Teilweise wurde deshalb bereits zum Kommissionsentwurf vorgeschlagen, dass diese Schwäche im Wege eines Erst-

---

[775] Vgl. zu den Entwürfen für eine KI-Verordnung, Art. 11 Abs. 2 KI-VOE-KOM, COM 2021, 206 final, S. 57 (deutsche Sprachfassung); vgl. ebenso Art. 11 Abs. 2 KI-VOE-Rat, „related to a product", *Rat*, General Approach, 14954/22, S. 93; ebenso Art. 11 Abs. 2 KI-VOE-EP, *Europäisches Parlament*, Amendments adopted by the European Parliament on 14 June 2023 on the proposal for an Artificial Intelligence Act, P9_TA(2023)0236

[776] *Braun Binder/Egli*, in: Martini/Wendehorst, Art. 11, Rn. 17; *Pflüger/Strauch*, in: Bomhard/Pieper/Wende, Art. 11, Rn. 10; *Siglmüller/Zdanowiecki*, in; BeckOK KI-Recht, Art. 11, Rn. 94; vgl. ebenso zum Kommissionsentwurf *Heil*, MPR 2022, 1, 7; *BVMed*, Positionen zum Entwurf des AI-Act, S. 8, abrufbar unter: siehe Quellenangaben; *Johner Institut*, Input on the proposed AI-Act, S. 2, abrufbar unter: siehe Quellenangaben; *Roche*, S. 5; *COCIR*, Feedback AI-Act, S. 2, abrufbar unter: siehe Quellenangaben; *ResMed*, Consultation AI-Act, S. 1, abrufbar unter: siehe Quellenangaben.

[777] Vgl. zu den Entwürfen für eine KI-Verordnung, Art. 11 Abs. 1 KI-VOE-KOM, COM 2021, 206 final, S. 57; Art. 11 Abs. 1 KI-VOE-Rat, *Rat*, General Approach, 14054/22, S. 93; Art. 11 Abs. 1 KI-VOE-EP, *Europäisches Parlament*, Amendments adopted by the European Parliament on 14 June 2023 on the proposal for an Artificial Intelligence Act, P9_TA(2023) 0236.

[778] Vgl. etwa *Heil*, MPR 2022, 1, 7; *BVMed*, Positionen zum Entwurf des AI-Act, S. 8, abrufbar unter: siehe Quellenangaben; *Johner Institut*, Input on the proposed AI-Act, S. 2, abrufbar unter: siehe Quellenangaben; *Roche*, S. 5; *COCIR*, Feedback AI-Act, S. 2, abrufbar unter: siehe Quellenangaben; *ResMed*, Consultation AI-Act, S. 1, abrufbar unter: siehe Quellenangaben.

[779] Vgl. *Siglmüller/Zdanowiecki*, in; BeckOK KI-Recht, Art. 11, Rn. 94, die die Unbestimmtheit betonen; vgl. zum Kommissionsentwurf *Heil*, MPR 2022, 1, 7.

Rechts-Schlusses überwunden werden müsse.[780] Der Wortlaut des Art. 11 Abs. 2 KI-VO wurde auch nicht durch die Entwürfe des Rates[781] oder des Parlaments[782] korrigiert, die die Anwendbarkeit der Pflicht weiterhin davon abhängig machen, dass das System mit einem Produkt verbunden ist, was durch die Formulierung „related to a product“ zum Ausdruck kommt.

#### aa) Beschränkung des Wortlautes auf integrierte Hochrisiko-KI-Systeme

Auch in dem endgültigen Regelungstext legt der Wortlaut des Art. 11 Abs. 2 KI-VO durch die Verwendung des Begriffes „verbunden“ nahe, dass die Ausnahme ausschließlich für solche KI-Systeme Geltung beansprucht, die als Bestandteil eines Produkts in den Verkehr gebracht werden. Denn nur dann kann davon gesprochen werden, dass das Hochrisiko-KI-System mit einem Produkt „verbunden“ wird, während anderenfalls keine Verbindung mit einem Produkt einer Harmonisierungsvorschrift erfolgt, sondern das Hochrisiko-KI-System selbst als Produkt i. d. S. zu qualifizieren ist. Diese Beschränkung des Art. 11 Abs. 2 KI-VO ist ferner nicht nur in der deutschen Sprachfassung, sondern ebenso in dem Wortlaut der englischen[783], französischen[784] und italienischen[785] Sprachfassung für Art. 11 Abs. 2 KI-VO angelegt.

#### bb) Regelungsnotwendigkeit für eigenständige Hochrisiko-KI-Systeme

Gegen eine Beschränkung der Anwendbarkeit des Art. 11 Abs. 2 KI-VO auf eingebettete Systeme spricht jedoch vor allem der Sinn und Zweck der Vorschrift.

Art. 11 KI-VO ist in der KI-Verordnung systematisch in Kap. III Abschnitt 2 KI-VO verortet, der den Titel „Anforderungen an Hochrisiko-KI-Systeme“ trägt.[786]

---

[780] Vgl. zum Kommissionsentwurf *Heil*, MPR 2022, 1, 7.

[781] Vgl. Art. 11 Abs. 2 KI-VOE-Rat, *Rat*, General Approach, 14954/22, S. 93.

[782] Vgl. Art. 11 Abs. 2 KI-VOE-EP, *Europäisches Parlament*, Amendments adopted by the European Parliament on 14 June 2023 on the proposal for an Artificial Intelligence Act, P9_TA(2023)0236.

[783] Vgl. hierfür den Wortlaut der englischen Sprachfassung des Art. 11 Abs. 2 KI-VO, „where a high-risk AI system related to a product, covered by the Union harmonisation legislation listed in Section A of Annex I (…)“, in der ebenfalls zwischen dem Hochrisiko-KI-System und dem Produkt differenziert wird.

[784] Vgl. hierfür den Wortlaut der französischen Sprachfassung des Art. 11 Abs. 2 KI-VO, die mit „Lorsqu'un système d'IA à haut risque lié à un produit couvert par la“ von der Verbindung zu einem Produkt spricht.

[785] Vgl. hierfür den Wortlaut der italienischen Sprachfassung, die mit „Se è immesso sul mercato o messo in servizio un sistema di IA ad alto rischio connesso a un prodotto contemplato dalla normativa di armonizzazione dell'Unione elencata nell'allegato I, sezione A,“ ebenfalls nur Systeme zu erfassen scheint, die mit einem Produkt verbunden wurden.

[786] Vgl. hierfür bereits in den Entwürfen die Überschrift des Kap. 2 „Anforderungen an Hochrisiko-KI-Systeme“, COM 2021, 206 final, S. 54; ebenso die Überschrift des Kap. 2 Titel III KI-VOE-Rat, *Rat*, General Approach 14954/22, S. 85; ebenso die Überschrift des Kap. 2

In Bezug auf Hochrisiko-KI-Systeme ist die KI-Verordnung jedoch von der grundlegenden Unterscheidung zwischen Hochrisiko-KI-Systemen, die als Produkt oder Bestandteil unter eine der Harmonisierungsvorschriften des Anhangs I Teil A KI-VO fallen, und allen anderen Hochrisiko-KI-Systemen i. S. d. Anhangs III KI-VO geprägt.[787] Die Ursache für diese Differenzierung liegt darin begründet, dass für Hochrisiko-KI-Systeme, die zugleich in eine der Harmonisierungsvorschriften fallen, bereits eine Fülle von produktsicherheitsrechtlichen Anforderungen existiert, zu denen es ein kohärentes Verhältnis herzustellen gilt und hinsichtlich derer inhaltliche Überschneidungen vermieden werden müssen.[788]

Sofern in Art. 11 Abs. 2 KI-VO weitergehend danach differenziert werden wird, ob das System als eigenständiges Produkt i. e. S. oder nur dessen Bestandteil zu qualifizieren ist, wird von diesem Prinzip abgewichen. Ob diese Unterscheidung mit dem Sinn und Zweck des Art. 11 Abs. 2 KI-VO vereinbar ist, ist gleichwohl fraglich.

Trotz der übereinstimmenden Pflicht zur Erstellung einer technischen Dokumentation besteht zwischen den Pflichten des Art. 10 Abs. 4 MP-VO und Art. 11 Abs. 1 KI-VO nämlich ein entscheidender Unterschied in Bezug auf den Dokumentations*gegenstand*. Während in der KI-VO gem. Art. 11 Abs. 1 UAbs. 1 und UAbs. 2 KI-VO stets das „Hochrisiko-KI-System" den Dokumentationsgegenstand bildet, bezieht sich die technische Dokumentation im Rahmen der MP-VO gem. Art. 10 Abs. 4 UAbs. 1 MP-VO auf „Produkte" i. S. d. Art. 1 Abs. 4 MP-VO und damit alle Gegenstände, die als Medizinprodukte, Zubehör oder Produkte i. S. d. Anhangs XVI MP-VO zu qualifizieren sind. Gerade wenn das Hochrisiko-KI-System selbst als Medizinprodukt i. S. d. Art. 2 Nr. 1 MP-VO oder als Zubehör i. S. d. Art. 2 Nr. 2 MP-VO zu qualifizieren ist, ist der Bewertungsgegenstand der Verordnungen identisch.[789] In diesem Fall ergeben sich sodann weitreichende Überschneidungen[790] zwischen Anhang IV KI-VO mit Anhang II MP-VO, weil sowohl die in Anhang IV Abschnitt 1 und 2 KI-VO vorgesehenen Anforderungen an die allgemeine und detaillierte Beschreibung der Zweckbestimmung, der Funktionsweise und deren Entwicklungsprozesses, als auch die in Anhang II Abschnitt 1 MP-VO vorgesehene Produktbeschreibung sowie die in Anhang II Abschnitt 3 MP-VO vorgesehene Pflicht zur Dokumentation des Auslegungs- und Herstellungsprozess sich auf das Hochrisiko-KI-System *als solches* beziehen.

---

Titel III KI-VOE-EP, *Europäisches Parlament*, Amendments adopted by the European Parliament on 14 June 2023 on the proposal for an Artificial Intelligence Act, P9_TA(2023)0236.

[787] Vgl. eingehend zu der Differenzierung zwischen den zwei Typen von Hochrisiko-KI-Systemen, bereits Kap. 1, C., III., 2.

[788] Vgl. hierzu bereits Kap. 1, C., III., 2., b).

[789] Vgl. zu der Qualifizierung von KI-System als Medizinprodukt, Zubehör oder dessen Bestandteil, Kap. 2, B.

[790] Zu den inhaltlichen Überschneidungen und Ergänzungen der Anforderungen des Anhanges IV KI-VO mit Anhang II und III MP-VO, ausführlich Kap. 4, D., I., 2., b).

Sofern das KI-System als Bestandteil in das körperliche Medizinprodukt integriert ist, ergeben sich von vornherein nicht vergleichbar viele Überschneidungen, da sich sodann die inhaltlichen Anforderungen des Anhangs II und III MP-VO vor allem auf das Gesamtprodukt als Produkt i. S. d. Art. 1 Abs. 4 MP-VO beziehen und die Konformität des KI-Systems nur mit dokumentiert wird.[791] Inhaltliche Überschneidungen weisen die Anforderungen des Anhangs II und III MP-VO mit Anhang II und III MP-VO hinsichtlich solcher Hochrisiko-KI-Systeme eigentlich nur in Bezug auf Anhang II Abschnitt 6.1 lit. b) MP-VO auf. In Anhang II 6.1 lit. b) Var. 4 MP-VO ist die Pflicht normiert, dass das Softwaredesign und die Entwicklungsprozesse sowie die Validierung der Software zu beschreiben sind. Dass sich diese Pflicht nur auf solche Software bezieht, die nicht selbst als Medizinprodukt zu qualifizieren ist, legt zunächst der Wortlaut der Vorschrift nahe. Gemäß Anhang II Abschnitt 6.1 lit. b) MP-VO muss sich die Beschreibung der Softwaredesigns und des Entwicklungsprozesses auf die Software beziehen, „wie sie im fertigen *Produkt* verwendet wird“.[792] Der Wortlaut des Anhangs II Abschnitt 6.1 lit. b) MP-VO unterscheidet damit explizit zwischen Software und dem Produkt. Unter einem Produkt versteht der Unionsgesetzgeber ausweislich des Art. 1 Abs. 4 MP-VO insbesondere Medizinprodukte sowie deren Zubehör. Damit unterscheidet der Unionsgesetzgeber in Anhang II Abschnitt 6.1 lit. b) MP-VO zwischen der Software und dem Medizinprodukt bzw. Zubehör, in das die Software integriert ist.

Dieser Auslegungsansatz wird auch dadurch bestätigt, dass im Rahmen der „Verifizierung und Validierung *des Produkts*“ nach Anhang II Abschnitt 6 MP-VO gem. Anhang II Abschnitt 6.1 lit. b) Var. 4 MP-VO die „Verifizierung und Validierung *der Software*“ enthalten sein muss.[793]

Daher emergieren zwar auch für solche Hochrisiko-KI-Systeme, die als Bestandteil eines Produkts i. S. d. Art. 1 Abs. 4 MP-VO zu qualifizieren sind, vereinzelt inhaltliche Überschneidungen, allerdings sind gerade für solche KI-Systeme, die nicht mit einem Medizinprodukt „verbunden“ sind, sondern selbst als Medizinprodukt zu qualifizieren sind, wegen des sodann identischen Bewertungsgegenstandes des Anhangs II MP-VO und Anhangs IV KI-VO, weitreichende inhaltliche Überschneidungen der technischen Dokumentationen zu verzeichnen. Die Gefahr einer doppelten Arbeitsbelastung besteht daher nicht *auch*, sondern *erst recht* dann, wenn das Hochrisiko-KI-System, nicht nur mit einem Produkt „verbunden“ ist, sondern selbst ein Produkt i. S. d. Art. 1 Abs. 4 MP-VO darstellt. Vor diesem Hintergrund muss sich

[791] Vgl. hierfür die Ausführungen, wann ein KI-System als Bestandteil eines Medizinprodukt zu qualifizieren ist, bereits Kap. 2, B., II., 2., b).

[792] Vgl. hierfür den Wortlaut des Anhangs II Abschnitt 6.1 lit. b) MP-VO (Hervorhebung hinzugefügt).

[793] Vgl. hierfür den Wortlaut des Anhangs II Abschnitt 6, und 6.1 lit. b) MP-VO (Hervorhebung hinzugefügt).

der Auffassung[794] angeschlossen werden, die die Beschränkung des Art. 11 Abs. 2 KI-VO im Wortlaut der Vorschrift mittels eines *Erst-Recht-Schlusses* wieder aufhebt.

Aus Rechtssicherheitsgründen sollte im Wortlaut des Art. 11 Abs. 2 KI-VO klargestellt werden, dass die Ausnahme für Hochrisiko-KI-Systeme unabhängig davon gilt, ob diese als Bestandteil oder eigenständiges Produkt zugleich unter die Regulierung einer Harmonisierungsvorschrift fallen.

#### *b) Hinreichende Bestimmtheit der ergänzenden Anforderungen*

Neben der Anwendbarkeit wurde die Ausnahmeregelung des Art. 11 Abs. 2 KI-VO bereits im Zusammenhang mit dem Kommissionsentwurf auch in inhaltlicher Hinsicht kritisiert, weil nicht hinreichend bestimmt zum Ausdruck komme, um welche Anforderungen Anhang II und III MP-VO konkret zu ergänzen seien.[795]

##### aa) Bedenken an der Bestimmtheit des Verweises des Art. 11 Abs. 2 KI-VO

Aufgrund der weitreichenden inhaltlichen Überschneidungen mit den Anforderungen des Anhangs II und III MP-VO bürde Art. 11 Abs. 2 KI-VOE es dem Anbieter auf, im Einzelnen zu ermitteln, welche Anforderungen eine Überschneidung, Verschärfung oder eine Abweichung darstellen.[796] Um die damit einhergehende Rechtsunsicherheit zu verhindern, sei entweder eine Klarstellung aufzunehmen, dass durch Anhang IV KI-VOE keine weiteren Anforderungen an die technische Dokumentation gestellt werden, oder es müsse eine Liste aufgenommen werden, in der näher konkretisiert wird, um welche Anforderungen nach Anhang IV KI-VOE die Harmonisierungsvorschrift konkret zu ergänzen ist.[797] Dieser Kritik sahen sich auch die Entwürfe des Rates und des Parlaments ausgesetzt, die in Art. 11 Abs. 2 KI-VOE ebenfalls keine Konkretisierung vornahmen, um welche Anforderungen des Anhangs IV KI-VOE Anhang II und III MP-VO zu ergänzen ist.[798] Da sich auch dem

---

[794] *Heil*, MPR 2022, 1, 7.

[795] Vgl. *Johner Institut*, Input on the proposed AI-Act, S. 2, abrufbar unter: siehe Quellenangaben.

[796] Vgl. *Johner Institut*, Input on the proposed AI-Act, S. 2, abrufbar unter: siehe Quellenangaben; vgl. hinsichtlich der Überscheidungen auch *COCIR*, S. 2, die deshalb die Streichung der MP-VO vom Anwendungsbereich der KI-Verordnung fordern; vgl. *ResMed*, Consultation AI-Act, S. 1, abrufbar unter: siehe Quellenangaben, die mehr Klarheit fordern, wie die Überschneidungen der technischen Dokumentationen reduziert werden können.

[797] Vgl. *Johner Institut*, Input on the proposed AI-Act, S. 2, abrufbar unter: siehe Quellenangaben; ebenso in diese Richtung *ResMed*, Consultation AI-Act, S. 1, abrufbar unter: siehe Quellenangaben, die eine Klarstellung des Zusammenspiels der Verordnungen zur Gewährleistung der Rechtssicherheit fordern.

[798] Vgl. Art. 11 i.V.m. Anhang IV KI-VOE-Rat, *Rat*, General Approach 14954/22, S. 93 ff.; ebenso Art. 11 i.V.m. Anhang IV KI-VOE-EP, *Europäisches Parlament*, Amendments adopted by the European Parliament on 14 June 2023 on the proposal for an Artificial Intelligence Act, P9_TA(2023)0236.

endgültigen Regelungstext keine weitere Konkretisierung entnehmen lässt, sieht sich nunmehr auch dieser derselben Kritik ausgesetzt.

Neben der mangelnden Bestimmtheit wurde im Zusammenhang mit Art. 11 Abs. 2 KI-VOE-KOM weiterhin befürchtet, dass die Inkohärenz in Bezug auf die Widersprüche der materiellen Sicherheitsanforderungen als auch der nicht übereinstimmenden Risiko-Definition ebenfalls zu einer Inkohärenz der Anforderungen an den Inhalt der technischen Dokumentation führe.[799] Sofern die Anforderungen, die die jeweilige Verordnung an die technischen Dokumentationen stellt, sich inhaltlich widersprächen, würde die Ausnahme des Art. 11 Abs. 2 KI-VOE-KOM konterkariert werden, da nur durch die Erstellung von zwei technischen Dokumentationen den unterschiedlichen Anforderungen beider Verordnungen Rechnung getragen werden könne.[800] Vor diesem Hintergrund wurde teilweise sogar eine Streichung der MP-VO von dem Anwendungsbereich des Kommissionentwurfes gefordert.[801]

Wie oben bereits dargelegt wurde, würde eine Streichung der MP-VO dazu führen, dass die bestehenden Regelungslücken der MP-VO nicht durch die Sicherheits- und Transparenzanforderungen des Kap. III Abschnitt 2 KI-VO geschlossen werden könnten, sodass eine Streichung nicht zielführend wäre.[802]

Voraussetzung für ein funktionsfähiges Rechtssystem ist jedoch, dass die Anforderungen des Anhang II und III MP-VO und Anhang IV KI-VO inhaltlich kohärent sind und zudem für den Rechtsanwender hinreichend eindeutig zum Ausdruck gebracht wird, um welche Anforderungen der Inhalt der technischen Dokumentation konkret zu ergänzen ist. Sofern Anbieter von Hochrisiko-KI-Systemen nicht mehr eindeutig erkennen können, um welche inhaltlichen Anforderungen die technische Dokumentation der MP-VO zu ergänzen ist oder sich die Anforderungen sogar inhaltlich widersprechen, wäre nämlich auch die verfassungsrechtliche Bestimmtheit des Art. 11 Abs. 2 KI-VO infrage zu stellen.[803]

#### bb) Ergänzungen und Konkretisierungen für eigenständige KI-Systeme

Zunächst soll daher untersucht werden, inwieweit in Bezug auf die inhaltlichen Anforderungen für solche KI-Systeme, die zugleich *selbst* als Produkt i. S. d. Art. 1 Abs. 4 MP-VO zu qualifizieren sind und die damit auch selbst den Dokumentationsgegenstand des Anhangs II und III MP-VO darstellen, die Kohärenz zu den

---

[799] Vgl. *COCIR*, Feedback AI-Act, S. 2, abrufbar unter: siehe Quellenangaben; *MedTech*, Response to the public consultation, S. 2, abrufbar unter: siehe Quellenangaben.

[800] Vgl. *MedTech*, Response to the public consultation, S. 2, abrufbar unter: siehe Quellenangaben.

[801] Vgl. *COCIR*, Feedback AI-Act, S. 2, abrufbar unter: siehe Quellenangaben.

[802] Vgl. eingehend hierzu bereits Kap. 3, A.

[803] Vgl. eingehend zu der verfassungsrechtlichen Bestimmtheit von Verweisen, bereits Kap. 4, A., II., 2., b).

Anforderungen des endgültigen Regelungstextes für Art. 11 i. V. m. Anhang IV KI-VO gewahrt ist.

*(1) Anforderungen an die Beschreibung des KI-Systems*

Anhang IV Abschnitt 1 und 2 lit. a)–c) KI-VO normiert eine Reihe von inhaltlichen Mindestanforderungen, die bei der allgemeinen und detaillierten Beschreibung des KI-Systems im Rahmen der technischen Dokumentation des KI-Systems enthalten sein müssen. Sofern das Hochrisiko-KI-System, zugleich auch selbst als Produkt i. S. d. Art. 1 Abs. 4 MP-VO zu qualifizieren ist, ergeben sich diesbezüglich eine Reihe von Überschneidungen mit den Anforderungen an die *Produkt*beschreibung des Anhangs II Abschnitt 1 MP-VO, die im Folgenden aufgezeigt werden sollen.

(a) Allgemeine Beschreibung des KI-Systems

In Bezug auf die allgemeine Beschreibung des KI-Systems sieht Anhang IV Abschnitt 1 lit. a) KI-VO neben der mit Anhang II Abschnitt 1.1 lit. a) MP-VO, übereinstimmenden Pflicht zur Angabe der Zweckbestimmung zudem die Pflicht vor, dass die Version des KI-Systems angegeben werden muss, einschließlich Angaben über ihre Beziehung zu vorherigen Versionen. Obgleich der MP-VO keine explizite Pflicht zu entnehmen ist, die Systemversion und das Datum des KI-Systems anzugeben, muss ausweislich des Anhangs II Abschnitt 1.1 lit. b) MP-VO auch in der technischen Dokumentation der MP-VO eine „eindeutige Identifizierung“ des Produkts „anhand des Produktcodes, der Katalognummer oder einer anderen eindeutigen Referenz“ erfolgen können.

Da die Systemversion die eindeutige Identifizierung des konkreten KI-Systems ermöglicht, handelt es sich dabei um eine „andere(n) eindeutige(n) Referenz“ i. d. S. Die Pflicht zur Angabe der Systemversion stellt sich zwar nicht als zusätzliche Pflicht, wohl aber als Konkretisierung des Anhangs II Abschnitt 1.1 lit. b) MP-VO dar.

Eine Ergänzung ist hingegen die Pflicht zur Angabe des Anbieters nach Anhang IV Abschnitt 1 lit. a) KI-VO, die über die in Anhang II Abschnitt 3 lit. c) MP-VO vorgesehene Pflicht zur Angabe „aller Stellen, einschließlich Lieferanten und Unterauftragnehmer, bei denen Auslegungs- und Herstellungstätigkeiten durchgeführt“ wurden noch hinausgeht.

Gemäß Anhang IV Nr. 1 lit. b) KI-VO besteht zudem die Pflicht, die „Interaktion oder Verwendung“ der Systeme mit „Hardware oder Software“ zu beschreiben, „die nicht Teil des KI-Systems selbst sind“, jedoch zusammen mit dem KI-System verwendet werden sollen oder mit diesem interagieren. Während Anhang II Nr. 1.1 lit. h) MP-VO zwar ebenfalls eine Beschreibung der Zubehörteile oder anderen Produkte fordert, mit denen das KI-System verbunden wird, beschränkt sich die Pflicht der MP-VO jedoch auf eine Beschreibung der verbundenen Gegenstände als solche. Im Unterschied dazu muss gem. Anhang IV Nr. 1 lit. b) KI-VO darüber hinaus auch die „Interaktion“ beschrieben werden. Bei KI-Systemen, die in komplexe Hard- und Softwarenetzwerke eingebunden sind, ist es jedoch unabdingbar, um die Funktionsweise des KI-Systems zu verstehen, dass nicht nur die einzelnen Komponenten, sondern vielmehr auch die Art und Weise beschrieben wird, „Wie“ das KI-System mit den Komponenten interagiert. Daher ergänzen die Anforderungen des Anhangs IV Nr. 1 lit. b) KI-VO die technische Dokumentation um die KI-spezifischen Besonderheiten, indem sie eine Beschreibung der Komplexität des Netzwerkes vorsehen, in dass das KI-System integriert ist.[804]

Gemäß Anhang IV Nr. 1 lit. c) KI-VO müssen in der technischen Dokumentation die „Versionen der betreffenden Software oder Firmware“ aufgelistet werden und zudem „etwaige Anforderungen in Bezug auf die Aktualisierung“ angegeben werden.[805]

Obgleich Anhang II Abschnitt 1.1 lit. j) MP-VO eine dementsprechende Pflicht zur Beschreibung der wichtigsten Funktionselemente vorsieht, konkretisiert Anhang IV Abschnitt 1 lit. c) KI-VO den Inhalt dahingehend, dass für die einzelnen Softwarekomponenten auch die jeweilige Softwareversion angegeben werden muss.

Hinsichtlich der sodann in Anhang IV Abschnitt lit. c) KI-VO vorgesehenen Pflicht, dass auch die Aktualisierungsanforderungen für diese Softwarekomponenten angeben werden müssten, erscheint es zunächst so, als würde sich diesbezüglich keine inhaltliche Entsprechung in der MP-VO wiederfinden. Bei genauerer Betrachtung lässt sich jedoch auch diesbezüglich eine Überscheidung mit den Anforderungen der MP-VO identifizieren. Zu beachten ist nämlich, dass die technische Dokumentation keine Informationspflichten *gegenüber* dem *Betreiber* normiert, sondern ausweislich des Art. 11 Abs. 1 UAbs. 2 KI-VO gegenüber den nationalen Behörden und notifizierten Stellen den Nachweis erbringen soll, dass die Anforderungen des Kap. III Abschnitt 2 KI-VO eingehalten wurden. Daher kann sich die Pflicht zur Angabe der Aktualisierungsanforderungen gegenüber dem Betreiber nur als Nachweis der Einhaltung der Sicherheitsanforderungen darstellen, die gem. Art. 13 Abs. 3 KI-VO dem Betreiber zur Verfügung gestellt werden. Zu den darin enthaltenen Informationen gehören gem. Art. 13 Abs. 3 lit.e) KI-VO auch Informationen über Wartungs- und

---

[804] Vgl. dazu, dass sich die Komplexität und Konnektivität als eine KI-spezifische Besonderheit darstellt, *Europäische Kommission*, Bericht zum Weißbuch, COM 2020, 64 final, S. 2 ff.

[805] Obgleich der Kommissionsentwurf in Art. 3 Nr. 1 KI-VOE-KOM den Begriff des KI-Systems mit einer Software gleichsetzte, war die Pflicht zur Angabe der Version der „Software oder Firmware“ i. S. d. Anhangs IV Nr. 1 lit. c) KI-VOE-KOM nicht auf das KI-System bezogen, sondern vielmehr auf die einzelnen Softwarekomponenten, die Bestandteile des Gesamt-KI-Systems bilden. Dies ergab sich aus dem systematischen Verhältnis zu Anhang IV Abschnitt 1 lit. a) KI-VOE-KOM, der bereits die Pflicht zur Angabe der KI-Systemversion normiert. Gegen eine entsprechende Auslegung kann auch nicht eingewandt werden, dass der Kommissionsentwurf den Begriff des KI-Systems ausweislich des Art. 3 Nr. 1 KI-VOE-KOM auf „eine Software“ beschränke. Zu beachten ist nämlich, dass der Kommissionentwurf den Begriff auch an anderen Stellen nicht vollständig inhaltlich kohärent mit dieser Legaldefinition verwendete, wie etwa Anhang IV Abschnitt 2 lit. c) KI-VOE-KOM bestätigt.

Pflegemaßnahmen des KI-Systems, einschließlich Informationen über Softwareupdates. Auch im Rahmen der MP-VO müssen gem. Anhang I Abschnitt 23.4 lit. s) MP-VO etwaige Anforderungen an die Aktualisierungen der einzelnen Softwarekomponenten als Sicherheitsinformationen in der Gebrauchsanweisung angegeben werden. Daher stellt sich die Pflicht des Anhangs IV Abschnitt 1 lit. c) KI-VO zur Angabe der Aktualisierungsanforderungen nicht als Ergänzung dar. Allerdings stellt dieser Umstand infrage, inwieweit für den Zusatz des Anhangs IV Abschnitt 1 lit. c) 2. Hs KI-VO überhaupt eine Regelungsnotwendigkeit besteht. Zu beachten ist nämlich, dass die Aktualisierungsanforderungen gegenüber dem Betreiber als Teil der Betriebsanleitung gem. Anhang IV Abschnitt 1 lit. h) KI-VO ohnehin in der technischen Dokumentation enthalten sein müssen.

Ferner lassen sich auch in Bezug auf die Pflicht des Anhangs IV Abschnitt 1 lit. d) KI-VO zur Beschreibung aller Formen, in denen das KI-System in den Verkehr gebracht wird, wie beispielsweise in Hardware eingebettete Softwarepakete, zum Herunterladen oder API, Überschneidungen mit Anhang II Abschnitt 1.1 lit. i) MP-VO identifizieren, wonach ebenfalls alle Varianten und Konfigurationen zu beschreiben sind.

Eine Konkretisierung des Anhangs II MP-VO ergibt sich indes aus der Pflicht des Anhangs IV Abschnitt 1 lit. e) KI-VO, wonach die Hardware zu beschreiben ist, auf der das KI-System betrieben werden soll. Obgleich auch nach Anhang II Abschnitt 1.1 lit. i) MP-VO eine Beschreibung der unterschiedlichen Konfigurationen erfolgen muss, konkretisiert Anhang IV Abschnitt 1 lit. e) KI-VO den Begriff der Konfiguration speziell für KI-Systeme weiter.

Zwar ist auch in Anhang II Abschnitt 6.1 lit. b) Var. 4 MP-VO eine entsprechende Pflicht zur Angabe der unterschiedlichen Hardware-Konfigurationen enthalten, allerdings ist die Vorschrift nur auf Software anwendbar, die nicht selbst als Produkt i. S. d. Art. 1 Abs. 4 MP-VO sondern nur als dessen Bestandteil zu qualifizieren ist.[806] Dies ergibt sich nicht nur aus der Unterscheidung des Anhangs II Abschnitt 6.1 lit. b) Var. 4 MP-VO zwischen „Software" und dem „fertigen Produkt", sondern es wird auch durch die systematische Stellung der „Verifizierung und Validierung von Software" nach Anhang II Abschnitt 6.1 lit. b) Var.4 MP-VO in dem Abschnitt 6 „Verifizierung und Validierung des *Produkts*" bestätigt.[807] Im Zusammenhang mit KI-Systemen, die selbst als Produkt zu qualifizieren sind, stellt Anhang IV Abschnitt 1 lit. e) KI-VO sich als Konkretisierung von Anhang II Abschnitt 1.1 lit. i) MP-VO dar.

Diese Ausführung vermögen gezeigt zu haben, dass die Anforderungen der MP-VO und der KI-VO in Bezug auf die in Anhang II Abschnitt 1 MP-VO vorgesehenen Anforderungen an die allgemeine Beschreibung des Hochrisiko-KI-Systems,

---

[806] Vgl. zu der Begründung warum Anhang II Abschnitt 6.1 lit. b) 4.Var MP-VO nahelegt, dass die dort genannte Software nur Bestandteils-Software umfasst, bereits Kap. 4, D., I., 2., a), bb).

[807] Vgl. hierfür den Wortlaut des Anhanges II Abschnitt 6.1 (Hervorhebung hinzugefügt); vgl. hierzu bereits Kap. 4, D., I., 2., a), bb).

sich zwar in mehreren Punkten überschneiden, gleichwohl sind Anhang IV KI-VO eine Reihe von Konkretisierungen zu entnehmen, die die allgemein gehaltenen Anforderungen des Anhangs II MP-VO gerade in Bezug auf KI- und softwarespezifische Besonderheiten weiter konkretisieren.

*Tabelle 10*

**Übersicht zu den Überschneidungen des Anhangs IV Abschnitt 1 KI-VO mit den Anforderungen des Anhangs II MP-VO**

| KI-VO | | MP-VO | Bewertung |
|---|---|---|---|
| Anhang IV Abschnitt 1 lit. a) | Zweckbestimmung | Anhang II Abschnitt 1.1 lit. a) | Übereinstimmend |
| | Datum und Version, sowie Angaben, zur Beziehung zu vorherigen Versionen | Anhang II Abschnitt 1.1 lit. b) | Konkretisierung der KI-VO |
| | Anbieter | Anhang II Abschnitt 3 lit. c) MP-VO | Ergänzung der KI-VO |
| Anhang IV Abschnitt 1 lit. b) | Interaktion oder Verwendung mit Hardware oder Software, die nicht Teil des KI-Systems sind | Anhang II Abschnitt 1.1 lit. h) | Ergänzung der KI-VO |
| Anhang IV Abschnitt 1 lit. c) | Versionen der betreffenden Soft-/Firmware | Anhang II Abschnitt 1.1 lit. j) | Konkretisierung der KI-VO |
| | Anforderungen an die Aktualisierung der Versionen *(Klarstellung der bereits gem. Art. 13 Abs. 3 lit. e) KI-VO in der Betriebsanleitung enthaltenen Information, die gem. Anhang IV Abschnitt 1 lit. h) KI-VO Teil der TD ist)* | Anhang II Abschnitt 2 Var. 2 | Übereinstimmend |
| Anhang IV Abschnitt 1 lit. d) | Beschreibung Formen des KI-Systems | Anhang II Abschnitt 1.1 lit. i) | Übereinstimmend |
| Anhang IV Abschnitt 1 lit. e) | Beschreibung Hardware auf der das System betrieben wird | Anhang II Abschnitt 1.1 lit. i) | Konkretisierung der KI-VO |
| Anhang IV Abschnitt 1 lit. f) | *(nicht anwendbar für eigenständige KI-Systeme)* | | |

(b) Beschreibung des Entwicklungsprozesses und der Systemfunktionen

Zu einem entsprechenden Ergebnis gelangt man auch in Bezug auf die in Anhang IV Nr. 2 lit. a)–c) KI-VO vorgesehenen Dokumentationspflichten über den

Entwicklungsprozess und die Systemarchitektur des KI-Systems. Zwar ist Anhang II MP-VO auch eine Pflicht zur Beschreibung der wichtigsten Funktionselemente in Anhang II Abschnitt 1.1. lit. j) MP-VO zu entnehmen und ferner sieht Anhang II Nr. 3 lit. b) MP-VO auch die Pflicht zur Beschreibung des Herstellungsprozesses des Produktes vor, gleichwohl erschöpfen sich die Anforderungen in allgemeinen Pflichten, während die KI-VO diese inhaltlichen Anforderungen noch durch KI-spezifische Dokumentationspflichten weiter konkretisiert.

Dies kommt zunächst durch Anhang IV Nr. 2 lit. a) KI-VO zum Ausdruck, wonach alle Methoden und Schritte zur Entwicklung des KI-Systems beschrieben werden müssen, wobei auch darauf einzugehen ist, ob „*vortrainierte(en)* Systeme(n)“ oder Instrumente von anderen Anbietern verwendet bzw. integriert wurden. Zudem sieht die KI-Verordnung in Anhang IV Nr. 2 lit. b) Hs.1 KI-VO vor, dass die Beschreibung des Systems, auch die „allgemeine *Logik*“ und die verwendeten „Algorithmen“ umfassen muss.[808] Ferner soll gem. Anhang IV Nr. 2 lit. b) Hs.3 KI-VO angegeben werden „was das System *optimieren* soll und welche Bedeutung den *verschiedenen Parametern* dabei zukommt“.[809] Daher beziehen sich die Anforderungen des Anhangs IV Abschnitt 2 lit. a) und b) KI-VO wiederholt auf die Lernfähigkeit als eine der besonderen Eigenschaften, die Systeme des maschinellen Lernens aufweisen können.

Obgleich Anhang II Nr. 1.1 lit. g) MP-VO ebenfalls die Pflicht vorsieht, neuartige Eigenschaften zu beschreiben, kommt der KI-VO auch in diesem Zusammenhang eine konkretisierende Wirkung zu, sodass nicht nur die Lernfähigkeit sondern auch der Bezugspunkt der Lernfähigkeit und die Bedeutung, die den Parametern zukommt, beschrieben werden müssen. Ferner sieht Anhang IV Nr. 2 lit. c) KI-VO vor, dass auch die Systemarchitektur zu beschreiben ist, was insbesondere die Art und Weise, wie die Softwarekomponenten aufeinander aufbauen bzw. einander zuarbeiten und in die Gesamtverarbeitung integriert sind, umfassen muss. Zudem müssen gem. Anhang II Abschnitt 2 lit. c) KI-VO, die für das Entwickeln, Trainieren, Testen und Validieren verwendeten Rechenressourcen beschrieben werden.

Lediglich die Pflicht zur Beschreibung der hauptsächlichen Einstufungsentscheidungen gem. Anhang IV Nr. 2 lit. b) 3. Hs KI-VO stellt sich nicht als Konkretisierung dar, da sich die Klassifizierung ohnehin nach den Anforderungen der MP-VO richtet. Die Klassifizierungsentscheidung ist bereits gem. Anhang II Nr. 1.1 lit. f) MP-VO von der technischen Dokumentation nach den Vorschriften der MP-VO zu umfassen.

---

[808] Hervorhebung hinzugefügt.

[809] Hervorhebung hinzugefügt.

*Tabelle 11*

**Übersicht zu den Überschneidungen des Anhangs IV Abschnitt 2 lit. a)–c) KI-VO mit den Anforderungen des Anhangs II MP-VO**

| KI-VO | | MP-VO | Bewertung |
|---|---|---|---|
| Anhang IV Nr. 2 lit. a) | Methoden und Entwicklungsschritte, insbesondere vortrainierte Systeme Dritter, Instrumente und wie diese verwendet, integriert oder verändert wurden | – Anhang II Abschnitt 3 lit.b)<br>– Anhang IV Abschnitt 1.1 lit. j) | Konkretisierung der KI-VO |
| Anhang IV Nr. 2 lit. b) | Entwurfsspezifikationen Logik des KI-Systems und der Algorithmen, auch in Personen/ Personengruppen, auf die das System angewandt werden soll | Anhang II Abschnitt 1.1 lit. j) | Konkretisierung der KI-VO |
| | Hauptsächliche Einstufungsentscheidungen | Anhang II Abschnitt 1.1 lit. f) | Übereinstimmend (richtet sich ohnehin nach MP-VO) |
| | Optimierungsziel und welche Bedeutung verschiedenen Parametern zukommt | – Anhang II Abschnitt 1.1 lit. g)<br>– Anhang II Abschnitt 1.1 lit. j) | Konkretisierung der KI-VO |
| Anhang IV Nr. 2 lit. c) | Systemarchitektur, wie die Softwarekomponenten aufeinander aufbauen, einander zuarbeiten und in die Gesamtverarbeitung integriert sind | Anhang II Abschnitt 1.1 lit. j) | Konkretisierung der KI-VO |
| | Verwendete Rechenressourcen zum Entwickeln, Testen und Validieren des Systems | Anhang II Abschnitt 3 lit. b) | Konkretisierung der KI-VO |

(c) Erforderlichkeit einer unechten Verweisung auf die KI-Verordnung

Daher ergeben sich für KI-Systeme, die zugleich *selbst* als Medizinprodukt i. S. d. Art. 2 Nr. 1 MP-VO zu qualifizieren sind, in Bezug auf die allgemeine und detaillierte Beschreibung des KI-Systems, dessen Funktionsweise und des Entwicklungsprozesses in Anhang IV Abschnitt 1 und 2 lit. a) und b) KI-VO eine Reihe von inhaltlichen Überschneidungen mit den Anforderungen, die Anhang II MP-VO an die technische Dokumentation stellt. Gleichwohl konkretisieren die inhaltlichen Anforderungen des Anhang IV KI-VO die allgemein formulierten Anforderungen des Anhangs II MP-VO.

Um hinreichend Rechtssicherheit zu schaffen, sollte jedoch eine entsprechende Klarstellung aufgenommen werden, um welche Anforderungen die technische Dokumentation des Harmonisierungsrechtsaktes ergänzt bzw. konkretisiert wird.[810]

Da die Frage, inwieweit Überschneidungen zwischen der KI-VO und einem Harmonisierungsrechtsakt bestehen, stets davon abhängt, welche konkreten inhaltlichen Anforderungen der jeweilige Harmonisierungsrechtsakt an die technische Dokumentation stellt und auf welchen Bewertungsgegenstand sich dieser bezieht, wäre eine entsprechende Klarstellung im Rahmen der KI-VO ungeeignet, um *sektorenübergreifend* hinreichend Rechtssicherheit herzustellen.

Vielmehr sollte daher in Bezug auf die allgemeine und detaillierte Beschreibung der Hochrisiko-KI-Systeme, die zugleich selbst als Produkt i. S. d. Art. 1 Abs. 4 MP-VO zu qualifizieren sind, in Anhang I Abschnitt 1 und 3 MP-VO durch einen unechten Verweis auf die künftig geltende KI-Verordnung zu Erleichterung der Rechtsanwendung die konkretisierenden Anforderungen des Anhangs IV Abschnitt 1 und 2 lit. a) und b) KI-VO zum Ausdruck gebracht werden.

*(2) Pflicht zur Beifügung der Betriebsanleitung*

Neben der Pflicht des Anhangs IV Abschnitt 1 und 2 lit. a) und b) KI-VO zur Beschreibung des KI-Systems, dessen Funktionsweise und des Entwicklungsprozesses sieht Anhang IV Abschnitt 1 lit. h) KI-VO[811] auch die Pflicht zur Beifügung der Betriebsanleitung in der technischen Dokumentation vor.

(a) Kohärenz der Anforderungen an die Dokumentation

Eine damit übereinstimmende Pflicht findet sich auch in Anhang II Abschnitt 2 Alt. 2 MP-VO. Diese Überschneidung ist letztlich Ausfluss dessen, dass die technische Dokumentation ausweislich des Art. 11 Abs. 3 KI-VO dem Nachweis der Einhaltung der materiellen Sicherheitsanforderungen zu dienen bestimmt ist. Sofern sich die Sicherheitsanforderungen überschneiden, führt dies notwendigerweise auch zu einer Überschneidung der Dokumentationspflichten.

Der Entwurf der Kommission und des Rates für Art. 13 Abs. 2 und Abs. 3 KI-VOE hätte daher dazu geführt, dass Anbieter für Hochrisiko-KI-basierte Medizinprodukte zukünftig sowohl eine Gebrauchsanweisung als auch eine Betriebsanleitung erstellen hätten müssen, weil die Pflicht des Art. 13 Abs. 2 KI-VO neben die

---

[810] Vgl. zum Kommissionsentwurf, so auch die Forderung von *Johner Institut*, Input on the proposed AI-Act, S. 2, abrufbar unter: siehe Quellenangaben.

[811] Vgl. zu den Entwürfen Anhang I Abschnitt 1 lit. g) KI-VOE-KOM, COM 2021, 206 final, S. 8; ebenso Anhang I Abschnitt 1 lit. g) KI-VOE-Rat, *Rat*, General Approach 14954/22, S. 202; ebenso *Europäisches Parlament*, Amendments adopted by the European Parliament on 14 June 2023 on the proposal for an Artificial Intelligence Act, P9_TA(2023)0236.

ohnehin nach der MP-VO bestehende Pflicht des Anhangs 23.1 MP-VO zur Erstellung einer Gebrauchsanweisung getreten wäre.[812]

Da sich daraus eine sicherheitsrechtlich nicht gerechtfertigte Arbeitsbelastung für die relevanten Wirtschaftsakteure ergäbe, ist es jedenfalls begrüßenswert, dass von der in dem endgültigen Regelungstext in Art. 8 Abs. 2 KI-VO vorgesehenen Möglichkeit Gebrauch gemacht werden kann, eine einheitliche Gebrauchsanweisung für Hochrisiko-KI-basierte Medizinprodukte zu erstellen.[813]

Um diese Erleichterung nicht zu konterkarieren, müssen jedoch nicht nur die Anforderungen *an* die Gebrauchsanweisung bzw. Betriebsanleitung[814], sondern auch die Anforderungen, *wie* die Gebrauchsanweisung bzw. Betriebsanleitung[815] im Rahmen der technischen Dokumentation beizufügen ist, inhaltlich kohärent sein.

An dieser Kohärenz kann zunächst gezweifelt werden, da Anhang II Abschnitt 2 Alt. 2 MP-VO voraussetzt, dass die Gebrauchsanweisung in allen Amtssprachen beigefügt werden muss, die in den Mitgliedstaaten gesprochen werden, in denen das Medizinprodukt verkauft werden soll.

In dem Kommissionsentwurf und dem Entwurf des Rates ermangelte[816] es einer Pflicht zur Beifügung einer Gebrauchsanweisung in allen Amtssprachen. Vielmehr enthielten die Entwürfe in Art. 13 Abs. 2 KI-VOE nur den allgemeinen Hinweis darauf, dass die Gebrauchsanweisung in einer „verständlichen Form“ zur Verfügung gestellt werden müsse. Demgegenüber sah der Entwurf des Europäischen Parlaments in Anhang IV Abschnitt 1 lit. g) KI-VOE-EP[817] vor, dass die Gebrauchsanweisung in der in Art. 13 Abs. 2 und 3 KI-VOE-EP[818] vorgesehenen Weise und damit gem. Art. 13 Abs. 3 lit. eb (new) KI-VOE-EP[819] in allen Sprachen der Mitgliedstaaten verfasst sein muss, in denen das System genutzt wird. Dadurch

---

[812] Vgl. eingehend dazu, dass nach dem Entwurf der Kommission und des Rates zwei Gebrauchsanweisungen erstellt werden müssten, Kap. 4, C., IV., 3., b), bb).

[813] Vgl. dass aus der Pflicht zur Erstellung von zwei Gebrauchsanweisung aufgrund der zahlreichen Überschneidungen eine sicherheitsrechtlich nicht gerechtfertigte doppelte Arbeitsbelastung resultieren würde, bereits Kap. 4, C., IV., 3., b), bb), (1).

[814] Vgl. hierfür Art. 13 Abs. 2 und 3 KI-VO.

[815] Vgl. hierfür Art. 13 Abs. 2 und 3 KI-VO.

[816] Vgl. hierfür Anhang IV Abschnitt 1 lit. g) KI-VOE-KOM, COM 2021, 206 final, S. 8; ferner auch Anhang IV Abschnitt 1 lit. g) KI-VOE-Rat, *Rat*, General Approach, 14954/22, S. 202.

[817] Vgl. Anhang IV Abschnitt 1 lit. g) KI-VOE-EP, Änderung 747, *Europäisches Parlament*, Amendments adopted by the European Parliament on 14 June 2023 on the proposal for an Artificial Intelligence Act, P9_TA(2023)0236.

[818] Vgl. Art. 13 Abs. 3 eb (new) KI-VOE-EP, Änderung 312, *Europäisches Parlament*, Amendments adopted by the European Parliament on 14 June 2023 on the proposal for an Artificial Intelligence Act, P9_TA(2023)0236.

[819] Vgl. Art. 13 Abs. 3 lit. eb (new) KI-VOE-EP Änderung 312, *Europäisches Parlament*, Amendments adopted by the European Parliament on 14 June 2023 on the proposal for an Artificial Intelligence Act, P9_TA(2023)0236.

resultiert aus dem Verweis des Anhangs IV Abschnitt 1 lit. g) KI-VOE-EP[820] auch die Pflicht, die Gebrauchsanweisung in der technischen Dokumentation in allen Amtssprachen, in denen das KI-System genutzt wird, beizufügen.

Allerdings ging die Pflicht des Anhangs IV Abschnitt 1 lit. g) KI-VOE-EP[821] über die Pflicht des Anhangs II Abschnitt 2 2. Alt MP-VO hinaus.[822] Während der Entwurf des Parlaments eine Verfassung in allen Amtssprachen in denen das System „is used" voraussetzte, sieht Anhang II MP-VO vor, dass die Gebrauchsanweisung in den Amtssprachen aller Mitgliedstaaten verfasst sein muss, in denen das System „verkauft" wurde.[823]

Der Vorschlag des Parlaments wurde jedoch in dem endgültige Regelungstext für Anhang IV Abschnitt 1 lit. h) KI-VO nicht übernommen. Vielmehr sieht dieser im Einklang mit dem Kommissions- und Ratsentwurf vor, dass die Betriebsanleitung gem. Art. 13 Abs. 2 KI-VO in einer „verständlichen Form" bereitgestellt werden muss, was auch die Pflicht umfasst die Betriebsanleitung in der jeweiligen Amtssprache bereitzustellen.

Daher kann auch die Kohärenz der inhaltlichen Anforderungen an die Art und Weise, wie die Gebrauchsanweisung bzw. Betriebsanleitung[824] in der technischen Dokumentation beizufügen ist, gewahrt werden.

(b) Systematisch fragwürdige Konkretisierungen des Inhaltes in den Entwürfen

In den Entwürfen für Anhang IV Nr. 1 lit. g) KI-VOE war ferner vorgesehen, dass die Betriebsanleitung „gegebenenfalls Aufbau- und Installationsanweisungen" mitumfassen solle.[825]

Ob diese Ergänzung in systematischer Hinsicht richtig verortet war, musste gleichwohl bezweifelt werden. Gemäß Art. 11 Abs. 1 UAbs. 2 KI-VO[826] bestand

---

[820] Vgl. Anhang IV Abschnitt 1 lit. g) KI-VOE-EP, Änderung 747, *Europäisches Parlament*, Amendments adopted by the European Parliament on 14 June 2023 on the proposal for an Artificial Intelligence Act, P9_TA(2023)0236.

[821] Vgl. Anhang IV Abschnitt 1 lit. g) KI-VOE-EP, Änderung 747, *Europäisches Parlament*, Amendments adopted by the European Parliament on 14 June 2023 on the proposal for an Artificial Intelligence Act, P9_TA(2023)0236.

[822] Vgl. hierzu bereits Kap. 4, C., IV., 3., b), bb), (1), (c).

[823] Vgl. hierzu bereits Kap. 4, C., IV., 3., b), bb), (1), (c).

[824] Vgl. hierfür Art. 13 Abs. 2 und 3 KI-VO.

[825] Vgl. zu den Entwürfen, in denen die „Betriebsanleitung" noch als „Gebrauchsanweisung" bezeichnet wurde, Anhang IV Nr. 1 lit. g), COM 2021, 206 final, Anhänge, S. 8; vgl. Anhang IV Abschnitt 1 lit. g) KI-VOE-Rat, *Rat*, General Approach, 14954/22, S. 202; Anhang IV Abschnitt 1 lit. g) KI-VOE-EP, *Europäisches Parlament*, Amendments adopted by the European Parliament on 14 June 2023 on the proposal for an Artificial Intelligence Act, P9_TA(2023)0236.

[826] Vgl. Art. 11 Abs. 1 UAbs. 2 KI-VOE-KOM, COM 2021, 206 final, S. 56; Art. 11 Abs. 1 UAbs. 2 KI-VOE-Rat, *Rat*, General Approach 14954/22, S. 93; Art. 11 Abs. 1 UAbs. 2

und besteht der Sinn und Zweck der technischen Dokumentation darin, gegenüber den nationalen Behörden und notifizierten Stellen den *Nachweis* zu erbringen, dass die Anforderungen des Kap. 2 Titel III KI-VOE (nunmehr: Kap. III Abschnitt 2 KI-VO) eingehalten werden und welche Maßnahmen zur Einhaltung ergriffen wurden. Daher konnten sich die Anforderungen an den Inhalt der technischen Dokumentation nur auf bestehende Sicherheitsanforderungen des Kap. 2 Titel III KI-VOE[827] beziehen.

Die in den Entwürfen vorgesehene Pflicht des Anhangs IV lit. g) KI-VOE zur Angabe von Informationen über Aufbau- und Installationsanweisungen fand jedoch keinen Niederschlag in den inhaltlichen Anforderungen, die die Entwürfe für Art. 13 Abs. 3 KI-VOE an die Betriebsanleitung stellten.[828] Vor diesem Hintergrund handelte es sich bei der Ergänzung des Anhangs IV Abschnitt 1 lit. g) 2. Alt KI-VOE um eine systematisch fragwürdige Konkretisierung des Inhaltes der Gebrauchsanweisung. Sofern eine entsprechende Konkretisierung gewünscht gewesen wäre, hätte diese vielmehr in Art. 13 Abs. 3 KI-VOE verortet werden müssen. Daher ist es auch begrüßenswert, dass der endgültige Regelungstext diese Pflicht nicht übernommen hat.

Aus denselben Gründen sind auch die von dem Parlamentsentwurf vorgesehenen Ergänzungen 748–751 für Anhang IV Abschnitt 1 lit. g) KI-VOE-EP systematisch in Art. 13 Abs. 3 KI-VOE-EP zu verorten, da diese mit einer Beschreibung der grundlegenden Zielsetzung, der erwarteten Ausgabe und deren Qualität, als auch Anleitungen für die Interpretation der Ergebnisse des KI-Systems, den Inhalt betreffen, der in der Gebrauchsanweisung für den *Betreiber* zur Verfügung gestellt werden muss.[829] Es handelte sich daher ebenfalls um ergänzende Anforderungen an den Mindestinhalt der Gebrauchsanweisung und nicht den Nachweis der Einhaltung der Sicherheitsanforderung des Art. 13 Abs. 2 und 3 KI-VOE-EP.[830] Angesichts dessen ist es begrüßenswert, dass auch diese vom Parlament in Anhang IV Abschnitt 1 lit. g) KI-VOE-EP angeregten Änderungen nicht übernommen wurden.

---

KI-VOE-EP, *Europäisches Parlament*, Amendments adopted by the European Parliament on 14 June 2023 on the proposal for an Artificial Intelligence Act, P9_TA(2023)0236.

[827] Nunmehr: Kap. III Abschnitt 2 KI-VO.

[828] Vgl. Art. 13 Abs. 3 KI-VOE-KOM, COM 2021, 206 final, S. 58; ebenso Art. 13 Abs. 3 KI-VOE-Rat, *Rat*, General Approach 14954/22, S. 95; ebenso Art. 13 Abs. 3 KI-VOE-EP, *Europäisches Parlament*, Amendments adopted by the European Parliament on 14 June 2023 on the proposal for an Artificial Intelligence Act, P9_TA(2023)0236.

[829] Vgl. hierfür die Änderungen 747–751, *Europäisches Parlament*, Amendments adopted by the European Parliament on 14 June 2023 on the proposal for an Artificial Intelligence Act, P9_TA(2023)0236.

[830] Vgl. hierfür die Änderungen 747–751, *Europäisches Parlament*, Amendments adopted by the European Parliament on 14 June 2023 on the proposal for an Artificial Intelligence Act, P9_TA(2023)0236.

*(3) Nachweis der Konformität mit Kap. III Abschnitt 2 KI-VO*

Obgleich Anhang IV Abschnitt 2 KI-VO[831] die Überschrift „Detaillierte Beschreibung der Bestandteile des KI-Systems und seines Entwicklungsprozesses" trägt, beschränken sich die in Anhang IV Nr. 2 KI-VO normierten Informationen nicht nur auf den Entwicklungsprozess des Systems oder die Beschreibung der Bestandteile, sondern normiert Anhang IV Abschnitt 2 KI-VO eine Reihe von Informationspflichten, die die Art und Weise betreffen, wie die Einhaltung des Kap. III Abschnitt 2 KI-VO gewährleistet wird.

In Anhang IV Nr. 2 lit. b) 4. Hs. KI-VO[832] sieht die KI-Verordnung die Pflicht zur Beschreibung aller Entscheidungen „über mögliche Kompromisse in Bezug auf die technischen Lösungen, mit denen die in Kap. III Abschnitt 2 KI-VO festgelegten Anforderungen erfüllt werden sollen" vor.

Zudem ist in Anhang IV Nr. 2 lit. d) KI-VO[833] vorgesehen, dass „Herkunft, Umfang und Hauptmerkmale(n)" dieser Datensätze, sowie Angaben zu Kennzeichnungsverfahren und Datenbereinigungsmethoden in der technischen Dokumentation zu beschreiben sind. In dieser Dokumentationspflicht kommt der Bezug zu Art. 10 KI-VO zum Ausdruck, wonach die Daten, mit denen das System trainiert wird, die Qualitätskriterien des Art. 10 Abs. 2 bis 5 KI-VO erfüllen müssen, wozu auch Verfahren zur Datenaufbereitung wie die Kennzeichnung und Datenbereinigung gehören.[834] Zudem ist in Anhang IV Nr. 2 lit. g) KI-VO die Pflicht normiert, dass in der technischen Dokumentation die verwendeten Validierungs- und Testverfahren, einschließlich der Validierungs- und Testdaten, sowie deren Hauptmerkmale angegeben werden müssen.[835]

Ferner sieht Anhang IV Nr. 2 lit. e) KI-VO vor, dass die nach Art. 14 KI-VO getroffenen Maßnahmen dargelegt werden müssen, was auch technische Maßnah-

[831] Vgl. zu den Entwürfen Anhang IV Abschnitt 2, COM 2021, 206 final, S. 8 f.; vgl. *Rat*, General Approach 14954/22, S. 202; ebenso Anhang IV Abschnitt 2 KI-VOE-EP, *Europäisches Parlament*, Amendments adopted by the European Parliament on 14 June 2023 on the proposal for an Artificial Intelligence Act, P9_TA(2023)0236.

[832] Vgl. hierfür Anhang IV Abschnitt 2 lit. b), COM 2021, 206 final, Anhänge, S. 8; vgl. *Rat*, General Approach 14954/22, S. 203; ebenso Anhang IV Abschnitt 2 lit. b) KI-VOE-EP, *Europäisches Parlament*, Amendments adopted by the European Parliament on 14 June 2023 on the proposal for an Artificial Intelligence Act, P9_TA(2023)0236.

[833] Vgl. hierfür Anhang IV Abschnitt 2 lit. d), COM 2021, 206 final, Anhänge, S. 8; vgl. *Rat*, General Approach 14954/22, S. 203; ebenso Anhang IV Abschnitt 2 lit. d) KI-VOE-EP, *Europäisches Parlament*, Amendments adopted by the European Parliament on 14 June 2023 on the proposal for an Artificial Intelligence Act, P9_TA(2023)0236.

[834] Vgl. eingehend zu den Anforderungen des Art. 10 KI-VO, Kap. 4, C., IV., 1.

[835] Vgl. hierfür Anhang IV Abschnitt 2 lit. g), COM 2021, 206 final, S. 9; vgl. *Rat*, General Approach 14954/22, S. 204; ebenso Anhang IV Abschnitt 2 lit. g) KI-VOE-EP, *Europäisches Parlament*, Amendments adopted by the European Parliament on 14 June 2023 on the proposal for an Artificial Intelligence Act, P9_TA(2023)0236.

men erfassen soll, die getroffen wurden, um dem Betreibern die Interpretation der Ergebnisse gem. Art. 13 Abs. 3 lit. d) KI-VO zu ermöglichen.[836]

Weiterhin sieht Anhang IV Abschnitt 2 lit. g) KI-VO auch vor, dass die Parameter die zur Messung der Genauigkeit und Robustheit und der Erfüllung anderer einschlägiger Anforderungen des Kap. III Abschnitt 2 KI-VO angegeben werden müssen.[837] Ferner sieht Anhang IV Abschnitt 3 KI-VO die Dokumentationspflicht für alle Maßnahmen vor, die etabliert wurden, um die Leistungsfähigkeit des KI-Systems in Bezug auf dessen Zweckbestimmung zu überwachen und zu kontrollieren.[838]

In der technischen Dokumentation muss ausweislich des Anhangs IV Abschnitt 5 KI-VO auch eine Beschreibung des Risikomanagementsystems nach Art. 9 KI-VO enthalten sein sowie nach Anhang IV Abschnitt 7 KI-VO die Pflicht zur Angabe der eingehaltenen harmonisierten Normen oder gemeinsamen Spezifikationen.[839] Weiterhin sind die ergriffenen Cybersicherheitsmaßnahmen gem. Anhang IV Abschnitt 2 lit. h) KI-VO anzugeben.

Insgesamt beziehen sich die in Anhang IV Abschnitt 2 lit. c) – h), Abschnitt 3 – 6 KI-VO vorgesehenen Informationspflichten auf eine Dokumentation der Art und Weise, wie das System konzipiert und entwickelt wurde und welche Prozesse etabliert wurden, um die Konformität mit Kap. III Abschnitt 2 KI-VO zu gewährleisten.

Sofern gewährleistet wird, dass die materiellen Sicherheitsanforderungen des Kap. III Abschnitt 2 KI-VO die grundlegenden Sicherheits- und Leistungsanforderungen des Anhangs I MP-VO tatsächlich, um die technischen Sicherheitsanforderungen *ergänzen*, könnten sich auch in Bezug auf den Nachweis „Wie“ die Si-

---

[836] Vgl. hierfür Anhang IV Abschnitt 2 lit. e), COM 2021, 206 final, Anhänge, S. 9; vgl. *Rat*, General Approach 14954/22, S. 203; ebenso Anhang IV Abschnitt 2 lit. e) KI-VOE-EP, *Europäisches Parlament*, Amendments adopted by the European Parliament on 14 June 2023 on the proposal for an Artificial Intelligence Act, P9_TA(2023)0236. Vgl. eingehend zu den Anforderungen des Art. 13 KI-VO, bereits Kap. 4, C., IV., 3.

[837] Vgl. hierfür Anhang IV Abschnitt 2 lit. g), COM 2021, 206 final, S. 9; vgl. *Rat*, General Approach 14954/22, S. 204; ebenso Anhang IV Abschnitt 2 lit. g) KI-VOE-EP allerdings mit der Einschränkung, dass der Begriff der „Cybersicherheit“ gestrichen wurde, vgl. Änderung 755, *Europäisches Parlament*, Amendments adopted by the European Parliament on 14 June 2023 on the proposal for an Artificial Intelligence Act, P9_TA(2023)0236.

[838] Vgl. hierfür Anhang IV Abschnitt 3, COM 2021, 206 final, S. 9; vgl. *Rat*, General Approach 14954/22, S. 204; ebenso Anhang IV Abschnitt 3 KI-VOE-EP *Europäisches Parlament*, Amendments adopted by the European Parliament on 14 June 2023 on the proposal for an Artificial Intelligence Act, P9_TA(2023)0236.

[839] Vgl. hierfür Anhang IV Abschnitt 4 und 6, COM 2021, 206 final, S. 9; vgl. *Rat*, General Approach 14954/22, S. 204; ebenso Anhang IV Abschnitt 4 und 6 KI-VOE-EP *Europäisches Parlament*, Amendments adopted by the European Parliament on 14 June 2023 on the proposal for an Artificial Intelligence Act, P9_TA(2023)0236.

cherheitsanforderungen eingehalten werden, keine inhaltlichen Überschneidungen oder Widersprüche ergeben.[840]

Um hinreichende Rechtssicherheit herzustellen, wäre es allerdings begrüßenswert, wenn in Anhang II Abschnitt 4 MP-VO ein unechter Verweis[841] auf die konkretisierenden Anforderungen des Anhangs IV Abschnitt 2 KI-VO aufgenommen wird, um so die Rechtsanwendung zu erleichtern:

> „Hinsichtlich der technischen Sicherheitsanforderungen an die Sicherheit und Leistungsfähigkeit von Hochrisiko-KI-Systemen, die als Produkt zu qualifizieren sind, werden die grundlegenden Sicherheits- und Leistungsanforderungen des Anhangs I MP-VO durch Kap. III Abschnitt 2 KI-VO ergänzt. Die Angaben, die zum Nachweis der Einhaltung der Anforderungen des Kap. III Abschnitt 2 KI-VO im Rahmen der technischen Dokumentation aufzunehmen sind, werden in Anhang IV Abschnitt 2 KI-VO näher spezifiziert."

*(4) Zwischenergebnis*

Zusammenfassend ergeben sich hinsichtlich der Anforderungen, die Anhang II und III MP-VO und Anhang IV KI-VO an die technische Dokumentation von Hochrisiko-KI-Systemen stellen, die zugleich als Produkt i. S. d. Art. 1 Abs. 4 MP-VO zu qualifizieren sind, eine Reihe von Überschneidungen.

Allerdings vermögen die Anforderungen des Anhang IV Abschnitt 1 und Abschnitt 2 lit. a) und b) KI-VO die allgemeine Produktbeschreibung und die Beschreibung des Herstellungsprozesses nach Anhang II Abschnitt 1 und 3 MP-VO gerade um KI-spezifische Besonderheiten weiter zu konkretisieren.

Hinsichtlich der Sicherheitsanforderungen, die dem Nachweis der Konformität mit Kap. III Abschnitt 2 KI-VO zu dienen bestimmt sind, ergäben sich dann keine Überschneidungen und Widersprüche zu Anhang II und III MP-VO, wenn die materiellen Sicherheitsanforderungen der Verordnungen inhaltlich kohärent wären.

Um dem Rechtsanwender hinreichend eindeutig zum Ausdruck zu bringen, um welche Anforderungen die MP-VO konkretisiert wird, sollten in der MP-VO unechte Verweisungen zur Erleichterung der Rechtsanwendung aufgenommen werden.

Diese müssten sowohl im Rahmen der allgemeinen Produktbeschreibung und den Anforderungen an die Beschreibung des Herstellungsprozesses nach Anhang II Abschnitt 1 und 3 MP-VO als auch in Bezug auf den Nachweis der Einhaltung der Sicherheitsanforderungen nach Anhang II Abschnitt 4 MP-VO auf die konkretisierenden Anforderungen des Anhangs IV KI-VO für Hochrisiko-KI-Systeme verweisen, die selbst als Produkt i. S. d. Art. 1 Abs. 4 MP-VO zu qualifizieren sind.

---

[840] Vgl. eingehend zu der Untersuchung, inwieweit die materiellen Sicherheitsanforderungen kohärent sind und inwiefern noch Verbesserungsbedarf besteht, bereits Kap. 4, C.

[841] Vgl. hierfür die Ausführungen zu unechten Verweisen, die sich dadurch kennzeichnen, auf ohnehin geltende Regelungen, zur Erleichterung der Rechtsanwendung Bezug zu nehmen, bereits Kap. 4, A., II., 1.

### cc) Inhaltliche Überschneidungen bei integrierten KI-Systemen

Für Hochrisiko-KI-Systeme, die nicht selbst als Produkt i. S. d. Art. 1 Abs. 4 MP-VO sondern nur als dessen Bestandteil zu qualifizieren sind, beziehen sich die Anforderungen des Anhangs II MP-VO nicht auf das Hochrisiko-KI-System als solches, sondern primär auf das Gesamtprodukt, während die Konformität des Hochrisiko-KI-Systems nur als *Bestandteil* des Produkts mitdokumentiert wird.[842]

#### *(1) Beschreibung des Entwicklungsprozesses und der Systemarchitektur*

Dennoch umfasst auch die technische Dokumentation des Gesamtproduktes in Anhang II Abschnitt 6.1 lit. b) Var. 4 MP-VO eine Beschreibung des „Softwaredesigns und des Entwicklungsprozesses".[843] Dass sich diese Dokumentationspflicht auf die integrierte Software bezieht, die einen *Bestandteil* des Produkts bildet, das den Dokumentationsgegenstand darstellt, ergibt sich aus der expliziten Unterscheidung des Anhangs II Abschnitt 6.1 lit. b) Var.4 MP-VO zwischen einem „fertigen Produkt", und damit einem Produkt i. S. d. Art. 1 Abs. 4 MP-VO, und der „Software". Ferner wird dies auch durch die systematische Stellung dessen in Anhang II Abschnitt 6.1 lit. b) Var. 4 MP-VO bestätigt, der die Überschrift „Verifizierung und Validierung *der Software*" trägt und der wiederum in Anhang II Abschnitt 6 MP-VO verortet ist, der die Überschrift „Verifizierung und Validierung *des Produkts*" trägt.[844] Daher legt auch die systematische Stellung nahe, dass im Rahmen der Verifizierung und Validierung des Produkts die *Software* als dessen Bestandteil verifiziert und validiert werden muss.

Die Pflicht zur Verifizierung und Validierung der Software nach Anhang II Abschnitt 6.1 lit. b) Var. 4 MP-VO umfasst auch die Pflicht zur Beschreibung der Software und deren Entwicklungsprozesses. Diesbezüglich emergieren sodann Überschneidungen zu Anhang IV KI-VO, wobei diese die sehr allgemein gehaltene Pflicht des Anhangs II Abschnitt 6.1 lit. b) Var. 4 MP-VO durch die Anforderungen des Anhangs IV Abschnitt 1 und 2 lit. a)–c) KI-VO noch KI-spezifisch konkretisiert.

Um hinreichend Rechtssicherheit für den Anwender herzustellen, ist für Hochrisiko-KI-Systeme auch in diesem Zusammenhang zur Erleichterung der Rechtsanwendung in Anhang II 6.1 lit. b) Var. 4 MP-VO ein unechter Verweis auf die konkretisierenden Anforderungen des Anhangs IV Abschnitt 1 und 2 lit. a)–c) KI-VO aufzunehmen.[845]

---

[842] Vgl. bereits zu dem Umstand, dass sich die technische Dokumentation primär auf das Gesamtprodukt und nicht das Bestandteils-Hochrisiko-KI-System bezieht und dieses daher nur „mitdokumentiert" wird, bereits Kap. 4, D., I., 2., a), bb).

[843] Vgl. hierzu bereits Kap. 4, D., I., 2., a), bb).

[844] Vgl. hierfür den Wortlaut Anhang II Abschnitt 6.1, lit. b) Var. 4 MP-VO (Hervorhebung hinzugefügt); vgl. hierzu bereits Kap. 4, D., I., 2., a), bb).

[845] Ebenso zum Kommissionsentwurf *Heil*, MPR 2022, 1, 7.

*(2) Dokumentation der Konformität mit Kapitel III Abschnitt 2 KI-VO*

Für Hochrisiko-KI-Systeme, die als Bestandteil eines Produkts zu qualifizieren sind, besteht gem. Anhang II Abschnitt 4 MP-VO ferner die Pflicht zur Angabe, wie die materiellen Sicherheitsanforderungen eingehalten wurden.

Obgleich sich im Rahmen der MP-VO die materiellen Sicherheitsanforderungen primär auf das Produkt i. S. d. Art. 1 Abs. 4 MP-VO beziehen, enthält die MP-VO auch Anforderungen an die Software, die nur einen Bestandteil eines KI-Systems bildet.[846] Dies ergibt sich etwa aus der amtlichen Überschrift des Anhangs I Abschnitt 17 MP-VO, der die dort normierten Sicherheitsanforderungen auch für Software für anwendbar erklärt, die nur als Teil eines programmierbaren Elektroniksystems, einen Bestandteil eines Produkt i. S. d. Art. 1 Abs. 4 MP-VO bildet.[847]

Sofern die Kohärenz dieser Sicherheitsanforderungen in der oben dargestellten Weise gewahrt wird, ergibt sich jedoch auch in Bezug auf den Nachweis der Einhaltung dieser Anforderungen nach Anhang IV Abschnitt 2 lit. d)–h), Abschnitt 3–7 KI-VO und Anhang II Abschnitt 4 MP-VO keine Inkohärenz.

Zur Gewährleistung der Rechtssicherheit ist der oben[848] vorgeschlagene unechte Verweis in Anhang II Abschnitt 4 MP-VO auf Anhang IV MP-VO in Bezug auf die technischen Sicherheitsanforderung, noch auf integrierte KI-Systeme auszuweiten:

> „Hinsichtlich der technischen Sicherheitsanforderungen an die Sicherheit und Leistungsfähigkeit von Hochrisiko-KI-Systemen, die als Produkt *oder dessen Bestandteil* zu qualifizieren sind, werden die grundlegenden Sicherheits- und Leistungsanforderungen des Anhangs I durch Kap. III Abschnitt 2 KI-VO ergänzt. Die Angaben, die zum Nachweis der Einhaltung der Anforderungen des Kap. III Abschnitt 2 KI-VO im Rahmen der technischen Dokumentation aufzunehmen sind, werden in Anhang IV KI-Verordnung näher spezifiziert."

*(3) Bildliche Darstellung der Inkorporation des KI-Systems*

Für Hochrisiko-KI-Systeme, die in Produkte eingebettet sind, sieht Anhang IV Nr. 1 lit. f) KI-VO zudem die Pflicht vor, dass in der technischen Dokumentation Fotografien oder Abbildungen über die „äußere(n) Merkmale, die Kennzeichnungen und den inneren Aufbau dieser Produkte" beigefügt werden müssen.[849] Eine dementsprechende Pflicht lässt sich jedoch auch Anhang II Abschnitt 1 lit. j) S. 1 MP-VO entnehmen, wonach die „wichtigsten Funktionselemente des Produkts",

---

[846] Vgl. hierzu bereits Kap. 2, B., II., 2., b), dd).

[847] Vgl. hierzu bereits Kap. 2, B., II., 2., b), dd).

[848] Vgl. hierzu bereits Kap. 4, D., I., 2., b), bb), (1), (c).

[849] Vgl. hierfür den Wortlaut des Anhang IV Abschnitt 1 lit. f) KI-VOE-KOM, COM 2021, 206 final, S. 8; dem folgend Rat, General Approach 14954/22, S. 202; ebenso *Europäisches Parlament*, Amendments adopted by the European Parliament on 14 June 2023 on the proposal for an Artificial Intelligence Act, P9_TA(2023)0236.

einschließlich der „Bestandteile/Komponenten“, zu denen explizit auch „Software“ gehören kann, zu beschreiben sind.

Gleichwohl besteht zwischen den Pflichten auch ein Unterschied. Während Anhang II Abschnitt 1 lit. j) S. 2 MP-VO nur „gegebenenfalls“ die Pflicht vorsieht, dass eine bildliche Darstellung aufgenommen werden müsse, sieht Anhang IV Abschnitt 1 lit. f) KI-VO stets die Pflicht zur Beifügung einer bildlichen Darstellung der Art und Weise vor, wie das System in das Produkt integriert ist.

Sofern eine gemeinsame technische Dokumentation erstellt wird, müssen die Anbieter der Hochrisiko-KI-Systeme daher wegen des Anhangs IV Abschnitt 1 lit. f) KI-VO der technischen Dokumentation stets eine bildliche Darstellung in Form einer Fotografie oder Abbildung beifügen.

### *c) Zwischenergebnis*

Es ist begrüßenswert, dass Art. 11 Abs. 2 KI-VO die Möglichkeit vorsieht, dass nur eine technische Dokumentation erstellt werden muss. Gleichwohl sollte in dem Wortlaut der Vorschrift klargestellt werden, dass die Ausnahme auch für Systeme anwendbar ist, die nicht mit einem anderen Produkt „verbunden“ sind, sondern selbst als Produkt in den Verkehr gebracht werden, weil sich gerade für solche Systeme weitreichende Überschneidungen ergeben.

Um eine hinreichende Rechtssicherheit zu gewährleisten, sollte für Hochrisiko-KI-Systeme, die zugleich als Medizinprodukt zu qualifizieren sind, in den Anforderungen nach Anhang II Abschnitt 1 und 3 MP-VO an die allgemeine Produktbeschreibung und die Beschreibung des Herstellungsprozesses ein unechter Verweis auf die konkretisierenden Anforderungen des Anhangs IV Abschnitt 1 und Abschnitt 2 lit. a) und b) KI-Verordnung aufgenommen werden.

Hinsichtlich der Dokumentation über die Einhaltung der materiellen Sicherheitsanforderungen nach Anhang IV Abschnitt 2 KI-VO, wird die Kohärenz zu der Dokumentationspflicht des Anhangs II Abschnitt 4 MP-VO dann gewahrt, wenn die Kohärenz der materiellen Sicherheitsanforderungen sichergestellt wird. Um den ergänzenden Charakter der Anforderungen an die technische Dokumentation hinreichend rechtssicher zum Ausdruck zu bringen, sollte im Rahmen des Anhangs II Abschnitt 4 MP-VO ein entsprechender unechter Verweis auf Anhang IV Abschnitt 2 ff. KI-VO zur Erleichterung der Rechtsanwendung aufgenommen werden.

Für KI-Systeme, die als Bestandteil in ein Medizinprodukt integriert werden, sollte zur Gewährleistung der Rechtssicherheit in Anhang I Abschnitt 6.1 lit. b) 4. Var MP-VO ein Verweis auf die konkretisierenden Anforderungen der KI-Verordnung an die Beschreibung des Hochrisiko-KI-Systems, als Bestandteil des Produkts, aufgenommen werden.

Sofern diese Verweise aufgenommen werden, kann der Rechtsanwender zukünftig hinreichend sicher erkennen, um welche Anforderungen die gemeinsame technische Dokumentation nach Anhang II und III MP-VO durch Anhang IV KI-VO ergänzt wird.

### 3. Erstellung eines gemeinsamen Qualitätsmanagementsystems

Ausweislich des Anhangs IX MP-VO bildet neben der technischen Dokumentation das Qualitätsmanagementsystem den zweiten Teil des Bewertungsgegenstandes in dem Konformitätsbewertungsverfahren nach Anhang IX MP-VO.[850] Durch den Verweis des Art. 43 Abs. 3 UAbs. 1 KI-VO muss zukünftig daher auch die Konformität mit Kap. III Abschnitt 2 KI-VO auf der Grundlage einer Bewertung des Qualitätsmanagementsystems erfolgen.

Die Erleichterung einer doppelten Arbeitsbelastung würde daher trotz der Möglichkeit, eine einheitliche technische Dokumentation zu erstellen, konterkariert werden, wenn zukünftig zwei sich inhaltlich überschneidende Qualitätsmanagementsysteme zu etablieren wären, die sodann jeweils getrennt voneinander überprüft werden müssten.

Art. 17 KI-VO[851] sieht die Pflicht zur Etablierung eines Qualitätsmanagementsystems in dem dort vorgesehenen Umfang vor.[852]

Trotz der befürchteten zahlreichen Überschneidungen der Anforderungen des Art. 17 KI-VOE mit Art. 10 Abs. 9 MP-VO ermangelte der Kommissionsentwurf noch einer dem Art. 11 Abs. 2 KI-VOE-KOM entsprechenden Erleichterung, weshalb die Bedenken geäußert wurden, dass aus den sich überschneidenden Pflichten eine doppelte Arbeitsbelastung resultieren könne.[853]

Daher ist es begrüßenswert, dass sowohl der Vorschlag des Europäischen Parlaments[854] als auch der des Rates[855] die Möglichkeit vorsahen, die Anforderungen

---

[850] Ebenso etwa *Mayr/Thiermann/Schrack/Kiesselbach*, Medizinprodukterecht, § 2, Rn. 82; *Hasenteufel/Renaud*, Software als Medizinprodukt, S. 18 f.; vgl. zu dem Konformitätsbewertungsverfahren nach Anhang IX MP-VO bereits, Kap. 1, B., I., 2., a).

[851] Vgl. zu den Entwürfen Art. 17 KI-VOE-KOM, COM 2021, 206 final, S. 61 f.; ebenso Art. 17 KI-VOE-Rat, *Rat*, General Approach 14954/22, S. 100 f.; ebenso Art. 17 KI-VOE-EP, *Europäisches Parlament*, Amendments adopted by the European Parliament on 14 June 2023 on the proposal for an Artificial Intelligence Act, P9_TA(2023)0236.

[852] *Eisenberger/Binder*, in: Martini/Wendehorst, Art. 17, Rn. 11; ebenso noch zum Kommissionsentwurf, *Linardatos*, in: Hilgendorf/Roth-Isigkeit, 1. Auflage, § 7, Rn. 125; *Ebert/Spiecker gen. Döhmann*, NVwZ 2021, 1188, 1191; *Engelmann/Brunotte/Lütkens*, RDi 2021, 317, 321; *Geminn*, ZD 2021, 354, 357.

[853] Vgl. *Heil*, MPR 2022, 1, 5; ebenso *Roche*, S. 5 f.; ebenso *COCIR*, S. 2, die übereinstimmend deshalb sogar eine Streichung der MP-VO von dem Anwendungsbereich der KI-Verordnung fordern.

[854] Vgl. hierfür Art. 17 Abs. 1 KI-VOE-EP, Änderungsvorschlag 346, *Europäisches Parlament*, Amendments adopted by the European Parliament on 14 June 2023 on the proposal for an Artificial Intelligence Act, P9_TA(2023)0236.

des Art. 17 KI-VOE an das Qualitätsmanagementsystem in das bereits bestehende Qualitätsmanagementsystem nach dem jeweiligen Harmonisierungsrechtsakt zu integrieren.

Diese Erleichterung wurde auch von dem endgültigen Regelungstext mit Art. 17 Abs. 3 KI-VO übernommen, wonach Anbieter von Hochrisiko-KI-Systemen, die Pflichten in Bezug auf Qualitätsmanagementsysteme gemäß den sektorspezifischen Rechtsvorschriften der Union unterliegen, die in Art. 17 Abs. 1 KO-VO aufgeführten Aspekte als Bestandteil der nach den genannten Rechtsvorschriften festgelegten Qualitätsmanagementsysteme einbeziehen können.

Eine Voraussetzung dafür ist jedoch, dass die Anforderungen die Art. 10 Abs. 9 i. V. m. Anhang IX Abschnitt 2 MP-VO bzw. Art. 17 KI-VO an das Qualitätsmanagementsystem stellt, inhaltlich kohärent sind.

Dies könnte zunächst in Bezug auf die in Art. 17 Abs. 2 KI-VO[856] vorgesehene Pflicht, dass die Etablierung des Qualitätsmanagementsystems in einem Umfang erfolgen muss, der „in einem angemessenen Verhältnis zur Größe der Organisation des Anbieters" steht, infrage zu stellen sein, weil die MP-VO in Art. 10 Abs. 9 MP-VO einer entsprechenden Erleichterung noch ermangelt.[857] Obgleich die Erleichterung des Art. 17 Abs. 2 KI-VO die Gefahr bergen kann, durch gesellschaftsrechtliche Umgehungskonstruktionen missbraucht zu werden, ist die Ausnahme andererseits dringend erforderlich, um zu gewährleisten, dass auch kleinen und mittelständischen Unternehmen der Zugang zum Markt nicht von vornherein verwehrt wird.[858] Zur Wahrung der Kohärenz sollte daher auch in Art. 10 Abs. 9 MP-VO eine entsprechende Privilegierung für kleine und mittelständische Unternehmen aufgenommen werden.

Im Unterschied dazu sieht Art. 10 Abs. 9 MP-VO ergänzende Kriterien vor, mittels derer der erforderliche Umfang des Qualitätsmanagementsystems näher konkretisiert werden muss, hinsichtlich derer sich in der KI-Verordnung wiederum keine Entsprechung finden lässt. Dies betrifft etwa die in Art. 10 Abs. 9 MP-VO vorgesehene Pflicht, dass das Qualitätsmanagementsystem für die „Risikoklasse und (der) Art des Produkts angemessen(en)" sein muss. Vor diesem Hintergrund

---

[855] Vgl. die Einfügung von Art. 17 Abs. 2a KI-VOE-Rat, *Rat*, General Approach, 14954/22, S. 102.

[856] Vgl. zu den Entwürfen Art. 17 Abs. 2 KI-VOE-KOM, COM 2021, 206 final, S. 62; dem folgend *Rat*, General Approach, 14954/22, S. 102; ebenso *Europäisches Parlament*, Amendments adopted by the European Parliament on 14 June 2023 on the proposal for an Artificial Intelligence Act, P9_TA(2023)0236.

[857] Ebenso zum Kommissionsentwurf, *Spindler*, CR 2021, 361, 368; *Roos/Weitz*, MMR 2021, 844, 848; *Bomhard/Etzkorn*, ZdiW 2022, 159, 166; *Linardartos*, in: Hilgendorf/Roth-Isigkeit, 1. Auflage, § 7, Rn. 3.

[858] Vgl. zu den Entwürfen *Linardartos*, in: Hilgendorf/Roth-Isigkeit, 1. Auflage, § 7, Rn. 3; vgl. auch *Spindler*, CR 2021, 361, 368, der betont, dass eine entsprechende Erleichterung zur Wahrung der Verhältnismäßigkeit erforderlich wäre; ebenso *Roos/Weitz*, MMR 2021, 844, 848; *Bomhard/Etzkorn*, ZdiW 2022, 159, 166.

müsste auch[859] zur Wahrung der Kohärenz die Bestimmung des erforderlichen Umfanges des Qualitätsmanagementsystems risikobasiert erfolgen.

Sofern die Kriterien des Art. 10 Abs. 9 MP-VO bzw. Art. 17 KI-VO zur Bestimmung des erforderlichen Umfanges des Qualitätsmanagementsystems in Bezug auf die Erleichterung des Art. 17 Abs. 2 KI-VO als auch die in Art. 10 Abs. 9 MP-VO vorgesehene risikobasierte Bestimmung angeglichen werden, kann die Kohärenz der Verordnungen gewahrt werden.

### 4. Zwischenergebnis

Um die durch die Integration der Bewertung der Konformität mit Kap. III Abschnitt 2 KI-VO in das Konformitätsbewertungsverfahren nach der MP-VO intendierte Verhinderung einer doppelten Arbeitsbelastung nicht zu konterkarieren, muss der gemeinsamen Konformitätsbewertung mit einer einheitlichen technischen Dokumentation und einem einheitlichen Qualitätsmanagementsystem auch ein einheitlicher Bewertungsgegenstand zugrunde gelegt werden.

In Bezug auf die technische Dokumentation sah bereits der Kommissionsentwurf in Art. 11 Abs. 2 KI-VOE-KOM die Möglichkeit vor, eine einheitliche technische Dokumentation zu erstellen. Gleichwohl barg der Wortlaut der Vorschrift in Bezug auf die Beschränkung auf Hochrisiko-KI-Systeme, die mit einem Produkt „verbunden" sind, noch Rechtsunsicherheit, die weder durch den Entwurf des Rates, des Parlaments noch dem endgültigen Regelungstext behoben wurde. Dennoch ist die Vorschrift über einen Erst-Rechts-Schluss auch für solche KI-Systeme anwendbar, die nach der MP-VO als eigenständige Medizinprodukte zu qualifizieren sind.

Zur Erleichterung der Rechtsanwendung sollten zudem unechte Verweise in der MP-VO zur Konkretisierung dessen aufgenommen werden, um welche Anforderungen die KI-VO die technische Dokumentation der MP-VO ergänzt.

Hinsichtlich des Qualitätsmanagementsystems als zweiter Teil des Bewertungsgegenstandes des Verfahrens nach Anhang IX MP-VO ermangelte der Kommissionsentwurf einer entsprechenden Erleichterung. Wegen den inhaltlichen Überschneidungen der Anforderungen der MP-VO und der KI-VO an das Qualitätsmanagementsystem ist es indes begrüßenswert, dass der endgültige Regelungstext – den Entwürfen des Europäische Rates und dem Parlament folgend – diese Schwäche korrigierte.

---

[859] Vgl. zu der allgemeinen Forderung, dass der Umfang des vom Anbieter zu etablierenden Qualitätsmanagementsystems in Art. 17 KI-VOE-KOM in Abhängigkeit der Risikoklasse bestimmt werden sollte, *Roos/Weitz*, MMR 2021, 844, 848.

## II. Ausgestaltung des gemeinsamen Bewertungsverfahren

Wegen des Verweises in Art. 43 Abs. 3 UAbs. 1 KI-VO[860] richtet sich auch die Ausgestaltung des Konformitätsbewertungsverfahrens maßgeblich nach den Anforderungen, die Art. 52 Abs. 3, 4 und 6 i. V. m. Anhang IX MP-VO an das Konformitätsbewertungsverfahren stellt.[861] Daher wird auch die in Art. 52 MP-VO vorgesehene risikobasierte Bestimmung des Umfanges, indem das Hochrisiko-KI-basierte Medizinprodukt einer Bewertung unterzogen werden muss, den Umfang prägen, in dem die benannte Stelle die Konformität der Hochrisiko-KI-Systems mit Kap. III Abschnitt 2 KI-VO bewerten wird.[862]

Ergänzend sieht Art. 43 Abs. 3 UAbs. 1 S. 3 KI-VO[863] jedoch eine Erweiterung der Prüfungskompetenz der benannten Stellen um die in Anhang VII Abschnitt 4.3, 4.4 und 4.5 KI-VO normierten Kompetenzen vor, die im Folgenden im Einzelnen untersucht werden sollen.[864]

### 1. Zugang zu Entwicklungsdatensets des KI-Systems

Bereits im Kommissionsentwurf war in Art. 43 Abs. 3 UAbs. 1 S. 3 KI-VOE-KOM vorgesehen, dass Anhang VII Abschnitt 4.3 KI-VOE-KOM ergänzend anzuwenden sei, wonach der benannten Stelle zur Überprüfung der technischen Dokumentation „uneingeschränkten Zugriff“ zu den „Trainings- und Testdatensätzen“ sowie den „Anwenderprogrammierschnittstellen (API) oder sonstige für den Fernzugriff geeignete Mittel und Instrumente“ gewährt werden müsse.[865]

Die dem inhaltlich entsprechende Pflicht des Art. 64 KI-VOE-KOM, dass den Marktüberwachungsbehörden der uneingeschränkte Zugang auf die Trainings- und

---

[860] Vgl. zu den Entwürfen Art. 43 Abs. 3 UAbs. 1 KI-VOE-KOM, COM 2021, 206 final, S. 73 f.; ebenso Art. 43 Abs. 3 UAbs. 1 KI-VOE-Rat, *Rat*, General Approach, 14954/22, S. 129; ebenso Art. 43 Abs. 3 UAbs. 1 KI-VOE-EP, *Europäisches Parlament*, Amendments adopted by the European Parliament on 14 June 2023 on the proposal for a regulation of an Artificial Intelligence Act, P9_TA(2023)0236.

[861] Zwar käme grds. auch das Verfahren nach Anhang X MP-VO in Betracht, gleichwohl ist das Verfahren nicht für unkörperliche und vor allem dynamische KI-Systeme geeignet, vgl. hierzu bereits Kap. 2, E., II., 2.; ebenso *Gerdemann*, in: Martini/Wendehorst, Art. 43, Rn. 50.

[862] Vgl. zu dem Umfang, in dem die jeweiligen Risikoklassen einem Audit durch eine benannte Stelle unterliegen, bereits Kap. 2, B., I., 2., a), bb).

[863] Art. 43 Abs. 3 UAbs. 1 KI-VOE-KOM, COM 2021, 206 final, S. 73 f.; Art. 43 Abs. 3 UAbs. 1 KI-VOE-Rat, *Rat*, General Approach, 14954/22, S. 129; ebenso Art. 43 Abs. 3 UAbs. 1 KI-VOE-EP, *Europäisches Parlament*, Amendments adopted by the European Parliament on 14 June 2023 on the proposal for an Artificial Intelligence Act, P9_TA(2023)0236.

[864] *Gerdemann*, in: Martini/Wendehorst, Art. 43, Rn. 50; vgl. ebenso zum Kommissionsentwurf etwa *Denga*, ZfPC 2023, 154, 157; *Hilgendorf/Roth-Isigkeit*, 1. Auflage, § 8, Rn. 3, 7; *Fuderer*, MPR 2021, 121, 124.

[865] Ebenso zum Kommissionsentwurf, etwa *Denga*, ZfPC 2023, 154, 157; *Hilgendorf/Roth-Isigkeit*, 1. Auflage, § 8, Rn. 3, 7; *Fuderer*, MPR 2021, 121, 124.

Testdatensätze gewährt werden müsse, sah sich sowohl in der öffentlichen Konsultation[866] als auch dem juristischen Schrifttum[867] nicht unerheblicher Kritik ausgesetzt.

Bei Formen des sog. *federated learning* erweise sich die Pflicht als unerfüllbar, da selbst die Anbieter keinen direkten Zugang zu den Trainingsdaten hätten.[868] Ferner stünden der Erfüllung der Pflicht auch rechtliche Bestimmungen, die eine Speicherung der Daten verbieten, entgegen.[869] Nicht zuletzt stehe eine Gewährung des Zugangs zu den Trainings- und Testdatensätzen vor der Herausforderung, dass dies teilweise eine Speicherkapazität erreiche, die außer Verhältnis zu dem damit verbundenen wirtschaftlichen Aufwand stehe.[870]

Dieser Kritik sah sich daher auch die dem inhaltlich entsprechende Pflicht des Art. 43 Abs. 3 UAbs. 1 KI-VOE-KOM i. V. m. Anhang VII Abschnitt 4.3 KI-VOE-KOM ausgesetzt.

Um den befürchteten Herausforderungen entgegenzutreten, wurde in Bezug auf Art. 64 KI-VOE-KOM vorgeschlagen, dass die Pflicht auf eine Offenlegung der Testdatensätze beschränkt werden könne.[871] Die Offenlegung der Testdatensätze sei ausreichend, weil es den Marktüberwachungsbehörde so gewährleistet werden könne, hinreichend zu überprüfen, ob das System zu sehr an die Trainingsdaten angepasst sei.[872]

Dieser Vorschlag vermochte nicht zu überzeugen, weil es der Konformitätsbewertungsstelle bei einer Beschränkung der offenzulegenden Daten auf die Testdatensätze nicht möglich wäre, die Konformität mit den Sicherheitsanforderungen des Kap.s 2 Titel III KI-VOE[873] zu überprüfen. Zu beachten ist nämlich, dass zu den darin enthaltenen Anforderungen insbesondere die in Art. 10 Abs. 2–5 KI-VOE normierten Datenqualitätsanforderungen gehören. Da diese Anforderungen jedoch

[866] Vgl. *COCIR*, Feedback AI-Act, S. 4, abrufbar unter: siehe Quellenangaben; *Siemens Healthineers*, Feedback AI-Act, S. 5, abrufbar unter: siehe Quellenangaben.

[867] Vgl., *Ebers et al.*, RDi 2021, 528, 535; *Schreitmüller*, Regulierung intelligenter Medizinprodukte, S. 310 f.

[868] Vgl. *Ebers et al.*, RDi 2021, 528, 535; *COCIR*, Feedback AI-Act, S. 4, abrufbar unter: siehe Quellenangaben; vgl. ebenso *Siemens Healthineers*, Feedback AI-Act, S. 5, abrufbar unter: siehe Quellenangaben; dem folgend *Schreitmüller*, Regulierung intelligenter Medizinprodukte, S. 310.

[869] Vgl. *COCIR*, Feedback AI-Act, S. 4, abrufbar unter: siehe Quellenangaben; dem folgend *Schreitmüller*, Regulierung intelligenter Medizinprodukte, S. 310 f.

[870] Vgl. *COCIR*, Feedback AI-Act, S. 4, abrufbar unter: siehe Quellenangaben; *Siemens Healthineers*, Feedback AI-Act, S. 5, abrufbar unter: siehe Quellenangaben; dem folgend *Schreitmüller*, Regulierung intelligenter Medizinprodukte, S. 310 f.

[871] Vgl. *COCIR*, Feedback AI-Act, S. 4, abrufbar unter: siehe Quellenangaben; *Siemens Healthineers*, Feedback AI-Act, S. 5, abrufbar unter: siehe Quellenangaben.

[872] Vgl. *COCIR*, Feedback AI-Act, S. 4, abrufbar unter: siehe Quellenangaben; *Siemens Healthineers*, Feedback AI-Act, S. 5, abrufbar unter: siehe Quellenangaben.

[873] Vgl. nunmehr Kap. III Abschnitt 2 VO (EU) 2024/01689.

für *alle* Entwicklungsdaten, einschließlich der Validierungs- und Testdatensätze, Geltung beanspruchen, kann, sofern die Offenlegung nur auf die Testdaten beschränkt wäre, weder die Repräsentativität der Trainings- noch der Validierungsdaten überprüft werden.[874]

Daher ist es auch begrüßenswert, dass den Stimmen, die die Offenlegung der Daten nach Anhang VII Abschnitt 4.3 KI-VO auf die Testdatensätze beschränken wollen, durch die Entwürfe des Rates und des Parlaments und nunmehr auch den endgültigen Regelungstext nicht gefolgt wurde.[875] Vielmehr sieht der endgültige Regelungstext sogar einerseits – dem Entwurf des Rates folgend – in Anhang VII Abschnitt 4.3 KI-VO eine Erweiterung des Zuganges auf die Validierungsdaten vor.[876] Andererseits wird der „uneingeschränkte Zugang" begrüßenswerter Weise insoweit beschränkt, als dass die notifizierte Stelle nur „sofern (es) relevant" und in einem „zur Wahrnehmung ihrer Aufgaben erforderliche(n) Maß" Zugang zu den Datensätzen erhält.

Fraglich ist jedoch, ob der Offenlegung der Entwicklungsdaten datenschutzrechtliche Bestimmung entgegenstehen.

Wie oben bereits dargelegt ist die „Verarbeitung" von personenbezogenen Daten i. S. d. Art. 4 Nr. 1 DSGVO gem. Art. 6 Abs. 1 lit. c) DSGVO dann zulässig, wenn diese erforderlich ist, um zu gewährleisten, dass das jeweilige Rechtssubjekt einer ihm obliegenden Rechtspflicht nachkommen kann.[877] Den Begriff der „Verarbeitung" i. d. S. definiert Art. 4 Abs. 2 DSGVO gleichwohl weit, indem davon nicht nur die Verarbeitung im engeren Sinne, sondern vielmehr unter anderem auch die Speicherung, das Auslesen oder das Abfragen erfasst, unabhängig davon, ob dies manuell oder durch automatisierte Verfahren erfolgt.[878]

Sofern der Anbieter durch Art. 43 Abs. 3 UAbs. 1 S. 2 i. V. m. Anhang VII Abschnitt 4.3 KI-VO[879] dazu verpflichtet wird, die Entwicklungsdatensätze offenzu-

---

[874] Vgl. eingehend zu den Datenqualitätsanforderungen nach Art. 10 Abs. 2–5 KI-VO, Diese gelten für sämtliche Entwicklungsdaten, einschließlich der Validierungs- und Testdatensätze gelten, bereits Kap. 3, C., IV., 1.

[875] Vgl. Anhang VII Abschnitt 4.3 KI-VOE-Rat, *Rat*, General Approach, 14954/22, S. 209; ebenso Anhang VII Abschnitt 4.3 KI-VOE-EP, *Europäisches Parlament*, Amendments adopted by the European Parliament on 14 June 2023 on the proposal for an Artificial Intelligence Act, P9_TA(2023)0236.

[876] Vgl. Anhang VII Abschnitt 4.3, *Rat*, General Approach, 14954/22, S. 209.

[877] Vgl. zu den datenschutzrechtlichen Grenzen für die Verarbeitung von personenbezogenen Daten, bereits Kap. 4, C., IV., 1., c), cc), (1).

[878] Vgl. eingehend zu dem Begriff der „Verarbeitung" nach Art. 4 Abs. 2 DSGVO, *Ernst*, in: Paal/Pauly, Art. 4 DSGVO, Rn. 20 ff.

[879] Vgl. Art. 43 Abs. 3 UAbs. 1 S. 2 KI-VOE-KOM, COM 2021, 206 final, S. 73 f.; ebenso Art. 43 Abs. 3 Uabs. 1 S. 2 KI-VOE-Rat, *Rat*, General Approach, 14954/22, S. 129; ebenso Art. 43 Abs. 3 Uabs. 1 KI-VOE-EP, *Europäisches Parlament*, Amendments adopted by the European Parliament on 14 June 2023 on the proposal for a regulation of an Artificial Intelligence Act, P9_TA(2023)0236.

legen, um der benannten Stelle eine Konformitätsbewertung zu ermöglichen, kommt es zu zwei Zeitpunkten zu einer Verarbeitung i. d. S.

Zum einen stellt die Speicherung durch den Anbieter gem. Art. 4 Abs. 2 DSGVO eine Verarbeitung dar.

Ferner ist aber auch das Auslesen und Abfragen der Daten durch die benannte Stelle zum Zwecke der Konformitätsbewertung eine Verarbeitung i. d. S.

Da dem Anbieter gem. Art. 43 Abs. 3 UAbs. 1 S. 2 i. V. m. Anhang VII Abschnitt 4.3 KI-VO[880] jedoch die Pflicht zur Offenlegung der personenbezogenen Daten obliegt und der benannten Stelle die Pflicht zur Konformitätsbewertung nach Art. 43 Abs. 3 UAbs. 1 i. V. m. Art. 52 MP-VO obliegt, stellt sich die Speicherung bzw. Abfrage gem. Art. 6 Abs. 1 lit. c) DSGVO grundsätzlich als zulässig dar, wenn weiterhin die Voraussetzungen des Art. 5 DSGVO eingehalten werden.[881]

Etwas anderes gilt nur dann, wenn es sich bei den Entwicklungsdatensätzen nicht nur um personenbezogene Daten, sondern vielmehr um Gesundheitsdaten i. S. d. Art. 4 Nr. 15 DSGVO handelt, die den weiteren Einschränkungen des Art. 9 DSGVO unterliegen.[882] Die Verarbeitung dieser Datenkategorien ist gem. Art. 9 DSGVO – in Abweichung von Art. 6 DSGVO – grundsätzlich unzulässig und nur in den Fällen des Art. 9 Abs. 2 DSGVO zulässig.[883] Da es sich bei den Daten, die KI-basierte Medizinprodukte verarbeiten, in aller Regel um Gesundheitsdaten i. S. d. Art. 4 Nr. 15 DSGVO handelt[884], muss sowohl für die Speicherung der Daten durch den Anbieter als auch die Überprüfung der Konformität durch die benannte Stelle eine der Ausnahmen des Art. 9 Abs. 2 DSGVO einschlägig sein, um zu gewährleisten, dass die Pflicht des Art. 43 Abs. 3 UAbs. 1 KI-VO i. V. m. Anhang VII Abschnitt 4.3 KI-VO[885] nicht ins Leere läuft.

---

[880] Vgl. Art. 43 Abs. 3 Uabs.1 S. 2 KI-VOE-KOM, COM 2021, 206 final, S. 73 f.; ebenso Art. 43 Abs. 3 Uabs. 1 S. 2 KI-VOE-Rat, *Rat*, General Approach, 14954/22, S. 129; ebenso Art. 43 Abs. 3 Uabs. 1 KI-VOE-EP, *Europäisches Parlament*, Amendments adopted by the European Parliament on 14 June 2023 on the proposal for a regulation of an Artificial Intelligence Act, P9_TA(2023)0236.

[881] Vgl. zu der Zulässigkeit der Verarbeitung von personenbezogenen Daten gem. Art. 6 Abs. 1 lit. c) DSGVO, Kap. 4, C., IV., 1., c), cc), (1).

[882] Vgl. zu Art. 9 DSGVO und dem Begriff der Gesundheitsdaten, bereits Kap. 4, C., IV., 1., c), cc), (1).

[883] Vgl. zu Art. 9 DSGVO und dem Begriff der Gesundheitsdaten, bereits Kap. 4, C., IV., 1., c), cc), (1).

[884] Vgl. hierzu bereits ausführlich Kap. 4, C., IV., 1., c), cc), (1).

[885] Vgl. Art. 43 Abs. 3 UAbs. 1 S. 2 KI-VOE-KOM, COM 2021, 206 final, S. 73 f.; ebenso Art. 43 Abs. 3 UAbs. 1 S. 2 KI-VOE-Rat, *Rat*, General Approach, 14954/22, S. 129; ebenso Art. 43 Abs. 3 UAbs. 1 KI-VOE-EP, *Europäisches Parlament*, Amendments adopted by the European Parliament on 14 June 2023 on the proposal for a regulation of an Artificial Intelligence Act, P9_TA(2023)0236.

Jedenfalls hinsichtlich der Speicherung der Daten durch den Anbieter wird dieser von der Pflicht des Art. 9 Abs. 2 lit. g) DSGVO i. V. m. Art. 10 Abs. 5 KI-VO Gebrauch machen können, wenn die dort genannten Voraussetzungen erfüllt sind.[886]

Gleichwohl ermangelt es einer dementsprechenden Pflicht, die die benannte Stelle zu einer entsprechenden Verarbeitung der personenbezogenen Daten ermächtigt.

Obgleich der Anbieter daher unter den Voraussetzungen des Art. 10 Abs. 5 MP-VO zur Speicherung der Daten berechtigt sein kann und damit die Pflicht des Anhangs VII Abschnitt 4.3 KI-VO[887] erfüllen würde, ermangelt es einer entsprechenden Ermächtigung i. S. d. Art. 9 Abs. 2 DSGVO zur Verarbeitung dieser personenbezogenen Daten durch die benannte Stelle. Wird eine entsprechende Pflicht nicht aufgenommen, stehen der Überprüfung der Konformität der Entwicklungsdatensätze in der Tat datenschutzrechtliche Anforderungen entgegen.

### 2. Zugang zu dem Quellcode des KI-Systems

Ergänzend sah der Kommissionsentwurf in Art. 43 Abs. 3 UAbs. 1 i. V. m. Anhang VII Abschnitt 4.5 KI-VOE-KOM ursprünglich vor, dass der benannten Stelle auch Zugang zu dem Quellcode des KI-Systems gewährt werden müsse, wenn die Bewertung der Konformität mit den Anforderungen des Titels III Kap. 2 KI-VOE-KOM dies erfordere.

In der Literatur wurde diese Pflicht gleichwohl scharf kritisiert, da die Offenlegung des „Quellcodes" gegen die Umsetzungen der Richtlinie (EU) 2016/943[888] „über den Schutz vertraulichen Know-hows und vertraulicher Geschäftsinformationen (Geschäftsgeheimnisse) vor rechtswidrigem Erwerb sowie rechtswidriger Nutzung und Offenlegung" sowie der Umsetzung[889] der Richtlinie (EWG) 1991/250[890] „über den Rechtsschutz von Computerprogrammen" verstoße.[891]

---

[886] Vgl. hierzu bereits ausführlich Kap. 4, C., IV., 1., c), cc), (1).

[887] Vgl. Art. 43 Abs. 3 UAbs. 1 S. 2 KI-VOE-KOM, COM 2021, 206 final, S. 73 f.; ebenso Art. 43 Abs. 3 UAbs. 1 S. 2 KI-VOE-Rat, *Rat*, General Approach, 14954/22, S. 129; ebenso Art. 43 Abs. 3 UAbs. 1 KI-VOE-EP, *Europäisches Parlament*, Amendments adopted by the European Parliament on 14 June 2023 on the proposal for a regulation of an Artificial Intelligence Act, P9_TA(2023)0236.

[888] Vgl. Richtlinie (EU) 2016/943 des Europäischen Parlaments und des Rates vom 8. Juni 2016 über den Schutz vertraulichen Know-hows und vertraulicher Geschäftsinformationen (Geschäftsgeheimnisse) vor rechtswidrigen Erwerb sowie rechtswidriger Nutzung und Offenlegung, ABl. 2016/L157, S. 1.

[889] In Deutschland wird die RL (91/250/EWG) durch § 69a UrhG umgesetzt, vgl. *Kaboth/Spies*, BeckOK Urheberrecht, § 69a UrhG, Rn. 1; vgl. dazu, dass die Frage, ob von der Vorschrift den Quellcode geschützt ist, umstritten ist, *Wandtke/Bullinger/Grützemacher*, Urheberrecht, § 69a UrhG, Rn. 10.

[890] Vgl. Richtlinie des Rates vom 14. Mai 1991 über den Rechtsschutz von Computerprogrammen (91/250/EWG), ABl. 1991/L122, S. 42.

Diesen Bedenken begegnet der Rat, indem er die Pflicht des Anhangs VII Abschnitt 4.5 KI-VOE-Rat zur Offenlegung des Quellcodes an eine Reihe weiterer Voraussetzungen knüpfte.[892] Anhang VII Abschnitt 4.5 KI-VOE-Rat sah vor, dass der Quellcode nur noch *auf Nachfrage* offengelegt werden muss, wenn *erstens* der Zugang erforderlich ist, um die Konformität mit Kap. 2 Titel III KI-VOE zu überprüfen und *zweitens* sowohl Test- als auch Auditverfahren und die daten- und informationsbasierte Verifizierung sich als unzureichend erwiesen haben.[893]

Im Unterschied dazu verabschiedet sich der endgültige Regelungstext – dem Entwurf des Parlaments für Anhang VII Abschnitt 4.5 KI-VOE-EP folgend – mit Anhang VII Abschnitt 4.5 KI-VO gänzlich von der Pflicht zur Offenlegung des Quellcodes und beschränkt die Offenlegungspflicht des Anhangs VII Abschnitt 4.5 KI-VO vielmehr auf die Gewährung des Zuganges zum Training und den trainierten Modellen, einschließlich der relevanten Modellparameter.[894] Anhang VII Abschnitt 4.5 KI-VO sieht ferner vor, dass der Zugang zu dieser Information der Einschränkung des Schutzes des Eigentums und der Geschäftsgeheimnisse unterliegt und die Anbieter technische und organisatorische Maßnahmen ergreifen müssen, um diesen Schutz zu gewährleisten.[895]

### 3. Testverfahren

Ferner sieht Art. 43 Abs. 3 UAbs. 1 S. 3 i. V. m. Anhang VII Abschnitt 4.4 KI-VO[896] vor, dass die benannte Stelle weitere Nachweise bzw. Tests zur Überprüfung der technischen Dokumentation verlangen oder selbst entsprechende Tests durchführen kann, sofern die von dem Anbieter zur Verfügung gestellten Testverfahren nicht zufriedenstellend sind. Eine dementsprechende Pflicht findet sich auch in Anhang IX Abschnitt 4.3 MP-VO, wonach die benannte Stelle den Hersteller zur Durchführung zusätzlicher Tests oder weiterer Nachweise auffordern kann. Da

---

[891] Vgl. insoweit *Ebers et al.*, RDi 2021, 528, 536 in Bezug auf die Verpflichtung der Offenlegung des Quellcodes gegenüber den Marktüberwachungsbehörden nach Art. 64 Abs. 2 KI-VOE; dem folgend *Schreitmüller*, Regulierung intelligenter Medizinprodukte, S. 310 f.

[892] Vgl. *Rat*, General Approach 14954/22, S. 209.

[893] Vgl. *Rat*, General Approach 14954/22, S. 209.

[894] Vgl. Änderung 764, *Europäisches Parlament*, Amendments adopted by the European Parliament on 14 June 2023 on the proposal for an Artificial Intelligence Act, P9_TA(2023) 0236.

[895] Vgl. zum Parlamentsentwurf Änderung 764, *Europäisches Parlament*, Amendments adopted by the European Parliament on 14 June 2023 on the proposal for an Artificial Intelligence Act, P9_TA(2023)0236.

[896] Vgl. Art. 43 Abs. 3 UAbs. 1 S. 1 i. V. m. Anhang VII Abschnitt 4.4 KI-VOE-KOM, COM 2021, 206 final, S. 73, COM 2021, 206 final, Anhänge, S. 13; Art. 43 Abs. 3 UAbs. 1 S. 1 i. V. m. Anhang VII Abschnitt 4.4 KI-VOE-Rat, *Rat*, General Approach, 14954/22, S. 129, 209; Art. 43 Abs. 3 UAbs. 1 S. 1 i. V. m. Anhang VII Abschnitt 4.4 KI-VOE-EP, *Europäisches Parlament*, Amendments adopted by the European Parliament on 14 June 2023 on the proposal for an Artificial Intelligence Act, P9_TA(2023)0236.

gem. Art. 43 Abs. 3 UAbs. 1 KI-VO die Konformitätsüberprüfung ohnehin in das Konformitätsbewertungsverfahren des Harmonisierungsrechtsaktes integriert wird, könnte zunächst die Regelungsnotwendigkeit der des Art. 43 Abs. 3 UAbs. 1 S. 3 i. V. m. Anhang VII Abschnitt 4.4 KI-VO infrage gestellt werden.

Zu beachten ist jedoch, dass Anhang IX Abschnitt 4.3 MP-VO die Testverfahren auf „angemessene physische Kontrollen oder Laboruntersuchungen" beschränkt. Da unkörperliche Software weder physisch kontrolliert noch körperlichen Laboruntersuchungen unterzogen werden kann, handelt es sich bei Anhang VII Abschnitt 4.4 KI-VO um eine für *unkörperliche* KI-Systeme notwendige Ergänzung. Zudem sollte jedoch auch in der MP-VO diese Formulierung für unkörperliche Medizinprodukte entsprechend angepasst werden.

## III. Zusammenspiel der Anforderungen an die Konformitätsbewertungsstellen

Die Zuständigkeit für die Durchführung des gemeinsamen Konformitätsbewertungsverfahrens richtet sich ausweislich des Art. 43 Abs. 3 UAbs. 2 KI-VO nach dem jeweiligen Harmonisierungsrechtsakt.[897]

### 1. Ergänzende Anforderungen an die nach der MP-VO benannten Stellen

In der MP-VO ist eine Konformitätsbewertungsstelle dann zur Überprüfung des jeweiligen Produkttyps berechtigt, wenn diese für die jeweilige Produktkategorie nach Maßgabe der Vorschriften der Art. 35–50 MP-VO benannt und notifiziert wurde.[898] Sofern mehrere notifizierte Stellen eine entsprechende Berechtigung vorweisen können, obliegt dem Hersteller hinsichtlich der Bewertungsstellen gem. Art. 53 Abs. 1 S. 1 MP-VO ein Wahlrecht.

Durch die Inbezugnahme der Anforderungen an die Zuständigkeit der Konformitätsbewertungsstelle soll eine doppelte Arbeitsbelastung verhindert[899] und zudem

[897] Ebenso Erwägungsgrund 125 VO (EU) 2024/1689; *Gerdemann*, in: Martini/Wendehorst, Art. 43, Rn. 18; vgl. Art. 43 Abs. 3 UAbs. 2 KI-VOE-KOM, COM 2021, 206 final, S. 74; ebenso Art. 43 Abs. 3 UAbs. 2 KI-VOE-Rat, *Rat*, General Approach 14954/22, S. 129; ebenso *Europäisches Parlament*, Amendments adopted by the European Parliament on 14 June 2023 on the proposal for an Artificial Intelligence Act, P9_TA(2023)0236.

[898] Vgl. eingehend zu dem Notifizierungsverfahren nach der MP-VO, bereits Kap. 1, B., II.

[899] Vgl. Erwägungsgrund 124; zu den Entwürfen Erwägungsgründe 63 KI-VOE-KOM, COM 2021, 206 final, S. 38; ebenso Erwägungsgrund 63 KI-VOE-Rat, *Rat*, General Approach, 15954/22, S. 52; ferner Erwägungsgrund 63 *Europäisches Parlament*, Amendments adopted by the European Parliament on 14 June 2023 on the proposal for an Artificial Intelligence Act, P9_TA(2023)0236; ebenso *Rostalski/Weiss*, ZfDR 2021, 330, 347.

auf die fachliche Kompetenz der benannten Stellen zurückgegriffen werden können, die diese jedenfalls im Bereich des jeweiligen Sektors bereits gesammelt hätten[900].

Obgleich die benannten Stellen in Bezug auf die Bewertung von Medizinprodukten bereits Erfahrungen gesammelt haben mögen[901], muss andererseits[902] beachtet werden, dass die Bewertung von KI-Systemen dennoch neu ist und diesbezüglich keine vertieften Kenntnisse erwartet werden können. Dieser bisher wohl noch fehlenden Erfahrung der bereits notifizierten Stellen tritt Art. 43 Abs. 3 UAbs. 2 KI-VO[903] dadurch entgegen, dass einschränkend nur solche Stellen auch zur Überprüfung des Kap. III Abschnitt 2 KI-VO berechtigt sind, bei denen in dem Notifizierungsverfahren[904] ergänzend die Anforderungen des Art. 31 Abs. 4, 5, 10 und 11 KI-VO mitüberprüft wurden.[905] Um dieser Intention gerecht werden zu können, müssen sich daher aus Art. 31 Abs. 4, 5, 10 und 11 KI-VO gerade solche Anforderungen ergeben, die eine hinreichende Kompetenz der benannten Stellen zur Überprüfung der Konformität mit Kap. III Abschnitt 2 KI-VO sicherstellen. Ob die Anforderungen diesem Anspruch gerecht werden, soll im Folgenden für den Medizinproduktesektor untersucht werden.

### 2. Übereinstimmende Anforderungen an die Unabhängigkeit der Bewertungsstelle

Zu den ergänzenden Anforderungen zählt gemäß Artikel 43 Abs. 3 UAbs. 2 i.V.m. Art. 31 Abs. 4 KI-VO die bereits im Kommissions-[906] und Ratsentwurf[907]

---

[900] Vgl. Erwägungsgrund 125; zu den Entwürfen Erwägungsgründe 64 KI-VOE-KOM, COM 2021, 206 final, S. 38; ebenso Erwägungsgrund 64 KI-VOE-Rat, *Rat*, General Approach, 15954/22, S. 52; ferner Erwägungsgrund 64 KI-VOE-EP *Europäisches Parlament*, Amendments adopted by the European Parliament on 14 June 2023 on the proposal for an Artificial Intelligence Act, P9_TA(2023)0236.

[901] Vgl. zum Kommissionsentwurf *Fuderer*, MPR 2022, 121, 125, der darauf hinweist, dass dadurch gewährleistet werden könne, dass die Bewertung „schneller und sachgerechter" erfolgen könnte.

[902] Vgl. noch zum Kommissionsentwurf *Rostalski/Weiss*, ZfDR 2021, 329, 355.

[903] Vgl. zu den Entwürfen Art. 43 Abs. 3 UAbs. 2 KI-VOE-KOM, COM 2021, 206 final, S. 74; vgl. die Ermangelung einer Änderung an dem Kommissionsvorschlag für Art. 43 Abs. 3 UAbs. 2 KI-VOE, vgl. hierfür Art. 43 Abs. 3 UAbs. 2 KI-VOE-Rat, *Rat*, General Approach, 15954/22, S. 129; ferner Art. 43 Abs. 3 UAbs. 2 KI-VOE-EP, *Europäisches Parlament*, Amendments adopted by the European Parliament on 14 June 2023 on the proposal for an Artificial Intelligence Act, P9_TA(2023)0236.

[904] Vgl. eingehend zu dem Notifizierungsverfahren nach der MP-VO, bereits Kap. 1., B., II.

[905] *Gerdemann*, in: Martini/Wendehorst, Art. 43, Rn. 51; vgl. ebenso zum Kommissionsvorschlag, etwa *Spindler*, CR 2021, 361, 370; *Thiermann/Böck*, RDi 2022, 333, 336; *Rostalski/Weiss*, ZfDR 2021, 330, 347; *Heil*, MPR 2022, 1, 9.

[906] Vgl. Art. 43 Abs. 3 UAbs. 2 i.V.m. Art. 33 Abs. 4 KI-VOE-KOM.

vorgesehene Pflicht, dass die Unabhängigkeit der benannten Stelle von dem Anbieter bzw. allen anderen Wirtschaftsakteuren, die ein wirtschaftliches Interesse an dem KI-System haben, überprüft und bestätigt werden muss.[908]

Wegen der zahlreichen inhaltlichen Überschneidungen zu den Anforderungen der MP-VO ist gleichwohl fraglich, ob der Vorschrift überhaupt ein ergänzender Regelungscharakter gegenüber den Anforderungen der MP-VO zukommt.

Um durch die zuständige Behörde benannt zu werden, muss die Bewertungsstelle gem. Art. 36 Abs. 1 S. 3 MP-VO die materiellen Anforderungen des Anhangs VII MP-VO erfüllen.[909] Im Einklang mit Art. 31 Abs. 4 KI-VO sieht auch Anhang VII Abschnitt 1.2.1 MP-VO die Pflicht vor, dass die benannte Stelle von dem Hersteller des Produkts als auch allen anderen Wirtschaftsakteuren, die ein Interesse an dem Produkt haben oder mit dem Hersteller im Wettbewerb stehen, unabhängig seien müssen.

Während sich Art. 31 Abs. 4 KI-VO auf die abstrakte Zielvorgabe, die Unabhängigkeit zu gewährleisten, beschränkt, sieht Anhang VII Abschnitt 1.2 MP-VO zudem einen umfassenden Pflichtenkatalog zur Konkretisierung der Art und Weise, wie die Unabhängigkeit, Unparteilichkeit und Objektivität der benannten Stelle gewährleistet werden kann. Zu diesem Zweck normiert Anhang VII Abschnitt 1.2 MP-VO eine Reihe von Organisations- und Dokumentationspflichten.

Um die Unparteilichkeit der Mitglieder der obersten Leitungsebene und der Mitarbeiter, die für das Konformitätsbewertungsverfahren zuständig sind, zu gewährleisten, sieht Anhang VII Abschnitt 1.2.3 MP-VO Einschränkungen vor, unter welchen Umständen, Personen nicht mit diesen Posten betraut werden dürfen. Ferner normiert Anhang VII Abschnitt 1.2.4 MP-VO die Pflicht, die Beteiligung an Beratungsdienstleistungen zu dokumentieren und Interessenskonflikte zu prüfen. Sofern eine Beratungsdienstleistung erbracht wurde, sind die Personen der benannten Stelle für einen Zeitraum von drei Jahren nicht berechtigt, eine entsprechende Bewertungstätigkeit auszuführen. Ferner sieht Anhang VII Abschnitt 1.2.5 MP-VO vor, dass die Vergütung der Mitarbeiter nicht in Abhängigkeit von den Ergebnissen erfolgen darf.

Die benannten Stellen müssen gem. Anhang VII Abschnitt 1.2.7 MP-VO ferner nachweisen, dass auch die Unabhängigkeit, Unparteilichkeit und Objektivität der Zweigstellen und Unterauftragnehmer gewährleistet wird. Daher gehen die Anforderungen des Anhangs VII Abschnitt 1.2 MP-VO weit über die Anforderungen des

---

[907] Diese Ausführungen lassen sich entsprechend auf den Entwurf übertragen, der mit Art. 33 Abs. 4 KI-VOE-Rat vollständig an dem Entwurf der Kommission festhält, vgl. Art. 33 Abs. 4 KI-VOE-Rat, *Rat*, General Approach 14954/22, S. 116.

[908] *Gerdemann*, in: Martini/Wendehorst, Art. 43, Rn. 51; vgl. zum Kommissionsentwurf *Heil*, MPR 2022, 1, 9, die die Vorschrift als „relativ leicht" erfüllbar ansieht.

[909] Ebenso *Hill/Schmitt*, WiKO, A III, Rn. 14; *Rehmann*/Wagner, MP-VO, Art. 36, Rn. 1 ff.; *Friedrich*, in: Clausen/Schroeder-Printzen, § 17, Rn. 400.

Art. 31 Abs. 4 KI-VO hinaus, sodass der ergänzende Charakter des Art. 31 Abs. 4 KI-VO infrage zu stellen ist.

Eine Ergänzung könnte sich jedoch durch die divergierende Hersteller- bzw. Anbieter-Definition ergeben, die dazu führen könnte, dass in Anhang VII Abschnitt 1.2.1 MP-VO bzw. Art. 31 Abs. 4 KI-VO zur Unabhängigkeit von unterschiedlichen Wirtschaftsakteuren verpflichtet wird.

Sofern ein Hochrisiko-KI-System als eigenständiges Medizinprodukt durch den Hersteller in den Verkehr gebracht wurde, ist der Hersteller zugleich als Anbieter zu qualifizieren, weil dieser das KI-System unter seinem Namen in den Verkehr bringt und damit die Voraussetzungen des Art. 3 Nr. 3 KI-VO erfüllt.[910] In diesem Fall bezieht sich daher sowohl die Pflicht des Anhangs VII Abschnitt 1.2.1 MP-VO als auch Art. 31 Abs. 4 KI-VO auf die Unabhängigkeit von derselben Person.

Sofern ein Hochrisiko-KI-System als Bestandteil eines Medizinprodukts durch den Hersteller gemeinsam in den Verkehr gebracht wird, tritt der Hersteller hinsichtlich der zu erfüllenden Pflichten gem. Art. 25 Abs. 3 KI-VO an die Stelle des Anbieters.[911] Obgleich Art. 31 Abs. 4 KI-VO von einer Unabhängigkeit des „Anbieter(s) eines Hochrisiko-KI-Systems" spricht, kann der Anbieter-Begriff in diesem Fall gem. Art. 25 Abs. 3 KI-VO der Person des Herstellers nach Art. 2 Nr. 30 MP-VO gleichgesetzt werden, da dem Hersteller die Pflicht zur Durchführung eines Konformitätsbewertungsverfahrens nach Art. 25 Abs. 3 i. V. m. Art. 16 lit.f) KI-VO obliegt.

Etwas anderes gilt nur dann, wenn der jeweilige Wirtschaftsakteur das KI-System entwickelt oder entwickeln lässt, um dieses selbst in den Betrieb zu nehmen, in diesem Fall ist der jeweilige Wirtschaftsakteur nämlich als Anbieter i. S. d. Art. 3 Nr. 3 KI-VO, nicht jedoch als Hersteller i. S. d. Art. 2 Nr. 30 MP-VO zu qualifizieren.[912] In diesem Fall ergibt sich die Pflicht zur Gewährleistung der Unabhängigkeit von der Person des Anbieters ausschließlich aus Art. 31 Abs. 4 KI-VO, sodass der Vorschrift diesbezüglich ein ergänzender Regelungscharakter zukommt.

### 3. Ergänzende Anforderungen an die fachliche Kompetenz der Bewertungsstellen

#### *a) Interne Fachkompetenz zur Überprüfung des Kapitels III Abschnitt 2 KI-VO*

Bereits der Kommissionsentwurf für Art. 43 Abs. 3 UAbs. 2 KI-VOE-KOM[913] machte die Berechtigung, die Konformität mit den Anforderungen des Kap. 2 Titel III KI-VOE-KOM überprüfen zu dürfen, davon abhängig, dass die benannte

---

[910] Vgl. ebenso noch zum Kommissionsentwurf, *Heil*, MPR 2022, 1, 4.

[911] *Gless/Janal*, in: Hilgendorf/Roth-Isigkeit, 1. Auflage, § 2, Rn. 42.

[912] *Heil*, MPR 2022, 1, 4.

[913] Vgl. Art. 43 Abs. 3 UAbs. 2 KI-VOE-KOM, COM 2021, 206 final, S. 74.

Stelle die höchste berufliche Integrität und fachliche Kompetenz i. S. d. Art. 33 Abs. 9 KI-VOE[914] aufweisen muss.[915] Diese Pflicht findet sich wortgleich im endgültigen Regelungstext in Art. 31 Abs. 10 KI-VO wieder.[916]

Obgleich Art. 31 Abs. 11 KI-VO vorsieht, dass zum Zwecke der Bewertung der Konformität auch externe dritte Stellen beauftragt werden können, entbindet dies die notifizierte Stelle ausweislich des Art. 31 Abs. 11 KI-VO nicht davon, selbst „ausreichend(e) *interne* Kompetenzen" aufzuweisen, um die Ergebnisse der von den „externen Stellen in ihrem Namen vorgenommen Aufgaben wirksam beurteilen zu können".[917]

Ursprünglich sahen der Kommissionsentwurf und Parlamentsentwurf es vor, dass diese interne fachliche Kompetenz gemäß Art. 31 Abs. 10 S. 2 KI-VO nur dann gewährleistet sei, wenn sie „jederzeit für jedes Konformitätsbewertungsverfahren und für jede Art von Hochrisiko-KI-Systemen, für die sie benannt wurden, ständig über ausreichend administratives, technisches und wissenschaftliches Personal" verfügen, das über entsprechende „Erfahrungen und Kenntnisse in Bezug auf einschlägige KI-Techniken, Daten und Datenverarbeitungen sowie die Anforderungen in Kap. 2 dieses Titels" verfügt.[918]

Durch den Rat wurde in Art. 31 Abs. 10 MP-VO diese Pflicht deutlich abgeschwächt, indem eine Streichung des Zusatzes vorgeschlagen wurde, dass die fachliche Kompetenz „jederzeit für jedes Konformitätsbewertungsverfahren und für jede Art von Hochrisiko-KI-Systemen, für die sie benannt wurden" gewährleistet werden müsse.[919]

Im Einklang damit sieht auch der endgültige Regelungstext in Art. 31 Abs. 11 S. 2 KI-VO nunmehr vor, dass die notifizierten Stellen „*ständig* über ausreichendes administratives, technisches, juristisches und wissenschaftliches Personal verfügen, das Erfahrungen und Kenntnisse in Bezug auf einschlägige Arten der KI-Systeme, Daten und Datenverarbeitung sowie die in Abschnitt 2 festgelegten Anforderungen besitzt."[920]

Insgesamt hält Art. 31 Abs. 10 und 11 KI-VO jedoch an dem grundlegenden Konzept fest: eine Bewertungsstelle ist nur dann berechtigt ist, die Konformität mit

---

[914] Vgl. Art. 33 Abs. 9 KI-VOE-KOM, COM 2021, 206 final, S. 69.

[915] Ebenso *Heil*, MPR 2022, 1, 9; *Fuderer*, MPR 2022, 121, 125.

[916] *Gerdemann*, in: Martini/Wendehorst, Art. 43, Rn. 51.

[917] Hervorhebung hinzugefügt; ebenso *Heil*, MPR 2022, 1, 9; *Fuderer*, MPR 2022, 121, 125.

[918] Vgl. zum Kommissionsentwurf ebenso *Heil*, MPR 2022, 1, 9; *Fuderer*, MPR 2022, 121, 125; vgl. hierfür Art. 33 Abs. 9 und 10 KI-VOE-EP, *Europäisches Parlament*, Amendments adopted by the European Parliament on 14 June 2023 on the proposal for an Artificial Intelligence Act, P9_TA(2023)0236.

[919] Vgl. *Rat*, General Approach, 14954/22, S. 116 f.

[920] Hervorhebung hinzugefügt.

den Anforderungen des Kap. III Abschnitt 2 KI-VO zu überprüfen, wenn diese *selbst* hinreichend *interne* Kompetenz, aufweist, um die Ergebnisse des Unterauftragnehmers bewerten zu können.

### *b) Ergänzende Anforderungen der Pflichten des Art. 31 Abs. 10 und 11 KI-VO*

Hinsichtlich der in Art. 31 Abs. 10 und 11 KI-VO vorgesehenen Anforderungen ergeben sich eine Reihe von Überschneidungen zu den Anforderungen, die Anhang VII MP-VO an die fachliche Kompetenz der notifizierten Stellen stellt.

Zunächst fällt auf, dass Art. 31 Abs. 10 KI-VO[921] den nahezu *identischen* Wortlaut des Anhangs VII Abschnitt 3.1.1. MP-VO aufgreift, wonach die benannte Stelle die ihr nach dieser „Verordnung zufallenden Aufgaben mit höchster beruflicher Integrität und der erforderlichen Fachkompetenz in dem betreffenden Bereich auszuführen" hat. Ferner sieht auch Anhang VII Abschnitt 3.4.1 MP-VO die Möglichkeit vor, dass die benannte Stelle die Bewertung durch einen Unterauftragnehmer ausführen lässt. In Übereinstimmung mit Art. 31 Abs. 11 KI-VO[922] entbindet dies gem. Anhang VII Abschnitt 3.1.1 UAbs. 4 MP-VO auch im Rahmen der MP-VO die benannte Stelle nicht davon, *auch* selbst eine hinreichende interne Kompetenz zur Bewertung zu besitzen.

Während Art. 31 Abs. 10 KI-VO[923] weitestgehend deckungsgleich mit Anhang VII Abschnitt 3.1.1 MP-VO ist, bezieht sich die geforderte Fachkompetenz auf die der Stelle „durch *diese Verordnung* zufallenden Aufgaben".[924] Daher ergibt sich der ergänzende Regelungscharakter nicht aus der Pflicht, interne Fachkompetenz aufweisen zu müssen, sondern vielmehr hinsichtlich des Inhaltes, auf den sich die Fachkompetenz beziehen muss, weil sich dieser nunmehr gem. Art. 33 Abs. 10

---

[921] Vgl. zu den Entwürfen Art. 33 Abs. 9 KI-VOE-KOM, COM 2021, 206 final, S. 69 f.; ebenso Art. 33 Abs. 9 KI-VOE-Rat, *Rat*, General Approach 14954/22, S. 117; ebenso Art. 33 Abs. 9 KI-VOE-EP, *Europäisches Parlament*, Amendments adopted by the European Parliament on 14 June 2023 on the proposal for an Artificial Intelligence Act, P9_TA(2023)0236.

[922] Vgl. zu den Entwürfen Art. 33 Abs. 10 KI-VOE-KOM, COM 2021, 206 final, S. 69 f.; ebenso Art. 33 Abs. 10 KI-VOE-Rat, *Rat*, General Approach 14954/22, S. 117; ebenso Art. 33 Abs. 10 KI-VOE-EP, *Europäisches Parlament*, Amendments adopted by the European Parliament on 14 June 2023 on the proposal for an Artificial Intelligence Act, P9_TA(2023)0236.

[923] Vgl. zu den Entwürfen Art. 33 Abs. 9 KI-VOE-KOM, COM 2021, 206 final, S. 69 f.; ebenso Art. 33 Abs. 9 KI-VOE-Rat, *Rat*, General Approach 14954/22, S. 117; ebenso Art. 33 Abs. 9 KI-VOE-EP, *Europäisches Parlament*, Amendments adopted by the European Parliament on 14 June 2023 on the proposal for an Artificial Intelligence Act, P9_TA(2023)0236.

[924] Hervorhebung hinzugefügt; vgl. zu den Entwürfen Art. 33 Abs. 9 KI-VOE-KOM, COM 2021, 206 final, S. 69; *Rat*, General Approach, 14954/22, S. 116; Art. 33 Abs. 4 KI-VOE-EP, *Europäisches Parlament*, Amendments adopted by the European Parliament on 14 June 2023 on the proposal for an Artificial Intelligence Act, P9_TA(2023)0236; ebenso Anhang VII Abschnitt 3.1.1, VO (EU) 2017/745, ABl. 2017/L117, S. 126.

KI-VO[925] auch auf die Kompetenz zur Überprüfung der Konformität mit den Anforderungen des Kap. III Abschnitt 2 KI-VO beziehen muss. Dies wird auch durch Art. 31 Abs. 11 KI-VO und den weitreichend damit übereinstimmenden Anhang VII Abschnitt 3.1.1 MP-VO bestätigt. Während Art. 31 Abs. 11 S. 2 KI-VO die Pflicht normiert, dass das Personal zu Gewährleistung der internen Kompetenz „Erfahrungen und Kenntnisse in Bezug auf einschlägige Arten der KI-Systeme, Daten und Datenverarbeitungen sowie die in Abschnitt 2 festgelegten Anforderungen“ aufweisen muss, geht es im Rahmen der Qualifikationsanforderungen des Anhangs VII Abschnitt 3.1.1 UAbs. 3 MP-VO vor allem um die Überprüfung der „Anforderungen dieser Verordnung, insbesondere die Anforderungen des Anhangs I“.

### *c) Zwingende Notwendigkeit zur Gewährleistung interner Fachkompetenz*

Bereits im Zusammenhang mit dem Kommissionsentwurf wurde der Umstand, dass die benannte Stelle auch bei einer Unterbeauftragung hinreichend interne Fachkompetenz aufweisen müsse, als zu „starr“ kritisiert.[926] Vielmehr zeige die Notwendigkeit bei Produkten, die Arzneimittel an den Körper abgeben, in einem Konsultationsverfahren gem. Art. 54 MP-VO nur ein Expertengremium zu kontaktieren, ohne dass die benannte Stelle zugleich eine vergleichbare Fachkompetenz zur Einschätzung der externen Kompetenz aufweisen müsse, dass die Verpflichtung zur Gewährleistung einer internen Kompetenz nicht zwingend sei.[927]

Da der endgültige Regelungstext mit Art. 31 Abs. 10 und 11 KI-VO an dieser internen Kompetenzpflicht festhält, könnte sich dieser ebenfalls dieser Kritik ausgesetzt sehen.[928]

---

[925] Vgl. zu den Entwürfen Art. 33 Abs. 9 KI-VOE-KOM, COM 2021, 206 final, S. 69 f.; ebenso Art. 33 Abs. 9 KI-VOE-Rat, *Rat*, General Approach 14954/22, S. 117; ebenso Art. 33 Abs. 9 KI-VOE-EP, *Europäisches Parlament*, Amendments adopted by the European Parliament on 14 June 2023 on the proposal for an Artificial Intelligence Act, P9_TA(2023)0236.

[926] Vgl. *Fuderer*, MPR 2022, 121, 125.

[927] Vgl. *Fuderer*, MPR 2022, 121, 125.

[928] Vgl. Art. 33 Abs. 9 und 10 KI-VOE-Rat, *Rat*, General Approach 14954/22, S. 117; Art. 33 Abs. 9 und 10 KI-VOE-EP, *Europäisches Parlament*, Amendments adopted by the European Parliament on 14 June 2023 on the proposal for an Artificial Intelligence Act, P9_TA(2023)0236.

*Tabelle 12*

**Übersicht zu den Überschneidungen Art. 33 Abs. 10 und 11 KI-VO mit Anhang VII MP-VO**

| | KI-VO | MP-VO | Bewertung |
|---|---|---|---|
| Fachkompetenz | Art. 31 Abs. 10 | Anhang VII Abschnitt 3.1.1. | Überschneidung |
| | Bezugspunkt: Kap. III Abschnitt 2 KI-VO | Bezugspunkt: Anhang I | Ergänzung |
| Beauftragung Unterauftragnehmer | Art. 31 Abs. 10 | Anhang VII Abschnitt 3.4.1 | Überschneidung |
| | - | Anforderungen an die Zulässigkeit der Beauftragung durch Anhang VII Abschnitt 3.4.1 | Ergänzung |
| Keine Entbindung von interner Kompetenz bei Unterbeauftragung | Art. 31 Abs. 11 | Anhang VII Abschnitt 3.1.1 UAbs. 4 | Überschneidung |

aa) Interne Kompetenz als Voraussetzung für den Abbau der Binnengrenzen

Grundsätzlich ist jedenfalls auch Anhang VII Abschnitt 3.1.1 UAbs. 4 S. 2 MP-VO eine entsprechende Pflicht zur Gewährleistung hinreichender interner Kompetenz, um die Ergebnisse der benannten Stelle zu überprüfen, zu entnehmen.

Entgegen den vereinzelten Stimmen in der Literatur[929] ist die übereinstimmende Pflicht zur Gewährleistung hinreichender interner Kompetenz nicht zu „starr", sondern vielmehr zwingend erforderlich, um zu gewährleisten, dass das mit den Produktsicherheitsvorschriften intendierte Ziel, die Binnengrenzen im europäischen Rechtsrahmen abzubauen, tatsächlich erreicht werden kann.[930] Hintergrund dafür, dass in den harmonisierten Produktsicherheitsvorschriften des neuen Rechtsrahmens, wie der MP-VO, die Anforderungen an die benannten Stellen und die Notifizierungsverfahren harmonisiert wurden, war es, dass die Befürchtung bestand, eine bloße Harmonisierung der Produktanforderungen reiche nicht aus, um das Vertrauen der Mitgliedstaaten in das CE-Kennzeichen herzustellen.[931] Der Hintergrund sei, dass unterschiedliche Anforderungen an die Bewertungsstellen die Gefahr bergen, dass die Bewertungsverfahren unterschiedliche Prüfqualitäten aufwei-

---

[929] Vgl. *Fuderer*, MPR 2022, 121, 125.

[930] Vgl. eingehend zu den Grundprinzipen des Neuen Rechtsrahmens und dem Ziel des Abbaus von Binnengrenzen durch harmonisierte Produktvorschriften, bereits Kap. 1, A.

[931] Vgl. hierfür die Überlegung des Rates, Entschließung des Rates, ABl. 2003/C282, S. 3; ebenso *Europäische Kommission*, Blue Guide, ABl. 2022/C247, S. 9 f.

sen würden, die das Vertrauen in die CE-Kennzeichnung erschüttern könne.[932] Die Anforderungen, die in Anhang VII MP-VO normiert sind und von den benannten Stellen als Voraussetzung für die Notifizierung erfüllt werden müssen, dienen dazu, ein einheitliches Prüfniveau zu gewährleisten.[933]

Sofern – ohne Einschränkung – die Bewertungstätigkeit auf externe Unterauftragnehmer delegiert werden könnte, würde die Einhaltung dieser harmonisierten Anforderungen an die prüfenden Stellen konterkariert, was dazu führen könnte, dass das Vertrauen in die CE-Kennzeichnung gestört wird.

Eine entsprechende Erschütterung des Vertrauens in die CE-Kennzeichnung ist jedoch dann nicht zu befürchten, wenn die Kompetenzen den benannten Stellen nur zum Zwecke der *Arbeitsentlastung* übertragen wird. Zu beachten ist nämlich, dass eine solche Unterbeauftragung sich nicht als „Delegation", sondern nur als Ausübung der Bewertungstätigkeit für die benannte Stelle darstellt, die die Ergebnisse gleichwohl kritisch selbst überprüfen muss und für diese auch verantwortlich bleibt.[934]

Gerade diese Überlegungen werden auch in den in Anhang VII Abschnitt 3.4.1 MP-VO normierten Voraussetzungen, die die MP-VO an die Unterbeauftragung stellt, widergespiegelt. Gemäß Anhang VII Abschnitt 3.4.1. MP-VO ist eine Unterbeauftragung zwar möglich, steht jedoch unter der Beschränkung, dass weder eine der in Anhang VII Abschnitt 3.4.1 MP-VO genannten Tätigkeiten noch die Bewertung „als Ganzes" übertragen werden darf. Zu den nicht übertragbaren Tätigkeiten des Anhangs VII Abschnitt 3.4.1 MP-VO gehören neben der Überwachung externer Sachverständiger insbesondere auch die Audits, die Zertifizierung und die abschließende Prüfung und Entscheidungsfindung.

Obgleich entsprechende Regelungen im Rahmen des Art. 31 Abs. 11 KI-VO nicht vorgesehen sind, muss andererseits beachtet werden, dass die Anforderungen des Art. 31 Abs. 11 KI-VO nur ergänzend gelten, sodass die Beschränkungen der Zulässigkeit der Übertragung auch auf die Unterbeauftragung zum Zwecke der Überprüfung der Konformität mit Kap. III Abschnitt 2 KI-VO anwendbar sind.

Das Vertrauen der Mitgliedstaaten in das Konformitätsbewertungsverfahren anderer Mitgliedstaaten ist fundamentale Bedingung dafür, dass das mit dem neuen Rechtsrahmen intendierte Ziel, eines Abbaus der Binnengrenzen erreicht wird. Um das Vertrauen der Mitgliedstaaten in die Konformitätsbewertungsstellen und damit in die CE-Kennzeichnung zu gewährleisten, ist die in Anhang VII 3.1.1 MP-VO

---

[932] Vgl. hierfür die Überlegung des Rates, Entschließung des Rates, ABl. 2003/C282, S. 3; ebenso *Europäische Kommission*, Blue Guide, ABl. 2022/C247, S. 9 f.

[933] Vgl. hierfür die Überlegung des Rates, Entschließung des Rates, ABl. 2003/C282, S. 3; ebenso *Europäische Kommission*, Blue Guide, ABl. 2022/C247, S. 9 f.

[934] Vgl. dazu, dass unter dem Begriff der „Delegation" eine Übertragung der eigenen Kompetenz, unter Verzicht auf die eigene Entscheidungsgewalt zu verstehen ist, während der Übertragende bei einem „Mandat zur Ausübung" nicht auf seine Entscheidungsgewalt verzichtet, *Triepel*, Delegation und Mandat im Öffentlichen Recht, S. 23.

und Art. 31 Abs. 11 KI-VO übereinstimmende Pflicht zur Gewährleistung interner Kompetenz daher nicht zu „starr“[935], sondern *zwingend* erforderlich.

### bb) Kein Verzicht auf eine interne Kompetenz in Art. 54 MP-VO

An diesem Ergebnis kann auch die Existenz des Art. 54 MP-VO nichts ändern.[936] Gemäß Art. 54 MP-VO ist bei implantierbaren Produkten der Klasse III und aktiven Produkten der Klasse IIb, die unter Anhang VII Abschnitt 6.4 (Regel 12) MP-VO fallen, zusätzlich zu den in Art. 52 Abs. 1 MP-VO vorgesehenen Verfahren im Zusammenhang mit der klinischen Bewertung die Durchführung eines Konsultationsverfahren i. S. d. Anhangs IX Abschnitt 5.1 bzw. Anhang IX Abschnitt 6 MP-VO erforderlich.[937]

Bei dem Konsultationsverfahren nach Art. 54 MP-VO handelt es sich um ein Kontrollverfahren, in dem die Bewertung der benannten Stelle durch ein Expertengremium nach Art. 106 MP-VO überprüft wird.[938] Zu diesem Zweck muss die benannte Stelle gem. Art. 54 Abs. 1 i. V. m. Anhang IX Abschnitt 5.1 lit. a) UAbs. 1 MP-VO einen Bericht über die Begutachtung der klinischen Bewertung erstellen und diesen der Kommission vorlegen. Gemäß Anhang IX Abschnitt 5.1 lit. a) UAbs. 3 MP-VO leitet die Kommission die Dokumente an das einschlägige Expertengremium nach Art. 106 MP-VO weiter. Der sodann beginnende Verfahrensabschnitt wird auch als „Scrutiny-Verfahren“ bezeichnet.[939] Das Expertengremium entscheidet nach Maßgabe der Anforderungen des Anhangs IX Abschnitt 5.1 lit. a) UAbs. 3 MP-VO, ob sie ein wissenschaftliches Gutachten zu den Schlussfolgerungen erstellt.[940] Sofern dies der Fall ist, darf die benannte Stelle in ihrer Entscheidung zwar von dem wissenschaftlichen Gutachten abweichen, muss diese Abweichung gleichwohl umfassend begründen.[941] Wie die Entscheidung der benannten Stelle ausfällt, wird dokumentiert und muss in einem Jahresbericht nach Art. 54 Abs. 4 MP-VO, dem Europäischen Parlament, Rat als auch der Koordinierungsgruppe Medizinprodukte weitergeleitet werden.[942]

---

[935] Vgl. so *Fuderer*, MPR 2022, 121, 125.

[936] So aber *Fuderer*, MPR 2022, 121, 125.

[937] *Schwegler/Schübel*, MPJ 2017, 107, 110; ebenso *Rehmann/Wagner*, MP-VO, Rn. 2; *Friedrich*, in: Clausen/Schroeder-Printzen, § 17, Rn. 415; *Mayr/Thiermann/Schrack/Kiesselbach*, Medizinprodukterecht, § 4, Rn. 68.

[938] *Friedrich*, in: Clausen/Schroeder-Printzen, § 17, Rn. 415; *Mayr/Thiermann/Schrack/Kiesselbach*, Medizinprodukterecht, § 4, Rn. 68.

[939] *Friedrich*, in: Clausen/Schroeder-Printzen, § 17, Rn. 415.

[940] *Mayr/Thiermann/Schrack/Kiesselbach*, Medizinprodukterecht, § 4, Rn. 68; *Friedrich*, in: Clausen/Schroeder-Printzen, § 17, Rn. 415.

[941] *Rehmann/Wagner*, MP-VO, Rn. 2; *Mayr/Thiermann/Schrack/Kiesselbach*, Medizinprodukterecht, § 4, Rn. 68; *Friedrich*, in: Clausen/Schroeder-Printzen, § 17, Rn. 415.

[942] *Mayr/Thiermann/Schrack/Kiesselbach*, Medizinprodukterecht, § 4, Rn. 68; *Rehmann/Wagner*, MP-VO, Rn. 6 f.

Obgleich durch das Konsultationsverfahren nach Art. 54 Abs. 4 MP-VO durchaus die Entscheidungskompetenz der benannten Stellen in einem gewissen Maße eingeschränkt werden kann, kann dies gleichwohl nicht als Argument dafür angeführt werden, dass bei der Beauftragung von Unterauftragnehmern keine interne Kompetenz nach Anhang VII Abschnitt 3.1.1 MP-VO bzw. Art. 33 Abs. 10 KI-VO gefordert werden müsse.

Im Unterschied zu der Beauftragung eines Unterauftragnehmers erfolgt die Überprüfung des Expertengremiums nach Art. 54 Abs. 1 i. V. m. Anhang XI Abschnitt 5.1 MP-VO nicht *anstelle* einer Überprüfung der Konformitätsbewertungsstelle, sondern ausweislich des ausdrücklichen Wortlautes des Art. 54 Abs. 1 MP-VO „zusätzlich" zu der Bewertung der benannten Stelle nach Art. 52 MP-VO. Das Verfahren nach Art. 54 Abs. 1 MP-VO ist daher nicht mit einer Unterbeauftragung gleichzusetzen, sondern dient es vielmehr der Kontrolle der Konformitätsbewertungsstellen.[943] Die jeweilige Konformitätsbewertungsstelle wird daher auch nicht von der eigentlichen Bewertung befreit, sondern muss diese gem. Art. 54 Abs. 1 i. V. m. Anhang IX Abschnitt 5.1 lit. a) UAbs. 1 MP-VO zunächst *selbst* einen Bericht über die Begutachtung der klinischen Bewertung erstellen. Erst anschließend wird dieser Bericht der Kommission vorgelegt, was sich aus dem Wortlaut des Art. 54 Abs. 1 i. V. m. Anhang IX Abschnitt 5.1 lit. a) UAbs. 1 MP-VO, *„nachdem* sie die Qualität der klinischen Daten, auf denen der klinische Bewertungsbericht des Herstellers gemäß Art. 61 Absatz 12 beruht geprüft *hat*", ergibt.[944] Dies wird ferner auch dadurch untermauert, dass der Bericht gem. Anhang IX Abschnitt 5.1 lit. a) MP-VO auch die *„Schlussfolgerungen* zu dem vom Hersteller *vorgelegten klinischen Nachweis*" enthalten muss.[945] Eine entsprechende Überprüfung ist von vornherein nicht möglich, wenn die benannte Stelle keine hinreichende interne Kompetenz zur Bewertung solcher Produkte aufweist.[946]

Zusammenfassend lässt sich daher statuieren, dass, entgegen den vereinzelten Stimmen in der Literatur[947], Art. 54 MP-VO nicht dafür angeführt werden kann, dass auf eine hinreichende interne Kompetenz der Konformitätsbewertungsstelle nach Anhang VII Abschnitt 3.1.1 MP-VO bzw. Art. 33 Abs. 11 KI-VO verzichtet werden kann.

#### cc) Zwischenergebnis

Übereinstimmend ist sowohl in der KI-VO als auch der MP-VO eine Unterbeauftragung zulässig, gleichwohl entbindet dies die benannte Stelle gem. Art. 31

943 *Friedrich*, in: Clausen/Schroeder-Printzen, § 17, Rn. 415; ebenso *Mayr/Thiermann/Schrack/Kiesselbach*, Medizinprodukterecht, § 4, Rn. 68.

944 Vgl. Anhang I Abschnitt 5.1 UAbs. 1 lit. a) MP-VO (Hervorhebung hinzugefügt).

945 Vgl. Anhang I Abschnitt 5.1 UAbs. 1 lit. a) MP-VO (Hervorhebung hinzugefügt).

946 Vgl. Anhang I Abschnitt 5.1 UAbs. 1 lit. a) MP-VO (Hervorhebung hinzugefügt).

947 So aber *Fuderer*, MPR 2022, 121, 125.

Abs. 10 und 11 KI-VO bzw. Anhang VII Abschnitt 3.1.1 UAbs. 4 S. 2 MP-VO nicht davon, auch selbst eine hinreichend interne Kompetenz aufzuweisen. Sofern dies teilweise kritisiert wurde, muss dem entgegengehalten werden, dass eine hinreichende interne Fachkompetenz zum Abbau der Binnengrenzen zwingend erforderlich ist, weil anderenfalls – in Ermangelung eines Notifizierungsverfahren der Unterauftragnehmer – das Vertrauen in die Konformitätsbewertung erschüttert werden könnte.

Zu einem anderen Ergebnis führt auch nicht die Existenz des Art. 54 MP-VO, da die Beteiligung des Expertengremiums nur *zusätzlich* zu der Überprüfung des Produkts im Konformitätsbewertungsverfahren erfolgt, die benannte Stelle jedoch nicht davon entbindet, hinreichend interne Kompetenz aufzuweisen.

#### 4. Notwendigkeit der Ergänzung um Anforderungen an das technische Prüfwerkzeug

Korrekturbedürftig ist jedoch der Umstand, dass Art. 43 Abs. 3 UAbs. 2 KI-VO mit Art. 31 Abs. 4, 5, 10 und 11 KI-VO zwar Anforderungen an die fachliche Kompetenz der Bewertungsstellen vorsieht, allerdings noch jeglicher Anforderungen an die technische Ausstattung, die zur Überprüfung der Systeme erforderlich ist, ermangelt.[948] Eine manuelle Überprüfung von KI-Systemen stößt längst an die Grenzen dessen, was in praktischer Hinsicht umsetzbar ist.[949] Im Unterschied dazu sieht Anhang I Abschnitt 3.1.1. UAbs. 2 MP-VO die Pflicht vor, dass die benannten Stellen auch über notwendige „Ausrüstungen“ und „Einrichtungen“ verfügen müssen, um die Konformitätsbewertungstätigkeit, „für die sie benannt wurden“, durchführen zu können.

Selbst wenn aus der Pflicht des Anhangs VII Abschnitt 3.1.1. UAbs. 2 MP-VO auch eine Ausstattung mit hinreichenden Prüfwerkzeug zur Bewertung der Konformität mit den Anforderungen des Kap. III Abschnitt 2 KI-VO abgeleitet werden kann, bleiben die Anforderungen in Bezug auf KI-spezifische Besonderheiten gleichwohl weitestgehend unbestimmt. Vor diesem Hintergrund sollten in der KI-Verordnung in Art. 31 Abs. 10 und 11 KI-VO neben den personellen Qualifikationsanforderungen auch Mindestanforderungen an technisches Prüfwerkzeug normiert werden.[950] Die technischen Details sollten sodann in Normen standardisiert werden.[951]

---

[948] Vgl. Art. 43 Abs. 3 UAbs. 2 i. V. m. Art. 33 Abs. 4, 9 und 10 KI-VOE-KOM, COM 2021, 206 final, S. 68 f. Art. 43 Abs. 3 UAbs. 2 i. V. m. Art. 33 Abs. 4, 9 und 10 KI-VOE-Rat, *Rat*, General Approach, 14954/22, S. 129 f.; ebenso Art. 43 Abs. 3 UAbs. 2 i. V. m. Art. 33 Abs. 4, 9 und 10 KI-VOE-EP *Europäisches Parlament*, Amendments adopted by the European Parliament on 14 June 2023 on the proposal for an Artificial Intelligence Act, P9_TA(2023) 0236.

[949] Ebenso *Heesen et al.*, Zertifizierung II, S. 35, abrufbar unter: siehe Quellenangaben.

[950] Ebenso *Heesen et al.*, Zertifizierung II, S. 35, abrufbar unter: siehe Quellenangaben.

### 5. Verschärfung der Nadelöhr-Problematik

Bereits im Zusammenhang mit der MP-VO wurde vermehrt die Befürchtung geäußert, dass das Konformitätsbewertungsverfahren sich wegen der geringen Anzahl benannter Stellen als „Nadelöhr“[952] bzw. „Bottleneck“[953] erweisen könnte.

Die geringe Anzahl der für die Bewertung nach der MP-VO benannten Stellen liege vor allem in dem komplexen und langwierigen Notifizierungsverfahren[954] nach Art. 35–50 MP-VO begründet, hinsichtlich dessen mit einer durchschnittlichen Dauer von 18 Monate zu rechnen sei.[955] Zwar war eine Benennung gem. Art. 123 Abs. 1 lit. a) i. V. m. Art. 35 bis 50 MP-VO bereits vor dem in Art. 123 Abs. 1 MP-VO vorgesehenen Geltungsbeginn der MP-VO möglich, gleichwohl wurde befürchtet, dass langwierige und komplexe Verfahren dazu führen könnten, dass bis zum Geltungsbeginn der MP-VO nicht alle Anträge auf Benennung beschieden würden.[956] Gemäß Art. 123 Abs. 3 i. V. m. Art. 1 Nr. 8 lit. a) Änderungsverordnung (EU) 2020/561[957] gilt die MP-VO seit dem 26. Mai 2021. Derzeit ergibt sich aus dem NANDO-Register, dass für die Zwecke der Konformitätsbewertung nach der MP-VO insgesamt 39 benannte Stellen registriert sind, wovon zehn Stellen in Deutschland benannt wurden.[958] Im Unterschied dazu waren zum Geltungszeitpunkt der RL 93/42/EWG insgesamt noch 55 Stellen benannt, wovon elf in Deutschland benannt waren.[959] Daher erhärteten sich die Bedenken, dass die Anzahl der nach der MP-VO benannten Stellen nicht mehr als 40 betragen dürfe.[960]

Diese Problematik vermag der Umstand noch zu verschärfen, dass die benannte Stelle des Harmonisierungsrechtsaktes nur dann gem. Art. 43 Abs. 3 UAbs. 2 KI-VO zur Überprüfung der Konformität mit den Anforderungen des Kap. III Abschnitt 2 KI-VO berechtigt ist, wenn im Rahmen des Notifizierungsverfahrens er-

---

[951] Ebenso *Heesen et al.*, Zertifizierung II, S. 35, abrufbar unter: siehe Quellenangaben.

[952] *Prütting/Wolk*, MedR 2020, 359, 361.

[953] *Hill/Schmitt*, WiKO, A III, Rn. 10.

[954] Vgl. zu dem Notifizierungsverfahren der Konformitätsbewertungsstellen, bereits Kap. 1, B., II.

[955] *Prütting/Wolk*, MedR 2020, 359, 361; vgl. dazu, dass das Verfahren langwierig wäre, jedoch nur schwer abgeschätzt werden könnte, wie lange es dauere, *Hill/Schmitt*, WiKO, AIII, Rn. 9.

[956] *Hill/Schmitt*, WiKO, A III, Rn. 9.

[957] Verordnung (EU) 2020/561 des Europäischen Parlaments und des Rats vom 23. April 2020 zur Änderung der Verordnung (EU) 2017/745 über Medizinprodukte hinsichtlich des Geltungsbeginns einiger Bestimmungen; ABl. 2020/L130, S. 18.

[958] Vgl. hierfür die Auflistung für die MP-VO in Deutschland benannten Stellen, abrufbar unter: https://webgate.ec.europa.eu/single-market-compliance-space/#/notified-bodies/notified-body-list?filter=legislationId:34,countryId:276,notificationStatusId:1, zuletzt abgerufen: 4. 1. 2026.

[959] *Prütting/Wolk*, MedR 2020, 359, 361.

[960] *Prütting/Wolk*, MedR 2020, 359, 361.

gänzend die Einhaltung der Anforderungen des Art. 31 Abs. 4, 5, 10 und 11 KI-VO nachgewiesen wird.[961]

Allerdings muss auch beachtet werden, dass eine hohe fachliche Kompetenz unbedingt erforderlich ist, um das Qualitätsniveau der Konformitätsbewertung hinreichend aufrechtzuerhalten. Der Verzicht auf eine interne Kompetenz ist daher kein gangbarer Weg.[962] Erwägenswert wäre es jedoch, die Komplexität und vor allem die Dauer des Notifizierungsverfahrens nach Art. 35–50 MP-VO zu reduzieren.[963]

### 6. Zwischenergebnis

Für das durch den Verweis des Art. 43 Abs. 3 UAbs. 1 KI-VO entstehende gemeinsame Konformitätsbewertungsverfahren ist ausweislich des Art. 43 Abs. 3 UAbs. 2 KI-VO auch die benannte Stelle zuständig, die nach dem jeweiligen Harmonisierungsrechtsakt für die Bewertung des jeweiligen Medizinprodukts benannt wurde. Ergänzend ist jedoch insbesondere die interne Kompetenz der Bewertungsstelle in Bezug auf die Bewertung der Konformität mit Kap. III Abschnitt 2 KI-VO zu gewährleisten, die gem. Art. 43 Abs. 3 UAbs. 2 i.V.m. Art. 31 Abs. 10 und 11 KI-VO im Rahmen des Notifizierungsverfahren nach Art. 35–50 MP-VO mit überprüft werden müsste. Die Gewährleistung hinreichender interner Fachkompetenz ist unabdingbar, um das Vertrauen in die CE-Kennzeichnung aufrechtzuerhalten. Gleichwohl muss sichergestellt werden, dass die Konformitätsbewertung sich nicht als Nadelöhr bei der Inverkehrgabe von KI-basierten Medizinprodukten erweist. Erwägenswert wäre daher eine Reduzierung der Komplexität und Dauer des Notifizierungsverfahrens für die Benennung nach Art. 35–50 MP-VO. Ferner sollten ergänzende Anforderungen an das technisch Prüfwerkzeug gestellt werden, derer die KI-Verordnung bisher noch ermangeln. Sofern dies gewährleistet wird, ist hinreichend sichergestellt, dass die nach der MP-VO notifizierte Stelle zur Überprüfung Konformität mit Kap. III Abschnitt 2 KI-VO geeignet ist.

---

[961] *Heil*, MPR 2022, 1, 9; dem folgend *Schreitmüller*, Regulierung intelligenter Medizinprodukte, S. 310 f.

[962] *Fuderer*, MPR 2022, 121, 125, der anregt, dann auf das Erfordernis einer internen Kompetenz zu verzichten, wenn die benannte Stelle einen Unterauftragnehmer beauftragt; vgl. jedoch ausführlich dazu, dass die Gewährleistung der internen Kompetenz – trotz Unterbeauftragung – zum Abbau der Binnengrenzen unbedingt erforderlich ist, bereits Kap. 4, D., III., 3., c).

[963] In diese Richtung wohl auch *Hill/Schmitt*, WiKO, A III, Rn. 9 ff.

## IV. Anforderungen an die Konformitätserklärung und CE-Kennzeichnung

Sofern in dem gemeinsamen Konformitätsbewertungsverfahren nach Art. 43 Abs. 3 KI-VO die Konformität mit Kap. III Abschnitt 2 KI-VO nachgewiesen wird, sieht Art. 16 lit. g) und h) KI-VO[964] die Pflicht vor, dass die Anbieter eine Konformitätserklärung erstellen und die Systeme mit einer CE-Kennzeichnung versehen müssen.[965]

Mit dieser Pflicht folgt die KI-Verordnung den Grundprinzipien des nach dem neuen Rechtsrahmen harmonisierten Produktsicherheitsrechts.[966] Daher ist es nicht überraschend, dass sich die Pflicht zur Erstellung einer Konformitätserklärung und CE-Kennzeichnung mit Art. 10 Abs. 6 i.V.m. Art. 19 bzw. 20 MP-VO überschneidet.[967]

### 1. Einheitliche Konformitätserklärung zur Erfüllung beider Verordnungen

Hinsichtlich der Pflicht zur Erstellung einer EU-Konformitätserklärung nach Art. 16 lit. g) i.V.m. Art. 47 KI-VO tritt die KI-Verordnung der aus dieser Überschneidung mit Art. 10 Abs. 6 i.V.m. Art. 19 MP-VO drohenden doppelten Arbeitsbelastung mit der in Art. 47 Abs. 3 S. 1 KI-VO[968] vorgesehenen Erleichterung

---

[964] Vgl. zu den Entwürfen Art. 19 Abs. 1 KI-VOE-KOM, COM 2021, 206 final, S. 62; ebenso Art. 19 Abs. 1 KI-VOE-Rat, *Rat*, General Approach 14954/22, S. 65; ebenso inhaltsgleich Art. 16 lit. ea (new) und ba (new), *Europäisches Parlament*, Amendments adopted by the European Parliament on 14 June 2023 on the proposal for an Artificial Intelligence Act, P9_TA(2023)0236.

[965] *Gerdemann*, NJW 2024, 2209, 2210; vgl. auch *Saurin/Thiermann*, in: Bomhard/Pieper/Wende, Art. 43, Rn. 25, dass die CE-Kennzeichnung und die EU-Konformitätserklärung die Konformität nach außen hin demonstrieren; vgl. noch zum Kommissionsentwurf, etwa *Ebert/Spiecker gen. Döhmann*, NVwZ 2021, 1188, 1191; *Engelmann/Brunotte/Lütkens*, RDi 2021, 317, 320 f.; *Linardatos*, ZdiW 2023, 1, 4; *Linardatos*, in: Hilgendorf/Roth-Isigkeit, 1. Auflage, § 7, Rn. 14; *Wiebe*, BB 2022, 899, 901; *Heil*, MPR 2022, 1, 8; *Roos/Weitz*, MMR 2021, 844, 848; *Denga*, ZfPC 2023, 154, 157 f.

[966] Vgl. noch zum Kommissionsentwurf *Wiebe*, BB 2022, 899, 901; ebenso *Engelmann/Brunotte/Lütkens*, RDi 2021, 317, 321.

[967] Vgl. ebenso zum Kommissionsentwurf *Heil*, MPR 2022, 1, 8.

[968] Vgl. zu den Entwürfen Art. 48 Abs. 3 S. 1 KI-VOE-KOM, COM 2021, 206 final, S. 77; während der Entwurf des Rates für Art. 48 Abs. 3 S. 1 KI-VOE-Rat dem Vorschlag der Kommission vorbehaltslos folgte, sah der Parlamentsentwurf eine Abkehr von einer Verpflichtung, eine gemeinsame Konformitätsbewertungserklärung zu erstellen vor und beschränkte Art. 48 Abs. 3 S. 1 KI-VOE-EP vielmehr auf die Möglichkeit, eine gemeinsame Konformitätserklärung zu erstellen, vgl. Art. 48 Abs. 3 S. 1 KI-VOE-Rat, *Rat*, General Approach 14954/22, S. 134; Art. 48 Abs. 3 S. 1 KI-VOE-EP Änderung 471, *Europäisches Parlament*, Amendments adopted by the European Parliament on 14 June 2023 on the proposal for an Artificial Intelligence Act, P9_TA(2023)0236.

entgegen, dass nur *eine* einheitliche Konformitätsbewertung erstellt werden muss.[969] Eine entsprechende Erleichterung ist auch in Art. 19 Abs. 2 MP-VO vorgesehen, wonach eine gemeinsame EU-Konformitätsbewertungserklärung den Nachweis der Konformität mit allen für das jeweilige Produkt geltenden Rechtsakten der Union erfasst.[970]

### *a) Regelungsnotwendigkeit der Ausnahme für den Medizinproduktesektor*

Da in Art. 19 Abs. 2 MP-VO ohnehin eine entsprechende Pflicht vorgesehen ist, könnte jedenfalls für den Medizinproduktesektor die Regelungsnotwendigkeit des Art. 47 Abs. 3 S. 1 KI-VO in Frage gestellt werden.

Allerdings ist zu beachten, dass die Ausnahme des Art. 19 Abs. 2 MP-VO nur dann anwendbar ist, wenn das „Produkt" nach einer anderen Vorschrift der Union bereits einer Konformitätserklärungspflicht unterliegt. Unter einem „Produkt" i.d.S. ist gem. Art. 1 Abs. 4 MP-VO jedes Medizinprodukt, dessen Zubehör sowie Produkte i.S.d. Anhangs XVI MP-VO zu verstehen. Wie oben bereits umfassend dargelegt wurde, handelt es sich – entgegen des Ansatzes der MDCG-Leitlinien 2019-11– bei einem eingebetteten Hochrisiko-KI-System nur dann um ein *eigenständiges* Medizinprodukt, wenn das KI-System *als solches* selbst die medizinische Zweckbestimmung in der „Welt" umsetzt und damit *erfüllt.*[971] Dies ist jedoch dann nicht der Fall, wenn die Zweckbestimmung des Systems darin liegt, medizinische Daten zu verarbeiten, *um* diese als Steuerungssignale an ein körperliches Medizinprodukt weiterzuleiten, um dessen medizinische Funktionsweise (z.B. Abgabe von Insulin) zu steuern.[972] In diesem Fall erfüllt das Hochrisiko-KI-System selbst nämlich keine medizinische Zweckbestimmung, weil die Ergebnisse erst durch das *körperliche Medizinprodukt* in der Welt *umgesetzt* und damit *erfüllt* werden.[973] In Abhängigkeit der subjektiven Bestimmung des Herstellers kann das KI-System dann entweder als Einheit, und damit als *Bestandteil*, oder als *Zubehör* i.S.d. Art. 2 Nr. 2 MP-VO in den Verkehr gegeben werden.[974] Nur sofern das Hochrisiko-KI-System als Zubehör i.S.d. Art. 2 Nr. 2 MP-VO oder eigenständiges Medizinprodukt i.S.d. Art. 2 Nr. 1 MP-VO zu qualifizieren ist, ist es selbst *Produkt* i.S.d. Art. 1 Abs. 4 MP-VO. In diesem Fall unterliegt sodann das „Produkt" auch zugleich

---

[969] Ebenso *Gerdemann*, in: Martini/Wendehorst, Art. 47, Rn. 20.

[970] *Rehmann*/Wagner, MP-VO, Art. 19, Rn. 1.

[971] Vgl. eingehend zu der Begründung, warum der Ansatz der MDCG-Leitlinien 2019-11 (Kap. 2, B., II., 2., a)) nicht vom Willen des Unionsgesetzgebers getragen ist, und Steuerungssoftware auch dann nicht als eigenständiges Medizinprodukt zu qualifizieren ist, wenn dieses medizinische Daten verarbeitet, um die medizinische Funktionsweise eines anderen Produkts zu ermöglichen, Kap. 2, B., II., 2., b).

[972] Vgl. hierzu ausführlich bereits Kap. 2, B., II., 2., b).

[973] Vgl. hierzu ausführlich bereits Kap. 2, B., II., 2., b).

[974] Vgl. hierzu ausführlich bereits Kap. 2, B., II., 2., b).

*als solches* der Konformitätsbewertungspflicht der KI-Verordnung, weshalb die Ausnahme des Art. 19 Abs. 2 MP-VO anwendbar ist.[975]

Etwas anderes ergibt sich jedoch dann, wenn das Hochrisiko-KI-System *nur* einen Bestandteil eines Medizinprodukts bildet. In diesem Fall ist das System nicht als *Produkt* i. S. d. Art. 1 Abs. 4 MP-VO zu qualifizieren, sodass die Ausnahme des Art. 19 Abs. 2 MP-VO auch nicht anwendbar ist.

Daraus ergibt sich die Regelungsnotwendigkeit des Art. 47 Abs. 3 S. 1 KI-VO. Denn der Wortlaut des Art. 47 Abs. 3 S. 1 KI-VO lässt mit der Formulierung „unterliegen *Hochrisiko-KI-Systeme* anderen Harmonisierungsrechtsvorschriften der Union, die ebenfalls eine EU-Konformitätserklärung vorschreiben (...)", genügend Auslegungsspielraum, um auch für Hochrisiko-KI-Systeme eine gemeinsame Konformitätserklärung zu ermöglichen, in denen nur das *Gesamt*medizinprodukt einer Konformitätserklärungspflicht nach der Harmonisierungsvorschrift unterfällt.[976]

Zusammenfassend ergibt sich daher, dass die in Art. 47 Abs. 3 KI-VO vorgesehene Erleichterung unbedingt erforderlich ist, um eine doppelte Arbeitsbelastung auch für solche Hochrisiko-KI-Systeme zu gewährleisten, die nur als *Bestandteil* eines Produkts i. S. d. Art. 1 Abs. 4 MP-VO der Medizinprodukteverordnung unterliegen.

### *b) Kohärenz der Anforderungen an die Konformitätserklärung*

In der gemeinsamen Konformitätserklärung müssten sodann sowohl die in Art. 19 Abs. 1 S. 3 i. V. m. Anhang IV MP-VO als auch die in Art. 47 Abs. 2 S. 2 i. V. m. Anhang V KI-VO[977] vorgesehenen Anforderungen enthalten sein. Voraussetzung für die Etablierung eines gemeinsamen Konformitätsbewertungsverfahrens ist es daher, dass die in Art. 47 Abs. 3 S. 1 KI-VO[978] bzw. Art. 19 Abs. 2 MP-VO vorgesehenen Erleichterungen nicht wegen sich inhaltlich wiedersprechenden Anforderungen ins Leere laufen.

---

[975] Vgl. hierzu ausführlich bereits Kap. 2, B., II., 2., b).

[976] Hervorhebung hinzugefügt; vgl. zu den Entwürfen, Art. 48 Abs. 3 KI-VOE-KOM, COM 2021, 206 final, S. 77; Art. 48 Abs. 3 S. 1 KI-VOE-Rat, *Rat*, General Approach 14954/22, S. 134. Vgl. Art. 48 Abs. 3 S. 1 KI-VOE-EP Änderung 471, *Europäisches Parlament*, Amendments adopted by the European Parliament on 14 June 2023 on the proposal for an Artificial Intelligence Act, P9_TA(2023)0236.

[977] Vgl. Art. 48 Abs. 2 S. 2 1. Hs. KI-VOE-KOM, COM 2021, 206 final, S. 77; Art. 48 Abs. 2 S. 2 1. Hs. KI-VOE-Rat, *Rat*, General Approach 14954/22, S. 133; Art. 48 Abs. 2 KI-VOE-EP *Europäisches Parlament*, Amendments adopted by the European Parliament on 14 June 2023 on the proposal for an Artificial Intelligence Act, P9_TA(2023)0236.

[978] Vgl. Art. 48 Abs. 3 KI-VOE-KOM, COM 2021, 206 final, S. 77; Art. 48 Abs. 3 S. 1 KI-VOE-Rat, *Rat*, General Approach 14954/22, S. 134. Vgl. Art. 48 Abs. 3 S. 1 KI-VOE-EP Änderung 471, *Europäisches Parlament*, Amendments adopted by the European Parliament on 14 June 2023 on the proposal for an Artificial Intelligence Act, P9_TA(2023)0236.

Hinsichtlich der in Art. 47 KI-VO bzw. Art. 19 Abs. 1 i.V.m. Anhang IV MP-VO normierten Anforderungen lassen sich keine Widersprüche identifizieren, sondern ergänzen sich die Anforderungen vielmehr wechselseitig, um den Nachweis der Sicherheitsanforderungen der jeweiligen Verordnung. Da Art. 47 Abs. 5 KI-VO mit Art. 19 Abs. 4 MP-VO jedoch übereinstimmend vorsieht, dass der in der Konformitätserklärung aufzunehmende Mindestinhalt durch delegierte Rechtsakte geändert werden kann, muss bei dem Erlass entsprechender Rechtsakte weiterhin die Kohärenz zwischen den Verordnungen beachtet werden.

Übereinstimmend mit Art. 19 Abs. 1 S. 3 MP-VO sieht Art. 47 Abs. 2 S. 2 KI-VO vor, dass die EU-Konformitätserklärung in eine oder mehrere Amtssprachen übersetzt werden muss, in denen das KI-System in den Verkehr gebracht oder bereitgestellt werden soll.

Die Konformitätsbewertungserklärung ist ferner gem. Art. 47 Abs. 4 S. 2 KI-VO[979], als auch gem. Art. 19 Abs. 1 S. 2 MP-VO kontinuierlich zu aktualisieren.[980]

Art. 47 Abs. 1 KI-VO sieht vor, dass die EU-Konformitätserklärung den nationalen Behörden in „schriftliche(r), maschinenlesbare(r), physische(r) oder elektronisch(er)“ Art und Weise bereitzustellen ist.[981] Weder Art. 19 noch Anhang IV MP-VO ist eine Pflicht zu entnehmen, dass die Bereitstellung in Schriftform erfolgen müsse, sodass eine elektronische Bereitstellung auch mit den Anforderungen der MP-VO vereinbar ist.

Übereinstimmend mit Art. 10 Abs. 8 S. 1 MP-VO sieht Art. 47 Abs. 1 S. 1 KI-VO ferner vor, dass die Konformitätserklärung grundsätzlich für einen Zeitraum von zehn Jahren ab der Inverkehrgabe oder Inbetriebnahme für die zuständigen nationalen Behörden bereitgehalten werden muss.

Von diesem Grundsatz sieht die MP-VO in Art. 10 Abs. 8 S. 2 MP-VO jedoch auch eine Ausnahme für implantierbare Produkte vor, für welche die Konformitätserklärung gem. Art. 10 Abs. 8 S. 2 MP-VO für einen Zeitraum von 15 Jahren

---

[979] Vgl. Art. 48 Abs. 4 KI-VOE-KOM, COM 2021, 206 final, S. 77; Art. 48 Abs. 4 KI-VOE-Rat, *Rat*, general Approach, 14954/22, S. 134; Art. 48 Abs. 4 KI-VOE-EP, *Europäisches Parlament*, Amendments adopted by the European Parliament on 14 June 2023 on the proposal for an Artificial Intelligence Act, P9_TA(2023)0236.

[980] *Mayr/Thiermann/Schrack/Kiesselbach*, Medizinprodukterecht, § 3, Rn. 64; Rehmann/*Wagner*, MP-VO, Art. 19, Rn. 2.

[981] Zumindest der Kommissionsentwurf sah in Art. 48 Abs. 1 S. 1 KI-VOE-KOM zwingend die Pflicht vor, dass die EU-Konformitätserklärung den zuständigen nationalen Behörden schriftlich bereitgestellt werden muss. Von dieser Pflicht wichen sowohl die Entwürfe des Rates in Art. 48 Abs. 1 KI-VOE-Rat als auch des Europäischen Parlaments für Art. 48 Abs. 1 KI-VOE-EP ab und sahen vielmehr übereinstimmend die Möglichkeit vor, eine entsprechende Erklärung in elektronischer Form bereitzustellen, vgl. Art. 48 Abs. 1 S. 1 KI-VOE-Rat, *Rat*, General Approach, 14954/22, S. 133; Art. 48 Abs. 1 S. 1 KI-VOE-EP, Änderung 468 „written machine readable, physical or electronic“, *Europäisches Parlament*, Amendments adopted by the European Parliament on 14 June 2023 on the proposal for an Artificial Intelligence Act, P9_TA(2023)0236.

bereitgehalten werden muss. Um diese Ausnahme nicht zu unterlaufen, sollte in Art. 47 KI-VO klarstellend ergänzt werden, dass die verlängerte Aufbewahrungspflicht durch Art. 47 KI-VO unberührt bleibt:

> „Sofern in den Harmonisierungsrechtakten davon abweichend, längere Aufbewahrungspflichten vorgesehen sind, bleiben diese durch diese Verordnung unberührt."

## 2. Gemeinsame CE-Kennzeichnung

Neben der Erstellung einer EU-Konformitätserklärung muss nach der erfolgreichen Durchführung des gemeinsamen Konformitätsbewertungsverfahrens i. S. d. Art. 43 Abs. 3 KI-VO gem. Art. 16 lit. h) KI-VO das „Hochrisiko-KI-System" mit einem CE-Kennzeichen versehen werden.[982]

In Art. 48 Abs. 3 S. 1 KI-VO ist vorgesehen, dass das CE-Kennzeichen „gut sichtbar, leserlich und dauerhaft an Hochrisiko-KI-Systemen angebracht" werden müsse. Nur sofern die Art des Hochrisiko-KI-Systems dies nicht zulasse oder rechtfertige, könne gem. Art. 48 Abs. 3 S. 2 KI-VO die Anbringung des CE-Kennzeichens „auf der Verpackung bzw. der beigefügten Dokumentation" erfolgen. Eine Pflicht zur Anbringung des CE-Kennzeichens sieht Art. 20 Abs. 1 MP-VO für Produkte i. S. d. Art. 1 Abs. 4 MP-VO ebenfalls vor.

Die sich daraus ergebenden Überschneidungen werden durch die Verordnungen gleichwohl nicht unberücksichtigt gelassen, sondern sehen sie vielmehr in Art. 10 Abs. 6 i. V. m. Art. 20 Abs. 6 MP-VO als auch in Art. 48 Abs. 5 KI-VO übereinstimmend die Möglichkeit vor, eine *gemeinsame* CE-Kennzeichnung anzubringen, um so die Konformität mit beiden Verordnungen zum Ausdruck zu bringen.[983]

In der KI-Verordnung ergibt sich dies nunmehr[984] ausdrücklich aus Art. 48 Abs. 5 KI-VO.[985] Diese Erleichterung hat vor allem klarstellenden Charakter, da

---

[982] *Eisenberger/Binder*, in: Martini/Wendehorst, Art. 16, Rn. 31; *Weiden*, in: Bomhard/Pieper/Wende, Art. 16, Rn. 101; *Gerdemann*, NJW 2024, 2209, 2211; Vgl. noch zum Kommissionsentwurf, etwa *Ebert/Spiecker gen. Döhmann*, NVwZ 2021, 1188, 1191; *Engelmann/Brunotte/Lütkens*, RDi 2021, 317, 320 f.; *Linardatos*, ZdiW 2023, 1, 4; *Linardatos*, in: Hilgendorf/Roth-Isigkeit, 1. Auflage, § 7, Rn. 14; *Wiebe*, BB 2022, 899, 901; *Heil*, MPR 2022, 1, 8; *Roos/Weitz*, MMR 2021, 844, 848; *Denga*, ZfPC 2023, 154, 157 f.

[983] Vgl. zu Art. 48 Abs. 5 KI-VO ebenso *Gerdemann*, in: Martini/Wendehorst, Art. 47, Rn. 20.

[984] Im Rahmen des Kommissionsentwurfes ergibt sich dies aus dem Verweis des Art. 49 Abs. 2 KI-VOE-KOM auf Art. 30 VO (EU) 765/2008. Ausweislich des Art. 30 Abs. 3 VO (EU) 765/2008 bringt die Anbringung einer CE-Kennzeichnung nämlich die Konformität mit allen geltenden Anforderungen der Harmonisierungsvorschrift zum Ausdruck, vgl. Art. 30 Verordnung (EG) 765/2008 des Europäischen Parlaments und des Rates vom 9. Juli 2008 über die Vorschriften für die Akkreditierung und Marktüberwachung im Zusammenhang mit der Vermarktung von Produkten und zur Aufhebung der Verordnung (EWG) Nr. 339/93 des Rates, ABl. 2008/L218, S. 44.

sich dieser Umstand strenggenommen bereits aus dem Verweis des Art. 48 Abs. 1 KI-VO ergibt.[986] Ausweislich des Art. 30 Abs. 3 VO (EU) 765/2008 bringt die Anbringung einer CE-Kennzeichnung nämlich die Konformität mit allen geltenden Anforderungen der Harmonisierungsvorschrift zum Ausdruck.[987]

Im Einklang damit ergäbe sich eine entsprechende Erleichterung in der MP-VO strenggenommen ebenfalls bereits aus dem Verweis des Art. 20 Abs. 2 MP-VO auf Art. 30 (VO) 765/2008. Gleichwohl wird dies auch im Rahmen der MP-VO in Art. 20 Abs. 6 MP-VO ausdrücklich bestätigt.[988]

Eine Anbringung einer gemeinsamen CE-Kennzeichnung setzt jedoch voraus, dass die Anforderungen, die die jeweilige Verordnung an die CE-Kennzeichnung und damit insbesondere auch den Ort der Anbringung stellt, inhaltlich kohärent sind. Ob dies der Fall ist, soll im Folgenden untersucht werden.

Obgleich in Art. 20 MP-VO eine dem Art. 48 KI-VO entsprechende Pflicht vorgesehen ist, muss andererseits nämlich beachtet werden, dass die Pflicht des Art. 20 MP-VO sich nicht stets auf das Hochrisiko-KI-System *als solches* bezieht, da Art. 20 MP-VO nur solche Hochrisiko-KI-Systeme erfasst, die selbst als eigenständige Produkte i. S. d. Art. 1 Abs. 4 MP-VO zu qualifizieren sind.[989] Vor diesem Hintergrund soll hinsichtlich der Untersuchung der Kohärenz maßgeblich danach unterschieden werden, ob das Hochrisiko-KI-System zugleich auch als eigenständiges Produkt i. S. d. Art. 1 Abs. 4 MP-VO oder nur als ein Bestandteil zu qualifizieren ist.

#### *a) Hochrisiko-KI-Systeme als Produkt i. S. d. Art. 1 Abs. 4 MP-VO*

Zunächst soll die Kohärenz der Anforderungen an den Ort der Anbringung für Systeme untersucht werden, die selbst als Medizinprodukt i. S. d. Art. 2 Nr. 1 MP-VO oder als Zubehör i. S. d. Art. 2 Nr. 2 MP-VO zu qualifizieren sind und daher als eigenständiges Produkt i. S. d. Art. 1 Abs. 4 MP-VO auch als solches der Pflicht des Art. 16 lit. h) i. V. m. Art. 48 KI-VO zur Anbringung einer eigenen CE-Kennzeichnungspflicht nach Art. 20 MP-VO unterliegen.[990]

---

[985] *Gerdemann*, in: Martini/Wendehorst, Art. 48, Rn. 29; *Steege*, in: BeckOK KI-Recht, Art. 48, Rn. 52; *Saurin/Thiermann*, in: Bomhard/Pieper/Wende, Art. 48, Rn. 48.

[986] Ebenso *Gerdemann*, in: Martini/Wendehorst, Art. 48, Rn. 29.

[987] Vgl. Art. 30 Verordnung (EG) 765/2008 des Europäischen Parlaments und des Rates vom 9. Juli 2008 über die Vorschriften für die Akkreditierung und Marktüberwachung im Zusammenhang mit der Vermarktung von Produkten und zur Aufhebung der Verordnung (EWG) Nr. 339/93 des Rates, ABl. 2008/L218, S. 44.

[988] *Mayr/Thiermann/Schrack/Kiesselbach*, Medizinprodukterecht, § 3, Rn. 58; Rehmann/*Wagner*, MP-VO, Art. 20, Rn. 1 ff.

[989] Vgl. ausführlich zu der Qualifizierung von KI-Systemen als Medizinprodukt, Zubehör oder dessen Bestandteil, bereits Kap. 2, B., II., 2., b).

[990] Vgl. ausführlich zu der Qualifizierung von KI-Systemen, als Medizinprodukt, dessen Zubehör oder Bestandteil, bereits Kap. 2, B., II., 2., b).

### aa) Unverkörperte Hochrisiko-KI-Systeme als Medizinprodukt

Hochrisiko-KI-Systeme können im Medizinproduktesektor auf unterschiedliche Weise in den Verkehr gebracht werden.[991] Sofern ein Hochrisiko-KI-System als eigenständiges (unkörperliches) Produkt in den Verkehr gebracht wird, um *selbstständig* eine medizinische Zweckbestimmung zu erfüllen, handelt es sich um ein Medizinprodukt i. S. d. Art. 2 Nr. 1 MP-VO und damit um ein Produkt i. S. d. Art. 1 Abs. 4 MP-VO.[992] Für unverkörperte Hochrisiko-KI-Systeme, die selbst als Medizinprodukt i. S. d. Art. 2 Nr. 2 MP-VO zu qualifizieren sind, bezieht sich die Kennzeichnungspflicht des Art. 16 lit. h) KI-VO bzw. Art. 20 Abs. 1 MP-VO daher jeweils auf das unverkörperte Hochrisiko-KI-System als solches. Ob die Anforderungen an den Ort der Anbringung der CE-Kennzeichnung kohärent sind, muss jedoch bezweifelt werden.

Art. 48 Abs. 3 S. 1 KI-VO sieht vor, dass die CE-Kennzeichnung „an" dem Hochrisiko-KI-System anzubringen ist. Die englische Sprachfassung spricht insofern von „affixed".[993] Unter dem Begriff „affix" versteht man „to stick or attach something to something else".[994]

Die Eignung einer körperlichen Anbringung einer CE-Kennzeichnung „an" dem Hochrisiko-KI-System wurde in der Literatur bereits zum Kommissionsentwurf im Zusammenhang mit unverkörperten Hochrisiko-KI-Systemen scharf kritisiert.[995] Es sei „abstrus" und „weltfremd(e)" davon auszugehen, dass die CE-Kennzeichnung auf unkörperliche Systeme körperlich fixiert werden könne.[996] Ferner sei auch die in Art. 49 Abs. 1 S. 2 KI-VOE-KOM vorgesehene Ausnahme, die CE-Kennzeichnung auf der Verpackung anzubringen, „aus der Zeit gefallen".[997] Da bei unverkörperten KI-Systemen, wie beispielsweise einer KI-basierten App, eine Anbringung *auf* dem System oder der Verpackung immer ausscheide, müsse stets von der Ausnahme Gebrauch gemacht werden, die CE-Kennzeichnung in den (elektronischen) Begleitinformationen anzugeben.[998]

---

[991] Vgl. zu den technischen Grundlagen der Unterscheidung zwischen eigenständiger und eingebetteter Software bzw. Systemen, Kap. 2, B., I., 1.; Kap. 2, B., II., 1.

[992] Vgl. für eine ausführliche Darstellung, wann ein KI-Systemen als eigenständiges Medizinprodukt zu qualifizieren ist, bereits Kap. 2, B., II., 2., b).

[993] Vgl. hierfür COM 2021, 206 final, S. 68. (englische Sprachfassung).

[994] Vgl. hierfür das Begriffsverständnis für den Begriff „affixed" nach Oxford Learner's Dictionaires, abrufbar unter: https://www.oxfordlearnersdictionaries.com/definition/english/affix_1?q=affixed, zuletzt abgerufen: 4. 1. 2026.

[995] Vgl. hierfür *Hofmann*, K&R 2021, 369, 371; *Kevekordes*, in: Hoeren/Sieber/Holznagel, Teil 29.1, Rn. 51; dem folgend *Bomhard/Etzkorn*, ZdiW 2022, 159, 162; *Linardatos*, in: Hilgendorf/Roth-Isigkeit, 1. Auflage, § 7, Rn. 14; *Linardatos*, ZdiW 2023, 1, 4.

[996] Vgl. *Kevekordes*, in: Hoeren/Sieber/Holznagel, Teil 29.1, Rn. 51.

[997] *Bomhard/Etzkorn*, ZdiW 2022, 159, 162; *Linardatos*, ZdiW 2023, 1, 4.

[998] So auch *Linardatos*, ZdiW 2023, 1, 4.

Jedenfalls für den Medizinproduktesektor muss jedoch nicht nur die Anbringung auf dem KI-System oder dessen Verpackung, sondern auch die Eignung des Art. 48 Abs. 3 S. 2 KI-VO, die Kennzeichnung in der „beigefügten Dokumentation" anzugeben, infrage gestellt werden, weil dadurch eine Inkohärenz zu den Anforderungen des Art. 20 Abs. 3 MP-VO entsteht, die die Möglichkeit, nur eine *einzige* CE-Kennzeichnung anzubringen, unterlaufen würde.

Beigefügt ist dem KI-System gemäß Art. 13 Abs. 1 und Abs. 3 KI-VO die Betriebsanleitung. Zu beachten ist jedoch, dass es der MP-VO im Unterschied zu Art. 48 Abs. 3 S. 2 KI-VO, einer Möglichkeit zur Angabe der CE-Kennzeichnung in der Gebrauchsanweisung ermangelt und sie als Alternative für die Anbringung der CE-Kennzeichnung auf dem Produkt bzw. der sterilen Verpackung nur die Möglichkeit vorsieht, die CE-Kennzeichnung auf der (losen) *Verpackung* anzubringen.[999] Während zwar teilweise[1000] im Zusammenhang mit Art. 20 Abs. 3 S. 2 MP-VO vertreten wird, dass für unkörperliche Software, für die eine Anbringung auf der Software bzw. der losen Verpackung nicht möglich sei, auch die Möglichkeit bestehe, die CE-Kennzeichnung in der Gebrauchsanweisung anzugeben, steht aber einer entsprechenden Auslegung der Wortlaut des Art. 20 Abs. 3 S. 2 MP-VO entgegen. Zwar sieht Art. 20 Abs. 3 S. 2 MP-VO vor, dass die CE-Kennzeichnung in der Gebrauchsanweisung vorhanden sein muss, gleichwohl bringt die Formulierung „auch" zum Ausdruck, dass die MP-VO es derzeit gerade nicht ausreichen lässt, wenn die CE-Kennzeichnung *ausschließlich* in der Gebrauchsanweisung angegeben wird.[1001] Daher steht der Anbringung einer einzigen CE-Kennzeichnung in der Betriebsanleitung derzeit noch die Inkohärenz der MP-VO mit der KI-Verordnung in Bezug auf den Ort, an dem die Kennzeichnung anzubringen ist, entgegen.

Unabhängig davon stellt sich jedoch die Frage, ob eine Angabe der Kennzeichnung in der „beigefügten Dokumentation" tatsächlich auch sinnvoll ist.[1002]

Bereits im Zusammenhang mit Art. 20 Abs. 3 S. 1 MP-VO wurden Bedenken an der Eignung einer ausschließlichen Angabe der CE-Kennzeichnung in der Gebrauchsanweisung geäußert.[1003] Vielmehr solle die Kennzeichnung dort angebracht werden, wo sich der Anwender über die Funktionsweise informiere, was insbesondere dort sei, wo die Softwareapplikationen heruntergeladen werden, also bspw. auf der Internetseite oder dem App-Store.[1004]

---

[999] Vgl. hierzu auch *Reitebuch*, Mobile Health Applications, S. 143, der jedoch die Zulässigkeit der Angabe der CE-Kennzeichnung in der Gebrauchsanweisung annimmt.

[1000] Vgl. *Reitebuch*, Mobile Health Applications, S. 143.

[1001] In diese Richtung wohl auch *Ortner*, Medizin-Apps als Medizinprodukt, S. 155; a. A. *Reitebuch*, Mobile Health Applications, S. 143.

[1002] *Reitebuch*, Mobile Health Applications, S. 143.

[1003] *Reitebuch*, Mobile Health Applications, S. 143.

[1004] *Reitebuch*, Mobile Health Applications, S. 143; ebenso *Ortner*, Medizin-Apps als Medizinprodukt, S. 155.

Eine CE-Kennzeichnung i. S. d. Art. 48 Abs. 3 S. 2 KI-VO *ausschließlich* in der Gebrauchsanweisung bzw. Betriebsanleitung anzugeben, überzeugt jedenfalls im Medizinproduktesektor bereits aus anderen Gründen nicht. Aus dem Umstand, dass Art. 20 Abs. 3 MP-VO *neben* der Kennzeichnung auf dem Produkt bzw. der sterilen Verpackung *zusätzlich* auch eine Kennzeichnung in der Gebrauchsanweisung vorsieht, bringt der europäische Gesetzgeber im Umkehrschluss nämlich zum Ausdruck, dass er eine *ausschließliche* Kennzeichnung in der Gebrauchsanweisung gerade nicht als ausreichend erachten will. Hintergrund dafür könnte vor allem der Umstand zu sein, dass die CE-Kennzeichnung als „Reisepass" des Produktes fungieren soll.[1005] Da die Gebrauchsanweisung und das Produkt nicht notwendigerweise (körperlich) fest miteinander verbunden sind, wäre bei einer isolierten Betrachtung des Produktes die CE-Kennzeichnung nicht ersichtlich. Daher erscheint jedoch auch eine Angabe des CE-Kennzeichens im App-Store oder der Internetseite, von der das System heruntergeladen wird, nicht notwendigerweise als zielführend, da dies sowohl eine Internetverbindung als auch einen expliziten Zugriff auf den App-Store bzw. die Internetseite voraussetzt.

Es ist daher begrüßenswert, dass die KI-Verordnung nunmehr in Art. 48 Abs. 2 KI-VO für digital bereitgestellte Hochrisiko-KI-Systeme die Möglichkeit vorsieht, die CE-Kennzeichnung digital bereitzustellen. Dies geht auf einen Änderungsvorschlag des Parlaments in Art. 49 Abs. 1a (new) KI-VOE-EP[1006] zurück. Dennoch wird diese Möglichkeit die aufgezeigten Schwachstellen nicht vollständig korrigieren können. Zu beachten ist nämlich, dass Art. 20 Abs. 3 S. 1 MP-VO weiterhin eine körperliche Anbringung der CE-Kennzeichnung *auf* dem Produkt bzw. dessen Verpackung fordert und dadurch die Ausnahme nur eine CE-Kennzeichnung gem. Art. 48 Abs. 5 KI-VO bzw. Art. 20 Abs. 6 MP-VO für KI-basierte Medizinprodukte konterkarieren würde.

Um zu gewährleisten, dass zwischen der CE-Kennzeichnung und dem unkörperlichen System eine *dauerhafte* Verbindung besteht, sollte daher auch in der MP-VO die Möglichkeit vorgesehen werden, dass auch die CE-Kennzeichnung unkörperlich und damit in elektronischer Form aufgebracht werden kann. Eine elektronische CE-Kennzeichnung muss weiterhin leicht zugänglich sein, denkbar ist etwa, dass diese auf der Startseite der Software oder dort angegeben wird, wo allgemeine Informationen über die Software zugänglich sind.[1007] Anders als bei einer Angabe in den Begleitunterlagen könnte dadurch eine feste Verbindung des Produktes mit der CE-Kennzeichnung gewährleistet werden.

---

[1005] Vgl. zu der Funktion der CE-Kennzeichnung im neuen Rechtsrahmen, bereits Kap. 1, A., II., 4.

[1006] Vgl. Änderung 474, *Europäisches Parlament*, Amendments adopted by the European Parliament on 14 June 2023 on the proposal for an Artificial Intelligence Act, P9_TA(2023) 0236.

[1007] Vgl. auch *Ortner*, Medizin-Apps als Medizinprodukt, S. 155.

#### bb) Unverkörpertes KI-System als Zubehör zum Medizinprodukt

Sofern ein Hochrisiko-KI-System in den Verkehr gebracht wird, um über eine Netzwerkverbindung die medizinische Funktionsweise eines körperlichen Medizinprodukts zu ermöglichen, ist – wie bereits umfassend dargelegt wurde – das Hochrisiko-KI-System, entgegen des Ansatzes der MDCG-Leitlinien 2019-11, selbst dann nicht als *eigenständiges* Medizinprodukt zu qualifizieren, wenn das System medizinische Daten verarbeitet, um die medizinische Funktionsweise eines anderen Medizinprodukts (z. B. Abgabe des Insulins) zu ermöglichen.[1008] Hintergrund dafür ist, dass eine solches System noch nicht selbst eine medizinische Zweckbestimmung in der Welt umsetzt, sondern nur die medizinische Zweckbestimmung des Produkts *ermöglicht.*[1009] Sofern das Hochrisiko-KI-System isoliert in den Verkehr gegeben wird, handelt es sich vielmehr um ein Zubehör i. S. d. Art. 2 Nr. 2 MP-VO zu dem Medizinprodukt, zu dessen Steuerung das System bestimmt ist.[1010] Da Zubehör jedoch auch als Produkt i. S. d. Art. 1 Abs. 4 MP-VO zu qualifizieren ist, unterliegt das System neben Art. 16 lit. h) KI-VO auch aus Art. 20 MP-VO *selbst* der Pflicht, mit einer CE-Kennzeichnung versehen zu werden. Da es sich in diesem Fall wiederum um ein *unkörperliches* Produkt handelt, können die im vorherigen Abschnitt gemachten Ausführungen zu unverkörperten Hochrisiko-KI-Systemen, die als eigenständiges Medizinprodukt zu qualifizieren sind, entsprechend übertragen werden. Auch hier besteht daher eine Notwendigkeit, im Rahmen der MP-VO einer dem Art. 48 Abs. 2 KI-VO entsprechende Möglichkeit der Anbringung einer elektronischen CE-Kennzeichnung zu schaffen.

#### cc) Körperlich integrierte KI-Systeme als eigenständiges Medizinprodukt

Ausweislich des Erwägungsgrundes 19 MP-VO ist die Qualifizierung als eigenständiges Medizinprodukt von dem Ort der Software und dessen Verbindung mit dem Produkt unabhängig. Vielmehr richtet sich die Qualifizierung als eigenständiges Medizinprodukt allein danach, ob das System selbst eine medizinische Zweckbestimmung i. S. d. Art. 2 Nr. 1 MP-VO *erfüllt.* Dies ist – entgegen des Ansatzes der MDCG-Leitlinien 2019-11 – nicht bereits dann Fall, wenn das System medizinische Daten verarbeitet, um die medizinische Funktionsweise eines anderen Medizinprodukts (z. B. Abgabe des Insulins) zu ermöglichen, weil in diesem Fall das System als solches keine medizinische Zweckbestimmung in der Welt umsetzt, sondern nur die medizinische Zweckbestimmung des Produkts ermöglicht.[1011] Die Erfüllung einer medizinischen Zweckbestimmung durch ein eingebettetes KI-System ist jedoch dann anzunehmen, wenn das KI-System *trotz* seiner Integration in ein körperliches Medizinprodukt dazu bestimmt ist, medizinische Daten zu verarbeiten,

[1008] Vgl. ausführlich hierzu Kap. 2, B., II., 2., b).
[1009] Vgl. ausführlich hierzu Kap. 2, B., II., 2., b).
[1010] Vgl. ausführlich hierzu Kap. 2, B., II., 2., b).
[1011] Vgl. ausführlich hierzu Kap. 2, B., II., 2., b).

um Ergebnisse zu produzieren, die einem menschlichen Entscheidungsträger *angezeigt* werden (Entscheidungsunterstützungssysteme), und die Integration in das körperliche Produkt nur dazu dient, Daten aufzunehmen oder diese als *Information* anzuzeigen.[1012] Sofern ein Entscheidungsunterstützungssystem in ein körperliches Medizinprodukt integriert ist, ist dieses daher selbst als Medizinprodukt zu qualifizieren, das sodann – unabhängig von der Qualifizierung des körperlichen Produktes – auch selbst als eigenständiges Produkt i. S. d. Art. 1 Abs. 4 MP-VO der Pflicht nach Art. 20 Abs. 3 MP-VO unterliegt und daher – unabhängig von der Kennzeichnung des körperlichen Produkts – auch selbst mit einer eigenen CE-Kennzeichnung zu versehen ist.

Obgleich im Zusammenhang mit der Erfüllbarkeit des Art. 48 Abs. 3 KI-VO in Bezug auf verkörperte KI-Systeme überwiegend wohl keine Bedenken[1013] geäußert werden, ist eine Anbringung auf dem *körperlichen Produkt* daher nicht gerechtfertigt, weil diese zu einer Inkohärenz mit der MP-VO führen würde. Daher verbleibt auch für solche KI-Systeme trotz ihrer Verkörperung nur die Möglichkeit, die Kennzeichnung auf der Verpackung oder in der Gebrauchsanweisung gem. Art. 48 Abs. 3 S. 2 KI-VO anzugeben.

Im Gegensatz zu unverkörperten KI-Systemen ist in diesem Fall ein Rückgriff auf die Ausnahme des Art. 48 Abs. 2 KI-VO ausgeschlossen, da diese auf digital bereitgestellte Systeme beschränkt ist. Für Hochrisiko-KI-Systeme, die verkörpert sind, weil sie, in ein anderes Medizinprodukt integriert und zugleich auch selbst als Medizinprodukt zu qualifizieren sind, verbleibt es bei der physischen Kennzeichnung des Produkts gem. Art. 48 Abs. 3 S. 1 KI-VO. In der Folge emergiert auch in Bezug auf solche Systeme die im Zusammenhang mit unverkörperten Systemen bestehende Inkohärenz in Bezug auf die Anforderungen an den Ort der Anbringung der CE-Kennzeichnung.[1014]

Vor diesem Hintergrund muss auch für integrierte Medizinprodukte-KI-Systeme die Möglichkeit geschaffen werden, diese mit einer elektronischen CE-Kennzeichnung zu versehen. Die Kennzeichnung sollte an dem Ort erfolgen, an dem Betreiber die Ergebnisse des Systems als Information präsentiert werden.

### *b) Hochrisiko-KI-Systeme als Bestandteile eines Medizinproduktes*

Sofern Hochrisiko-KI-Systeme in ein körperliches Produkt eingebettet sind, um dessen medizinische Funktionsweise zu ermöglichen, sind diese, entgegen dem

---

[1012] Vgl. ausführlich hierzu Kap. 2, B., II., 2., b).

[1013] Vgl. zu den Entwürfen, *Bomhard/Etzkorn*, ZdiW 2022, 159, 162; *Linardatos*, in: Hilgendorf/Roth-Isigkeit, 1. Auflage, § 7, Rn. 14; *Linardatos*, ZdiW 2023, 1, 4; *Kevekordes*, in: Hoeren/Sieber/Holznagel, Teil 29.1, Rn. 51.

[1014] Vgl. hierzu bereits im Zusammenhang mit unverkörperten KI-Systemen, Kap. 4, D., IV., 2., a).

Ansatz der MDCG-Leitlinien 2019-11[1015], selbst dann nur als Bestandteil eines körperlichen Medizinprodukts i. S. d. Art. 2 Nr. 2 MP-VO zu qualifizieren, wenn diese medizinische Daten verarbeiten, weil diese nicht selbst eine medizinische Zweckbestimmung in der Welt umsetzen und damit erfüllen, sondern nur die medizinische Zweckbestimmung eines Produkts ermöglichen.[1016] Da Art. 20 Abs. 3 MP-VO eine Anbringung der CE-Kennzeichnung auf dem „Produkt" i. S. d. Art. 1 Abs. 4 MP-VO vorsieht, ist die Kennzeichnung nur auf dem körperlichen *Gesamt*medizinprodukt anzubringen.

### aa) KI-Systeme als körperlicher Bestandteil eines Medizinprodukts

Im Unterschied dazu sieht der Wortlaut des Art. 48 Abs. 3 S. 1 KI-VO jedoch die Pflicht vor, dass die Anbringung des CE-Kennzeichens „an" dem Hochrisiko-KI-System erfolgen muss. Legt man diese Pflicht streng nach dem Wortlaut aus, muss die CE-Kennzeichnung an dem Hochrisiko-KI-System *als solchem* angebracht werden.

Eine Anbringung „an" dem Hochrisiko-KI-System ist – ungeachtet der wiederum emergierenden Herausforderungen der fehlenden Körperlichkeit – in Fällen, in denen das System körperlich in das Medizinprodukt eingebettet ist, jedoch nicht sinnvoll. Sofern eine KI-System nur als Bestandteil eines Produkts i. S. d. Art. 2 Nr. 2 MP-VO zu qualifizieren ist, sieht die MP-VO in Anhang I Abschnitt 17 MP-VO nämlich auch Anforderungen an das *Bestandteil*-Hochrisiko-KI-System vor. Die angebrachte Kennzeichnung bringt sodann jedoch ohnehin auch die Konformität der einzelnen Bestandteile mit diesen Anforderungen zum Ausdruck. Zudem ergibt sich aus Art. 20 Abs. 3 i. V. m. VO Art. 30 Abs. 3 (EU) 765/2008 bzw. Art. 20 Abs. 6 MP-VO, dass die CE-Kennzeichnung des gesteuerten Produkts die Konformität mit *allen* geltenden Rechtsvorschriften zum Ausdruck bringt, was sodann auch die Konformität des *Bestandteil*-Hochrisiko-KI-Systems mit den Anforderungen des Kap. III Abschnitt 2 KI-VO mitumfasst. Daher erscheint eine Anbringung „an" dem *unkörperlichen* Hochrisiko-KI-System in Fällen, in denen das Hochrisiko-KI-System als *Bestandteil* in ein körperliches Medizinprodukt integriert ist, weder sinnvoll noch erforderlich.

Zu beachten ist jedoch, dass der Begriff des KI-Systems nicht notwendigerweise ausschließlich unkörperliche Komponenten erfasst.[1017] Vor diesem Hintergrund könnte Art. 48 Abs. 3 S. 1 KI-VO auch so ausgelegt werden, dass einer Anbringung „an" dem Hochrisiko-KI-System auch genüge getan ist, wenn die CE-Kennzeich-

---

[1015] Vgl. ausführlich zu dem Ansatz der MDCG-Leitlinien 2019-11, Kap. 2, B., II., 2., a); und ferner für die Begründung, warum der Ansatz nicht zu überzeugen vermag, Kap. 2, B., II., 2., b).

[1016] Vgl. hierzu bereits ausführlich Kap. 2, B., II., 2., b).

[1017] Vgl. ausführlich zu dem inkongruenten Begriffsverständnis des Kommissionsentwurfes, bereits Kap. 2, A., I., 1.

nung auf dem körperlichen Gesamtprodukt angebracht wird, in das das KI-System integriert ist.

Dafür spricht jedenfalls, dass Teile der Literatur in der Pflicht des Art. 48 Abs. 3 S. 1 KI-VO zur Anbringung der CE-Kennzeichnung „an" dem Hochrisiko-KI-System bzw. dessen Verpackung dann keine Herausforderung begründet sehen, wenn es sich um ein verkörpertes Hochrisiko-KI-System handelt.[1018]

Dafür spricht ferner auch, dass eine entsprechende Anbringung an dem Hochrisiko-KI-System *als solchem* zwar im Wortlaut der deutschen, französischen[1019] und italienischen[1020] Sprachfassung angelegt ist, in der englischen[1021] Sprachfassung gleichwohl davon gesprochen wird, dass die Kennzeichnung „shall be affixed visibly, legibly and indelibly *for* high-risk AI systems".

Sofern Art. 48 Abs. 3 S. 1 KI-VO so ausgelegt wird, dass einer Anbringung an dem Hochrisiko-KI-System auch dann genüge getan ist, wenn die CE-Kennzeichnung *auf* dem körperlichen Produkt angebracht wird, könnte auch die Kohärenz zu der MP-VO gewahrt werden.

Die auf dem körperlichen Medizinprodukt gem. Art. 20 Abs. 3 MP-VO aufgebrachte CE-Kennzeichnung bringt sodann gem. Art. 20 Abs. 3 i.V.m. Art. 30 Abs. 3 VO (EU) 765/2008 die Konformität des Gesamtprodukts als auch seiner Bestandteile mit *allen Rechtsvorschriften* und damit auch der KI-Verordnung zum Ausdruck. Hinsichtlich solcher Systeme, die als *Bestandteil* eines Medizinproduktes i.S.d. Art. 2 Nr. 2 MP-VO in den Verkehr gegeben werden, sind die Anforderungen an die CE-Kennzeichnung daher inhaltlich kohärent.

#### bb) Virtuell integriertes KI-System als Bestandteil eines Medizinprodukts

Ein Hochrisiko-KI-System kann gleichwohl nicht nur dann als Bestandteil eines Medizinprodukts qualifiziert werden, wenn dieses körperlich in das Medizinprodukt integriert ist, um dessen Funktionsweise zu ermöglichen, sondern ist vielmehr auch

---

[1018] Vgl. dafür, dass sich die Kritik zum Kommissionsentwurf auf herkömmliche Software beschränkte, *Bomhard/Etzkorn*, ZdiW 2022, 159, 162; *Linardatos*, in: Hilgendorf/Roth-Isigkeit, 1. Auflage, § 7, Rn. 14; *Linardatos*, ZdiW 2023, 1, 4; *Kevekordes*, in: Hoeren/Sieber/Holznagel, Teil 29.1, Rn. 51.

[1019] Vgl. hierfür Art. 48 Abs. 3 S. 1 KI-VO in der französischen Sprachfassung „le marquage CE est apposé de façon visible, lisible et indélébile *sur les* systèmes d'AI à haut risque" (Hervorhebung hinzugefügt).

[1020] Vgl. hierfür Art. 48 Abs. 3 S. 1 KI-VO in der italienischen Sprachfassung „La marcatura CE è apposta sul sistema di IA ad alto rischio in modo visibile, leggibile e indelebile. Qualora ciò sia impossibile o difficilmente realizzabile a causa della natura del sistema di IA ad alto rischio, il marchio è apposto sull'imballaggio o sui documenti di accompagnamento, a seconda dei casi".

[1021] Vgl. hierfür Art. 48 Abs. 3 S. 1 KI-VO in der englischen Sprachfassung „The CE marking shall be *affixed* visibly, legibly and indelibly *for* high-risk AI systems", (Hervorhebung hinzugefügt).

denkbar, dass das Hochrisiko-KI-System nur virtuell in das Medizinprodukt integriert ist, gleichwohl mit diesem als Einheit in den Verkehr gegeben wird, um als ein Produkt eine medizinische Zweckbestimmung zu erfüllen.[1022]

Grundsätzlich statuiert Art. 20 Abs. 3 MP-VO, dass die CE-Kennzeichnung auf dem „Produkt“ anzubringen ist. Bei virtuell integrierten KI-Systemen besteht durch die Netzwerkverbindung jedoch die Besonderheit, dass Bestandteile nicht mehr notwendigerweise eine *physische Einheit* bilden.[1023] Dadurch werden die Regeln, dass Medizinprodukte stets *abgeschlossene körperliche Einheiten* darstellen, aufgebrochen.[1024] Es stellt sich daher die Frage, auf welchen Einheiten dieser virtuellen Produkte eine CE-Kennzeichnung gem. Art. 20 Abs. 3 MP-VO anzubringen ist.

Da die CE-Kennzeichnung als „Reisepass“ für Produkte zu dienen bestimmt ist[1025], wäre es bei solchen cyber-physischen Produkten sinnvoll, die CE-Kennzeichnung auf allen Einheiten des *einheitlichen Produkts* anzubringen, die in dem Unionsmarkt *sichtbar* auftreten.

Art. 20 Abs. 3 MP-VO spricht allgemein von einer Anbringung „auf dem Produkt“. Welche Rechtspflichten sich daraus für die Kennzeichnungspflicht von cyber-physischen Systemen ergeben, bleibt derzeit noch zu unbestimmt und würde daher nicht unerhebliche Rechtsunsicherheit auslösen. Derselben Unbestimmtheit sieht sich auch die Vorschrift des Art. 48 Abs. 3 S. 1 KI-VO ausgesetzt.

### *c) Zwischenergebnis*

Zusammenfassend kann statuiert werden, dass für Hochrisiko-KI-Systeme, die selbst als eigenständiges Medizinprodukt i. S. d. Art. 2 Nr. 1 MP-VO oder Zubehör i. S. d. Art. 2 Nr. 2 MP-VO zu qualifizieren sind, die Anforderungen, die Art. 48 Abs. 3 KI-VO an den Ort stellt, an dem die CE-Kennzeichnung angebracht werden muss, zu den Anforderungen des Art. 20 Abs. 3 MP-VO nicht kohärent sind. Dadurch würde die Möglichkeit der Anbringung einer einzigen CE-Kennzeichnung zum Ausdruck der Konformität mit beiden Verordnungen nach Art. 48 Abs. 5 KI-VO bzw. Art. 20 Abs. 6 MP-VO konterkariert werden. Um die Kohärenz herzustellen, können die Anforderungen der MP-VO um die in Art. 48 Abs. 3 S. 2 KI-VO vorgesehene Möglichkeit zur Angabe der CE-Kennzeichnung in den beigefügten Dokumentationen ergänzt werden. Gegen eine solche Ergänzung spricht jedoch, dass durch die Angabe der Kennzeichnung in der Dokumentation keine hinreichend

---

[1022] Vgl. ausführlich hierzu Kap. 2, B., II., 2., b).

[1023] Vgl. *Lee et al.*, Challanges and Research Directions in Medical Cyber-Physical Systems – Challenges and Research Directions in Medical Cyber-Physical Systems, Proceedings of the IEEE 2012, S. 75 ff.; eingehend hierzu bereits, Kap. 2, B., II., 1.

[1024] Vgl. *Lee et al.*, Challanges and Research Directions in Medical Cyber-Physical Systems – Challenges and Research Directions in Medical Cyber-Physical Systems, Proceedings of the IEEE 2012, S. 75 ff.; eingehend hierzu bereits, Kap. 2, B., II., 1.

[1025] Vgl. ausführlich zu der Funktion der CE-Kennzeichnung, bereits Kap. 1, A., II., 4.

feste Verbindung der CE-Kennzeichnung mit dem Hochrisiko-KI-System sichergestellt wird. Dadurch droht der Zweck, dass die CE-Kennzeichnung als „Reisepass“ der Produkte dienen soll, konterkariert zu werden. Daher sollte auch Art. 20 Abs. 3 MP-VO dahingehend angepasst werden, dass KI-Systeme mit einer *elektronischen* CE-Kennzeichnung versehen werden können.

Im Unterschied dazu ist die Kohärenz der Anforderungen des Art. 20 Abs. 3 MP-VO und Art. 16 lit. h) KI-VO in Bezug auf solche Hochrisiko-KI-Systeme, die als *körperlicher Bestandteil* eines körperlichen Medizinprodukts zu qualifizieren sind, gewahrt, weil die Vorschriften übereinstimmend eine Anbringung an dem *körperlichen* Produkt vorsehen, durch die gem. Art. 20 Abs. 6 MP-VO bzw. Art. 48 Abs. 5 KI-VO die Konformität mit allen Rechtsvorschriften, einschließlich der Anforderungen der KI-Verordnung an das Bestandteil-Hochrisiko-KI-System zum Ausdruck kommt.

Vollkommen unbestimmt ist der derzeitige Regelungsrahmen der MP-VO und der KI-Verordnung jedoch in Bezug auf die CE-Kennzeichnung von virtuellen Medizinprodukten, deren Bestandteile nunmehr nicht körperlich, sondern virtuell verbunden in den Unionsmarkt treten. Sofern die einzelnen Komponenten als *einheitliches* Produkt in den Verkehr gebracht werden, wären diese dennoch als *einheitliches* Medizinprodukt i. S. d. Art. 2 Nr. 1 MP-VO zu qualifizieren. Da die CE-Kennzeichnung als Reisepass für die Produkte dienen soll, sollte diese auf jeder Einheit des Produkts angegeben werden müssen, die als Teil des Gesamtmedizinprodukts im Unionsmarkt sichtbar auftritt. Eine entsprechende Regelung sieht weder die MP-VO noch die KI-Verordnung vor.

#### *d) Reformvorschlag für ein kohärentes CE-Kennzeichnungssystem*

Daher stellt sich nunmehr die Frage, wie die aufgezeigten Schwachstellen korrigiert werden können.

Die CE-Kennzeichnung soll als „Reisepass“ für Produkte dienen.[1026] Vor diesem Hintergrund sollte die CE-Kennzeichnung dort angebracht werden, wo eine Einheit *als Produkt* in den Unionsmarkt nach außen in Erscheinung tritt. Die KI-Verordnung reguliert jedoch nicht nur Hochrisiko-KI-Systeme, die *selbst* als eigenständiges Produkt in den Unionsmarkt treten, sondern vielmehr auch solche Systeme, die nur als (sichtbarer oder unsichtbarer) *Bestandteil* eines Medizinprodukt in den Verkehr gebracht werden.[1027]

---

[1026] Vgl. eingehend zu der Funktion der CE-Kennzeichnung, bereits Kap. 1, A., II., 4.

[1027] Vgl. Art. 6 Abs. 1 lit. b) KI-VOE-KOM, COM 2021, 206 final, S. 52; ebenso Art. 6 Abs. 1 und Abs. 2 KI-VOE-Rat, *Rat*, General Approach 14954/22, S. 85 f.; ebenso Art. 6 Abs. 1 lit. b) KI-VOE-EP, *Europäisches Parlament*, Amendments adopted by the European Parliament on 14 June 2023 on the proposal for a regulation of the European Parliament and of the Council on laying down harmonized rules on artificial intelligence (Artificial Intelligence Act) and amending certain Union legislative acts, P9_TA(2023)0236.

Daraus ergibt sich jedoch, dass die Frage, an welchem „Ort“ die CE-Kennzeichnung angebracht werden muss, sich danach richten sollte, was als *Produkt* i. S. d. Art. 1 Abs. 4 MP-VO in den Unionsverkehr gebracht wird. Daher ist es sinnvoll, die Frage nach dem Ort der Anbringung auf die MP-VO zu verlagern, indem ein entsprechender Verweis in Art. 48 KI-VO aufgenommen wird, der zum Ausdruck bringt, dass sich der Ort der Anbringung der CE-Kennzeichnung nach den Anforderungen des Art. 20 Abs. 3 MP-VO richtet.

Dadurch käme sodann auch der *ergänzenden* Regelungscharakter der KI-Verordnung zum Ausdruck, die mit Kap. III Abschnitt 2 KI-VO den geltenden Regelungsrahmen nur um die KI-spezifische Sicherheitsanforderungen ergänzen soll, hinsichtlich derer der geltende Regelungsrahmen noch Regelungslücken aufweist.

Da die Anforderungen die Art. 48 KI-VO bzw. Art. 20 MP-VO *an* die CE-Kennzeichnung im Übrigen vollständig übereinstimmen, ist eine entsprechender Verweis auch möglich. Übereinstimmend mit Art. 20 Abs. 2 MP-VO sieht auch Art. 48 Abs. 1 KI-VO vor, dass die Ausgestaltung der CE-Kennzeichnung den Anforderungen des Art. 30 der Verordnung (EG) 765/2008 entsprechen muss. Ferner ist auch in Art. 20 Abs. 5 MP-VO eine mit der Pflicht des Art. 48 Abs. 4 KI-VO übereinstimmende Pflicht zur Angabe der Kennnummer der zuständigen Konformitätsbewertungsstelle vorgesehen. Weiterhin sehen sowohl Art. 48 Abs. 4 KI-VO bzw. Art. 20 Abs. 5 MP-VO die Pflicht zur Angabe der Kennnummern auch in den Werbematerialien vor.

Daher sollte im Rahmen des Art. 48 Abs. 3 KI-VO folgende Ausnahme für Systeme, die zugleich unter eine Harmonisierungsvorschrift fallen, aufgenommen werden:

> „Sofern ein Hochrisiko-KI-System als Produkt oder Bestandteil eines Produktes unter eine der Harmonisierungsvorschriften des Anhangs II Teil A fällt, richtet sich der Ort, an dem das CE-Kennzeichen anzubringen ist, nach den Vorschriften der jeweiligen Harmonisierungsvorschrift.“

Vor dem Hintergrund, dass ein solcher Verweis jedoch nur dann zielführend ist, wenn die Anforderungen der MP-VO an die Art und Weise der Anbringung geeignet sind, müsste auch Art. 20 Abs. 3 MP-VO reformiert werden. Zu diesem Zweck muss in der MP-VO die Möglichkeit vorgesehen werden, dass ein KI-System ggf. mit einer digitalen CE-Kennzeichnung versehen werden kann. Als Voraussetzung für eine digitale Anbringung der CE-Kennzeichnung muss eine gewisse Dauerhaftigkeit der Verbindung zwischen der CE-Kennzeichnung und dem Hochrisiko-KI-System vorausgesetzt werden und sichergestellt werden, dass die CE-Kennzeichnung leicht einsehbar ist. Denkbar wäre etwa, dass die Kennzeichnung auf der Startseite der Software bzw. bei verkörperten Systemen in der jeweiligen Benutzerschnittstelle angezeigt wird.[1028] Weiterhin sollte für virtuell miteinander verbundene körperliche und unkörperliche Einheiten, die insgesamt als einheitli-

[1028] Vgl. zur Startseite auch *Ortner*, Medizin-Apps als Medizinprodukt, S. 155.

ches Medizinprodukt anzusehen sind, klargestellt werden, dass alle diese Einheiten mit *derselben* CE-Kennzeichnung versehen werden müssen, ggf. mit einem Hinweis darauf, dass es sich jeweils um einen Bestandteil einer einheitlichen Sache handelt. Sofern diese Schwächen korrigiert werden, kann insgesamt ein hinreichend rechtssicheres und geeignetes Regelungssystem für die CE-Kennzeichnung von KI-basierten Medizinprodukten entstehen.

## V. Fazit zu diesem Abschnitt

Eine Voraussetzung dafür, dass die KI-VO durch die Anforderungen des Kap. III Abschnitt 2 KI-VO die bestehenden Regelungslücken der MP-VO, die diese für KI-Systemen bisher noch aufweist, schließen kann, ist neben der Kohärenz der materiellen Anforderungen auch die Kohärenz der formellen Anforderungen, weil dies eine unmittelbare Voraussetzung dafür ist, dass die in Art. 43 Abs. 3 UAbs. 1 KI-VO vorgesehene Möglichkeit zur Schaffung eines gemeinsamen Bewertungsverfahrens nicht konterkariert wird.

Die mit dem gemeinsamen Konformitätsbewertungsverfahren eigentlich zu verhindern intendierte doppelte Arbeitsbelastung wird konterkariert, wenn in dem gemeinsamen Bewertungsverfahren zwei sich inhaltliche überschneidende technische Dokumentationen und Qualitätsmanagementsysteme als Bewertungsgegenstand des Verfahrens Anhang IX MP-VO getrennt überprüft werden müssen. Obgleich die KI-Verordnung jedenfalls für die technische Dokumentation in Art. 11 Abs. 2 KI-VO diesem Umstand Rechnung tragen, ist die in dem Wortlaut nahegelegte Beschränkung auf eingebettete Hochrisiko-KI-Systeme noch korrekturbedürftig, weil sich gerade für eigenständige Software weitreichende Überschneidungen der inhaltlichen Anforderungen des Anhangs II und III MP-VO und Art. 11 i. V. m. Anhang IV KI-VO ergeben. Sofern dies korrigiert wird, ist die Ausnahme grundsätzlich geeignet, die durch die Erstellung einer einheitlichen technischen Dokumentation gem. Art. 11 Abs. 3 KI-VO emergierende doppelte Arbeitsbelastung zu vermeiden. Um hinreichend Rechtssicherheit zu gewährleisten, sollte im Rahmen der MP-VO durch die Aufnahme der oben dargestellten unechten Verweise klargestellt werden, inwieweit die Anforderungen des Anhangs IV KI-VO die Anforderungen des Anhangs II und III MP-VO konkretisieren und ergänzen.

Die Zuständigkeit der Konformitätsbewertung obliegt ausweislich des Art. 43 Abs. 3 UAbs. 2 KI-VO der nach dem Harmonisierungsrechtsakt benannten Stelle. Ergänzend sehen Art. 31 Abs. 10 und 11 KI-VO Anforderungen vor, die die Kompetenz zur Überprüfung des Kap. III Abschnitt 2 KI-VO sicherstellen sollen. Obgleich die Gewährleistung einer entsprechenden internen Fachkompetenz und technischen Ausstattung der benannten Stellen unabdingbar ist, muss dennoch sichergestellt werden, dass die Konformitätsbewertung sich nicht als „Nadelöhr" für die Inverkehrgabe von KI-basierten Medizinprodukten erweist. Da der Verzicht auf die interne Fachkompetenz bei der Delegation der Bewertungstätigkeit auf Unterauftragnehmer jedoch das Vertrauen in die CE-Kennzeichnung erschüttern könnte, ist dies gleichwohl kein gangbarer Weg, sodass an der Pflicht des Art. 31 Abs. 10 und 11 KI-VO sowie Anhang VII Abschnitt 3.1.1 MP-VO festgehalten werden sollte. Vielmehr muss die Lösung über eine Reduzierung der Komplexität und Dauer des Notifizierungsverfahren gesucht werden.

Jedenfalls hinsichtlich der Pflicht zur Erstellung einer EU-Konformitätserklärung nach Art. 16 lit. g) i. V. m. Art. 47 KI-VO tritt die KI-Verordnung der daraus resultierenden doppelten Arbeitsbelastung dadurch entgegen, dass sie in Art. 47 Abs. 3 S. 1 KI-VO die Erleichterung vorsehen, dass nur eine einheitliche Konformitätsbewertung erstellt werden muss.

Hinsichtlich der Anforderungen an den Ort der Anbringung des CE-Kennzeichens, ergibt sich eine Inkohärenz des Art. 48 KI-VO zu den Anforderungen der MP-VO. Um ein funktionsfähiges CE-Kennzeichnungssystem zu etablieren, ist erforderlich, dass sich der Ort der Anbringung eines CE-Kennzeichens danach richtet, inwieweit das Hochrisiko-KI-System *selbst* als Produkt oder nur als Bestandteil in den Verkehr gebracht wird. Daher sollte im Rahmen des Art. 48 KI-VO ein Verweis auf die Anforderungen der MP-VO aufgenommen werden. Die Voraussetzung dafür ist jedoch, dass der Unionsgesetzgeber die Anforderungen der MP-VO an die CE-Kennzeichnung von teilwiese unkörperlichen Hochrisiko-KI-Systemen anpasst und die Möglichkeit einer elektronischen CE-Kennzeichnung vorsieht.

## E. Ergebnis zu Kapitel 4

Für Medizinprodukte ab der Risikoklasse IIa ergänzt die KI-VO den geltenden Rechtsrahmen dahingehend, dass gem. Art. 43 Abs. 3 UAbs. 1 S. 2 KI-VO die Überprüfung der Konformität mit Kap. III Abschnitt 2 KI-VO in das Konformitätsbewertungsverfahren der Harmonisierungsvorschrift miteinbezogen werden muss. Hintergrund für die Schaffung dieses einheitlichen Konformitätsbewertungsverfahrens war die Intention, eine doppelte Arbeitsbelastung der Anbieter und der Bewertungsstellen zu vermeiden.

Um eine entsprechende Integration zu ermöglichen, sieht die KI-Verordnung – zur Wahrung der dafür erforderlichen Kohärenz der Verordnung – eine Reihe von Verweisen auf das Risikoklassifizierungssystem bzw. die formellen Anforderungen an das Konformitätsbewertungsverfahren auf die Harmonisierungsvorschrift vor. Obgleich diese statischen Verweise rechtsmethodisch grundsätzlich möglich sind, sind der Zulässigkeit dennoch die allgemeinen verfassungsrechtlichen Grenzen gesetzt, an denen sich auch die Verweise der KI-Verordnung messen lassen müssen.

Sofern die oben dargestellte Unbestimmtheit der Regelungen der MP-VO in Bezug auf die Qualifizierung und Risikoklassifizierung von KI-Systemen nicht behoben wird, schlägt sich diese Unbestimmtheit auch auf die Verweisungsnorm des Art. 6 Abs. 1 KI-VO durch, die sich das Risikoklassifizierungssystem des Harmonisierungsrechtsaktes durch den Verweis auf die Frage, ob eine benannte Stelle zu beteiligen ist, zu eigen macht.

Die Eignung des Regelungskonzepts des Art. 43 Abs. 3 UAbs. 1 S. 1 KI-VO, ein einheitliches Konformitätsbewertungsverfahren für KI-basierte Medizinprodukt entstehen zu lassen, wurde in der Literatur wiederholt wegen der Inkohärenz der Verordnungen bezweifelt. Sofern dieser Kritik zuzustimmen wäre, würde dies erhebliche Rechtsunsicherheit bei dem Rechtsanwender auslösen, in Bezug auf die sich aus den Verordnungen ergebende Rechtsfolge. Um die Bestimmtheit des Verweises des Art. 43 Abs. 3 KI-VO zu wahren, besteht daher eine Notwendigkeit, die Kohärenz zwischen den Verordnungen zu gewährleisten.

Sofern die oben dargestellten Schwachstellen in Bezug auf die materiellen und formellen Sicherheitsanforderungen behoben werden, kann man dem Anspruch, dass sich die Sicherheitsanforderungen der MP-VO und Kap. III Abschnitt 2 KI-VO wechselseitig ergänzen, gerecht werden und so insgesamt das für KI-basierte Medizinprodukte erforderliche Schutzniveau gewährleisten, ohne durch eine doppelte Arbeitsbelastung die Innovation zu behindern.

*Kapitel 5*

# Konformitätsbewertungsverfahren für Hochrisiko-KI-basierte Medizinprodukte der Risikoklasse I *de lege ferenda*

Das Konformitätsbewertungsverfahren wird ausweislich des Art. 43 Abs. 3 UAbs. 1 KI-VO nur dann in das Bewertungsverfahren des Harmonisierungsrechtsaktes einbezogen, wenn es sich um ein KI-System handelt, welches als Bestandteil oder Produkt in eine der Harmonisierungsvorschriften des Anhangs I Teil A KI-VO fällt. Für alle Übrigen Hochrisiko-KI-Systeme i. S. d. Anhangs III KI-VO sieht die KI-Verordnung in Anhang VI und Anhang VII KI-VO selbst die maßgeblichen Verfahrensanforderungen vor.[1]

Im Medizinproduktesektor wird der weit überwiegende Anteil der KI-Systeme als Hochrisiko-KI-System i. S. d. Anhangs I Teil A KI-VO zu qualifizieren sein.[2] Für Anhang III KI-VO wird daher kaum ein Anwendungsbereich verbleiben, weil Anhang III KI-VO überhaupt nur dann anwendbar ist, wenn es sich um ein KI-System handelt, welches als Produkt oder Bestandteil eines Produkts in Risikoklasse I fällt.[3] Ferner sind die in Anhang III KI-VO vorgesehenen Anwendungsbereiche bereits in inhaltlicher Hinsicht aller Voraussicht nach nicht einschlägig.[4] Ob Anhang III KI-VO für Medizinprodukte eine praktische Relevanz zukommen wird, muss daher infrage gestellt werden. Dennoch soll zumindest kurz auf das Konformitätsbewertungsverfahren eingegangen werden.

In Abhängigkeit des für das jeweilige Hochrisiko-KI-System einschlägigen Bereiches i. S. d. Anhangs III KI-VO richtet sich das einschlägige Verfahren gem. Art. 43 Abs. 1 und 2 KI-VO[5] entweder nach Anhang VI oder nach Anhang VII KI-VO.[6]

---

[1] Vgl. ausführlich zu den unterschiedlichen Konformitätsbewertungsverfahren in Abhängigkeit des Hochrisiko-KI-System-Typus, bereits Kap. 1, C., III., 2.

[2] Vgl. hierzu ausführlich bereits Kap. 3, B., II., 1.

[3] Vgl. hierzu ausführlich bereits Kap. 3, B., II., 2.

[4] Vgl. hierzu ausführlich bereits Kap. 3, B., II., 2., b).

[5] Vgl. zu den Entwürfen Art. 43 Abs. 1 und Abs. 2 KI-VOE-KOM, COM 2021, 206 final, S. 73; ebenso Art. 43 Abs. 1 und Abs. 2 KI-VOE-Rat, *Rat*, General Approach 14954/22, S. 128; ferner auch Art. 43 Abs. 1 und Abs. 2 KI-VOE-EP, *Europäisches Parlament*, Amendments adopted by the European Parliament on 14 June 2023 on the proposal for a regulation of the European Parliament and of the Council on laying down harmonised rules on

Das Konformitätsbewertungsverfahren i. S. d. Anhangs VI KI-VO[7] erfolgt auf der Grundlage einer internen Kontrolle, indem der Anbieter i. S. d. Anhangs VI Abschnitt 1–4 KI-VO selbst überprüft, ob das bestehende Qualitätsmanagementsystem den Anforderungen des Art. 17 KI-VO entspricht und ob das Produkt ausweislich der technischen Dokumentation die grundlegenden Anforderungen des Kap. III Abschnitt 2 KI-VO einhält.[8] Im Unterschied dazu erfolgt die Bewertung des Qualitätsmanagementsystems und der technischen Dokumentation in dem Verfahren nach Anhang VII KI-VO[9] durch eine benannte Stelle.[10]

Die Einbeziehung einer benannten Stelle ist gem. Art. 43 Abs. 1 KI-VO nur dann verpflichtend, wenn für die Systeme, die in den Anwendungsbereich des Anhangs III Nr. 1 KI-VO fallen, die vorgesehenen Normen und Standards noch nicht existieren oder diese entweder gar nicht oder nur zum Teil angewandt wurden.[11] Für

artificial intelligence (Artificial Intelligence Act) and amending certain Union legislative acts, P9_TA(2023)0236.

[6] *Gerdemann*, in: Martini/Wendehorst, Art. 43, Rn. 37 ff.; *Kilian*, in: BeckOK KI-Recht, Art. 43, Vor Rn. 1; vgl. zu den Entwürfen *Denga*, ZfPC 2023, 154, 156; *Hilgendorf/Roth-Isigkeit*, 1. Auflage, § 8, Rn. 2; *Linardatos*, ZdiW 2023, 1, 4; *Denga*, ZfPC 2023, 154, 156; *Hilgendorf/Roth-Isigkeit*, 1. Auflage, § 8, Rn. 2; *Linardatos*, ZdiW 2023, 1, 4.

[7] Vgl. zu den Entwürfen Anhang VI KI-VOE-KOM, COM 2021, 206 final, Anhänge, S. 11; ebenso Anhang VIKI-VOE-Rat, *Rat*, General Approach 14954/22, S. 206; ebenso Anhang VIKI-VOE-EP, *Europäisches Parlament*, Amendments adopted by the European Parliament on 14 June 2023 on the proposal for a regulation of the European Parliament and of the Council on laying down harmonised rules on artificial intelligence (Artificial Intelligence Act) and amending certain Union legislative acts, P9_TA(2023)0236.

[8] Ebenso zum Kommissionsentwurf, *Rostalski/Weiss*, ZfDR 2021, 329, 354; ebenso *Ebert/Spiecker gen. Döhmann*, NVwZ 2021, 1188, 1191; *Ebers*, RDi 2021, 588, 590; *Fuderer*, MPR 2022, 121, 124; *Spindler*, CR 2021, 361, 370; *Denga*, ZfPC 2023, 154, 156; *Hilgendorf/Roth-Isigkeit*, 1. Auflage, § 8, Rn. 2; *Linardatos*, ZdiW 2023, 1, 4.

[9] Vgl. hierfür Anhang VII KI-VOE-KOM, COM 2021, 206 final, Anhänge, S. 12 f.; obwohl in Anhang VII KI-VOE-Rat, einige Änderungen vorgesehen sind, erfolgt die Bewertung weiterhin auf der Grundlage der Bewertung des Qualitätsmanagementsystems und der technischen Dokumentation durch eine benannte Stelle, *Rat*, General Approach 14954/22, S. 207 ff.; vgl. auch Anhang VII KI-VOE-EP, mit dem das Parlament trotz der teilweise vorgeschlagenen Änderungen an diesen Grundprinzipien festhält, *Europäisches Parlament*, Amendments adopted by the European Parliament on 14 June 2023 on the proposal for a regulation of the European Parliament and of the Council on laying down harmonised rules on artificial intelligence (Artificial Intelligence Act) and amending certain Union legislative acts, P9_TA(2023)0236.

[10] Vgl. auch *Saurin/Thiermann*, in: Bomhard/Pieper/Wende, Art. 43, Rn. 31; *Kilian*, in: BeckOK KI-Recht, Art. 43, Rn. 22; vgl. zu dem Verfahren des Anhanges VII KI-VOE-KOM ausführlich, *Hilgendorf/Roth-Isigkeit*, 1. Auflage, § 8, Rn. 5 ff.; ebenso *Ebers*, RDi 2021, 588, 590; *Fuderer*, MPR 2022, 121, 124; *Spindler*, CR 2021, 361, 370; *Denga*, ZfPC 2023, 154, 156; *Linardatos*, ZdiW 2023, 1, 4.

[11] *Gerdemann*, in: Martini/Wendehorst, Art. 43, Rn. 31; *Saurin/Thiermann*, in: Bomhard/Pieper/Wende, Art. 43, Rn. 29; *Kilian*, in: BeckOK KI-Recht, Art. 43, Rn. 15. Eine Einbeziehung einer benannten Stelle war gem. Art. 43 Abs. 1 UAbs. 2 KI-VO bereits im Kommissionsentwurf nur dann verpflichtend, wenn für die Systeme, die in den Anwendungsbereich

die übrigen KI-basierten Medizinprodukte[12] i. S. d. Anhanges III Nr. 2–8 KI-VO reicht ausweislich des Art. 43 Abs. 2 KI-VO auch eine interne Kontrolle nach Anhang VI KI-VO aus.[13] Daher wird für die weit überwiegende Anzahl der Systeme nach Art. 6 Abs. 2 KI-VO eine Selbstzertifizierung ausreichend sein.[14]

Im Medizinproduktesektor reduziert sich der ohnehin schon schmale Anwendungsbereich des Konformitätsbewertungsverfahrens i. S. d. Anhangs VII KI-VO noch weiter dadurch, dass das Verfahren gem. Art. 43 Abs. 1 KI-VO ausschließlich für Systeme i. S. d. Anhangs III Nr. 1 KI-VO anwendbar ist, dem jedoch für Medizinproduktesektor kein großer Anwendungsbereich zukommen wird.[15]

Für Hochrisiko-KI-basierte Medizinprodukte i. S. d. Anhangs III KI-VO wird daher in aller Regel eine interne Konformitätsbewertung ausreichen. Ob dies gerechtfertigt ist, wurde bereits im Zusammenhang mit dem Kommissionentwurf überwiegend bezweifelt.[16]

---

des Anhangs III Nr. 1 KI-VOE-KOM fallen, die vorgesehenen Normen und Standards entweder gar nicht oder nur zum Teil angewandt wurden, ebenso *Rostalski/Weiss*, ZfDR 2021, 329, 354; ebenso *Ebert/Spiecker gen. Döhmann*, NVwZ 2021, 1188, 1191; *Ebers*, RDi 2021, 588, 590; *Fuderer*, MPR 2022, 121, 124; *Spindler*, CR 2021, 361, 370; *Denga*, ZfPC 2023, 154, 156; ebenso *Hilgendorf/Roth-Isigkeit*, 1. Auflage, § 8, Rn. 2; *Linardatos*, ZdiW 2023, 1, 4.

[12] Eine Ausnahme von dem Grundsatz, dass gem. Art. 43 Abs. 2 KI-VOE eine interne Überprüfung ausreichend ist, sehen die Entwürfe ausweislich des Art. 43 Abs. 2 S. 2 KI-VOE-KOM/EP bzw. Erwägungsgrund 80 KI-VOE-Rat für Systeme vor, die unter Anhang III Abschitt 5 lit. b) KI-VOE fallen. Für solche Systeme soll das Konformitätsbewertungsverfahren nach der KI-VOE in das Bewertungsverfahren der RL 2013/36/EU integriert werden, Art. 43 Abs. 2 KI-VOE-KOM, COM 2021, 206 final, S. 73; ferner auch Art. 43 Abs. 2 KI-VOE-EP, *Europäisches Parlament*, Amendments adopted by the European Parliament on 14 June 2023 on the proposal for a regulation of the European Parliament and of the Council on laying down harmonised rules on artificial intelligence (Artificial Intelligence Act) and amending certain Union legislative acts, P9_TA(2023)0236; ebenso Erwägungsgrund 88, *Rat*, General Approach 14954/22, S. 64; vgl. ebenso zum Kommissionsentwurf, etwa *Denga*, ZfPC 2023, 154, 156; *Hilgendorf/Roth-Isigkeit*, 1. Auflage, § 8, Rn. 3; *Roth-Isigkeit*, ZRP 2022, 187, 188, Fn. 18; *Rostalski/Weiss*, ZfDR 2021, 329, 349.

[13] *Gerdemann*, in: Martini/Wendehorst, Art. 43, Rn. 37; vgl. ebenso zum Kommissionsentwurf *Rostalski/Weiss*, ZfDR 2021, 329, 354; ebenso *Ebert/Spiecker gen. Döhmann*, NVwZ 2021, 1188, 1191; *Ebers*, RDi 2021, 588, 590; *Fuderer*, MPR 2022, 121, 124; *Spindler*, CR 2021, 361, 370; *Hilgendorf/Roth-Isigkeit*, 1. Auflage, § 8, Rn. 3; *Linardatos*, ZdiW 2023, 1, 4; vgl. andererseits *Denga*, ZfPC 2023, 154, 156, der betont, dass wahlweise weiterhin ein Konformitätsbewertungsverfahren durch eine benannte Stelle vorgenommen werden könnte.

[14] *Gerdemann*, NJW 2024, 2209, 2213; ebenso zum Kommissionsentwurf, *Rostalski/Weiss*, ZfDR 2021, 329, 354; *Ebert/Spiecker gen. Döhmann*, NVwZ 2021, 1188, 1191; *Ebers*, RDi 2021, 588, 590; *Fuderer*, MPR 2022, 121, 124; *Spindler*, CR 2021, 361, 370; *Hilgendorf/Roth-Isigkeit*, 1. Auflage, § 8, Rn. 3; *Linardatos*, ZdiW 2023, 1, 4; vgl. andererseits *Denga*, ZfPC 2023, 154, 156, der darauf hinweist, dass wahlweise weiterhin ein Konformitätsbewertungsverfahren durch eine benannte Stelle vorgenommen werden könnte.

[15] Vgl. ausführlich hierzu Kap. 3, B., II., 2.

[16] Ebenso so zum Medizinproduktesektor, *Ebers et al.*, RDi 2021, 528, 533; *Rostalski/Weiss*, ZfDR 2021, 330, 355; *Spindler*, CR 2021, 361, 373; kritisch auch *Ebert/Spiecker gen.*

Gerade im Gesundheitssektor wäre eine interne Konformitätsbewertung wegen der erheblichen Risiken für die menschliche Gesundheit und Sicherheit nicht ausreichend.[17] Durch die Beschränkung der Konformitätsbewertung von Systemen i. S. d. Anhangs III Abschnitt 2–8 KI-VO auf eine bloße Selbstzertifizierung, würde es ferner zu einer nicht gerechtfertigten Unterscheidung gegenüber Systemen i. S. d. Anhangs I Teil A KI-VO kommen, die gem. Art. 43 Abs. 3 UAbs. 1 S. 1 KI-VO stets einem Konformitätsbewertungsverfahren durch Dritte unterzogen werden müssen.[18]

Obgleich bereits die Europäische Kommission diese Unterscheidung in Erwägungsgrund 64 KI-VOE-KOM mit dem Umstand begründet, dass für KI-Systeme i. S. d. Anhangs I Teil A KI-VOE auf die Erfahrungen der nach dem jeweiligen Harmonisierungsrechtsakt benannten Stellen zurückgegriffen werden könne, wird eingewandt, dass diese Argumentation nicht überzeugen könne.[19] Dennoch ergibt sich aus Erwägungsgrund 125, dass auch der endgültige Regelungstext der KI-Verordnung an dieser grundsätzlichen Wertentscheidung festhält, und zwar aufgrund der fehlenden Erfahrung der Konformitätsbewertungsstellen außerhalb der Bewertung von Produkten, die in den produktsicherheitsrechtlichen Bereich fallen.[20]

Während dem zwar zuzugestehen sei, dass die Bewertungsstellen bezüglich der Konformitätsbewertung nach den jeweiligen Harmonisierungsrechtsakten Erfahrungen gesammelt haben, stelle sich die Zertifizierung von KI-Systemen jedoch auch für diese Stellen als neuartig dar.[21] Weiterhin wurde auf die zwei jährige Übergangsfrist bis zu dem Inkrafttreten der KI-VO verwiesen, durch die es den Dritten möglich sei bis zur Geltung der KI-VO noch hinreichende Erfahrungswerte zu sammeln.[22]

Andererseits wurde darauf hingewiesen, dass jedenfalls perspektivisch dieser „schmal geratene“ Anwendungsbereich für eine Konformitätsbewertung nach Anhang VII KI-VO durch delegierte Rechtsakte der Kommission gem. Art. 43 Abs. 6 KI-VO weiter ausgeweitet werden könnte.[23] Da die Erwägungsgründen den vorläufigen Charakter der Selbstzertifizierung betonen, sei zu erwarten, dass diese

---

*Döhmann*, NVwZ 2021, 1188, 1191; *Roth-Isigkeit*, ZRP 2022, 187, 188; a. A. hingegen *Denga*, ZfPC 2023, 154, 156.

[17] So *Ebers et al.*, RDi 2021, 528, 533.

[18] So in Bezug zu dem Kommissionsentwurf *Rostalski/Weiss*, ZfDR 2021, 330, 355; *Spindler*, CR 2021, 361, 373.

[19] Vgl. Erklärendes Memorandum, COM 2021, 206 final, S. 16; Erwägungsgrund 64, COM 2021, 206 final, S. 38; *Rostalski/Weiss*, ZfDR 2021, 330, 354; *Spindler*, CR 2021, 361, 373.

[20] Ebenso *Gerdemann*, NJW 2024, 2209, 2213.

[21] Vgl. zum Kommissionsentwurf *Rostalski/Weiss*, ZfDR 2021, 329, 354 f.

[22] Vgl. zum Kommissionsentwurf *Rostalski/Weiss*, ZfDR 2021, 329, 355.

[23] Vgl. zu den Entwürfen Hilgendorf/Roth-Isigkeit, 1. Auflage, § 8, Rn. 4.

Regelungskonzeption sich „schnell“ zu einer vermehrten Anwendbarkeit des Anhangs VII KI-VO „verschieben“ könne.[24]

Dieser Kritik an der weitreichenden internen Konformitätsbewertung für Systeme i. S. d. Anhangs III KI-VO, wurde teilweise entgegengehalten, dass eine freiwillige Beteiligung einer benannten Stelle weiterhin zulässig sei.[25] Der Umfang, indem in der Praxis auf die Beteiligung einer dritten Stelle zurückgegriffen werde, sei ferner nicht zu unterschätzen, weil die Anbieter von Hochrisiko-KI-Systemen dadurch auf die Kompetenz und Erfahrung der benannten Stellen zurückgreifen können. Dies sei insbesondere wegen der Unsicherheiten über die Auslegung der vage formulierten Sicherheitsanforderungen des Kap. III Abschnitt 2 KI-VO attraktiv.[26] Durch die Bewertung durch Dritte könne ein „haftungsrechtliches Regresssubjekt“ geschaffen werden, hinsichtlich dessen sich die Anbieter ggf. schadhaft halten könnten.[27] Ferner wirke sich die Zertifizierung unter Einbeziehung externer Dritter auch auf die Versicherungskosten aus, was die Attraktivität der Drittzertifizierung steigere.[28]

Obgleich dieser Auffassung zuzuerkennen ist, dass die Anbieter, trotz des erheblichen finanziellen und zeitlichen Aufwandes einer externen Bewertung[29], aus den genannten Gründen ein eigenes Interesse an der Beteiligung einer benannten Stelle haben können, vermag diese Argumentation dennoch nicht als Grund dafür herangezogen werden, dass die Beteiligung der benannten Stelle weiterhin freiwillig bleiben soll. Denn die sicherheitsrechtliche Regelungsnotwendigkeit sollte sich danach beurteilen, ob die Systeme derart risikoträchtig sind, dass nicht *allein* auf eine interne Konformitätsbewertung vertraut werden kann.[30] KI-Systeme, die unter Anhang III KI-VO fallen, sind ausweislich der Wertentscheidung des Gesetzgebers so gefährlich, dass dies eine Einordnung in die zweithöchste Risikoklasse des Risikoklassifizierungssystems der KI-VO rechtfertigt, folglich erscheint es fraglich, ob solche Systeme bloß einer internen Bewertung unterworfen werden sollten.

---

[24] Vgl. zu den Entwürfen *Roth-Isigkeit*, ZRP 2022, 187, 188, zu Erwägungsgrund 64 KI-VOE-KOM, nunmehr Erwägungsgrund 125.

[25] *Gerdemann*, NJW 2024, 2209, 2213; vgl. so auch zum Kommissionsentwurf, *Denga*, ZfPC 2023, 154, 156, mit Verweis auf *Wiebe*, BB 2022, 899, 903, hinsichtlich der Möglichkeit einer freiwilligen Selbstzertifizierung.

[26] *Gerdemann*, NJW 2024, 2209, 2213; vgl. so auch zum Kommissionsentwurf, *Denga*, ZfPC 2023, 154, 156.

[27] Vgl. *Denga*, ZfPC 2023, 154, 156.

[28] *Gerdemann*, NJW 2024, 2209, 2213, vgl. so auch zum Kommissionsentwurf, *Denga*, ZfPC 2023, 154, 156.

[29] Vgl. hierzu *Prütting/Wolk*, MedR 2021, 359, 363.

[30] Vgl. dafür, dass sich die Frage, ob eine benannte Stelle in dem Konformitätsbewertungsverfahren zu beteiligen ist, nach dem Neuen Rechtsrahmen typischerweise nach der Risikoklasse richtet, Kap. 1, A., II., 2., b); Kap. 1, B., I.

*Kapitel 6*

# Zusammenfassung und Thesen

Die Konformitätsbewertung bildet eine tragengende Säule des nach dem neuen Rechtsrahmen harmonisierten Produktsicherheitsrecht.[1] Für Hochrisiko-KI-basierte Medizinprodukte wird neben der ohnehin nach Art. 52 MP-VO bestehende Konformitätsbewertungspflicht noch die Bewertungspflicht der KI-Verordnung treten, in deren Rahmen die Konformität mit den Sicherheits- und Transparenzanforderungen des Kap. III Abschnitt 2 KI-VO überprüft werden.[2] Hintergrund für den Entwurf einer KI-Verordnung waren die Befürchtungen der Kommission, dass die nach dem neuen Rechtsrahmen harmonisierten Produktsicherheitsvorschriften für besondere Eigenschaften wie die Intransparenz und Lernfähigkeit noch Regelungslücken aufweisen.[3] Ob dies der Fall ist und inwieweit die KI-Verordnung dem Anspruch einer Schließung der bestehenden Regelungslücken nachkommen kann, wurde im Rahmen dieser Arbeit umfassend untersucht.

Der geltende Regelungsrahmen[4] der MP-VO ist für die Regulierung von KI-basierten Medizinprodukten nicht grundsätzlich ungeeignet, gleichwohl weist der Regelungsrahmen eine korrekturbedürftige Unbestimmtheit und Regelungslücken auf, die es zu schließen gilt:

1. Zunächst einmal kommt im derzeitigen Regelungsrahmen noch nicht hinreichend eindeutig zum Ausdruck, wann ein KI-System selbst als Medizinprodukt i. S. d. Art. 2 Nr. 1 MP-VO, als dessen Zubehör i. S. d. Art. 2 Nr. 2 MP-VO oder als Bestandteil zu qualifizieren ist.[5] Bereits der Wortlaut des Art. 2 Nr. 1 MP-VO setzt für die Qualifizierung als Medizinprodukt voraus, dass das KI-System *selbst* eine medizinische Zweckbestimmung *erfüllt.*[6] Von einer Erfüllung

[1] Vgl. zu der Stellung der Konformitätsbewertung im nach dem neuen Rechtsrahmen harmonisierten Produktsicherheitsrecht, Kap. 1, A., II.

[2] Vgl. dazu, dass neben die Konformitätsbewertungspflicht der KI-Verordnung noch die ohnehin bestehende Konformitätsbewertungspflicht der MP-VO treten wird, Kap. 1, B. und C.

[3] Vgl. dazu, dass die KI-Verordnung dazu bestimmt ist, die bestehenden Regelungslücken der Harmonisierungsrechtsakte zu schließen, Kap. 1, C., I.

[4] Vgl. zu der Untersuchung der bestehenden Regelungslücken der Medizinprodukteverordnung, Kap. 2.

[5] Vgl. hierfür die Darstellungen in Kap. 2, B.

[6] Vgl. hierzu bereits Kap. 2, B., II., 2., b).

i. d. S. kann jedoch – entgegen des Ansatzes der MDCG-Leitlinien 2019-11[7] – nicht bereits dann ausgegangen werden, wenn das System *medizinische* Daten verarbeitet, um die medizinische Funktionsweise eines körperlichen Produkts (Abgabe des Insulins) zu ermöglichen.[8] In diesem Fall *erfüllt* die Software nicht selbst eine medizinische Zweckbestimmung, sondern ermöglicht es diese als „unsichtbarer Motor" nur dem körperlichen Produkt, dessen medizinische Zweckbestimmung zu erfüllen.[9] Solche KI-Systeme sind daher nicht selbst als Medizinprodukt i. S. d. Art. 2 Nr. 1 MP-VO zu qualifizieren, sondern – in Abhängigkeit der subjektiven Zweckbestimmung – entweder als dessen Bestandteil oder Zubehör, weil sie der Zweckbestimmung des körperlichen Medizinprodukts zugeführt werden.[10] Eine entsprechende Auslegung steht auch im Einklang mit Erwägungsgrund 19 MP-VO wonach die Qualifizierung als Produkt oder Zubehör unabhängig von dem Ort oder der Art der Verbindung ist. Entgegen dem Ansatz der MDCG-Leitlinien 2019-11, kann dies jedoch nicht zu der Annahme führen, dass auch Steuerungssoftware als eigenständiges Medizinprodukt zu qualifizieren ist, weil Erwägungsgrund 19 MP-VO das KI-System nicht davon entbindet, dass dieses die Voraussetzungen des Art. 2 Nr. 1 MP-VO erfüllen muss, um selbst als Medizinprodukt qualifiziert zu werden.[11] Die Voraussetzungen des Art. 2 Nr. 1 MP-VO erfüllt ein eingebettetes KI-System nur dann, wenn es allein deshalb in ein körperliches Medizinprodukt eingebettet ist, weil dieses über das körperliche Produkt Daten aufnimmt oder die Entscheidungsergebnisse als *Information* anzeigen lässt.[12] In diesem Fall dient die Steuerung des körperlichen Medizinprodukts nicht dazu, die medizinische Funktion des körperlichen Produkts zu ermöglichen, sondern die Entscheidungsergebnisse als Information anzuzeigen. Durch die Anzeige erfüllt das KI-System selbst eine medizinische Zweckbestimmung.[13] Diese Unterscheidung kommt im derzeitigen Regelungsrahmen noch nicht hinreichend zum Ausdruck, weshalb eine entsprechende Klarstellung aus Rechtssicherheitsgründen erforderlich ist, hinsichtlich der auf den in dieser Arbeit vorgestellten Reformvorschlag[14] hingewiesen sei.

2. Ferner ist auch die Bestimmtheit des Risikoklassifizierungssystem[15] derzeit noch infrage zu stellen. Entgegen des Ansatzes der MDCG-Leitlinien 2019-11 ist die

[7] Vgl. für eine umfassende Darstellung des Ansatzes der MDCG-Leitlinien 2019-11, Kap. 2, B., II., 2., a).

[8] Vgl. hierzu bereits Kap. 2, B., II., 2., b).

[9] Vgl. hierzu bereits Kap. 2, B., II., 2., b).

[10] Vgl. hierzu bereits Kap. 2, B., II., 2., b).

[11] Vgl. hierzu bereits Kap. 2, B., II., 2., b).

[12] Vgl. hierzu bereits Kap. 2, B., II., 2., b).

[13] Vgl. hierzu bereits Kap. 2, B., II., 2., b).

[14] Vgl. zu dem Reformvorschlag dieser Arbeit, Kap. 2, B., IV.

[15] Vgl. für eine eingehende Darstellung und Untersuchung, inwieweit das Risikoklassifizierungssystems der MP-VO auch für KI-basierte Medizinprodukte geeignet ist, Kap. 2, C.

Risikoklassifizierungsregel 11 Anhang VII MP-VO ausschließlich auf Entscheidungsunterstützungssysteme anwendbar.[16] Dies ergibt sich aus Durchführungsregel 3.3 UAbs. 2 Anhang VIII MP-VO, wonach Software, die von anderen Produkten unabhängig ist, für sich allein klassifiziert werden muss, während Software, die ein anderes Produkt steuert oder dessen Anwendung beeinflusst in dieselbe Risikoklasse fällt, wie das körperliche Produkt.[17] Ferner wird dies auch durch die Anlehnung der Regel 11 Anhang VII MP-VO an den Ansatz der IMDRF bestätigt, deren Risikoklassifizierungssystem von vornherein nur für Entscheidungsunterstützungssoftware anwendbar sein sollte.[18] Insgesamt ist dieses Ergebnis auch gerechtfertigt, weil dadurch gewährleistet werden kann, dass sich die Risikoträchtigkeit danach richtet, welche Auswirkungen ein Fehler der Software auf die Umwelt haben kann.[19] Dennoch ist der geltende Rechtsrahmen hinsichtlich der anwendbaren Risikoklassifizierungsregel noch zu unbestimmt und muss daher zur Herstellung hinreichender Rechtssicherheit entsprechend konkretisiert werden.[20] Konkretisierungsbedürftig ist auch Risikoklassifizierungsregel 11 MP-VO als solches.[21] Diesbezüglich muss klargestellt werden, dass Unterabsatz 1 der Regel 11 MP-VO ausschließlich für Systeme anwendbar ist, die zur Unterstützung der *direkten Diagnose* oder *konkreten* Therapieentscheidung bestimmt sind.[22] Ferner sollte der Unionsgesetzgeber die Kriterien zur Bestimmung der risikoerhöhenden Wirkung in Anlehnung an das zweite Kriterium der IMDRF weiter von der Wahrscheinlichkeit des Schadens abhängig machen, indem insbesondere der Umstand, ob es sich um einen Laien handelt und inwieweit das System Personen betrifft, die einen kritischen Gesundheitszustand aufweisen, berücksichtigt werden.[23] Hinsichtlich des Anwendungsbereiches der Regel 11 UAbs. 2 MP-VO sollte dringend klargestellt werden, dass nur solche Systeme von dem Anwendungsbereich der Regel erfasst sind, die der Kontrolle *vitaler* Körperfunktionen dienen, weil nur so der Gleichlauf zu Regel 10 UAbs. 1 Var. 3 MP-VO zwischen Kontroll-Software und -Hardware gewahrt werden kann.[24]

3. Regelungslücken werden für KI-Systeme insbesondere im Zusammenhang mit neuartigen Eigenschaften wie der Autonomie und Intransparenz befürchtet. Teilweise wurde deshalb die Regelungsnotwendigkeit für wissensbasierte Systeme, die sowohl die Entwürfe für eine KI-Verordnung als auch nunmehr der

---

[16] Vgl. hierzu bereits Kap. 2, B., II., 2., b), cc), (2).
[17] Vgl. hierzu bereits Kap. 2, B., II., 2., b), cc), (2).
[18] Vgl. hierzu bereits Kap. 2, B., II., 2., b), cc), (3).
[19] Vgl. hierfür bereits Kap. 2, B., II., 2., b), cc), (1).
[20] Vgl. zu dem Reformvorschlag dieser Arbeit, Kap. 2, B., IV.
[21] Vgl. hierfür bereits Kap. 2, C., II., 1.
[22] Vgl. hierfür bereits Kap. 2, C., II., 1. c), cc).
[23] Vgl. hierfür bereits Kap. 2, C., II., 1. d).
[24] Vgl. hierfür bereits Kap. 2, C., II., 1. c), ee), (2).

finale Regelungstext übereinstimmend von dem Geltungsbereich der KI-Verordnung als erfasst ansehen wollen, bezweifelt.[25] Dem kann jedoch nicht gefolgt werden.[26] Zu beachten ist nämlich, dass die Sicherheit der Unterstützung ärztlicher Entscheidungen von wissensbasierten Systemen nur dann gewährleistet werden kann, wenn die Ergebnisse einer Plausibilitätsprüfung unterzogen werden können. Denn der Umstand, dass die Entscheidungsregeln von wissensbasierten Systemen durch Entwickler explizit und manuell repräsentiert werden, schließt deren Fehlerfreiheit, insbesondere in Bezug auf unvorhersehbare Fehler, nicht grundsätzlich aus. Ab einer bestimmten Risikoklasse kann es daher erforderlich werden, dass die Systeme die Gründe für eine Entscheidung offenlegen müssen. Zwar ist diese sog. *Interpretierbarkeit* wegen der Transparenz von wissensbasierten Systemen leichter herzustellen, gleichwohl ist sie andererseits auch kein Automatismus, weil die Interpretierbarkeit stark von den kognitiven Fähigkeit und dem Wissenstand des Anwenders als auch der für die Interpretation zur Verfügung stehenden Zeit abhängt. Für das medizinische Fachpersonal als technischen Laien sind daher selbst die Entscheidungsprozesse von transparenten wissensbasierten Systemen nicht ohne entsprechende Vorkehrungen nachvollziehbar und damit interpretierbar. Der geltende Regelungsrahmen fordert in Anhang I Abschnitt 17.1 MP-VO zwar allgemein die „Wiederholbarkeit, Zuverlässigkeit und Leistung“, gleichwohl ermangelt es bisher noch hinreichend konkreter Transparenzpflichten.[27]

4. Obgleich die Zertifizierbarkeit von dynamischen Systemen vermehrt bezweifelt wurde, kann dem nicht vorbehaltslos gefolgt werden.[28] Zuzuerkennen ist noch, dass sofern eine Genehmigungspflicht Anhanges IX Abschnitt 2.4 und 4.10 MP-VO erst einmal entstehen würde, sich die Pflicht als unerfüllbar erweisen würde, weil die Änderungen selbst für den Hersteller nicht immer prognostizierbar sind und auch die Quantität der Aktualisierungen das überschreiten würde, was tatsächlich noch umsetzbar wäre. Sofern die Genehmigungspflicht des Anhanges IX Abschnitt 2.4 und 4.10 MP-VO entsteht, würde sich daher als Marktzugangshindernis für solche Systeme darstellen.[29] Entgegen manchen Stimmen in der Literatur kann dieses Ergebnis auch nicht dadurch verhindert werden, dass die *bestehende* Genehmigungspflicht nach Anhang IX Abschnitt 2.4 und 4.10 MP-VO antizipiert *erfüllt* wird, da einer solchen Vorverlagerung des Erfüllungszeitpunktes der Wortlaut des Anhangs IX Abschnitt 2.4 und 4.10 MP-VO

[25] Vgl. hierfür bereits Kap. 2, A., II., 1., d).

[26] Vgl. für eine Stellungnahme zu dieser Kritik, Kap. 3, B., I.

[27] Vgl. eingehend dazu, dass für wissensbasierte Systeme der Risikoklasse IIa Transparenzpflichten geschaffen werden sollten, weil der derzeitige Regelungsrahmen – trotz einer bestehenden Regelungsnotwendigkeit – entsprechende Anforderungen ermangelt, Kap. 2, D., II., 3.; vgl. dafür, dass sich daraus eine Regelungsnotwendigkeit für wissensbasierte Systeme, nicht aber herkömmlicher Software ergibt, Kap. 2, D., II., 3., c), cc).

[28] Vgl. hierfür die Darstellungen in Kap. 2, E.

[29] Vgl. ausführlich hierzu Kap. 2, E., II., 1., b), bb).

in zweifacher Hinsicht entgegensteht[30]: Zunächst einmal sieht Anhang IX Abschnitt 2.4 und 4.10 MP-VO vor, dass die Genehmigung *nach* der initialen Konformitätsbewertung erfolgen muss. Selbst wenn man über diesen Umstand hinwegsähe, sieht Anhang IX Abschnitt 2.4 und 4.10 MP-VO jedoch auch vor, dass die *konkrete* Änderung bewertet und genehmigt werden muss. Die konkrete (zukünftige) Aktualisierung ist jedoch zum Zeitpunkt des initialen Konformitätsbewertungsverfahrens gerade nicht prognostizierbar. Dennoch kann bereits *de lege lata* verhindert werden, dass sich die Genehmigungspflicht nach Anhang IX Abschnitt 2.4 und 4.10 MP-VO als Marktzugangshindernis auswirkt.[31] Zu beachten ist nämlich, dass es zu einem solchen Ergebnis von vornherein nur dann kommen kann, wenn die Genehmigungspflicht durch die Aktualisierung des Systems überhaupt entstünde.[32] Sofern jedoch die „Dynamik" als Produkteigenschaft initial bewertet wird, handelt es sich bei künftigen Aktualisierungen innerhalb dieses Rahmens um einen Teil des „genehmigten Produkts" und nicht um eine Änderung, die die Genehmigungspflichten des Anhangs IX Abschnitt 2.4 und 4.10 MP-VO auslöst.[33] Eine Bewertung der Dynamik als Produkteigenschaft könnte sich dabei an den Ansatz der der FDA anlehnen, der der fehlenden Prognostizierbarkeit dadurch entgegentritt, dass er von einer Bewertung der konkreten Änderung absieht und sich vielmehr auf eine Bewertung des Bezugspunktes der Änderung (SPS) und der konkreten Sicherheitsmaßnahmen beschränkt, mithilfe derer die Sicherheit der Systeme trotz deren Fähigkeit, sich selbstständig weiterzuentwickeln, gewährleistet wird (ACP).[34] Für dynamische Systeme, für die mit der Fähigkeit sich selbstständig weiterzuentwickeln das voraussehbare Risiko einer fehlerhaften Weiterentwicklung einhergeht, ist dieser Ansatz bereits *de lege lata* Bestandteil des Risikomanagementsystems nach Anhang I Abschnitt 3 und 4 MP-VO und damit vom Umfang der initialen Konformitätsbewertung umfasst.[35] Sofern eine entsprechende Bewertung erfolgt, führt dies auch zu dem begrüßenswerten Ergebnis, dass die Privilegierung von der Genehmigungspflicht nur insoweit überhaupt ausgelöst wird, wie sich die Änderung innerhalb des initial bewerteten Rahmens halten. Sofern die Aktualisierung sich außerhalb dieses Rahmens bewegt, ergäbe sich bereits *de lege lata* aus Anhang IX Abschnitt 2.4 und 4.10 MP-VO dieselbe Rechtsfolge wie nach dem Vorschlag der FDA, dass nicht stets eine neue Bewertung, sondern ggf. auch eine isolierte Bewertung der konkreten Aktualisierung erfolgen kann.[36] Solange die Dynamik als Produkteigenschaft antizipiert mitbewertet wird, sind auch dynamische Systeme grundsätzlich zertifizierbar. Voraussetzung ist je-

---

[30] Vgl. ausführlich hierzu Kap. 2, E., II., 1., b), bb).

[31] Vgl. ausführlich hierzu Kap. 2, E., II., 1., c).

[32] Vgl. ausführlich hierzu Kap. 2, E., II., 1., c).

[33] Vgl. ausführlich hierzu Kap. 2, E., II., 1., c).

[34] Vgl. für eine Darstellung des Ansatzes der FDA, Kap. 2, E., II., 1., c), bb).

[35] Vgl. ausführlich hierzu, Kap. 2, E., II., 1., c), cc).

[36] Vgl. ausführlich hierzu Kap. 2, E., II., 1., c), cc), (3).

doch, dass die Zuverlässigkeit, Sicherheit und Leistung der Systeme gewährleistet werden kann. Zwar ist dies auch für dynamische Systeme nicht gänzlich unmöglich, allerdings ermangelt es derzeit hinreichend konkreter Sicherheitsanforderungen, mithilfe derer die Sicherheit *trotz* Eigenschaften wie der Lernfähigkeit und Intransparenz gewährleistet werden kann.[37]

Der geltende Regelungsrahmen wird nunmehr durch die KI-Verordnung ergänzt, die verspricht, gerade diese Regelungslücken zu schließen. Ob die KI-Verordnung diesem Anspruch gerecht werden kann, wurde im Rahmen der Kap. 3 und 4 dieser Arbeit umfassend untersucht, deren Ergebnisse im Folgenden dargestellt werden sollen.

1. Die Eignung der KI-Verordnung, die in dem bestehenden Regelungsrahmen der MP-VO emergierenden Regelungslücken zu schließen, kann nicht bereits deshalb bezweifelt werden, weil die Sicherheits- und Transparenzanforderungen des Kap. III Abschnitt 2 KI-VO von vornherein auf Hochrisiko-KI-basierte Medizinprodukte und damit Hochrisiko-KI-Systeme beschränkt sind, die als Produkt oder Bestandteil eines Produktes i. S. d. Art. 1 Abs. 4 MP-VO in Risikoklasse IIa fallen.[38] Für alle übrigen KI-Systeme der Risikoklasse I, die zudem nicht in Anhang III KI-VO fallen, ist der geltende Regelungsrahmen noch ausreichend. Zudem ließe sich eine Anwendbarkeit des Kap. III Abschnitt 2 KI-VO für Systeme dieser Risikoklasse kaum noch mit dem Grundsatz der Verhältnismäßigkeit vereinbaren.[39]
2. Obgleich die Kommission den Begriff „System der künstlichen Intelligenz" in Art. 3 Nr. 1 KI-VO auf „eine" Software beschränken wollte, wurde der Begriff in Abweichung davon im weiteren Kommissionsentwurf auch teilweise deutlich weiter ausgelegt.[40] Begrüßenswerterweise führten sowohl der Rat als auch das Parlament die Legaldefinition übereinstimmend auf einen Systembegriff zurück.[41] Dementsprechend stellt nunmehr der Regelungstext in Art. 3 Nr. 1 KI-VO auf den Systembegriff ab. In Bezug auf die von dem Begriff erfassten Techniken und Verfahren besteht wegen der aufgezeigten Regelungslücken sowohl für wissensbasierte Systeme als auch maschinelle Lernsysteme eine Regelungsnotwendigkeit.[42] Daher ist es begrüßenswert, dass die KI-Verordnung

[37] Vgl. ausführlich hierzu Kap. 2, E., II., 1., c), dd).

[38] Vgl. dazu, dass die Sicherheitsanforderungen des Kap. III Abschnitt 2 KI-VO nur für Hochrisiko-KI-Systeme anwendbar sind, Kap. 3, B., II.; vgl. dafür, dass diese Beschränkung nicht zu Regelungslücken führt, weil der geltende Rechtsrahmen für Risikoklasse I hinreichend ist, Kap. 3, B., III.

[39] Vgl. ausführlich hierzu Kap. 3, B., III.

[40] Vgl. ausführlich hierzu Kap. 2, A., I., 1.

[41] Vgl. ausführlich hierzu Kap. 2, A., I., 4.

[42] Vgl. für eine ausführliche Darstellung der Kritik an der Weite der Legaldefinition für den Begriff des Systems der künstlichen Intelligenz im Kommissionsentwurf, Kap. 2, A., II., 1., d); vgl. für eine Untersuchung, inwieweit Regelunglücken für wissensbasierte Systeme im

weiterhin an der Regulierung von wissensbasierten Systemen festhält.[43] Begrüßenswert ist auch, dass nunmehr Erwägungsgrund 12 ausdrücklich betont, dass herkömmliche Software, die ausschließlich auf von natürlichen Personen definierten Regeln von Operationen beruhen, nicht vom Anwendungsbereich erfasst sind. Die Weite des Anhangs I lit. c) KI-VOE-KOM barg nämlich die Gefahr, dass auch herkömmliche Software vom Anwendungsbereich der KI-VO erfasst werden könnte.[44] Obwohl der Begriff der herkömmlichen Software teilweise mit wissensbasierten Systemen gleichgesetzt wurde, kann dem nicht gefolgt werden, denn im Unterschied zu wissensbasierten Systemen kann herkömmliche Software, wie beispielsweise Datenbanken, nicht automatisiert *menschliche Schlussfolgerungen* treffen, weil sie vielmehr von einem anwendungsbasierten Programmierstil geprägt ist.[45] Eine Notwendigkeit, die Gründe für eine Entscheidung offenzulegen, besteht nur dann, wenn eine menschliche Schlussfolgerung automatisiert wird.[46] Die im endgültigen Regelungstext gewählte Legaldefinition für den Begriff des KI-Systems in Art. 3 Nr. 1 KI-VO ist durch sieben Kriterien gekennzeichnet. Dabei kommt insbesondere dem Merkmal des Ableitens eine zentrale Bedeutung bei der Abgrenzung zwischen KI-Systemen und herkömmlicher Software zu.

3. Hinsichtlich der Beurteilung der Frage, ob die KI-Verordnung geeignet ist, die für solche Systeme bestehenden Regelungslücken zu schließen, muss maßgeblich zwischen Hochrisiko-KI-Systemen i. S. d. Anhangs I Teil A KI-VO und Hochrisiko-KI-Systemen i. S. d. Anhangs III KI-VO unterschieden werden, da für Systeme i. S. d. Anhangs I Teil A KI-VO gem. Art. 43 Abs. 3 UAbs. 1 S. 1 KI-VO eine Integration der Konformitätsbewertung in das Bewertungsverfahren des Harmonisierungsrechtsaktes i. S. d. Art. 52 MP-VO vorgesehen ist. Diese Integration ist zwar einerseits erforderlich, um eine doppelte Arbeitsbelastung zu vermeiden, setzt es jedoch andererseits immanent voraus, dass sowohl die formellen Anforderungen an das Konformitätsbewertungsverfahren als auch die materiellen Anforderungen des Anhangs I MP-VO und Kap. III Abschnitt 2 KI-VO inhaltlich kohärent sind.[47]

---

geltenden Regelungsrahmen bestehen, die eine Regelungsnotwendigkeit begründen, Kap. 2, D.; vgl. für die abschließende Stellungnahme dieser Arbeit, Kap. 3, B., I.

[43] Vgl. für die abschließende Stellungnahme dieser Arbeit, Kap. 3, B., I.

[44] Vgl. für die abschließende Stellungnahme dieser Arbeit, Kap. 3, B., I.

[45] Vgl. zu den technischen Unterschieden zwischen herkömmlicher Software und wissensbasierten Systemen, bereits Kap. 2, A., II., 1., a).

[46] Vgl. für eine ausführliche Darstellung der Kritik an der Weite der Legaldefinition für den Begriff des Systems der künstlichen Intelligenz im Kommissionsentwurf, Kap. 2, A., II., 1., d); vgl. für eine Untersuchung, inwieweit Regelunglücken für wissensbasierte Systeme in der MP-VO bestehen, die eine Regelungsnotwendigkeit begründen, Kap. 2, D.; vgl. für die abschließende Stellungnahme dieser Arbeit, Kap. 3, B., I.

[47] Vgl. ausführlich hierzu Kap. 3, C.

4. Diese Kohärenz lässt die KI-Verordnung jedenfalls nicht unberücksichtigt, was durch den statischen Verweis auf die Anforderungen des Harmonisierungsrechtsaktes, insbesondere in Bezug auf das Risikoklassifizierungssystem der MP-VO, als auch die formellen Anforderungen an das Bewertungsverfahren, als auch die materiellen Anforderungen zum Ausdruck kommt. Verweisungen sind nicht unzulässig, unterliegen jedoch den allgemeinen verfassungsrechtlichen Grenzen, die insbesondere aus dem Bestimmtheitsgrundsatz resultieren.[48]

5. Sofern die oben dargestellte Unbestimmtheit in Bezug auf die Qualifizierung als auch Risikoklassifizierung von KI-Systemen im Rahmen der MP-VO nicht behoben wird, schlägt sich diese durch den Verweis des Art. 6 Abs. 1 KI-VO auch auf die KI-Verordnung durch.[49]

6. Ferner hätte auch die vor allem im Zusammenhang mit dem Kommissionsentwurf in der Literatur als auch den öffentlichen Stellungnahmen befürchtete Inkohärenz der materiellen Sicherheitsanforderungen einen Verstoß gegen den Bestimmtheitsgrundsatz des Verweises des Art. 43 Abs. 3 UAbs. 1 S. 1 KI-VO zur Folge, weil für den Rechtsanwender wegen der mangelnden Eignung des Verweisungsobjektes die aus dem Verweis resultierende Rechtsfolge nicht mehr hinreichend zum Ausdruck käme.[50] Um die Kohärenz der Sicherheitsanforderungen des Anhangs I MP-VO und Kap. III Abschnitt 2 KI-VO zu wahren, sollte die Unterscheidung der MDCG-Leitlinien 2020-1 zwischen der analytischen Leistungsfähigkeit und der wissenschaftlichen Validität aufgegriffen werden.[51] In der MP-VO sollte durch einen „unechten" Verweis klargestellt werden, dass die in Anhang I Abschnitt 15.1 und Abschnitt 17.1 MP-VO vorgesehenen Anforderungen an die technische Sicherheit durch die Anforderungen des Kap. III Abschnitt 2 KI-VO konkretisiert werden. Sofern die Schwächen des Kap. III Abschnitt 2 KI-VO behoben werden, können die darin vorgesehenen Anforderungen an die Datenqualität, die Aufzeichnung der Prozesse und Vorgänge, die Herstellung der Transparenz, menschlichen Aufsicht als auch der Genauigkeit und Robustheit, gerade die identifizierten Regelungslücken in Bezug auf hinreichend konkrete Sicherheitsanforderungen, die die analytische Leistungsfähigkeit gewährleisten, schließen.[52] Im Unterschied dazu ergeben sich die Sicherheitsanforderungen, die den medizinischen Risiken des Gesamtproduktes bzw. der Software entgegentreten sollen aus Anhang I MP-VO. Insbesondere hinsichtlich der Sicherheitsanforderungen des Anhangs I MP-VO, die den medizinischen Risiken der Software entgegentreten, besteht jedoch ein weiterer Ergänzungsbedarf, weil Abschnitt 15.1 MP-VO die wissenschaftliche Validität

[48] Vgl. ausführlich hierzu Kap. 4, A.

[49] Vgl. ausführlich hierzu Kap. 4, B.

[50] Vgl. ausführlich hierzu Kap. 4, C., I., 1.

[51] Vgl. ausführlich hierzu Kap. 4, C., V.

[52] Vgl. zu einer eingehenden Untersuchung, inwieweit die Sicherheitsanforderungen des Kapitel III Abschnitt 2 KI-VO noch korrekturbedürftig sind, Kap. 4, C.

der Schlussfolgerungen bisher nur für Diagnoseprodukte voraussetzt. Diese Pflicht sollte gleichwohl auch auf andere KI-Systeme mit therapeutischer Zwecksetzung ausgeweitet werden, da auch hier gewährleistet werden muss, dass die Schlussfolgerungen der Systeme im Einklang mit dem Stand der Wissenschaft und damit dem medizinischen Standard sind.[53]

7. Der Etablierung eines gemeinsamen Konformitätsbewertungsverfahrens i. S. d. Art. 43 Abs. 3 UAbs. 1 S. 1 KI-VO für KI-basierte Medizinprodukte stünde es auch entgegen, wenn die formellen Anforderungen an das gemeinsame Bewertungsverfahren nicht kohärent wären.[54] Um die initiale, hinter der Integration des Bewertungsverfahrens stehende Intention nicht zu konterkarieren, muss dem gemeinsamen Konformitätsbewertungsverfahren i. S. d. Anhangs IX MP-VO ein *einheitlicher* Bewertungsgegenstand zugrunde gelegt werden.[55] Während die KI-Verordnung diesem Erfordernis in Art. 11 Abs. 2 KI-VO jedenfalls für eingebettete Hochrisiko-KI-Systeme i. S. d. Anhangs I Teil A KI-VO Rechnung trägt, ermangelt es einer entsprechenden Ausnahme des Art. 11 Abs. 2 KI-VO für eigenständige Hochrisiko-KI-Systeme, obgleich sich gerade für solche Systeme, die zugleich auch als Produkt i. S. d. Art. 1 Abs. 4 MP-VO zu qualifizieren sind, besonders viele Überschneidungen ergeben. Allerdings kann diese Schwäche durch einen Erst-Rechts-Schluss behoben werden.[56] Begrüßenswert ist, dass die KI-Verordnung – den Entwürfen des Rates und des Parlaments folgend – die Möglichkeit ergänzt, auch ein gemeinsames Qualitätsmanagementsystem zu errichten, dessen es dem Kommissionsentwurf bisher noch ermangelte.[57] Obgleich sich die Zuständigkeit für das Konformitätsbewertungsverfahren gem. Art. 43 Abs. 3 UAbs. 2 KI-VO nach dem Harmonisierungsrechtsakt richtet, sieht die KI-Verordnung vor, dass auch die interne Kompetenz zur Überprüfung des Kap. III Abschnitt 2 KI-VO im Notifizierungsverfahren gem. Art. 31 Abs. 10 und 11 KI-VO bestätigt werden muss.[58] Dadurch wird die Problematik der ohnehin bestehenden Überbelastung der benannten Stellen noch verschärft. Dennoch ist eine Abkehr von dem Erfordernis einer internen Kompetenz kein gangbarer Weg, weil dadurch das Vertrauen in die CE-Kennzeichnung erschüttert würde.[59] In Bezug auf die EU-Konformitätserklärung ist es begrüßenswert, dass Art. 47 Abs. 3 KI-VO eine dem Art. 19 Abs. 2 MP-VO entsprechende Möglichkeit vorsehen, eine einheitliche Konformitätserklärung

[53] Vgl. ausführlich hierzu Kap. 4, C., V.

[54] Vgl. ausführlich hierzu Kap. 4, D.

[55] Vgl. ausführlich hierzu Kap. 4, D., I., 1.

[56] Vgl. ausführlich hierzu Kap. 4, D., I., 2.

[57] Vgl. ausführlich hierzu Kap. 4, D., I., 3.

[58] Vgl. ausführlich hierzu Kap. 4, D., III.

[59] Vgl. dafür, dass die interne Kompetenz zwingend erforderlich ist, um das Vertrauen in die CE-Kennzeichnung nicht zu erschüttern, Kap. 4, D., III., 3., c); vgl. zu der „Nadelöhr-Problematik“, Kap. 4, D., III., 5.

zu erstellen, um so eine doppelte Arbeitsbelastung zu verhindern.[60] Ebenso ist auch die Anbringung einer einzigen CE-Kennzeichnung gem. Art. 48 Abs. 5 KI-VO und Art. 20 Abs. 6 MP-VO begrüßenswert. Derzeit liefe diese Möglichkeit gleichwohl ins Leere, weil die Verordnungen hinsichtlich des Ortes, an dem die Kennzeichnung angebracht werden muss, nicht vollständig kohärent sind. Um einen geeigneten und kohärenten Regelungsrahmen für die CE-Kennzeichnung zu schaffen, sollte die Entscheidung, wo die einheitliche CE-Kennzeichnung anzubringen ist, auf die MP-VO verlagert werden, weil nur so gewährleistet werden kann, dass die Kennzeichnung dort aufgebracht wird, wo ein Produkt in den Unionsmarkt in den Verkehr gebracht wird und daher die Zwecksetzung, dass die CE-Kennzeichnung als Reisepass für Produkte dienen soll, erfüllt werden kann.[61]

8. In aller Regel werden KI-basierte Medizinprodukte bereits als Hochrisiko-KI-System i. S. d. Anhangs I Teil A KI-VO zu qualifizieren sein. Die Anwendbarkeit des Anhangs III KI-VO kommt von vornherein nur dann in Betracht, wenn das KI-System in Risikoklasse I fällt.[62] Selbst bezüglich solcher Systeme wird Anhang III KI-VO kaum ein praktischer Anwendungsbereich zukommen, weil in aller Regel keine der dort vorgesehenen Zweckbestimmungen einschlägig ist, ohne dass das System bereits in Risikoklasse IIa einzuordnen ist.[63] Für den marginalen Anwendungsbereich dem Anhang III KI-VO im Medizinproduktesektor noch zukommen wird, wird sich das Konformitätsbewertungsverfahren nach Art. 43 Abs. 1 oder Abs. 2 KI-VO richten.

Sofern die aufgezeigten Schwachstellen noch korrigiert werden, kann dadurch das intendierte synergetische Zusammenspiel der KI-Verordnung und der MP-VO erreicht werden, das für den dynamischen Fluss an verschiedensten Technologien, die unter den Begriff des Systems der künstlichen Intelligenz fallen und fallen werden, hinreichend zukunftssichere Ufer setzt. Damit wird nicht nur die Zukunftssicherheit der gesetzlichen Regelungen, sondern auch die Gültigkeit der Konformitätsbewertung gewährleistet, trotz des Umstandes, dass bei der Regulierung von KI-Systemen, „alles fließt" und selbst der Bewertungsgegenstand als solches von einer dynamischen Weiterentwicklung gekennzeichnet ist.

---

[60] Vgl. ausführlich hierzu Kap. 4, D., IV.

[61] Vgl. ausführlich hierzu Kap. 4, D., IV., 2.

[62] Vgl. ausführlich hierzu Kap. 3, B., II., 1.

[63] Vgl. ausführlich hierzu Kap. 3, B., II., 1.

# Literaturverzeichnis

Alle Internetseiten wurden zuletzt am 4. 1. 2026 abgerufen.

*Abts*, Dietmar/*Mülder*, Wilhelm, Grundkurs Wirtschaftsinformatik – Eine kompakte und praxisorientierte Einführung, 9. Auflage, Wiesbaden 2017 (zitiert: *Abts/Mülder*, Grundkurs Wirtschaftsinformatik).

*Achterfeld*, Claudia, Aufgabenverteilung im Gesundheitswesen – Rechtliche Rahmenbedingungen der Delegation ärztlicher Leistungen, Heidelberg/Berlin 2014 (zugl. Diss. Köln 2013/2014) (zitiert: *Achterfeld*, Aufgabenverteilung im Gesundheitswesen).

*Adadi*, Amina/*Berrada*, Mohammed, Peeking inside the black-box: a survey on explainable artificial intelligence (XAI), IEEE Access 2018, 52138–52160.

*Adler*, Rasmus/*Becker*, Nikolas/*Borges*, Georg/*Hauer*, Marc et al., Gesellschaft für Informatik e. V. (Hrsg.), Abschlussbericht ExamAI – KI Testing und Auditing – Herausforderungen, Lösungsansätze und Handlungsempfehlungen für das Testen, Auditieren und Zertifizieren von KI, abrufbar unter: https://gi.de/fileadmin/PR/Testing-AI/Abschlussbericht_ExamAI_-_KI_Testing_und_Auditing.pdf (zitiert: *Adler et al.*, Gesellschaft für Informatik e. V., Abschlussbericht ExamAI – KI Testing und Auditing).

*Alpaydin*, Ethem, Maschinelles Lernen, 2. Auflage, Berlin Boston 2019, (zitiert: *Alpaydin*, Maschinelles Lernen).

*Altenkrüger*, Doris/*Büttner*, Winfried, Wissensbasierte Systeme – Architektur, Entwicklung, Echtzeitanwendungen – Eine praxisgerechte Einführung, Wiesbaden 1992 (zitiert: *Altenkrüger/Büttner*, Wissensbasierte Systeme).

*Ammar*, Mahmoud/*Russello*, Giovanni/*Crspo*, Bruno, Internet of Things: A survey on the security of IoT frameworks, Journal of Information Security and Applications 2018, S. 8–27.

*Anhalt*, Ehrhard/*Dieners*, Peters (Hrsg.), Medizinprodukterecht, 2. Auflage, München 2017 (zitiert als: *Bearbeiter*, in: Anhalt/Dieners).

*Arndt*, Gottfried, Die dynamische Rechtsnormverweisung in verfassungsrechtlicher Sicht – BVerfGE 47, 285, JuS 1979, 784–789.

*Auer-Reinsdorff*, Astrid/*Conrad*, Isabell, Handbuch – IT- und Datenschutzrecht, 3. Auflage, München 2019, (zitiert: *Bearbeiter*, in: Auer-Reinsdorff/Conrad).

*Azeredo*, Thereza Raquel Machado/*Guedes*, Helisamara Mota/*Rebelo de Almeida*, Ricardo Alexandre/*Chianca*, Tânia Couto Machado/*Martins*, José Carlos Amado, Efficacy of the Manchester Triage System: a systematic review, International Emergency Nursing 2015, S. 47–50.

*Beck*, Susanne et al., Künstliche Intelligenz und Diskriminierung – Herausforderung und Lösungsansätze, abrufbar unter: https://www.plattform-lernende-systeme.de/files/Downloads/

Publikationen/AG3_Whitepaper_250619.pdf (zitiert: *Beck et al.*, Künstliche Intelligenz und Diskriminierung).

*Becker*, Ulrich/*Hatje*, Armin/*Schoo*, Johann/*Schwarze*, Jürgen (Hrsg.), EU-Kommentar, 4. Auflage, München 2019 (zitiert: *Bearbeiter*, in: Becker/Hatjen/Schoo/Schwarze).

*Becker*, Ulrich/*Kingreen*, Thorsten (Hrsg.), SGB V – Gesetzliche Krankenversicherung – Kommentar, 8. Auflage, München 2022 (zitiert: *Bearbeiter*, in: Becker/Kingreen).

*Beckmann*, Matthias W./*Jud*, Sebastian M., Standards, Leitlinien, Richtlinien – und das tägliche medizinische Handeln, Frauenheilkunde 2009, 243–247.

*Beierle*, Christoph/*Kern-Isberner*, Gabriele, Methoden wissensbasierte Systeme – Grundlagen, Algorithmen, Anwendungen, 6. Auflage, Wiesbaden 2019 (zitiert: *Beierle/Kern-Isberner*, Methoden Wissensbasierte Systeme).

*Bergemann*, Karl Otto/*Pauge*, Burkhard/*Steinmeyer*, Heinz-Dietrich (Hrsg.), Nomos Kommentar – Gesamtes Medizinrecht, 4. Auflage, Baden-Baden 2023 (zitiert: *Bearbeiter*, in: Bergemann/Pauge/Steinmeyer).

*Berns*, Karsten/*Schürmann*, Bernd/*Trapp*, Mario, Eingebettete Systeme – Systemgrundlagen und Entwicklung eingebetteter Software, Braunschweig 2010 (zitiert: *Berns/Schürmann/Trapp*, Eingebettete Systeme).

*Bertuzzi*, Luca, KI-Gesetz: Parlament einigt sich auf OECD Definition, 8. März 2023, abrufbar unter: https://www.euractiv.de/section/digitale-agenda/news/ki-gesetz-parlament-einigt-sich-auf-oecd-definition/ (zitiert: *Bertuzzi*, KI-Gesetz: Parlament einigt sich auf OECD-Definition).

*BITKOM*, Eingebettete Systeme – Ein strategisches Wachstumsfeld für Deutschland – Anwendungsbeispiele, Zahlen und Trends, 2010, abrufbar unter: https://www.bitkom.org/sites/main/files/file/import/EingebetteteSysteme-web.pdf (zitiert: *Bitkom*, eingebettete Systeme – Ein strategisches Wachstumsfeld für Deutschland).

*Boden*, Margaret, The Philosophy of Artificial Life, 1996 (zitiert: *Boden*, The Philosophy of Artificial Life).

*Bomhard*, David/*Etzkorn*, Philipp, Impulse zum Entwurf der KI-Verordnung, ZdiW 2022, 159–162.

*Bomhard*, David/*Merkle*, Marieke, Der Entwurf eines EU Data Acts – Neue Spielregeln für die Data Economy, RDi 2022, 168–176.

*Bomhard*, David/*Merkle*, Marieke, Europäische KI-Verordnung – Der aktuelle Kommissionsentwurf und praktische Auswirkungen, RDi 2021, 276–283.

*Bomhard*, David/*Pieper*, Fritz-Ulli/*Wende*, Susanne, KI-VO – Verordnung über künstliche Intelligenz, 1. Auflage, Frankfurt am Main 2025 (zitiert: *Bearbeiter*, in: Bomhard/Pieper/Wende).

*Bomhard*, David/*Siglmüller*, Jonas, AI Act – das Trilogergebnis, RDi 2024, 45.

*Bosch*, Nathan/*Bosch*, Jan, Software Logging for Machine Learning, arXiv peprint 2020.

*Breuer*, Rüdiger/*Kloepfer*, Michael/*Marburger*, Peter/*Schröder*, Meinhard (Hrsg.), Jahrbuch des Umwelt- und Technikrechts – 1994 (zitiert: *Bearbeiter*, in: Jahrbuch des Umwelt- und Technikrechts 1994).

*Breulmann*, Günter, Normung und Rechtsangleichung in der Europäischen Wirtschaftsgemeinschaft, Berlin 1993 (zugl. Diss. Münster (Westphalen) 1992/1993) (zitiert: *Breulmann*, Normung und Rechtsangleichung).

*Brian*, Or/*Cotton*, Courtenay, Explanation and Justification in Machine Learning: A Survey, IJCAI-17 workshop on explainable AI (XAI) 2017, 8–13.

*Bruha*, Thomas, Rechtsangleichung in der Europäischen Wirtschaftsgemeinschaft: Deregulierung durch „Neue Strategie"?, ZaöRV 1986, 1–33.

*Buchanan*, Bruce G./*Shortliffe*, Edward H., Rule-Based Expert Systems: The MYCIN Experiments of the Stanford Heuristic Programming Project, 1984 (zitiert: *Buchanan/Shortliffe*, Rule-Based Expert Systems).

*Bundesregierung*, Stellungnahme der Bundesregierung der Bundesrepublik Deutschland zum Weißbuch zur Künstlichen Intelligenz – ein europäisches Konzept für Exzellenz und Vertrauen COM (2020) 65 final, abrufbar unter: https://www.bmi.bund.de/SharedDocs/downloads/DE/veroeffentlichungen/2020/stellungnahme-breg-weissbuch-ki.pdf;jsessionid=C257F688C573326BF1B98E487B0BEB2C.1_cid364?__blob=publicationFile&v=2 (zitiert: *Bundesregierung*, Stellungnahme zum Weißbuch zur Künstlichen Intelligenz).

*Buxmann*, Peter/*Schmidt*, Holger, Künstliche Intelligenz – Mit Algorithmen zum wirtschaftlichen Erfolg, Heidelberg/Berlin 2019 (zitiert: *Buxmann/Schmidt*, Künstliche Intelligenz).

*BVMed*, BVMed-Positionen zum Entwurf des „Artificial Intelligence Act" (AIA), abrufbar unter: https://www.bvmed.de/de/bvmed/presse/pressemeldungen/bvmed-stellungnahme-zum-artificial-intelligence-act-aia-der-eu-kommission-ueberregulierung-vermeiden-datenzugang-ermoeglichen (zitiert: *BVMed*, Positionen zum Entwurf des AI-Act).

*Calliess*, Christian/*Ruffert*, Matthias (Hrsg.), EUV/AEUV – Das Verfassungsrecht der Europäischen Union mit Europäischer Grundrechtecharta – Kommentar, 6. Auflage, München 2022 (zitiert: *Bearbeiter*, in: Calliess/Ruffert).

*Cândido*, Jeanderson/*Aniche*, Maurício/*van Deursen*, Arie, Log-based software monitoring: a systematic mapping study, PeerJ Computer Science 2021, 1–38.

*Canfalonieri*, Roberto/*Coba*, Ludovik/*Wagner*, Benedikt/*Besold*, Tarek R., A historical perspective of explainable Artificial Intelligence, Wiley Interdisciplinary Reviews: Data Mining and Knowledge 2021, e1391.

*Caspari*, Maren Jara/*Marks*, Hanna, Neues aus Brüssel, PharmR 2021, 385–387.

*CEN/CENELEC*, Geschäftsordnung Teil 1 – Organisation und Aufbau, Dezember 2022, abrufbar unter: https://boss.cen.eu/media/BOSS%20CENELEC/ref/ir1_d.pdf (zitiert: CEN/CENELEC, Geschäftsordnung Teil 1).

*CEN/CENELEC*, Geschäftsordnung Teil 2 – Gemeinsame Regeln für die Normungsarbeit, 2022, abrufbar unter: https://boss.cen.eu/media/BOSS%20CEN/ref/ir2_d.pdf (zitiert: CEN/CENELEC, Geschäftsordnung Teil 2).

*Chen*, Boyuan/*Jiang*, Zhen Ming, A Survey of Software Log Instrumentation, ACM Computing Surveys 2021, 1–34.

*Chen*, Po-Hsuan/*Liu*, Yun/*Peng*, Lily, How to develop machine learning models for healthcare, Nature Materials 2019, 410–414.

*Chen*, Richard J./*Lu*, Ming Y./*Chen*, Tiffany Y./*Williamson*, Drew F. K./*Mahmood*, Faisal, Synthetic data in machine learning for medicine and healthcare, Nature Biomedical Engineering 2021, 493–497.

*Chen*, Zhuangbin/*Liu*, Jinyang/*Su*, Yuxin/*Zhu*, Jieming/*Yang*, Yongqiang/*Lyu*, Michael R., Experience Report: Deep Learning-based System Log Analysis for Anomaly Detection, arXiv preprint arXiv:2017.05908.

*Chibanguza*, Kuuya/*Kuß*, Christian/*Steege*, Hans (Hrsg), Künstliche Intelligenz – Recht und Praxis automatisierter und autonomer Systeme, 1. Auflage, Baden-Baden 2022 (*Bearbeiter*, in: Chibanguza/Kuß/Steege).

*Christ*, Michael/*Grossmann*, Florian/*Winter*, Daniela/*Bingisser*, Roland/*Platz*, Elke, Triage in der Notaufnahme – Moderne, evidenzbasierte Ersteinschätzung der Behandlungsdringlichkeit, Deutsches Ärzteblatt 2010, S. 892–898.

*Clancey*, William, The Epistemology of a Rule-Based Expert System – a Framework for Explanation, Artificial Intelligence 1983, 215–251.

*Clausen*, Tilman/*Schroeder-Printzen*, Jörn (Hrsg.), Münchener Anwaltshandbuch Medizinrecht, 3. Auflage, München 2020 (zitiert: *Bearbeiter*, in: Clausen/Schroeder-Printzen).

*Clemens*, Thomas, Die Verweisung von einer Rechtsnorm auf andere Vorschriften – insbesondere ihre Verfassungsmäßigkeit, AöR 1986, 64–127.

*COCIR*, Artificial Intelligence in EU Medical Device Legislation, Mai 2020, abrufbar unter: https://www.cocir.org/fileadmin/Publications_2021/COCIR_Analysis_on_AI_in_medical_Device_Legislation_-_May_2021.pdf (zitiert: *COCIR*, Artificial Intelligence in EU Medical Device Legislation).

*COCIR*, Feedback – Commission proposal for a European Artificial Intelligence Act, 1. Juli 2021, abrufbar unter: https://www.cocir.org/fileadmin/Position_Papers_2021/COCIR_Feedback_AI_Regulation_-_1_July_2021.pdf (zitiert: *COCIR*, Feedback AI-Act).

*Colonna*, Liane/*Greenstein*, Stanley (Hrsg.), Nordic Yearbook of Law and Informativs 2020: Law in Era of Artificial Intelligence (zitiert: *Bearbeiter*, in: Nordic Yearbook of Law and Informatics 2020).

*Dabkowski*, Piotr/*Gal*, Yarin, Real Time Image Saliency for Black Box Classifiers. arXiv preprint arXiv:1705.07857, 2017.

*Danks*, David/*London*, Alex John, Algorithmic Bias in Autonomous Systems, Proceedings of the 26th International Joint Conference on Artificial Intelligence 2017, 4691–4697.

*Dauses*, Manfred (Begr.)/*Ludwigs*, Markus (Hrsg.), Handbuch des Europäischen Wirtschaftsrechts, Band 1, 58. EL, Stand April 2023 (zitiert: *Bearbeiter*, in: Dauses/Ludwigs).

*David*, Jean-Marc/*Krivine*, Jean-Paul/*Simmons*, Reid, Second Generation Expert Systems, Heidelberg/Berlin 1993 (zitiert: *Bearbeiter*, in: David/Krivine/Simmons).

*Debus*, Alfred G., Verweisungen in deutschen Rechtsnormen, Berlin 2008 (zugl. Diss. Gießen 2007) (zitiert: *Debus*, Verweisungen in deutschen Rechtsnormen).

*DEK*, Gutachten der Datenethikkommission, abrufbar unter: https://www.bmi.bund.de/SharedDocs/downloads/DE/publikationen/themen/it-digitalpolitik/gutachten-datenethikkommission.pdf?__blob=publicationFile&v=6 (zitiert: *DEK*, Gutachten zur Künstlichen Intelligenz).

*Denga*, Michael, Konformitätsbewertung von KI-Systemen, ZfPC 2023, 154–159.

*Dettling*, Heinz-Uwe, Künstliche Intelligenz und digitale Unterstützung ärztlicher Entscheidungen in Diagnostik und Therapie – Arzt-, arzneimittel- und medizinprodukterechtliche Aspekte, PharmR 2019, 633–642.

*Deutsch*, Erwin/*Spickhoff*, Andreas, Medizinrecht – Arztrecht, Arzneimittelrecht, Medizinprodukterecht und Transfusionsrecht, 7. Auflage, Berlin 2014 (zitiert: *Spickhoff/Deutsch*, Medizinrecht).

*DGN*, Leitlinien für Diagnose und Therapie – Erster epileptischer Anfall und Epilepsien im Erwachsenenalter, abrufbar unter: https://dnvp9c1uo2095.cloudfront.net/cms-content/030041_LL_Epilepsie_2023_1694505784226.pdf (zitiert: *DGN*, Erster epileptischer Anfall und Epilepsien im Erwachsenenalter).

*Diederichsen*, Uwe (Hrsg.), Das missglückte Gesetz: 8. Symposion der Kommission „Die Funktion des Gesetzes in Geschichte und Gegenwart“, Göttingen 1997 (zitiert: *Bearbeiter*, in: Diederichsen, Das missglückte Gesetz).

*Dietel*, Moritz/*Lewalter*, Ivo, mHealth-Anwendungen als Medizinprodukte – Vereinbarkeit mit dem HWG und Ausblick auf die neue EU-Medizinprodukteverordnung, PharmR 2017, 53–57.

*DIN/DKE*, Deutsche Normungsroadmap Künstliche Intelligenz Version 2, abrufbar unter: https://www.din.de/resource/blob/916792/20bf33d405710a703aa26f81362493bb/nrm-ki-deutsch-2022-final-web-250-data.pdf (zitiert: *DIN/DKE*, Deutsche Normungsroadmap Künstliche Intelligenz, Version 2).

*DIN/DKE*, Deutsche Normungsroadmap Künstliche Intelligenz Version 1, abrufbar unter: https://www.din.de/resource/blob/772438/6b5ac6680543eff9fe372603514be3e6/normungsroadmap-ki-data.pdf (zitiert: *DIN/DKE*, Deutsche Normungsroadmap Künstliche Intelligenz Version 1).

*Dingemann*, Kathrin/*Kottmann*, Matthias, Rechtsgutachten zum europäischen System der harmonisierten Normen erstellt im Auftrag des Bundesministeriums für Wirtschaft und Energie (BMWi), August 2020 Berlin, abrufbar unter: https://www.bmwk.de/Redaktion/DE/Downloads/P-R/rechtsgutachten-europaeisches-system-harmonisierter-normen.pdf?__blob=publicationFile&v=4 (zitiert: *Dingemann/Kottmann*, Rechtsgutachten zum europäischen System der harmonisierten Normen).

*Doshi-Valez*, Finale/*Kim*, Been, Towards A Rigorous Science of Interpretable Machine Learning, arXiv preprint:1702.08608, 2017.

*Dreier*, Horst/*Brosius-Gersdorf*, Frauke (Hrsg.), Grundgesetz-Kommentar, Band 2, 3. Auflage, München 2015 (zitiert: *Bearbeiter*, in: Dreier, GG).

*Du*, Mengnan/*Liu*, Ninghao/*Hu*, Xia, Techniques for Interpretable Machine Learning, Coummunications of the ACM 2020, 68–77.

*Du*, Min/*Li*, Feifei/*Zheng*, Guineng/*Srikumar*, Vivek, DeepLog: Anomaly Detection and Diagnosis from System Logs through Deep Learning, ACM 2017, 1285–1298.

*Ebers*, Martin, Standardisierung Künstlicher Intelligenz und KI-Verordnungsvorschlag, RDi 2021, 588–597.

*Ebers*, Martin/*Heinze*, Christian A./*Krügel*, Tina/*Steinrötter*, Björn (Hrsg.), Künstliche Intelligenz und Robotik, 1. Auflage, München 2020 (zitiert: *Bearbeiter*, in: Ebers/Heinze/Krügel/Steinrötter).

*Ebers*, Martin/*Hoch*, Veronica/*Rosenkranz*, Frank/*Ruschemeier*, Hannah/*Steinrötter*, Björn, Der Entwurf für eine EU-KI-Verordnung: Richtige Richtung mit Optimierungsbedarf – Eine kritische Bewertung durch Mitglieder der Robotics & AI Law Society (RAILS), RDi 2021, 528–537.

*Ebert*, Andreas/*Spiecker gen. Döhmann*, Indra, Der Kommissionsentwurf für eine KI-Verordnung der EU – Die EU als Trendsetter weltweiter KI-Regulierung, NVwZ 2021, 1188–1193.

*EDSA/EDSB*, Gemeinsame Stellungnahme 5/2021 – zum Vorschlag für eine Verordnung des Europäischen Parlaments und des Rates zur Festlegung harmonisierter Vorschriften für künstliche Intelligenz (Gesetz über künstliche Intelligenz) und zur Änderung bestimmter Rechtsakte der Union, 18. Juni 2021, abrufbar unter: https://edpb.europa.eu/system/files/2021-10/edpb-edps_joint_opinion_ai_regulation_de.pdf (zitiert: *EDSA/EDSB*, Gemeinsame Stellungnahme zum Gesetz über künstliche Intelligenz).

*Ehricke*, Ulrich, Dynamische Verweise in EG-Richtlinien auf Regelungen privater Normungsgremien, EuZW 2002, 746–753.

*Ehring*, Philipp/*Taeger*, Jürgen (Hrsg.), Produkthaftungs- und Produktsicherheitsrecht, Nomos Kommentar – Produkthaftungs- und Produktsicherheitsrecht, 1. Auflage, Baden-Baden 2022 (zitiert: *Bearbeiter*, in: Ehring/Taeger).

*Eichelberger*, Jan, Arzthaftung beim Einsatz von KI und Robotik, ZfPC 2023, 209–214.

*Eickbusch*, Julia, Die Zweckbestimmung von Medizinprodukten, MPR 2021, 52–59.

*Engelmann*, Christoph/*Brunotte*, Nico/*Lütkens*, Hanna, Regulierung von Legal Tech durch die KI-Verordnung, RDi 2021, 317–323.

*Engisch*, Karl, Einführung in das juristische Denken, 10. Auflage, Stuttgart 2005 (zitiert: *Engisch*, Einführung in das juristische Denken).

*Ernsthaler*, Jürgen/*Stübbe*, Kai/*Bock*, Leonie, Zertifizierung und Akkreditierung technischer Produkte, Heidelberg 2007 (zitiert: *Ernsthaler/Stübbe/Bock*, Zertifizierung Akkreditierung).

*Ertel*, Wolfgang, Grundkurs Künstliche Intelligenz – Eine Praxisorientierte Einführung, 5. Auflage, Wiesbaden 2021 (zitiert: *Ertel*, Grundkurs Künstliche Intelligenz).

*Europäische Kommission*, Arbeitsunterlage der Kommissionsdienststellen – Leitfaden zur europäischen Normung als Unterstützung für legislative und politische Maßnahmen der Union Teil I – Rolle der Normungsaufträge, die die Kommission an die europäischen Normungsorganisationen richtet, SWD (2015) 205 final, Part 1–3 (zitiert: *Europäische Kommission*, Leitfaden zur europäischen Normung, SWD (2015) 205 final).

*Europäische Kommission*, Bekanntmachung der Kommission – Leitfaden für die Umsetzung der Produktvorschriften der EU 2022 („Blue Guide"), ABl. 2017/L247, S. 1 ff. (zitiert: *Europäische Kommission*, Blue Guide, ABl. 2017/L247).

*Europäische Kommission*, Bericht der Kommission an das Europäische Parlament, den Rat und den Europäischen Wirtschafts- und Sozialausschuss – Bericht über die Auswirkungen künstlicher Intelligenz, des Internets der Dinge und der Robotik in Bezug auf Sicherheit und Haftung, COM 2020, 64 final (zitiert: *Europäische Kommission*, Bericht zum Weißbuch, COM 2020, 65 final).

*Europäische Kommission*, Europäische Normen für Medizinprodukte – Fragen und Antworten, abrufbar unter: https://health.ec.europa.eu/system/files/2021-10/md_q-a_emdn_de_0.pdf (zitiert: *Europäische Kommission*, EMDN – Fragen und Antworten).

*Europäische Kommission*, Mitteilung der Kommission – Leitlinien der Kommission zur Definition eines Systems der künstlichen Intelligenz gemäß der Verordnung (EU) 2024/1689 (KI-Verordnung), COM (2025), 5053 final (zitiert: *Europäische Kommission*, Leitlinien zur Definition eines Systems der künstlichen Intelligenz).

*Europäische Kommission*, Mitteilung der Kommission – Künstliche Intelligenz für Europa, COM 2018, 237 final (zitiert: *Europäische Kommission*, KI-Strategie, COM 2018, 237 final).

*Europäische Kommission*, Mitteilung der Kommission an das Europäische Parlament, den Europäischen Rat, den Rat, den Europäischen Wirtschafts- und Sozialausschuss und den Ausschuss der Regionen – Koordinierter Plan für künstliche Intelligenz, COM 2018, 795 final (zitiert: *Europäische Kommission*, Koordinierter Plan für künstliche Intelligenz, COM 2018, 795 final).

*Europäische Kommission*, Regulation of the European Parliament and of the Council, amending Regulations (EU) 2017/745 and (EU) 2017/746 as regards simplifying and reducing the burden of the rules on medical devices and in vitro diagnostic medical devices, and amending Regulation (EU) 2022/123 as regards the support of the European Medicines Agency for the expert panels on medical devices and Regulation (EU) 2024/1689 as regards the list of Union harmonisation legislation referred to in its Annex I, COM 2025, 1023 final.

*Europäische Kommission*, Vorschlag für eine Verordnung des Europäischen Parlaments und des Rates zur Festlegung harmonisierter Vorschriften für Künstliche Intelligenz (Gesetz über künstliche Intelligenz) und zur Änderung bestimmter Rechtsakte der Union, COM 2021, 206 final (zitiert: COM 2021, 206 final).

*Europäische Kommission*, Weissbuch – Zur Künstlichen Intelligenz – ein europäisches Konzept für Exzellenz und Vertrauen, COM 2020, 65 final, (zitiert: *Europäische Kommission*, Weißbuch zur Künstlichen Intelligenz, COM 2020, 65 final).

*Europäisches Parlament*, Amendments adopted by the European Parliament on 14 June 2023 on the proposal for a regulation of the European Parliament and of the Council on laying down harmonised rules on artificial intelligence (Artificial Intelligence Act) and amending certain Union legislative acts, P9_TA(2023)0236 (zitiert: *Europäisches Parlament*, Amendments adopted by the European Parliament on 14 June 2023 on the proposal for a regulation on Artificial Intelligence Act, P9_TA(2023)0236).

*Europäisches Parlament*, Zivilrechtliche Regelungen im Bereich Robotik Entschließung des Europäischen Parlaments vom 16. Februar 2017 mit Empfehlungen an die Kommission zu zivilrechtlichen Regelungen im Bereich Robotik (2015/2103(INL)), P8_TA(2017)0051 (zitiert: *Europäisches Parlament*, Zivilrechtliche Regelungen im Bereich Robotik (2015/2103(INL)), P8_TA(2017)0051).

*Farooq*, M. U./*Waseem*, Muhammad/*Mazhar*, Sadia/*Khairi*, Anjum/*Kamal*, Talha, A Review on Internet of Things (IoT), International Journal of Computer Applications 2015, 1–7.

*Fatima*, Kasloom/*Nawaz*, Sumbai/*Mehrban*, Sobia, Biometric Authentication in Health Care Sector: A Survey, International Conference on Computing (ICIC) 2019, 1–10.

*FDA*, Case for Quality, 29 Juli 2020, abrufbar unter: https://www.fda.gov/medical-devices/quality-and-compliance-medical-devices/case-quality (zitiert: *FDA*, Case for Quality).

*FDA*, Deciding When to Submit a 510(k) for a Software Change to an Existing Device, 25. Oktober 2017, abrufbar unter: https://www.fda.gov/media/99785/download (zitiert: *FDA*, Deciding When to Submit a 510(k) for a Software Change to an Existing Device).

*FDA*, Executive Summary for the Patient Engagement Advisory Committee Meeting – Artificial Intelligence (AI) and Machine Learning (ML) in Medical Devices, 22. Oktober 2022, abrufbar unter: https://www.fda.gov/media/142998/download (zitiert: *FDA*, AI/ML in Medical Devices).

*FDA*, Proposed Regulatory Framework for Modifications to Artificial Intelligence/Machine Learning (AI/ML)-Based Software as a Medical Device (SaMD) – Discussion Paper and Request for Feedback, abrufbar unter: https://www.fda.gov/files/medical%20devices/published/US-FDA-Artificial-Intelligence-and-Machine-Learning-Discussion-Paper.pdf (zitiert: *FDA*, Proposed Framework for Modifications to AI/ML).

*FDA*, Technical Considerations for Medical Devices with Physiologic Closed-Loop Control Technology – Guidance for Industry and Food and Drug Administration Staff, 29. September 2023, abrufbar unter: https://www.fda.gov/media/154994/download (zitiert: *FDA*, Technical Considerations for Medical Devices with Physiologic Closed-Loop Control Technology).

*FDA*, The Software Precertification (Pre-Cert) Pilot Program: Tailored Total Product Lifecycle Approaches and Key Findings, abrufbar unter: https://www.fda.gov/media/161815/download (zitiert: *FDA*, The Software Precertification (Pre-Cert).

*Frank*, Justus/*Heine*, Maurice, KI-Einsatz im Betrieb unter der KI-Verordnung, NZA 2023, 1281–1284.

*Freitas*, Alex A., Comprehensible Classification Models: a position paper, ACM SIGKDD Explorations Newsletter 2013, 1–10.

*Friedewald*, Michael/*Roßnagel*, Alexander/*Heesen*, Jessica/*Krämer*, Nicole/*Lamla*, Jörg (Hrsg.), Künstliche Intelligenz, Demokratie und Privatheit, Baden-Baden 2022 (zitiert: *Bearbeiter*, in: Friedewald/Roßnagel/Heesen/Krämer/Lamla).

*Frost*, Yannick, Künstliche Intelligenz in Medizinprodukten und damit verbundene medizinprodukte- und datenschutzrechtliche Herausforderungen, MPR 2019, 117–125.

*Fuderer*, Markus, Doppelte Konformitätsbewertung bei KI-basierten Medizinprodukten, MPR 2022, 121–125.

*Gama*, João/*Žliobaitė*, Indrė/*Bifet*, Albert/*Pechenizkiy*, Mykola, A Survey on Concept Drift Adaption, ACM Computing Surveys 2014, 1–37.

*Gassner*, Ulrich M., Intelligente Medizinprodukte – Regulierungsperspektiven und Zertifizierungspraxis, MPR 2021, 42–52.

*Gassner*, Ulrich M., MedTech meets M-Health, MPR 2015, 73–82.

*Gassner*, Ulrich M., Menschliche Aufsicht über intelligente Medizinprodukte, MPR 2023, 5–11.

*Gassner*, Ulrich M., Software als Medizinprodukt – zwischen Regulierung und Selbstregulierung, MPR 2016, 109–115.

*Gassner*, Ulrich M./*Juknat*, Ulrich, Regulatory Approaches to AI in Medical Practice, EPLR 2019, 176–183.

*Gassner*, Ulrich M./*Lempp*, Hans-Volkhard/*Maleika*, Elwira, Systeme und Behandlungseinheiten – Auslegungsfragen und Umsetzungsprobleme, MPR 2022, 126–134.

*Gassner*, Ulrich M./*Modi*, Julian N., Anmerkung zum Urteil des EuGH vom 7.12.2017, Az. C-329/16, EuZW 2018, 169.

*Gassner*, Ulrich M./*Schreiegg*, Tobias, Klinische Bewertung und Leistungsbewertung von Medizinprodukte-Software – normative Integration und globale Konvergenz, MPR 2020, 104–108.

*Gauger*, Dörte, Produktsicherheit und staatliche Verantwortung – Das normative Leitbild des Produktsicherheitsgesetzes, Berlin 2015 (zugl. Diss. Thübingen 2014) (zitiert: *Gauger*, Produktsicherheit und staatliche Verantwortung).

*Gehring*, Hermann/*Gabriel*, Roland, Wirtschaftsinformatik, Wiesbaden 2022 (zitiert: *Gehring/Gabriel*, Wirtschaftsinformatik).

*Geminn*, Christian, Die Regulierung Künstlicher Intelligenz – Anmerkungen zum Entwurf eines Artificial Intelligence Act, ZD 2021, 354–359.

*Gerards*, Janneke/*Xenidis*, Raphaele, Algorithmic discrimination in Europe: Challenges and opportunities for gender equality and non-discrimination law, 2020, abrufbar unter: https://op.europa.eu/en/publication-detail/-/publication/082f1dbc-821d-11eb-9ac9-01aa75ed71a1 (zitiert: *Gerards/Xenidis*, Algorithmic discrimination in Europe).

*Gerdemann*, Simon, Konformitätsbewertungspflicht als Kernpflicht der KI-Verordnung, NJW 2024, 2209.

*Gerhart*, Markus, MDR Regel 11: Der Klassifizierungs-Albtraum?, 3. März 2023, abrufbar unter: https://www.johner-institut.de/blog/regulatory-affairs/mdr-regel-11/ (zitiert: *Gerhart*, MDR Regel 11: Der Klassifizierungs-Albtraum?)

*Gessler*, *Ralf*, Entwicklung Eingebetteter Systeme – Vergleich von Entwicklungsprozessen für FPGA- und Mikroprozessor-Systeme Entwurf auf Systemebene, 2. Auflage Wiesbaden 2020 (zitiert: *Gessler*, Entwicklung Eingebetteter Systeme).

*Ghorbani*, Amirata/*Natarajan*, Vivek/*Coz*, David/*Liu*, Yuan, DermGAN: Synthetic Generation of Clinical Skin Images with Pathology, Proceedings of Machine Learning Research 2020, 155–170.

*GHTF*, Final Document – Global Harmonization Task Force (Revision of GHTF/SG1/N15:2006), 2. November 2022, S. 8, abrufbar unter: https://www.imdrf.org/sites/default/files/docs/ghtf/final/sg1/technical-docs/ghtf-sg1-n77-2012-principles-medical-devices-classification-121102.pdf (zitiert: *GHTF*, Global Harmonization Task Force).

*Giesen*, Dieter, Arzthaftungsrecht im Umbruch, JZ 1982, 345–356.

*Gilpin*, Leilani H./*Bau*, David/*Yuan*, Ben Z./*Bajwa*, Ayeha/*Specter*, Michael/*Kagal*, Lalana, Explaining Explanations: An Overview of Interpretability of Machine Learning, IEEE 5th International Conference on data science and advanced analytics (DSAA) 2018, 80–89.

*Goodfellow*, Ian/*Bengio*, Yoshua/*Courville*, Aaron, Deep Learning: das umfassende Handbuch: Grundlagen, aktuelle Verfahren und Algorithmen, neue Forschungsansätze, 1. Auflage, Frechen 2018 (zitiert: *Goodfellow/Bengio/Courville*, Deep Learning).

*Gorry*, G. Antony, Computer-assisted clinical decision making, Methods of Information in Medicine 1973, 45–51.

*Görz*, Günther/*Schneeberger*, Josef/*Schmid*, Ute, Handbuch der Künstlichen Intelligenz, 6. Auflage, Berlin/Boston 2021 (zitiert: *Günther/Schneeberger/Schmid*, Handbuch Künstliche Intelligenz).

*Götting*, Horst-Peter/*Lauber-Rönsberg*, Anne/*Rauer*, Nils (Hrsg.), BeckOK Urheberrecht, 39. Ed. Stand: 1.8.2023, München (zitiert: *Bearbeiter*, in: BeckOK Urheberrecht).

*Graf*, Angela, Revision des europäischen Rechtsrahmens für Medizinprodukte: Einfluss auf die Klassifizierung von Medizinprodukten, PharmR 2017, 57–61.

*Grinblat*, Roman/*Scholtz*, Sibylle/*Stock*, Sophy (Hrsg.), Medizinprodukterecht im Wandel – Festschrift Ulrich M. Gassner zum 65. Geburtstag, Baden-Baden 2022 (zitiert: *Bearbeiter*, in: Festschrift Gassner).

*Grundwald*, Armin/*Hillerbrand*, Rafaela, Handbuch Technikethik, Stuttgart 2021 (zitiert: *Grundwald/Hillerbrand*, Handbuch Technikethik).

*Grützmacher*, Malte, Die zivilrechtliche Haftung für KI nach dem Entwurf der geplanten KI-VO – Potenzielle zivilrechtliche Auswirkungen des geplanten KI-Sicherheitsrechts: ein neues Schutzgesetz i. S. v. § 823 Abs. 2 BGB am Horizont, CR 2021, 433–444.

*Gsell*, Beate/*Krüger*, Wolfgang/*Lorenz*, Stephan/*Reymann*, Christoph (GesamtHrsg), Beck-online.Grosskommentar zum Zivilrecht, BGB, 1. Mai 2023 (zitiert: *Bearbeiter*, in: BeckOGK BGB).

*Guckelberger*, Anette, Die Gesetzgebungstechnik der Verweisung unter besonderer Berücksichtigung ihrer verfassungs- und gemeinschaftsrechtlichen Probleme, ZD 2004, 63–88.

*Guidotti*, Riccardo/*Monreale*, Anna/*Ruggieri*, Salvatore/*Turini*, Franco/*Giannotti*, Fosca/*Pedrschi*, Dino, A Survey of Methods for Explaining Black Box Models, ACM Computing Surveys 2018, 1–42.

*Gurovich*, Yaron/*Hanani*, Yair/*Omri*, Bar et al., Identifying facial phenotypes of genetic disorders using deep learning, Nature Medicine 2019, 60–64.

*Haftenberger*, Anna, Die Produkthaftung für künstlich intelligente Medizinprodukte – Eine Analyse der Anwendbarkeit und Eignung der europäischen Produkthaftungsrichtlinie 85/374/EWG, Baden-Baden 2023, (zugl. Diss. Marburg 2022) (zitiert: *Haftenberger*, Die Produkthaftung für künstlich intelligente Medizinprodukte).

*Haimerle*, Martin, Anmerkungen zum Vorschlag für die EU-Verordnung zur Künstlichen Intelligenz, 21. April 2021, abrufbar unter: https://ec.europa.eu/info/law/better-regulation/have-your-say/initiatives/12527-Artificial-intelligence-ethical-and-legal-requirements/F2665596_en (zitiert: *Haimerle*, Anmerkungen zum Vorschlag für die EU-Verordnung).

*Hall*, Patrick/*Gill*, Navdeep, An Introduction to Machine Learning Interpretability – An Applied Perspective on Fairness, Accountability, Transparency, and Explainable AI, 2. Ed. 2019 (zitiert: *Hall/Gill*, An Introduction to Machine Learning Interpretability).

*Hamberg*, Katarina, Gender bias in medicine, Women's Health 2008, 237–243.

*Han*, Jing/*Qian*, Kun/*Song*, Meishu/*Yang*, Zujiang et al., An early study on intelligent analysis of Speech under Covid 19: Severity, Sleep Quality, Fatigue and Anxiety, Interspeech 2020, 4946–4950.

*Handorn*, Boris/*Juknat*, Ulrich, KI und Haftung bei Medizinprodukten, MPR 2022, 77–89.

*Hänold*, Stefanie/*Schlee*, Nelli/*Antweiler*, Dario/*Beckh*, Katharina, Die Nachvollziehbarkeit von KI-Anwendungen in der Medizin – Eine Betrachtung aus juristischer Perspektive mit Beispielszenarien, MedR 2021, 516–523.

*Harte-Bavendamm*, Henning/*Henning-Bodewig*, Frauke/*Goldmann*, Michael/*Tolkmitt*, Jan, (Hrsg.), Gesetz gegen den unlauteren Wettbewerb (UWG) – Mit Preisangabenverordnung und Geschäftsgeheimnisgesetz – Kommentar, 5. Auflage, München 2021 (zitiert: *Bearbeiter*, in: Harte-Bavendamm/Henning-Bodewig/Goldmann/Tolkmitt).

*Hasenteufel*, Mark/*Renaud*, Sina, Software als Medizinprodukt – Entwicklung und Zulassung von Software in der Medizintechnik, Heidelberg 2019 (zitiert: *Hasenteufel/Renaud*, Software als Medizinprodukt).

*Hatje*, Armin/*Müller-Graff*, Peter Christian (Hrsg.), Europäisches Organisations- und Verfassungsrecht, 2. Auflage, Baden-Baden 2022 (zitiert: *Bearbeiter*, in: Hatje/Müller-Graff).

*Hau*, Wolfgang/*Poseck*, Roman, Beck'sche Online-Kommentare – BeckOK BGB, 67. Ed., 1.8.2023, München (zitiert: *Bearbeiter*, in: BeckOK BGB).

*Hecht*, Moritz, Regulierung von GPAI-Modellen durch die KI-Verordnung – Eine Begriffs- und Pflichtenannährung, KIR 2025, 30.

*Hecker*, Dirk/*Voss*, Angi/*Paaß*, Gerhard/*Wirtz*, Tim, Big Data 2.0 – mit synthetischen Daten KI-Systeme stärken, Spektrum 2022, abrufbar unter: https://link.springer.com/content/pdf/10.1365/s35764-022-00437-z.pdf?pdf=button (zitiert: *Hecker/Voss/Paaß/Wirtz*, Big Data 2.0 – mit synthetischen Daten KI-Systeme stärken).

*Heesen*, Jessica/*Müller-Quade*, Jörn/*Wrobel*, Stefan et al., Zertifizierung von KI-Systemen – Kompass für die Entwicklung und Anwendung vertrauenswürdiger KI-Systeme – Whitepaper, https://www.plattform-lernende-systeme.de/files/Downloads/Publikationen/AG1_3_Whitepaper_Zertifizierung_KI_Systemen.pdf (zitiert: *Heesen et al.*, Zertifizierung II).

*Heesen*, Jessica/*Müller-Quade*, Jörn/*Wrobel*, Stefan et al., Zertifizierung von KI-Systemen – Impulspapier, April 2020, abrufbar unter: https://www.plattform-lernende-systeme.de/files/Downloads/Publikationen/AG3_Impulspapier_290420.pdf (zitiert: *Heesen et al.*, Zertifizierung I).

*Heil*, Maria, Die neue KI-Verordnung (E) – Regulatorische Herausforderungen für KI-basierte Medizinprodukte-Software, MPR 2022, 1–12.

*Heinrichs*, Bert/*Karger*, Cornelia R./*Heyl*, Katrin et al., Künstliche Intelligenz in der Medizin – Ein interdisziplinärer Blick auf den Verordnungsentwurf der Europäischen Kommission, MedR 2023, 259–264.

*Held*, Klaus, Heraklit, Parmenides und der Anfang von Philosophie und Wissenschaft – Ein phänomenologische Besinnung, Berlin New York 1980, (zitiert: *Held*, Heraklit, Parmenides und der Anfang von Philosophie und Wissenschaft).

*Helle*, Katrin, Intelligente Medizinprodukte: Ist der geltende Rechtsrahmen noch aktuell?, MedR 2020, 993–1000.

*Hellmann*, Uwe/*Herffs*, Harro, Der ärztliche Abrechnungsbetrug, Heidelberg Berlin 2006 (zitiert: *Hellmann/Herffs*, Der ärztliche Abrechnungsbetrug).

*Hennemannn*, Moritz/*Steinrötter*, Björn, Data Act – Fundament des neuen EU-Datenwirtschaftsrechts?, NJW 2022, 1481–1468.

*Hicks*, Steven/*Strümke*, Inga/*Thambawita*, Vajira et al., On evaluation metrics for medical applications of artificial intelligence, Nature Scientific Reports 2022, 5979.

*Hilgendorf*, Eric/*Härtlein*, Johannes, Verordnung über künstliche Intelligenz: KI-VO, 1. Auflage, Baden-Baden 2025 (zitiert: *Bearbeiter*, in: Hilgendorf/Härtlein).

*Hilgendorf*, Eric/*Roth-Isigkeit*, David, Die neue Verordnung der EU zur Künstlichen Intelligenz – Rechtsragen und Compliance, 1. Auflage, München 2023 (zitiert: *Bearbeiter*, in: Hilgendorf/Roth-Isigkeit, 1. Auflage).

*Hilgendorf*, Eric/*Roth-Isigkeit*, David, Die neue Verordnung der EU zur Künstlichen Intelligenz – Rechtsragen und Compliance, 2. Auflage, München 2025 (zitiert: *Bearbeiter*, in: Hilgendorf/Roth-Isigkeit, 2. Auflage).

*Hill*, Hermann, Zur Verweisung auf Richtlinien im Kassenarztrecht, NJW 1982, 2104–2108.

*Hill*, Rainer/*Schmitt*, Joachim M. (Hrsg.), Wirtschaftskommentar Medizinprodukterecht, Band 2, 24. EL, Köln 2022 (zitiert: *Hill/Schmitt*, WiKO).

*HLEG*, Eine Definition der KI: Wichtigste Fähigkeiten und Wissenschaftsgebiete: Für die Zwecke der Gruppe entwickelte Definition, 8. April 2019, abrufbar unter: https://elektro.at/wp-content/uploads/2019/10/EU_Definition-KI.pdf (zitiert: *HLEG*, Eine Definition der KI).

*HLEG*, Ethik-Leitlinien für eine vertrauenswürdige KI, 8. April 2019, abrufbar unter: https://digital-strategy.ec.europa.eu/en/library/ethics-guidelines-trustworthy-ai, (zitiert: *HLEG*, Ethik-Leitlinien).

*Hoeren*, Thomas/*Sieber*, Ulrich/*Holznagel*, Bernd, Handbuch Multimedia-Recht – rechtsfragen des elektronischen Geschäftsverkehrs, 59. EL, März 2022 München (zitiert: *Bearbeiter*, in: Hoeren/Sieber/Holznagel).

*Hofmann*, Hanna, Regulierung der künstlichen Intelligenz – Fundamentalkritik am Verordnungsentwurf zur Regulierung der Künstlichen Intelligenz der EU-Kommission vom 21.4. 2021, K&R 2021, 369–374.

*Hofmann*, Tobias, Die Regel 11 MDR – eine genauere Betrachtung, MPR 2021, 161–170.

*Hömig*, Dieter, Zur Zulässigkeit statischer Verweisung des Bundesrechts auf nichtnormative Regelungen, DVBl 1979, 307–311.

*Horner*, Susanne/*Kaulartz*, Markus, Haftung 4.0 – Verschiebung des Sorgfaltsmaßstabs bei Herstellung und Nutzung autonomer Systeme CR 2016, 7–14.

*Hornung*, Gerrit, KI-Regulierung im Mehrebenensystem – Der KI-Verordnungsentwurf und regulatorische Perspektiven der Mitgliedstaaten, DuD 2022, 561–566.

*Hünnig*, Felix, Embedded Systems für IoT, Wiesbaden 2019 (zitiert: *Hünnig*, Embedded System für IoT).

*IG-NB*, Questionnaire „Artificial Intelligence (AI) in medical devices“, Version 4, 9.6.2022, abrufbar unter: https://www.ig-nb.de/?tx_epxelo_file[id]=884878&cHash=53e7128f5a6d

5760e2e6fe8e3d4bb02a (zitiert: *IG-NB*, Questionnaire „Artificial Intelligence (AI) in medical devices“).

*IMDRF*, „Software as a Medicial Device“: Possible Framework for Risk Categorization and Corresponding Considerations, 18. September 2014, abrufbar unter: https://www.imdrf.org/sites/default/files/docs/imdrf/final/technical/imdrf-tech-140918-samd-framework-risk-categorization-141013.pdf (zitiert: *IMDRF*, Software as a Medicial Device: (zitiert; *IMDRF*, Possible Framework for Risk Categorization and Corresponding Considerations).

*Ingold*, Albert, Desinformationsrecht: Verfassungsrechtliche Vorgaben für staatliche Desinformationstätigkeit, Berlin 2011 (zugl. Diss. Berlin 2011) (zitiert: *Ingold*, Desinformationsrecht).

*Institut für Qualität und Wirtschaftlichkeit im Gesundheitswesen*, Wie benutzt man einen automatisierten externen Defibrillator (AED)? 20. Oktober 2021, abrufbar unter: https://www.gesundheitsinformation.de/wie-benutzt-man-einen-automatisierten-externen-defibrillator-aed.html (zitiert: *Institut für Qualität und Wirtschaftlichkeit im Gesundheitswesen*, Wie benutzt man einen automatisierten externen Defibrillator (AED)?).

*Irmer*, Franziska, Medizinprodukterechtliche Einordnung von Software, Updates & Upgrades, MPR 2013, 145–149.

*Jaeckel*, Liv, Künstliche Intelligenz im Europäischen Datenraum am Beispiel der Medizinprodukte, SächsVBl 2023, 194–202.

*Jain*, Anil/*Hong*, Lin/*Pankanti*, Sharath, Biometric Identification, Communication of the ACM 2000, 90–98.

*Jain*, Anil/*Ruud*, Bolle/*Sharath*, Pankanti, Biometrics: personal identification in networked society, Luxemburg 1999 (zitiert: *Jain et al.*, Biometrics: personal identification in networked society).

*Jakobs*, Isabell/*Huber*, Fabian, Software als Medizinprodukt: Haftungs- und versicherungsrechtliche Aspekte, MPR 2019, 1–6.

*Jarass*, Hans D., Charta der Grundrechte der Europäischen Union, unter Einbeziehung der sonstigen Grundrechtsregelungen des Primärrechts und der EMRK – Kommentar, 4. Auflage, München 2022 (*Jarass*, Charta der Grundrechte der Union).

*Jaremko*, Jakob et al., Canadian Association of Radiologists White Paper on Ethical and Legal Issues Related to Artificial Intelligence in Radiology, Canadian Association of Radiologists Journal 2019, 107–118.

*Jeiter*, Wolfram, Gerätesicherheitsgesetz – Kommentar, 3. Auflage, München 2003 (zitiert: *Jeiter*, Gerätesicherheitsgesetz).

*Jellinek*, Walter, Gesetz, Gesetzesanwendung und Zweckmäßigkeitserwägung: zugleich ein System der Ungültigkeitsgründe von Polizeiverordnungen und -verfügungen; eine staats- und verwaltungsrechtliche Untersuchung, Tübingen 1913 (zitiert: *Jellinek*, Gesetz, Gesetzesanwendung und Zuverlässigkeitserwägungen).

*Johner*, Christian, Baumusterprüfung für Software – geht das? [Update], abrufbar unter: https://www.johner-institut.de/blog/iec-62304-medizinische-software/baumusterprufung-fur-software-geht-das/ (zitiert: *Johner*, Baumusterprüfung für Software – geht das?).

*Johner Institut*, Input to the European Commission public consultation on the proposed ‚Regulation laying down harmonized rules on artificial intelligence (AI Act)' by the Johner Institute, abrufbar unter: https://ec.europa.eu/info/law/better-regulation/have-your-say/initiatives/12527-Kunstliche-Intelligenz-ethische-und-rechtliche-Anforderungen/F2665624_de (zitiert: *Johner Institut*, Input on the proposed AI-Act).

*Jorzig*, Alexandra/*Kemter*, Luis, Der Einsatz von Künstlicher Intelligenz in der Medizin im Spannungsfeld zwischen Medizinprodukte- und KI-Recht, ZfPC 2023, 172–175.

*Jorzig*, Alexandra/*Sarangi*, Frank, Digitalisierung im Gesundheitswesen – Ein kompakter Streifzug durch Recht, Technik und Ethik, Heidelberg Berlin 2020 (zitiert: *Jorzig/Sarangi*, Digitalisierung im Gesundheitswesen).

*Jüngling*, Alexander, Die Digitalstrategie der EU-Kommission: Regulierung von Künstlicher Intelligenz – Schaffung einer Grundlage für Rechts-, Ethik- und Compliance-Fragen, MMR 2020, 440–445.

*Kädel*, Lisa/*von Maltzan*, Stephanie, Die Erklärbarkeit von Künstlicher Intelligenz (KI) Entmystifizierung der Black Box und Chancen für das Recht, CR 2022, 66–72.

*Kalbhenn*, Christopher, Designvorgaben für Chatbots, Deepfakes und Emotionserkennungssysteme: Der Vorschlag der Europäischen Kommission zu einer KI-VO als Erweiterung der medienrechtlichen Plattformregulierung, ZUM 2021, 663–674.

*Karpen*, Hans-Ulrich, Die Verweisung als Mittel der Gesetzgebungstechnik, Berlin 1970 (zugl. Diss. 1968) (zitiert: *Karpen*, Die Verweisung als Mittel der Gesetzgebungstechnik).

*Karpoor*, Arun/*Klindt*, Thomas, „New Legislative Framework" im EU-Produktsicherheitsrecht – Neue Marktüberwachung in Europa?, EuZW 2008, 649–655.

*Katzenmeier*, Christian (Hrsg.), Festschrift für Dieter Hart – Medizin – Recht – Wissenschaft, 1. Ed., Heidelberg Berlin 2020 (zitiert: *Bearbeiter*, in: Festschrift Dieter Hart).

*Katzenmeier*, Christian, Big Data, E-Health, M-Health, KI und Robotik in der Medizin Digitalisierung des Gesundheitswesens – Herausforderung des Rechts, MedR 2019, 259–271.

*Kaulartz*, Markus/*Braegelmann*, Tom, Rechtshandbuch Artificial Intelligence und Machine Learning, 1. Ed., München 2020 (zitiert: *Kaulartz/Braegelmann*, Rechtshandbuch AI/ML).

*Kilian*, Robert/*Denga*, Michael, Das Testen und Zertifizieren von KI-Systemen, NJW 2024, 2945.

*Kipker*, Dennis-Kenji/*Reusch*, Philipp/*Ritter*, Steve, Recht der Informationssicherheit – Kommentar, 1. Auflage, München 2023 (zitiert: *Bearbeiter*, in: Kipker/Reusch/Ritter).

*Kiseleva*, Anastasiya/*Kotzinos*, Dimitris/*De Hart*, Paul, Transparency of AI in Healthcare as a Multilayered System of Accountabilities, Frontiers in Artificial Intelligence 2022, 879603.

*Klessascheck*, Mario, Closed-Loop-Systeme bei Medizinprodukten, 14. März 2022, abrufbar unter: https://www.johner-institut.de/blog/systems-engineering/closed-loop-systeme/ (zitiert: *Klessascheck*, Closed-Loop-Systeme bei Medizinprodukten).

*Klindt*, Thomas (Hrsg.), Produktsicherheitsgesetz, ProdSG – Kommentar, 3. Auflage, München 2021 (zitiert: *Bearbeiter*, in: Klindt, ProdSG).

*Klindt*, Thomas, Der „new approach" im Produktrecht des europäischen Binnenmarkts: Vermutungswirkung technischer Normung, EuZW 2002, 133–135.

*Krafft*, Tobias/*Zweig*, Katharina A., Transparenz und Nachvollziehbarkeit Algorithmenbasierter Entscheidungsprozesse – Ein Regulierungsvorschlag aus sozioinformatischer Perspektive, Januar 2019, abrufbar unter: https://www.vzbv.de/sites/default/files/downloads/2019/05/02/19-01-22_zweig_krafft_transparenz_adm-neu.pdf (zitiert: *Krafft/Zweig*, Transparenz und Nachvollziehbarkeit algorithmenbasierter Entscheidungsprozesse).

*Kumkar*, Katharina/*Roth-Isigkeit*, David, Erklärungspflichten bei automatisierten Datenverarbeitungennach der DSGVO, JZ 2020, 277–286.

*Lachenmann*, Matthias, EU-Kommission plant ein „europäisches Konzept für die künstliche Intelligenz", MMR-Aktuell 2021, 438173.

*Larson*, Jeff/*Mattu*, Surya/*Kirchner*, Lauren/*Angwin*, Julia, How We Analysed the COMPAS Recidivism Algorithm, Mai 2016, abrufbar unter: https://www.propublica.org/article/how-we-analyzed-the-compas-recidivism-algorithm (zitiert: *Larson et al.*, How We Analysed the COMPAS Recidivism Algorithm).

*Laufs*, Adolf (Begr.)/*Katzemeier*, Christian/*Lipp*, Volker, Arztrecht, 8. Auflage, München 2021 (zitiert: *Bearbeiter*, in: Laufs/Katzenmeier/Lipp, Arztrecht).

*Laufs*, Adolf (Begr.)/*Kern*, Bernd-Rüdiger/*Rehborn*, Martin (Hrsg.), Handbuch des Arztrechts, 5. Auflage, München 2019 (zitiert: *Bearbeiter*, in: Laufs/Kern/Rehborn).

*Lauscher*, Anne/*Legner*, Sarah, Künstliche Intelligenz und Diskriminierung, ZfDR 2022, 367–390.

*LeCun*, Yann/*Bengio*, Yoshua/*Hinton*, Geoffrey, Deep Learning, Nature 2015, 436–444.

*Lee*, Insup/*Sokolsky*, Oleg/*Sanij*, Chen/*Hatcliff*, John/*Jee*, Eukyoung/*Kim*, BaekGyu/*King*, Andrew/*Mullen-Fortino*, Margret/*Park*, Soojin/*Rodererer*, Alexander/*Cenkatasubramanian*, Krishna K., Challanges and Research Directions in Medical Cyber-Physical Systems – Challenges and Research Directions in Medical Cyber–Physical Systems, Proceedings of the IEEE 2012, 75–90.

*Leimeister*, Jan Marco, Einführung in die Wirtschaftsinformatik, 13. Auflage, Wiesbaden 2021 (zitiert: *Leimeister*, Einführung in die Wirtschaftsinformatik).

*Leupold*, Andreas/*Wiebe*, Andreas/*Glossner*, Silke, IT-Recht – Recht, Wirtschaft und Technik der digitalen Transformation, 4. Auflage, München 2021 (zitiert: *Bearbeiter*, in: Leupold/Wiebe/Glossner).

*Liggieri*, Kevin/*Müller*, Oliver, Mensch-Maschine-Interaktion – Handbuch zu Geschichte – Kultur – Ethik, Stuttgart 2019 (zitiert: *Liggieri/Müller*, Mensch-Maschine-Interaktion).

*Linardatos*, Dimitros, Auf dem Weg zu einer europäischen KI-Verordnung – ein (kritischer) Blick auf den aktuellen Kommissionsentwurf, ZRP 2021, 58–70.

*Linardatos*, Dimitros, Konformitätsbewertung und Korrekturmaßnahmen in der anvisierten KI-Regulatorik, ZdiW 2023, 3–10.

*Linardatos*, Panteils/*Papastefanopulos*, Vasilis/*Kotsiantis*, Sotiris, Explainable AI: A Review of Machine Learning Interpretability Methods, Entropy 2021, 18.

*Lipton*, Zachary C., The mythos of model interpretability: In machine learning, the concept of interpretability is both important and slippery. Queue 2018, 31–57.

*Lu*, Jie/*Liu*, Anjin/*Dong*, Fan et al., Learning under Concept Drift: A Review, IEEE Transactions on Knowledge and Data Engineering 2019, 2346–2363.

*Lundberg*, Scott M./*Lee*, Sun-in, A Unified Approach to Interpreting Model Predictions, NIPS '17: Proceedings of the 31st International Conference on Neural Information Processing Systems 2017, 4768–4777.

*Mahesh*, Batta, Machine Learning Algorithms – A Review, International Jorunal of Science and Research (IJSR) 2020, 381–386.

*Markus*, Aniek F./*Kors*, Jan A./*Rijnbeek*, Peter R., The role of explainability in creating trustworthy artificial intelligence for health care: A comprehensive survey of the terminology, design choices, and evaluation strategies, Journal of Biomedical Informatics 2021, 103655.

*Martini*, Mario, Blackbox Algorithmus – Grundfragen einer Regulierung Künstlicher Intelligenz, Heidelberg Berlin 2019 (zitiert: *Martini*, Blackbox Algorithmus).

*Martini*, Mario/*Wendehorst*, Christiane, KI-VO: Verordnung über künstliche Intelligenz, 1. Auflage, München 2024 (zitiert: *Bearbeiter*, in: Martini/Wendehorst).

*Marx*, Katja/*Gladov*, Natalie, Gut gedacht und auch gut gemacht? Der politische Blick auf den Entwurf einer Verordnung zur Regulierung Künstlicher Intelligenz der EU-Kommission aus Sicht der Medizinprodukteindustrie, MPR 2022, 37–41.

*Mayr*, Stephan/*Thiermann*, Arne/*Schrack*, Michael/*Kiesselbach*, Christoph, Das neue Medizinprodukterecht – Praxishandbuch zur MP-VO, Baden-Baden 2021 (zitiert: *Mayr/Thiermann/Schrack/Kiesselbach*, Medizinprodukterecht).

*McCarthy*, John/*Minsk*, Marvin/*Rochester*, Nathaniel, A Proposal for the Darthmouth Summer Research Project on Artificial Intelligence, 31. August 1955, abrufbar unter: http://jmc.stanford.edu/articles/dartmouth/dartmouth.pdf (zitiert: *McCarthy/Minsk/Rochester*, Darthmouth Summer Research Project on Artificial Intelligence).

*MDCG*, MDCG 2019-13 – Guidance on sampling of MDR Class IIa / Class IIb and IVDR Class B / Class C devices for the assessment of the technical documentation, Dezember 2019, abrufbar unter: https://health.ec.europa.eu/system/files/2020-09/md_mdcg_2019_13_sampling_mdr_ivdr_en_0.pdf (zitiert: MDCG-Leitlinien 2019-11).

*MDCG*, MDCG 2020-1 – Guidance on Clinical Evaluation (MDR) / Performance Evaluation (IVDR) of Medical Device Software, März 2020, abrufbar unter: https://health.ec.europa.eu/system/files/2020-09/md_mdcg_2020_1_guidance_clinic_eva_md_software_en_0.pdf (zitiert: MDCG-Leitlinien 2020-1).

*MDCG*, MDCG 2021-3 – Questions and Answers on Custom-Made Devices & considerations on Adaptable medical devices and Patient-matched medical devices, März 2021, abrufbar unter: https://health.ec.europa.eu/system/files/2021-03/mdcg_2021-3_en_0.pdf (zitiert: MDCG-Leitlinien 2021-3).

*MDCG*, MDCG-Leitlinien 2019-11 – Guidance on Qualification and Classification of Software in Regulation (EU) 2017/745–MDR and Regulation (EU) 2017/746–IVDR, Oktober 2019, abrufbar unter: https://health.ec.europa.eu/system/files/2020-09/md_mdcg_2019_11_guidance_qualification_classification_software_en_0.pdf (zitiert: MDCG-Leitlinien 2019-11).

*MEDDEV*, Medicial Devices: Guidance Document – Qualification and Classification of stand alone software – Guidelines on the Qualification and Classification of Stand Alone Software used in Healthcare Devices, MEDDEV 2.1/6, Juli 2016 (zitiert: MEDDEV 2.1/6).

*MedTech*, Proposal for an Artificial Intelligence Act (COM/2021/206) – MedTech Europe response to the open public consultation, August 2021, abrufbar unter: https://www.medtecheurope.org/wp-content/uploads/2021/08/medtech-europe-response-to-the-open-public-consultation-on-the-proposal-for-an-artificial-intelligence-act-6-august-2021-1.pdf (zitiert: *MedTech*, Response to the public consultation).

*Mehrabi*, Ninareh/*Morstatter*, Fred/*Saxena*, Nripsuta/*Lerman*, Kristina/*Galstyan*, Aram, A survey on bias and fairness in machine learning, ACM computing surveys, 2021, 1–35.

*Merten*, Jan O., Private Entscheidungsträger und Europäisierung der Verwaltungsrechtsdogmatik – Zur Einbindung benannter Stellen in den Vollzug des Medizinprodukterechts, Berlin 2005 (zugl. Diss. Köln 2004) (zitiert: *Merten*, Private Entscheidungsträger).

*Miller*, Tim, Explanation in artificial intelligence: Insights from the social sciences, Artificial Intelligence 2019, 1–38.

*Moll*, Dietmar, Europäisches Strafrecht durch nationale Blankettstrafgesetzgebung?: Eine Untersuchung zur strafrechtskonstituierenden Wirkung des EG-Rechts unter besonderer Berücksichtigung der allgemeinen verfassungsrechtlichen Anforderungen an Blankettverweisungen, Göttingen 1998 (zugl. Diss. 1998) (zitiert: *Moll*, Europäisches Strafrecht durch nationale Blankettstrafgesetzgebung).

*Molnar*, Christoph, Interpretable Machine Learning – A Guide for Making Black Box Models Explainable, 2. Ed. 2021 (zitiert: *Molnar*, Interpretable Machine Learning).

*Most*, Holger, Regulatorische Anforderungen an medizinische Software, MPJ 2015, 121–133.

*Müller-Peltzer*, Philipp/*Tanczik*, Valentin, Künstliche Intelligenz und Daten – Data-Governance nach der geplanten KI-Verordnung, RDi 2023, 452–458.

*Murdoch*, James W./*Singh*, Chandan/*Kumbier*, Karl, Definitions, methods, and applications in interpretable machine learning, Proceedings of the National Academy of Sciences 2019, 22071–22080.

*Muresan*, Remus, „Künstliche Intelligenz" als Medizinprodukte: Qualifizierung und Klassifizierung unter der MDR, LSR 2021, 17–40.

*Murphy*, Kevin, Machine Learning – A Probabilistic Perspective, Cambridge/London 2012, (zitiert: *Murphy*, Machine Learning).

*NB-Med*, Software and Medical Devices, Recommendation NB-Med/2.2/Rec4, abrufbar unter: https://www.mdc-ce.de/fileadmin/user_upload/Downloads/Leitlinien/NB-Med/Recommendation-NB-MED-2_2-4_rev5_Software_and_Medical_Devices.pdf (zitiert: *NB-Med*, Software and Medical Devices, Recommendation NB-Med/2.2/Rec4).

*Nilsson*, Nils J., The Quest for Artificial Intelligence a History of Ideas and Achievements, Cambridge University Press 2009 (zitiert: *Nilsson*, The Quest for Artificial Intelligence).

*Novartis*, Novartis Feedback on Artificial Intelligence Act – 5 August 2021, abrufbar unter: https://ec.europa.eu/info/law/better-regulation/have-your-say/initiatives/12527-Kunstliche-Intelligenz-ethische-und-rechtliche-Anforderungen/F2665624_de (zitiert: *Novartis*, Feedback on AI-Act).

*Oeben*, Marc, Die Eigenherstellung von Medizinprodukten nach der MDR – Voraussetzungen und Grenzen der „Herstellung“ innerhalb einer Gesundheitseinrichtung, MPR 2020, 215–222.

OECD, Explanatory Memorandum on the Updated OECD Definition of an AI System, OECD Artificial Intelligence Papers, March 2024, No. 8, abrufbar unter: https://www.oecd.org/content/dam/oecd/en/publications/reports/2024/03/explanatory-memorandum-on-the-updated-oecd-definition-of-an-ai-system_3c815e51/623da898-en.pdf (zitiert: OECD, Explanatory Memorandum on the Updated OECD Definition of an AI System).

*OECD*, Recommendation of the Council on artificial Intelligence, C/MIN(2019)3/Final, 22. Mai 2019, abrufbar unter: https://one.oecd.org/document/C/MIN(2019)3/FINAL/en/pdf (zitiert: *OECD*, Recommendation of the Council on artificial Intelligence 2019).

*OECD*, Recommendation of the Council on artificial Intelligence, OECD/LEGAL/0449, 2022, abrufbar unter: https://legalinstruments.oecd.org/en/instruments/oecd-legal-0449 (zitiert: *OECD*, Recommendation of the Council on artificial Intelligence 2022).

*Orssich*, Irina, Das europäische Konzept für vertrauenswürdige Künstliche Intelligenz, EuZW 2022, 254–260.

*Ortner*, Robert Johannes, Medizin-Apps als Medizinprodukt: Regulierung eines Risikoprodukts – Eine sicherheitsrechtliche Analyse vor dem Hintergrund von MPG und MDR, Lausanne 2018 (zugl. Diss. Münster 2018) (zitiert: *Ortner*, Medizin-Apps als Medizinprodukt).

*Ossenbühl*, Fritz, Die verfassungsrechtliche Zulässigkeit der Verweisung als Mittel der Gesetzgebungstechnik, DVBl 1967, 401–408.

*Paal*, Boris P./*Pauly*, Daniel A. (Hrsg.), Datenschutzgrundverordnung – Bundesdatenschutzgesetz, 3. Auflage, München 2021 (zitiert: *Bearbeiter*, in: Paal/Pauly).

*Pabst*, Heinz, Die Problematik dynamischer Verweisungen von Landesrecht auf Bundesrecht am Beispiel der Schuldrechtsreform NVwZ 2005, 1034–1036.

*Payandeh*, Mehrdad, Das unionsverfassungsrechtliche Rechtsstaatsprinzip, JuS 2021, 481–489.

*Peine*, Franz-Joseph, Gesetz über technische Arbeitsmittel (Gerätesicherheitsgesetz), 3. Auflage, Köln 2002 (zitiert: *Peine*, Gesetz über technische Arbeitsmittel).

*Pompili*, Anna/*Solera-Urena*, Ruben/*Abad*, Alberto et al., Assessment of Parkinson's Disease Medication State through Automatic Speech Analysis, Interspeech 2020, 4591–4595.

*Prütting*, Jens/*Wolk*, Tom, Software unter dem Regime der europäischen Medizinprodukteverordnung, MedR 2020, 359–365.

*Puppe*, Frank, Einführung in Expertensysteme, Heidelberg/Berlin 1991 (zitiert: *Puppe*, Einführung in Expertensysteme).

*Quatrisch*, Helmut, Das parlamentslose Parlamentsgesetz: Rang und Geltung der Rechtssätze im demokratischen Staat; untersucht am hamburgischen Planungsrecht, Hamburg 1961 (zitiert: *Quatrisch*, Das parlamentslose Parlamentsgesetz).

*Quickbird Medical*, Zulassung & Zertifizierung von Software-Medizinprodukten (MDR), 31. März 2022, abrufbar unter: https://quickbirdmedical.com/medizinprodukt-zertifizierungzulassung-mdr/ (zitiert: *Quickbird Medical*, Zulassung & Zertifizierung von Software-Medizinprodukten (MDR)).

*Rai*, Arun, Explainable AI: from black box to glass box, Journal of the Academy of Marketing Science 2020, 137–141.

RAL, Deutsches Institut für Gütesicherung und Kennzeichnung e. V., Grundsätze für Gütezeichen, 22. Auflage, Bonn 2017, https://www.ral-guetezeichen.de/wp-content/uploads/sites/2/2017/07/ral_broschuere_grundsaetze_fuer_ral_guetezeichen.pdf (zitiert: *RAL*, Grundsätze für Gütezeichen).

*Rat der Europäischen Union*, Proposal for a Regulation of the European Parliament and of the Council laying down harmonised rules on artificial intelligence (Artificial Intelligence Act) and amending certain Union legislative acts – General approach, 14954/22.

*Rat der Europäischen Union*, Tagung des Europäischen Rates (19. Oktober 2017) – Schlussfolgerung, EUCO 14/17 (zitiert: *Rat*, Tagung des Europäischen Rates (2. Oktober 2020) – Schlussfolgerung, EUCO 14/17).

*Rat der Europäischen Union*, Tagung des Europäischen Rates (2. Oktober 2020) – Schlussfolgerung, EUCO 13/20 (zitiert: *Rat*, Tagung des Europäischen Rates (2. Oktober 2020) – Schlussfolgerung, EUCO 13/20).

*Rehmann*, Wolfgang A./*Wagner*, Susanne A., MP-VO – Verordnung (EU) 2017/745 über Medizinprodukte mit integriert erläuterter Verordnung 2017/46 über Invitro-Diagnostika, 4. Auflage, München 2023 (zitiert: *Bearbeiter*, in: Rehmann/Wagner, MP-VO).

*Rehmann*, Wolfgang/*Tillmanns*, Christian (Hrsg.), E-Health – Digital Health, München 2022 (zitiert: *Bearbeiter*, in: Rehmann/Tillmanns, E-Health).

*Reichwald*, Julian/*Pfisterer*, Dennis, Autonomie und Intelligenz im Internet der Dinge, CR 2016, 208–212.

*Reihlen*, Helmut, Technische Normung und Zertifizierung für den EG-Binnenmarkt, EuZW 1990, 444–446.

*Reimer*, Franz, Juristische Methodenlehre, 2. Auflage, 2020 (zitiert: *Reimer*, Juristische Methodenlehre).

*Reinhardt*, Heinrich, Der Gott Heraklits, Freiburg 2015 (zitiert: *Reinhardt*, Der Gott Heraklits).

*Reinsch*, Daniel, Software als Medizinprodukt – Software as Medical Device, 3. Februar 2023, abrufbar unter: https://www.johner-institut.de/blog/regulatory-affairs/software-als-medizinprodukt-definition/(zitiert: *Reinsch*, Software als Medizinprodukt).

*Reitebuch*, Lukas, Mobile Health Applications – Rechtliche Rahmenbedingungen von Gesundheits-Apps, Heidelberg/Berlin 2022 (zugl. Diss. Köln 2022) (zitiert: *Reitebuch*, Mobile Health Applications).

*ResMed*, ResMed consultation response – Artificial Intelligence Act, abrufbar unter: https://ec.europa.eu/info/law/better-regulation/have-your-say/initiatives/12527-Artificial-intelligence-ethical-and-legal-requirements/F2663398_en (zitiert: *ResMed*, Consultation AI-Act).

*Reuter*, Alexander, Binnenmarkt Europa – Das Beispiel der neuen Maschinenrichtlinie, CR 1990, 540–544.

*Riberio*, Marco Tulio/*Singh*, Sameer/*Guuestrin*, Carlos, „Why Should I Trust You?“: Explaining the Predictions of Any Classifier, KDD '16: Proceedings of the 22nd ACM SIGKDD International Conference on Knowledge Discovery and Data Mining 2016, 1135–1144.

*Riesenhuber*, Karl (Hrsg.), Europäische Methodenlehre, 4. Auflage, Berlin/Boston 2021 (zitiert: *Riesenhuber*, Europäische Methodenlehre).

*Roche*, Roche feedback to the European Commission's proposed Regulation of Artificial Intelligence (the „AI Act“) (zitiert: *Roche*).

*Röhl*, Hans-Christian, Akkreditierung und Zertifizierung im Produktsicherheitsrecht – Zur Entwicklung einer neuen Europäischen Verwaltungsstruktur, Heidelberg 2000 (zitiert: *Röhl*, Akkreditierung und Zertifizierung).

*Röhl*, Hans-Christian/*Schreiber*, Yvonne, Konformitätsbewertung in Deutschland – vorgelegt im Rahmen des Projekts Nr. 57/03 für das Bundesministerium für Wirtschaft und Technologie, April 2006, abrufbar unter: https://kops.uni-konstanz.de/server/api/core/bitstreams/8b52291f-7a3c-4f39-b174-6d715602fe1b/content (zitiert: *Röhl/Schreiber*, Konformitätsbewertung in Deutschland).

*Rolfs*, Christian/*Giesen*, Richard/*Meßling*, Miriam/*Udsching*, Peter, Beck'scher Online-Kommentar Sozialrecht, 70. Ed. Stand 1.9.2023 München (zitiert: *Bearbeiter*, in: BeckOK Sozialrecht).

*Rönck*, Rüdiger, Technische Normen als Gestaltungsmittel des Europäischen Gemeinschaftsrechts – Zulässigkeit und Praktikabilität ihrer Rezeption zur Realisierung des Gemeinsamen Marktes, Berlin 1995 (zugl. Diss. Hamburg 1995) (zitiert: *Rönck*, Rüdiger, Technische Normen als Gestaltungsmittel des Europäischen Gemeinschaftsrechts).

*Roos*, Philipp/*Weitz*, Caspar Alexander, Hochrisiko-KI-Systeme im Kommissionsentwurf für eine KI-Verordnung – IT- und produktsicherheitsrechtliche Pflichten von Anbietern, Einführern, Händlern und Nutzern, MMR 2021, 844–851.

*Roßnagel*, Alexander, Europäische Technik Normen in Lichte des Gemeinschaftsrecht, DVBl 1996, 1181–1189.

*Rose*, Karen/*Eldridge*, Scott/*Chapin*, Lyman, The Internet of Things: An overview understanding the issues and challanges of a more connected world, Oktober 2015, abrufbar unter: https://www.internetsociety.org/wp-content/uploads/2017/08/ISOC-IoT-Overview-20151221-en.pdf (zitiert: *Rose/Eldridge/Chapin*, The Internet of Things).

*Ross*, Arun/*Banerjee*, Sudipta/*Chowdhury*, Anurag, Deducing health cues from biometric data, Computer Vision and Image Understanding 2022, 103438.

*Rostalski*, Frauke/*Weiss*, Erik, Der KI-Verordnungsentwurf der Europäischen Kommission, ZfDR 2021, 330–356.

*Roth-Isigkeit*, David, Grundstrukturen der geplanten KI-Aufsichtsbehörden – KI-Bürokratie?, ZRP 2022, 187–190.

*Roth-Isigkeit*, David, Unionsrechtliche Transparenzanforderungen an intelligente Medizinprodukte, GesR 2022, 278–258.

*Rübsamen*, Katrin, Rechtliche Rahmenbedingungen für mobileHealth, MedR 2015, 485–491.

*Rudin*, Cynthia, Stop explaining black box machine learning models for high stakes decisions and use interpretable models instead, Nature Machine Learning 2019, 206–215.

*Russell*, Peter/*Novig*, Stuart, Artificial Intelligence: A modern Approach, 3. Auflage, Boston/München 2010 (zitiert: *Russell/Novig*, Artificial Intelligence).

*Säcker*, Franz Jürgen/*Rixecker*, Roland/*Oetker*, Hartmut/*Limperg*, Bettina (Hrsg.), Münchener Kommentar zum Bürgerlichen Gesetzbuch, Band 1 – Allgemeiner Teil §§ 1 – 240 AllgPersönlR – ProdtG – AGG, 9. Auflage 2021; Band 5 – Schuldrecht – Besonderer Teil II §§ 535 – 630h BetrKV, HeikostenV, WärmeLV, EFZG, TzBfG, KSchG, MiLoG, 9. Auflage 2023; Band 7 – Schuldrecht – Besonderer Teil IV §§ 705 – 853-Partnerschaftsgesellschaftsgesetz – Produkthaftungsgesetz, 8. Auflage 2020 (zitiert: *Bearbeiter*, in: MüKO BGB).

*SAE*, SAE J3016 – Levels of Driving Automation, abrufbar unter: https://www.sae.org/news/2019/01/sae-updates-j3016-automated-driving-graphic (zitiert: *SAE*, Levels of Driving Automation – SAE J3016).

*Salvatore*, Luca, Inverkehrbringung: Definition und regulatorische Anforderungen, 3. September 2023, abrufbar unter: https://www.johner-institut.de/blog/regulatory-affairs/inverkehrbringung/ (zitiert: *Salvatore*, Inverkehrbringung: Definition und regulatorische Anforderungen).

*Salvatore*, Luca, Produktkategorie, generische Produktgruppe, Medizinproduktegruppe: Bitte nicht verwechseln!, 24. Juni 2020, abrufbar unter: https://www.johner-institut.de/blog/regulatory-affairs/generische-produktgruppe-versus-produktkategorie/ (zitiert: *Salvatore*, Produktkategorie, generische Produktgruppe, Medizinproduktegruppe).

*Schacht*, Sigurd/*Lanquillon*, Carsten, Blockchain und Maschinelles Lernen – Wie das maschinelle Lernen und die Distributed-Ledger-Technologie voneinander profitieren, Heidelberg Berlin 2019 (zitiert: *Schacht/Lanquillon*, Blockchain und Maschinelles Lernen).

*Scheel*, Kurt-Christian, „Benannte Stellen“: Beliehene als Instrument für die Verwirklichung des Binnenmarktes, DVBl 1999, 442 – 448.

*Schefzig*, Jens/*Kilian*, Robert (Hrsg.), BeckOK KI-Recht, 4. Edition, Stand: 1. 11. 2025 (zitiert: *Bearbeiter*, in: BeckOK KI-Recht).

*Schellein*, Oliver/*Ludwig-Pistor*, Frank/*Bremerich*, Dorothhee H., Manchester Triage System, Der Anaesthesist 2009, 163, 166.

*Schlimmer*, Jeffery/*Granger*, Richard H., Incremental learning from noisy data, Machine Learning 1986, 317 – 354.

*Schmid*, Wilhelm, Heraklit und das Fließen der Welt, 6. Oktober 2019, abrufbar unter: https://www.deutschlandfunkkultur.de/philosophische-flaschenpost-heraklit-und-das-fliessen-der-100.html (zitiert: *Schmid*, Heraklit und das Fließen der Welt).

*Schmidt*, Jan-Robert, Die Auswirkungen der Nutzung von KI-Software auf die ärztliche Haftung, GesR 2023, 341 – 353.

*Schnell*, Angelika, Verweisungsbedingte Normkomplexität nebenstrafrechtlicher Tatbestände am Beispiel des Weingesetzes, Tübingen 1986 (zugl. Diss. Tübingen) (zitiert: *Schnell*, Verweisungsbedingte Normkomplexität).

*Schoch*, Friedrich/*Schneider*, Jens-Peter (Hrsg.), Verwaltungsrecht, 3. EL, August 2022 (zitiert: *Bearbeiter*, in: Schoch/Schneider).

*Schreitmüller*, Zeynep, Regulierung intelligenter Medizinprodukte – Eine Analyse unter besonderer Berücksichtigung der MPVO und DSGVO, Baden-Baden 2023 (zugl. Diss. Augsburg 2022) (zitiert: *Schreitmüller*, Regulierung intelligenter Medizinprodukte).

*Schucht*, Carsten, Die neue Architektur im europäischen Produktsicherheitsrecht nach New Legislative Framework und Alignment Package, EuZW 2014, 848–853.

*Schulz-Große*, Stefanie, Datenschutzrechtliche Anforderungen an KI-basierte Medizinprodukte – Was ändert sich durch die neue KI-VO-E?, MPR 2022, 210–214.

*Schulze-Große*, Stefanie/*Genske*, Anna, Auswirkungen der neuen KI-Verordnung auf den Behandlungsalltag – Datenschutzrechtliche Anforderungen und Sorgfaltspflichten der Behandelnden beim Einsatz von künstlicher Intelligenz zu Behandlungszwecken, GuP 2023, 81–94.

*Schulze*, Astrid, Vitale Körperfunktionen – Entscheidend für die Klassifizierung, 19. Februar 2019, abrufbar unter: https://www.johner-institut.de/blog/regulatory-affairs/vitale-koeper funktionen/ (zitiert: *Schulze*, Vitale Körperfunktionen).

*Schwarze*, Jürgen (Hrsg.), Grundrechtsschutz im nationalen und internationalen Recht: Werner von Simson zum 75. Geburtstag, 1. Auflage, Baden-Baden 1983 (zitiert: *Bearbeiter*, in: Schwarze).

*Schwegler*, Manuela/*Schübel*, Christian, Erhöhte Anforderungen an die klinische Bewertung von Medizinprodukten, MPJ 2017, 107–114.

*Seib*, Christopher, Elektronische Gebrauchsanweisung für Medizinprodukte, abrufbar unter: https://www.johner-institut.de/blog/regulatory-affairs/elektronische-gebrauchsanweisung-me dizinprodukte-207-2012/ (zitiert: *Seib*, Elektronische Gebrauchsanweisung für Medizinprodukte).

*Sesing*, Andreas/*Tschech*, Angela, AGG und KI-VO-Entwurf beim Einsatz von Künstlicher Intelligenz – Einschätzung aus der Perspektive des (Anti)Diskriminierungsrechts, MMR 2022, 24–30.

*Shortliffe*, Edward H., Computer-Based Medical Consultations: MYCIN, New York 1976, (zitiert: *Shortliffe*, Computer-Based Medical Consultations: MYCIN).

*Shortliffe*, Edward H., MYCIN: A Knowledge-Based Computer Program applied to Infectious Diseases, Proceedings of the Annual Symposium on Computer Application in Medical Car, American Medical Informatics Association, Presentation at the Annual Meeting of the Society for Computer Medicine 1997, 66–69.

*Shortliffe*, Edward H./*Davis*, Rendall/*Axeline*, Stanton G./*Buchanan*, Bruce G./*Cohen*, Stanley Norman, Computer-Based Consultation in Clinical Therapeutics Explanation and Rule Acquisition Capabilities of the MYCIN System, Computers and Biomedical Research 1975, 303–320.

*Siemens Healthineers*, Siemens Healthineers' feedback to the European Commission's proposal for a Regulation laying down harmonised rules on artificial intelligence (AI Act), abrufbar unter: https://ec.europa.eu/info/law/better-regulation/have-your-say/initiatives/1252 7-Artificial-intelligence-ethical-and-legal-requirements/F2665604_en (zitiert: *Siemens Healthineers*, Feedback AI-Act).

*Sobczak*, Christian, Normung und Umweltschutz im Europäischen Gemeinschaftsrecht, Berlin 2002 (zugl. Diss. Trier 2001/2002) (zitiert: *Sobczak*, Normung und Umweltschutz im Europäischen Gemeinschaftsrecht).

*Sovrano*, Francesco/*Spaienza*, Salvatore/*Palmirani*, Monica et al., Metrics, Explainability and the European AI Act Proposal, Multidisciplinary Scientific Journal 2022, 126–138.

*Speith*, Timo, A Review of Taxonomies of Explainable Artificial Intelligence (XAI) Methods, FAccT 2022, 2239–2250.

*Spickhoff*, Andreas, Beck'sche Kurz-Kommentare – Medizinrecht, 4. Auflage, München 2022 (zitiert: *Bearbeiter*, in: Spickhoff, Medizinrecht).

*Spickhoff*, Andreas/*Seibl*, Maximilian, Haftungsrechtliche Aspekte der Delegation ärztlicher Leistungen an nichtärztliches Medizinpersonal unter besonderer Berücksichtigung der Anästhesie, MedR 2008, 463–473.

*Spindler*, Gerald, Der Vorschlag für eine Verordnung zur Regulierung der Künstlichen Intelligenz (KI-VOE-E) – Instrumente, Qualität und Kontext, CR 2021, 361–374.

*Starkowski*, Reinhard, Die Angleichung technischer Rechtsvorschriften und industrieller Normen in der Europäischen Wirtschaftsgemeinschaft, Berlin 1973 (zugl. Diss. Tübingen 1972) (zitiert: *Starkowski*, Die Angleichung technischer Rechtsvorschriften).

*Steege*, Hans, Algorithmenbasierte Diskriminierung durch Einsatz von Künstlicher Intelligenz – Rechtsvergleichende Überlegungen und relevante Einsatzgebiet, MMR 2019, 715–721.

*Steege*, Hans, Definition von Künstlicher Intelligenz in Art. 3 Nr. 1 KI-VO-E – Ein Meilenstein auf dem Weg zu einem harmonisierten Rechtsrahmen? MMR 2022, 926–930.

*Steege*, Hans/*Chibanguza*, Kuuya, Der Anwendungsbereich (Art. 2) des EU-Verordnungsentwurfs zur Regulierung von KI – Auswirkung auf den Mobilitätssektor, SVR 2022, 401–409.

*Steege*, Hans/*Chibanguza*, Kuuya, Metaverse – Rechtshandbuch, 1. Auflage, Baden-Baden 2023 (zitiert: *Bearbeiter*, in: Steege/Chibanguza, Metaverse).

*Sträter*, Burkhard, Europäische Regulierung des Medizinprodukterechts, NZS 2020, 530–534.

*Strecker*, Michael B., Bausteine einer Regulierung algorithmischer Systeme inkl. Künstlicher Intelligenz, RDi 2021, 124–134.

*Streinz*, Rudolf (Hrsg.), Beck'scher Kurz-Kommentar EUV/AEUV – Vertrag über die Europäische Union, Vertrag über die Arbeitsweise der Europäischen Union, Charta der Grundrechte der Europäischen Union, 3. Auflage, München 2018 (zitiert: *Bearbeiter*, in: Streinz).

*Ströbel*, Lukas/*Grau*, Robert, KI-gestützte Medizin-Apps – Rechtliche Herausforderungen eines interdisziplinären Produkts, ZD 2022, 599–605.

*Suresh*, Harini/*Guttag*, John, A Framework for Understanding Sources of Harm throughout the Machine Learning Life Cycle, EAAMO 2021, 5–9.

*Swartout*, William R., XPLAIN: A system for creating and explaining expert consulting programs, Artificial intelligence 1983, 285–325.

*Sydow*, Gernot/*Marsch*, Nikolaus (Hrsg.), DS-GVO/BDSG – Datenschutz-Grundverordnung – Bundesdatenschutzgesetz, 3. Auflage, Baden-Baden 2022 (zitiert: *Bearbeiter*, in: Sydow/Marsch).

*Taeger*, Jürgen/*Pohle*, Jan (Hrsg.), Computerrechts-Handbuch – Informationstechnologie in der Rechts- und Wirtschaftspraxis, 37. EL, München 2022 (zitiert: *Bearbeiter*, in: Taeger/Pohle, Computerrechts-Handbuch).

*Teixeira*, Brian/*Singh*, Vivek/*Chen*, Terrence/*Ma*, Kai/*Tamersoy*, Birgi/*Wu*, Yifan/*Balashove*, Elena/*Comanicio*, Dorin, Generating Synthetic X-Ray Images of a Person from the Surface Geometry, IEEE conference on computer vision and pattern recognition 2018, 9059–9067.

*Thiermann*, Arne/*Böck*, Nicole, Künstliche Intelligenz in Medizinprodukten – Regulatorisches Regelwerk und Haftungsvorgaben, RDi 2022, 333–339.

*Traeger*, M./*Eberhart*, A./*Geldner*, G./*Morn*, A.M./*Putzke*, C./*Wulff*, H./*Eberhart*, L. H. J., Künstlich neuronale Netze – Theorie und Anwendung in der Anästhesie, Intensiv und Notfallmedizin, Der Anaesthesist 2003, 1055–1061.

*Triepel*, Heinrich, Delegation und Mandat im Öffentlichen Recht – Eine kritische Studie, Stuttgart 1942 (zugl. Diss 1942) (zitiert: *Triepel*, Delegation und Mandat im Öffentlichen Recht).

*Tünnesen-Harmes*, Christian, Die CE-Kennzeichnung zum Abbau technischer Handelshemmnisse in der Europäischen Union, DVBl 1994, 1334–1342.

*v. Czettritz*, Peter/*Strelow*, Tanja, „Beam me up, Scotty“ – die Klassifizierung von Medical Apps als Medizinprodukte, PharmR 2017, 433–435.

*v. Zezschwitz*, Frederike, Neue regulatorische Herausforderungen für Anbieter von Gesundheits-Apps, MedR 2020, 196–201.

*Valta*, Matthias/*Vasel*, Johann Justus, Kommissionsvorschlag für eine Verordnung über Künstliche Intelligenz – Mit viel Bürokratie und wenig Risiko zum KI-Standort?, ZRP 2021, 142–145.

*Vamathevan*, Jessica/*Clark*, Dominic/*Czodrowski*, Paul et al., Applications of machine learning in drug discovery and development, Nature Review Drug Discovery 2019, 463–477.

*Van Ooijen*, Iris/*Vrabec*, Helena U., Does the GDPR Enhance Consumers' Control over Personal Data? An Analysis from a Behavioural Perspective, Journal of Consumer Policy 2018, 91–107.

*VDE Health*, Konformitätsbewertung bei Medizinprodukten: Welches Verfahren führt zum CE-Zeichen? 14. September 2021, abrufbar unter: https://www.vde.com/topics-de/health/beratung/konformitaetsbewertung-bei-medizinprodukten (zitiert: *VDE Health*, Konformitätsbewertung bei Medizinprodukten).

*VDE Health*, Qualitätsmanagement für Medizinprodukte nach MDR und ISO 13485, 16. März 2023, abrufbar unter: https://www.vde.com/topics-de/health/beratung/qualitaetsmanagement-fuer-medizinprodukte-nach-mdr-und-iso-13485 (zitiert: *VDE Health*, Qualitätsmanagement für Medizinprodukte nach MDR).

*Veale*, Michael/*Zuiderveen Borgesius*, Frederik, Demystifing the Draft EU Artificial Intelligence Act – Analysing the good, the bad, and the unclear elements of the proposed approach, CRi 2021, 97–112.

*Vogel*, Paul, Künstliche Intelligenz und Datenschutz: Vereinbarkeit intransparenter Systeme mit geltendem Datenschutzrecht und potenzielle Regulierungsansätze, Baden-Baden 2022 (zugl. Diss. Würzburg 2021) (zitiert: *Vogel*, Künstliche Intelligenz und Datenschutz).

*Vogl*, Roland, Research Handbook on Big Data Law, 2021 (zitiert: *Bearbeiter*, in: Research Handbook on Big Data Law).

*Vorberg*, Sebastian/*Gottberg*, Friedrich, ChatGPT als Medizinprodukt, RDi 2023, 159–164.

*Wagner*, Gerhard, Das neue Produktsicherheitsgesetz: Öffentlich-rechtliche Produktverantwortung und zivilrechtliche Folgen (Teil I), BB 1997, 2489–2489.

*Wagner*, Gerhard, Produkthaftung für autonome Systeme, AcP 2017, 707–765.

*Wandtke*, Artur-Axel/*Bullinger*, Winfried (Hrsg.), Praxiskommentar Urheberrecht – UrhG, UrhDaG, VGG, InsO, UKlaG, KUG, EVtr, InfoSoc-RL, Portabilitäts-VO, 6. Auflage, München 2022 (zitiert: *Bearbeiter*, in: Wandtke/Bullinger).

*Wank*, Rolf/*Börgmann*, Udo, Deutsches und europäisches Arbeitsschutzrecht: Eine Darstellung der Bereiche Arbeitsstätte, Geräte- und Anlagensicherheit, Gefahrstoffe und Arbeitsorganisation mit Abdruck der einschlägigen EG-Richtlinien, München 1992 (zitiert: *Wank/Börgmann*, Deutsches und europäisches Arbeitsschutzrecht).

*Weber*, Peter/*Gabriel*, Roland/*Lux*, Thomas/*Menke*, Katharina, Basiswissen Wirtschaftsinformatik, 4. Auflage, Wiesbaden 2022 (zitiert: *Weber/Gabriel/Lux/Menke*, Basiswissen Wirtschaftsinformatik).

*Wick*, Michael R./*Thompson*, William B., Reconstructive expert system explanation, Artificial Intelligence 1992, 33–70.

*Wiebe*, Gerhard, Produktsicherheitsrechtliche Betrachtung des Vorschlages für eine KI-Verordnung, BB 2022, 899–906.

*Wittpahl*, Volker (Hrsg.), Künstliche Intelligenz – Technologie – Anwendung – Gesellschaft, Heidelberg/Berlin 2019 (zitiert: *Wittpahl*, Künstliche Intelligenz).

*Wolff*, Heinrich/*Brink*, Stefan/*v. Ungern-Sternberg*, Antje (Hrsg.), Beck'sche Online-Kommentare – BeckOK, Datenschutzrecht, 45. Ed., Stand 1. August 2023 (zitiert: *Bearbeiter*, in: BeckOK Datenschutzrecht).

*Wolpert*, David H., The Lack of A Priori Distinctions Between Learning Algorithms, Neural Computation 1996, 1341–1390.

*Wolpert*, David H./*Macready*, William G., No Free Lunch Theorems for Optimization, IEEE Transpactions on Evolutionary Computation 1997, 67–82.

*Yin*, Lou/*Caruana*, Rich/*Gehrke*, Johannes, „Intelligible models for classification and regression." Proceedings of the 18th ACM SIGKDD international conference on Knowledge discovery and data mining, 2012, 150–158.

*Zech*, Herbert, Risiken digitaler Systeme: Robotik, Lernfähigkeit und Vernetzung als aktuelle Herausforderung für das Recht, Januar 2020, abrufbar unter: https://www.weizenbaum-institut.de/media/Publikationen/Weizenbaum_Series/Weizenbaum_Series_2_Zech_210412.pdf (zitiert: *Zech*, Risiken digitaler Systeme).

*Zweig*, Katharina/*Fischer*, Sarah/*Lischka*, Konrad, Wo Maschinen irren können – Fehlquellen und Verantwortlichkeiten in Prozessen algorithmischer Entscheidungsfindung – Arbeitspapier, Februar 2018, abrufbar unter: https://www.bertelsmann-stiftung.de/fileadmin/files/BSt/Publikationen/GrauePublikationen/WoMaschinenIrrenKoennen.pdf (zitiert: *Zweig/Fischer/Lischka*, Wo Menschen irren können).

# Stichwortverzeichnis

Kim Roegels

## Die Haftung beim Einsatz intelligenter Medizinprodukte

Künstliche Intelligenz (KI) erlangt durch den technologischen Fortschritt ein steigendes Anwendungspotenzial in verschiedenen Bereichen der Gesellschaft. Insbesondere in der Medizin könnten die Vorteile von KI fruchtbar gemacht werden. Die dadurch entstehenden Behandlungsmöglichkeiten werfen jedoch gleichzeitig neue Haftungsfragen auf. Die Autorin untersucht zunächst die Haftung des Herstellers und beleuchtet hierzu die Pflichten des Herstellers in Bezug auf selbstlernende Medizinprodukte unter Heranziehung der europäischen Medizinprodukteverordnung. Anschließend behandelt sie die Frage der Haftung des Arztes beim Einsatz intelligenter Medizinprodukte. Dazu werden zunächst die Pflichten bei der Anwendung von herkömmlichen Medizinprodukten herausgearbeitet und sodann auf Grundlage dieser Grundsätze ein Pflichtenkatalog für den Einsatz von selbstlernenden Medizinprodukten entwickelt. Abschließend wird der von der Europäischen Kommission veröffentlichte Entwurf der KI-Haftungsrichtlinie beleuchtet.

Schriften zum Gesundheitsrecht, Band 72
210 Seiten, 2024
ISBN 978-3-428-19023-2, € 74,90
Titel auch als E-Book erhältlich.

Duncker & Humblot · Berlin